CRIMINAL PROCEDURE
Cases and Materials

ケースブック刑事訴訟法

井上正仁・酒巻　匡・大澤　裕・川出敏裕
堀江慎司・池田公博・笹倉宏紀 [著]

第5版

有斐閣
YUHIKAKU

本書の全ての頁につき，許可無く転載・複製・デジタルコピー・録音等を行うことを禁ず．
All rights reserved.

Copyright © 2018.
Masahito INOUYE／Tadashi SAKAMAKI／Yutaka OSAWA／Toshihiro KAWAIDE／
Shinji HORIE／Kimihiro IKEDA／Hiroki SASAKURA
井上正仁／酒巻 匡／大澤 裕／川出敏裕／堀江慎司／池田公博／笹倉宏紀

Printed in JAPAN.
株式会社　有斐閣

第5版はしがき

　司法制度改革により刷新された法曹養成制度の中核として2004年4月に発足した法科大学院は，この春で15年目を迎える。これまでに法曹となることを志して法科大学院の門をくぐった人は累計約5万5000人，その教育課程を終えて巣立った人も4万4000人を超える。そのうち，司法試験に合格し，司法修習を経て，既に実務法曹として活動している人は2万人余を数え，法曹全体の実に半数近くを占めるまでに至っているし，法科大学院で修得した専門的学識を活かして社会の他の様々な分野で活躍している人も多い。

　その法科大学院の発足に合わせて刊行された本書も，爾来，全国各地の法科大学院で授業や演習の教材として採用され，多くの教員・学生の皆さんに愛用していただいてきた。その皆さんからは，実体験を踏まえ，随時，さまざまなご意見やご注意が寄せられている。

　同時に，この間，本書の対象とする刑事手続法をめぐる状況は大きく変動してきた。新たな法曹養成制度の整備と並ぶ司法制度改革のいま一つの果実であった裁判員制度の導入と，公的弁護制度の拡充・整備，証拠開示の制度化を含む公判前整理手続の新設，公判の充実・迅速化などを内容とする刑事司法制度の改革は，2009年半ばまでに実施に移され，裁判員裁判事件を中心に，わが国の刑事裁判の有り様を劇的に変容させた。また，それらの新制度の実施に伴って露呈ないし生起する種々の問題に速やかに対処し，あるいは事前に予防すらするべく，裁判所が積極的にその判断を次々に明らかにしたことにより，判例の目覚ましい展開も見られた。さらに，2010年以降，いくつかの不祥事を契機として，司法制度改革では積み残された観のあった――被疑者取調べとその結果作成される供述調書に過度に依存する捜査と公判立証の在り方という――わが国刑事司法特有の宿根的問題に構造的な変革を加えることが緊要の課題となり，数年にわたる検討の末，2016年に，身柄拘束中の被疑者に対する取調べの録音・録画を一定範囲で義務付けることや被疑者国選弁護制度の拡大，証拠開示の拡充，両当事者間の協議・合意制度および刑事免責制度の導入，通信傍受の合理化・効率化などを内容とする法改正として結実し，それらが順次実施に移されつつある。

　このような推移の下で，本書も，教育現場での知見や，利用者のみなさんから寄せられるご意見などを進んで採り入れるとともに，上記のような立法や判例・学説，問題状況の新たな展開を随時反映させて，より効果的で使いやすく，かつアップ・トゥ・デートな内容となるよう，これまでも3次にわたり改訂を重ねてきたが，今

第5版はしがき

回,旧版の刊行から約5年が経過するのを機に,さらなる改訂を施すことにした。

今回の改訂にあたっては,これまでの5名の著者とはまた異なった視点からも全体を見直すとともに,次世代のフレッシュな感覚を反映させたものとすべく,新たに池田公博,笹倉宏紀のお二人に共著者として加わっていただいた。

その結果,改訂内容は,次のようなものとなった。

(1) 旧版の第1章「任意捜査と強制捜査——任意捜査と有形力の行使」と第4章「写真撮影」を統合して,新たに第1章「任意捜査と強制捜査」とし,また,旧版の第12章「公訴権の運用とその規制」と第13章「公訴提起の要件・手続」を統合して,新たに第11章「公訴の提起」とした。この結果,旧版では26章構成であったのが,本版では24章構成に集約された。

(2) 主題判例2件,参考裁判例9件を削除し,最新の裁判例など3件を新たに主題判例とし,11件を新たに参考裁判例として採り入れるとともに,これらに関する設問ないし設問群を新設し,あるいは,既存の設問の一部に追加した。

(3) 一部の設問ないし設問群について,趣旨の一層の明確化を図り,より効果的なものとすべく,配置換えや加除修正を行った。

この第5版が,旧版にも増して,多くの皆さんに活用され,法科大学院での教育と学習に役立ってくれることを,著者一同,切に希望する次第である。

今回の改訂については,有斐閣書籍編集部の五島圭司さんに種々ご尽力いただいた。7名の著者を代表して,深謝の意を表したい。

2018年春時雨

井 上 正 仁

初版はしがき

　本書は、今春から発足する法科大学院における刑事訴訟法の授業のための教材として編まれたものである。
　法曹養成に特化した専門教育を行うプロフェッショナル・スクールである法科大学院においては、「専門的な法知識を確実に習得させるとともに、それを批判的に検討し、また発展させていく創造的な思考力、あるいは事実に即して具体的な法的問題を解決していくため必要な法的分析力や法的議論の能力等を育成する」ため、「実務上生起する問題の合理的解決を念頭に置いた法理論教育」を中心に、「体系的な理論を基調として実務との架橋を強く意識した教育」を行うべきものとされ、授業の方法も、「少人数教育を基本」として「双方向的・多方向的で密度の濃い」ものとすることが求められている（司法制度改革審議会意見書）。しかし、個々の科目の授業を具体的にどのような内容とし、どのような方式で行うべきかについては、確立した規準や共通の理解があるわけでは必ずしもなく、殊に草創期においては、各法科大学院ないし担当教員の創意と工夫に委ねられるところが大きい。
　実際、法律基本科目の一つである刑事訴訟法についても、法学未修者を専ら対象とする1年次とそれを経て進級した学生および法学既修者を対象とする2年次とのいずれに授業を配置するかや、その双方に配置する場合にも、1年次向けの授業と2年次向けの授業の間の仕分けや比重の置き方、両者の相互関係をどのようなものとするかは、それぞれの法科大学院ごとに多様に異なっている。授業の方法も、これまでわが国の法学部の授業において主流をなしてきたのと同様のレクチャー方式を基本としつつ、学生との質疑応答を適宜交えるという形で双方向性を確保しようとするものから、従来のゼミを発展させたような形のもの、さらには、アメリカのロースクールにおける法律基本科目の授業で用いられることの多い、いわゆるソクラティック・メソッド（あるいは、ケース・メソッドないしプロブレム・メソッド）的な方式によるものまで、様々であろう。そして、それらの授業に用いられる教材も、これに応じて、性質・内容や構成のかなり異なるものが準備されているようである。
　法律ないし法律学の教授方法としてレクチャー方式とソクラティック・メソッド方式とは、それぞれに長所もあれば短所もあり、どちらかが絶対的に優れているとは一概に言い切れないところがあるうえ、法科大学院という全く新たな教育機関を創設し、法曹養成に特化した専門教育を行うという――わが国では未知の――事業に乗り出したばかりの時期でもあることから、そのような形で様々に試行錯誤を積み重ねることにより、最も適切な方法を見いだし、定立していくほかはないであろ

う。

　私どもが本書を編むにあたっても，この点が最も悩ましく，迷うところであったが，議論を重ねた結果，思い切って本書においては，ソクラティック・メソッド的な方式を基本とする授業を念頭に置いた構成および内容とすることとした。法律専門家の養成である以上，専門的な法知識を確実に習得させることが重要であることはいうまでもないが，前記のような法科大学院での教育の目標からすると，その方法として，一般的・抽象的な法知識を教師から学生に伝授して覚え込ませるというのではなく，なるべく具体的・現実的なシチュエーションを設定して問いを投げかけ，学生自らに，答えを模索させることにより，法的問題点を探知・分析して解決策を考え出す力をつけさせるとともに，そのようなプロセスを通じ，これと有機的に結びついた形で，関連する法制の仕組みや法規の内容をも実質的に理解させ習得させるというのが，望ましい方法ではないかと考えたからである。

　そのような問いかけの前提となるシチュエーションを設定するために，適切な裁判例があれば，それを素材とすることにした。実質的にも，わが国の刑事訴訟法の分野では，比較的最近まで，立法により問題の解決が図られることが余りなく，その空白が少なからず判例によって補塡されてきたという面があるため，判例の持つ意味合いは相当に大きい。本書で取り上げた裁判例の中には，厳密な意味でも判例としての効力を持つものや指導的な影響力を持つものが多く含まれており，それらを学んでもらおうという趣旨も込められている。

　もっとも，刑事手続に関する裁判例というのは，実際の手続の過程で争いの原因ないし対象となる——その意味で非定常的な——事態が生じたがために，そしてまたそのような場合においてのみ，裁判所が判断を示したものであるので，前提となる法制の仕組みや手続のノーマルな在りようを学ぶ手がかりとしては必ずしも適切でなく，また十分でもない。そこで，そのような点については，架空の設例を置くなどの方法により，これを補うこととした。

　問いは，《*Elementary*》，《*Basic*》，《*Advanced*》という3つのレベルに分けて設けてある。《*Elementary*》に置いたのは，初学者に，それぞれの章・項目の主題に関する法制の基本的な仕組みやそれがそうなっている理由ないし趣旨，さらには，それを支える基本的な考え方について，思いをめぐらし，理解してもらうための呼び水となることを期待したものである。一見当たり前のことを尋ねている——また，苦もなく答えられる——問いばかりに見えるかもしれないが，実は根元的な問題につながっていて，考えれば考えるほど悩ましく，答えが分からなくなるようなものが少なからず含まれている。その意味で，刑事訴訟法の学習の出発点であると同時に，先に進んで《*Basic*》や《*Advanced*》の問いに取り組む際にも，それを常に意識し，時に応じてそこに立ち返って考えてみるべきものといえよう。

《**Basic**》に分類したのは，これまでも法曹となるためには，この程度までは理解していることが必要であったはずで，法科大学院においても，最低限そこまでは教え，学ぶべきだと著者らが考える事項に関する問いである。そして，《**Advanced**》とした問いは，より高度な思考を要するものや専門的・技術的性格の強い——いわば玄人向けの——もの，先端的な問題に関するものなどである。

　ただ，これらの3つのレベルを，すべての法科大学院で教え，すべての法科大学院生が学ぶべきものとは考えていない。それぞれのレベルについても，そこに配置した問いのすべてを漏れなく授業で取り上げる必要があるとも，また取り上げることが可能だとも考えていない。そもそも本書では，刑事訴訟法上の主要な問題領域ごとに総計32に及ぶ章を立て，それぞれの章をさらに中小の項目に分けるという構成を取っているが，2単位の授業ではもちろん，4単位の授業でも，それらの章・項目のすべてを取り扱うことは，実際上不可能であろう。各法科大学院により刑事訴訟法の授業の年次配置や1年次・2年次間での比重の置き方，単位数などが多様に異なっており，学生の学力にもおそらく差があると考えられるから，本書を使ってくださる個々の教員において，担当する授業で扱うべきだと考える章・項目を選び，前記のような3つのレベルの違いを念頭に置きつつ，適当と思われる問いを選んで組み合わせ，さらに自ら適宜の問いを補完して，授業を行っていただければと思う。

　また，本書によるだけでは，関連する法制の仕組みや法規の内容を当然かつ十分に識ることができるものではない。その点は，上記のような裁判例や設例を基に，問いに対する答えを模索する過程において，各学生自らが，必要な法情報を検索し探知して理解するよう努めてくれるであろうという想定に立っている。そのために利用するとよいと思われる法令集や副読本として適切な体系書，概説書等については，それぞれの教員が指示または推薦していただきたい。

　さらに本書では，各章・項目で取り上げた問題や裁判例について，指導的あるいは基本的な論文，評釈等がある場合にも，それらを掲記することは敢えて避けた。それらを読むことは，問題点を手早くかつ正確に把握し，解決への道筋を見分けるのに有用であり，学生がそれらを予習してくれば，授業を効率よく進めるのに役立つことは確かであるが，そのような方法を取ると，往々にして多くの学生は，それらの文献に書かれていることをただ覚え込み，教室でもそれを鸚鵡のように復唱するだけになり，自らの頭で考える契機を失わせてしまうおそれが強いと考えたからである。むろん，本書のような方式では，授業における学生の発言は単なる思いつきや的はずれなものが多くなり，議論が迷走する危険もあるが，それを適正にコントロールして双方向的・多方向的な授業を効果的に進めるのがまさに法科大学院の教員に求められる力量の一つであるというべきであるし，学生にそのようないわば

初版はしがき

無駄を重ねさせることも，プロセス重視の新たな法曹養成教育に必要とされる要素ではないかと思われる。

むろん，それぞれの教員のお考えにより，予め参考文献を指示するという方法を取ることもあり得るであろうし，まず学生個々が自ら調べたり，考えたりして授業に臨み，そこでの質疑や議論を経たうえで，問題点を整理し，復習するために，前記のような文献があればそれらを参照することは有効な方法であると考えられるので，それらについては，各教員において適宜指示ないし推薦していただきたい。

最後に，本書を使って学習する学生のみなさんにご注意ないしお願いしておきたいこととして，仮にこれまでの風潮に倣い，本書で設定した問いについて「模範解答」を示したり解説をするような出版物が発行されるようなことがあっても，安易にそれを利用するのは避けていただければと思う。それらの問いには，唯一絶対の正解というものはないことが多いし，既存の司法試験受験参考書の例から推量する限り，その種の出版物に示された「模範解答」や解説は，誤っていたりミスリーディングであることも稀ではないように想われる。正解がある場合も，前記のような教育目標の達成を本旨とする法科大学院の授業では，結論だけ合っていればよいというものではなく，むしろ，それに至るべき思考の経路を模索と試行を繰り返しながら何度も実際に辿ることを通じて，法律専門家らしいものの考え方（いわゆるリーガルマインド）を身につけてもらうことこそが肝要なのであるから，その種の出版物に依存することは，教室で恥をかかないで済むという——ほんの一時の，しかも確実な保証はない——安心を得ることには役立つとしても，新たな法曹養成制度の下で真のプロフェッショナルとなろうとする者にとっては，ほとんど自殺行為に等しいのである。

本書を編むにあたっては，著者らの間で章ごとに分担を決めて原案を用意し，それを全員で詳細に検討して，その結果を反映させた修正案を担当者が作成し，それについてまた，全員で詳細な検討を加えて修正する，というプロセスを繰り返した。その意味で，本書は全面的に，筆者ら全員による文字通りの共同著作である。

本書の内容は，むろん，法科大学院の授業用教材として完璧なものでも十分に熟したものでもない。著者らにとって初めての試みであるうえ，刻一刻と迫る法科大学院の開校に間に合わせる必要もあり，「急ぎ働き」をしてしまったところも多々ある。まずは多くのみなさんに——教員として，あるいは学生として——実際に使ってみていただき，不具合や不十分なところがあれば，ご注意，ご意見を寄せていただいて，随時改良を重ね，より有効で使い易い教材として育てていきたいと考えている。

初版はしがき

　冒頭に記したように，法科大学院における法律基本科目の一つとしての刑事訴訟法の授業は，法理論教育を中心とするとはいっても，「実務上生起する問題の合理的解決を念頭に置」き，「実務との架橋を強く意識した」ものであることを要するから，その教材である本書で示される設例や問いも，実務と余りにもかけ離れた絵空事であってはなるまい。そのような趣旨から，著者らが日頃懇意にしていただいている大谷直人判事，甲斐行夫検事，佐藤博史弁護士のお三方にお願いし，本書の全面にわたって目を通していただき，数々の貴重なご注意，ご助言を賜った。むろん，最終的に出来上がった本書の記述についての責任はすべて筆者らにあるが，本書の内容が実務家の方々の目から見ても，それほど奇異ではないと感じられるほどのものに仕上がっているとすれば，それはまさにお三方のお陰である。心から感謝申し上げる。

　また，有斐閣書籍編集部の酒井久雄さん，土肥賢さんのお二人には，本書の企画から刊行に至るまで様々にご尽力いただいた。法科大学院の開校にかろうじて間に合う形で本書の刊行にこぎ着けることができたのは，お二人の忍耐強いご支援と激励があったからこそである。著者一同，深謝の意を表したい。

2004 年春宵
著者 6 名を代表して
井　上　正　仁

著者紹介

☐ 井上正仁（いのうえ・まさひと）
　　1971 年　東京大学法学部卒業
　　現　在　法務省特別顧問・東京大学名誉教授

☐ 酒巻　匡（さかまき・ただし）
　　1981 年　東京大学法学部卒業
　　現　在　早稲田大学大学院法務研究科教授

☐ 大澤　裕（おおさわ・ゆたか）
　　1987 年　東京大学法学部卒業
　　現　在　東京大学大学院法学政治学研究科教授

☐ 川出敏裕（かわいで・としひろ）
　　1989 年　東京大学法学部卒業
　　現　在　東京大学大学院法学政治学研究科教授

☐ 堀江慎司（ほりえ・しんじ）
　　1994 年　京都大学法学部卒業
　　現　在　京都大学大学院法学研究科教授

☐ 池田公博（いけだ・きみひろ）
　　1998 年　東京大学法学部卒業
　　現　在　京都大学大学院法学研究科教授

☐ 笹倉宏紀（ささくら・ひろき）
　　1999 年　東京大学法学部卒業
　　現　在　慶應義塾大学大学院法務研究科教授

目　　次

判例索引（xxxiii）

1 任意捜査と強制捜査 ………………………………………………… 1
2 職務質問・所持品検査 ……………………………………………… 23
3 任意同行と取調べ …………………………………………………… 51
4 おとり捜査 …………………………………………………………… 73
5 逮捕・勾留 …………………………………………………………… 89
6 令状による捜索・差押え …………………………………………… 135
7 逮捕に伴う無令状の捜索・差押え ………………………………… 179
8 体液の採取 …………………………………………………………… 203
9 会話・通信の傍受 …………………………………………………… 213
10 身体拘束中の被疑者と弁護人との接見交通 ……………………… 231
11 公訴の提起 …………………………………………………………… 277
12 訴因の明示・特定 …………………………………………………… 329
13 訴因の変更 …………………………………………………………… 349
14 被告人・弁護人 ……………………………………………………… 405
15 黙秘権（自己負罪拒否特権） ……………………………………… 431
16 公判の準備と証拠開示 ……………………………………………… 459
17 挙証責任と推定 ……………………………………………………… 479
18 証拠の関連性 ………………………………………………………… 489
19 自白の証拠能力 ……………………………………………………… 521
20 補強証拠 ……………………………………………………………… 551
21 伝聞証拠の意義 ……………………………………………………… 567
22 伝聞例外 ……………………………………………………………… 585
23 違法収集証拠の証拠能力 …………………………………………… 633
24 裁　　判 ……………………………………………………………… 657

細　目　次

判例索引（xxxiii）

1　任意捜査と強制捜査　　1

(1)　任意捜査と強制捜査の区別 …………………………………………… 1

　　1-1　最三決昭和51年3月16日刑集30巻2号187頁 (1)

　　　　　　　　　　　　　Questions／Elementary 1-2
　　　　　　　　　　　　　　　　　　　　Basic 3-9
　　　　　　　　　　　　　　　　　　　Advanced 10-16

(2)　人の容ぼう等の撮影 ……………………………………………………… 5

　　1-2　最大判昭和44年12月24日刑集23巻12号1625頁（京都府学連事件）(5)

　　　　　　　　　　　　　　　Questions／Basic 17-23
　　　　　　　　　　　　　　　　　　　Advanced 24-28

　　1-3　東京高判昭和63年4月1日判時1278号152頁（山谷テレビカメラ監視事件）(9)

　　　　　　　　　　　　　　Questions／Advanced 29-31

(3)　梱包内容のエックス線検査 …………………………………………… 10

　　1-4　最三決平成21年9月28日刑集63巻7号868頁 (10)

　　　　　　　　　　　　　　Questions／Advanced 32-33

(4)　GPS捜査 ………………………………………………………………… 11

　　1-5　最大判平成29年3月15日刑集71巻3号13頁 (11)

　　　　　　　　　　　　　　　Questions／Basic 34-41

　　□参考裁判例
　　　1-6　最二決平成20年4月15日刑集62巻5号1398号 (15)
　　　1-7　東京高判平成28年8月23日高刑集69巻1号16頁 (17)
　　　1-8　京都地決平成2年10月3日判時1375号143頁 (19)
　　　1-9　東京地判平成17年6月2日判時1930号174頁 (20)

2　職務質問・所持品検査　　23

(1)　職務質問と捜査 ………………………………………………………… 23

　　設例 (23)

　　　　　　　　　　　　　Questions／Elementary 1-4

(2)　職務質問のための停止 ………………………………………………… 23

　　2-1　東京高判昭和49年9月30日刑月6巻9号960頁 (23)

Questions／Basic 5-8
Advanced 9-14

(3) 自動車検問 ……………………………………………………… 27
　　2-②　最三決昭和55年9月22日刑集34巻5号272頁（27）
Questions／Elementary 15-17
Basic 18-24
Advanced 25-26

(4) 所持品検査 ……………………………………………………… 30
　　2-③　最三判昭和53年6月20日刑集32巻4号670頁（米子銀行強盗事件）（30）
Questions／Basic 27-34
Advanced 35-39

　□参考裁判例
　　2-④　最一決昭和29年7月15日刑集8巻7号1137頁（34）
　　2-⑤　最一決昭和53年9月22日刑集32巻6号1774頁（35）
　　2-⑥　東京高判昭和54年7月9日判時948号126頁（36）
　　2-⑦　最三決平成6年9月16日刑集48巻6号420頁（37）
　　2-⑧　最二決昭和59年2月13日刑集38巻3号295頁（39）
　　2-⑨　大阪高判昭和38年9月6日高刑集16巻7号526頁（41）
　　2-⑩　最一判昭和53年9月7日刑集32巻6号1672頁（43）
　　2-⑪　最三決平成7年5月30日刑集49巻5号703頁（44）
　　2-⑫　最一決平成15年5月26日刑集57巻5号620頁（46）

3　任意同行と取調べ　　51

設例（51）
Questions／Elementary 1-7
　　3-①　東京高判昭和54年8月14日刑月11巻7＝8号787頁（51）
Questions／Basic 8-11
　　3-②　最二決昭和59年2月29日刑集38巻3号479頁（高輪グリーンマンション殺人事件）（54）
Questions／Basic 12-20
Advanced 21-24

　□参考裁判例
　　3-③　神戸地決昭和43年7月9日判時531号89頁（60）
　　3-④　富山地決昭和54年7月26日判時946号137頁（61）
　　3-⑤　東京地決昭和55年8月13日判時972号136頁（向島こんにゃく商殺人事件）（62）
　　3-⑥　最三決平成元年7月4日刑集43巻7号581頁（65）
　　3-⑦　大阪高判昭和63年2月17日高刑集41巻1号62頁（68）
　　3-⑧　東京高判平成14年9月4日判時1808号144頁（70）

4　おとり捜査　73

設例 1 (73)

　　　　　　　　　　　　　　　Questions／Elementary 1-5

設例 2 (73)

　　　　　　　　　　　　　　　Questions／Elementary 6-10

4-1　最一決平成 16 年 7 月 12 日刑集 58 巻 5 号 333 頁 (74)

　　　　　　　　　　　　　　　Questions／Basic 11-28

□参考裁判例

　　4-2　最一決昭和 28 年 3 月 5 日刑集 7 巻 3 号 482 頁 (80)
　　4-3　最二判昭和 29 年 11 月 5 日刑集 8 巻 11 号 1715 頁 (81)
　　4-4　最三決平成 8 年 10 月 18 日判例集未登載 (82)
　　4-5　札幌地決平成 28 年 3 月 3 日判時 2319 号 136 頁 (84)

5　逮捕・勾留　89

(1)　逮捕・勾留の要件　89

設例 1 (89)

　　　　　　　　　　　　　　　Questions／Elementary 1-2
　　　　　　　　　　　　　　　Basic 3-8

5-1　最一決平成 26 年 11 月 17 日判時 2245 号 124 頁 (90)

　　　　　　　　　　　　　　　Questions／Basic 9-11

(2)　逮捕前置主義　91

設例 2 (91)

　　　　　　　　　　　　　　　Questions／Elementary 12-13
　　　　　　　　　　　　　　　Basic 14-15
　　　　　　　　　　　　　　　Advanced 16-17

5-2　京都地決昭和 44 年 11 月 5 日判時 629 号 103 頁 (92)

　　　　　　　　　　　　　　　Questions／Basic 18-25
　　　　　　　　　　　　　　　Advanced 26

(3)　事件単位の原則　95

設例 3 (95)

　　　　　　　　　　　　　　　Questions／Elementary 27-28
　　　　　　　　　　　　　　　Basic 29-31
　　　　　　　　　　　　　　　Advanced 32

5-3　横浜地決昭和 42 年 2 月 2 日下刑集 9 巻 2 号 161 頁 (95)

　　　　　　　　　　　　　　　Questions／Basic 33-35

(4)　一罪一勾留の原則　97

5-4　仙台地決昭和 49 年 5 月 16 日判タ 319 号 300 頁 (97)

Questions／Basic 36-42
Advanced 43

(5) 再逮捕・再勾留 ……………………………………………………… 98
　　5-5　東京地決昭和 47 年 4 月 4 日刑月 4 巻 4 号 891 頁（98）
Questions／Basic 44-52

(6) 別件逮捕・勾留，余罪の取調べ ………………………………… 102
　　5-6　金沢地七尾支判昭和 44 年 6 月 3 日刑月 1 巻 6 号 657 頁（蛸島事件）（102）

Questions／Elementary 53-56
Basic 57-63
Advanced 64

　　5-7　福岡地判平成 12 年 6 月 29 日判タ 1085 号 308 頁（106）
Questions／Basic 65-72
Advanced 73-75

□参考裁判例
　　5-8　最一決昭和 31 年 10 月 25 日刑集 10 巻 10 号 1439 頁（111）
　　5-9　東京地決昭和 35 年 5 月 2 日判時 222 号 6 頁（112）
　　5-10　東京地決昭和 39 年 10 月 15 日下刑集 6 巻 9＝10 号 1185 頁（112）
　　5-11　最三決昭和 44 年 7 月 14 日刑集 23 巻 8 号 1057 頁（114）
　　5-12　最三判昭和 30 年 12 月 26 日刑集 9 巻 14 号 2996 頁（114）
　　5-13　最大決昭和 31 年 12 月 24 日刑集 10 巻 12 号 1692 頁（115）
　　5-14　福岡高決昭和 42 年 3 月 24 日高刑集 20 巻 2 号 114 頁（115）
　　5-15　最二決昭和 52 年 8 月 9 日刑集 31 巻 5 号 821 頁（狭山事件）（117）
　　5-16　福岡地小倉支判昭和 46 年 6 月 16 日刑月 3 巻 6 号 783 頁（曲川事件）（119）
　　5-17　東京高判昭和 53 年 3 月 29 日刑月 10 巻 3 号 233 頁（富士高校放火事件）（121）
　　5-18　大阪高判昭和 59 年 4 月 19 日高刑集 37 巻 1 号 98 頁（神戸まつり事件）（126）
　　5-19　浦和地判平成 2 年 10 月 12 日判時 1376 号 24 頁（129）

6　令状による捜索・差押え　　135

(1) 物的証拠の収集のための手段 ……………………………………… 135
　　設例 1（135）
Questions／Elementary 1-4

(2) 令状主義の趣旨，捜索差押令状発付の手続と要件 ………… 136
　　設例 2（136）
Questions／Elementary 5-7
Advanced 8

6-①　最三決昭和44年3月18日刑集23巻3号153頁（国学院大学映
　　　　　　研フィルム事件）(137)
　　　　　　　　　　　　　　　　　Questions／Elementary 9-11
　　　　　　　　　　　　　　　　　Basic 12-15

(3)　捜索差押令状の記載 ………………………………………………… 141
　　　6-②　最大決昭和33年7月29日刑集12巻12号2776頁(141)
　　　　　　　　　　　　　　　　　Questions／Elementary 16
　　　　　　　　　　　　　　　　　Basic 17-22
　　　　　　　　　　　　　　　　　Advanced 23-24

(4)　捜索差押令状の執行 ………………………………………………… 143
　　　6-③　最一決平成14年10月4日刑集56巻8号507頁(143)
　　　　　　　　　　　　　　　　　Questions／Elementary 25-26
　　　　　　　　　　　　　　　　　Basic 27-32

(5)　捜索の範囲 …………………………………………………………… 146
　　　6-④　最一決平成6年9月8日刑集48巻6号263頁(146)
　　　　　　　　　　　　　　　　　Questions／Elementary 33-34
　　　　　　　　　　　　　　　　　Basic 35-42
　　　　　　　　　　　　　　　　　Advanced 43-49

(6)　差押えの範囲 ………………………………………………………… 149
　　　6-⑤　最一判昭和51年11月18日判時837号104頁(149)
　　　　　　　　　　　　　　　　　Questions／Basic 50-51
　　　　　　　　　　　　　　　　　Advanced 52-53

(7)　コンピュータ・記録媒体等の差押え ……………………………… 152
　　　6-⑥　最二決平成10年5月1日刑集52巻4号275頁(152)
　　　　　　　　　　　　　　　　　Questions／Elementary 54-55
　　　　　　　　　　　　　　　　　Basic 56-66
　　　　　　　　　　　　　　　　　Advanced 67-73

(8)　捜索差押えの際の写真撮影 ………………………………………… 156
　　　6-⑦　最二決平成2年6月27日刑集44巻4号385頁(156)
　　　　　　　　　　　　　　　　　Questions／Basic 74-76
　　　　　　　　　　　　　　　　　Advanced 77-80

□参考裁判例
　　　6-⑧　最大決昭和44年11月26日刑集23巻11号1490頁（博多駅事件）
　　　　　　(159)
　　　6-⑨　最二決平成元年1月30日刑集43巻1号19頁（日本テレビ事件）
　　　　　　(161)
　　　6-⑩　最二決平成2年7月9日刑集44巻5号421頁（TBS事件）(163)
　　　6-⑪　佐賀地決昭和41年11月19日下刑集8巻11号1489頁(164)
　　　6-⑫　東京地決平成2年4月10日判タ725号243頁(165)
　　　6-⑬　大阪高判平成6年4月20日高刑集47巻1号1頁(166)

6-14　東京高判平成6年5月11日高刑集47巻2号237頁〔168〕
6-15　最一決平成19年2月8日刑集61巻1号1頁〔170〕
6-16　広島高判昭和56年11月26日判時1047号162頁〔172〕
6-17　大阪高判平成3年11月6日判タ796号264頁〔174〕
6-18　東京地決平成10年2月27日判時1637号152頁〔176〕
6-19　東京高判平成28年12月7日高刑集69巻2号5頁〔177〕

7 逮捕に伴う無令状の捜索・差押え　179

(1) 趣　旨 …………………………………………………………… 179
　設例1 (179)
　　　　　　　　　　　　　　　　　　Questions／Basic 1-10
　設例2 (180)
　　　　　　　　　　　　　　　　　　Questions／Basic 11-14

(2) 逮捕に伴う捜索・差押えの要件 ……………………………… 180
　7-1　最大判昭和36年6月7日刑集15巻6号915頁〔180〕
　　　　　　　　　　　　　　　　　　Questions／Basic 15-21
　　　　　　　　　　　　　　　　　　　　Advanced 22-23
　7-2　東京高判昭和44年6月20日高刑集22巻3号352頁〔184〕
　　　　　　　　　　　　　　　　　　Questions／Basic 24-31
　　　　　　　　　　　　　　　　　　　　Advanced 32
　7-3　函館地決昭和55年1月9日刑月12巻1＝2号50頁〔188〕
　　　　　　　　　　　　　　　　　　Questions／Advanced 33-38

(3) 被逮捕者の身体・所持品の捜索・差押え ……………………… 190
　7-4　最三決平成8年1月29日刑集50巻1号1頁（和光大学内ゲバ事件）〔190〕
　　　　　　　　　　　　　　　　　　Questions／Basic 39-48
　□参考裁判例
　　7-5　福岡高判平成5年3月8日判タ834号275頁〔196〕
　　7-6　大阪高判昭和49年11月5日判タ329号290頁〔200〕

8 体液の採取　203

(1) 身体を対象とした強制処分の種類 …………………………… 203
　　　　　　　　　　　　　　　　　　Questions／Elementary 1-4
(2) 強制採尿 ………………………………………………………… 203
　8-1　最一決昭和55年10月23日刑集34巻5号300頁〔203〕
　　(a) 許容性 (205)
　　　　　　　　　　　　　　　　　　Questions／Basic 5-8
　　　　　　　　　　　　　　　　　　　　Advanced 9-10

(b) 令状の形式(206)

Questions／Basic 11-15

(c) 採尿のための強制連行(207)

8-2 最三決平成6年9月16日刑集48巻6号420頁(207)

Questions／Basic 16-22
Advanced 23-24

(d) 自然排尿による採取(209)

Questions／Advanced 25-26

(3) 関連する諸問題 ……………………………………………… 210

(a) 強制採血(210)

設例1(210)

Questions／Basic 27-31

(b) 嚥下物の取得(210)

設例2(210)

Questions／Advanced 32-33

□参考裁判例

8-3 最二決平成3年7月16日刑集45巻6号201頁(210)

9 会話・通信の傍受　　213

(1) 会話・通信の傍受の法的性質 ……………………………… 213

9-1 東京高決昭和28年7月17日判時9号3頁(十日町事件)(213)

Questions／Elementary 1-5

〔参考例1〕 Olmstead v. United States, 277 U. S. 438 (1928)(215)

〔参考例2〕 Katz v. United States, 389 U. S. 347 (1967)(215)

(2) 電話の通話内容の検証 ……………………………………… 216

9-2 最三決平成11年12月16日刑集53巻9号1327頁(旭川覚せい剤密売事件)(216)

Questions／Basic 6-13
Advanced 14-16

(3) 犯罪捜査のための通信傍受に関する法律 ………………… 221

Questions／Basic 17-20
Advanced 21-26

(4) 会話の一方当事者による秘密録音 ………………………… 223

9-3 千葉地判平成3年3月29日判時1384号141頁(223)

Questions／Basic 27-29
Advanced 30-32

□ 参考裁判例
- 9-④ 東京高判平成 4 年 10 月 15 日高刑集 45 巻 3 号 85 頁（甲府覚せい剤密売事件）(225)
- 9-⑤ 松江地判昭和 57 年 2 月 2 日判時 1051 号 162 頁 (228)
- 9-⑥ 最二決平成 12 年 7 月 12 日刑集 54 巻 6 号 513 頁 (228)
- 9-⑦ 最三決昭和 56 年 11 月 20 日刑集 35 巻 8 号 797 頁 (229)

10 身体拘束中の被疑者と弁護人との接見交通　　231

(1) 弁護人の援助を受ける権利と接見交通権・接見指定の要件 …… 231
- 10-① 最大判平成 11 年 3 月 24 日民集 53 巻 3 号 514 頁（安藤・斎藤事件）(231)

　　　　Questions／Elementary 1-2
　　　　　　　　　　Basic 3-12
　　　　　　　　　　Advanced 13-21

(2) 接見指定の方式 …………………………………………………… 238
- 10-② 最三判平成 16 年 9 月 7 日判時 1878 号 88 頁 (238)

　　　　Questions／Basic 22-33

(3) 接見指定の内容 …………………………………………………… 246
- 10-③ 最三判平成 12 年 6 月 13 日民集 54 巻 5 号 1635 頁 (246)

　　　　Questions／Basic 34-41
　　　　　　　　　Advanced 42-43

(4) 起訴後の余罪捜査と接見指定 …………………………………… 252
- 10-④ 最一決昭和 55 年 4 月 28 日刑集 34 巻 3 号 178 頁 (252)

　　　　Questions／Basic 44-51

□ 参考裁判例
- 10-⑤ 最一判昭和 53 年 7 月 10 日民集 32 巻 5 号 820 頁（杉山事件）(254)
- 10-⑥ 最三判平成 3 年 5 月 10 日民集 45 巻 5 号 919 頁（浅井事件）(256)
- 10-⑦ 最二判平成 3 年 5 月 31 日判時 1390 号 33 頁（若松事件）(259)
- 10-⑧ 最三判平成 12 年 2 月 22 日判時 1721 号 70 頁（安藤・斎藤事件）(262)
- 10-⑨ 最三判平成 17 年 4 月 19 日民集 59 巻 3 号 563 頁 (266)
- 10-⑩ 福岡高判平成 23 年 7 月 1 日判時 2127 号 9 頁 (270)
- 10-⑪ 最三決昭和 41 年 7 月 26 日刑集 20 巻 6 号 728 頁 (274)
- 10-⑫ 最二決平成 13 年 2 月 7 日判時 1737 号 148 頁 (275)

11 公訴の提起　　277

(1) 国家訴追主義・起訴独占主義 …………………………………… 277

　　　　　　　　　　　　　　　　　　Questions／Elementary 1-3
(2)　検察官の訴追裁量権 ·· 277
　　　　　　　　　　　　　　　　　　Questions／Elementary 4
　　　　　　　　　　　　　　　　　　　　　　　　Basic 5-6
　　11－1　最大判平成 15 年 4 月 23 日刑集 57 巻 4 号 467 頁（278）
　　　　　　　　　　　　　　　　　　Questions／Basic 7-11
　　　　　　　　　　　　　　　　　　　　　　Advanced 12-13
(3)　検察官の訴追裁量権に対するコントロール ·············· 281
　　　　　　　　　　　　　　　　　　Questions／Elementary 14-15
　　11－2　最一決昭和 55 年 12 月 17 日刑集 34 巻 7 号 672 頁（281）
　　　　　　　　　　　　　　　　　　Questions／Basic 16-23
　　11－3　大森簡判昭和 40 年 4 月 5 日下刑集 7 巻 4 号 596 頁（284）
　　　　　　　　　　　　　　　　　　Questions／Basic 24-28
　　　　　　　　　　　　　　　　　　　　　　Advanced 29-30
(4)　協議・合意制度 ··· 287
　　設例 1（287）
　　　　　　　　　　　　　　　　　　Questions／Basic 31-33
(5)　公訴提起の要件 ··· 287
　　(a)　犯罪の嫌疑（287）
　　　　11－4　最二判昭和 53 年 10 月 20 日民集 32 巻 7 号 1367 頁（芦別国家
　　　　　　　賠償請求事件）（287）
　　　　　　　　　　　　　　　　　　Questions／Elementary 34-40
　　(b)　公訴時効（289）
　　　　設例 2（289）
　　　　　　　　　　　　　　　　　　Questions／Elementary 41-47
　　　　　　　　　　　　　　　　　　　　　　Advanced 48
　　　　〔資料〕時効期間の変遷（291）
　　　　11－5　最三決昭和 63 年 2 月 29 日刑集 42 巻 2 号 314 頁（水俣病刑事
　　　　　　　事件）（292）
　　　　　　　　　　　　　　　　　　Questions／Basic 49-56
　　　　　　　　　　　　　　　　　　　　　　Advanced 57-62
　　(c)　親告罪の告訴（299）
　　　　設例 3（299）
　　　　　　　　　　　　　　　　　　Questions／Elementary 63-67
　　　　　　　　　　　　　　　　　　　　　　　　Basic 68
　　　　11－6　東京高判昭和 33 年 5 月 31 日高刑集 11 巻 5 号 257 頁（300）
　　　　　　　　　　　　　　　　　　Questions／Basic 69-75
　　　　　　　　　　　　　　　　　　　　　　Advanced 76-81

(6) 予断防止の原則 …………………………………………… 302
　　11-7 最大判昭和27年3月5日刑集6巻3号351頁（302）
　　　　　　　　　　　　　　Questions／Elementary 82-85
　　　　　　　　　　　　　　　　　　　　Basic 86-96

□参考裁判例
　　11-8 最一決昭和59年1月27日刑集38巻1号136頁（307）
　　11-9 最三決平成21年7月21日刑集63巻6号762頁（308）
　　11-10 最二判昭和56年6月26日刑集35巻4号426頁（309）
　　11-11 最二判昭和44年12月5日刑集23巻12号1583頁（312）
　　11-12 浦和地判平成元年12月21日判タ723号257頁（313）
　　11-13 最一判昭和41年4月21日刑集20巻4号275頁（314）
　　11-14 大判大正12年12月5日刑集2巻922頁（315）
　　11-15 最三判昭和47年5月30日民集26巻4号826頁（316）
　　11-16 最一判平成27年12月3日刑集69巻8号815頁（317）
　　11-17 最三決平成18年11月20日刑集60巻9号696頁（318）
　　11-18 最二決昭和55年5月12日刑集34巻3号185頁（319）
　　11-19 最三決平成18年12月13日刑集60巻10号857頁（319）
　　11-20 最三決昭和35年12月23日刑集14巻14号2213頁（321）
　　11-21 東京高判昭和30年4月23日高刑集8巻4号522頁（322）
　　11-22 最三判平成4年9月18日刑集46巻6号355頁（ロッキード事件全日空ルート）（323）
　　11-23 最二決昭和29年9月8日刑集8巻9号1471頁（324）
　　11-24 最三判昭和33年5月20日刑集12巻7号1398頁（325）
　　11-25 最三判昭和26年12月18日刑集5巻13号2527頁（327）

12 訴因の明示・特定　329

(1) 訴因の意義・機能 …………………………………………… 329
　　12-1 大判昭和8年7月3日刑集12巻1061頁（旧法事件）（329）
　　　　　　　　　　　　　　Questions／Elementary 1-7

(2) 訴因の明示・特定 …………………………………………… 331
　設例1（331）
　　　　　　　　　　　　　　Questions／Elementary 8
　　　　　　　　　　　　　　　　　　　Basic 9-13

　設例2（333）
　　　　　　　　　　　　　　Questions／Basic 14
　　12-2 最大判昭和37年11月28日刑集16巻11号1633頁（白山丸事件）（333）
　　　　　　　　　　　　　　Questions／Elementary 15-18
　　　　　　　　　　　　　　　　　　Basic 19-28
　　　　　　　　　　　　　　　　　Advanced 29-31

設例 3（339）
　　　　　　　　　　　　　　　　Questions／Basic 32-34
　(3)　**覚せい剤使用罪の訴因** ……………………………………………… 339
　　　12 - 3　最一決昭和 56 年 4 月 25 日刑集 35 巻 3 号 116 頁（339）
　　　　　　　　　　　　　　　　Questions／Basic 35-40
　　　　　　　　　　　　　　　　Advanced 41-44
　　□参考裁判例
　　　12 - 4　最一判昭和 33 年 1 月 23 日刑集 12 巻 1 号 34 頁（342）
　　　12 - 5　最二決昭和 58 年 5 月 6 日刑集 37 巻 4 号 375 頁（342）
　　　12 - 6　最一決平成 14 年 7 月 18 日刑集 56 巻 6 号 307 頁（343）
　　　12 - 7　最一決平成 26 年 3 月 17 日刑集 68 巻 3 号 368 頁（344）
　　　12 - 8　最一決平成 17 年 10 月 12 日刑集 59 巻 8 号 1425 頁（345）
　　　12 - 9　最三決昭和 61 年 10 月 28 日刑集 40 巻 6 号 509 頁（346）
　　　12 - 10　最大判昭和 33 年 5 月 28 日刑集 12 巻 8 号 1718 頁（練馬事件）（347）

13　訴因の変更　　　　　　　　　　　　　　　　　　　　　　　349

　(1)　**訴因変更の意義** ……………………………………………………… 349
　　　設例 1（349）
　　　　　　　　　　　　　　　　Questions／Elementary 1-4
　(2)　**訴因変更の要否** ……………………………………………………… 350
　　　13 - 1　最三決平成 13 年 4 月 11 日刑集 55 巻 3 号 127 頁（350）
　　　　　　　　　　　　　　　　Questions／Basic 5-15
　　　　　　　　　　　　　　　　Advanced 16-20
　　　13 - 2　最三決昭和 55 年 3 月 4 日刑集 34 巻 3 号 89 頁（354）
　　　　　　　　　　　　　　　　Questions／Basic 21-23
　　　　　　　　　　　　　　　　Advanced 24
　　　13 - 3　最三判昭和 46 年 6 月 22 日刑集 25 巻 4 号 588 頁（357）
　　　　　　　　　　　　　　　　Questions／Advanced 25-30
　(3)　**訴因変更の可否** ……………………………………………………… 359
　　　13 - 4　最三判昭和 29 年 9 月 7 日刑集 8 巻 9 号 1447 頁（359）
　　　　　　　　　　　　　　　　Questions／Elementary 31-32
　　　　　　　　　　　　　　　　Basic 33-38
　　　13 - 5　最二判昭和 29 年 5 月 14 日刑集 8 巻 5 号 676 頁（361）
　　　　　　　　　　　　　　　　Questions／Basic 39-44
　　　　　　　　　　　　　　　　Advanced 45
　　　13 - 6　最二判昭和 33 年 2 月 21 日刑集 12 巻 2 号 288 頁（362）
　　　　　　　　　　　　　　　　Questions／Basic 46-48
　　　　　　　　　　　　　　　　Advanced 49-51

細　目　次

　　　13－7　最三決昭和 63 年 10 月 25 日刑集 42 巻 8 号 1100 頁（364）
　　　　　　　　　　　　　　Questions／Advanced 52-57
　（4）訴因変更の許否 ……………………………………………………… 366
　　　13－8　大阪地判平成 10 年 4 月 16 日判タ 992 号 283 頁（366）
　　　　　　　　　　　　　　Questions／Basic 58-63
　（5）訴因変更命令 ………………………………………………………… 368
　　　13－9　最三決昭和 43 年 11 月 26 日刑集 22 巻 12 号 1352 頁（368）
　　　　　　　　　　　　　　Questions／Elementary 64-66
　　　　　　　　　　　　　　　　　　　　Basic 67-71
　　　　　　　　　　　　　　　　　　　　Advanced 72
　　　13－10　最一判昭和 42 年 8 月 31 日刑集 21 巻 7 号 879 頁（371）
　　　　　　　　　　　　　　Questions／Basic 73-75
　（6）罰条変更 ……………………………………………………………… 372
　　　13－11　最二決昭和 53 年 2 月 16 日刑集 32 巻 1 号 47 頁（372）
　　　　　　　　　　　　　　Questions／Basic 76-80
　（7）罪数判断の変化と訴因 ……………………………………………… 375
　　　13－12　東京高判昭和 52 年 12 月 20 日高刑集 30 巻 4 号 423 頁（375）
　　　　　　　　　　　　　　Questions／Advanced 81-88
　（8）公訴提起の要件と訴因 ……………………………………………… 377
　　　設例 2（377）
　　　　　　　　　　　　　　Questions／Basic 89-92
　　□参考裁判例
　　　13－13　最二判昭和 26 年 6 月 15 日刑集 5 巻 7 号 1277 頁（378）
　　　13－14　最一判昭和 29 年 1 月 21 日刑集 8 巻 1 号 71 頁（378）
　　　13－15　最三判昭和 36 年 6 月 13 日刑集 15 巻 6 号 961 頁（379）
　　　13－16　最二決平成 24 年 2 月 29 日刑集 66 巻 4 号 589 頁（380）
　　　13－17　最三判昭和 58 年 12 月 13 日刑集 37 巻 10 号 1581 頁（よど号ハイジャック事件）（381）
　　　13－18　東京高判平成 10 年 7 月 1 日高刑集 51 巻 2 号 129 頁（ロス銃撃事件）（384）
　　　13－19　最一決昭和 63 年 10 月 24 日刑集 42 巻 8 号 1079 頁（387）
　　　13－20　最二判昭和 35 年 7 月 15 日刑集 14 巻 9 号 1152 頁（388）
　　　13－21　最三決昭和 47 年 7 月 25 日刑集 26 巻 6 号 366 頁（389）
　　　13－22　最二判昭和 34 年 12 月 11 日刑集 13 巻 13 号 3195 頁（391）
　　　13－23　最一決昭和 53 年 3 月 6 日刑集 32 巻 2 号 218 頁（392）
　　　13－24　最　判昭和 62 年 12 月 3 日刑集 41 巻 8 号 323 頁（393）
　　　13－25　福岡高那覇支判昭和 51 年 4 月 5 日判タ 345 号 321 頁（394）
　　　13－26　最三判昭和 58 年 9 月 6 日刑集 37 巻 7 号 930 頁（日大闘争事件）（397）
　　　13－27　最大判昭和 40 年 4 月 28 日刑集 19 巻 3 号 270 頁（400）
　　　13－28　最三判昭和 29 年 3 月 2 日刑集 8 巻 3 号 217 頁（400）

13 - 29　最三決昭和 35 年 11 月 15 日刑集 14 巻 13 号 1677 頁（401）
13 - 30　最一判昭和 48 年 3 月 15 日刑集 27 巻 2 号 128 頁（402）
13 - 31　東京地判昭和 58 年 9 月 30 日判時 1091 号 159 頁（403）
13 - 32　最二決昭和 29 年 7 月 14 日刑集 8 巻 7 号 1100 頁（403）

14　被告人・弁護人　405

(1)　被告人 ……………………………………………………… 405
　(a)　被告人の確定（405）
　　　　　　　　　　　　Questions／Elementary 1-3
　　14 - 1　最三決昭和 60 年 11 月 29 日刑集 39 巻 7 号 532 頁（405）
　　　　　　　　　　　　Questions／Basic 4-6
　　　　　　　　　　　　　　　　Advanced 7-8
　(b)　被告人の訴訟能力（408）
　　14 - 2　最三決平成 7 年 2 月 28 日刑集 49 巻 2 号 481 頁（408）
　　　　　　　　　　　　Questions／Elementary 9-11
　　　　　　　　　　　　　　　　Basic 12-15
　　　　　　　　　　　　　　　　Advanced 16-17
　(c)　被告人の地位（412）
　　　　　　　　　　　　Questions／Elementary 18
　　　　　　　　　　　　　　　　Basic 19-21

(2)　弁護人 ……………………………………………………… 413
　(a)　弁護人の選任（413）
　　　設例 1（413）
　　　　　　　　　　　　Questions／Elementary 22-24
　(b)　国選弁護（413）
　　(i)　国選弁護の対象（413）
　　　　　　　　　　　　Questions／Elementary 25
　　(ii)　国選弁護人の選任と解任（414）
　　　設例 2（414）
　　　　　　　　　　　　Questions／Basic 26-29
　　(iii)　弁護活動の法的効果（414）
　　　　　　　　　　　　Questions／Advanced 30
　(c)　必要的弁護（415）
　　　設例 3（415）
　　　　　　　　　　　　Questions／Elementary 31-34
　　14 - 3　最二決平成 7 年 3 月 27 日刑集 49 巻 3 号 525 頁（415）
　　　　　　　　　　　　Questions／Basic 35-39
　□参考裁判例
　　14 - 4　最三決昭和 50 年 5 月 30 日刑集 29 巻 5 号 360 頁（417）

14-⑤ 大阪高決昭和52年3月17日判時850号13頁（419）
14-⑥ 最一判平成10年3月12日刑集52巻2号17頁（420）
14-⑦ 最一判平成28年12月19日刑集70巻8号865頁（423）
14-⑧ 最二決平成7年6月28日刑集49巻6号785頁（425）
14-⑨ 最三決昭和36年11月21日刑集15巻10号1764頁（427）
14-⑩ 最三判昭和54年7月24日刑集33巻5号416頁（4・28沖縄デー事件）（428）

15 黙秘権（自己負罪拒否特権） 431

(1) 黙秘権（自己負罪拒否特権）の存在根拠 ………………………… 431
設例（431）
　　　　　　　　　　　　　Questions／Elementary 1-6

(2) 何からの保護か：「不利益」の内容 …………………………… 434
　　　　　　　　　　　　　Questions／Elementary 7-9
　　　　　　　　　　　　　　　　　　 Basic 10
　　　　　　　　　　　　　　　　　　 Advanced 11-13

(3) 権利の対象：供述 ………………………………………………… 435
　　　　　　　　　　　　　Questions／Basic 14-16
15-① 東京高決昭和41年6月30日高刑集19巻4号447頁（435）
　　　　　　　　　　　　　Questions／Basic 17-19

(4) 権利保護の対象：不利益な供述 …………………………………… 436
15-② 最大判昭和32年2月20日刑集11巻2号802頁（436）
　　　　　　　　　　　　　Questions／Basic 20-27

(5) 権利の効果 ………………………………………………………… 440
15-③ 札幌高判平成14年3月19日判時1803号147頁（440）
　　　　　　　　　　　　　Questions／Basic 28-29
　　　　　　　　　　　　　　　　　　 Advanced 30-36

〔参考例1〕 Griffin v. California, 380 U. S. 609 (1965)（446）
〔参考例2〕 Criminal Justice and Public Order Act of 1994（448）

□参考裁判例
15-④ 最大判平成7年2月22日刑集49巻2号1頁（ロッキード事件丸紅ルート上告審判決）（449）
15-⑤ 札幌地判昭和49年4月19日判時757号97頁（451）
15-⑥ 最大判昭和47年11月22日刑集26巻9号554頁（川崎民商事件上告審判決）（453）
15-⑦ 最一判平成9年1月30日刑集51巻1号335頁（453）
15-⑧ 最大判昭和37年5月2日刑集16巻5号495頁（453）
15-⑨ 札幌高判昭和47年12月19日判タ289号295頁（454）
15-⑩ 京都地決昭和47年8月17日判時688号105頁（456）

16 公判の準備と証拠開示　459

(1) 公判の準備 …………………………………………………… 459
　　　　　　　　　　　　　　　　　　Questions／Basic 1-5
(2) 証拠開示 ……………………………………………………… 460
　　設例（460）
　　　　　　　　　　　　　　　　　Questions／Basic 6-16
　　　　　　　　　　　　　　　　　　　　　　Advanced 17-20

□参考裁判例
　　16-1　最一決平成 25 年 3 月 18 日刑集 67 巻 3 号 325 頁（462）
　　16-2　最二決平成 27 年 5 月 25 日刑集 69 巻 4 号 636 頁（463）
　　16-3　東京高判平成 20 年 11 月 18 日高刑集 61 巻 4 号 6 頁（465）
　　16-4　最二決昭和 44 年 4 月 25 日刑集 23 巻 4 号 248 頁（467）
　　16-5　最三決平成 19 年 12 月 25 日刑集 61 巻 9 号 895 頁（470）
　　16-6　最一決平成 20 年 9 月 30 日刑集 62 巻 8 号 2753 頁（473）
　　16-7　最三決平成 20 年 6 月 25 日刑集 62 巻 6 号 1886 頁（476）

17 挙証責任と推定　479

　　設例 1（479）
　　　　　　　　　　　　　　　　Questions／Elementary 1-2
(1) 挙証責任の所在 ……………………………………………… 479
　　　　　　　　　　　　　　　　　Questions／Basic 3-10
(2) 推　　定 ……………………………………………………… 482
　　設例 2（482）
　　　　　　　　　　　　　　　　Questions／Basic 11-12
　　　　　　　　　　　　　　　　　　　　　Basic 13-16
　　　　　　　　　　　　　　　　　　　　　Basic 17-21
(3) 挙証責任の転換 ……………………………………………… 484
　　　　　　　　　　　　　　　　　Questions／Basic 22
　　①名誉毀損における真実性の証明（485）
　　　　　　　　　　　　　　　　Questions／Basic 23-24
　　②同時傷害（486）
　　　　　　　　　　　　　　　　Questions／Basic 25-28
　　③爆発物取締罰則（487）
　　　　　　　　　　　　　　　　Questions／Basic 29-30

18 証拠の関連性　489

(1) 関連性の意義 ………………………………………………… 489
　　　　　　　　　　　　　　　　Questions／Elementary 1-2

(2) 被告人の行状，類似行為の立証 …………………………………… 490

　　　　　　　　　　　　　　　　　Questions／Basic 3-5

　　18－1　最二判平成 24 年 9 月 7 日刑集 66 巻 9 号 907 頁（490）

　　　　　　　　　　　　　　　　　Questions／Basic 6-10

　　　　　　　　　　　　　　　　　　　Advanced 11-17

(3) 科学的証拠 ………………………………………………………… 496

　　　　　　　　　　　　　　　　Questions／Elementary 18

　　18－2　最二決平成 12 年 7 月 17 日刑集 54 巻 6 号 550 頁（足利幼女殺害事件）（496）

　　　　　　　　　　　　　　　　Questions／Elementary 19-20
　　　　　　　　　　　　　　　　Questions／Basic 21-34
　　　　　　　　　　　　　　　　Questions／Advanced 35-38

　　18－3　最一決昭和 62 年 3 月 3 日刑集 41 巻 2 号 60 頁（カール号事件）（505）

　　　　　　　　　　　　　　　　Questions／Advanced 39-43

　　〔参考例 1〕　Frye v. United States, 293 F. 1013 (D. C. Cir. 1923)（508）

　　〔参考例 2〕　Daubert v. Merrell Dow Pharmaceuticals, Inc., 509 U. S. 579 (1993)（508）

□参考裁判例

　　18－4　最一決平成 25 年 2 月 20 日刑集 67 巻 2 号 1 頁（510）
　　18－5　最三決昭和 41 年 11 月 22 日刑集 20 巻 9 号 1035 頁（512）
　　18－6　東京高判昭和 55 年 2 月 1 日判時 960 号 8 頁（検事総長にせ電話事件）（513）
　　18－7　最一決昭和 43 年 2 月 8 日刑集 22 巻 2 号 55 頁（514）
　　18－8　札幌高判平成 14 年 3 月 19 日判時 1803 号 147 頁（516）
　　18－9　最二決昭和 41 年 2 月 21 日判時 450 号 60 頁（518）

19 自白の証拠能力　　521

(1) 自白法則の趣旨 …………………………………………………… 521

　　設例 1（521）

　　　　　　　　　　　　　　　　Questions／Elementary 1-3

　　設例 2（521）

　　　　　　　　　　　　　　　　Questions／Elementary 4-7

　　設例 3（522）

　　　　　　　　　　　　　　　　Questions／Elementary 8-9

　　設例 4（522）

　　　　　　　　　　　　　　　　Questions／Elementary 10-12

19-①　最二判昭和 32 年 5 月 31 日刑集 11 巻 5 号 1579 頁（523）
　　　　　　　　　　Questions／Elementary 13-14
　　　　　　　　　　Basic 15-16

19-②　最二判昭和 38 年 9 月 13 日刑集 17 巻 8 号 1703 頁（524）
　　　　　　　　　　Questions／Elementary 17-18
　　　　　　　　　　Basic 19-21

(2)　約束による自白 ……………………………………………… 526

19-③　最二判昭和 41 年 7 月 1 日刑集 20 巻 6 号 537 頁（526）
　　　　　　　　　　Questions／Basic 22-24
　　　　　　　　　　Advanced 25-27

(3)　偽計による自白 ……………………………………………… 529

19-④　最大判昭和 45 年 11 月 25 日刑集 24 巻 12 号 1670 頁（529）
　　　　　　　　　　Questions／Basic 28-33
　　　　　　　　　　Advanced 34

(4)　連日長時間の取調べ ………………………………………… 532

19-⑤　東京高判昭和 60 年 12 月 13 日刑月 17 巻 12 号 1208 頁（532）
　　　　　　　　　　Questions／Basic 35-37
　　　　　　　　　　Advanced 38-40

(5)　違法な手続で獲得された自白 ……………………………… 535

19-⑥　最二決平成元年 1 月 23 日判時 1301 号 155 頁（535）
　　　　　　　　　　Questions／Basic 41-44

19-⑦　東京高判平成 14 年 9 月 4 日判時 1808 号 144 頁（536）
　　　　　　　　　　Questions／Basic 45-51
　　　　　　　　　　Advanced 52-53

(6)　派生証拠 ……………………………………………………… 539

19-⑧　大阪高判昭和 52 年 6 月 28 日刑月 9 巻 5 ＝ 6 号 334 頁（539）
　　　　　　　　　　Questions／Basic 54-59

□参考裁判例
　　19-⑨　最二決昭和 39 年 6 月 1 日刑集 18 巻 5 号 177 頁（543）
　　19-⑩　東京地判昭和 62 年 12 月 16 日判時 1275 号 35 頁（544）
　　19-⑪　東京高判平成 3 年 4 月 23 日高刑集 44 巻 1 号 66 頁（545）
　　19-⑫　福岡高那覇支判昭和 49 年 5 月 13 日刑月 6 巻 5 号 533 頁（546）
　　19-⑬　浦和地判平成 3 年 3 月 25 日判タ 760 号 261 頁（548）
　　19-⑭　東京高判平成 25 年 7 月 23 日判時 2201 号 141 頁（549）

20　補強証拠　　551

(1)　「補強法則」の趣旨・存在理由 ……………………………… 551
　　設例 1（551）
　　　　　　　　　　Questions／Elementary 1-5

(2) 補強証拠としての適格 ································ 551
　　　　　　　　　　　　　　Questions／Elementary 6-9
　　20 - ① 最二決昭和 32 年 11 月 2 日刑集 11 巻 12 号 3047 頁（552）
　　　　　　　　　　　　　　Questions／Basic 10-12
(3) 補強証拠が必要とされる事実の範囲 ················ 553
　　20 - ② 最二判昭和 24 年 4 月 30 日刑集 3 巻 5 号 691 頁（553）
　　設例 2（553）
　　　　　　　　　　　　　　Questions／Basic 13-18
　　20 - ③ 最一判昭和 42 年 12 月 21 日刑集 21 巻 10 号 1476 頁（554）
　　　　　　　　　　　　　　Questions／Basic 19-20
(4) 共犯者の自白と補強証拠の要否 ···················· 556
　　20 - ④ 最一判昭和 51 年 2 月 19 日刑集 30 巻 1 号 25 頁（556）
　　　　　　　　　　　　　　Questions／Basic 21-25
　　□参考裁判例
　　　　20 - ⑤ 最大判昭和 23 年 7 月 29 日刑集 2 巻 9 号 1012 頁（560）
　　　　20 - ⑥ 最一判昭和 24 年 4 月 7 日刑集 3 巻 4 号 489 頁（561）
　　　　20 - ⑦ 最三判昭和 24 年 7 月 19 日刑集 3 巻 8 号 1348 頁（561）
　　　　20 - ⑧ 東京高判昭和 56 年 6 月 29 日判時 1020 号 136 頁（562）
　　　　20 - ⑨ 最大判昭和 33 年 5 月 28 日刑集 12 巻 8 号 1718 頁（練馬事件）
　　　　　　（563）

21 伝聞証拠の意義　　　　　　　　　　　　　　　　　　567

(1) 伝聞証拠排除の趣旨 ································ 567
　　設例 1（567）
　　　　　　　　　　　　　　Questions／Elementary 1-4
　　　　　　　　　　　　　　　　Advanced 5
(2) 伝聞と非伝聞 ···································· 568
　　設例 2（568）
　　　　　　　　　　　　　　Questions／Elementary 6-7
　　設例 3（569）
　　　　　　　　　　　　　　　Basic 8-12
　　　　　　　　　　　　　　　Advanced 13
　　21 - ① 最二判昭和 30 年 12 月 9 日刑集 9 巻 13 号 2699 頁（570）
　　　　　　　　　　　　　　Questions／Basic 14-19
　　21 - ② 大阪高判昭和 57 年 3 月 16 日判時 1046 号 146 頁（572）
　　　　　　　　　　　　　　Questions／Advanced 20-28
　　設例 4（577）
　　　　　　　　　　　　　　Questions／Basic 29-30

21-3 山口地萩支判昭和41年10月19日下刑集8巻10号1368頁
(577)
Questions／Basic 31-32

21-4 東京地決昭和56年1月22日判時992号3頁（ロッキード事件児玉・小佐野ルート証拠決定）(578)
Questions／Advanced 33-40

□参考裁判例

21-5 大阪高判昭和30年7月15日高刑特2巻15号782頁 (581)

21-6 最一判昭和38年10月17日刑集17巻10号1795頁（白鳥事件）
(582)

21-7 東京高判昭和58年1月27日判時1097号146頁 (583)

22 伝聞例外　　　　　　　　　　　　　　　　　　　　　585

(1) 伝聞例外の意義 ……………………………………………… 585

設例1 (585)

Questions／Elementary 1-8
Basic 9-12
Advanced 13-15

設例2 (588)

Advanced 16-18

(2) 検察官調書 ………………………………………………… 589

22-1 最三判平成7年6月20日刑集49巻6号741頁 (589)
Questions／Elementary 19-20
Basic 21-22
Advanced 23-28

22-2 大阪高判昭和52年3月9日判時869号111頁 (594)
Questions／Basic 29-42
Advanced 43-45

(3) 検証調書，鑑定書 ………………………………………… 602

22-3 最二判昭和36年5月26日刑集15巻5号893頁 (602)
Questions／Basic 46-52
Advanced 53-54

(4) 証明力を争うための証拠 ………………………………… 606

22-4 最三判平成18年11月7日刑集60巻9号561頁 (606)
Questions／Basic 55-63
Advanced 64-65

(5) 写真，録音テープ，ビデオテープ ……………………… 609

22-5 最二決昭和59年12月21日刑集38巻12号3071頁（新宿騒乱事件）(609)

細 目 次

　　　　　　　　　　　　　　　　　　Questions／Basic 66-72
　(6)　再現実況見分調書 ……………………………………………… 612
　　　22-6　最二決平成 17 年 9 月 27 日刑集 59 巻 7 号 753 頁（612）
　　　　　　　　　　　　　　　　　　Advanced 73-82
　　□参考裁判例
　　　22-7　最三判昭和 32 年 1 月 22 日刑集 11 巻 1 号 103 頁（616）
　　　22-8　最大判昭和 27 年 4 月 9 日刑集 6 巻 4 号 584 頁（617）
　　　22-9　東京高判昭和 63 年 11 月 10 日判時 1324 号 144 頁（618）
　　　22-10　東京高判平成 22 年 5 月 27 日高刑集 63 巻 1 号 8 頁（620）
　　　22-11　最三判昭和 30 年 1 月 11 日刑集 9 巻 1 号 14 頁（622）
　　　22-12　最二決昭和 58 年 6 月 30 日刑集 37 巻 5 号 592 頁（623）
　　　22-13　東京高判昭和 54 年 2 月 7 日判時 940 号 138 頁（623）
　　　22-14　最一決昭和 35 年 3 月 24 日刑集 14 巻 4 号 462 頁（624）
　　　22-15　大阪高判平成 17 年 6 月 28 日判タ 1192 号 186 頁（和歌山カレー事件）（625）
　　　22-16　最一決平成 23 年 9 月 14 日刑集 65 巻 6 号 949 頁（629）

23　違法収集証拠の証拠能力　　　　　　　　　　　　　　633

　　　　　　　　　　　　　　　　　Questions／Elementary 1-2
　　　23-1　最一判昭和 53 年 9 月 7 日刑集 32 巻 6 号 1672 頁（633）
　(1)　違法収集証拠排除の根拠 ………………………………………… 635
　　　　　　　　　　　　　　　　　　Questions／Basic 3-6
　　　　　　　　　　　　　　　　　　Advanced 7-10
　(2)　証拠排除の基準 ……………………………………………………… 636
　　　　　　　　　　　　　　　　　　Questions／Basic 11-19
　(3)　違法な手続と証拠との関係 ………………………………………… 638
　　　23-2　最三決平成 8 年 10 月 29 日刑集 50 巻 9 号 683 頁（638）
　　　　　　　　　　　　　　　　　　Questions／Basic 20-22
　(4)　違法性の承継・毒樹の果実論 ……………………………………… 639
　　　23-3　大阪高判平成 4 年 1 月 30 日高刑集 45 巻 1 号 1 頁（639）
　　　　　　　　　　　　　　　　　　Questions／Basic 23-27
　　　　　　　　　　　　　　　　　　Advanced 28-29
　　設例（643）
　　　　　　　　　　　　　　　　　　Questions／Basic 30-34
　　□参考裁判例
　　　23-4　最二判昭和 61 年 4 月 25 日刑集 40 巻 3 号 215 頁（644）
　　　23-5　最二決昭和 63 年 9 月 16 日刑集 42 巻 7 号 1051 頁（645）
　　　23-6　最三決平成 6 年 9 月 16 日刑集 48 巻 6 号 420 頁（647）
　　　23-7　最三決平成 7 年 5 月 30 日刑集 49 巻 5 号 703 頁（648）

23 - 8　最二判平成 15 年 2 月 14 日刑集 57 巻 2 号 121 頁〈649〉
23 - 9　最三判昭和 58 年 7 月 12 日刑集 37 巻 6 号 791 頁〈651〉
23 - 10　最大判昭和 36 年 6 月 7 日刑集 15 巻 6 号 915 頁〈653〉
23 - 11　福岡地判平成 17 年 5 月 19 日判時 1903 号 3 頁〈654〉

24　裁　　判　　657

(1)　概括的認定，択一的認定 …………………………………… 657

　　設例〈657〉

　　　　　　　　　　　　Questions／Elementary 1-5

24 - 1　札幌高判昭和 61 年 3 月 24 日高刑集 39 巻 1 号 8 頁〈657〉
　　　　　　　　　　　　Questions／Basic 6-12
　　　　　　　　　　　　　　　Advanced 13-14

24 - 2　東京高判平成 4 年 10 月 14 日高刑集 45 巻 3 号 66 頁〈661〉
　　　　　　　　　　　　Questions／Advanced 15-22

(2)　余罪と量刑 …………………………………………………… 664

24 - 3　最大判昭和 42 年 7 月 5 日刑集 21 巻 6 号 748 頁〈664〉
　　　　　　　　　　　　Questions／Basic 23-29
　　　　　　　　　　　　　　　Advanced 30-31

(3)　形式裁判の内容的確定力 …………………………………… 666
　　　　　　　　　　　　Questions／Elementary 32-33

24 - 4　大阪地判昭和 49 年 5 月 2 日刑月 6 巻 5 号 583 頁〈667〉
　　　　　　　　　　　　Questions／Basic 34-38

24 - 5　最三決昭和 56 年 7 月 14 日刑集 35 巻 5 号 497 頁〈669〉
　　　　　　　　　　　　Questions／Advanced 39-41

(4)　一事不再理効 ……………………………………………〈673〉
　　　　　　　　　　　　Questions／Elementary 42-46
　　　　　　　　　　　　　　　Basic 47-48
　　　　　　　　　　　　　　　Advanced 49

24 - 6　東京地判昭和 49 年 4 月 2 日判時 739 号 131 頁〈675〉
　　　　　　　　　　　　Questions／Basic 50-53
　　　　　　　　　　　　　　　Advanced 54-55

24 - 7　最三判平成 15 年 10 月 7 日刑集 57 巻 9 号 1002 頁〈677〉
　　　　　　　　　　　　Questions／Advanced 56-61

　□参考裁判例
24 - 8　大阪地判昭和 46 年 9 月 9 日判時 662 号 101 頁〈681〉
24 - 9　最大判昭和 41 年 7 月 13 日刑集 20 巻 6 号 609 頁〈682〉
24 - 10　東京高判平成 27 年 2 月 6 日東高時報 66 巻 1 ～ 12 号 4 頁〈683〉
24 - 11　最二決平成 12 年 9 月 27 日刑集 54 巻 7 号 710 頁〈685〉
24 - 12　高松高判昭和 59 年 1 月 24 日判時 1136 号 158 頁〈686〉
24 - 13　大阪高判昭和 50 年 8 月 27 日高刑集 28 巻 3 号 321 頁〈688〉

凡　例

□判例解説集・論点解説等略記

平成〔昭和〕○○年重判解	ジュリスト臨時増刊・平成〔昭和〕○○年度重要判例解説
最判解刑事篇平成〔昭和〕○○年	最高裁判所判例解説刑事篇平成〔昭和〕○○年度

....

百選5版	平野龍一＝松尾浩也＝田宮裕＝井上正仁編『刑事訴訟法判例百選〔第5版〕』（1986年）
百選6版	松尾浩也＝井上正仁編『刑事訴訟法判例百選〔第6版〕』（1992年）
百選7版	松尾浩也＝井上正仁編『刑事訴訟法判例百選〔第7版〕』（1998年）
百選8版	井上正仁編『刑事訴訟法判例百選〔第8版〕』（2005年）
百選9版	井上正仁＝大澤裕＝川出敏裕編『刑事訴訟法判例百選〔第9版〕』（2011年）
百選10版	井上正仁＝大澤裕＝川出敏裕編『刑事訴訟法判例百選〔第10版〕』（2017年）

....

争点新版	松尾浩也＝井上正仁編『刑事訴訟法の争点〔新版〕』（1991年）
争点3版	松尾浩也＝井上正仁編『刑事訴訟法の争点〔第3版〕』（2002年）

□判例集・雑誌等略記

刑　集	最高裁判所刑事判例集	東高時報	東京高等裁判所（刑事）判決時報
裁判集刑事	最高裁判所裁判集刑事		
刑　月	刑事裁判月報	下刑集	下級裁判所刑事裁判例集
高刑集	高等裁判所刑事裁判集	一審刑集	第一審刑事裁判例集
判　特	高等裁判所刑事判決特報	新　聞	法律新聞
高刑特	高等裁判所刑事裁判特報	判　時	判例時報
		判　タ	判例タイムズ

....

自　正	自由と正義	曹　時	法曹時報
ジュリ	ジュリスト	法　教	法学教室
ひろば	法律のひろば		

判例索引

＊本文中で，主題判例または参考裁判例として取り上げられている裁判例は，頁数を太字で表示し，事案の概要や設問中で，日付のみ挙げられている裁判例は細字で表示している。

大判大正12・12・5 刑集2・922 …………**315**
大判昭和8・7・3 刑集12・1061 …………**329**
最大判昭和23・7・29 刑集2・9・1012…………**560**
最一判昭和24・4・7 刑集3・4・489………**561**
最二判昭和24・4・30 刑集3・5・691 ……**553**
最三判昭和24・7・19 刑集3・8・1348……**561**
東京高判昭和25・3・4 高刑集3・1・60 ……342
最一判昭和25・9・21 刑集4・9・1728 ……360
最三判昭和25・11・21 刑集4・11・2359 ……433
最二判昭和26・6・15 刑集5・7・1277…………**378**
札幌高函館支判昭和26・7・30 高刑集4・7・936
　　　　　　　　　　　　　　　　　……**600**
最大判昭和26・8・1 刑集5・9・1684 ………**525**
最三判昭和26・12・18 刑集5・13・2527……**327**
東京高判昭和27・1・29 高刑集5・2・130 ……342
最大判昭和27・3・5 刑集6・3・351…………**302**
最大判昭和27・4・9 刑集6・4・584…………**617**
最一決昭和28・3・5 刑集7・3・482 …………**80**
最二判昭和28・7・10 刑集7・7・1474 ……**536**
東京高決昭和28・7・17 判時9・3 ……………**213**
最一判昭和28・10・15 刑集7・10・1934 ……605
最一判昭和29・1・21 刑集8・1・71 …………**378**
最三判昭和29・3・2 刑集8・3・217…………**400**
最二判昭和29・5・14 刑集8・5・676 ………361
最二決昭和29・7・14 刑集8・7・1100 ……**403**
最一決昭和29・7・15 刑集8・7・1137 …………**34**
最三判昭和29・9・7 刑集8・9・1447 ………**359**
最二決昭和29・9・8 刑集8・9・1471 ………**324**
最二判昭和29・11・5 刑集8・11・1715 ………**81**
最三判昭和30・1・11 刑集9・1・14…………**622**
東京高判昭和30・4・23 高刑集8・4・522 ……**322**
大阪高判昭和30・7・15 高刑特2・15・782……**581**
最二判昭和30・12・9 刑集9・13・2699 ………**570**
最三判昭和30・12・26 刑集9・14・2996…………114
最二判昭和30・12・26 刑集9・14・3011 ………368
最三判昭和31・6・26 刑集10・6・874…………279
最一決昭和31・10・25 刑集10・10・1439 ……**111**
東京高判昭和31・12・15 高刑集9・11・1242…602

最大決昭和31・12・24 刑集10・12・1692 ……**115**
最三判昭和32・1・22 刑集11・1・103…………**616**
最大判昭和32・2・20 刑集11・2・802…………**436**
最二判昭和32・5・31 刑集11・5・1579 ………**523**
最一判昭和32・7・25 刑集11・7・2025 ………605
最一決昭和32・11・2 刑集11・12・3047 ……**552**
最一判昭和33・1・23 刑集12・1・34 …………342
最二判昭和33・2・21 刑集12・2・288 ………**362**
最三判昭和33・5・20 刑集12・7・1398 ………**325**
最大判昭和33・5・28 刑集12・8・1718 ……**347, 563**
東京高判昭和33・5・31 高刑集11・5・257……**300**
東京地決昭和33・6・12 一審刑集1・追録2367
　　　　　　　　　　　　　　　　　……143
最大決昭和33・7・29 刑集12・12・2776………**141**
松江地判昭和33・12・25 一審刑集1・12・2148
　　　　　　　　　　　　　　　　　……337
仙台高判昭和34・4・14 高刑集12・4・447……337
福岡高判昭和34・7・16 判時199・7 …………337
浦和地判昭和34・9・17 下刑集1・9・2036……337
最二判昭和34・12・11 刑集13・13・3195 ……**391**
最三決昭和34・12・26 刑集13・13・3372 ……470
最三決昭和35・2・9 判時219・34 ……………470
最一決昭和35・3・24 刑集14・4・462…………**624**
大分地判昭和35・4・8 判時222・13 ……………337
横浜地判昭和35・4・15 下刑集2・3=4・604 …337
東京地決昭和35・5・2 判時222・6 ……………**112**
神戸地判昭和35・6・14 下刑集2・5=6・897 …337
最二判昭和35・7・15 刑集14・9・1152 ………**388**
福岡高判昭和35・8・23 下刑集2・7=8・1016…337
最三決昭和35・11・15 刑集14・13・1677 ……**401**
浦和地判昭和35・11・28 下刑集2・11=12・1452
　　　　　　　　　　　　　　　　　……337
最三決昭和35・12・23 刑集14・14・2213 ……**321**
東京高判昭和36・5・18 高刑集14・3・158……337
最二判昭和36・5・26 刑集15・5・893…………**602**
最大判昭和36・6・7 刑集15・6・915 ……**180, 653**
最三判昭和36・6・13 刑集15・6・961…………**379**
東京高判昭和36・6・13 高刑集14・4・234……337

判 例 索 引

名古屋高判昭和36・10・3 高刑集14・10・657
　　　………………………………………337
最三決昭和36・11・21 刑集15・10・1764 ……**427**
秋田地判昭和37・4・24 判タ131・166 ………660
最大判昭和37・5・2 刑集16・5・495 …………**453**
最大判昭和37・11・28 刑集16・11・1633 ……**333**
岐阜地決昭和38・6・1 下刑集5・5=6・635……253
大阪高判昭和38・9・6 高刑集16・7・526………**41**
最二判昭和38・9・13 刑集17・8・1703 ………**524**
最一判昭和38・10・17 刑集17・10・1795 ……**582**
最二決昭和39・6・1 刑集18・5・177 …………**543**
東京地判昭和39・10・15 下刑集6・9=10・1185
　　　………………………………………**112**
大森簡判昭和40・4・5 下刑集7・4・596………**284**
静岡地判昭和40・4・22 下刑集7・4・623 ……495
最大判昭和40・4・28 刑集19・3・270 ………**400**
東京高判昭和40・7・8 高刑集18・5・491 ……362
大阪高判昭和40・8・26 下刑集7・8・1563 …431
大阪高判昭和40・11・8 下刑集7・11・1947……90
東京高判昭和41・1・27 下刑集8・1・11………285
最二判昭和41・2・21 判時450・60……………**518**
最一判昭和41・4・21 刑集20・4・275 ………**314**
東京高判昭和41・6・30 高刑集19・4・447……**435**
最二判昭和41・7・1 刑集20・6・537 …………**526**
最大判昭和41・7・13 刑集20・6・609 ………**682**
最一判昭和41・7・21 刑集20・6・696…………285
最三決昭和41・7・26 刑集20・6・728 ………**274**
東京高判昭和41・9・30 高刑集19・6・683……485
山口地萩支判昭和41・10・19 下刑集8・10・1368
　　　………………………………………**577**
佐賀地決昭和41・11・19 下刑集8・11・1489…**164**
最三判昭和41・11・22 刑集20・9・1035………**512**
横浜地判昭和42・2・2 下刑集9・2・161 ………**95**
福岡高判昭和42・3・24 高刑集20・2・114……**115**
最一判昭和42・6・8 判時487・38 ……………151
最大判昭和42・7・5 刑集21・6・748 …………**664**
東京高判昭和42・7・26 高刑集20・4・471……516
最一判昭和42・8・31 刑集21・7・879 ………**371**
東京地決昭和42・11・22 判タ215・214 ………90
最一判昭和42・12・21 刑集21・10・1476
　　　…………………………………**554**, 562
最一決昭和43・2・8 刑集22・2・55……………**514**
最二判昭和43・3・29 刑集22・3・153 ………680
神戸地決昭和43・7・9 判時531・89……………**60**
最二判昭和43・10・25 刑集22・11・961 ……609
東京地判昭和43・11・22 判時538・17 ………138

最三決昭和43・11・26 刑集22・12・1352 ……368
大阪高判昭和43・12・9 判時574・83…………413
仙台高判昭和44・2・18 判時561・87…………312
最三判昭和44・3・18 刑集23・3・153 ………**137**
最二判昭和44・4・25 刑集23・4・248 ………**467**
金沢地七尾支判昭和44・6・3 刑月1・6・657…102
東京高判昭和44・6・20 高刑集22・3・352……**184**
最三判昭和44・7・14 刑集23・8・1057 ………**114**
京都地判昭和44・11・5 判時629・103…………**92**
最大決昭和44・11・26 刑集23・11・1490 ……**159**
最二判昭和44・12・5 刑集23・12・1583 …79, 312
最大判昭和44・12・24 刑集23・12・1625 ………**5**
宮崎地判昭和45・7・24 判月2・7・783 ………436
最三決昭和45・7・28 刑集24・7・569 ………454
最大判昭和45・11・25 刑集24・12・1670 ……**529**
福岡地小倉支判昭和46・6・16 刑月3・6・783
　　　………………………………………**119**
最三判昭和46・6・22 刑集25・4・588 ………**357**
大阪地判昭和46・9・9 判時662・101…………**681**
東京地判昭和47・4・4 刑月4・4・891 …………**98**
最三判昭和47・5・30 民集26・4・826 ………**316**
最三判昭和47・7・25 刑集26・6・366 ………**389**
京都地決昭和47・8・17 判時688・105 ………456
最大判昭和47・11・22 刑集26・9・554 ………**453**
札幌高判昭和47・12・19 判タ289・295………454
最一判昭和48・3・15 刑集27・2・128 ………**402**
最三判昭和48・7・24 裁判集刑事189・733 ……95
大阪高判昭和49・3・29 高刑集27・1・84 ……150
東京地判昭和49・4・2 判時739・131 ………**675**
札幌地判昭和49・4・19 判時757・97…………451
大阪地判昭和49・5・2 刑月6・5・583 ………**667**
福岡高那覇支判昭和49・5・13 刑月6・5・533
　　　………………………………………**546**
仙台地決昭和49・5・16 判タ319・300…………97
東京高判昭和49・8・29 高刑集27・4・374……675
東京高判昭和49・9・30 刑月6・9・960 ………**23**
大阪地判昭和49・11・5 判タ329・290 ………**200**
東京高判昭和49・11・26 高刑集27・7・653 …209
東京地判昭和49・12・9 刑月6・12・1270 ……**121**
東京地判昭和50・1・13 判時767・14 ………282
最三判昭和50・1・21 刑集29・1・1……………440
東京地判昭和50・1・29 刑月7・1・63 ………413
東京地判昭和50・3・7 判時777・21 …………**123**
最三決昭和50・5・30 刑集29・5・360 …**406**, **417**
大阪高判昭和50・8・27 高刑集28・3・310……338
大阪高判昭和50・8・27 高刑集28・3・321……**688**

判例索引

大阪高判昭和50・9・11 判時 803・24 …413, 526
最一判昭和51・2・19 刑集 30・1・25 …………**556**
最三決昭和51・3・16 刑集 30・2・187 …**1, 60, 78**
福岡高那覇支判昭和51・4・5 判タ 345・321…**394**
最一判昭和51・10・28 刑集 30・9・1859 ……**560**
最一判昭和51・11・18 判時 837・104…………**149**
大阪地判昭和51・11・18 刑月 8・11＝12・504…**670**
大阪高判昭和52・3・9 判時 869・111…………**594**
大阪高決昭和52・3・17 判850・13……………**419**
東京高判昭和52・6・14 高刑集 30・3・341……**282**
大阪高判昭和52・6・28 刑月 9・5＝6・334 …**539**
最二決昭和52・8・9 刑集 31・5・821 …………**117**
東京高判昭和52・12・20 高刑集 30・4・423 …**375**
最二決昭和53・2・16 刑集 32・1・47 …………**372**
最一決昭和53・3・6 刑集 32・2・218 …………**392**
東京高判昭和53・3・29 刑月 10・3・233………**121**
千葉地決昭和53・5・8 判タ 362・193…………**139**
最三判昭和53・6・20 刑集 32・4・670 …………**30**
最一判昭和53・7・10 民集 32・5・820…………**254**
最一判昭和53・9・7 刑集 32・6・1672 …**43, 633**
最一決昭和53・9・22 刑集 32・6・1774 …………**35**
最二判昭和53・10・20 民集 32・7・1367………**287**
東京地決昭和53・12・20 刑月 10・11＝12・1514
　…………………………………………………**416**
東京高判昭和54・2・7 判時 940・138…………**623**
東京高判昭和54・7・9 判時 948・126 ……………**36**
最三判昭和54・7・24 刑集 33・5・416…………**428**
富山地決昭和54・7・26 判時 946・137……………**61**
東京高判昭和54・8・14 刑月 11・7＝8・787 ……**51**
大阪地判昭和54・10・24 判タ 416・182………**670**
函館地決昭和55・1・9 刑月 12・1＝2・50……**188**
東京高判昭和55・2・1 判時 960・8……………**513**
広島高松江支判昭和55・2・4 判時 963・3……**309**
最三決昭和55・3・4 刑集 34・3・89……………**354**
最一決昭和55・4・28 刑集 34・3・178…………**252**
最二決昭和55・5・12 刑集 34・3・185…………**319**
東京地判昭和55・8・13 判時 972・136 ……………**62**
大阪高判昭和55・8・28 刑月 12・8・777………**670**
最三決昭和55・9・22 刑集 34・5・272 ……………**27**
最一決昭和55・10・23 刑集 34・5・300 ………**203**
京都地決昭和55・11・19 判タ 447・158 ………**572**
最一決昭和55・12・17 刑集 34・7・672 ………**281**
東京地決昭和56・1・22 判時 992・3……………**578**
最一判昭和56・4・25 刑集 35・3・116…………**339**
最二判昭和56・6・26 刑集 35・4・426…………**309**
東京高判昭和56・6・29 判時 1020・136………**562**

最三決昭和56・7・14 刑集 35・5・497 …**290, 669**
最三決昭和56・11・20 刑集 35・8・797 …**229, 514**
広島高判昭和56・11・26 判時 1047・162 ……**172**
松江地判昭和57・2・2 判時 1051・162 ………**228**
大阪高判昭和57・3・16 判時 1046・146………**572**
広島高判昭和57・5・25 判タ 476・232 ……………**80**
最一決昭和57・8・27 刑集 36・6・726 ……………**94**
東京高判昭和57・9・7 高刑集 35・2・126 ……**610**
東京高判昭和58・1・27 判時 1097・146………**583**
最二決昭和58・5・6 刑集 37・4・375 …………**342**
最二決昭和58・6・30 刑集 37・5・592 …………**623**
最三決昭和58・7・12 刑集 37・6・791 …………**651**
最三判昭和58・9・6 刑集 37・7・930 …………**397**
東京地判昭和58・9・30 判時 1091・159………**403**
最三判昭和58・12・13 刑集 37・10・1581 ……**381**
高松高判昭和59・1・24 判時 1136・158 ………**686**
最一判昭和59・1・27 刑集 38・1・136…………**307**
最二判昭和59・2・13 刑集 38・3・295 ……………**39**
最二判昭和59・2・29 刑集 38・3・479 ……………**54**
大阪高判昭和59・4・19 高刑集 37・1・98 ……**126**
最一決昭和59・12・21 刑集 38・12・3071 ……**609**
大阪高判昭和60・3・19 判タ 562・197 ………**594**
最三決昭和60・11・29 刑集 39・7・532 ………**405**
東京高判昭和60・12・13 刑月 17・12・1208 …**532**
札幌高判昭和61・3・24 高刑集 39・1・8 ……**657**
最二判昭和61・4・25 刑集 40・3・215…………**644**
最三判昭和61・10・28 刑集 40・6・509 ………**346**
最二判昭和62・2・23 刑集 41・1・1 ……**97, 674**
最一判昭和62・3・3 刑集 41・2・60……………**505**
大阪地決昭和62・8・26 判タ 664・258 ………**524**
東京地判昭和62・11・25 判時 1261・138 ……**209**
最一判昭和62・12・3 刑集 41・8・323 …………**393**
東京地判昭和62・12・16 判時 1275・35………**544**
大阪高判昭和63・2・17 高刑集 41・2・62 ……**68**
最三決昭和63・2・29 刑集 42・2・314…………**292**
東京高判昭和63・4・1 判時 1278・152 ……………**9**
大阪高判昭和63・4・22 高刑集 41・1・123 ……**80**
最二決昭和63・9・16 刑集 42・7・1051………**645**
最一決昭和63・10・24 刑集 42・8・1079………**387**
最三決昭和63・10・25 刑集 42・8・1100………**364**
東京高判昭和63・11・10 判時 1324・144 ……**618**
最二決平成元・1・23 判時 1301・155 …………**535**
最二決平成元・1・30 刑集 43・1・19 …………**161**
最三決平成元・7・4 刑集 43・7・581 ……………**65**
大阪高判平成元・11・10 判タ 729・249 ………**590**
浦和地判平成元・12・21 判タ 723・257 ………**313**

xxxv

東京地決平成 2・4・10 判タ 725・243 ………… **165**
最二決平成 2・6・27 刑集 44・4・385 ………… **156**
最二決平成 2・7・9 刑集 44・5・421 …………… **163**
東京高判平成 2・8・29 判時 1374・136 ………… 208
京都地決平成 2・10・3 判時 1375・143 ………… **19**
浦和地判平成 2・10・12 判時 1376・24 ………… **129**
浦和地判平成 3・3・25 判タ 760・261 ………… **548**
千葉地判平成 3・3・29 判時 1384・141 ………… **223**
東京高判平成 3・4・23 高刑集 44・1・66 ……… **545**
最三判平成 3・5・10 民集 45・5・919 …………… **256**
最二判平成 3・5・31 判時 1390・33 …………… **259**
最二決平成 3・7・16 刑集 45・6・201 ………… **210**
大阪高判平成 3・11・6 判タ 796・264 ………… **174**
大阪高判平成 4・1・30 高刑集 45・1・1 ……… **639**
最三判平成 4・9・18 刑集 46・6・355 ………… **323**
東京高判平成 4・10・14 高刑集 45・3・66 …… **661**
東京高判平成 4・10・15 高刑集 45・3・85 …… **225**
福岡高判平成 5・3・8 判タ 834・275 ………… **196**
宇都宮地判平成 5・7・7 判タ 820・177 ………… **498**
大阪高判平成 5・10・7 判時 1497・134 ………… **145**
東京高判平成 5・10・21 高刑集 46・3・271 …… **602**
福岡高判平成 5・11・16 判時 1480・82 ………… **236**
大阪高判平成 6・4・20 高刑集 47・1・1 ……… **166**
東京高判平成 6・5・11 高刑集 47・2・237 …… **168**
東京高判平成 6・8・2 高刑集 47・2・282 …… 342
最一決平成 6・9・8 刑集 48・6・263 ………… **146**
最三決平成 6・9・16 刑集 48・6・420
　……………………………………… **37, 207, 647**
最大判平成 7・2・22 刑集 49・2・1 …………… **449**
最三決平成 7・2・28 刑集 49・2・481 ………… **408**
最二決平成 7・3・27 刑集 49・3・525 ………… **415**
最三決平成 7・5・30 刑集 49・5・703 …… **44, 648**
最三決平成 7・6・20 刑集 49・6・741 ………… **589**
最二決平成 7・6・28 刑集 49・6・785 ………… **425**
大阪高判平成 7・11・1 判時 1554・54 ………… 145
最三決平成 8・1・29 刑集 50・1・1 …………… **190**
東京高判平成 8・3・6 高刑集 49・1・43 ……… 145
東京高判平成 8・5・9 高刑集 49・2・181 …… **498**
最三決平成 8・10・18 判例集未登載 ………… **82**
最三決平成 8・10・29 刑集 50・9・683 ………… **638**
最一判平成 9・1・30 刑集 51・1・335 ………… **453**
東京高判平成 9・4・3 高検速報 3065・75 …… 79
東京地決平成 10・2・27 判時 1637・152 ……… **176**
最一判平成 10・3・12 刑集 52・2・17 ………… **420**
大阪地判平成 10・4・16 判タ 992・283 ………… **366**
最二決平成 10・5・1 刑集 52・4・275 ………… **152**

東京高判平成 10・7・1 高刑集 51・2・129 …… **384**
最大判平成 11・3・24 民集 53・3・514 ………… **231**
最三決平成 11・12・16 刑集 53・9・1327 ……… **216**
最三判平成 12・2・22 判時 1721・70 ………… **262**
東京高決平成 12・5・19 判タ 1032・300 ……… **685**
最三決平成 12・6・13 民集 54・5・1635 ……… **246**
最一決平成 12・6・27 刑集 54・5・461 ………… **686**
福岡地判平成 12・6・29 判タ 1085・308 ……… **106**
最二判平成 12・7・12 刑集 54・6・513 ………… **228**
最二決平成 12・7・17 刑集 54・6・550 ………… **496**
最二決平成 12・9・27 刑集 54・7・710 ………… **685**
最二決平成 13・2・7 判時 1737・148 ………… **275**
東京高判平成 13・3・22 高刑集 54・1・13 …… 278
最三決平成 13・4・11 刑集 55・3・127 … **350, 660**
東京高判平成 14・3・15 判時 1817・162 ……… 677
札幌高判平成 14・3・19 判時 1803・147
　…………………………………………… **440, 516**
和歌山地決平成 14・3・22 判タ 1122・131 …… 626
最一決平成 14・7・18 刑集 56・6・307 ………… **343**
東京高判平成 14・9・4 判時 1808・144 … **70, 536**
最一決平成 14・10・4 刑集 56・8・507 ………… **143**
和歌山地判平成 14・12・11 判タ 1122・464 … 628
最二判平成 15・2・14 刑集 57・2・121 ………… **649**
最大判平成 15・4・23 刑集 57・4・467 ………… **278**
最一決平成 15・5・26 刑集 57・5・620 ………… **46**
福岡地判平成 15・6・24 判時 1845・158 …… 413
最三決平成 15・10・7 刑集 57・9・1002 ……… **677**
東京地判平成 16・5・28 判時 1873・3 ………… 570
最一決平成 16・7・12 刑集 58・5・333 ………… **74**
最三決平成 16・9・7 判時 1878・88 ………… **238**
最三判平成 17・4・19 民集 59・3・563 ………… **266**
福岡高判平成 17・5・19 判時 1903・3 ………… **654**
東京地判平成 17・6・2 判時 1930・174 ……… **20**
大阪高判平成 17・6・28 判タ 1192・186 ……… **625**
最二決平成 17・9・27 刑集 59・7・753 ………… **612**
最一決平成 17・10・12 刑集 59・8・1425 ……… **345**
最三決平成 18・11・7 刑集 60・9・561 ………… **606**
最三決平成 18・11・20 刑集 60・9・696 ……… **318**
最三決平成 18・12・8 刑集 60・10・837 ……… **588**
最三決平成 18・12・13 刑集 60・10・857 …… **319**
最一決平成 19・2・8 刑集 61・1・1 …………… **170**
大阪高判平成 19・3・23 刑集 63・7・911 …… 10
最三決平成 19・12・25 刑集 61・9・895 ……… **470**
最二決平成 20・4・15 刑集 62・5・1398 ……… **15**
最三決平成 20・6・25 刑集 62・6・1886 ……… **476**
最二決平成 20・8・27 刑集 62・7・2702 ……… **605**

東京高判平成 20・9・25 LEX/DB 文献番号 25450073 ……………………………338
最一決平成 20・9・30 刑集 62・8・2753 ……**473**
東京高判平成 20・10・16 高刑集 61・4・1 ……593
東京高判平成 20・10・30 東高時報 59・1〜12・119 ……………………………354
東京高判平成 20・11・18 高刑集 61・4・6 ……**465**
最三判平成 21・4・21 判時 2043・153…………629
東京地判平成 21・6・9 判タ 1313・164 ………142
東京高決平成 21・6・23 判時 2057・168………502
最三決平成 21・7・21 刑集 63・6・762…………**308**
最三決平成 21・9・28 刑集 63・7・868 …………**10**
宇都宮地判平成 22・3・26 判時 2084・157……502
東京高判平成 22・5・27 高刑集 63・1・8………**620**
東京高判平成 22・11・8 高刑集 63・3・4 ………27
東京高判平成 23・3・29 判タ 1354・250………**491**
福岡高判平成 23・4・27 判タ 1382・366………332
福岡高判平成 23・7・1 判時 2127・9 …………**270**
最一決平成 23・9・14 刑集 65・6・949…………**629**
最二決平成 24・2・29 刑集 66・4・589…………**380**
横浜地判平成 24・7・20 判タ 1386・379………504
最二判平成 24・9・7 刑集 66・9・907 …………**490**
最一決平成 25・2・20 刑集 67・2・1……………**510**
最一決平成 25・3・18 刑集 67・3・325…………**462**
東京高判平成 25・7・23 判時 2201・141………**549**
最一決平成 26・3・17 刑集 68・3・368…………**344**
最一決平成 26・11・17 判時 2245・124…………**90**
札幌高判平成 26・12・18 判タ 1416・129………26
東京高判平成 27・2・6 東高刑時報 66・1=12・4 …………………………**683**
最二決平成 27・5・25 刑集 69・4・636…………**463**
大阪地決平成 27・6・5 判時 2288・138…………12
大阪地判平成 27・7・10 判タ 2288・144 ………12
最一判平成 27・12・3 刑集 69・8・815…………**317**
大阪高判平成 28・3・2 判タ 1429・148…………12
札幌地決平成 28・3・3 判時 2319・136…………**84**
東京高判平成 28・8・23 高刑集 69・1・16………**17**
東京高判平成 28・12・7 高刑集 69・2・5………**177**
最一判平成 28・12・19 刑集 70・8・865 ………**423**
最大判平成 29・3・15 刑集 71・3・13……………**11**
Frye v. United States, 293 F. 1013 (D. C. Cir. 1923) ……………………………508
Olmstead v. United States, 277 U. S. 438 (1928) ……………………………215
Watts v. Indiana, 338 U. S. 49, 53 (1949) ……………………………………432
Murphy v. Waterfront Commission of New York Harbor, 378 U. S. 52, 55 (1964) ……………………………432
Griffin v. California, 380 U. S. 609 (1965) ……………………………………446
Griswold v. Connecticut, 381 U. S. 479, 484 (1965) ………………………432
Katz v. United States, 389 U. S. 347 (1967) ……………………………………215
Couch v. United States, 409 U. S. 322, 327 (1973) ……………………………432
Daubert v. Merrell Dow Pharmaceuticals, Inc., 509 U. S. 579 (1993) …………508

1 任意捜査と強制捜査

(1) 任意捜査と強制捜査の区別
1-1 最三決昭和51年3月16日刑集30巻2号187頁

【事案の概要】　X（被告人）は，昭和48年8月31日午前4時10分ころ，岐阜市内の路上において，酒酔い運転の上，道路端におかれたコンクリート製のごみ箱などに軽4輪貨物自動車を衝突させる物損事故を起こし，間もなくパトカーで事故現場に到着したK，L両巡査から，運転免許証の提示とアルコール保有量検査のための風船への呼気の吹込みを求められたが，いずれも拒否したので，両巡査は，道路交通法違反の被疑者として取り調べるため，Xをパトカーで岐阜中警察署へ任意同行した。その際，Xの顔は赤くて酒の臭いが強く，身体がふらつき，言葉も乱暴で，外見上酒に酔っていることがうかがわれた。Xは，両巡査から警察署内の通信司令室で取調べを受けたが，運転免許証の提示要求にはすぐに応じたものの，呼気検査については，道路交通法の規定に基づくものであることを告げられた上，再三説得されても，これに応じなかった。午前5時30分ころ，Xの父が両巡査の要請で来署して説得したものの，聞き入れず，かえって反抗的態度に出たため，父は説得をあきらめ，母が来れば警察の要求に従う旨のXの返答を得て，自宅にその母を呼びに戻った。両巡査は，なおも説得を続けながら，Xの母の到着を待っていたが，午前6時ころになり，Xからマッチを貸して欲しいと言われて断ったとき，Xが，「マッチを取ってくる」と言いながら，急に椅子から立ち上がって，出入口の方へ小走りに行きかけたので，K巡査は，Xが逃げ去るのではないかと思い，Xの左斜め前に近寄り，「風船をやってからでいいではないか」と言って，両手でXの左手首を摑んだところ，Xは，すぐさまK巡査の両手を振り払い，その左肩や制服の襟首を右手で摑んで引っ張り，左肩章を引きちぎった上，右手拳でK巡査の顔面を1回殴打した。K巡査は，その間，両手を前に出して止めようとしていたが，Xがなおも暴れるので，これを制止しながら，L巡査と2人でXを元の椅子に腰かけさせ，その直後に，公務執行妨害罪の現行犯人としてXを逮捕した。

　第1審判決は，K巡査による前記制止行為は，任意捜査の限界を超え，実質上Xを逮捕するのと同様の効果を得ようとする強制力の行使であって，違法であるから，公務執行妨害罪にいう公務にあたらないと判断し，公務執行妨害罪の成立を否定した。

　これに対して第2審判決は，第1審判決が公務執行妨害罪を無罪としたのは誤りであるとした。すなわち，K巡査がXの左斜め前に立ち，両手でその左手首を摑

んだ行為は，その程度もさほど強いものではなかったから，本件による捜査の必要性，緊急性に照らすときは，呼気検査の拒否に対し翻意を促すための説得手段として客観的に相当と認められる実力行使というべきであり，また，その直後にＫ巡査がとった行動は，Ｘの粗暴な振舞を制止するためのものと認められるので，同巡査のこれらの行動は，Ｘを逮捕するのと同様の効果を得ようとする強制力の行使にあたるということはできない旨判示して，第１審判決を破棄した。

【判示】　上告棄却。

「原判決の事実認定のもとにおいて法律上問題となるのは，出入口の方へ向った被告人の左斜め前に立ち，両手でその左手首を摑んだＫ巡査の行為が，任意捜査において許容されるものかどうか，である。

捜査において強制手段を用いることは，法律の根拠規定がある場合に限り許容されるものである。しかしながら，ここにいう強制手段とは，有形力の行使を伴う手段を意味するものではなく，個人の意思を制圧し，身体，住居，財産等に制約を加えて強制的に捜査目的を実現する行為など，特別の根拠規定がなければ許容することが相当でない手段を意味するものであって，右の程度に至らない有形力の行使は，任意捜査においても許容される場合があるといわなければならない。ただ，強制手段にあたらない有形力の行使であっても，何らかの法益を侵害し又は侵害するおそれがあるのであるから，状況のいかんを問わず常に許容されるものと解するのは相当でなく，必要性，緊急性などをも考慮したうえ，具体的状況のもとで相当と認められる限度において許容されるものと解すべきである。

これを本件についてみると，Ｋ巡査の前記行為は，呼気検査に応じるよう被告人を説得するために行われたものであり，その程度もさほど強いものではないというのであるから，これをもって性質上当然に逮捕その他の強制手段にあたるものと判断することはできない。また，右の行為は，酒酔い運転の罪の疑いが濃厚な被告人をその同意を得て警察署に任意同行して，被告人の父を呼び呼気検査に応じるよう説得をつづけるうちに，被告人の母が警察署に来ればこれに応じる旨を述べたのでその連絡を被告人の父に依頼して母の来署を待っていたところ，被告人が急に退室しようとしたため，さらに説得のためにとられた抑制の措置であって，その程度もさほど強いものではないというのであるから，これをもって捜査活動として許容される範囲を超えた不相当な行為ということはできず，公務の適法性を否定することはできない。したがって，原判決が，右の行為を含めてＫ巡査の公務の適法性を肯定し，被告人につき公務執行妨害罪の成立を認めたのは，正当というべきである。」

Q *Elementary*

1 警察官Ｋは，横領事件の捜査の結果，Ｘが犯人ではないかとの疑いを抱いた

ので，Xに電話連絡し，事情を聴きたいので警察署に出頭するよう求めたところ，Xはこれに承諾し自らすすんで警察署に出頭したので，取調室に招き入れ，横領事件について取調べを行った。このような警察官の行為は許されるか。

2 警察官Kは，窃盗事件の捜査の結果，Xが犯人であるとの確信を抱いたので，Xの逃亡を防止するため，X宅に赴き，ちょうど家から出てきたXの腕を摑み，抵抗するXをパトカーに押し込んで警察署まで連行した。このような警察官の行為は許されるか。

Q Basic

3 本決定は，どのような基準によって任意処分と強制処分を区別しているか。それは第1審の判断基準と異なるか。異なるとすれば，そのように区別の判断基準が異なった理由はどこにあるか。

4 本決定は，K巡査の制止行為（「出入口の方へ向かった被告人の左斜め前に立ち，両手でその左手首を摑んだ」行為）の性質を任意処分としたのか強制処分としたのか。本決定は，**3**の基準をどのようにあてはめてそのように判断したのか。

5 腕を摑む行為が強制手段である「逮捕行為」でないとすれば，それは任意処分であるということになる。そのような有形力の行使は，刑訴法197条1項本文にいう「必要な取調」として，捜査機関の判断と裁量で行う権限が認められており，常に適法とはいえないか。この点について，本決定はどう考えているか。本決定がそのように考えるのはなぜか。

6 本件のような制止行為には何らかの法益侵害が伴うか。それは何か。法益侵害やそのおそれを伴う捜査手段については，特別の根拠規定が必要なのではないか。不要だとすると，それはどうしてか。それで不都合はないか。そのような手段は，相手方の自由な意思に基づく同意（承諾）がある場合にのみ適法とすべきではないか。

7 本決定は，強制手段にあたらない行為が，「具体的状況のもとで相当と認められる限度」のものかどうかをどのように判断しているか。本件事実関係のうち「必要性，緊急性など」として考慮されているのはどのような事情か。

8 本決定の判断方法によれば，ある捜査手段を用いる高度の必要性と緊急性が認められれば，それに応じて相手方の法益を侵害する程度が高くても，「相当と認められる」ことになり，具体的状況によっては，相手の身体を押さえつけて行動の自由を制圧することも，相当と認められる場合があり得るとの考え方にならないか。

9 本決定の考え方によれば，次のような警察官の行為は許されるか。許されない場合，その理由は，強制処分であるからか，それとも相当と認められる限度を超えた任意処分であるからか。

(1) 警察官が被疑者の腕を摑んで，手錠をかけた場合

(2) 警察官が警察署に任意に出頭した被疑者を取調室に招き入れ、部屋の鍵をかけて自由に退出できない状態にした場合

(3) 警察署に任意同行を求めた被疑者が極めて非協力的で粗暴な態度であったため、不測の事態を防止するため、応援の警察官5人でその周囲を取り囲み、数時間説得を続けた場合

Ⓠ Advanced

10 本決定は、「強制手段」について「特別の根拠規定がなければ許容することが相当でない手段を意味する」と述べる。そして「逮捕」「捜索・差押え・検証」等の「強制の処分」については、刑事訴訟法に「特別の定」(197条1項但書)があり、原則として一定の要件に基づき裁判官の発する令状により実施できることになっている。

これについて、次のような見解がある。

「197条1項但書きは、既成の強制処分は各々の規定のとおり法定の令状主義に従う、という意味のもの[である]。それ以外の新しいタイプの強制処分[例えばプライバシーや肖像権を侵害する写真撮影のように、立法当時、捜査方法として自覚的にその取扱いを法が明確に位置づけていなかった方法]については、端的に規定がないことになる。……しかし、その規制の考え方としては、強制処分である以上、実質的な令状主義の精神は、197条1項但書きの趣旨にてらし、妥当すべきである。そして、その性質により、写真の場合は既存の強制処分よりゆるやかな規制で足りる」(田宮裕『刑事訴訟法〔新版〕』〔1996年〕72頁)

このような考え方に基づいて、写真撮影に関する最高裁判決(判例1-2[京都府学連事件])の判断を説明できるか(*Q19* 参照)。

11 警察官が、拳銃所持の疑いで捜索差押令状の発付を得て、暴力団事務所の捜索に着手したところ、競馬の「のみ行為」の経緯を詳細に記載してあることが一見明白なメモを発見した。その場でこれを直ちに押収しなければ破棄されるおそれがあったため、このメモを差し押さえた。このように、適法な捜索行為の過程で、他事件の証拠であることが明白な物を発見した場合において、証拠保全の高度の必要性と緊急性が認められるときは、特別の根拠規定がなくとも、「実質的な令状主義の精神」には反しないとして、これを差し押さえることを許容することはできないか。できないとすれば、それはどうしてか。通信傍受法15条の規定は、これとの関係で、どのように説明すればよいか(「9 会話・通信の傍受」*Q24* 参照)。

12 警察官が、覚せい剤が隠匿されていると疑われるX宅に赴き、Xに対して家の中を調べさせて欲しいと頼んだところ、Xがこれを任意に承諾したのでX宅に立ち入り、室内を捜索した。このような警察官の行為は、任意処分として許されるといえるか。

この点で，犯罪捜査規範（国家公安委員会規則第2号）108条は，「人の住居または人の看守する邸宅，建造物もしくは船舶につき捜索をする必要があるときは，住居主または看守者の任意の承諾が得られると認められる場合においても，捜索許可状の発付を受けて捜索をしなければならない」と定めている。これはどのような趣旨と考えられるか。

13　警察署に任意に出頭して深夜まで取調べを受けていたXに対し，警察官が，明日も早朝から出頭してもらいたい旨告げたところ，Xがみずからすすんで警察署に宿泊することを求め，承諾したので，警察署の宿直室に宿泊させた。このような警察官の行為は許されるか。

14　警察官が，被疑者Xが自宅付近の公道上にあるごみ集積所に出したごみ袋を回収し，その中身を確認したところ，Xの被疑事実に関する証拠物を発見したので，その占有を取得した。このような警察官の行為は許されるか（参考裁判例1－6参照）。

15　参考裁判例1－7が，被疑者から唾液を採取した警察官の行為を強制処分にあたるとしたのは，いかなる理由によるか。その考え方は，判例1－1で示された基準ないしその適用の在り方（**Q3**及び**Q4**を参照）に照らして正当か（**Q39**，「8体液の採取」**Q26**も参照）。

16　被疑者Xが重要な証拠物を飲み込んでしまったとき，下剤の処法等他の手段が不可能であった場合に，裁判官の発する令状（医師による鑑定処分許可状と強制的にXの身体を検査する令状）を得て，Xを病院に連行し，医師の手による開腹手術を施し，Xが嚥下した証拠物を摘出することは許されるか。Xの承諾がある場合はどうか。

(2) 人の容ぼう等の撮影

1－2 最大判昭和44年12月24日刑集23巻12号1625頁（京都府学連事件）――

【事案の概要】　X（被告人）は，集団示威行進に参加し，先頭集団の列外最先頭に立って行進していたが，交差点で集団が警備の機動隊と衝突して混乱状態となり，隊列が公安委員会の許可条件及び道路交通法に基づき警察署長の付した条件に違反する状況となった。これを視察していたA巡査は，この状況を現認して，許可条件違反の事実ありと判断し，違法な行進の状態および違反者を確認するため，歩道上から集団の先頭部分の行進状況を写真撮影した。これに対しXは，「どこのカメラマンか」と難詰抗議したが，A巡査がこれを無視したので憤慨し，デモ隊員の持っていた旗竿を取り上げて，同巡査の下顎を突き，治療約1週間を要する傷害を負わせた。Xは，傷害および公務執行妨害の罪で起訴され，第1審で有罪判決を受けたので，本件写真撮影は令状によらず，かつXの同意なくして，その肖像権を

侵害したものであり、適法な職務執行にあたらない旨主張して、控訴した。これに対して、控訴審は、「写真撮影行為は違法なデモ行進の状態および違反者を確認するために、違反者またはデモ行進者に物理的な力を加えたり特別な受忍義務を負わすことなく行われたもので刑事訴訟法上の強制処分とはいわれないから、もとより裁判官の令状を要するものではない。また人には所論の如き肖像権が認められるとしても、現に犯罪が行われておる場合には現行犯処分に準じて、被疑者の意思に反しても捜査のための写真撮影は許されるものと解するのが相当である」と述べて、控訴を棄却した。X上告。

【判示】 上告棄却。

「所論は、本人の意思に反し、かつ裁判官の令状もなくされた本件警察官の写真撮影行為を適法とした原判決の判断は、肖像権すなわち承諾なしに自己の写真を撮影されない権利を保障した憲法13条に違反し、また令状主義を規定した同法35条にも違反すると主張する。

ところで、憲法13条は、『すべて国民は、個人として尊重される。生命、自由及び幸福追求に対する国民の権利については、公共の福祉に反しない限り、立法その他の国政の上で、最大の尊重を必要とする。』と規定しているのであって、これは、国民の私生活上の自由が、警察権等の国家権力の行使に対しても保護されるべきことを規定しているものということができる。そして、個人の私生活上の自由の一つとして、何人も、その承諾なしに、みだりにその容ぼう・姿態(以下「容ぼう等」という。)を撮影されない自由を有するものというべきである。

これを肖像権と称するかどうかは別として、少なくとも、警察官が、正当な理由もないのに、個人の容ぼう等を撮影することは、憲法13条の趣旨に反し、許されないものといわなければならない。しかしながら、個人の有する右自由も、国家権力の行使から無制限に保護されるわけでなく、公共の福祉のため必要のある場合には相当の制限を受けることは同条の規定に照らして明らかである。そして、犯罪を捜査することは、公共の福祉のため警察に与えられた国家作用の一つであり、警察にはこれを遂行すべき責務があるのであるから(警察法2条1項参照)、警察官が犯罪捜査の必要上写真を撮影する際、その対象の中に犯人のみならず第三者である個人の容ぼう等が含まれても、これが許容される場合がありうるものといわなければならない。

そこで、その許容される限度について考察すると、身体の拘束を受けている被疑者の写真撮影を規定した刑訴法218条2項[現3項]のような場合のほか、次のような場合には、撮影される本人の同意がなく、また裁判官の令状がなくても、警察官による個人の容ぼう等の撮影が許容されるものと解すべきである。すなわち、現に犯罪が行なわれもしくは行なわれたのち間がないと認められる場合であって、し

かも証拠保全の必要性および緊急性があり，かつその撮影が一般的に許容される限度をこえない相当な方法をもって行なわれるときである。このような場合に行なわれる警察官による写真撮影は，その対象の中に，犯人の容ぼう等のほか，犯人の身辺または被写体とされた物件の近くにいたためこれを除外できない状況にある第三者である個人の容ぼう等を含むことになっても，憲法13条，35条に違反しないものと解すべきである。

これを本件についてみると，原判決およびその維持した第1審判決の認定するところによれば，昭和37年6月21日に行なわれた本件B連合主催の集団行進集団示威運動においては，被告人の属するC大学学生集団はその先頭集団となり，被告人はその列外最先頭に立って行進していたが，右集団は京都市中京区木屋町通御池下る約30メートルの地点において，先頭より4列ないし5列目位まで7名ないし8名位の縦隊で道路のほぼ中央あたりを行進していたこと，そして，この状況は，京都府公安委員会が付した『行進隊列は4列縦隊とする』という許可条件および京都府中立売警察署長が道路交通法77条に基づいて付した『車道の東側端を進行する』という条件に外形的に違反する状況であったこと，そこで，許可条件違反等の違法状況の視察，採証の職務に従事していた京都府山科警察署勤務の巡査Aは，この状況を現認して，許可条件違反の事実ありと判断し，違法な行進の状態および違反者を確認するため，木屋町通の東側歩道上から前記被告人の属する集団の先頭部分の行進状況を撮影したというのであり，その方法も，行進者に特別な受忍義務を負わせるようなものではなかったというのである。

右事実によれば，A巡査の右写真撮影は，現に犯罪が行なわれていると認められる場合になされたものであって，しかも多数の者が参加し刻々と状況が変化する集団行動の性質からいって，証拠保全の必要性および緊急性が認められ，その方法も一般的に許容される限度をこえない相当なものであったと認められるから，たとえそれが被告人ら集団行進者の同意もなく，その意思に反して行なわれたとしても，適法な職務執行行為であったといわなければならない。」

Q Basic

17 本判決は，本件事案における犯罪捜査のための警察官による容貌等の写真撮影を任意処分と強制処分のいずれと考えているか。本判決をそのように理解する根拠はどこにあるか。参考裁判例1-6はどう考えているか。

18 本判決と，強制処分の意義及び任意捜査における有形力の行使の適否について説示した最高裁決定（判例1-1）とは，同様の判断枠組によるものといえるか。

19 仮に本件写真撮影が「強制処分」であるとした場合，それはいかなる強制処分に該当するか。刑訴法にはそのような強制処分を許容する特別の根拠規定があ

るか（**Q10** 参照）。

20 参考裁判例1-⑥は，被告人が容ぼう等を撮影された場所について，「いずれも，通常，人が他人から容ぼう等を観察されること自体は受忍せざるを得ない場所におけるものである」と述べている。それはどのような趣旨か。この場合，撮影による法益侵害は認められるか。住居内に居る人の容ぼう等を外部から撮影した場合はどうか（**Q28** 参照）。

21 本判決の摘示する「現に犯罪が行なわれもしくは行なわれたのち間がないと認められる場合」であるということは，本件の写真撮影を適法とする上でいかなる意味を持つか。無令状の写真撮影が許されるのはそのような場合に限られるという趣旨か（判例**1**-③，参考裁判例1-⑥，1-⑧，1-⑨参照）。**17** についてどう考えるかによって，答えは異なるか。

22 参考裁判例1-⑥は容ぼう等の撮影が許される要件について，どのように述べているか。本判決の述べる証拠保全の「緊急性」は要件とされているか（判例**1**-③，参考裁判例1-⑧参照）。

23 警察官は，既に発生した集団による強盗事件の犯人を検挙するため，犯人グループの1人と疑われる被疑者Xの居宅に常時出入りする人物の容貌を写真撮影し，これを犯行目撃者および被害者に示して犯人グループの特定を行おうと考えた。そこでX宅出入り口前の公道上を見通すことのできる場所にカメラを設置し，同所に常時出入りしているYが公道上を歩行しているところを撮影した。このような写真撮影は適法か。

Q Advanced

24 警察官は，覚せい剤の取引が行われている疑いが濃厚な建物に出入りする人物を特定するため，上記建物に出入りする人物全員について，これらの者が公道上に出てきたところを無令状で逐一その容貌を写真撮影した。このような撮影は適法か。

25 警察官は，連続放火事件の犯人を割り出す目的で，連続放火事件と疑われる火災現場に集まっていた野次馬全員の容貌を写真撮影した。このような撮影は適法か。

26 集団乱闘事件の犯人の1人と疑われるXが負傷して病院に搬送され入院したため，警察官は，病院管理者の許可を得て病室内に立ち入り，犯人特定の目的で，ベッドに横臥しているXの容貌を無令状で写真撮影した。このような写真撮影は適法か。参考裁判例1-⑧と同様に判断されるか。判断が異なるとすれば，それはどうしてか。このような写真撮影は強制処分か任意処分か。違法だとした場合，それはいずれを前提にした判断か。

27 警察官は，大麻草が栽培されている疑いが濃厚な，高い塀で囲まれている

住宅敷地内の庭園上空をヘリコプターで飛行し，望遠レンズを装着したカメラを用いて大麻草の植栽された庭の様子を無令状で写真撮影した。このような写真撮影は適法か。

28 警察官は，拳銃の取引が行われている疑いが濃厚な住居内の様子を見通すことのできる公道上に，望遠レンズと高感度フィルムを装着したカメラを設置して当該住居内で現に拳銃の授受が行われている様子を，令状なくして写真撮影した。このような撮影は適法か。

1-③ 東京高判昭和63年4月1日判時1278号152頁
(山谷テレビカメラ監視事件)

【事案の概要】　かねてから無許可の集団示威行進や人身傷害に至る集団対立抗争事件が発生していたいわゆる山谷通りに面する山谷派出所では，派出所前歩道上の電柱の地上約8メートルの高さに雑踏警備用の円筒型テレビカメラを1台設置し，これを派出所から遠隔操作して，山谷通りの状況を俯瞰的に撮影し，派出所内のモニター用受像機にその画像を映し出すとともに，これをビデオ録画していた。昭和61年9月20日午前6時30分ころ，カメラとビデオ装置を始動してモニターを監視中に，無許可集団示威行進と認められる一団が現れたため，警察官は，カメラを操作してその状況を撮影・録画した。また，集団が再び現れ，駐車してあった警察車両の赤色回転燈や窓ガラスを損壊したので，その状況をも引き続き撮影・録画した。X (被告人) は，このビデオ画像から器物損壊の犯人と特定され起訴されたが，弁護人はこの撮影・録画が最高裁判例 (判例1-②) の基準に反する旨を主張してビデオテープの証拠能力を争った。第1審は，ビデオ撮影・録画を適法と認めて有罪判決を言い渡した。X側が控訴。これに対して，次のように判示した。

【判示】　控訴棄却。

「たしかに，その承諾なくしてみだりにその容貌等を撮影されない自由は，いわゆるプライバシーの権利の一コロラリーとして憲法13条の保障するところというべきであるけれども，……最高裁判例は，その具体的事案に即して警察官の写真撮影が許容されるための要件を判示したものにすぎず，この要件を具備しないかぎり，いかなる場合においても，犯罪捜査のための写真撮影が許容されないとする趣旨まで包含するものではないと解するのが相当であって，当該現場において犯罪が発生する相当高度の蓋然性が認められる場合であり，あらかじめ証拠保全の手段，方法をとっておく必要性及び緊急性があり，かつ，その撮影，録画が社会通念に照らして相当と認められる方法でもって行われるときには，現に犯罪が行われる時点以前から犯罪の発生が予測される場所を継続的，自動的に撮影，録画することも許されると解すべきであ[る]。」

Q Advanced

29 参考裁判例1-9において，弁護人が，本判決同様犯罪発生前からのビデオ撮影が許されるのは「当該現場において犯罪の発生が相当高度の蓋然性をもって認められる場合」に限られる旨主張したのに対して，1-9判決が，「被告人が罪を犯したと考えられる合理的な理由の存在をもって足りる」としたのはなぜか。

30 本判決の事案のように「現に犯罪が行われる時点以前から犯罪の発生が予測される場所を継続的，自動的に撮影，録画すること」は，犯罪の捜査といえるか。

31 警察官は，かねてからスリを働いていると疑われるXの動静を監視し，犯行に及んだ場合には現行犯逮捕する目的で，公道上を歩行しまた公共交通機関の車両内に居るXの尾行を継続すると共に，所持するビデオカメラで，その挙動を無令状で継続的に撮影・録画した。このような撮影は適法か。

(3) 梱包内容のエックス線検査

1-4 最三決平成21年9月28日刑集63巻7号868頁

【事案の概要】 大阪府警察本部生活安全部所属の警察官らは，かねてから覚せい剤密売の嫌疑で大阪市内の有限会社（以下「本件会社」という）に対して内偵捜査を進めていたが，本件会社関係者が東京の暴力団関係者から宅配便により覚せい剤を仕入れている疑いが生じたことから，宅配便業者の営業所に対して，本件会社の事務所に係る宅配便荷物の配達状況について照会等をした。その結果，同事務所には短期間のうちに多数の荷物が届けられており，それらの配送伝票の一部には不審な記載のあること等が判明した。そこで，警察官らは，同事務所に配達される予定の宅配便荷物のうち不審なものを借り出してその内容を把握する必要があると考え，上記営業所の長に対し，協力を求めたところ，承諾が得られたので，平成16年5月6日から同年7月2日にかけて，5回にわたり，同事務所に配達される予定の宅配便荷物各1個を同営業所から借り受けた上，関西空港内大阪税関においてエックス線検査を行った。その結果，1回目の検査においては覚せい剤とおぼしき物は発見されなかったが，2回目以降の検査においては，いずれも，細かい固形物が均等に詰められている長方形の袋の射影が観察された（以下，これら5回の検査を「本件エックス線検査」という）。なお，本件エックス線検査を経た上記各宅配便荷物は，検査後，上記営業所に返還されて通常の運送過程下に戻り，上記事務所に配達された。また，警察官らは，本件エックス線検査について，荷送人や荷受人の承諾を得ていなかった。

このような本件エックス線検査について，原審（大阪高判平成19年3月23日刑集63巻7号911頁）は，次のように述べて適法と判断した。

「所論にかんがみ，記録を調査して検討するに，原判決が説示するとおり，①エ

ックス線を照射して宅配荷物の内容物を検査することが荷送人及び荷受人のプライバシー等を侵害するものであることは否定できないが，宅配荷物の外部から照射したエックス線の射影により内容物の形状や材質を窺い知ることができるにとどまり，プライバシー等の侵害の程度が大きいとはいえないこと，②原判決が事実認定の補足説明……で説示するとおり，それまでの内偵捜査により，同一人と思しき人物から［の］……宅配荷物が……「本件会社」……の事務所に多数回配送されていたことなどの事実が判明し，本件会社の関係者が何者かから宅配荷物により覚せい剤を譲り受けている嫌疑が相当高まっていたこと，③本件のエックス線照射は，宅配荷物の直接の占有者である宅配業者の承諾を得て行っている上，検査の対象としたのは，［A］……が実名で本件会社宛に発送した宅配荷物1個と［A］が偽名を使用して［本件会社のB］宛に発送した宅配荷物4個に限定されていることなどに照らすと，本件のエックス線照射は任意捜査として許容される限度のものというべきである。」

これに対して，被告人が上告した。

【判示】 上告棄却。

「本件エックス線検査は，荷送人の依頼に基づき宅配便業者の運送過程下にある荷物について，捜査機関が，捜査目的を達成するため，荷送人や荷受人の承諾を得ることなく，これに外部からエックス線を照射して内容物の射影を観察したものであるが，その射影によって荷物の内容物の形状や材質をうかがい知ることができる上，内容物によってはその品目等を相当程度具体的に特定することも可能であって，荷送人や荷受人の内容物に対するプライバシー等を大きく侵害するものであるから，検証としての性質を有する強制処分に当たるものと解される。そして，本件エックス線検査については検証許可状の発付を得ることが可能だったのであって，検証許可状によることなくこれを行った本件エックス線検査は，違法である」。

***Q* Advanced**

32 本決定の判断基準は原審の判断基準と異なるか。「強制処分」に当たるかどうかについて，両者の結論が異なったのはなぜか。

33 本決定の考え方に立った場合，判例2－③の事案における警察官の行為（所持人の承諾を得ることなく携行するバッグの施錠されていないチャックを開披し内部を一べつした行為）は「強制処分」に当たらないか（「**2** 職務質問・所持品検査」*Q37* 参照）。

(4) GPS捜査

1－⑤ 最大判平成29年3月15日刑集71巻3号13頁

【事案の概要】 X（被告人）が複数の共犯者とともに，自動車で広域を移動して行ったと疑われる窃盗事件を捜査していた警察官らは，組織性の有無，程度や，組織

内における被告人の役割を含む犯行の全容を解明するための捜査の一環として，GPS 端末の所在地をあらわす地図上の地点等を携帯電話機の画面に表示させるという，民間警備会社の提供するサービスを利用し，これにより提供された GPS 端末を，約 6 ヵ月半の間，被告人，共犯者のほか，X の知人女性も使用する蓋然性があった自動車等合計 19 台に，同人らの承諾なく，かつ，令状を取得することなく順次取り付けた上，手元の携帯電話機でそれぞれの位置情報を断続的に取得することにより，その所在や移動状況を把握した上で追尾する捜査手法を実施した（以下，この捜査を「本件 GPS 捜査」という）。

捜査の結果，X は，本件 GPS 捜査により現認されたものを含む 10 件の窃盗等の罪により起訴された。

第 1 審の大阪地裁は，弁護人からの証拠排除の申立てに対し，本件 GPS 捜査は，私有地であって，不特定多数の第三者から目視により観察されることのない空間，すなわちプライバシー保護の合理的期待が高い空間に所在する対象車両の位置情報を取得することが当然にあり得るという意味で，対象車両使用者のプライバシー等を大きく侵害することから強制処分に当たるとした上で，携帯電話機等の画面上に表示された GPS 端末の位置情報を捜査官が五官の作用によって観察する点で検証の性質を有するとし，検証許可状を取得することなく行われた本件 GPS 捜査には重大な違法があるとして，本件 GPS 捜査により直接得られた証拠及びこれに密接に関連する証拠の証拠能力を否定する旨の決定をした（大阪地決平成 27 年 6 月 5 日判時 2288 号 138 頁）。しかし，その他の証拠に基づき X を有罪と認定した（大阪地判平成 27 年 7 月 10 日判時 2288 号 144 頁）ため，これに対して控訴が申し立てられ，控訴審の大阪高裁は，本件 GPS 捜査により取得可能な情報は GPS 端末を取り付けた車両の所在位置に限られるなど，プライバシーの侵害の程度は必ずしも大きいものではなかったこと，本件 GPS 捜査が強制の処分に当たり，無令状でこれを行った点において違法と解する余地がないわけではないとしても，令状発付の実体的要件は満たしていたと考え得ること，GPS 捜査が強制処分法定主義に反し令状の有無を問わず適法に実施し得ないものと解することも到底できないことなどを挙げ，本件 GPS 捜査に重大な違法があったとはいえないとして，控訴を棄却した（大阪高判平成 28 年 3 月 2 日判タ 1429 号 148 頁）。

被告人側は，憲法 35 条違反などを主張して上告した。

【判示】 上告棄却。

「所論に鑑み，車両に使用者らの承諾なく秘かに GPS 端末を取り付けて位置情報を検索し把握する刑事手続上の捜査（以下「GPS 捜査」という。）の適法性等に関する原判決の判断の当否について，判断を示す。……

3 当裁判所の判断

そこで検討すると、原判決の……判断は是認できない。その理由は、次のとおりである。

(1) GPS捜査は、対象車両の時々刻々の位置情報を検索し、把握すべく行われるものであるが、その性質上、公道上のもののみならず、個人のプライバシーが強く保護されるべき場所や空間に関わるものも含めて、対象車両及びその使用者の所在と移動状況を逐一把握することを可能にする。このような捜査手法は、個人の行動を継続的、網羅的に把握することを必然的に伴うから、個人のプライバシーを侵害し得るものであり、また、そのような侵害を可能とする機器を個人の所持品に秘かに装着することによって行う点において、公道上の所在を肉眼で把握したりカメラで撮影したりするような手法とは異なり、公権力による私的領域への侵入を伴うものというべきである。

(2) 憲法35条は、『住居、書類及び所持品について、侵入、捜索及び押収を受けることのない権利』を規定しているところ、この規定の保障対象には、『住居、書類及び所持品』に限らずこれらに準ずる私的領域に『侵入』されることのない権利が含まれるものと解するのが相当である。そうすると、前記のとおり、個人のプライバシーの侵害を可能とする機器をその所持品に秘かに装着することによって、合理的に推認される個人の意思に反してその私的領域に侵入する捜査手法であるGPS捜査は、個人の意思を制圧して憲法の保障する重要な法的利益を侵害するものとして、刑訴法上、特別の根拠規定がなければ許容されない強制の処分に当たる（最高裁昭和50年(あ)第146号同51年3月16日第三小法廷決定・刑集30巻2号187頁［判例1-1］参照）とともに、一般的には、現行犯人逮捕等の令状を要しないものとされている処分と同視すべき事情があると認めるのも困難であるから、令状がなければ行うことのできない処分と解すべきである。

(3) 原判決は、GPS捜査について、令状発付の可能性に触れつつ、強制処分法定主義に反し令状の有無を問わず適法に実施し得ないものと解することも到底できないと説示しているところ、捜査及び令状発付の実務への影響に鑑み、この点についても検討する。

GPS捜査は、情報機器の画面表示を読み取って対象車両の所在と移動状況を把握する点では刑訴法上の『検証』と同様の性質を有するものの、対象車両にGPS端末を取り付けることにより対象車両及びその使用者の所在の検索を行う点において、『検証』では捉えきれない性質を有することも否定し難い。仮に、検証許可状の発付を受け、あるいはそれと併せて捜索許可状の発付を受けて行うとしても、GPS捜査は、GPS端末を取り付けた対象車両の所在の検索を通じて対象車両の使用者の行動を継続的、網羅的に把握することを必然的に伴うものであって、GPS端末を取り付けるべき車両及び罪名を特定しただけでは被疑事実と関係のない使用

者の行動の過剰な把握を抑制することができず、裁判官による令状請求の審査を要することとされている趣旨を満たすことができないおそれがある。さらに、GPS捜査は、被疑者らに知られず秘かに行うのでなければ意味がなく、事前の令状呈示を行うことは想定できない。刑訴法上の各種強制の処分については、手続の公正の担保の趣旨から原則として事前の令状呈示が求められており（同法222条1項、110条）、他の手段で同趣旨が図られ得るのであれば事前の令状呈示が絶対的な要請であるとは解されないとしても、これに代わる公正の担保の手段が仕組みとして確保されていないのでは、適正手続の保障という観点から問題が残る。

これらの問題を解消するための手段として、一般的には、実施可能期間の限定、第三者の立会い、事後の通知等様々なものが考えられるところ、捜査の実効性にも配慮しつつどのような手段を選択するかは、刑訴法197条1項ただし書の趣旨に照らし、第一次的には立法府に委ねられていると解される。仮に法解釈により刑訴法上の強制の処分として許容するのであれば、以上のような問題を解消するため、裁判官が発する令状に様々な条件を付す必要が生じるが、事案ごとに、令状請求の審査を担当する裁判官の判断により、多様な選択肢の中から的確な条件の選択が行われない限り是認できないような強制の処分を認めることは、『強制の処分は、この法律に特別の定のある場合でなければ、これをすることができない』と規定する同項ただし書の趣旨に沿うものとはいえない。

以上のとおり、GPS捜査について、刑訴法197条1項ただし書の『この法律に特別の定のある場合』に当たるとして同法が規定する令状を発付することには疑義がある。GPS捜査が今後も広く用いられ得る有力な捜査手法であるとすれば、その特質に着目して憲法、刑訴法の諸原則に適合する立法的な措置が講じられることが望ましい。

(4)　以上と異なる……原判断は、憲法及び刑訴法の解釈適用を誤っており、是認できない。」

［他方で大法廷は、本件GPS捜査によって直接得られた証拠及びこれと密接な関連性を有する証拠の証拠能力を否定しながらも、その余の証拠につき証拠能力を肯定し、これに基づき被告人を有罪と認定した第1審判決は正当であり、これを維持した原判決の結論に誤りはないから、その法令の解釈適用の誤りは判決に影響を及ぼすものではないことが明らかであるとして、上告を棄却した。］

Q Basic

34　本判決がGPS捜査を「強制処分」に当たるとした理由は何か。この点に関する原判決の判断とどのような点が異なるか。

35　「住居、書類及び所持品……に準ずる私的領域」とは、具体的には何を指すか。「私的領域」への「侵入」により、どのような法益が侵害されることになる

か。

36 GPS 捜査が実施される場合，「私的領域」への「侵入」はいかなる時点で生じるのか。

37 捜査機関による GPS 端末の装着を伴うことがなければ，捜査対象者の所在と移動状況を把握することは強制処分に当たらないことになるか。

38 GPS 捜査について，「一般的には，現行犯人逮捕等の令状を要しないものとされている処分と同視すべき事情があると認めるのも困難であるから，令状がなければ行うことのできない処分」とされるのは，どのような意味か。令状によることなく GPS 捜査を実施する余地は存在しないのか。

39 GPS 捜査が「合理的に推認される個人の意思に反して」行われるものであると評価される理由は何か。「合理的に推認される個人の意思に反して」いることと，「個人の意思を制圧して」いることとは同じか。そうであるとすればその理由は何か。

40 本判決が「GPS 捜査は，情報機器の画面表示を読み取って対象車両の所在と移動状況を把握する点では刑訴法上の『検証』と同様の性質を有するものの，対象車両に GPS 端末を取り付けることにより対象車両及びその使用者の所在の検索を行う点において，『検証』では捉えきれない性質を有する」というのは，どのような意味か。

41 本判決は，「GPS 捜査について，刑訴法 197 条 1 項ただし書の『この法律に特別の定めのある場合』に当たるとして同法が規定する令状を発付することには疑義がある」とする。

(1) その理由として，本判決は，**Q40** に掲げた問題点のほか，どのような問題点があるとしているか（「9 会話・通信の傍受」**Q9**，判例 9 - 2 参照）。

(2) 本判決が「事案ごとに，令状請求の審査を担当する裁判官の判断により，多様な選択肢の中から的確な条件の選択が行われない限り是認できないような強制の処分を認めること」が，197 条 1 項但書の「趣旨に沿うものとはいえない」と述べるのは，具体的にはどのような意味か。

◻ **参考裁判例 1 - 6** 最二決平成 20 年 4 月 15 日刑集 62 巻 5 号 1398 頁
本件捜査経過等に係る事実関係は，以下のとおりである。

(1) 本件は，金品強取の目的で被害者を殺害して，キャッシュカード等を強取し，同カードを用いて現金自動預払機から多額の現金を窃取するなどした強盗殺人，窃盗，窃盗未遂の事案である。

(2) 平成 14 年 11 月，被害者が行方不明になったとしてその姉から警察に対し捜索願が出されたが，行方不明となった後に現金自動預払機により被害者の口座から多額の現

1 任意捜査と強制捜査／1-6

金が引き出され，あるいは引き出されようとした際の防犯ビデオに写っていた人物が被害者とは別人であったことや，被害者宅から多量の血こんが発見されたことから，被害者が凶悪犯の被害に遭っている可能性があるとして捜査が進められた。

(3) その過程で，被告人が本件にかかわっている疑いが生じ，警察官は，前記防犯ビデオに写っていた人物と被告人との同一性を判断するため，被告人の容ぼう等をビデオ撮影することとし，同年12月ころ，被告人宅近くに停車した捜査車両の中から，あるいは付近に借りたマンションの部屋から，公道上を歩いている被告人をビデオカメラで撮影した。さらに，警察官は，前記防犯ビデオに写っていた人物がはめていた腕時計と被告人がはめている腕時計との同一性を確認するため，平成15年1月，被告人が遊技していたパチンコ店の店長に依頼し，店内の防犯カメラによって，あるいは警察官が小型カメラを用いて，店内の被告人をビデオ撮影した。

(4) また，警察官は，被告人及びその妻が自宅付近の公道上にあるごみ集積所に出したごみ袋を回収し，そのごみ袋の中身を警察署内において確認し，前記現金自動預払機の防犯ビデオに写っていた人物が着用していたものと類似するダウンベスト，腕時計等を発見し，これらを領置した。

(5) 前記(3)の各ビデオ撮影による画像が，防犯ビデオに写っていた人物と被告人との同一性を専門家が判断する際の資料とされ，その専門家作成の鑑定書等並びに前記ダウンベスト及び腕時計は，第1審において証拠として取り調べられた。

第1審，原審で有罪とされた被告人・弁護人は，警察官による被告人に対する前記各ビデオ撮影は，十分な嫌疑がないにもかかわらず，被告人のプライバシーを侵害して行われた違法な捜査手続であり，また，前記ダウンベスト及び腕時計の各領置手続は，令状もなくその占有を取得し，プライバシーを侵害した違法な捜査手続である旨主張すると共に，ビデオ撮影について判例違反を主張して上告した。

これに対し最高裁は，「上告趣意のうち，判例違反をいう点は，所論引用の各判例（最高裁昭和…44年12月24日大法廷判決・刑集23巻12号1625頁［判例1-2］，最高裁昭和…61年2月14日第二小法廷判決・刑集40巻1号48頁）は，……警察官による人の容ぼう等の撮影が，現に犯罪が行われ又は行われた後間がないと認められる場合のほかは許されないという趣旨まで判示したものではないから，前提を欠き，その余は，…［適法な］上告理由に当たらない」とした上で，職権で次のような判断を示した。

「前記事実関係及び記録によれば，捜査機関において被告人が犯人である疑いを持つ合理的な理由が存在していたものと認められ，かつ，前記各ビデオ撮影は，強盗殺人等事件の捜査に関し，防犯ビデオに写っていた人物の容ぼう，体型等と被告人の容ぼう，体型等との同一性の有無という犯人の特定のための重要な判断に必要な証拠資料を入手するため，これに必要な限度において，公道上を歩いている被告人の容ぼう等を撮影し，あるいは不特定多数の客が集まるパチンコ店内において被告人の容ぼう等を撮影したものであり，いずれも，通常，人が他人から容ぼう等を観察されること自体は受忍せざる

を得ない場所におけるものである。以上からすれば，これらのビデオ撮影は，捜査目的を達成するため，必要な範囲において，かつ，相当な方法によって行われたものといえ，捜査活動として適法なものというべきである。

　ダウンベスト等の領置手続についてみると，被告人及びその妻は，これらを入れたごみ袋を不要物として公道上のごみ集積所に排出し，その占有を放棄していたものであって，排出されたごみについては，通常，そのまま収集されて他人にその内容が見られることはないという期待があるとしても，捜査の必要がある場合には，刑訴法221条により，これを遺留物として領置することができるというべきである。また，市区町村がその処理のためにこれを収集することが予定されているからといっても，それは廃棄物の適正な処理のためのものであるから，これを遺留物として領置することが妨げられるものではない。

　したがって，前記各捜査手続が違法であることを理由とする所論は前提を欠き，原判断は正当として是認することができる。」

○ 参考裁判例 1-7　東京高判平成 28 年 8 月 23 日高刑集 69 巻 1 号 16 頁

　警察官である A らは，窃盗事件の捜査に際し，現場に遺留された DNA 型と被疑者 X の DNA 型が一致するかを調べるため，平成 27 年 1 月 28 日，荒川河川敷沿いの施設付近にテントを張って生活していた X のところに赴き，警察官であると名乗ることなく，国土交通省関東地方整備局荒川河川事務所から入手した資料を見せるなどしながら，周辺のホームレスについての話をした上で，その振る舞いから A らを国交省の職員だと思い込んだ X に対し，持参した紙コップで温かいお茶を勧め，これを X が飲んだ後，DNA 採取目的を秘し，そのコップを廃棄するとして A が回収した。その後，X が使用した上記紙コップから DNA が採取され，その資料を基に，X に対する逮捕状が請求された。発付された令状による逮捕後，X は口腔内細胞を任意提出し，それについて実施された鑑定の結果等を記載した鑑定書が作成された。

　X は窃盗の事実により起訴され，第 1 審は，上記鑑定書を証拠として挙示して，窃盗の事実を認定した。これに対し X 側が控訴したところ，控訴審の東京高裁は，以下のように判示して，上記鑑定書の収集過程には違法があるとした上で，原判決を破棄し，窃盗の事実について X を無罪とした。

　「本件において警察官らが用いた捜査方法は，DNA 採取目的を秘した上，コップにそそいだお茶を飲むよう被告人に勧め，被告人に使用したコップの管理を放棄させて回収し，そこから DNA サンプルを採取するというものである。そこで，まず，本件捜査方法が，任意捜査の範疇にとどまり，任意捜査の要件を充足すれば許されるのか，それとも，このような捜査方法は，強制処分に該当し，これを令状によらずに行った本件捜査は違法であるのかが問題となる。

　……捜査において強制手段を用いることは，法律の根拠規定がある場合に限り許容さ

れるものであるが，ここにいう強制手段とは，有形力の行使を伴う手段を意味するものではなく，個人の意思を制圧し，身体，住居，財産等に制約を加えて強制的に捜査目的を実現する行為など，特別の根拠規定がなければ許容することが相当でない手段を意味するものであると解される（最高裁判所昭和51年3月16日第3小法廷決定［判例1－1］）。

これを本件について見ると，まず……Xは，［Aらを］国交省の人間だと思い込み，勧められるままに紙コップを手にしてお茶を飲み，Xが飲んだ後，DNA採取目的を秘し，そのコップを廃棄するとしてAが回収したものと認められる。そうすると，本件においては，Aらは，Aらが警察官であると認識していたとすれば，そもそもお茶を飲んだりしなかったXにお茶を飲ませ，使用した紙コップはAらによってそのまま廃棄されるものと思い込んでいたと認められるXの錯誤に基づいて，紙コップを回収したことが明らかである。

ここで，強制処分であるか否かの基準となる個人の意思の制圧が，文字どおり，現実に相手方の反対意思を制圧することまで要求するものなのかどうかが問題となるが，当事者が認識しない間に行う捜査について，本人が知れば当然拒否すると考えられる場合に，そのように合理的に推認される当事者の意思に反してその人の重要な権利・利益を奪うのも，現実に表明された当事者の反対意思を制圧して同様のことを行うのと，価値的には何ら変わらないというべきであるから，合理的に推認される当事者の意思に反する場合も個人の意思を制圧する場合に該当するというべきである（最高裁判所平成21年9月28日第3小法廷決定［判例1－4］参照）。したがって，本件警察官らの行為は，Xの意思を制圧して行われたものと認めるのが相当である。

次に，本件では，警察官らがXの黙示の意思に反して占有を取得したのは，紙コップに付着した唾液である。……確かに，相手方の意思に反するというだけでは，直ちに強制処分であるとまではいえず，法定の強制処分を要求する必要があると評価すべき重要な権利・利益に対する侵害ないし制約を伴う場合にはじめて，強制処分に該当するというべきであると解される。本件においては，警察官らがXから唾液を採取しようとしたのは，唾液に含まれるDNAを入手し鑑定することによってXのDNA型を明らかにし，これを，……合計11件の窃盗被疑事件の遺留鑑定資料から検出されたDNA型と比較することにより，Xがこれら窃盗被疑事件の犯人であるかどうかを見極める決定的な証拠を入手するためである。警察官らの捜査目的がこのような個人識別のためのDNAの採取にある場合には，本件警察官らが行った行為は，なんらXの身体に傷害を負わせるようなものではなく，強制力を用いたりしたわけではなかったといっても，DNAを含む唾液を警察官らによってむやみに採取されない利益（個人識別情報であるDNA型をむやみに捜査機関によって認識されない利益）は，強制処分を要求して保護すべき重要な利益であると解するのが相当である。

以上の検討によれば，前記のとおりの強制処分のメルクマールに照らすと，……本件

捜査方法は，強制処分に当たるというべきであり，令状によることなく身柄を拘束されていないXからその黙示の意思に反して唾液を取得した本件警察官らの行為は，違法といわざるを得ない。」

参考裁判例 1 - 8　京都地決平成 2 年 10 月 3 日判時 1375 号 143 頁

　過激派グループが，かねてから対立関係にあった別のグループと乱闘状態になり，警察官が，前記乱闘現場から病院に搬送された負傷者 2 名の容ぼうや治療状況を，犯人特定と負傷状況の証拠保全のために，乱闘発生から約 1 時間後に，搬送された病院内において撮影した事案である。弁護人が，当該写真は被撮影者の承諾なく撮影されたものであり，最高裁判例（判例 1 - 2 ）の説示するいずれの要件も満たしていない違法な写真撮影であるとして，その証拠能力を争ったのに対し，次のように判示した。

　「何人といえども，その者の承諾なしにみだりにその容貌，姿態を撮影されない自由を有することは，憲法 13 条の趣旨に照らして明らかであるが，個人の有する右自由も，国家権力の行使から無制限に保護されるわけではなく，公共の福祉のためには，必要かつ最小限度の合理的な制限を受けることもまた，同条に照らして明らかである。右の法理に照らすと，いかなる場合に個人の容貌，姿態をその承諾なくして撮影することが許容されるかは，具体的事案に即して，その写真撮影がなされた目的，方法，態様，他の代替手段の有無等の捜査機関側の利益と，被撮影者が右の自由を侵害されることによって被る不利益とを，総合的に比較考量して判断されるべきである。そうだとすると，……最高裁判決が写真撮影の適法性の要件として掲げるところは，一応当該事案における警察官の写真撮影が許容されるための要件を判示したものにすぎず，右の要件を具備しない限りいかなる場合においても犯罪捜査のための写真撮影が許されないとする趣旨まで判示したものではないと考えられる。……　当裁判所は，すでに行われた犯罪の犯人特定のための証拠保全を目的とした写真撮影については，①その犯罪が社会，公共の安全を確保する上で重大な事案であり，②被撮影者がその犯罪を行った犯人であることを疑わせる相当な理由のある者に限定されており，③写真撮影によらなければ犯人の特定ができず，かつ，証拠保全の必要性及び緊急性があり，④その撮影が社会通念上相当な方法をもって行われているときには，それが被撮影者の承諾なくして行われたとしても，比較考量上，捜査機関による写真撮影が許容される場合にあたり，憲法 13 条，35 条に違反しない適法なものとして，その写真の証拠能力が認められると考える。……本件公訴事実は兇器準備集合罪ではあるが，その実態は，いわゆる中核派と革マル派の対立抗争事件であると認められ，対立抗争が激化すれば公共の平穏を害し，かつ，多数人の生命，身体に危害が及ぶ可能性が極めて大きいのであるから，社会，公共の安全を確保する上で，重大な事案であるというべきである。そして……本件対立抗争事件が発生し，その直後，本件写真の被撮影者である自称 A ら両名が，傷の手当てを受けるため，救急隊によって……病院に搬送されており，かつ前記 O 巡査が同病院において右

両名から事情聴取をするべく質問したが，いずれもこれに全く答えようとしなかったというのであるから，同人らが本件対立抗争事件で負傷したものと優に推認することができ，したがって，同人らが本件犯罪を行った犯人であることを強く疑わせる相当な理由があるというべきであり，しかも，本件写真の被撮影者は右の嫌疑のある両名に限られている。しかも，右両名は，前記Ｏ巡査に対して，氏名，住所等を一切黙秘しており，同人らが病院に自己申告している氏名，住所が真実のものであるかどうか疑わしいため，同人らが治療を終えて病院を去ってしまうと，もはやその所在が分からなくなってしまう蓋然性は極めて高く，一方，本件写真撮影は本件対立抗争事件から約１時間後になされており，その間に右事件の現場において目撃者を確保するとともに，その者に協力を求めて，右病院に同行させ，自称Ａらと面会させることにより犯人を特定する方法をとらなければならないとすれば，捜査機関に事実上不可能を強いることになるので，結局本件の場合，犯人を特定するためには，右病院において右両名の容貌等を写真撮影の方法によって証拠保全する以外に方法がなかったものというべきであって，右のような状況下では，その場で同人らの容貌等を写真撮影しておくことの必要性及び緊急性も肯認することができる。さらに，本件写真は，前記Ｏ巡査が前記病院において撮影したものであり，そのうちの３枚は右自称Ｂの，１枚は右自称Ａの容貌，姿態をそれぞれ同病院の廊下において撮影したもの，３枚は同人の治療状況を同病院の治療室においてそれぞれ撮影したものであるが，廊下における同人らの容貌，姿態の撮影については，病院の廊下が一般人の自由に立ち入れる場所であり，しかも，自称Ｂが一応手や衣服で顔を覆うしぐさをしたものの，右両名はそれ以上に本件写真撮影に対して異を唱えることなく，これを無視する態度をとっていたものであり，また，治療室における自称Ｂの治療状況の撮影についても，Ｏ巡査は治療にあたった右病院のＲ医師から治療室への立ち入り及び同所での写真撮影の許可を得ており，右の治療は傷の手当て程度のものであって，その際，自称Ｂが写真撮影に対して異を唱えてもいないことから，いずれの撮影方法も社会通念上相当なものと認められる。」

◯ **参考裁判例 1－9** 東京地判平成 17 年 6 月 2 日判時 1930 号 174 頁

　本件被告人は，平成 16 年 6 月 10 日，及び同月 21 日の夜半，2 回にわたり住宅地に隣接する駐車場に駐車中の自動車に火を放ち，これらを損壊した器物損壊罪で起訴されたが，弁護人は，本件各犯行の前後に撮影され，公判に証拠として提出されたビデオテープは，被告人方玄関ドア付近を，被告人の承諾を得ずビデオカメラで撮影した結果得られたもので，被告人のプライバシー権ないしみだりに容ぼう等を撮影されない自由を侵害して違法であるから，本件ビデオテープ及び関係各画像処理結果報告書は違法収集証拠として証拠排除されるべきである旨主張した。これに対し裁判所は次のように判示してその主張を斥け，各犯行時刻直前に被告人方玄関ドアからペットボトル様の物を手に持って外に出た人物が，本件被害車両が駐車してあった方向へ赴き，短時分後に被告

人方に戻ってくる様子が撮影されたビデオテープを証拠採用して，有罪判決を言い渡した。

「関係各証拠によると，本件駐車場では，平成15年2月3日，同年10月8日に放火とみられる不審火が連続して発生し，本件ビデオカメラは，2回目の放火があった平成15年10月8日から3回目の放火があった同月18日までの間に，A子らの要望により，警察官が，B子方2階北東の洗面所の日差し屋根に設置したことが明らかである。本件ビデオカメラは，若干の修正はあるものの，当初から被告人方である乙山コーポ105号室の玄関ドアが画像の中心に据えられ，画像左右に被告人方両隣の玄関ドアが，画像下端に本件駐車場前道路及び本件駐車場に駐車中の自動車数台が撮影されるようになっていた。

そして，関係各証拠によれば，本件ビデオカメラ設置以前の2回の放火は，いずれも早朝，被告人方に近い本件駐車場西側の車列に駐車中の車両で起こっている上，少なくとも2回目の10月8日の放火については，被告人が第一通報者であったことが認められる。さらに，1回目の放火の後に，A子が，警察官Kに対して，被告人は生活保護を受けて一人で生活していて，毎日精神病院に通院しており，被告人が犯人ではないかとの噂話がある旨話していることが認められる。

これらの事情からすれば，ビデオカメラ設置当時，被告人が放火犯人であるとは断定できないまでも，その行動に，被告人の周辺の者が被告人を放火犯人ではないかと疑いを抱くだけの不審な点があり，しかも，被告人が放火したことを疑わせるいくつかの情況証拠が存在したことが認められるのであって，被告人が放火を行ったと考えられる合理的な理由があったということができる。もっとも，証人Kは，カメラ設置時点では被告人に放火の嫌疑はなかった旨供述するけれども，捜査機関が被告人に対し嫌疑を有していたことは，本件ビデオカメラの撮影構図はもとより，ビデオカメラ設置後に，放火未遂の第一通報者として被告人の供述を録取した際，被告人の通院先に病状照会までしていることからも明らかである。検察官は，被告人の供述に基づいてC方にもう1台ビデオカメラを設置している点を捉えて，被告人に嫌疑を抱いていなかった証左であると主張するが，当該ビデオカメラの設置は被告人の供述を踏まえて万一の場合に備えたというにすぎず，1台目のビデオカメラの設置目的を左右するものではない。

この点，弁護人は，ビデオカメラによる撮影が許されるのは，当該現場において犯罪の発生が相当高度の蓋然性をもって認められる場合，すなわち，被告人が自動車に放火することがほとんど確実であると客観的に認められる合理的な根拠がある場合でなければならない旨主張する。しかしながら，本件ビデオカメラによる撮影は，後記のとおり，公道に面する被告人方玄関ドアを撮影するというプライバシー侵害を最小限にとどめる方法が採られていることや，本件が住宅街における放火という重大事案であることに鑑みると，本件ビデオカメラの撮影が，弁護人が指摘するような犯罪発生の相当高度の蓋然性が認められる場合にのみ許されるとするのは相当ではなく，また，被告人に罪を犯

したと疑うに足りる相当な理由が存在する場合にのみ許されるとするのも厳格に過ぎると解される。むしろ，被告人が罪を犯したと考えられる合理的な理由の存在をもって足りると解するべきである。

　すると，上記認定の諸事情に照らすと，警察官が，被告人が放火を行ったと考えたことに合理的な理由が存したことは明らかである。

　そして，本件ビデオカメラ設置までの一連の放火は，早朝，人の現在しない無人の駐車場で，同所に駐車中の自動車に火を放つというものであり，同車両のガソリン等に引火しあるいは付近に駐車中の自動車や家屋に延焼する事態に発展する可能性があり，周囲には住宅が密集していて公共の危険を生じさせるおそれが高度に認められる重大な事案である。これに加え，ビデオカメラ設置までの各放火事件はいずれも人通りの少ない早朝に発生しており，犯行の目撃者を確保することが極めて困難であり，しかも，犯人を特定する客観的証拠が存せず，警察官がこの場所を終始監視することも困難を伴う状況であって，今後同種事件が発生した場合に，被疑者方及びその周辺状況をビデオ撮影していなければ，結局犯人の特定に至らず捜査の目的を達成することができないおそれが極めて高く，あらかじめ撮影を行う必要性が十分に認められる。ビデオカメラ設置前の各事件が早朝の放火事案であって，その痕跡から犯人を特定することが非常に困難なことから，その緊急性も肯認できるところである。また，本件ビデオ撮影は，上記のとおり，公道に面する被告人方玄関ドアを撮影するというもので，被告人方居室内部までをも監視するような方法ではないのであるから，被告人が被るであろうプライバシーの侵害も最小限度に止まっており，本件事案の重大性を考慮すれば，やむを得ないところであり，その方法が社会通念に照らし相当とされる範ちゅうを逸脱していたとまではいえない。

　以上からすれば，本件ビデオ撮影は，現に犯罪が行われ，あるいはそれに準じる場合に行われたものではないが，上記の状況，方法での撮影が違法であるとはいえず，本件ビデオテープ及びこれに関連する各報告書は証拠能力を有するものといえる。」

2 職務質問・所持品検査

(1) 職務質問と捜査

設例

　自転車の盗難被害が多発していた地域において，深夜，警ら中の警察官Kは，初老の男性が，婦人用の買い物かご付きミニサイクル自転車に，両膝を左右に広げるように窮屈そうな姿勢で乗ってやってくるのを発見した。Kが注視していたところ，Kに気付いた自転車の男性は，急に進路を変えて脇道に入った。

Q Elementary

1 このような場合，Kはどのような措置をとることが考えられるか。
2 Kがとり得る措置の法的根拠は何か。
3 Kがとり得る措置にはどのような限界があるか。
4 防犯登録番号からこの自転車について盗難被害届が出ていることがわかった場合はどうか。

(2) 職務質問のための停止

2-1 東京高判昭和49年9月30日刑月6巻9号960頁

【事案の概要】　警視庁麻布警察署管内の派出所に勤務していたK巡査は，制服の上に警察官用の革製コートを着用し自転車に乗って派出所管内を警ら中，午前3時20分ころ，東京都港区東麻布の交差点付近にさしかかった際，近くの道路端に立ち止まって回りをきょろきょろ見ているX（被告人）の姿を認めた。深夜，路上における不自然な態度から窃盗でも犯そうとしているのではないかという疑いを抱いたK巡査は，自転車を降りてXに近付き，「何をしているんですか」と尋ね，Xが「家を探しているんだ」と答えると，さらに「何という家ですか」と尋ねた。これに対し，Xは「テイという家だ」と答えたが，K巡査が「そのような人は知らない」というと，そのまま歩いて立ち去ろうとした。そこでK巡査は，「ちょっと待って下さい」といってXを呼び止め，名前を尋ねた。Xは「川原」と答えたが，K巡査は，Xの容貌から日本人ではないなと感じていたので，この答えに不審を抱き，その真偽を確かめるため，「背広に入っている名前を見せてくれ」といい，Xがこれを承諾したので，その着用していた背広の襟裏をめくって「嶺」と刺繍してあるのを認めた。Xが答えた姓と異なるので，K巡査が「これはどうしたものか」と尋ねたところ，Xは「今井さんから貰ったのだ」と答え，K巡査が「どういう関係の人か」と尋ねると，「友達だ」と答えたが，その住所は答えず，内ポケットから

名刺入れのようなものを出して，名刺のようなものを出そうとしたが，そのままこれを引っ込めてしまい，歩いて立ち去ろうとした。そこでK巡査は，以上の状況とXの態度から，Xの着用している背広が盗品ではないかという新たな疑いを抱き，Xのいう姓と背広上着の記名が一致しない点を明らかにするため，Xに対し「派出所まで来てもらえますか」といったところ，Xは「おれは何もやっていない。行く必要はない」といって派出所とほぼ反対の方向に歩いて立ち去ろうとした。これに対し，K巡査が「待ちなさい」といって右手でXの右手首を摑んだところ，Xは「うるさいおまわり」といってK巡査の方を振り向き，同巡査のコートの両襟を両手で摑んで左右にゆすった。K巡査はこれを両手でふりほどき，立ち去ろうとするXに対し，「ちょっと待ちなさい」とさらに声をかけたところ，Xは再びK巡査の方を振り向き，「何をこのおまわり」といって手拳で同巡査の腹部を突いた上，右膝で同巡査の左大腿部を蹴った。そこでK巡査は，午前3時30分ころ，ただちにその場で，立ち去ろうとするXを，その背後から両手をかけて押えつけて路上に倒し，公務執行妨害の現行犯人として逮捕した。K巡査は，Xの暴行により全治4日間を要する左大腿部打撲症の傷害を負った。

公務執行妨害，傷害の罪による公訴提起に対し，Xは，K巡査の行為は警職法2条1項に基づく適法な職務行為とはいえず，Xの行為は正当防衛にあたるなどと主張したが，第1審はXを有罪とした。これに対し，X側はさらに控訴を申し立てた。

【判示】　控訴棄却。

東京高裁は，K巡査がXの手首を摑んだ行為について，「立ち去ろうとする被告人に対し翻意を求めて質問を続行するため被告人を……停止させる行為として被告人の右手首を摑んだものとみるのが相当である」とした上で，その適法性について，次のように判示した。

「いうまでもなく，警察官職務執行法2条1項の警察官の質問はもっぱら犯罪予防または鎮圧のために認められる任意手段であり，同条項にいう『停止させる』行為も質問のため本人を静止状態におく手段であって，口頭で呼びかけ若しくは説得的に立ち止まることを求め或いは口頭の要求に添えて本人に注意を促す程度の有形的動作に止まるべきで，威嚇的に呼びとめ或いは本人に静止を余儀なくさせるような有形的動作等の強制にわたる行為は許されないものと解され，同条……［3項］もこの趣旨から特に規定されたものというべきである。これを本件についてみると，前記のとおり，K巡査は歩いて立ち去ろうとする被告人の背後から『待ちなさい』という言葉に添えて，右手で被告人の右手首を摑んだもので，その強さは必ずしも力を入れたという程ではなく，それは被告人の注意を促す程度の有形的な動作であると認めることができる。証人Kの原審及び当審公判における供述によると，右

の当時はすでに当初の職務質問の開始から10分近く過ぎており，その間K巡査の被告人に対する質問は前記のとおりであって，被告人の住所，年令，職業等の質問はせず，被告人が日本人ではないなと感じながら，外国人登録証明書の呈示も求めていないのである。そこでこのような職務質問の推移及びK巡査が被告人に対し抱いた前記の疑念の程度から考えると，K巡査が右のような有形的動作によって被告人を停止させて質問を続行する必要があったかどうか，同巡査は応答を拒否して少くとも3度までもその場から歩いて立ち去ろうとした被告人に対しその翻意を求め，説得する意思であったのかどうかについて若干疑問があり，具体的な犯罪による被害事実があったことを念頭にして被告人に対し疑念を抱いたわけでもないK巡査としては，この段階において職務質問を中止するのが妥当であったというべきで，執拗に質問を続行しようとした同巡査の行為は行き過ぎの謗を免れない。しかし，前記のとおり，同巡査の行為が職務質問の続行のための停止にあたるという点で，当時の客観的状況をもとに考えると，いまだ正当な職務執行の範囲を逸脱したものとまではいえないので，K巡査の前記職務行為は適法であると考えることができる。」

Q Basic

5 警職法2条1項所定の職務質問は，任意手段であるといわれるが（判例2-3参照），それはどういうことか。職務質問の法的性質（判例2-3参照）は，このことと関係するか。

6 質問を拒んで立ち去ろうとする者の右手首を摑む行為は，警職法2条3項が禁じる身柄の拘束にあたらないか（参考裁判例2-4参照）。

7 質問を拒んで立ち去ろうとする者を質問続行のためさらに停止させることは，警職法2条3項が禁じる答弁の強要にあたらないか。

8 職務質問のための停止行為は，警職法2条3項の禁止に触れない限り，常に適法か（参考裁判例2-5，2-6参照）。K巡査の行為について，「有形的動作によって被告人を停止させて質問を続行する必要があったかどうか」に疑問を呈しつつ，結論としてこれを適法とした本判決の判断に問題はないか。

Q Advanced

9 職務質問の相手方が立ち去ろうとする場合，警察官が職務質問続行のため次のような行為をとることは許されるか。
(1) 背後からタックルして転倒させたが，すぐに引き起こし，手を放した。
(2) 拳銃を構えて「止まらないと撃つぞ」と威嚇し停止させた。
例えば，次のような例ではどうか。
通り魔事件の犯人が刃物を持ったまま逃走し，その数時間後，現場から数キロメートル離れた路上で犯人の探索にあたっていた警察官が，犯人の特徴に合致し，け

がをしてハンカチを巻いた手で上着の内側を隠すようにして路地から出てくる男を発見したため，呼び止めたところ，男の上着には血が跳ねたような痕が認められた。男は，警察官の質問に対し反抗的な態度をとっていたが，隙を見て，警察官に背を向け走り出した。

10 職務質問の相手方が自動車を発進させて立ち去ろうとする場合，警察官は，職務質問続行のため，どのような行為をとることが許されるか。次の点はどうか。

(1) 参考裁判例2-⑤は，どのような事情のもとで，どのような行為をとることを許容したか。その判断は正当か。参考裁判例2-⑦はどうか。

(2) 上記の参考裁判例の判断に照らし，参考裁判例2-⑥の判断は正当か。

11 参考裁判例2-⑦の留め置きが違法とされたのはなぜか。「任意同行を求めるための説得行為としてはその限度を超え［た］」とされているが，どのような意味で限度を超えたのか。ここにいう任意同行とは，職務質問を続行するためのものか，任意捜査としての取調べのためのものか。そのいずれかで，限度を超えるかどうかの判断基準は異なるか。

12 参考裁判例2-⑦は，問題とされた留め置きについて，「警察官が，早期に令状を請求することなく長時間にわたり被告人を本件現場に留め置いた措置は違法であるといわざるを得ない」と述べている。

(1) 仮に警察官が「早期に令状を請求」していたとしたら，その時点以後に「被告人を本件現場に留め置いた措置」の適法性の判断は異なり得るか。異なり得るとすれば，それはどのような理由によるか。

(2) 令状請求にとりかかった後の留め置きについて，次のように考えることは正当か（札幌高判平成26年12月18日判夕1416号129頁も参照）。

「被告人に対する職務質問が開始された平成22年2月5日午後3時50分ころ……から捜索差押許可状が被告人に提示された午後7時51分までの間，約4時間にわたり……警察官が，被告人を職務質問の現場に留め置いている……。［その］適法性を判断するに当たっては，午後4時30分ころ，［警察官］が，被告人から任意で尿の提出を受けることを断念し……強制採尿令状……請求の手続に取りかかっていることに留意しなければならない。すなわち，強制採尿令状の請求に取りかかったということは，捜査機関において同令状の請求が可能であると判断し得る程度に犯罪の嫌疑が濃くなったことを物語るものであり，その判断に誤りがなければ，いずれ同令状が発付されることになるのであって，いわばその時点を分水嶺として，強制手続への移行段階に至ったと見るべきものである。したがって，依然として任意捜査であることに変わりはないけれども，そこには，それ以前の純粋に任意捜査として行われている段階とは，性質的に異なるものがあるとしなければならない。

……同令状を請求するためには，予め採尿を行う医師を確保することが前提とな

り，かつ，同令状の発付を受けた後，所定の時間内に当該医師の許に被疑者を連行する必要もある。したがって，令状執行の対象である被疑者の所在確保の必要性には非常に高いものがあるから，強制採尿令状請求が行われていること自体を被疑者に伝えることが条件となるが，純粋な任意捜査の場合に比し，相当程度強くその場に止まるよう被疑者に求めることも許されると解される。」(東京高判平成22年11月8日高刑集63巻3号4頁)

13 参考裁判例2-⑧の停止行為の法的根拠は何か。この点について，原審はどのように考えているか。最高裁はどうか。最高裁がいう「犯人検挙のための捜査活動」とは，「強制処分としての犯人の検挙活動，すなわち現行犯逮捕又は緊急逮捕」(則定衛「判批」研修429号〔1984年〕41頁)を意味するのか，「犯人探索のための……任意捜査」(大泉隆史「判批」ひろば37巻5号〔1984年〕53頁)を意味するのか。

法的根拠のとらえ方によって，許される停止行為の限界に差異が生じるか。例えば，本件停止行為を「職務質問のための前段階」の行為とみるのと，「犯人検挙のための捜査活動」とみるのとでは，「前者とみる限り，適法なものとして許容される規制の範囲ないし程度は，後者とみる場合に比して狭いものと解さざるを得ない」(渡邊忠嗣・最判解刑事篇昭和59年58頁)ことになるか。

14 参考裁判例2-⑫は，職務質問の実施あるいは継続のため，どのような措置をとることを適法としたか。警職法2条1項は，「停止させて」としか定めていないが，職務質問のため，停止以外の措置をとることも許しているのか。参考裁判例2-⑫の措置の許容性は，警職法2条1項の解釈としてどのように説明されるか。

(3) 自動車検問

2-② 最三決昭和55年9月22日刑集34巻5号272頁

【事案の概要】宮崎南警察署所属のK，L両巡査は，昭和52年7月8日午前2時45分ころから，飲酒運転など交通関係違反の取締りを主たる目的とする交通検問に従事した。検問は，時期的に飲酒運転が多く，飲食店の多い宮崎北署管内から両巡査が所属する宮崎南署管内に帰る者が通常橘橋を通ることから，橘橋南詰に設けられ，同所においてK，L両巡査が道路端に立って，赤色燈を回しながら北方から橘橋を渡ってくる車両すべてに停止を求める方法で実施された。同日は検問が終了した午前5時15分までに25,6台が停止を求められ，X(被告人)を含む5人が酒気帯び運転で検挙された。

X運転の車両(以下「X車両」という)は，その走行の外見的状況からは格別不審の点はなかったが，道路端に立って検問を実施していたL巡査が，X車両を認めて赤色燈を回し停止の合図をすると，Xの方で車両を道路左端に寄せ同巡査の前で

停止した。そこで，同巡査は，X車両の前を通って運転席のところに行き，運転席の窓を開けてもらい，窓越しにXに運転免許証の呈示を求めたが，酒臭がするので，酒気帯び運転の疑いを持ち，同人に降車を求めた。Xが，これに応じ，格別拒否することもなく素直に降車したので，K巡査にもXの酒臭の有無を確認してもらい，酒臭がするというので，Xに派出所までの同行を求めた。Xはこれを承諾し，K巡査がXの了解を得てX車両を運転し，L巡査がXと一緒に10ないし20メートル離れたところにある派出所に赴き，同所において飲酒検知を行った。その結果，呼気1リットルにつき0.25ミリグラム以上のアルコールが検出されたため，Xにもその旨確認させた上，K巡査において鑑識カードを作成するとともにいわゆる交通切符を作成し，その署名押印欄に署名を求め，Xもこれに応じて署名押印した。

なお，K，L巡査が所属する宮崎南警察署では，月2回の例会で全署員に対し，交通検問の方法につき，(1)歩車道の区別のある道路では，歩道上に立ち，区別のない道路では，道路端に立って，昼間は手信号で，夜間は赤色燈等を回して停止の合図をすること，(2)通行車両の前にとび出して停止を求めたり，バリケードなど交通妨害になるようなものは使用しないこと，(3)対象者に対する言葉遣いをていねいにし，必要なこと以外はいわないこと，(4)停止時間についても最小限度にし，交通妨害にならないようにすること，(5)停止の合図に応じない車両については，直ちに追跡するようなことをせず，車両の特徴や車両番号を確認して県警本部無線司令室に無線で報告することを指導し，(5)の場合には，検問担当者の報告に基づき調査し，その車両が盗難車などと思われるときには，パトカーで事後追跡することにしていること，が認められた。

道路交通法違反の罪（酒気帯び運転）で起訴されたXは，本件自動車検問は法的根拠に欠ける違法なもので，これを端緒として得られた酒気帯び鑑識カード，飲酒検知管等は違法収集証拠であるから証拠能力がないなどと主張して争ったが，第1審はこれを斥けてXを有罪とし，原審もXの控訴を棄却した。X上告。

【判示】　上告棄却。

最高裁は，自動車検問の適否について，次のような職権判断を示した。

「警察法2条1項が『交通の取締』を警察の責務として定めていることに照らすと，交通の安全及び交通秩序の維持などに必要な警察の諸活動は，強制力を伴わない任意手段による限り，一般的に許容されるべきものであるが，それが国民の権利，自由の干渉にわたるおそれのある事項にかかわる場合には，任意手段によるからといって無制限に許されるべきものでないことも同条2項及び警察官職務執行法1条などの趣旨にかんがみ明らかである。しかしながら，自動車の運転者は，公道において自動車を利用することを許されていることに伴う当然の負担として，合理的に必要な限度で行われる交通の取締に協力すべきものであること，その他現時におけ

る交通違反，交通事故の状況などをも考慮すると，警察官が，交通取締の一環として交通違反の多発する地域等の適当な場所において，交通違反の予防，検挙のための自動車検問を実施し，同所を通過する自動車に対して走行の外観上の不審な点の有無にかかわりなく短時分の停止を求めて，運転者などに対し必要な事項についての質問などをすることは，それが相手方の任意の協力を求める形で行われ，自動車の利用者の自由を不当に制約することにならない方法，態様で行われる限り，適法なものと解すべきである。……本件自動車検問は，右に述べた範囲を越えない方法と態様によって実施されており，これを適法であるとした原判断は正当である。」

Q Elementary

15 蛇行運転している自動車を発見した場合，警察官はいかなる措置をとり得るか。その法的根拠は何か（参考裁判例2－⑤参照）。

16 本件の自動車検問は，**15**の場合と差異があるか。

17 本件の自動車検問の根拠を警職法2条1項に求めることはできるか。

Q Basic

18 本件のような「相手方の任意の協力を求める形」で行われる自動車検問の場合，法律の根拠は必要か。本件のような自動車検問は，何らかの権利・利益の制約を伴うか。

19 本決定は「警察法2条1項が『交通の取締』を警察の責務として定めていること」に言及しているが，この点は，自動車検問の許容性判断においていかなる意味をもつか。警察法2条1項は，責務を規定すると同時に，それを遂行するための権限をも付与していると解することはできるか。

20 本決定は「自動車の運転者は，公道において自動車を利用することを許されていることに伴う当然の負担として，合理的に必要な限度で行われる交通の取締に協力すべきものであること」に言及しているが，この点は，自動車検問の許容性判断においていかなる意味をもつか。

21 交通違反取締りを目的として，次のような態様で「走行の外観上の不審な点の有無にかかわりなく」停止を求める方法により自動車検問を行うことは許されるか。

(1) 一部の車線を閉鎖し走行車線を狭める場合

(2) 走行車線路上に遮断機を設ける場合

22 本決定の考え方によれば，自動車検問において，停止の合図に応じない車両があった場合，警察官はいかなる措置をとることができるか。例えば，直ちにパトロールカーで追跡して，停止させることはできるか。

23 交通違反以外の犯罪の予防・検挙を目的として一斉自動車検問（警戒検問）を行うことは許されるか。その法的根拠について，参考裁判例2－⑨のように考え

ることはできるか。本決定が交通違反取締りを目的とした自動車検問（交通検問）の許容性を認めたこととの関係で，警戒検問の許容性（法的根拠とそのもとで許される停止行為の限界）はどのように考えられるか。

24 銀行強盗が発生し犯人が自動車で逃走した場合，逃走経路となり得る場所において，犯人の捕捉と情報の収集を目的として一斉自動車検問を行うことは許されるか（判例2-③参照）。

Advanced

25 本件のような検問のために自動車を停止させる場合と**15**のような自動車を停止させる場合とでは，用い得る手段に差異があるか。本件のような検問の場合と**24**のような検問の場合とではどうか。

26 本決定を前提とするとき，次のような考え方は成り立つか。

「一定の任意手段（任意処分）は，個別の権限付与規定が存しなくとも，『犯罪の予防，鎮圧』または『公共の安全と秩序の維持』という警察法2条1項の責務を遂行するために，警察比例の原則等に基づき必要かつ相当な限度で許容されるものと解される……。したがって，警職法2条1項の要件を具備しなくとも，任意手段として職務質問等を行うことは適法であり，さらにその際，場合によっては，必要性・緊急性・相当性を考慮して，一定の限度で有形力行使が認められることもあり得ると解される……。」（田辺泰弘「職務質問・所持品検査——検察の立場から」三井誠ほか編『新刑事手続Ⅰ』〔2002年〕164頁）

(4) 所持品検査

2-③ 最三判昭和53年6月20日刑集32巻4号670頁（米子銀行強盗事件）

【事案の概要】 岡山県総社警察署のK巡査部長は，昭和46年7月23日午後2時過ぎ，同県警察本部指令室からの無線により，米子市内において猟銃とナイフを所持した4人組による銀行強盗事件が発生し，犯人が銀行から600万円余を強奪して逃走中であることを知った。同日午後10時30分ころ，2人の学生風の男が同県吉備郡昭和町付近をうろついていたという情報がもたらされ，これを受けたK巡査部長は，同日午後11時ころから，同署員のL巡査長ら4名を指揮して，総社市門田の自動車販売会社営業所前の国道三叉路において緊急配備につき検問を行った。すると，翌24日午前0時ころ，タクシーの運転手から，「伯備線広瀬駅附近で若い2人連れの男から乗車を求められたが乗せなかった。後続の白い車に乗ったかも知れない」という通報があり，間もなく同日午前0時10分ころ，その方向から走行して来た白い乗用車には，運転者のほか手配人相のうちの2人に似た若い男が2人（被告人XとA）乗っており，その後部座席には，アタッシュケースとボーリングバッグが置かれていた。警察官らは職務質問を開始し，運転者の供述から，XとA

とを前記広瀬駅付近で乗せ倉敷に向かう途中であることがわかったが，XとAとは職務質問に対し黙秘した。そこで，容疑を深めた警察官らは，前記営業所内の事務所を借り受け，両名を強く促して下車させ事務所内に連れて行き，住所，氏名を質問したが，両名は返答を拒み，警察官が，ボーリングバッグとアタッシュケースの開披を求めると，両名はこれも拒否した。その後30分くらい，警察官らは両名に対し繰り返しバッグとケースの開披を要求し，両名はこれを拒み続けるという状況が続いた。容疑を一層深めた警察官らは，継続して質問を続ける必要があると判断し，同日午前0時45分ころ，Xについては3人くらいの警察官が取り囲み，Aについては数人の警察官が引張るようにして前記事務所から連れ出し，警察用自動車に乗車させて総社警察署に同行した。同署では，引き続き，K巡査部長らがXを質問し，L巡査長らがAを質問したが，両名は依然として黙秘を続けた。L巡査長は，質問の過程で，Aに対してボーリングバッグとアタッシュケースを開けるよう何回も求めたが，Aがこれを拒み続けたので，同日午前1時40分ころ，Aの承諾のないまま，その場にあったボーリングバッグのチャックを開け，大量の紙幣が無造作にはいっているのを発見した。引き続いてアタッシュケースを開けようとしたが鍵の部分が開かず，ドライバーを差し込んでこじ開けると，やはり中に大量の紙幣がはいっており，被害銀行の帯封のしてある札束も見えた。L巡査長は，Aを強盗被疑事件で緊急逮捕し，その場でボーリングバッグ，アタッシュケース，帯封1枚，現金等を差し押さえた。K巡査部長は，大量の札束が発見されたことの連絡を受け，職務質問中のXを，同じく強盗被疑事件で緊急逮捕した。

　Xは，上記強盗のほか爆発物取締罰則違反，殺人未遂の罪で起訴された。これに対し，X側は，銀行強盗事件に関し差し押さえられた現金，帯封，ボーリングバッグ，アタッシュケース等はXらの所持品の違法な捜索の結果，発見，押収されたものであるから違法収集証拠として証拠能力がないなどと主張したが，第1審はその証拠能力を認めてXを有罪とし，原審もこれを支持した。X側は，L巡査長によるボーリングバッグの開披を職務質問付随行為として適法とした原判決は，警職法2条1項の解釈を誤り，ひいては憲法35条に違反し，また違法収集証拠を証拠とした点において憲法31条に違反するなどと主張して上告を申し立てた。

【判示】　上告棄却。

　最高裁は，所持品検査の適法性について，次のように判示した。

　「警職法は，その2条1項において同項所定の者を停止させて質問することができると規定するのみで，所持品の検査については明文の規定を設けていないが，所持品の検査は，口頭による質問と密接に関連し，かつ，職務質問の効果をあげるうえで必要性，有効性の認められる行為であるから，同条項による職務質問に附随してこれを行うことができる場合があると解するのが，相当である。所持品検査は，

任意手段である職務質問の附随行為として許容されるのであるから，所持人の承諾を得て，その限度においてこれを行うのが原則であることはいうまでもない。しかしながら，職務質問ないし所持品検査は，犯罪の予防，鎮圧等を目的とする行政警察上の作用であって，流動する各般の警察事象に対応して迅速適正にこれを処理すべき行政警察の責務にかんがみるときは，所持人の承諾のない限り所持品検査は一切許容されないと解するのは相当でなく，捜索に至らない程度の行為は，強制にわたらない限り，所持品検査においても許容される場合があると解すべきである。もっとも，所持品検査には種々の態様のものがあるので，その許容限度を一般的に定めることは困難であるが，所持品について捜索及び押収を受けることのない権利は憲法35条の保障するところであり，捜索に至らない程度の行為であってもこれを受ける者の権利を害するものであるから，状況のいかんを問わず常にかかる行為が許容されるものと解すべきでないことはもちろんであって，かかる行為は，限定的な場合において，所持品検査の必要性，緊急性，これによって害される個人の法益と保護されるべき公共の利益との権衡などを考慮し，具体的状況のもとで相当と認められる限度においてのみ，許容されるものと解すべきである。

　これを本件についてみると，所論のＬ巡査長の行為は，猟銃及び登山用ナイフを使用しての銀行強盗という重大な犯罪が発生し犯人の検挙が緊急の警察責務とされていた状況の下において，深夜に検問の現場を通りかかったＡ及び被告人の両名が，右犯人としての濃厚な容疑が存在し，かつ，兇器を所持している疑いもあったのに，警察官の職務質問に対し黙秘したうえ再三にわたる所持品の開披要求を拒否するなどの不審な挙動をとり続けたため，右両名の容疑を確める緊急の必要上されたものであって，所持品検査の緊急性，必要性が強かった反面，所持品検査の態様は携行中の所持品であるバッグの施錠されていないチャックを開披し内部を一べつしたにすぎないものであるから，これによる法益の侵害はさほど大きいものではなく，上述の経過に照らせば相当と認めうる行為であるから，これを警職法2条1項の職務質問に附随する行為として許容されるとした原判決の判断は正当である。

　……前記ボーリングバッグの適法な開披によりすでにＡを緊急逮捕することができるだけの要件が整い，しかも極めて接着した時間内にその現場で緊急逮捕手続が行われている本件においては，所論アタッシュケースをこじ開けた警察官の行為は，Ａを逮捕する目的で緊急逮捕手続に先行して逮捕の現場で時間的に接着してされた捜索手続と同一視しうるものであるから，アタッシュケース及び在中していた帯封の証拠能力はこれを排除すべきものとは認められず，これらを採証した第1審判決に違憲，違法はないとした原判決の判断は正当であって，このことは当裁判所昭和…36年6月7日大法廷判決（刑集15巻6号915頁）［判例7-1］の趣旨に徴し明らかである……。」

2 職務質問・所持品検査／Q27~34

Q Basic

27 所持品について，(a)外部から観察すること，(b)質問すること，(c)任意の開示を求めること，(d)外表に手を触れて異常の有無を確認すること，はそれぞれ許されるか。法的根拠はどこに求められるか。

28 本判決によれば，本件におけるボーリングバッグの開披のような所持品検査の法的根拠はどこに求められるか。その適法性は，どのような基準にしたがって判断されるか。

29 相手方の承諾のないボーリングバッグの開披を許すことは，所持品検査が「任意手段である職務質問の附随行為として許容される」ことと矛盾しないか。

30 所持品検査が捜索に至る程度になってはならないのはなぜか。「犯罪の予防，鎮圧等を目的とする行政警察上の作用」であるとされる所持品検査に憲法35条は適用されるか。

31 次の各行為は，「捜索」にあたるか。「捜索」にあたるか否かは，どのような基準で判断されるか。

(1) 携行中のバッグの施錠されていないチャックを開披し内部を一べつする行為（判例2-3）

(2) 上衣内ポケットに手を差し入れて所持品を取り出した上，検査する行為（参考裁判例2-10）

(3) 施錠されているアタッシュケースの鍵をドライバーでこじ開け開披する行為（判例2-3）

(4) 自動車の内部を，座席の背もたれを前に倒しシートを前後に動かすなどして調べる行為（参考裁判例2-11）

(5) 携行中のバッグの施錠されていないチャックを開披したところ，中に新聞紙の束が入っていた場合において，これを取り出して，その下にある物を調べる行為

(6) (5)と同様の場合において，バッグを逆さまにして在中品をすべて外に出した上，検査する行為

32 職務質問の相手方が携行していたバッグに覆い被さってその開披を拒んでいる場合に，妨害・抵抗を排除してバッグを取り上げ，チャックを開けて内部を一べつすることは許されるか。

33 本件におけるボーリングバッグの開披の場合と参考裁判例2-10の場合とで，所持品検査の適法性について判断が分かれたのはなぜか。両者の具体的事情には，どのような差異があるか。

34 本件及び参考裁判例2-10の場合と比較して，参考裁判例2-12の場合に所持品検査の適法性が認められたのはなぜか。

Q Advanced

35 「口頭による質問と密接に関連し，かつ，職務質問の効果をあげるうえで必要性，有効性の認められる行為である」ことは，本件のような所持品検査の根拠を警職法2条1項に求める理由として十分か。

36 現行法の解釈論として，所持品検査は許容される場合があるとしても，「それは相手方が兇器・危険物を所持している蓋然性が高いので，警察官や近辺の者の生命・身体の安全を守るため，衣服や所持品につき外部から触手する類の行為に限られるべきであろう」（三井誠「所持品検査の限界と違法収集証拠の排除（上）」ジュリ679号〔1978年〕49頁）と説く見解がある。これは，どのような考え方に基づくものか。本件において，相手方が「兇器を所持している疑いもあった」ことは，所持品検査の許容性にどのような意味をもつか。

37 判例1-4は，宅配便荷物のエックス線検査（外部からエックス線を照射し内容物の射影を観察するもの）について，「荷送人や荷受人の内容物に対するプライバシー等を大きく侵害するものであるから，検証としての性質を有する強制処分に当たる」とした。この判断とボーリングバッグの検査に関する本判決の判断とは整合的か。次の点はどうか（「1 任意捜査と強制捜査」Q33参照）。

(1) それぞれの検査（警察活動）の目的は何か。目的によって，検査の許容限度に違いがあるか。

(2) それぞれの検査によって制約されるプライバシー等の内容・程度に違いはあるか。

38 判例1-5は，憲法35条の「保障対象には，『住居，書類及び所持品』に限らずこれらに準ずる私的領域に『侵入』されることのない権利が含まれる」とした上で，GPS捜査は「私的領域に侵入する」から強制処分であるとした。この判断に従うならば，本件のボーリングバックの開披や参考裁判例2-10における警察官の行為は，仮に「捜索」に至っていないとしても，「私的領域に侵入する」ものとして強制手段と評価すべきではないか。

39 本件のような所持品検査について，警職法2条1項によらずとも，警察法2条1項が定める警察の責務を遂行するための任意手段として許容されると解することはできないか。相手方に任意の所持品の開示を求め，その協力を待って行う所持品検査の場合はどうか（**Q26**参照）。

☐ **参考裁判例2-4** 最一決昭和29年7月15日刑集8巻7号1137頁

選挙違反取締りと未解決刑事事件の犯人捜査の職務を帯びて警ら中のK巡査らは，深夜午前0時15分ころ国道上を自転車で疾走してきたX（被告人）に対し，晴天にもかかわらず雨靴をはき，着用のズボンが破れていたり時刻の遅い点等に不審を抱き，職

務質問して一旦別れたが，Xの自転車荷台上の革鞄及びその中からポスター様のものがはみだしていたことから，数日前に発生した革鞄盗難事件あるいは選挙違反との関連を疑い，再び職務質問を行うためXに追い付き，革鞄及びその在中物を調査するため，午前1時15分ころXを駐在所に任意同行した。同所において種々職務質問した上，鞄内の書類の呈示を求め，その一部の調査をしたが，Xがその他の書類については再三の呈示要求にもかかわらず，これに応じる気色を示さなかったため，選挙に関係のある事案と考えたK巡査は，上司に連絡するため駐在所を出た。午前1時30分ころ駐在所のベルが鳴り，そのころ同所に来合わせていたL巡査がその受話器を手にしたが，その瞬間，Xは突然駐在所より逃げ出した。L巡査は，前年発生した麻薬強盗事件が未解決であり，Xの服装，態度のほか履物及びその所持品が同事件の被害品に酷似することから，K巡査等の職務質問を継続しかつ同事件の犯人かどうかを確かめるとともに逃走の理由を問い質す目的でXの後を追いかけ，駐在所より約130メートルの地点で追いつき，背後より「どうして逃げるのか」といいながらXを引き止めるためその腕に手をかけた。これに対し，Xは，振り向きざまに，L巡査に対し手拳で殴打し足蹴にする等の暴行を加え，同巡査に傷害を負わせた。

　Xは，公務執行妨害，傷害の罪で起訴された。本件では，L巡査の停止行為の適法性が争点となったが，原審は，「任意に停止をしない被告人を停止させるためにはこの程度の実力行為に出でることは真に止むを得ないことであって正当な職務執行の手段方法であると認むるを相当とする」との判断を示して，Xを有罪とした。X側からの上告申立てに対し，最高裁も，「原判決の認定した事実関係の下においては，原判決の判示は正当であ」るとして，これを棄却した。

☐ 参考裁判例 2-5　最一決昭和53年9月22日刑集32巻6号1774頁

　K巡査及びL巡査は，交通違反の取締りに従事中，X（被告人）の運転する車両（以下「X車両」という）が赤色信号を無視して交差点に進入したのを現認したので，K巡査が合図してX車両を停車させ，Xに違反事実を告げた。Xは一応違反事実を自認し，自動車運転免許証を提示したので，同巡査は，さらに事情聴取のためパトロールカーまで任意同行を求めたが，Xはこれに応じず，そのためK巡査は，パトロールカーをX車両の前方まで移動させ，さらに任意同行に応じるよう説得した。その結果，Xは下車したが，その際，Xが酒臭をさせており，酒気帯び運転の疑いが生じたため，K巡査はXに対し「酒を飲んでいるのではないか，検知してみるか」といって酒気の検知をする旨告げた。これに対し，Xは，急激に反抗的態度を示して「うら酒なんて関係ないぞ」と怒鳴りながら，同巡査が提示を受けて持っていた自動車運転免許証を奪い取り，エンジンのかかっているX車両の運転席に乗り込んで，ギア操作をして発進させようとした。そこで，L巡査が，運転席の窓から手を差し入れ，エンジンキーを回転してスイッチを切り，Xが運転するのを制止したところ，Xは，L巡査の行為に憤激し，K，L両

巡査に暴行を加えて傷害を負わせた。

　Xは，公務執行妨害，傷害の罪で起訴された。本件では，L巡査がX車両のエンジンスイッチを切った行為の適法性が争点となったが，この点について，最高裁は，次のように判示した。

　「L巡査が窓から手を差し入れ，エンジンキーを回転してスイッチを切った行為は，警察官職務執行法2条1項の規定に基づく職務質問を行うため停止させる方法として必要かつ相当な行為であるのみならず，道路交通法67条3項の規定に基づき，自動車の運転者が酒気帯び運転をするおそれがあるときに，交通の危険を防止するためにとった，必要な応急の措置にあたるから，刑法95条1項にいう職務の執行として適法なものであるというべきである。」

◯参考裁判例2-6　東京高判昭和54年7月9日判時948号126頁

　いわゆる革マル派と中核派による暴力抗争事件が発生する恐れがあるとの警備情報に基づき，約40名の警察官が甲大学周辺で警戒勤務についていたところ，革マル派の使用車両と目されるX（被告人）運転の普通貨物自動車が甲大学正門から出てきて，同所付近に待機していたK警部補らのパトロールカーの横を通過し，その直後に，突然車内から白い粉末を噴射した。そこで，K警部補らは，X運転車両にはいわゆる内ゲバ用の兇器か火炎びんのような物が積んであって，Xないし同乗者が検問回避のために劇薬類の入った粉末を噴射したのではないかとの疑いをもち，直ちにパトロールカーで追跡したが，約120数メートル進行した地点で道路端に消火器が投棄されているのが見つかったので，噴射された白い粉末が消火薬であったらしいことがわかった。しかし，白い粉末の噴射，消火器の投棄のいずれについても道路交通法違反の疑いがあり，さらにXらの前記のような異常な行為から，Xらがいわゆる内ゲバに関連して何らかの犯罪を犯し，若しくは犯そうとしているのではないかとの疑いもあったため，引き続きX運転車両を追跡したところ，やがて同車両が停止した。そこで，K警部補は，パトロールカーを降り，X運転車両の運転席横に駆け寄り，「警察の者だ。車を止めろ」と言って職務質問を開始しようとしたが，Xはこれを無視して車両を発進させた。X運転車両は約30メートル余り進行したところで信号待ちのため再度停止したので，K警部補は，再びX運転車両の運転席横に駆け寄り，「止まらんか。エンジンを止めて降りてこい」と言って職務質問のため停止を求めたが，X及び同乗者らは，「法的根拠は何だ。そんなものに従う必要はない」と言ってこれに応じる風がなかった。そこにL巡査が応援に駆けつけ，X運転車両の運転席側のドアを開けたので，K警部補は，開いたドアと車体の間に体を入れ，「何で消火薬を噴射したり，消火器の本体を投げたりしたのか」と言って職務質問を開始した。しかし，X及び同乗者らは質問には答えず，Xにおいて車を発進させそうな気配が感じられたため，K警部補は，とりあえずX運転車両のエンジンを切ろうとしてエンジンキーの方に左手を延ばしたが，Xから右手拳で手首の辺り

を2回くらい殴打されたり、払われたりし、X及び助手席に同乗していたYにエンジンキーを押さえられ、車を発進させられてしまった。そこで、やむなく同車を道路左端に寄せようとして左手でハンドルをつかんだが、Xに前腕部を手拳で殴打されたうえ、約10数メートル引きずられ、車の速度も時速15キロメートルくらいにまで上がってきて危険な状態になったので、手を放した。

Xは、公務執行妨害の罪で起訴され、第1審において有罪とされたため、控訴を申し立て、控訴趣意において、X運転車両のエンジンキーを取ろうとしたり、同車のハンドルをつかんで道路脇に向かわせようとしたK警部補の行為は、職務質問に付随して許される実力行使の限界を逸脱した違法なもので、仮にこれに対し暴行を加えたとしても、公務執行妨害罪は成立しないなどと主張した。これに対し、東京高裁は、次のように判示して、この点に関するXの主張を斥けた。

「K警部補が被告人らに対する職務質問を開始するに至るまでの事実経過に徴すると、同警部補が被告人らに対する職務質問を行おうとした主眼が那辺にあったかはともかく、同警部補が被告人又は被告人運転車両の同乗者が走行中の車内から消火器を投棄するという道路交通法違反を犯した疑いを持って職務質問に着手したことは否定できないところであって、……右職務質問に着手するまでの事実経過に照らし、職務質問開始の要件に欠けるところはなかったものといわなければならない。そして、前記認定のような事実関係、殊に職務質問に際し被告人らが示した前記のような態度のもとでは、K警部補が、被告人らを停止させるため、左手を車内に差し入れてエンジンのスイッチを切ろうとしたり、発進した自動車のハンドルを左手でつかんで自動車を路端に寄せようと試みた行為は、警察官職務執行法2条1項の規定に基づく職務質問を行うため相手を停止させる方法として必要かつ相当な行為にあたるから、刑法95条1項にいう職務の執行として適法なものというべきである。」

◯ 参考裁判例2-7　最三決平成6年9月16日刑集48巻6号420頁（8-2、23-6と同一事件）

福島県会津若松警察署K警部補は、平成4年12月26日午前11時前ころ、X（被告人）から同警察署八田駐在所に意味のよく分からない内容の電話があった旨の報告を受けたので、Xが電話をかけた自動車整備工場に行き、Xの状況及びその運転していた車両の特徴を聞くなどした結果、Xに覚せい剤使用の容疑があると判断し、その立ち回り先とみられる同県猪苗代方面に向かった。同警察署から捜査依頼を受けた同県猪苗代警察署のL巡査は、午前11時過ぎころ、国道49号線を進行中のX運転車両を発見し、拡声器で停止を指示したが、X運転車両は、2、3度蛇行しながら郡山方面へ進行を続け、午前11時5分ころ、磐越自動車道猪苗代インターチェンジに程近い同県耶麻郡内の通称堅田中丸交差点の手前（以下「本件現場」という）で、L巡査の指示に従って停止し、警察車両2台もその前後に停止した。当時、付近の道路は、積雪により滑りやす

い状態であった。午前11時10分ころ，本件現場に到着した同警察署M巡査部長が，Xに対する職務質問を開始したところ，Xは，目をキョロキョロさせ，落ち着きのない態度で，素直に質問に応じず，エンジンを空ふかししたり，ハンドルを切るような動作をしたため，M巡査部長は，X運転車両の窓から腕を差し入れ，エンジンキーを引き抜いて取り上げた。午前11時25分ころ，猪苗代警察署から本件現場の警察官に対し，Xには覚せい剤取締法違反の前科が4犯あるとの無線連絡が入った。午前11時33分ころ，K警部補らが本件現場に到着して職務質問を引き継いだ後，会津若松警察署の数名の警察官が，午後5時43分ころまでの間，順次，Xに対し，職務質問を継続するとともに，警察署への任意同行を求めたが，Xは，自ら運転することに固執して，他の方法による任意同行をかたくなに拒否し続けた。他方，警察官らは，車に鍵をかけさせるためエンジンキーをいったんXに手渡したが，Xが車に乗り込もうとしたので，両脇から抱えてこれを阻止した。そのため，Xは，エンジンキーを警察官に戻し，以後，警察官らは，Xにエンジンキーを返還しなかった。午後3時26分ころ，本件現場で指揮を執っていた会津若松警察署N警部が令状請求のため現場を離れ，会津若松簡易裁判所に対し，X運転車両及びXの身体に対する各捜索差押許可状並びにXの尿を医師をして強制採取させるための捜索差押許可状（以下「強制採尿令状」という）の発付を請求した。午後5時2分ころ，各令状が発付され，まず午後5時43分ころから，本件現場において，Xの身体に対する捜索がXの抵抗を排除して執行された。さらに，午後5時45分ころ，O巡査部長らが，Xの両腕をつかみXを警察車両に乗車させた上，強制採尿令状を呈示したが，Xが興奮して同巡査部長に頭を打ち付けるなど激しく抵抗したため，X運転車両に対する捜索差押手続が先行された。その後もXの興奮状態が続き，なおも暴れて抵抗しようとしたため，同巡査部長らは，午後6時32分ころ，両腕を制圧してXを警察車両に乗車させたまま，本件現場を出発し，午後7時10分ころ，会津若松市鶴賀町所在の総合会津中央病院に到着した。午後7時40分ころから52分ころまでの間，同病院において，Xをベッドに寝かせ，医師がカテーテルを使用してXの尿を採取した。

　Xは，尿から覚せい剤が検出されたため，覚せい剤取締法違反の罪で緊急逮捕され，後に起訴された。本件では，長時間の留め置きに引き続き採取された尿及びその鑑定書の証拠能力（違法収集証拠として証拠能力が否定されるか）が争点となったが，最高裁は，「本件における強制採尿手続は，被告人を本件現場に6時間半以上にわたって留め置いて，職務質問を継続した上で行われているのであるから，その適法性については，それに先行する……一連の手続の違法の有無，程度をも十分考慮してこれを判断する必要がある」とした上で，Xに対する職務質問及びその現場への留め置きの適法性について，次のように判示した。

　「職務質問を開始した当時，被告人には覚せい剤使用の嫌疑があったほか，幻覚の存在や周囲の状況を正しく認識する能力の減退など覚せい剤中毒をうかがわせる異常な言

動が見受けられ，かつ，道路が積雪により滑りやすい状態にあったのに，被告人が自動車を発進させるおそれがあったから，前記の被告人運転車両のエンジンキーを取り上げた行為は，警察官職務執行法2条1項に基づく職務質問を行うため停止させる方法として必要かつ相当な行為であるのみならず，道路交通法67条3項に基づき交通の危険を防止するため採った必要な応急の措置に当たるということができる。

これに対し，その後被告人の身体に対する捜索差押許可状の執行が開始されるまでの間，警察官が被告人による運転を阻止し，約6時間半以上も被告人を本件現場に留め置いた措置は，当初は前記のとおり適法性を有しており，被告人の覚せい剤使用の嫌疑が濃厚になっていたことを考慮しても，被告人に対する任意同行を求めるための説得行為としてはその限度を超え，被告人の移動の自由を長時間にわたり奪った点において，任意捜査として許容される範囲を逸脱したものとして違法といわざるを得ない。」［ただし，「警察官が，早期に令状を請求することなく長時間にわたり被告人を本件現場に留め置いた措置は違法であるといわざるを得ない」としつつも，「その違法の程度は，いまだ令状主義の精神を没却するような重大なものとはいえ」ず，「本件強制採尿手続自体には違法な点はないことからすれば，……これによって得られた証拠を被告人の罪証に供することが，違法捜査抑制の見地から相当でないとも認められない」と述べて，尿鑑定書の証拠能力は肯定した。］

参考裁判例2-8　最二決昭和59年2月13日刑集38巻3号295頁

昭和52年4月17日午後4時30分すぎころ，東京都港区南麻布所在の駐日大韓民国大使館入口付近に甲同盟所属の百数十名の青年男女が一団となって抗議に押しかけ，「大使出てこい」「入るぞ」などと怒号しながら大使館構内に入ろうとして，同所の警備に当たっていた十数名の警察官ともみ合いになり，その際，警察官の一人であるK巡査が，集団の先頭部分にいた年齢20ないし25歳位，身長165ないし170センチメートル，顔はやせ型，紺色のジャンパーを着用した男から手拳で顔面を2回殴打されて，その職務の執行を妨害されるとともに，眼瞼上部を2針縫合し加療10日間を要する顔面挫創の傷害を受けた。

K巡査は，犯行を現認するとともに犯人の人相特徴を確知したが，犯人が集団の中にまぎれ込んでしまったので，その場でこれを現行犯逮捕することができず，犯行の約5ないし10分後，前記大使館警備のためその場に来合わせた第8機動隊の警察官四十数名の応援を得て，犯人を集団の中から探索してこれを検挙するため，折から抗議行動を終えて立ち去りかけていた集団（男女合わせて約130名が歩道上に集団になって普通の速さで歩行中で，その先頭部分は前記犯行現場からおよそ130メートル離れたスーパー「乙」前付近に達していた）に停止を求めた。停止を求めるに当たっては，楯を持ちヘルメットを着用した出動服姿の機動隊の警察官が，「待ってくれ」などといいながら，集団の先頭部分にまわり込むとともに集団の列に沿って車道上に並ぶという方法がとられ，

その際，警察官の身体や楯が集団の先頭部分にいた者の身体に接触する程度のことはあったが，求めに応じない者に対して強制的に立ち止まらせるなどの措置はとられなかった。

L巡査部長は，機動隊の一員として，集団の先頭部分において，集団の停止に当たっていたが，その際，ハンドマイクを持ち集団の一員と認められるX（被告人）がその場から立ち去ろうとしているのを認めて，その停止を求めるため，「ちょっと待ってくれ」と声をかけながら，その背後から肩に手をかけたところ，いきなりXから暴行を受けて負傷した。集団が停止した後，K巡査が見分して，犯人でないと認められる者を順次立ち去らせたが，その間，集団を停止させていた時間は，6，7分であった。

XはL巡査部長に対し暴行を加えたことによる公務執行妨害，傷害の罪で起訴された。本件では，上記のような警察官による集団に対する停止行為とその一環としてなされたL巡査部長のXに対する停止行為の適法性が争点となったが，原審は，次のように判示して，その適法性を認めた。

「犯罪が発生してから間がなく，被害者は犯人の特徴を明確に記憶しており，犯人が集団の中にまぎれ込んだとみられるため，直ちにこれを発見することはできないが，その集団の中に犯人又は目撃者のいる蓋然性が極めて高く，被害者に確認させれば犯人又は目撃者を特定することもさほど困難ではないと思われる状況のもとでは，右集団が百数十名に達する人数であっても，その規制の方法において強制にわたるものでないかぎり，右集団自体を一時停止させて職務質問を実施するための態勢を作ることは，警職法2条1項の趣旨からして許されないこととはいえない。そして，本件の場合は，歩道上を歩行中の集団に対し，機動隊員が車道部分に隊列を組んで集団の中の者が集団から逸出するのを防ぎ，また，その移動を一時停止させるについては，集団の先頭部分を進行する者に対してその身体に接触する程度のことはあっても，強制的に立ち止まらせるようなことはせず，またこのような規制を行った時間も，……せいぜい6，7分ほどの短時間であった点に徴するならば，結局右の規制は，主として集団全体の動向を対象としたもので，右集団自体の移動，分散等を暫時の間阻止することはあっても，右集団に属する者の個個人に対して強制力を行使したものとはみなされないのであって，かかる趣旨のもとにおける右の程度の規制は，……当時の状況及び警職法の前示条項が質問の対象者を停止させることを認めている点に徴して，職務質問を行うための前段階として許容される範囲内の権限行使であると解しても，同法の法意にもとるものではないと考えられる。」

被告人側からの上告の申立てを受けた最高裁は，次のように判示して，本件における警察官の職務執行の適法性を認めた。

「犯人が路上の集団の中にまぎれ込んだ場合において，警察官が，その集団の中から犯人を探索してこれを検挙するため，その集団全体の移動を停止させるときは，これによって犯罪にかかわりのない多数の第三者の自由をも制約することとなるのであるから，

かかる停止が警察官の職務執行として軽々に許されるべきものでないことはいうまでもない。しかし，本件の場合，前記経緯のとおり，外国大使館に抗議に押しかけた集団の一員が同所の警備に従事中の警察官であるK巡査に対し暴行を加えてその職務の執行を妨害するとともに加療約10日間を要する傷害を与えるという犯罪が発生したのであって，その犯罪の内容は決して軽微といえないこと，犯行後犯人は右抗議集団の中にまぎれ込んだため直ちにこれを検挙することができなかったが，犯罪が発生してから間がなく，右集団の動き等からみて犯人がいまだ右集団の中にいる蓋然性が高いと認められ，かつ，被害者のK巡査が犯行を現認して犯人の人相特徴を明確に記憶していたのであるから，同巡査において右集団の者を見分すれば，その集団の中から犯人を発見して検挙できる可能性がきわめて高い状況にあったと認められること，集団が移動するままの状態において同巡査が犯人を発見することは，集団の規模，状況等に照らして困難な状態であり，しかも，右集団は抗議行動を終えて漸次四散する直前の状況にあったから，犯人検挙の目的を実現するためには，直ちに右集団の移動を停止させてその四散を防止する緊急の必要があり，そのためには，前記のごとき停止の方法をとる以外に有効適切な方法がなかったと認められること，右のとおり停止を求めた際に，警察官の身体や楯が集団の先頭部分にいた者の身体に接触する程度のことがあったが，それ以上の実力行使はなされておらず，あらかじめ停止を求める発言があったことなどと併せると，右行為は集団の者に対し停止を求めるための説得の手段の域にとどまるものと認めることができないわけではなく，また，停止させられた時間もせいぜい6，7分の短時間にすぎなかったのであるから，本件警察官の措置によって右集団の者が受けた不利益の内容程度もさして大きいものといえないこと，L巡査部長が被告人に対し停止を求めて肩に手をかけた行為も，前記集団に対する停止措置の一環としてとられたものであって，その有形力行使の程度も説得の手段の域にとどまることなどの事情が認められるのであって，これらの事情を総合勘案すると，本件の具体的状況のもとにおいては，L巡査部長が他の機動隊の警察官とともに行った本件路上集団に対する前記の停止措置は，被告人に対する行為を含め，犯人検挙のための捜査活動として許容される限度を超えた行為とまではいうことができず，適法な職務執行にあたると認めるのが相当である。」

☐ **参考裁判例2-9**　大阪高判昭和38年9月6日高刑集16巻7号526頁

　タクシーに乗って帰宅途中のX（被告人）が，大阪市天王寺区の社会福祉会館前路上に至ったところ，同所では，天王寺警察署の警察官が，自動車強盗の予防検問所を設けて自動車検問を実施していた。検問所では，直接検問にあたる5名の警察官が，西から東に道に沿って3メートルないし5メートル間隔で1列に配置され，最西端にいたK巡査が手にもった赤色燈を回して停車の合図をしたが，X乗車のタクシーは，停車せずそのまま通過しようとし，これに対し最東端にいたL巡査とその西側にいたM巡査が警笛を鳴らして停車を命じたので，少し行き過ぎて漸く停車した。X乗車のタクシーが

停車しなかったことに不審を抱いたL巡査が、走り寄って運転手にどこから客を乗せてきたかと質問し、南から来たとの答えを得て、他に不審な点もなかったのでそのまま行かせようとした際、後部座席の窓から顔を出したXが、何をポリ公といって同巡査の顔面を殴打した。

Xは、公務執行妨害の罪で起訴された。本件では、L巡査らによる自動車検問の適法性が争点となったが、原審の大阪地裁は、本件自動車検問は「職務質問の要件なき職務質問」であって現行法の下においては法的根拠を欠き不適法であるとした（公務執行妨害罪の成立否定）。これに対し、大阪高裁は、自動車検問の法的根拠について次のように判示し、結論として本件自動車検問を適法とした（公務執行妨害罪の成立肯定）。

「警職法第2条第1項をみると警察官は異常な挙動その他周囲の事情から合理的に判断して何らかの犯罪を犯し、若しくは犯そうとしていると疑うに足りる相当な理由のある者又は既に行われた犯罪について、若しくは犯罪が行われようとしていることについて知っていると認められる者を停止させて質問することができると規定している。一般の歩行者であれば警察官はその挙動、態度を注視することによって、同条の職務質問の要件の存否を判断することができるが、高速度で疾走する自動車に乗車している者に対しては停車しなければ職務質問の要件の存否の判断をすることはもとよりかりに自動車に乗車している者に職務質問の要件を具えた者がいたとしても職務質問を行うことは事実上不可能である。そもそも同条の職務質問は、かかる高速度の交通機関を利用する者に対しては行わないという前提のもとに立法されたものであろうか。警察官に職務質問の権限を認めた理由は同条に定める要件の存する場合、警察官が質問をしてその疑念をはらし、或は犯罪捜査又は犯罪防止の手段を講じる手掛かりを得させようとするにあり、それが公共の安全と秩序を維持するために必要であると考えられているからである。しかるに文明の発達と共に自動車を犯罪の手段または隠蔽の方法として利用する者が……激増する事態を招き、高速度交通機関を利用する者に対しても同条1項の要件をみたす限り警察官の職務質問の権限を認むべき実質的理由があるのである。しかも同条第1項は相当な理由のある者、知っていると認められる者とのみ規定し、職務質問の対象となる者について自動車を利用する者を除外するものではないことは文理上からも明らかである。従って、自動車を利用する者に対しても同条第1項は警察官に対し職務質問の権限を与えているものと解すべきであり、徐行しているオープンカーの如き場合を除き職務質問の要件の存否を確認するため自動車利用者に停車を求める権限をも合わせて与えたものといわなければならない。さらに運転者や乗客に職務質問の前提要件の存否を確かめるため2，3の質問をすることも相手方の任意の応答を期待できる限度において許容されていると解するのが妥当である。」

2 職務質問・所持品検査／2-10

◯ **参考裁判例 2-10** 最一判昭和 53 年 9 月 7 日刑集 32 巻 6 号 1672 頁（23-1 と同一事件）

　昭和 49 年 10 月 30 日午前 0 時 35 分ころ，パトカーで警ら中の K 巡査，L 巡査長の両名は，大阪市天王寺区所在のホテル甲付近路上に X（被告人）運転の自動車が停車しており，運転席の右横に遊び人風の 3，4 人の男がいて X と話しているのを認めた。パトカーが後方から近付くと，X の車はすぐ発進右折してホテル甲の駐車場に入りかけ，遊び人風の男達もこれについて右折して行った。K 巡査らは，このような X の不審な挙動に加え，同所は連込みホテルの密集地帯で，覚せい剤事犯や売春事犯の検挙例が多く，X に売春の客引きの疑いもあったので，職務質問することにし，パトカーを下車して X の車を駐車場入口付近で停止させた。そして，窓ごしに運転免許証の提示を求めたところ，X は正木良太郎名義の免許証を提示した（免許証が偽造であることは後に警察署において判明）。続いて，K 巡査が車内を見ると，ヤクザの組の名前と紋のはいったふくさ様のものがあり，中に賭博道具の札が 10 枚位入っているのが見えたので，他にも違法な物を持っているのではないかと思い，かつまた，X の落ち着きのない態度，青白い顔色などからして覚せい剤中毒者の疑いもあったので，職務質問を続行するため降車を求めた。これに対し，X は素直に降車した。降車した X に所持品の提示を求めると，X は，「見せる必要はない」と言って拒否し，前記遊び人風の男が近付いてきて，「お前らそんなことする権利あるんか」などと罵声を浴びせ，挑戦的態度に出てきたため，K 巡査らは，他のパトカーの応援を要請した。応援が来るまでの 2，3 分の間，K 巡査と応対していた X は何となく落ち着かない態度で所持品の提示の要求を拒んでいた。応援の警官 4 名くらいが来て後，K 巡査の所持品提示要求に対して，X はぶつぶつ言いながらも右側内ポケットから「目薬とちり紙（覚せい剤でない白色粉末が在中）」を取り出して同巡査に渡した。K 巡査は，さらに他のポケットを触らせてもらうと言って，これに対して何も言わなかった X の上衣とズボンのポケットを外から触ったところ，上衣左側内ポケットに「刃物ではないが何か堅い物」が入っている感じでふくらんでいたので，その提示を要求した。この提示要求に対し，X は黙ったままであったので，K 巡査は，「いいかげんに出してくれ」と強く言ったが，X は，それにも答えなかった。そこで，K 巡査が，「それなら出してみるぞ」と言ったところ，X は何かぶつぶつ言って不服らしい態度を示していたが，同巡査が X の上衣左側内ポケットに手を入れて取り出してみると，それは「ちり紙の包，プラスチックケース入りの注射針 1 本」であり，「ちり紙の包」を X の面前で開披してみると，本件証拠物である「ビニール袋入りの覚せい剤ようの粉末」が発見された。さらに応援の M 巡査が，X の上衣の内側の脇の下に挟んであった万年筆型ケース入り注射器を発見して取り出した。K 巡査は，X をパトカーに乗せ，その面前でマルキース試薬を用いて前記「覚せい剤ようの粉末」を検査した。その結果，覚せい剤であることが判明したので，パトカーの中で X を覚せい剤不法所持の現行犯人として逮捕し，前記粉末を差し押さえた。

Xは，覚せい剤取締法違反（所持）等の罪で起訴されたが，本件では，第1審以来，前記の経緯で差し押さえられた覚せい剤粉末の証拠能力が争点となった。第1審は，職務質問中の警察官が相手方の承諾を得ないままその上衣内ポケットを捜索して差し押さえた本件覚せい剤粉末は，違法な手続により収集された証拠物であるとしてその証拠能力を否定し（覚せい剤所持につき無罪），原審もこの判断を支持した。最高裁は，この点について，所持品検査の適法性に関する判例2-3の一般論を掲げた上で，次のように判示した。

「これを本件についてみると，……K巡査が被告人に対し，被告人の上衣左側内ポケットの所持品の提示を要求した段階においては，被告人に覚せい剤の使用ないし所持の容疑がかなり濃厚に認められ，また，同巡査らの職務質問に妨害が入りかねない状況もあったから，右所持品を検査する必要性ないし緊急性はこれを肯認しうるところであるが，被告人の承諾がないのに，その上衣左側内ポケットに手を差し入れて所持品を取り出したうえ検査した同巡査の行為は，一般にプライバシイ侵害の程度の高い行為であり，かつ，その態様において捜索に類するものであるから，上記のような本件の具体的な状況のもとにおいては，相当な行為とは認めがたいところであって，職務質問に附随する所持品検査の許容限度を逸脱したものと解するのが相当である。してみると，右違法な所持品検査及びこれに続いて行われた試薬検査によってはじめて覚せい剤所持の事実が明らかとなった結果，被告人を覚せい剤取締法違反被疑事実で現行犯逮捕する要件が整った本件事案においては，右逮捕に伴い行われた本件証拠物の差押手続は違法といわざるをえないものである。」［ただし，「本件証拠物の押収手続の違法は必ずしも重大であるとはいいえないのであり，これを被告人の罪証に供することが，違法な捜査の抑制の見地に立ってみても相当でないとは認めがたいから，本件証拠物の証拠能力はこれを肯定すべきである」とした。］

◯ 参考裁判例2-11　最三決平成7年5月30日刑集49巻5号703頁（23-7と同一事件）

平成5年3月11日午前3時10分ころ，同僚とともにパトカーで警ら中の警視庁三田警察署K巡査は，東京都港区内の国道上で，信号が青色に変わったのに発進しない普通乗用自動車（以下「本件自動車」という）を認め，運転者が寝ているか酒を飲んでいるのではないかという疑いを持ち，パトカーの赤色灯を点灯した上，後方からマイクで停止を呼び掛けた。これに対し，本件自動車は，その直後に発進し，K巡査らがサイレンを鳴らしマイクで停止を求めながら追跡したところ，約2.7キロメートルにわたって走行した後停止した。K巡査が，本件自動車を運転していたX（被告人）に対し職務質問を開始したところ，Xが免許証を携帯していないことが分かり，さらに，照会の結果，Xに覚せい剤の前歴5件を含む9件の前歴のあることが判明した。そこで，K巡査は，Xのしゃべり方が普通と異なっていたことや，停止を求められながら逃走したこと

なども考え合わせて，覚せい剤所持の嫌疑を抱き，Xに対し約20分間にわたり所持品や本件自動車内を調べたいなどと説得したが，Xがこれに応じようとしなかったため，三田警察署に連絡を取り，覚せい剤事犯捜査の係官の応援を求めた。5分ないし10分後，部下とともに駆けつけた三田警察署L巡査部長は，K巡査からそれまでの状況を聞き，皮膚が荒れ，目が充血するなどしているXの様子も見て，覚せい剤使用の状態にあるのではないかとの疑いを持ち，Xを捜査用の自動車に乗車させ，同車内でK巡査が行ったのと同様の説得を続けた。そうするうち，窓から本件自動車内をのぞくなどしていた警察官から，車内に白い粉状の物があるという報告があったため，L巡査部長は，Xに対し，検査したいので立ち会ってほしいと求めた。これに対し，Xは，「あれは砂糖ですよ。見てくださいよ」などと答えたので，L巡査部長は，Xを本件自動車のそばに立たせた上，自ら車内に乗り込み，床の上に散らばっている白い結晶状の物について予試験を実施したが，覚せい剤は検出されなかった。その直後，L巡査部長は，Xに対し，「車を取りあえず調べるぞ。これじゃあ，どうしても納得がいかない」などと告げ，他の警察官に対しては，「相手は承諾しているから，車の中をもう1回よく見ろ」などと指示した。そこで，K巡査ら警察官4名が，懐中電灯等を用い，座席の背もたれを前に倒し，シートを前後に動かすなどして，本件自動車の内部を丹念に調べたところ，運転席下の床の上に白い結晶状の粉末の入ったビニール袋1袋が発見された。なお，Xは，K巡査らが車内を調べる間，その様子を眺めていたが，異議を述べたり口出しをしたりすることはなかった。

Xは，三田警察署に任意同行された後，同署内で行われたビニール袋入り粉末に対する覚せい剤の予試験で，覚せい剤反応が確認されたことから，覚せい剤所持の現行犯人として逮捕され，留置場で就寝した後，同日午前11時10分ころ，警察官の求めに応じ，同署内で尿を提出した。Xは，この尿から覚せい剤が検出されたとの鑑定結果に基づき，覚せい剤使用の事実で起訴された。本件では，尿鑑定書の証拠能力と，その前提として，尿提出に先行するX車両の検索（その後のXの逮捕）の適法性が問題となったが，第1審の東京地裁は，X車両の検索について，「被告人が，積極的にとまではいえないけれども，これに対し承諾をしたものと認めるのが相当である」として適法とした。これに対し，原審の東京高裁は，X車両の検索は職務質問に付随して行う所持品検査の一種であるとした上で，「本件についてみると，……被告人に覚せい剤の使用又は所持の容疑がかなり顕著に認められ，また，その際自動車を運転中であって……自動車に乗っていずれかに立ち去ってしまうおそれも大きかったのであるから，……本件自動車の中を窓の外から覗いた際，……白い結晶状のものが散らばっているのが見えるという状況のもとでは，十分に必要性，緊急性などもあり，L巡査部長が自ら本件自動車の運転席に乗り込み，……右白い結晶状のものの一部を取り，その際持って来ていた試薬を用い，いわゆる予試験をするなどしたことは，被告人の承諾の有無にかかわらず，……［職務質問に付随して行う所持品検査の］許容される範囲に入るものと解される」としたが，そ

の後，K巡査ら警察官4名が，懐中電灯等を用い，座席の背もたれを前に倒し，シートを前後に動かすなどして，本件自動車の内部を丹念に調べた本件検索行為については，「その態様，実質等においてまさに捜索に等しいものである」から，「被告人の承諾がない限り，……所持品検査としての限界を越えたものであって，許されないものであったというべきである」とし，Xが承諾していたかどうかについては，「被告人は，本件検索の直前まで，本件自動車内の検索を拒絶し続けていたものであり，また直前においても，……L巡査部長から本件自動車の中の検索を行うことを告げられたのに対し，被告人が『しようがない』という趣旨のことを述べたことが窺われるに過ぎないから，その際被告人の任意の承諾があったとは到底認められない」とした（採尿手続は違法としたが，その違法の程度は令状主義を没却するほど重大なものには至っていないとして尿鑑定書の証拠能力は肯定した）。この点について，最高裁は，次のように判示して，原審の判断を是認した。

「警察官が本件自動車内を調べた行為は，被告人の承諾がない限り，職務質問に付随して行う所持品検査として許容される限度を超えたものというべきところ，右行為に対し被告人の任意の承諾はなかったとする原判断に誤りがあるとは認められないから，右行為が違法であることは否定し難い……。」

◯ **参考裁判例2-12**　最一決平成15年5月26日刑集57巻5号620頁

X（被告人）は，平成9年8月11日午後1時過ぎ，東京都西多摩郡所在のいわゆるラブホテルである「甲」（以下「本件ホテル」という）301号室に1人で投宿した。本件ホテルの責任者Aは，翌12日朝，Xがチェックアウト予定の午前10時になってもチェックアウトをせず，かえって清涼飲料水を1度に5缶も注文したことや，Xが入れ墨をしていたことから，暴力団関係者を宿泊させてしまい，いつ退去するか分からない状況になっているのではないかと心配になり，また，職務上の経験から飲料水を大量に飲む場合は薬物使用の可能性が高いとの知識を有していたので，薬物使用も懸念した。Aは，再三にわたり，チェックアウト時刻を確認するためXに問い合わせたが，返答は要領を得ず，この間，Xは，「フロントの者です」とドア越しに声をかけられると「うるさい」と怒鳴り返し，料金の精算要求に対しては「この部屋は二つに分かれているんじゃないか」と言うなど，不可解な言動をした。このため，Aは，110番通報をし，警察に対し，Xが宿泊料金を支払わないこと，Xにホテルから退去してほしいことのほか，薬物使用の可能性があることを告げた。

警視庁福生警察署地域課所属の司法巡査K及びLは，同日午後1時11分ころ，パトカーで警ら中，本件ホテルで「料金上のゴタ」との無線通報を傍受し，直ちに本件ホテルへ向かった。その途中，「相手は入れ墨をしている一見やくざ風の男」との連絡があり，また，福生警察署の上司から，薬物がらみの可能性もあるので事故防止には十分注意するようにとの指示を受けた。

K, L両巡査は，同日午後1時38分ころ，本件ホテルに到着し，Aから事情説明を受けた。Aは，K巡査らに対し，Xを部屋から退去させてほしいこと，Xは入れ墨をしており，薬物を使用している可能性があること等を述べた（なお，同巡査らがAから，Xが清涼飲料水を1度に5缶も注文したり，部屋が二つに分かれているのではないかなどと意味不明の言葉を発したりしていることを具体的に聞いた形跡はない）。K巡査が301号室のXに電話をかけて料金の支払を促したところ，Xから「分かった，分かった」との返事があったが，Aからこれまでと同じ反応であると聞かされて，同巡査は，Xが無銭宿泊ではないかとも考えた。しかし，K巡査は，Xのいる場所がホテルの客室であるため，慎重を期す必要があると考え，福生警察署の上司に電話で相談したところ，部屋に行って事情を聞くようにとの指示を受けたので，Aの了解の下に，無銭宿泊の疑いのほか，薬物使用のことも念頭に置いて，警察官職務執行法2条1項に基づき職務質問を行うこととし，A，L巡査及び先に臨場していた駐在所勤務のM巡査部長と共に，4人で301号室へ赴いた。

　K巡査は，301号室に到着すると，ドアをたたいて声をかけたが，返事がなかったため，無施錠の外ドアを開けて内玄関に入り，再度室内に向かって「お客さん，お金払ってよ」と声をかけた。すると，Xは，内ドアを内向きに約20ないし30センチメートル開けたが，すぐにこれを閉めた。同巡査は，Xが全裸であり，入れ墨をしているのを現認したことに加え，制服姿の自分と目が合うやXが慌てて内ドアを閉めたことに不審の念を強め，職務質問を継続するため，Xが内側から押さえているドアを押し開け，ほぼ全開の状態にして，内玄関と客室の境の敷居上辺りに足を踏み入れ，内ドアが閉められるのを防止したが，その途端にXが両手を振り上げて殴りかかるようにしてきた。そこで，同巡査は，とっさにXの右腕をつかみ，次いで同巡査の後方にいたL巡査もXの左腕をつかみ，その手を振りほどこうとしてもがくXを同室内のドアから入って右手すぐの場所に置かれたソファーに座らせ，K巡査がXの右足を，L巡査がその左足をそれぞれ両足ではさむようにしてXを押さえつけた。このとき，Xは右手に注射器を握っていた。両巡査は，Xが突然暴行に出るという瞬間的な出来事に対し，ほとんど反射的に対応するうち，一連の流れの中でXを制止するため不可避的に内ドアの中に立ち入る結果になったものであり，意識的に内ドアの中に立ち入ったものではなかった。

　K巡査は，Xの目がつり上がった様子やその顔色も少し悪く感じられたこと等から，「シャブでもやっているのか」と尋ねたところ，Xは，「体が勝手に動くんだ」，「警察が打ってもいいと言った」などと答えた。そのころ，L巡査は，Xが右手に注射器を握っているのに気付き，K巡査がXの手首付近を握ってこれを手放させた。Xは，その後も暴れたので，K, L両巡査は，引き続きXを押さえつけていた。

　応援要請に基づき臨場したN巡査は，同室内の床に落ちていた財布や注射筒，注射針を拾って付近のテーブル上に置いた。警察官らがXに対し氏名等を答えるよう説得を続けるうち，やがてXが氏名等を答えたので，無線で犯罪歴の照会をしたところ，X

には覚せい剤取締法違反の前歴のあることが判明した。N巡査は、Xに対し、テーブル上の財布について、「これはだれのだ」などと質問し、K、L両巡査も加わって追及するうち、Xが自分の物であることを認めたので、N巡査において、「中を見せてもらっていいか」と尋ねた。Xは返答しなかったが、警察官らで説得を続けるうち、Xの頭が下がったのを見て、N巡査は、Xが財布の中を見せるのを了解したものと判断し、二つ折りの上記財布を開いて、ファスナーの開いていた小銭入れの部分からビニール袋入りの白色結晶を発見して抜き出した（なお、財布に係る所持品検査について、Xの承諾があったものとは認められない）。警察官らは、Xに対し、これは覚せい剤ではないかと追及したが、Xは、「おれは知らねえ。おれんじゃねえから、勝手にしろ」などと言った。

薬物の専務員として臨場した福生警察署生活安全課のO巡査は、Xに対して覚せい剤の予試験をする旨告げた上で、Xに見えるように同室内のベッド上で前記ビニール袋入りの白色結晶につき予試験を実施したところ、覚せい剤の陽性反応があった。そこで、同日午後2時11分、K巡査らは、Xを覚せい剤所持の現行犯人として逮捕し、その場でビニール袋入りの白色結晶1袋、注射筒1本、注射針2本等を差し押さえた。K、L両巡査は、上記逮捕に至るまで全裸のXを押さえ続けていたが、仮に押さえるのをやめた場合には、警察官側が殴られるような事態が予想される状況にあった。

Xは、本件ホテルにおける覚せい剤所持等の事実で起訴された。本件では、ホテル客室で差し押さえられた覚せい剤等の証拠能力、その前提としての、警察官によるホテル客室への立入り、同所で発見された財布に対する所持品検査の適法性が争点となったが、これらの点について、最高裁は次のように判示した。

「一般に、警察官が警察官職務執行法2条1項に基づき、ホテル客室内の宿泊客に対して職務質問を行うに当たっては、ホテル客室の性格に照らし、宿泊客の意思に反して同室の内部に立ち入ることは、原則として許されないものと解される。

しかしながら、前記の事実経過によれば、被告人は、チェックアウトの予定時刻を過ぎても一向にチェックアウトをせず、ホテル側から問い合わせを受けても言を左右にして長時間を経過し、その間不可解な言動をしたことから、ホテル責任者に不審に思われ、料金不払、不退去、薬物使用の可能性を理由に110番通報され、警察官が臨場してホテルの責任者から被告人を退去させてほしい旨の要請を受ける事態に至っており、被告人は、もはや通常の宿泊客とはみられない状況になっていた。そして、警察官は、職務質問を実施するに当たり、客室入口において外ドアをたたいて声をかけたが、返事がなかったことから、無施錠の外ドアを開けて内玄関に入ったものであり、その直後に室内に向かって料金支払を督促する来意を告げている。これに対し、被告人は、何ら納得し得る説明をせず、制服姿の警察官に気付くと、いったん開けた内ドアを急に閉めて押さえるという不審な行動に出たものであった。このような状況の推移に照らせば、被告人の行動に接した警察官らが無銭宿泊や薬物使用の疑いを深めるのは、無理からぬところであって、質問を継続し得る状況を確保するため、内ドアを押し開け、内玄関と客室の境

の敷居上辺りに足を踏み入れ，内ドアが閉められるのを防止したことは，警察官職務執行法2条1項に基づく職務質問に付随するものとして，適法な措置であったというべきである。本件においては，その直後に警察官らが内ドアの内部にまで立ち入った事実があるが，この立入りは，前記のとおり，被告人による突然の暴行を契機とするものであるから，上記結論を左右するものとは解されない。……。

　職務質問に付随して行う所持品検査は，所持人の承諾を得てその限度でこれを行うのが原則であるが，捜索に至らない程度の行為は，強制にわたらない限り，たとえ所持人の承諾がなくても，所持品検査の必要性，緊急性，これによって侵害される個人の法益と保護されるべき公共の利益との権衡などを考慮し，具体的状況のもとで相当と認められる限度において許容される場合がある（最高裁昭和…53年9月7日第一小法廷判決・刑集32巻6号1672頁［参考裁判例2-10］参照）。

　前記の事実経過によれば，財布に係る所持品検査を実施するまでの間において，被告人は，警察の許可を得て覚せい剤を使用している旨不可解なことを口走り，手には注射器を握っていた上，覚せい剤取締法違反の前歴を有することが判明したものであって，被告人に対する覚せい剤事犯（使用及び所持）の嫌疑は，飛躍的に高まっていたものと認められる。また，こうした状況に照らせば，覚せい剤がその場に存在することが強く疑われるとともに，直ちに保全策を講じなければ，これが散逸するおそれも高かったと考えられる。そして，眼前で行われる所持品検査について，被告人が明確に拒否の意思を示したことはなかった。他方，所持品検査の態様は，床に落ちていたのを拾ってテーブル上に置いておいた財布について，二つ折りの部分を開いた上ファスナーの開いていた小銭入れの部分からビニール袋入りの白色結晶を発見して抜き出したという限度にとどまるものであった。以上のような本件における具体的な諸事情の下においては，上記所持品検査は，適法に行い得るものであったと解するのが相当である。

　なお，警察官らが約30分間にわたり全裸の被告人をソファーに座らせて押さえ続け，その間衣服を着用させる措置も採らなかった行為は，職務質問に付随するものとしては，許容限度を超えており，そのような状況の下で実施された上記所持品検査の適否にも影響するところがあると考えられる。しかし，前記の事実経過に照らせば，被告人がK巡査に殴りかかった点は公務執行妨害罪を構成する疑いがあり，警察官らは，更に同様の行動に及ぼうとする被告人を警察官職務執行法5条等に基づき制止していたものとみる余地もあるほか，被告人を同罪の現行犯人として逮捕することも考えられる状況にあったということができる。また，K巡査らは，暴れる被告人に対応するうち，結果として前記のような制圧行為を継続することとなったものであって，同巡査らに令状主義に関する諸規定を潜脱する意図があった証拠はない。したがって，上記行為が職務質問に付随するものとしては許容限度を超えていたとの点は，いずれにしても，財布に係る所持品検査によって発見された証拠を違法収集証拠として排除することに結び付くものではないというべきである。」

3 任意同行と取調べ

> **設例**
> ドアロックのされていない自動車からカメラ 1 台が盗まれた窃盗事件の捜査の過程で，近くに住む失業中の X が被害品と一致するカメラをリサイクル・ショップに売却した事実が明らかになった。

Q *Elementary*

1 警察官がリサイクル・ショップの経営者から事情を聴取するにはどうしたらよいか。

2 警察官がカメラの入手方法等につき X から事情を聴取するにはどうしたらよいか。

3 警察署へ出頭するよう求められた X は，これに応じなければならないか。

4 警察官が X 宅に赴いて，X を警察署に同行することはできるか。X が同行を拒んだ場合，警察官はどうすべきか。

5 警察署に出頭し警察官からの事情の聴取に応じていた X が帰宅を求めた場合，警察官はどうすべきか。

6 X の任意の協力が得られない場合，警察官が X を事情聴取に応じさせる方法はあるか。X を逮捕した場合はどうか。

7 警察官が出頭の求めに応じたリサイクル・ショップの経営者から事情を聴取する場合と X から事情を聴取する場合とで，取調べの手続に差異があるか。

3-1 東京高判昭和 54 年 8 月 14 日刑月 11 巻 7 = 8 号 787 頁

【事案の概要】 昭和 53 年 7 月 14 日午後 3 時 24 分ころ，長野県飯山市内において，駐車中の原動機付自転車の荷籠から A 所有の郵便貯金通帳等在中の買物袋が窃取される事件が発生した。同日午後 3 時 26 分ころ，被害者から飯山警察署（以下「飯山署」という）にその届出がなされ，その際，目撃者が確認した犯人の人相・服装，犯人が乗って逃走した普通乗用自動車の色・ナンバー等が申告されたので，これに基づき，直ちに緊急手配がなされた。間もなく，逃走に用いられた自動車は，窃盗の約 6 時間前である同日午前 9 時過ぎに新潟県上越市内で盗まれたものであることが判明し，その旨も，捜査員に通報された。

同日午後 5 時 50 分ころ，一般の人から，「手配車両が国道 117 号線を飯山方面から新潟方面に向かっている」旨の通報があり，午後 6 時 20 分ころ，国道上で車両検問に従事していた K，L 両巡査は，手配車両が飯山方面から進行して来るのを認

め，その色及びナンバーを確認した上，停止の合図をした。これに対し，手配車両は一時減速したが，両巡査の前付近から急に加速し，新潟方面に向けて走り去った。その際，両巡査は，手配車両の運転者がその人相・服装（手配と一部相違があった）等から手配中の犯人であることを確認し，他に同乗者がいないことも確認した。

L巡査は直ちにミニパトカーで手配車両を追跡し，約4キロメートル先でこれに追いついたが，手配車両は，さらに約2キロメートル進んだところで，道路に面した中学校の校庭に進入して停まり，犯人は，下車して車両を放置したまま中学校西側の山林内に逃げ込んだ。そこで，L巡査も車から降りてこれを追跡したが，午後6時30分ころ，犯人の姿を見失ってしまった。その後，中学校に犯人捜索本部が設けられ，消防団員の応援も得て，山林の山狩りと国鉄飯山線各駅及び沿線の張込み・捜索が行われた。

同日午後8時5分ころ，国鉄飯山線越後田中駅で張込み中のR巡査部長とS巡査の両名は，駅南側空地付近で用便をしているX（被告人）を発見し，その人相・服装等が手配人物に酷似している上，そのズボンが濡れていて足の方が泥で汚れていることから，山林中を逃げ廻った犯人に間違いないと認め，同人をすぐそばの駅待合室に任意同行し職務質問を行った。Xは犯行については知らない旨答え，住所・氏名を尋ねても答えず，所持していた期限切れで失効した運転免許証，出所証明書によって初めてその本籍・氏名・生年月日，最近（約1週間前の同月7日）高知刑務所を出所したばかりであることなどが判明した。その間に前記K，L両巡査も駈けつけ，検問を突破し山林内に逃走した犯人はXに相違ないことを確認した。そこで事情聴取にあたっていたR部長は，Xの容疑が濃いと判断し，Xが「同所では寒い」と言い，また同所が一般の人が通行する場所であることも考慮し，Xに対し最寄りの駐在所に同行することを求めた。これに対し，Xが承諾したので，XをR部長の軽乗用車に乗せ，午後8時30分ころ，最寄り（同所より徒歩約20分）の駐在所に到着した。同所では，当初はR部長が1人で，次いでT巡査部長が加わって2人で，約2時間にわたり前同様の事情聴取を行ったが，Xの答えは変わらなかった。

同日午後10時半ころ，長野県警察本部から応援に来ていたU警部補は，前記諸事情からしてXの容疑は濃厚であるものの，緊急逮捕をするには無理があり，なお継続して取調べをする必要があると判断したが，駐在所の駐在員家族の就寝時刻でもあり，Xの供述の真否確認には駐在所では不便であってXにとっても不利益であるところから，飯山署長及び同署刑事課長らと協議した上，Xが同意するなら飯山署に同行することとした。Xの意向を確かめたところ，Xが，半ば自棄的になり勝手にしろといった調子で「どこにでも行ってよい」旨を述べたため，U警部補はXが同行を承諾したものと考え，午後11時ころ，一般の乗用車と変わらない

いわゆる覆面パトカーにXを乗せて駐在所を出発し，午後11時50分ころ，飯山署に到着した。覆面パトカーには，後部座席中央にXを乗せ，その両側にT部長とU警部補がXを挟むようにして乗り，前部には運転者のほか助手席にK部長が乗り，合計5名の警察官が同乗した。また，Xは自分からパトカーに乗り込み，また途中では家族の話をしたり警察官から夜食用のパンをもらって食べたりし，パトカーから降りたいなどとは言わなかった。

飯山署においてはT部長が取調べにあたったが，Xは依然として否認を続けた。取調べ中，15日午前0時を過ぎた後，Xが「既に逮捕しているなら遅いから留置場で寝かせてほしい。まだ逮捕していないなら帰らせてもらう」旨述べて椅子から立ち上がり，T部長にとめられるということもあった。しかし，結局，X否認のまま逮捕状が発付され，午前2時18分，その執行がなされた。その後，翌16日午後1時，検察庁送致の手続がとられ，間もなく勾留請求，勾留状発付がなされ，同日午後4時18分，その執行がなされた。

Xは，常習累犯窃盗，道路交通法違反の罪で起訴され，原審の長野地裁飯山支部は，勾留中に作成されたXの供述調書等を証拠として，Xを有罪とした。これに対し，Xは，本件における逮捕状による通常逮捕は，国鉄飯山線越後田中駅付近で警察官から職務質問されて以降，任意同行の名目で，同駅待合室，駐在所，飯山警察署に順次連行され，約6時間余にわたって実質的逮捕にあたる違法な身柄拘束がなされた後に行われたものであるから，違法であり，このような違法逮捕後に得られたXの自白を録取した供述調書はすべて違法収集証拠として証拠能力を否定されるべきであるなどと主張して控訴を申し立てた。

【判示】　控訴棄却。

東京高裁は，越後田中駅付近でのXの発見から駐在所における事情聴取の間について，「被告人に対し特段の強制力が加えられたことは認められない」としたが，飯山署への同行に関する意向確認の際には，「被告人は同行を承諾する意思はなかった」とし，またパトカーへの乗車と車中での言動も，「被告人としては同行を拒否しても聞いてもらえないと諦めていたものと認められる」と認定した。その上で，勾留の適法性とその間に得られた供述調書の証拠能力について，次のように判示した。

「被告人を前記〔越後田中〕駅付近から同駅待合室へ，同所から更に栄駐在所へ同行した一連の行為は，その経過・態様に照らし警察官職務執行法2条2項の任意同行に該当し何ら違法の点は認められないが，少なくとも同駐在所から飯山署に向かうべく被告人をいわゆる覆面パトカーに乗せてからの同行は，被告人が始めに『どこにでも行ってよい』旨述べたとはいえ，その場所・方法・態様・時刻・同行後の状況等からして，逮捕と同一視できる程度の強制力を加えられていたもので，実質

的には逮捕行為にあたる違法なものといわざるをえない。しかし，当時警察官は緊急逮捕はできないと判断していたのではあるが，前記の諸事情，特に，買物袋窃取の犯人が乗って逃走した自動車をその2，3時間後に被告人が運転しており，しかも警察官の停止合図を無視して逃走したこと，約1週間前に遠隔地の刑務所を出所したばかりで，しかも運転免許をもたない被告人が数時間前に盗まれた自動車を運転していたことなどからすると，右実質的逮捕の時点において緊急逮捕の理由と必要性はあったと認めるのが相当であり，他方，右実質的逮捕の約3時間後には逮捕令状による通常逮捕の手続がとられていること，右実質的逮捕の時から48時間以内に検察官への送致手続がとられており，勾留請求の時期についても違法の点は認められないことを合わせ考えると，右実質的逮捕の違法性の程度はその後になされた勾留を違法ならしめるほど重大なものではないと考える。また他に右勾留を違法無効とするような事情は記録上何ら認められない。したがって，逮捕の違法を理由として右勾留中に作成された被告人の供述調書（所論指摘の自白調書）を違法収集証拠であるとする所論は失当である。」

Q Basic

8 本判決は飯山署へのXの同行を「実質的には逮捕行為にあたる違法なもの」と判断している。

(1)「実質的には逮捕行為にあたる」とはどのような意味か。

(2)「実質的には逮捕行為にあたる」という判断は，具体的に本件のどのような事情に基づいて，どのようにして導かれたものか。

9 本件において，飯山署へXを同行した法的根拠は何か。それは，同行が実質的な逮捕にあたるかどうかの判断に影響を及ぼすか。

10 参考裁判例3-③と3-④では，それぞれ一連の捜査の過程のどの部分が実質的な逮捕にあたると判断されたか。その判断は，それぞれ具体的にどのような事情に基づいて，どのようにして導かれたものか。

11 本件において，飯山署におけるXの取調べは適法か。

3-② 最二決昭和59年2月29日刑集38巻3号479頁

(高輪グリーンマンション殺人事件)

【事案の概要】 昭和52年5月18日，東京都港区内のマンションの一室である本件被害者A方において，Aが何者かによって殺害されているのがAの勤め先の者によって発見され，殺人事件として，所轄の高輪警察署に設置された捜査本部のもとで捜査が開始された。

捜査は，犯行現場の状況等から犯人がAと面識のある者と考えられたため，Aの生前の交友関係を中心に進められ，かつてAと同棲したことのあるX（被告人）

もその対象となったが，同月20日になって，Xは自ら高輪警察署に出頭し，本件犯行当時アリバイがある旨の弁明をした。しかし，裏付捜査の結果，そのアリバイの主張が虚偽であることが判明し，Xに対する容疑が強まった。そこで，同年6月7日早朝，捜査官4名が東京都大田区内の甲荘（Xの勤め先の独身寮）のXの居室に赴き，本件の有力容疑者としてXに任意同行を求め，Xがこれに応じたので，同人を自動車で高輪警察署に同行した。

　捜査官らは，まずXの承諾のもとに同人を警視庁に同道した上，同日午前9時半ころから2時間余にわたってポリグラフ検査を受けさせ，その後，高輪警察署に連れ戻り，同署4階の3.3平方メートルくらいの広さの調べ室において，1名（巡査部長）が主になり，同室入口付近等に1ないし2名の捜査官を立ち会わせてXを取り調べ，アリバイの点などを追及したところ，同日午後10時ころに至って，Xは本件犯行を認めるに至った。

　そこで，捜査官らは，Xに本件犯行についての自白を内容とする答申書を作成させ，同日午後11時過ぎには一応の取調べを終えたが，Xからの申出もあったため，高輪警察署長宛の「私は高輪警察署でAさんをころした事について申し上げましたが，明日，さらにくわしく説明致します。今日は私としても寮に帰るのはいやなのでどこかの旅館に泊めていただきたいと思います」と記載した答申書を作成提出させて，同署近くの会社の宿泊施設にXを宿泊させた。その際，捜査官4，5名も同宿し，うち1名はXの宿泊室の隣室に泊り込むなどしてXの挙動を監視した。

　翌6月8日朝，捜査官らは，自動車でXを迎えに行き，朝から午後11時ころに至るまで高輪警察署の前記調べ室でXを取り調べ，同夜もXが帰宅を望まないということで，捜査官らが手配して自動車でXを同署からほど近いホテル乙に送り届けて同所に宿泊させ，翌9日以降も同様の取調べをし，同夜及び同月10日の夜はホテル丙に宿泊させた。各夜ともホテルの周辺には捜査官が張り込み，Xの動静を監視した。なお，宿泊代金については，同月7日から9日までの分は警察において支払い，同月10日の分のみXが支払った。

　このようにして同月11日までXに対する取調べを続行し，この間，前記2通の答申書のほか，同月8日付で自白を内容とする供述調書及び答申書，同月9日付で心境等を内容とする答申書，同月10日付で犯行状況についての自白を内容とする供述調書が作成され，同月11日には，否認の供述調書（参考人調書）が作成された。

　捜査官らは，Xから以上のような本件犯行についての自白を得たものの，決め手となる証拠が十分でなかったことなどから，Xを逮捕することなく，同月11日午後3時ころ，Xを山梨市から迎えにきた同人の実母らと帰郷させたが，その際，実母から「右の者御署に於て殺人被疑事件につき御取調中のところ今回私に対して身柄引渡下され正に申しうけました」旨記載した高輪警察署長宛の身柄請書を徴した。

捜査本部ではその後もＸの自白を裏付けるべく捜査を続け，同年8月23日に至って，本件殺人の容疑により前記山梨市の実母方でＸを逮捕した。Ｘは，身柄を拘束された後，当初は新たなアリバイの主張をするなどして本件犯行を否認していたが，同月26日に犯行を自白し，それ以降，捜査段階においては自白を維持した。この間，自白を内容とする司法警察員及び検察官に対する各供述調書が作成され，勾留中の同年9月12日，本件につき殺人の罪名で起訴された。

　第1審公判において，Ｘは犯行を否認したが，東京地裁は，逮捕前のものを含むＸの捜査段階における自白の任意性・信用性を認め，Ｘを有罪とし，原審の東京高裁もこれを是認した。Ｘは，逮捕前の6月7日から11日の取調べは，令状なしに実質上身柄拘束して行われたものであり，そのような違法な身柄拘束中の自白は証拠能力を有しないなどと主張して上告した。

【判示】　上告棄却。

　最高裁は，逮捕前の自白の証拠能力について，次のような職権判断を示した。

　「昭和52年6月7日に被告人を高輪警察署に任意同行して以降同月11日に至る間の被告人に対する取調べは，刑訴法198条に基づき，任意捜査としてなされたものと認められるところ，任意捜査においては，強制手段，すなわち，『個人の意思を制圧し，身体，住居，財産等に制約を加えて強制的に捜査目的を実現する行為など，特別の根拠規定がなければ許容することが相当でない手段』（最高裁昭和…51年3月16日第三小法廷決定・刑集30巻2号187頁［判例1-1］参照）を用いることが許されないことはいうまでもないが，任意捜査の一環としての被疑者に対する取調べは，右のような強制手段によることができないというだけでなく，さらに，事案の性質，被疑者に対する容疑の程度，被疑者の態度等諸般の事情を勘案して，社会通念上相当と認められる方法ないし態様及び限度において，許容されるものと解すべきである。

　これを本件についてみるに，まず，被告人に対する当初の任意同行については，捜査の進展状況からみて被告人に対する容疑が強まっており，事案の性質，重大性等にもかんがみると，その段階で直接被告人から事情を聴き弁解を徴する必要性があったことは明らかであり，任意同行の手段・方法等の点において相当性を欠くところがあったものとは認め難く，また，右任意同行に引き続くその後の被告人に対する取調べ自体については，その際に暴行，脅迫等被告人の供述の任意性に影響を及ぼすべき事跡があったものとは認め難い。

　しかし，被告人を4夜にわたり捜査官の手配した宿泊施設に宿泊させた上，前後5日間にわたって被疑者としての取調べを続行した点については，原判示のように，右の間被告人が単に『警察の庇護ないしはゆるやかな監視のもとに置かれていたものとみることができる』というような状況にあったにすぎないものといえるか，疑

問の余地がある。
　すなわち，被告人を右のように宿泊させたことについては，被告人の住居たる甲荘は高輪警察署からさほど遠くはなく，深夜であっても帰宅できない特段の事情も見当たらない上，第1日目の夜は，捜査官が同宿し被告人の挙動を直接監視し，第2日目以降も，捜査官らが前記ホテルに同宿こそしなかったもののその周辺に張り込んで被告人の動静を監視しており，高輪警察署との往復には，警察の自動車が使用され，捜査官が同乗して送り迎えがなされているほか，最初の3晩については警察において宿泊費用を支払っており，しかもこの間午前中から深夜に至るまでの長時間，連日にわたって本件についての追及，取調べが続けられたものであって，これらの諸事情に徴すると，被告人は，捜査官の意向にそうように，右のような宿泊を伴う連日にわたる長時間の取調べに応じざるを得ない状況に置かれていたものとみられる一面もあり，その期間も長く，任意取調べの方法として必ずしも妥当なものであったとはいい難い。
　しかしながら，他面，被告人は，右初日の宿泊については前記のような答申書を差し出しており，また，記録上，右の間に被告人が取調べや宿泊を拒否し，調べ室あるいは宿泊施設から退去し帰宅することを申し出たり，そのような行動に出た証跡はなく，捜査官らが，取調べを強行し，被告人の退去，帰宅を拒絶したり制止したというような事実も窺われないのであって，これらの諸事情を総合すると，右取調べにせよ宿泊にせよ，結局，被告人がその意思によりこれを容認し応じていたものと認められるのである。
　被告人に対する右のような取調べは，宿泊の点など任意捜査の方法として必ずしも妥当とはいい難いところがあるものの，被告人が任意に応じていたものと認められるばかりでなく，事案の性質上，速やかに被告人から詳細な事情及び弁解を聴取する必要性があったものと認められることなどの本件における具体的状況を総合すると，結局，社会通念上やむを得なかったものというべく，任意捜査として許容される限界を越えた違法なものであったとまでは断じ難いというべきである。
　したがって，右任意取調べの過程で作成された被告人の答申書，司法警察員に対する供述調書中の自白については，記録上他に特段の任意性を疑うべき事情も認め難いのであるから，その任意性を肯定し，証拠能力があるものとした第1審判決を是認した原判断は，結論において相当である。」
　木下忠良，大橋進裁判官の意見
「本件の任意捜査段階における被告人に対する取調べについてみるに，本件の記録上，被告人が捜査官らによる取調べあるいは捜査官の手配した宿泊施設への宿泊を明示的に拒否した事実は認められず，右宿泊については，むしろ被告人から申し出たものであることを示す答申書すら作成提出していることが認められることは，

多数意見の指摘するとおりであるが，これらの点から，右取調べが任意のものであり，宿泊も被告人の自由な意思に基づくものと速断することはできないと考えられる。すなわち，被告人は，任意同行後，先に自ら高輪警察署に出頭して無実を弁明するためにしたアリバイの主張が虚偽のものと決めつけられ，本件の犯人ではないかとの強い疑いをかけられて厳しい追及を受け，場合によっては逮捕されかねない状況に追い込まれていたものと認められる上，多数意見も指摘しているとおり，被告人の住居たる甲荘は高輪警察署からさほど遠くはなく，深夜であっても帰宅できない特段の事情も見当たらず，被告人から進んで捜査官に対し宿泊先の斡旋を求めなければならない合理的な事由があったものとも認め難いのみならず，捜査官が手配したのはいずれも高輪警察署に近い宿泊施設であって，第1日目は捜査官らが同室したも同然の状態で同宿し被告人の身近かにあってその挙動を監視し，その後も同宿こそしなかったもののホテルの周辺等に張り込み被告人の動静を監視していたほか，同警察署との往復には警察の自動車が使用され，捜査官が同乗して送り迎えがなされており，昼夜を問わず捜査官らの監視下に置かれていたばかりでなく，この間午前中から夜間に至るまでの長時間，連日にわたって本件についての追及，取調べが続けられ，加えて最初の3日間については宿泊代金を警察が負担している（記録によれば，被告人は宿泊代金を負担するだけの所持金を有していたことが窺われる。）のであって，このような状況のもとにおいては，被告人の自由な意思決定は著しく困難であり，捜査官らの有形無形の圧力が強く影響し，その事実上の強制下に右のような宿泊を伴う連日にわたる長時間の取調べに応じざるを得なかったものとみるほかはない。捜査官が被告人を実母に引き渡すにあたって身柄請書なるものを徴しているのも，被告人が右のような状態に置かれていたことを端的に示すものといえよう。

このような取調方法は，いかに被告人に対する容疑事実が重大で，容疑の程度も強く，捜査官としては速やかに被告人から詳細な事情及び弁解を聴取し，事案の真相に迫る必要性があったとしても，また，これが被告人を実質的に逮捕し身柄を拘束した状態に置いてなされたものとまでは直ちにいい難いとしても，任意捜査としてその手段・方法が著しく不当で，許容限度を越える違法なものというべきであり，この間の被告人の供述については，その任意性に当然に影響があるものとみるべきである。」〔ただし，Xが逮捕されて以降の勾留中の自白については，証拠能力を肯定することができ，それらの自白及びその余の関係証拠のみによっても，第1審判決の判示する罪となるべき事実を肯認することができるとした。〕

Q Basic

12 本決定が，本件取調べについて，「任意取調べの方法として必ずしも妥当なものであったとはいい難い」としたのは，どのような事情によるか。それにもかか

わらず，結論において，「社会通念上やむを得なかったものというべく，任意捜査として許容される限度を越えた違法なものであったとまでは断じ難い」と判断したのは，どのような事情によるか。

参考裁判例3-⁶が，任意同行後の徹夜での長時間の取調べについて，「適法性を肯認するには慎重を期さなければならない」としたのは，どのような事情によるか。それにもかかわらず，結論において，「社会通念上任意捜査として許容される限度を逸脱したものであったとまでは断ずることができ〔ない〕」と判断したのは，どのような事情によるか。

13 参考裁判例3-⁵は，本件と類似した任意同行後の宿泊を伴う取調べについて，どのような判断をしているか。任意同行およびその後の取調べが実質的逮捕にあたるか否かという判断は，本決定における任意捜査の一環としての被疑者に対する取調べが「社会通念上相当と認められる方法ないし態様及び限度」のものか否かという判断と同じか。

14 本決定において任意同行後の宿泊を伴う取調べの適法性が論じられているのは，どのような問題を解決するためか。参考裁判例3-⁵ではどうか。解決すべき問題の違いは，任意同行後の取調べの適法性に関する判断方法に影響するか。

15 本件のような任意同行後の取調べの適法性を判断する場合に，実質的逮捕と見るべき状況の存否について判断することは不要か。本決定は，実質的逮捕と見るべき状況の存否について判断していないのか。本決定が，本件取調べについて，「刑訴法198条に基づき，任意捜査としてなされたものと認められる」と述べているのは，どのような意味と考えられるか。

16 本決定が，「任意捜査の一環としての被疑者に対する取調べは，……強制手段によることができない」と述べているのは，具体的にどのような意味と考えられるか。

17 本件と参考裁判例3-⁵の事案を比較した場合，本件におけるＸは，任意同行後の取調べの過程において実質的逮捕と見るべき状況に置かれていないか。仮に本決定が，実質的逮捕と見るべき状況にはなかったという判断を含んでいるとした場合，本決定と参考裁判例3-⁵の判断を整合的に説明することはできるか。

18 参考裁判例3-⁸の事案においてＸは，実質的逮捕と見るべき状況に置かれていないか。参考裁判例3-⁸がＸに対する捜査方法を違法としたのは，Ｘが実質的逮捕と見るべき状況に置かれていたからか。

19 本決定に付された木下，大橋両裁判官の意見が本件における取調方法を違法と判断した理由は何か。多数意見と判断を異にしているのは，どのような点か。

20 参考裁判例3-⁷が徹夜の取調べを「任意捜査として許容される社会通念上相当な限度を逸脱し違法」と判断したのは，どのような事情によるか。また，参

考裁判例 3-8 が「本件の捜査方法は社会通念に照らしてあまりにも行き過ぎであり，……任意捜査として許容される限界を越えた違法なもの」と判断したのは，どのような事情によるか。本件および参考裁判例 3-6 の事案と比較し，具体的事情にどのような差異があるか。

Advanced

21 本決定が強制手段の定義のところで引用している最三決昭和 51 年 3 月 16 日（刑集 30 巻 2 号 187 頁，判例 1-1）は，強制手段の定義に続けて，任意捜査における有形力の行使の限界について，「強制手段にあたらない有形力の行使であっても，何らかの法益を侵害し又は侵害するおそれがあるのであるから，状況のいかんを問わず常に許容されるものと解するのは相当でなく，必要性，緊急性なども考慮したうえ，具体的状況のもとで相当と認められる限度において許容されるものと解すべきである」との一般論を示している。本決定が示した任意捜査の一環としての被疑者の取調べに関する適法性の判断枠組は，これとどのような関係にあるか。

22 本決定がいう社会通念上の相当性は，どのようにして判断されるか。対立利益の比較衡量による判断か。仮にそうだとすれば，比較衡量の対象となる対立利益とは，具体的に何か。任意捜査の一環としての被疑者の取調べは，被疑者が任意に応じている以上，それによって権利・利益の制約が生じることは考え得ないのではないか。対立利益の比較衡量による判断ではないとすると，社会通念上の相当性の有無は，何を基準に判断されるのか。

23 任意同行後の被疑者に対する場合と身柄拘束中の被疑者に対する場合とで，徹夜の取調べの許容性には違いがあるか。

24 被疑者の取調べの適法性は，その間に得られた自白の証拠能力にどのような影響を及ぼすか。本決定に付された木下，大橋両裁判官の意見は，どのように考えているか。参考裁判例 3-7，3-8 はどうか（「**19** 自白の証拠能力」参照）。

☐ 参考裁判例 3-3　神戸地決昭和 43 年 7 月 9 日判時 531 号 89 頁

昭和 43 年 6 月 28 日，X（被疑者）に対する窃盗被疑事件について裁判官から逮捕状が発付されたのを受け，翌 29 日午前 8 時過ぎ，兵庫県警葺合警察署の K ほか 3 名の警察官が，神戸市須磨区内の X が住むアパートに赴き，X に対し，「用があるから一寸警察まで来てくれ」と警察署への同行を求めた。X は，警察署がどこであるか質問したが，教えられることなく，警察官らに取り囲まれた状態でアパートを出て，警察官と同じタクシーに乗せられ，葺合警察署まで連行された。引き続き警察署で X の取調べがなされた後，同日午後 3 時 40 分に至って逮捕状が執行された。

同年 7 月 2 日午前 10 時 7 分，神戸地方裁判所裁判官に対し，X に対する本件被疑事実につき勾留請求がなされたが，裁判官は，6 月 29 日午前 8 時過ぎころには X はすで

に逮捕された状態にあり，刑訴法205条所定の時間制限を超えているとの理由で，勾留請求を却下した。検察官からの準抗告の申立てに対し，神戸地裁は次のように述べて本件勾留請求は不適法であったとし，準抗告を棄却した。

「葺合警察署の担当捜査官において被疑者に対し強制捜査の必要を認めて右逮捕状の発付を得，爾来被疑者を直ちに通常逮捕をなしうべき態勢にあったものであるところ，右のように被疑者をその住居より葺合警察署まで連行した際，令状請求当時不明であるとしていた被疑者の住居が一応判明したことを除いては，なお強制捜査の必要性につきさしたる事情の変更があったとは窺われず，また他に特段の事情が存在した証跡も窺われないのに，あえて右逮捕状を執行することなく，被疑者に対し『警察まで一寸来てくれ』と申し向けたのみで，行先も告げないまま，居合わせた警察官らにおいて被疑者を取り囲んだ状態でその居宅から連れ出し，更にタクシーに同乗させて葺合警察署まで連行したうえ，引き続き同警察署で被疑者の取調べを開始しているのであって，なるほど外形的には施錠その他被疑者の身体の自由を直接的に拘束するための手段はとられていないけれども，右連行の態様やその前後の状況等に照らしてこれを実質的にみるならば，右連行によってすでに本件捜査のため被疑者の身体の自由が拘束されるに至ったものというべく，右関係捜査官の主観はいかようにあれ客観的には右連行の際に被疑者に対する逮捕行為が開始されたものと認めるのが相当である。……

しからば，被疑者は昭和43年6月29日午前8時過ぎ頃に既に逮捕された状態にあったものと言うべく，従って7月2日午前10時7分神戸地方裁判所裁判官に対し勾留請求がなされたときには，もはや刑事訴訟法205条2項に定める被疑者の身体の拘束時間の制限を超えていたことが明らかであるというべきところ，本件記録を検討しても検察官又は司法警察員が刑事訴訟法205条に定める時間の制限に従うことができなかったことにつき，やむを得ない事情の存在（同法206条）したことを認めるに足る疎明はない。」

◻ **参考裁判例3-4**　富山地決昭和54年7月26日判時946号137頁

昭和54年7月23日午前7時15分ころ，X（被疑者）は出勤のため自家用車で自宅を出たところ，警察官から停止を求められ，「事情を聴取したいことがあるので，とにかく同道されたい」と同行を求められた。Xが自家用車でついていこうとすると，Xの車は警察官が代わって運転していくので，警察の車に同乗するよう求められ，Xはいわれた通り，警察用自動車に同乗して同日午前7時40分ころ，富山北警察署に到着した。その後ただちに，同署取調室においてXの取調べが開始され，昼，夕食時に各1時間など数回の休憩をはさんで，翌24日午前0時過ぎころまで，断続的に取調べが続けられた。その間，取調室には取調官のほかに立会人1名が配置され，休憩時あるいは取調官が所用のため退出した際にも立会人が常にXを看視した。また，Xは用便のときのほかは1度も取調室から外に出たことはなく，便所に行くときにも立会人が同行した。

捜査官は同日午後10時40分，富山地方裁判所裁判官に対し通常逮捕状の請求をなし，その発付を得て，翌24日午前0時20分ころ，これを執行した。そして，同日午後3時30分，事件は富山地方検察庁検察官に送致され，同庁検察官は同日午後5時15分，富山地方裁判所裁判官に対し勾留請求をなしたが，同月25日，同裁判所裁判官は，「先行する逮捕手続に重大な違法がある」との理由で勾留請求を却下した。

検察官からの準抗告の申立てに対し，富山地裁は次のように述べて，これを棄却した。
「当初被疑者が自宅前から富山北警察署に同行される際，被疑者に対する物理的な強制が加えられたと認められる資料はない。しかしながら，同行後の警察署における取調は，昼，夕食時など数回の休憩時間を除き同日午前8時ころから翌24日午前0時ころまでの長時間にわたり断続的に続けられ，しかも夕食時である午後7時ころからの取調は夜間にはいり，被疑者としては，通常は遅くとも夕食時には帰宅したいとの意向をもつと推察されるにもかかわらず，被疑者にその意思を確認したり，自由に退室したり外部に連絡をとったりする機会を与えたと認めるに足りる資料はない。

右のような事実上の看視付きの長時間の深夜にまで及ぶ取調は，仮に被疑者から帰宅ないし退室について明示の申出がなされなかったとしても，任意の取調であるとする他の特段の事情の認められない限り，任意の取調とは認められないものというべきである。従って，本件においては，少なくとも夕食時である午後7時以降の取調は実質的には逮捕状によらない違法な逮捕であったというほかはない。

本件においては逮捕状執行から勾留請求までの手続は速かになされており実質逮捕の時点から計算しても制限時間不遵守の問題は生じないけれども，約5時間にも及ぶ逮捕状によらない逮捕という令状主義違反の違法は，それ自体重大な瑕疵であって，制限時間遵守によりその違法性が治ゆされるものとは解されない。けだし，このようなことが容認されるとするならば，捜査側が令状なくして終日被疑者を事実上拘束状態に置き，その罪証隠滅工作を防止しつつ，いわばフリーハンドで捜査を続行することが可能となり，令状主義の基本を害する結果となるからである。」

◯ **参考裁判例3-5** 東京地決昭和55年8月13日判時972号136頁
(向島こんにゃく商殺人事件)

昭和55年6月2日午前6時ころ，東京都墨田区内の甲物産株式会社2階事務所内において，同社社長A（当65年）の頸部切創による失血死体が発見された。警視庁捜査第1課及び同庁向島警察署の係官（以下「捜査官」という）が殺人被疑事件として捜査を開始したが，Aと生前賭博のことでいさかいを起こしていたX（被疑者）の指紋が犯行現場に遺留されていたこと，同月11日以降Xの所在が不明であることなどから，Xが容疑者として浮かび上った。

同年8月5日，乙会幹部Bから，同人のところに昼過ぎXが立ち回る旨の内報を得た捜査官は，捜査が深夜に及ぶことを懸念し，捜査官の宿泊場所として葛飾区内のビジ

ネスホテル丙に宿泊予約をするとともに，Bと連絡をとり捜査に当たったが，同日中はXを発見するに至らず，ホテルへの宿泊も中止した。

翌6日午後0時30分ころ，台東区内のB方において，張込み中の捜査官2名が，同所に立ち回ったXを発見し，同人に対し，Aさんのことで聞きたいことがあるので食事後警視庁本部まで来て事情を聞かせて欲しい旨申し向け，その承諾を得て，B同道の上，タクシーで警視庁総務部留置管理課第57号取調室に任意同行した。その後，午後1時45分ころから煙草，茶などを飲みながら，Aが殺された件について訊ねたいがその前にポリグラフ検査をしたいと申し入れ，その承諾を得て午後2時0分から4時0分まで同庁科学捜査研究所心理検査室においてポリグラフ検査を実施し，引き続き午後4時15分ころから前記取調室において供述拒否権を告知し，6月1日，2日の行動等につき取調べを開始した。この間，捜査官は，前記ホテルに宿泊の予約継続の手配をしたが，Xは，取調べにおいて犯行当日のアリバイを申し立て，事件に関係ない旨の供述に終始したため，同日の取調べは午後9時ころに打ち切られた。Xは同夜の宿泊先について，所持金が1500円程度しかないので，江戸川区内の友人C方に泊りたいと申し立てたため，捜査官は，Cに連絡してその承諾を得，午後11時過ぎころ捜査官運転の乗用車でXをC方に送り届けた。一方，取調べに進展が見られなかったことから，捜査官の前記ホテルへの宿泊は中止した。

翌7日午前7時ころ，捜査官はC方に赴き，Xに任意出頭を求めて，乗用車で警視庁本部に同行し，食堂で朝食を与えた上，午前9時30分ころから昼食，夕食をはさんで午後11時30分ころまで，取調室において取調べを実施した。この間，Xは，犯行当日犯行現場でAと喧嘩となり，その頸を絞めたり，カミソリを使ったかも知れないなどと犯行の一部を認めたが，その細部についての供述は種々変遷を重ねていた。同夜の宿泊先を訊ねたところ，Xは，借金の取立てに追われ，家賃も滞納していることなどから豊島区内のアパートを飛び出して以来，深夜喫茶，公園等に寝泊りしていたが，家族の転居先もわからず，前記Cのアパートも1日1000円の食事代を払う約束で泊めてもらっており，金もなく食事代も払っていないので，これ以上行きにくいなどと申し立てたので，捜査官が泊るホテルに同宿することを勧め，Xから「宿泊代金がなく，しかも泊まる所がありませんので，どこでも良いですから泊まる場所がありましたらお願い致します」との「お願い書」と題する書面を徴した上で，翌8日午前0時40分ころ，捜査官6名がXとともに警視庁本部を出発し，ホテル丙に向った。同夜はホテル丙205号室の奥6畳間にX及び捜査官2名，出入口側6畳間に捜査官4名が一緒に宿泊した。もっとも，Xとしては，一旦自分が殺害したことを認めたため，同夜は当然向島警察署に留置されるものと考えており，そこでC方へ帰るとは言い出さず，前記「お願い書」を提出したものであって，仮に前夜同様帰れと言われればC方に宿泊するつもりであった。

翌8日も午前9時30分ころ，捜査官からXに対し，今日も警視庁本部で事情を聞き

たい旨求めて，捜査官運転の乗用車で同本部に赴き，午前11時30分ころより取調室において取調べを開始したが，供述内容にほとんど進展がなく，カミソリで被害者の頸を切った旨の供述も既に新聞等で報道されていた程度のものであったため，午後10時ころ取調べを終了し，その後明日も引き続き事情を聞きたい旨求めてXの了解を得た。同夜の宿泊先についても，Xから，金がないのでできるなら刑事さんと一緒でいいから昨日と同じようにお願いしますとの申出を受けたため，前夜と同様，ホテル丙205号室に宿泊するに至った。この間の食事も前日同様すべて捜査官においてXに無償で給付していた。

翌9日も前日同様，捜査官運転の乗用車で警視庁本部にXを同行し，午前9時30分ころより取調室において取調べを開始したところ，午後に及んで，Xが犯行状況の詳細を自白するに至ったため，被疑者供述調書を作成するとともに，東京簡易裁判所裁判官に対し通常逮捕状の発付を請求し，その発付を受けて，午後9時0分，警視庁向島警察署内で逮捕状によりXを逮捕するに至った。

Xに対する勾留請求を受けた裁判官は，以上の経緯について，8月7日夜半以降，Xは実質的に逮捕と同視しうべき状況にあったものと判断し，本件勾留請求の前提となった送致手続は法定の時間制限を超過する違法なものであり，かつ，その違法の程度が重大であるとして，勾留請求を却下した。検察官からの準抗告の申立てに対し，東京地裁は次のように判示して，これを棄却した。

「検察官は，捜査官との同宿は，むしろ被疑者の望むところであったとして，そのことの故に任意捜査の限界を逸脱するものではないと主張するが，行先のない被疑者に宿泊先を斡旋することは差支えないとしても問題はその態様であり，本件宿泊に用いたホテルの客室は，6畳間が2間続いた構造で玄関は1つしかなく，被疑者はその奥の方に捜査官2名と就寝し，玄関に近い方の間には捜査官4名が雑魚寝するという状況であったのであるから，被疑者が取調からの解放を求めて任意に同ホテルを立去ることなど思いも寄らず，又，取調室までの往復には捜査官の運転する乗用車が用いられ，警視庁本部においては，捜査官の好意によるとはいえ，食事まで庁内の食堂で給付され，食事のための外出の機会もないまま終日取調を受けていたのである。従って，この間の被疑者の状況は，手錠その他の戒具等こそ用いられてはいないものの，実質的には逮捕と同視すべき状況下にあったものと言ってよく，これと同旨に出た原裁判官の事実認定及び判断に所論の誤りはない。

検察官は，同月9日に至るまでは未だ被疑者を真犯人と断定するに足りる確証がなく，誤認逮捕による人権侵害を防止するため慎重を期して逮捕状請求を差控えたことを強調するが，そこまで慎重であるならば，任意捜査の対象に過ぎない被疑者の取扱いには一層慎重を期して然るべきであり，いやしくも逮捕と同視すべきような管理下に置くことは極力避止すべきであったといわざるを得ない。又，検察官は，最近における殺人事件被疑者の自殺事例の頻発及び被疑者の言動に照らし，本件被疑者に自殺の虞があったこ

とを主張するが，自殺防止のためには警察官職務執行法の規定に従った適切な処置をすれば足り，任意捜査に藉口して実質的に逮捕と同視すべき状況を作出することの言訳に利用することは許されない。」

○ 参考裁判例 3 - [6]　最三決平成元年 7 月 4 日刑集 43 巻 7 号 581 頁

　昭和 58 年 2 月 1 日午後 8 時 48 分ころ，A の妹から姉の所在が不明である旨の訴え出を受けた警察官が，A 方に赴き，同女が殺害されているのを発見した。警察官は，妹から A が 1 ヵ月ほど前まで X（被告人）と同棲して親密な関係にあった旨聞き込んだので，事案の重大性と緊急性にかんがみ，速やかに X から A の生前の生活状況や交遊関係を中心に事情を聴取する必要があると考え，X 方に赴いて同人に任意同行を求め，これに応じた X を同日午後 11 時過ぎ，平塚警察署に同行した。警察官は，まず，X から身上関係，A と知り合った経緯などについて事情を聴取した後，1 名が主になり，他の 1 名ないし 2 名が立ち会って，同日午後 11 時半過ぎころから本格的な取調べに入り，冒頭 X に対し本件捜査への協力方を要請したところ，X がこれに応じ，「同棲していたので知っていることは何でも申し上げます。何とか早く犯人が捕まるように私もお願いします」と述べて協力を約したので，夜を徹して取調べを行った。その間，X の承諾を得てポリグラフ検査を受けさせたり，X が最後に A と別れたという日以降の行動について一応の裏付け捜査をしたりしたが，翌 2 日午前 9 時半過ぎころに至り，X は，A 方で同女を殺害しその金品を持ち出した事実について自白を始めた。そこで，警察官は，その後約 1 時間にわたって取調べを続けた上，同日午前 11 時過ぎころ，X に犯行の概要を記載した上申書を作成するよう求め，これに応じた X は，途中 2, 30 分の昼休み時間をはさみ午後 2 時ころまでに，A と知り合ってから殺害するまでの経緯，犯行の動機，方法，犯行後の行動等を詳細に記載した全文 6 枚半に及ぶ上申書を書き上げた。ところが，上申書の記載及びこの間の X の供述は，A 名義の郵便貯金の払戻しの時期や A 殺害の方法につきそれまでに警察に判明していた客観的事実とは異なるものであったほか，A を殺害する際に同女の金品を強取する意思があったかどうかがはなはだ曖昧なものであったため，警察官は，上記の X の供述等には虚偽が含まれており，X の犯行は供述に現われた殺人と窃盗ではなく，強盗殺人ではないかとの容疑を抱き，その後も取調べを続けた。これに対し，X は，犯行直前の A の態度に憤慨したほか，同女の郵便貯金も欲しかったので殺害した旨，強取の意思を有していたことを認める供述をするに至った。そこで，警察官は，更に上申書を作成するよう求め，これに応じた X は，午後 4 時ころから約 1 時間にわたって，全文 1 枚余の「私が A を殺した本当の気持」と題する上申書を書いた。その後，警察官は，逮捕状請求の準備に入り，上記 2 通の上申書をも疎明資料に加え，午後 7 時 50 分当時の X の自白内容に即した強盗殺人と窃盗の罪名で逮捕状を請求し，発付を得た逮捕状により午後 9 時 25 分，X を逮捕し，その後間もなく当日の X に対する取調べを終えた。

3 任意同行と取調べ／3-6

　Xに対しては，翌3日午後2時30分に検察官送致の手続がとられ，同日勾留請求がなされ，同月4日午前11時23分，勾留状が執行された。Xは，勾留質問の際に強盗の意思はなかったと弁解した以外は，その後の取調べにおいても終始強盗の意思を有していたことを認める供述をし，一方，同月7日の取調べまでは，前記A名義の郵便貯金の払戻しの時期やA殺害の方法につき虚偽の供述を続けていたが，同日の取調べにおいてこれらの点を訂正し，その後は公訴事実に沿う自白を維持し，同月22日，本件につき強盗致死等の罪名で勾留中起訴された。
　第1審の横浜地裁小田原支部は，Xの任意同行後の取調べの過程で作成された上申書，その後の取調べの過程で作成された上申書，供述調書の証拠能力を認め，Xを起訴にかかる強盗致死等の罪で有罪とし，控訴審の東京高裁もこれを是認した。これに対し，X側は，本件の捜査の過程では，任意捜査の限界を超えた違法捜査が行われており，それによって得られた供述調書，上申書の証拠能力は否定されるべきであるなどと主張して上告したが，最高裁は次のような職権判断を示した上，上告を棄却した。
　「昭和58年2月1日午後11時過ぎに被告人を平塚警察署に任意同行した後翌2日午後9時25分に逮捕するまでの間になされた被告人に対する取調べは，刑訴法198条に基づく任意捜査として行われたものと認められるところ，任意捜査の一環としての被疑者に対する取調べは，事案の性質，被疑者に対する容疑の程度，被疑者の態度等諸般の事情を勘案して，社会通念上相当と認められる方法ないし態様及び限度において，許容されるものである（最高裁昭和…59年2月29日第二小法廷決定・刑集38巻3号479頁［判例3-2］参照）。
　右の見地から本件任意取調べの適否について勘案するのに，本件任意取調べは，被告人に一睡もさせずに徹夜で行われ，更に被告人が一応の自白をした後もほぼ半日にわたり継続してなされたものであって，一般的に，このような長時間にわたる被疑者に対する取調べは，たとえ任意捜査としてなされるものであっても，被疑者の心身に多大の苦痛，疲労を与えるものであるから，特段の事情がない限り，容易にこれを是認できるものではなく，ことに本件においては，被告人が被害者を殺害したことを認める自白をした段階で速やかに必要な裏付け捜査をしたうえ逮捕手続をとって取調べを中断するなど他にとりうる方途もあったと考えられるのであるから，その適法性を肯認するには慎重を期さなければならない。そして，もし本件取調べが被告人の供述の任意性に疑いを生じさせるようなものであったときには，その取調べを違法とし，その間になされた自白の証拠能力を否定すべきものである。
　……本件任意取調べについて更に検討するのに，次のような特殊な事情のあったことはこれを認めなければならない。
　すなわち，前述のとおり，警察官は，被害者の生前の生活状況等をよく知る参考人として被告人から事情を聴取するため本件取調べを始めたものであり，冒頭被告人から進んで取調べを願う旨の承諾を得ていた。

また，被告人が被害者を殺害した旨の自白を始めたのは，翌朝午前9時半過ぎころであり，その後取調べが長時間に及んだのも，警察官において，逮捕に必要な資料を得る意図のもとに強盗の犯意について自白を強要するため取調べを続け，あるいは逮捕の際の時間制限を免れる意図のもとに任意取調べを装って取調べを続けた結果ではなく，それまでの捜査により既に逮捕に必要な資料はこれを得ていたものの，殺人と窃盗に及んだ旨の被告人の自白が客観的状況と照応せず，虚偽を含んでいると判断されたため，真相は強盗殺人ではないかとの容疑を抱いて取調べを続けた結果であると認められる。
　さらに，本件の任意の取調べを通じて，被告人が取調べを拒否して帰宅しようとしたり，休息させてほしいと申し出た形跡はなく，本件の任意の取調べ及びその後の取調べにおいて，警察官の追及を受けながらなお前記郵便貯金の払戻時期など重要な点につき虚偽の供述や弁解を続けるなどの態度を示しており，所論がいうように当時被告人が風邪や眠気のため意識がもうろうとしていたなどの状態にあったものとは認め難い。
　……以上の事情に加え，本件事案の性質，重大性を総合勘案すると，本件取調べは，社会通念上任意捜査として許容される限度を逸脱したものであったとまでは断ずることができず，その際になされた被告人の自白の任意性に疑いを生じさせるようなものであったとも認められない。
　……したがって，本件の任意取調べの際に作成された被告人の上申書，その後の取調べの過程で作成された被告人の上申書，司法警察員及び検察官に対する各供述調書の任意性を肯定し，その証拠能力を認めた第1審判決を是認した原判決に違法があるとはいえない。」
　なお，本決定には，次のように述べて原判決の破棄を主張する坂上壽夫裁判官の反対意見が付されている。
　「本件任意取調べは，当初参考人に対する事情聴取として始められ，取調べが進むうちに被告人に対する容疑が濃くなってきたものと認められるが，その間に刑訴法198条2項の供述拒否権の告知がなされたのかどうか，なされたとしていつなされたのかということが，記録上明らかではない。被疑者に対し供述拒否権を告知することの重要性にかんがみると，本件任意取調べの適法性を判断するに当たっては，本来この点も重要な判断要素となるべきものと考える。
　しかし，右の点を措いても，……本件の長時間，連続的な取調べが被告人の心身に与えた苦痛，疲労の程度は，極めて深刻，重大なものであったと考えられるのであって，遅くとも被告人が殺人と窃盗の自白をした段階で，最小限度の裏付け捜査を遂げて直ちに逮捕手続をとり，取調べを中断して被告人に適当な休息を与えるべきであったと思われる。
　そうしてみると，本件任意取調べは，いかに事案が重大であり，被告人に対する容疑も濃く，警察官としては事案の真相を解明する必要があったとしても，また，多数意見が指摘するような特殊な事情があったことを考慮に入れても，許容される限度を超え違

法なものであったというほかはなく，そのような取調べの間になされた被告人の自白については，その任意性に疑いがあるものというべきである。」

◯ **参考裁判例3-7** 大阪高判昭和63年2月17日高刑集41巻1号62頁

X（被告人）は，昭和62年5月9日午後9時20分ころ，大阪市北区内の通称扇町公園内において，付近のスーパーマーケット「甲デパート」の値札を貼ったままのウイスキーを浮浪者に飲ませていたところを，警ら中の警察官から職務質問され，当初，氏名，生年月日，本籍等を偽って述べたため，最寄りの曽根崎警察署天神橋4丁目派出所（以下「派出所」という）へ任意同行を求められた。派出所内において，Xは，警察官から所持品の提示を求められて，前記ウイスキー，菓子，鍵2個などを提示し，更に靴下の中を調べるため靴と靴下を脱ぐように求められて，これにも任意に応じた。警察官から，ウイスキーについて質問されたXは，当初，天神橋のスーパーマーケットで買ったものである旨弁解したが，追及を受けて，スーパーマーケット前にあった自転車の荷台上にビニール袋に入れて置いてあったのを持ち去ったものである旨供述した。

その後，Xは，前記鍵2個の用途について尋ねられ，身の廻り品を入れている寺院のロッカーの鍵であると説明したため，警察官からそのロッカーへ案内するよう求められ，大阪市内の寺院2か所のロッカーへ，パトカーに乗って警察官を案内した上（なお，パトカー内では，後部座席中央に座ったXを両脇からはさむ形で，2名の警察官が席を占めた），内部の所持品の検査に応じたが，翌10日午前2時ころ，派出所に戻って，再びウイスキーについての取調べを受けると，今度は，都島のスーパーマーケットで買った旨弁解した。

Xは，その後，追及を受けて，同日午前3時前ころ，「5月9日午後5時ころ，天神橋筋のスーパーマーケット内でウイスキーを盗んだ」旨，本件起訴にかかる窃盗の事実を自白したが，さらに，所轄の曽根崎警察署へ任意同行の後，同署の警察官の取調べを受けると，再び，買ったものである旨弁解し，同日午前4時ころに至って，再び前同様の自白をするに至った。そして，Xは，警察官の求めに応じて，自白にかかる犯行場所である大阪市北区天神橋の甲デパートに警察官を案内した後，同日午前5時30分ころ，同署において，ウイスキー窃盗の事実で緊急逮捕され，弁解録取の後，同日午前7時ころまでにかけて，司法巡査Kの取調べを受け，本件犯行の概略を認める自白調書が作成された。

Xは，逮捕に至るまで，取調べの警察官に対し，取調べを拒否して退去を求めたことはなく，また，以上の警察官による取調べを通じ，担当の警察官に対し，疲労や睡気を訴えて，休息や睡眠を取らせるよう申し出たり，そのような行動に出たこともなく，取調べに応じてきた。

その後，Xは，昼食の時間を除いて同署の留置場で睡眠を取り，同日午後5時ころから午後11時にかけて，途中夕食をはさんで司法警察員Lの取調べを受けた際，さきの

自白と同旨の供述をし，以後は，同月 11 日の検察官による弁解録取，12 日の裁判官による勾留質問，15 日の検察官による取調べにあたっても，一貫して自白を維持し，その都度，自白を内容とする弁解録取書，勾留質問調書及び供述調書に署名指印した。

Xは，常習累犯窃盗の罪で起訴され，第 1 審の大阪地裁で有罪とされた。これに対し，X 側が，第 1 審が証拠とした X の自白を内容とする供述調書，弁解録取書は任意性に疑いがあり証拠能力がないなどと主張して控訴したところ，大阪高裁は，次のように判示し，破棄差戻しの判決をした。

「任意捜査の一環としての被疑者に対する取調べは，単に，強制手段によることができないというだけでなく，更に，事案の性質，被疑者に対する容疑の程度，被疑者の態度等諸般の事情を勘案して，社会通念上相当と認められる方法ないし態様及び限度において，許容されるべきものである（最高裁判所昭和 59 年 2 月 29 日第二小法廷決定・刑集 38 巻 3 号 479 頁［判例 3 - 2］参照）。……被疑者を徹夜で追及して自白させるような取調べ方法は，逮捕・勾留中の被疑者に対する場合であっても，これを必要とする特段の事情があって相当と認められない限り，許容されないと解すべきであって，まして，任意捜査の名のもとに行われたそのような取調べが，当然に是認されるとは，にわかに考え難いといわなければならない。しかも，本件において，被告人に向けられた犯罪の嫌疑は，たかだか時価約 3000 円相当のウイスキー 1 本の窃取であって，右は，被告人の窃盗の前科との関係で常習累犯窃盗罪を構成する可能性があったことを考慮に容れても，重大な法益侵害を伴う事案ではないし，また，被告人は，かりに自ら積極的に取調べを拒否して立ち去る態度を示してはいなかったにしても……，少なくとも，自ら徹夜の取調べを積極的に希望していたものでないことは明らかであり，結局，取調べを拒否して立ち去ろうとすれば嫌疑をいっそう深める結果となることを懸念して，警察官の執ような取調べに対しやむを得ず応じていたにすぎないというほかはない。このようにみてくると，本件において警察官が被告人に対して行った，5 月 9 日夜から翌 10 日早朝に至る徹夜の取調べは，派出所内での取調べ開始後間もなく，被告人が，最終的な自白の内容とは異なるにせよ，ウイスキーの窃取を認める趣旨の供述をしていて，右窃盗の嫌疑がかなり濃厚になっていたことを考慮に容れても，任意捜査として許容される社会通念上相当な限度を逸脱し違法であると認めざるを得ない。……

本件のように，……夜間の取調べを続けるときは，そのこと自体が，被疑者の身心に著しい苦痛をもたらすと考えられる上，前示のように，それが任意捜査として許容される限度を逸脱した違法な取調べである場合には，その後に得られた被疑者の自白については，たやすく任意性を肯定し得ず，むしろ，このような自白には，他に，かかる違法な取調べの影響の遮断された状況で自白が得られたこと等特段の事情の存しない限り，任意性に疑いがあり，証拠能力がないものと解するのが相当である。」

○ **参考裁判例 3 - 8** 東京高判平成 14 年 9 月 4 日判時 1808 号 144 頁（19 - 7 と同一事件）

　X（被告人）は，フィリピン国籍を有する外国人であり，日本国籍を有するAと平成3年に婚姻し，平成5年に長女を出産していたものの，本件被害者であるBと親しくなって本件当時はAと別居し，千葉県松戸市内に住むB方に同棲していた。Bは妻C子と結婚していたけれども，当時，同女はB方から出て別居していた。平成9年11月10日午前8時30分ころ，XがB方近くに位置する乙山病院（たまたまAに預けていた長女の喘息が悪化して同児を入院させていた病院）に駆け込んでBの救助を求めたため，病院関係者らがXの案内でB方に赴いたところ，ベッドで血まみれになって倒れ一見して死亡していると分かるBを発見したことが端緒になって，本件殺人事件が発覚し，捜査が開始された。現場の室内の状況や死体損傷状況等にかんがみ，犯人はBに何らかの関係を有する周辺者の可能性が高いと判断した警察官らは，現場近くの自動車内でXから簡単に事情を聴取した後，同日午前9時50分ころ，重要参考人として更に詳しく事情聴取（取調べ）するため，Xを松戸警察署に任意同行した。その際，XはBのいる救急車に乗りたいなどと述べたが，邪魔になるだけである旨説明され，捜査に協力する気持ちもあって，任意同行に応じた。

　警察官は，10日以降17日までXを参考人として警察署で取り調べた。この間，Xが犯人はAであるかのような供述をしたこともあって，11日にはX及びAに対して書面の承諾を得てポリグラフ検査が実施され，Aに対しても，10日以降在宅のまま連日参考人としての取調べが行われた。17日夕刻，Xの着衣にBと同じ型の血痕が付着しているという内容の鑑定結果がもたらされたため，Xに対する嫌疑が濃厚となり，翌18日からは，警察官は，Xを参考人から被疑者に切り替えて取り調べ始めた。

　Xは，翌19日午後になって，本件犯行を認めて上申書を作成し，同日午後9時32分通常逮捕された。その後，翌20日検察官送致され，同月21日勾留され，勾留延長を経て同年12月10日本件殺人罪で起訴された。Xは，検察官送致になった11月20日，検察官の弁解録取に対し自白して自白調書が作成されたが，同日のうちに否認に転じて否認調書が作成され，翌日の裁判官の勾留質問でも否認した。同月24日に改めて自白したが，その後は再度否認に転じている。

　警察は，11月10日の任意同行以降，警察署において連日朝から夜までXを取り調べたが，夜間はXを帰宅させず，最初の2日はXの長女が入院していた病院に，同女の退院に伴いこれに次ぐ2日間は警察が手配した警察官宿舎の婦警用の空室に，その後の5日間は松戸市内のビジネスホテルにXをそれぞれ宿泊させた。Xからは宿泊斡旋要望の書面などは出されていない。

　宿泊先では，最初の2日間の病院では，病室出入口付近に警察官複数を配置し，婦警用の部屋では，仕切り戸の外された続きの部屋に婦人警察官複数を配置して同宿させ，ビジネスホテルでは，室外のロビーのようなところに婦人警察官複数を配置して，いず

れもXの動静を監視した。Xは，警察署内ではもちろん，宿泊先の就寝中も含めて常時監視されており，トイレに行くにも監視者が同行し，カミソリの使用が許されてもすぐ取り上げられ，電話は掛けることも許されず，10日間外部から遮断された。ビジネスホテルの宿泊費用は警察が負担し，朝晩の宿泊場所と警察署との往復は，警察の車で送迎がなされた。11日から19日までの間の宿泊場所を出発した時刻は，早くて午前8時0分，遅くて午前9時20分で，8時台が7回であり，10日から18日までの間の宿泊場所に帰着した時刻については，早くて午後9時20分，遅くて午後11時40分で，9時台が2回，10時台が2回，11時台が5回ある。警察署にいるときは，昼食時，夕食時の休憩を除いてほとんど取調べに充てられ，連日午前9時過ぎないし10時過ぎころから午後8時30分ころないし11時過ぎころまで長時間の取調べがあった。食事は取調室で与えられ，費用は警察が負担した。

　本件では，以上のような9泊10日に及ぶ宿泊を伴う取調べの適法性と，その過程で得られたXの上申書及びその後（上申書を資料として発付された逮捕状による逮捕後）に得られた検察官調書（いずれもXの自白を内容とする）の証拠能力が争われた。第1審の千葉地裁は，本件取調べは任意捜査として社会通念上相当と認められる限度を超えた違法なものであるとしたが，その違法は重大なものではないとし，各証拠の証拠能力を認め，Xを有罪とした。これに対し，東京高裁は，取調べの適法性について次のように判示した上，各証拠の証拠能力を否定し，原判決を破棄した［ただし，他の証拠により自判有罪］。

　「本件においては，被告人は，参考人として警察署に任意同行されて以来，警察の影響下から一度も解放されることなく連続して9泊もの宿泊を余儀なくされた上，10日間にもわたり警察官から厳重に監視され，ほぼ外界と隔絶された状態で1日の休みもなく連日長時間の取調べに応じざるを得ない状況に置かれたのであって，事実上の身柄拘束に近い状況にあったこと，そのため被告人は，心身に多大の苦痛を受けたこと，被告人は，上申書を書いた理由について，ずっと取調べを受けていて精神的に参ってしまった，朝から夜まで取調べが続き，殺したんだろうと言い続けられ，耐えられなかった，自分の家に帰してもらえず，電話などすべて駄目で，これ以上何もできないと思ったなどと供述していること，被告人は，当初は捜査に協力する気持ちもあり，取調べに応じていたものと思われるが，このような長期間の宿泊を伴う取調べは予想外のことであって，被告人には宿泊できる可能性のある友人もいたから，被告人は少なくとも3日目以降の宿泊については自ら望んだものではないこと，また，宿泊場所については，警察は被告人に宿泊できる可能性のある友人がいることを把握したのに，真摯な検討を怠り，警察側の用意した宿泊先を指示した事情があること，厳重な監視については，捜査側は被告人に自殺のおそれがあったと説明するが，仮にそのおそれがあったとしても，任意捜査における取調べにおいて本件の程度まで徹底して自由を制約する必要性があるかは疑問であること等の事情を指摘することができるのであって，他方，本件は殺人という

重大事件であり，前記のように重要参考人として被告人から事情を緊急，詳細に聴取する必要性が極めて強く，また，通訳を介しての取調べであったため時間を要したこと，被告人は自宅に帰れない事情があったことなどの点を考慮するとしても，本件の捜査方法は社会通念に照らしてあまりにも行き過ぎであり，任意捜査の方法としてやむを得なかったものとはいえず，任意捜査として許容される限界を越えた違法なものであるというべきである。」〔証拠能力については，「自白を内容とする供述証拠についても，証拠物の場合と同様，違法収集証拠排除法則を採用できない理由はないから，手続の違法が重大であり，これを証拠とすることが違法捜査抑制の見地から相当でない場合には，証拠能力を否定すべきである」とした上で，「本件がいかに殺人という重大事件であって被告人から詳細に事情聴取（取調べ）する必要性が高かったにしても，……事実上の身柄拘束にも近い9泊の宿泊を伴った連続10日間の取調べは明らかに行き過ぎであって，違法は重大であり，違法捜査抑制の見地からしても証拠能力を付与するのは相当ではない」とした。〕

4 おとり捜査

設例1

　繁華街近くの公園で横行している覚せい剤密売事件を捜査中の警察官は，同公園のテレビ塔付近に集まる数名の外国人のグループが密売に関与しているとの情報を得た。しかし，グループのメンバーは，覚せい剤との結びつきの痕跡が残らないよう，覚せい剤を自ら持ち歩くことなく，公園の植込みの中等に隠して取引をしており，組織的に見張りがなされていて，通常の手法では，検挙に困難が予想された。

Q Elementary

1 捜査機関としては，どのような捜査手法を用いることが考えられるか。

2 麻薬及び向精神薬取締法58条は，「麻薬取締官及び麻薬取締員は，麻薬に関する犯罪の捜査にあたり，厚生労働大臣の許可を受けて，この法律の規定にかかわらず，何人からも麻薬を譲り受けることができる」と規定し，あへん法45条も，「あへん又はけしがらに関する犯罪」の捜査に関し，同様の規定を置いている*。このような規定がないにもかかわらず，警察官が覚せい剤に関する犯罪の捜査にあたり，覚せい剤を譲り受けることは許されるか。それは，覚せい剤取締法違反の罪にあたらないか。

　　＊銃砲刀剣類所持等取締法27条の3も，「警察官又は海上保安官は，けん銃等，けん銃部品又はけん銃実包に関する犯罪の捜査に当たり，その所属官署の所在地を管轄する都道府県公安委員会の許可を受けて，この法律及び火薬類取締法の規定にかかわらず，何人からも，けん銃等若しくはけん銃部品を譲り受け，若しくは借り受け，又はけん銃実包を譲り受けることができる」と規定している。

3 警察官が顧客を装い密売人から覚せい剤を譲り受ける捜査手法は，*2*以外の点でその適法性に問題はないか。

4 麻薬取締官が厚生労働大臣の許可を受けて麻薬を譲り受けた場合，麻薬に関する犯罪の捜査手法として常に適法といえるか。

5 犯罪を行うよう働きかけた捜査官（おとり）が刑法上処罰されるか否かと，そのような働きかけを伴う捜査方法（おとり捜査）が訴訟法上適法か否かは，どのような関係にあるか。

設例2

　Aは，拳銃の密売人Xに拳銃の取引を申し向け，当初はこれに乗り気でなかったXの了解をとりつけた。Xは，入手した拳銃を持ってAと約束した取引場所に

現われたところ，待機していた警察官により，銃砲刀剣類所持等取締法違反の現行犯人として逮捕された。

Ⓠ *Elementary*

6 Ａが捜査機関と無関係の私人である場合，Ｘの拳銃所持がＡの働きかけによってなされたことは，Ｘを銃砲刀剣類所持等取締法違反の罪に問う上で，実体法上あるいは手続法上何らかの影響を及ぼすか。

7 Ａが取引の申込みをした後，翻意して，Ｘとの拳銃取引について警察に情報提供していた場合はどうか。

8 Ａが捜査官から依頼を受けた捜査協力者であった場合はどうか。

9 Ａが身分を秘した捜査官であった場合はどうか。

10 次の場合は，**9**の場合と異なるか。
捜査官Ａは，拳銃の密売人Ｘが某日某所で拳銃取引をするとの情報を入手したため，Ｘの行動を密かに監視し，Ｘが拳銃取引をするのを待って，その相手方とともに逮捕した。

4-1 最一決平成16年7月12日刑集58巻5号333頁

【事案の概要】 Ｘ（被告人）は，わが国であへんの営利目的輸入や大麻の営利目的所持等の罪により懲役6年等の刑に処せられた前科のあるイラン・イスラム共和国人であり，上記刑につき大阪刑務所で服役後，退去強制手続によりイランに帰国したが，平成11年12月30日，偽造パスポートを用いてわが国に不法入国した。Ａ（捜査協力者）は，大阪刑務所で服役中にＸと知り合ったが，後に，自分の弟がＸの依頼に基づき大麻樹脂を運搬したことによりタイ国内で検挙され服役することとなったことから，Ｘに恨みを抱くようになり，平成11年中に2回にわたり，近畿地区麻薬取締官事務所に対し，Ｘが日本に薬物を持ち込んだ際は逮捕するよう求めていた。

平成12年2月26日ころ，ＸからＡに対し，大麻樹脂の買手を紹介してくれるよう電話で依頼があり，Ａは，大阪であれば紹介できると答えた。Ｘの上記電話があるまで，ＡからＸに対して，大麻樹脂の取引に関する働きかけはなかった。Ａは，同月28日，近畿地区麻薬取締官事務所に対し，上記電話の内容を連絡し，同事務所では，Ａの情報によっても，Ｘの住居や立ち回り先，大麻樹脂の隠匿場所等を把握することができず，他の捜査手法によって証拠を収集し，Ｘを検挙することが困難であったことから，おとり捜査を行うことを決めた。同月29日，同事務所の麻薬取締官とＡとで打合せを行い，翌3月1日に新大阪駅付近のホテルでＡがＸに対し麻薬取締官を買手として紹介することを決め，同ホテルの一室を予約し，ＡからＸに対し同ホテルに来て買手に会うよう連絡した。

同年3月1日，上記ホテルの一室でAからXを紹介された麻薬取締官Kは，同人に対し，何が売買できるかを尋ね，Xは，今日は持参していないが，東京に来れば大麻樹脂を売ることができると答えた。これに対しKは，自分が東京に出向くことは断り，Xの方で大阪に持って来れば大麻樹脂2kgを買い受ける意向を示した。そこで，Xがいったん東京に戻って翌日に大麻樹脂を上記室内に持参し，改めて取引を行うこととなった。その際，Kは，東京・大阪間の交通費の負担を申し出たが，Xは，ビジネスであるから自分の負担で東京から持参すると答えた。

同月2日，Xは，東京から大麻樹脂約2kgを運び役に持たせて上記室内に運び入れたが，その際，あらかじめ捜索差押許可状の発付を受けていた麻薬取締官の捜索を受け，現行犯逮捕された。

Xは，上記ホテル室内における大麻樹脂の営利目的所持を内容とする大麻取締法違反の罪等で起訴されたが，弁護人は，本件では違法なおとり捜査（後記の上告趣意と同様の事実関係を前提とする）が行われているから，これに基づく証拠は違法収集証拠として排除されるべきであるなどと主張して争った。

これに対し，第1審の大阪地裁は，「おとり捜査の適法性の判断については，まず，犯意誘発型か機会提供型かを検討し，次に機会提供型であっても捜査機関側の働きかけが相当性を逸脱しているかどうかを検討し，機会提供型で働きかけが相当である場合におとり捜査の適法性が認められる」とする立場から，「本件捜査は，従前から大麻を密売したいと考えていた被告人に対し，Aらがその取引の機会を提供したものであることは明らか」で，「捜査機関側の対応は，買い手はいないかと尋ねてくる被告人に対して，Aが大阪には買い手がいると紹介し，Kは東京まで戻って大麻を持ってくるという被告人の提案に応じて待っていたというもので，いずれも受動的なものにとどまり，捜査機関の被告人に対する働きかけは相当なものと認められる」として，本件おとり捜査の適法性を認め，Xに対し，懲役6年，罰金100万円の有罪判決を言い渡した。X側の控訴申立てに対し，原審の大阪高裁は，「いわゆるおとり捜査の適否については，おとり捜査によることの必要性とおとり捜査の態様の相当性を総合して判断すべきもの」とする立場から，必要性と相当性についてそれぞれ次のように判示したうえ本件おとり捜査の適法性を認め，控訴棄却の判決をした。

「おとり捜査の必要性を検討するに，本件は，大麻樹脂約2キログラムの営利目的所持という重大薬物事犯である。そして，一般に，この種薬物の取引は隠密裡に行われることから，その証拠収集には困難を伴うところ，本件では，Aからの情報によっても，麻薬取締官において，被告人の住居や立ち回り先，大麻の隠匿場所等を把握することができず，他の捜査手法によって証拠を収集し，被告人を検挙することは極めて困難であったと認められるから，おとり捜査による証拠収集の必要

性は強かったと認められる。」

「おとり捜査の態様の相当性，特に，Aらを含む麻薬取締官側の被告人に対する働き掛けの程度を検討するに，……本件大麻樹脂の取引は，被告人の方から買い手を探してくれと持ち掛けてきたものであって，麻薬取締官はもとより，Aにおいても，被告人に対して犯意を誘発するような働き掛けは行っていないと認められる。もっとも，本件では，麻薬取締官側が取引日と想定した平成12年3月1日に被告人が大麻を大阪に持参しなかったことから，おとり役となったK，Aと被告人との間で具体的な大麻取引についての話し合いが行われ，被告人が翌同月2日朝一番の新幹線で東京に戻り，大麻を持参して同日午後1時か2時ころに大阪に再来し，前日と同一の場所で取引を行うことになったが，その過程で，Kにおいて，東京に行くことはできないとか，東京までの往復の交通費は持つなどと一定の働き掛けをしたことが認められる。しかし，この点の働き掛けは，すでに大麻樹脂譲渡の犯意を抱いている被告人に対し，単にその取引場所を大阪にするか東京にするかという点についての働き掛けを行ったにすぎない。そうすると，本件において，Aを含む麻薬取締官側が行った被告人に対する働き掛けは，すでに犯意を有する被告人に対して実行の機会を与えたにすぎないのであって，おとり捜査の態様もまた相当なものといえる。」

X側は，本件大麻樹脂の取引は麻薬取締官やその意を受けたAからXに対し執ように働きかけてきたもので，Xは大麻樹脂の取引にかかわりたくないと考えていたものの，Aから大麻樹脂を用意できなければ自分の立場が危ないと懇請され，その頼みを断りきれずに大麻樹脂の調達に及んだものであるとし，このようなおとり捜査は憲法13条及び31条に違反するなどと主張して上告を申し立てた。

【判示】　上告棄却。

最高裁は，上記の上告趣意について，「原判決の認定に沿わない事実関係を前提とするものであるから，所論は前提を欠［く］」としてこれを斥けたが，職権で，おとり捜査の適否について，次のような判断を示した。

「おとり捜査は，捜査機関又はその依頼を受けた捜査協力者が，その身分や意図を相手方に秘して犯罪を実行するように働き掛け，相手方がこれに応じて犯罪の実行に出たところで現行犯逮捕等により検挙するものであるが，少なくとも，直接の被害者がいない薬物犯罪等の捜査において，通常の捜査方法のみでは当該犯罪の摘発が困難である場合に，機会があれば犯罪を行う意思があると疑われる者を対象におとり捜査を行うことは，刑訴法197条1項に基づく任意捜査として許容されるものと解すべきである。

これを本件についてみると，上記のとおり，麻薬取締官において，捜査協力者からの情報によっても，被告人の住居や大麻樹脂の隠匿場所等を把握することができ

ず，他の捜査手法によって証拠を収集し，被告人を検挙することが困難な状況にあり，一方，被告人は既に大麻樹脂の有償譲渡を企図して買手を求めていたのであるから，麻薬取締官が，取引の場所を準備し，被告人に対し大麻樹脂 2kg を買い受ける意向を示し，被告人が取引の場に大麻樹脂を持参するよう仕向けたとしても，おとり捜査として適法というべきである。したがって，本件の捜査を通じて収集された大麻樹脂を始めとする各証拠の証拠能力を肯定した原判断は，正当として是認できる。」

Q Basic

11 本決定に先行する参考裁判例 4-[2]と 4-[3]は，おとり捜査について，それぞれどのような事案でどのような判断を示したか。これらは，おとり捜査の適法性を全面的に認めたものと考えられるか。

12 おとり捜査が違法となることがあるとすれば，それはどのような理由によるか。おとり捜査によって，何らかの権利・利益の制約は生じるか。また，生じ得る弊害はあるか。

13 「国家によって国民が『わな』にかけられることは，それがどのような態様であれ，かけられた者にとって人格的な権利・利益と無縁ではありえない」（三井誠『刑事手続法(1)〔新版〕』〔1997 年〕89 頁）ということはできるか。おとり捜査は，一定の場合，「人格的自律権を侵害するから違法となる」（同書 91 頁）と考えることはできるか。

14 本決定によれば，本件のようなおとり捜査を行う法的根拠は何か。おとり捜査は「強制の処分」を用いる捜査方法ではないといえるか。

15 「捜査機関による活動が刑訴法上の犯罪捜査として進められるには，その捜査は現行法にもとづくかぎりすでに発生した犯罪を前提にしたものでなければならない」（三井誠『刑事手続法(1)〔新版〕』〔1997 年〕89 頁）と説かれることがある。

(1) 上記の考え方は，おとり捜査の許容性にどのような意味を持つか。

(2) 本件のおとり捜査は，どのような犯罪に対する捜査として行われたものか。すでに発生した犯罪に対する捜査として説明することはできるか。

(3) 上記の考え方は，どのような根拠に基づいて説かれたものか。

(4) 本決定は，上記の考え方を前提としたものといえるか。逆に，それを否定したものといえるか。

(5) 本件において，X が大麻樹脂をホテルの客室に持ち込んだ際に執行された捜索差押許可状は，どのような犯罪事実について発せられたものと考えられるか。

16 本件において，第 1 審はおとり捜査の適法性をどのような基準で判断しているか。おとり捜査を 2 つの類型に区別するのはなぜか。

17 本件において，原審はおとり捜査の適法性をどのような基準で判断してい

るか。第1審がとった基準と異なるところはあるか。原審の判断基準は，最三決昭和51年3月16日刑集30巻2号187頁（判例1-[1]）がいう「必要性，緊急性などをも考慮したうえ，具体的状況のもとで相当と認められる限度において許容される」という判断基準と同じか。

18 本決定は，おとり捜査の適法性をどのような基準で判断していると考えられるか。第1審あるいは原審と同じか。本決定が，「少なくとも」として挙げている事情が存在する場合におとり捜査を行うことが許されるのはなぜか。

19 おとり捜査が許されるには，そのような捜査方法を用いなければならない「特別の必要性」（参考裁判例4-[4]の反対意見参照）が必要か。本決定は，このような「特別の必要性」を要求する趣旨のものと考えられるか。

20 本件で，Xが「機会があれば犯罪を行う意思があると疑われる者」であると認められたのは，どのような事情によるか。「機会があれば犯罪を行う意思」とは何か。特定の犯罪の故意と同じか。

21 「機会があれば犯罪を行う意思があると疑われる者」以外の者を対象におとり捜査を行うことは許されるか。

22 次のような場合，「機会があれば犯罪を行う意思があると疑われる者」に対するおとり捜査と認めることはできるか。「機会があれば犯罪を行う意思があると疑われる者」であることは誰について必要か。また，そのような者であると認められることは，捜査機関がおとり捜査に着手する時点で必要か，事後的に判明すれば足りるか。

　　静岡県警の捜査官が，覚せい剤事犯の被疑者であったAに対して，大きな覚せい剤取引の情報を提供するよう申し入れていたところ，被疑事実につき有利な取扱いを期待したAは，某日，捜査官と打ち合わせながらその面前で在京のXと電話で数回連絡をとり，Xを介して，同日の午後10時ころ静岡市内で覚せい剤100グラムを買い受ける約束をした。同日夜，静岡県警の捜査官が，約束の取引場所付近に張り込んでいると，翌日午前2時ころになって，連絡があった密売人の車両の特徴に符合する車両が約束場所付近路上に駐車したため，職務質問を行ったところ，車両内にあったセカンドバッグ等から覚せい剤粉末合計21袋が発見されたので，車両に乗っていたX，Y（Xから覚せい剤の取引話を持ちかけられた密売人）ら4名を覚せい剤所持の現行犯人として逮捕した。

　　裁判所は，Yの覚せい剤密売に関わる犯罪傾向について，次のように認定している。

　　「YがXから取引当日午後に100グラムの覚せい剤の申し込みを受けて数時間のうちに仕入れた状況，申し込みを受けた約100グラム以外に静岡へ持参した覚せい剤の量，その体裁［前月仕入れた覚せい剤の残り約28グラムをビニール袋15袋に小

分けしたものも持参していた]，これまでの同人の薬物犯罪の前科内容，静岡へ同行した者の覚せい剤取締法違反の前歴など，関係証拠から認められる事実関係に徴すると，Yは，かねてよりまとまった量の覚せい剤取引に従事していたもので，本件も日常的な密売活動の一環であったことが窺われるのであり，Aからの申し込みによって密売を思いついたなどというものではないと認められる。」（東京高判平成9年4月3日高等裁判所刑事裁判速報集〔平成9年〕75頁）

23 参考裁判例4-⑤が，おとり捜査を違法としたのは，どのような事情によるか。同裁判例は，おとり捜査の適法性をどのような基準で判断していると考えられるか。その基準は，本決定と同じか。

24 本決定の職権判断は，どのような結論を導く前提として示されたものか。違法なおとり捜査が行われた場合の法的効果としてどのようなものが考えられるか。

25 違法なおとり捜査が行われた場合，公訴棄却の判決で手続を打ち切ることは考えられるか。最高裁は，違法捜査と公訴提起の効力との関係について，「仮に捜査手続に違法があるとしても，それが必ずしも公訴提起の効力を当然に失わせるものではないことは，検察官の極めて広範な裁量にかかる公訴提起の性質にかんがみ明らかであ[る]」（最二判昭和44年12月5日刑集23巻12号1583頁〔参考裁判例11-⑪〕）との立場をとっているがどうか。

26 違法なおとり捜査が行われた場合に，被告人を無罪とすることは考えられないか（参考裁判例4-③参照）。その刑を減軽することはどうか（参考裁判例11-⑫参照）。

27 次のような捜査方法は適法か。

(1) 多発している車上狙いを捜査中の捜査官Kは，犯人の目星をつけたXに身分を秘して接触し，ドアロックをしないまま駐車中の自動車を示した上，自分が見張りをするから，車内におかれたカバンを盗むよう申し向け，Xがそれに従って自動車からカバンを持ち出したところを逮捕した。

(2) 集団によるホームレスの連続傷害事件を捜査中の捜査官Kは，犯人グループである疑いのあるXらに身分を秘して接触し，以前殴られたホームレスに仕返しをしたいので力を貸してくれるよう申し向け，Xらが公園でホームレスを取り囲み暴行に及んだところを逮捕した。

(3) 捜査官の依頼を受けた捜査協力者A女は，覚せい剤の密売に関与している嫌疑が濃厚なXに対し，恋愛感情があるかのように装って接近し，性的関係を結んだ上，Xの好意に乗じて覚せい剤の入手方を依頼した。Xがそれに応じて覚せい剤を持参したところ，A女からの連絡で待機していた捜査官がこれを逮捕した。

28 次のような捜査方法は適法か。おとり捜査との異同はどこにあるか。

(1) 電車内で泥酔した乗客から財布を抜き取る窃盗事件が多発しているため，捜

査官Kは，泥酔した客を装って電車内で横臥していたところ，Xが財布を抜き取ろうとしたので現行犯逮捕した（広島高判昭和57年5月25日判タ476号232頁参照）。

(2) カフェー甲において，風俗営業法に違反し，ホステスによる卑わいな接待がなされているとの情報を得た捜査機関は，捜査協力者を客としてカフェー甲に赴かせ，ホステスによる卑わいな接待行為を受けさせたうえ，その報告をもとに，ホステスらを逮捕した（大阪高判昭和63年4月22日高刑集41巻1号123頁参照）。

(3) 仏像を収めた国際宅配貨物が空港に到着し，通関業者により輸入申告されたが，税関検査の結果，中に大麻が隠匿されていることが判明した。そこで，捜査機関は，税関と協議の上，本件密輸事件の関係者を検挙するため，いわゆるコントロールド・デリバリーを実施することとし，国際的な協力の下に規制薬物に係る不正行為を助長する行為等の防止を図るための麻薬及び向精神薬取締法等の特例に関する法律（麻薬特例法）4条＊の特例による税関長の輸入許可を得て，警察官の監視のもと，宅配業者に貨物を配達させ，届け先であるX宅においてXが貨物を受け取ったところを，大麻所持の現行犯人として逮捕した。

> ＊麻薬特例法4条は，「税関長は，関税法……の規定による貨物の検査により，当該検査に係る貨物に規制薬物が隠匿されていることが判明した場合において，薬物犯罪の捜査に関し，当該規制薬物が外国に向けて送り出され，又は本邦に引き取られることが必要である旨の検察官又は司法警察職員からの要請があり，かつ，当該規制薬物の散逸を防止するための十分な監視体制が確保されていると認めるときは，当該要請に応ずるために次に掲げる措置をとることができる」とし，当該貨物（当該貨物に隠匿されている規制薬物を除く）について輸出，輸入の許可を行い，その他の必要な措置をとることができるとする。

参考裁判例4-2　最一決昭和28年3月5日刑集7巻3号482頁

A，Bから麻薬の入手を依頼されたX（被告人）は，Y（被告人）にその入手を依頼し，Yはこれに応じて，密輸入品と認められる麻薬（塩酸ジアセチルモルヒネ）約676グラムを入手した。しかし，Aは犯罪捜査機関の命を受けまたはその嘱託により麻薬犯罪捜査に従事または協力する者であり，BもAがそのような地位にある者であることを知って同人に協力する者であった。麻薬取締法違反の罪で起訴されたX，Yは，おとり捜査による処罰は許されないと主張して争ったが，第1審の京都地裁において，それぞれ懲役1年6月の有罪判決を受けた（Yは，昭和26年3月5日東京駅八重洲口付近において，Xに手渡すため，前記麻薬約676グラムを所持したとされ，Xは，これを受け取り，同年3月7日ころ京都市内の自宅において，同量の麻薬を所持したとされる）。原審の大阪高裁が被告人側からの控訴を棄却したのに対し，被告人側は，本件においてXは，単におとりによって犯意を強化されただけに止まるものではなく，おとりのわなにかけら

れて犯意を誘発されたものであり，このようなおとり捜査による処罰は憲法13条に違反するなどと主張して上告を申し立てた。

最高裁は，「被告人Xは囮であるBに初めて犯行を誘発せしめられたものであるということはできない」との原判決中の事実判断を「肯認できる」とした上で，次のように判示し，上告を棄却した。

「他人の誘惑により犯意を生じ又はこれを強化された者が犯罪を実行した場合に，わが刑事法上その誘惑者が場合によっては麻薬取締法53条［現行法58条に相当］のごとき規定の有無にかかわらず教唆犯又は従犯として責を負うことのあるのは格別，その他人である誘惑者が一私人でなく，捜査機関であるとの一事を以てその犯罪実行者の犯罪構成要件該当性又は責任性若しくは違法性を阻却し又は公訴提起の手続規定に違反し若しくは公訴権を消滅せしめるものとすることのできないこと多言を要しない。」

○ 参考裁判例4-3　最二判昭和29年11月5日刑集8巻11号1715頁

Sは，昭和25年9月ころ，Aがその友人Bから大量の生あへんの買受人を見つけてもらいたい旨話しかけられた事実を知り，警察当局を介して横浜の連合国軍所属機関に勤務する刑事K，Lらにその旨密告した。そこで，A，Bその他関係者を検挙する計画が立てられ，まず，SがA，B両名に対し，阿片の買受希望者を知っているから取引を斡旋してほしい旨申し入れ，K，Lを買受希望者の代理人として紹介し，さらに大量のあへんの買受けができるなら，Aが必要とする30万円の事業資金も融通する用意があるなどと申し入れた。そして，Sは，Bの取引熱意が薄らぐと，Aに対し，生あへんが入手困難なら他種の麻薬でもよいから斡旋を頼む旨申し入れ，なお金融の申出も繰り返した。AはK，L，Sらのいうことを信用した結果，X（被告人）に対し，麻薬を大量に欲しいから世話してもらいたい旨依頼し，Xは知人であるCに交渉して本件麻薬（塩酸モルヒネ注約6cc入り40個）を預かり，Aに交付した。Aはいったんは数量不足として麻薬をXに返却し，XもCに返戻したが，その後Aが前の品物でよいから引き取るといったため，Xは再びCから麻薬を受け取り，Aに交付した。Xは，Aと共にX方にきた捜査官から麻薬の約定代金と称する金員を受け取ったところ，その場で麻薬所持罪で検挙された。

第1審の横浜地裁は，本件においてXが麻薬を所持するに至ったのは，Aを介し間接に捜査官の詐術（トリック）に陥ったためであり，このような捜査の方法で新たに犯罪と認められる行為を誘発した場合，これを処罰することは，憲法前文ならびに同13条と抵触するうえ，このような行為は麻薬取締法自体から見て罪とならないとしてXを無罪とした（なお，「被告人は……従前麻薬を取扱ったというような事跡はない」と認定している）。原審の東京高裁も，Xの所為は捜査官およびその協力者たるSらの企図する仮装的策謀（いわゆる詐術）によって操縦されたものであるとした上で（Sは，「犯意なき被告人等を麻薬取締に誘導すべく努力したもの」とされる），本件におけるXは，「抑

々の発端から専ら検挙のために画かれた捜査官の企図（いわゆる詐術）に乗って動き出し既に同様術策に陥っているAの言を有りのまま信じ、そのためCから本件麻薬を受取ってA方に持込む行動を遂げ、その結果待ち構えた捜査当局によって検挙されたのみで、いわば終始検挙そのもののために行動し尽くしたのである。行為者たる被告人自身はその麻薬につき普通の麻薬所持犯行の場合と異らざる意思はあったにしても、現実に為すところは所持犯の場合に予想される危険性を生来的に欠いており、単に検挙網中において1名より麻薬を受取って他の1名に伝達する機械的動作を為し、ひたすら捜査官の期待する検挙を受けるための軌道を邁進する役割を演じたに過ぎない。換言すれば麻薬所持の犯行に擬似する形骸はあるが、犯罪行為としての核心たる反社会的危険性が存在しない」として検察官の控訴を棄却した。

検察官が、「法律が麻薬の不法所持を犯罪としたのは、その所持自体が、やがて麻薬の不適正な施用により人の心身に有害な影響を与えるべき抽象的可能性があるから、法定の場合を除いて、一切これが所持を禁止し、その不法所持を罪としたのであって、麻薬不法所持罪は即ち抽象的危険罪であり、単に所持しているだけでその間に紛失し、又は他人に窃取せられることもあり得るから所持そのものには常に一般的な危険が附随するものといわなければならないのであって、具体的危険の有無はこれを問わないのであるから、法定の場合を除き更に抽象的若しくは具体的危険の有無を検討して、同罪の成否を論ずべきものではないといわなければならない」などとして上告したのに対し、最高裁は次のように判示して、破棄差戻しの判決をした。

「いわゆる囮捜査は、これによって犯意を誘発された者の犯罪構成要件該当性、責任性若しくは違法性を阻却するものでないことは、既に、当裁判所の判例とするところである（昭和…28年3月5日第一小法廷決定［参考裁判例4-②］）。とすれば、本件被告人の麻薬所持の行為をもって、いわゆる囮捜査にもとづくものであるが故に犯罪行為としての反社会的危険性を欠くものとして、被告人に対し無罪を言渡した第1審判決を維持した原判決は法令の解釈を誤り、前示当裁判所の判例に違反するものと云わなければならない。」

□ **参考裁判例4-④** 最三決平成8年10月18日判例集未登載
(多和田隆史・最判解刑事篇平成16年296頁、
尾崎久仁子「判批」ひろば50巻7号〔1997年〕71頁参照)

X（被告人）は第1審において、営利目的で覚せい剤を所持した事実等により、懲役3年及び罰金30万円の有罪判決を受けたが、本件覚せい剤所持の事実については、捜査機関が別件の殺人事件の捜査のためにXの身柄を拘束することを目的として、証拠をねつ造して捜索差押許可状を取得し、かつAを利用したおとり捜査を行ってXに覚せい剤を所持させ、そこを逮捕したものであると主張した。原審は、「Aが警察の協力者としておとりになったと疑う余地は大いにあるといえる」としたが、結論としては、

「本件においておとり捜査があったとにわかには決め難いところがある」とし，その上で，「仮に，おとり捜査があったとしても，……関係証拠によると，被告人は前々から覚せい剤に関わっていたこと，本件所持にかかる覚せい剤の中には被告人自ら使用する分も含まれていたことが認められ，本件覚せい剤が直接的にはＡの注文を契機としたものではあったにせよ，被告人はＡからの注文によって覚せい剤所持の犯意が誘発されたわけではないこと，覚せい剤事犯は，その重大性にも関わらず，通常の捜査方法では証拠の取得や犯人の検挙が著しく困難であり，いわゆるおとり捜査の方法も一定の限度では容認されるべきであるところ，本件においてもその必要性はあったといえることなどにかんがみると，本件捜査が違法なおとり捜査でなかったことは明らかというべきである」との判断を示した。これに対し，Ｘ側は，本件では違法なおとり捜査が行われており，これを是認した原判決には憲法違反があるなどと主張して上告した。

最高裁は，刑訴法405条の適法な上告理由にあたらないとして決定で上告を棄却したが，大野正男，尾崎行信両裁判官は，本件では「おとり捜査の存在を否定することはできない。したがって，裁判所としてはおとり捜査が行われたことを前提に法律上の判断を加えるべきものである」との立場から，破棄差戻しを主張する反対意見を付し，その中で，おとり捜査の適法性について次のように述べた。

「1 原判決は，Ａの行為により被告人の犯意が誘発されていないことのほか，覚せい剤事犯の重大性や捜査の困難等を根拠に，仮におとり捜査があったとしても違法ではないとしているが，原判決の説くところは，おとり捜査を正当化する要件として十分とはいえない。人を犯罪に誘い込んだおとり捜査は，正義の実現を指向する司法の廉潔性に反するものとして，特別の必要性がない限り許されないと解すべきである。そして，その必要性については，具体的な事件の捜査のために必要か否かを検討すべきものであって，原判決のようにある特定の犯罪類型について，一般にその捜査が困難であることを理由としてその必要性を肯定すべきではない。もし，そのような一般的必要性によりおとり捜査の適否を決するとすれば，重大な犯罪に関しては無制限におとり捜査を認めることにもなりかねず，憲法，刑事訴訟法の理念に反することとなるからである。

2 このような見地から本件をみると，おとり捜査の必要性があったとするには重大な疑問がある。すなわち，……捜査機関は，被告人方で約50グラムの覚せい剤を目撃したとするＡの供述を記載した……報告書を疎明資料として……被告人方に対する捜索差押許可状の発付を受けて，既に……執行を予定していたというのであるから，特段の事情のない限り，同許可状により被告人方を捜索すれば必要にして十分であったというべきである。捜査機関は，被告人が捜査線上に浮かんだ別件殺人事件のためその身柄を拘束する目的で，右許可状による執行の不成功を見越し，Ａをおとりとして，更に被告人が覚せい剤を所持するように仕向けたのではないかとの疑念を抱かせ［る］……。そして結果的には，被告人が覚せい剤密売に関与した疑いを抱かせる証拠物等が被告人方から押収されたとはいえ，捜査機関は本件令状請求に際し事前に被告人の覚せい剤に

対する犯罪的傾向について具体的にどのような資料を有していたのか必ずしも明らかとはいえず，本件記録を検討しても，右のような捜査方法まで用いなければならない必要性を見いだすことはできない。」

◻ 参考裁判例4-5　札幌地決平成28年3月3日判時2319号136頁

　Kは，警察官として長年にわたって銃器犯罪捜査に携わり，平成8年終わり頃から平成9年初め頃には，捜査協力者であるAを通じて，ロシア人相手に中古車販売業を営むBやそのいとこのCと知り合い，Bを銃器犯罪摘発のための捜査協力者として用いるようになった。Kは，日頃から，Bら捜査協力者に対し，「何でもいいからけん銃を持ってこさせろ」と指示をしていた。

　ロシアの船員であるXは，ロシア本国における前科前歴はなく，ロシアマフィアや銃器取引に関与したことを窺わせるような事情もなかった。平成9年8月頃に初めて来日した際，中古車販売店を案内したCから，「イタリア製かアメリカ製のけん銃が欲しい。あれば車と換えることができる」，「けん銃があれば欲しい中古車と交換してやる」などと話しかけられた。その2日後にも，Xが，Cに対し，プレゼントされた土産物のお礼として，「次に来るときになんか欲しいものないか。もしよければかにでも持ってこようか」と申し出たところ，Cからは，「かにはいらないけれども，けん銃ならいいよ」と言われた。その後，ロシアに帰国したXは，たまたま父の遺品であるけん銃等を所持していたことから，これと中古車を交換できればと考え，けん銃等を日本に持ち込むこととした。

　平成9年11月13日，Xは日本に入国し，中古車販売店を訪れた帰り道にCと2人きりになった際，Cに本件けん銃のポラロイド写真1枚を渡した。その後，XらとCは，翌日も中古車販売店を回ることを約束し，CがXらを港まで迎えに行くことにして，別れた。

　同日夜，Kの下に，Aを通じて，Xが日本にけん銃を持ち込み，Bに売り込んでいるとの情報がもたらされた。これを受けて，銃器対策課では捜査会議が開かれ，翌朝に，Bらを使って，Xが船外へけん銃等を持ち出すように仕向けて，Xを現行犯逮捕するという方針が決定された。

　翌14日午前8時頃，XはCから，「Bにピストルが必要なので，本件けん銃と日産サファリを交換する」旨の話を告げられた。その後，Xは，Bの経営する中古車販売店で，実際にBから，1万ドルの値札が付けられた日産サファリを見せられた。港に戻ったXは，Bからけん銃を持ってくるように言われたため，船からけん銃を持ち出し，車の中で待機していたBに渡そうとした。しかし，Bはこれを受け取らず，「警察，プロブレム」と言って車を降り，Xについてくるよう指示したため，Xは，Bの後を追い，本件逮捕現場において，着衣から本件けん銃等を取り出してBに手渡そうとしたところ，その場で待機していた警察官らによって取り囲まれ，現行犯逮捕された。

Xは，平成10年8月25日，札幌地方裁判所でけん銃加重所持罪により懲役2年に処せられ，同年9月9日に同判決が確定した。確定審においては，捜査機関による違法なおとり捜査の有無等が争いとなったが，確定判決は，検察側証人の証言等に基づき，そもそも警察が関与したおとり捜査自体が存在しなかったと認定して，Xの無罪主張を斥けた。

　これに対してXは，確定審における証人らが，違法なおとり捜査の存在自体を隠蔽するため，公判で偽証をしたり，あるいは内容虚偽の捜査書類を作成したりしていたことを示す証拠を提出し，刑訴法435条6号所定の事由があると主張して再審請求した。

　再審請求審は，「平成9年8月にCがXに対して働きかけを行った時点から，同年11月14日にXが現行犯逮捕されるまで，銃器対策課によるおとり捜査が実施された」ことを認めたうえで，以下の通り判示して再審開始を決定した。

　「2　以上の事実経緯を前提に，本件おとり捜査の適法性について検討する。

　一般に，おとり捜査は，密行性の高い犯罪を摘発するのに有用である一方，捜査機関又はその依頼を受けた捜査協力者が相手方に犯罪を実行するよう働きかけることにより，刑事実体法で保護しようとする法益を国家が自ら危険にさらすという側面も有しているため，常には許されるべきものではないといえる。とりわけ，本件おとり捜査は，既に見たとおり，典型的な犯意を誘発するタイプのものと位置づけられるので，その適否を慎重に見極める必要がある。

　(1)　そこで，具体的に検討するに当たり，まずは捜査機関による誘引の強さがどの程度のものであったかという点について見ていくと，本件では，日本にけん銃を持ってくれば欲しい中古車と交換するといった働きかけがされている。販売業者の取り扱う中古車にはそれなりの価値があると考えるのが通常であろうし，現に，Xがけん銃を日本に持ち込んだ段階で，1万ドルもの値札の付いた日産サファリが交換品として提示されていることからすると，当初からある程度高価な中古車との交換が想定されていたものと認められる。一方で，Xが持っていたけん銃は，単に父の形見として持っていただけのものであり，Xにとっていわばタダ同然のものであったというのであるから，これと中古車との交換という働きかけは，Xに対しては，それなりに誘引力の強いものであったと認められる。

　もとより，Xがけん銃等の密輸商人であったというのであれば，本件捜査も単に犯罪実行のきっかけを与えた程度に過ぎないということにもなろうが，そもそも武器の密輸商であったなどとは全くもって認められないし，そのほか，Xがロシアマフィアに関係するとか，銃器犯罪の犯罪性向を有していたなどといった事実を認めるだけの証拠は全く存在しない。Xのように，これまで銃器犯罪に縁のない者であっても，新たに犯意を誘発されるだけの働きかけが行われたわけであり，そうした意味からいっても，誘引力の強さはそれなりのものであったことが窺える。

　(2)　更に進んで，捜査の必要性や誘引の具体的態様等に関わる事情について見ていく

こととするが，確かに，銃器犯罪のような密行性の高い犯罪を摘発するためには，おとり捜査が有用な場合もあるであろう。しかし，本件においては，ロシアからの銃器の密輸入が多数に上るなど，おとり捜査をしてでも密輸ルートを解明することが喫緊の課題であったというような事情は何ら窺われない上，ことＸに関わる事情について見たところで，Ｃが働きかけをした時点では，Ｘにはロシアマフィアや銃器犯罪への関与を示す事情などは全く存在せず，銃器犯罪の具体的嫌疑は何ら認められなかったものといえる。検察官が言うように一般的には海外から密輸入されるけん銃を水際で阻止する必要があるとしても，こうした具体的嫌疑のない者に対してまでわざわざ積極的にけん銃を日本に持ち込ませるよう働きかけるというのは，背理であろう。Ｘのように元々銃器犯罪を行う意図のない者に対してまで犯意を誘発するような強い働きかけを行う必要性などは到底認められないし，かえって，こうした強い働きかけを行うことにより，けん銃という危険物を本邦内に招き入れ，国民の生命，身体を殊更危険にさらしたものといえる。

　また，本件では，『何でもいいからけん銃を持ってこさせろ。』というＫの指示を間接的な形で受けていたＣが，まさに文字通りその指示内容に従って，おとり捜査の限界等につき全く顧慮することなどないまま，それこそなりふり構わずにけん銃の日本への持ち込みを積極的に誘引していた事実が証拠から如実に窺われる。検察官は，指示が間接であること等を捉えて，Ｋら警察官の関与が希薄であるというが，むしろ，『何でもいいから』という言葉が示すように，捜査協力者に対してフリーハンドで誘引等を任せきりにし，中には国家が犯罪を作出するような違法なものが混じっていたとしても，それはそれで構わない（『何でもいい』）という態度がありありと見て取れるのであるから，決して関与が希薄などとはいえない。警察が国民の生命，身体を殊更危険にさらしたという点は，こうした誘引の具体的態様にもよく反映されている。

　(3)　以上の点のみからいっても，本件おとり捜査は，その必要性が認められず，かえって，具体的な嫌疑もない者に対して犯意を誘発するような働きかけを行うことで，犯罪を抑止すべき国家が自ら新たな銃器犯罪を作出し，国民の生命，身体の安全を脅かしたものであるといい得るところ，更に本件では，次に示すような事情も認められる。

　すなわち，特筆すべきは，銃器対策課の捜査官らは，事件後，こぞって内容虚偽の捜査書類を作成した上，裁判でおとり捜査の違法性が争われるや，内部で口裏合わせをした上，ＢやＣは捜査協力者ではなく，おとり捜査は行っていないなどと全く真実に反する証言をし，組織ぐるみで本件おとり捜査の存在を隠蔽している。こうした捜査官らの行為は，事案の真相を明らかにして，適正に刑罰法規を適用するという刑事裁判の目的を根底から覆し，Ｘが公正な裁判を受ける権利を踏みにじるものである。これほど悪質な隠蔽工作を図ったのは，銃器対策課の捜査官自身，本件おとり捜査は到底許されないものであり，裁判でこれが明るみに出れば大変な事態になることを認識していたからであろう。検察官は，捜査協力者を報復から守るために，Ｂが捜査協力者であることな

どを隠したに過ぎないなどと言うが，そうであれば単にBらの名前や素性を伏せれば足りるはずである。そもそも，Bが逮捕現場までXを誘導したことをX自身が認識している以上，いくら捜査官が偽証したところで，Bの保護にはつながらない。結局，重大な違法をはらんだおとり捜査が行われたからこそ，銃器対策課が組織ぐるみで隠蔽工作を行ったというのが事の真相というべきであり，こうした事情もまた，本件おとり捜査の違法性を裏付けているものと見ることが可能である。

(4) (1)ないし(3)で述べた諸事情を総合すれば，本件おとり捜査は，およそ犯罪捜査の名に価するものではなく，重大な違法があるのは明らかである。……

3　結局，本件おとり捜査には，令状主義の精神を潜脱し，没却するのと同等ともいえるほど重大な違法があると認められるから，本件おとり捜査によって得られた証拠は，将来の違法捜査抑止の観点からも，司法の廉潔性保持の観点からも，証拠能力を認めることは相当ではない。……少なくとも，現行犯逮捕によって得られた各証拠……は証拠排除されるべきである。

そうすると，Xが真正なけん銃やこれに適合する実包を所持していたことはX自身認めているものの，この自白を補強すべき証拠がなく，結局，刑訴法319条2項により犯罪の証明がないことに帰するから，Xに対し無罪の言渡しをすべきである。本件再審請求は，刑訴法435条6号所定の有罪の言渡しを受けた者に対して無罪を言い渡すべき明らかな証拠を新たに発見したときに該当する。」

［本決定に対する検察官の即時抗告を受けた札幌高裁は，本件の事実関係について，「原判決の証拠となった捜査書類を作成した司法警察職員が同条7号所定の職務に関する罪を犯した事実が，当該犯罪に係る確定判決を得ることができないものの，その事実の証明があった場合（同法437条本文）に該当する」として，即時抗告を棄却した。］

5 逮捕・勾留

(1) 逮捕・勾留の要件

設例1

　Ｘと交際中のＶがマスクで顔を隠すようにしていたため，心配した友人Ｗがその理由を尋ねたところ，Ｖは，「Ｘから暴行を受け，唇が切れて口の周りが腫れている。人に見られるのが恥ずかしい」と述べた。Ｗからの通報を受けた警察官は，傷害の嫌疑で事情を聴くため，Ｘに対し警察署への出頭を求めたが，Ｘは再三の呼び出しにも応じず，警察官が電話をかけて出頭しない理由を尋ねても，「別に理由はない。行きたくないものは行きたくない」と返答するのみであった。Ｘの傷害の嫌疑を裏付ける資料としては，Ｖから被害事実を伝え聞いたＷの供述とＸが平素から短気で粗暴な性格である旨のＸの隣人の供述があるのみで，Ｖは所在不明となっていた。

Q Elementary

　1　警察官からＸに対する逮捕状の請求があったとした場合，これを発付することができるか。逮捕状発付の要件に照らし，どのような点が問題となるか。

　2　被疑者に対する逮捕状発付の要件と勾留状発付の要件とでは，どのような点が異なるか。必要とされる犯罪の嫌疑の程度はどうか。犯罪の嫌疑以外の要件はどうか。

Q Basic

　3　判例5-2の事案において，Ｘが刑訴法212条1項所定の現行犯人にあたらないとされたのは，どのような理由によるか。現行犯人にあたるとされた参考裁判例5-8の事案との間には，結論を異にするだけの違いがあるか。

　4　判例5-2の事案において，Ｘは，刑訴法212条2項所定の準現行犯人にあたらないか。次の点はどのように考えられるか。

　(1)　Ｘは，Ａによって犯人に間違いないと認められているのだから，「犯人として追呼されている」といえないか。

　(2)　Ｘは，人相や服装において，Ａが申告した犯人とよく似ているのであるから，「身体又は被服に犯罪の顕著な証跡がある」といえないか。

　5　判例5-2の事案において，Ｘが警察官の職務質問に対し逃走しようとしたとした場合，現行犯人（準現行犯人）として逮捕することができるか。

　6　判例5-2の事案において，ＡがＸを逮捕することはできないか。

　7　次の場合，警察官はＸを現行犯人として逮捕することができるか。

⑴　Aは，午後8時40分ころ，映画館において，公然わいせつの犯行を目撃した。映画館を出たAは，近くの自宅から夫を伴って映画館にもどり，犯人が館内にいることを確認した上，警察に通報した。警察官が現場に臨場したところ，午後9時45分ころ，映画館から出てきたXがAから犯人として指示された（大阪高判昭和40年11月8日下刑集7巻11号1947頁参照）。

⑵　Aは，深夜午前0時過ぎころ，自己が経営する飲食店において閉店後も居座って酒を飲んでいたXから同店奥の間に連れ込まれ，強制わいせつの被害を受けた。店から飛び出したAは，隣家に駆け込み，警察に通報した。現場に臨場した警察官が，午前0時50分ころ，Aを伴って店内に入り，Aから犯人がいると指示された奥の間を見たところ，Xがその場に横になっていた（東京地決昭和42年11月22日判夕215号214頁参照）。

8　内偵により競馬の呑み行為が行われているとの情報があった喫茶店内に警察官が張り込んでいたところ，常連客と店主が数字の書き込んであるメモ及び現金のやり取りをしているのを現認した。警察官は，同人らを逮捕することができるか。

5-① 最一決平成26年11月17日判時2245号124頁

【事案の概要】　検察官は，被疑者Xについて，「平成26年11月5日午前8時12分頃から午前8時16分頃までの間，京都市営地下鉄烏丸線の五条駅から烏丸御池駅の間を走行中の車両内で，当時13歳の女子中学生に対し，右手で右太腿付近及び股間をスカートの上から触った」という被疑事実で勾留を請求したが，京都地裁裁判官は，勾留の必要性がないとして請求を却下した。検察官の準抗告を受けた京都地裁は，「被疑者と被害少女の供述が真っ向から対立しており，被害少女の被害状況についての供述内容が極めて重要であること，被害少女に対する現実的な働きかけの可能性もあることからすると，被疑者が被害少女に働きかけるなどして，罪体について罪証を隠滅すると疑うに足りる相当な理由があると認められる」とし，勾留の必要性を肯定したため，X側が特別抗告をした。

【判示】　最高裁は原決定を取り消した上で自判し，検察官の準抗告を棄却した。

「被疑者は，前科前歴がない会社員であり，原決定によっても逃亡のおそれが否定されていることなどに照らせば，本件において勾留の必要性の判断を左右する要素は，罪証隠滅の現実的可能性の程度と考えられ，原々審が，勾留の理由があることを前提に勾留の必要性を否定したのは，この可能性が低いと判断したものと考えられる。本件事案の性質に加え，本件が京都市内の中心部を走る朝の通勤通学時間帯の地下鉄車両内で発生したもので，被疑者が被害少女に接触する可能性が高いことを示すような具体的な事情がうかがわれないことからすると，原々審の上記判断が不合理であるとはいえないところ，原決定の説示をみても，被害少女に対する現

実的な働きかけの可能性もあるというのみで，その可能性の程度について原々審と異なる判断をした理由が何ら示されていない。

そうすると，勾留の必要性を否定した原々審の裁判を取り消して，勾留を認めた原決定には，刑訴法60条1項，426条の解釈適用を誤った違法があり，これが決定に影響を及ぼし，原決定を取り消さなければ著しく正義に反するものと認められる。

よって，……原決定を取り消し……更に裁判をすると，上記のとおり本件について勾留請求を却下した原々審の裁判に誤りがあるとはいえないから，本件準抗告は……棄却を免れ［ない］。」

Q Basic

9 本決定は，原々審（つまり令状裁判官）の判断について，「勾留の理由があることを前提に勾留の必要性を否定した」と述べているが，ここにいう「勾留の理由」，「勾留の必要性」とは，それぞれ何を指すか。また，「勾留の必要性」は，どのように判断されるか。

10 勾留の要件としての「罪証を隠滅すると疑うに足りる相当な理由」の判断は，一般に，罪証隠滅の対象・態様，隠滅の客観的・主観的可能性の有無などに留意しつつ，個々の事案に応じて具体的に検討されるべきである，と説かれる（村瀬均「勾留——裁判の立場から」三井誠ほか編『新刑事手続Ⅰ』〔2000年〕247頁参照）。本決定において想定されている「罪証隠滅の対象」と「態様」は，具体的にはどのようなものか。

11 本決定と原決定（準抗告審）が，勾留の必要性についての結論を異にしたのはなぜか。最高裁は，「原々審の……判断が不合理であるとはいえない」理由として，どのような事情を挙げているか。それらの事情は，勾留の必要性の判断においてどのような意味を持つか。

(2) 逮捕前置主義

設例 2

Xには，友人Aから借金名下に100万円を詐取した嫌疑があり，逃亡及び罪証隠滅の恐れが認められる。Xは，現在のところ，身柄を拘束されていない。

Q Elementary

12 (1) 検察官は，直ちに被疑者Xの勾留を請求することができるか。被疑者の勾留を請求するためには，いかなる手続が必要か。

(2) Xが起訴された場合，公判裁判所は，直ちに被告人Xを勾留することができるか。

13 (1) 検察官は，逮捕中の被疑者Xについて，刑事訴訟法所定の手続に従っ

て適法に勾留請求した。この場合，勾留状が発付されるまでの間，Ｘの身柄はどうなるか。勾留状が発付されるまでの間に，刑事訴訟法204条・205条所定の制限時間を超えてしまったときはどうか。

(2) 検察官は，逮捕中の被疑者Ｘについて，刑事訴訟法204条・205条所定の制限時間内に，公訴を提起した。この場合，Ｘの身柄はどうなるか。

Q Basic

14 被疑者Ｘを設例２の嫌疑で逮捕したところ，逮捕中の捜査の結果，被疑事実に変動が生じた。検察官は，設例２の事実に代えて，次のような事実を被疑事実として，Ｘの勾留を請求することができるか。

(1) ＸがＡから借金名下に詐取した金額は150万円であることが判明したため，Ａに対する被害額150万円の詐欺の事実で勾留請求すること。

(2) ＸがＡから詐取したとされる100万円は，ＸがＡから保管を委託された金銭であり，Ｘはこれを保管中，自己の目的に費消し横領したことが判明したため，Ａに対する被害額100万円の横領の事実で勾留請求すること。

(3) ＸにはＡに対する借入金返済の意思及び能力があったと認められたが，別の友人Ｂから借金名下に500万円を詐取した嫌疑があることが判明したため，Ｂに対する被害額500万円の詐欺の事実で勾留請求すること。

15 被疑者Ｘを設例２の嫌疑で逮捕したところ，Ｘには，別の友人Ｃに対する被害額300万円の詐欺の嫌疑があることも判明した。検察官は，Ａに対する詐欺と併せてＣに対する詐欺をも被疑事実として勾留請求することができるか。

Q Advanced

16 参考裁判例5-⑨の判示は，勾留の理由となる被疑事実は公安条例違反だけに限られるとする趣旨か。それとも，公安条例違反を被疑事実とする勾留請求が認められるのであれば，同条例違反のほか公務執行妨害及び傷害の事実も勾留の基礎となる被疑事実に含めてよいとする趣旨か。

17 15の被疑事実による勾留請求が認められＸを勾留したところ，勾留期間満了までの捜査の結果，ＸにはＡに対する借入金返済の意思及び能力があったことが判明したが，Ｃに対する詐欺については，嫌疑が濃厚であるとともに，事件処理にはさらに捜査を尽くす必要があると判断された。検察官は，Ｃに対する詐欺の捜査未了を理由に，勾留期間の延長を請求することができるか。

5-② 京都地決昭和44年11月5日判時629号103頁

【事案の概要】 昭和44年10月29日午後8時55分ころ，京都市中京区の金物商Ａ方において，通りがかりの男が，Ａに対して「金を貸してくれ」と言い寄り，Ａがこれを断ると，男は，その場にあった裁ちばさみをＡに突きつけ，「心臓をぶち

抜いてやろうか」とどなった。Aは，直ちに110番通報したが，その間に男は，いずれかの方向へ逃走してしまった。午後9時5分ころ，警察官がパトカーでA方に到着し，直ちにAから事情を聴取した。その結果，犯人はうぐいす色のジャンパーを着て酒の臭いがする30歳すぎの男であることが判明したので，警察官は，これに基づき犯人を発見すべく，パトカーで現場付近の巡回に出たところ，午後9時15分ころ，A方より約20メートルの地点にある路上において，Aから聴取した犯人の人相，年令，服装とよく似た風態のXを発見した。警察官の職務質問に対してXは本件犯行を否認したが，その場でXと対面したAが犯人に間違いないと供述したので，警察官は，Xを恐喝未遂の現行犯人として逮捕した。この逮捕に引き続いて，検察官から勾留請求がなされたが，裁判官は，この現行犯逮捕は要件を欠き違法であるとして勾留請求を却下した。検察官から準抗告。

【判示】　準抗告棄却。

「司法巡査が被疑者を『現行犯逮捕』したのは，犯行時よりわずか二十数分後であり，その逮捕場所も犯行現場からわずか二十数メートルしか離れていない地点であったのであるが，逮捕者である司法巡査とすれば犯行現場に居合わせて被疑者の本件犯行を目撃していたわけでなく，またその逮捕時において被疑者が犯罪に供した凶器等を所持しその身体，被服などに犯罪の証跡を残していて明白に犯人と認めうるような状況にあったというわけでもないのであって，被害者の供述に基づいてはじめて被疑者を本件被疑事実を犯した犯人と認めえたというにすぎないのである。なお，被疑者は，司法巡査の職務質問に際して逃走しようとしたこともなく，また犯人であることを知っている被害者自身からの追跡ないし呼号を受けていたわけでもない。

以上によれば，司法巡査が被害者の供述に基づいて被疑者を『現行犯逮捕』した時点においては，被疑者について緊急逮捕をなしうる実体的要件は具備されていたとは認められるけれども，現行犯逮捕ないしは準現行犯逮捕をなしうるまでの実体的要件が具備されていたとは認められないといわなければならない。……

……我現行刑事訴訟法は，勾留請求について逮捕前置主義を採用し，裁判官が勾留請求についての裁判において違法逮捕に対する司法的抑制を行っていくべきことを期待していると解されるのであるから，その法意からしても，本件の如き違法な逮捕手続に引続く勾留請求を受けた裁判官とすれば，仮に被疑者につき勾留の実体的要件が具備されていて将来同一事実に基づく再度の逮捕や勾留請求が予想されるという場合であっても，その時点において逮捕手続の違法を司法的に明確にするという意味において当該勾留請求を却下するほかなきものと解する。」

Q Basic

18　本決定がXの勾留を認めなかったのはなぜか。参考裁判例5－10の場合は

5 逮捕・勾留／Q19〜26

どうか。

19 (1) 勾留の実体的要件を具備する以上，被疑者の勾留は認められるべきではないか。勾留の前段階における手続の瑕疵を理由として，被疑者の勾留を許さず釈放することに問題はないか。

(2) 刑訴法207条5項が勾留請求を却下すべき手続上の事由として定めているのは，どのような場合か。それ以外の事由で勾留請求を却下することに問題はないか。

20 違法逮捕に対する司法的抑制の手段として他の救済方法は考えられないか。逮捕の瑕疵は，逮捕に対する不服申立てで争うべきものとするのが筋ではないのか（なお，最一決昭和57年8月27日刑集36巻6号726頁参照）。

21 本決定が「本件の如き違法な逮捕手続に引続く勾留請求」という場合，どのような違法を意味しているか。本決定の事案のような場合のほか，勾留請求を却下すべき事由になると考えられる逮捕手続の違法として，いかなるものが考えられるか。

22 判例3-①は，実質的逮捕にあたる違法な任意同行が行われた事案において，「実質的逮捕の違法性の程度はその後になされた勾留を違法ならしめるほど重大なものではない」と判断している。これは，どのような理由によるか。

23 判例3-①と参考裁判例3-④とでは，勾留（請求）の適法性に関する判断基準が異なるか。両者を整合的に説明することは可能か。

24 参考裁判例3-③は，勾留請求の適法性をどのような基準で判断しているか。それは合理的か。参考裁判例3-③の基準に照らして，判例3-①が示す勾留の適法性に関する判断基準は合理的か。判例3-①の事案において，勾留（請求）が適法とされるためには，実質的逮捕の時点において，緊急逮捕の要件が備わっていることが必要か。通常逮捕の（実質的）要件が備わっているだけ（令状はない）では足りないか。

25 判例3-①の事案では，実質的逮捕にあたる違法な任意同行が行われているものの，その後，裁判官による逮捕状の発付を経て通常逮捕が行われ，引き続き裁判官による勾留状の発付を経て勾留が行われている。固有の要件に欠けるところがない逮捕手続が履践された以上，それに先行する手続に瑕疵があったとしても，以後の逮捕・勾留の適法性に影響を及ぼすことはないと考えることはできないか。

Q Advanced

26 本件において，検察官が所定の制限時間内に求令状起訴（刑訴法205条3項・280条2項参照）をしたとする。令状裁判官は，本決定と同旨の判断により現行犯逮捕の手続が違法であったと考えた場合，勾留についていかなる措置をとるべきか。「起訴後の勾留は，裁判所の審判の必要という観点から裁判官が独自に職権でその要否を判断するものであるから，これに先だつ逮捕手続の当否は，起訴後の勾

留の効力に何ら影響を及ぼさない」（最三決昭和48年7月24日裁判集刑事189号733頁）といってよいか。

(3) 事件単位の原則

設例3

Xは，借金名下に友人Aから100万円を詐取したとの被疑事実（①の事実）について，逮捕状により逮捕され，さらに勾留された。Xには，別に，他の友人Bから300万円詐取した嫌疑（②の事実）があり，これについても目下捜査中である。

Q *Elementary*

27 Xが逮捕・勾留された根拠となる被疑事実は，手続上，それぞれどのような形で明らかにされているか。

28 Xを①の事実で逮捕・勾留中に，さらに②の事実で逮捕・勾留することは許されるか。ⓐ逮捕・勾留の効力はその基礎となった被疑事実を単位として考えるのだとすれば，どうなるか。ⓑ逮捕・勾留は被疑者の身柄を拘束する処分である以上，その効力は被疑者を単位として考える（被疑者に余罪があるときは，余罪も考慮して逮捕・勾留の要件・効果を判定する）のだとすれば，どうなるか。ⓐⓑいずれの考え方が適当か。

Q *Basic*

29 捜査機関は，②の事実についての捜査のため必要があるとして，弁護人と被疑者Xとの接見について，日時や時間を指定することができるか。

30 勾留期間の満了にあたり，①の事実については必要な捜査を遂げることができたが，②の事実については関係人の取調べが未了でさらに捜査を尽くす必要があると判断される場合，検察官は，やむを得ない事由があるとしてXの勾留期間の延長を請求することができるか。

31 検察官は，Xを①の事実で起訴した後，さらに②の事実について捜査を続行している。弁護人から保釈の請求があった場合，保釈を許すとXがBほかの関係人に面談を強請するおそれがあるとして，保釈請求を却下することはできるか。参考裁判例5-11に示された考え方は，この問題についてどのような意味を持つか。参考裁判例5-11に示された考え方は，**28**に示したⓐの考え方と矛盾するか。

Q *Advanced*

32 参考裁判例5-12と5-13に示された考え方は，**28**に示したⓐの考え方と矛盾するか。

5-3 横浜地決昭和42年2月2日下刑集9巻2号161頁

【事案の概要】 被疑者X，Yは，共謀の上，昭和42年1月20日，衆議院議員選挙

に関し，A候補に得票させる目的をもってB方ほか4戸を戸別訪問したとして，現行犯逮捕された。同月22日，両名は勾留されたが，さらに同月30日に至り，検察官は，本件につき共犯者C，D（逃走中）及び1月19日の戸別訪問先についての取調未了を理由に，2月1日から10日間の勾留期間延長を求め，裁判官はこれを容れて「関係人多数取調未了」との理由により勾留期間を延長した。弁護人から準抗告。

【判示】　裁判所は，延長期間を10日とするのは長きに失するとして，延長期間を2月4日までの4日間と変更したが，理由中で次のように述べた。

「被疑者らは当初犯行を否認していたものの，のちこの全部にわたってこれを認め，その供述ならびに領置した証拠物などにもとづき裏付捜査がなされたことが明らかであるが，しかしいまだこれを全部了したとは言えないばかりか，その後の捜査の結果被疑者等は共謀のうえ更に，本件犯行の前日にも同様個〔戸〕別訪問をしたことが明らかとなり，現在この関係の捜査を急いでいるが訪問先等について捜査が未了であることが認められる。

ところで，右前日の犯行は，本件勾留被疑事実中には掲示されていない別の事実であるけれど，これは，特別の例外事情ない限りいわゆる包括一罪の関係にあるので，この点の捜査につき典型的な別件余罪と同一視して考察すべきものではなく，むしろこの点は，相当程度勾留被疑事実に関する勾留延長可否の判断資料に供されるものと解するを相当とする。従ってこの点で勾留被疑事実と別の事実もそれが包括一罪と評価される事実である限り，勾留被疑事実につき起訴不起訴の判断をするうえにおいて極めて重要なものとして勾留延長判断の対象事実となるものというべきであり，以上の理由からするならば，前記認定事情のもとではその時間的関係から見ても，被疑者両名に対し捜査未了を事由として本件勾留を延長したことに，止むを得ない事情があったといわなければならない。」

Q *Basic*

33　本決定のいう「典型的な別件余罪」とはどのようなものか。そのような余罪を勾留期間の延長請求にあたり考慮することが許されないとすれば，それはなぜか。

34　本決定が，勾留状に記載されていない1月19日の戸別訪問先についての取調未了を勾留期間延長にあたり考慮しうるとしたのはなぜか。勾留状に記載された被疑事実についてすでに捜査が終了したのであれば，勾留期間を延長するやむを得ない事由があるとは認められないのではないか。

35　次の場合に，勾留状に直接記載されていない事実を考慮に入れて，勾留期間延長の可否を判定することができるか。

(1)　侵入具携帯罪（軽犯罪法1条3号）の被疑事実で勾留されている者について，

機会を異にする常習特殊窃盗（盗犯等ノ防止及処分ニ関スル法律2条3号）の嫌疑がある場合（なお，最二決昭和62年2月23日刑集41巻1号1頁参照）
　(2)　登記簿に不実の記載をさせ，登記所に備え付けさせたという公正証書原本不実記載・同行使罪の被疑事実で勾留されている者について，不実記載のある登記事項証明書を用いた詐欺罪の嫌疑がある場合

(4) 一罪一勾留の原則

5-4　仙台地決昭和49年5月16日判タ319号300頁

【事案の概要】　X（被疑者）は，昭和49年2月18日，宮城県佐沼警察署に賭博被疑事件で逮捕され，引き続き勾留された上，3月7日，賭博場開張図利，常習賭博（昭和48年2月3日，4日，14日の3回の賭博行為を内容とするもの）について登米簡易裁判所に起訴された。起訴後，昭和48年2月1日の常習賭博事件について取調べを受け，昭和49年4月1日保釈を許可された。その後は，任意捜査により前記2月1日の常習賭博事件および昭和48年5月初めころの常習賭博事件について取調べを受け，これらの事件は昭和49年4月12日及び同月27日，いずれも常習賭博として登米裁判所に訴因の追加請求がなされた。
　一方，本件常習賭博（昭和48年5月19日の賭博の事実）については，昭和49年1月4日にAの供述により，被疑者の氏名は判明しないものの，その事件及び共犯者が同県塩釜警察署に判明し，同年4月27日，Aの供述にもとづきXの関与が判明した。Xは，同年5月9日，逮捕され，引き続き同月12日，勾留されたが，これに対し，弁護人から勾留の取消しが申し立てられた。

【判示】　勾留取消し。
　「本件常習賭博は，昭和48年5月19日になされたものであり，前記起訴にかかる常習賭博と一罪をなすものであり，その逮捕勾留中に同時に捜査を遂げうる可能性が存したのである。（本件は昭和49年1月4日に塩釜警察署に認知されており，直ちに捜査を行えば本件被疑者を割り出すことは充分可能であったのであり，事件自体が全く認知されていなかった場合とは異なるのである。）従って本件逮捕勾留は，同時処理の可能性のある常習一罪の一部についての逮捕勾留であるから，一罪一勾留の原則を適用すべきである。[勾留を適法とする]検察官の主張は一理あり，同時処理の可能性がない場合には妥当するものであるが，その可能性の存する場合には人権保護の見地から右原則を採用すべきであり，当裁判所は検察官の見解を採用しない。
　右のごとく本件逮捕勾留は一罪一勾留の原則により適法視しえないものである……。」

Q Basic

36 本件逮捕・勾留が不適法とされた理由は何か。

37 本件逮捕・勾留が不適法であるとした場合，ほかにＸの身柄を拘束しておく方法はあるか。

38 本件において，常習賭博による起訴後の勾留が本件逮捕前に取り消されていたとした場合，本件逮捕・勾留は許されるか。

39 常習一罪を構成する各事実について，各別に逮捕・勾留することを許した場合，いかなる不都合が考えられるか。

40 常習一罪における一罪一勾留の原則について，参考裁判例 5 - [14] は，どのような考え方をとっているか。その考え方に立った場合，本件事案における逮捕・勾留は適法か。

41 常習一罪における一罪一勾留の原則について，本決定は，どのような考え方をとっているか。それは，参考裁判例 5 - [14] の原決定の考え方と異なるか。本決定の考え方に立った場合，参考裁判例 5 - [14] の事案における逮捕・勾留（被疑者勾留）も不適法か。

42 本件において，昭和 48 年 5 月 19 日の常習賭博の事実が，昭和 49 年 4 月 27 日に至るまで，捜査機関におよそ認知すらされていなかったとした場合，本件逮捕・勾留の適法性はどうなるか。

Q Advanced

43 甲事実で逮捕，勾留され，起訴後保釈された被告人について，同人が保釈中に行った乙事実（甲事実と常習一罪の関係にある）で被疑者として逮捕，勾留された後，甲事実に乙事実を追加する訴因変更（追加）が行われた場合（参考裁判例 5 - [14] 参照），併存する勾留（甲事実による勾留と乙事実による勾留）に対し，何らかの措置をとることが必要か。

(1) 参考裁判例 5 - [14] の考え方によればどうか。

(2) 本決定の考え方（それによっても，乙事実で被疑者として逮捕・勾留することが許されるとした場合。**Q41** 参照）によればどうか。

(3) 被告人としての勾留期間の起算点はどうなるか。

(5) 再逮捕・再勾留

5 - [5] 東京地決昭和 47 年 4 月 4 日刑月 4 巻 4 号 891 頁

【事案の概要】 共産主義者同盟関西派の軍事組織である共産同 RG（突撃隊）に所属する X（被疑者）は，多数の同盟員と共謀の上，①昭和 46 年 9 月 22 日，加害目的でスポイト爆弾を警視庁第 4 機動隊の寮に仕掛けて爆破させ，②同年 10 月 23 日，同様の爆弾を板橋警察署養育院前派出所に仕掛け，その他同種の事犯 3 件を犯した

として，爆発物取締罰則違反の事実により，昭和47年1月7日逮捕され，引き続き同月9日付の勾留請求により勾留された。その後，勾留期間が延長されたが，Xは，犯行を否認し続け，他にXの犯行を具体的に証明する資料も得られなかったので，勾留満期日の同月28日に処分保留のまま釈放された。ところが，その後の捜査によって，Aが前記②の犯行に関与している疑いが濃厚になり，3月4日，Aを取り調べたところ，同人がXらとの共謀による②の犯行を自白したため，捜査当局は，Xが隊長で本件犯行の責任者であることが明白になったとして，Xをあらためて前記②の被疑事実で逮捕した。検察官は，引き続きXの勾留を請求したが，裁判官は，「被疑者に対する同一被疑事実による勾留は，やむを得ない事由があるとすべきときであっても，また，その回数を1回に限らないとしても，勾留期間は通じて20日を超えることができないと解すべきであり（このことは，前の釈放をされた後に，新たな証拠が発見される等の事由が生じた場合でも同一であると解する。）本件に関しては，すでに右の20日間の期間の勾留を経ているのであるから，本件の再度の請求を不適法として却下すべきものとする。」との理由で，請求を却下した。検察官から準抗告。

【判示】 原裁判取消し。

「同一被疑事件について先に逮捕勾留され，その勾留期間満了により釈放された被疑者を単なる事情変更を理由として再び逮捕・勾留することは，刑訴法が203条以下において，逮捕勾留の期間について厳重な制約を設けた趣旨を無視することになり被疑者の人権保障の見地から許されないものといわざるをえない。しかしながら同法199条3項は再度の逮捕が許される場合のあることを前提にしていることが明らかであり，現行法上再度の勾留を禁止した規定はなく，また，逮捕と勾留は相互に密接不可分の関係にあることに鑑みると，法は例外的に同一被疑事実につき再度の勾留をすることも許しているものと解するのが相当である。そしていかなる場合に再勾留が許されるかについては，前記の原則との関係上，先行の勾留期間の長短，その期間中の捜査経過，身柄釈放後の事情変更の内容，事案の軽重，検察官の意図その他の諸般の事情を考慮し，社会通念上捜査機関に強制捜査を断念させることが首肯し難く，また，身柄拘束の不当なむしかえしでないと認められる場合に限るとすべきであると思われる。このことは，先の勾留につき，期間延長のうえ20日間の勾留がなされている本件のような場合についても，その例外的場合をより一層限定的に解すべきではあるが，同様にあてはまるものと解され，また，かように慎重に判断した結果再度の勾留を許すべき事案だということになれば，その勾留期間は当初の勾留の場合と同様に解すべきであり，先の身柄拘束期間は後の勾留期間の延長，勾留の取消などの判断において重視されるにとどまるものとするのが相当だと思われる。

……本件事案の重大さ，その捜査経緯，再勾留の必要性等は……［申立理由のとおりと］認められ，その他，前回の勾留が期間延長のうえその満了までなされている点についても，前回の勾留は本件被疑事実のみについてなされたのではなく，本件を含む相互に併合罪関係にある5件の同種事実……についてなされたものであることなどの点も考慮すると，本件の如き重大事犯につき捜査機関に充分な捜査を尽させずにこれを放置することは社会通念上到底首肯できず，本件について被疑者を再び勾留することが身柄拘束の不当なむしかえしにはならないというほかなく，前記の極めて例外的な場合に該当すると認めるのが相当である。」

Q Basic

44 被疑者Xを甲という被疑事実で逮捕し，いったん釈放した場合，後日，再びXを甲事実で逮捕することはできるか。被疑者を甲事実により逮捕・勾留し，いったん釈放した場合はどうか。再逮捕の許容性に関し，刑訴法199条3項はどのような意味をもつか。

45 同一事実について再逮捕ができるとして，現行法は，逮捕状請求の手続にいかなる制約を課しているか。その手続に違反して逮捕状が請求され，裁判官が逮捕状を発付したとき，その逮捕状は有効か。

46 本決定が再勾留の許容性を認めたのはなぜか。刑事訴訟法には再勾留を前提とする明文の規定がないが，そのことは本決定の結論の妨げにならないか。

47 再逮捕・再勾留は，どのような要件のもとに許容されるか。それは，通常の逮捕・勾留が許されるための要件と異なるところがあるか。本決定は，再勾留が許容されるための要件について，どのように述べているか。本決定が掲げる考慮要素に照らすと，具体的に，どのような場合に再逮捕・再勾留が許され，どのような場合に許されないことになると考えられるか。

48 原裁判が本件において再度の勾留請求を認めなかったのはなぜか。その考え方によると，再勾留の可否はどのように判断されるか。そのように考えるべき実質的な理由はあるか。

49 本決定が再勾留を許容するにあたり，「前回の勾留は本件被疑事実のみについてなされたのではなく，本件を含む相互に併合罪関係にある5件の同種事実……についてなされたものであること」を考慮事情として挙げているのは，どのような趣旨か。

50 判例5-[2]の事案では，準抗告裁判所が勾留請求却下の裁判の執行を停止しない旨決定したことを受け，Xの身柄釈放手続がとられたが，その直後，検察事務官がXを緊急逮捕し，緊急逮捕状の発付を経て，検察官からの勾留請求がなされた。これに対し，裁判官は，次のような理由を付して勾留状を発付した（判時629号105頁）。

「先きの逮捕手続について認められる違法というのは，犯罪の嫌疑など逮捕の実体的要件も存しないのに被疑者を逮捕したというような違法ではなく，逮捕の実体的要件はあったが緊急逮捕が許される場合のそれにすぎなかった故事後的に裁判官に対し緊急逮捕状発布［付］請求の手続をとるべきであったのにそれをとらず現行犯逮捕手続のまま被疑者の逮捕を継続したという違法であるところ，右違法は，先きの勾留請求が却下され捜査官としては結局被疑者の身柄を一旦釈放せざるをえなかったということによって十分に明確にされ，それに対する司法的抑制という目的もすでに達成されていると認めうること，他方，爾後の緊急逮捕手続については，それ自体の手続に誤まりなく実体的要件も具備されていたと認められ緊急逮捕状も発布［付］されていること，被疑者［の］……逃亡のおそれの程度は決して軽視しえない程度のものであること，本件事案の性質等諸般の事情を総合的に考えあわせたときに認められる被疑者を勾留しなければならない必要性というものも相当強度なものと認められること，このほか，本件勾留請求は最初の『現行犯逮捕』の時点からしても72時間の制限時間内に行われており，本件請求を認容しても被疑者の逮捕段階における身柄拘束時間が本来の制限時間以上に長くなるという不都合な結果も生じないこと，等の事情を指摘することができるのであり，これらの事情を総合的に判断してみるときは，本件は，……再度の勾留請求であってもこれを認容すべき事例であると認められる。」

判例5-②の事案のように，逮捕の違法を理由に勾留請求が却下された場合，身柄釈放後の再逮捕（それに引き続く勾留）は許されるべきか。先行する身柄拘束が適法であった場合と比べ，再逮捕の許容性に関し考慮すべき事情に違いはあるか。「①法は同じ事情のもとでは1回の逮捕しか認めておらず，違法・越度があれば事情の変更がなくともあらためて逮捕できるとするのは合理性がない，②捜査における適正手続の理念および司法の廉潔性からこれを禁じなければ，実際上逮捕が不当にくり返される危険がある」（三井誠『刑事手続法(1)〔新版〕』〔1997年〕33頁）との指摘があるがどうか。

51　*50*のような再逮捕とそれに引き続く勾留を認めるとした場合，身柄拘束期間について問題はないか。*50*に示した勾留状発付の理由は，この点について何か述べているか。この問題を解決する方策として，どのようなことが考えられるか。

52　警察から現行犯逮捕された被疑者Xの送致を受けた検察官が，Xを現行犯逮捕したことは違法であると判断したが，その時点で緊急逮捕の要件があったと認めた場合，いったんXを釈放した上，直ちに，現時点でも緊急逮捕の要件があるとして再逮捕することができるか。検察官が，当初の逮捕の時点で現行犯逮捕・緊急逮捕のいずれの要件も欠けていたが，現時点では緊急逮捕の要件があると判断したときはどうか。

(6) 別件逮捕・勾留，余罪の取調べ

5-6 金沢地七尾支判昭和44年6月3日刑月1巻6号657頁（蛸島事件）

【事案の概要】 昭和40年7月，石川県珠洲市蛸島町内の神社で10歳の男児の殺害死体が発見されたが，有力な手がかりがないまま推移したので，捜査当局は，同町内の素行不良者等を対象とするいわゆるローラー捜査によりX（被告人）を含む7, 8名に容疑対象者を絞ったところ，Xのアリバイが曖昧であるなどの事情があったが，本件殺人事件の容疑で検挙する具体的証拠は何ら収集できなかった。同年8月，前記対象者に含まれていたYを窃盗の事実で逮捕し，本件殺人についての自白を得たが，内容自体からとうてい真実のものとはいえず，アリバイも成立するため，同人は釈放された。その後，同月30日，捜査当局は，Xに対し，レコード4枚の窃盗及び付近の住宅への侵入を被疑事実とする逮捕状の発付を得た上，翌31日午前7時ころ，Xを珠洲警察署に任意同行し，これらの事実について供述を求めた後，同日午後5時30分にXを同令状により逮捕した。窃盗の余罪について取調べを進めた後，同年9月2日，Xを勾留し，その後，本件殺人・死体遺棄事件発生当日の足取りを追及したところ，同月6日夕方，Xは取調官に同事件につき自白した。捜査当局は，これを録取した自白調書を疎明資料として，同月8日，本件殺人・死体遺棄事件による逮捕状の発付を得て，翌9日午後1時18分にXをいったん釈放した上で，同日午後1時20分，金沢地検七尾支部において同逮捕状によりXを逮捕し，さらに同月11日にXを勾留し，同月30日まで同勾留が延長された。なお，Xが本件殺人の犯人であるとする証拠は，Xの捜査段階における自白が唯一のものである。

【判示】 裁判所は，次のように判示して，Xの自白の証拠能力を否定し，窃盗の事実についても証明がないとしてXに無罪判決を言い渡した。

「被疑者の逮捕・勾留中に，逮捕・勾留の基礎となった被疑事実以外の事件について当該被疑者の取調べを行うこと自体は法の禁ずるところではないが，それはあくまでも逮捕・勾留の基礎となった被疑事実の取調べに附随し，これと併行してなされる限度において許されるにとどまり，専ら適法に身柄を拘束するに足りるだけの証拠資料を収集し得ていない重大な本来の事件（本件）について被疑者を取調べ，被疑者自身から本件の証拠資料（自白）を得る目的で，たまたま証拠資料を収集し得た軽い別件に藉口して被疑者を逮捕・勾留し，結果的には別件を利用して本件で逮捕・勾留して取調べを行ったのと同様の実を挙げようとするが如き捜査方法は，いわゆる別件逮捕・勾留であって，見込捜査の典型的なものというべく，かかる別件逮捕・勾留は，逮捕・勾留手続を自白獲得の手段視する点において刑事訴訟法の精神に悖るものであり（同法60条1項，刑事訴訟規則143条の3参照。）また別件による逮捕・勾留期間満了後に改めて本件によって逮捕・勾留することが予め見込

まれている点において，公訴提起前の身柄拘束につき細心の注意を払い，厳しい時間的制約を定めた刑事訴訟法203条以下の規定を潜脱する違法・不当な捜査方法であるのみならず，別件による逮捕・勾留が専ら本件の捜査に向けられているにもかかわらず，逮捕状あるいは勾留状の請求を受けた裁判官は，別件が法定の要件を具備する限り，本件についてはなんらの司法的な事前審査をなし得ないまま令状を発付することになり，従って，当該被疑者は本件につき実質的には裁判官が発しかつ逮捕・勾留の理由となっている犯罪事実を明示する令状によることなく身柄を拘束されるに至るものと言うべく，結局，かかる別件逮捕・勾留は令状主義の原則を定める憲法33条並びに国民の拘禁に関する基本的人権の保障を定める憲法34条に違反するものであると言わなければならない。……

……捜査当局は，被告人に対し本件殺人・死体遺棄事件の嫌疑を抱いたものの，右嫌疑は極めて薄弱なものであり，さりとて他に逮捕に踏み切るだけの証拠は到底収集し得なかったので別件である第1次逮捕の被疑事実の嫌疑が存したことを幸い，右被疑事実について逮捕状の発付を受けたうえ，本件殺人・死体遺棄事件につき，被告人にポリグラフ検査を実施し，かつ，被告人のアリバイの存否について親族等を取調べ，本件殺人・死体遺棄事件についても被告人を取調べ得る手懸りと見込みを持ったうえで，右逮捕状を執行し，さらに勾留に及んだものと言うべきであって第1次逮捕被疑事実の捜査過程に極めて不自然な点があって，補強証拠の成立そのものに疑念が存すること，右被疑事実が軽微な事案であって第1次逮捕そのものの必要性に疑問があり，これに続く勾留も理由がなかったと認められること，同勾留期間中のほとんどが本件殺人・死体遺棄事件の取調べに費やされていること等の事実に照すと，第1次逮捕・勾留は，捜査当局が専ら本件殺人・死体遺棄事件について被告人を取調べ，被告人から証拠資料（自白）を得ることを意図して行ったものと認めざるを得ないのであって，これが前述した違法かつ不当な別件逮捕・勾留に該当することは明らかであると言うべきである。……

次に，右に述べた如き別件逮捕・勾留中に収集された自白の証拠能力について検討するに，……憲法33条及び34条の規定を実質的に保障し，刑事司法の理想を堅持せんがためには，憲法の右規定に違背する重大な瑕疵を有する手続において収集された自白については，証拠収集の利益は適正手続の要請の前に一歩退りぞけられ，その証拠能力を否定されるべきものと解さなければならない。……

……別件逮捕・勾留中に得られた本件殺人・死体遺棄事件について自白に証拠能力を認め得ない以上，これを証拠資料とした本件逮捕・勾留は違法かつ無効であると言うべきであって，結局，被告人は憲法33条に規定する令状によることなく逮捕され，かつ，憲法34条の規定に違反して勾留されたことに帰するから，かかる違法な手続の下に得られた被告人の自白に証拠能力を認め得ないことも，蓋し当然

と言わなければならない。」

Q Elementary

53 本件では，どのような捜査方法の適法性が問題となっているか。本判決が違法と判断したのは逮捕・勾留か，逮捕・勾留中の取調べか。それは，どのような争点を解決するための判断か。

54 本判決について，次のように述べる学説があるが，これはいかなる趣旨を述べたものと考えられるか。「視座の転換」とはどのようなことをいっていると考えられるか。

> 「判断主体が……［別件］の側に身を置いてことがらを観察しているかぎりは，別件逮捕・勾留は抑制され難い。金沢地裁の判旨は，この点についての視座の転換を示したところに，重要な意義があるといえよう。」（松尾浩也『刑事訴訟の原理』〔1974年〕192頁）

55 本判決の考え方と参考裁判例5－17の考え方とで，第1次逮捕・勾留の適否を判断する基準はどのように異なるか。そのような判断基準の違いにより，違法な逮捕・勾留の抑制という観点から何か違いが生じるか。

56 本判決が第1次逮捕・勾留を違法と判断した理由は何か。窃盗・住居侵入の被疑事実について，逮捕・勾留の理由と必要性は存在したのか。

Q Basic

57 参考裁判例5－15は，「第1次逮捕・勾留は，専ら，いまだ証拠の揃っていない『本件』について被告人を取調べる目的で，証拠の揃っている『別件』の逮捕・勾留に名を借り，その身柄の拘束を利用して，『本件』について逮捕・勾留して取調べるのと同様な効果を得ることをねらいとしたものである，とすることはできない」と判示している。

(1) この判示は，別件による第1次逮捕・勾留の適法性の判断基準を示したものか。

(2) この判示にいう「……ねらいとしたものである」場合とは，どのような場合か。そこには，「別件」について逮捕・勾留の要件が満たされている場合も含まれるか（参考裁判例5－19参照）。

58 参考裁判例5－16，5－19は，別件逮捕・勾留の適法性の判断基準について，どのような考え方をとっているか。それぞれ，**55**にいう「本判決の考え方」と「参考裁判例5－17の考え方」のいずれに近いか。

59 別件について逮捕・勾留の理由または必要性が認められない場合とは，具体的にどのような場合か。次の見解によれば，別件についての勾留の要件の判断要素として，どのような事情が考慮されることになるか。

> 「捜査官が専ら本件について取調をする目的であるということは，捜査官が別件

について取調の意図がなく，別の動機から被疑者の身柄拘束を図るという場合の1つなのであり，これらの場合には，すべて別件について勾留の理由ないし必要性がないということが勾留請求の却下理由となるべきであろう。……

次に，違法な別件勾留であるかどうかが公判廷の段階で問題となった場合は，裁判所としてはその後の捜査経過をも検討してこれに当たるかどうかを判断することとなる。この場合一番重視されるのは，別件の勾留期間中に別件についての被疑者の取調がなされているかどうかということである……。」(小林充「別件逮捕・勾留に関する諸問題」曹時27巻12号〔1975年〕5頁)

60 次の見解は，**59**の見解とどのような点で異なるか。この見解によれば，別件自体について身柄拘束の要件が欠け逮捕・勾留が許されないこととなるのは，どのような場合か。また，本件事案における別件逮捕・勾留の適法性は，どのように判断されるか。

「起訴前の身柄拘束についていえば，その期間は，逮捕・勾留の理由とされた被疑事実について，被疑者の逃亡および罪証隠滅を阻止した状態で，起訴・不起訴の決定に向けた捜査を行うための期間である。したがって，……その期間中は，その理由とされた被疑事実についての捜査を原則として行い，できるだけ早く被疑者の処分を決定しなければならない。この前提からすれば，当該身柄拘束の途中で身柄拘束の理由とされた被疑事実（別件）についての捜査が完了した場合には，その時点で身柄拘束の継続の必要性が失われ，それ以後の身柄拘束は違法となる。また，逮捕・勾留期間を通じて別件の捜査が終了していなかったとしても，余罪（本件）の取調べを行ったことにより，別件による身柄拘束期間が，本来必要であった期間よりも長期化している状況がある場合には，別件について起訴・不起訴の決定に向けた捜査を行うために合理的に必要と考えられる期間以後の身柄拘束は違法と評価されることになる。」(川出敏裕『別件逮捕・勾留の研究』〔1998年〕282頁)

61 別件逮捕・勾留が違法とされるのは，別件について逮捕・勾留の要件が満たされていない場合に限られるか。限られるとすれば，どのような理由からか。別件について逮捕・勾留の要件が満たされている場合に，別件による逮捕・勾留が「令状主義に違反する」あるいは「令状主義を潜脱する」ということはないか。

62 本判決は，別件逮捕・勾留について，「本件につき実質的には……令状によることなく身柄を拘束されるに至るもの」であるとして，令状主義の原則に違反するとしている。

(1) このような考え方は，逮捕・勾留の適否の判断にあたり，逮捕・勾留の基礎とされた被疑事実以外の事実を考慮する点で，事件単位の原則に反しないか。

(2) 本判決は，別件による第1次逮捕・勾留が実質的に本件についての逮捕・勾留にあたると判断するに際し，何に着目しているか。それは適切か。

(3) 上記の判断は，**60**に示された考え方からは，何に着目してなされるべきだと考えられるか。

63 別件による第1次逮捕・勾留に引き続き，本件による第2次逮捕・勾留がなされる場合，その適法性はどのように判断されるか。本判決は，第2次逮捕・勾留の適法性について，どのような理由から，どのような判断をしているか。参考裁判例5-15は，第2次逮捕・勾留の適法性について，どのような点を問題としているか（**Q72**も参照）。

Q Advanced

64 別件による起訴後の勾留を利用して本件の捜査が行われる場合，起訴後の勾留が別件勾留として違法とされることはあるか。あるとすればどのような場合か。

5-7 福岡地判平成12年6月29日判タ1085号308頁

【事案の概要】 X（被告人）は，平成11年1月27日，殺人の嫌疑により家宅捜索を受けるとともに，筑紫野警察署に任意出頭し，殺人事件についての事情聴取中に任意提出した尿から覚せい剤成分が検出されたことから，翌28日未明に覚せい剤使用の事実で通常逮捕され，同月29日から引き続き同署の代用監獄に勾留され，勾留延長を経て満期日である同年2月17日，覚せい剤の使用及び所持の各事実で起訴された（以上の身柄拘束を「第1次逮捕・勾留」又は「別件勾留」という）。その後引き続き，同署の代用監獄に勾留された後，同年3月8日，殺人の事実により通常逮捕された（殺人で逮捕されるまでの身柄拘束を「起訴後勾留」という）。さらに引き続き同署の代用監獄に勾留され，勾留延長を経て満期日である同月30日，殺人の事実で起訴された（殺人による逮捕から起訴までの身柄拘束を「第2次逮捕・勾留」という）。Xは，公判において，殺人罪について殺意を否認し，弁護人は，Xの殺人罪に関する供述調書は違法な別件逮捕・勾留によるものであるとして証拠能力を争った。

【判示】 裁判所は，次のように判示して，当該供述調書の証拠能力を否定したが，その余の証拠によりXの殺意が認定できるとして，Xに懲役10年の刑を言い渡した。

「2 第1次逮捕・勾留の適否

……捜査本部では，被告人に任意同行を求めた時点で，すでに被告人に対する殺人の容疑を固めており，一方で覚せい剤事件での嫌疑を得たことから，殺人事件については後刻本格的な取調べを行うことにして，ひとまず被告人の身柄を拘束して覚せい剤事件についての捜査を遂行したことが認められ，また，……別件勾留中にもある程度の時間が殺人事件の取調べに費やされたことが明らかであって，……捜査本部は，殺人の事実につき，未だ被告人の身柄を拘束するに足りるだけの資料が収集できていないと判断し，覚せい剤事件での身柄拘束状態を利用して，本件であ

る殺人事件の取調べをも行う意図を有していたことは容易に推察することができる。

しかし，違法な別件逮捕・勾留であるかどうかを判断するにあたっては，まずは本件と比較したときの別件の罪の軽重を重要な指針とすべきところ，尿鑑定の結果によれば，被告人の覚せい剤使用の事実は，嫌疑が明白であった上，その罪質や法定刑等からすると，殺人に比べて軽いとはいえ，通常は公判請求される事件であり，殺人事件が存在しなければ通常立件されることがないと思われるような軽微な事件でないことは明らかである。右の点に加えて，……覚せい剤事件の捜査は，殺人事件の捜索の過程において偶然に覚せい剤が発見されたことを契機とするものであることからすると，別件勾留がことさら殺人事件の取調べを行うための手段とされたという事情も認められず，また，……覚せい剤事件に関する各供述調書の作成状況をみても，通常必要とされる捜査が遂行されたと認められるのであって，これらの事実を総合すると，第１次逮捕・勾留の目的が，主として殺人事件の取調べにあったとみることはできず，むしろ，捜査本部としては，覚せい剤事件の捜査を遂行する中で，これと併行し，あるいは余った時間を利用して殺人事件の取調べをする意図であったとみるのが自然かつ合理的である。

したがって，第１次逮捕・勾留は，令状主義を潜脱するような違法な別件逮捕・勾留には当たらない。

3　第１次逮捕・勾留中の余罪取調べの適否

(一)　……第１次逮捕・勾留自体は適法であったと考えるが，捜査機関がその期間中に当該逮捕・勾留されている事実以外の事実について被疑者を取り調べるという，いわゆる別件勾留中の余罪取調べが許されるか否かは，また別個の問題である。
……

(二)　別件逮捕・勾留中の余罪取調べが許されるか否かについて見解の対立があることは周知のとおりであるが，余罪についてもいわゆる取調受忍義務を課した取調べが許されるとする見解は，刑事訴訟法が，逮捕・勾留について，いわゆる事件単位の原則を貫くことにより，被疑者の防御権を手続的に保障しようとしていることに鑑み，採用できない。

別件逮捕・勾留中の余罪取調べについて限界を設ける見解には，余罪について事実上取調受忍義務を伴う取調べがなされたときは，これを違法とするものと，取調受忍義務に直接触れることなく，実質的な令状主義の潜脱があったときは，これを違法とするものがある。前者の見解によると，余罪について手続的な手当がなされたかどうか，すなわち，捜査機関が余罪の内容について被告人に明らかにした上で，その取調べには応じる義務がなく，いつでも退去する自由がある旨を被疑者に告知したかどうか（退去権の告知），余罪についても黙秘権及び弁護人選任権があることを告知したかどうか（黙秘権等の告知）を審査し，これらの手続きが履践されて

いないときは、違法な取調べということになり、その取調べの結果作成された供述調書等は証拠能力を有しないとされる（ただし、別件と余罪が密接な関連性を有し、別件についての取調受忍義務が当然余罪についても及んでいると考えられる場合や、別件に比して余罪が極めて軽微か、あるいは同種余罪であって、身柄拘束期間を短縮させるという意味において、被告人の利益のために余罪の同時処理を進める場合は、別論とされる。）。後者の見解によると、本罪と余罪の罪質・態様の異同及び軽重、両罪の関連性の有無・程度、捜査の重点の置き方、捜査官の意図等の諸要素を総合的に判断して、令状主義の実質的な潜脱があったか否かが判断され、その程度によって、その取調べの結果作成された供述調書等の証拠能力の有無が決せられることになる。

以下、本件における別件逮捕・勾留中の余罪取調べの当否を判断するについて、前記の両見解を念頭に置きつつ、検討を進めることとする。

（三）　本件の覚せい剤事件による逮捕勾留中に殺人事件に関する取調べも行われたこと、殺人事件の取調べに際し、[警察官]Kらが被告人に退去権及び黙秘権を告知した事実はなく、[弁護人]B弁護士が、Kに対し、殺人事件での取調べを止めるよう2度にわたり申入れた後も、取調べに関する権利告知やその時間等に特段の変化がなかったことは、……明らかである。……

（四）　……第1次逮捕・勾留中に行われた殺人事件の取調べは、余罪取調べの適否に関する前者の見解によれば、余罪取調べとして許される範囲を超えていたとみることができる。そして、……警察段階における覚せい剤事件の供述調書作成が同年2月10日までにすべて終わっていることからすると、同月11日から14日までの間、及び同月16日午後の取調べは、もっぱら殺人事件の取調べに当てられたものと考えられ、これらがB弁護士の前記申入れの後であること、5時間余りから7時間余りという比較的長時間の取調べが連日行われていることを併せ考慮すると、少なくとも右の期間は、実質的な強制捜査として行われたものであって、その間の殺人事件の取調べは、令状主義を逸脱したものとして、前記の余罪取調べの適否に関するいずれの見解によっても、その違法性は明らかである。

4　起訴後勾留中の余罪取調べの適否

（一）　起訴後の被告人の勾留は、罪証隠滅を防止し、かつ、被告人の公判廷への出頭を確保するためのものであって、代用監獄に勾留されている場合は、特段の事情がない限り、起訴後速やかに拘置所に移監するのが相当である。そして、そのような立場にある被告人は、別罪につき新たに逮捕・勾留されないかぎり、いかなる意味においても取調受忍義務を負わないのであって、この点、別件につき逮捕・勾留され、その被疑事実について取調受忍義務を負っていた起訴前の立場とは微妙に異なる。したがって、起訴後勾留中の余罪取調べの限界については、基本的には前

記3（二）の別件勾留中の場合と同様に考えてよいが，別件について訴訟当事者の立場になることを考えると，起訴前よりも厳格に，在宅被疑者の場合に準じた形で取調べの適否を判断する必要がある。

（二）これを本件についてみると，……捜査官は，覚せい剤事件の起訴日である平成11年2月17日から殺人の事実で逮捕された同年3月8日の前日までの19日間の間，取調べ時間は第1次逮捕・勾留の場合と比べて全体的に抑えられているものの，2月27日，同月28日及び3月7日の3日間を除き，数時間にわたり，被告人をもっぱら殺人事件について取調べ，とりわけ，覚せい剤事件起訴当日の同年2月17日から22日までの間は，第1次逮捕・勾留中の前記違法な取調べに引き続いて，ほぼ連日，4時間前後から6時間前後の取調べを行い，その結果，殺人の故意と実行行為を認めたものを含めて11通の供述調書が作成されるに至ったものと認められる。この間，捜査官から退去権等の告知がなかったことは，第1次逮捕・勾留の場合と同様である。……

（三）以上によれば，捜査官は，第1次逮捕・勾留に引き続き，起訴後勾留中も，殺人事件について取調受忍義務があることを当然の前提として被告人の取調べを行ったものと評価すべきであり，その取調べは，もはや任意捜査の限度を超え，実質的な強制捜査として行われたものであるとともに，令状主義を実質的に潜脱したものといわざるを得ない。したがって，起訴後勾留中に行われた殺人事件の取調べは，前記の余罪取調べの適否に関するいずれの見解によっても，許される余罪取調べの限界を逸脱した違法なものというべきである。

5　第2次逮捕・勾留の適否及び供述調書等の証拠能力

以上検討したとおり，第1次逮捕・勾留中及び起訴後勾留中の殺人事件に関する被告人の取調べは，いずれも許された余罪捜査の限界を超えた違法なものであって，その違法性の程度は重大であり，違法捜査抑制の見地からしても，このような取調べにより得られた供述調書は，憲法31条，38条1項，2項の趣旨に照らし，証拠能力を欠くものといわなければならない。……

そうすると，第2次逮捕・勾留は，右証拠能力を欠く被告人の供述調書を重要な疎明資料として請求された逮捕状・勾留状に基づく身柄拘束であったという点において違法であり，また，これまでに認定した起訴後勾留中の被告人の取調状況等に照らせば，同年3月8日から始まった第2次逮捕・勾留が，実質的には，すでに覚せい剤事件の起訴日である2月17日から始まっていたと評価し得るのであって，これは，事件単位の原則の下，厳格な身柄拘束期間を定めた刑事訴訟法の趣旨が没却され，結果として令状主義が潜脱されたという点においてもやはり違法であり，第2次逮捕・勾留は，結局，二重の意味において違法である。したがって，その間に作成された被告人の供述調書も証拠能力を欠くものといわざるを得ない。」

Q Basic

65 本判決は，Xの殺人罪に関する供述調書の証拠能力を判定するにあたり，どのような事項をどのような順序で考察しているか。そのような考察方法がとられるのはなぜか。

66 本判決は，第1次逮捕・勾留の適法性をどのように判断したか。その判断は適切か。

67 参考裁判例5-17は，余罪取調べの限度について，どのような考え方をとっているか。この考え方に対し，本判決および参考裁判例5-19は，どのような立場をとっているか。

68 逮捕・勾留中の被疑者の取調べに事件単位の原則による規律は及ぶか。本判決および参考裁判例5-19は，この点について，どのような考え方をとっているか。

69 次の考え方は，本判決および参考裁判例5-19の考え方といかなる点で異なるか。この考え方にしたがい逮捕・勾留中の被疑者の取調べに事件単位の原則による規律を及ぼすことはできるか。

　　「取調受忍義務を否定し出頭拒否や退去の権利を認めたとしても，拘束中の被疑者の取調を単純に『任意処分』として位置づけてよいかは，ひとつの問題である。……拘束中の被疑者の取調にあたって認められるのは，強制ではなく合理的な説得にとどまる。しかし，説得といっても，適法な拘束状態にあること自体が事実上一定の強制的作用を営むことは否定できない。外界と遮断され弁護人とも必ずしも自由に接触しえない状態の下での『承諾による取調』は，それ自体一種の強制処分として把握すべき一面を有するといえよう。

　　……逮捕・勾留は逃亡・罪証隠滅防止のためのものであって取調目的のものではないが，拘束中やむをえず許容される取調は，やはり相当の嫌疑の存することが司法的に確認された当該事件についてのみ認められるという原則が維持されるべきである。」（鈴木茂嗣『刑事訴訟法の基本問題』〔1988年〕71頁）

70 (1) 逮捕・勾留中の被疑者の取調べに令状主義による規律は及ぶか。本判決および参考裁判例5-18は，この点についてどのような考え方をとっているか。それは，参考裁判例5-18がいうように，身柄拘束中の被疑者に取調受忍義務を認めるかどうかにかかわりなく成り立つ考え方といえるか。

(2) 参考裁判例5-18にいう「本件の取調べが具体的状況のもとにおいて実質的に令状主義を潜脱するものであるとき」とは，どのような場合か。逮捕・勾留中の被疑者の取調べに令状主義の規律は直接及ばないとする立場から，そのような場合の「本件の取調べ」が違法であることを説明することはできないか。

71 身柄拘束中の被疑者の取調受忍義務を否定する立場に立った場合，余罪取

調べの限界はどのように考えられるか。「任意の取調である以上，取調自体を禁止することはできない」（平野龍一『刑事訴訟法』〔1958年〕105頁）ことになるか。

72 本判決が第２次逮捕・勾留について「二重の意味において違法である」と判示しているのは，どのような意味か。

Q Advanced

73 本判決は，第１次逮捕・勾留について，「令状主義を潜脱するような違法な別件逮捕・勾留には当たらない」としつつ，その間の殺人事件の取調べについては，「令状主義を逸脱したもの」と判断している。ここにいう殺人事件の取調べについて「令状主義を逸脱した」とは，どのような意味だと考えられるか。

74 60に示された考え方からは，余罪の取調べの限界はどのように考えられるか。

75 起訴後勾留中の余罪取調べの限界はどのように考えられるか。本判決は，この点について，どのように考えているか。

□ **参考裁判例5-8** 最一決昭和31年10月25日刑集10巻10号1439頁

某日午後９時過ぎごろ，特殊飲食店「甲」の主人が付近の派出所に赴き，警察官Kに「今酔っ払いがガラスを割って暴れているから早く来てください」と届け出たので，Kは甲に急行し，従業員Ａ子から「Xが勝手口のガラスを割り，自分の胸を強くたたいたので胸が痛い。Xは，今『乙』にいる」と聞き，破損箇所を見分して直ちに同店より20メートル隔てた特殊飲食店「乙」に向かった。そこでは，X（被告人）が手に怪我をして，大声で叫びながら，パンツ１つで足を洗っていたので，Kは，Xを暴行・器物損壊の現行犯人と認め，派出所まで来いと命じ，同所で取り調べようとしたが，Xが大声でわめき乱暴する気配を示して手の施しようもなく，手錠を掛けようとした際，Xの同僚が来てXを屋外に連れ出した。そこで，Kは，Xの逃亡をおそれて屋内に連れ込もうとしたが，Xから股間を蹴られたので，Xをねじ伏せその片手に手錠をかけたところ，さらに手拳で殴打されたものの，他方の手にも手錠をかけて本署に連行した。Xが甲で暴れてから乙で逮捕されるまで，3，40分経過していた。原判決は，「斯様に被告人が逮捕されたのは暴行，器物毀棄の犯行後僅か3，40分位でありしかも犯行現場より20米の近距離に居たのであるから，被告人は刑事訴訟法第212条第１項後段の所謂現に罪を行い終つた者として現行犯人と謂わねばならない」と判示した。Xから上告が申し立てられたのに対し，最高裁は，次のように判示して，これを棄却した。

「原審が適法に確定した事実関係の下においては，K巡査が被告人を本件犯罪の現行犯人として逮捕したものであるとした原判示は，これを是認することができる。」

○ **参考裁判例5−9** 東京地決昭和35年5月2日判時222号6頁

　被疑者Xは，東京都条例（いわゆる公安条例）違反及び道路交通取締法違反の現行犯人として逮捕された。検察官は，公安条例違反のほか，公務執行妨害及び傷害の被疑事実を付加して勾留請求したところ，裁判官は，本件条例は憲法21条違反で無効であるから同違反は罪とならず，公務執行妨害と傷害の被疑事実については同事実により逮捕されていないから勾留請求はその前提を欠き違法であるとして，勾留請求を却下した。検察官が準抗告したところ，裁判所は，本件条例が明白に違憲無効とはいえず，同違反によりXを勾留すべき理由・必要が認められるとして原裁判を取り消したが，理由中で次のような判断を示した。

　「公務執行妨害，傷害の被疑事実について按ずるに，冒頭において，認定したとおり，被疑者は右被疑事実については逮捕せられておらず，かつ右被疑事実と都条例違反被疑事実とは同一性がないのであるから，右公務執行妨害，傷害の被疑事実に関してなされた本件勾留請求部分は失当たるを免れない。しかし，前記認定のとおり都条例違反の被疑事実について被疑者を勾留すべき理由，必要があるのであるから，その理由なしとして，本件勾留請求を却下した原裁判は失当たるに帰し，本件準抗告は理由がある。」

○ **参考裁判例5−10** 東京地決昭和39年10月15日下刑集6巻9＝10号1185頁

　被疑者X及びYは，ほか1名と共謀の上，タクシー運転手に進路を譲らなかったと因縁をつけ，同人に対して，Xが顔面につばをかけ，Yが「俺達は赤坂のやくざだ。警察に届けるなら届けてみろ」などと申し向け，数人共同し団体の威力を仮装して暴行・脅迫を加えたとして，暴力行為等処罰ニ関スル法律1条の罪で緊急逮捕された。司法警察職員Kは，司法警察員Lの作成したX，Y両名に対する各逮捕状請求書を東京簡裁令状係事務官Cに提出し，同係室待合所で逮捕状の発付を待った。裁判所事務官Cは，同裁判所庁印の押捺されている逮捕状用紙2通にそれぞれ発付年月日，被疑者氏名，引致場所を記入し，同簡裁J裁判官の記名ゴム印を押捺して，逮捕状請求書の表にホッチキスで止めた上，疎明資料とともにJ裁判官に提出した。Jは，疎明資料を検討した上，X及びYに対して逮捕状を発付するのは相当でないと判断し，Kを呼んで請求の取下げを促し，疎明資料とともに逮捕状請求書を手渡したが，その際，前記逮捕状用紙が逮捕状請求書に付いたままであった。この逮捕状用紙にはCが記入・押捺した前記項目があったが，J裁判官の押印が欠け，用紙と逮捕状請求書との間の契印がなかった。ところが，翌20日，X，Y両名につき，東京地検検察官に送致の手続が取られ，同日中に同検察官から勾留請求がなされ，21日，東京地裁裁判官により勾留状が発付された。その後，同月29日，X，Y両名に対し，公訴提起及び略式命令請求が東京簡裁になされたが，同事件がたまたまJ裁判官の審理するところとなったことから，同裁判官は，同日，略式命令不相当と判断して検察官に通知した上，X，Y両名の勾留につき，逮捕状に基づかない逮捕を前提とする勾留であって理由がないから職権により取り消す

との裁判を行った。検察官は，X，Y両名には適法な逮捕状が発付されており，仮にそうでないとしても，そのために適法な手続を経て発せられた勾留状まで不適法になるものではないとして，準抗告を申し立てた。

　東京地裁は，本件では一応外観的には逮捕状発付行為が存在しているものの，その逮捕状には裁判官の押印がなく無効であるとした上で，次のように判示して準抗告を棄却した。

　「(1) 〔刑訴法207条，及び204条から206条まで〕の規定からすれば，起訴前においては，裁判官は検察官の請求によってはじめて勾留の裁判をなすことができ，検察官は適法な逮捕を前提としてのみ勾留の請求ができるものと解される。従って，逮捕が違法である以上，検察官としては直ちに被疑者の釈放を命ずべきであって勾留の請求をすることができず，たとえ勾留請求がなされても不適法な請求であるから，裁判官は勾留状を発付することができない。即ち，右の各法条は単に被疑者を逮捕しまたは逮捕された被疑者を受取った検察官の義務を規定したに止まらず，進んで適法な勾留請求の存在が勾留の一要件をなすものであることをも規定しているものと解される。

　(2) 違法な逮捕に続いて勾留状が発付されたとしても，勾留状発付行為自体は何ら瑕疵のないものであるとする検察官の主張は，その根拠として，(イ)『たまたま違法に逮捕されている状態にある被疑者に対しても，検察官はこれとは別個に独立して勾留の請求ができる』という解釈か，あるいは仮に請求できないにしても，(ロ)『一旦勾留状の発付された以上，逮捕手続の瑕疵は直接勾留状の本質に触れるものではなく，勾留状発付には何らの瑕疵もない』という解釈を前提とした主張であると考えられる。そこで，まず右の(イ)の解釈を検討することにする。

　なるほど，本件のような場合において，もし直接勾留を請求できないとすれば，検察官は被疑者を一旦釈放したうえ，改めて適法な逮捕状を得て逮捕手続をやり直し，そのうえで被疑者の勾留を請求してくるであろう……。このように手続を繰り返せば，それだけ被疑者の身柄拘束の時間が長くなる。一方，勾留状の発付は裁判官が逮捕状の発付以上に厳格な手続を踏み，犯罪の嫌疑，逃亡または罪証隠滅のおそれを判断して行なうものである。従って，かかる場合には改めて逮捕手続を繰り返させることなく，直接検察官に勾留請求権を認めた方が，被疑者にとってはかえって有利な取扱いではないか，ということも考えられないではない。

　しかしながら，検察官に逮捕を前提としない勾留請求権を認めた方が身柄拘束の期間が短くなって被疑者に有利であるとは一概にいえない。刑事訴訟法は，検察官に逮捕を前提としない勾留請求権を与える旨の明文規定を置いていないのみか，……204条ないし206条において，被疑者を逮捕しまたは逮捕された被疑者を受取った検察官が勾留を請求できる旨規定しているのであるが，その根底には，最初から一足飛びに勾留という逮捕より長期の身柄拘束を認めるよりも，最初は逮捕という短期の身柄拘束を認め，取調の結果によって段階的に長期の身柄拘束に移ることが被疑者の人権を全うするゆえん

であり，そのためには逮捕手続を前置させて手続を厳格にすべきであるとの思想が存するものと考えられる。(本件においても，改めて適法な逮捕手続がとられておれば，その逮捕期間のみで身柄拘束の必要がなくなっていたかも知れないのである。)従って，逮捕を前提としない勾留請求権を認めようとする前記の解釈は，右のような刑事訴訟法の趣旨に反するものとして採用できない。仮に，採用の余地があるとしても，それは，或る事実で適法に逮捕または勾留されている被疑者を右とは別個の事実で留置しようとする場合についてのみいいうることであって，本件のような，或る事実につき違法に逮捕されている被疑者を逮捕と同一の事実で更に継続して留置しようとする勾留請求まで，右の解釈で是認する余地はないものというべきである。更に，本件においては，被疑者らは緊急逮捕された後，裁判官の逮捕状が発付されなかったにもかかわらず，継続して身柄を拘束されたまま勾留を請求されている。もし，この請求を適法とせんか，刑事訴訟法210条の，被疑者を緊急逮捕した場合には『直ちに裁判官の逮捕状を求める手続をしなければならない。逮捕状が発せられないときは，直ちに被疑者を釈放しなければならない。』との規定を無視することになろう。従って，検察官はこのような場合勾留請求をなし得ず，たとえなされても不適法な請求といわなければならない。

(3) 次に，前記(ロ)の解釈について検討するに，右のように逮捕手続が違法で，従って検察官の勾留請求が不適法であっても，一旦勾留状が発付された以上，勾留発付行為には何らの瑕疵もないというためには，裁判官が起訴前においても職権で被疑者を勾留する権限を有するということを前提としなければならない。しかし，これまた明文の規定を欠き，(2)において述べた如く，勾留に逮捕を前置させた刑事訴訟法の趣旨に反するものとして採用できない。」

◯ 参考裁判例5-11　最三決昭和44年7月14日刑集23巻8号1057頁
　被告人は，暴力行為等処罰に関する法律1条違反の罪(甲事実)により逮捕，勾留の上，起訴され，その後，2件の恐喝罪(乙，丙事実)により相次いで追起訴されて，同一裁判所で審理中であった(乙，丙事実について勾留状は発せられていない)。被告人の保釈について，特別抗告を受けた最高裁は，次のように判示した。
　「被告人が甲，乙，丙の3個の公訴事実について起訴され，そのうち甲事実のみについて勾留状が発せられている場合において，裁判所は，甲事実が刑訴法89条3号に該当し，従って，権利保釈は認められないとしたうえ，なお，同法90条により保釈が適当であるかどうかを審査するにあたっては，甲事実の事案の内容や性質，あるいは被告人の経歴，行状，性格等の事情をも考察することが必要であり，そのための一資料として，勾留状の発せられていない乙，丙各事実をも考慮することを禁ずべき理由はない。」

◯ 参考裁判例5-12　最三判昭和30年12月26日刑集9巻14号2996頁
　被告人は，6件の犯罪事実で起訴され，原裁判所において，5件について有罪，1件

について無罪とされたが，勾留状記載の犯罪事実は，無罪とされた1件と同旨の事実であり，有罪とされた5件の犯罪事実については，勾留状は発せられていなかった。未決勾留日数中100日を本刑に算入した原判決を論難する検察官の上告趣意に対し，最高裁は，次のように判示した。

「検察官が同一被告人に対し数個の被疑事実につき公訴を提起した場合，……そのうち1つの公訴事実についてすでに正当に勾留が認められているときは，検察官は他の公訴事実について勾留の要件を具備していることを認めても，それについてさらに勾留の請求をしないことがあるのは，すでに存する勾留によって拘束の目的は達せられているからであって，このような場合，数個の公訴事実について併合審理をするかぎり，1つの公訴事実による適法な勾留の効果が，被告人の身柄につき他の公訴事実についても及ぶことは当然であるから裁判所が同一被告人に対する数個の公訴事実を併合して審理する場合には，無罪とした公訴事実による適法な勾留日数は他の有罪とした公訴事実の勾留日数として計算できるものと解するを相当とする。」

◯ **参考裁判例5-13** 最大決昭和31年12月24日刑集10巻12号1692頁

刑事補償の対象となる「抑留又は拘禁」の意義について，最高裁大法廷は，次のように判示した。

「或る被疑事実により逮捕または勾留中，その逮捕状または勾留状に記載されていない他の被疑事実につき取り調べ，前者の事実は不起訴となったが，後者の事実につき公訴が提起され後無罪の裁判を受けた場合において，その無罪となった事実についての取調が，右不起訴となった事実に対する逮捕勾留を利用してなされたものと認められる場合においては，これを実質的に考察するときは，各事実につき各別に逮捕勾留して取り調べた場合と何ら区別すべき理由がないものといわなければならない。

そうだとすると，憲法40条にいう『抑留又は拘禁』中には，無罪となった公訴事実に基く抑留または拘禁はもとより，たとえ不起訴となった事実に基く抑留または拘禁であっても，そのうちに実質上は，無罪となった事実についての抑留または拘禁であると認められるものがあるときは，その部分の抑留及び拘禁もまたこれを包含するものと解するを相当とする。そして刑事補償法は右憲法の規定に基き，補償に関する細則並びに手続を定めた法律であって，その第1条の『未決の抑留又は拘禁』とは，右憲法40条の『抑留又は拘禁』と全く同一意義のものと解すべきものである。」

◯ **参考裁判例5-14** 福岡高決昭和42年3月24日高刑集20巻2号114頁

X（被告人）は，①常習として昭和41年11月4日午前0時15分ころ，北九州市門司区のX方前路上においてタクシーの運転手Aから乗車代金の不足金を請求されたことに憤慨し，同人の顔面を手拳で，さらに同人の後頭部を所携のバンドで数回殴打する等の暴行を加え，加療5日間の顔面，頭部挫傷等の傷害を与えたという暴力行為等処罰法

違反（常習傷害）の事実により，同月14日，身柄勾留のまま起訴され，第1回公判期日前である同年12月23日，保釈許可決定により釈放された。ところが，保釈中の昭和42年1月31日，再び傷害事件を起こして現行犯逮捕され，同年2月3日，②常習としてYと共謀の上，昭和42年1月31日午後9時ころ北九州市門司区のバー「甲」入口において，同店に入ろうとしたBを呼び止めて因縁をつけ，Bの顔面を頭突きし，さらに同人を付近に連行し，顔面や脚部を殴る，蹴る等の暴行を加え，加療7日間の右眼瞼打撲傷等の傷害を与えたという被疑事実により，裁判官が発した勾留状により再び勾留された。そして，同月10日，検察官は，この被疑事実（②の事実）と同一性の認められる常習傷害の事実を新たな訴因として先の起訴状記載の訴因（①の事実）に追加する旨の請求を行い，裁判所は，第3回公判廷においてこの請求を許可した。その後の同年3月1日，弁護人から，再度の勾留を継続するのは不当であるとして勾留取消しの請求がなされた。裁判所は同月2日，「包括一罪も一罪であることには変りないのであるから，一罪一勾留の原則を否定することはできず，本件のように一罪とされた事実についてすでに保釈が許されている以上その一部についてさらに被告人の身柄の拘束を継続することはできない」として，同年2月3日に裁判官がした勾留を取り消す決定をした。検察官から抗告。

抗告審は，次のとおり判示して原決定を取り消した。

「原裁判所の標榜する一罪一勾留の原則から検討するに，勾留の対象は逮捕とともに現実に犯された個々の犯罪事実を対象とするものと解するのが相当である。したがって，被告人或いは被疑者が或る犯罪事実についてすでに勾留されていたとしても，さらに他の犯罪事実について同一被告人或いは被疑者を勾留することが可能であって，その場合に右各事実がそれぞれ事件の同一性を欠き刑法第45条前段の併合罪の関係にあることを要しない。それらの各事実が包括的に一罪を構成するに止まる場合であっても，個々の事実自体の間に同一性が認められないときには，刑事訴訟法第60条所定の理由があるかぎり各事実毎に勾留することも許されると解するのが相当である。けだし，勾留は主として被告人或いは被疑者の逃亡，罪証隠滅を防止するために行われるものであって，その理由の存否は現実に犯された個々の犯罪事実毎に検討することが必要であるからである（刑事訴訟法第60条第1項参照）。もっとも，同一被告人或いは被疑者に対し数個の犯罪事実ごとに当初から判明している数個の犯罪事実についてことさらに順次勾留をくり返すことは不当に被告人或いは被疑者の権利を侵害するおそれがあり，その運用についてはとくに慎重を期さなければならないことはいうまでもない。しかし本件においては，……再度勾留にかかる傷害事犯は最初の勾留時は勿論起訴当時においても予測できなかった新たな犯罪行為であるから，たとえそれが最初の勾留又は起訴にかかる傷害事犯とも包括して暴力行為等処罰に関する法律第1条の3の常習傷害罪の一罪を構成するに止まるとしても，これについて再び勾留する理由ないし必要性があるかぎり，本件再度の勾留は必ずしも不当とはいえない。」

◯ **参考裁判例 5 - 15** 最二決昭和 52 年 8 月 9 日刑集 31 巻 5 号 821 頁（狭山事件）

　昭和 38 年 5 月 1 日午後 7 時 30 分ころ A 方表出入口ガラス戸に二女 B の身分証明書が同封された脅迫状が差し込まれ，同女の通学用自転車が邸内に放置されていたのを間もなく家人が発見して，警察に届け出た。長女 C が脅迫状に指定された日時，場所に身の代金に擬した包みを持って赴き，犯人と言葉を交わしたところ，犯人は他に人がいる気配を察知して逃走し，犯人逮捕のため張込み中の警察官が犯人を追ったが，逮捕することに失敗した。そのため，埼玉県警察本部及び狭山警察署は，同月 3 日，重大事件として現地に特別捜査本部を設けて捜査を開始し，同日，犯人の現われた商店付近の畑地内で犯人のものと思われる 3 個の足跡を石膏で採取したほか，警察官，消防団員多数による山狩りを実施し，同日，B の自転車の荷掛用ゴム紐を，翌 4 日，農道に埋められていた B の死体をそれぞれ発見し，死体解剖の結果，死因は頸部圧迫による窒息死であり，姦淫された痕跡があり，死体内に残留されていた精液から犯人の血液型が判明し，また，死体とともに発見された手拭及びタオルは犯人の所持したもので犯行に使用されたものと推定されたが，一方，B の所持品のうち，かばん，教科書，ノート類，財布，万年筆，筆入れ及び腕時計は発見されなかった。そのころ，D 経営の豚舎内から飼料攪拌用のスコップ 1 丁が同月 1 日夕方から翌 2 日朝にかけて盗難に遭ったことが判明していたのであるが，同月 11 日，そのスコップが死体発見場所に近い麦畑に放置されているのが発見され，死体を埋めるために使用されたものと認められるところ，D 方豚舎の番犬に吠えられることなくそのスコップを夜間豚舎から持ち出せる者は，D 方の家族か，その使用人ないし元使用人か，D 方に出入りする業者かに限られるので，それらの関係者二十数名について事件発生当時の行動状況を調査し，筆跡と血液型を検査するなどの捜査を進めた結果，D 方豚舎で働いていたことのある X（被告人）の事件当日の行動がはっきりしないほか，脅迫状の筆跡と X の筆跡とが同一又は類似するとの鑑定の中間報告を得て，X が有力な被疑者として捜査線上に浮かんだ。

　そこで，警察は，筆跡の類似が判明した同月 22 日，前記脅迫状による恐喝未遂の事実に，捜査の過程で判明した余罪である暴行及び窃盗の事実を併せて，X に対する窃盗，暴行，恐喝未遂被疑事件（以下，「別件」という）について逮捕状の発付を得て，翌 23 日，X を逮捕した。X は，同月 25 日，勾留され，同勾留は同年 6 月 13 日まで延長された（第 1 次逮捕・勾留）。検察官は，勾留期間満了の日に，同被疑事件のうち窃盗及び暴行の事実と，勾留中に判明した余罪である窃盗，森林窃盗，傷害，暴行，横領の事実を併せて公訴を提起した（これらの余罪については，起訴と同時に勾留状が発せられた）。警察は，第 1 次逮捕・勾留中，その基礎となる被疑事実について X を取り調べるのと並行して，本件強盗強姦殺人，死体遺棄について，スコップ付着物，筆跡，足跡の鑑定や被害者の所持品，犯行現場に遺留されていたタオル等に関する捜査を行ったほか，X が任意提出した唾液による血液型検査，ポリグラフ検査，さらには，本件強盗強姦殺人，死体遺棄との関連について X の取調べを行い，これらの資料に基づき，同月 16 日，強

盗強姦殺人，死体遺棄を被疑事実として（以下「本件」という），Xに対する逮捕状の発付を得て，翌17日，Xが前記起訴にかかる事件の勾留について保釈により釈放された直後，その逮捕状によりXを逮捕した。Xは，同月20日，勾留され，同勾留は同年7月9日まで延長された（第2次逮捕・勾留）。この勾留中，Xは，事実を全面的に自白し，その自白により被害者の所持品であるかばん，万年筆，腕時計が発見されるに至った。検察官は，勾留期間満了の日に，強盗強姦，強盗殺人，死体遺棄の事実と，処分保留のままとなっていた前記恐喝未遂の事実とを併せて公訴を提起した。

第1審はXに死刑を言い渡したが，控訴審は量刑について職権調査し無期懲役刑を言い渡した。弁護人は上告趣意において，第1次逮捕・勾留は，専ら，逮捕状を請求するだけの証拠のそろっていない本件について取調べをする目的で，証拠のそろっている軽微な犯罪である別件で逮捕・勾留したものであり，さらに，第2次逮捕・勾留は，既に別件の逮捕・勾留によって取調べをした被疑事実と同一の被疑事実である本件について再び逮捕・勾留するものであるから，これらの逮捕・勾留及びその間のXに対する取調べは，刑訴法の手続に違反し，憲法31条，33条，34条，36条，37条1項，38条1項，2項に違反するなどと主張した。最高裁は，次のように判示して上告を棄却した。

「第1次逮捕・勾留は，その基礎となった被疑事実について逮捕・勾留の理由と必要性があったことは明らかである。そして，『別件』中の恐喝未遂と『本件』とは社会的事実として一連の密接な関連があり，『別件』の捜査として事件当時の被告人の行動状況について被告人を取調べることは，他面においては『本件』の捜査ともなるのであるから，第1次逮捕・勾留中に『別件』のみならず『本件』についても被告人を取調べているとしても，それは，専ら『本件』のためにする取調というべきではなく，『別件』について当然しなければならない取調をしたものにほかならない。それ故，第1次逮捕・勾留は，専ら，いまだ証拠の揃っていない『本件』について被告人を取調べる目的で，証拠の揃っている『別件』の逮捕・勾留に名を借り，その身柄の拘束を利用して，『本件』について逮捕・勾留して取調べるのと同様な効果を得ることをねらいとしたものである，とすることはできない。

更に，『別件』中の恐喝未遂と『本件』とは，社会的事実として一連の密接な関連があるとはいえ，両罪は併合罪の関係にあり，各事件ごとに身柄拘束の理由と必要性について司法審査を受けるべきものであるから，一般に各別の事件として逮捕・勾留の請求が許されるのである。しかも，第1次逮捕・勾留当時『本件』について逮捕・勾留するだけの証拠が揃っておらず，その後に発見，収集した証拠を併せて事実を解明することによって，初めて『本件』について逮捕・勾留の理由と必要性を明らかにして，第2次逮捕・勾留を請求することができるに至ったものと認められるのであるから，『別件』と『本件』とについて同時に逮捕・勾留して捜査することができるのに，専ら，逮捕・勾留の期間の制限を免れるため罪名を小出しにして逮捕・勾留を繰り返す意図のもとに，各別に請求したものとすることはできない。また，『別件』についての第1次逮捕・勾

留中の捜査が，専ら『本件』の被疑事実に利用されたものでないことはすでに述べたとおりであるから，第2次逮捕・勾留が第1次逮捕・勾留の被疑事実と実質的に同一の被疑事実について再逮捕・再勾留をしたものではないことは明らかである。

それ故，『別件』についての第1次逮捕・勾留とこれに続く窃盗，森林窃盗，傷害，暴行，横領被告事件の起訴勾留及び『本件』についての第2次逮捕・勾留は，いずれも適法であり，右一連の身柄の拘束中の被告人に対する『本件』及び『別件』の取調について違法の点はないとした原判決の判断は，正当として是認することができる。従って，『本件』及び『別件』の逮捕・勾留が違法であることを前提として，被告人の捜査段階における供述調書及び右供述によって得られた他の証拠の証拠能力を認めた原判決の違憲をいう所論は，その前提を欠き，……適法な上告理由にあたらない。」

◯ 参考裁判例5-16　福岡地小倉支判昭和46年6月16日刑月3巻6号783頁
（曲川事件）

昭和41年7月，福岡県内の曲川灌漑用水路においてAが溺死体で発見されたが，事故死とされた。翌42年に入り，Aの知人X，Yが，Aを被保険者とする生命保険契約を複数締結していたことから，警察は，保険金目当ての殺人の疑惑を抱き，同契約締結の経緯やA死亡当時の状況から疑いを深めたが，X，Yを同容疑で逮捕するだけの資料はなかった。しかし，警察は，同年12月26日，Xにつき月賦購入名下にテレビ1台を詐取したとの事実で，また，翌43年1月8日，Yにつき知人から現金を詐取したとの事実で，それぞれ逮捕状の発付を得た上で，同月16日に両名を別々の警察署に任意同行した。Xは，詐欺につき若干の取調べを受けた後，A殺害についての取調べを受けて同日中に自供し，その旨の供述調書1通が作成され，同日午後6時ころ，詐欺により通常逮捕された。Yは，A殺害についての取調べを受けたものの自供せず，同日午後7時40分ころ，詐欺により通常逮捕された。翌17日から19日にかけて，Xについては，別件2通，本件2通の，Yについては，別件3通，本件2通の各供述調書が作成され，両名は，同月19日に請求され翌日発付された別件の勾留状により，勾留された。さらに，同月19日にXの供述調書等を疎明資料として，A殺害の事実につき，X，Yの逮捕状が請求され，同日その発付を得て，翌21日午後6時ころ，両名を逮捕し（なお，その直前に両名とも別件について釈放された），同月24日に同事実で勾留し，同年2月12日まで勾留延長された。その間，本件につき連日取調べがなされ，両名の詳細な自供が得られ，それぞれ十数通の供述調書が作成され，勾留満期日に本件で公訴が提起された（なお，Xの別件は起訴猶予，Yの別件は嫌疑なしで不起訴となった）。

裁判所は，次のように判示して，別件逮捕・勾留は違法であるとしたが，本件逮捕後の自白には重大な影響がないとして，Xに無期懲役，Yに懲役13年の各刑を言い渡した。

「当裁判所は，一般的に言って，捜査官においてはじめから別件についての取調の意

図がなく，専ら本来の目的とする事件（本件という）の捜査の必要上被疑者の身柄拘束状態を利用する目的または意図をもって殊更に名を別件に藉りて逮捕状を請求，執行したものであることが取調状況等から客観的に認められるような場合は，かかる捜査方法は，憲法及び刑事訴訟法に定める令状主義に反し違法というべく，これによって得られた本件についての自供調書は，本来厳格な手続規制により正義の実現を企図すべき刑事訴訟手続において事実認定の用に供し得ないもの，すなわち証拠能力を欠くものとして排除さるべきものと考える。そして右のことは，捜査官が形式的或いは名目的に別件についての取調を併せ行ったとしても，その一事によって左右されるものではないと言うべきである。けだし，別件逮捕（勾留）による身柄拘束の大半を本件の追及に費しながら，別件に関する僅かな取調，一片の調書作成によってすべてが正当化されるとするときは，結果的に司法的事前抑制の理念が潜脱されることに少しも変りはないからである。

　……被告人両名に対する各別件逮捕は，該逮捕に至るまでの前記認定のような経緯，各別件の内容・性質……，逮捕後の取調状況……等に照らし，別件につき強制捜査に踏み切るべき緊急の必要性が存しないのに捜査官が専ら本件殺人及び詐欺未遂被疑事件についての自供を獲得するためにしたものであることが客観的にも明らかと認められるから，右各別件逮捕中に作成された本件についての……［Xらの］各供述調書はいずれも証拠能力を欠くものとして採用できない。

　しかしながら，進んで別件逮捕（勾留）による取調の後，引き続き本件についても逮捕（勾留）手続がとられた場合，本件逮捕後の自供をも同様証拠能力なしとして排除すべきか否かは，事案によって結論を異にすべき問題であると考える。……

　……結局この問題については……，諸般の情況を勘案して決するほかないが，一応の指標としては，別件逮捕（勾留）が捜査官の主観において終始専ら本件の取調に利用することを目的または意図し，客観的にも捜査の全段階を通じて本件の取調ことに自供の獲得に全力を挙げこれに捜査の大半が費され，全体として一連の強制捜査権濫用の状態……が認められる場合には，自供調書の証拠能力を排除すべく，またこれをもって足るというべきである。

　これを，右指標によって，その具体的かつ客観的基準を定立するならば，(1)別件逮捕（勾留）による身体拘束が相当期間にわたるものか否か，およびその間本件逮捕状の請求及び発付もなされなかったのか否か，(2)別件逮捕中の本件取調の程度が詳細にわたり，大綱において自供を獲得しおおせてしまったものとみられるか否か，(3)被疑者と事件（本件）との結びつきが客観的に薄弱であり，したがって自供に対する依存度が高く，いわゆる見込捜査の色彩が強いか否か，殊に身柄拘束前の捜査が犯人の割出しに難航していたか否か，さらに(4)（別件逮捕特有の問題ではないが）逮捕（勾留）中の取調べで強制・偽計・利益誘導等の著しく不当な取調方法が用いられたか否か，(5)本件逮捕（勾留）状請求の資料として別件逮捕（勾留）中の自供が極めて重要なものとして挙げられていたか否か，および(6)別件に強制捜査の必要性がなかったか否か，とくに被疑者との

結びつきが少なく，あるいは軽微な事案であったか否か等を考慮し，これらの全部または多くが積極的に認められる場合は，本件逮捕後の自供調書もまた別件逮捕勾留の違法の影響を免れず，証拠能力を有しないものと解するのが相当である。

　これを本件についてみるに，本件逮捕状執行に先立つ別件逮捕・勾留の期間は6日間……であり，被告人両名の供述調書通数も……本件逮捕後のものが圧倒的に多い。……また，……別件逮捕に至る以前の入念な捜査により，……［A 殺害と］被告人らとの結びつきが相当程度強い［ことが判明しており］，……いわゆる見込捜査とは性質を異にするものがある。……なおまた本件逮捕状請求の資料中に被告人Xの一部自供調書が加えられているが，……右請求の審査に当り自供が重要な資料となったものとは一概に断じがたいところである……。……別件被疑事実につき考えるに，……直ちに不問に付しうるほど軽微な案件とは做しがたいものと考えられる。

　これら一切の状況からみて，前記説示のとおり，別件逮捕（勾留）の違法性は本件逮捕後の自供にまで影響を及ぼすものではなく，したがってその後の自供は証拠能力を否定されないものと判断する……。」

◯ 参考裁判例 5-17　東京高判昭和53年3月29日刑月10巻3号233頁
（富士高校放火事件）

　本件火災について放火の疑いを抱いた捜査当局は，聞き込み捜査等からX（被告人）に不審を抱いたものの，未だ逮捕状を請求し得るまでの資料がなかったところ，Xの下宿に警察官の制服制帽がある旨の情報から，以前に発生した四谷見附派出所での制服等窃盗事件の嫌疑を深め，昭和48年11月12日，Xに中野警察署への任意出頭を求め，同窃盗事件について取り調べ，Xは，間もなく同事実を自白した。そこで，捜査当局は，捜索差押許可状によりXの居室を捜索したところ，盗品を発見したので，窃盗事件の逮捕状を得て同日夕方，Xを逮捕した。捜査当局は，この逮捕後，窃盗事件と並行して放火事件の取調べをする方針をとり，翌13日以降，午前中は主として窃盗事件（逮捕状記載の事実のほか，窃盗の余罪11件を含む）の取調べを行い，午後及び夜間は主として放火事件の取調べを行うこととした。Xは，各窃盗事件については自白を続けたものの，放火事件については勾留後も否認し続けたが，同月20日に至って，放火事件の概略を自白し，翌21日，ポリグラフ検査を経て，さらに自白を重ねた。結局，捜査当局は，合計5通の放火事件の自白調書を作成した上，同月24日，放火事件の逮捕状を得てXを逮捕し，引き続き勾留した。Xが持病の痔疾の悪化で痛みを訴えたため，同年12月1日から15日まで勾留の執行が停止され，その後，勾留延長を得て取調べを行い，同月28日，放火事件でXを起訴した。

　第1審は，Xの捜査官に対する供述調書29通のうち検察官調書4通を除く大部分について，次のように述べて，検察官の証拠調べ請求を却下する決定をした（東京地決昭和49年12月9日刑月6巻12号1270頁）。

本件捜査の意図を伴った別件による身柄拘束の許否は、「別件について逮捕勾留の要件があるか否かによって決せられるべき」であり、「別件による逮捕勾留の実質的要件……が満たされる限り、右身柄拘束の期間内に、捜査官が併せて本件についての捜査をする意図を有するからといって、そのことだけで、別件による逮捕勾留が許されなくなるということはない」。しかし、「別件について、形式的には一応逮捕勾留の要件があるように見える場合でも、捜査官が、これをもっぱら本件の捜査に利用する意図であって、ただ別件に藉口したに過ぎないような場合には、ひるがえって、別件による逮捕勾留の必要性ないし相当性が否定され、結局、右のような理由による身柄拘束それ自体が許されないこととなる」。

　当該事案で「第1次逮捕勾留の基礎となった窃盗の事実は、現職の警察官の制服、受令機などを含む時価約4万円相当のものを窃取したというもので、それ自体必ずしも軽微なものとはいえない」上、「もしも過激派学生等にこれら贓品が悪用されることになれば、憂慮すべき事態にいたるとして、警察当局において、その当時から相当重視していた事案であること、……逃亡のおそれも一応肯定されること、同種余罪多数もあって起訴相当事案と考えられたこと、逮捕勾留期間中、右窃盗関係の捜査は現に行なわれており、右各事実は、結局いずれも起訴されるに至っていること等の事実に照らすと、本件における第1次逮捕勾留が……そもそも別件による身柄拘束の根拠それ自体を欠くようなものであったとは認められない」。

　しかし、別件による身柄拘束が適法とされたとしても、その最中の本件取調べの許否・限界は「自ら次元を異にする問題である」。取調べ受忍義務を課した強制捜査としての取調べには事件単位の原則による規制が及ぶが、「事件単位の原則からする、被疑者の余罪取調べに関する制約については、つぎのような例外を認めるべきである」。「それは、余罪が逮捕勾留の基礎となった事実と実体的に密接な関係があったり、同種余罪である等、余罪についての捜査が逮捕勾留の基礎となった事実についての捜査としても重要な意味を有する場合であり、かかる場合は、未だ余罪について令状を得ていない段階における被疑者の強制捜査としての取調べであっても、それが逮捕勾留の基礎となった事実の捜査と併行し、これに付随して行なわれるに止まる限り、これを違法ということはできない。」

　さらに、「右の制約は、別件で逮捕勾留中の被疑者を、未だ令状の発付のない余罪（本件）について、すでに令状の発付のあった事実についてと同様の方法で取調べをすることができるか、という観点からのものであり、余罪（本件）について、純粋の任意捜査としての取調べをするのであれば、これを禁止する理由はなく、無用な身柄拘束の長期化を防止する見地からも、むしろそれが望ましい」。とはいえ、それが、その時間や態様に照らして「実質上強制捜査としての取調べと同視できるものになった場合には……やはり違法となるというべきであり、捜査官が余罪につき純粋に任意捜査としての取調べに止まらず、右のような強制捜査としての取調べを行ないたいと考えたときは、

速やかに，右余罪について正規の令状の発付を求め，厳格な司法審査を経たうえで行なうこととするのが筋である」。

当該事案における「放火の事実は，別件たる窃盗の事実と，まったく罪質を異にし，その日時場所等も大きく隔っているのであって，両者が社会的事実として密接な関連を有するとは認められず，放火についての取調べが，逮捕勾留の基礎となった窃盗についての捜査として重要な意味を有するとは認められない」。そして，本件の「第1次逮捕勾留中における X に対する……取調時間の大部分は，未だ適法な令状発付のない放火についての取調べにあてられていること，取調べにあたって，放火について取調受忍義務のないことを告知した事実はなく（のみならず，黙秘権や弁護人選任権を告知した事実もうかがわれない。），持疾による苦痛を訴えていた X に対し，連日長時間にわたる取調べを受けるのやむなきに至らせたこと等を考えると，右取調べは，その実質において……任意捜査としての取調べというを得ず，強制捜査としての取調べであったと認められるところ，捜査当局においては，当初から窃盗についての身柄拘束状態を利用して放火につき右のような取調べを行なう意図であったことも前認定のとおりであるから，右取調べは，結局，……違法なものというべきであり，窃盗による逮捕勾留中に作成された X の供述調書……の証拠能力は……消極に解するほかない」。そして，放火の被疑事実による第2次逮捕後の取調べは，第1次逮捕勾留中の取調べの違法を引き継ぐから，それにより得られた第2次逮捕勾留中の供述調書の証拠能力も否定される。

第1審は放火事件について X を無罪としたため（東京地判昭和50年3月7日判時777号21頁），検察官が控訴したところ，控訴審は，次のように第1審の判断を誤りとしたが，これらの供述調書には任意性が認められないから証拠能力がないとして，控訴を棄却した。

「ある事実（別件）について逮捕・勾留中の被疑者を，当該被疑事実と別の被疑事実（本件）について取り調べることは，一般的に禁止されているものではなく，またその取調に当って，その都度裁判官の令状あるいは許可を受けなければならないものではない。しかしながら，例えば，別件の逮捕・勾留が，専ら，いまだ証拠の揃っていない本件について被疑者を取り調べる目的でなされ，証拠の揃っている別件の逮捕・勾留に名を借り，別件については身柄拘束の理由と必要がないのに，その身柄拘束を利用して，本件について取り調べるのと同様な効果を得ることを狙いとした場合など，日本国憲法および刑事訴訟法の定める令状主義を実質的に潜脱することとなる場合には，その捜査手続は違法のそしりを免れず，その捜査の手続によって得られた被疑者の自白は，証拠能力を有しないものといわなければならない（最高裁判所昭和…52年8月9日第二小法廷決定，刑集31巻5号821頁［参考裁判例5-15］参照。）。

そこで，右の基準に照らして，本事件における別件逮捕・勾留およびその間における本件の取調が違法であるか否かについて検討を加えることとする。

（一），まず，第1次逮捕および勾留の適否について考えるに，右逮捕および勾留の基

礎となった被疑事実は，被告人が，昭和45年5月，四谷警察署四谷見附派出所に忍び込んで，警察官の制服・制帽・無線通信機等を窃取したというものであって，その罪質，態様において悪質であり，その贓品が過激派学生に悪用される恐れも考えられ，警視庁において重要事件として指定されていたこと，他方，被告人は，単身下宿住まいをする身で，逃亡の恐れがないとはいえなかったことなどに鑑みると，右被疑事実による逮捕および勾留は，その理由と必要性があり，適法なものであるといわなければならない。もっとも，右窃盗事件の逮捕に当って，捜査当局は，右窃盗事件の取調のほか，これと並行して本件放火事件の取調をも行う意図をもっていたことも認められるが，このことが直ちに右逮捕・勾留を違法とするものではない。……

(二)，次に，右別件逮捕・勾留中における本件，すなわち放火事件の取調の適否について検討すると，原決定は，別件による身柄拘束は，その根拠それ自体を欠くようなものではなかったことを認めながら，捜査当局は，当初から窃盗についての身柄拘束状態を利用して，放火につき取調を行なう意図であったこと，取調時間の大部分は，未だ適法な令状発付のない放火についての取調にあてられていること，取調に当って，取調受忍義務のないことを被告人に告知していないのみならず，黙秘権，弁護人選任権をも告知していないこと，痔疾による苦痛を訴えていた被告人に対し，連日長時間にわたり取調を受けるのやむなきに至らせたことなどを挙げて，放火事件の取調は違法なものと判示している。そこで，原決定の挙げた諸点について，順次考察する。

(三)，原決定は，捜査当局が，窃盗事件による逮捕・勾留の当初から，同事件による身柄拘束を利用して放火事件の取調を行なう意図であったことをもって，放火事件の取調を違法なものとする理由の一に挙げている。

しかしながら，……捜査当局は，窃盗事件の逮捕・勾留中に同事件の取調を行なう意図をもち，右取調と並行して放火事件の取調を行なう意図をあわせもっていたに過ぎないと認められるのであるから，専ら放火事件の取調をするために，窃盗事件の逮捕・勾留に名を借りたものとまではいうことはできず，この点から放火事件の取調が直ちに違法であるとはいえない。

(四)，次に，原決定は，窃盗事件による逮捕・勾留中の取調時間の大部分が，未だ適法な令状の発付されていない放火事件の取調に充てられたことをもって，放火事件の取調を違法とする理由の一としている。

……［窃盗関係につき25時間55分，放火関係につき70時間9分の取調べが認定でき，］窃盗の取調時間に較べて放火の取調時間がはるかに長いことは，捜査当局が窃盗事件の取調よりも放火事件の取調に重点を置いていたことを示すものであるが，単にこのことのみによっては，いまだ別件の逮捕・勾留に名を借りて，専ら本件について取り調べたものとまでいうことはできないものと考える。

(五)，原決定は，窃盗事件による逮捕・勾留中に放火事件について取り調べるには，予め被疑者に対し取調受忍義務がないことを明確に告知すべきであるのに，本件におい

てこれを告知した事実がないことは違法である旨判示し，その法律的理由付けとして，……［逮捕又は勾留された被疑者に取調受忍義務があるとする刑訴法198条1項］は，原則として，被疑者が逮捕された事実について取調を受ける場合に妥当する規定であると解するのが相当である，これに反し，被疑者が，右事実と関係のない別個の事実につき取調を受ける場合には，……出頭要求を拒み，あるいは出頭後何時でも退去して，自己の居房に引き上げることができるものと解すべきである，このことは，身柄拘束の許否につき，事実ごとの厳格な司法審査を経ることを必要とした……刑事訴訟法の各規定の趣旨（いわゆる事件単位の原則）から見て，当然のことと解されるという。

しかしながら，刑事訴訟法198条1項但書は，取調を受ける被疑者が逮捕又は勾留されているという状態に着目して規定されたものであって，特定の犯罪事実ごとに取調の限界を定めた規定と解するのは相当ではない。ちなみに，右但書は，同法223条により，取調を受ける第三者にも準用されているが，第三者については，当該被疑事実について逮捕又は勾留されている場合は考えられないのであって，これとの対比からも，被疑者について右但書の規定を，ことさら狭く解しなければならないとするのは不合理である。……

そうであるとすれば，本事件において，窃盗罪により逮捕又は勾留中の被告人を放火事件で取り調べるに先立ち，捜査官が予め取調受忍義務のないことを告知すべきであるのに，これを告知しなかった違法があるとする原決定の見解には，左袒することができない。……

（六），……

（七），以上のとおりであって，原決定が第1次逮捕・勾留中の放火事件の取調が違法となる理由として挙げた諸点のうち，実質的に本件取調の適否に関連のあるものとしては，捜査当局が別件逮捕の当初から本件取調の意図をもっていた点と，別件取調の時間の長さに比較して，圧倒的に本件取調の時間が長いことの2点に帰することとなる。しかし，これらの点を総合して考慮してみても，捜査当局が，専ら本件取調の目的をもって別件の逮捕・勾留に名を借り，実質的に令状主義を潜脱したものとまでは認めることができない。……

また，右のとおり第1次逮捕・勾留中の放火事件の取調が違法と認められない以上，その違法が第2次逮捕・勾留中の取調に引き継がれることもありえないことは明らかである。

してみると，別件逮捕・勾留中の放火事件の取調が違法であることを理由として，放火被疑事件の供述調書の証拠能力を否定した原決定の見解には，当裁判所として同調することはできない。」

◯ **参考裁判例 5-18**　大阪高判昭和 59 年 4 月 19 日高刑集 37 巻 1 号 98 頁
　　　　　　　　　　（神戸まつり事件）

　昭和 51 年 5 月 14 日から開催された神戸まつり期間中の同月 15 日夜から翌 16 日早朝にかけて，国鉄三宮駅に近い小野柄通一帯等で暴走族と見物人約 6000 名が群衆となり，暴徒化してタクシーの転覆，放火などの行為に及んだ。騒然とした状況下の同月 15 日午後 11 時ころ，小野柄通 8 丁目で阪急タクシー襲撃事件が発生したため，警察の対策本部から大型輸送車が現場に派遣されたところ，警察官らは，秩序回復行動をとるため降車したものの群衆からの攻撃に危険を感じ，同車に乗り込み退避したが，付近で立往生するに至った。これを見た暴走族グループや群衆が同車の襲撃を開始し，午後 11 時 35 分ころ，同車の前部及び車体側面に取り付いて，中央分離帯に押し出し，その際，付近で取材中に群衆から暴行を受け，路上に昏倒していた新聞社カメラマン A を轢過し，死亡させるに至った。警察は，殺人事件として直ちに捜査本部を設け，輸送車を押した人物の特定に努めたが，捜査は難航した。ところが，同月 21 日，22 日の両日，新聞で前記阪急タクシー事件の現場写真が掲載され，その写真中の人物を見た B がその男を被告人 X（当時 18 歳）と気づき，X の両親及び X の通学先に連絡したところ，X は，タクシーを蹴ったこと及び投石したことを認めたので，教諭らが警察に届け出た。警察は，同月 23 日，X を県警本部に任意同行し，参考人取調べとして当時の行動を聞いたところ，X は，阪急タクシーの転覆のほか，本件輸送車を押したことを認める供述をした。そこで，捜査官は，黙秘権告知の上，阪急タクシー事件に関する X の供述調書を作成し，同日夜，同事件を被疑事実とする逮捕状の発付を得て，X を通常逮捕した。X は，同月 26 日，同事件で勾留され，この勾留は 6 月 14 日まで延長された（第 1 次逮捕・勾留）。その間，捜査官は，逮捕当日及び翌日に阪急タクシー事件及び事件当日の行動について X を取り調べたが，5 月 25 日以降は，連日，ほとんど A 殺人事件のみについて取り調べ，本件犯行を認める詳細な供述を得た。X は，その後 6 月 14 日に，本件殺人を含む複数の事実により通常逮捕され，同月 17 日に勾留された（第 2 次逮捕・勾留。ただし，弁護人の準抗告により，勾留中本件殺人の事実に関する部分は，実質的に同事実についての勾留であった第 1 次勾留の蒸返しであるとして取り消された）。同月 26 日，神戸家裁に送致された X は，観護措置決定を経て，7 月 6 日，身柄拘束のまま検察官送致決定を受け，同月 15 日，神戸地裁に起訴された。第 2 次勾留中及び検察官送致後起訴されるまでの間も，X は，本件殺人の事実につき検察官等の取調べを受け，本件犯行を認める供述をした。

　第 1 審は，X の第 1 次逮捕・勾留は適法であったが，その間になされた本件殺人の取調べは余罪取調べの許される場合に当たらず，令状主義，事件単位の原則に違反するとして，第 1 次逮捕・勾留中及び第 2 次逮捕・勾留中になされた取調べにより作成された供述調書の証拠能力を否定して，証拠調べ請求を却下し，X に無罪を言い渡した。検察官からの控訴に対し，控訴審は次のように判示して，控訴を棄却した（以上について，

ほぼ同一の事実関係に関する被告人Yに関する部分があるが，省略する）。

「(一)　一般に甲事実について逮捕・勾留した被疑者に対し，捜査官が甲事実のみでなく余罪である乙事実についても取調べを行うことは，これを禁止する訴訟法上の明文もなく，また逮捕・勾留を被疑事実ごとに繰り返していたずらに被疑者の身柄拘束期間を長期化させる弊害を防止する利点もあり，一概にこれを禁止すべきでないことはいうまでもない。しかしながら，憲法31条が刑事の手続に関する適正性の要求を掲げ，憲法33条，34条及びこれらの規定を具体化している刑事訴訟法の諸規定が，……いわゆる令状主義の原則を定めている趣旨に照らし，かつ，刑事訴訟法198条1項が逮捕・勾留中の被疑者についていわゆる取調受忍義務を認めたものであるか否か，受忍義務はどの範囲の取調べに及ぶか等に関する同条項の解釈如何にかかわらず，外部から隔離され弁護人の立会もなく行われる逮捕・勾留中の被疑者の取調べが，紛れもなく事実上の強制処分性をもつことを併せ考えると，逮捕・勾留中の被疑者に対する余罪の取調べには一定の制約があることを認めなければならない。とくに，もっぱらいまだ逮捕状・勾留状の発付を請求しうるだけの証拠の揃っていない乙事実（本件）について被疑者を取り調べる目的で，すでにこのような証拠の揃っている甲事実（別件）について逮捕状・勾留状の発付を受け，同事実に基づく逮捕・勾留に名を借りて，その身柄拘束を利用し，本件について逮捕・勾留して取り調べるのと同様の効果を得ることをねらいとして本件の取調べを行う，いわゆる別件逮捕・勾留の場合，別件による逮捕・勾留がその理由や必要性を欠いて違法であれば，本件についての取調べも違法で許容されないことはいうまでもないが，別件の逮捕・勾留についてその理由又は必要性が欠けているとまではいえないときでも，右のような本件の取調べが具体的状況のもとにおいて実質的に令状主義を潜脱するものであるときは，本件の取調べは違法であって許容されないといわなければならない。

(二)　そして別件（甲事実）による逮捕・勾留中の本件（乙事実）についての取調べが，右のような目的のもとで，別件の逮捕・勾留に名を借りその身柄拘束を利用して本件について取調べを行うものであって，実質的に令状主義の原則を潜脱するものであるか否かは，①甲事実と乙事実との罪質及び態様の相違，法定刑の軽重，並びに捜査当局の両事実に対する捜査上の重点の置き方の違いの程度，②乙事実についての証拠とくに客観的な証拠がどの程度揃っていたか，③甲事実についての身柄拘束の必要性の程度，④甲事実と乙事実との関連性の有無及び程度，ことに甲事実について取り調べることが他面において乙事実についても取り調べることとなるような密接な関連性が両事実の間にあるか否か，⑤乙事実に関する捜査の重点が被疑者の供述（自白）を追求する点にあったか，客観的物的資料や被疑者以外の者の供述を得る点にあったか，⑥取調担当者の主観的意図がどうであったか等を含め，具体的状況を総合して判断するという方法をとるほかはない。

(三)　これを本件についてみるに，……①被告人Xの第1次逮捕・勾留事実である

阪急タクシー事件……は，犯罪事実自体からただちに逮捕・勾留の理由又は必要性がないと断定しうるほど軽微な事件ではないけれども，本件殺人の事実と比較して，その法定刑がはるかに軽いのはもとより，その罪質及び態様においても大きな径庭のある軽い犯罪であるだけでなく，昭和51年度神戸まつり開催期間中に発生した一連の事犯の捜査にあたった捜査官の関心は，既述の事情から，主として本件殺人の事実の解明に向けられていたこと，②そして，本件殺人の事実の捜査については，本件輸送車を押した人物を写真等の客観的資料で特定するだけでは足りず，本件輸送車を押したことが判明した被疑者について，さらに殺意を認めるための前提事実としてこれを押した方向にA記者が昏倒している事実を認識しながらあえてこれを押し続けたということを証明する証拠が収集されなければならないが，この点を裏づける客観的証拠は非常に乏しく，いきおい被疑者の供述に頼らざるをえなかったため，捜査は困難を極め……［ていた］こと……，③被告人両名は，いずれも逮捕当時少年であり，前科前歴は皆無で身元も安定しておるうえ，逮捕前すでに右各逮捕・勾留事実を認め，その旨の概略的な供述を録取した調書も作成され，その供述を裏づける客観的証拠である写真も存在していたのであって，これらの点よりみると，被告人両名を右各逮捕・勾留事実について逮捕・勾留する理由と必要性は，けっして高度のものではなく，在宅取調べによって捜査目的の達成が可能であったとも考えられること，④しかも，右各逮捕・勾留事実と本件殺人の事実とは，右神戸まつり開催中に発生した一連の事犯の一部であるという程度の広い意味では社会的関連性を有しないとはいえないが，罪質，被害者，犯行時刻，場所を異にし，右各逮捕・勾留事実の取調べをすすめることが本件殺人の事実についての取調べにもつながるというような密接な関連性は存在せず，前者についての取調べは後者についての取調べのきっかけを提供するという程度の関係にあるにすぎないのであって，現に被告人両名に対する右各逮捕・勾留事実についての取調べは手早くすまされ，本件殺人の事実は，それらとは別個の事実として取調べがなされていること，⑤また，被告人両名は，逮捕前から本件輸送車を押したことのあった事実自体は争っていなかったから，捜査の重点は，客観的資料の収集というより，被告人両名から，人が倒れていたことを認識しながらその方向に，したがって人を轢過することを認識しながら本件輸送車を押し続けたか否かについての供述を得ることにおかれていたこと……，⑥さらに，被告人Xの第1次逮捕・勾留期間……中の取調時間の大半が本件殺人の事実についての取調べに費されているところ，被告人両名の取調べを担当した……［警察官］両名とも，右各逮捕の当初から右各期間を本件殺人の事実の取調べに積極的に利用しようという意図を有していたこと，以上の諸事由を踏まえて，さらに関係証拠を検討すると，被告人両名に対する右各逮捕・勾留は，その理由又は必要性が欠けているとまでは断定しえないとしても，そしてまた右逮捕・勾留期間中においては，それぞれその逮捕・勾留事実についても被告人両名の取調べがなされているけれども，その各期間中の取調時間の大半が用いられた被告人両名に対する本件殺人の事実についての取調べは，これを実質的にみれば，

もっぱらまだ逮捕状・勾留状の発付を請求しうるだけの証拠の揃っていない本件殺人の事実について被告人両名を取り調べる目的で，すでにこのような証拠の揃っていた右各逮捕・勾留事実について逮捕状・勾留状の発付を受け，同事実に基づく逮捕・勾留に名を借りて，その身柄拘束を利用し，あたかも本件殺人の事実について司法審査を受け逮捕状・勾留状の発付を受けたと同様の状態のもとで，同事実ごとにその殺意に関する不利益事実の供述を追求したものであるということができる。……右各逮捕・勾留期間中における被告人両名に対する本件殺人の事実に対する取調べは，具体的状況に照らし，実質的に憲法及び刑事訴訟法の保障する令状主義を潜脱するものであって，違法で許容されえないものといわなければならない。」

「(一)　捜査官が，被告人Xに対する第1次逮捕・勾留期間……中に，……本件殺人の事実について取り調べて作成した各供述調書……は，前記のようにその取調べに存する違法性が令状主義の潜脱という重大なものであって，司法の廉潔性の保持及び将来における同様の違法な取調方法の抑制という見地から，違法収集証拠としてその証拠能力は否定されるべきである。

(二)　被告人X……に対する第2次勾留期間中に，捜査官が本件殺人の事実について同被告人を取り調べて作成した[供述調書]……，同被告人に対する家庭裁判所の観護措置決定が，同裁判所の検察官送致決定に伴って勾留とみなされた期間内に，捜査官が本件殺人の事実について同被告人を取り調べて作成した[供述調書は]，……いずれも，被告人Xの第1次逮捕・勾留……中に同被告人らを本件殺人の事実について取り調べて各供述調書（第1次証拠）を作成した捜査官ないしこれと一体と認められる捜査機関が同様の捜査目的で同一事実につき同被告人らを取り調べて作成した供述調書（第2次証拠）である。そして第1次証拠が，前記のように憲法及び刑事訴訟法の保障する令状主義を実質的に潜脱して被告人両名を取り調べた結果得られたという重大な違法性を帯びるものである以上，右のような捜査機関が，第1次証拠の収集時から実質上継続して身柄を拘束されている被告人両名を取り調べて作成したこのような第2次証拠も，特段の事情のない限り，第1次証拠と同様の違法性を承継するものと解するのが，司法の廉潔性の保持と将来における違法捜査の抑制という目的にも合致し，正当であると考えられ，本件では右各供述調書を証拠として許容すべき特段の事情も認められないので，第2次証拠である右各供述証拠の証拠能力も，すべて否定すべきものと解する……。」

◯ **参考裁判例5-19**　浦和地判平成2年10月12日判時1376号24頁

被告人X（パキスタン人）は，不法残留罪のほか，自らの居候先である友人Aら（同国人）の居宅を焼燬しようとして，同宅内にあったアフターシェーブローションを撒いた上，これにマッチで点火して放火したという現住建造物等放火の罪で起訴された。同火災の発生した昭和63年9月7日の直後から，Aらは，Xが放火したと考えて暴力的な追及をし，同月9日午後10時ころ，Xを吉川警察署に放火犯人として突き出したが，

当直警察官は，放火の事実でXを逮捕するだけの供述を得られなかったので，旅券の提示で発覚した不法残留罪でXをひとまず現行犯逮捕し，放火については後刻本格的な取調べをすることとした（Aらも不法残留者であるが逮捕されていない）。同月11日，Xは不法残留罪で勾留されたが，捜査当局は，同月13日限りで同事実の取調べはほぼ終了し，当初の予定どおり残りの勾留期間を使って本件放火の取調べを行うこととし，Aらとの面談などの方法を用いてXから放火の自白を得た。Xは，同月20日，不法残留罪で起訴された後，翌21日に本件放火の嫌疑で通常逮捕され，同月22日に勾留状が発付され，同勾留は同年10月11日まで延長された。その間，Xは，一時否認に転じたが，結局自白を維持し，勾留期間満了日に本件放火の事実で公訴を提起された。公判において，Xは一貫して放火の事実を否認したところ，裁判所は次のように判示して，Xの自白調書の証拠能力を否定し，同事実について無罪を言い渡した。

「2　第1次逮捕・勾留の適否について

……被告人に関する不法残留罪の嫌疑は明白であったこと，不法残留罪は……必ずしも軽微な犯罪とはいえないこと，被告人が住居が不安定でしかも無職の外国人であって，身元が安定していなかったことをも考慮すれば，第1次逮捕・勾留が逮捕・勾留の理由や必要性を全く欠く，それ自体で違法・不当なものであったとまでは認められない。しかし，……［その］主たる目的が，軽い右別件による身柄拘束を利用して，重い本件放火の事実につき被告人を取り調べる点にあったことも明らかである。……

　もっとも，検察官は，いわゆる別件逮捕・勾留として自白の証拠能力が否定されるのは，『未だ重大な甲事件について逮捕する理由と必要性が十分でないため，もっぱら甲事件について取り調べる目的で，逮捕・勾留の必要性のない乙事件で逮捕・勾留した場合』（以下，「典型的な別件逮捕・勾留の場合」という。）に限られる旨主張している。……しかし，右見解にいう『もっぱら甲事件について取り調べる目的』を文字どおり，『乙事件については全く取り調べる意図がなく，甲事件だけを取り調べる目的』と解するときは，違法な別件逮捕・勾留というものは，そもそも『逮捕・勾留の理由・必要性が全くない事件について身柄拘束した場合』と同義となって，わざわざ『違法な別件逮捕・勾留』という概念を認める実益が失われてしまう。……また，……捜査機関から，右事実につき捜査の必要性があると主張されれば，逮捕・勾留の理由・必要性が全くないと言い切るのは容易なことではないであろう。しかし，過去の経験に照らすと，いわゆる別件逮捕・勾留に関する人権侵害の多くは，もし本件に関する取調べの目的がないとすれば，身柄拘束をしてまで取り調べることが通常考えられないような軽微な別件について，主として本件の取調べの目的で被疑者の身柄を拘束し，本件についての取調べを行うことから生じていることが明らかである。そして，このような場合であっても，捜査機関が，未だ身柄拘束をするに足りるだけの嫌疑の十分でない本件について，被疑者の身柄を拘束した上で取り調べることが可能になるという点では，典型的な別件逮捕・勾留の場合と異なるところがないのであるから，このような『本件についての取調

べを主たる目的として行う別件逮捕・勾留』が何らの規制に服さないと考えるのは不合理である。しかし，他方，それ自体で逮捕・勾留の理由も必要性も十分にある別件についての身柄拘束が，たまたま被疑者に重大な罪（本件）の嫌疑があるが故に許されなくなるというのも不当な結論であり，そのような結論を導く理論構成は適当でない。当裁判所は，以上の検討の結果，……違法な別件逮捕・勾留として許されないのは，前記のような典型的な別件逮捕・勾留の場合だけでなく，これには『未だ重大な甲事件について被疑者を逮捕・勾留する理由と必要性が十分でないのに，主として右事件について取り調べる目的で，甲事件が存在しなければ通常立件されることがないと思われる軽微な乙事件につき被疑者を逮捕・勾留する場合』も含まれると解するものである。このような場合の被疑者の逮捕・勾留は，形式的には乙事実に基づくものではあるが，実質的には甲事実に基づくものといってよいのであって，未だ逮捕・勾留の理由と必要性の認められない甲事実に対する取調べを主たる目的として，かかる乙事実の嫌疑を持ち出して被疑者を逮捕・勾留することは，令状主義を実質的に潜脱し，一種の逮捕権の濫用にあたると解される。……本件について検討すると，……被告人についても，もし放火の嫌疑の問題がなかったならば，不法残留の事実により逮捕・勾留の手続をとらなかったであろうと考えられるのに，主として，未だ嫌疑の十分でない放火の事実について取り調べる目的で，不法残留の事実により逮捕・勾留したと認められるのであるから，本件は，まさに当裁判所の定義による違法な別件逮捕・勾留に該当する場合であるといわなければならない。

　従って，本件における被告人の身柄拘束には，そもそもの出発点において，令状主義を潜脱する重大な違法があるので，右身柄拘束中及びこれに引き続く本件による身柄拘束中に各作成された自白調書は，すべて証拠能力を欠くと解するのが相当である。

　3　余罪取調べの限界について

　……別件による身柄拘束を利用して行う本件についての取調べの方法に一定の限界があると解すべきことは，また，[身柄拘束の適否とは]別個の問題であって，適法な別件逮捕・勾留中の本件についての取調べが無条件に許容されることにはならない。これは，逮捕・勾留について，我が刑事訴訟法が，いわゆる事件単位の原則をとることにより，被疑者の防禦権を手続的に保障しようとしていることから来る当然の帰結である。

　……当裁判所は，右余罪の取調べにより事件単位の原則が潜脱され，形骸化することを防止するため，これが適法とされるのは，原則として右取調べを受けるか否かについての被疑者の自由が実質的に保障されている場合に限ると解するものである（例外として，逮捕・勾留の基礎となる別件と余罪との間に密接な関係があって，余罪に関する取調べが別件に関する取調べにもなる場合は別論である。）。刑事訴訟法198条1項の解釈として，逮捕・勾留中の被疑者には取調べ受忍義務があり，取調べに応ずるか否かについての自由はないと解するのが一般であるが……，法が，逮捕・勾留に関し事件単位の原則を採用した趣旨からすれば，被疑者が取調べ受忍義務を負担するのは，あくまで当

該逮捕・勾留の基礎とされた事実についての場合に限られる（すなわち，同項但書に「逮捕又は勾留されている場合」とあるのを，「取調べの対象となる事実について逮捕又は勾留されている場合」の趣旨に理解する）というのが，その論理的帰結でなければならない。もしそうでなく，一旦何らかの事実により身柄を拘束された者は，他のいかなる事実についても取調べ受忍義務を負うと解するときは，捜査機関は，別件の身柄拘束を利用して，他のいかなる事実についても逮捕・勾留の基礎となる事実と同様の方法で，被疑者を取り調べ得ることとなり，令状主義なかんずく事件単位の原則は容易に潜脱され，被疑者の防禦権の保障（告知と聴聞の保障，逮捕・勾留期間の制限等）は，画餅に帰する。従って，捜査機関が，別件により身柄拘束中の被疑者に対し余罪の取調べをしようとするときは，被疑者が自ら余罪の取調べを積極的に希望している等，余罪についての取調べを拒否しないことが明白である場合……を除いては，取調べの主題である余罪の内容を明らかにした上で，その取調べに応ずる法律上の義務がなく，いつでも退去する自由がある旨を被疑者に告知しなければならないのであり，被疑者がこれに応ずる意思を表明したため取調べを開始した場合においても，被疑者が退去の希望を述べたときは，直ちに取調べを中止して帰房させなければならない。

　右のような見解に対しては，刑事訴訟法 223 条 2 項が参考人の取調べに関し，同法 198 条 1 項但書を準用していることを根拠に，そもそも，法は，人が身柄を拘束されているか否かによって取調べ受忍義務の有無を決しているのであり，身柄拘束の根拠となる事実の如何によって右義務の存否が左右されるいわれはないという議論がある。……［しかし，これは］本末を転倒した議論であるといわなければならない。法 198 条 1 項の解釈は，本来，同条の立法趣旨や令状主義なかんずく事件単位の原則等刑事訴訟法の底を流れる基本的考え等を合理的に勘案して決せられるべきものである。……参考人の取調べについて法 198 条 1 項但書を準用する 223 条 2 項の解釈としては，取調べの対象となる事実につき身柄を拘束されているということの考えられない参考人について，『逮捕又は勾留されている場合を除いては』という除外規定に該当する場合が事実上存在しない結果，参考人は，逮捕又は勾留されている場合であると否とにかかわらず，常に出頭拒否及び退去の自由を保障されていると解することによって，何らの不都合は生じないし，むしろその方が人権保障を強化した刑事訴訟法の解釈として合理的であると考えられる。……

　最後に，検察官が，放火の事実は，第 1 次逮捕・勾留の基礎とされた不法残留の生活状況の一部として一連の密接関連事実であるから，第 1 次逮捕・勾留中に放火の事実について取り調べることは許されるとしている点について検討する。右見解は，いわゆる狭山事件上告審決定［参考裁判例 5 - 15］……に依拠するものと思われるが，そもそも右決定が，甲事実による別件逮捕・勾留中の被疑者に対し，これと社会的事実として一連の密接な関連がある乙事実につき，甲事実の取調べに付随して取り調べることを違法でないと判示した趣旨は，両事実の間に，乙事実に関する取調べがすなわち甲事実に関

する取調べにもなるという密接な関連性があることに着目したためにほかならず，右決定の事案はまさに右論理の妥当する事案なのである。しかるに，本件における別件と本件との間には，そのような密接な関連性は認められない。……

　……本件において，被告人の取調べにあたった……［捜査官ら］は，余罪取調べに関する前記のような限界を全く意に介することなく，別件逮捕・勾留中においても，本件たる放火の事実について，別件の不法残留に関する取調べの場合と同様，被告人に取調べ受忍義務があることを当然の前提として取調べを行ったことが明らかであって，当然のことながら，被告人に対し，前記のような意味において，本件たる放火の事実については取調べを受ける義務がない旨告知したことはなく，被告人自身も，かかる義務がないということを知る由もなかったと認められる……。従って，本件第1次逮捕・勾留中になされた本件放火に関する取調べは，明らかに許される余罪取調べの限界を逸脱した違法なものであり，これによって作成された被告人の自白調書は，証拠能力を欠き，また，その後の第2次逮捕・勾留は，右証拠能力のない自白調書を資料として請求された逮捕状，勾留状に基づく身柄拘束であって，違法であり，従ってまた，その間に作成された自白調書も証拠能力を欠くと解すべきである。」

6 令状による捜索・差押え

(1) 物的証拠の収集のための手段

設例1

ある平日の白昼，何者かが，留守中のA宅へ，寝室の窓ガラスを割って侵入し，室内に据え付けられている金庫の扉をこじあけ，中に保管されていた現金，高級腕時計，貴金属類等を窃取するという事件が発生した。

Q *Elementary*

1 Aから被害報告を受けた警察官が，Aの承諾のもと，A宅内に立ち入り，寝室の窓や室内の状態，金庫の形状・位置等を観察，計測し，また室内の様子や窓，金庫等を写真撮影することはできるか。

そのような人の住居内の観察・計測，写真撮影を，住人の承諾なしに行うためには，刑訴法上どのような方法があるか。また，それは憲法35条の規制を受けるか。

2 A宅から窃取された高級腕時計が質屋に質入れされているのが分かり，質入れの際に使われた身分証の記録からXが割り出された。警察は，本件と同種の前科のあるXを被疑者として逮捕し，取調べを行った。Xは本件犯行を否認し，質入れした腕時計は友人から貰ったものだと述べ，また，貴金属類も友人から貰ったが，こちらは愛人Bにやった，と供述した。

(1) 警察官が，B宅に立ち入り，A宅から窃取された貴金属類を含め本件に関係する物がないかどうか室内を探し，それらを入手するためには，刑訴法上どのような方法が考えられるか。

(2) 警察官がB宅に赴き，Bに室内を探すことを承諾するよう求め，承諾を得た上で室内を探すことはできるか。このような行為は刑訴法上禁止されているか。

(3) 警察官がB宅に赴き，Bに事情を説明したところ，Bが進んで，Xから受け取った貴金属類を警察官に差し出した。この場合，警察官はどのような措置をとることができるか。

(4) *1*で，警察官が，犯行現場に遺された犯人のものと思われるバールを署に持ち帰ることは，刑訴法上できるか。

3 警察は，Xの勤務先であるC社に，Xの勤務状況や勤務態度，XのC社からの借金の有無等について問い合わせた。刑訴法上，このような処分を行うことはできるか。

4 警察が，C社に対し，応じなければ同社の捜索を行う旨告知しつつ，本件事件当日分のXを含む従業員の出勤簿を差し出すよう命令することは，刑訴法上で

きるか。同様の出勤簿を差し出すようC社に対して命令することを，裁判官に求めることはできるか。仮に警察はこれらをできないとして，それを可能とする立法を行うことは憲法上許されるか。

(2) 令状主義の趣旨，捜索差押令状発付の手続と要件

設例2

暴力団A組による覚せい剤密売活動をかねて内偵中の警察官Kらは，別に覚せい剤の自己使用の容疑で逮捕された複数の被疑者から，甲マンションの809号室で覚せい剤を買った旨の供述を得たので，同室の権利関係を調査したところ，同室はBにより賃借されていることが分かった。BはA組の組員であり，覚せい剤事犯での前科があることも判明した。さらにKらは，同マンション及びその周辺で張込みを行ったところ，BらA組の関係者を含む複数の人物が鞄やスーツケースを手に頻繁に同室を訪れるのを認めた。また，Bを含むA組関係者の周辺では短期間に多額の金員が移動しているという事実も，銀行調査等で明らかとなった。そこでKらは，同室がA組による覚せい剤売買の拠点となっているものと見て，組織的な密売活動を証明する証拠，例えば相当量の覚せい剤，計量器，上皿天秤，顧客の電話番号簿，金銭収支メモ，仕入書，A組との関係を示す標章類，A組上層部からの指示書等を獲得すべく，同室に踏み込みたいと考えている。

Q Elementary

5 (1) Kらはどのような行動をとることができるか。例えば，甲マンション809号室へ赴き，直ちに玄関扉を開けて同室に立ち入り，室内を調べることは許されるか。所属警察署の上司の許可を得た上で，これと同様の行為を行うことはどうか。

(2) 裁判官の令状を求め，これを得た上で，809号室に赴き，在室者に対して令状を示した上，同室に立ち入り，室内を調べることはどうか。

(3) 検察官の令状を求め，これを得た上で，809号室に赴き，在室者に対して令状を示した上，同室に立ち入り，室内を調べることはできるか。仮に現行法上できないとして，これを可能にする立法を行うことは，憲法上許されるか。もし許されないとすれば，その実質的理由は何か。

6 本件でKら警察官が，809号室に踏み込み上記証拠等を獲得するために，裁判官の令状を求めようとする場合，誰が，どのような種類の令状を請求すべきか。また，その請求のためには，どのような書類を提出しなければならず，それには何を記載しなければならないか。そのほか，どのような資料を提出する必要があるか。

7 6の手続により令状の請求を受けた裁判官がこれを発付するためには，どのような事柄を判断しなければならないか。本件の上記事情の下で，裁判官は令状を

発付してよいか。
　また，次のような場合，裁判官は令状を発付してよいか。
　(1)　会社員Ｘが最近羽振りがよいのはわいせつビデオを販売して稼いでいるからだという噂が，Ｘの自宅周辺住民の間で広まっているとの情報に基づき，警察官が，Ｘを被疑者とするわいせつ図画販売目的所持の被疑事実につき，わいせつ画像を録画したビデオテープや販売先リスト等を差し押さえるためＸの自宅を捜索することを許可する令状を，裁判官に請求した。
　(2)　暴力団Ｍ組の幹部Ｙがしばしば自宅に賭客を集めて花札賭博をさせ，寺銭を取るなどしているとの情報を，Ｍ組の元組員Ｎが提供してきたので，これに基づき，警察官が，Ｙを被疑者とする賭博開張図利の被疑事実につき，花札や現金，メモ等を差し押さえるためＹの自宅を捜索することを許可する令状を，裁判官に請求した。

◉ Advanced

　8　平成17年8月1日，警察は，翌2日夕刻にＸが大阪市内某所で覚せい剤を調達した上，同日午後8時ころに大阪市中央区○○○の甲ホテル505号室においてＹに対し同覚せい剤を有償譲渡することになっているとの情報を得た。種々の関連情報から，これを極めて確度の高いものと考えた警察は，同1日，犯罪事実の要旨として，大要，「8月2日，甲ホテル505号室において，覚せい剤を有償でＸがＹに譲り渡し，またＹがＸから譲り受けるものである」旨記載した請求書により，同所並びにＸ及びＹの身体とその所持品を捜索対象とする捜索差押許可状を裁判官に請求した。このような捜索差押許可状の請求を行うことは，刑訴法・刑訴規則上許されるか。仮に許されないとした場合，これを可能にする法・規則の改正を行うことは，憲法上許されるか。

6－1　最三決昭和44年3月18日刑集23巻3号153頁
　　　（国学院大学映研フィルム事件）

【事案の概要】　昭和43年11月7日に公務執行妨害罪で現行犯逮捕されたＸが，勾留中の同月19日に，検察官Ｐによる取調べに対して，自分は国学院大学映画研究会の構成員であるが，10月21日の国鉄新宿駅における騒擾事件に際して革マル派全学連の学生らと行動をともにし，同駅構内に侵入してこれを占拠し，国鉄の業務を妨害するなどして同騒擾に参加し，その際同映画研究会の構成員が事件現場で16ミリ映画フィルム及び35ミリ写真を撮影し，同フィルム等は同映画研究会構成員の居室又は国学院大学内映画研究会室に存在するはずである旨供述した。そこでＰは，司法警察員Ｋに対してこれら証拠物の差押え方を指揮し，Ｋは即日，Ｘに対する騒擾助勢，威力業務妨害，公務執行妨害の被疑事実につき，「東京都渋谷区

……国学院大学若木会館内映画研究室」において捜索差押えを行うため，東京簡易裁判所の裁判官に対し許可状の発付を求め，同日付で捜索差押許可状を得，これに基づき，翌20日，Kは前記映画研究室において捜索を行い，撮影済の16ミリフィルム10ケース等を差し押さえた。

これに対して，国学院大学映画研究会代表者Aが，翌21日，本件フィルムの差押えは憲法21条に違反する等の理由により，本件捜索差押許可の裁判及び差押処分の取消しを求めて準抗告を申し立てた。原裁判所である東京地裁は，まず，捜索差押許可の裁判に基づく差押処分が完了している以上，申立人は同許可の裁判自体の取消しを求める利益を有しておらず，ただその具体的な差押処分の取消しを求め得るにすぎないとした。そこで次に，同地裁は，各差押処分についてその当否を検討し，一部の差押物件について，本件被疑事実との関連性がないこと等を理由に差押処分を取り消し，また，他の2つの16ミリフィルムについて，それが被疑事実と関連性を有することを認めつつも，そのフィルムは「被疑者の具体的な犯行状況を内容とするものではなく，他の共同者の行為を内容とするもので，その罪責に対する影響，被疑者の役割の軽重の判定，その他被疑者の罪を立証すると思われる作用は極めて低いと思われ，本件被疑者の被疑事実との関係で考える限り，第三者が適法に撮影し所持している右フィルムを押収する必要性はさほど強いものとは言えず，右フィルムを押収されることの，その所持者たる映画研究会に与える不利益（その1つとして，彼らはこれを期日の迫った学園祭に上映する目的を有すること等）とを比較衡量してみた場合には，右フィルムの強制的な差押までは許されないものと解するのが相当である」として，差押処分を取り消した（東京地決昭和43年11月22日判時538号17頁）。これに対し検察官は，差押えの実質的必要性の判断は捜査機関の裁量に属するものであり，捜査機関の行う差押えの実質的必要性について裁判所が審査，判断する権限はない等主張して，特別抗告を申し立てた。

【判示】 抗告棄却。最高裁は括弧書で次のように述べた。

「刑訴法218条1項によると，検察官もしくは検察事務官または司法警察職員は『犯罪の捜査をするについて必要があるとき』に差押をすることができるのであるから，検察官等のした差押に関する処分に対して，同法430条の規定により不服の申立を受けた裁判所は，差押の必要性の有無についても審査することができるものと解するのが相当である。そして，差押は『証拠物または没収すべき物と思料するもの』について行なわれることは，刑訴法222条1項により準用される同法99条1項に規定するところであり，差押物が証拠物または没収すべき物と思料されるものである場合においては，差押の必要性が認められることが多いであろう。しかし，差押物が右のようなものである場合であっても，犯罪の態様，軽重，差押物の証拠としての価値，重要性，差押物が隠滅毀損されるおそれの有無，差押によって受け

る被差押者の不利益の程度その他諸般の事情に照らし明らかに差押の必要がないと認められるときにまで，差押を是認しなければならない理由はない。したがって，原裁判所が差押の必要性について審査できることを前提として差押処分の当否を判断したことは何ら違法でない。」

Q Elementary

9 捜査機関が捜索及び差押えの対象としうるのは，それぞれどのようなものか。これについて刑訴法はどのように定めているか。捜査機関は，所在不明の被疑者の現在の所在場所に関する情報を得るために，捜索差押許可状の発付を裁判官に求めることができるか。

10 本決定は，①差押対象物が「証拠物または没収すべき物と思料するもの」であることと，②「犯罪の捜査をするについて［差押えの］必要がある」こととの関係を，どのようなものと捉えているか。①が認められるが②は認められない場合として，具体的にどのような場合が考えられるか。

11 原決定は，本件フィルムの差押処分を取り消すにあたって，具体的にどのような事情を考慮しているか。本件フィルムの証拠としての価値の程度について，どのように述べているか。さらに，それ以外には，どのようなことを考慮しているか。

Q Basic

12 捜査機関が裁判官の許可状に基づいて捜索をし，差押えを行った場合において，これに不服のある者は，どのような手続により争うことができるか。捜索をしたが，目的物を発見できなかったので差押えを行わなかった場合はどうか。また，これらの場合に，裁判官による捜索差押許可状発付の裁判の取消しを求めることはできるか。

13 本決定の判示は，捜査機関から捜索差押許可状の請求を受けた裁判官が，令状発付のための要件を審査する際に，差押えの必要性（及び相当性）の点の判断を行うことを認めるものといえるか。

14 N空港反対同盟が同空港滑走路予定地延長線上に建てた鉄筋コンクリート造地上3階地下1階の建物につき，凶器準備集合等の被疑事実に関して差押えを許可する令状が発付され，これに基づき司法警察員が同建物を差し押さえた。同建物については，既に，同事件の犯行終了後間もなくから数次に及んで捜索，検証等が繰り返されており，種々の角度から多数の写真が撮影され，また，犯行の用に直接間接に供された凶器等が同建物内外から多数押収されている。なお，同建物は，通常の住居や事務所として使用するには適さないため取引価値などはないが，長年にわたりN空港建設反対運動のシンボルとされ，また広報活動や集会の場所等として使用されてきた。上記差押許可状に基づく同建物の差押えは許されるか（千葉地

決昭和53年5月8日判夕362号193頁参照)。

15 次の各場合における捜査機関の行為は許されるか (参考裁判例6-⑧～⑩参照。なお参考裁判例22-⑮の第1審証拠決定も参照)。

(1) 自治会の夏祭りで提供されたカレーにヒ素が混入され，これを食べた住民多数が死傷したという事件に関し，事件関係者として社会的に注目を集めていたXが，Aテレビ局のインタビュー取材に対し，事件当日の自己の行動等について供述をする様子が，テレビカメラで撮影された。その後Xは，殺人及び殺人未遂の嫌疑で逮捕されたが，警察の取調べに対し完全に黙秘している。そこで警察は，Aテレビ局が，上記撮影したテープを編集の上，ニュース番組内で放映した内容を，警察署内の部屋に設置したテレビ・ビデオ機材を用いて受信・録画して，ビデオテープを作成した。

(2) ある都市の駅前で行われたデモ行進から発生した騒擾事件につき，デモ行進の様子を撮影するために現場で取材をしていたBテレビ局スタッフが，騒擾事件の一部始終をテレビカメラで撮影し，その撮影テープを編集の上，ニュース番組内で放映した。同騒擾事件の捜査の過程で，警察は，裁判官の差押許可状に基づき，Bテレビ局内において，放映用に使われたテープを差し押さえた。

(3) 広く社会的関心を呼んでいた一連の汚職事件の渦中にあるC社の社長室長Yが，衆議院議員Dに対し，同汚職事件についての国政調査権の行使等に手心を加えてほしいという趣旨で多額の現金供与の申込みをしたとされる贈賄被疑事件の捜査において，Yが，捜査機関の取調べに対して，上記のような現金供与申込みの趣旨を強く否定しているので，現金供与申込みの状況を明らかにするために，検察官が，裁判官の差押許可状に基づき，上記現金供与申込みをした際の状況をDの依頼でEテレビ局記者が撮影していたビデオテープ (編集前のマザーテープ) を，Eテレビ局内において差し押さえた。なお，Eテレビ局は，既にこのビデオテープを編集の上放映している。

(4) いわゆるヤミ金融業者の従業員Zによる恐喝被疑事件の捜査において，警察が，裁判官の差押許可状に基づき，放映時には顔にモザイクをかけ音声を変更することを条件にFテレビ局が上記金融業者の元従業員Gに対して行った，同金融業者による債権取立ての実態についてのインタビューの様子を撮影したビデオテープ (編集前のマザーテープ) を，Fテレビ局内において差し押さえた。なお，Fテレビ局は，既にこのビデオテープを編集の上放映している。

(5) (3)の事案において，Eテレビ局が上記撮影されたテープを未だ一度も編集・放映していない段階で，上記贈賄被疑事件を捜査していた検察官が，Dの関係者から，Eテレビ局記者による撮影がなされていた旨の情報を得たので，裁判官の捜索差押許可状に基づき，Eテレビ局内を捜索し，上記撮影テープを差し押さえた。

(3) 捜索差押令状の記載

6-[2] 最大決昭和33年7月29日刑集12巻12号2776頁

【事案の概要】 日教組幹部である被疑者X及びYが勤務評定反対のストライキを計画指導したという地方公務員法違反被疑事件について，昭和33年4月26日，司法警察員Kの請求により，東京簡易裁判所裁判官が捜索差押許可状を発付した。この許可状には，罪名の表示として「地方公務員法違反」と記載され，捜索すべき場所として「東京都千代田区神田一ツ橋2丁目9番地　教育会館内　東京都教職員組合本部」，差し押さえるべき物として「会議議事録，闘争日誌，指令，通達類，連絡文書，報告書，メモその他本件に関係ありと思料せられる一切の文書及び物件」との記載がなされていた。この捜索差押許可状に基づき，同日，司法警察職員によって捜索差押えが行われた。

これに対しX及びYは，(i)本件許可状には，罪名の記載として単に「地方公務員法違反」とあるのみであるが，どのような構成要件に該当するのか明らかにならない記載では法の要求する罪名の記載にはならず，地方公務員法の場合は特定の構成要件を示す法条の記載が不可欠である，(ii)殊に本件令状には差し押えるべき物として「メモその他本件に関係ありと思料せられる一切の文書及び物件」とあり，「本件」が具体的に同法何条違反の罪の被疑事件であるかは極めて重要な意味をもつが，本件令状の罪名記載が漠然としているため「本件」が全く不明になり，それゆえ本件令状には差し押さえるべき物が明示されていないことになる上，「その他本件に関係ありと思料せられる一切の文書及び物件」という差押目的物の記載は，極めて広範囲な事項につき捜査官に裁量権を委ねるものであり，憲法35条の趣旨に反する，(iii)捜索すべき場所の明示は憲法上の要件であるから，できる限りこれを具体的詳細に記載しなければならないところ，本件令状では単に「……組合本部」とあるのみで，その事務局や書記局等の表示がなく不明確不特定である，と主張して，捜索差押許可の裁判の取消しを求めて準抗告を申し立てたが，東京地裁はこれを棄却した。そこでX及びYは，最高裁に特別抗告を申し立てた。

【判示】 最高裁は，次のように述べて抗告を棄却した。

「憲法35条は，捜索，押収については，その令状に，捜索する場所及び押収する物を明示することを要求しているにとどまり，その令状が正当な理由に基いて発せられたことを明示することまでは要求していないものと解すべきである。されば，捜索差押許可状に被疑事件の罪名を，適用法条を示して記載することは憲法の要求するところでなく，捜索する場所及び押収する物以外の記載事項はすべて刑訴法の規定するところに委ねられており，刑訴219条1項により右許可状に罪名を記載するに当っては，適用法条まで示す必要はないものと解する。

そして本件許可状における捜索すべき場所の記載は，憲法35条の要求する捜索

する場所の明示として欠くるところはないと認められ，また，本件許可状に記載された『本件に関係ありと思料せられる一切の文書及び物件』とは，『会議議事録，闘争日誌，指令，通達類，連絡文書，報告書，メモ』と記載された具体的な例示に附加されたものであって，同許可状に記載された地方公務員法違反被疑事件に関係があり，且つ右例示の物件に準じられるような闘争関係の文書，物件を指すことが明らかであるから，同許可状が物の明示に欠くるところがあるということもできない。」

Q Elementary

16 捜索差押許可状には，どのような事項が記載されなければならないか。この点につき，憲法と刑訴法とで要求するところに違いはあるか。また，それらの事項の記載が要求されるのはなぜか。

Q Basic

17 本件の捜索差押許可状の記載のうち，捜索すべき場所は特定されているといえるか。捜索すべき場所の記載が次のようなものであったとすればどうか。

(1)「東京都千代田区神田一ツ橋2丁目9番地　教育会館内　東京都教職員組合本部が使用している場所及び差押え物件が隠匿保管されていると思料される場所」
(参考裁判例6-11参照)

(2)「東京都千代田区神田一ツ橋2丁目9番地　教育会館」

(3)「東京都内に所在する，東京都教職員組合本部が使用している場所」

(4)「東京都千代田区神田一ツ橋2丁目9番地　教育会館内　東京都教職員組合本部及び東京都教職員組合千代田支部」（東京地判平成21年6月9日判夕1313号164頁参照）

18 刑訴法上，捜索差押許可状に罪名の記載が要求される趣旨は何か。もし罪名を記載しなくてもよいとすると，どのような問題が生じるか。

19 本決定は，捜索差押許可状への罪名の記載方法として，刑訴法上何が要求されていると考えているか。その考え方は妥当か。本件のような特別法違反事件の場合と，刑法犯事件の場合とで違いはありうるか。

20 刑訴法の規定上，捜索差押許可状への被疑事実の要旨の記載が要求されていないのはなぜか。もしそれを記載することとした場合，どのような不都合が生じるか。逮捕状の場合と比較しつつ考えよ。

21 本件捜索差押許可状の記載上，差し押さえるべき物は特定されているといえるか。仮に，「本件に関係ありと思料せられる一切の文書及び物件」との記載のみであったとすればどうか。このような記載に，「会議議事録……メモ」といった例示が加わることによって，どのような意味が生じるのか。また，「本件に関係ありと思料せられる文書及び物件（会議議事録，闘争日誌，指令，通達類，連絡文書，

報告書，メモ等）」との記載であったとすればどうか（東京地決昭和33年6月12日一審刑集1巻追録2367頁参照）。

22 上記の差し押さえるべき物の記載中の「本件」とは，何によって明らかにされるか。本決定の要求する罪名記載方法で，こうした「本件」の内容は明らかになるといえるか。また，「本件」の特定のために，捜索差押許可状への被疑事実の要旨の記載を要求する余地はないか。その場合，**20**の点をどう考えるべきか。通信傍受法6条・10条1項但書とも比較しつつ答えよ。

Q Advanced

23 覚せい剤取締法違反被疑事件の捜査の過程で，覚せい剤取引の拠点として使用されていると思われる飲食店において捜索差押えを行うため，司法警察員が，「捜索すべき場所，身体及び物」として「大阪市北区○○町○番○号　スナック『A』並びに同所に在所する者の身体及びその所持品」という記載の捜索差押許可状を裁判官に請求した。このような記載の捜索差押許可状を発付することは許されるか。この場合と，参考裁判例6-12の事案の場合とで違いはあるか。参考裁判例6-12は，どのような理由により，捜索差押許可状の記載の特定性を認めたか。

24 空港での通関手続の際，Xが持ち込んだキャリーバッグの二重底に覚せい剤様の粉末入りビニール袋が多数隠されているのが発見されたが，捜査機関は，当該覚せい剤の取引に関与する者を特定し検挙するため，直ちにはXを検挙せず，X及び同バッグの移動を追跡することにした上，「捜索すべき場所」として「同キャリーバッグが到達した場所」という記載の捜索差押許可状を裁判官に請求した。このような記載の捜索差押許可状を発付することは許されるか。

(4) 捜索差押令状の執行

6-3　最一決平成14年10月4日刑集56巻8号507頁

【事案の概要】　京都府五条警察署は，かねて覚せい剤取締法違反事件の被疑者としてXの所在を捜査していたところ，平成12年7月12日午後1時30分ころ，京都市中京区のAホテルの従業員から，Xらしき者がチェックインしたとの通報を受けたため，午後5時45分ころ，京都地裁判官から，Xが宿泊している同ホテルの1014号室に対する捜索差押許可状の発付を受け，午後6時ころ，五条警察署及び京都府警察本部の警察官ら8名が，同許可状を執行するため，同ホテルに到着した。警察官らは，同ホテルの従業員からXの在室を確認した上で，当初，警察官がホテルの従業員を装い「シーツ交換に来ました」などと声をかけることでXにドアを開けさせようとしたが，Xが「そのようなものは頼んでない」などと言ってドアを開けようとしなかったため，警察官らは，ホテルの支配人に対し，同室の捜索差押許可状が発付されていることを説明して，同支配人からマスターキーを借り

受け，午後6時5分ころ，これを用いて同室のドアを開けて入室した。警察官が，ベッドに横たわっていたXに対し，「警察や，Xやろ，ガサや」と声をかけたところ，Xは「いったい何や，わしはBや」などと答えて興奮してベッドから動こうとしたことから，警察官らが複数でXの身体を押さえるなどして制止した。なおもXはその場から移動しようとしたが，警察官は，同6時6分ころ，ベッド上でXに対して同室の捜索差押許可状を呈示し，室内の捜索を開始した。捜索の結果，同室内から，注射器数本，覚せい剤1袋等が発見され，これらが差し押さえられた。その後Xは覚せい剤所持の罪等で起訴された。

第1審公判で，X側は，警察官らが事前に捜索差押令状を示すことなく，マスターキーでいきなり開錠して居室に侵入した等，本件捜索差押手続には重大な違法があるから，本件覚せい剤や鑑定書は違法収集証拠として証拠能力がない等主張したが，京都地裁はこれを斥け，Xに有罪を言い渡した。X側が控訴したが，大阪高裁は，「開錠措置は，……捜索差押の実効性を確保するために，令状提示前に必要であったと認められ，その手段方法もなお社会的相当な範囲内にあるといえるから，令状呈示に先立ち必要かつ許容される適法な準備行為といえる」と述べて控訴を棄却した。X側は，Xに任意に開錠させるよう試みることなく有無をいわせずマスターキーを用いて入室することはプライバシーの著しい侵害であり，また事前に捜索差押許可状を示さないのは違法で許されない，捜索差押えに必要な処分が許されるのはあくまで例外的であり本件はそれが認められる場合にあたらない，等と主張して上告した。

【判示】 上告棄却。最高裁はなお書きで次のように述べた。

「原判決及びその是認する第1審判決の認定並びに記録によれば，警察官らは，被疑者に対する覚せい剤取締法違反被疑事件につき，被疑者が宿泊しているホテル客室に対する捜索差押許可状を被疑者在室時に執行することとしたが，捜索差押許可状執行の動きを察知されれば，覚せい剤事犯の前科もある被疑者において，直ちに覚せい剤を洗面所に流すなど短時間のうちに差押対象物件を破棄隠匿するおそれがあったため，ホテルの支配人からマスターキーを借り受けた上，来意を告げることなく，施錠された上記客室のドアをマスターキーで開けて室内に入り，その後直ちに被疑者に捜索差押許可状を呈示して捜索及び差押えを実施したことが認められる。

以上のような事実関係の下においては，捜索差押許可状の呈示に先立って警察官らがホテル客室のドアをマスターキーで開けて入室した措置は，捜索差押えの実効性を確保するために必要であり，社会通念上相当な態様で行われていると認められるから，刑訴法222条1項，111条1項に基づく処分として許容される。また，同法222条1項，110条による捜索差押許可状の呈示は，手続の公正を担保するとと

もに，処分を受ける者の人権に配慮する趣旨に出たものであるから，令状の執行に着手する前の呈示を原則とすべきであるが，前記事情の下においては，警察官らが令状の執行に着手して入室した上その直後に呈示を行うことは，法意にもとるものではなく，捜索差押えの実効性を確保するためにやむを得ないところであって，適法というべきである。」

Q Elementary

25 令状に基づいて捜索差押えの処分を実施する場合に，処分を受ける者に対して令状を示さなければならないとされる理由は何か。本決定のいう，「手続の公正を担保する」，「処分を受ける者の人権に配慮する」とは，どのようなことを意味するか。

26 令状に基づき捜索差押えを実施する際，どのような者を立ち会わせなければならないか。また，そのような者を捜索差押えに立ち会わせる理由は何か。

Q Basic

27 本決定は，捜索差押許可状の呈示の時期について，「令状の執行に着手する前の呈示を原則とすべき」だとしているが，それはなぜだと考えられるか。

28 本件で警察官らが捜索差押許可状の執行に着手したのはどの時点か。これについて本決定はどのように考えているか。原審はどうか。参考裁判例 6 - 13 は，令状の呈示前に警察官らが室内に立ち入ったことを，どのような性質の行為と捉えているか。

29 本件で遅くともドアを開けて入室した時点で令状執行の着手があったとした場合，警察官らが入室よりも後に令状を呈示したことに問題はないか。本決定はどのような理由でこれを適法としたか。

30 仮に本件で，Ｘが一時外出しておりホテル客室にいない場合，警察官らが，Ｘ不在のまま，同室内に立ち入り，捜索差押えを行うことは許されるか。Ｘ不在のまま捜索差押えを行うことが許されるとした場合，捜索差押えの現場には誰を立ち会わせるべきか。Ｘを立ち会わせないことに問題はないか。捜索場所がＸのマンション居室であった場合はどうか。

31 本件での警察官らによるホテル客室への立入りの方法に問題はないか。本決定は，この点についてどのように考えているか。仮に本件で，捜索場所がＸのマンション居室であったとして，警察官らが直ちに同居室の玄関扉の鍵を壊して開扉し，玄関内に立ち入ったのち，在室していたＸに捜索差押許可状を呈示し，室内の捜索を行ったとすればどうか（東京高判平成 8 年 3 月 6 日高刑集 49 巻 1 号 43 頁，大阪高判平成 7 年 11 月 1 日判時 1554 号 54 頁，大阪高判平成 5 年 10 月 7 日判時 1497 号 134 頁参照）。

32 本件で警察官がホテルの従業員を装って「シーツ交換に来ました」と声を

かけた際，仮に，Xがそれに応じて客室ドアを開け，警察官らがこの開扉に乗じて同室内に立ち入ったのち，Xに捜索差押許可状を呈示し，同室内の捜索を行っていたとする。このような行為は許されるか（参考裁判例6－13参照）。

(5) 捜索の範囲

6－4 最一決平成6年9月8日刑集48巻6号263頁

【事案の概要】　京都府中立売警察署の警察官らは，Aに対する覚せい剤取締法違反被疑事件について，A及びその内縁の夫X（被告人）が居住する大阪市天王寺区内のマンションの居室を捜索場所とする捜索差押許可状の発付を受け，平成3年1月23日午後3時40分ころ，同室付近に赴いた。警察官らは，証拠隠滅工作を防ぐため，在室者が玄関扉を開けたときに入室して捜索を実行すべく同室付近において張込みを続けていたところ，同日午後6時40分ころ，在室していたXが外出しようとして同室の玄関扉を若干開け，顔を出して室外の様子をうかがうような態度を示したので，すかさず走り寄って同玄関扉から次々に室内に入り込み，同室玄関付近において「警察や。ガサや」とXに告げ，続いて同室内の各部屋に立ち入ってAを捜したが，Aが不在であったことから，Xを立会人として捜索を実行することにし，同室内ダイニングキッチンにおいてXに対し前記捜索差押許可状を呈示して捜索を開始した。その際，Xが右手にボストンバッグを持っていたので，警察官らは再三にわたり同バッグを任意提出するように求めたが，Xがこれを拒否して同バッグを抱え込んだため，やむを得ず，抵抗するXの身体を制圧して強制的に同バッグを取り上げてその中を捜索したところ，同日午後6時50分ころ，同バッグの中から25袋，合計約330.85グラムの覚せい剤が発見された。そのため，警察官らは，午後6時58分，Xを覚せい剤営利目的所持の容疑で現行犯逮捕し，次いで逮捕に伴う捜索を実施してこれら覚せい剤，ボストンバッグ等を差し押さえた。その後Xは覚せい剤取締法違反の罪で起訴された。

　X側は，第1審公判において，本件捜索差押えの手続には令状主義の精神を没却するような重大な違法があり，同手続により得られた本件の証拠物等は証拠能力を有しないから排除されるべきである等と主張して争ったが，第1審の京都地裁は，本件捜索差押手続の適法性を認め，上記証拠物等の証拠能力を肯定した上で，Xに対して有罪を言い渡した。控訴審の大阪高裁もこれを支持してX側の控訴を棄却したため，X側は上告を申し立てた。上告趣意中には，Xのマンション居室に対する捜索差押許可状によりXの携帯物を捜索することは許されないとの主張が含まれていた。

【判示】　上告棄却。最高裁はなお書きで次のように述べた。

　「京都府中立売警察署の警察官は，被告人の内妻であったAに対する覚せい剤取

締法違反被疑事件につき，A及び被告人が居住するマンションの居室を捜索場所とする捜索差押許可状の発付を受け，平成3年1月23日，右許可状に基づき右居室の捜索を実施したが，その際，同室に居た被告人が携帯するボストンバッグの中を捜索したというのであって，右のような事実関係の下においては，前記捜索差押許可状に基づき被告人が携帯する右ボストンバッグについても捜索できるものと解するのが相当である……。」

Q Elementary

33 本件の捜索差押許可状に基づき，本件マンション居室内に置かれている机や戸棚の中を捜索することは許されるか。居室内に設置されている施錠された金庫をこじ開けて，その中を捜索することはどうか。

34 仮に本件で，ボストンバッグがマンション居室の床に置かれていたとする。この場合，本件捜索差押許可状に基づき，同バッグの中を捜索することは許されるか。

Q Basic

35 本決定は，「被告人が居住するマンションの居室を捜索場所とする捜索差押許可状……に基づき被告人が携帯する……ボストンバッグについても捜索できる」としているが，その根拠はどのようなものであると考えられるか。これに対し，本件のX側の上告趣意における主張のように論じることはできるか。また，本件の場合と**34**の場合とで，違いはあるか。

36 仮に本件で，ボストンバッグはXの友人Bのものであり，XがBから一時的に預かり本件マンション居室で保管していたものであるとする。この場合，同バッグの中を捜索することは許されるか（なお，Bはこのとき本件マンション居室にはいないものとする）。**33**の金庫がBのものであり，XがBから依頼を受けて本件マンション居室に設置して保管しているものである（金庫の鍵はBが所持している）とした場合，この金庫をこじ開けて中を捜索することは許されるか。

37 ボストンバッグはBから預かって保管しているものである旨Xが警察官らに対して言い張っているにすぎない場合と，**36**の前段の場合とで，違いはあるか。

38 仮に本件で，警察官らがマンション居室内に立ち入ったところ，たまたまXを訪ねてきていたXの友人Cが同室内にいたとする。Cが持参してきたバッグが居室内の床に置かれている場合，このバッグの中を捜索することは許されるか。Cがそのバッグを手に持っている場合はどうか。

39 **38**で，Cの着衣のポケットの中を捜索することは許されるか。本件のXの着衣のポケットはどうか。Xがウエストポーチを身に着けている場合，その中を捜索することは許されるか。

40 仮に本件で，捜索差押許可状の差し押さえるべき物の記載に覚せい剤が含

まれていたとして，警察官らが，捜索のためマンション居室内に立ち入ったところ，次の(1)～(5)の行為を現認した場合，それぞれ，ポケットないしバッグの中を捜索することは許されるか。

(1) Xが，同室内にあった白い粉末入りのビニール袋を自分のズボンのポケットに隠した。

(2) たまたまXを訪ねてきていたCが，(1)のビニール袋を自分のズボンのポケットに隠した。

(3) Cが，自分のバッグに(1)のビニール袋を隠した。

(4) Xが，Cの気づかない間に，Cのバッグに(1)のビニール袋を隠した。

(5) Xが，ナイフ様のものを自分のズボンのポケットに隠した。

41 仮に本件で，警察官らがマンション居室内に立ち入り捜索を開始したところ，Xが，始終，両手をズボンのポケットに入れ，落ち着きのない様子でしきりに警察官らの動きを目で追う等の挙動を続けていることから，Xが差押目的物をそのポケット内に隠匿しているのではないかと疑われる場合，警察官らが，Xのズボンのポケットの中を捜索することは許されるか（参考裁判例6-14参照）。

42 41で，警察官らが，職務質問に伴う所持品検査として，Xのズボンのポケットを外から叩くことは許されるか。

Q Advanced

43 40で，警察官らがマンション居室内に立ち入ったところ，Xが，同室内にあった白い粉末入りのビニール袋を取り，ベランダから投げ捨てたため，これが1階住戸に附属する専用庭部分に落下した。警察官らが，この専用庭部分に立ち入り，上記ビニール袋を差し押さえることは許されるか。

44 40で，Xが，居室内にあった白い粉末入りのビニール袋をズボンのポケットに押し込んだ上，玄関から外へ逃げ出した。警察官らが，Xを追って玄関外に出て，マンション廊下でXを引き留めることは許されるか。さらにその場合に，Xのズボンのポケットの中を捜索することは許されるか。

45 44のXが，玄関外に出た後，警察官らがマンション廊下で引き留めようとするのを振り払い，たまたま玄関扉の施錠されていなかった3軒隣の居室に逃げ込んだ場合，警察官らが直ちにその居室に立ち入ることは許されるか。その居室の住人がXの舎弟Yであり，Yが，マンション廊下での物音を聞きつけ，Xと警察官らがもみあう様子を認めたため，玄関扉を開けてXを同居室内に呼び入れた場合はどうか。

46 参考裁判例6-15の事案において，X側は，上告趣意の中で，捜索差押許可状の効力は，それが呈示された時点において捜索すべき場所に存在する物品にのみ及び，呈示後に搬入された物品にまでは及ばない旨の主張をしている。これはど

のような理由によるものと考えられるか。この主張に対し、参考裁判例6-15はどのような判断を示したか。また、その判断は、どのような理由によるものと考えられるか。

参考裁判例6-15の原審が、「本件荷物の中に本件令状で差し押えるべき物とされている覚せい剤等が入っている蓋然性が十分に認められる状況にあった」と述べている点は、当該荷物に対する捜索の適否を判断する上でどのような意味を持つか。

47 捜索すべき場所をX宅とする捜索差押許可状に基づき、警察官らが同所の捜索を開始した後、たまたま来訪したXの友人Dが玄関内に立ち入り、持参したボストンバッグを玄関の上がり框に置いた。警察官らがこのバッグの中を捜索することは許されるか。

48 9月1日付けで発付された捜索差押許可状に基づき、警察官らが、9月2日午後、X宅の捜索を実施したところ、未開封のX宛て宅配便小包が発見された。同小包には配達指定日時を9月2日午前とする旨記載された伝票が添付されており、捜索に立ち会っているXもそれが同日午前に配達され受領したものである旨述べている。警察官らが同小包を開封してその中を捜索することは許されるか。

49 捜索差押許可状に基づくX宅の捜索を終了した後、X宛てと思われる荷物が宅配業者によってX宅に搬入されたとの情報を得たため、警察官らが、再度X宅に赴き、同許可状に基づいてX宅に立ち入った上、搬入された上記荷物を開封してその中を捜索することは許されるか。

(6) 差押えの範囲

6-5 最一判昭和51年11月18日判時837号104頁

【事案の概要】 恐喝被疑事件について、昭和47年2月8日、奈良県天理警察署の司法警察員が捜索差押許可状の発付を奈良簡裁裁判官に請求したが、その請求書には、被疑事実の要旨として、「暴力団A連合A組の若者頭補佐であるB及び同組と親交のあるCが共謀のうえ、右Bにおいて、昭和47年2月2日午前8時ころ奈良県天理市……の県会議員D方に赴き、同人に対し『俺とお前の友達のEとは昔からの友人や。Eは今金がなくて生きるか死ぬかの境目や。Eを助けるために現金2000万円をすぐ準備せよ。俺は生命をかけて来た。』と申し向けて所携の拳銃を同人の胸元に突きつけ、さらに『金ができるのかどうか2つに1つの返事や。金ができんのならEも死ぬやろう。俺も死ぬ。お前も死んでもらう。』と申し向け、右要求に応じなければ射殺する勢を示して脅迫し、よって同日同所で同人から現金1000万円の交付を受けてこれを喝取した」と記載されていた。これを受けて裁判官は、同8日、捜索すべき場所として「大阪市南区〇〇町〇番地A連合A組事務所及び附属建物一切」、差し押さえるべき物として「本件に関係ある、一、暴力団

を標章する状，バッチ，メモ等，二，拳銃，ハトロン紙包みの現金，三，銃砲刀剣類等」と記載した捜索差押許可状を発付した。この許可状に基づき，天理警察署及び奈良県警察本部の司法警察職員が，同月10日，上記A組事務所において，A組組長Fの立会いのもとに捜索を行い，A連合名入りの腕章，ハッピ及び組員名簿等とともに，メモ196枚（A組組員であるX〔被告人〕らが，2ヵ月弱の間，連日のように賭博場を開張し，いわゆる手本引博奕をした際，開張日ごとに，寺師や胴師の名前，張客のうちいわゆる側乗りした者の名前，寺銭その他の計算関係等を記録したもの）を差し押さえた。

Xは，賭博開張図利及び賭博の罪で起訴された。そして，上記メモ196枚中には，本件公訴事実の賭博場開張及び賭博を記録した8枚が含まれており，第1審の大阪地裁は，警察において作成された上記メモの写し並びにXの司法警察員及び検察官に対する供述調書その他の証拠を挙示して，Xに有罪を言い渡した。これに対してX側が控訴したところ，控訴審の大阪高裁は，「右メモが賭博の状況ないし寺銭等の計算関係を記録した賭博特有のメモであることは一見して明らかであるところ，右メモは，前記捜索差押許可状請求書記載の被疑事実から窺われるような恐喝被疑事件に関係があるものとはとうてい認められず，また『暴力団を標章する状，バッチ，メモ等』に該当するとも考えられないから，右メモの差押は，令状に差押の目的物として記載されていない物に対してなされた違法な措置であるといわざるをえず，その違法の程度も憲法35条および刑事訴訟法219条1項所定の令状主義に違反するものであるから決して軽微であるとはいえず，……かかる証拠を罪証に供することは刑事訴訟における適正手続を保障した憲法31条の趣旨に照らし許されないものと解すべきである」と述べ，また，Xの供述調書のうち上記メモ写しについての説明を内容とする供述部分も証拠として用いることは許されないとし，その余の証拠によっては本件公訴事実を認定することはできないと述べて，第1審の有罪判決を破棄し，無罪判決を言い渡した（大阪高判昭和49年3月29日高刑集27巻1号84頁）。これに対し，検察官が上告した。

【判示】 最高裁は，以下のように述べて，本件メモの差押えに違法はないとし，刑訴法411条1号により原審の無罪判決を破棄した上，さらに自判して控訴棄却の判決を言い渡した。

「右捜索差押許可状には，前記恐喝被疑事件に関係のある『暴力団を標章する状，バッチ，メモ等』が，差し押えるべき物のひとつとして記載されている。この記載物件は，右恐喝被疑事件が暴力団であるA連合A組に所属し又はこれと親交のある被疑者ら〔B，C〕によりその事実を背景として行われたというものであることを考慮するときは，A組の性格，被疑者らと同組との関係，事件の組織的背景などを解明するために必要な証拠として掲げられたものであることが，十分に認められ

る。そして，本件メモ写しの原物であるメモには，A組の組員らによる常習的な賭博場開張の模様が克明に記録されており，これにより被疑者であるBと同組との関係を知りうるばかりでなく，A組の組織内容と暴力団的性格を知ることができ，右被疑事件の証拠となるものであると認められる。してみれば，右メモは前記許可状記載の差押の目的物にあたると解するのが，相当である。

憲法35条1項及びこれを受けた刑訴法218条1項，219条1項は，差押は差し押えるべき物を明示した令状によらなければすることができない旨を定めているが，その趣旨からすると，令状に明示されていない物の差押が禁止されるばかりでなく，捜査機関が専ら別罪の証拠に利用する目的で差押許可状に明示された物を差し押えることも禁止されるものというべきである。そこで，さらに，この点から本件メモの差押の適法性を検討すると，それは，別罪である賭博被疑事件の直接の証拠となるものではあるが，前記のとおり，同時に恐喝被疑事件の証拠となりうるものであり，A連合名入りの腕章・ハッピ，組員名簿等とともに差し押えられているから，同被疑事件に関係のある『暴力団を標章する状，バッチ，メモ等』の一部として差し押えられたものと推認することができ，記録を調査しても，捜査機関が専ら別罪である賭博被疑事件の証拠に利用する目的でこれを差し押えたとみるべき証跡は，存在しない」。

Q Basic

50 原判決が本件メモの差押えを違法としたのは，どのような理由によるか。本件において差し押さえられた物は，それぞれ，本件捜索差押許可状に差し押さえるべき物として記載された項目のうち，いずれにあたるか。また，これら差し押さえられた物と，本件捜索差押許可状の請求に際して被疑事実とされた恐喝事件との間には，どのような関連性が認められるか。これらの点に関し，本判決は，本件メモについてどのように述べているか。

51 賭博被疑事件につき，差し押さえるべき物を「本件に関係ありと思料される帳簿，メモ，書類」と記載して発付された捜索差押許可状に基づき，警察官らが麻雀屋を捜索し，麻雀牌と計算棒を差し押さえることは許されるか。「……帳簿，メモ，書類等」との記載であったとすればどうか。(最一判昭和42年6月8日判時487号38頁参照)

Q Advanced

52 仮に本件で，捜索差押許可状の請求が行われる以前から，警察において，A組組員とその関係者がしばしば賭博を開張しているらしいとの情報を入手していた場合，本件捜索差押許可状に基づいて，賭博関連事項を内容とする本件メモを差し押さえることは許されるか。同メモをFに任意提出させ，これを領置することはどうか。(参考裁判例6-16参照)

6 令状による捜索・差押え／Q53, 6-⑥

53 傷害被疑事件につき発付された捜索差押許可状に基づき，警察官らが会社員Xの自宅を捜索中に，たまたま，下記のものを発見した。同許可状に基づいて，これらを差し押さえることは許されるか。仮に許されないとした場合，これらを警察署に持ち帰るための手段は他にあるか。

(1) 覚せい剤粉末入りのビニール袋
(2) 麻雀賭博の計算関係等を記載したと思われるメモ
(3) A美術館から盗まれたとの被害届が出ている著名な絵画

(7) コンピュータ・記録媒体等の差押え

6-⑥ 最二決平成10年5月1日刑集52巻4号275頁

【事案の概要】 Xの使用する普通貨物自動車が「自動車から排出される窒素酸化物の特定地域内における総量の削減等に関する特別措置法」(NOx規制法)に抵触し，その車種規制により規制対象となるため，同法の特定地域外のナンバーとするべく，Xが，同車の使用の本拠地につき虚偽の記載をした申請書を提出して，自動車登録ファイルにその旨不実の記録をさせ，これを人の事務処理の用に供したという電磁的公正証書原本不実記録及び同供用の被疑事実について，捜索場所を宗教団体Aの関連施設等，差し押さえるべき物を「組織的犯行であることを明らかにするための磁気記録テープ，光磁気ディスク，フロッピーディスク，パソコン一式」等と記載した捜索差押許可状の発付を受け，埼玉県越谷警察署の司法警察職員が，同許可状に基づき，上記施設の捜索を行い，パソコン1台，フロッピーディスク計108枚等を差し押さえた（なお，警察では，宗教団体Aが，コンピュータを起動させる際にそこに記録されている情報を瞬時に消去するコンピュータソフトを開発しているとの情報を得ていたため，本件捜索差押えの現場で上記フロッピーディスク等の内容を確認することなく差押えが行われた）。

これに対し，捜索差押許可の裁判及び司法警察職員の差押処分の取消しを求めて，準抗告が申し立てられたが，準抗告審の浦和地裁は，パソコン等の磁気記録媒体そのものを差し押さえることは許されないとの申立人の主張に対し，「磁気記録媒体に記録された情報自体には可視性，可読性がないから，本件被疑事実と無関係な情報について，磁気記録媒体自体の外見から除外することは不可能であり，しかも[記録媒体の読み取り操作等につき]被処分者の任意の協力が必ずしも期待できないことも考えれば，捜査目的を達するため，本件被疑事実についての情報等が記録，保存されている蓋然性が高いと認められる磁気記録媒体それ自体を差し押さえることに違法な点は存しない」とし，また，本件で差し押さえられたパソコン，フロッピーディスク等については，「本件が組織的に敢行された可能性が強いところ，いずれも本件の組織的背景及び組織的関与を裏付ける情報等が記載又は記録されている

蓋然性が高く，本件被疑事実自体の証明のほか，本件犯行に至る経緯，動機，とりわけ右組織的背景及び組織的関与の有無の解明に資するものと認められる」ので「本件被疑事実との関連性は優に認められ［る］」と述べて，準抗告を棄却した。これに対し，パソコン等磁気記録媒体を差押目的物とすることは一般探索的捜索差押えを容認するものであって憲法35条の趣旨に違反する，本件において被処分者らの任意の協力の申出にもかかわらず捜査員らが内容を確認せずにパソコン等を無差別的に差し押さえたのは令状主義に反する，等として特別抗告が申し立てられた。

【判示】 抗告棄却。最高裁は職権で次のように述べた。

「差し押さえられたパソコン，フロッピーディスク等は，本件の組織的背景及び組織的関与を裏付ける情報が記録されている蓋然性が高いと認められた上，申立人らが記録された情報を瞬時に消去するコンピュータソフトを開発しているとの情報もあったことから，捜索差押えの現場で内容を確認することなく差し押さえられたものである。

令状により差し押さえようとするパソコン，フロッピーディスク等の中に被疑事実に関する情報が記録されている蓋然性が認められる場合において，そのような情報が実際に記録されているかをその場で確認していたのでは記録された情報を損壊される危険があるときは，内容を確認することなしに右パソコン，フロッピーディスク等を差し押さえることが許されるものと解される。」

Q Elementary

54 ある被疑事件に関する情報がY宅のパソコンに記録されていると思われる場合に，捜査機関が，捜索すべき物をY宅のパソコン，差し押さえるべき物を当該被疑事件に関連する情報とする捜索差押許可状を裁判官に請求し，その発付を受けて捜索差押えを行うことは許されるか。

55 仮に54のような捜索差押えが許されないとした場合，捜査機関は，当該パソコンに記録された被疑事件に関する情報を入手するため，どのような手段をとりうるか。

Q Basic

56 捜索差押許可状に基づき，パソコンやフロッピーディスク等電磁的記録媒体を差し押さえようとする場合，その記録内容を確認するために，捜査機関はどのような方法を用いることが考えられるか。そのような内容確認のための行為は，刑訴法上いかなる種類の処分と位置づけられるか。

57 記録内容を確認する以外の方法で，捜査機関が，差し押さえようとする個々の記録媒体と被疑事実との関連性の存在を認めることができる場合はあるか。本件は，そのような方法で関連性の存在を認めることができた事案か。

58 本件で，司法警察職員が，パソコン1台及びフロッピーディスク108枚等

につき，現場でそれらの内容を確認せずに差押えを行ったことについて，申立人は，令状主義に反する旨主張しているが，これはどのような理由によるものと考えられるか。差押対象物の内容を確認することは，令状主義とどのように関係するか。本決定は，どのような理由により，本件差押えを許されるものとしたか。

59 本決定のいう，「フロッピーディスク等の中に被疑事実に関する情報が記録されている蓋然性が認められる場合」とは，どのようなことを意味するか。個々のフロッピーディスク等について，それぞれ，被疑事実と関連性を有するとまでは直ちには認められないとしても，その可能性はある場合，という趣旨か。

60 本決定のいう「……蓋然性が認められる場合」と，参考裁判例6-17のいう「その場に存在するフロッピーディスクの一部に被疑事実に関連する記載が含まれていると疑うに足りる合理的な理由があ［る場合］」とは，同じことを意味するものか。参考裁判例6-17の判示は，複数あるディスクのうち特定のどれに被疑事実に関連する記載が含まれているとまでは確認できなくても，そのうちのどれかにそのような記載が含まれていると認められるならば，そのすべてを差し押さえることが許されるという趣旨のものと考えることはできるか。本決定も，そのような趣旨のものと考えることはできるか。

61 本決定のいう，「その場で確認していたのでは記録された情報を損壊される危険」があったということは，本件フロッピーディスク等の差押えを適法とする上で，どのような意味をもつと考えられるか。仮にそのことが差押えを適法とする決定的な理由であったとして，なぜ，そのような危険があれば，内容の確認なしに差押えを行うことが許されるといえるのか。

62 フロッピーディスク等の電磁的記録媒体を内容の確認なしで差し押さえることは，「その場で確認していたのでは記録された情報を損壊される危険があるとき」以外にも許されるか。

63 本件の事情の下で，仮に，発見されたフロッピーディスクが1枚のみであった場合，内容の確認なしにこれを差し押さえることは許されるか。**59**，**60**についてどのように考えるかによって，結論に違いは生じるか。

64 被害者が特殊な形状のナイフで刺し殺されたという殺人事件の捜査の過程で，被疑者の自宅の捜索が行われ，傷痕と一致する形状のナイフ2本が発見されたが，そのうちいずれが同事件の犯行の用に供されたものかが直ちには判明しない場合，これらのナイフをともに差し押さえることは許されるか。被害者が何らかの刃物で刺し殺されたという事件で，被疑者の自宅から一般的な果物ナイフが発見された場合はどうか。

65 M社役員Nによる贈賄被疑事件につき，M社の事務所の捜索が行われ，帳簿500冊が発見された場合に，その場で内容を確認せずに，それらすべてを差し押

さえることは許されるか。

66 本件のような場合に，パソコンやフロッピーディスク等につきその内容を確認せずに占有を強制取得する行為を，「差押え」ではなく，「捜索」の一過程，あるいは捜索差押えに「必要な処分」と位置づけることはできるか。そのように位置づけることに，いかなる意味があるか。また，問題はないか。

上記のように位置づけた場合，占有を取得した捜査官は，その後いかなる措置をとるべきか。また，捜査官による占有取得に不服のある者が不服を申し立てる手段はあるか。

Q Advanced

67 参考裁判例6-[18]が，「顧客管理データの差押処分を取り消」したのは，どのような理由によるか。「被疑事実との関連性」の有無は，何について判断すべきか（**Q54**参照）。顧客管理データの記録されたフロッピーディスクについて，被疑事実との関連性は認められないか。

68 参考裁判例6-[18]の事案において，捜索場所に置かれていたサーバーコンピュータ内に当該ホームページのデータが記録されていることが確認されたとして，サーバーコンピュータを差し押さえることは許されるか。同コンピュータの差押えを行った場合，何らかの不都合は生じないか。仮に不都合が生じるとして，そのことにより，同コンピュータを差し押さえることが許されなくなるものか。

69 **68**で，捜査官は，サーバーコンピュータ内の当該ホームページのデータを取得するため，同コンピュータを差し押さえる以外に，どのような手段をとることができるか。

70 参考裁判例6-[18]の事案において，当該ホームページに関連するデータがA社の保管する複数の記録媒体に分散して記録されている可能性があり，またそれらの媒体の所在を捜査機関がすべて特定することまでは困難な場合に，捜査機関は，そのようなデータを取得するために，どのような令状に基づき，どのような処分を行うことができるか。

71 ある被疑事件について，捜査官が，捜索すべき場所を被疑者Xの勤務先であるY大学工学部事務室，差し押さえるべき物を同事務室でXが業務上使用しているコンピュータ（以下，Xのコンピュータという）とする捜索差押許可状に基づき，同所の捜索を行ったところ，Xのコンピュータで日常処理されるデータは，同コンピュータと学内LANで接続された別室のファイルサーバーに保存されていることが判明した。この場合，捜査官は，上記許可状に基づき，上記ファイルサーバーに保存されているデータのうち被疑事件に関連するデータを取得することができるか。

72 **71**の事件で，捜査官が事前に，次の(1)〜(4)の事情があると思料する場合に，

それぞれ、データの保存先のサーバーないしコンピュータから、被疑事実に関連するデータをXのコンピュータにダウンロードした上、同コンピュータを差し押さえることはできるか。仮にできるとして、そのためには、捜索差押許可状にどのような記載が必要か。Xのコンピュータからデータの保存先のサーバー等にアクセスするのに必要なIDが、事前に判明している場合とそうでない場合とで、結論は異なるか。

(1) Xのコンピュータで日常処理されるデータが、同コンピュータと学内LANで接続された特定のファイルサーバーに保存されている。

(2) Xのコンピュータで日常処理されるデータが、インターネットを介して、Z社の運営するリモートストレージサーバーに保存されている。

(3) Xのコンピュータで日常処理されるデータが、予め特定できないものの、学内LAN上のいずれかのコンピュータに保存されている。

(4) Xのコンピュータで日常処理されるデータが、予め特定できないものの、インターネット上の何らかのリモートストレージサーバーに保存されている。

73 捜査官は、被疑者から差し押さえたパソコンに対する検証許可状により、インターネットを介して、被疑事実に関連するメール等が保存されているサーバにアクセスし、メール等を閲覧したり、前記パソコンにこれをダウンロードして保存したりすることができるか（参考裁判例6-19参照）。

(8) 捜索差押えの際の写真撮影

6-7 最二決平成2年6月27日刑集44巻4号385頁

【事案の概要】 Xを被疑者とする建造物侵入未遂被疑事件につき、東京都北区のA（申立人）方居室及び階段等共用部分を捜索し、同事件の犯行を計画したメモ類並びにXの生活状況を示す預貯金通帳、領収証、請求書、金銭出納帳及び日記帳を差し押さえることを許可する旨の捜索差押許可状の発付を受け、警視庁滝野川警察署の司法警察員K他4名が、同許可状に基づき、平成元年11月8日、A方居室において捜索を行い、X名義の預金通帳2通及び同人依頼にかかる振込金受取書2通を差し押さえるとともに、捜索差押えの際に写真撮影を行った。この写真撮影の対象となった物件には、同室内にあった印鑑、ポケット・ティッシュペーパー、電動ひげ剃り機及び洋服ダンス内の背広が含まれていた。

Aは、(i)Aの住居には押収すべき物の存在を認めるに足りる状況がなかったから、本件捜索差押許可の裁判は違法であり、その取消しを求める、(ii)司法警察員が、本件捜索差押許可状に記載がなく本件被疑事実と関連性のない物を写真撮影したこと及び差押えの必要のない物を押収したこと等のゆえに、本件捜索差押えは違法であるから、本件差押処分の取消しを求める、(iii)本件写真撮影は違法であるから、そ

れにより得られたネガ及び写真の廃棄又はAへの返還を求めるとして，準抗告を申し立てた。

準抗告審の東京地裁は，捜索許可の裁判は刑訴法429条の準抗告の対象とされていない，差押許可の裁判の適否は差押処分の適否を判断するのに必要な限度で審査すれば足りる，本件差押物件は既に所有者のXに還付されているから本件差押処分の取消しを求める準抗告は申立ての利益を欠く，として，捜索差押許可の裁判及び差押処分の取消しを求める申立てを棄却し，また写真撮影については，「捜索差押の際に捜査機関が，証拠物の証拠価値を保存するために証拠物をその発見された場所，発見された状態において写真撮影することや，捜索差押手続の適法性を担保するためその執行状況を写真撮影することは捜索差押に付随するものとして許されるものと解すべきところ，本件写真撮影の対象となった物件のうち，後記のものを除いては，その写真撮影はいずれも本件捜索差押に付随する写真撮影として許容されるものであって違法ではない」が，「本件写真撮影にかかる印鑑，ポケット・ティッシュペーパー，電動ひげ剃り機，洋服ダンス内の背広は，本件捜索差押許可状記載の『差し押えるべき物』のいずれにも該当せず，かつ，これらの物件……［は］，床面に並べられ，あるいは接写で撮影されており捜索差押手続の適法性の担保にも資するものではないことから，これらの写真撮影は，右の捜索差押に付随する写真撮影として許容される範囲を逸脱し，違法である」としたものの，「違法な写真撮影により得られたネガ及び写真の廃棄又は申立人への返還を求め［る］準抗告の申立は……刑事訴訟法430条，426条の文理等に照らして同法の認めていない不適法なもの……である」として，この申立てを棄却した。これに対してAは特別抗告を申し立てた。

【判示】 抗告棄却。最高裁は職権で次のように述べた。

「原決定の認定によれば，本件においては，裁判官の発付した捜索差押許可状に基づき，司法警察員が申立人方居室において捜索差押をするに際して，右許可状記載の『差し押えるべき物』に該当しない印鑑，ポケット・ティッシュペーパー，電動ひげそり機，洋服ダンス内の背広について写真を撮影したというのであるが，右の写真撮影は，それ自体としては検証としての性質を有すると解されるから，刑訴法430条2項の準抗告の対象となる『押収に関する処分』には当たらないというべきである。したがって，その撮影によって得られたネガ及び写真の廃棄又は申立人への引渡を求める準抗告を申し立てることは不適法であると解するのが相当である」。

本決定には，次のような藤島昭裁判官の補足意見が付されている。

「検証とは，視覚，聴覚等五感の働きによって物，場所，人等の存在，形状，作用等を認識する作用であり，検証に際して行われる写真撮影は，検証の結果をフィ

ルムに収録する行為といえよう。このような行為を捜査機関が行う場合には原則として令状を必要とする（刑訴法218条1項）。したがって，人の住居に立ち入って捜索差押許可状を執行するに際し，あわせてその現場において写真撮影を行うためには，原則として検証許可状が必要となる。

　しかし，……捜索差押手続の適法性を担保するためその執行状況を写真に撮影し，あるいは，差押物件の証拠価値を保存するため発見された場所，状態においてその物を写真に撮影すること……［は］検証と解されるべきものであるが，捜索差押に付随するため，捜索差押許可状により許容されている行為である……。

　……これに対して，本件のように，捜索差押許可状に明記されている物件以外の物を撮影した場合には，捜索差押手続に付随した検証行為とはいえないので，本来は検証許可状を必要とするものであり，その令状なしに写真撮影したことは違法な検証行為といわざるを得ないが，検証について刑訴法430条の準抗告の規定の適用がないことは条文上明らかであって，この点に関する準抗告は現行刑訴法上認められていないものと解するほかない。

　……もっとも，物の外形のみの写真撮影に止まらず，例えば，捜索差押が行われている現場で捜索差押許可状に明記された物件以外の日記帳の内容を逐一撮影し，収賄先献金先等を記載したメモを撮影するなど，捜査の帰すうに重大な影響を及ぼす可能性のある，あるいは重大事件の捜査の端緒となるような文書の内容等について，検証許可状なくして写真撮影が行われたような場合を考えると，検証には刑訴法430条の準抗告の規定の適用がないということでこのような行為を容認してしまうことは，適正な刑事手続を確保するという観点から問題があるように思われる。

　すなわち，このような場合，実質的にみれば，捜査機関が日記帳又はメモを差し押さえてその内容を自由に検討できる状態に置いているのと同じであるから，写真撮影という手段によって実質的に日記帳又はメモが差し押さえられたものと観念し，これを『押収に関する処分』として刑訴法430条の準抗告の対象とし，同法426条2項によりネガ及び写真の廃棄又は引渡を命ずることができるとする考え方もあり得よう。

　……しかしながら，本件の写真撮影は，印鑑等4点の物の外形のみを撮影したものであって，右のような実質上の押収があったか否かを議論するまでもない事案であるから，刑訴法430条の準抗告の対象とならないとした原決定の結論は相当である。」

Q Basic

74　本件で，司法警察員が，印鑑，ポケットティッシュ，電動ひげ剃り機及び洋服ダンス内の背広を写真撮影した行為は適法か。

　仮に本件で，差し押さえたＸ名義の預金通帳を，発見された場所・状態で写真

撮影することは許されるか。司法警察員がAに対して捜索差押許可状を呈示する様子や，A方居室内の捜索を行っている様子を写真撮影することはどうか。A方居室の全体をくまなく撮影することはどうか。

75 本決定が，Aの準抗告申立てを不適法とした根拠は何か。刑訴法430条2項が，準抗告の対象となる処分に検証を含めていないのはなぜか。

76 Aの準抗告申立てが不適法であるとして，Aが本件写真撮影の適否を争う手段は他にあるか。

Q Advanced

77 本件の司法警察員による写真撮影が違法であるとした場合，本件の捜索差押えの手続全体も違法となるか。もしそうだとした場合，Aはこれをどのような手段で争うことができるか。

78 仮に本件の捜索において，麻雀賭博が行われた際の参加者氏名や計算関係等を記載したメモが発見され，司法警察員がその場でこのメモをカメラで接写した場合，Aは，この写真撮影行為について準抗告を申し立て，ネガ及び写真の廃棄又は引渡しを求めることができるか。この点に関し，藤島裁判官補足意見はどのように述べているか。

79 *78*のメモを写真撮影する行為は，メモ自体を押収するものとはいえないものの，メモに記載された情報を取得するという意味において，（情報の）「押収」にあたるから，準抗告の対象になる，と考えることはできるか。その場合，*54*との関係をどう考えるべきか。

80 甲社による法人税法違反被疑事件につき，差し押さえるべき物を，甲社の現在まで3年分の会計帳簿とする捜索差押許可状が発付されている場合，捜査機関が，同許可状に基づき，そのような会計帳簿の内容の写真撮影のみを行うことは許されるか。同様の会計帳簿を対象とする検証許可状を請求し，その発付を受け，これに基づき，そのような会計帳簿の内容の写真撮影をすることはできるか。

◻ 参考裁判例6-⑧　最大決昭和44年11月26日刑集23巻11号1490頁
（博多駅事件）

アメリカ合衆国の原子力空母が佐世保に寄港することに反対する学生ら約300名が，佐世保市で反対運動を行うために，昭和43年1月16日に東京その他の地域から鉄道で博多駅に到着，下車したが，同駅集札口付近で警備にあたっていた多数の福岡県警機動隊及び鉄道公安隊と衝突した。その後，この衝突の際に機動隊員や鉄道公安職員らが学生らを階段上から突き飛ばし，足払いで転倒させて突き落とし，あるいは手拳や警棒で頭部，背部等を殴打したのは，特別公務員暴行陵虐罪にあたり，また，学生らのポケットに手を入れ，バッグを開くなどの所持品検査をしたのは，公務員職権濫用罪にあたる

として，社会党等から告発がなされたが，福岡地検検察官は，犯罪の嫌疑なしとして不起訴処分にした。そこで告発人らが，福岡県警幹部並びに本件で出動した警察部隊員約800名及び鉄道公安部隊員約70名を被疑者として付審判請求を行った。

　付審判請求を受けた福岡地裁は，検察官の送付した記録の検討，被疑者特定のため県警等への照会，特定された被疑者や証人の取調べを行う一方，本件事件を取材していた報道機関4社に対して，昭和44年8月28日，「いわゆる博多駅頭事件の状況を撮影したフィルム全部」の提出を命じた。これに対し報道4社は，同提出命令は憲法21条の保障する報道の自由，及び取材の自由を侵害すると主張し，その取消しを求めて抗告したが，福岡高裁はこれを棄却した。そこで特別抗告が申し立てられたが，最高裁は以下のように述べてこれを棄却した。

　「報道機関の報道は，民主主義社会において，国民が国政に関与するにつき，重要な判断の資料を提供し，国民の『知る権利』に奉仕するものである。したがって，思想の表明の自由とならんで，事実の報道の自由は，表現の自由を規定した憲法21条の保障のもとにあることはいうまでもない。また，このような報道機関の報道が正しい内容をもつためには，報道の自由とともに，報道のための取材の自由も，憲法21条の精神に照らし，十分尊重に値いするものといわなければならない。

　ところで，本件において，提出命令の対象とされたのは，すでに放映されたフィルムを含む放映のために準備された取材フィルムである。それは報道機関の取材活動の結果すでに得られたものであるから，その提出を命ずることは，右フィルムの取材活動そのものとは直接関係がない。もっとも，報道機関がその取材活動によって得たフィルムは，報道機関が報道の目的に役立たせるためのものであって，このような目的をもって取材されたフィルムが，他の目的，すなわち，本件におけるように刑事裁判の証拠のために使用されるような場合には，報道機関の将来における取材活動の自由を妨げることになるおそれがないわけではない。

　しかし，取材の自由といっても，もとより何らの制約を受けないものではなく，たとえば公正な裁判の実現というような憲法上の要請があるときは，ある程度の制約を受けることのあることも否定することができない。

　本件では，まさに，公正な刑事裁判の実現のために，取材の自由に対する制約が許されるかどうかが問題となるのであるが，公正な刑事裁判を実現することは，国家の基本的要請であり，刑事裁判においては，実体的真実の発見が強く要請されることもいうまでもない。このような公正な刑事裁判の実現を保障するために，報道機関の取材活動によって得られたものが，証拠として必要と認められるような場合には，取材の自由がある程度の制約を蒙ることとなってもやむを得ないところというべきである。しかしながら，このような場合においても，一面において，審判の対象とされている犯罪の性質，態様，軽重および取材したものの証拠としての価値，ひいては，公正な刑事裁判を実現するにあたっての必要性の有無を考慮するとともに，他面において取材したものを証拠

として提出させられることによって報道機関の取材の自由が妨げられる程度およびこれが報道の自由に及ぼす影響の度合その他諸般の事情を比較衡量して決せられるべきであり，これを刑事裁判の証拠として使用することがやむを得ないと認められる場合においても，それによって受ける報道機関の不利益が必要な限度をこえないように配慮されなければならない。

　以上の見地に立って本件についてみるに，本件の付審判請求事件の審理の対象は，多数の機動隊等と学生との間の衝突に際して行なわれたとされる機動隊員等の公務員職権乱用罪，特別公務員暴行陵虐罪の成否にある。その審理は，現在において，被疑者および被害者の特定すら困難な状態であって，事件発生後2年ちかくを経過した現在，第三者の新たな証言はもはや期待することができず，したがって，当時，右の現場を中立的な立場から撮影した報道機関の本件フィルムが証拠上きわめて重要な価値を有し，被疑者らの罪責の有無を判定するうえに，ほとんど必須のものと認められる状況にある。他方，本件フィルムは，すでに放映されたものを含む放映のために準備されたものであり，それが証拠として使用されることによって報道機関が蒙る不利益は，報道の自由そのものではなく，将来の取材の自由が妨げられるおそれがあるというにとどまるものと解されるのであって，付審判請求事件とはいえ，本件の刑事裁判が公正に行なわれることを期するためには，この程度の不利益は，報道機関の立場を十分尊重すべきものとの見地に立っても，なお忍受されなければならない程度のものというべきである。また，本件提出命令を発した福岡地方裁判所は，本件フィルムにつき，一たん押収した後においても，時機に応じた仮還付などの措置により，報道機関のフィルム使用に支障をきたさないよう配慮すべき旨を表明している。以上の諸点その他各般の事情をあわせ考慮するときは，本件フィルムを付審判請求事件の証拠として使用するために本件提出命令を発したことは，まことにやむを得ないものがあると認められるのである。

　前叙のように考えると，本件フィルムの提出命令は，憲法21条に違反するものでないことはもちろん，その趣旨に牴触するものでもな[い]。」

◯ 参考裁判例6-9　最二決平成元年1月30日刑集43巻1号19頁
（日本テレビ事件）

　リクルートコスモス社の社長室長Xが，いわゆるリクルート疑惑に関する国政調査権の行使等に手心を加えて欲しい等の趣旨で，衆議院議員Aに対し，3回にわたり多額の現金供与の申込みをしたとされる贈賄被疑事件の捜査において，衆議院議員宿舎でXがAに接触し供与の申込みをしたとされる際の状況を日本テレビ記者がAの依頼により撮影していたビデオテープ4巻を，検察官の請求により東京簡裁裁判官の発した差押許可状に基づき，昭和63年11月1日，日本テレビ社内において，検察事務官が差し押さえた。日本テレビは，本件差押処分は憲法21条の保障する報道の自由を侵害するとして，その取消しを求めて準抗告を申し立てたが，東京地裁はこれを棄却した。そこ

で特別抗告が申し立てられたが，最高裁は，参考裁判例 **6**-⑧（博多駅事件決定）で示された，報道の自由，取材の自由とその制約に関する一般論を踏まえた上で，以下のように述べてこれを棄却した。

「［博多駅事件］決定は，付審判請求事件を審理する裁判所の提出命令に関する事案であるのに対し，本件は，検察官の請求によって発付された裁判官の差押許可状に基づき検察事務官が行った差押処分に関する事案であるが，国家の基本的要請である公正な刑事裁判を実現するためには，適正迅速な捜査が不可欠の前提であり，報道の自由ないし取材の自由に対する制約の許否に関しては両者の間に本質的な差異がないことは多言を要しないところである。同決定の趣旨に徴し，取材の自由が適正迅速な捜査のためにある程度の制約を受けることのあることも，またやむを得ないものというべきである。そして，この場合においても，差押の可否を決するに当たっては，捜査の対象である犯罪の性質，内容，軽重等及び差し押えるべき取材結果の証拠としての価値，ひいては適正迅速な捜査を遂げるための必要性と，取材結果を証拠として押収されることによって報道機関の報道の自由が妨げられる程度及び将来の取材の自由が受ける影響その他諸般の事情を比較衡量すべきであることはいうまでもない（同決定参照）。

右の見地から本件について検討すると，本件差押処分は，被疑者Xがいわゆるリクルート疑惑に関する国政調査権の行使等に手心を加えてもらいたいなどの趣旨で衆議院議員Aに対し3回にわたり多額の現金供与の申込をしたとされる贈賄被疑事件の捜査として行われたものである。同事件は，国民が関心を寄せていた重大な事犯であるが，その被疑事実の存否，内容等の解明は，事案の性質上当事者両名の供述に負う部分が大であるところ，本件差押前の段階においては，Xは現金提供の趣旨等を争って被疑事実を否認しており，またAも事実関係の記憶が必ずしも明確ではないため，他に収集した証拠を合わせて検討してもなお事実認定上疑点が残り，その解明のため更に的確な証拠の収集を期待することが困難な状況にあった。しかもXは，本件ビデオテープ中の未放映部分に自己の弁明を裏付ける内容が存在する旨強く主張していた。そうしてみると，XとAの面談状況をありのままに収録した本件ビデオテープは，証拠上極めて重要な価値を有し，事件の全容を解明し犯罪の成否を判断する上で，ほとんど不可欠のものであったと認められる。他方，本件ビデオテープがすべて原本のいわゆるマザーテープであるとしても，申立人は，差押当時においては放映のための編集を了し，差押当日までにこれを放映しているのであって，本件差押処分により申立人の受ける不利益は，本件ビデオテープの放映が不可能となり報道の機会が奪われるという不利益ではなく，将来の取材の自由が妨げられるおそれがあるという不利益にとどまる。右のほか，本件ビデオテープは，その取材経緯が証拠の保全を意図したAからの情報提供と依頼に基づく特殊なものであること，当のAが本件贈賄被疑事件を告発するに当たり重要な証拠資料として本件ビデオテープの存在を挙げていること，差押に先立ち検察官が報道機関としての立場に配慮した事前折衝を申立人との間で行っていること，その他諸般の事

情を総合して考えれば，報道機関の報道の自由，取材の自由が十分これを尊重すべきものであるとしても，前記不利益は，適正迅速な捜査を遂げるためになお忍受されなければならないものというべきであり，本件差押処分は，やむを得ないものと認められる。」

◯ 参考裁判例6-10　最二決平成2年7月9日刑集44巻5号421頁（TBS事件）
　東京放送（TBS）が平成2年3月20日に放映したテレビ番組「ギミア・ぶれいく」内の「潜入ヤクザ24時——巨大組織の舞台裏」と称する部分の中の債権取立てシーンで，暴力団組長Xらによる被害者に対する脅迫場面等が映し出されたことを端緒として，警察は，暴力行為等処罰ニ関スル法律違反及び傷害被疑事件の捜査を開始し，同被疑事件につき東京簡裁裁判官の発した差押許可状に基づき，平成2年5月16日，TBS本社内において，司法警察員がビデオテープ29巻（上記放映部分のもとになった，編集前のいわゆるマザーテープ4巻を含む）を差し押さえた。TBSは，本件差押処分は憲法21条に違反する等主張して，その取消しを求めて準抗告を申し立てたが，東京地裁は，上記4巻を除く25巻については既に還付されているから申立ての利益を欠くとし，上記4巻についてもその差押えは違憲・違法ではないとして，準抗告を棄却した。そこで特別抗告が申し立てられたが，最高裁はこれを棄却し，その際，本件の上記4巻のテープに関して，参考裁判例6-9（日本テレビ事件決定）において示された，公正な刑事裁判の実現，適正迅速な捜査の遂行の必要性と，報道・取材の自由との関係に関する一般論を踏まえた上で以下のように述べた（また，その余の25巻に関しても，原決定を支持した）。
　「本件差押は，暴力団組長である被疑者が，組員らと共謀の上債権回収を図るため暴力団事務所において被害者に対し加療約1箇月間を要する傷害を負わせ，かつ，被害者方前において団体の威力を示し共同して被害者を脅迫し，暴力団事務所において団体の威力を示して脅迫したという，軽視することのできない悪質な傷害，暴力行為等処罰に関する法律違反被疑事件の捜査として行われたものである。しかも，本件差押は，被疑者，共犯者の供述が不十分で，関係者の供述も一致せず，傷害事件の重要な部分を確定し難かったため，真相を明らかにする必要上，右の犯行状況等を収録したと推認される本件ビデオテープ……を差し押さえたものであり，右ビデオテープは，事案の全容を解明して犯罪の成否を判断する上で重要な証拠価値を持つものであったと認められる。他方，本件ビデオテープは，すべていわゆるマザーテープであるが，申立人において，差押当時既に放映のための編集を終了し，編集に係るものの放映を済ませていたのであって，本件差押により申立人の受ける不利益は，本件ビデオテープの放映が不可能となって報道の機会が奪われるというものではなかった。また，本件の撮影は，暴力団組長を始め組員の協力を得て行われたものであって，右取材協力者は，本件ビデオテープが放映されることを了承していたのであるから，報道機関たる申立人が右取材協力者のためその身元を秘匿するなど擁護しなければならない利益は，ほとんど存在しない。さらに

本件は，撮影開始後複数の組員により暴行が繰り返し行われていることを現認しながら，その撮影を続けたものであって，犯罪者の協力により犯行現場を撮影収録したものといえるが，そのような取材を報道のための取材の自由の一態様として保護しなければならない必要性は疑わしいといわざるを得ない。そうすると，本件差押により，申立人を始め報道機関において，将来本件と同様の方法により取材をすることが仮に困難になるとしても，その不利益はさして考慮に値しない。このような事情を総合すると，本件差押は，適正迅速な捜査の遂行のためやむを得ないものであり，申立人の受ける不利益は，受忍すべきものというべきである。」

○参考裁判例6－11　佐賀地決昭和41年11月19日下刑集8巻11号1489頁

佐賀地裁裁判官は，司法警察員の請求により，Xに対する地方公務員法違反被疑事件について，捜索すべき場所を「佐賀市○○町○○　佐賀県教育会館内佐教組佐賀市支部事務局が使用している場所及び差押え物件が隠匿保管されていると思料される場所」と記載した捜索差押許可状を発付し，これに基づき，司法警察員が，同会館内の同支部事務局内において捜索，差押えを行った。Xは，上記捜索すべき場所の記載は不特定であるから，本件許可状発付の裁判は取り消されるべきであると主張して，準抗告を申し立てた。準抗告審の佐賀地裁は，本件許可状は既に執行されているから，その発付の裁判を取り消す実益はないとして，準抗告を棄却したが，その際次のように述べた。

「捜索または差押の令状に捜索または差押すべき場所を明示すべきこと［が］，憲法第35条によって要求される……ゆえんは，人の場所に対する管理（住居）権を保障することにある。すなわち，令状上，捜索または差押すべき場所を明確に特定しておくことにより，捜査機関の捜索，差押の権限の行使を場所的に制限し，いやしくも強制力による捜査が濫用にわたることなきを期しているのである。そして，その令状の執行の公正を担保するため，［刑訴法222条，110条，114条］は，令状を被処分者に示し，かつ，住居主等を立会わせるべきことを要求しているから，右被処分者ないし住居主等は，令状に記載された捜索差押の場所を知ることにより，捜査機関がその許可された場所以外において不法な執行をすることがないよう監視することができるのである。したがって，令状の場所の表示は，令状請求者または発付者において明らかであるというのみならず，通常人が見ても，それが具体的にどの場所を指しているのか，容易に理解できる程度に特定されていなければならない……。しかして，その特定は，ただ場所的範囲を明確にするというだけでなく，その範囲は，犯罪捜査に必要最少限度に限定すべきであることは当然であり，また，憲法第35条第2項の趣旨からは，少なくとも管理（住居）権者を単位として特定しなければならない……。

……［本件令状の記載のうち］『佐教組佐賀市支部事務局が使用している場所』なる表示は，客観的に確定され，かつ，管理権を異にする場所と区別された場所を指しているから，その特定において欠けるところはない。ところが，……『差押え物件が隠匿保管

されていると思料される場所』[については,]……右事務局の附属的場所ないし事務局が他の管理権者と共用的に使用している場所と解しうる余地が全くないわけではない[ものの,]……記載自体から見ると, [それ]が佐賀県教育会館内の場所であることは明らかであるとしても, 同会館内のどの場所を指しているのか全く明らかでない。しかも, ……同会館内には……管理権を異にする団体の事務所があるが, これらの場所も, 捜査機関の判断により, 『差押え物件が隠匿保管されていると思料される場所』として捜索および差押すべき場所となりうるのである。……かくては, 憲法の禁止する一般的探険的捜索差押を許す結果とならざるをえない。……したがって, 右のような場所の記載はその特定を欠く違憲, 違法なものといわなければならない。[ただし, 本件令状は全部が無効ではなく, 上記記載部分のみが無効である。]」

参考裁判例 6-12　東京地決平成 2 年 4 月 10 日判夕 725 号 243 頁

東京簡易裁判所裁判官は, 平成 2 年 1 月 11 日, 司法警察員の請求により, 氏名不詳の被疑者に対する銃砲刀剣類所持等取締法違反の被疑事件について, 捜索差押許可状 2 通を発付した。それら許可状においては, (1)東京都豊島区○○町○丁目○番○号甲社第 1 ビル並びに同社内に在所する者の身体及び所持品, (2)同区○○町○丁目△番△号甲社第 2 ビル並びに同社内に在所する者の身体及び所持品が, それぞれ捜索の対象とされていた。本件被疑事件は, いわゆる中核派所属の者多数による組織的, 計画的かつ密行的な犯行であると認められ, 前記各捜索差押許可状発付の時点において, 被疑者はいまだ具体的に特定されるに至っていなかった。司法警察職員は, 前記各捜索差押許可状により, 平成 2 年 1 月 11 日, 甲社第 1 ビル及び第 2 ビルにおいて捜索差押えを実施した。すなわち, 前記各許可状を各ビルの総括立会人にそれぞれ呈示し, 甲社第 1 ビルを 7 区域に, 同第 2 ビルを 9 区域に分割した上, 各区域の立会人にそれぞれ前記各許可状の写しを呈示した後, 各区域並びにその場に居合わせた多数の男女の身体及び所持品に対する捜索を行い, その結果, 前記各区域内及びその場に居合わせた男性 2 名の身体から, 証拠物が多数発見されたので, これを差し押さえた。

これに対し, 本件各捜索差押許可状発付の裁判の取消し, 本件捜索差押処分全体の取消し及び未還付の各押収品の返還を求めて準抗告が申し立てられたが, 東京地裁は, 前記各許可状発付の裁判の取消しについてはこれを求める利益は存しないとし, また, 刑訴法 430 条 2 項により請求できるのは, 現実に差し押さえられた各押収品のうちの未還付分についての差押処分の取消変更の裁判に限られ, 押収品の返還を命ずる裁判を求めたり, 差押えに先行しあるいは差押えに至らなかった捜索の処分の取消変更の裁判を求めることはできないと述べた上, 本件各押収品の差押処分についても, これを取消変更すべき違法はないとして, 準抗告を棄却した。その際, 捜索の対象として「甲社第 1 ないし第 2 ビル並びに同社内に在所する者の身体及び所持品」と記載された本件各令状は, 捜索差押えの対象の特定を欠いた違法な令状であり, これに基づいて行われた本件差押

処分も違法である旨の申立人らの主張については、次のように判示してこれを斥けた。

「前記のとおり、本件被疑事件は、いわゆる中核派所属の多数の者による組織的、計画的かつ密行的犯行であるところ、一件記録によれば、本件捜索の場所である甲社第1ビル及び同第2ビルは、いずれも全体として中核派の活動拠点となっているものであり、しかも、右各ビル内への出入りに際しては、監視役の厳重なチェックが必要であって、中核派に所属しない者が容易に入ることのできない状況にあったことが認められ、右事実よりすれば、右各ビル内の全域並びにそのビル内に居合わせた者全員の身体及び所持品に本件被疑事件に関係する証拠品が隠匿所持されている蓋然性が高い状況にあったと認められる。このような本件の特殊な状況に鑑みると、捜索の対象を前記のごとく定めた本件各令状は、その場所及び対象の特定において欠けるところはないというべきである。」

◯ **参考裁判例6－13**　大阪高判平成6年4月20日高刑集47巻1号1頁

大阪府四条畷警察署の警察官Kら7名は、X（被告人）に対する覚せい剤取締法違反被疑事件につき発付されたX方の捜索差押許可状を所持して、平成4年8月6日午前8時30分ころX方に赴き、その玄関扉が施錠されていたことから、Xによる妨害を避けてX方に円滑に入れるよう、チャイムを鳴らし、屋内に向かって「宅急便です」と声をかけた。これに対しXは、下着姿のまま玄関へ応対に出、扉の覗き穴から外を見ると、私服の警察官1人が押収物を入れるための封筒等を入れた段ボール箱を持っていたことから、宅急便の配達人が来たものと信じ、玄関扉の錠をはずして開けたところ、Kら警察官は、直ちに「警察や。切符出とんじゃ」等と言いながら屋内に入った。Kは、玄関を入った所にある台所を通り抜け、その次の部屋である4畳半間（X方住居のほぼ中央にあたり、全体を見渡せる位置関係にある）まで入り込んでから、同所で、午前8時35分ころ、Xに捜索差押許可状を示し、警察官らは、これを待ってX方の捜索に取り掛かり、6畳間でビニール袋入り覚せい剤結晶1袋、注射筒1本及び注射針2本を発見した。そこで警察官らは、午前9時2分ころ、Xを覚せい剤所持の現行犯人として逮捕し、逮捕に伴う処分として、上記覚せい剤等を差し押さえ、さらにその後、奥の4畳半間で注射器1本を発見して差し押さえた。その後Xは覚せい剤取締法違反等の罪で起訴され、第1審で有罪判決を言い渡されたが、X側は、本件捜索にあたり、捜査官が宅急便の配達を装いXを欺罔して玄関を開扉させた上、玄関先で令状を示さず室内に立ち入り、令状を提示する前に捜索を開始しているから、本件捜索は令状主義に違反し、これにより得られた覚せい剤等は違法収集証拠であり、それに基づき作成された鑑定書等とともに証拠能力を否定されるべきである旨主張して控訴した。控訴審の大阪高裁は、本件捜索手続の適否に関し以下のように述べて、控訴を棄却した。

「刑事訴訟法は、捜査官が、捜索差押許可状に基づき捜索差押をする際は、その処分を受ける者に対し当該令状を示さなければならないと規定しており（222条1項、110

条)，その趣旨は，捜索差押手続きの公正を保持し，執行を受ける者の利益を尊重することにあるから，捜索差押の開始前に，その執行を受ける者の要求の有無にかかわらず，捜査官が令状を示すのが原則であることはいうまでもない。他方，法は，捜索を受ける者に対しても，それなりの受忍的協力的態度に出ることを予定し，かつ，捜査官が，処分を受ける者に直接面と向かい令状を提示できる状況があることを前提にしているものと解される。しかし，現実には，相手方が，受忍的協力的態度をとるどころか，捜査官が捜索差押に来たことを知るや，玄関扉に施錠するなどして，令状を提示する暇も与えず，捜査官が内部に入るまでに，証拠を隠滅して捜索を実効のないものにしてしまうという行為に出ることがないではない。ことに薬物犯罪における捜索差押の対象物件である薬物は，撒き散らして捨てたり，洗面所等で流すなどして，ごく短時間で容易に隠滅することができるものであり，この種犯罪は，証拠隠滅の危険性が極めて大きい点に特色があり，かつ，捜索を受ける者が素直に捜索に応じない場合が少なくないという実情にある。ところで，法は，捜索を受ける者が受忍的協力的態度をとらず，令状を提示できる状況にない場合においては，捜査官に対し令状提示を義務付けている法意に照らし，社会通念上相当な手段方法により，令状を提示することができる状況を作出することを認めていると解され，かつ，執行を円滑，適正に行うために，執行に接着した時点において，執行に必要不可欠な事前の行為をすることを許容しており（111条），例えば，住居の扉に施錠するなどして令状執行者の立入りを拒む場合には，立ち入るために必要な限度で，錠をはずしたり破壊したり，あるいは扉そのものを破壊して，令状の提示ができる場に立ち入ることも許していると解される。……ごく短時間で証拠隠滅ができる薬物犯罪において，捜索に拒否的態度をとるおそれのある相手方であって，その住居の玄関扉等に施錠している場合は，……正直に来意を告げれば，素直に開扉して捜索に受忍的協力的態度をとってくれるであろうと期待することが初めからできない場合であるし，開扉をめぐっての押し問答等をしている間に，容易に証拠を隠滅される危険性がある……。このような場合，捜査官は，令状の執行処分を受ける者らに証拠隠滅工作に出る余地を与えず，かつ，できるだけ妨害を受けずに円滑に捜索予定の住居内に入って捜索に着手でき，かつ捜索処分を受ける者の権利を損なうことがなるべく少ないような社会的に相当な手段方法をとることが要請され，法は，前同条の『必要な処分』としてこれを許容しているものと解される。

　本件は，覚せい剤取締法違反の被疑事実により覚せい剤等の捜索差押を行ったものであるところ，その捜索場所は，当該事件の被疑者である被告人の住居であるうえ，被告人は，覚せい剤事犯の前科2犯を有していることに照らすと，被告人については，警察官が同法違反の疑いで捜索差押に来たことを知れば，直ちに証拠隠滅等の行為に出ることが十分予測される場合であると認められるから，警察官らが，宅急便の配達を装って，玄関扉を開けさせて住居内に立ち入ったという行為は，有形力を行使したものでも，玄関扉の錠ないし扉そのものの破壊のように，住居の所有者や居住者に財産的損害を与え

るものでもなく、平和裡に行われた至極穏当なものであって、手段方法において、社会通念上相当性を欠くものとまではいえない。

次に、捜査官は、捜索現場の室内に立ち入る場合、それに先立ち令状を適式に提示する必要があるが、令状の提示にはある程度時間を要するところ、門前や玄関先で捜査官が令状を提示している間でさえも、その隙をみて、奥の室内等捜査官の目の届かぬところで、その処分を受ける者の関係者等が、証拠隠滅行為に出て捜索の目的を達することを困難にすることがあり、そのようなおそれがあるときには、捜索差押の実効を確保するため令状提示前ないしはこれと並行して、処分を受ける者の関係者等の存否および動静の把握等、現場保存的行為や措置を講じることが許されるものと解される。

本件の場合、厳密にみれば、警察官らは、令状の提示前に各室内に立ち入っており、Kは、玄関を入ったところにある台所の次の部屋で、住居全体を見渡せる位置にある4畳半間まで入ってから、同所で被告人に捜索差押許可状を示したことが認められるが、Kら警察官は、『警察や。切符出とんじゃ』等と言いながら屋内に入っており、令状による捜索差押のために立ち入ることを告げていること、令状を示した時点では、警察官らは、まだ室内に立ち入ったのみで、具体的な捜索活動は開始していなかったこと、同住居内には、被告人のほか、妻や同居人等複数の者がいて、その動静を把握する必要があったことなどの点をも考えると、これら令状提示前の数分間（被告人は、原審公判廷で1、2分間と供述する）になされた警察官らの室内立ち入りは、捜索活動というよりは、むしろその準備行為ないし現場保存的行為というべきであり、本来の目的である捜索行為そのものは令状提示後に行われていることが明らかであるから、本件においてKら警察官がとった措置は、社会的に許容される範囲内のものと認められる。」

◯ 参考裁判例6-14　東京高判平成6年5月11日高刑集47巻2号237頁

暴力団M組幹部Nを被疑者とする覚せい剤取締法違反（覚せい剤約3グラムの無償譲渡）被疑事件につき、警視庁立川警察署の警察官らは、平成5年2月19日、捜索すべき場所を東京都八王子市のA方居室、差し押さえるべき物を上記被疑事実に関係のある「取引メモ、電話番号控帳、覚せい剤の小分け道具」とする捜索差押許可状の発付を受けた。なお、AとNは親しく付き合っており、A方はNの立回り先のひとつであること、また、Aが下記X（被告人）の名義の乗用車を利用していることが判明していた。

上記許可状に基づく捜索差押えを実施するため、警察官らは同月26日午前8時45分ころA方マンションに赴き、Aが利用しているX名義の乗用車が駐車しているのを確認し、Aが在室するものと判断して管理人と共にA方に至り、管理人の呼掛けに応じて開かれたドアから玄関に入り、応対に出た2人の女性B（Aの妻）及びC（Xの内妻）に来意を告げた。警察官Kは、Cが玄関右奥の部屋を気にしている様子だったため、Aがいるのではないかと思い同部屋に入ったところ、そこにXがいるのを認めた。Kは、Xの氏名を尋ねた上で、Xがズボンのポケットに両手を突っ込んだままであることやX

の表情などに不審を抱き，ポケットに何が入っているのか追及したが，Xが手を出そうとしないので，捜索の目的物等を隠しているものと判断した。警察官らは，B，C，Xをリビングルームに集めて前記許可状を示す等したが，その前後を通じ依然としてポケットに両手を突っ込みリビングルームを出ていこうとする気配を示していたXに対し，Kらは手を出すよう再三強く説得し続けた。しかしXは応ずる気配もなく出て行こうとするので，Kらは両肩を押さえ付けるなどしてXを床の絨毯の上に座らせ説得を続けた。Xはなおもポケットに両手を入れたまま警察官に体当たりする等次第に激しく抵抗したので，KがXの背中を膝で押さえつけるなどして数人がかりで制圧し，Xを絨毯の上にうつ伏せの状態で押さえ込んだ。警察官らが，その状態のXの両腕を順次引っ張ってポケットから引き抜いたところ，左ポケットから茶色の小物入れが飛び出したのでKが中を確認したが何も入っておらず，また，握ったままの右拳をこじ開けて確認したが何も握っていなかった。そのうち，Xの股間付近の絨毯上にピンク色の小物入れが落ちているのが発見され，中から覚せい剤の入ったビニール袋3袋が発見された。Xは覚せい剤所持の現行犯人として逮捕され，その後起訴された。第1審の有罪判決に対してX側が控訴したが，東京高裁は，本件捜索差押許可状による着衣・身体の捜索の適否について以下のように述べた上で，控訴を棄却した。

「場所に対する捜索差押許可状の効力は，当該捜索すべき場所に現在する者が当該差し押さえるべき物をその着衣・身体に隠匿所持していると疑うに足りる相当な理由があり，許可状の目的とする差押を有効に実現するためにはその者の着衣・身体を捜索する必要が認められる具体的な状況の下においては，その者の着衣・身体にも及ぶものと解するのが相当である（もとより「捜索」許可状である以上，着衣・身体の捜索に限られ，身体の検査にまで及ばないことはいうまでもない。）。

これを本件についてみるに，……(1)捜査員がA方玄関内に入った際，応対に出た女性2人のうち，若い方の女性（Xの内妻C）がおろおろした様子で落ち着きがなく，玄関右奥の部屋の方を気にしていたこと，(2)その部屋で発見されたXは，真冬であるのにトレーナー上下という服装であり，Cも短いパンツをはき，その上に軽くセーターを羽織るという服装であったこと，(3)KがXの氏名を尋ねたところ，Xと答えており，Aが使用する乗用車の登録名義人と一致したこと，(4)BやCはXを『x［Xの下の名の一部］ちゃん』と呼んでいたことなどの状況から，捜査員は，Xは一時的な来客ではなく，A方に継続的に同居している者で，Aの輩下［配下］であると判断しており，その判断は客観的事実と一致する。

次に，(5)本件は，暴力団関係者による組織的かつ大規模な覚せい剤密売事犯の一端をなすものと目され，したがって，関係者による罪証隠滅の虞が高いこと，(6)本件差押の目的物は『取引メモ，電話番号控帳，覚せい剤の小分け道具』という比較的小さい物で，衣服のポケットなどに容易に隠匿できるものであること，(7)Aは捜索差押許可状の被疑事実と関係のある暴力団の幹部であることなどの事情からすれば，本件捜索に際し，

Aと前示のような関係にあるXにおいて，A方に存在する差押の目的物を隠匿・廃棄しようとする虞は十分に考えられるところである。しかも，(8)Xは，最初に発見されたときから両手をトレーナーのズボンのポケットに突っ込んだままという異常な挙動を続けていたのであるから，そのポケット内に本件差押の目的物を隠匿している疑いはきわめて濃厚である。したがって，捜査員において，Xに対し，ポケットから手を出し，中に入っている物を見せるよう説得したことは，適切な措置と認められる。(9)これに対し，Xは，『関係ない』などと言って説得に従わず，部屋を出ていく素振りを見せ，捜査員において，部屋に留まるよう両肩を押さえ付けて座らせ，説得を続けたにもかかわらず，なおも激しく抵抗してその場から逃れようとしているのであるから，捜査員の目の届かない所でポケットの中の物を廃棄するなどの行為に出る危険性が顕著に認められる。

以上のような本件の具体的状況の下においては，Xが本件捜索差押許可状の差押の目的物を所持していると疑うに足りる十分な理由があり，かつ，直ちにその物を確保すべき必要性，緊急性が認められるから，右許可状に基づき，強制力を用いてXの着衣・身体を捜索することは適法というべきである。……捜査員らが用いた強制力はかなり手荒なものであるが，それはXの抵抗が激しかったことに対応するものであり，抵抗排除に必要な限度を超えるものとは認められない。Xの両手をポケットから引き抜き，ポケットの中から出てきた小物入れの中身を確認するまでの捜査員の行為に……違法はない。」

参考裁判例6-15　最一決平成19年2月8日刑集61巻1号1頁

Kら6，7名の警察官は，X（被告人）に対する覚せい剤取締法違反被疑事件につき，弘前簡易裁判所裁判官から発付された，覚せい剤，覚せい剤使用器具類，覚せい剤計量器具類，覚せい剤分包紙袋類，覚せい剤取引関係文書・手帳・メモ類，被疑者使用の携帯電話及び付属の充電器を差し押えるべき物とし，X方居室等を捜索すべき場所とする捜索差押許可状に基づき，平成17年9月13日午後1時13分ころ，X方居室の捜索を開始したところ，居室内から，ティッシュペーパーに包まれた注射器4本，チャック付きビニール袋23枚，チャック付きビニール袋が230枚在中しているチャック付きポリ袋1袋，電子計量器1台等が発見された。捜索実施中の同日午後2時2分ころ，X方に，A運輸株式会社から，伝票に依頼主兼受取人としてXの氏名が記載された荷物が配達され，Xは，玄関で，受取伝票に「○○[Xの姓]」と署名してこれを受け取った。本件荷物は，菓子箱様のもので菓子の商品名の入った包装紙で包装されていた。その後，Kらは，以前にも同様に伝票に依頼主兼受取人として被疑者の氏名が記載された荷物の中から覚せい剤を発見するという事件を担当したことがあったことから，本件荷物の中に覚せい剤が入っているのではないかとの疑いを持った。そして，Kらは，本件荷物の開封について，本件令状に基づく執行も検討したが，任意の承諾に基づき開封した

方が適法性が高いであろうという判断で，Xを説得することにした。そこで，Kらは，Xに対し，X方居室の居間において，受け取った本件荷物について，その中身を確認したいから自分で開封してほしいと何度も説得した。これに対し，Xは，当初，心当たりのない荷物であり，開封したくない，A運輸に返却したい，自分では開けられないなどとして開封を拒んでいた。そして，約10分間のやり取りが続いた後，Kらが「ガサで来ているから，荷物の中身を確認する必要があり，その権限がある。権限で開ける」旨発言したところ，Xは，投げやりな感じで，「権限で開けるのであれば，好きなように見ればいい」旨発言した。Kらは，Xの上記発言を受けて，本件荷物を開封したところ，本件荷物の中からチャック付きビニール袋入り覚せい剤5袋が発見されたため，同日午後2時27分，Xを覚せい剤取締法違反（所持）の被疑事実で現行犯逮捕した。上記覚せい剤5袋は，逮捕の現場で差し押さえられ，その旨の捜索差押調書が作成された。

第1審の青森地裁弘前支部が，本件の状況においては「本件荷物の中に覚せい剤又は覚せい剤取締法違反事件に関連する証拠物が在中すると疑うに足りる事情が存在していたといえる」し，また，Xが最終的には開封を承諾するような発言をしたことからすると「本件荷物の開封は，警察官職務執行法所定の職務質問に付随して行われる所持品検査として，適法である」としたのに対し，X側は，職務質問に付随する所持品検査として適法であるためには，対象者の任意の承諾が必要であるところ，本件ではかかる承諾があったとはいえないと主張するとともに，本件令状をXに示した時点において本件荷物はX宅に届けられておらず，また，本件荷物が届いた後も外部からは本件荷物の中に覚せい剤が存在していることをうかがわせるような形跡はなかったのであるから，本件令状に基づき本件荷物を捜索することは許されず，捜査官が本件荷物の開封を強制しようと考えるならば，司法審査の機会を持たせるべく，新たに本件荷物に対する別個の捜索差押許可状の発付を受けることが必要であったと主張して，控訴を申し立てた。

原審の仙台高裁秋田支部は，「本件荷物の開封につき，被告人の任意の承諾があったと解するには疑義があ」るとした上で，「捜索差押許可状に基づく捜索差押えの範囲がその許可状を被疑者に示した時点で捜索場所に存在する物に限定されなければならないとすべき明文上の根拠はない。さらに，実質的にみても，刑訴法219条1項が捜索差押許可状に差し押えるべき物，捜索すべき場所を記載しなければならないとしたのは，人の居住権・管理権を保護するためであると解されるが，執行の途中で被疑者が捜索場所で所持・管理するに至った物について捜索差押えを行ったとしても，新たな居住権・管理権の侵害が生じるわけではないから，そこに令状主義逸脱の問題はないというべきである。したがって，本件令状を被告人に示した時点において本件荷物が被告人宅に届いていなかった点をとらえて，本件令状に基づき本件荷物を捜索することは許されなかったとする所論は理由がない……。また，本件荷物が被告人方に配達されるまでに，被告人宅居室の捜索の結果，ティッシュペーパーに包まれた注射器4本，チャック付きビニール袋23枚，チャック付きビニール袋が230枚在中しているチャック付きポリ袋1袋，

電子計量器1台等が発見されていたこと，本件荷物の伝票に依頼主兼受取人として被告人の氏名が記載されていたこと，警察官らが被告人に対し本件荷物の中身を確認したいから自分で開封してほしいと何度も説得したのに対し，被告人が心当たりのない荷物であり，開封したくない，A運輸に返却したい，自分では開けられないなどとして開封を拒んでいたこと……等の当時の外形的・客観的状況から判断すれば，前示のとおり，警察官らが本件荷物を開封する時点において，本件荷物の中に本件令状で差し押えるべき物とされている覚せい剤等が入っている蓋然性が十分に認められる状況にあったというべきである」と述べて，控訴を棄却した。X側の上告に対し，最高裁は次のように判示してこれを棄却した。

「原判決の認定によれば，警察官が，被告人に対する覚せい剤取締法違反被疑事件につき，捜索場所を被告人方居室等，差し押さえるべき物を覚せい剤等とする捜索差押許可状に基づき，被告人立会いの下に上記居室を捜索中，宅配便の配達員によって被告人あてに配達され，被告人が受領した荷物について，警察官において，これを開封したところ，中から覚せい剤が発見されたため，被告人を覚せい剤所持罪で現行犯逮捕し，逮捕の現場で上記覚せい剤を差し押さえたというのである。所論は，上記許可状の効力は令状呈示後に搬入された物品には及ばない旨主張するが，警察官は，このような荷物についても上記許可状に基づき捜索できるものと解するのが相当であるから，この点に関する原判断は結論において正当である。」

参考裁判例6-16　広島高判昭和56年11月26日判時1047号162頁

昭和51年9月27日午後11時ころ，A社呉支店の作業主任であるX（被告人）が，広島県呉警察署に出頭し，Xが同支店から預かり保管中の従業員の給料約800万円が入った鞄を，同日夕刻帰宅した際に自宅車庫内の自動車運転席床に置き忘れ，午後9時以降に気づいて探したときには盗まれていた，との被害申告を行い，呉警察署員から事情聴取を受けた。呉警察署では，Xが上記給料を横領したのではないかとの疑いを抱き，その後，被害状況とあわせてXの借金，預金等についてXを取り調べた。他方，これ以前に，同年8月ころからA社の下請けB社の作業員Yらが中心となってA社の従業員など約50名を相手方として競艇レースのノミ行為をしていたことが発覚し，Yらが逮捕，起訴されていた。Xもこのノミ行為の相手方となっていたことが，遅くとも9月5日ころまでに警察当局に判明していたが，上記給料紛失事件が発生するまでXの取調べはなされていなかった。その後，10月11日に，呉警察署司法警察員Kは，Xを被疑者とするモーターボート競走法違反の被疑事実について，捜索すべき場所をX宅とし，差し押さえるべき物を「本件を立証するメモ，ノート類，日記帳，通信文，預金通帳，スポーツ新聞」とする捜索差押許可状の発付を広島地裁呉支部裁判官に請求し，その発付を受けた上，翌12日，呉警察署員7名が，同許可状に基づいてX方に赴き捜索を行った。この捜索の際，モーターボート競走法違反の被疑事実の証拠は何も発見されなか

ったが、Xが背広、ズボン姿で幼児を長時間抱えているのに不審を抱いた警察官が、Xに対して持ち物の提示を求めたところ、Xが、預金通帳3冊、印鑑1個及び現金21万円を渋々提出したので、これらを領置した。Xは、モーターボート競走法違反の被疑事実で逮捕、勾留されたが、同事件で起訴はされなかった。他方、Xは業務上横領の罪で起訴され、第1審の広島地裁呉支部は、上記預金通帳等を証拠として有罪を言い渡した。これに対しX側は、警察は「本件についての証拠を収集する目的のみで、別件のモーターボート競走法違反被疑事件について請求、発布［付］された捜索差押許可状によってX方を捜索し、その際、右の許可状はXの所持品検査を許していないのに、強制的にこれを行」っており、かかる違法な捜査により押収された預金通帳等は証拠能力を否定されるべきであり、また、かかる違法捜査に基づく本件公訴は公訴権濫用として棄却されるべきである、と主張して控訴した。広島高裁は、次のように述べてこれらの主張を斥けたが、事実誤認を理由として原判決を破棄し、Xに無罪を言い渡した。

「問題のモーターボート競走法違反被疑事件は、被告人に対する被疑事実の内容、被告人の関与の態様、程度、当時の捜査状況からみて、多数関係者のうち特に被告人方だけを捜索する必要性が果してあったものかどうか、記録を検討してみてもすこぶる疑問であるばかりでなく、……右捜索に際し、被告人が預金通帳3冊を所持しているのを発見したが、これが右被疑事件を立証する物とは認めなかった（したがって……捜索差押調書の捜索差押の経過欄には、「室内を捜索したが、目的物を発見するに至らなかった。」旨記載されている。）のに、これをその場で被告人より提出させて領置していること、被告人は右被疑事件について逮捕、勾留されたが、起訴されなかったことなどを併せ考えると、右被告人方の捜索は警察当局において、本件業務上横領事件の証拠を発見するため、ことさら被告人方を捜索する必要性に乏しい別件の軽微なモーターボート競走法違反事件を利用して、捜索差押令状を得て右捜索をしたもので、違法の疑いが強いといわざるを得［ない］。……［しかし］右捜索に際し、被告人が背広、ズボン姿で幼児を長時間抱えているのに不審を抱いた警察官……が被告人に対し、持ち物の提示を求めたこと、その際同警察官は被告人の着衣、シャツの上から手で被告人の体に触れて所持品の有無を確かめたことはあったが、着衣、シャツの内側に無理に手を差し入れるなど強制にわたる行為はなかったこと、被告人は同警察官から所持品を確認され、渋々右預金通帳等を自ら提出し、領置されたことが認められ［る］……。右の事実に、捜索差押令状に基づく捜索の場に被疑者が居合わせた場合、差押えるべき物を被疑者が所持している疑いがある以上、限度を超えない限り被疑者の所持品検査を行うことができることを考慮すると、本件捜索が前記認定のとおり違法の疑いが強く、右預金通帳等の押収が右捜索の際に行われたものであることを考慮しても、右押収は、叙上認定のような経緯で任意に提出されたものを領置したものであるから、その押収手続に令状主義の精神を没却するような重大な違法があるとまではいえず、その証拠能力を否定すべきものではなく、もとより本件の公訴提起が公訴権を濫用したものとして公訴を棄却すべきものと

はいえない。」

○ **参考裁判例6-17** 大阪高判平成3年11月6日判タ796号264頁

中核派の活動家であるX及びY（被告人）が，それぞれ数名の者と共謀の上，警察関係等の自動車を割り出して，その所有者の氏名，住所，使用者等の情報を入手するために，偽名を用いて自動車の登録事項等証明書の交付を受けようと企て，陸運支局の自動車検査登録事務所等において，登録事項等証明書交付請求書に架空の氏名等を冒書・捺印し，これを係員に提出して行使したとされる有印私文書偽造，同行使罪の事件についての捜査の過程で，捜査機関が，Xによる有印私文書偽造，同行使の事実の1つを被疑事実とする捜索差押許可状の発付を受け，これに基づき，平成元年5月18日，中核派の活動拠点であるA社関西支社を捜索し，フロッピーディスク271枚を，その内容が当該被疑事実に関係するか否かを確認することなく差し押さえた。その後X及びYは上記の罪で起訴された。第1審において被告人側は，本件差押えは，現場で被疑事実との関連性があるフロッピーディスクのみを容易に選別することが可能であったのにこれを行わず，現場にあった全部のフロッピーディスクを差し押さえた一般的探索的なものであって，同支社内のパソコンの稼働を全く不可能にしたものであるから，憲法29条，31条等に違反する旨主張したが，第1審の大阪地裁は，「[本件の]各フロッピーディスクには，右被疑事実に関係する事項が記録されていると疑うに足りる合理的な事由が存した」こと及び「その場で改めてこれらフロッピーディスクの記録内容を確認するには，右支社関係者の協力によらねばならず，さりとて，中核派の活動拠点であるA社の関係者にその協力を求めれば，フロッピーディスクの記録内容を改変される危険があった[ため]，……現場で各フロッピーディスクの記録内容を確認してこれを選別することは，実際上極めて困難であった」ことに照らすと，本件差押えは違法ではないとし，271枚のうち6枚のフロッピーディスクを証拠として，有罪判決を言い渡した。被告人側は控訴し，上記と同様の主張によりフロッピーディスクの証拠能力を争ったが，大阪高裁は以下のように述べてこれを斥け，控訴を棄却した。

「捜査機関による差押は，そのままでは記録内容が可視性・可読性を有しないフロッピーディスクを対象とする場合であっても，被疑事実との関連性の有無を確認しないで一般的探索的に広範囲にこれを行うことは，令状主義の趣旨に照らし，原則的には許されず，捜索差押の現場で被疑事実との関連性がないものを選別することが被押収者側の協力等により容易である[な]らば，これらは差押対象から除外すべきであると解するのが相当である。しかし，その場に存在するフロッピーディスクの一部に被疑事実に関連する記載が含まれていると疑うに足りる合理的な理由があり，かつ，捜索差押の現場で被疑事実との関連性がないものを選別することが容易でなく，選別に長時間を費やす間に，被押収者側から罪証隠滅をされる虞れがあるようなときには，全部のフロッピーディスクを包括的に差し押さえることもやむを得ない措置として許容されると解すべき

である。

　所論も本件のフロッピーディスク271枚の何枚かに被疑事実に関連する事項の記載があると疑うに足りる合理的な事由があったことは争わないところであり、所論の力点は、右多数のフロッピーディスクの中には……被疑事実と無関係なフロッピーディスクが大量に存在することも明白であったこと、及びその見分けが極めて容易であったというところにある。

　関係証拠によると、A社関西支社内には当時……という機種のパソコンが1台あり、右271枚のフロッピーディスクのうち250枚がそのパソコン用のものであ［った。］……そして、捜査機関としては、パソコンが原判示のような犯罪に使用された疑いがある以上、フロッピーディスクの内容とラベルを一致させていなかったり、ファイル名を書き変えているなどの偽装工作の可能性をも考慮に入れるのは無理もないところである。

　……所論指摘の……ツール（ソフト）を利用すれば、ファイルの種類や内容を直ちにディスプレー画面に表示させることはできるが、これらのツールによっても、……その内容が直ちに解読できないもの［ファイル］もあることが認められ、わずか1台のパソコンで前記のような偽装工作の可能性にも配慮しつつ250枚ものフロッピーディスクの内容の検討を行うには多大の時間を要することは明らかというべきであり、数時間程度で被疑事実との関連性があるフロッピーディスクのみを容易に選別することが可能であったなどとは到底認めることができない……。

　以上によると、たとえA社関係者の協力が得られたとしても、捜査機関において納得できるようなフロッピーディスクの選別が現場で可能であったとは認められないが、更に、関係証拠によると、本件捜索差押当日は、警察官らがA社関西支社に赴き、インターホンで捜索に来た旨告げ、直ちにドアを開けるように繰り返し求めたのに、A社関係者……はこれを無視し……約18分後になってようやく内部から開扉に応じ、……警察官らが内部に立ち入ったときは、すでに浴槽などに水溶紙が大量に処分されるなどの大掛りな罪証隠滅工作がなされた形跡があったことが認められるので、捜査機関において、フロッピーディスクに関しても罪証隠滅が行われる可能性を考慮するのは当然であるし……、中核派の拠点の1つであるA社関西支社でフロッピーディスクの検討に長時間を費やすのは相当ではないと判断したのもそれなりに理解できるところである。

　なお、本件フロッピーディスク271枚の差押……により、A社側のパソコン等の使用にかなりの支障が生じた可能性もあるが……、それだけで右差押が違法視されることにはならない……。

　以上のとおり、本件捜索差押当時の具体的状況に照らして考えると、捜査機関が現場に存在したフロッピーディスク271枚全部を差し押さえたのは、まことにやむを得ない措置であり、……この差押を違法ということはできない。」

○ **参考裁判例6−18**　東京地決平成10年2月27日判時1637号152頁

　民間インターネットプロバイダーA社の会員である被疑者（氏名不詳。ただしホームページ及びメールの各アドレスに○○○のアドレスを使用する者であると認められる）が，A社の管理するサーバーコンピュータのディスクアレイ内に，男女の性交場面等を露骨に撮影したわいせつ画像の画像データの含まれたホームページのデータを記憶・蔵置させて，インターネットに接続可能なパソコンを有する不特定多数の者が，一般電話回線を利用して上記ホームページ中のわいせつな画像を再生・閲覧可能な状態を作り出し，もってわいせつな図画を公然陳列したという被疑事実につき，差し押さえるべき物として，サーバーコンピュータ，ディスクアレイ，ルーター等通信機器，本件に関するデータが記録されたフロッピーディスク・マグネットオプチカルディスク等電磁的記録媒体，本件に関するデータをプリントアウトした書面，ログファイル・苦情処理作業内容が記録されたフロッピーディスク等電磁的記録媒体，パーソナルコンピュータ，ハードディスクドライブユニット等記憶ソフト起動機器，プリンター，苦情処理等業務作業に関する簿冊，電子掲示板広告資料，広告に関する書類，金銭出納簿，代金の支払い受領等に関する領収証書等書類，伝票，申込書類，入会申込書，顧客名簿，通信文，電子メール控，私製電話帳，アドレス帳，手帳等メモ帳票類，名刺，ID番号記録紙，預貯金通帳，印鑑，と記載した捜索差押許可状が発付された。これに基づき，司法警察員が，A社東京支店内を捜索し，顧客管理データの記録されたフロッピーディスク1枚などの物件を差し押さえた。これに対して，本件顧客管理データは本件被疑事実と関連性がなく，差押えの必要性もないものであるから，その差押処分は違法であるとして，同処分の取消しを求めて準抗告が申し立てられた。準抗告審の東京地裁は，次のように述べて，上記差押処分を取り消した。

　「［A社］は，本件被疑事実の被疑者ではない上，利用者のプライバシー保護が強く要請される電気通信事業法上の特別第2種電気通信事業者であるから，［A社］に対する捜索差押の適法性を判断するにあたっては，捜索差押の必要性と並んで利用者のプライバシー保護を十分に考慮する必要がある。

　……そこで，本件捜索差押について検討すると，本件捜索差押許可状の差し押さえるべき物は，前記のとおり包括的であるところ，その記載の適否はともかく，具体的差押処分にあたっては，差押の必要性を厳格に解する必要がある。本件顧客管理データは，［A社］とインターネットによる通信サービスの契約を結んだ会員のうち，アダルトのジャンルを選択したホームページ開設希望者428名の氏名，住所，電話番号等からなるデータであり，差し押さえるべき物のうち『顧客名簿』に該当するものとして差し押さえられたものと認められる。このうち，『○○○』のアカウントを使用して本件ホームページを開設した被疑者に関するものについては，本件被疑事実との関連性，差押えの必要性は明らかであるが，その余の会員に関するデータについては，アダルトホームページの開設希望者に限定したところで，本件被疑事実との関連性を認めがたく，差押え

の必要性は認められないというべきである。

……よって，本件準抗告の申立ては理由があるから，本件顧客管理データの差押処分を取り消す」。

○ 参考裁判例 6-19　東京高判平成 28 年 12 月 7 日高刑集 69 巻 2 号 5 頁

神奈川県警察本部の警察官らは，平成 24 年 9 月 18 日，携帯音声通信事業者による契約者等の本人確認等及び携帯音声通信役務の不正な利用の防止に関する法律違反及び偽造有印公文書行使幇助を被疑事実とする捜索差押許可状に基づき，被告人方等を捜索し，ノート型パソコン等を差し押さえた。

上記捜索差押許可状には，「差し押さえるべき電子計算機に電気通信回線で接続している記録媒体であって，その電磁的記録を複写すべきものの範囲」として「メールサーバの記録領域」等が具体的に記載されており，いわゆるリモートアクセスによる複写の処分が許可されていた。しかし，上記捜索差押えの時点では，本件パソコンにログインするパスワードが判明していなかったため，警察官らは，リモートアクセスによる複写の処分を行うことができなかった。

上記パソコンの差押え後に，それを解析したところ，偽造文書を作成，販売するとしている「M」と称するインターネットサイト（「M サイト」）において注文の連絡先とされていたメールアドレス（「M メールアドレス」）のアカウント（「M アカウント」）へのアクセス履歴の存在等が認められた。そこで，警察官らは，上記パソコンからインターネットに接続し，メールサーバにアクセスすることなどを企画し，検討の結果，メールサーバへのアクセスも検証のために必要な処分として許容されると考え，上記犯罪を被疑事実とする上記パソコンの検証許可状の発付を得た。

警察官らは，上記パソコンを解析することにより M アカウントにログインするためのパスワードを把握した上，同年 11 月 18 日，上記検証許可状に基づき，同パソコンの内容を複製したパソコンからインターネットに接続して，M アカウントにログインし，M メールアドレスに係る送受信メールを抽出してダウンロードし，保存した。

以上の事実に基づき，原判決は，検証許可状に基づく本件検証は違法なものであり，その違法性の程度は重大であって，令状主義の精神を没却するとの評価は免れないとして，検証調書及び捜査報告書の証拠能力を否定した。本判決は，以下のとおり，原判決を支持する判断を示した。

「本件検証は，本件パソコンの内容を複製したパソコンからインターネットに接続してメールサーバにアクセスし，メール等を閲覧，保存したものであるが，本件検証許可状に基づいて行うことができない強制処分を行ったものである。しかも，そのサーバが外国にある可能性があったのであるから，捜査機関としては，国際捜査共助等の捜査方法を取るべきであったともいえる。そうすると，本件パソコンに対する検証許可状の発付は得ており，被告人に対する権利侵害の点については司法審査を経ていること，本件

パソコンを差し押さえた本件捜索差押許可状には，本件検証で閲覧，保存したメール等について，リモートアクセスによる複写の処分が許可されていたことなどを考慮しても，本件検証の違法の程度は重大なものといえ，このことなどからすると，本件検証の結果である検証調書及び捜査報告書について，証拠能力を否定した原判決の判断は正当である。」

7 逮捕に伴う無令状の捜索・差押え

(1) 趣　旨

【設例1】

　インターネット接続会社のサーバー・コンピュータにわいせつ画像を含むホームページのデータを記憶・蔵置させ，ホームページにアクセスした不特定多数者に対しわいせつ画像の再生・閲覧を可能にしたとのわいせつ図画公然陳列事件の捜査において，捜査機関は，ホームページの開設者がXであることを突きとめ，同人に対する逮捕状の発付を得た。

Q *Basic*

1　捜査官が逮捕状を携行してX宅に赴いたところ，Xが在室していた。捜査官はXを逮捕するために直ちにX宅に立ち入ることは許されるか。Xがたまたま友人宅を訪問していることを知った捜査官が，逮捕状を携行して同所に赴いたところ，Xが友人宅にいた場合，直ちに友人宅に立ち入ることは許されるか。

2　捜査官がXを，インターネットに接続されたパーソナル・コンピュータが置かれている同人の居室において逮捕した場合，直ちにその場を捜索することは許されるか。

3　捜査官がXを友人宅内で逮捕した場合，直ちにその場を捜索することは許されるか。

4　*2*，*3*の場合，各場所について，証拠物が存在する蓋然性は認められるか。仮に被疑事実が覚せい剤の譲渡であったとしたらどうか。逮捕の現場には，証拠物が存在する蓋然性が高いから，裁判官による令状審査を経ることなく，直ちに捜索差押えを行うことが許されてよいと考えることはできるか。

5　*2*の場合，Xが警察署に連行された後にその場を捜索することは許されるか。Xの居室に証拠物が存在する蓋然性は，逮捕行為の着手前，逮捕行為中，逮捕行為完了後で異なるか。

6　*3*の場合，直ちにX宅の同人の居室を捜索することは許されるか。Xの居室に証拠物が存在する蓋然性は，Xが同室内で逮捕される場合と友人宅で逮捕される場合とで異なるか。

7　*2*の場合と*5*，*6*の場合とで，Xの逮捕に伴いXの居室において無令状で捜索を行うことの許否が異なるとすれば，どのような理由が考えられるか。

8　捜査官がX宅に赴き，在宅していたXをX宅の玄関で逮捕した場合，直ちに次のことをすることは許されるか。

(1) 逮捕したXの身体を捜索すること
(2) Xを逮捕した玄関を捜索すること
(3) Xの居室を捜索すること
(4) X宅全体を捜索すること

9 捜査官がX宅に赴き，外出しようとしたXをX宅の玄関前路上で発見した。Xをその場で逮捕した場合，直ちにX宅内を捜索することは許されるか。

10 9で発見したXを一旦X宅内に同行した上で逮捕した場合，直ちにX宅内を捜索することは許されるか（参考裁判例7-5参照）。

設例2

深夜，無灯火運転の自転車を発見した警察官Kは，運転者を呼び止め職務質問しようとしたが無視され，追跡してさらに停止を求めたところ，運転者からいきなり手拳で殴打された。運転者が近くのアパートの一室に逃げ込むのを確認したKは，同室で腫れた手の甲を冷やしているYを発見し，公務執行妨害の現行犯人として逮捕した。

Q Basic

11 Kは直ちに逮捕したYの身体を捜索することが許されるか。許されるとすれば，何を発見するために捜索するのか。

12 Kは直ちにアパートの居室の捜索をすることが許されるか。許されるとすれば，何を発見するために捜索するのか。

13 Yの身体を捜索したところ，着衣のポケットから，果物ナイフ（刃渡り15センチメートルに満たないもの）が発見された。Kは直ちにこの果物ナイフを差し押さえることができるか。

14 Yの身体を捜索したところ，着衣のポケットから，名義が異なる複数のクレジット・カードが発見された。Kは直ちにこのクレジット・カードを差し押さえることができるか。

(2) 逮捕に伴う捜索・差押えの要件

7-1 最大判昭和36年6月7日刑集15巻6号915頁（23-10と同一事件）

【事案の概要】　麻薬取締官4名は，昭和30年10月11日午後8時30分ころ，大阪市浪速区の路上において，職務質問により，麻薬（塩酸ジアセチルモルヒネ）1袋（約5グラム）を所持していたAを麻薬所持の現行犯人として逮捕した。麻薬の入手先を尋ねたのに対し，Aが，大阪市西成区居住のX（被告人）から入手した旨供述したので，麻薬取締官は，同日午後9時30分ころ，Xを緊急逮捕すべくAを連行の上，X宅に赴いた。しかし，Xは外出中で，Xの娘B（17歳）が留守番をして

おり、AがBから麻薬を受け取った旨供述するので、その点を尋ねると、Bも中味は知らないが父から頼まれて水屋の棚から出して渡した旨供述した。麻薬取締官は、「一応部屋を探させてもらってもよいか」と尋ね、Bが「どうぞ見て頂戴」と答えたため、Bを立会人として、X宅の水屋や奥6畳の間等を捜索し、奥6畳の間の和ダンスの一番下の引出しの新聞の下より、麻薬1袋（約5グラム）を、また、その隣にあったタンスの引出しより銀紙包みの麻薬（約0.4グラム）を、さらに表の間の水屋の上より、Aが所持していた麻薬の包紙に用いられた部分が切り除かれた雑誌1冊を、それぞれ発見し押収した。捜索がほとんど終るころにXが帰宅したため、午後9時50分ころ、Xを緊急逮捕するとともに、直ちに裁判官の逮捕状を求める手続をとり、逮捕状が発せられた。

　第1審の大阪地裁は、Xを麻薬譲渡と麻薬所持の罪で有罪としたが、原審の大阪高裁は、「[刑訴法220条の]令状によらない捜索差押は……逮捕に着手した後に開始されなければならない」、「逮捕の現場においてする捜索差押はその逮捕の基礎である被疑事実に関する証拠品等の差押等に限られる」との立場から、本件捜索差押えは、Xの緊急逮捕に先だって行われた点、逮捕事実である麻薬譲渡とは別の余罪である麻薬所持の証拠保全のために行われたと解される点で、刑訴法220条に反し、かつ令状によらない違法な捜索差押えであるから憲法35条にも違反するとして、違法な手続で押収された麻薬、その捜索差押調書等を証拠排除した上、Xを麻薬所持の罪については無罪とした。検察官上告。

【判示】　破棄差戻し。

　「[憲法]35条が……捜索、押収につき令状主義の例外を認めているのは、この場合には、令状によることなくその逮捕に関連して必要な捜索、押収等の強制処分を行なうことを認めても、人権の保障上格別の弊害もなく、且つ、捜査上の便益にも適なうことが考慮されたによるものと解されるのであって、刑訴220条が被疑者を緊急逮捕する場合において必要があるときは、逮捕の現場で捜索、差押等をすることができるものとし、且つ、これらの処分をするには令状を必要としない旨を規定するのは、緊急逮捕の場合について憲法35条の趣旨を具体的に明確化したものに外ならない。

　もっとも、右刑訴の規定について解明を要するのは、『逮捕する場合において』と『逮捕の現場で』の意義であるが、前者は、単なる時点よりも幅のある逮捕する際をいうのであり、後者は、場所的同一性を意味するにとどまるものと解するを相当とし、なお、前者の場合は、逮捕との時間的接着を必要とするけれども、逮捕着手時の前後関係は、これを問わないものと解すべきであって、このことは、同条1項1号の規定の趣旨からも窺うことができるのである。従って、例えば、緊急逮捕のため被疑者方に赴いたところ、被疑者がたまたま他出不在であっても、帰宅次第

緊急逮捕する態勢の下に捜索，差押がなされ，且つ，これと時間的に接着して逮捕がなされる限り，その捜索，差押は，なお，緊急逮捕する場合その現場でなされたとするのを妨げるものではない。

そして緊急逮捕の現場での捜索，差押は，当該逮捕の原由たる被疑事実に関する証拠物件を収集保全するためになされ，且つ，その目的の範囲内と認められるものである以上，同条1項後段のいわゆる『被疑者を逮捕する場合において必要があるとき』の要件に適合するものと解すべきである。……

してみると，本件は緊急逮捕の場合であり，また，捜索，差押は，緊急逮捕に先行したとはいえ，時間的にはこれに接着し，場所的にも逮捕の現場と同一であるから，逮捕する際に逮捕の現場でなされたものというに妨げなく，右麻薬の捜索，差押は，緊急逮捕する場合の必要の限度内のものと認められるのであるから，右いずれの点からみても，違憲違法とする理由はないものといわなければならない。」

本判決に対しては，次の通り，裁判官14名中6名が，本件捜索差押えは，「被疑者を逮捕する場合」及び「逮捕の現場」の要件を満たさず違法である旨の少数意見を付している。

垂水克己裁判官の補足意見

「［刑訴法220条1項］2号は，……逮捕の現場で差押，捜索又は検証をすることをも許す。ここに『逮捕する場合』および『逮捕の現場』というのは，多数意見のいう如く，時間的にも場所的にも幾らか幅の広い観念であろうが，しかし，『逮捕する場合』とか『逮捕の現場』という観念は，現実に逮捕の着手行為（逮捕のための被疑者への接近）若しくは少くとも逮捕のための被疑者の身柄捜索行為がなければ客観的なものとして考えられないのではないか。……多数意見の判示するように本件の如く捜査官憲が内心緊急逮捕の目的をもって被疑者の家に行き単に緊急逮捕の態勢を整えただけで行なった家宅捜索は『逮捕の場合に，逮捕の現場で』行ったものといえるだろうか。捜査官憲が被疑者逮捕の意思をもって捕縄を何時でも用いうべきような状態を整えただけで誰の住居にでも立入り，検証，捜索，押収することができるとなっては大変である。」

横田喜三郎裁判官の意見

「刑事訴訟法第220条1項は，『被疑者を逮捕する場合において』，『逮捕の現場で差押，捜索又は検証をすること』ができるとしている。『被疑者を逮捕する場合において』といい，『逮捕の現場で』というのは，被疑者が現場にいて，逮捕と同時に捜索や差押を行なうか，すくなくとも逮捕の直前または直後に捜索や差押を行なうことを意味する。被疑者が不在であって，逮捕ができない場合は，『被疑者を逮捕する場合』とはいえず，まして『逮捕の現場』とはいえない。……

……したがって，それは刑事訴訟法第220条に違反し，さらに根本的には，憲法

第35条に違反する。

これに対して，多数意見では，被疑者が……帰宅し，これを逮捕したから，捜索差押と逮捕は，同じ場所で行なわれ，時間的にも接着しているから，……憲法と刑事訴訟法に違反しないとする。しかし，捜索と差押は，被疑者が不在であって，その行き先きも帰宅の時間もわからないときに開始され，実行され，完了されたのであって，被疑者を逮捕する場合に行なったものとはいえない。被疑者が間もなく帰宅し，これを逮捕したことは，予期しない偶然の事実にすぎない。もし被疑者の帰宅がおくれるか，帰宅しなかったならば，時間的と場所的の接着がなく，捜索差押を弁護することは，まったく不可能であったろう。同じ捜索差押の行為でありながら，被疑者が間もなく帰宅したという偶然の事実が起これば，適法なものになり，そうした事実が起こらなければ，違法なものになるというのは，あきらかに不合理である。ある捜索差押の行為が適法であるかいなかは，その行為そのものによって判断すべきで，その後に起こった偶然の事実によって左右されるべきではない。」

　藤田八郎，奥野健一裁判官の意見

「刑訴210条の規定により被疑者を緊急逮捕する場合において必要があるとき逮捕の現場で令状によらないで捜索押収をすることができるという刑訴220条の規定は，憲法の保障する令状主義の例外をなすものであるから，かかる例外規定は憲法の精神に副うよう厳格に解釈されなければならない。そして刑訴220条1項後段の『被疑者を逮捕する場合において』といい，同項2号の『逮捕の現場で』というのは時期的には逮捕と同時又は直前，直後を意味し，少くとも被疑者が現場に存することを必要とし，苦〔若〕し被疑者が不在であるとか既に逃亡して現場にいないような場合にはその適用がないものと解さなければならない。然るに……本件捜索差押は，……被疑者不在のまま，その行先も不明であり，かつ何時帰宅するかも判らないのにかかわらずその間捜索差押したものであって前記220条に適合せず，令状によらない捜索差押であるから憲法35条に違反するものといわざるを得ない。」

　小谷勝重，河村大助裁判官の反対意見

「刑訴220条1項後段の『被疑者を逮捕する場合』及び同項2号の『逮捕の現場』というのは，逮捕行為を行う際を意味し逮捕行為の前後はこれを問わないが，逮捕行為との時間的場所的接着を必要とし，かつ被疑者が逮捕の現場に現在することを必要とするものと解すべきである。然るに……本件の捜索差押は，被疑者Xの住居において，本人の不在中，すなわち，被疑者の緊急逮捕に着手する前に，その行先も帰宅時刻も判明しないままに開始，実行，完了され，その後に帰宅した同人を緊急逮捕したというのであるから，その捜索差押は同条1項後段の要件を具えない違法な手続により行われたものであって，憲法35条に違反する処分というべきである。」

Q Basic

15 本判決は，逮捕に伴う捜索差押えが無令状で許される理由をどのように捉えているか。

16 X宅について，証拠物が存在する蓋然性は認められるか。証拠物が存在する蓋然性は，Xが在宅中か外出中かによって異なるか。

17 刑訴法220条1項2号による無令状の捜索差押えが許されるためには，「現実に被疑者を逮捕した場合」（高田卓爾『刑事訴訟法〔2訂版〕』〔1984年〕344頁）であることが必要か。

18 刑訴法220条1項2号による無令状の捜索差押えが許されるためには，逮捕行為への着手が必要か。

19 刑訴法220条1項1号の規定の趣旨は，逮捕行為着手前に2号の捜索差押えを行うことを許容する理由となるか。

20 刑訴法220条1項2号による無令状の捜索差押えが許されるためには，捜索差押えの開始時点で，被疑者が現場に現在することが必要か。

21 本件において，仮に被疑者が帰宅せず逮捕が行われなかったとした場合，捜索差押えは適法か。

Q Advanced

22 本件捜索差押えを承諾によるものとして正当化することはできないか。犯罪捜査規範108条が「人の住居または人の看守する邸宅，建造物もしくは船舶につき捜索をする必要があるときは，住居主または看守者の任意の承諾が得られると認められる場合においても，捜索許可状の発付を受けて捜索をしなければならない」と規定しているのは，どのような趣旨か（参考裁判例7-5参照）。

23 (1) 本件で差し押さえられた麻薬は，逮捕の理由となった麻薬譲渡の事実に関する証拠といえるか。

(2) 参考裁判例7-5におけるA子方の捜索は，どのような犯罪事実に基づくものか。A子方に隠匿されていた覚せい剤はその犯罪事実に関する証拠といえるか。

7-2 東京高判昭和44年6月20日高刑集22巻3号352頁

【事案の概要】 在日米陸軍に所属する米陸軍3等特技兵X（被告人）は，ベトナムから日本に向かう際，飛行機の中で知り合ったAと共に，昭和43年2月5日午前4時30分ころ，神奈川県横浜市内の甲ホテル7階714号室に投宿し同室していた。

加賀町警察署司法警察員Kらは，同日午後1時ころ，氏名不詳者より，甲ホテルから出て来た外国人2人が大麻らしいものを喫っていたという意味の通報があったため，早速，同ホテルに赴き，張込みを実施した。すると，同日午後3時10分

ころ，Aが外出先から帰って来た。そこで，司法警察員Lらは，直ちにAをホテル5階の待合所で職務質問し，任意に所持品を検査したところ，Aの所持品の中から大麻たばこ1本が発見されたので，直ちに同所でAを大麻所持の現行犯人として逮捕した。逮捕後，Aより司法警察員Lらに対し，ホテル7階714号室内にある自己の所持品を携行したいとの申出があったので，司法警察員Lらはこれを許すとともに，Aに対し逮捕の現場においては令状によらずとも捜索差押えができるから714号室を捜索する旨を告げ，なおAの要求によりSP［米海軍憲兵隊］に連絡し，その到着を待って，前記5階待合所から7階714号室に移動した。同日午後3時45分ころから，A及びSP 2名の立会いの下に，同室者であるXが外出不在中の714号室の捜索を実施したが，同室居間およびベッドルーム内の所持品については，Aに，その所持品をXの所持品から区別させた上，Aのものとして区別されたもののみを捜索した。これに対し，その後の同室洗面所内の捜索では，Aにその所持品をXの所持品から区別させることは行わなかった。同日午後4時10分ころ，洗面所の棚の上から内容物の入った洗面用具入れバッグが発見され，Aからはその洗面用具入れバッグは自分のものではなくXの所持品である旨の申出があったものの，その内容を捜索した結果，Xの名前の入った書類等のほかに，大麻たばこ7本が入った石けん入れケースが認められたため，司法警察員Mによって，直ちにこのX所有の洗面用具入れが大麻たばこ7本等の内容物と共に差し押さえられ，Aに対する捜索は終了した。その後，同日午後5時30分ころ，Xが外出先から帰って来たが，同人についても大麻たばこ所持の容疑があったため，司法警察員Kにおいて，直ちに714号室で，Xに対し前記洗面用具入れの所有者について職務質問を行い，Xがその所有に係るものであることを認めたため，直ちにその場でXを大麻たばこ7本を所持したという容疑によって緊急逮捕した。

　Xは大麻所持の罪で起訴されたが，原審の横浜地裁は，ホテル5階の待合所におけるAの現行犯逮捕後，7階の客室で行われた本件捜索差押えは，刑訴法220条1項2号の「逮捕の現場」の要件に適合しない違法がある，仮に7階の客室が逮捕の現場に当たるとしても，同所において捜索された洗面用具入れは，AではなくXの所有物であるから，同法222条1項によって準用される同法102条2項の「押収すべき物の存在を認めるに足りる状況のある場合」の要件に適合しない点，また同所で差し押さえられた大麻たばこ7本は，Xの所有物であってAの逮捕事実の証拠ではないから，同法220条1項前段の「現行犯人を逮捕する場合において必要があるとき」の要件に適合しない点で，それらに対する捜索差押えは，違法であり，憲法35条に違反する，として大麻たばこ及びその鑑定書の証拠能力を否定し，Xを無罪とした。検察官控訴。

【判示】　破棄自判。

7　逮捕に伴う無令状の捜索・差押え／7－2，**Q24**

　東京高裁は，次のように述べて，本件捜索差押えを適法とし，大麻たばこの証拠能力を認めて，Xを有罪とした。
　「思うに，刑事訴訟法第220条第1項第2号が，被疑者を逮捕する場合，その現場でなら，令状によらないで，捜索差押をすることができるとしているのは，逮捕の場所には，被疑事実と関連する証拠物が存在する蓋然性が極めて強く，その捜索差押が適法な逮捕に随伴するものである限り，捜索押収令状が発付される要件を殆んど充足しているばかりでなく，逮捕者らの身体の安全を図り，証拠の散逸や破壊を防ぐ急速の必要があるからである。従って，同号にいう『逮捕の現場』の意味は，……右の如き理由の認められる時間的・場所的且つ合理的な範囲に限られるものと解するのが相当である。
　これを右……の大麻たばこ7本に関する捜索押収についてみると，成る程，Aの逮捕と……［大麻たばこ7本の］捜索押収との間には，既に述べたように，時間的には約35分ないし60分の間隔があり場所的には，……甲ホテル5階の，なかば公開的な待合所と同ホテル7階の，宿泊客にとっては個人の城塞ともいうべき714号室との差異のほかに若干の隔りもあり，また若し……大麻たばこ7本がA独りのものであったとするならば，いくらAが大麻取締法違反の現行犯人として逮捕されたとはいえ，否却って逮捕されたればこそ，更らに捜索差押が予想されるというのに，わざわざ自ら司法警察員らを自己の投宿している同714号室に案内したということについては種々の見方があり得るであろうし，なおAが同室の洗面所で司法警察員らに対し同大麻たばこ7本は自分のものではなくて，Xのものである旨述べていることなどからすると，同たばこに対する捜索押収が果して適法であったか否かについては疑いの余地が全くないわけではないけれども，既に見て来たような本件捜査の端緒，XとAとの関係，殊に2人が飛行機の中で知り合い，その後行動を共にし，且つ同室もしていたこと，右のような関係から同たばこについても或るいは2人の共同所持ではないかとの疑いもないわけではないこと，Aの逮捕と同たばこの捜索差押との間には時間的，場所的な距りがあるといってもそれはさしたるものではなく，また逮捕後自ら司法警察員らを引続き自己とXの投宿している相部屋の右714号室に案内していること，同たばこの捜索差押後Xも1時間20分ないし1時間45分位のうちには同室に帰って来て本件で緊急逮捕されていることおよび本件が検挙が困難で，罪質もよくない大麻取締法違反の事案であることなどからすると，この大麻たばこ7本の捜索差押をもって，直ちに刑事訴訟法第220条第1項第2号にいう『逮捕の現場』から時間的・場所的且つ合理的な範囲を超えた違法なものであると断定し去ることはできない。」

Q Basic

24　判例7－1は，「逮捕の現場」の要件について，「場所的同一性を意味する」

としているが，「場所的同一性」とはどういうことか。本件において，現に逮捕が行われたホテル5階の待合所と捜索が行われた7階の714号室との間には「場所的同一性」があるといえるか。

25 「逮捕の場所には，被疑事実と関連する証拠物が存在する蓋然性が極めて強く，……捜索押収令状が発付される要件を殆ど充足している」との理由で無令状の捜索が許されるとすれば，それは，どのような範囲の場所に及ぶか。本件における714号室の捜索は，許されることになるか。

26 「逮捕者らの身体の安全を図り，証拠の散逸や破壊を防ぐ急速の必要がある」との理由で無令状の捜索が許されるとすれば，それは，どのような範囲の場所に及ぶか。本件における714号室の捜索は，許されることになるか。

27 本件において，Aが逮捕後自ら司法警察員らを714号室に案内しているという事情は，同室における捜索差押えの適法性の判断にあたり，どのような意味を持つと考えられるか。例えば，パジャマ姿で居室から出てきたところを逮捕された被疑者が，着替えのため居室に戻ることを希望した場合，居室内を捜索することは許されるか。

28 本件において，XとAが飛行機の中で知り合った後，行動を共にしかつ同室していたという事情は，714号室における捜索差押えの適法性の判断にあたり，どのような意味を持つと考えられるか。714号室という部屋を捜索した点についてはどうか。同室にあった洗面用具入れの中を捜索し，発見された大麻たばこ7本を差し押さえた点についてはどうか。

29 逮捕に伴う無令状の捜索差押えが許される理由として「証拠の散逸や破壊を防ぐ急速の必要がある」といわれるときの「証拠の……破壊」とは，誰によるものか。被逮捕者以外の第三者による「証拠の……破壊」も含まれるか。

30 本件で差し押さえられた7本の大麻たばこは，Aの逮捕事実に関する証拠物か。

31 本件における714号室での捜索差押えは，Xの緊急逮捕に伴う捜索差押えとはいえないか（判例7-1参照）。

Q Advanced

32 参考裁判例7-5が，Xが現行犯逮捕された場所であるA子方の捜索について，「逮捕に基づく捜索として正当化することはできない」としたのは，どのような理由によると考えられるか。A子方について，「逮捕の現場」として無令状捜索が許されるべき実質的理由は備わっているか。A子方について，「逮捕の現場」として無令状捜索を許すことの弊害は考えられるか。

7-③ 函館地決昭和55年1月9日刑月12巻1＝2号50頁

【事案の概要】 昭和54年10月12日午前10時30分ころ，函館中央警察署に匿名の電話があり，X（被告人）と，覚せい剤取締法違反の罪ですでに逮捕状の出ているAとが甲ホテルに泊まっており，Xは覚せい剤約100グラムを所持している，との情報が提供された。同署はXについて，岩内に住む暴力団乙会の幹部であり，函館に流れる覚せい剤の一部はXのところから来ているとの情報をすでに得ていたが，時刻的に同人らがホテルを引き払う危惧があったので，Xについては何らの令状もとらず，同署のK警部補，L巡査部長ほか6名の警察官が，Aに対する逮捕状を携えて前記ホテル103号室のXらの客室に臨場した。そのときXとAは室内で寝ていたが，Kらは，Aをまず逮捕状で逮捕し，その場で同人の所持品の捜索を行った。その結果ズボンのポケットから覚せい剤と注射器を発見したので，覚せい剤所持の現行犯人としてさらにAを逮捕した。その間約10分であった。その後4名の警察官がAを警察署へ連行し，残ったK，Lほか2名の警察官が同室内とXに対する捜索を行った。

同室内の捜索対象は，紙袋1個，脱いであるXの着衣，Xの寝ている布団及びXの着ている着衣（U首シャツ，ステテコ，腹巻）のみであった。Kらは，まず，紙袋と脱いである着衣を捜索したが，押収物は発見されなかった。そこで次に，Xの寝ている布団と着ている着衣を捜索しようとしたが，Xは布団をかぶってえびのように丸く横になり，両腕を腹のあたりにあてて，任意の捜索を拒否する態度を示していた。KらはXの挙動等からXが覚せい剤を隠し持っているとの疑いを強め，10分くらい任意提出を説得したが，Xはこれに応じなかった。そこでついに布団をはぎ，丸くうつ伏せになっているXの両腕のあたりを2名の警察官がそれぞれ左右から持って引き起こし，いわゆる正座に近い状態にした。そのとき，Lは，胸まで引き上げられたXの手からシャツの中の腹のあたりへ黒いものが落ちるのを認めたので，左右からおさえられたままのXの背後よりシャツの中へ手を入れ，その黒っぽいもの（小銭入れ）をつかみ出した。Kがこれを開いたところ，覚せい剤入りビニール袋2袋と注射器が出てきたので，直ちにXを覚せい剤所持の現行犯人として逮捕した。

Xは，覚せい剤取締法違反の罪で起訴されたが，本件において前記覚せい剤入りビニール袋2袋（本件証拠物）を押収した手続は違法であるとして，証拠調べ請求された当該証拠物とその鑑定書の証拠能力を争った。

【判示】 函館地裁は，次のように述べて，警察官が被告人から本件証拠物を押収し同人を逮捕した手続は適法であるとし，各証拠の証拠能力を認めた。

「本件は，客観的には，Aの現行犯逮捕（覚せい剤所持）に伴う捜索場所に居合わせた第三者（被告人）の身体に対する強制捜索である。

右の如き強制捜索が被告人に対する令状なしに許されるのは，刑訴法218条，222条，102条2項の趣旨にかんがみ，押収すべき物（Aの逮捕事実と関連しているものでなければならないことはもちろんである。）を被告人が所持していると認めるに足りる状況が，客観的に存在している場合に限られる。
　この点を本件についてみると，(1)捜索の場所は被告人名で投宿しているホテルの一室であり，被告人とA以外には他の同室者はいなかったこと，(2)Kら捜査官が次のように認定したこと即ち，被告人が覚せい剤を広く取扱っている暴力団乙会の幹部であり，Aも同様覚せい剤を取扱っている丙［暴力団］の組員であって，両名が丙幹部の葬儀に出席後右一室に投宿していると認定したことには，相当の根拠があること，(3)A逮捕後に被告人の捜索に着手しようとした際，被告人はふとんから外に出ず体をまるめて両手を前に組み，腹の辺りに何か隠しているが如き挙動に出ていたこと，証拠により認められる右の事実を総合すると，被告人は，Aと共謀してか，あるいは，Aとの間に譲受関係のある覚せい剤を所持していると認めるに足りる状況は十分存在していたというべきである（なお，結果的にAとの関係が否定されても，右の「状況の存在」自体に影響を及ぼすものではない。）。したがって，Kらの被告人の身体に対する捜索は，Aの現行犯逮捕に伴う捜索として適法である。
　……なお，証拠によれば，Kらは，警職法2条1項にいう職務質問に伴う所持品検査により本件証拠物を押収したものと考えており，Aの現行犯逮捕に伴う捜索により押収したとは考えていなかったと認められる。しかし，捜査官が認識していた客観状況が同一である限り，根拠法令の適用を誤ったとしても，それが要件をより厳密に考えた誤りであれば，捜査官の行為の適法性に影響を及ぼすものではない……。」

Advanced

33 本件において，次の処分が無令状で許されるのはなぜか。
(1) Aの身体・所持品の捜索
(2) Aのズボンのポケットから発見された覚せい剤と注射器の差押え

34 本決定は，どのような理由付けでXの身体の無令状捜索を適法としているか。

35 本決定によれば，逮捕の現場に居合わせた第三者の身体を無令状で捜索することは，どのような要件のもとで許されるか。本件において，Xの身体の捜索は，逮捕の現場であるホテル客室の捜索と同じ要件のもとで許されるのか。ホテル室内にあった紙袋の場合とではどうか。

36 被疑者が第三者宅内で逮捕された場合，第三者宅内を無令状で捜索することは，どのような要件のもとで許されるか。これと同じ要件があれば，本件におい

て，逮捕の現場に居合わせた第三者であるＸの身体を捜索することも許されるのか。

37 捜索すべき場所をＡ宅とする捜索差押令状で捜索を行う際，Ａ宅に居合わせたＸの身体を捜索することは許されるか。許されるとすれば，それはどのような場合か。Ａの逮捕に伴い，逮捕の現場に居合わせたＸの身体を無令状で捜索することが許されるのは，これと同じ場合か。

38 本件において，ＸがＡの隣の客室に寝ていたとした場合，Ａの逮捕に伴いＸの身体を捜索することは許されるか。同じ客室の襖で仕切られた別間に寝ていたとした場合はどうか。

(3) 被逮捕者の身体・所持品の捜索・差押え

7-4 最三決平成8年1月29日刑集50巻1号1頁（和光大学内ゲバ事件）

【事案の概要】 昭和60年2月5日午後2時過ぎころ，東京都町田市所在の甲大学構内において，竹竿，鉄パイプ等の凶器を準備して集合した革マル派に所属あるいは同調する者が，中核派に所属あるいは同調する者に対し，所持していた竹竿，鉄パイプ等で殴打し，突くなどの暴行を加え，傷害を負わせる事件が発生した。

警視庁町田警察署所属のＫ巡査らは，同日午後2時16分ころ，同署原町田派出所において勤務中，「甲大学でけんかという110番通報があった」旨の無線を傍受し，その後，午後3時ころまでの間に，無線により，「甲大学Ａ号棟付近で内ゲバ発生」，「革マル70名位と中核20名位が乱闘」，「けが人が出ている」，「革マルは乙学園方向に逃走」等の続報を次々に傍受したため，逃走した内ゲバ事件の犯人の一部が付近に姿を現す蓋然性が高いことを予測し，通行人を注視していたところ，午後3時15分ころ，一見活動家風の男とＸ（被告人）が息を切らし，辺りをきょろきょろ見回しながら，派出所前の車道から歩道に小走りに上がってきた。Ｘは，Ｋ巡査と視線が合うや，瞬間目をそらし，連れの男とともに小走りで駆けて行った。

Ｋ巡査は，2人のこのような様子や，当日朝からずっと小雨が降っていたにもかかわらず，2人とも傘を持たず，シャンパーの袖口などが濡れており，しかも，靴も泥で汚れている上，時間的にみても，内ゲバ事件の犯人が現れてもよい頃合いであったことや，派出所付近には泥の付くような場所はなく，逆に甲大学付近には泥が付く場所があることを知っていたことなどから，2人を本件内ゲバ事件に関係する挙動不審者と認め，職務質問するため，直ちに派出所を飛び出し，2人の後を追いかけた。そして，派出所から約20メートルほどの地点で，約10メートルほど先にいた同人らに対し，「ちょっと待って下さい」と声をかけたところ，同人らは，二手に分かれ，Ｋ巡査を無視したまま小走りを続けた。

そこでＫ巡査は，自分に近い方にいたＸを追尾し，約50メートル進んだ歩道上

で追いつき，左後方からXの左肩に手を当て，「ちょっと待ってくれ」と言って停止させ，「今，内ゲバ事件があったので聞きたい」旨質問を始めたところ，Xが一瞬顔色を変え，「俺には関係ない」と言って，制止しようとするK巡査を振り切り，所持していた買物袋を投げ棄てて，一目散に駆け出して行った。

このような状況から，K巡査は，Xが内ゲバ事件の犯人であると判断し，これを追跡したところ，Xは，更に逃走を続け，派出所から約300メートル離れたビルの店舗裏搬入口内に入り込んだところで息を切らして立ち止まった。追いついたK巡査が，「ちょっと聞きたいことがあるので来てくれ。内ゲバ事件があったので，そのことについて聞きたい」と言ったところ，Xは，両手を振り回して抵抗し，K巡査がXのジャンパーの袖口あたりを摑んで制止しようとしたものの，なおも両手を振り回して暴れたため，その場でもみ合いとなった。その際，Xの右袖口がめくれて装着していた薄紫色の籠手が手首付近に見えたことから，K巡査は，これまでのXの言動などと合わせて同人を本件内ゲバ事件の犯人と断定し，午後3時20分ころ，「内ゲバの犯人で逮捕する」旨告げて制圧行為に入った。Xの抵抗が激しかったため，K巡査も手を焼いたが，間もなくミニパトカーで応援に駆けつけた警察官と2人がかりで，同3時40分ころ，前記搬入口に隣接した駐車場のブロック塀際で，Xの両脇からその両腕を取って制圧，逮捕した。

その後，K巡査は，応援の警察官とともに，2人がかりでXの両腕をとってミニパトカーの後部座席に両側から挟むようにして座らせ，同所を出発した。Xに対しては，逮捕後も手錠は使用されず，また，Xが装着していた籠手についても，狭いミニパトカー内で，強制的にこれを取りはずそうとすると，同人が抵抗して混乱する事態も懸念された上，既にXを逮捕し，警察官らの監視下に置いていたので，籠手を装着させたままにしておいても，隠匿，損壊等の危険もないと考え，署に連行した後にこれを取りはずすこととし，K巡査において，Xに対し，車内で「籠手を差し押さえる」旨告げたものの，籠手を引き続き装着させたままにしていた。3時47分ころ，約500メートル離れた町田署に到着すると，Xは，同署本館1階の刑事課第1調室に連行され，連行後間もなくのころ，同署の警察官によって，Xの両腕から籠手が取りはずされた。

他方，町田警察署警ら3係所属の10名の警察官らは，前記の各犯行が行われた当日同署で待機中，前示のような内容の無線を順次受け，午後2時50分ころ，同署の交通検問車（マイクロバス）で犯人検索のため出動した。警察官らは，東京都町田市所在の乙大学グランド入口付近で，同大学職員から，「20名くらいの学生が鉄パイプ，ヘルメットなどを捨てて，奈良北団地の方に逃げている」という情報を得て，検問車で同団地を経て甲大学正門に至り，警戒中の警察官から，「学生らが甲大学職員寮のところから山に向かって逃げた」という情報を得，再び奈良北団地

に向かって犯人検索を続けながら進行したが，その間，途中の道路脇にマスク，タオル，雨具などが点々と捨てられているのを目撃し，内ゲバ事件の犯人らがこの辺を通過したことを確認した。さらに，午後3時50分ころ，タクシー運転手から，「1時間くらい前に5,60名の者が通り，国鉄成瀬駅へ行く道を尋ねたので，教えてやった」，「傘も持たず，みなずぶ濡れで汚れていた」との情報を得たので，直ちに成瀬駅方面に向かったところ，午後4時ころ，進行中の道路が成瀬街道と交差する手前約40メートルの地点で，同街道沿いのバス停の前に，2人連れの男Y（被告人），Z（被告人）が立っているのを発見した。同人らは，交通検問車の方を注視しており，その後ろ姿を見ると，靴が泥まみれで，ズボンの裾に泥が跳ね上がって付いているのが見え，それまで車内で警察官らが話し合ってきた内ゲバ事件の犯人の様子に合致したことから，内ゲバの犯人と直感した警察官が，咄嗟に，「バス停におかしい男がいる。靴が汚れている」と大声を出して他の警察官らに知らせ，交通検問車を止めさせた。

　Y，Zは，交通検問車が停車したのを見て，バス停を出て歩き出し，都営成瀬住宅に通じる脇道に入っていこうとした。停車した検問車から降車した警察官ら8名は，口々に，「待て」と大声をあげながら，全速力でYらを追いかけて行ったが，同人らは，停止を求めるこれらの警察官らの声を耳にし，当然これを承知していたと認められるのにこれを無視し，始めは普通の速度で，その後は，小走りとなって，脇道の入口から約20メートルの地点まで進んだ。しかし，そこで，前記の降車地点から約50メートルの距離を走ってきた警察官らに追いつかれた。

　警察官らは，Y，Zをそれぞれ取り囲み，その身体，服装等を観察しながら，こもごも，住所，氏名を尋ね，「今まで何していた」，「どこへ行くんだ」，「甲大の内ゲバ事件の関係で聞きたい」，「どうして靴が汚れているんだ」，「所持品を見せなさい」などと質問を始めた。これに対し，Yは，当初，行く手を遮った警察官を無視して前に出ようとして制止され，さらに，「何の権利があるんだ」と大声を出し，反抗的な素振りを示したが，その後は2人とも一切質問には答えず，黙秘する態度に終始していた。警察官らがY，Z両名の様子を見ると，両名とも髪は濡れてべったりとしており，靴は泥まみれで，泥水に漬けたような状態であり，また，Zの右頬や鼻などには，内ゲバの乱闘中に受傷したものと思われる新しい傷痕があり，血の混じった唾を地面に吐くなど，口の中も負傷している様子であった。

　以上のようなY，Zの質問に対する態度，外見，前示のような停止を求めた警察官らの呼びかけに応じなかった状況などから，警察官らは，両名が本件内ゲバ事件の犯人であると判断し，同日午後4時5分ころ，Zに対し，「内ゲバの現行犯として逮捕する」旨を告げ，Yに対しても，「分かったな」と告げて，それぞれその場で制圧，逮捕した。Y，Zとも，抵抗する素振りを示さず，無言で全く無視する態

度であった。

　Y，Zを逮捕した警察官らは，その場で身体捜索及び所持品等の押収を行うことは，狭い道幅や車の通る危険性などから，場所的に適当ではないと考え，同所では，両名の着衣や所持していたバッグ等にその上から手で触れ，危険物等の有無を一応確認する程度の簡単な身体捜検にとどめ，そのまま両名を交通検問車に乗せて町田署に連行しようとしたが，同車が停車した場所に見当たらなかったことから，取りあえず近くの成瀬駐在所へ連行することとした。そして，両名にそれぞれのバッグ等を持たせたまま，両脇からそれぞれ2名の警察官がスクラムを組むようにして，Y，Zの両腕を押さえ，その前後を他の警察官が取り囲むようにして，同日午後4時10分ころ，約300メートル離れた成瀬駐在所まで連行した。この間，Y，Zは，いずれも抵抗したり，逃走するような素振りを示さなかった。

　駐在所で，警察官らは，検問車を駐在所に回すように依頼したが，車の到着を待つ間，けがをしていたZを駐在所奥の椅子に座らせ，Yを入口から右奥に立たせ，その側で絶えず警察官らが監視し，さらに携帯していたバッグ等の中身を確認するため，Yが持っていたナップザック，Zの持っていたスポーツバッグを，それぞれ取り上げようとしたところ，Yは，「何するんだ」と言って，ナップザックを抱え込んで放さず，Zも，無言で同様にしてスポーツバッグを抱え込んで放さなかったことから，それぞれ警察官らと引っ張り合いとなった。

　警察官らは，このようなバッグ等を放そうとしないY，Zの強い拒否的な態度を見て，その場所が面積も約5.6平方メートルという狭い駐在所であり，2面がガラス戸やガラス窓であることも考え，無理に取り上げようとしてY，Zをいたずらに刺激し不測の事態を招くのも得策ではないと判断し，また，外部から触った際の感触で内容物に凶器類のないことがほぼ推測され，しかも，身柄は逮捕によって既に確保され，警察官らの監視下にあったので，このままYらに所持品を持たせたままにしておいても隠匿，損壊等の危険もなく，町田署に連行後に取り上げれば足りると考えて強硬手段を避け，警察官らがYらに，「押さえるからな」などと言っただけで，取り上げることを中止し，両名にそれぞれのバッグをそのまま持たせていた。

　その後，連絡により交通検問車が到着したので，午後4時30分ころ，警察官らにおいてY，Zの両腕を抱え同車に乗せて同所を出発し，同4時50分ころ，直線距離にして約3キロメートル離れた町田署に到着した。そして，直ちにYを本館1階の刑事課取調室に，Zを別館2階少年係取調室にそれぞれ連行した。両名は，前記のように携帯していたバッグ等を取り上げられまいとして抵抗を示したものの，そのほかには，逃走したり，暴れるようなこともなかったので，手錠は使用されず，このことは取調室に入ってからも同様であった。取調室において，Yのナップザッ

クは午後5時ころ，Zのスポーツバッグは少年係取調室に連行後すぐに，警察官によって取り上げられた。

　X，Y，Zは，本件内ゲバ事件の犯人として，凶器準備集合，傷害の罪で起訴された。本件における争点の1つは，被告人らの逮捕手続とそれに伴う被告人らの所持品等の押収手続の適法性であったが，第1審の東京地裁八王子支部は，被告人らの逮捕を違法とし，証拠物の押収手続には重大な違法があってその証拠能力は否定されなければならないとして，被告人らを無罪とした。これに対し，原審の東京高裁は，被告人らの逮捕は準現行犯逮捕として適法であるとし，所持品の押収についても，「逮捕の現場での差押，捜索等に令状を必要としないとされているのは，逮捕の現場においては，被疑者等が兇器を所持しているおそれがあるという危険性のほか，証拠存在の蓋然性が高く，その場での差押や捜索等を許すべき緊急性，必要性が認められること及び逮捕によってその場所の平穏等の法益は既に侵害されており，更に逮捕の現場での差押や捜索等を認めたとしても，その面での新たな法益侵害はさほど生ずるわけではないこと等を理由とするものと解される。したがって，被疑者の逮捕場所と離れた別の場所を捜索し，同所で差押をする場所〔合〕とは異なり，被疑者に所持品等を持たせたまま，時間的にも場所的にもそう隔たっていない，差押に適する場所まで連行し，同所で差押をする場合には，所持の状況に特段の変化はなく，逮捕の地点でこれらを差し押えた場合と比べてみても，被疑者に格別の不利益を与えるおそれはなく，証拠存在の蓋然性，押収の緊急性，必要性等は依然として存するのであるから，『逮捕の現場』ということについて，ある程度幅を持たせて，これを肯定的に解してよいというべきである」と判示した上，刑訴法220条1項2号にいう「逮捕の現場」でなされたものとして適法であるとして，被告人らを有罪とした。被告人側上告。

【判示】　上告棄却。

　最高裁は，本件におけるX，Y，Zの逮捕は，いずれも刑訴法212条2項2号ないし4号に当たる者が罪を行い終わってから間がないと明らかに認められるときにされたものということができるとして，逮捕の適法性に関する原審の判断を是認した上で，X，Y，Zの所持品の差押えの適法性について，次のように判示した。

　「1　刑訴法220条1項2号によれば，捜査官は被疑者を逮捕する場合において必要があるときは逮捕の現場で捜索，差押え等の処分をすることができるところ，右の処分が逮捕した被疑者の身体又は所持品に対する捜索，差押えである場合においては，逮捕現場付近の状況に照らし，被疑者の名誉等を害し，被疑者らの抵抗による混乱を生じ，又は現場付近の交通を妨げるおそれがあるといった事情のため，その場で直ちに捜索，差押えを実施することが適当でないときには，速やかに被疑者を捜索，差押えの実施に適する最寄りの場所まで連行した上，これらの処分を実施

することも，同号にいう『逮捕の現場』における捜索，差押えと同視することができ，適法な処分と解するのが相当である。

2 これを本件の場合についてみると，原判決の認定によれば，被告人Xが腕に装着していた籠手及び被告人Y，同Zがそれぞれ持っていた所持品（バッグ等）は，いずれも逮捕の時に警察官らがその存在を現認したものの，逮捕後直ちには差し押さえられず，被告人Xの逮捕場所からは約500メートル，被告人Y，同Zの逮捕場所からは約3キロメートルの直線距離がある警視庁町田警察署に各被告人を連行した後に差し押さえられているが，被告人Xが本件により準現行犯逮捕された場所は店舗裏搬入口付近であって，逮捕直後の興奮さめやらぬ同被告人の抵抗を抑えて籠手を取り上げるのに適当な場所でなく，逃走を防止するためにも至急同被告人を警察車両に乗せる必要があった上，警察官らは，逮捕後直ちに右車両で同所を出発した後も，車内において実力で籠手を差し押さえようとすると，同被告人が抵抗して更に混乱を生ずるおそれがあったため，そのまま同被告人を右警察署に連行し，約5分を掛けて同署に到着した後間もなくその差押えを実施したというのである。また，被告人Y，同Zが本件により準現行犯逮捕された場所も，道幅の狭い道路上であり，車両が通る危険性等もあった上，警察官らは，右逮捕場所近くの駐在所でいったん同被告人らの前記所持品の差押えに着手し，これを取り上げようとしたが，同被告人らの抵抗を受け，更に実力で差押えを実施しようとすると不測の事態を来すなど，混乱を招くおそれがあるとして，やむなく中止し，その後手配によって来た警察車両に同被告人らを乗せて右警察署に連行し，その後間もなく，逮捕の時点からは約1時間後に，その差押えを実施したというのである。

以上のような本件の事実関係の下では，被告人3名に対する各差押えの手続は，いずれも，逮捕の場で直ちにその実施をすることが適当でなかったため，できる限り速やかに各被告人をその差押えを実施するのに適当な最寄りの場所まで連行した上で行われたものということができ，刑訴法220条1項2号にいう『逮捕の現場』における差押えと同視することができるから，右各差押えの手続を適法と認めた原判断は，是認することができる。」

Q Basic

39 本件において，Xらの所持品の差押えが，逮捕場所で直ちに実施されることなく，警察署に連行後に実施されたのはなぜか。

40 本決定は，警察署におけるXらの所持品の差押えをどのような理由付けで適法としているか。警察署を「逮捕の現場」としたのか。

41 40の点について，原審はどのような判断をしているか。原審の立場に立つとき，場所に対する刑訴法220条1項2号による捜索が許される範囲はどのように画されるか。

42 刑訴法220条の「逮捕する場合」,「逮捕の現場」にいう「逮捕」とは,どの範囲の行為を指すか。例えば,本件において,警察署に連行された段階まで「逮捕」に含まれると解することはできないか。

43 「逮捕の現場」とは,捜索の対象なのか,それを実施する場所なのか。逮捕に伴い被逮捕者の身体・所持品に対する捜索差押えを行う場合,被逮捕者の身体そのものを「逮捕の現場」と見ることはできないか。

44 被逮捕者の身体・所持品に対する捜索差押えは,その実施に適する「最寄りの場所」であれば,「逮捕の現場」以外においても許されてよいのか。そうだとした場合,「最寄りの場所」であることが必要とされるのはなぜか。

45 令状により人の身体を捜索する場合において,対象者の現在する場所が身体の捜索をするのに適当ではない場合,令状を執行する捜査機関はどうしたらよいか。逮捕に伴う被逮捕者の身体・所持品に対する捜索差押えの場合は,これと異なるか。

46 参考裁判例7-6は,約1キロメートル離れた警察署に連行した後の被逮捕者の身体・所持品に対する捜索差押えを違法としたが,本決定は,それぞれ約500メートルと約3キロメートル離れた警察署に連行した後の被逮捕者の所持品の差押えを適法としている。このような差異が生じたのはなぜか。両者は,判断方法が異なるのか。

47 被逮捕者の身体・所持品について,捜索差押えにあたる処分を無令状で行うことは,刑訴法220条1項2号の規定がない場合,およそ許されないか。凶器や逃走具はどうか。

48 被逮捕者の身体・所持品について,逮捕後,逮捕場所から移動した後に,無令状で捜索差押えを行うことは,逮捕に伴う無令状の捜索差押えが許されている趣旨に反するか。刑訴法220条1項2号が「逮捕の現場」を要件としているのはなぜか。

□ 参考裁判例7-5 福岡高判平成5年3月8日判タ834号275頁

暴力団幹部としてメゾンド甲405号(X方という)に事務所を構えていたX(被告人)は,前刑での服役を終えて出所後,既に内妻と一緒にX方で生活していたA子を知り,その身の上に同情して,以後父親代わりとして面倒をみるようになった。その後,A子は乙マンション104号室に引っ越すことになり,平成2年6月2日及び3日に,Tに手伝ってもらって家財道具を運び込んだ上,荷物の整理等を行ったが,同月3日の夜はX方に泊まった。

6月4日午前10時45分ころ,福岡県西警察署に匿名電話があり,「メゾンド甲405号の○○は,覚せい剤5キログラムを仕入れ,本日中に全部客に売り捌く予定である。

覚せい剤は○○のベンツ・車両番号8817のトランクに隠している」旨の確度の高い情報が提供された。そこで，9名の警察官が3台の捜査用自動車に分乗してメゾンド甲に赴き，午前11時50分ころからその駐車場の張込みを実施した。

午後2時ころ，Xが運転する外国製普通乗用自動車（車両番号福岡……8817のベンツ）がメゾンド甲の駐車場に到着し，しばらくしてA子がX方から出てきてベンツの助手席に乗り込み，すぐに同車が発進したので，警察官らは捜査用自動車でベンツを追尾した。

午後2時12分ころ，ベンツは乙マンションの北側通路東側出入口付近に後ろから進入して停車し，X及びA子が同車後部トランク等から荷物を取り出して同女方に運び込んだ。一方，ベンツを追尾していた警察官のうち，N巡査は，捜査用自動車から下りて乙マンションの北側通路南東角に行き，電柱に身を隠してXらの様子を窺ったところ，Xがベンツの後部トランクを開け，手に荷物を持ってA子方に入って行くのを現認した。他方，H巡査部長らは，乙マンションの東側の道路を挟んだ場所にある駐車場に捜査用自動車を止めて，Xらの動静を監視するとともに，付近で聞込みを実施し，最近若い女性が乙マンション104号室に引っ越してきたことを確認した。また，Q巡査部長は，乙マンションの南側通路から，A子方6畳和室の中に，Xが白色半袖シャツ姿で立っているのを現認した。

そこで，警察官らは，Xが前記匿名電話のとおり大量の覚せい剤をA子方に運び込んだものと判断し，XがA子方から覚せい剤らしいものを持ち出した時に職務質問を実施する方針を立てて張込みを継続した。

午後3時40分ころ，Xがペーパーバッグ及び携帯電話機を抱えるようにしてA子方から出て来てベンツの運転席ドアを開けようとしたので，同車近くで張込みをしていた5名の警察官がXのところに駆けつけ，H巡査部長が，Xに対する職務質問を実施するため，警察手帳を示しながら声をかけたところ，Xは，突然路上に携帯電話機を投げ捨て，ペーパーバッグを右脇に抱えて乙マンションの北側通路を西方に向かって全力で走り出した。そこで，同巡査部長及びS巡査が後を追いかけるとともに，Q巡査部長らは，Xに続いてA子方から出てきた同女を呼び止め職務質問を実施した。

一方，乙マンションの北側通路西側出入口付近で張込みをしていたP警部補は，逃走してくるXを認め，幅約2.3メートルの道路の中央付近に両手を広げて立ち，「止まれ」と大声を出してXに停止を求めた。すると，Xは，同警部補の手前約3メートル付近で右脇に抱えていたペーパーバッグを通路西側正面にある丙社福岡共同住宅の敷地内に向かって高く放り投げた後，同警部補に衝突し，転倒した。そこで，追いついたH巡査部長がXの右腕を抱えるようにして立たせ，P警部補がXの左側に立った上，共同住宅敷地内からXの投げ捨てたペーパーバッグを拾って来たS巡査が，バッグをXに示してその中身を尋ねたが，Xはこれに答えなかった。

その後，Xを促し，警察官がXを両側から挟むようにして，乙マンション104号室

前の踊り場に赴いた。そして，R警部がA子に対し，話を聞くために同女方に入っていいかどうかを尋ねたところ，同女がこれを承諾したので，XらとともにA子方に入った。その後，同女方台所入口付近において，R警部が，Xに対し，前記ペーパーバッグの中身について再度質問したが，Xが知らないというので，さらにバッグの中身を確認してもいいかと尋ねたところ，Xは，「勝手にしない。しょんなかたい。もう往生した」と言った。そこで，S巡査がXの承諾があったものと判断して，ペーパーバッグの中から新聞紙包みを取り出し，更にそれを開披してポリ袋入りの覚せい剤1袋を取り出した上，「覚せい剤ではないか」などと質問したが，Xは黙っていた。他方，R警部が，A子に対し，「他に覚せい剤を隠していないか。あったら出しなさい」と告げると，Xは急に大声で「A子見せんでいいぞ」などと怒鳴ったが，A子が「いいですよ。室内を捜して下さい」と答えたので，警察官らが手分けして同女方を捜索した。その結果，午後3時47分ころ，N巡査が，台所流し台の下に新聞紙に包まれているポリ袋入り覚せい剤2袋が並べて置いてあるのを発見した。そこで，午後3時55分，R警部らは，X及びA子を本件覚せい剤の営利目的による共同所持の現行犯人として逮捕した。

　Xは，覚せい剤約3キログラム（ペーパーバッグの中から発見された覚せい剤1袋とA子方台所流し台下から発見された覚せい剤2袋）を営利目的で所持したものとして，覚せい剤取締法違反の罪で起訴された。第1審の福岡地裁は，A子方の捜索の適法性について，Xが投げ捨てたペーパーバッグの中から1キログラムの覚せい剤が出てきた時点で，Xを覚せい剤所持の現行犯人として逮捕する要件が具備されていたのであるから，その後のA子方の捜索は刑訴法220条1項に基づく捜索として許されると判示し，Xを有罪とした。これに対し，X側は，警察官らがXに対する職務質問を行うにあたって行使した有形力は，Xの意思を制圧する違法なものであり，A子方の捜索も，同女の承諾に基づくものではなく，また，警察官らは転倒したXを押さえ込んだ時点で実質的にXを逮捕したというべきであって，その後XをA子方に連行したとしても，同女方は刑訴法220条1項2号にいう「逮捕の現場」にはあたらないから，違法であるとし，このような違法な捜査によって得られた本件覚せい剤には，違法収集証拠として証拠能力がないなどと主張して控訴した。

　福岡高裁は，「H巡査部長がXに対する職務質問を開始してから，S巡査がペーパーバッグの中からポリ袋入り覚せい剤1袋を取り出すまでの警察官らによる一連の行為は，いずれも職務質問に付随する行為として相当なものであったと認められる」とした上で，次のように判示し，A子方の捜索を違法とした（ただし，「A子方の捜索の違法はいまだ重大なものとはいえず，右手続により得られた証拠を被告人の罪証に供することが違法捜査抑制の見地から相当でないとも認められないから，A子方の捜索によって発見された覚せい剤等について，その証拠能力を肯認することができる」とした）。

　「まず，R警部らによるA子方の捜索が，同女の承諾に基づく捜索として適法なものといえるかどうかについて検討する……。ところで，承諾に基づく住居等に対する捜索

については、犯罪捜査規範108条が、人の住居等を捜索する必要があるときは、住居主等の任意の承諾が得られると認められる場合においても、捜索許可状の発付を受けて捜索をしなければならない旨規定しているが、住居等の捜索が生活の平穏やプライバシー等を侵害する性質のものであることからすれば、捜索によって法益を侵害される者が完全な自由意思に基づき住居等に対する捜索を承諾したと認められる場合には、これを違法視する必要はないと考えられる。しかし、住居等に対する捜索は法益侵害の程度が高いことからすれば、完全な自由意思による承諾があったかどうかを判断するに当たっては、より慎重な態度が必要であると考えられる。そこで、この点を本件についてみると、確かにA子方に対する捜索は、R警部からの申し出に対し、同女が『いいですよ。室内を捜して下さい』と返事したことを受けて行われたものではあるが、同女は当時20歳前の女性であったこと、また、同女がR警部から捜索への承諾を求められる直前には、それまで父親代わりとしてA子の面倒を見てくれていた被告人が、数名の警察官らに連れられてA子方に来ていた上、被告人が持っていたペーパーバッグの中から覚せい剤も発見されていたこと、しかも、当時被告人と一緒に同女方に入って来た警察官の人数は決して少ない数ではなかった上、その最高責任者であるR警部から、『他に覚せい剤を隠していないか。あったら出しなさい』と告げられた上で、A子方に対する捜索についての承諾を求められていたことを併せ考えると、A子が同警部の申し出を拒むことは事実上困難な状況にあったと考えざるを得ない。そうすると、A子としては、同女方にまだ覚せい剤が隠されているのではないかとの警察官らの疑いを晴らす必要があったことや、被告人が『A子見せんでいいぞ』と怒鳴ってA子が捜索を承諾するのを制止したにもかかわらず、同女が『いいですよ』等と返事していることを考慮に入れても、同女の承諾が完全な自由意思による承諾であったと認めるのは困難であって、R警部らによるA子方の捜索が同女の承諾に基づく適法な捜索であったということはできない。」

「刑訴法220条1項2号は、司法警察職員らは、被疑者を『現行犯人として逮捕する場合において必要があるときは』『逮捕の現場』で捜索等をすることができる旨規定しているところ、右にいう『逮捕する場合』とは、逮捕との時間的な接着性を要するとはいえ『逮捕する時』という概念よりも広く、被疑者を逮捕する直前及び直後を意味するものと解される。なぜなら、被疑者を逮捕する際には、逮捕の場所に被疑事実に関連する証拠物が存在する蓋然性が強いこと、捜索等が適法な逮捕に伴って行われる限り、捜索差押状が発付される要件をも充足しているのが通例であること、更に、証拠の散逸や破壊を防止する緊急の必要もあることから、同条項は令状主義の例外としての捜索等を認めたものと解されるところ、このような状況は、必ずしも被疑者の逮捕に着手した後だけでなく、逮捕に着手する直前においても十分存し得ると考えられるからである。そうすると、本件においては、S巡査が、被告人の目前においてペーパーバッグを開披し、ポリ袋入り覚せい剤1袋を確認した時点では、被告人を右覚せい剤所持の現行犯人

として逮捕する要件が充足されており，実際にも，警察官らは，A子方の捜索をした後とはいえ，被告人を右覚せい剤所持の現行犯人として逮捕しているのであるから，原判決が，警察官らのA子方に対する捜索を同条項の捜索に当たるかどうかの観点から検討したことは正当であると考えられる。しかしながら，同条項にいう『逮捕の現場』は，逮捕した場所との同一性を意味する概念ではあるが，被疑者を逮捕した場所でありさえすれば，常に逮捕に伴う捜索等が許されると解することはできない。すなわち，住居に対する捜索等が生活の平穏やプライバシー等の侵害を伴うものである以上，逮捕に伴う捜索等においても，当然この点に関する配慮が必要であると考えられ，本件のように，職務質問を継続する必要から，被疑者以外の者の住居内に，その居住者の承諾を得た上で場所を移動し，同所で職務質問を実施した後被疑者を逮捕したような場合には，逮捕に基づき捜索できる場所も自ずと限定されると解さざるを得ないのであって，A子方に対する捜索を逮捕に基づく捜索として正当化することはできないというべきである。更に，A子方に対して捜索がなされるに至った経過からすれば，同女方の捜索は，被告人が投げ捨てたペーパーバッグの中から発見された覚せい剤所持の被疑事実に関連する証拠の収集という観点から行われたものではなく，被告人が既に発見された覚せい剤以外にもA子方に覚せい剤を隠匿しているのではないかとの疑いから，専らその発見を目的として実施されていることが明らかである。そして，右2つの覚せい剤の所持が刑法的には一罪を構成するとしても，訴訟法的には別個の事実として考えるべきであって，一方の覚せい剤所持の被疑事実に基づく捜索を利用して，専ら他方の被疑事実の証拠の発見を目的とすることは，令状主義に反し許されないと解すべきである。そうすると，原判決のようにA子方に対する捜索を現行犯逮捕に伴う捜索として正当化することもできないといわざるを得ない。」

参考裁判例7-6　大阪高判昭和49年11月5日判夕329号290頁

　昭和44年11月13日，大阪総評主催の首相訪米抗議等の大衆行動が行われた際，赤ヘルメット集団が，大阪市北区の扇町公園に火炎びんを準備して集合し，その先頭部分約20名の者が同公園南側歩道上から車道上に爆竹つき火炎びんを投てきして車両の通行を不能にするなどした。X（被告人）は，同日午後6時40分ころ，扇町公園南側出入口付近歩道上において，司法巡査Kにより凶器準備集合，道路交通法違反の現行犯人として逮捕され，同所から公園南側の大阪市道扇町線の幅員約18メートルの道路を南方に横断して甲社扇町営業所北側歩道上に連行された上，同営業所の西側の車道上に駐車していたパトカーに乗せられ，約1キロメートル離れた大阪府警曾根崎警察署に連行された。同警察署において，KがXの身体を捜索し，着用していたジャンパーの右内ポケットに所持していた爆竹を差し押さえた。

　Xは，前記赤ヘルメット集団の一員として，凶器準備集合，道路交通法違反，往来妨害，威力業務妨害の犯行に加わったとして起訴された。検察官は，犯行を立証するため，

Xが所持していた爆竹，同爆竹についての鑑定書の取調べを請求したが，第1審の大阪地裁は，爆竹は刑訴法220条1項2号にいう逮捕の現場といいうる合理的な場所的範囲において差し押さえられたものとはいえず，憲法35条および刑訴法220条1項2号に違反する違法な手続によって収集された証拠物であるとして，その証拠能力を否定した（鑑定書についても証拠能力否定）。検察官は，控訴趣意において，逮捕の現場とは，逮捕の際の具体的事情等を考慮に入れたある程度幅のある場所的範囲をいうものと合理的に解釈すべきであり，本件においては，曾根崎警察署までは約1キロ足らずの距離で，時間的にも逮捕時から約7分程度を経過しているに過ぎず，同警察署に連行後の爆竹の差押えを逮捕の現場における差押えにあたらないとした第1審は，いたずらに法規の形式的解釈にとらわれ，刑訴法220条1項2号の解釈適用を誤っているなどと主張した。これに対し，大阪高裁は次のように判示して，検察官の控訴を棄却した。

「憲法35条は捜索差押についての所謂令状主義を宣言し，ただ同法33条の場合を例外としているのであるが，その趣旨を受けて刑事訴訟法220条1項2号が，被疑者を逮捕する場合の逮捕の現場における捜索差押については，令状によらないことを許容しているのは，逮捕の場所には被疑事実と関連する証拠物が存在する蓋然性が強く，その捜索差押が逮捕という重大な法益侵害に随伴する処分であることおよび被疑事実が外部的に明白であることのほか，逮捕者の身体の安全をはかり，また被疑者による証拠の散逸や破壊を防止するための緊急の措置として認められたものと解される。従って右の逮捕の現場というのも右の如き事情の認められる合理的な場所的範囲を指し，通常被疑者を逮捕した場所と直接接続する限られた範囲の空間を意味するものと解するのが相当である。……被疑者の所持している物については，たとえ被疑者の逮捕された場所を離れたとしても，無令状の捜索，差押を緊急の措置として認めたところの前示の実質的理由が，なお継続している場合がないとはいえず，被疑者の所持品に関しては，右の逮捕の現場という要件を広く解してもよいのではないかと考えられないでもないが，しかし刑事訴訟法220条1項2号が，逮捕の現場と規定しているのは，無令状による捜索，差押を場所的に限定し，令状主義の例外を厳格に制限しようとしたものと解すべきであって，被疑者の所持品についても必要があれば逮捕した場所において直ちに捜索，差押を行えば，被疑者を警察署に連行するなどその身体を場所的に移動した後においても，かような緊急の状態が継続することはほとんどありえないことであり，被疑者の所持品について格別に逮捕の現場という要件をゆるやかに解する必要はなく，これをゆるやかに解し，あるいは無視することは不当であるというべきである。

そこで，右爆竹が差押えられた場所である曾根崎警察署が逮捕の現場と言い得るだけの合理的な場所的範囲にあたるかどうかについて検討してみる……。……右K巡査は右扇町公園南側出入口付近歩道上で被告人を逮捕したが，その時は前記赤ヘルメット集団が火炎びんを投てきした直後であって，現場が混乱しており，被告人を奪還されるおそれもあったので，これを避けるためその場では捜索差押ができなかったということは

首肯されるけれども同所から被告人を連行して同公園南側の巾員約18米の道路を南方に向って横断した甲社扇町営業所北側歩道上では，もはや右のような事情があったものと思料されず，同歩道上には右K巡査のほかにも警察官が居ったことが明らかであるから，同歩道上で捜索差押が不可能あるいは著しく困難であったとは認められない。また甲社西側車道上に停車していたパトカーに被告人を同乗させた場所で被告人の所持品について捜索，差押ができなかったという合理的な理由は見当らないといわざるをえない。しかも右K巡査は右パトカーの中においてさえも，捜索差押が不可能であった旨……供述をしているけれども，右供述によるも右パトカーの後部座席には同人ともう1人の警察官とで被告人を真中にしてはさむような形で乗車していたもので，もし右爆竹を差押えるつもりであれば，それが不可能あるいは著しく困難であったとは認められない。……右爆竹を曾根崎警察署に至ってから捜索差押したことが，刑事訴訟法220条1項2号の逮捕の現場における捜索差押として，合理的範囲においてなされたものとはいえず，右爆竹は憲法35条，刑事訴訟法220条1項2号に違反する手続きによって収集された証拠物であるといわざるをえない。」

8　体液の採取

(1) 身体を対象とした強制処分の種類

Q Elementary

1 警察官Kは，外国人Fが路上で覚せい剤を販売しているとの情報を得た。Fがその衣服内に覚せい剤を隠し持っているか否かを強制的に確かめるために，Kは刑事訴訟法上いかなる手段をとることができるか。

2 Kは，Fが覚せい剤を販売しているだけでなく，自らも覚せい剤を常用しているとの情報を得ていた。Fが覚せい剤を使用しているか否かを確かめる目的で，Fの上着を強制的に脱がせた上，その腕に注射痕があるか否かを検査するために，Kは刑事訴訟法上いかなる手段をとることができるか。

3 Kは，かねてから覚せい剤の運び屋であるとの疑いがあったCが，覚せい剤を肛門内に隠すという方法で，それをわが国に密輸入しようとしているという情報を得た。空港に到着し，わが国に入国しようとしているCに対し，覚せい剤を所持しているか否かを確かめる目的で，その肛門内を検査するために，Kは刑事訴訟法上いかなる手段をとることができるか。

4 上の事案で，KがCに対し所持品を見せるように求めたところ，Cが上着のポケットに入っていた何かをいきなり飲み込んだとする。Cの胃の内部をエックス線撮影して，Cが何を飲み込んだかを確かめるために，Kは刑事訴訟法上いかなる手段をとることができるか。

(2) 強制採尿

8-1 最一決昭和55年10月23日刑集34巻5号300頁

【事案の概要】 昭和52年6月28日午前10時ころ，愛知県江南警察署警察官Aらは，X（被告人）を覚せい剤の譲渡しの被疑事実で逮捕した。Aは，Xの両腕に存する静脈注射痕様のもの，その言語・態度などに照らし，覚せい剤の自己使用の余罪の嫌疑を抱き，尿の任意提出を再三にわたり求めたが，Xは拒絶し続けた。翌29日午後4時ころ，同署は，強制採尿もやむなしとして身体検査令状及び鑑定処分許可状の発付を得た。同日夕刻鑑定受託者である医師Oは，強制採尿に着手するに先立ち，Xに自然排尿の機会を与えたのち，同日午後7時ころ，同署医務室のベッド上において，数人の警察官に身体を押えつけられているXから，ゴム製導尿管（カテーテル）を尿道に挿入して約100CCの尿を採取した。Xは，採尿の開始直前まで採尿を拒否して激しく抵抗したが，開始後はあきらめてさして抵抗しなか

った。同署は，同医師から，採取した尿の任意提出を受けてこれを領置し，尿中の覚せい剤含有の有無等につき愛知県警察本部犯罪科学研究所に対し鑑定の嘱託手続をとった。

原審である名古屋高裁は，本件採尿手続の適法性につき，「本件におけるように，尿の提出を拒否して抵抗する被疑者の身体を数人の警察官が実力をもって押さえつけ，カテーテルを用いてその陰茎から尿を採取するがごときことは，それが，裁判官の発する……令状に基づき，直接的には，医師の手によって行われたものであったとしても，被疑者の人格の尊厳を著しく害し，その令状の執行手続として許される限度を越え，違法であるといわざるを得ない」としつつも，その違法の程度は令状主義の精神を没却するような重大なものではないとして，鑑定書の証拠能力については，これを認めた。これに対しXが上告したところ，最高裁は，弁護人の上告趣意は，いずれも刑訴法405条の上告理由にあたらないとしつつも，職権で次のような判断を示した。

【判示】　上告棄却。

「二　尿を任意に提出しない被疑者に対し，強制力を用いてその身体から尿を採取することは，身体に対する侵入行為であるとともに屈辱感等の精神的打撃を与える行為であるが，右採尿につき通常用いられるカテーテルを尿道に挿入して尿を採取する方法は，被採取者に対しある程度の肉体的不快感ないし抵抗感を与えるとはいえ，医師等これに習熟した技能者によって適切に行われる限り，身体上ないし健康上格別の障害をもたらす危険性は比較的乏しく，仮に障害を起こすことがあっても軽微なものにすぎないと考えられるし，また，右強制採尿が被疑者に与える屈辱感等の精神的打撃は，検証の方法としての身体検査においても同程度の場合がありうるのであるから，被疑者に対する右のような方法による強制採尿が捜査手続上の強制処分として絶対に許されないとすべき理由はなく，被疑事件の重大性，嫌疑の存在，当該証拠の重要性とその取得の必要性，適当な代替手段の不存在等の事情に照らし，犯罪の捜査上真にやむをえないと認められる場合には，最終的手段として，適切な法律上の手続を経てこれを行うことも許されてしかるべきであり，ただ，その実施にあたっては，被疑者の身体の安全とその人格の保護のため十分な配慮が施されるべきものと解するのが相当である。

そこで，右の適切な法律上の手続について考えるのに，体内に存在する尿を犯罪の証拠物として強制的に採取する行為は捜索・差押の性質を有するものとみるべきであるから，捜査機関がこれを実施するには捜索差押令状を必要とすると解すべきである。ただし，右行為は人権の侵害にわたるおそれがある点では，一般の捜索・差押と異なり，検証の方法としての身体検査と共通の性質を有しているので，身体検査令状に関する刑訴法218条5項［現6項］が右捜索差押令状に準用されるべき

であって，令状の記載要件として強制採尿は医師をして医学的に相当と認められる方法により行わせなければならない旨の条件の記載が不可欠であると解さなければならない。

　三　これを本件についてみるのに，覚せい剤取締法41条の2第1項3号［現行法41条の3第1項1号に相当］，19条に該当する覚せい剤自己使用の罪は10年以下の懲役刑に処せられる相当重大な犯罪であること，被告人には覚せい剤の自己使用の嫌疑が認められたこと，被告人は犯行を徹底的に否認していたため証拠として被告人の尿を取得する必要性があったこと，被告人は逮捕後尿の任意提出を頑強に拒み続けていたこと，捜査機関は，従来の捜査実務の例に従い，強制採尿のため，裁判官から身体検査令状及び鑑定処分許可状の発付を受けたこと，被告人は逮捕後33時間経過してもなお尿の任意提出を拒み，他に強制採尿に代わる適当な手段は存在しなかったこと，捜査機関はやむなく右身体検査令状及び鑑定処分許可状に基づき，医師に採尿を嘱託し，同医師により適切な医学上の配慮の下に合理的かつ安全な方法によって採尿が実施されたこと，右医師による採尿に対し被告人が激しく抵抗したので数人の警察官が被告人の身体を押えつけたが，右有形力の行使は採尿を安全に実施するにつき必要最小限度のものであったことが認められ，本件強制採尿の過程は，令状の種類及び形式の点については問題があるけれども，それ以外の点では，法の要求する前記の要件をすべて充足していることが明らかである。

　令状の種類及び形式の点では，本来は前記の適切な条件を付した捜索差押令状が用いられるべきであるが，本件のように従来の実務の大勢に従い，身体検査令状と鑑定処分許可状の両者を取得している場合には，医師により適当な方法で採尿が実施されている以上，法の実質的な要請は十分充たされており，この点の不一致は技術的な形式的不備であって，本件採尿検査の適法性をそこなうものではない。」

(a)　許容性

Q Basic

5　名古屋高裁が本件の採尿手続を違法とした理由は何か。裁判官の発付した適式な令状に基づく処分であるにもかかわらず，それが違法となることがありうるのか。また，本件採尿手続を適法とした最高裁の判断との違いはどこから生じているのか。

6　最高裁は，「強制採尿が被疑者に与える屈辱感等の精神的打撃は，検証の方法としての身体検査においても同程度の場合がありうる」としている。これは，どのような形態の身体検査を想定したものなのか。

7　強制採尿令状の発付に必要とされる嫌疑は，通常の捜索差押許可状と同程度でよいか。それとも，より高度の嫌疑の存在が必要か。いかなる具体的事情があれ

ば，その発付が認められるか。

8 最高裁は，本件事案において強制採尿が許容される理由の1つとして，被疑者が尿の任意提出を頑強に拒んでいたことを挙げている。

(1) この要素は，いかなる意味で，強制採尿の許容性を基礎付けるのか。

(2) 被疑者が覚せい剤の影響により錯乱状態にある場合，強制採尿は認められるか（参考裁判例8-3参照）。

Advanced

9 強制採尿令状が発付された後，捜査機関が，改めて被疑者に対し尿の提出を促すことなく強制採尿を実施した場合，この採尿は違法となるか。この関係で，実務上，強制採尿令状に，採尿の方法として，「まず，司法警察職員が，被疑者に対し一定の容器内に排尿するよう命じ，その自然排泄を待って採尿すること」という記載を行う例がある。この記載は，法的にいかなる意味を持つか，また，このような記載をすることは許されるか。

10 警察官Kは，覚せい剤の自己使用容疑で逮捕したAから，同覚せい剤は，1週間前に，内縁の夫であるBと一緒に注射器を回し打ちした際に使用したものだとの供述を得た。そこで，Kは，覚せい剤の自己使用容疑でBの逮捕状をとり，B宅に赴いて，警察署までの任意同行を求めた上，警察署内でBを逮捕した。Kは，自己使用のより確実な証拠を得るため，Bに対して尿の提出を求めたが，Bはこれに応じなかった。この場合，Kは，警察署内の医務室に勤務している医師に依頼したうえで，逮捕に伴う捜索・差押えとして，無令状で，Bに対する強制採尿を行うことができるか。

(b) 令状の形式

Basic

11 本件における強制採尿は，身体検査令状と鑑定処分許可状という2つの令状に基づいて実施されており，それが本決定以前の実務の大勢であった。このように2つの令状が併用されていた理由はどこにあったと考えられるか。身体検査令状又は鑑定処分許可状のみでは，いかなる問題があるのか。

12 最高裁は，強制採尿は捜索・差押令状によるべきものとしている。その根拠は何か。逆に，それまで強制採尿が捜索・差押令状によって行われてこなかったのはなぜだと考えられるか。

13 強制採尿を捜索・差押令状で行うことには，その実施にあたって，いかなる問題があると考えられるか。それに対して，最高裁は，どのような解決策を示しているか。

14 最高裁は，「令状の記載要件として強制採尿は医師をして医学的に相当と認

められる方法により行わせなければならない旨の条件の記載が不可欠である」としている。このような条件の記載は，強制採尿が許容されるか否かにあたって，いかなる意味を持つか。仮にその記載がない令状が発付された場合，その実際の執行は医師の手によって行われたとしても強制採尿は違法となるか。

15 本決定は，判例によって新たな形式の令状を作り出したに等しく，強制処分法定主義に反するという批判がある。この見解についてどう考えるか。

(c) 採尿のための強制連行
8-[2]　最三決平成6年9月16日刑集48巻6号420頁
（2-[7]，23-[6]と同一事件）

【事案の概要】　本件は，警察官が，覚せい剤使用の疑いのあるX（被告人）に対して，路上で職務質問するとともに，警察署への任意同行を繰り返し求めたが，Xがこれをかたくなに拒否し続けたために，6時間半余りにわたって現場に留め置き，その間に強制採尿令状の発付を得たうえで，Xの抵抗を排して病院まで連行し，そこでXの尿を採取したという事案である（事案の詳細については，2-[7]を参照）。

弁護人は，本件におけるこのような一連の手続には重大な違法があるとして，採取された尿の鑑定書の証拠能力は否定されるべきだと主張した。最高裁は，結論として，鑑定書の証拠能力を認めたが，一連の手続のうち，強制採尿のために被疑者を病院まで連行した点につき，以下のような判断を示した。

【判示】「身柄を拘束されていない被疑者を採尿場所へ任意に同行することが事実上不可能であると認められる場合には，強制採尿令状の効力として，採尿に適する最寄りの場所まで被疑者を連行することができ，その際，必要最小限度の有形力を行使することができるものと解するのが相当である。けだし，そのように解しないと，強制採尿令状の目的を達することができないだけでなく，このような場合に右令状を発付する裁判官は，連行の当否を含めて審査し，右令状を発付したものとみられるからである。その場合，右令状に，被疑者を採尿に適する最寄りの場所まで連行することを許可する旨を記載することができることはもとより，被疑者の所在場所が特定しているため，そこから最も近い特定の採尿場所を指定して，そこまで連行することを許可する旨を記載することができることも，明らかである。

本件において，被告人を任意に採尿に適する場所まで同行することが事実上不可能であったことは，前記のとおりであり，連行のために必要限度を超えて被疑者を拘束したり有形力を加えたものとはみられない。また，前記病院における強制採尿手続にも，違法と目すべき点は見当たらない。したがって，本件強制採尿手続自体に違法はないというべきである。」

Q Basic

16 本決定は，強制採尿令状の効力として，採尿に適する最寄りの場所まで対象者を連行することができるとし，その理由として，そのように解しないと，強制採尿令状の目的を達することができないということに加えて，強制採尿令状を発付する裁判官は，連行の当否を含めて審査し，令状を発付したものとみられるという点を挙げている。これによると，令状発付の段階で，強制採尿自体の許否だけでなく，採尿場所への連行の許否についても司法審査を経た場合に限り，強制採尿令状の付随的効力として，対象者を拘束して採尿場所まで連行することが認められる（中谷雄二郎・最判解刑事篇平成6年170頁）ということになるのか。仮にそうだとすると，それはなぜか。特定の強制処分に付随する処分が令状の効力として認められるためには，その処分自体につき司法審査がなされていなければならないのか。

17 本決定以前の裁判例には，強制採尿のための連行は，強制採尿令状の執行に「必要な処分」（刑訴法111条1項・222条1項）として認められるとしたものもある（東京高判平成2年8月29日判時1374号136頁）。令状の効力に基づく処分と「必要な処分」とでは，それが認められる要件や範囲に差異があるのか。

18 強制採尿令状の発付に要求される嫌疑の程度は，逮捕のために必要とされる嫌疑の程度よりも低いものでよいとされている。仮にそうだとすると，強制採尿令状に基づき採尿場所までの連行を認めることは，逮捕の要件が具わっていないにもかかわらず，実質的な逮捕を認めることにならないか。

19 連行には時間的，距離的な限界はあるか。例えば，採尿に適した場所が車で2時間ほどのところにしかないという場合，被疑者をそこまで連行することはできるか。

20 本決定によると，強制採尿のための捜索差押令状は，捜査機関に対し，強制採尿それ自体のみならず，そのための連行までをも許可した令状であることになる。刑訴法上，そのような令状の発付を認める規定があるか。仮にないとした場合，それは強制処分法定主義に反しないか。

21 仮に強制採尿令状による連行は許されないとした場合，本件と異なり，逮捕・勾留されている被疑者に対し強制採尿令状が発付された場合に，留置場にいる対象者を，採尿のために，同じ警察署内の医務室まで連れていくことはできるか。この点につき，この場合の連行は，刑訴法198条1項但書に基づき，逮捕・勾留の効力として許容されるとする見解があるが，この説明は成り立つか。

22 警察官Kは，暴力団関係者であるAが覚せい剤を路上で販売しているとの情報に基づき，覚せい剤の所持を理由とするAの身体の捜索令状を得た。Kがその執行に赴いたところ，Aの立っている場所は人通りが多く，そこで捜索令状を執行することは困難であると考えられた。Kは，捜索に適した最寄りの場所まで，

Aを強制的に移動させることができるか。強制採尿のための連行を，この強制的な移動と同様に考えることができるか。

Q Advanced

23 逮捕・勾留されていない被疑者を，強制採尿令状により最寄りの警察署医務室に連行して採尿を実施した後，採取された尿に覚せい剤成分が含まれているか否かが判明するまでの間，被疑者をその場に強制的に留め置くことができるか。

24 本件においては，午後5時2分ころに強制採尿令状が発付され，5時45分ころに令状の執行が開始されている。この点につき，原審である仙台高裁は，強制採尿令状が発付された後，令状が到着するまでの必要不可欠な時間，被疑者の身柄を拘束することは，最寄りの適当な場所までの連行と同様に，令状執行のため当然に予定されたものであるから適法である旨の判断を示している。このような解釈は可能か。

(d) 自然排尿による採取

Q Advanced

25 警察官Kは，覚せい剤使用の疑いのあるXを警察署に任意同行し，尿の提出を求めたが，Xはこれをかたくなに拒否した。そこで，Kは，Xが排尿をがまんできなくなるまで説得を続けることとし，5時間後，がまんの限界に達したXは，Kの求めに応じて尿を提出した。この採尿手続は適法か。

26 警察官Kは，傷害の疑いで逮捕した暴力団員であるSが，その言動等から覚せい剤を使用しているのではないかという疑いを抱いた。しかし，強制採尿令状を請求できるほどの嫌疑はなく，また，直接に尿の提出を求めれば，それが拒否されることは明らかであった。Kが，以下のようにしてSの尿を獲得した場合，その採尿手続は適法か（参考裁判例1-7，「1 任意捜査と強制捜査」**Q15** も参照）。

(1) Kは，Sに対する強制採尿令状が発付されているかのように装い，Sに自ら排尿させて，排出された尿の提出を受けた（東京地判昭和62年11月25日判時1261号138頁参照）。

(2) 尿意を催したSがトイレに行きたいと申し出たのに対し，Kは，トイレが使用不能であるかのように装い，Sに尿瓶を与えて排尿させ，排出された尿の引渡しを受けた。

(3) Sがトイレに行きたいと申し出たが，その時点では，たまたま留置担当の警察官が急用で出払っており，監視のための人をつけることができない状態であった。これを奇貨としたKは，Sに状況を説明した上で，尿瓶を与えて排尿させ，排出された尿の引渡しを受けた（東京高判昭和49年11月26日高刑集27巻7号653頁参照）。

(3) 関連する諸問題
(a) 強制採血

[設例1]
　Aは，飲酒の上，乗用車を運転中，通行人をはねて死亡させた上，自分も負傷し失神した状態で病院に搬入された。警察は，飲酒運転及び危険運転致死罪の証拠とするため，Aの血液を採取して血中アルコール濃度を測定しようとしたが，Aの意識は戻っておらず，血液採取のための承諾を得ることはできない状態であった。

Q Basic

27　Aの治療中に使われたガーゼに，Aの血液がついている場合，警察官は，看護師にその任意提出を求めることができるか。

28　Aは腕に傷を負っており，傷口からはなお血が流れ出している状態であったとする。警察官は，看護師に依頼して，流れ出てきた血液をガーゼで採取してもらうことができるか。

29　医師に依頼して，Aの腕から注射器で採血をすることはできるか。

30　採血ができるとした場合，ごく微量の血液の採取であっても，令状は必ず必要か。

31　令状が必要であるとして，いかなる形式の令状が求められるか。強制採尿は捜索・差押令状により行われるべきであるとした判例の考え方は，この場合にも妥当するか。

(b) 嚥下物の取得

[設例2]
　警察官Kは，Fが路上で覚せい剤を販売しているとの情報を得て，Fに職務質問をするため近づいたところ，Fは，突然その場から逃げ出し，手に持っていた覚せい剤らしきものが入った袋を飲み込んだ。

Q Advanced

32　この場合，Fが飲み込んだものを取得するために，どのような手段がとりうるか。Fの胃の内部をエックス線撮影することや，下剤を投与して嚥下物を排泄させることはできるか。

33　エックス線撮影と下剤の投与のために，Fを最寄りの病院まで連行することはできるか。下剤の投与後，嚥下物を排泄するまで，Fの身柄を拘束しておくことはできるか。

□ **参考裁判例8-3**　最二決平成3年7月16日刑集45巻6号201頁
　駅のホーム上で大声を出してわけのわからないことをわめいているところを，通報に

よってかけつけた警察官によって保護された被告人が，薬物による中毒症状で意識が回復しない状態であり，任意の排尿を促しても返答をしなかったため，強制採尿を実施した，という事案につき，最高裁は，次のように判示した。

「被告人は，錯乱状態に陥っていて任意の尿の提出が期待できない状況にあったものと認められるのであって，本件被疑事実の重大性，嫌疑の存在，当該証拠の重要性とその取得の必要性，適当な代替手段の不存在等の事情に照らせば，本件強制採尿は，犯罪の捜査上真にやむを得ない場合に実施されたものということができるから，右手続に違法はないとした原判断は正当である。」

9 会話・通信の傍受

(1) 会話・通信の傍受の法的性質

9-1 東京高決昭和28年7月17日判時9号3頁（十日町事件）

【事案の概要】 団体等規正令違反の嫌疑で，いわゆる日本共産党8幹部の所在捜査が進められていた昭和26年11月ころ，司法警察職員K警部補は，A方2階に居住するBが共産党員であり，同人方には党関係者がしばしば出入りして集会すること等の事実を内偵したため，同人等の会談内容によっては8幹部らの動静等も探知し得ると考え，11月6日，かねて犯罪捜査用として警察署長Lから交付されていた密行用増幅器とマイクロホンを家主のAに手渡し，これをBの居室内の模様が探知できるように設置することを依頼した。Aはこれを諒承して，マイクロホンをBの居室の隣室である6畳間の襖に接着して取り付け，これとコードで連結した増幅器を階下の6畳間の押入内に置いた。そして，K警部補が，同月7日から14日まで，随時A方に赴き，増幅器によって数回にわたりBの居室内における会話を密かに聴取した。

これに対し警察署長Lについて職権濫用罪の告発がなされたが，検察官は不起訴処分とした。これに対して付審判請求がなされたが，原審は本件警察官の行為が「捜査権限の範囲を逸脱しているとは認められない」として，付審判請求を棄却した。この決定に対し抗告がなされた。

【判示】 抗告棄却。

「凡そ犯罪の嫌疑がある場合には，その種類及び被害程度等の如何にかかわらず，その捜査に努むべきは当該司法警察職員の職権並に職務に属しその捜査の方法に関しては，特に強制的処分に渉らず，また法の規制するところに従う限り，その捜査目的の達成に必要な処分をなすを妨げない。従って此の処分の対象となる者は被疑者本人に限らず，当該事件の真相を探知して捜査目的を達成するに必要な関係に在る第三者も亦これに包含せられるものと解すべきである。

これを本件について見るに，本件聴取の行われた時より相当以前から，いわゆる日本共産党8幹部……の所在は久しく不明であり，そのため全国的に捜査手続が進められつつあったところ，前記Bも同党員であって，同人方には……若干名の同党関係者が屢々出入して集会することもあり，且つ昭和26年11月頃になってからは，同人等の会談内容等によっては右8幹部の動静等も探知し得る様な情勢も見えたため，当時同方面の犯罪捜査を担当していたK警部補は……本件増幅器を使用して，前記の様に聴取するに至ったもので，即ち本件聴取の目的は専ら右8幹部の

前記被疑事件に関する捜査に在り，その聴取器の取付け及び使用のためA方に出入するについては，同家屋管理者たる同人の承諾を受けたのであるが，同器はBの居室の外側近くに取付けられたにすぎず，之によって同室内の外観，音響等の利用形態には何等の影響をも来さなかったことはいずれも記録上明白である。また右聴取が所論の様に日本共産党の合法的政治活動を弾圧する準備に資する目的を以てなされたものであるとの事跡は記録上これを発見し得ない。而して右聴取器の取付け及び使用は聴取せられるB等に対しては穏密裡になされたものではあるが，却ってそのために前叙の様に，同人等の居室の内外に亘ってこれを附着せしめて使用したものでもなくまた右取付及び使用については家屋管理者の承諾を得たものであるから，捜査当局は此の聴取を以て敢て強制的処分と謂うに当らないものと考えていたことは記録によって明白である。かくして右聴取は，右捜査目的を達成するに必要な範囲と限度とにおいて行われた限においては，たといその為に前記B等の所論基本権等の行使に軽度の悪影響が与えられたとしても，それは右聴取行為に必然的に伴う結果であってこれを目して職権を濫用するものであるとすることはできない。何となれば，右の範囲と限度内における聴取は合法的な捜査行為として公共の福祉を図る所以であるから右B等は所論基本権等を右の公共の福祉のために利用すべき責任を有するからである。尤も右聴取の遂行過程において，右捜査目的の達成には直接資するところのない談話内容等が当該司法警察職員の聴覚に触れることはあり得るが，本件においてかかる事実が実在し，そのために所論B等が国民として有する住居，言論，結社等の自由に関する基本的人権が脅威又は侵害を受けたとの事実を疑うに足る十分な根拠は記録上存在しない。」

Q Elementary

1 本決定は，どのような理由で，本件事案のような方法で行われた警察官による室内会話の聴取を適法だと判断しているか。

2 本決定と〔**参考例1**〕とを対比してみよ。これらは，室内会話や電話の通話内容の聴取という捜査手段によって侵害されるおそれのある法益をどのように考えているか。

3 〔**参考例2**〕は，捜査官の行為によって侵害される法益をどのように考えているか。仮に憲法35条の定める侵入・捜索・押収に対する保障について，〔**参考例2**〕と同様の考え方を採った場合，本件事案のような警察官による室内会話の聴取は，どのように評価されるか。

4 判例9-2は，電話の通話内容の聴取によって侵害される法益をどのように考えているか。その考え方によれば，本件事案はどのように評価されるか。

5 室内会話の聴取と電話の通話内容の聴取で，侵害される法益等に違いがあるか。

〔参考例1〕 Olmstead v. United States, 277 U.S. 438 (1928)（アメリカ合衆国最高裁判所・判決）

　禁酒法違反の捜査の過程で、捜査官が、令状なしに被疑者らの住居や事務所の電話につながる屋外や地下の電話線に傍受装置を接続するという方法で電話の通話内容を傍受し、速記記録したという事案。このような電話傍受は、「身体、住居、書類、所有物について、不合理な捜索・押収を受けることのない人民の権利は、侵されてはならない。いかなる令状も、宣誓または確約によって支持される相当な理由に基づき、かつ、捜索されるべき場所および押収されるべき物を特定表示するものでなければ、発せられてはならない」旨保障した合衆国憲法修正4条に違反する旨の主張に対し、合衆国最高裁判所の多数意見は、大略次のように判示してこれをしりぞけた。

　電話傍受により収集された証拠は聴覚により捕捉されたにとどまり、「書類や有体物の押収」も「押収を目的にした住居［等］への現実の物理的侵入（actual physical invasion）」もなかった以上、不合理な捜索・押収の禁止と令状要件を定めた憲法修正4条に違反するものではない。

〔参考例2〕 Katz v. United States, 389 U.S. 347 (1967)（アメリカ合衆国最高裁判所・判決）

　電話を利用して賭博の情報を伝達したという被疑事実につき、捜査官が、公衆電話ボックス内部に物理的に侵入することなく、ボックスの外側に盗聴器を設置し、電話をかけている被疑者の通話内容を傍受・録音したという事案。合衆国最高裁判所は、大略、次のように判示した。

　「修正4条は、不合理な捜索・押収から――単なる『領域』ではなく――人を護るものである」から、その適用範囲の画定を「ある閉ざされた場所への物理的侵入の有無」に懸からしめることは適切でない。被疑者の発した言葉を電子機器を用いて聴取し録音したのは、被疑者が公衆電話ボックスを利用している間確保されているものと「正当に信頼していた（justifiably relied）プライバシー」を侵害するものであり、従って修正4条にいう「捜索・押収」に当たる。

　また、ハーラン裁判官の補足意見は、この判示の趣旨を次のように説明している。

　修正4条は「プライバシーの合理的な期待（reasonable expectation of privacy）」を保護しようとするものであり、そのような「プライバシーの合理的な期待」が妥当する領域に対する電子的な侵犯も修正4条の違反となる。

215

(2) 電話の通話内容の検証

9-2 最三決平成11年12月16日刑集53巻9号1327頁（旭川覚せい剤密売事件）

【事案の概要】 北海道警察旭川方面本部の警察官は，旭川簡易裁判所の裁判官に対し，氏名不詳の被疑者らに対する覚せい剤取締法違反被疑事件について，電話傍受を検証として行うことを許可する旨の検証許可状を請求した（令状請求の理由とされた被疑事実は，平成6年6月4日午後7時30分ころ，旭川市内のS方前路上において，Kに対し，ビニール袋入り覚せい剤一袋を代金15000円で譲り渡したという，営利目的での覚せい剤譲渡であった）。警察官の提出した資料によれば，以下の事情が明らかであった。すなわち，犯罪事実は，営利目的による覚せい剤の譲渡しであり，その嫌疑は明白であった。同犯罪は，暴力団による組織的，継続的な覚せい剤密売の一環として行われたもので，密売の態様は，暴力団組事務所のあるマンションの居室に設置された電話で客から覚せい剤買受けの注文を受け，その客に一定の場所に赴くよう指示した上，その場所で覚せい剤の譲渡しに及ぶというものであったが，電話受付担当者と譲渡し担当者は別人であり，それらの担当者や両者の具体的連絡方法などを特定するに足りる証拠を収集することができなかった。前記居室には2台の電話機が設置されており，1台は覚せい剤買受けの注文を受け付けるための専用電話である可能性が極めて高く，もう1台は受付担当者と譲渡し担当者との間の覚せい剤密売に関する連絡用電話である可能性があった。そのため，前記2台に関する電話傍受により得られる証拠は，覚せい剤密売の実態を解明し被疑者らを特定するために重要かつ必要なものであり，他の手段を用いてその目的を達成することは著しく困難であった。

裁判官は，検証すべき場所及び物を「日本電信電話株式会社旭川支店113サービス担当試験室及び同支店保守管理にかかる同室内の機器」，検証すべき内容を「［前記2台の電話］に発着信される通話内容及び同室内の機器の状況（ただし，覚せい剤取引に関する通話内容に限定する）」，検証の期間を「平成6年7月22日から同月23日までの間（ただし，各日とも午後5時00分から午後11時00分までの間に限る）」，検証の方法を「地方公務員2名を立ち会わせて通話内容を分配器のスピーカーで拡声して聴取するとともに録音する。その際，対象外と思料される通話内容については，スピーカーの音声遮断及び録音中止のため，立会人をして直ちに分配器の電源スイッチを切断させる」と記載した検証許可状を発付した。

警察官は，この検証許可状に基づき，令状記載の各制限を遵守して，電話傍受を実施したところ，客であるNとX（被告人）との間の覚せい剤売買に関する通話を傍受し，その結果，Nと注文受付担当のX及び譲渡し担当の共犯者Tを検挙するに至った。Xは，前記電話傍受が実施された7月22日及び23日に行われたNほか計4名の客に対する覚せい剤譲渡について，Tと共謀の上，営利の目的で覚せい

剤を譲り渡した旨の事実で起訴された。Xは，本件電話傍受は違憲・違法であり，覚せい剤譲渡しの関係証拠は違法収集証拠として排除されるべきである旨主張したが，第1審，第2審とも，違憲・違法の主張を排斥して有罪としたので，上告した。
【判示】 上告棄却。
「上告趣意のうち，憲法違反をいう点について
1　所論は，電話の通話内容を通話当事者双方の同意を得ずに傍受すること（以下「電話傍受」という。）は，本件当時，捜査の手段として法律に定められていない強制処分であるから，それを許可する令状の発付及びこれに基づく電話傍受は，刑訴法197条1項ただし書に規定する強制処分法定主義に反し違法であるのみならず，憲法31条，35条に違反し，ひいては，憲法13条，21条2項に違反すると主張する。
2　電話傍受は，通信の秘密を侵害し，ひいては，個人のプライバシーを侵害する強制処分であるが，一定の要件の下では，捜査の手段として憲法上全く許されないものではないと解すべきであって，このことは所論も認めるところである。そして，重大な犯罪に係る被疑事件について，被疑者が罪を犯したと疑うに足りる十分な理由があり，かつ，当該電話により被疑事実に関連する通話の行われる蓋然性があるとともに，電話傍受以外の方法によってはその罪に関する重要かつ必要な証拠を得ることが著しく困難であるなどの事情が存する場合において，電話傍受により侵害される利益の内容，程度を慎重に考慮した上で，なお電話傍受を行うことが犯罪の捜査上真にやむを得ないと認められるときには，法律の定める手続に従ってこれを行うことも憲法上許されると解するのが相当である。
3　そこで，本件当時，電話傍受が法律に定められた強制処分の令状により可能であったか否かについて検討すると，電話傍受を直接の目的とした令状は存していなかったけれども，次のような点にかんがみると，前記の一定の要件を満たす場合に，対象の特定に資する適切な記載がある検証許可状により電話傍受を実施することは，本件当時においても法律上許されていたものと解するのが相当である。
　(1)　電話傍受は，通話内容を聴覚により認識し，それを記録するという点で，五官の作用によって対象の存否，性質，状態，内容等を認識，保全する検証としての性質をも有するということができる。
　(2)　裁判官は，捜査機関から提出される資料により，当該電話傍受が前記の要件を満たすか否かを事前に審査することが可能である。
　(3)　検証許可状の『検証すべき場所若しくは物』（刑訴法219条1項）の記載に当たり，傍受すべき通話，傍受の対象となる電話回線，傍受実施の方法及び場所，傍受ができる期間をできる限り限定することにより，傍受対象の特定という要請を相当程度満たすことができる。

(4) 身体検査令状に関する同法218条5項は，その規定する条件の付加が強制処分の範囲，程度を減縮させる方向に作用する点において，身体検査令状以外の検証許可状にもその準用を肯定し得ると解されるから，裁判官は，電話傍受の実施に関し適当と認める条件，例えば，捜査機関以外の第三者を立ち会わせて，対象外と思料される通話内容の傍受を速やかに遮断する措置を採らせなければならない旨を検証の条件として付することができる。

(5) なお，捜査機関において，電話傍受の実施中，傍受すべき通話に該当するかどうかが明らかでない通話について，その判断に必要な限度で，当該通話の傍受をすることは，同法129条所定の『必要な処分』に含まれると解し得る。

もっとも，検証許可状による場合，法律や規則上，通話当事者に対する事後通知の措置や通話当事者からの不服申立ては規定されておらず，その点に問題があることは否定し難いが，電話傍受は，これを行うことが犯罪の捜査上真にやむを得ないと認められる場合に限り，かつ，前述のような手続に従うことによって初めて実施され得ることなどを考慮すると，右の点を理由に検証許可状による電話傍受が許されなかったとまで解するのは相当でない。

4 これを本件についてみると，原判決及びその是認する第1審判決の認定によれば，本件電話傍受の経緯は，次［前記【事案の概要】］のとおりである。……

右の経緯に照らすと，本件電話傍受は，前記の一定の要件を満たす場合において，対象をできる限り限定し，かつ，適切な条件を付した検証許可状により行われたものと認めることができる。

5 以上のとおり，電話傍受は本件当時捜査の手段として法律上認められていなかったということはできず，また，本件検証許可状による電話傍受は法律の定める手続に従って行われたものと認められる。所論は，右と異なる解釈の下に違憲をいうものであって，その前提を欠くものといわなければならない。」

元原利文裁判官の反対意見は，次のとおりである。

「私は，電話傍受が本件当時捜査の手段として法律上認められていなかった強制処分であり，本件電話傍受により得られた証拠の証拠能力は否定されるべきであるから，これを肯定した原判決は破棄すべきものと考える。以下にその理由を述べる。

一 電話傍受は，憲法21条2項が保障する通信の秘密や，憲法13条に由来するプライバシーの権利に対する重大な制約となる行為であるから，よしんばこれを行うとしても，憲法35条が定める令状主義の規制に服するとともに，憲法31条が求める適正な手続が保障されなければならない。電話傍受は，多数意見のいうとおり，検証としての性質をも有することは否めないところであるが，傍受の対象に犯罪と無関係な通話が混入する可能性は，程度の差はあっても否定することができず，傍受の実施中，傍受すべき通話に該当するか否かを判断するために選別的な聴取を行

うことは避けられないものである。多数意見は，そのような選別的な聴取は，刑訴法129条所定の『必要な処分』に含まれると解し得るというが，犯罪に関係のある通話についてのみ検証が許されるとしながら，前段階の付随的な処分にすぎない『必要な処分』に無関係通話の傍受を含めることは，不合理というべきである。電話傍受に不可避的に伴う選別的な聴取は，検証のための『必要な処分』の範囲を超えるものであり，この点で，電話傍受を刑訴法上の検証として行うことには無理があるといわなければならない。

二　電話傍受にあっては，その性質上令状の事前呈示の要件（刑訴法222条1項，110条）を満たすことができないのはやむを得ないところであるが，適正手続の保障の見地から，少なくとも傍受終了後合理的な期間内に処分対象者に対し処分の内容について告知をすることが必要であるというべきである。また，電話傍受は，情報の押収という側面を有するから，違法な傍受が行われたときは，処分対象者に対し原状回復のための不服申立ての途が保障されていなければならない。ところが，検証については，郵便物等の押収に関する処分対象者への事後通知（同法100条3項）のような規定はなく，また，『押収に関する裁判又は処分』として準抗告の対象とすること（同法429条1項，430条1項，2項）も認められていない。このように事後の告知及び不服申立ての各規定を欠く点で，電話傍受を刑訴法上の検証として行うことは，許されないというべきである。多数意見は，右の点を理由に検証許可状により電話傍受を行うことが許されなかったとまで解するのは相当でないというが，適正手続の保障への配慮が不十分であり，賛同することができない。

三　以上の2点において，電話傍受を刑訴法上の検証として行うことはできないと解され，他に本件当時電話傍受を捜査の手段として許容する法律上の根拠が存したと認めることもできない。そうすると，電話傍受は本件当時捜査の手段として法律上認められていなかったものであり，検証許可状により行われた本件電話傍受は違法であるといわざるを得ない。そして，右違法は，法律上許容されない令状に基づき強制処分を行ったという点において，令状主義の精神を没却するような重大な違法に当たることが明らかであるから，本件電話傍受により得られた検証調書等の証拠能力は否定されるべきである……。」

Basic

6　本決定は電話傍受を「強制の処分」と位置付けている。それはいかなる理由によるか。

7　本決定は，どのような憲法上の問題を議論しているか。いかなる論理により本件事案のような電話傍受が憲法上許容されると考えているか。それは正当か（反対意見，参考裁判例9-4参照）。

8　本決定は，電話傍受について「重大な犯罪に係る被疑事件」で，「被疑者が

罪を犯したと疑うに足りる十分な理由」があり、「電話傍受以外の方法によってはその罪に関する重要かつ必要な証拠を得ることが著しく困難であるなどの事情が存する場合」において、「電話傍受により侵害される利益の内容、程度を慎重に考慮した上で、なお電話傍受を行うことが犯罪の捜査上真にやむを得ないと認められるときには、法律の定める手続に従ってこれを行うことも憲法上許される」と述べて、通常の捜索・差押え・検証よりも厳格な要件を示している。本決定がこのように要件を限定しているのはなぜか。

9 電話傍受はその性質上一般探索的な態様の処分とならざるを得ず、対象の特定性に欠けるという意見もあるが、どのように考えるか。憲法35条の要請する対象の特定を満たすには、どのような要件が必要と考えられるか。本件の電話傍受の対象は特定しているといえるか。参考裁判例9-④の事案と比較して違いがあるか。

10 通話の当事者に対する令状の事前呈示はできないが、それは令状主義に反しないか（反対意見、参考裁判例9-④、判例1-⑤参照）。

憲法31条との関係はどうか。処分を受ける者に令状の事前呈示ができないことに代わる措置として、どのようなものが考えられるか（反対意見、参考裁判例9-④参照）。

11 本決定は、電話傍受が「検証としての性質をも有するということができる」と述べている。それはどのような理由によるか。通常の検証許可状に基づく処分（例えば、特定の居宅内の状態を観察し記録する処分）との相違点はないのか（反対意見、参考裁判例9-④参照）。

12 多数意見も反対意見も、電話傍受が検証としての性質を有することは認めつつ、多数意見はこれを現行法上の検証として行うことができるとし、反対意見は行うことができないとする。このような見解の差異が生じたのはどのような理由によるか。

13 本決定は、傍受すべき通信に該当するかどうかの判断に必要な限度で通話を傍受することは、検証に「必要な処分」に含まれると解し得るとする。このような解釈は正当か（反対意見、**Q23**参照）。

Ｑ Advanced

14 本件被告事件のＸの犯罪事実と本件電話検証許可状発付の理由とされた被疑事実とはどのような関係にあるか。

覚せい剤密売行為が実行されると疑うに足りる十分な理由があると認める場合、裁判官は、将来実行されることが見込まれる密売行為の証拠収集・保全を直接の目的として電話を傍受する検証許可状を発付することができるか（通信傍受法3条1項参照）。

15 本決定の「身体検査令状に関する同法218条5項［平成23年改正後は同条6

項〕は，その規定する条件の付加が強制処分の範囲，程度を減縮させる方向に作用する点において，身体検査令状以外の検証許可状にもその準用を肯定し得ると解される」との解釈は，正当か（参考裁判例9－④，判例8－①参照）。本決定の解釈のように明文規定がなくとも令状に条件を付加することが許されると考えてよいか。

16 (1) 判例1－⑤は，GPS捜査を検証として行うことについて，どのような問題点を指摘しているか。同じ問題は，電話傍受を検証として行うことについても当てはまらないか。

(2) 判例1－⑤が「GPS捜査について，刑訴法197条1項ただし書の『この法律に特別の定のある場合』に当たるとして同法が規定する令状を発付することには疑義がある」としたのに対し，本決定が「本件検証許可状による電話傍受は法律の定める手続に従って行われたものと認められる」としたのはなぜか。

(3) 犯罪捜査のための通信傍受に関する法律

Ｑ Basic

17 通信傍受法は，1条，別表第一及び第二によって，対象犯罪を限定している。これはいかなる趣旨か。

18 通信傍受法3条1項が，傍受令状の発付について刑訴法上の捜索・差押え・検証より厳格な要件を定めているのはいかなる趣旨か。国会は，この要件部分を改正して，犯罪の嫌疑の程度や処分の必要性を捜索・差押え・検証許可状と同様の要件に改めることはできるか。

19 通信傍受法の定める傍受令状請求手続，傍受令状の記載事項について，捜索・差押え・検証許可状と異なる点があるか。あるとすればそれはなぜか。

20 通信傍受法「第3章　通信傍受の記録等」に，傍受対象者への事後通知（30条）や不服申立手続（33条）が定められているのはいかなる趣旨か。判例9－②の多数意見，反対意見の考え方によれば，その趣旨が異なるか。

Ｑ Advanced

21 通信傍受法がある現状において，賭博事件の関与者特定のため，判例9－②の要件に則した検証許可状により，賭博事件への関与が疑われる者数名の携帯電話の通話を傍受することはできるか。

22 通信傍受法3条1項2号・3号にいう「かつ，引き続き…に掲げる罪が犯されると疑うに足りる十分な理由」について，令状裁判官は，どのような資料に基づき，いかにして，この要件の存否を判断することができるか。この条項の定めている要件の趣旨は，どのように考えられるか。

23 通信傍受法は，傍受に「必要な処分」として，「傍受の実施については，電気通信設備に傍受のための機器を接続することその他の必要な処分をすることがで

きる」旨定める（11条1項）ほかに、「該当性判断のための傍受」（14条）の規定を設けている。この「該当性判断のための傍受」規定が置かれた理由は何か。判例 **9 -2** の多数意見の考え方によれば、この規定は不要なのではないか。また、反対意見の考え方によれば、これは一般探索的処分として許されないことにならないか。

24 通信傍受法15条「他の犯罪の実行を内容とする通信の傍受」の規定は憲法35条に違反しないか（27条3項も参照）。

25 平成28年の法改正により、通信傍受の手続の「合理化・効率化」の一環として、ⓐ「一時的保存を命じて行う通信傍受の実施の手続」（20条）とⓑ「特定電子計算機を用いる通信傍受の実施の手続」（23条）が導入された（以下の手続の説明は、鴫鶫昌二「刑事訴訟法等の一部を改正する法律の規定による通信傍受法の改正について」警察学論集69巻8号〔2016年〕98頁に依拠した）。

ⓐは、裁判官の許可を受けて（4条3項・5条3項・6条2項）、通信管理者等に命じて、検察官又は司法警察員が指定する期間内に行われた通信を暗号化させた上で一時的に保存させておき、その後、通信管理者等に命じて、これを復号させた上で、その立会いの下、復元された通信を再生してその内容を聴取等するというものである。

ⓑは、裁判官の許可を受けて（4条3項・5条3項・6条2項）、通信管理者等に命じて、傍受の実施中に行われた通信を暗号化させた上で、傍受の実施場所（ⓐに関する5条4項のような限定がない。通常は、通信管理者等の施設との間にセキュリティの確保された電気通信回線が引かれた捜査機関の施設が想定される）に設置された「特定電子計算機」に伝送させ、①これを受信するのと同時に復号し（23条1項1号）、又は②これを受信するのと同時に一時的に保存し、その後、「特定電子計算機」を用いて復号して再生し（同条1項2号・4項）、その内容を聴取等するというものである。この方式をとる場合、通信管理者等による立会い（13条）と記録媒体の封印（25条）が不要とされる（23条1項後段・26条1項・4項）。なお、この方式で用いられる「特定電子計算機」とは、伝送された暗号化信号について復号化する機能、傍受・再生した通信や傍受・再生の経過を自動的に記録媒体に記録し、改変できないよう即時に暗号化する機能、一時的に保存をされた暗号化信号について、復号した時に、すべて自動的に消去する機能等を有する電子計算機をいう（23条2項）。

(1) ⓐⓑそれぞれの方式は、どのような点で通信傍受手続の「合理化・効率化」を図るものか。

(2) ⓑの方式は、従来の方式と比べ、通信傍受の手続の適正を害しないか。通信傍受法13条が定める通信事業者等の立会いは、通信傍受の手続の適正確保の上で、どのような機能を果たしているか。

(3) ⓐ及びⓑ②の方式による場合、通信の内容と被疑事実との関連性を確認する

ことなく，いったんすべての通信を記録・保存することになるが，それは憲法 35 条に反しないか。

26 暴力団事務所において，組織的な覚せい剤密売に関する謀議が行われたと疑うに足りる十分な理由がある場合，その関係証拠を収集するため，検証許可状により，暴力団事務所内に隠しマイク等の電子機器を設置し，室内の会話を傍受することができるか（判例 9－2，1－5 参照）。

(4) 会話の一方当事者による秘密録音

9－3 千葉地判平成 3 年 3 月 29 日判時 1384 号 141 頁

【事案の概要】 昭和 63 年 10 月ころ，千葉市内の千葉県収用委員会委員 A 方や東京都杉並区内の同予備委員 B 方などに，数回にわたり，委員を辞めることを求める脅迫電話があった。電話の内容等から，成田空港建設に反対する中核派の構成員による犯行と考えた警察では，B 方に脅迫電話をかけたことを内容とする暴力行為等処罰法違反の被疑事実による捜索差押許可状に基づき，警視庁警察官らが同年 11 月 25 日，三里塚闘争会館を捜索し，機関誌等を差し押さえたが，その際，警視庁の捜査共助の要請に基づいて館内の案内等のために同行した千葉県警の警察官 K が，ネクタイピン型のマイクを自己着用のネクタイに装着し，小型録音機を小型バッグの中に携帯して，同会館内の各所で立会人となった X（被告人）ら 7 名の中核派活動家の音声を，同人らに気付かれないようにしてカセットテープに録音した。さらに，前記 A 方に脅迫電話をかけたことを内容とする事件等について，同年 12 月 22 日に千葉県警が同会館を令状に基づいて捜索した際，警察官 K は，同様のマイクを自己着用のネクタイに装着し，小型録音機を図板の裏側の物入れ内に携帯して，右会館の 1 階で立会人をしていた X ら 4 名の中核派活動家の音声を，同人らに気付かれないようにしてカセットテープに録音し，また警察官 L は，小型録音機を図板の裏側の物入れ内に，ネクタイピン型マイクをその物入れのチャックにはさんで，図板を携帯し，同会館内に在所していた X ら 3 名の中核派活動家の音声を，同人らに気付かれないようにしてカセットテープに録音した。これらのテープに録音された X の音声と前記 A 方にかけられた脅迫電話の録音テープに収録された犯人の音声とが声紋鑑定や言語学的鑑定により照合された結果，X が 3 度にわたり A 方に脅迫電話をかけた犯人であるとして，職務強要の罪で起訴された。これに対し，弁護人は，前記捜索の際の秘密録音はプライバシーを侵害し，令状主義を踏みにじる違法なものであるから，X の音声を録音したテープは証拠から排除されるべきであると主張した。

【判示】 有罪。

「一般に，対話者の一方当事者が相手方の知らないうちに会話を録音しても，対

話者との関係では会話の内容を相手方の支配に委ねて秘密性ないしプライバシーを放棄しており，また，他人と会話する以上相手方に対する信頼の誤算による危険は話者が負担すべきであるから，右のような秘密録音は違法ではなく，相手方に対する信義とモラルの問題に過ぎないという見方もできよう。

しかし，それは，相手方が単に会話の内容を記憶にとどめ，その記憶に基づいて他に漏らす場合に妥当することであって，相手方が機械により正確に録音し，再生し，さらには話者（声質）の同一性の証拠として利用する可能性があることを知っておれば当然拒否することが予想されるところ，その拒否の機会を与えずに秘密録音することが相手方のプライバシーないし人格権を多かれ少なかれ侵害することは否定できず，いわんやこのような録音を刑事裁判の資料とすることは司法の廉潔性の観点からも慎重でなければならない。

したがって，捜査機関が対話の相手方の知らないうちにその会話を録音することは，原則として違法であり，ただ録音の経緯，内容，目的，必要性，侵害される個人の法益と保護されるべき公共の利益との権衡などを考慮し，具体的状況のもとで相当と認められる限度においてのみ，許容されるべきものと解すべきである。

これを本件について検討するに，録音の経緯，状況は前述のとおりであって，千葉県収用委員会委員等に対する電話による脅迫事件について，三里塚闘争会館において令状により適法に捜索差押をする際に，その事件の犯人が中核派の構成員である容疑が濃厚であり，同会館内には右構成員が在所していたことから，右事件に関連する証拠として被告人を含む中核派構成員の音声を録音する必要があったこと，被告人は相手方が警察官であること及び右捜索差押の被疑事実の概要を了知した上で警察官との会話に応じていること，その会話は捜索差押の立会いに関連することのみでプライバシーないし人格権にかかわるような内密性のある内容ではないこと，録音を担当した警察官らは捜索差押担当の警察官に対する被告人の会話を被告人に気付かれないようにその側で録音していただけで，被告人に強いて発言させるために何ら強制，偽計等の手段を用いていないことが認められる。

以上の諸事情を総合すれば，被告人を含む中核派構成員らが本件犯行を犯したことを疑うに足りる相当な理由がある上，本件録音の全過程に不当な点は認められず，また，被告人の法益を侵害する程度が低いのに比し，電話による脅迫という事件の特質から秘密録音（わが国では，いまだこれに関する明文の規定がない。）によらなければ有力証拠の収集が困難であるという公益上の必要性が高度であることなどにかんがみると，例外的に本件秘密録音を相当と認めて許容すべきであると解される。」

Q Basic

27 本件事案のような秘密録音によって侵害される対話の一方当事者の法益と，

対話者の「いずれの同意も得ないで」その会話内容を傍受・録音する場合に侵害される各対話者の法益とはどこが異なるか。

28 本判決のいう秘密録音により侵害される「相手方のプライバシーないし人格権」とは具体的にはどのような内容の法益か。会話の内容を録音するのではなく，相手方が記憶にもとづき会話内容を他に漏らす場合，侵害される法益は異なるか。第三者にそのまま会話を聴取させた場合はどうか。

29 本判決は，対話の一方当事者による秘密録音は「原則として違法である」と述べている。これは違法な「強制処分」に当たるという趣旨か。任意捜査として違法であるという趣旨か（参考裁判例9-5参照）。

Advanced

30 本件秘密録音は警察官が対象者の音声を犯人特定の証拠とするために行われたものであるが，本判決の「会話の内容」に関する議論は，会話者の音声についてそのまま当てはまるか。

31 参考裁判例9-6, 9-7は，私人による相手方の同意を得ない録音の適否について判断したものである。警察官が私人に依頼して秘密録音させた場合や，本件事案のように会話の一方当事者が警察官である場合と，秘密録音の適否の根拠について異なるところがあるか。本件事案のように相手を警察官と知りながら会話した場合と，会話の一方当事者である私人が警察官に対して会話の聴取・録音に同意した場合とで，侵害される法益に異なるところがあるか。

仮に私人による秘密録音が違法と判断された場合，その録音テープを刑事裁判の証拠に用いることができるか。

32 警察官は，覚せい剤密売人Ｘを覚せい剤所持の現行犯で逮捕した後，その際に押収したＸの携帯電話にかかってくる注文の通話をＸを装って聴取し，注文した客を検挙した。このような捜査は適法か。通話者の一方が同意して通話内容を警察官に聴取させた場合と異なるか。

□ **参考裁判例9-4** 東京高判平成4年10月15日高刑集45巻3号85頁
（甲府覚せい剤密売事件）

検証許可状に基づき行われた電話傍受が端緒となって発覚した覚せい剤取締法違反の罪で有罪とされた被告人が控訴し，電話傍受の違憲・違法を主張したのに対して，次のように判示して，控訴を棄却した。

「二　現在の社会生活において，電話は必要かつ不可欠な通信手段であり，これなくしては社会生活が成り立たないといっても過言ではない。そのような電話の通話内容を通話中の当事者双方に知られずに傍受，録音すること（以下「電話の傍受等」という。）は，憲法21条2項の通信の秘密を侵害する行為であり，犯罪捜査のためといえども，

原則としてこれが許されないことはいうまでもない。しかしながら，電話による会話が何らの制約も受けないものではないことはもとよりであり（刑訴法222条1項，100条は，捜査官による郵便物及び電信に関する書類の押収を認めている。），犯罪の捜査においては，通信の秘密が侵害されるおそれの程度を考慮しつつ，犯罪の重大性，嫌疑の明白性，証拠方法としての重要性と必要性，他の手段に出る困難性等の状況に照らして，真にやむを得ないと認められる場合には，電話の傍受等を行っても，憲法の保障する通信の秘密を侵害することはないと考えられ，その実施に当たっては，更に憲法35条及び31条の法意に従った手続を経て行うことが要請されるが，これらが充たされる限り，電話の傍受等を行うことが憲法上許されないわけではないと解される。すなわち，電話の傍受等がそれ自体として直ちに憲法21条2項，35条，31条等に触れるものではない。

　本件についてみると，被疑事実は営利目的による覚せい剤の譲り渡しという重大な犯罪であり，しかも，その犯行は暴力団によって組織的継続的に実行された社会的にゆるがせにできないものであったこと，被疑事実は，被疑者の氏名こそ特定されていないものの，その嫌疑が明白であったこと，長期間にわたる捜査によっても，覚せい剤の密売の実態を解明し犯人を検挙するに足る証拠を収集することができず，被疑事実について，被疑者を特定し実態を解明する確実な証拠を取得する手段として，他に適当な方法が容易に見付からなかったこと，本件の電話は，覚せい剤の密売のみに使われる専用電話である疑いが極めて濃厚であり，覚せい剤の密売と関係のない会話が傍受されるおそれはほとんどなかったこと，電話の傍受等は，裁判官が発した検証許可状に基づいて行われたこと，検証許可状は，検証の期間を2日間とした上，時間についてもそれぞれ午後5時から翌日午前零時までと限定し，更に，対象外と思料される通話については，立会人に直ちに関係機器の電源スイッチを切断させるとの条件が付されていたこと，実際の電話の傍受等は右の制限を遵守して行われたことなどが認められ，以上の諸事情を考慮すれば，本件検証許可状及びこれに基づく電話の傍受等は，憲法21条2項の通信の秘密を侵害するものではないとともに，憲法35条及び31条の法意に従った手続がとられたものということができる。

　三　検証という証拠の収集方法は，人の五官の働きによって対象の存在，内容，状態，性質等を認識して，これを証拠とするものであるから，電話の傍受等は一般にいって検証の対象となり得るものということができるとともに，刑訴法及び刑訴規則を検討しても，電話の傍受等が検証許可状による検証の対象となり得ないとすべき理由も見出し難い。

　所論は，電話の通話内容を傍受することは，通話者を特定するための音声の性質や状態の知覚に止まらず，会話の内容を聴取するものであるから，その性質は取調べであって，検証の範囲を超えるものであり，また，電話の傍受が開始される時点ではその対象が存在も特定もしていないから，対象が存在しかつ特定していることを前提とする検証では行い得ない旨主張する。

しかし，電話による人の会話を聞き取り，その意味を認識する行為が検証として行うことが許されない性質のものとは思われない。また，一般の検証においても，開始時に検証の対象が存在しなかったり特定していなかったりする場合があり得るだけでなく，本件においては，傍受等をする電話は毎日定時にほぼ覚せい剤の密売のみに使用されており，検証の日時に，検証の対象である覚せい剤取引に関する通話が行われることは確実といって差し支えない状況にあったと認められ，検証を行うことが不適当なほどにその対象が不明確であったとはいえない。

　また，所論は，電話の傍受等をすることは，刑訴法の予定する検証に当たらない旨主張し，その理由として，処分を受ける者に対する令状の事前提示の要件（刑訴法222条1項，110条）が充足されず，また，令状執行の一回性の原則に反して一般探索的な処分を認めることになるという。

　しかし，刑訴法222条1項が準用する同法110条は，同法114条の規定と相まって，検証の公正を担保しようとの趣旨に出たものであるから，例外を許さない規定であるとは解されない。本件においては，通話の一方の当事者は客であって誰であるか詳らかでなく，他方の当事者は密売組織の側の電話受付係であって，検証許可状を示せば検証が不能となることが明らかである上，消防署職員2名の立会いを得て執行に及んでいて，手続の公正の担保が一応図られていると認められるから，通話の当事者に検証許可状を示さなかったからといって，本件検証にこれを違法とするほどの瑕疵があるとはいい難い。また，令状の執行が1回しかできないとしても，一定期間にわたる検証が全く許されないとはいえないのはもとより，本件においては，覚せい剤の密売のためほぼ専用されていると認められる電話について，通話の傍受等の期間及び時間を厳しく制限した上，立会人に検証の対象外の通話を排除させることにしていたことなどからすると，通常の令状執行が結果的に一般探索的な意味合いをもつ場合があること以上に，本件における電話の傍受等の検証が一般探索的なものであったとはいえないと思われる。

　更に，所論は，本件検証許可状は条件を付しているが，刑訴法上検証に条件を付することができるとの規定はなく，条件を付することが必要であること自体刑訴法上の検証の枠を超えるものであることを示していると主張する。

　しかし，令状一般について，濫用的事態の発生を防止するため適切な条件が付し得ないものとは解されないばかりでなく，刑訴法218条5項は，人権の侵害にわたるおそれがある検証としての身体検査について，条件を付することを認めており，右規定の趣旨にかんがみれば，同様に人権侵害のおそれがある検証としての電話の傍受等について，刑訴法は条件を付することを禁止まではしていないと解することができる。本件検証許可状に付された条件を違法とすべき理由は見出し難い。

　以上検討したところによれば，本件において検証許可状に基づき行われた電話の傍受等は，違憲，違法なものとは認められないから，原判決に所論のような訴訟手続の法令違反はない。」

参考裁判例 9-5　松江地判昭和 57 年 2 月 2 日判時 1051 号 162 頁

　重要証人の証言を弾劾する目的で証拠調べ請求された録音テープの証拠能力に関して，裁判所は，秘密録音の適否につき，次のように判示した。

　「2 本の録音テープであるが，……［1つ］は主として A 証言の弾劾のため，……［いま 1 つの］テープは専ら A 証言の弾劾のため，それぞれ証拠として提出されたのであって，犯罪事実認定の証拠とはなり得ない……けれども，右各テープの収集手続に重大な違法があれば，弾劾証拠としても許容されないと考えられるので，以下その証拠能力について判断する。本件各録音テープは，いずれも対話の一方当事者が相手方の同意のないまま対話を録音したものであるところ，かような手段による録音が明らかにされることによって，同意しなかった対話者の人格権がある程度侵害されるおそれが生ずることはいなめないが，いわゆる盗聴の場合とは異なり，対話者は相手方に対する関係では自己の供述を聞かれることを認めているのであって，その証拠としての許容性はこれを一律に否定すべきではなく，録音の目的，対象，方法等の諸事情を総合し，その手続に重大な違法があるか否かを考慮して決定するのが相当である。これを本件についてみるに，……［本件テープの1つ］は，一般人である A が自己の判断で被告人との山中での B 子殺害に関する会話を録音したもの，……［いま 1 つの］テープは，……［捜査官が］本件に関係があると思料されるテープを A が売り込んできたため，後日問題が生じた場合に備えて同人との喫茶店での会話を録音したものであり，いずれもその対象は犯罪に関したいわば公共の利害にかかわる事実であるうえ，本件各録音テープの内容に照らしても，録音者においてことさら相手方をおとし入れたり，誘導等により虚偽の供述を引き出そうとするなどの不当な目的を持っていたとは認められず，これに加えて，録音の場所，方法についても社会通念上格別非難されるようなものとは言えないことをも勘案すれば，本件各録音テープの録音の過程にその証拠能力を否定しなければならないほどの違法な点は存しないというべきである。」

参考裁判例 9-6　最二決平成 12 年 7 月 12 日刑集 54 巻 6 号 513 頁

　広告の企画製作を業とする X（被告人）が架空の広告依頼があることを装って取引先広告代理店経営者を欺き，X による下請代金として額面計 5000 万円余りの小切手を詐取したとして起訴された事件の公判において，X が小切手受領の趣旨を争ったことから，裁判所は X と被害者の供述の信用性を判断するため，被害者が弁護士の助言を受けて広告代金支払等に関し X と電話で話した会話を密かに録音していたテープを証拠として取り調べた。X 側は，相手方の同意を得ない会話の録音はプライバシーの侵害であり違法である旨主張して録音テープの証拠能力を争ったが，第 1 審判決は，後日トラブルに至った場合の証拠とすべく自衛行為の一環として録音した等の事情から，本件録音は違法でないとしてその証拠能力を認め有罪とした。第 2 審も第 1 審判決を維持したので，X は，最高裁判例［参考裁判例 9-7］を引用し，秘密録音が合法とされるための要件

としては，被告人が未必的に録音されることを容認していたこと，録音者側に業務上の正当理由があること，被告人がある程度その公開を容認していたことといった限定が付されるべきであるのに，本件においては，Xは秘密録音を全く容認しておらず，本件秘密録音は，Xを告訴した捜査官に準ずるともいえる人物が告訴のための資料獲得目的で行ったもので，録音の正当理由もなく，秘密録音の必要性も本件録音テープを証拠として用いなければならないやむを得ない事由も存在しないのであって，本件録音テープを事実認定の資料とすることは，必要性が乏しいにも関わらずプライバシー権の侵害を追認するに等しく，憲法13条，31条に違反する等と主張して上告した。これに対し次のように判示した。

「弁護人……の上告趣意……第2点は，判例違反をいうが，所論引用の判例［参考裁判例9-7］は，対話者の一方が相手方の同意を得ないで会話等を録音することが判示の事情の下では違法ではないとするにとどまり，所論のいうような趣旨まで判示したものではないから，前提を欠く，……適法な上告理由に当たらない。

なお，所論にかんがみ，職権で判断すると，本件で証拠として取り調べられた録音テープは，被告人から詐欺の被害を受けたと考えた者が，被告人の説明内容に不審を抱き，後日の証拠とするため，被告人との会話を録音したものであるところ，このような場合に，一方の当事者が相手方との会話を録音することは，たとえそれが相手方の同意を得ないで行われたものであっても，違法ではなく，右録音テープの証拠能力を争う所論は，理由がない。」

○ **参考裁判例9-7** 最三決昭和56年11月20日刑集35巻8号797頁

検事総長と称して内閣総理大臣に電話をかけたことが官職の詐称に問われた軽犯罪法違反事件において，被告人が報道を目的として新聞記者に聴かせた偽電話の録音テープの再生音と被告人と同記者との会話を，記者が密かに録音したテープ等の証拠能力が争われた事案について，次のように判示した。

「［2つの］録音テープはいずれも被告人の同意を得ないで録音されたものではあるが，前者の録音テープは，被告人が新聞紙による報道を目的として新聞記者に聞かせた……偽電話テープの再生音と再生前に同テープに関して被告人と同記者との間で交わされた会話を，同記者において取材の結果を正確に記録しておくために録音したものであり，後者の録音テープ（被告人の家人との対話部分を除く。）は，未必的にではあるが録音されることを認容していた被告人と新聞記者との間で右の偽電話に関連して交わされた電話による会話を，同記者において同様の目的のもとに録音したものであると認められる。このように，対話者の一方が右のような事情のもとに会話やその場の状況を録音することは，たとえそれが相手方の同意を得ないで行われたものであっても，違法ではないと解すべきである。」

10 身体拘束中の被疑者と弁護人との接見交通

(1) 弁護人の援助を受ける権利と接見交通権・接見指定の要件
10-①　最大判平成11年3月24日民集53巻3号514頁（安藤・斎藤事件）

【事案の概要】　本件は，恐喝未遂容疑で警察署附属の留置場に勾留中の被疑者に接見しようとした弁護人A，Bが，留置係の警察官に接見を拒否されまたは検察官に接見指定書の受領及び持参を要求されることにより，前後9回にわたり接見を妨害されたとして，国家賠償法に基づき，福島県と国に対し損害賠償を求めた事件である（事案の詳細は，参考裁判例10-⑧参照）。第1審の福島地裁郡山支部は，請求を一部認容したが，原審の仙台高裁は，全部棄却した。A，Bが上告を申し立て，事件は最高裁第三小法廷に係属したが，上告論旨のうち，刑訴法39条3項が違憲であるとの主張については，大法廷に回付された。

【判示】　論旨理由なし。

　刑訴法39条3項が違憲であるとの主張のうち，同条項が憲法34条前段に違反するとの主張に対しては，最高裁大法廷は，次のような判断を示した。

　「1　憲法34条前段は，『何人も，理由を直ちに告げられ，且つ，直ちに弁護人に依頼する権利を与へられなければ，抑留又は拘禁されない。』と定める。この弁護人に依頼する権利は，身体の拘束を受けている被疑者が，拘束の原因となっている嫌疑を晴らしたり，人身の自由を回復するための手段を講じたりするなど自己の自由と権利を守るため弁護人から援助を受けられるようにすることを目的とするものである。したがって，右規定は，単に被疑者が弁護人を選任することを官憲が妨害してはならないというにとどまるものではなく，被疑者に対し，弁護人を選任した上で，弁護人に相談し，その助言を受けるなど弁護人から援助を受ける機会を持つことを実質的に保障しているものと解すべきである。

　刑訴法39条1項が，『身体の拘束を受けている被告人又は被疑者は，弁護人又は弁護人を選任することができる者の依頼により弁護人となろうとする者（弁護士でない者にあっては，第31条第2項の許可があった後に限る。）と立会人なくして接見し，又は書類若しくは物の授受をすることができる。』として，被疑者と弁護人等との接見交通権を規定しているのは，憲法34条の右の趣旨にのっとり，身体の拘束を受けている被疑者が弁護人等と相談し，その助言を受けるなど弁護人等から援助を受ける機会を確保する目的で設けられたものであり，その意味で，刑訴法の右規定は，憲法の保障に由来するものであるということができる（最高裁昭和…53年7月10日第一小法廷判決・民集32巻5号820頁[参考裁判例10-⑤]，最高裁

…平成3年5月10日第三小法廷判決・民集45巻5号919頁〔参考裁判例10-6〕，最高裁…平成3年5月31日第二小法廷判決・裁判集民事163号47頁〔参考裁判例10-7〕参照）。

　2　もっとも，憲法は，刑罰権の発動ないし刑罰権発動のための捜査権の行使が国家の権能であることを当然の前提とするものであるから，被疑者と弁護人等との接見交通権が憲法の保障に由来するからといって，これが刑罰権ないし捜査権に絶対的に優先するような性質のものということはできない。そして，捜査権を行使するためには，身体を拘束して被疑者を取り調べる必要が生ずることもあるが，憲法はこのような取調べを否定するものではないから，接見交通権の行使と捜査権の行使との間に合理的な調整を図らなければならない。憲法34条は，身体の拘束を受けている被疑者に対して弁護人から援助を受ける機会を持つことを保障するという趣旨が実質的に損なわれない限りにおいて，法律に右の調整の規定を設けることを否定するものではないというべきである。

　3　ところで，刑訴法39条は，前記のように1項において接見交通権を規定する一方，3項本文において，『検察官，検察事務官又は司法警察職員（司法警察員及び司法巡査をいう。以下同じ。）は，捜査のため必要があるときは，公訴の提起前に限り，第1項の接見又は授受に関し，その日時，場所及び時間を指定することができる。』と規定し，接見交通権の行使につき捜査機関が制限を加えることを認めている。この規定は，刑訴法において身体の拘束を受けている被疑者を取り調べることが認められていること（198条1項），被疑者の身体の拘束については刑訴法上最大でも23日間（内乱罪等に当たる事件については28日間）という厳格な時間的制約があること（203条から205条まで，208条，208条の2参照）などにかんがみ，被疑者の取調べ等の捜査の必要と接見交通権の行使との調整を図る趣旨で置かれたものである。そして，刑訴法39条3項ただし書は，『但し，その指定は，被疑者が防禦の準備をする権利を不当に制限するようなものであってはならない。』と規定し，捜査機関のする右の接見等の日時等の指定は飽くまで必要やむを得ない例外的措置であって，被疑者が防御の準備をする権利を不当に制限することは許されない旨を明らかにしている。

　このような刑訴法39条の立法趣旨，内容に照らすと，捜査機関は，弁護人等から被疑者との接見等の申出があったときは，原則としていつでも接見等の機会を与えなければならないのであり，同条3項本文にいう『捜査のため必要があるとき』とは，右接見等を認めると取調べの中断等により捜査に顕著な支障が生ずる場合に限られ，右要件が具備され，接見等の日時等の指定をする場合には，捜査機関は，弁護人等と協議してできる限り速やかな接見等のための日時等を指定し，被疑者が弁護人等と防御の準備をすることができるような措置を採らなければならないもの

と解すべきである。そして，弁護人等から接見等の申出を受けた時に，捜査機関が現に被疑者を取調べ中である場合や実況見分，検証等に立ち会わせている場合，また，間近い時に右取調べ等をする確実な予定があって，弁護人等の申出に沿った接見等を認めたのでは，右取調べ等が予定どおり開始できなくなるおそれがある場合などは，原則として右にいう取調べの中断等により捜査に顕著な支障が生ずる場合に当たると解すべきである（前掲昭和53年7月10日第一小法廷判決，前掲平成3年5月10日第三小法廷判決，前掲平成3年5月31日第二小法廷判決参照）。

なお，所論は，憲法38条1項が何人も自己に不利益な供述を強要されない旨を定めていることを根拠に，逮捕，勾留中の被疑者には捜査機関による取調べを受忍する義務はなく，刑訴法198条1項ただし書の規定は，それが逮捕，勾留中の被疑者に対し取調べ受忍義務を定めているとすると違憲であって，被疑者が望むならいつでも取調べを中断しなければならないから，被疑者の取調べは接見交通権の行使を制限する理由にはおよそならないという。しかし，身体の拘束を受けている被疑者に取調べのために出頭し，滞留する義務があると解することが，直ちに被疑者からその意思に反して供述することを拒否する自由を奪うことを意味するものでないことは明らかであるから，この点についての所論は，前提を欠き，採用することができない。

4 以上のとおり，刑訴法は，身体の拘束を受けている被疑者を取り調べることを認めているが，被疑者の身体の拘束を最大でも23日間（又は28日間）に制限しているのであり，被疑者の取調べ等の捜査の必要と接見交通権の行使との調整を図る必要があるところ，（一） 刑訴法39条3項本文の予定している接見等の制限は，弁護人等からされた接見等の申出を全面的に拒むことを許すものではなく，単に接見等の日時を弁護人等の申出とは別の日時とするか，接見等の時間を申出より短縮させることができるものにすぎず，同項が接見交通権を制約する程度は低いというべきである。また，前記のとおり，（二） 捜査機関において接見等の指定ができるのは，弁護人等から接見等の申出を受けた時に現に捜査機関において被疑者を取調べ中である場合などのように，接見等を認めると取調べの中断等により捜査に顕著な支障が生ずる場合に限られ，しかも，（三） 右要件を具備する場合には，捜査機関は，弁護人等と協議してできる限り速やかな接見等のための日時等を指定し，被疑者が弁護人等と防御の準備をすることができるような措置を採らなければならないのである。このような点からみれば，刑訴法39条3項本文の規定は，憲法34条前段の弁護人依頼権の保障の趣旨を実質的に損なうものではないというべきである。

なお，刑訴法39条3項本文が被疑者側と対立する関係にある捜査機関に接見等の指定の権限を付与している点も，刑訴法430条1項及び2項が，捜査機関のした39条3項の処分に不服がある者は，裁判所にその処分の取消し又は変更を請求す

ることができる旨を定め，捜査機関のする接見等の制限に対し，簡易迅速な司法審査の道を開いていることを考慮すると，そのことによって39条3項本文が違憲であるということはできない。

5 以上のとおりであるから，刑訴法39条3項本文の規定は，憲法34条前段に違反するものではない。論旨は採用することができない。」

Q Elementary

1 犯罪の嫌疑を受け捜査の過程にある被疑者は，自己の利益を守る上で，どのような防御活動を行うことが考えられるか。それは，被疑者自身で十分に行うことができるか。家族や友人の助力を得ることではどうか。被疑者の利益を守る上で，捜査機関が被疑者の弁解を聴取し被疑者に有利な事情も捜査することでは足りないか。

2 憲法34条前段が，身体の拘束を受けている被疑者に対し，弁護人に依頼する権利を保障しているのは，なぜだと考えられるか。身体の拘束を受けている被疑者が，弁護人の援助を受ける上で，弁護人と接見することは，どのような意味を持つか。刑訴法39条1項が弁護人との接見について「立会人なくして」と定めているのはなぜか。

Q Basic

3 憲法34条前段は，規定の文言によれば，どのような権利を保障しているか。本判決は，それについてどのような解釈をとったか。その理由として，どのようなことが考えられるか。

4 本判決によれば，憲法34条前段が保障する権利と刑訴法39条1項所定の接見交通権とは，どのような関係にあるか。

5 本判決の立場を前提とするとき，次のような見解は成り立つか。

「かりに，弁護人依頼権について，弁護人の弁護を受ける権利を十分に行使できるようにしなければならないものと解したとしても，弁護人との接見に立会人を置かないことが憲法の要求するところでないことはもちろんのこと……刑訴法が『書類又は物の授受』の権利しか認めなくとも，それによって被疑者の弁護を受ける権利が実質的に保障されるかぎり，憲法に違反するとまではいえまい……。」(三井誠ほか編『刑事手続(上)』〔1988年〕327頁[古江頼隆])

本判決が刑訴法39条3項本文の合憲性を肯定する理由として，「刑訴法39条3項本文の予定している接見等の制限は，弁護人等からされた接見等の申出を全面的に拒むことを許すものではなく，単に接見等の日時を弁護人等の申出とは別の日時とするか，接見等の時間を申出より短縮させることができるものにすぎ」ない点を挙げたことは，どのような意味をもつか。

6 参考裁判例10-[5]によれば，接見指定が許されるのはどのような場合か。

参考裁判例 10−6 によれば、どうか。両者の間に差異はあるか。仮に差異があるとすれば、いずれの立場が適当か。

7 「間近い時に……取調べ等をする確実な予定があって、弁護人等の申出に沿った接見等を認めたのでは、右取調べ等が予定どおり開始できなくなるおそれがある場合」とはどのような場合か。捜査機関にとって、取調べ等の予定はいくらでも作ることができるから、事実上、無制約に接見指定が許されることにならないか。

8 本判決によれば、接見指定が許されるのはどのような場合か。この点で、本判決と参考裁判例 10−6 との間に差異はあるか。

9 本判決が「取調べの中断等により捜査に顕著な支障が生ずる場合」の例として挙げているのはどのような場合か。

10 「取調べの中断等により捜査に顕著な支障が生ずる場合」について、例示の場合に限らず、「事件の内容、捜査の進展状況、弁護活動の態様など諸般の事情を総合的に勘案し、弁護人等と被疑者との接見が無制約に行われるならば、捜査機関が現に実施し、又は今後実施すべき捜査手段との関連で、事案の真相解明を目的とする捜査の遂行に支障が生じるおそれが顕著と認められる場合をいう」(法務省刑事局刑事訴訟法研究会『実務刑事訴訟法』〔1994 年〕115 頁)と解することはできるか。例えば、次のような場合、検察官は接見指定権を行使することが許されるか。

  覚せい剤取締法違反事件で勾留中の暴力団組員 X を取り調べ、覚せい剤の保管場所に関する供述を得た捜査機関が、保管場所とされた暴力団幹部 Y の愛人宅において捜索差押えを実施するため、令状請求手続に着手したところ、間もなく X の弁護人 A が X との接見を求めて現われた。X の取調べはひとまず打ち切られており、捜索差押えが完了するまで再開の予定もなかったが、A はかつて弁護人を務めたことがある Y と親しい関係にあり、そのまま X と接見させると、その結果が直ちに Y に伝わるおそれがあった。

11 本判決は、「刑訴法は、……被疑者の身体の拘束を最大でも 23 日間(又は 28 日間)に制限している」ことを理由に、その間の被疑者の取調べ等の捜査の必要と接見交通権の行使との調整を図る必要があるとしている。接見指定権が、このような調整のために認められたものであるとすれば、その行使が許されるのはどのような場合か。

12 弁護人等から被疑者との接見の申出を受けた時に、現に被疑者を取調べ中である場合や間近い時に取調べをする確実な予定がある場合、捜査機関は、常に接見の日時等を指定することが許されるか(参考裁判例 10−6 の補定意見参照)。

Advanced

13 本件上告趣意において、被告人側は、憲法 38 条 1 項が何人も自己に不利益な供述を強要されないと定めていることを根拠に、逮捕、勾留中の被疑者には捜査

機関による取調べを受忍する義務はなく，刑訴法198条1項但書の規定は，それが逮捕，勾留中の被疑者に対し取調べ受忍義務を定めているとすると違憲であって，被疑者が望むならいつでも取調べを中断しなければならないから，被疑者の取調べは接見交通権の行使を制限する理由にはならない，という趣旨の主張をした。この考え方は，正当か。これに対し，本判決が「身体の拘束を受けている被疑者に取調べのために出頭し，滞留する義務があると解することが，直ちに被疑者からその意思に反して供述することを拒否する自由を奪うことを意味するものでないことは明らかである」と判示したことは，どのような意味をもつか。

14 被疑者を任意同行して取調べ中，弁護人等から接見の申出があった場合，捜査機関はいかなる措置をとるべきか。この点で，福岡高判平成5年11月16日判時1480号82頁は，次のように判示する。

「被疑者の弁護人又は弁護人を選任することができる者の依頼により弁護人となろうとする者（以下「弁護人等」という。）は，当然のことながら，その弁護活動の一環として，何時でも自由に被疑者に面会することができる。その理は，被疑者が任意同行に引き続いて捜査機関から取調べを受けている場合においても，基本的に変わるところはないと解するのが相当であるが，弁護人等は，任意取調べ中の被疑者と直接連絡を取ることができないから，取調べに当たる捜査機関としては，弁護人等から右被疑者に対する面会の申出があった場合には，弁護人等と面会時間の調整が整うなど特段の事情がない限り，取調べを中断して，その旨を被疑者に伝え，被疑者が面会を希望するときは，その実現のための措置を執るべきである。任意捜査の性格上，捜査機関が，社会通念上相当と認められる限度を超えて，被疑者に対する右伝達を遅らせ又は伝達後被疑者の行動の自由に制約を加えたときは，当該捜査機関の行為は，弁護人等の弁護活動を阻害するものとして違法と評され［る］……。」

逮捕，勾留されている被疑者の取調べ中に，弁護人等から接見の申出があった場合，捜査機関は同じ措置をとらなければならないか。逮捕，勾留中の被疑者の取調べも承諾に基づく任意のものであるとの立場に立てば，任意同行の場合と同じ措置をとるべきことにならないか。

15 「捜査のため必要があるとき」は，書類もしくは物の授受について指定権を行使する要件でもある。このことから，次のようにいうことはできるか。

「書類等の授受は他人を介して容易に行うことができるのであるから，これに物理的な支障があるということは一般的な事態ではなく，日時を含めて授受に関し指定をなし得るという規定は，捜査全般の必要性を念頭に置き，書類等の内容に着目して，それが捜査に不当な影響を与えることを防止しようとするものと考えるのが自然である。したがって，書類等の授受に関する指定が認められていることは，

『捜査のため必要があるとき』に関する前記解釈［**Q10**のような解釈］の根拠の1つとなるものと考えられる。」（尾崎道明「弁護人と被疑者との物の授受」平野龍一＝松尾浩也編『新実例刑事訴訟法Ⅰ』〔1998年〕184頁）

16 被疑者が，検察官による取調べ等のため検察庁に押送され，その庁舎内に滞在している間に，検察庁に赴いた弁護人等から被疑者との接見の申出がなされた（参考裁判例10-⑨参照）。この場合，刑訴法39条1項による接見交通権は認められるか。認められるとしても，常に，「現に被疑者を取調べ中である場合や，間近い時に上記取調べ等をする確実な予定があって，弁護人等の申出に沿った接見を認めたのでは，上記取調べ等が予定どおり開始できなくなるおそれがある場合」に当たることにならないか。検察官が，弁護人等からの接見の申出に応じなければならないのは，どのような場合か。

17 ***16***の接見の申出に対し，これに応じても，捜査に顕著な支障が生ずるおそれがないと判断される場合，検察官は，常に，立会人なしの接見を認めなければならないか。そのような接見を拒否できる場合があるとすれば，それはどのような場合か。

18 ***17***の場合に検察官が立会人なしの接見を拒否できるのは，どのような理由によると考えられるか。仮に，刑訴法39条1項で認められた接見交通権に対する制約は，同条2項および3項で予定されている限度においてのみ許されるとの考え方に立つとすると，***17***の場合に接見を拒否することは許されるか。39条2項による「法令……で……必要な措置を規定すること」がなされていなくても，同条1項による接見には，一定の制約があると考えることはできるか。

19 ***17***の場合，弁護人等は被疑者が検察庁にいる間，およそ接見することができないか。できるとすれば，どのような場合にどのような態様の接見か。このような接見が認められる法的根拠は何だと考えられるか。

20 参考裁判例10-⑨で「面会接見」が認められるために「即時に接見をする必要性」が要求されているのは，どのような理由によると考えられるか。弁護人等が即時の接見を求め，「面会接見」でも差し支えないという意向を示しただけでは足りないのか。

21 捜査機関が被疑者の取調べにおいて，弁護人との接見内容を聴取することは許されるか。被疑者が真に自由な意思で接見内容を供述した場合はどうか。

(1) 参考裁判例10-⑩は，上記の点についてどのように考えているか。それはどのような理由によるか。第1審はどうか。

(2) 参考裁判例10-⑩は，P検事のどのような聴取行為を適法とし，また違法としたか。それはどのような理由によるか。第1審はどうか。

(2) 接見指定の方式

10-2 最三判平成16年9月7日判時1878号88頁

【事案の概要】　1　被疑者Xは，平成10年6月26日，暴力行為等処罰ニ関スル法律違反の容疑で逮捕され，同月28日，代用監獄である大阪府警旭警察署の留置場に勾留された。被疑者Yも，同月27日，同容疑で逮捕され，同月28日，代用監獄である大阪府警曽根崎警察署の留置場に勾留された。被疑事実の概要は，Yはいわゆる総会屋グループの首領であり，Xはその構成員であるが，他の総会屋と共謀の上，甲株式会社の株主総会会場において，一般株主に対し，数人共同してその生命身体に危害を加えかねない気勢を示して脅迫したというものである。京都弁護士会所属の弁護士Bは，同月27日にXから，同月30日にYから，それぞれ弁護人に選任された。

大阪地方検察庁のP検事は，同年7月1日，Xとの接見につき旭警察署長に対し，Yとの接見につき曽根崎警察署長に対し，それぞれ，「被疑者と弁護人又は弁護人を選任することができる者の依頼により弁護人となろうとする者との接見又は書類（新聞，雑誌及び書籍を含む。）若しくは物（糧食，寝具及び衣類を除く。）の授受に関し，捜査のため必要があるときは，その日時，場所及び時間を指定することがあるので通知する」と記載された「接見等の指定に関する通知書」（以下「本件通知書」という）を送付した。なお，P検事は，本件通知書を発するに先立ち，Bに電話をし，X，Yとの接見については接見指定をすることがある旨を説明し，接見に赴く場合の事前の連絡方を依頼したが，Bは，弁護人に事前連絡の義務はないとして，これを断った。

なお，昭和62年12月25日刑総第1061号法務省刑事局長通達「事件事務処理規程の改正について」は，「接見等の指定を行うことがあると認める場合には，監獄の長に対して（中略）『接見等の指定に関する通知書』によりその旨を通知することとされたい」と定めており，本件通知書は，この通達に基づいて発出されたものである。また，上記法務省通達を受けて，昭和63年1月28日丙総発第7号警察庁官房長通達「刑事訴訟法第39条第3項の規定による検察官等の指定に係る事件事務規程の改定について」は，「通知書が発せられた被疑者について，弁護人等から接見等の申出があった場合には，その者が接見等に関する指定を受けているときを除き，当該通知書による協力依頼に基づき，速やかに申出があった旨を検察官等に連絡すること」と定めている。

2　Bは，平成10年7月4日（土曜日）午前9時35分ころ，事前の連絡なしに曽根崎警察署に赴き，K留置係官に対し，Yとの接見を申し出た。これに対し，Kは，検察官から本件通知書を受けているので，検察官に接見指定をするかどうかを確認するとして，Bに対し，待機を求めた。

Kは，直ちに大阪地方検察庁に電話をし，応対した検察事務官に対し，BがYとの接見を求めて曽根崎警察署に来ていることを告げ，検察官が接見指定をするか否かを照会した。同検察事務官は，当日は閉庁日でP検事が出勤しておらず，その自宅に電話をしたものの，応答がなかったため，当直の検察官の指示を受けることとしたが，当該検察官が，当日送致された身柄事件の被疑者の弁解録取手続中であったため，その手続が終了するのを待って，当該検察官から接見指定をしないとの指示を受け，同日午前10時15～20分ころ，曽根崎警察署に電話をして，留置係官に対し，上記指示を伝えた。なお，この間に，同警察署のL留置係官は，同検察事務官に対し，2度にわたり，回答を催促する電話をしていた。

　一方，同日午前9時45分ころ，曽根崎警察署において，第一東京弁護士会所属の弁護士が，接見の日時を同日午前10時から午前11時までの間の20分間とする接見指定書を持参して，他の被疑者との接見を求めた。Bは，同警察署の留置場の接見室が1室しかなかったことから，上記弁護士が先に接見することを了承し，同弁護士は，同日午前10時ころから午前10時20分ころまで上記被疑者と接見した。

　Bは，上記弁護士が接見を終えてしばらくした後，Lから接見室への入室を促され，同日午前10時25分ころ，Yとの接見を開始し，同日午前11時ころまで接見した（上記接見を「本件接見(1)」という）。なお，Yの取調べは，同日午後から開始された。

　3　Bは，平成10年7月16日（木曜日）午前8時45分ころ，事前の連絡なしに旭警察署に赴き，Xとの接見を申し出た。これを受け付けた同警察署のM留置係官は，本件通知書が発せられていることを失念し，接見指定書の有無を確認することなく，直ちにBを接見室に案内し，Xとの接見を開始させた。

　その直後，旭警察署のN留置係官は，Mから接見指定書の有無を確認していないことを聞き，直ちに接見室に入り，Bに接見指定書の提示を求め，Bがこれを持参していないことを知ると，「指定書がなければ会わせられない」と言って，Xを接見室から連れ出そうとした。Bはこれに抗議し，Xも抵抗の姿勢を示したが，Nは，接見室を消灯し，Xに対し，立つことを命じ，その左腕をつかんでXを接見室から連れ出した。その時刻は，午前8時50分ころであった。

　その後，Nは，遅くとも同日午前8時54分ころまでに大阪地方検察庁に電話をし，応対した検察事務官に対し，BがXとの接見を求めて旭警察署に来ていることを告げ，接見指定をするか否かを照会した。同検察事務官は，P検事及びその立会事務官であるI検察事務官に連絡を取ろうとしたが，両名の当日の出勤予定時刻は午前9時15分であり，まだ出勤していなかったため，旭警察署に電話をし，検察官がまだ登庁していないが，連絡が取れ次第電話をする旨を告げた。

　I事務官は，同日午前9時ころ，大阪地方検察庁に出勤し，同日午前9時5分こ

ろ，Ｘの接見指定について照会が来ている旨の報告を受け，直ちにＰ検事の携帯電話に電話をしたが，つながらなかった。Ｐ検事は，同日午前９時20分ころ，大阪地方検察庁に出勤し，Ｉ事務官から，Ｘの接見指定について照会が来ている旨の報告を受け，同日午前９時28分ころ，旭警察署の留置係官に対し，接見指定をしない旨の回答をした。

　Ｂは，同日午前９時28分ころ，Ｘとの接見を再開し，同日午前９時50分ころまで接見した（上記の接見を「本件接見(2)」という）。なお，Ｘは，当日は取調べがなく，終日在監していた。

　4　Ｂは，本件接見(1)，(2)につき，担当検事及び留置係官の措置により接見を妨害されたなどとして，担当検事については，①本件通知書を発したことの違法，②留置係官からの照会に対して速やかに回答しなかったことの違法を，また，留置係官については，③即時の接見を拒み，検察官からの回答があるまでＢを待機させたことの違法，④接見を中断させ，担当検事からの回答があるまでＢを待機させたことの違法をそれぞれ主張し，国家賠償法に基づき，国及び大阪府に対し，各20万円の損害賠償を求める訴えを提起した。

　これに対し，原審の大阪高裁は，要旨，次のとおり判断し，Ｂの国に対する請求を棄却し，大阪府に対する請求を，10万円の限度で認容した。

　(1)　検察官の発する「接見等の指定に関する通知書」は，検察官が監獄の長に対し，接見指定をすることがあり得ると考える一定の事件について，弁護人が指定を受けないで接見の申出をした場合に，その旨を検察官に連絡することを依頼する趣旨の行政機関の事務連絡文書である。上記通知書が発せられた場合であっても，検察官が接見指定をしていない限り，接見を申し出た弁護人に対し，これを認めるか否かは，監獄の長がその独自の権限に基づいて決することができる。したがって，検察官が本件通知書を発すること自体が，弁護人に対する関係で違法となることはない。

　(2)　検察官が接見指定の照会を受けてから回答するまでに，Ｙについては約40〜45分間，Ｘについては約34分間かかっており，いずれも，接見指定をするかどうかを回答するまでに要した時間としては相当の長時間である。しかし，監獄の長は，上記のとおり，接見を申し出た弁護人に対し，これを認めるか否かを独自の権限で決すべきであり，本件通知書は，合理的な範囲内において弁護人を待機させることを依頼するものにすぎないから，検察官が本件通知書を発しながら接見指定の照会に速やかに回答しないことが，弁護人に対する関係で違法となることはない。

　(3)　留置係官が検察官に連絡をして接見指定をするかどうかの回答を得るためにある程度の時間を要するのは当然であり，その間，弁護人が待機することになり，それだけ接見が遅れることになっても，それが合理的な範囲内にとどまる限り，許

されるものと解するのが相当である。Yとの接見については，当日の午前10時ころ以降は，B自身が他の弁護士に接見の順序を譲ったために待機する結果となったものであり，同弁護士の接見終了後まもなくBの接見が開始していることに照らすと，K留置係官がBを待機させた時間は，午前9時35分ころから午前10時ころまでの約25分間とみるべきである。そして，当日は土曜日で閉庁日であったこと，Bは閉庁日であることを知りながら事前の連絡をしないで接見に赴いたことを考慮すると，KがBを約25分間待機させたことは，合理的な範囲を超えたものとはいえず，違法とはいえない。

(4) 本件接見(2)につき，N留置係官がBを接見再開までの約38分間待機させたことは，合理的な範囲を超えたものとはいえず，それ自体は不法行為とならない。

しかしながら，弁護人と被疑者が接見を開始した後は，特段の事情がない限り，留置係官が被疑者と弁護人との接見を中断させることはできないというべきである。このことは，検察官から「接見等の指定に関する通知書」が発せられている場合において，留置係官の過誤等により，検察官に対する連絡をしないで接見を開始させたときであっても変わりがない。ところが，Nは，BがXと接見を開始した直後に接見室に入り，Bの抗議にもかかわらず，Xに退去を命じ，接見室を消灯し，左腕をつかんでXを接見室から連れ出して接見を中断させたのであるから，Nの行為は違法であり，Bに対する不法行為となる。

Bと大阪府が上告及び上告受理申立て。

【判示】　一部上告棄却，一部破棄自判。

最高裁は，次のように判示して，Bの上告を棄却し，また，大阪府の上告に基づき，原判決中大阪府の敗訴部分を破棄し，同部分につき第1審判決を取り消したうえ，Bの請求を棄却した。

「1　検察官，検察事務官又は司法警察職員（以下「捜査機関」という。）は，弁護人又は弁護人を選任することができる者の依頼により弁護人となろうとする者（以下「弁護人等」という。）から被疑者との接見又は書類若しくは物の授受（以下「接見等」という。）の申出があったときは，原則として，いつでも接見等の機会を与えなければならないのであり，捜査機関が現に被疑者を取調べ中である場合など，接見等を認めると取調べの中断等により捜査に顕著な支障が生ずる場合に限り，接見等のための日時，場所及び時間を指定することができるが，その場合には，弁護人等と協議してできる限り速やかな接見等のための日時等を指定し，被疑者が弁護人等と防御の準備をすることができるような措置を採らなければならないものと解すべきである（……［最高裁］平成11年3月24日大法廷判決［判例10-1］参照）。そして，弁護人等から接見等の申出を受けた者が，接見等のための日時等の指定につき権限のある捜査機関（以下「権限のある捜査機関」という。）でないため，指

定の要件の存否を判断できないときは，権限のある捜査機関に対して申出のあったことを連絡し，その具体的措置について指示を受ける等の手続を採る必要があり，こうした手続を要することにより，弁護人等が待機することになり，又はそれだけ接見等が遅れることがあったとしても，それが合理的な範囲内にとどまる限り，許容されているものと解するのが相当である。そして，接見等の申出を受けた者が合理的な時間の範囲内で対応するために採った措置が社会通念上相当と認められるときは，当該措置を採ったことを違法ということはできないものというべきである（最高裁…平成3年5月31日第二小法廷判決・裁判集民事163号47頁［参考裁判例10-⑦］，最高裁平成…12年3月17日第二小法廷判決・裁判集民事197号397頁，最高裁平成…12年3月17日第二小法廷判決・裁判集民事197号433頁参照）。

2　所論は，担当検事が，本件接見(1)，(2)につき，本件通知書を発出したことの違法をいうが，本件通知書は，弁護人等から接見等の申出があったときに接見指定をすることがあり得る旨を通知する捜査機関の内部的な事務連絡文書であって，検察官が接見指定権を適切に行使する機会を確保するとともに，接見交通権の行使と捜査の必要との調整を図ることを目的として発出されるものであるから，これを発出すること自体を違法ということはできない。原審の前記……(1)の判断は，以上の趣旨をいうものとして是認することができ，この点に関する論旨は，採用することができない。

3　また，所論は，担当検事が，本件接見(1)，(2)につき，留置係官からの照会に対して，速やかに回答しなかったことが違法であると主張する。

そこで，この点について検討するに，検察官から被疑者との接見等に関して『接見等の指定に関する通知書』が発せられている場合，弁護人等から当該被疑者との接見等の申出を受けた留置係官は，検察官に対して接見等の申出があったことを連絡し，その具体的措置について指示を受ける等の手続を採る必要があるから，接見等のため警察署に赴いた弁護人等は，こうした手続が採られている間待機させられ，それだけ接見等が遅れることとならざるを得ない。そして，前記説示したところによれば，上記通知書を発出した検察官は，上記の手続を要することにより接見等が不当に遅延することがないようにするため，留置係官から接見等の申出があったことの連絡を受けたときは，合理的な時間内に回答すべき義務があるものというべきであり，これを怠ったときは，弁護人等の接見交通権を違法に侵害したものと解するのが相当である。

これを本件についてみると，前記の事実関係によれば，担当検事は，留置係官から接見の申出があったことの連絡を受けてから接見指定をしない旨の回答をするまでに，本件接見(1)の場合は約40〜45分間，本件接見(2)の場合は約34分間を要しているが，本件接見(1)の場合は，第1審原告が閉庁日（土曜日）に事前の連絡なく突

然に代用監獄である曽根崎警察署に赴いたものであり，また，本件接見(2)の場合は，第1審原告が担当検事の登庁前の午前8時45分ころに事前の連絡なく突然に代用監獄である旭警察署に赴いたものであること，これに対し，留置係官は，いずれの場合も，速やかに，第1審原告の接見の申出を大阪地方検察庁に連絡し，同検察庁の検察事務官も，速やかに担当検事に連絡を取ろうとしたこと，そして，前記のような事情で担当検事への連絡は直ちには取れなかったものの，担当検事は，連絡が取れ次第，速やかに回答をし，故意に回答を遅延させたりなどしていないことが明らかであり，以上の諸点に照らすと，本件における担当検事の回答は，いずれも合理的な時間内にされたものというべきであり，これを違法ということはできない。」

「所論は，本件接見(2)につき，留置係官が接見を中断させ，担当検事からの回答があるまで第1審原告を待機させたことは違法ではないと主張する。

そこで，この点について，検討するに，弁護人等から接見等の申出を受けた者が，権限のある捜査機関でないため，権限のある捜査機関に対して申出のあったことを連絡し，これに対する指示を受けるまでの間，弁護人等を待機させる措置を採ったとしても，それが合理的な範囲内にとどまる限り，許容されているものと解すべきであり，また，上記申出を受けた者が，合理的な時間の範囲内で対応するために採った措置が社会通念上相当と認められるときは，当該措置を採ったことを違法ということができないことは，前記のとおりである。そして，弁護人等から接見の申出を受けた留置係官が，『接見等の指定に関する通知書』が発せられているため，検察官に対して接見の申出があったことを連絡する等の手続を採る必要があったのに，これを失念し，同手続を採ることなく接見を開始させた後，これに気付いて，同手続を採るために接見を中断させる措置を採ることも，それが接見開始直後にされたものであるなど社会通念上相当と認められるときは，当該措置を採ったことを違法ということはできないと解すべきである（前掲最高裁平成…12年3月17日第二小法廷判決参照）。

前記の事実関係によれば，N留置係官は，第1審原告が被疑者Xとの接見を開始した直後に，M留置係官が上記手続を採っていないことを知り，直ちに接見室に入り，上記手続を採るため，接見を中断させたというのであるから，N留置係官の上記行為は，その態様等を考慮しても，社会通念上相当と認めることができ，これを違法ということはできない。」

濱田邦夫裁判官の反対意見

「私は，弁護人等から接見の申出を受けた留置係官が，『接見等の指定に関する通知書』が発せられているため，検察官に対して接見の申出があったことを連絡する等の手続を採る必要があったのに，これを失念し，同手続を採ることなく接見を開始させた後，これに気付いて，同手続を採るために接見を中断させる措置を採るこ

とも，それが接見開始直後にされたものであるなど社会通念上相当と認められるときは，当該措置を採ったことを違法ということはできないと解すべきであるとの多数意見に賛成することはできない。多数意見が引用する最高裁平成…12年3月17日第二小法廷判決は，変更すべきものと考える。

いったん弁護人と被疑者とが適法に接見を開始した後においては，留置係官が接見の場所に突然に立ち入ることは，それが接見開始の直後であったとしても，弁護人等と被疑者との秘密交通権を侵害するおそれを生じさせることとなるものであるから，『被疑者が防禦の準備をする権利を不当に制限する』ものといわなければならない（刑訴法39条3項ただし書参照）。加えて，多数意見のいう『接見開始直後』及び『社会通念上相当と認められるとき』という基準は必ずしも明確ではなく，接見交通権が憲法上の基本的人権であること及び弁護士の職責の公益性にかんがみると，留置係官による接見中断措置の違法性の有無の判断をするに当たり，このような不明確な基準によることは相当ではないと考える。また，接見開始に先立ち留置係官が検察官に連絡をする等の手続を採る必要があったのに同手続を採らなかったという捜査機関側の内部的な取決めの違反を，被疑者及び弁護人等の時間的かつ心理的な負担において是正することを認めるべきではない。

したがって，いったん弁護人等と被疑者とが適法に接見を開始した後においては，特段の事情が存しない限り，留置係官は接見を中断させることはできないと解すべきである。そして，上記特段の事情が存する場合とは，いったん適法に開始された接見の中断を正当化できるだけの捜査の必要性が存する場合に限定されるべきである（なお，原判決は，上記特段の事情が存する場合の例として，合理的な時間の範囲内に検察官から接見指定をするか否かの回答を得られなかったため，留置係官が，接見を開始させたところ，その後，指定する日時までは接見をさせてはならない旨の接見指定がされた場合を挙げるが，このような場合に上記特段の事情を認めるのは相当ではない。）。

本件接見(2)においては，前記の事実関係によれば，検察官に接見指定の意思もなく，接見が開始された時刻に接近した取調べの予定もなく，現実に取調べもされなかったというのであるから，いったん適法に開始された接見の中断を正当化できるだけの捜査の必要性が存するものとはいえず，上記特段の事情はなかったというべきである。

そうすると，上記特段の事情がないにもかかわらず，第1審原告の抗議や被疑者Xの抵抗を無視して接見を中断させたN留置係官の行為は違法というべきであり，過失も肯認し得るから，第1審原告に対する不法行為が成立する。」

Q Basic

22 本件のように検察官送致後の場合，「接見等のための日時等の指定につき権

限のある捜査機関」にあたるのは誰か。逮捕後検察官送致前の場合であればどうか。刑訴法39条3項によれば，「検察官，検察事務官又は司法警察職員」のいずれもが指定権を有するのではないか。一定の者に限定されるとすれば，その理由は何か。

23 かつての捜査実務においては，接見指定が必要と考えられる事件では，検察官があらかじめ，監獄（刑事施設）の長及び被疑者・弁護人に対し，「接見等に関する指定書」と題する書面（「一般的指定書」と呼ばれる。参考裁判例10-7の書式例参照）を発して，接見の日時等を「別に発すべき指定書のとおり指定する」旨予告しておき，弁護人から接見の申出があると，その都度，接見の日時等を記載した「指定書」と題する書面（「具体的指定書」と呼ばれる）を発して，それに基づいて接見を行わせるという運用が行われていた（一般的指定書が発せられている事件において，弁護人が，直接，被疑者が身柄拘束されている拘置所や警察署に赴いて接見の申出をしても，具体的指定書を持参しない限り，そのことを理由に接見を拒まれた）。

このような一般的指定制度の運用は適法か。参考裁判例10-5が「被疑者と弁護人等との接見をあらかじめ一般的に禁止して許可にかからしめ，しかも被上告人［弁護人］の接見要求に対して速やかに日時等の指定をしなかった捜査本部のKの措置は違法といわざるをえない」と判示している「Kの措置」と対比してどうか。

24 **23**に示されたような一般的指定制度は，「捜査のため必要があるとき」という接見指定の要件について，どのような解釈をとることを前提とするか。

25 参考裁判例10-7は，一般的指定そのものの適否について，どのように判断しているか。この判断は，参考裁判例10-5が「Kの措置」を違法と判断したことと矛盾しないか。

26 本件に見られる「接見等の指定に関する通知書」（以下，「通知書」という）は，1988年4月1日以降，一般的指定書が廃止されたのに伴い，これにかわって用いられることとなった刑事施設（監獄）の長等に対する連絡文書である。この通知書及びそれを用いた接見指定の運用は，**23**に示されたような一般的指定書及びそれを用いた接見指定の運用と比較して，どのような点が異なるか。通知書が発せられている事件において，弁護人等が，直接，被疑者が身柄拘束されている刑事施設に赴いて接見を申し出た場合，刑事施設の係官はどのような措置をとることになるか。通知書を発した検察官はどうか。

27 本判決は，通知書を発出すること自体の適法性について，どのように判断しているか。それは，どのような理由によると考えられるか。

28 本件のように通知書が発せられている事件において，弁護人が，直接，刑事施設に赴いて接見を申し出た場合，結果的に接見指定が行われない場合であっても，直ちに接見できず，一定の時間，待機させられることになるが，それでよいか。この点について，本判決はどのように述べているか。

29 本件では，留置係官が弁護人から接見の申出があったことを連絡した後，検察官が接見指定をしない旨の回答をするまでに，どのくらいの時間を要しているか。本判決は，その程度の時間を要することは，常に「合理的な時間内」として適法とする趣旨か。

30 本件接見(2)で留置係官が接見を中断させた措置の適法性について，原判決と本判決の判断が異なった理由としてどのようなことが考えられるか。

31 本判決によれば，弁護人から接見の申出を受けた留置係官が，通知書が発せられていることを失念し，検察官に対し接見の申出があったことを連絡する等の手続をとることなく接見を開始させた後，これに気付いて，上記手続をとるために接見を中断させる措置をとることは，どのような場合に許されるか。「接見開始直後にされたものであること」は，どのような意味を持つか。

32 検察官が接見の日時等を指定する場合に，弁護人等に対し接見指定書（具体的指定書）の受領・持参を要求することは適法か。参考裁判例10-⑥と参考裁判例10-⑧で，この点に関する判断が異なったのはなぜか。

33 一般的指定書の廃止後，接見の日時等を指定する場合の方法については，次のようにいわれている。

「書面による指定は，通常，合理的な方法であると考えられるが，書面による指定を原則とすることは，……弁護人等との間で指定書の持参要求を巡って無用の紛議を招くばかりでなく，指定の要件がある場合の迅速な指定が行われなくなるおそれがあるから，指定権者である検察官等が状況に応じて書面，口頭のいずれによるかを適切に判断して弁護人が希望するなら口頭指定をすることになる。」（「『接見交通に関する協議会』について（報告）」自正42巻6号78頁〔1991年〕）

参考裁判例10-⑧の事案において，書面による指定を適切とする理由は存在するか。

(3) 接見指定の内容

10-③ 最三判平成12年6月13日民集54巻5号1635頁

【事案の概要】 Xは，平成2年10月10日午後3時53分ころ，東京都公安条例違反（デモ行進の許可条件違反）の容疑で現行犯逮捕され，午後4時10分ころ，警視庁築地警察署に引致された。築地署の司法警察職員が，午後4時15分ころXに犯罪事実の要旨及び弁護人を選任することができる旨を告げ，弁解の機会を与えたところ，Xは，救援連絡センターに登録された弁護士を弁護人に選任する旨述べた。

Bは，救援連絡センターの弁護士であり，午後4時25分ころ，築地署に赴き，玄関で警備に当たる警察官らに対しXの弁護人となろうとする者として接見に来た旨を告げ，Bが署内に入ることを拒否する警察官らと押し問答となった。Bは，

午後4時35分ころに築地署の玄関口に出て来た捜査主任官のK警備課長に対して，Xとの即時の接見を申し出たところ（以下「本件申出」という），同課長は，Bに対し，Xは取調べ中なのでしばらく接見を待ってほしい旨の発言を繰り返し，午後4時40分ころ，いったん署内に引き揚げた。

午後4時40分ころ，救援連絡センターから築地署に対し，Xの引致の有無，同センターに登録された弁護士の弁護人選任の有無を確認する趣旨の電話があった。

築地署警備課L巡査部長は，午後4時45分ころ，Xの写真撮影に引き続いて，Xの取調べを開始した。署内に戻ったK課長は，Xの取調べ状況を確認し，その際，Xが救援連絡センターの弁護士を弁護人に選任する意向であることを知った。K課長は，そのころ，留置主任官であるM警務課長と接見等につき協議し，接見させる場合は留置手続後接見室で行うこと，食事時間の前後は戒護体制が手薄になるから接見させないこと，Xを留置した段階で夕食を取らせることを確認した。

午後5時ころ，救援連絡センターから築地署に対し，Xについて弁護人の選任の有無を確認し，Bが同署に接見に赴いていることを連絡する趣旨の電話があった。

K課長は，午後5時10分ころ，築地署の玄関口において，Bに対し，Xは救援連絡センターの弁護士を弁護人に選任すると言っているから，同センターに電話してBが同センターの弁護士かどうかを確認する，現在Xは取調べ中であるから接見をしばらく待ってほしい旨述べた。

午後5時20分ころ，救援連絡センターから築地署に対し，午後4時40分ころのものと同趣旨の電話があった。また，築地署の係官は，午後5時25分ころ，救援連絡センターに対し，Xが同センターの弁護士を弁護人に選任したいと申し出ている旨電話で伝えたが，その際，Bが同センターの弁護士であることを知った。

K課長は，午後5時28分ころ，L巡査部長に対し，Xの取調べを一時中断して留置場において食事をさせた後，再び取調べをするよう指示した。L巡査部長は，Xを留置係の警察官に引き渡し，Xは留置場に留置された。その際，L巡査部長は，留置係の警察官に対し，夕食後再度取調べを行う予定であるので夕食が終わったら連絡をしてほしい旨伝えた。

午後5時45分ころ3度玄関口に出て来たK課長は，Bが救援連絡センターの弁護士であることは確認できたが，Xは取調べ中なので接見させることができない，接見の日時を翌日午前10時以降に指定する旨を告げて，署内に引き揚げた。Bは，午後6時ころ，築地署の玄関前から引き揚げた。

L巡査部長は，午後6時10分ころ，Xの逮捕現場で実況見分を行っていた捜査員から応援依頼を受け，その補助に赴いた。そのため，Xの夕食が午後6時15分ころ終了したにもかかわらず，同人の取調べは行われなかった。L巡査部長は，午後8時ころ実況見分から戻ったが，K課長は，この時点から取調べを開始すれば

深夜に及ぶおそれがあると考え，その日のXの取調べを中止させた。

　X及びBは，K課長が即時の接見を拒否してその日時を翌日に指定したことについて，それぞれ東京都に対して100万円の損害賠償を求める訴えを提起した。第1審の東京地裁は，請求を一部認容したが（Xについて10万円，Bについて8万円），原審の東京高裁は，概ね次のような理由により，東京都の敗訴部分を取り消し，Xらの請求を全部棄却した。

　BがK課長に本件申出をした午後4時35分ころから同課長が接見の日時等を指定した午後5時45分ころまでの間は，現にXを取調べ中であるか，又は間近い時に取調べをする確実な予定があって，本件申出に沿った接見を認めたのでは，取調べが予定どおり開始できなくなるおそれがあり，捜査の中断等により顕著な支障が生じたといえる。したがって，K課長が接見指定をする要件があった。

　K課長らは，Xにとって必要不可欠ともいうべき夕食を取らせるために必要最小限度の時間に限り取調べを中断したにすぎず，夕食には警察官が立ち会う必要があり，夕食時間帯にXをBと接見させれば他の留置人に対する戒護が手薄になるという問題もあったから，夕食時間帯に接見させなかったことが違法とはいえない。

　本件申出は，Xの引致後約25分経過した時点でされていること，本件申出から接見の指定までの間は，Xについて弁解録取，写真撮影，取調べなどがされていたことからすると，K課長が速やかに接見指定をすべき義務に違反したとはいえない。

　K課長が接見の指定をした午後5時45分の時点では，夕食後Xを相当時間取り調べる予定があり，Xの態度によっては同人に実況見分への立会いを求めることも考えられ，場合によっては取調べが留置人の就寝時間に食い込むことも予想されたこと，K課長が接見指定をした時点では，取調べの必要性についての正確な判断が困難であったこと，接見指定がされた当時既に夜間に入っていたことからすると，同課長が接見の日時を夕食の前後に指定せず翌日午前10時に指定したことに違法があるとはいえない。

　X，B上告。

【判示】　一部破棄自判，一部棄却。

　最高裁は，判例10-1に示された「捜査のため必要があるとき」の解釈を掲げた上，次のように判示し，第1審判決が認容した限度でXらの請求を認める判断をした。

　「右のように，弁護人等の申出に沿った接見等を認めたのでは捜査に顕著な支障が生じるときは，捜査機関は，弁護人等と協議の上，接見指定をすることができるのであるが，その場合でも，その指定は，被疑者が防御の準備をする権利を不当に制限するようなものであってはならないのであって（刑訴法39条3項ただし書），

捜査機関は，弁護人等と協議してできる限り速やかな接見等のための日時等を指定し，被疑者が弁護人等と防御の準備をすることができるような措置を採らなければならないものと解すべきである。

とりわけ，弁護人を選任することができる者の依頼により弁護人となろうとする者と被疑者との逮捕直後の初回の接見は，身体を拘束された被疑者にとっては，弁護人の選任を目的とし，かつ，今後捜査機関の取調べを受けるに当たっての助言を得るための最初の機会であって，直ちに弁護人に依頼する権利を与えられなければ抑留又は拘禁されないとする憲法上の保障の出発点を成すものであるから，これを速やかに行うことが被疑者の防御の準備のために特に重要である。したがって，右のような接見の申出を受けた捜査機関としては，前記の接見指定の要件が具備された場合でも，その指定に当たっては，弁護人となろうとする者と協議して，即時又は近接した時点での接見を認めても接見の時間を指定すれば捜査に顕著な支障が生じるのを避けることが可能かどうかを検討し，これが可能なときは，留置施設の管理運営上支障があるなど特段の事情のない限り，犯罪事実の要旨の告知等被疑者の引致後直ちに行うべきものとされている手続及びそれに引き続く指紋採取，写真撮影等所要の手続を終えた後において，たとい比較的短時間であっても，時間を指定した上で即時又は近接した時点での接見を認めるようにすべきであり，このような場合に，被疑者の取調べを理由として右時点での接見を拒否するような指定をし，被疑者と弁護人となろうとする者との初回の接見の機会を遅らせることは，被疑者が防御の準備をする権利を不当に制限するものといわなければならない。

……これを本件についてみると，……前記事実関係によれば，本件申出は，午後4時35分ころから午後5時45分ころまで継続していたものというべきところ，上告人Xについて，午後5時28分ころの夕食開始まで取調べがされ，夕食後も取調べが予定されていたというのであるから，本件申出時において，現に取調べ中又は間近い時に取調べが確実に予定されていたものと評価することができ，したがって，上告人Bと上告人Xとの自由な接見を認めると，右の取調べに影響し，捜査の中断等による支障が顕著な場合に当たるといえないわけではなく，K課長が接見指定をしようとしたこと自体は，直ちに違法と断定することはできない。

しかしながら，前記事実関係によれば，本件申出は，上告人Xの逮捕直後に同上告人の依頼により弁護人となろうとする上告人Bからされた初めての接見の申出であり，それが弁護人の選任を目的とするものであったことは明らかであって，上告人Xが即時又は近接した時点において短時間でも上告人Bと接見する必要性が大きかったというべきである。しかも，上告人Xは，救援連絡センターの弁護士を選任する意思を明らかにし，同センターの弁護士である上告人Bが現に築地署に赴いて接見の申出をしていたのであるから，比較的短時間取調べを中断し，又

は夕食前の取調べの終了を少し早め，若しくは夕食後の取調べの開始を少し遅らせることによって，右目的に応じた合理的な範囲内の時間を確保することができたものと考えられる。

他方，上告人Xの取調べを担当していたL巡査部長は，同上告人の夕食終了前，逮捕現場での実況見分の応援の依頼を受けて，夕食後の取調べについて他の捜査員の応援を求める等必要な手当てを何らしないまま，にわかに右実況見分の応援に赴き，そのため，夕食終了後も同上告人の取調べは行われず，同巡査部長が築地署に戻った後も，同上告人の取調べは全く行われないまま中止されたというのであって，このような同上告人に対する取調べの経過に照らすと，取調べを短時間中断し，夕食前の取調べの終了を少し早め，又は夕食後の取調べの開始を少し遅らせて，接見時間をやり繰りすることにより，捜査への支障が顕著なものになったとはいえないというべきである。原判決は，上告人Xの態度いかんによっては夕食後同上告人に実況見分への立会いを求める可能性があり，場合によっては同上告人の取調べが留置人の就寝時間に食い込む可能性があったことなどを指摘するが，そのような可能性があったというだけでは，現に築地署に赴いて接見を申し出ている上告人Bと上告人Xとの当日の接見を全面的に拒否しなければならないような顕著な捜査上の支障があったとはいえない。

そして，前記事実関係によれば，午後4時45分ころには上告人Xの写真撮影等の手続が終了して取調べが開始され，K課長は，午後5時ころまでには，上告人Xが救援連絡センターの弁護士を弁護人に選任する意向であることを知っており，同センターからの連絡によって上告人Bが同センターの弁護士であることを容易に確認し得たものということができる。また，K課長は，そのころには，M課長との協議により，上告人Xの取調べを一時中断して夕食を取らせることを予定していたものである。

そうすると，K課長は，上告人Bが午後4時35分ころから午後5時45分ころまでの間継続して接見の申出をしていたのであるから，午後5時ころ以降，同上告人と協議して希望する接見の時間を聴取するなどし，必要に応じて時間を指定した上，即時に上告人Bを上告人Xに接見させるか，又は，取調べが事実上中断する夕食時間の開始と終了の時刻を見計らい（午後5時45分ころまでには，上告人Xの夕食時間が始まって相当時間が経過していたのであるから，その終了時刻を予測することは可能であったと考えられる。），夕食前若しくは遅くとも夕食後に接見させるべき義務があったというのが相当である。

ところが，K課長は，上告人Bと協議する姿勢を示すことなく，午後5時ころ以降も接見指定をしないまま同上告人を待機させた上，午後5時45分ころに至って一方的に接見の日時を翌日に指定したものであり，他に特段の事情のうかがわれ

ない本件においては，右の措置は，上告人Ｘが防御の準備をする権利を不当に制限したものであって，刑訴法39条3項に違反するものというべきである。そして，右の措置は，上告人Ｘの速やかに弁護人による援助を受ける権利を侵害し，同時に，上告人Ｂの弁護人としての円滑な職務の遂行を妨害したものとして，刑訴法上違法であるのみならず，国家賠償法1条1項にいう違法な行為にも当たるといわざるを得ず，これが捜査機関として遵守すべき注意義務に違反するものとして，同課長に過失があることは明らかである。」

Q Basic

34 本件のような損害賠償請求によるほかに，Ｋ課長の措置に対し，不服を申し立て是正を求める方法はあるか。

35 本件において，ＢがＸとの接見を申し出た時点で，接見指定の要件を満たす事情は存在していたか。即時または近接した時点での接見を認めても，捜査に顕著な支障が生じないのであれば，「捜査のため必要があるとき」には当たらないのではないか。

36 本判決は，Ｋ課長のどのような措置を，どのような理由で違法としたものか。接見指定の要件を満たす事情が存在する場合，捜査機関は，接見の日時等を自由に指定することが許されるか（参考裁判例10-6も参照）。

37 本件において，申出があった接見が逮捕直後の初回のものであったことは，本判決の判断に意味をもっているか。仮に，初回の接見が，逮捕直後ではなく，逮捕の翌日に申し出られたとすれば，判断は異なったか。仮に，逮捕当日に初回の接見と弁護人の選任がなされ，翌日再度，弁護人から接見の申出がなされた場合であったとすればどうか。

38 本件において，夕食終了後Ｘの取調べが行われなかったことは，本判決の判断に意味をもっているか。仮に，夕食終了後もＸの取調べが行われたとすれば，判断は異なったか。

39 本件において，Ｂが現に築地署に赴いて接見を申し出ていたことは，本判決の判断に意味をもっているか。仮に，Ｂが事務所から電話で接見の申出をしたとすれば，判断は異なったか。

40 本判決は，逮捕直後の初回の接見について，「犯罪事実の要旨の告知等被疑者の引致後直ちに行うべきものとされている手続及びそれに引き続く指紋採取，写真撮影等所要の手続を終えた後において」，速やかに認めるべきであるとしている。これらの手続は，なぜ接見に先行して行うことが許されるのか。

41 本判決は，逮捕直後の初回の接見の申出であれば，常に，即時又は近接した時点での接見を認めなければならないとする趣旨のものか。例えば，次のような場合はどうか。

(1) 被疑者が未押収の重要な証拠物の所在を自供したため，それに基づいて早急に，被疑者を現場に立ち会わせて捜査を実施する必要があり，その終了までにある程度の時間を要すると予想される場合

(2) 被疑者がまさに真相に迫る供述を始めようとしており，供述が一段落し，調書の作成が終わるまである程度の時間を要すると予想される場合

Advanced

42 仮に本件において，夕食前あるいは夕食後に接見の時間を5分間と指定した上，接見を認めた場合，この指定は適法か。

43 接見の日時等を指定する場合，現在のように接見できる日時，場所，時間を指定する方法は合理的か。「接見が自由で指定制限が例外であるならば……，例外たる指定は本来『会えない時間』の指定であるべき」（田宮裕『刑事訴訟法〔新版〕』〔1996年〕152頁）ことになるか。

(4) 起訴後の余罪捜査と接見指定

10-4 最一決昭和55年4月28日刑集34巻3号178頁

【事案の概要】 Xは，昭和55年3月15日，収賄被告事件について勾留のまま起訴され，同年4月7日別件の収賄被告事件について追起訴され，さらにその後，余罪である別件の収賄被疑事件に基づき逮捕され，同月10日勾留された。同月16日，Xの弁護人BがXとの接見を求めたところ，水戸地方検察庁検察官Pは，被疑事件の捜査のため必要があるとして，接見等に関し，同月18日午後4時0分から午後5時0分までの間に20分間とする日時等の指定を行った。

これに対し，Bは，Xはすでに起訴されている以上，検察官による接見指定は許されないとして，指定の取消しを求め準抗告を申し立てたが，原審の水戸地裁は，これを棄却した。そこで，Bから，判例違反（参考裁判例10-11との抵触）等を主張して，最高裁に特別抗告の申立てがなされた。

【判示】 特別抗告棄却。

「本件抗告の趣意のうち，判例違反をいう点は，所論引用の判例（最高裁昭和41年…7月26日第三小法廷決定・刑集20巻6号728頁〔参考裁判例10-11〕）は，被告人が余罪である被疑事件について逮捕，勾留されていなかった場合に関するもので，余罪である被疑事件について現に勾留されている本件とは事案を異にし適切でなく，その余は，憲法34条，37条3項違反をいう点を含め，実質は刑訴法39条3項の解釈の誤りを主張するものであって，いずれも同法433条の抗告理由にあたらない。

なお，同一人につき被告事件の勾留とその余罪である被疑事件の逮捕，勾留とが競合している場合，検察官等は，被告事件について防禦権の不当な制限にわたらな

い限り，刑訴法39条3項の接見等の指定権を行使することができるものと解すべきであって，これと同旨の原判断は相当である。」

Q Basic

44 次の各場合の接見の申出に対し，捜査機関がとり得る措置は異なるか。異なるとすれば，それは，どのような理由によると考えられるか。

(1) 捜査機関が，起訴後勾留中の被告人に対して，起訴された被告事件に関する取調べを実施中，弁護人から被告人との接見の申出があった場合

(2) 捜査機関が，起訴前勾留中の被疑者に対して，勾留理由とされた被疑事件に関する取調べを実施中，弁護人から被疑者との接見の申出があった場合

45 起訴後勾留中の被告人と弁護人との接見について，捜査機関が余罪である被疑事件の捜査のため，その日時等を指定することは許されるか。この問題について，参考裁判例10-11は，どのような判断を示したか。本件弁護人は，参考裁判例10-11の判断が妥当する範囲をどのように考えたか。本決定はこの点でどのような判断を示したか。

46 刑訴法39条1項は「身体の拘束を受けている被告人又は被疑者」について弁護人等と立会人なしに接見できると規定するが，ここにいう「身体の拘束」は，その理由の如何を問わない（逮捕，勾留のほか，例えば自由刑の執行なども含む）ものと解されている。また，同条3項は「第1項の接見」に関し日時等を指定することができるとのみ規定している。このような規定の文言によれば，被告人が起訴後勾留により「身体の拘束」を受けている以上，余罪である被疑事件について逮捕・勾留されているか否かを問うことなく，弁護人との接見について，被疑事件の捜査のため必要があるときは，その日時等を指定することが許されることにならないか。

47 「被疑者と弁護人にとって極めて重要な権利である接見交通権を制限する不利益処分は，令状に明示され，司法審査を経由した被疑事実……に基づいてのみ許される……。……[それ故]余罪について逮捕，勾留されていない場合は，そもそも接見指定権の発生する余地はない」（金築誠志・最判解刑事篇昭和55年91頁）と考えることは適切か。

48 接見指定は，被疑者が被疑事件について逮捕，勾留されていることによって許されるのだとすると，本件のように，起訴後勾留中の被告人が余罪である被疑事件についても逮捕・勾留されている場合，事件単位の考え方を貫くことにより，被疑事件についての接見は指定に服するものの被告事件についての接見は自由であり，被疑事件の接見に対する指定の効力は被告事件の接見には及ばないと解することはできないか（岐阜地決昭和38年6月1日下刑集5巻5=6号635頁参照）。被告事件の弁護人が被疑事件の弁護人も兼ねている場合，この考え方からは，どのような帰結が導かれるか。

49 本決定によれば，起訴後勾留中の被告人が余罪である被疑事件についても逮捕・勾留されている場合，被疑事件の捜査のための接見指定により，被告事件についての接見も制約を受け得ることになる。この考え方は，「公訴の提起前に限り」接見指定を許している刑訴法 39 条 3 項の趣旨に反しないか。

50 本決定によれば，起訴後勾留中の被告人が余罪である被疑事件についても逮捕・勾留されている場合の接見指定は，どのような条件のもとに許されるか。被告人としての地位を併有しない純然たる被疑者との関係で接見指定を行う場合と違いがあるか。

51 本件において B は，被告事件の弁護人と被疑事件の弁護人とを兼ねていた。仮に，B が被告事件についてのみ選任された弁護人であった場合，本決定の結論は異なっていたか（参考裁判例 10 - 12 参照）。

○ 参考裁判例 10 - 5　最一判昭和 53 年 7 月 10 日民集 32 巻 5 号 820 頁（杉山事件）

大阪弁護士会に所属する弁護士 B は，昭和 40 年 4 月 25 日午後 4 時 30 分ころ布施署を訪れ，弁護人となろうとする者の資格において，し尿処理場設置反対運動に伴う威力業務妨害，水利妨害，暴力行為等処罰ニ関スル法律違反事件の被疑者として同日午前中に逮捕された X との接見を求めた。しかし，本件捜査は，大阪府警警備部警備課に所属する警察官 K が，捜査主任官 P を補佐して捜査を指揮しており，内部的に，弁護人又は弁護人となろうとする者と被疑者との接見に対し，その日時等を指定することとなっていた。そこで，X の捜査官である L は，X については接見指定になっていることを告げるとともに，B が指定書を持参しているかどうか尋ね，指定書なしに直ちに接見させるよう強く求める B に対し，「捜査主任官の指定を受けてもらうか，あるいは指定書を持ってきて欲しい」旨述べて，接見を拒否した。

その後，接見を果たそうとして 2 階の取調室に向かおうとした B に対し，L が制止のためその行く手に立ちふさがり B の胸部を突いたり，取調室の前まで来て X に呼びかけ，L に接見させるよう求めた B に対し，L が退去させるためその身体を押し，階段の手すりにしがみついている B を引っ張って階下におろしたりするなど，両者の間に実力行使を伴うやりとりがあった。その結果，B は治療 4 日を要する左手背挫創の傷害を負い，また，B の腕時計の鎖がはずれて落ちた。その間，L は，捜査本部の K に状況を電話報告し，B と K が電話で直接話す機会もあったが，接見の指定にはいたらなかった。B は，いったん布施署を出た後，午後 6 時ころ再度同署を訪れ，L に面会を求めたが，L は，指定書をもってこない以上，会っても意味がない旨を伝えた。B は，取調室の前まで行き大声で X に呼びかけるなどしたが，これに対し廊下に出てきた L と言い争いとなり，B は，後から L に抱えあげられ，階段の踊り場まで連れ下ろされた。L は，K に状況を報告するとともに，来署を要請し，K は B と電話で話したが，議論

は平行線に終わった。Kは、同日午後7時30分ころ布施署に到着し、Bは、Kの指揮により、午後8時25分から35分までの10分間、Xと接見した。

Bは、4時間余にわたり接見交通権を不法に侵害され精神的損害を被ったとして、国家賠償法に基づき大阪府に対し20万円の損害賠償を求める訴えを提起した。これに対し、原審は、警察官Lには接見の日時を指定する権限はなかったが、接見要求を捜査主任官に取り次ぎ、速やかに接見の日時の指定を受けてこれをBに告知すべきであったとしたうえで、それにもかかわらず接見指定の手続をとる意思が全くないまま接見を拒んだLの態度は違法であるとし、Bの請求を10万円の限度で認容した。大阪府の上告に対し、最高裁は次のように述べ、破棄差戻しの判決をした。

「憲法34条前段は、何人も直ちに弁護人に依頼する権利を与えられなければ抑留・拘禁されることがないことを規定し、刑訴法39条1項は、この趣旨にのっとり、身体の拘束を受けている被疑者・被告人は、弁護人又は弁護人となろうとする者（以下「弁護人等」という。）と立会人なしに接見し、書類や物の授受をすることができると規定する。この弁護人等との接見交通権は、身体を拘束された被疑者が弁護人の援助を受けることができるための刑事手続上最も重要な基本的権利に属するものであるとともに、弁護人からいえばその固有権の最も重要なものの一つであることはいうまでもない。身体を拘束された被疑者の取調べについては時間的制約があることからして、弁護人等と被疑者との接見交通権と捜査の必要との調整を図るため、刑訴法39条3項は、捜査のため必要があるときは、右の接見等に関してその日時・場所・時間を指定することができると規定するが、弁護人等の接見交通権が前記のように憲法の保障に由来するものであることにかんがみれば、捜査機関のする右の接見等の日時等の指定は、あくまで必要やむをえない例外的措置であって、被疑者が防禦の準備をする権利を不当に制限することは許されるべきではない（同項但書）。捜査機関は、弁護人等から被疑者との接見の申出があったときは、原則として何時でも接見の機会を与えなければならないのであり、現に被疑者を取調中であるとか、実況見分、検証等に立ち会わせる必要がある等捜査の中断による支障が顕著な場合には、弁護人等と協議してできる限り速やかな接見のための日時等を指定し、被疑者が防禦のため弁護人等と打ち合せることのできるような措置をとるべきである。

……これを本件についてみると、原審の確定した前記事実関係によれば、被上告人が午後4時30分ごろ布施署を訪れ、警察官Lに対し被疑者Xとの接見を申し入れた際には、Lは現に同人を取調中であり、また、当該被疑事件は、枚岡署に置かれた捜査本部が統一的に捜査を指揮し、内部的には、捜査本部の捜査主任官P及びこれを補佐するKが接見の日時等についての指定権を与えられていて、布施署においてXの取調べを担当していたLにはこれが制限されていたというのであるから、かような場合における接見の日時等の指定は、それが前記の見地から見て合理的なものである限り、捜査主任官P又は補佐官Kの権限に委ねられていたものであって、Lが被上告人に対し直接

捜査主任官又は補佐官の指定を受けるよう求めたことは、被上告人にとっても権限あるKと直接協議して接見の日時等の打合せをすることができる便宜があり、また、これに伴う被上告人の負担は電話連絡の機会もあったことであるから一挙手一投足の労ですんだものといわなければならない。そして前記の経過からすれば、Lは、被上告人に対し自分には指定の権限がなく自分の一存では決しかねると告げ、当初は指定書ということを口にしたが、すぐに捜査主任官の指定を受けてもらうか又は指定書を持ってきてもらいたいと言い直し、再度その旨を繰り返えして説明したのに、被上告人は終始指定書のことに拘泥してLの言に耳を傾けず、Kと被上告人との間でも両名が直接電話による対話の機会が2度もあったにもかかわらず、両者間の感情が対立して無用の問答に終始し、Kも被上告人がXとの接見を要求していることを知りながら、被上告人と具体的な日時の協議をするにいたらなかった。そして、被上告人は、Lに対しあくまで直ちに接見させるよう要求し、強引な実力行使の行動に出たものであって、被上告人の右行為も紛争を深刻ならしめ、相当の時間を空費することとなったことの一因であるといわなければならない（なお、被上告人は、Xとの接見まで約4時間を要したが、右時間のうちには、被上告人がいったん布施署を退出して午後6時すぎごろ再び布施署に立ち戻るまでの時間も含まれている。）。また、当時、被疑者と弁護人等との接見をあらかじめ一般的に禁止して許可にかからしめ、しかも被上告人の接見要求に対して速やかに日時等の指定をしなかった捜査本部のKの措置は違法といわざるをえないが、Lは原判決のいうとおり指定権の行使が制限されていたのであり、同人が再三再四Kに電話で連絡したこと……は、まさに、被上告人の接見を求める強い要請をKに伝達したことにもなるのであって、Lに接見指定の手続をとる意思が全くなかった旨の原審の判断は相当でない。そうすると、Lが捜査主任官の指定のないことを理由に接見を拒んだとしても、このLの行為を違法と評価することは相当でな［い］……。」

◻ 参考裁判例10-6　最三判平成3年5月10日民集45巻5号919頁（浅井事件）

名古屋市内に事務所を有する弁護士Bは、昭和48年10月4日午後0時40分ころ、富山県の魚津警察署に赴き、勾留中のX（被疑者）との接見及び物（小六法、週刊誌各1冊）の授受の申出をした。これに対し、担当警察官は、接見指定書の有無を尋ね、Bがそれを持参していないことを確認すると、富山地方検察庁の検察官Pに電話をして指示を受け、Bに対し、検察官の指示として、「富山地方検察庁のP検事から指定書の交付を受け、これを持参しない限り接見させるわけにはいかない。物の差入れについては、裁判所の接見禁止決定の解除決定を受けない限り受領できない」旨を伝えた。Bが被疑者との接見等の申出をした際、同警察署においては、同日午後1時過ぎころからXの取調べが予定されていたが、現に取調べ中ではなかった。Bは、警察官に対し、物の授受を許さないのは法の誤解であって不当である旨、接見指定書の持参要求については、魚津警察署から富山地方検察庁までは往復2時間以上もかかるのであるから、現に取調

べを行っていないのであれば指定書なしで会わせるべきである旨，再度申し入れたが，同警察官は検察官の指示であるとして，これに応じなかった。その後，警察官との間に押し問答があったが，Bは，同日午後1時過ぎころ，警察署を退去した。

　Bは，違法な接見等の拒絶により精神的損害を被ったとして，国家賠償法に基づき100万円の損害賠償を請求する訴えを提起した。これに対し，第1審は国に対して8万円の慰藉料の支払いを命じ，原審は，国に対し5万円の慰藉料支払いを命じた。国の上告に対し，最高裁は次のように判示して，上告棄却の判決をした。

　「弁護人又は弁護人を選任することができる者の依頼により弁護人となろうとする者（以下「弁護人等」という。）と被疑者との接見交通権が憲法上の保障に由来するものであることにかんがみれば，刑訴法39条3項の規定による捜査機関のする接見又は書類若しくは物の授受の日時，場所及び時間の指定は，あくまで必要やむを得ない例外的措置であって，これにより被疑者が防御の準備をする権利を不当に制限することが許されないことはいうまでもない。したがって，捜査機関は，弁護人等から被疑者との接見等の申出があったときは，原則としていつでも接見等の機会を与えなければならないのであり，これを認めると捜査の中断による支障が顕著な場合には，弁護人等と協議してできる限り速やかな接見等のための日時等を指定し，被疑者が弁護人等と防御の準備をすることができるような措置を採るべきである（最高裁昭和…53年7月10日第一小法廷判決・民集32巻5号820頁［参考裁判例10-⑤］）。

　そして，右にいう捜査の中断による支障が顕著な場合には，捜査機関が，弁護人等の接見等の申出を受けた時に，現に被疑者を取調べ中であるとか，実況見分，検証等に立ち会わせているというような場合だけでなく，間近い時に右取調べ等をする確実な予定があって，弁護人等の必要とする接見等を認めたのでは，右取調べ等が予定どおり開始できなくなるおそれがある場合も含むものと解すべきである。

　右のように，弁護人等の必要とする接見等を認めたのでは捜査機関の現在の取調べ等の進行に支障が生じたり又は間近い時に確実に予定している取調べ等の開始が妨げられるおそれがあることが判明した場合には，捜査機関は，直ちに接見等を認めることなく，弁護人等と協議の上，右取調べ等の終了予定後における接見等の日時等を指定することができるのであるが，その場合でも，弁護人等ができるだけ速やかに接見等を開始することができ，かつ，その目的に応じた合理的な範囲内の時間を確保することができるように配慮すべきである。そのため，弁護人等から接見等の申出を受けた捜査機関は，直ちに，当該被疑者について申出時において現に実施している取調べ等の状況又はそれに間近い時における取調べ等の予定の有無を確認して具体的指定要件の存否を判断し，右合理的な接見等の時間との関連で，弁護人等の申出の日時等を認めることができないときは，改めて接見等の日時等を指定してこれを弁護人等に告知する義務があるというべきである。そして，捜査機関が右日時等を指定する際いかなる方法を採るかは，その合理的裁量にゆだねられているものと解すべきであるから，電話などの口頭による指定を

することはもちろん，弁護人等に対する書面（いわゆる接見指定書）の交付による方法も許されるものというべきであるが，その方法が著しく合理性を欠き，弁護人等と被疑者との迅速かつ円滑な接見交通が害される結果になるようなときには，それは違法なものとして許されないことはいうまでもない。

……［これを本件についてみるのに］被上告人が午後0時40分ころ接見等の申出をした際，既に午後1時すぎころから当該被疑者の取調べが予定されていたところ，結果的に当日は終日右取調べが行われなかったが，その主な理由は被上告人の接見に伴う取調べの中断を避けることにあったというのであるから，右接見等の申出時において，それから間近い時に取調べが確実に予定されていたものと評価することができ，したがって，被上告人の接見等を認めると右の取調べに影響し，捜査の中断による支障が顕著な場合に当たるといえないわけでなく，Ｐ検察官が接見等の日時等を指定する要件が存在するものとして被上告人に対し右の日時等を指定しようとした点はそれ自体違法と断定することができない。

しかしながら，Ｐ検察官は，魚津警察署の警察官から電話による指示を求められた際，同警察官に被上告人側の希望する接見等の日時等を聴取させるなどして同人との時間調整の必要を判断し，また必要と判断したときでも弁護人等の迅速かつ円滑な接見交通を害しないような方法により接見等の日時等を指定する義務があるところ，こうした点で被上告人と協議する姿勢を示すことなく，ただ一方的に，当時往復に約2時間を要するほど離れている富山地方検察庁に接見指定書を取りに来させてほしい旨を伝言して右接見等の日時等を指定しようとせず，かつ，刑訴法39条1項により弁護人等に認められている被疑者に対する物の授受について裁判所の接見禁止決定の解除決定を得ない限り認められないとしたものであるから，同検察官の措置は，その指定の方法等において著しく合理性を欠く違法なものであり，これが捜査機関として遵守すべき注意義務に違反するものとして，同検察官に過失があることは明らかである。もっとも，原審の確定した事実によれば，被上告人は，本件接見等の申出前に担当検察官に連絡をとったわけではなく，同検察官の勤務場所から遠く離れた警察署に直接出向いて接見等を申し出たものであり，しかも同警察署において，警察電話による担当検察官との折衝の機会を与えられながらこれに応じなかった等の事情があるというのであるから，こうした諸事情をも考慮すると，被上告人にも弁護人としての対応にいささか欠けるところがあったのではないかと考えられるので，そのことが弁護人の接見等を求める権利の実現を遅れさせる一因であったことも否定し得ないのであるが，これが被上告人の被侵害利益に対する慰謝料算定の際の一事情になり得るのは格別，右の検察官の過失責任を免ずる事由にはなり得ないというべきである。」

本判決には，次のような坂上寿夫裁判官の補足意見が付されている。

「捜査機関が，弁護人等の接見申出を受けた時に，現に被疑者を取調べ中であっても，その日の取調べを終了するまで続けることなく一段落した時点で右接見を認めても，捜

査の中断による支障が顕著なものにならない場合がないとはいえないと思われるし，また，間近い時に取調べをする確実な予定をしているときであっても，その予定開始時刻を若干遅らせることが常に捜査の中断による支障が顕著な場合に結びつくとは限らないものと考える。したがって，捜査機関は，接見等の日時等を指定する要件の存否を判断する際には，単に被疑者の取調状況から形式的に即断することなく，右のような措置が可能かどうかについて十分検討を加える必要があり，その指定権の行使は条理に適ったものでなければならない。」

◯ **参考裁判例10-7** 最二判平成3年5月31日判時1390号33頁（若松事件）

Bは，京都弁護士会所属の弁護士であるが，昭和55年11月19日，大津警察署において，恐喝・暴力行為等処罰に関する法律違反被疑事件の被疑者として逮捕されたXと接見して同人から弁護を依頼され，これを承諾し，両名連署の上，弁護人選任届を提出していた。Xは，同月20日，勾留状の執行並びに接見等の禁止決定を受けて代用監獄草津警察署に勾留された。

本件被疑事件の捜査は，当初大津警察署刑事官Kを実質的な捜査主任官として同警察署員により行われていたが，昭和55年11月20日午後1時，検察官送致され，大津地方検察庁所属検察官Pが主任検察官として，K刑事官と協議しつつ，指揮をとることとなった。P検察官は，本件被疑事件の内容が暴力団組員数名による組織的な恐喝事件であったので，大津簡易裁判所裁判官に対し勾留及び接見禁止等を請求するとともに，具体的指定の必要があると判断し，具体的指定権を行使するので弁護人が具体的指定書を持たずに接見を申し出たときは連絡して欲しい旨を通知する意思で，上のような本件一般的指定書を作成して原本を手元の記録に編綴し，謄本を代用監獄の長たる草津警察署長に送付した。草津警察署警務課長Lは，同署内に存する代用監獄の留置主任者として被疑者の留置等に関する職務に当っていたが，同月21日朝，本件一般的指定書謄本を受領した。

Bは，昭和55年11月22日午前8時ころ，タクシーで自宅を出て，同日午前9時15分ころ，草津警察署に到着し，タクシーを待たせたまま直ちに1階にある警務課室へ入り，かねてから顔見知りのL警務課長に対し，Xと接見させるよう申し入れた。L課長は，これに対し，本件一般的指定書を示した上，「指定書をお持ちですか」と尋ね，Bが「指定書を持ってきておらずまた持ってくる必要がない」と答えると，「具体的指定書をもらって頂けませんか。検察官がまだ出勤されていないと思うので暫くお待ち下さい」と述べた。しかし，Bは，一般的指定書は違憲違法であるから具体的指定書をもらう必要はなく，取調べ中でないならすぐにXと会わせるべきだと主張した。L課長は，通常検察官は午前9時半ころまで出勤しないので，実質上の捜査主任官であるK刑事官を通じて担当検察官に連絡をとることにし，Bに「捜査主任官に連絡してみるので暫くお待ち下さい」と言って課長席の卓上電話でKに2，3回連絡を試みたが，通話中で

あった。Lは再びBに対し「連絡をとりますので暫くお待ち下さい」と告げ，女子職員に湯茶の接待をするよう命じて2階の刑事課に行き，雑用を済せた後，午前9時25分ころ，刑事課内からKに電話で連絡をとり対応方法を尋ねたところ，Kから担当検察官に連絡するのでBに待ってもらうよう指図を受けた。Lは警務課に戻り，同所で待っていたBに「捜査主任官も具体的指定が必要だと言っており同人を通じて連絡をしているので暫く待って下さい」と告げた。これに対し，Bは，Lに結論を急がせ，Lが「急ぐのなら検察官に電話して下さい」と言って卓上電話を指差したのに対しては，弁護人の方から検察官に電話をかけて連絡をとる義務はないとして拒否した。その後，Lが再度「指定を受ければ会わすが指定がなければ会わせない」と告げると，Bは，これ以上待つのは時間を空費するだけだと考えて，同日午前9時40分ころ，草津警察署を退去した。

　K刑事官は，同日午前9時25分ころ，L課長からBの接見申出があったとの連絡を受けていたが，通常検察官は午前9時半ころ登庁するので暫く待ってP検察官に連絡することにし，直ちに連絡するのを差し控えた。

　P検察官は，平素午前9時半ころに勤務先である大津地方検察庁に出勤していたが，昭和55年11月22日は，偶々午前零時ころから同4時ころまで司法修習生がパトロールカーに試乗するのに付き添った後，検察庁に戻っていた。同日午前9時35分ころ，PはK刑事官から，BがXとの接見を求めてきている旨の電話連絡を受けたが，同日は終日大津警察署員がXの取調べをする予定であり，その時間を確保する必要があるとともに，本件被疑事件の性質上，未だ逮捕されていない共犯者その他の関係者による証拠隠滅を予防する必要もあったので，接見時間につき具体的指定を行う必要があると判断し，Kに対し「Bから検察官に電話するよう伝えて欲しい」と指示した。この指示

様式第48号　（刑訴第三九条　規程第二八条）

接見等に関する指定書

被疑者　X

　捜査のため必要があるので，右の者と，弁護人又は弁護人となろうとする者との接見又は書類若しくは物の授受に関し，その日時，場所及び時間を別に発すべき指定書のとおり指定する。

昭和五五年一一月二〇日

大津地方検察庁
検察官検事　P

意注
一，本書をもって指定するときは，その謄本を被疑者，弁護人，監獄又は代用監獄の主務者に各一通ずつ交付すること。
二，監獄又は代用監獄の長は，移監の際その謄本を移監先に引き継ぐものとする。

は，K刑事官からL課長に対し，同日午前9時43分ころ，電話で連絡されたが，Bは既に草津警察署を退去した後だった。大津警察署員は，同日X を終日取り調べる予定であったが，Bの接見申入れ当時は，未だ草津警察署に来署しておらず，Xは同署2階にある代用監獄内に在室していた。

Bは，同日午前9時40分ころ，草津警察署を出て同署前で待たせていたタクシーに乗り込み，同日午前10時10分ころ，大津地方検察庁に到着し，タクシーを待たせたまま直ちにP検察官に会って具体的指定書の交付を要求し，「同日午前10時30分から午前11時30分までの間に15分間接見しうる」旨の具体的指定書の交付を受けた後，再び待たせていたタクシーに乗車して，同日午前11時ころ，草津警察署に戻り，直ちにL警務課長に具体的指定書を示してXとの接見を求めた。大津警察署員は同日午前10時53分ころから草津警察署内取調室においてXの取調べをしていたが，L課長は接見の申出を受けると直ちにその手配をした。Bは同日午前11時5分から同20分までXと接見した。

Bは，P検察官は一般的指定書の作成・交付によって，BとXとの接見について具体的指定書がない限り接見を許さない旨の処分をして自由な接見交通権を侵害し，L警務課長はBがXとの接見を求めた際，直ちに接見の機会を与えるべき義務があったのにこれを拒否して弁護権を侵害したと主張して，国家賠償法に基づき，国と滋賀県に対し，損害賠償を求める訴えを提起した。これに対し，第1審の京都地裁はBの請求を棄却し，原審の大阪高裁もBの控訴を棄却した。Bが上告を申し立てたのに対し，最高裁は，次のように判示して，これを棄却した。

「本件の一般的指定の適否に関して，原審が捜査機関の内部的な事務連絡文書であると解して，それ自体は弁護人である上告人又は被疑者に対し何ら法的な効力を与えるものでなく，違法ではないとした判断は，正当として是認することができる。……

捜査機関は，弁護人等から被疑者との接見等の申出を受けたときは，速やかに当該被疑者についての取調状況等を調査して，……接見等の日時等を指定する要件が存在するか否かを判断し，適切な措置を採るべきであるが，弁護人等から接見等の申出を受けた者が接見等の日時等の指定につき権限のある捜査官（以下「権限のある捜査官」という。）でないため右の判断ができないときは，権限のある捜査官に対し右の申出のあったことを連絡し，その具体的措置について指示を受ける等の手続を採る必要があり，こうした手続を要することにより弁護人等が待機することになり又はそれだけ接見が遅れることがあったとしても，それが合理的な範囲内にとどまる限り，許容されているものと解するのが相当である。

これを本件についてみるに，原審の適法に確定した事実によれば，上告人が事前連絡なくして突然午前9時15分ころ草津警察署に赴き，留置主任官であるL警務課長に代用監獄に留置中の被疑者との接見の申出をしたところ，同課長が大津警察署に電話をし，捜査主任官であるK刑事官を通じて当該事件における権限のある捜査官であるP検察

官に対し、右接見の申出を伝えて指示を仰ぎ、これを受けた同検察官は、『上告人から検察官に電話するよう伝えてほしい。』旨の指示をK刑事官を通じて午前9時43分ころL課長に電話連絡をしたが、上告人は、既にその約3分前に草津警察署を退去していたというのであるから、原審確定に係るその余の諸事情をも考慮すれば、右接見申出時からその回答までの一連の手続に要した時間（約28分）は、前記の合理的な範囲内にとどまるものとして許容されるというべきであり、その間、上告人が待機せざるを得なくなり被疑者との接見が遅れたとしても、右L課長及びP検察官の措置が上告人の弁護権等を侵害する違法なものであるとはいえない。これと結論を同じくして被上告人らの責任を否定した原審の判断は、是認することができるので、原判決に所論の違法はなく、右違法のあることを前提とする所論違憲の主張も失当である。」

◯ 参考裁判例10-8　最三判平成12年2月22日判時1721号70頁
（安藤・斎藤事件）

判例10-1でとりあげた国家賠償請求事件であり、具体的な事実関係の概要は、以下の通りである。

Xは、昭和62年12月4日、恐喝未遂容疑で逮捕され、同月5日、福島県警察郡山警察署の留置場に勾留され、併せて刑訴法81条に基づく接見禁止決定を受けた。勾留の期間は、同月14日に同月24日まで延長された。

AとBは、いずれも弁護士であり、それぞれ同月4日と同月17日にXと接見して弁護人に選任された。A弁護士の事務所は福島地方検察庁郡山支部（以下「地検郡山支部」という）から約1250メートル、郡山警察署は地検郡山支部から約3100メートルの距離にあり、それぞれの間の所要時間は、自動車で10分内外である。

当時福島県においては、福島地方検察庁次席検事が福島県警察本部に対し、接見禁止決定を受けた被疑者の弁護人から監獄の長に対する接見申出があった場合には、検察官に接見指定要件の存否について判断する機会を得させるため、接見申出があった旨を捜査担当の検察官等に事前連絡するよう通知していた。

A弁護士は、同月9日午後1時ころ、郡山警察署に赴き、留置副主任官であるK（以下「K留置官」という）に対し、同日午後4時以降のXとの接見を申し出た（以下「本件接見申出(1)」という）。K留置官は、接見の日時等の指定をする権限がなかったため、A弁護士に対し、指定権限のある検察官に連絡して接見の日時等の指定を受けるよう求めた。そこで、A弁護士が、同日午後1時5分ころ、地検郡山支部のP検察官に電話し、同日午後4時以降の接見を申し出た（以下「本件接見申出(2)」という）ところ、同検察官から同日午後4時以降は取調べ予定であると言われたため、A弁護士は、翌10日午前の接見を希望する旨述べた。これに対し、P検察官が接見指定書によって指定したい旨述べたところ、A弁護士は、接見指定書をファクシミリでA弁護士の事務所に送付することを要請し、P検察官は、検討すると返事した。本件接見申出(2)がされ

た時点において，A弁護士が接見を希望した当日午後4時以降には，Xに対する確実な取調べの予定があって，希望どおりの接見を認めると，取調べを予定どおり開始することができなくなるおそれがあった。

　A弁護士は，同月10日午前9時ころ，P検察官に電話して接見の申出をした（以下「本件接見申出(3)」という）。P検察官は，同日午前9時30分ころ，折り返しA弁護士に電話し，「午後4時からの接見を認める。接見指定書をファクシミリで送付しようとしたが弁護士事務所へは送付不可能であったので，検察庁に取りに来てほしい。事務員に来てもらってもかまわない」旨述べた。これに対し，A弁護士は，接見指定書を郡山警察署へ送付するよう要請したが，P検察官は来庁を希望した。A弁護士は，P検察官が接見指定書の受領及び持参に固執するので，同日正午ころ準抗告を申し立てたところ，福島地方裁判所郡山支部（以下「地裁郡山支部」という）は，同日午後5時ころ，接見指定書により接見指定をするまでは接見を一般的に禁止する旨の一般的指定処分がされているものとして，「P検察官がA弁護士に対しなした地検郡山支部で検察官の接見指定書を受け取り，これを持参しない限り本件被疑者との接見を拒否するとの処分はこれを取り消す」旨の決定（以下「第1次準抗告決定」という）をした。本件接見申出(3)がされた同日午前には，Xに対する確実な取調べの予定があって，直ちに接見を認めると，取調べを予定どおり開始することができなくなるおそれがあった。

　同月11日午前9時30分ころ，出張中であったA弁護士は，事務所の事務員を介して，P検察官に対し，翌12日（土曜日）の午前又は午後の1時間程度の接見を申し出た（以下「本件接見申出(4)」という）。P検察官は，同月11日午後1時40分ころ，A弁護士の事務所に電話し，事務員に対し，接見の日時等の打合せのためA弁護士が翌12日午前9時30分に地検郡山支部に来庁するよう求め，接見指定書で接見の日時等を指定する意向である旨を伝えた。本件接見申出(4)がされた時点において，A弁護士が接見を希望した同日午前には，Xに対する確実な取調べの予定があって，希望どおりの接見を認めると，取調べを予定どおり開始することができなくなるおそれがあった。また，同日午後は，留置場の執務時間外であったところ，A弁護士がXとの執務時間外の接見を必要とするまでの緊急の事情はなかった。

　A弁護士は，同日午前9時ころ，郡山警察署に赴き，K留置官に対して現に取調べ中のXとの接見の申出をしたが（以下「本件接見申出(5)」という），K留置官から検察官に無断では接見させられないと言われたため，同日午前9時30分ころ，地裁郡山支部に再度準抗告の申立てをした。地裁郡山支部の裁判官がA弁護士とP検察官を裁判所に呼んで事情聴取をした際，同検察官が「警察と連絡を取り，A弁護士の希望時間に沿って接見できるように努力する。接見が可能となれば，決まったことを接見指定書に記入するので，この指定書を警察署に持参して接見してもらいたい」旨述べたのに対し，A弁護士が接見指定書の受領及び持参を拒否したため，接見の日時等の指定の方法について協議が調わなかった。

地裁郡山支部は，同日午後6時ころ，「P検察官が昭和62年12月11日A弁護士に対しなした，地検郡山支部で検察官の接見指定書を受け取り，これを持参しない限り，本件被疑者との接見を拒否するとの処分を取り消す。P検察官は，A弁護士に対し，同人と本件被疑者との接見につき，刑訴法39条3項の指定を電話等口頭で行い，かつA弁護士が指定書を持参しなくとも指定された日時に本件被疑者と接見させることをしない限り，A弁護士に対し，接見を拒否してはならない」旨の決定（以下「第2次準抗告決定」という）をした。

A弁護士は，同月12日午後6時過ぎころ，P検察官に電話してXとの接見の申出をし（以下「本件接見申出(6)」という），口頭によって接見の日時等を指定することを求めた。これに対し，P検察官は，接見指定書で指定するとし，地検郡山支部に来庁して接見指定書を受領するよう求めたので，A弁護士は，同日午後7時ころ，地検郡山支部に赴き，接見の日時及び時間を翌13日（日曜日）午前10時から同11時50分までの間の1時間とする接見指定書を受領し，同日午前11時18分から午後0時30分まで接見した。

A弁護士は，同月16日午前，P検察官に代わって担当となったQ検察官に対し，同日午後1時から同6時まで又は翌17日午前もしくは午後のうちの1時間の接見の申出をした（以下「本件接見申出(7)」という）。Q検察官は，同月16日午前9時15分ころ，A弁護士に電話し，打合せのため来庁するよう求めた。これに対し，A弁護士は，口頭による指定を求めたが，Q検察官から来庁を強く要請されたので，同日午後6時30分過ぎころ，B弁護士と共に，地検郡山支部に赴き，Q検察官に対して口頭での接見指定を要請し，1時間近い交渉の末，接見の日時及び時間を同月17日午前9時から同10時までの間の45分間とする接見指定書を受領した。A弁護士とB弁護士は，同日午前9時5分から同10時2分ころまで接見した。本件接見申出(7)がされた時点において，A弁護士が接見を希望した同月16日午後と翌17日午前及び午後には，Xに対する確実な取調べの予定があって，希望どおりの接見を認めると，取調べを予定どおり開始することができなくなるおそれがあった。

B弁護士は，同月19日（土曜日）午前9時15分ころ，郡山警察署に赴き，K留置官に対し，午前9時10分から昼までの予定で取調べ中のXとの接見の申出をした（以下「本件接見申出(8)」という）。K留置官が，検察官の了解なしに接見させることはできないとして，Q検察官に電話したところ，Q検察官は，電話を替わったB弁護士に対し，協議のため地検郡山支部に来庁するよう要請し，B弁護士の口頭での指定の要請に応じなかった。B弁護士は，郡山警察署から地検郡山支部に赴き，同日午前の接見を強く希望したため，Q検察官は，取調べを中断させることとして，接見の日時及び時間を同日午前10時40分から同11時20分までの間の30分間とする接見指定書をB弁護士に交付した。B弁護士は，同日午前10時58分から同11時33分までXと接見した。

A弁護士は，同月22日午後5時30分ころ，Q検察官に電話し，翌23日の朝か夕方

に30分間Xと接見したい旨申し出た（以下「本件接見申出(9)」という）。Q検察官は，同月22日午後6時ころ接見指定書を受け取りに来るよう求めた。これに対し，A弁護士は，口頭での指定を求めたが，Q検察官が来庁の要請を変えなかったので，同日午後6時ころ，地検郡山支部に赴き，同検察官と協議した結果，接見の日時及び時間を翌23日午前9時から30分間とする接見指定書を受領した。本件接見申出(9)がされた時点において，A弁護士が接見を希望した同月23日朝又は夕方には，Xに対する確実な取調べの予定があって，希望どおりの接見を認めると，取調べを予定どおり開始することができなくなるおそれがあった。

判例10-1の判断を受けた最高裁第三小法廷は，論点回付された以外の上告論旨を検討した上，Bらの上告を棄却したが，P検察官及びQ検察官が接見申出(2)ないし(9)に対し接見の日時等を指定する際，接見指定書の受領及び持参を要求した措置の適法性については，次のような判断を示した。

「……捜査機関が弁護人等と被疑者との接見の日時等を指定する場合，その方法は，捜査機関の合理的裁量にゆだねられていると解すべきであり，電話などの口頭による指定をすることはもちろん，弁護人等に対する書面（接見指定書）の交付による方法も許されるものというべきであるが，その方法が著しく合理性を欠き，弁護人等と被疑者との迅速かつ円滑な接見交通が害される結果になるようなときには，それは違法なものとして許されないものというべきである（最高裁…平成3年5月10日第三小法廷判決・民集45巻5号919頁［参考裁判例10-6］）。

これを本件についてみると，……A弁護士の事務所と地検郡山支部との距離及び地検郡山支部と郡山警察署との距離はそれぞれ約1250メートル及び約3100メートルであり，それぞれの間の所要時間は自動車で10分内外であったことに加え，P検察官は，接見指定書の受領に来るのは事務員でも差し支えないとの意向を示したり，第2次準抗告を審理する地裁郡山支部の裁判官から事情聴取を受けた際には，その場でA弁護士に接見指定書を交付する旨提案するなどしたというのであるから，接見指定書を受領し，これを郡山警察署に持参することがA弁護士及び上告人Bにとって過重な負担となるものであったとまではいえない。また，……本件接見申出(2)ないし(9)については，申出の時から接見を希望する日時までに相当の時間があるか，又は接見の日時等を指定する要件があり，若しくは執務時間外の接見申出であるために，A弁護士及び上告人Bが本件被疑者と直ちに接見をすることはできなかったのであるから，地検郡山支部まで接見指定書を受け取りに行くことによって接見の開始が遅れたともいえない。そして，当時は地検郡山支部からA弁護士の事務所に対してファクシミリで接見指定書を送付することができなかったなどの事情も考慮すると，P検察官及びQ検察官が，右各接見申出について接見指定書によって接見の日時等を指定しようとして，A弁護士と上告人Bにその受領及び持参を求め，その間右指定をしなかったことが，著しく合理性を欠き，右両名と本件被疑者との迅速かつ円滑な接見交通を害するものであったとまでは

いえず，これを違法ということはできない。

そして，第1次準抗告決定は，検察官によって一般的指定処分がされているものとして，これを取り消したものであるところ，……［福島地方検察庁次席検事が福島県警察本部に対してなした］通知が捜査機関の内部的な事務連絡であって，それ自体は弁護人であるA弁護士及び上告人B又は本件被疑者に何ら法的な拘束力を及ぼすものではなく，本件において一般的指定処分がされたとはいえないとした原審の判断は，正当として是認することができる。そうすると，第1次準抗告決定は，その対象を欠くもので，検察官を拘束する効力を生じないものというべきである。第2次準抗告決定は，P検察官が本件接見申出(4)に対して接見指定書で接見の日時等を指定する意向である旨伝えたことが接見を拒否する処分に当たるとした上，これを取り消したものと解されるところ，右処分がされたといえないことは前記……のとおりであり，右決定もその対象を欠くものというべきである。また，右決定は，その後にされる別の接見申出に対する接見の日時等の指定の方法についてまでも検察官を拘束する効力を有するものとは解されない。したがって，P検察官及びQ検察官が接見指定書によって接見の日時等を指定したことの適否についての前記判断は，右各準抗告決定が存在すること自体によって左右されるものではないというべきである。」

○ **参考裁判例10-9** 最三判平成17年4月19日民集59巻3号563頁

被疑者X（当時17歳）は，平成4年2月24日，非現住建造物等放火（以下，「第1被疑事件」という）の容疑で逮捕され，同月26日，代用監獄である可部警察署の留置場に勾留されたが，翌27日，弁護士Bが第1被疑事件につき弁護人に選任され，同年3月5日，Bからの準抗告に基づく裁判所の決定により，Xの勾留場所は少年鑑別所に変更された。

そこで，Bは，勾留場所が少年鑑別所に変更されたことをできるだけ早くXに伝えて元気づけようと思い，Xとの接見を急いだところ，Xが広島地検で取調べのため待機中であったため，同日午後2時20分ころ，主任検察官であるP検事の執務室に電話をし，事務官に対し，Xとの接見を申し出た。これに対し，P検事は，同日午後2時30分ころ，Bに電話をし，広島地検の庁舎内での接見は，同庁舎内に接見のための設備が無いのでできない旨，及びXについては接見指定をしておらず，接見設備のある場所での接見はいつでも自由にできるので，Xとの接見交通には何らの支障がない旨を述べ，これに対しBが異議を述べたが，多忙を理由に電話を切った。そこで，Bは，同日午後2時35分ころ，広島地検のP検事の執務室に赴き，Xとの接見を申し出たが，P検事は，広島地検には接見室が無いので庁舎内では接見できない旨，及びこの件に関してはこれ以上話をすることがない旨を述べ，事務官に対し，扉を閉めるように指示をした。Bは，扉を閉めて廊下に出てきた事務官に対し，取調べまで時間があるはずなので今すぐに会わせてほしい旨，及び接見の場所はXが今待機中の部屋でもよいしP検事の執

務室でもよい，戒護の点で問題があるなら，裁判所の勾留質問室を借りて，そこで会わせてほしい旨を申し入れ，広島地検の庁舎内の待合室で待機していたが，P検事からの回答がないので，同日午後2時55分ころ，P検事の執務室に赴き，事務官に対し，用事を済ませた後にまた来るので，その時には必ず会わせてほしい旨を告げて，同庁舎を退出した。

P検事は，同日午後3時15分ころから午後5時45分ころまでの間，Xの取調べをした。Bは，同日午後4時40分ころ，広島地検の刑事事務課を訪れ，P検事との面会を求めたが，同課の事務官から，P検事は捜査中で会えない旨を告げられたため，同日午後5時ころ，退出した（上記接見拒否を「本件接見の拒否(1)」という）。Xは，上記取調べ終了後に少年鑑別所に押送され，同日午後6時25分に少年鑑別所に身柄が引き渡された。Bは，同日午後7時30分から約30分間，少年鑑別所でXとの接見をした。

Xは，平成4年3月16日，第1被疑事件については，処分保留のまま釈放されたが，同日，別件の現住建造物等放火（以下，「第2被疑事件」という）の容疑で再逮捕された。Bは，同月17日午前9時ころ，警察署に赴き，Xと接見したが，同日午前10時から裁判所において公判の予定があったため，翌日再度接見することとして，約6分間で接見を終えた。

Bは，第2被疑事件についての弁護人選任届をXから受領しておらず，また，Xが前日の接見まで被疑事実を否認していたため，再度黙秘権について教示する必要があると考えたことから，同月18日午前9時ころ，警察署に赴いて，Xとの接見を申し入れたが，Xは，既に広島地検に押送されていた。そこで，同日午前10時5分ころ，広島地検に赴き，令状係長に対し，Xとの接見を申し出たが，同係長から接見の申出を伝えられたP検事は，広島地検の庁舎内には接見のための設備が無いので接見をさせることはできない旨，及びそのことは第1審強化方策広島地方協議会で弁護士会も了承していることである旨をBに伝えるように指示し，同係長は，上記指示に係る内容をBに伝えた。Bは，これに納得せず，さらに2度にわたり，同係長を通じてP検事に申し入れをし，P検事がこれに応じないと，同日午前10時50分ころには，他の弁護士と共に，P検事の執務室を訪れ，広島地検の庁舎内でのXとの即時の接見を申し出たが，P検事は，前記と同様の回答をし，上記接見の申出に応じなかった（上記接見拒否を「本件接見の拒否(2)」という）。

P検事は，同日午前11時45分ころから午後0時5分ころまでの間，Xから弁解を聴いた上で，同日午後1時11分，裁判所に対し，Xの勾留を請求した。Xは，同日午後4時ころ，勾留質問のために裁判所に押送されたが，その際，Bは，裁判所内の接見室において，Xと接見をし，第2被疑事件につき，弁護人に選任された。

なお，広島地検の庁舎内には，接見のための設備を備えた部屋はなかったが，同庁舎地下1階には，警察署の留置場及び拘置所から取調べのために押送されてくる被疑者を留置するための施設である警察官同行室（以下，「同行室」という）及び拘置所仮監があ

った。このうち，同行室には，5つの房があり，各房の定員は，1～12人，各房は，出入口側を除く3面がコンクリート壁，出入口側の面は，内外から金網が張られた鉄格子で仕切られ，その仕切り壁には，扉と開口部（縦約20cm，横約10cmのもの）が設けられていた。また，同行室には，監視台があり，各房の内部を監視できるようになっていた。拘置所仮監には，3つの房があり，その構造は，上記同行室のそれとほぼ同様であった。

　Bは，上記のようなP検事による本件接見の拒否が違法であるとして，国家賠償法に基づき，国に対し，損害賠償を求める訴えを提起した。第1審及び原審は，共に，広島地検の同行室を利用してXとBとの接見をさせるべきであったのに，接見を拒否したことは違法であり，P検事には過失があったとして，Bの請求を，10万円の限度で認容したが，これに対し，国から上告受理の申立てがなされた。最高裁は，次のように述べて，原判決のうち上告人（国）の敗訴部分を破棄したうえ，同部分につき第1審判決を取り消し，Bの請求を棄却した。

　「(1)　被疑者が，検察官による取調べのため，その勾留場所から検察庁に押送され，その庁舎内に滞在している間に弁護人等から接見の申出があった場合には，検察官が現に被疑者を取調べ中である場合や，間近い時に上記取調べ等をする確実な予定があって，弁護人等の申出に沿った接見を認めたのでは，上記取調べ等が予定どおり開始できなくなるおそれがある場合など，捜査に顕著な支障が生ずる場合には，検察官が上記の申出に直ちに応じなかったとしても，これを違法ということはできない（最高裁平成…11年3月24日大法廷判決・民集53巻3号514頁［判例10-1］参照）。

　しかしながら，検察庁の庁舎内に被疑者が滞在している場合であっても，弁護人等から接見の申出があった時点で，検察官による取調べが開始されるまでに相当の時間があるとき，又は当日の取調べが既に終了しており，勾留場所等へ押送されるまでに相当の時間があるときなど，これに応じても捜査に顕著な支障が生ずるおそれがない場合には，本来，検察官は，上記の申出に応ずべきものである。もっとも，被疑者と弁護人等との接見には，被疑者の逃亡，罪証の隠滅及び戒護上の支障の発生の防止の観点からの制約があるから，検察庁の庁舎内において，弁護人等と被疑者との立会人なしの接見を認めても，被疑者の逃亡や罪証の隠滅を防止することができ，戒護上の支障が生じないような設備のある部屋等が存在しない場合には，上記の申出を拒否したとしても，これを違法ということはできない。そして，上記の設備のある部屋等とは，接見室等の接見のための専用の設備がある部屋に限られるものではないが，その本来の用途，設備内容等からみて，接見の申出を受けた検察官が，その部屋等を接見のためにも用い得ることを容易に想到することができ，また，その部屋等を接見のために用いても，被疑者の逃亡，罪証の隠滅及び戒護上の支障の発生の防止の観点からの問題が生じないことを容易に判断し得るような部屋等でなければならないものというべきである。

　上記の見地に立って，本件をみるに，前記の事実関係によれば，広島地検の庁舎内に

は接見のための設備を備えた部屋は無いこと，及び庁舎内の同行室は，本来，警察署の留置場から取調べのために広島地検に押送されてくる被疑者を留置するために設けられた施設であって，その場所で弁護人等と被疑者との接見が行われることが予定されている施設ではなく，その設備面からみても，被上告人からの申出を受けたP検事が，その時点で，その部屋等を接見のために用い得ることを容易に想到することができ，また，その部屋等を接見のために用いても，被疑者の逃亡，罪証の隠滅及び戒護上の支障の発生の防止の観点からの問題が生じないことを容易に判断し得るような部屋等であるとはいえないことが明らかである。

したがって，広島地検の庁舎内には，弁護人等と被疑者との立会人なしの接見を認めても，被疑者の逃亡や罪証の隠滅を防止することができ，戒護上の支障が生じないような設備のある部屋等は存在しないものというべきであるから，P検事がそのことを理由に被上告人からの接見の申出を拒否したとしても，これを直ちに違法ということはできない。

(2) しかしながら，上記のとおり，刑訴法39条所定の接見を認める余地がなく，その拒否が違法でないとしても，同条の趣旨が，接見交通権の行使と被疑者の取調べ等の捜査の必要との合理的な調整を図ろうとするものであること（前記大法廷判決参照）にかんがみると，検察官が上記の設備のある部屋等が存在しないことを理由として接見の申出を拒否したにもかかわらず，弁護人等がなお検察庁の庁舎内における即時の接見を求め，即時に接見をする必要性が認められる場合には，検察官は，例えば立会人の居る部屋での短時間の『接見』などのように，いわゆる秘密交通権が十分に保障されないような態様の短時間の『接見』（以下，便宜「面会接見」という。）であってもよいかどうかという点につき，弁護人等の意向を確かめ，弁護人等がそのような面会接見であっても差し支えないとの意向を示したときは，面会接見ができるように特別の配慮をすべき義務があると解するのが相当である。そうすると，検察官が現に被疑者を取調べ中である場合や，間近い時に取調べをする確実な予定があって弁護人等の申出に沿った接見を認めたのでは取調べが予定どおり開始できなくなるおそれがある場合など，捜査に顕著な支障が生ずる場合は格別，そのような場合ではないのに，検察官が，上記のような即時に接見をする必要性の認められる接見の申出に対し，上記のような特別の配慮をすることを怠り，何らの措置を執らなかったときは，検察官の当該不作為は違法になると解すべきである。

(3) これを本件接見の拒否(1)についてみるに，……被上告人の上記接見の申出には即時に接見をする必要性があるものというべきであり，その際，被上告人が，接見の場所は本件被疑者が現在待機中の部屋（同行室のことと思われる。）でもよいし，本件執務室でもよいから，すぐに会わせてほしい旨の申出をしているのに，P検事が，立会人の居る部屋でのごく短時間の面会接見であっても差し支えないかどうかなどの点についての被上告人の意向を確かめることをせず，上記申出に対して何らの配慮もしなかったこ

とは，違法というべきである。

(4) 次に，本件接見の拒否(2)についてみるに，……被上告人の上記接見の申出には即時に接見をする必要性があるものというべきであり，その際，被上告人が，本件被疑者から弁護人選任届を受領していないことから接見の必要があるなどと主張して即時の接見の申出をしているのに，P検事が，立会人の居る部屋での短時間の面会接見であっても差し支えないかどうかなどの点についての被上告人の意向を確かめることをせず，上記申出に対して何らの配慮もしなかったことは，違法というべきである。

(5) 以上のとおり，P検事が，被上告人の上記各接見の申出に対し，面会接見に関する配慮義務を怠ったことは違法というべきであるが，本件接見の拒否(1)，(2)は，それ自体直ちに違法とはいえない上，これらの接見の申出がされた平成4年当時，検察庁の庁舎内における接見の申出に対し，検察官が，その庁舎内に，弁護人等と被疑者との立会人なしの接見を認めても，被疑者の逃亡や罪証の隠滅を防止することができ，戒護上の支障が生じないような設備のある部屋等が存在しないことを理由に拒否することができるかという点については，参考となる裁判例や学説は乏しく，もとより，前記説示したような見解が検察官の職務行為の基準として確立されていたものではなかったこと，かえって，前記の事実関係によれば，広島地検では，接見のための専用の設備の無い検察庁の庁舎内においては弁護人等と被疑者との接見はできないとの立場を採っており，そのことを第1審強化方策広島地方協議会等において説明してきていること等に照らすと，P検事が上記の配慮義務を怠ったことには，当時の状況の下において，無理からぬ面があることを否定することはできず，結局，同検事に過失があったとまではいえないというべきである。」

参考裁判例10-10　福岡高判平成23年7月1日判時2127号9頁

本件は，殺人未遂の被疑事実で逮捕・勾留されたX（本件被疑者）の弁護人であったA弁護士が，本件刑事事件の担当検察官P検事がXの取調べにおいて，XとA弁護士との接見内容を聴取するなどしたことは弁護人の固有権たる秘密交通権の違法な侵害に当たるなどと主張して，国家賠償法に基づき，国に対し損害賠償を求めた事案である。

Xは，平成18年5月24日，業務上過失傷害等の被疑事実で通常逮捕され，同月27日，勾留された後，同年6月5日，上記被疑事実につき処分保留のまま釈放されたが，同日，殺人未遂の被疑事実で通常逮捕され，検察官送致された。P検事は，同月6日，Xの勾留を請求し，同日，勾留状の発付を得てこれを執行し，同月15日，本件刑事事件について公訴を提起した。本件刑事事件の公訴事実の要旨は，Xは，平成18年5月20日午後5時10分ころ，普通貨物自動車を運転中，当時11歳の被害者が操縦する自転車に自車を衝突させて同人に頭蓋骨骨折等の重傷を負わせる交通事故を起こし，その後，被害者を自車の助手席に乗せて同所を出発したものの，そのころ，上記交通事故の発生を隠蔽するため，被害者を人目につかない山中に運び込んで置き去りにして殺害し

ようと企て，同日午後5時20分ころ，被害者を人目につかない杉林内に運び込んで同所に放置したが，翌21日午前1時30分ころ，被害者の家族らに被害者を発見され，その目的を遂げなかったというものであった。

　Xは，業務上過失傷害等の被疑事実で逮捕された同年5月24日には，「子供が死んだと思い，山の中に置いて行き，そのままそこを立ち去った」と，殺意を否認する旨の供述をしていたが，その翌日には，「男の子が生きているのは分かりましたが，……どうせもう死んでしまう，男の子を隠すしかないと考えました。それで男の子を抱いて山林内に入り込み，林の中に，生きている男の子を放置して逃げたのです」と殺意を認める旨の供述を始め，同年6月1日，2日，4日にも，被害者を置き去りにしたときの心情や被害者の様子などを記載した上申書を作成，提出した。さらに，同月5日，殺人未遂の被疑事実で逮捕された後の弁解録取においても，同月6日，裁判官の勾留質問においても，殺意を認める供述をした。

　A弁護士と共にXの弁護人を務めていたB弁護士は，Xが業務上過失傷害等の被疑事実で逮捕された後，「Xは，被害者をはねた直後，生きていることは分かっていながら，死なせるつもりで林道に放置した」という趣旨の報道がされていたため，同月5日，Xと接見し，上記報道内容が真実であるのかを確認したところ，Xは，「すでに死んだと思ったので，林道に放置した」と答えた。そこで，B弁護士は，上記報道内容を是正するため，Xとの接見後，報道機関からの質問に対し，「Xは，被害者が死んだと思ったと主張している」と答え，翌6日の新聞に，B弁護士が上記のようなコメントをした旨の記事が掲載された。

　上記新聞記事を読んだP検事は，Xの供述の信用性を慎重に判断する必要があると考え，同日以後，相当な時間をかけ，様々な角度から質問をするなどしてXを取り調べたが，Xは，その後も，殺意を認める旨の供述を維持した。同月13日の取調べにおいても，殺意を認めたため，P検事が，新聞報道にあるとおり，弁護人に対し，殺意を否認する供述をしたことがあるのかと尋ねたところ，Xは，これを認め，同検事が，その理由を尋ねると，Xは，罪が重くなると思ったため，弁護人に対しては虚偽の説明をしたと答え，さらに，業務上過失傷害等の事実での逮捕直後に警察官に対し，殺意を否認した理由も同様である旨供述した。もっとも，P検事は，Xが迎合して供述しているのではないかと感じたことから，さらに，殺意を認めると罪が重くなるということは弁護人から言われて分かったことか，それとも，もともと知っていたことかと質問したところ，Xは，「私の面会に来てくれたA先生からも『生きている人間ば置いてきた方が罪ば太うなる』などと言われた。ですが，私は，A先生からそのように言われる前から，まだ生きている人間を山奥に置いてくることの方が，既に死んでしまった人間を山奥に置いてくることよりもずっと悪いことであり，ずっと罪が重いことであるということを常識的に分かっていました」などと答えた。そして，P検事は，Xに対し，「死んだと思った」旨の供述が虚偽であることを弁護人に対して伝えているかを確認したとこ

ろ，Xは，「弁護士の先生に対しても，後でそのように話し，本当のことを話しました」「弁護士の先生に対しては『子供は死んじゃろと思った』などと言った」などと答えた。

P検事は，以上の聴取の結果を本件供述調書にまとめ，Xに署名・指印させた。この供述調書は，起訴後，本件刑事事件において，証拠調べ請求され，証拠として採用された。

A弁護士の損害賠償を求める訴えに対し，第1審の佐賀地裁は，秘密交通権について，後出控訴審判決アとほぼ同内容の判示をしつつ，捜査機関による接見内容の聴取の適否について，「捜査機関は，刑訴法39条1項の趣旨を尊重し，被疑者等が有効かつ適切な弁護人等の援助を受ける機会を確保するという同項の趣旨を損なうような接見内容の聴取を控えるべき注意義務を負っているといえ，……捜査機関が上記義務に違反して接見内容の聴取を行ったか否かは，聴取の目的の正当性，聴取の必要性，聴取した接見内容の範囲，聴取態様等諸般の事情を考慮して決すべきものと解される」との一般論を示した（「接見交通権の一内容である秘密交通権の保障は，……［被疑者等の取調べが］刑罰権の適正な発動のために必要不可欠であることに鑑みると，被疑者等の取調べに絶対的に優先するとまではいえない」とした。また，「秘密交通権が究極的には被疑者等の防御の利益を保障するものであることからすると，秘密接見におけるコミュニケーションの一方当事者である被疑者等が，真に自由な意思で接見内容を供述した場合には，もはや秘密性保護の必要性は低減したといえ，その態様によっては接見内容を聴取することが許容される場合もある」とし，「憲法34条前段，刑訴法39条1項は，被疑者等が，真に自由な意思で，かつ積極的に接見内容を供述した場合に，直ちに被疑者等の供述を遮ったり，弁護人等との接見内容については話す必要がないことを告知することまでをも要請しているものではない」とした)。そのうえで，本件接見内容の聴取について，「本件被疑者の供述変遷の有無及びその動機の解明に必要とされる範囲を超える接見内容を聴取したものではなく，また，その意図もなく，本件供述の変遷の動機を解明し，本件被疑者の殺意に関する供述の信用性を判断するため，供述変遷の動機と密接不可分の関係にある接見内容につき，上記動機の解明に必要とされる相当な範囲において，かつ相当な態様で……聴取をしたものであるから，……P検事において，刑訴法39条1項の趣旨を損なうような職務上の注意義務違反があったとまでは認められない」とし，A弁護士の請求を棄却した。これに対し，控訴審の福岡高裁は，次のように判示して第1審判決を変更し，A弁護士の請求を一部認容した。

「ア　刑訴法39条1項所定の秘密交通権は，憲法34条の保障に由来するものであり，同条所定の『立会人なくして』との文言は，接見に際して捜査機関が立ち会ってはならないということを意味するにとどまらず，弁護人等の固有権として，接見終了後においても，接見内容を知られない権利を保障したものであると解するのが相当であるところ，他方で，憲法が刑罰権の発動ないし刑罰権発動のための捜査権の行使が国家の権能であることを当然の前提としていることに照らし，被疑者等と弁護人等との接見交通権は，

刑罰権ないし捜査権に絶対的に優先するような性質のものではないと解される……。

イ ……

ウ　もとより，被疑者等と弁護人等との接見交通権は，身体を拘束された被疑者等が弁護人等の援助を受けることができるための刑事手続上最も重要な基本的権利に属するものであるとともに，弁護人等にとって，その固有権の最も重要なもののひとつであるから，捜査権の行使と秘密交通権の保障とを調整するに際しては，秘密交通権の保障を最大限尊重すべきであり，被疑者等と弁護人等との自由な意思疎通ないし情報伝達に萎縮的効果を及ぼすことのないよう留意することが肝要であって，刑訴法39条1項の趣旨を損なうことになるか否かについても，かかる観点から慎重に判断すべきものといわなければならない。

また，一般に法的知識に乏しく，あるいは逮捕，勾留等捜査官憲による身柄拘束を体験したことがなく，時には捜査官と勾留担当裁判官や弁護人との区別も正確に認識できない被疑者等に対し，唯一の後ろ盾といってよい弁護人の援助を受ける機会を実質的に確保する目的で，秘密交通権を弁護人等の固有権と位置づけている以上，取調べの際に被疑者等が自発的に接見内容を供述したとしても，そのことをもって，弁護人固有の秘密交通権を保護する必要性が低減したということはできないというべきである。

したがって，捜査機関は，被疑者等が弁護人等との接見内容の供述を始めた場合に，漫然と接見内容の供述を聞き続けたり，さらに関連する接見内容について質問したりすることは，刑訴法39条1項の趣旨を損なうおそれがあるから，原則としてさし控えるべきであって，弁護人との接見内容については話す必要がないことを告知するなどして，被疑者等と弁護人等との秘密交通権に配慮すべき法的義務を負っているものと解するのが相当である。

エ　……被疑者等の供述の信用性を判断するに当たって，当該被疑者等の捜査機関以外の者に対する供述が判断材料となることは，一般的に承認されており，当該供述が弁護人等との接見の際になされたものであっても例外ではないが，上記のとおり，捜査機関は，刑訴法39条1項の趣旨を損なうような接見内容の聴取を控えるべき義務を負っているから，原則として，弁護人等との接見における供述について聴取することは禁止されているというべきである。

オ　本件において，B弁護士は，接見の際の本件被疑者の供述の一部を報道機関に対して公表しているところ，秘密交通権保障の趣旨は，接見内容が捜査機関に知られることによって，被疑者等と弁護人等との自由な意思疎通が萎縮し，被疑者等が有効かつ適切な助言を得られなくなることがないようにするためであり，被疑者等と弁護人等との意思疎通の過程全体が秘密交通権の対象となるというべきであるから，B弁護士が報道機関に対し，本件被疑者の供述の一部を公表したからといって，供述過程を含む秘密交通権が放棄されたとは到底認めることができない。しかしながら，一方，本件被疑者がB弁護士との接見の際に同弁護士に対し，『被害者が死んだと思い放置した』と供述し

た事実それ自体については，前記報道機関に対する公表をもって，秘密性が消失したものといわざるを得ない……。

　カ　……P検事において，本件被疑者に対し，本件被疑者がB弁護士に『（被害者が）死んだと思った』と供述した事実の有無を確認した点は，当該事実につき既に秘密性が消失していることに照らし，接見交通権に萎縮的効果を及ぼすおそれはなく，弁護人に対して捜査機関に対する供述と異なる供述をした理由を尋ねた点についても，本件被疑者が接見内容に関わる回答をする可能性はあるものの，本件被疑者とその弁護人との間の意思疎通の内容を尋ねたわけではなく，その意味では接見内容と無関係に供述が変遷した理由を尋ねたにすぎないとみてよいから，直ちに刑訴法39条1項の趣旨を損なうとまではいえないものと解される。

　しかしながら，P検事が，さらに，本件被疑者に対し，殺意を認めると罪が重くなることは弁護人から言われてわかったことか，もともと知っていたことかを確認した点，『死んだと思った』旨の供述が虚偽であることを弁護人に対して伝えているか否かを確認した点については，未だ秘密性が消失していない本件被疑者と弁護人との間の情報交換の内容を尋ねるものであり，本件被疑者と弁護人との意思疎通の過程を聴取したものにほかならず，被疑者等と弁護人等との自由な意思疎通ないし情報伝達に萎縮的効果を及ぼすおそれがあるというべきであるから，P検事は，刑訴法39条1項の趣旨を損なうような聴取を控えるべき注意義務に違反したといわざるを得ず，本件聴取行為は，国賠法上違法となるというべきである。」

◯参考裁判例10-11　最三決昭和41年7月26日刑集20巻6号728頁

　傷害事件について逮捕，勾留され，刑訴法39条1項に規定する者以外との接見等を禁止されたXは，前記傷害事件について公訴提起があった後も，引き続き代用監獄たる千葉中央警察署留置場に勾留されていたが，公訴提起があった傷害事件以外については，起訴はもとより逮捕も勾留もされていなかった。

　本件は，弁護士4名が，起訴のあった傷害被告事件に関し，弁護人を選任することができる者の依頼により弁護人となろうとする者として千葉中央警察署に赴き，Xに接見しようとしたが，検察官P，司法警察員Kにより，弁護人選任権者による依頼を受けた事実が明らかではないとして接見を拒否されたため，準抗告を申し立てたものである。原審の千葉地裁は，本件接見拒否は，公訴提起後の被告人とその弁護人等との接見に関するものであって，刑訴法39条3項の指定に関するものではなく，同法430条による不服申立ての対象にはならないとして，準抗告を棄却したが，特別抗告の申立てを受けた最高裁は，次のように判示し，原決定を取り消した（差戻し）。

　「本件検察官および司法警察員は，被告人の弁護人（弁護人となろうとする者についても同じ。）であっても，余罪の関係では被疑者の弁護人であり，したがって，刑訴法39条1項の接見については，なお同条3項の指定権に基づく制約をなしうるものとの

解釈のもとに，本件4名の接見を拒否した疑いが濃厚であり，これに反する原決定の判断は，重大な事実誤認の疑いがあるといわなければならない。

およそ，公訴の提起後は，余罪について捜査の必要がある場合であっても，検察官等は，被告事件の弁護人または弁護人となろうとする者に対し，同39条3項の指定権を行使しえないものと解すべきであり，検察官等がそのような権限があるものと誤解して，同条1項の接見等を拒否した場合，その処分に不服がある者は，同430条により準抗告を申し立てうるものと解するのを相当とする。」

参考裁判例10-12　最二決平成13年2月7日判時1737号148頁

Xは，平成13年1月26日，Vを被害者とする殺人未遂事件で勾留中起訴されるとともに，Wを被害者とする殺人事件で逮捕され，同月29日，勾留された。同月30日，被告事件についてのみ選任された弁護人BがXとの接見を申し出たところ，検察官から接見の日時等を指定する処分を受けた。そこでBは，その取消しを求めて準抗告を申し立てた。準抗告を棄却した原決定に対し，Bは，被告事件のみの弁護人と被告人との接見を制限する指定処分は，「公訴の提起前に限り」接見指定を許している刑訴法39条3項に違反し，弁護人依頼権を保障した憲法に違反するなどと主張して特別抗告を申し立てたが，最高裁は，次のように判示して，これを棄却した。

「同一人につき被告事件の勾留とその余罪である被疑事件の勾留が競合している場合，検察官は，被告事件について防御権の不当な制限にわたらない限り，被告事件についてだけ弁護人に選任された者に対しても，同法39条3項の接見等の指定権を行使することができるのであるから（最高裁昭和55年…4月28日第一小法廷決定・刑集34巻3号178頁〔判例10-4〕参照），これと同旨の原判断は相当である。」

11 公訴の提起

(1) 国家訴追主義・起訴独占主義

Q *Elementary*

1 現行法上，刑事事件について起訴を行う権限を持つ者は誰か。その者にこの権限を持たせる趣旨は何か。また，現行法上，この点について例外はあるか。

2 一定の種類の刑事事件について，起訴を行う権限を当該事件の被害者に与える制度を設けることは妥当か。この場合に，起訴後の訴訟活動は誰に行わせるべきか。

同様の起訴の権限を弁護士に与える制度を設けることはどうか。警察官にこの権限を与える制度はどうか。また，抽選で選ばれた一般市民数人に，刑事事件について捜査及び起訴を行う権限を与える制度を設けることは妥当か。

3 *1*の起訴によらずに裁判所が公判審理を開始することは，現行法上可能か。それはどのような場合か。

(2) 検察官の訴追裁量権

Q *Elementary*

4 ドイツでは，刑訴法上，「検察官は，法律に格別の定めのある場合を除いて，訴追可能な全ての犯罪に対して，事実に関する十分な根拠が存在する限り，手続を行わなければならない」との規定が置かれている（ドイツ刑訴法152条2項）。日本の刑訴法規定はどのようになっているか。それぞれの規定を支える考え方には，どのような違いがあるか。

Q *Basic*

5 XがV宅に侵入して金品を窃取したという事件の捜査において，住居侵入と窃盗のいずれの事実についても十分な証拠が集められたが，検察官は，Xを窃盗の事実についてのみ起訴した。このような起訴は適法か。その後の公判でこうした起訴の事情が明らかになった場合，裁判所はどうすべきか。

6 Xを被疑者とする強盗事件の捜査が行われ，強盗の事実についての十分な証拠が集められたが，検察官は，Xが初犯で，若年でもあり，また事件について深く反省していることを理由に，Xを窃盗の事実で起訴した。このような起訴は適法か。これを許す規定はあるか。その後の公判でこうした起訴の事情が明らかになった場合，裁判所はどうすべきか。

11-① 最大判平成15年4月23日刑集57巻4号467頁

【事案の概要】 宗教法人Aの責任役員であるX（被告人）は，Aの代表役員Yの委任を受けてA所有の不動産等を保管・管理する業務に従事していたところ，Yらと共謀の上，平成4年4月から同6年6月までの間，前後6回にわたり，A所有の7筆の土地をB商事等に売却し，代金を受領するとともに所有権移転登記手続を完了して横領したとして，業務上横領罪で起訴された。このうち土地1については，平成4年4月30日にB商事に1億324万円で売却し，同日所有権移転登記を了して横領し，また土地2については，同年9月24日にC商事に1,500万円で売却し，同年10月6日に所有権移転登記を了して横領したとされるのであるが，本件売却に先立ち，Xは，土地1について，昭和55年4月11日，Xの経営するD商事を債務者とする極度額2,500万円の根抵当権（以下，抵当権①）を設定してその旨の登記をし，さらに平成4年3月31日，D商事を債務者とする債権額4,300万円の抵当権（以下，抵当権②）を設定してその旨の登記をし，また，土地2について，平成元年1月13日，D商事を債務者とする債権額3億円の抵当権（以下，抵当権③）を設定してその旨の登記を了していた。

X側は，横領の事実を争ったほか，土地1及び2については，先行する抵当権設定行為の時点で既に横領罪が成立しているから，後行の本件売却行為は不可罰的事後行為に該当し，横領罪は成立しないと主張したが，第1審は，「［本件］先行行為は，土地を担保に入れる……行為であって，……土地が有する経済的価値のみを侵害する犯罪が成立するに止まる……のに対して，後行行為……は，土地所有権（経済的価値を含め，土地が有する価値の全て）を第三者に譲渡する行為であって，……先行行為に対する違法評価に包含し尽くされているといえない」ので不可罰的事後行為にはあたらない述べ，Xを有罪とした。

X側が控訴したのに対し，控訴審はこれを棄却した（東京高判平成13年3月22日高刑集54巻1号13頁）。その際，X側の不可罰的事後行為の主張に関して，次のように判示した。

「本件で取り調べられた関係証拠を検討しても，……［抵当権①及び③の］設定の経緯やその際の各借入金の使途等はつまびらかでなく，これらの抵当権設定行為が……横領罪を構成するようなものであったか否かは明瞭でな［いところ，］……少なくとも，先行行為についての犯罪成立が，既に取り調べられた証拠により明白に認められるか，若干の追加立証により明白に立証できる確実な見込みがある場合に限って，起訴されている後行行為を不可罰的事後行為と認めるべきものと解されるから……，本件［土地1及び2］の各売却行為を，それぞれ［抵当権①及び③の］設定の関係での不可罰的事後行為ということはできない。」「仮に，［抵当権①及び③の］設定が横領罪を構成するものであることが，本件の証拠上明らかといえるとしても，

……いずれも既に公訴時効が完成している……から，これらにつき被告人を処罰することは最早不可能である。……このように先行行為について，公訴時効の完成とか，その他の訴訟条件の欠如や責任能力の欠如等の事由により，犯罪（横領罪）として処罰することができないような事情があるときは，後行行為がそれ自体として犯罪（横領罪）の成立要件を充足していると認められる限り，これを不可罰的事後行為とすることは不合理というべきであって，後行行為を処罰することは許されると解するのが相当である……。」「［他方，売却直前になされた抵当権②の設定と土地1の売却の関係については，］［本件］の事実関係からすると，……土地売却と［抵当権②の］設定とでは，土地売却の方がはるかに重要な意味を持つのであって，……［抵当権②の］設定は，土地代金の支払時期との関係で派生的に行われ，土地売却の実行と同時に予定通り解消されたものであり，被告人らにとっては実質的には土地代金の一部先払いを受けるためのものとみられる［こと］……，［土地売却による横領］行為が開始されて継続している最中に……［抵当権②の］設定がなされ，その後当該行為が既遂に達した［と見うること］……，土地所有者であるAにとっても，土地売却による損害の方が，［抵当権②の］設定による損害よりもはるかに大きい［こと等］……に照らすと，［抵当権②の］設定の方を重視して，［土地1］の売却行為をその不可罰的事後行為とみるのは，本末転倒の感を免れ［ず，］……検察官が……［土地1］の売却を横領行為と捉えて公訴提起したのは，極めて合理的なものとして理解できるのであり，裁判所としては，……その訴因に基づき横領罪の成立を認めるべきは当然のことである。」

X側は，原判決は最三判昭和31年6月26日刑集10巻6号874頁（甲が不動産を第三者に売却した後いまだ所有権移転登記を了していないことを奇貨とし，乙に対し当該不動産に抵当権を設定しその登記を了したときは，横領罪が成立し，甲がその後更に乙に対し代物弁済として当該不動産の所有権を移転しその登記を了しても，別に横領罪を構成しない，と判示したもの）に反する等と主張して上告した。

【判示】 上告棄却。

「委託を受けて他人の不動産を占有する者が，これにほしいままに抵当権を設定してその旨の登記を了した後においても，その不動産は他人の物であり，受託者がこれを占有していることに変わりはなく，受託者が，その後，その不動産につき，ほしいままに売却等による所有権移転行為を行いその旨の登記を了したときは，委託の任務に背いて，その物につき権限がないのに所有者でなければできないような処分をしたものにほかならない。したがって，売却等による所有権移転行為について，横領罪の成立自体は，これを肯定することができるというべきであり，先行の抵当権設定行為が存在することは，後行の所有権移転行為について犯罪の成立自体を妨げる事情にはならないと解するのが相当である。

このように，所有権移転行為について横領罪が成立する以上，先行する抵当権設定行為について横領罪が成立する場合における同罪と後行の所有権移転による横領罪との罪数評価のいかんにかかわらず，検察官は，事案の軽重，立証の難易等諸般の事情を考慮し，先行の抵当権設定行為ではなく，後行の所有権移転行為をとらえて公訴を提起することができるものと解される。また，そのような公訴の提起を受けた裁判所は，所有権移転の点だけを審判の対象とすべきであり，犯罪の成否を決するに当たり，売却に先立って横領罪を構成する抵当権設定行為があったかどうかというような訴因外の事情に立ち入って審理判断すべきものではない。このような場合に，被告人に対し，訴因外の犯罪事実を主張立証することによって訴因とされている事実について犯罪の成否を争うことを許容することは，訴因外の犯罪事実をめぐって，被告人が犯罪成立の証明を，検察官が犯罪不成立の証明を志向するなど，当事者双方に不自然な訴訟活動を行わせることにもなりかねず，訴因制度を採る訴訟手続の本旨に沿わないものというべきである。……

　そうすると，本件において，被告人が本件土地1につき本件抵当権①，②を設定し，本件土地2につき本件抵当権③を設定して，それぞれその旨の登記を了していたことは，その後被告人がこれらの土地を売却してその旨の各登記を了したことを業務上横領罪に問うことの妨げになるものではない。……

　以上の次第で，……［上記昭和31年最高裁判決］を当裁判所の上記見解に反する限度で変更し，原判決を維持するのを相当と認める」。

Ｑ Basic

　7　本件において，検察官が，各抵当権の設定行為ではなく，売却による所有権移転行為についてXを起訴したのは適法か。参考裁判例11-⑧の事案において，検察官が，公職選挙法上の供与罪ではなく交付罪でXを起訴したのは適法か。本判決及び参考裁判例11-⑧によれば，検察官は，いかなる事情を考慮してこのような起訴を行うことが許されるか。そうした事情を理由にこのような起訴を行うことを許す規定はあるか。また，参考裁判例11-⑧の事案において，検察官が供与の事実について十分な嫌疑を抱いていた場合，交付罪での起訴は適法か。

　8　実体的に1つの常習特殊窃盗の罪を構成すると見られる複数の窃盗行為のうち，一部のみを単純窃盗の訴因で起訴することは許されるか。この点について，判例24-⑦はどのように述べているか。

　9　窃盗の実行行為の全部を1人で行った被告人の他に，共謀共同正犯者が存在する場合において，共謀共同正犯者の存在に言及せずに被告人を窃盗の単独犯の訴因で起訴することは許されるか（参考裁判例11-⑨参照）。

　10　本件公判において，Xが，各抵当権設定行為の事実を主張・立証することは許されるか。本件の所有権移転行為による横領罪についての審理の過程で，各抵

当権設定行為の事実が明らかになった場合，裁判所はどうすべきか。この点について本判決はどのように考えているか。参考裁判例11－⑧はどうか。本判決のいう「訴因制度を採る訴訟手続の本旨」とは何を意味するか。

11 本判決が，昭和31年の最高裁判決を変更して，先行の抵当権設定行為が存在しても後行の所有権移転行為につき横領罪の成立は妨げられないと判示したことは，**7**，**10** との関係でどのような意味を持つと考えられるか。参考裁判例11－⑨が「被告人1人の行為により犯罪構成要件のすべてが満たされたと認められるときは，他に共謀共同正犯者が存在するとしてもその犯罪の成否は左右されない」と述べた点と，同決定の結論との関係はどうか。参考裁判例11－⑧が，供与行為が存在する場合における交付罪の成否について何ら述べていないことについては，どのように考えるべきか。

Q Advanced

12 XがV宅に侵入してV及びその妻Wを殺害したという事件において，検察官が，V及びWに対する殺人の罪についてのみXを起訴した。このような起訴は適法か。

13 強盗の被疑事件について，Xが逮捕，勾留され，取調べが行われたが，Xは逮捕当初から一貫して否認し続けている。そこで検察官が，Xに対し，自白すれば恐喝で起訴するにとどめてやると持ちかけたところ，Xがこれに応じて自白したので，検察官はXを恐喝罪で起訴した。このような起訴は適法か。公判でこうした事情が明らかになった場合，裁判所はどうすべきか。検察官がXを強盗罪で起訴した場合はどうか。

(3) 検察官の訴追裁量権に対するコントロール

Q Elementary

14 現行法上，検察官の不起訴の処分に対するコントロールの手段として，いかなる制度があるか。

15 現行法上，検察官の起訴の処分をコントロールするための制度はあるか。

11－② 最一決昭和55年12月17日刑集34巻7号672頁

【事案の概要】 いわゆる水俣病患者であるX（被告人）は，被害補償に関する自主交渉のため，チッソ株式会社社長との面接を求め，他の患者及び支援者と共に，しばしば同本社に赴いていたが，同社側は，Xらのそうした行動に対抗し，同社従業員等を動員して本社入口にピケを張る等して，Xらの要求を拒絶し続けていた。そのため，Xらが同本社に赴くと，社内への立入りを阻止しようとする同社側従業員と衝突し，こぜりあいが生じることもしばしばあった。そのような状況のもとで，

Xは，昭和47年7月及び10月に，同社側従業員4名に対して，その身体を手拳等で殴打し，又は噛みつくといった暴行を加え，全治1週間ないし2週間，あるいは加療10日ないし2週間を要する傷害を負わせたとされ，公訴が提起された。他方，同じく自主交渉に関して，昭和47年1月，Xが支援者らと共に，同社工場に赴いたところ，退去を求める同社側従業員多数から暴行を受け，X及び支援者らが負傷した事件については，同社側従業員らは不起訴処分に付されている。

第1審は，Xに対して罰金5万円執行猶予1年の有罪判決を言い渡した（東京地判昭和50年1月13日判時767号14頁）が，第2審は，次のように述べて，第1審判決を破棄し，公訴棄却の自判をした（東京高判昭和52年6月14日高刑集30巻3号341頁）。

「公訴の提起は検察官の専権に属し，しかも公訴を提起するかどうかは検察官の裁量にゆだねられている［が］……裁量による権限の行使である以上，その濫用はあり得るし，場合により権限の濫用が甚だしく，とくに不当な起訴処分によって被告人の法の下の平等の権利をはじめ基本的人権を侵害し，これを是正しなければ著るしく正義に反するとき，……当該裁判手続内において司法による救済を図るのが妥当である。……訴追裁量を著るしく逸脱した公訴の提起は直接には起訴便宜主義を定めた刑訴法248条に違反するものであるから，同法338条4号にいう公訴提起の手続の規定に違反したものとして，同条による公訴棄却の判決がなさるべきであると考える。……なお，公訴権濫用［を認めるのに］……検察官の故意又は重大な過失という主観的要素が必要とされることは，いわゆる権利濫用の一般原則から考えて，やむを得ない［が］……，検察官の公訴提起の処分は，強大，かつ，密行性の公機関が行使する捜査権を背景とするものであるから，かかる主観的要素は，背景となる客観的事実の集積から，これを推認する以外にはなく，かかる客観的外部的事実に照らし，公訴提起の偏頗性が合理的裁量基準を超え，しかもその程度が，憲法上の平等の原則に牴触する程度に達していると判断される場合には，事実上の推定に基づき，検察官の故意又は重大な過失の存在が証明されたといって妨げない。

……［本件事案に照らすと］，被告人に対する訴追はいかにも偏頗，不公平であり，これを是認することは法的正義に著るしく反するというべきである。

……重大かつ広範囲な被害を生ぜしめたチッソの責任につき国家機関による追求の懈怠と遅延，これにひきかえ，被害者側の比較的軽微な刑責追求の迅速さ，それに加えてチッソ従業員の行為に対する不起訴処分等々の諸事実がある以上，……国家機関の一翼を担っている検察官の故意又は重大な過失が推認されてもやむを得ないと判断する。」

これに対して検察側が上告した。

【判示】 上告棄却。刑訴法411条の適用の要否について，最高裁は次のように職権判断を行った。

「一　検察官は，現行法制の下では，公訴の提起をするかしないかについて広範な裁量権を認められているのであって，公訴の提起が検察官の裁量権の逸脱によるものであったからといって直ちに無効となるものでないことは明らかである。たしかに，右裁量権の行使については種々の考慮事項が刑訴法に列挙されていること（刑訴法248条），検察官は公益の代表者として公訴権を行使すべきものとされていること（検察庁法4条），さらに，刑訴法上の権限は公共の福祉の維持と個人の基本的人権の保障とを全うしつつ誠実にこれを行使すべく濫用にわたってはならないものとされていること（刑訴法1条，刑訴規則1条2項）などを総合して考えると，検察官の裁量権の逸脱が公訴の提起を無効ならしめる場合のありうることを否定することはできないが，それはたとえば公訴の提起自体が職務犯罪を構成するような極限的な場合に限られるものというべきである。

　二　いま本件についてみるのに，原判決の認定によれば，本件犯罪事実の違法性及び有責性の評価については被告人に有利に参酌されるべき幾多の事情が存在することが認められるが，犯行そのものの態様はかならずしも軽微なものとはいえないのであって，当然に検察官の本件公訴提起を不当とすることはできない。本件公訴提起の相当性について疑いをさしはさましめるのは，むしろ，水俣病公害を惹起したとされるチッソ株式会社の側と被告人を含む患者側との相互のあいだに発生した種々の違法行為につき，警察・検察当局による捜査権ないし公訴権の発動の状況に不公平があったとされる点にあるであろう。原判決も，また，この点を重視しているものと考えられる。しかし，すくなくとも公訴権の発動については，犯罪の軽重のみならず，犯人の一身上の事情，犯罪の情状及び犯罪後の情況等をも考慮しなければならないことは刑訴法248条の規定の示すとおりであって，起訴又は不起訴処分の当不当は，犯罪事実の外面だけによっては断定することができないのである。このような見地からするとき，審判の対象とされていない他の被疑事件についての公訴権の発動の当否を軽々に論定することは許されないのであり，他の被疑事件についての公訴権の発動の状況との対比などを理由にして本件公訴提起が著しく不当であったとする原審の認定判断は，ただちに肯認することができない。まして，本件の事態が公訴提起の無効を結果するような極限的な場合にあたるものとは，原審の認定及び記録に照らしても，とうてい考えられないのである。したがって，本件公訴を棄却すべきものとした原審の判断は失当であって，その違法が判決に影響を及ぼすことは明らかである。

　三　しかしながら，本件については第1審が罰金5万円，1年間刑の執行猶予の判決を言い渡し，これに対して検察官からの控訴の申立はなく，被告人からの控訴に基づき原判決が公訴を棄却したものであるところ，記録に現われた本件のきわめて特異な背景事情に加えて，犯行から今日まですでに長期間が経過し，その間，被

告人を含む患者らとチッソ株式会社との間に水俣病被害の補償について全面的な協定が成立して双方の間の紛争は終了し、本件の被害者らにおいても今なお処罰を求める意思を有しているとは思われないこと、また、被告人が右公害によって父親を失い自らも健康を損なう結果を被っていることなどをかれこれ考え合わせると、原判決を破棄して第1審判決の執行猶予付きの罰金刑を復活させなければ著しく正義に反することになるとは考えられず、いまだ刑訴法411条を適用すべきものとは認められない。」

Q Basic

16 原判決は、いかなる事情に着目して「公訴権濫用」を認めたか。

17 原判決の判断方法に対し、本決定はどのような態度をとっているか。

18 参考裁判例11-10の原審は、どのような事情に着目して、捜査について平等原則違反を認めたか。これに対し、参考裁判例11-10は、平等原則違反はどのように判断されるべきだとしているか。

19 本決定によれば、「他の被疑事件についての公訴権の発動の状況との対比」を理由として公訴提起の当否を論じることは、およそ許されないか。

20 同種事案における一般的な事件処理の状況如何は、当該事件の公訴提起の効力に対してどのように影響しうるか。当該事件において共犯の疑いのある者がいる場合に、その者が不起訴になったという事情は、公訴提起の効力に対してどのように影響しうるか。

21 本決定は、「検察官の裁量権の逸脱が公訴の提起を無効ならしめる場合」として、どのような場合を考えているか。

22 公訴権濫用ないし訴追裁量権逸脱による公訴提起の無効を認めるには、検察官の故意又は重大な過失は必要か。

23 本決定は、実務にどのような影響を与えると考えられるか。

11-3 大森簡判昭和40年4月5日下刑集7巻4号596頁

【事案の概要】 X（被告人）は、昭和38年11月12日午後0時20分ころ、普通乗用自動車を運転して、いわゆる定域測定方式による速度違反取締中の東京都内某所の道路を、指定最高速度（50km毎時）を12.1km超過して通行したところ、速度測定終了の場所から約300m離れた地点で警察官に停車を命じられ、速度違反である旨を告げられた。Xは、違反の事実を否認し、運転免許証の提示も拒否し、警察官らと押し問答を続けた後、道路交通法違反の現行犯人として逮捕されたが、その際、警察官から、公衆環視の中で左手を背中にねじ上げ首筋を摑んでこれを強く前方に押し曲げるという暴行を連続的に加えられ、このため約2週間の入院加療とこれを含めて1ヵ月の休養を要するウィプラッシュ傷害（むちうち症）を受けた。その後

Xは道交法違反で起訴された。

【判示】 第1審の大森簡裁は，本件逮捕は，Xが現行犯にあたるとはいえないため違法なものであったか，少なくとも，軽微な法定犯であり逃亡のおそれや罪証隠滅のおそれもないため不必要なものであったと認められるとし，さらに，「前記のような暴行陵虐が刑法195条1項の犯罪を構成することは言うまでもないが，これを外にしても……その不許容性において拷問のそれと択ぶところがない」と述べた上で，次のように判示して，刑訴法338条4号の準用により公訴を棄却した。

「違法又は不適正な逮捕が行われたというだけでは，未だ以て公訴手続全体を無効とするには足らず，従ってそれだけでは刑事訴訟法338条4号の規定を適用するに充分ではないであろう。しかし，本件の場合の如く軽い事案に対して不正当な逮捕を敢行し，その際に必要がないのに暴力を振って被告人に傷害を与え，その威力の影響下において取調を行ったという事態を一全体として考察するときは，それは事実上憲法36条に違反するものであり，同時にまた同法31条に規定する法の公正な手続による裁判の保障……を蹂躙するものと考うべきではないだろうか。犯罪の捜査が常に必ずしもキレイごとではあり得ないことは認めなければならないが，捜査活動中の官憲の故意の犯罪行為の上に公訴が行われるという如きことは，法治国として我慢のできないところであり，また本件の場合の如く，刑の最高限が懲役6月又は罰金5万円という程度の法定犯を取締るために，その捜査担当官が長期7年の懲役に当る自然犯を犯すというような事態は到底認容さるべきではなく，このような場合こそ憲法31条の運用が期待される典型的な事例であると考える。」

［これに対して検察側が控訴したところ，控訴審は，本件現行犯逮捕は要件を具備しており，また必要性も否定できないとした上で，本件逮捕の際にXに対する暴行・傷害の事実があったとしても，そのことをもって直ちに憲法31条に違反するとは解せられない，と述べて，原判決破棄・差戻しの判決を言い渡した（東京高判昭和41年1月27日下刑集8巻1号11頁）。X側の上告に対し，最高裁は，「本件逮捕の手続に……違法があったとしても本件公訴提起の手続が憲法31条に違反し無効となるものとはいえない」として，上告を棄却した（最一判昭和41年7月21日刑集20巻6号696頁）。］

Q Basic

24 本判決が，警察の捜査段階における違法（違憲）を指摘して公訴を棄却したのは，どのような実質的理由に基づくものと考えられるか。参考裁判例11-10の原審は，警察の差別捜査が公訴提起の効力に及ぼす影響如何について，どのように論じているか。

25 警察捜査の違法と公訴提起の効力との関係について，次の(1)又は(2)のように考えることはできるか。

(1) 検察官には，デュープロセスに配慮し，警察捜査を監視・批判すべき義務が

あるから，警察捜査に著しいデュープロセス違反があったにもかかわらず検察官がこれを看過して公訴を提起した場合には，裁判所はこれを棄却すべきである。

(2) 検察官の公訴提起に先行する警察捜査に著しい違法があった場合，裁判所は，将来の警察の違法捜査を抑止するために，公訴提起を無効として手続を打ち切るべきである。

26 本件で裁判所は，免訴判決により手続を打ち切ることができるか。

27 25の(2)の議論を前提とした場合，将来の警察の違法捜査を抑止するという目的のために，手続を打ち切る以外に裁判所がとりうる手段はないか。仮に他の手段を考えうるとして，なお捜査の違法を理由に公訴提起を無効として手続を打ち切るべき場合があるとすれば，それはどのような場合か。

28 本件の上告審判決，及び参考裁判例11-⑪は，捜査の違法を理由に公訴提起を無効として手続を打ち切ることをおよそ認めない趣旨か。参考裁判例11-⑩はどうか。

Q Advanced

29 麻薬取締法違反の事件において，警察によって違法なおとり捜査が行われ，それに基づいて検察官が公訴を提起した場合，裁判所はどうすべきか。仮に，公訴提起の無効を理由に手続を打ち切るべきだとした場合，いかなる種類の裁判によるべきか。また，被告人を無罪とすることはできるか。（「**4** おとり捜査」参照）

30 捜査に違法があったという事実を，裁判所は，量刑上被告人に有利に考慮してよいか。この点について，次のように考えることは適切か（参考裁判例11-⑫も参照）。

　　(1) 「『責任主義』を犯罪の成否のみならず科刑の場面においても貫徹させ……つつ……，刑罰の主たる正当化根拠を犯罪予防……に求めるならば，量刑基準としては『責任評価』と『予防的考慮』が重要な意味をもつことになる。そして量刑事情の範囲についても，当該行為者に関する責任評価または予防的考慮（あるいは両者）に影響を与える事情の総体という帰結が導かれる。しかし，捜査手続の違法は，犯罪後の事情であって行為者の違法行為に対する非難可能性とは無関係である以上，責任評価に影響を与えるものではない。また，そこには処罰が有するであろう犯罪防止効果の必要性判断に資する要因が含まれていないため，予防的考慮と関連づけることも困難である。」（城下裕二「量刑事情としての『捜査手続の違法』・再論」浅田和茂ほか編『刑事・少年司法の再生』〔2000年〕424頁）

　　(2) 「捜査の違法は［犯罪の態様・動機・手段・結果等の］犯情とは無関係であるから，［犯情に従って経験的に］想定される一定の量刑枠に影響を与えるものではないが，なおも，被害感情，社会的な公憤や正義感に影響がないとはいえず，その意味で狭義の情状としての『犯罪後の情況』の一要素となることは否定できない。

さらに，……捜査機関の違法行為が検察官に訴追禁止を要求する程度にまで至らなくても，訴追価値を著しく低減させる場合には，それが裁判所による刑罰権発動の程度に反映し，上述の一定枠を下回る量刑も可能になると考えるべきである。」
(『演習刑事訴訟法』〔2005年〕330頁〔長沼範良〕)

(4) 協議・合意制度

設例1

検察官Pは，上場企業A社の新規事業参入に関する規制緩和をめぐり規制当局が特別な便宜を提供する一方，A社が多額の使途不明金を粉飾して決算しているとの情報を得て，贈収賄，会社法の特別背任，金融商品取引法の有価証券報告書虚偽記載の疑いで捜査を開始した。

Pが捜査を進めた結果，A社には確かに多額の使途不明金があり，それが，本件に関する許認可権限を有する公務員Xに対する贈賄に用いられたこと，贈賄工作はA社の総務担当常務Yと総務部の担当者Zが主体となって進められたことを示す情況証拠が得られたが，決め手に欠けていた。

Q Basic

31 本件で，Pは，事態を打開するためにどのような方策をとりうるか。

32 協議・合意制度の対象となる犯罪が「特定犯罪」(刑訴350条の2第1項・2項)に限定され，生命・身体に対する罪，死刑や無期懲役・禁錮に当たる罪が除外されているのはなぜか。また，協議・合意制度の対象が「他人の刑事事件」の捜査等への協力に限られ，自己の事件の捜査に対する協力が対象外とされているのはなぜか。

33 本件で，PとZの間でZを設例掲記の各罪で起訴しない旨の合意が成立し，Zが粉飾決算や贈賄工作について詳細な供述をしたとする。この供述をXに対する収賄被告事件，Yに対する会社法違反・金商法違反被告事件の公判で証拠として用いることに問題はないか。問題があるとすればそれはどのようなものか。そのような問題に対処するために刑訴法はどのような制度を設けているか。

(5) 公訴提起の要件
(a) 犯罪の嫌疑

11-4 最二判昭和53年10月20日民集32巻7号1367頁
(芦別国家賠償請求事件)

【事案の概要】昭和27年7月29日午後8時過ぎごろ，芦別市内の国鉄根室本線の鉄道線路がダイナマイトで爆破・損壊される事件が発生した(同日午後9時46分ころ同所を通過予定の臨時貨物列車があったが，事件発生の通報により，脱線転覆事故には至

らなかった)。本件は，このいわゆる芦別事件の犯人として，①火薬類取締法違反，②窃盗，③爆発物取締罰則違反，電汽車往来危険の各罪で起訴され，控訴審で無罪が確定したX（第1審では①につき有罪，②③につき無罪）らが，事件の捜査及び訴追に重大な過失があったとして，国及び当時の検察官等を相手取り損害賠償請求等の訴えを提起したものである。

捜査・訴追に違法性はなかったとしてXらの請求を棄却した原判決に対し，Xらは，無罪判決が確定した場合には，判決時と捜査，公訴提起・追行時とで著しい事情の変更があった特別の場合を除き，捜査，訴追は違法と判定されるべきであるなどと主張して上告を申し立てた。

【判示】 上告棄却。

「刑事事件において無罪の判決が確定したというだけで直ちに起訴前の逮捕・勾留，公訴の提起・追行，起訴後の勾留が違法となるということはない。けだし，逮捕・勾留はその時点において犯罪の嫌疑について相当な理由があり，かつ，必要性が認められるかぎりは適法であり，公訴の提起は，検察官が裁判所に対して犯罪の成否，刑罰権の存否につき審判を求める意思表示にほかならないのであるから，起訴時あるいは公訴追行時における検察官の心証は，その性質上，判決時における裁判官の心証と異なり，起訴時あるいは公訴追行時における各種の証拠資料を総合勘案して合理的な判断過程により有罪と認められる嫌疑があれば足りるものと解するのが相当である。」

Q *Elementary*

34 刑事事件について無罪の判決が確定した場合，公訴の提起は常に違法であったことになるか。この点について，本件においてXらが主張したように考えることはできるか。

35 本判決によれば，公訴の提起にはどの程度の犯罪の嫌疑が必要か。それは，裁判官が有罪判決を言い渡すのに必要とされる心証の程度と同じか。

36 35の程度の嫌疑がないにもかかわらず，検察官がそれを看過して公訴を提起した場合，公訴提起は適法か。

37 36のような公訴提起がなされた場合，公訴提起の要件を満たさないものとして公訴を棄却するべきか。

38 36のような公訴提起がなされた場合，仮に公訴を棄却すべきであるとすると，それは冒頭手続の段階においてか，証拠調べ後の段階においてか。36のような公訴提起がなされた場合，公訴棄却すべきであるとする考え方のほかに，無罪とすればよいとする考え方もあるが，いずれの解決をすることが適当か。

39 公訴提起のために必要とされる犯罪の嫌疑の程度について，検察実務においては，「的確な証拠に基づき有罪判決が得られる高度の見込みがある場合に限っ

て起訴するという原則に厳格に従っている」（司法研修所検察教官室編『検察講義案〔平成27年版〕』〔2016年〕68頁）といわれている。このように，検察実務において，公訴提起に高度の嫌疑が要求されているのはなぜだと考えられるか。

40 公訴提起のために必要とされる犯罪の嫌疑の程度として，例えば，「有罪の見込みが無罪の見込みより高いこと」を基準とする国もあるといわれる（松尾浩也『刑事訴訟法・上〔新版〕』〔1999年〕150頁）。このような基準をとる場合とわが国の検察実務におけるような基準をとる場合とで，刑事手続のあり方に差異が生じ得るか。生じるとすれば，それはどのような部分にどのような形で生じるか。

(b) 公訴時効

設例2

深夜帰宅途中の大学生Aが公園で何者かに鈍器で殴られ傷害を負い，所持していた財布が奪われる事件が発生した。強盗傷害事件として大規模な捜査が行われたが，それにもかかわらず，有力な情報は得られず，犯人がわからないまま15年が経過した。ところが，その1年後，他事件で逮捕されたXの自宅の捜索が行われたところ，押入れの天井裏から，古い新聞紙に包まれた木刀と財布が発見された。財布の中にはA名義の銀行カードが入っており，木刀には，Aと一致するDNA型の人血痕が認められた。これらの事実をもとに捜査機関が事情を問い質したところ，Xは16年前の犯行を認める供述をした。

Q *Elementary*

41 本件で，Xを強盗傷害事件で起訴することはできるか。仮に起訴したとすれば，どのような裁判が言い渡されることになるか。

42 本件で，Xを強盗傷害事件で逮捕することはできるか。

43 公訴時効制度は，犯人の「逃げ得」になるだけではないか。そのような制度が存在する理由は何か。

44 公訴時効が完成するまでの期間は，何を基準として定められているか。それは，**43** の理由から説明できるか。

45 本件で，仮にXが犯行後2年間にわたり国外にいたことが明らかになったとした場合，Xを強盗傷害事件で起訴することはできるか。**41** と結論が異なるとすれば，それはどのような理由によるか。

46 旧刑訴法は，「時効ハ公訴ノ提起……ニ因リ中断ス」（285条）とし，この場合，「時効ハ中断ノ事由ノ終了シタル時ヨリ更ニ進行ス」（286条）としていた。現行法の制度もこれと同じか。違いがあるとすれば，制度が改められたのは，どのような理由によると考えられるか。

47 次の場合，公訴提起によって公訴時効停止の効果は生じるか。

(1) 告訴がないまま親告罪による公訴提起がなされた場合
(2) 起訴状記載の訴因が不特定の場合（最三決昭和56年7月14日刑集35巻5号497頁［判例 **24**-⑤］参照）
(3) 罪数判断の誤りから，併合罪関係にある事実を追加する内容の訴因変更請求がなされた場合（参考裁判例11-⑰参照）
(4) 公訴提起後2ヵ月以内に被告人に対し起訴状謄本の送達がなされなかった場合（参考裁判例11-⑱参照）

Advanced

48 平成22年法律第26号による刑訴法の改正で，人を死亡させた罪の公訴時効の定めが現行のとおりとなったが（250条1項の新設。人を死亡させた罪のうち，①死刑に当たる罪については，公訴時効の対象から除外し，②懲役・禁錮に当たる罪については，公訴時効期間を延長した），新法の適用範囲（法律施行前に行われた犯罪への適用の有無）については，ⓐ法律施行の際，未だ公訴時効が完成していない罪については，新法の規定を適用する，ⓑ法律施行の際，既に公訴時効が完成している罪については，新法の規定を適用しない，との扱いがされた（同改正法附則3条。次頁の〔**資料**〕「時効期間の変遷」参照）。

(1) ⓐの罪について，新法の規定を適用する扱いとすることに問題はないか。平成16年法律第156号による刑訴法の改正で時効期間が延長された際には，改正法施行前に犯された罪については改正前の規定に従って時効が完成するものとされていた（同改正法附則3条）。そのことと対比しつつ考えよ（参考裁判例11-⑯参照）。

(2) ⓑの罪について，新法の規定を適用する扱いとすることは許されないか。

〔資料〕 時効期間の変遷

平成22年4月27日施行	平成17年1月1日施行	現行刑訴法制定時の規定
第250条① 時効は，人を死亡させた罪であつて禁錮以上の刑に当たるもの（死刑に当たるものを除く。）については，次に掲げる期間を経過することによつて完成する。 一　無期の懲役又は禁錮に当たる罪については30年 二　長期20年の懲役又は禁錮に当たる罪については20年 三　前2号に掲げる罪以外の罪については10年 ② 時効は，人を死亡させた罪であつて禁錮以上の刑に当たるもの以外の罪については，次に掲げる期間を経過することによつて完成する。 一　死刑に当たる罪については25年 二　無期の懲役又は禁錮に当たる罪については15年 三　長期15年以上の懲役又は禁錮に当たる罪については10年 四　長期15年未満の懲役又は禁錮に当たる罪については7年 五　長期10年未満の懲役又は禁錮に当たる罪については5年 六　長期5年未満の懲役若しくは禁錮又は罰金に当たる罪については3年	第250条 時効は，次に掲げる期間を経過することによつて完成する。 一　死刑に当たる罪については25年 二　無期の懲役又は禁錮に当たる罪については15年 三　長期15年以上の懲役又は禁錮に当たる罪については10年 四　長期15年未満の懲役又は禁錮に当たる罪については7年 五　長期10年未満の懲役又は禁錮に当たる罪については5年 六　長期5年未満の懲役若しくは禁錮又は罰金に当たる罪については3年	第250条 時効は，左の期間を経過することによつて完成する。 一　死刑にあたる罪については15年 二　無期の懲役又は禁錮にあたる罪については10年 三　長期10年以上の懲役又は禁錮にあたる罪については7年 四　長期10年未満の懲役又は禁錮にあたる罪については5年 五　長期5年未満の懲役若しくは禁錮又は罰金にあたる罪については3年

七　拘留又は科料に当たる罪については1年	七　拘留又は科料に当たる罪については1年	六　拘留又は科料にあたる罪については1年
附則（平成22法26） 第3条①　[本法]第2条の規定による改正後の刑事訴訟法（次項において「新法」という。）第250条の規定は，この法律の施行の際既にその公訴の時効が完成している罪については，適用しない。 ②　新法第250条第1項の規定は，刑法等の一部を改正する法律（平成16年法律第156号）附則第3条第2項の規定にかかわらず，同法の施行前に犯した人を死亡させた罪であって禁錮以上の刑に当たるもので，この法律の施行の際その公訴の時効が完成していないものについても，適用する。	附則（平成16法156） 第3条①　〔略〕 ②　この法律の施行前に犯した罪の公訴時効の期間については，[本法]第2条の規定による改正後の刑事訴訟法第250条の規定にかかわらず，なお従前の例による。	

11-⑤　最三決昭和63年2月29日刑集42巻2号314頁（水俣病刑事事件）

【事案の概要】　X（被告人）は，昭和33年1月8日から昭和39年11月30日までの間，化学製品の製造等を業とする甲株式会社の代表取締役社長として同社の業務全般を総理し，熊本県水俣市所在の同社水俣工場の担当取締役兼同工場長を指揮監督し，同工場の操業およびこれに伴う危害発生の防止等の業務に従事していた。また，Y（被告人）は，昭和32年1月1日から昭和35年5月31日までの間，前記水俣工場長（昭和32年5月30日工場担当取締役に就任）として同工場の業務全般を処理し，同工場の操業およびこれに伴う危害発生の防止等の業務に従事していた。

　同工場では昭和7年以来アセトアルデヒド製造に伴い触媒として使用した重金属である水銀を含有する工場排水を水俣湾に排出していたが，同湾で捕獲された魚介類を摂食していた同湾周辺住民の間に原因不明の疾病が多数発生し，昭和31年5月に至っていわゆる水俣病として問題化した。同年11月3日には，発病原因の究明にあたっていた熊本大学医学部水俣病研究班の中間報告会において，水俣病はある種の重金属による中毒性疾患であり，重金属により汚染された水俣湾の魚介類を摂食することによって発病する旨の発表がなされ，これによって，汚染源が同湾に

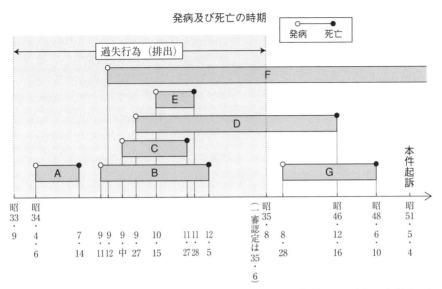

流入している同工場の工場排水中に含有されている化学物質にある疑いが濃厚である旨が指摘された。その後，昭和32年3月7日には，参議院社会労働委員会において国立公衆衛生院疫学部長から，水俣病の原因について熊本大学医学部水俣病研究班は同工場の排水も疑って研究を続ける必要があるとして，土壌，海水を分析している旨，さらに昭和33年6月24日には，同委員会において厚生省公衆衛生局環境衛生部長から，水俣病はある種の金属による脳症を起こす中毒であり，その原因物質の発生源としては同工場の排水が最も推定される旨の各説明がなされた。同年7月7日には，厚生省公衆衛生局長名で通産省，熊本県知事等関係行政機関に対し，水俣病は甲株式会社水俣工場の廃棄物が水俣湾の港湾泥土を汚染し，その廃棄物に含有されている化学毒物と同種のものによって有毒化した魚介類を多量に摂食することによって発症する中毒性脳症であると推定される旨指摘し，今後の研究さらに水俣病問題の対策方について協力を要請する通達が発せられた。この間にも，水俣病による死傷者は続出していた。

　XとYは，以上のような状況のもとで，同工場の排水が水俣病の原因物質を含有していることを当然認識し得たのであるから，その被害の甚大なことにかんがみ，遅くとも前記厚生省通達が発せられた昭和33年7月以降は同工場排水の排出を停止した上，その安全が確認されるまでは，排水を魚介類を汚染するおそれのある海域に排出しない措置を講ずべき業務上の注意義務があったのに，両名とも，前記昭和31年以降の水俣病問題の経過を熟知しながら，排水は水俣病の原因物質を含有しないものと軽信して，その注意義務を怠り，何ら適切な措置を講じることなく，昭和33年9月初め以降昭和35年8月ころまでの間連日にわたり，塩化メチル水銀

を含有する排水を水俣川河口海域に排出させた過失により，同海域の魚介類を塩化メチル水銀によって汚染させ，よって，同海域で漁獲された魚介類を摂食したA，B，C，D，Eを水俣病に，また，その母親が妊娠中に同魚介類を摂食したF，Gを胎児性水俣病に，それぞれ罹病させて傷害を負わせ，うちFを除く6名を同病に起因して死亡させたとして業務上過失致死，同傷害の罪で起訴された。各被害者の発病，死亡時期は前頁図のとおりである。なお，本件当時の業務上過失致死傷罪の法定刑は3年以下の禁錮または5万円以下の罰金であった（昭和43年法律第61号による改正前の刑法211条前段，昭和47年法律第61号による改正前の罰金等臨時措置法3条1号）。したがって，当時の刑訴法250条5号により，時効期間は3年である（〔資料〕「時効期間の変遷」参照）。

第1審の熊本地裁は，D，Gに対する業務上過失致死で被告人両名を有罪とし，それぞれ禁錮2年執行猶予3年の刑を言い渡したが（過失行為とされる工場排水の排出期間については，公訴事実と異なり，昭和33年9月初旬から昭和35年6月末ころまでの間と認定した），A，B，C，E，Fに関しては，次のように判示して，公訴時効の成立を認め，理由中で免訴とした。

「まず，公訴時効期間の起算点について考察するに，これを実行行為の終了時と解すると未遂犯を処罰する規定のない場合の結果犯については，結果が発生しないうちに公訴時効が完成してしまって，公訴の提起ができない場合が生じることになり不合理な結果を招くことになる。公訴時効制度の存在理由については，種々の根拠と理由が上げられるが，その中心的なものの一つは犯罪の社会的影響が平静に帰し，微弱になるという点にあるのだから，結果犯については，犯罪による社会的影響の重要な要素の一つである結果の発生をまって，この時点から公訴時効期間が進行すると解するのが，公訴時効制度の存在理由に合致するというべきである。

次に，本件は被害結果の全部がいわゆる観念的競合の関係にあるものとして起訴されたものであるが，観念的競合犯においては1個の行為が数個の罪名に触れる場合に，これを科刑上一罪として取り扱うものであるから，公訴時効の期間算定については，各別に論ずることなく，これを一体として観察すべきものであって（最高裁判所昭和…41年4月21日第一小法廷判決・刑集20巻4号275頁[参考裁判例11-13]参照），これを原則とする。しかしながら，観念的競合犯は実体上の数個の罪を包含するものであり，各罪は他の罪のために吸収されることなく互に併存するものであるから，単純一罪と異り，これを分離して処断することを絶対に許さない性質のものではないのであって，右の数個の罪を一括してその最も重い刑をもって処断する場合に比べて格別不利益とならず，かつ，社会通念上妥当と認められる場合には，これを分離して処断することも許されるべきである（大審院大正12年…12月5日第三刑事部判決・刑集2巻12号922頁[参考裁判例11-14]参照）。そこで，

これを公訴時効の期間算定について考えてみるに，観念的競合犯においては，1個の行為が同時か，または，さほどの時間的な間隔を置くことなく数個の罪名に触れる場合を常態とするのであるから，このような通常の場合には，これを単純に一体として観察して公訴時効の期間算定をすれば足りるのであるが，まれには，1個の行為から順次，相互にかなりの時間的間隔を置いて数個の結果が発生し，これが観念的競合の関係にある場合も生じるのであって，このような場合に，その結果の全部について，これを単純に一体として観察して公訴時効の期間算定をすると，既に発生した結果に対する罪の刑を標準とする公訴時効の期間が経過し，一旦，これに対する公訴権が消滅したかにみえたものが，その後，別個の罪に触れる結果の発生によって，これに対する罪の刑を標準とする公訴時効の期間が経過するまでは，場合によっては何十年間も不確定な状態に置くことになって，公訴時効制度の精神と矛盾することになる。従って観念的競合犯の公訴時効の期間算定については，各別に論ずることなく，これを一体として観察すべきものであるけれども，いま仮に，1個の行為が順次数個の罪名甲罪・乙罪・丙罪に触れる場合に，甲罪とその公訴時効期間内に結果が発生した乙罪とはこれを一体として観察して，その最終の公訴時効期間が経過するまでの間に，更にこれと観念的競合の関係にある丙罪に触れる結果が発生しなかった場合には，この限度において甲・乙罪につき公訴時効が完成し，その後にこれと観念的競合の関係にある丙罪に触れる結果が発生したとしても，既に公訴時効期間が経過した甲・乙罪に対しては絶対的に公訴権が消滅するものと解すべきである。けだし，観念的競合犯の公訴時効の期間算定については，右の限度においてこれを一体として観察した上，一度，公訴時効期間が経過した以上，後になって公訴権が復活するような結果を招くことは，公訴時効制度の趣旨に反するというべきである。

　これを本件についてみるに，本件公訴事実によると，被害者全員に関する罪について観念的競合の関係にあるとして起訴されたものであるから，A，B，C，Eに関する業務上過失致死罪，Fに関する業務上過失傷害罪については，G，Dに関する業務上過失傷害罪をも含めて，これを一体として観察し，Gに関する業務上過失傷害罪（昭和43年法律61号による改正前の刑法211条前段）の刑を標準とする公訴時効期間3年が経過した昭和38年8月27日限りで公訴時効が完成したことになる。よって，本件公訴事実中，A，B，C，Eに関する業務上過失致死罪，Fに関する業務上過失傷害罪についての部分は，これを免訴すべきものである。」

　これに対し，被告人側は，Gに対する業務上過失傷害罪の公訴時効は，Gに関する傷害の結果が発生した昭和35年8月28日から3年が経過した昭和38年8月27日で完成しており，それによる公訴権消滅の効果は，同一人に対する業務上過失致死罪にも及ぶから，結局，G，Dに対する業務上過失致死罪についても，免訴の判

決が言い渡されるべきであったなどと主張して控訴したが（検察官控訴はなし），原審の福岡高裁は，この主張を斥けた上，さらに「観念的競合にかかる各罪の公訴時効期間内に，その結果が同時又は順次発生せる場合においてのみ，これを一体として観察し，かかる態様の連鎖が認められない場合は分割して観察すべきものとする原判決の解釈は，その説示する理由は……異なるけれども，結論的には妥当なものを有する」と判示して，基本的に原判決の判断を是認し（ただし，A，B，C，Eに対する業務上過失致死罪，Fに対する業務上過失傷害罪の公訴時効は，Bの死亡時から3年を経た昭和37年12月4日に完成したものとする），控訴棄却の判決をした。被告人側上告。

【判示】 上告棄却。

公訴時効完成の有無について，最高裁は次のような職権判断を示した。

「1, 2審判決の認定によれば，Gの出生は昭和35年8月28日であり，その死亡は昭和48年6月10日であって，出生から死亡までの間に12年9か月という長年月が経過している。しかし，公訴時効の起算点に関する刑訴法253条1項にいう『犯罪行為』とは，刑法各本条所定の結果をも含む趣旨と解するのが相当であるから，Gを被害者とする業務上過失致死罪の公訴時効は，当該犯罪の終了時である同人死亡の時点から進行を開始するのであって，出生時に同人を被害者とする業務上過失傷害罪が成立したか否か，そして，その後同罪の公訴時効期間が経過したか否かは，前記業務上過失致死罪の公訴時効完成の有無を判定するに当たっては，格別の意義を有しないものというべきである。したがって，同人死亡の時点から起算して公訴時効期間が満了する前の昭和51年5月4日に公訴が提起されている前記業務上過失致死罪につき，その公訴時効の完成を否定した原判断の結論は，正当である。

次に，本件公訴事実によれば，本件における各死傷の結果発生の時期は，それぞれ昭和34年7月（A死亡），同年9月（F傷害），同年11月（C，E各死亡），同年12月（B死亡），昭和46年12月（D死亡），昭和48年6月（G死亡）であって，相当の時間的な広がりがあったものとされてはいるが，1, 2審判決の認定によれば，これらの結果は，昭和33年9月初旬から昭和35年6月末ころまでの間に行われた継続的な1個の過失行為によって引き起こされたというのである。以上の前提のもとにおいて，原判決は，各罪が観念的競合の関係にある場合において，1つの罪の公訴時効期間内に他の罪の結果が発生するときは，時効的連鎖があるものとし，これらを一体的に観察して公訴時効完成の有無を判定すべきであるが，時効的連鎖が認められないときは，それぞれを分割して各別に公訴時効完成の有無を判定すべきであるとの解釈を示した上，個別的にみて公訴時効が完成していないGを被害者とする業務上過失致死罪との間で時効的連鎖が認められるのは，Dを被害者とする業務上過失致死罪のみであり，右2名を被害者とする各業務上過失致死罪とその余の

5名を被害者とする各業務上過失致死傷罪との間には，時効的連鎖が存在しないとして，後者につき公訴時効の完成を肯定する判断を示しているのである。しかし，前記前提のもとにおいても，観念的競合の関係にある各罪の公訴時効完成の有無を判定するに当たっては，その全部を一体として観察すべきものと解するのが相当であるから（最高裁昭和…41年4月21日第一小法廷判決・刑集20巻4号275頁［参考裁判例11 - 13］参照），Gの死亡時から起算して業務上過失致死罪の公訴時効期間が経過していない以上，本件各業務上過失致死傷罪の全体について，その公訴時効はいまだ完成していないものというべきである。したがって，原判決がG及びDを被害者とする各業務上過失致死罪について公訴時効の完成を否定した点は，その結論において正当であり，他方，右2名以外の5名を被害者とする各業務上過失致死傷罪について公訴時効の完成を肯定した点は，法令の解釈適用を誤ったものであるが，その部分については，第1審判決の理由中において公訴時効完成による免訴の判断が示され，同判決に対しては検察官による控訴の申立がなかったものであって，右部分は，原審当時既に当事者間においては攻防の対象からはずされていたものとみることができるから（最高裁昭和…46年3月24日大法廷決定・刑集25巻2号293頁，同…47年3月9日第一小法廷判決・刑集26巻2号102頁参照），結局，原判決の右誤りは，判決に影響を及ぼさない。」

Q Basic

49 本決定によれば，結果犯の公訴時効の起算点はいつの時点か。

50 公訴時効の起算点を示すのに，治罪法，旧々刑訴法では「犯罪ノ日」という文言が用いられたが，旧刑訴法では「犯罪行為ノ終リタル時」という文言に改められ，現行法は，これをそのまま踏襲した。旧刑訴法が上記のように文言を改めた理由は，公訴時効の起算点が結果発生時ではなく行為終了時であることを明らかにするためであったといわれる。この点で，本決定が **49** のような解釈をとったのはどのような理由によると考えられるか。本件で，仮に昭和38年10月になって初めて発病した被害者が存在したとした場合，公訴時効の起算点を文字通りに犯罪行為終了時とすると，この被害者に対する業務上過失傷害罪の公訴時効の成否はどうなるか。その結論に問題はないか。

51 結果的加重犯の公訴時効の起算点はいつの時点か。例えば，暴行行為から基本的結果である傷害の結果が発生し，その後さらに加重結果である死亡の結果が発生した傷害致死罪の場合，どのように考えられるか。

52 本決定は，Gを被害者とする業務上過失致死罪の公訴時効の起算点について，どのような判断を示したか。それはどのような理由によると考えられるか。この点について，傷害の結果発生時を起算点とすることは考えられないか。

53 公訴時効の完成を理由とする免訴判決が確定した場合，一般に，公訴事実

の同一性が認められる範囲で一事不再理効が生じるとされるが，それは，時効が完成したことにより，当該事件について公訴事実の同一性が認められる範囲で公訴権が消滅したから（免訴判決はそのことの確認）ではないのか。そうだとすれば，業務上過失傷害罪の公訴時効期間が経過した後は，当該事件について公訴事実の同一性が認められる範囲で公訴権が消滅し，業務上過失傷害罪の事実はもとより，これと公訴事実の同一性が認められる業務上過失致死罪の事実についても，公訴提起は許されないことにならないか。

54 本決定が引用する参考裁判例11－13は，どのような問題についてどのような判断を示したものか。本件における問題は，参考裁判例11－13を先例として，そこから直接に結論を導き得るものか。

55 本件の上告趣意において，被告人側は，観念的競合の関係にある各罪の公訴時効の算定について，それぞれ別個に起算すべきであるとの主張もしている。この考え方は，どのような理由に基づくものか。それは，本件において具体的にどのような帰結を導くか。

56 本決定は，観念的競合の関係にある各罪の公訴時効の算定について，どのような考え方をとったか。その理由は何か。

Q Advanced

57 本件第1審は，観念的競合の関係にある各罪の公訴時効の算定について，どのような考え方をとったか。それは，本決定の考え方とどのような点で共通し，どのような点で相違するか。

58 参考裁判例11－14,11－15は，牽連犯の公訴時効の算定について，どのような考え方をとっているか。牽連関係にある各罪を，公訴時効の算定において，一定の場合には一体として扱い，他の場合には個別化して扱う理由は何か。それは，合理的か。

59 科刑上一罪の関係にある各罪の公訴時効の算定について，牽連犯の場合と観念的競合の場合とで異なる考え方をとる理由はあるか。

60 被害者を倉庫内に施錠して閉じ込め，自力で脱出するまで3日間にわたり監禁したという監禁罪の場合，公訴時効の起算点はいつの時点か。被害者を手拳で殴打して全治10日間の傷害を負わせたという傷害罪の場合はどうか。それぞれにおいて，犯罪の既遂時期と公訴時効の起算点は一致するかそれとも異なるか。この点で監禁罪と傷害罪との間に違いがあるとすれば，それはなぜだと考えられるか。

61 本件において，Fを被害者とする業務上過失傷害罪を単独で見たとき，その公訴時効の起算点はいつの時点か。Fの傷害が順次重篤化している場合も同じか。

62 参考裁判例11－19の事案において，競売入札妨害罪の既遂時期及び公訴時効の起算点はそれぞれいつの時点か。これらの点について，第1審と原審はそれ

ぞれどのように判断しているか。両者で公訴時効の起算点に関する判断に違いがあるとすれば，それはどのような理由によると考えられるか。原審は，第１審の判断について，「［競売入札の公正を害する］危険が存続する限り処罰の対象になり，その間公訴時効が進行しないかのようにいう一方で，現況調査報告書等を備え付けさせた時点から時効が進行するとしており，矛盾している」と批判しているが，どうか。最高裁はどのように判断しているか。

(c) 親告罪の告訴

設例 3

　Aは，かつて，数人の異性と交際した経験があったが，その際，深く考えることなく，自らの裸体を撮影した写真のデータを交際相手に提供したことがあった。Aは，ある日，それらの写真のうちの一部がインターネット上の掲示板にアップロードされていることに気が付き，所轄の警察署に相談した。Aは，全裸画像を提供した経緯等について供述し，その旨の供述調書が作成されたが，その時点では，誰がAの画像をアップロードしたのか不明であった。

　数日後，かつての交際相手の１人であるXが，駅のエスカレーターでスマートフォンのカメラ機能を用い，乗客女性のスカートの中を盗撮したとして，迷惑防止条例違反の罪で現行犯逮捕された。警察官が，スマートフォンに保存されているデータを調べたところ，Aが提供した画像が発見されたほか，前記インターネット上の掲示板にアクセスした履歴も残っていた。そこで，警察官が問い質したところ，Aに一方的にふられたことを妬み，復讐のために画像をインターネット上で拡散しようとしたと認めた。

　そこで，警察官は，Xを私事性的画像記録提供等の罪（私事性的画像記録の提供等による被害の防止に関する法律〔リベンジポルノ防止法〕3条1項）で立件すべく，再度Aに事情を聞こうとしたが，「掲示板の管理者に連絡して画像は削除してもらえたので，もうこれ以上今回のことは考えたくもない。誰がやったのかを警察が突き止めてくれたことには感謝するが，もうそっとしておいてほしい」などと述べて聴取に応じなかった。

　Xは，迷惑防止条例違反の罪で起訴された。

Q *Elementary*

63　本件ではAの告訴があったといえるか。

64　迷惑防止条例違反事件の起訴と併せてXをAに対する私事性的画像記録の提供等の罪で起訴することはできるか。

65　同罪について「告訴がなければ公訴を提起することができない」（リベンジポルノ防止法3条4項）とされているのはなぜか。

66 他に「告訴がなければ公訴を提起することができない」罪にはどのようなものがあるか。それらの罪について公訴提起をするのに告訴が必要とされているのはなぜか。

67 本件でＡは，いったん，私事性的画像記録提供等事件について告訴をしたとする。

(1) Ｘが私事性的画像記録提供等事件で起訴された後，Ａは告訴を取り消すことができるか。

(2) Ｘの両親の懇願を受け入れて示談したＡが，Ｘの起訴前に告訴を取り消したところ，Ｘの両親は音信不通となり，示談は事実上反故になった。Ａは，再度告訴することができるか。

Basic

68 本件で，迷惑防止条例違反の罪による勾留期間満了日に，ＸをＡに対する私事性的画像記録提供等事件で逮捕することはできるか（**Q42**，参考裁判例11-20も参照）。

11-6 東京高判昭和33年5月31日高刑集11巻5号257頁

【事案の概要】　Ｘ（被告人）は，かねて被害者Ｖと田畑の境界をめぐって争っていたが，Ｖが両者の田畑の境界付近の畦畔に溝穴を掘削し，Ｘの田植えに際して灌漑用水および施肥が流出する事態を生じさせたことから憤慨し，前記溝穴を埋め立てて原状に復するため，Ｖの耕地中，前記境界に沿って，溝穴の埋め立てに要する相当量の土壌をスコップで掘り取り，かつ，Ｖの田畑に生育中のＶ所有の玉蜀黍(とうもろこし)苗約100本を抜き荒らしあるいは踏み倒して損壊したなどとして，第１審で有罪判決を受けた。弁護人は，控訴趣意で，Ｖが本件を告訴した際，玉蜀黍畑の土壌の窃盗被害を申告するにとどまり，玉蜀黍を毀棄された旨の告訴はなく，告訴期間経過後に作成された告訴補充調書において初めて玉蜀黍に係る被害を述べており，器物損壊罪について告訴があったということはできない，と主張した。

【判示】　控訴棄却。

「記録によればＶは昭和30年８月20日前橋警察署司法警察員に対し右畑地の北側の玉蜀黍を５作蒔いてあったところの土を被告人に掘取られた旨告訴し，昭和31年12月18日検察官に対し被告人により右玉蜀黍約200本を抜かれた旨申述し居ることが認められる。従ってＶは被害を被った日より６箇月以内に右畑地の土壌につき告訴すると共に併せて玉蜀黍に付いても一応被害ある旨告訴し後日被害の詳細を申述したものと見られないこともないばかりでなく，告訴不可分の原則により右司法警察員に対する土壌窃盗の告訴の効力は之と一罪の関係にある玉蜀黍の損壊にも及ぶものと認むべきであるから，原判決認定の第一事実については総て適法

な告訴があったものと謂うべく，所論のように親告罪につき告訴なくして審理判決した違法はなく，論旨は理由がない。」

Q Basic

69 本判決は，土壌の窃盗の事実を申告して行われたVによる告訴の効力が，これと一罪の関係にある玉蜀黍の損壊にも及ぶとするが，その理由として，どのような「原則」を挙げているか。

70 **69**の原則が認められる理由は何か。それは，被害者の意思や親告罪を設けた立法の趣旨とはどのような関係にあるか。

71 被告人が管理者の意思に反して商業施設に立ち入り多数のビラを貼付したという建造物侵入・器物損壊事件で，管理者が建造物侵入の事実のみを申告して告訴した場合，告訴の効力は器物損壊の罪に及ぶか。

72 被告人が1通の怪文書で被害者V_1とV_2の人物の悪行を暴露したという事案で，名誉を毀損されたとするV_1による告訴は，V_2を被害者とする名誉毀損罪との関係でも効力を有するか。

73 参考裁判例11-21で，Bによる告訴の効力が，Bに対する恐喝未遂と一所為数法（観念的競合）の関係にあるCに対する恐喝未遂に及ばないとされたのはなぜか。この判断は，**69**の原則に反しないか。

74 本件で，被告人に共犯者Yがいたとする。VがXを犯人としてその処罰を求める旨の告訴状を提出していた場合，Vによる告訴の効力は，Yに及ぶか。

75 参考裁判例11-21の事案で，Xは，非同居の親族であるB等から金員を喝取することを企て，B等との間に親族関係がないYと共謀の上，Yにおいて恐喝の実行行為を行ったとする。BがYのみを犯人として恐喝の事実を申告し，その処罰を求める旨の告訴を行った場合，Bによる告訴の効力は，Xに及ぶか。

Q Advanced

76 告発の効力が及ぶ範囲について，参考裁判例11-22の最高裁判決とその原判決とでは，考え方にどのような違いがあるか。最高裁が原判決のような考え方をとらなかった理由は何か。

77 参考裁判例11-23は，告訴を欠いた親告罪の訴因から非親告罪の訴因への訴因変更が許される理由として，どのようなことを述べているか。公訴提起の要件の具備を判断する際に基準となるのは，裁判所の心証か，それとも起訴状記載の訴因か。

78 参考裁判例11-23の事案において，訴因変更を許すべき理由として，**77**の理由以外に考えられることはあるか。訴因変更が許されないとした場合，どのような解決がなされることになるか。

79 参考裁判例11-23の事案において，仮に公訴提起後にAから自転車1台，

うるち玄米1俵，男物セル羽織1枚ほか衣類15点の盗難について告訴がなされたとした場合，告訴の追完を認めるべきか。追完を認めないとした場合，どのような解決がなされることになるか。

80 告訴の追完については，次のような見解がある。この見解が，第1の場合，第2の場合に追完を許すのは，それぞれどのような理由によるか。それは，理論的に正当か。

> 「追完を認めてよいのは次のような場合に限られる。第1は，冒頭手続までに追完された場合である。訴訟条件が実体の審理を禁止するものである以上，その開始前に追完されたときは，これを無効とする必要はない……。第2は，被告人が同意した場合である。訴訟条件の有無は職権で調査しなければならない性質のものであるから，これを被告人に意思にかからせるのは疑問がないわけではない。しかし，誤って審理を進めた後に，公訴を棄却すると，再起訴によってふたたび審理……が繰り返され，被告人は不利益を受けることになるから，その意思を無視してまで追完を否定するのは妥当ではないと思われる。」（平野龍一『刑事訴訟法』〔1958年〕146頁）

81 80の見解に示された条件を満たすことは，告訴を欠いた親告罪の訴因から非親告罪の訴因への訴因変更が許されるためにも必要か。

(6) 予断防止の原則

11-7 最大判昭和27年3月5日刑集6巻3号351頁

【事案の概要】 本件起訴状には，詐欺の公訴事実として，「被告人は詐欺罪により既に2回処罰を受けたものであるが，一定の住居なく徒食彷浪中満洲からの引揚者であるかの如く装って金品を騙取することを企て，昭和24年6月上旬から7月下旬まで別表の通り47回に亘って玉造郡西大崎村……A外46名方で同人等に対し『満洲から1人で引揚げて来たのだが魚屋を始める資本がなくて困っているのだ。金でも物でもよいから恵んでくれ。』と申欺いてその旨誤信させ精米合計4斗5升現金合計200円を交付させて騙取したものである」との記載がなされていたところ，その適法性が争われた。原審は，次のように判示して，本件公訴を受理し本案の裁判を行った第1審判決を破棄し，改めて，本件公訴を棄却した。

「刑事訴訟法第256条第6項［の規定］…から前科の事実は，それが常習累犯窃盗のように法律上犯罪構成要件となっているか，又は事実上犯罪事実の内容を為す場合でない限り，裁判官に事件につき予断を生ぜしめる虞あるものとして起訴状にこれを記載してはならないものと解する。本件においては詐欺罪の前科2犯あるという事実は法律上犯罪構成要件を為すものでもなく，又本件詐欺の内容を為すものでもないから，これを起訴状に引用することは刑事訴訟法第256条第6項に違反する

ものといわなければならない。しかるに同条項にいわゆる起訴状一本主義は新刑事訴訟法の根幹を為す重要な原則であり，これを単なる訓示規定と解することはできない。これを厳格な効力規定と解するのでなければその精神は貫徹せられない。しかるに右の起訴状の瑕疵は性質上事後にこれを払拭するに由ないものであるから，かかる瑕疵ある起訴状は無効というべきである。」

これに対し，検察官は，「起訴状に前科の事実を記載するも右前科が起訴状記載の犯行の累犯加重の原由たるべき前科なる以上之を以て直ちに裁判官に予断を抱かしむる虞ある事項の記載なりと断ずるは本条立法の趣旨を誤解した見解と謂はなければならない。……検察官は裁判官の適正なる法令の適用を促す意味に於て起訴状の記載要件となって居る罰条の摘示を為すと同じ趣旨の下に之を起訴状に記載したものであるから之を以て起訴状に裁判官に事件に付予断を生ぜしむる虞のある事項を引用したものとなし本件公訴を棄却したのは明らかに当を得ざるものと謂はなければならない」と主張して上告した。

【判示】 上告棄却。

「刑訴256条が，起訴状に記載すべき要件を定めるとともに，その6項に，『起訴状には，裁判官に事件につき予断を生ぜしめる虞のある書類その他の物を添附し，又はその内容を引用してはならない』と定めているのは，裁判官が，あらかじめ事件についてなんらの先入的心証を抱くことなく，白紙の状態において，第1回の公判期日に臨み，その後の審理の進行に従い，証拠によって事案の真相を明らかにし，もって公正な判決に到達するという手続の段階を示したものであって，直接審理主義及び公判中心主義の精神を実現するとともに裁判官の公正を訴訟手続上より確保し，よって公平な裁判所の性格を客観的にも保障しようとする重要な目的をもっているのである。すなわち，公訴犯罪事実について，裁判官に予断を生ぜしめるおそれのある事項は，起訴状に記載することは許されないのであって，かかる事項を起訴状に記載したときは，これによってすでに生じた違法性は，その性質上もはや治癒することができないものと解するを相当とする。

本件起訴状によれば，詐欺罪の公訴事実について，その冒頭に，『被告人は詐欺罪により既に2度処罰を受けたものであるが』と記載しているのであるが，このように詐欺の公訴について，詐欺の前科を記載することは，両者の関係からいって，公訴犯罪事実につき，裁判官に予断を生ぜしめるおそれのある事項にあたると解しなければならない。所論は，本件被告人の前科は，公訴による犯罪に対し，累犯加重の原由たる場合であって，検察官は，裁判官の適正な法令の適用を促す意味において，起訴状の記載要件となっている罰条の摘示をなすと同じ趣旨の下に，これを起訴状に記載したものであると主張するが，前科が，累犯加重の原由たる事実である場合は，量刑に関係のある事項でもあるから，正規の手続に従い（刑訴296条参

照)，証拠調の段階においてこれを明らかにすれば足りるのであって，特にこれを起訴状に記載しなければ，論旨のいう目的を達することができないという理由はなく，従って，これを罰条の摘示と同じ趣旨と解することはできない。もっとも被告人の前科であっても，それが，公訴犯罪事実の構成要件となっている場合（例えば常習累犯窃盗）又は公訴犯罪事実の内容となっている場合（例えば前科の事実を手段方法として恐喝）等は，公訴犯罪事実を示すのに必要であって，これを一般の前科と同様に解することはできないからこれを記載することはもとより適法である。」

斎藤悠輔裁判官の反対意見は次のとおりである。

「刑訴256条6項に……『その内容を引用し』とあるのは，予断を生ぜしめる虞のある書類その他の物の内容を添附に代えて引用することを指すもので……，起訴状そのものの記載事項に関する規定ではなく，……この6項の規定だけを根拠として直ちに多数説の説くがごとき結論は絶対に生じないのである。されば，多数説は軽卒にも法文を誤読したか又は極めて行き過ぎた類推解釈であるこというまでもない。なお，多数説は，刑訴256条6項の規定［の目的について］……山鳥の尾の長々と，いかにも尤もらしく説明している。しかし，『裁判官が，あらかじめ事件についてなんらの先入的心証を抱くことなく，白紙の状態において，第1回の公判期日に臨』むことと，『その後の審理の進行に従い証拠によって事案の真相を明らかに』することとは，全然別個の事柄である。刑訴256条6項は，前者に関係のあることを規定したかも知れないが，後者に触れていないことは明白である。そして，前者のごときは，同規定のあるなしにかかわらず，怠慢無責任にも記録を読まず，公判の準備もせず，文字通り白紙の状態において公判に臨みさえすれば，完全に同一目的を達することができるのであって，公正な判決に到達するには，後者こそ必要にして且つ大切なのである。されば，多数説は，重要である後者と重要でない前者とを混同する詭弁であって，同規定のごときは，多数説の主張するような重要目的を持つものでないこと明らかであるといわなければならない。

元来，刑訴256条6項，同296条等の規定は，法律乃至裁判の素養に乏しく且つ証拠を挙示して事実の認定をするものでない陪審裁判所に対してこそ手続を絶対的に違法ならしめる要件規定と解すべきであるかも知れないが，陪審裁判所と異る普通裁判所は，起訴状の記載や検察官又は被告人等の陳述を鵜呑みにするものでなく，常に適法な証拠に基き，これを示さなければ犯罪事実の認定をすることが許されないのであるから（刑訴317条，335条），仮にこれらの規定に違反したとしても多数説の心配するような影響を判決に及ぼすものでないこと明白なのである。（刑訴379条参照）。されば，これらの規定は，単なる訓示的規定と解すべきである。すなわち，せいぜい……引用された起訴状の記載内容を訂正若しくは削除させるだけで事足りるものといわなければならない。……起訴状に記載することを要しない，

しかも，証拠調のはじめには陳述を許される前科の事項（本件では証拠とすることができ又は証拠として取調を請求する意思ある資料に基く事項であるこというまでもない。）のごときものを予め起訴状に書いたからといって，たかだか手続の時期，順序を間違えたというだけの話であって，多数説の力説するがごとくこれを以って，いわば綸言汗のごとき治癒不可能の違法であるなどと見るのは浅見，迂遠も甚だしいといわざるを得ない。現に，この起訴状一本主義は，新刑訴法上必ずしも公訴提起の絶対的な要件ではなく，場合によって却って訴訟経済上不適当であり，従って，訴訟手続上一貫し得ないものであることは，略式命令の請求と同時に提起すべき公訴の場合には略式命令の請求と同時に逆に書類及び証拠物を裁判所に差し出さなければならぬこと（刑訴規則289条参照）並びに公判手続の更新の場合には更新前の書類及び証拠物をそのまま起訴状に添附し，従って，更新後の裁判官が予めこれを見る機会のあること（同規則213条の2参照）及び破棄差戻後の第1審の訴訟手続も同様であること，その他同一起訴状による共同被告人のある者だけが分離され他の共同被告人の審理又は判決後に審判される場合等を考え合わせると極めて明瞭であって，一点の疑も生じ得ない。されば，多数説は，極めて窮屈な形式論であって，抑も裁判は証拠によるべきものである大原則を忘れ，裁判官自らを殆んど人形乃至奴隷視するものといわざるを得ない。」

Q Elementary

82 本判決によれば，刑訴法256条6項はどのような趣旨の規定か。

83 刑訴法256条6項の趣旨に照らし，次のことは許されるか。

(1) 検察官が，公訴の提起と同時に，起訴状のほか，その謄本を裁判所に差し出すこと（刑訴規則165条1項）。

(2) 検察官が，公訴の提起と同時に，捜査機関に差し出されていた弁護人選任書を裁判所に差し出すこと（刑訴規則165条2項）。

(3) 公判を担当する裁判官が，第1回公判期日前に，起訴状記載の「公訴事実」を熟読し，それを頭に入れて公判期日に臨むこと。

(4) 公判を担当する裁判官が，第1回公判期日前に，被告人の勾留の要否を判断するため捜査記録を閲読すること（刑訴法280条，刑訴規則187条参照）。

(5) 公判を担当する裁判官が，第1回公判期日前に，検察官から差し出された逮捕状，勾留状を閲読すること（刑訴法280条，刑訴規則167条・187条参照）。

84 本判決のいう「直接審理主義及び公判中心主義の精神」とはどのような意味か。それは「予断」とはどのような関係があるか。

85 旧刑事訴訟法時代には，裁判官は，起訴状と共に提出された事件に関する書類・証拠物等（「一件記録」と呼ばれていた）をあらかじめ精査して，第1回の公判期日に臨んでいた。このような裁判官による裁判は，直ちに「不公正」「不公平」

か。憲法37条1項は「公平な裁判所」の裁判を受ける権利を保障しているが，「起訴状一本主義」は，憲法の要請か。

Ⓠ Basic

86 本件で刑訴法256条6項違反の有無が問題となったのは，どのような起訴状の記載か。参考裁判例11-24ではどうか。刑訴法256条6項違反の有無を判断する上で，両者の事案にはどのような違いがあるか。本件で問題となった起訴状の記載は，刑訴法256条6項の文言に直接あてはまるか（反対意見参照）。参考裁判例11-24で問題となった起訴状の記載はどうか。

87 刑訴法256条6項違反の有無に関する本判決の結論（違反有）と参考裁判例11-24の結論（違反無）は，86の違いに照らし，矛盾していないか。それぞれの結論は，どのような理由に基づくものか。

88 本件で問題となった起訴状の記載は，どのような意味で，「裁判官に予断を生ぜしめるおそれのある事項」にあたるのか。

89 第1回の公判期日においては，冒頭手続終了後，直ちに検察官の「冒頭陳述」が行われるのが通常であり，被告人に前科があることは，早晩冒頭陳述で裁判官に明らかにされる事項である（反対意見参照）。それにもかかわらず本判決が前科の記載について厳格な立場を採ったのはなぜか。それは正当か。被告人側が冒頭手続で本件のような余事記載に何ら異議を述べなかった場合はどうか。

90 起訴状の公訴事実において，同種前科を記載することが許される場合はあるか。次の場合はどうか。
(1) 詐欺罪の公訴事実において，累犯加重の原因（刑法56条）にあたる同種前科を記載した場合。
(2) 常習賭博罪の公訴事実において，常習性（犯罪行為を行う習癖）を示す同種前科を記載した場合。
(3) 常習累犯窃盗罪の公訴事実において，「行為前10年内ニ……3回以上6月ノ懲役以上ノ刑ノ執行ヲ受ケ」た（盗犯等ノ防止及処分ニ関スル法律3条）事実にあたる同種前科を記載した場合。

91 詐欺罪の公訴事実において，その冒頭に「被告人は，窃盗罪及び業務上横領罪により既に2度処罰を受けたものであるが」と記載することは許されるか。

92 恐喝罪の公訴事実において，被告人が暴力団組員としての経歴を有し，粗暴な性格であって近隣から恐れられていた旨を記載することは許されるか（参考裁判例11-25）。窃盗罪の公訴事実において，「被告人は，怠惰な性格で無為徒食し」という被告人の素行・性行を記載した場合はどうか。

93 参考裁判例11-24で問題となった起訴状の記載は，恐喝罪の訴因の明示にとって必要不可欠といえるか。

94 参考裁判例11-24で問題となった起訴状の記載は，裁判官に事件についての予断を生じさせるものといえるか。起訴状の記載は，検察官の主張であって，参考裁判例11-24で問題となったような記載でも，その性格が変わることはないから，他の場合と同様，それによって裁判官の心証が形成され予断が生じるということはないのではないか。予断が生じるとすれば，どのような意味においてか。

95 参考裁判例11-24と同様の事案で，脅迫文書の趣旨が婉曲暗示的でなく，要約摘示が困難でなかったとした場合，起訴状にその全文とほとんど同様の記載をすることは，刑訴法256条6項違反となるか。

96 訴因の明示の要請と予断防止の要請が対立した場合，どちらを優先すべきと考えるか。これらの要請は，どのような目的で，誰のいかなる利益を保護しているのか。

○ **参考裁判例11-8** 最一決昭和59年1月27日刑集38巻1号136頁

昭和54年10月7日に施行された衆議院議員総選挙に立候補したX（被告人）は，自己の当選を得る目的で，(1)Aら選挙運動者に対し，選挙運動者及び選挙人に交付又は供与すべき選挙運動報酬ないし投票報酬の資金として，自ら多額の現金を交付し，また，(2)実弟Yと共謀の上，Bら選挙運動者に対し，同様の趣旨で買収資金を交付することを企て，Yがその実行として多額の現金を交付した，との事実により，公職選挙法221条1項5号の交付罪で起訴され，第1審で有罪を言い渡された。X側は，本件において，もし交付行為があったとしても，X又はYからAら及びBらに対して交付されたその現金は，Aら及びBらからさらに第三者に供与されており，しかも，この供与につき，XとYとの間には勿論，XとAら及びYとBらとの間にもそれぞれ共謀があったと解せられる以上，XのAら及びBらに対する交付の罪は，Aら及びBらとの共謀による供与罪（公職選挙法221条1項1号）に吸収されるといえるから，裁判所は，訴因とされていないAら及びBらとの共謀による供与行為の点についても，求釈明あるいは訴因変更を促す等して審理しなければならなかった，と主張して控訴した。これに対し控訴審は，たとえ実際には交付行為の後さらに共謀による供与行為が行われていた場合でも，検察官が，立証の難易等諸般の事情を考慮して交付行為のみを起訴することは何ら妨げられず，その場合裁判所としては，訴因として掲げられた交付罪についてのみ審理し，その成否を判断すれば足りると述べて，前記X側の主張を斥けた。そこでX側は，判例違反等を主張して上告した。これに対し最高裁は，上告趣意中の判例違反の主張において引用されている判例は，交付罪のほかに供与罪が訴因として掲げられていて，供与罪の成否につき裁判所の判断の機会があった事案に関するものであり，交付罪のみで起訴された本件とは事案を異にする，等と述べて上告を棄却した上で，次のように判示した。

「選挙運動者たる乙に対し，甲が公職選挙法221条1項1号所定の目的をもって金銭等を交付したと認められるときは，たとえ，甲乙間で右金銭等を第三者に供与することの共謀があり乙が右共謀の趣旨に従いこれを第三者に供与した疑いがあったとしても，検察官は，立証の難易等諸般の事情を考慮して，甲を交付罪のみで起訴することが許されるのであって，このような場合，裁判所としては，訴因の制約のもとにおいて，甲についての交付罪の成否を判断すれば足り，訴因として掲げられていない乙との共謀による供与罪の成否につき審理したり，検察官に対し，右供与罪の訴因の追加・変更を促したりする義務はないというべきである。」

参考裁判例11-9　最三決平成21年7月21日刑集63巻6号762頁

本件は，X（被告人）が原動機付自転車を窃取した窃盗3件，通行人からかばん等をひったくり窃取した窃盗3件，不正に入手した他人名義のキャッシュカードを用いて現金自動預払機から現金を窃取した窃盗1件，同様に現金を窃取しようとしたがその目的を遂げなかった窃盗未遂1件の事案であり，いずれもXの単独犯として起訴された。

Xは第1審公判で公訴事実を認め，第1審判決は訴因どおりの事実を認定したが，Xは，控訴審において，第1審で取り調べたXの供述調書に現れている事実を援用して，このうち4件の窃盗については，Xが実行行為の全部を1人で行ったものの，他に共謀共同正犯の責めを負うべき共犯者（A）がおり，Xは単独犯ではないから，第1審判決には事実誤認がある旨主張した。これに対し，東京高裁は，「［上記のうち2件の窃盗］については，証拠上もAの自白調書が取り調べられており，同じ証拠状態で訴因変更の要否はともかく，Aとの共謀を認定することは，原審裁判所として可能であったと認められる。しかし，本件のように被告人が実行行為の全部を行い，他にAのように実行行為を行っていない共謀共同正犯者がいる場合に，検察官が被告人を単独犯として起訴した以上，その訴因の拘束力を認めて，原審裁判所においてその訴因の範囲内で単独犯として認定することは許されるのであり，控訴審においてその点を事実誤認であるとして原判決を破棄することはできないというべきである。すなわち，共謀を認定することは，本件では被告人に有利であるとはいえ，共謀という新たな事実を付加する点では，それを裏付ける証拠の有無を問わず，拡大認定の面があるから，検察官の処分権によってこれを訴因から外すことを認めることができるのである」と述べ，第1審判決に事実誤認はないとして，控訴を棄却した。X側上告。

最高裁は，上告理由に当たらないとして上告を棄却した上で，なお書きで次のように述べた。

「検察官において共謀共同正犯者の存在に言及することなく，被告人が当該犯罪を行ったとの訴因で公訴を提起した場合において，被告人1人の行為により犯罪構成要件のすべてが満たされたと認められるときは，他に共謀共同正犯者が存在するとしてもその犯罪の成否は左右されないから，裁判所は訴因どおりに犯罪事実を認定することが許さ

れると解するのが相当である。」

◯ **参考裁判例 11 - 10**　最二判昭和 56 年 6 月 26 日刑集 35 巻 4 号 426 頁

　昭和 51 年 8 月 28 日施行の鳥取県東伯郡赤碕町長選挙から約 1 ヵ月後に，X（被告人）の自首に基づいて選挙違反事件の捜査を開始した八橋警察署は，捜査の結果，X を含む受供与・受饗応者 7 名及び供与・饗応の実行行為者 3 名を，八橋区検察庁検察官に送致し，略式命令の請求を受けるに至らしめたが，供与・饗応の実行行為者との共謀によりX と対向的な共犯関係に立つ疑いのある町長 A については，検察官送致の手続をとらなかった。X は，A の長男らから，現金 3 万円の供与や 1 人あたり 4100 円相当の酒食の饗応接待を受けたこと等を内容とする公職選挙法違反の事実で起訴された。第 1 審（八橋簡裁）が罰金 12 万円の有罪判決を言い渡したのに対して，X が控訴したところ，控訴審は次のように判示して，第 1 審判決を破棄し，公訴棄却の自判をした（広島高松江支判昭和 55 年 2 月 4 日判時 963 号 3 頁）。

　「……[A が] 供与者又は饗応者と共謀関係にあったことの嫌疑は極めて強いと言うべきである。

　そして……八橋署が……手ぬるい捜査をしている間に A を圏外に置く方向での証拠隠滅工作が行なわれたことは歴然としており，また，このことは八橋署においても十分予想しえたものと考えられる。このような事情に加え，刑訴法 246 条に違反して，敢えて A [ら] について事件を検察官に送致しなかったことを併せ考えると，……他に何らの合理的な事情も見出せない本件では，社会的身分の高い A [ら] について，他の者に比してことさら有利に取り扱う意図のもとに偏頗な捜査を行ったものと言わざるを得ない。

　[ただ] ……A について事件送致を受けなかった検察官が，その送致を促さず，あるいは新たに立件もしないで，参考人として事情聴取をするにとどめたことは，安易であるとのそしりを免れないけれども，検察官の意図的な差別の結果であるとはいえず，これを違法視することはできない。[したがって] ……本件公訴提起を含めた検察段階の措置に不当な差別，裁量権の逸脱等の違反があると言うことはできない。

　そうすると，本件における問題点は，被告人の自首を受けてなされた警察段階での A との関係における差別捜査が，本件公訴提起の効力にどのような影響を及ぼすかという点に尽きることになる。

　……憲法 14 条……は，……社会的身分等の差異に基づいて，あるいは特権を有し，あるいは特別に不利益な待遇を与えられてはならないとの大原則を示したものであり，合理的な理由なくして差別されないことが，個人の尊厳に立脚する民主的な社会を確立するための不可欠の要件であるとの考慮によるものと解される。従って，平等に法を執行すべき捜査機関が一方に対しては厳格に法を執行しながら，社会的身分の高い他方に対してはことさらに著しく寛容な態度に出るようなことは，右の平等原則に違反するものとして許されないことは明らかである。……本件において，A に対する捜査が適正

に行われたとしても，被告人が起訴されることを免れなかったことは明らかであるけれども，憲法14条の前記の趣旨に照らせば，被告人が他の者よりも不利益に差別された場合と，本件のように被告人よりも他の者が利益に扱われた場合とでは，被告人が差別された点において選ぶところがなく，右両場合とも差別されたこと自体をもって被告人が不利益を蒙ったものと言わなければならない。

……『……証拠物の押収等の手続に，憲法35条及びこれを受けた刑訴法218条1項等の所期する令状主義の精神を没却するような重大な違法があり，これを証拠として許容することが，将来における違法な捜査の抑制の見地からして相当でないと認められる場合においては，その証拠能力は否定されるものと解すべきである。』（最高裁昭和53年9月7日判決刑集32巻6号1672頁［判例23-1］）として，捜査手続に違法があった場合に，単に違法行為をした当該捜査官個人に対する行政上あるいは民事上の責任を問うだけでなく，刑事訴訟手続内において，法律には直接規定されていない救済方法を採りうる場合があることが，最高裁判所によって示唆されている。また，捜査手続の違法に関してではないが，最高裁判所が『［迅速な裁判を受ける権利を保障する憲法37条1項は］……審理の著しい遅延の結果，迅速な裁判をうける被告人の権利が害せられたと認められる異常な事態が生じた場合には，これに対処すべき具体的規定がなくても，もはや当該被告人に対する手続の続行を許さず，その審理を打ち切るという非常救済手段がとられるべきことをも認めている趣旨の規定であると解する。』（昭和47年12月20日判決刑集26巻10号631頁）と説示しているのは，刑事被告人に関する憲法上の権利保障規定が単にいわゆるプログラム規定にとどまるものではなく，非常救済手段をも認める趣旨の規定であることを明言するものとして，本件の解決にあたっても決して無視することができないところである。このようにみてくると，捜査手続上に憲法の基本的人権の保障規定の趣旨を没却するような重大な違法がある場合には，たとえ公訴提起そのものが形式上適法になされ，かつ，法律にこれに対する直接の救済規定がなくとも，適正手続の保障を貫徹するため刑事訴訟手続内でその救済を図ることは決して裁判所としての職責を逸脱するものではないと言うべきである。……。

……憲法14条違反の差別捜査に基づいて，差別された一方だけに対して公訴提起した場合にも同法31条の適正手続条項に違反するものであるから，差別の程度，犯罪の軽重等を総合的に考慮して，これを放置することが憲法の人権保障規定の趣旨に照らして容認し難く，他にこれを救済するための適切な方途がない場合には，憲法31条の適正手続の保障を貫徹するため，刑訴法338条4号を準用ないし類推適用して公訴棄却の判決をするのが相当である……。

……平等原則違反は民主的社会の根幹に触れるものであり，しかも本件において有利に取り扱われたAに対する容疑事実は，民主主義社会を運営するための基盤をなす選挙の公正を害することの著しい供与・饗応者としての行為であるのに対し，本件公訴提起にかかる被告人の行為は，……これに対応するAの右容疑事実に比すれば，その違

法性は軽度であると言うことができる。そうすると，町長という社会的身分のあるＡを被告人よりも有利に差別した本件捜査の違法性は極めて著しいものと言うべく，本件犯罪の重大さとの比較においても，捜査手続の違法性はより重大であるとみるべきである。そして，このような差別的取扱いを放置することは，憲法14条，31条の規定を空文化するものであって，憲法の精神に照らして容認し難く，しかも，これに対する救済方法として行政上，民事上の救済手段によるだけでは十分でないし，また，これが証拠の収集と直接結びつかない点における違法であるため，違法収集証拠を排斥するという手段に依ることもできない。……右のような差別的取扱いから被告人を救済するには，本件公訴を棄却するのが相当である。」

これに対して検察側が上告したところ，最高裁は，次のように述べて，原判決を破棄し，控訴棄却の自判をした。

「原判決も，〔八橋〕警察署が，被告人自身について，その思想，信条，社会的身分又は門地などを理由に，一般の場合に比べ捜査上不当に不利益な取扱いをしたとか，刑訴法に違反する捜査をしたなどとは認定しておらず，記録上も右のような違法・不当な捜査がなされたとの疑いはこれをさしはさむべき余地がない。このように，被告人自身に対する警察の捜査が刑訴法にのっとり適正に行われており，被告人が，その思想，信条，社会的身分又は門地などを理由に，一般の場合に比べ捜査上不当に不利益に取り扱われたものでないときは，かりに，原判決の認定するように，当該被疑事実につき被告人と対向的な共犯関係に立つ疑いのある者の一部が，警察段階の捜査において不当に有利な取扱いを受け，事実上刑事訴追を免れるという事実があったとしても（もっとも，本件において，八橋警察署が，原判決認定のように，Ａを不当に有利に取り扱う意図のもとに偏頗な捜査をしたとまで断定できるかどうかについては，証拠上疑問なしとしない。），そのために，被告人自身に対する捜査手続が憲法14条に違反することになるものでないことは，当裁判所の判例（昭和23年…10月6日大法廷判決・刑集2巻11号1275頁，昭和23年…5月26日大法廷判決・刑集2巻5号517頁，昭和…33年3月5日大法廷判決・刑集12巻3号384頁，昭和26年…9月14日第二小法廷判決・刑集5巻10号1933頁，昭和…30年5月10日第三小法廷判決・刑集9巻6号1006頁，昭和…33年10月24日第二小法廷判決・刑集12巻14号3385頁）の趣旨に徴して明らかである。なお，原判決によると，本件公訴提起を含む検察段階の措置には，被告人に対する不当な差別や裁量権の逸脱等はなかったというのであるから，これと対向的な共犯関係に立つ疑いのある者の一部が，警察段階の捜査において前記のような不当に有利な取扱いを受けたことがあったとしても，被告人に対する公訴提起の効力が否定されるべきいわれはない（最高裁昭和…55年12月17日第一小法廷決定［判例11－2］，同昭和41年…7月21日第一小法廷判決・刑集20巻6号696頁［判例11－3の上告審］参照）。」

11 公訴の提起／11-11

○**参考裁判例 11-11** 最二判昭和 44 年 12 月 5 日刑集 23 巻 12 号 1583 頁

　X（被告人）が，その年令 19 歳 3 ヵ月であった昭和 42 年 5 月 6 日，自動二輪車を運転中に歩行者と接触し，これに傷害を負わせたとされる業務上過失傷害事件について，Xからの届出により，事件の翌朝，派出所の警察官が実況見分を行うことにより捜査が開始された。同年 7 月中旬ころに一件書類が派出所から本署に進達されたが，実況見分調書等に不備があり，書類は 2 度にわたり派出所に返戻された。同年 12 月 15 日に事件は地方検察庁に送致されたが，検察庁においては年末事務処理のため，翌 43 年 1 月 5 日にようやく受理された。しかしその後，実況見分調書に不備が認められたこともあり，Xの満 20 歳の誕生日が経過した後，改めて実況見分が行われた上で，同年 3 月 15 日に簡易裁判所に略式命令の請求がなされた。第 1 審の久慈簡裁は，本件では警察が捜査に必要やむを得ない限度を超えて徒に日時を費したため家庭裁判所の審判を受ける機会が失われたもので，捜査手続は少年法の趣旨に反しており，その違法は重大であって，かかる違法がまさに本件公訴提起をもたらしたのであるから，捜査手続の違法が公訴提起の手続を無効ならしめるものであると述べて，刑訴法 338 条 4 号により公訴を棄却した。検察側の控訴に対し，控訴審は，次のように述べて第 1 審判決を是認し，控訴を棄却した（仙台高判昭和 44 年 2 月 18 日判時 561 号 87 頁）。

　「一般に，捜査段階における違法がすべてその後の公訴提起の手続を当然に無効とするものでない……［が］，当該捜査手続の違法が重大なものであり，かつ，その違法な手続を前提としてはじめて公訴提起の手続が可能であったという意味で両者が密接不可分の関係を有する場合には，公訴の提起自体がどのように法定の手続を践んでなされていても，公訴提起前の捜査手続における違法は公訴提起そのものにも違法性を帯有させ公訴の提起を違法としなければならない実質上の理由が存するものとして，公訴提起の効力に影響を及ぼし，これを無効ならしめるものと解するのが相当である。

　本件において，公訴提起の手続がそれ自体としては格別違法な点の存しないことは所論のとおりであるけれども，警察官による捜査手続の違法は，……少年の被疑事件について家庭裁判所における審判の機会を失わせるに至らせたという現行少年法制のもとにおけるもっとも重要な原則を破るものであり，……右違法が存したことによりまさしく被告人が成年に達したのちにおける公訴の提起を可能としたものということができるのであるから，捜査手続の違法が公訴提起の手続を無効ならしめるものとして，本件公訴の提起は……刑事訴訟法第 338 条第 4 号にかかげる場合にあたるものであるというほかはない」。

　これに対して検察側から上告が申し立てられた。最高裁は，適法な上告理由にはあたらないとしたが，職権で，次のように述べた上，原判決及びその維持する第 1 審判決を破棄しなければ著しく正義に反するとし，事件を久慈簡裁に差し戻した。

　「捜査に長期の日時を要したため，家庭裁判所に送致して審判を受ける機会が失われたとしても，それのみをもって少年法の趣旨に反し，捜査手続を違法であると速断する

こと［は］できない……。

　もっとも，捜査官において，家庭裁判所の審判の機会を失わせる意図をもってことさら捜査を遅らせ，あるいは，特段の事情もなくいたずらに事件の処理を放置しそのため手続を設けた制度の趣旨が失われる程度に著しく捜査の遅延をみる等，極めて重大な職務違反が認められる場合においては，捜査官の措置は，制度を設けた趣旨に反するものとして，違法となることがあると解すべきである。

　しかし，本件において，……捜査に従事した警察官には，いまだ，前示のごとき極めて重大な職務違反があるとは認めがたいから，その捜査手続は，これを違法とすることはできない。……。……仮りに捜査手続に違法があるとしても，それが必ずしも公訴提起の効力を当然に失わせるものでないことは，検察官の極めて広範な裁量にかかる公訴提起の性質にかんがみ明らかであって，この点に関する原判示は，いまだ首肯するに足りるものではない」。

○ 参考裁判例11-12　浦和地判平成元年12月21日判タ723号257頁

　埼玉県警久喜警察署の捜査官は，平成元年7月11日午前1時50分ころ，覚せい剤取締法違反の嫌疑で，X（被告人）の投宿するホテル客室を捜索差押許可状に基づき捜索したところ，同室内にあったX所有の背広上衣のポケット内から覚せい剤粉末一袋を発見したので，Xを覚せい剤所持で現行犯逮捕した。その後，久喜署に留置されたXが同日午前5時半ころ尿意を訴えたため，A警察官が尿の任意提出を求めたところ，Xは渡されたポリ容器に便所内で排尿して提出した（なお排尿の状況が警察官により写真撮影された）が，ポリ容器への署名指印を求められたのを無視して帰房した。そこで同署では，「鑑定の資料となる尿がXのものであることを確実に立証するため，最悪の場合は強制採尿もやむなし」との方針の下，裁判官から強制採尿のための捜索差押許可状の発付を得る一方，同日午前10時すぎころ，Xを第1取調室へ連行した上，約1時間にわたりXを取り調べ，また尿提出を説得したが，Xがこれに応じないため，同日午後2時35分から40分にかけて，医師の手による強制採尿を行った。

　Xはその後，覚せい剤の使用及び所持の罪で起訴された。浦和地裁は，Xを有罪として懲役1年6月に処したが，判決の中で，本件捜査について次のような違法を認めた。即ち，(1)任意提出されたポリ容器への署名指印の拒否等からXが後に尿の同一性を争うことが予想されたとしても，提出された尿の同一性を明確にするには容器に署名指印させることが唯一の方法ではないから，署名指印の拒否だけでは強制採尿の必要性は認められず，従って，その点の判断を誤り，嫌がる被告人の抵抗を排して尿を採取した違法がある（ただし，尿の鑑定書の証拠能力を否定しなければならないほどの重大な違法ではない）。(2)第1取調室への連行の際，警察官らは，房から出たがらないXを数人がかりで担ぐようにして行ったと認められ，これは被疑者を取調室へ連行する方法として明らかに相当性を欠き違法である。その上で，同地裁は，「量刑の理由」中で，Xの前科前

歴，本件犯行の態様，Xの弁解が首肯しがたいこと等に照らすと，本件のXの刑責は甚だ重大であり，「通常であれば，相当長期間の懲役刑の実刑を免れ難い事案である」としつつも，前科の時期，Xの年齢及び健康状態，Xの親族等による保護環境等の事情のほか，以下のように述べて上記違法捜査の事実をも考慮に入れる必要があるとした。

「一般に，刑罰権を実現する過程で被疑者に課せられる種々の不利益（未決勾留や取調べ等）は，それが適法なものである限り，被疑者において当然これを受忍しなければならないが，被疑者に受忍を求め得るのは，あくまで刑罰権を実現する上で必要不可欠なものとして法が許容した限度に止まると解すべきであって，右不利益が，本来法の予定する以上に著しい苦痛を被疑者に与えるものであったときは，被疑者がかかる苦痛を受けた事実は，広義の『犯行後の状況』の一つとして，ある程度量刑に反映されるべきものと考える。右のような見解に対しては，刑罰の量は，犯罪の違法性及びこれに対する被告人の有責性の程度等により決せられるべく，捜査の違法を量刑に反映させるのは不当であるとの反論も考えられないではないが，法定の手続に従い，被告人（被疑者）に対し本来受忍を求め得る限度での苦痛しか与えずに科される刑罰の量と，法定の手続を逸脱し，被告人（被疑者）に対し右の限度を超える著しい苦痛を与えた上で科される刑罰の量に一切差があってはならないというような見解は，社会の常識ないし正義感情に反し，到底採用し難いところである（ちなみに，違法捜査の場合ではないが，例えば，公訴の提起自体により被告人が公職を失ったり，社会的地位を失墜した場合のように，刑事手続の遂行により，被告人・被疑者が通常の場合と比べ著しい不利益を受けるときに，かかる不利益を量刑上ある程度考慮に容れ得ることは，一般に当然のことと考えられている。）。」

◯ **参考裁判例 11 − 13** 最一判昭和 41 年 4 月 21 日刑集 20 巻 4 号 275 頁

X（被告人）は，昭和 35 年 11 月 20 日施行の衆議院議員総選挙に立候補し当選した者であるが，立候補の届出前に，選挙運動者らに対し，自己のために投票の取りまとめ方を依頼し，その報酬及び選挙資金等として金員を供与したとして，公職選挙法上の事前運動罪（公職選挙法 239 条 1 号，129 条）及び買収罪（同法 221 条 1 項 1 号）で昭和 36 年 5 月 16 日に起訴された。当時の公職選挙法では，事前運動罪の公訴時効期間は 6 ヵ月とされていたことから（昭和 37 年法律 112 号による改正前の同法 253 条 1 項本文），X 側は，事前運動罪については，公訴提起時までに公訴時効が完成しており免訴されるべきであるとして争ったが，第 1 審は，「いわゆる想像上の数罪の場合においては，本来実質上数罪ではあるが，刑法 54 条 1 項前段の規定によって科刑上一罪として取扱われるものであるから，その公訴時効は，その最も重い罪の刑により，その完成を認めるべきで，想像上の数罪を構成する各犯罪行為の刑により，各別にその完成を認めるべきではないと解するのが相当である。それ故に，本件においてはその最も重い公職選挙法 221 条 1 項 1 号の罪の刑により，その完成を認めるべきものであるところ，その公訴時効は

同法253条3項本文［昭和37年法律112号による改正前のもの］により，1年であるから，本件公訴の提起のあった……当時は，判示各犯罪事実全体について，その公訴時効は未だ完成しない」としてこの主張を斥け，原審も同様の判断を示した。X側の上告に対し，最高裁は次のように判示して，これを棄却した。

「刑法54条1項前段のいわゆる観念的競合は，1個の行為が数個の罪名に触れる場合に，科刑上一罪として取り扱うものであるから，公訴の時効期間算定については，各別に論ずることなく，これを一体として観察し，その最も重い刑につき定めた時効期間によるを相当とする。従って，所論本件事前運動の罪についても公訴時効は完成していないとした原判決の判断は正当である。」

◯ **参考裁判例11－14** 大判大正12年12月5日刑集2巻922頁

本件は，大正元年12月，その所有にかかる土地をAに売却したX（被告人）が，区裁判所出張所において所有権移転の登記手続を行うに際し，売買契約には買戻しの約款がないにもかかわらず，それがあるように装った登記を行うことにより後日買戻権の実行として裁判上の請求によりAより土地を騙取しようと企て，同月27日，買戻し約款付（買戻し期間大正11年12月25日まで）売買による旨の土地所有権移転登記申請書1通を偽造した上，即日これを区裁判所出張所に提出行使し，登記官吏をして登記簿原本に不実の記入をさせた上，これを同出張所に備え付けさせて行使し，その後，大正11年5月14日に至り，岡山地方裁判所に対し，Aを相手取り買戻権の実行を原因とする土地所有権移転登記手続請求訴訟を提起し，同裁判所を欺罔しAより土地を騙取しようとしたが発覚し目的を遂げなかったという私文書偽造，同行使，公正証書原本不実記載，同行使，詐欺未遂事件である。原審は，以上の事実を認定しXを有罪（「順次手段結果の関係あるを以て同法［刑法］第54条第1項後段，第10条に依り重き詐欺未遂の刑に従［ふ］」）としたが，X側は，詐欺未遂を除く他の罪は，目的行為である詐欺行為の着手前に公訴時効が完成し，公訴権を行使できない状態になっていたから，その後たまたま詐欺未遂行為の着手があったからといって，これと1罪として一体的扱いをすることは許されないなどと主張して上告した。大審院は，次のように判示し，原判決を破棄した。

「刑法第54条ハ所謂想像上数罪又ハ牽連罪ニ付テハ数個ノ罪名ヲ一括シテ最モ重キ刑ヲ以テ処断スベキモノトシ，之ヲ第46条乃至第53条ノ規定ニ依リ各独立シテ科刑シ得ベキ数個ノ罪（併合罪）ト区別シタルガ故ニ，之ヲ以テ科刑上ノ一罪ナリト認メ原則トシテ之ヲ単純一罪ニ準ジテ処分スルヲ以テ立法ノ精神ニ適スルモノトス。然レドモ此ノ準一罪ハ数個ノ罪名ヲ包含シ各罪名ハ他ノ罪名ノ為ニ吸収セラルルコトナク互ニ併存スルモノナルヲ以テ，之ヲ絶対ニ単純一罪ト同ジク処分スベキモノニ非ズ。乃チ数個ノ罪名ヲ一括シテ其ノ最モ重キ刑ヲ以テ処断スルニ比シテ不利益ナル処分ヲ為スニ非ズシテ且社会通念上妥当ナリト認メラルル場合ニ在リテハ，之ヲ分離シテ処分スルモ第54条ノ法

意ニ矛盾スルモノニ非ズ。……特ニ之ヲ公訴ノ時効ニ付テ案ズルニ，準一罪ノ時効ハ単純一罪ノ場合ト均シク準一罪ヲ組成スル行為ノ最終ノ日ヨリ起算シ最モ重キ刑ヲ標準トスル期間ニ従フテ［ヲ］以テ原則ト為サザルベカラズ。此ノ趣旨ヲ承認スルコトモ亦本院判例ノ終始一貫シテ渝ハラザル所ナリ。而シテ此ノ原則ハ一行為数罪名ノ場合ニ付テハ例外ヲ認ムルノ余地ナシト雖，牽連罪ニ付テハ例外ヲ認ムルヲ以テ社会通念上妥当ト為スベキ場合アリ。即チ此ノ罪態ニ於ケル手段行為ト目的行為トノ間ニ前者ニ対スル刑ヲ標準トスル時効ノ期間経過シタル場合ニ在リテハ，前者ニ対スル科刑権ノミ消滅スルモノト認ムルヲ正当ナリトス。若シ然ラズトセバ，手段行為ハ目的行為ガ実行セラレザル限リ幾十年ヲ経ルモ依然トシテ科刑ヲ免レザルニ至ルベキガ故ニ，此ノ仮定説ハ時効制度ノ精神ニ矛盾スルモノト謂ハザルベカラズ。而シテ本院従来ノ判例ハ手段行為ガ時効ニ罹ラザル前ニ於テ目的行為ガ実行セラレ玆ニ二者ニ対スル科刑権ノ合一ヲ認ムベキ場合ニ関スルモノニシテ，上叙ノ例外ヲ認ムルハ此ノ判例ノ精神ニ牴触スルコトナシ。原判決ニ依レバ被告ハ大正元年12月27日……判示文書ヲ偽造行使シ，因テ大正11年5月14日ニ至リ判示ノ訴訟ヲ提起シ裁判所ヲ欺罔シＡヨリ判示ノ土地ヲ騙取セントシタルモ遂ゲザリシモノニシテ，文書偽造行使ノ時ヨリ其ノ時効期間経過シタル後詐欺行為ヲ為シタコト明白ナルガ故ニ，前者ニ付テ科刑ヲ為スベカラザルコト寔ニ所論ノ如シ。然ルニ原判決ガ事玆ニ出デズシテ文書偽造行使ノ点モ尚時効ニ罹ラザルモノト為シ之ヲ詐欺行為ノ牽連罪トシテ処断シタルハ，擬律錯誤ノ違法アリ破毀ヲ免レザルモノトス。」

◯ **参考裁判例11-15**　最三判昭和47年5月30日民集26巻4号826頁

　本件では，土地建物明渡請求に関する確定裁判に対し，「判決の証拠と為りたる文書其の他の物件が偽造又は変造せられたるものなりしとき」（旧民訴法420条1項6号）にあたることを理由に再審の訴えが許されるか否かが問題となった。上記の再審事由については，「罰すべき行為に付有罪の判決若は過料の裁判確定したるとき又は証拠欠缺外の理由に因り有罪の確定判決若は過料の確定裁判を得ること能はざるときに限り再審の訴を提起することを得」（同条2項）とされ，また，「判決確定後5年を経過したるときは再審の訴は之を提起することを得ず」（同法424条3項），「再審の事由が判決確定後に生じたるときは前項の期間は其の事由発生の日より之を起算す」（同条4項）とされていたが，問題とされる甲1号証，同2号証は，昭和26年11月中に上告人によって偽造され，その後，甲1号証については同年12月6日，同2号証については同月4日，これを用いて公正証書原本不実記載・同行使の罪が犯された。両文書を用いた公正証書原本不実記載・同行使の罪については，公訴時効期間内である昭和31年12月3日に公訴提起がなされ，それに対する有罪判決が昭和38年12月16日に確定した。上告代理人は，私文書偽造の罪の公訴時効期間は5年であるから，昭和31年12月当時には公訴時効が完成しており，この時点で被上告人は，偽造行為が証拠欠缺外の理由によって有罪判決を受けることができなくなったことを知ったはずであるとした上で，原確定裁判は

それより後の昭和32年7月19日に確定しているから，本件は，424条4項の場合にあたらず，昭和39年1月16日に提起された本件再審の訴えは，判決確定後5年を経過してからなされているから，同条3項により不適法であるなどと主張したが，最高裁は，「本件甲1号証および甲2号証の私文書偽造とこれを行使して犯された本件公正証書原本不実記載・同行使の各所為は，いわゆる牽連犯であって科刑上一罪の関係にある」とした上で，次のように判示し，甲1号証および甲2号証の私文書偽造について，証拠欠缺外の理由によって有罪判決を得ることができなくなったのは，公正証書原本不実記載・同行使の罪による有罪判決が確定し，その一事不再理効により，私文書偽造について公訴提起がなし得なくなった昭和38年12月16日であるとし，本件再審の訴えは適法であるとした。

「牽連犯において，目的行為がその手段行為についての時効期間の満了前に実行されたときは，両者の公訴時効は不可分的に最も重い刑を標準に最終行為の時より起算すべきものと解するのが相当である（大審院判決大正12年12月5日刑集2巻12号922頁［参考裁判例11-14]，大審院判決昭和7年11月28日刑集11巻下1736頁）。」

○ **参考裁判例11-16** 最一判平成27年12月3日刑集69巻8号815頁

被告人Xは平成9年4月13日に発生した強盗殺人事件の犯人として，平成25年2月22日に起訴された。事件発生時の刑訴法には，現行法250条2項に相当する規定しかなく（「人を死亡させた罪であって禁錮以上の刑に当たるもの」とそれ以外の罪とが区別されておらず），しかも，その規定によれば，死刑に当たる罪の時効期間は15年であった（したがって，本件発生時の刑訴法の規定に従えば，本件は免訴の言渡しをすべき事案であることになる）。

その後，平成16年法律156号により，死刑に当たる罪の時効期間は25年に延長されたが，同法附則3条2項は，同法施行前に犯した罪の時効期間は「なお従前の例による」とし，新法の規定を遡及適用しないこととしていたため，本件の時効期間は依然として15年のままであった。

ところが，平成22年法律26号によって現行の250条1項が新設され「人を死亡させた罪であつて禁錮以上の刑に当たるもの」のうち「死刑に当たるもの」については，公訴時効が完成しないこととなった。そして，平成22年改正法附則3条は，改正法施行時に時効が完成している事件に改正後の規定を遡及して訴追の可能性を復活させることはないとしつつ（1項），現行250条1項を，平成16年改正法施行前に犯した罪であって時効未完成のものに遡及して適用するものとした（2項）。本件は，この改正法の施行時点（平成22年4月27日）では犯行からいまだ15年を経過しておらず，時効未完成であったため，この経過措置の定めにより，将来にわたって時効が完成しないこととなった。

第1審はXを有罪としたが，控訴審で弁護人は，時効完成を認めなかった第1審の

判断に誤りがあると主張した。控訴審はこの主張を容れず控訴を棄却したためXが上告し，弁護人は，平成22年改正後の時効期間の定めを遡及して適用する改正法は，遡及処罰を禁止した憲法39条及び適正手続を保障した憲法31条に違反すると主張した。最高裁は次のように説示してこれを斥けた。

「公訴時効制度の趣旨は，時の経過に応じて公訴権を制限する訴訟法規を通じて処罰の必要性と法的安定性の調和を図ることにある。本法［平成22年改正法］は，その趣旨を実現するため，人を死亡させた罪であって，死刑に当たるものについて公訴時効を廃止し，懲役又は禁錮の刑に当たるものについて公訴時効期間を延長したにすぎず，行為時点における違法性の評価や責任の重さを遡って変更するものではない。そして，本法附則3条2項は，本法施行の際公訴時効が完成していない罪について本法による改正後の刑訴法250条1項を適用するとしたものであるから，被疑者・被告人となり得る者につき既に生じていた法律上の地位を著しく不安定にするようなものでもない。

したがって，刑訴法を改正して公訴時効を廃止又は公訴時効期間を延長した本法の適用範囲に関する経過措置として，平成16年改正法附則3条2項の規定にかかわらず，同法施行前に犯した人を死亡させた罪であって禁錮以上の刑に当たるもので，本法施行の際その公訴時効が完成していないものについて，本法による改正後の刑訴法250条1項を適用するとした本法附則3条2項は，憲法39条，31条に違反せず，それらの趣旨に反するとも認められない。」

◯ **参考裁判例11－17** 最三決平成18年11月20日刑集60巻9号696頁

検察官は，平成10年11月13日，出資法5条2項違反の事実1件について被告人を起訴したが，さらに，出資法5条2項違反の行為が反復累行された場合には包括一罪になるとの見解に基づいて，平成10年12月10日，同日付け訴因変更請求書で，当初の訴因に平成9年11月28日から平成10年7月23日までの間に犯したとする出資法5条2項違反の事実20件を追加する内容の訴因変更請求をした。第1審裁判所は，平成11年2月19日の公判期日において，弁護人に異議がないことを確認して訴因変更を許可し，以後訴因変更後の公訴事実について審理が重ねられた。

ところが，第1審裁判所は，平成15年9月16日の公判期日において，当初の訴因と追加分の訴因との間には公訴事実の同一性がないから，訴因変更許可決定は不適法であるとして，職権で訴因変更許可取消決定をし，追加分の訴因に係る証拠について証拠の採用決定を取り消す決定をした。そこで，検察官は，平成15年10月9日，訴因変更許可取消決定により排除された事実を公訴事実として改めて被告人を起訴し，その後の公判期日において，同事実についての審理が行われた。

第1審は，訴因変更請求を公訴の提起に準ずるものとして刑訴法254条1項前段を類推適用するのは相当といえず，本件訴因変更請求には公訴時効の進行を停止する効力がないから，追起訴にかかる公訴事実については，公訴提起の時点で既に公訴時効の期間

が経過していたとして，被告人を免訴した。これに対し，原審は，訴因変更許可決定がされた段階で，本件訴因変更請求に刑訴法254条1項前段が準用されて公訴時効の進行が停止し，訴因変更許可取消決定がされた時点から再び公訴時効が進行を始めたものと解されるから，追起訴にかかる公訴事実について公訴時効は完成していないとして，第1審判決を破棄した上で自判し，被告人に有罪を言い渡した。最高裁は，訴因変更請求と公訴時効停止の効力について，次のように判示し，被告人からの上告を棄却した。

「本件出資法5条2項違反の各行為は，……併合罪として処断すべきものであるから……，検察官としては，……訴因変更請求に係る事実を訴追するには，訴因変更請求ではなく追起訴の手続によるべきであった。しかし，検察官において，訴因変更請求書を裁判所に提出することにより，その請求に係る特定の事実に対する訴追意思を表明したものとみられるから，その時点で刑訴法254条1項に準じて公訴時効の進行が停止すると解するのが相当である。」

○ **参考裁判例11-18** 最二決昭和55年5月12日刑集34巻3号185頁

X（被告人）は，道路交通法違反（酒酔い運転）と業務上過失傷害の罪で起訴された。本件公訴は，犯行日とされる昭和45年4月11日から5年の時効期間を経過した後の昭和52年11月30日に提起されたものであったが，これより以前の昭和45年5月19日，Xは本件と同一事件で起訴されており，この起訴に対しては，昭和52年9月8日，公訴提起後2ヵ月以内に被告人に対する有効な起訴状謄本の送達がなされなかったとして，刑訴法271条2項，339条1項1号により公訴棄却の決定がなされていた（同月13日確定）。X側は，起訴状謄本不送達による公訴棄却の場合には，254条1項の適用はなく，公訴提起の効果としての時効停止も，271条2項に従い公訴提起の時にさかのぼってその効力を失うから，本件では，公訴提起時にすでに時効が完成していたなどと主張したが，第1審はこれを斥けてXを有罪とし，原審もこれを支持した。X側からの上告申立てに対し，最高裁は，次のように判示してこれを斥けた。

「刑訴法254条1項の規定は，起訴状の謄本が同法271条2項所定の期間内に被告人に送達されなかったため，同法339条1項1号の規定に従い決定で公訴が棄却される場合にも適用があり，公訴の提起により進行を停止していた公訴時効は，右公訴棄却決定の確定したときから再びその進行を始めると解するのが相当であ［る］。」

○ **参考裁判例11-19** 最三決平成18年12月13日刑集60巻10号857頁

甲株式会社（以下「本件会社」という）及びその関連会社である乙株式会社の経営に携わる被告人らは，共謀の上，平成7年10月31日付けで東京地方裁判所裁判官により競売開始決定がされた本件会社所有に係る土地・建物（以下「本件土地・建物」という）につき，その売却の公正な実施を阻止しようと企て，同年12月5日，裁判所執行官が現況調査のため，本件土地・建物に関する登記内容，占有状況等について説明を求めた

際，本件会社が本件建物を別会社に賃貸して引き渡し，同社から乙株式会社に借主の地位を譲渡した旨の虚偽の事実を申し向けるとともに，これに沿った内容虚偽の契約書類を提出して，執行官をしてその旨誤信させ，現況調査報告書にその旨内容虚偽の事実を記載させた上，同月27日，これを裁判官に提出させた。その後，裁判官から本件土地・建物につき評価命令を受けた，情を知らない評価人は，上記内容虚偽の事実が記載された現況調査報告書等に基づき，不動産競売による売却により効力を失わない建物賃貸借の存在を前提とした不当に廉価な不動産評価額を記載した評価書を作成し，平成8年6月5日，裁判官に提出した。これを受けて，情を知らない裁判官は，同年12月20日ころ，本件土地・建物につき，上記建物賃借権の存在を前提とした不当に廉価な最低売却価額を決定し，情を知らない裁判所職員において，平成9年3月5日，上記内容虚偽の事実が記載された本件土地・建物の現況調査報告書等の写しを入札参加希望者が閲覧できるように裁判所に備え置いた。

被告人らは，平成12年1月28日，本件土地・建物につき，偽計を用いて公の入札の公正を害すべき行為をした旨の競売入札妨害の事実で起訴されたが，弁護人は，競売入札妨害罪は，即成犯かつ具体的危険犯であるから，現況調査に際して執行官に対し虚偽の陳述をした時点で犯罪は終了しており，公訴提起の時点では，公訴時効が完成しているなどと主張した。

第1審は，次のように判示して弁護人の主張を斥けた。

「競売入札妨害罪は，……競売入札の公正を害する危険が発生すれば犯罪は成立し，また，その危険が存続する間は処罰の対象となると解するのが相当である。そして，……現況調査のため説明を求めた執行官に対し，虚偽の賃貸借契約等の存在の事実を陳述し，その虚偽の契約に関する書類等を提出した時点以降，競売入札妨害罪の保護法益を害する危険が発生し，また，[執行官による内容虚偽の事実を含む現況調査報告書の作成と裁判官への提出，評価人による不当に廉価な評価額が記載された評価書の作成と裁判官への提出，裁判官による不当に廉価な最低売却価格の決定，裁判所職員による内容虚偽の事実が記載された現況調査報告書等の備付け等の]手続を進行させている間も，競落入札関係者らの受ける経済的利益を害する危険は存続しているのであるから，かかる行為も処罰の対象となるというべきである。したがって，……裁判所職員をして内容虚偽の事実が記載された現況調査報告書等の書類を入札参加希望者が閲覧できるように備え付けさせた時点から，時効が進行すると解することができるのであって，公訴時効が完成している旨の弁護人の主張は失当である。」

これに対し，原審は，次のように判示し，「[第1審が]現況調査報告書等を備え付けさせた時点から時効が進行するとした点は誤りである」としたが，公訴時効が完成していないとする結論に誤りはないとした。

「競売入札妨害罪は，公の競売又は入札の公正を保護法益とする具体的危険犯であり，競売入札の公正を害すべき行為が行われたときには直ちに既遂に達すると解される。し

たがって，本件の場合は，被告人……が，……平成7年12月5日の現況調査の際に執行官に対して虚偽の陳述をした時点で，……既遂に達したというべきである。しかし，その後，その虚偽の陳述は，現況調査報告書に記載され，これに基づいて誤った評価書が作成され，最低売却価格が決定されるという経過をたどり，……更に虚偽の陳述に基づく誤った記載のある現況調査報告書等が裁判所に備え付けられて一般入札希望者の閲覧可能な状態に置かれるに至っており，この間，……競売入札の公正が害される状態は継続していたといえる。このような類型の競売入札妨害罪においては，既遂に達した後も，虚偽の陳述に基づく売却手続が続く限り，犯罪は終了せず，被告人らにおいて虚偽の陳述を撤回するなどの措置が採られ，競売入札の公正が害される状態が解消されるまでは，公訴時効は進行しないと解すべきである。そうすると，……［本件］事実については，原判示の……誤った記載のある現況調査報告書等が備え置かれた時点ではもちろんのこと，売却手続が終了するまで競売の公正が害される状態は解消されなかったと認められるから，各公訴提起の時点で公訴時効は完成していないことになる。」

被告人側からの上告を受けた最高裁も，次のように判示し，「公訴時効の成立を否定した原判決の結論は正当である」とした。

「［本件］の事実関係の下では，被告人……において，現況調査に訪れた執行官に対して虚偽の事実を申し向け，内容虚偽の契約書類を提出した行為は，刑法96条の3第1項の偽計を用いた『公の競売又は入札の公正を害すべき行為』に当たるが，その時点をもって刑訴法253条1項にいう『犯罪行為が終つた時』と解すべきものではなく，上記虚偽の事実の陳述等に基づく競売手続が進行する限り，上記『犯罪行為が終つた時』には至らないものと解するのが相当である。」

◯ **参考裁判例11-20** 最三決昭和35年12月23日刑集14巻14号2213頁

X（被告人）は，関税法違反及び物品税法違反の罪で起訴され，第1審において有罪判決を受けた。第1審判決はその証拠として，相被告人らの司法警察員または検察官に対する供述調書を援用していたが，これは，関税法違反について税関長の告発前に同人らを逮捕，勾留して取り調べた結果作成されたものであった。Xは，関税法違反の起訴は税関長の告発を前提とするものであるから，その告発前に被疑者を強制留置して取り調べることは違法であり，その結果作成された供述調書には証拠能力が認められないなどと主張して控訴したが，原審はこれを斥けた。Xからの上告申立てに対し，最高裁は適法な上告理由にあたらないとしたが，さらに括弧書で次のように判示し，上告を棄却した。

「関税法違反または物品税法違反の如き国税犯則事件についての税関長または収税官吏等の告発は単に該違反罪に対する訴追条件にすぎないと同時に，司法警察員は犯罪があると思料するときは犯人および証拠を捜査するものとせられ，検察官は必要と認めるときは自ら犯罪を捜査することができ，しかも捜査については，その目的を達するため

必要な取調をすることができ，法律の定めに従い強制の処分をすることもできるのであるから，該違反罪につき税関長等の告発前においても被疑者を逮捕，勾留し，取り調べることができるのであって，その逮捕，勾留または取調が右の告発前になされたからといって，ただそれだけの理由でこれを違法とすべきものではなく，所論の点についての原判示は正当である。」

◯ **参考裁判例 11-21**　東京高判昭和 30 年 4 月 23 日高刑集 8 巻 4 号 522 頁

　X（被告人）は，銀行外務員 A より無尽加入者の斡旋方の依頼を受けていたところ，A が X の勧誘した M らによる無尽加入の申込みを不成立にしたのを奇貨として，A の義母 B 及び妻 C を畏怖させて金員を喝取しようと企て，昭和 27 年 10 月 17 日ころ，病院に入院中の C 及びその看護中の B に対して，「この前 3 万円を A にやったことはないといったのはうそだ，やったのが事実だ，……A が M さんの印を盗用している，3 万円のプリミヤは M さん達に給付がなかったから返せ，返さなければ印鑑盗用で告訴する」旨申し向けて脅迫し，同女らを畏怖させたが，A に事実を聞いた同女らが，金員の交付をしなかったので，その目的を遂げなかったとして恐喝未遂の罪で起訴され，第 1 審において，有罪判決を受けた。これに対し，X 側が，本件恐喝未遂事件は，非同居の親族間で行われた親告罪であるにもかかわらず，本件に関し C からの告訴と見うるものは存在しないから，第 1 審が C に対する恐喝未遂について審判したことは違法であるなどとして控訴を申し立てたところ，東京高裁は，次のように判示して，原判決を破棄した。

　「1 個の行為により，同時に数人を恐喝して財物を交付させようとして遂げなかった所為が，一所為数法にあたる場合において，その罪が，右数人の各告訴を待って論ずべきときは，該所為を起訴した被告事件につき，裁判所は，右数人のうち告訴をしない者に対する部分については，事件の実体について審判することができないものと解すべきところ，記録を調査するに，原判決がその判示犯罪事実……［として］引用する……起訴状記載の……恐喝未遂の事実が，B 及びその娘 C の両名を恐喝の相手方としたものであって，1 個の行為で 2 個の恐喝未遂罪に触れる場合にあたるものと認められること，及び，該恐喝未遂の事実が，被告人と同居していない親族に対する犯罪であって，右 B 及び C 両名の各告訴を待ってその罪を論ずべき場合にあたること，並びに該犯罪事実について，右 B より告訴のあった事実は認められるけれども，前記 C から告訴のあった事実が記録上認めえられないことは，いずれも所論指摘のとおりであるから，該恐喝未遂の事実について検察官のした本件起訴はもとより適法であるけれども，原裁判所としては，右起訴にかかる前示恐喝未遂の事実中，告訴のなかった前掲 C に対する恐喝未遂の部分については，訴訟条件を欠くため，事件の実体につき審判することができないものといわなければならない。しかるに……，原裁判所においては，被告人の右恐喝未遂の事実につき，告訴のあった B に対する犯罪事実の部分のみに止まらず，告訴の

なかったCに対する部分についてまでも，事件の実体につき審理した結果，有罪の判決をしたものであることが認められるのであるから，原判決には，この点につき審判することのできない事件の実体について審判をした違法があるものといわなければならない。」［原判示の起訴状記載の恐喝未遂事実のうちBに対する部分のみを認定して有罪（自判）とした上，Cに対する恐喝未遂については，「Bに対する恐喝未遂の罪と一所為数法にあたるものとして起訴されたものと認められるから，特に主文において公訴棄却の言渡をしない」とする。］

参考裁判例 11-22　最三判平成 4 年 9 月 18 日刑集 46 巻 6 号 355 頁
(ロッキード事件全日空ルート)

　航空会社甲社の代表取締役であったX（被告人）は，昭和51年2月16日及び同年3月1日，衆議院予算委員会において，甲社における航空機採用の経緯等に関して証人として出頭を求められ，同年6月18日，同委員会からその証人尋問の際偽証したとして，議院における証人の宣誓及び証言等に関する法律（議院証言法）違反の罪で告発された。同委員会の告発状には，前記両日にされた，Xの前任者Aと航空機メーカー乙社との間に航空機の発注に関するオプションがあったことは知らなかった旨の陳述（以下「Aオプション関係の陳述」という）は摘示されていたが，前記2月16日にされた，甲社が航空機メーカー丙社から正式の契約によらないで現金を受領してこれを簿外資金としたことはない旨の陳述（以下「簿外資金関係の陳述」という）は摘示されていなかった。しかし，検察官は，Aオプション関係の陳述のほか簿外資金関係の陳述についても偽証があったとして公訴を提起した。X側は，前記告発の効力は，Aオプション関係の陳述にしか及ばないから，簿外資金関係の陳述に関する公訴提起には訴訟条件を欠いた違法があるなどと主張したが，第1審はこれを斥けXを有罪とし，原審も次のように述べて，X側の主張を排斥した。

　「簿外資金に関する偽証の事実が告発状に摘示されてはおらず，これにより議院による告発の意見［思］が明示されているとはいえないとしても，右事実はこれと同一の宣誓手続の下になされたいわゆるAオプションに関する偽証とともに1個の偽証の罪の一部を構成するものであって，1罪のうちのその余の事実につき適法な告発がなされた以上はその告発の効力は当該宣誓手続の下になされた虚偽の陳述の全部に及ぶと解するのが相当である……。議院においてすら告発しない事実について裁判所が偽証罪として処断することが，明らかに告発者の意思に反する場合，或いはそうすることによって議院の自律権能を明らかに侵害する結果を招来する場合は同条項［議院証言法8条］の特質に鑑み，告発不可分の原則の例外をなすものとしてその挙に出ることは許されないとしても，これらの事情の認められない本件においては原則に立って，告発の効力は1個の宣誓手続のもとになされた1罪の全部に及ぶものと解されるから，その効力は所論簿外資金に関する偽証の事実にも及ぶものと解するのが相当である。」

X側は，本件偽証罪に関する公訴提起の範囲は告発者の明示の意思に従うのが相当であるところ，簿外資金関係の陳述部分については，意識して告発状の記載から除外されたものとみるべきであるから，告発がないなどと主張してさらに上告を申し立てたが，最高裁は次のように判示して，上告を棄却した。

「議院証言法6条1項の偽証罪について同法8条による議院等の告発が訴訟条件とされるのは，議院の自律権能を尊重する趣旨に由来するものであること（最高裁昭和…24年6月1日大法廷判決・刑集3巻7号901頁参照）を考慮に入れても，議院等の告発が右偽証罪の訴訟条件とされることから直ちに告発の効力の及ぶ範囲についてまで議院等の意思に委ねるべきものと解さなければならないものではない。議院証言法が偽証罪を規定した趣旨等に照らせば，偽証罪として1罪を構成すべき事実の一部について告発を受けた場合にも，右1罪を構成すべき事実のうちどの範囲の事実について公訴を提起するかは，検察官の合理的裁量に委ねられ，議院等の告発意思は，その裁量権行使に当たって考慮されるべきものである。そして，議院証言法6条1項の偽証罪については，1個の宣誓に基づき同一の証人尋問の手続においてされた数個の陳述は1罪を構成するものと解されるから（大審院大正4年…12月6日判決・刑録21輯2068頁，大審院昭和…16年3月8日判決・刑集20巻5号169頁参照），右の数個の陳述の一部分について議院等の告発がされた場合，1罪を構成する他の陳述部分についても当然に告発の効力が及ぶものと解するのが相当である。」

◯ **参考裁判例11-23** 最二決昭和29年9月8日刑集8巻9号1471頁

X（被告人）は，Yと共謀の上，A所有の自転車1台，うるち玄米1俵，男物セル羽織1枚ほか衣類15点を窃取したとして起訴された。第1審第1回公判期日の起訴状朗読後，弁護人から，被害者AとXは6親等の親族にあたるが被害者からの告訴があるか，釈明要求があり，これを受けた検察官は，第2回公判において，AとXとの親族関係を認め，その告訴はないとしたが，男物セル羽織1枚ほか衣類15点は，Xと親族関係のないB所有のものであるとし，その旨の訴因変更を請求した。訴因変更には弁護人も同意し，裁判所は訴因変更を許可して審判を行った末，上記衣類の窃取についてXを有罪とした。原審は，第1審判決を破棄したが，上記訴因変更を不適法とする主張は斥け，自判して，改めてXを衣類窃取の点で有罪とした（A所有の自転車1台，うるち玄米1俵の窃取の事実については，Aの告訴がないが，衣類窃取の事実と包括一罪の関係にあるから，この点について主文で公訴棄却若しくは刑の免除を言い渡すことはしないとする）。これに対し，X側は，告訴のない親告罪による公訴提起は無効であるから，訴因の変更を許す余地はないなどと主張して上告したが，最高裁は次のように判示してこれを棄却した。

「本件公訴にかかる窃盗の事実が，刑法244条1項後段の親告罪であるか否かは，最終的には，裁判所により事実審理の結果をまって，判定さるべきものであり，必ずしも

起訴状記載の訴因に拘束されるものではない。従って，本件のように，事実審理の過程において起訴状に記載された訴因事実が前示の親告罪にあたることが明らかになった場合にも，適法な告訴がないからといって，所論のようにその起訴手続を直ちに無効であると断定すべきではない。尤も，かように訴因について訴訟条件を欠くことが明らかとなったときは，裁判所は，もはや，この訴因について実体的訴訟関係を進展させることを得ないから，訴訟条件の欠缺が治癒または補正されない以上，その起訴手続は不適法，無効なものとして，公訴棄却の形式裁判を以って，その訴訟手続を終結せざるを得ないことはいうまでもない（刑訴338条4号）。しかし，本来の訴因が右の如く訴訟条件を欠くからといって，現行法上，それだけで訴因の変更，追加を絶対に許さないとする理由は何ら存しない……。そして，本件においては，本来の訴因事実の一部について，訴因変更の手続が適法になされているのであって，刑法244条の適用のない新しい訴因事実が裁判所により認定され，確定されたのであるから，その部分に関する限り本件被告事件は，本来，親告罪でなかった訳であり，従ってこの点に関する本件起訴手続は，告訴がなくても，もともと有効であって無効でなかったことに帰するのである。」

◯ 参考裁判例11-24　最三判昭和33年5月20日刑集12巻7号1398頁

文書を送付して恐喝した事案において，被告人が被害者宛に発送した内容証明郵便文書の内容が，起訴状に全面的に記載されているのは，恐喝の手段方法を明らかにするため必要な限度を超え，証拠物を添付して起訴したに等しいから違法であるとの主張に対して，上告を棄却し，次のように判示した。

「起訴状に記載された事実がその訴因を明示するため犯罪構成要件にあたる事実若くはこれと密接不可分の事実であって被告人の行為が罪名として記載された罰条にあたる所以を明らかにするため必要であるときはその記載は刑訴256条6項に違反しないこと当裁判所の判例とするところである（昭和…26年4月10日第三小法廷判決，集5巻5号842頁）。記録によると，本件起訴状（罪名は恐喝）には公訴事実第二㈠の記載として，『被告人XはAと共謀の上M等から金円を不法に領得せんことを企て，被告人Xに於て，昭和23年12月31日炭酸紙及び骨筆を使用し和罫紙3枚にM宛「拝啓貴下がBに対し従来莫大なる数量の生糸の売買を為し本年下半期のみにても八百数十貫其の価格壱千万円に及び就中弐拾壱中の如き入手困難なるものもあり之等に関し各種脱税に対する第三者申告の対称［象］たるのみならず近日中宇和島市に於て発行の予定なる新日本建設新聞の創刊号に所謂特種としての価値を発揮する次第なる処本件事案の重大性と業界に及ぼす影響不勘点に貴下の御迷惑を考慮し十分慎重なる態度を以て臨み度に付貴下の釈明をも参考に致し度く依って来る1月5日迄に何分の御書面相煩度得貴意候也昭和弐拾参年拾弐月参拾壱日，北宇和郡泉村出目T方X，宇和島市御殿町員外一，M殿」と複写し，以て同人をして釈明しなければ脱税に対する第三者申告を為し且つ新聞紙上に掲載して刑事処分をも受けしむべく依って同人の自由，名誉，財産に対し害を加うべ

きことを暗示し暗に之が揉消しのため相当額の金円を提供すべき旨の脅迫文3通を作成し，即日宇和島郵便局から内1通を書留内容証明郵便として M 宛郵送翌昭和24年1月1日同人をして受領畏怖せしめ』たものである，との記載があり，そして右起訴状に記載された右郵送脅迫書翰の記載は後に第1審公判廷に証拠として提出された郵送書翰……の記載と殆んど同様のものであること，しかし記載形式は両者互いに異っていることを認めることができる。

　一般に，起訴状には，裁判官に事件につき予断を生ぜしめる虞のある書類その他の物を添付し，又はその内容を引用してはならないこと刑訴256条6項の明定するところであるから，本件起訴状において郵送脅迫書翰の記載内容を表示するには例えば第1審判決事実認定の部においてなされているように少しでもこれを要約して摘記すべきである。しかし，起訴状には訴因を明示して公訴事実を記載すべく，訴因を明示するにはできる限り犯罪の方法をも特定して記載しなければならないことも刑訴256条の規定するところであり，そして起訴状における公訴事実の記載は具体的になすべく，恐喝罪においては，被告人が財物の交付を受ける意図をもって他人に対し害を加えるべきことの通告をした事実は犯罪構成事実に属するから，具体的にこれを記載しなければならな［い］ということまでもない。本件公訴事実によればいわゆる郵送脅迫文書は加害の通告の主要な方法であるとみられるのに，その趣旨は婉曲暗示的であって，被告人の右書状郵送が財産的利得の意図からの加害の通告に当るか或は単に平穏な社交的質問書に過ぎないかは主としてその書翰の記載内容の解釈によって判定されるという微妙な関係のあることを窺うことができる。かような関係があって，起訴状に脅迫文書の内容を具体的に真実に適合するように要約摘示しても相当詳細にわたるのでなければその文書の趣旨が判明し難いような場合には，起訴状に脅迫文書の全文と殆んど同様の記載をしたとしても，それは要約摘示と大差なく，被告人の防禦に実質的な不利益を生ずる虞もなく，刑訴256条6項に従い『裁判官に事件につき予断を生ぜしめる虞のある書類その他の物の内容を引用し』たものとして起訴を無効ならしめるものと解すべきではない。」

　小林俊三裁判官の少数意見は次のとおりである。

　「私は，……多数意見の見解に全く賛同できない。その理由として3つの点を挙げたい。

　その1として……本件起訴状には，被告人が昭和23年12月31日附をもって被害者M宛に郵送した内容証明郵便の内容をそのまま引用している（しかも差出の年月日，差出人の住所氏名，受取人の住所氏名を原本の体裁のとおり記載し，差出人名下に「印」受取人名下に「殿」まで加えている。）かかる引用は，……同［刑訴256］条6項の『……又はその内容を引用してはならない』という規定の文言そのものに違反すること明白である。

　その2としてかかる引用をすることが，多数意見の説示するように必要であるかどうかの点からいっても全く理由がない。本件起訴の罪名は恐喝であり，引用の内容証明郵

便はその手段である。それで公訴事実としては，右書面の関係部分は，被害者宛判示年月日附の内容証明郵便をもって判示のような趣旨を記載した書面を郵送し，それが何月何日被害者に到達し，同人をして受領畏怖せしめ……云々と記載すれば足りるのであって，起訴状のように正確な引用をする必要は少しもない。……。

その3として，本件起訴状における内容証明郵便の内容引用は，引用という観念を越え，むしろ原本の写に近いものである。このような引用がなお許されるとすれば，刑訴292条の『証拠調は第291条の手続が終った後これを行う』という規定は無意義に帰するおそれがある。この点においても本件起訴状の記載は違法であると考える。」

◯ **参考裁判例11－25** 最三判昭和26年12月18日刑集5巻13号2527頁

恐喝罪の起訴状に「被告人は傷害，詐欺，窃盗，恐喝等の前科5犯を重ね，剰え昭和24年12月8日大牟田支部に於て，私文書偽造行使詐欺罪により懲役1年6月に処せられ乍ら，病気加療に名を藉り未だに其の執行を免れているものであるが，一定の生業を有せず，ヒロポン中毒者にして無為徒食し，不良の徒輩と交友諸所を徘徊し，近隣者より極度に嫌悪せられ居るところ」と被告人の前科，素行，性格等に関する事実を記載したのは，罪となるべき事実を表示するためやむを得ないという程度を超え，ことさらに被告人の悪性を強調したもので，裁判官に事件につき予断を生ぜしめるおそれがあるとの主張に対して，上告を棄却し，次のように判示した。

「刑訴256条6項によれば，起訴状には事件につき予断を生ぜしめる虞のある内容のものを引用してはならないのであるから，起訴状を作成する場合にはこの点につき慎重に考慮しなければならぬことはいうまでもない。そして，一般の犯罪事実を起訴状に記載するに当り，犯罪事実と何ら関係がないのに拘らず被告人の悪性を強調する趣旨で被告人に前科数犯あることを掲げるごときは，前記規定の趣旨から避くべきであることも論がないところである。しかし，本件で起訴された恐喝罪の公訴事実のように，一般人を恐れさせるような被告人の経歴，素行，性格等に関する事実を相手方が知っているのに乗じて恐喝の罪を犯した場合には，これら経歴等に関する事実を相手方が知っていたことは恐喝の手段方法を明らかならしめるに必要な事実である。そして，起訴状に記載すべき公訴事実は訴因を明示しなければならないのであり，訴因を明示するにはできる限り日時，場所，方法を以て罪となるべき事実を特定してこれをしなければならないことも亦前記刑訴256条3項の規定するところであるから，本件起訴状に所論のような被告人の経歴，素行，性格等に関し近隣に知られていた事実の記載があるからとて違法であるということはできない。」

12 訴因の明示・特定

(1) 訴因の意義・機能

12-1 大判昭和8年7月3日刑集12巻1061頁（旧法事件）

【事案の概要】　X（被告人）は，Aから連帯債務者B，Cに貸し付けた金銭につき取立ての委任を受けたことを奇貨として，Aに対し，Bの不動産の差押え及びBに対する訴訟の意思がないにもかかわらず，B所有の田地の差押え・競売をすると詐称してAを欺罔し，訴訟費用，供託金名義の下に金員を詐取したとの詐欺の公訴事実（及び同じ債務者に関するものを含む数件の同種事実）により起訴された。第2審は，「被告人ハAヨリ同人カ……連帯借主B，Cニ貸付ケタル金300円ノ取立ヲ委任セラレタルトコロ……貸金取立ニ付B所有ニ係ル不動産ノ競売費用及B，Cニ対スル仮差押申請費用トシテ金420円ヲ預リ保管中其ノ頃……自宅其ノ他ニ於テ擅ニ之ヲ自己ノ用途ニ費消シタ」として，横領の事実を認定した。弁護人は，上告趣意において，おおむね次のような主張をした。すなわち，「原判決は，前記認定事実につき横領罪により処断したが，この事実は起訴状に記載がなく，したがって公訴の提起がないものである。すなわち，本件起訴状の引用にかかる司法警察官意見書によれば，その記載の要旨は『被疑者Xハ昭和7年3月28日頃……AヨリB，Cノ連帯借主ニテ金300円貸与シアル其ノ貸金取立ノ委任ヲ受ケタルヲ奇貨トシ被害者Aニ対シ債務者ノ一人タルB不動産全部ヲ差押ヘ及訴訟ノ意思ナキニモ拘ラスB所有ノ田地ヲ差押競売執行ヲ為スト詐称シ訴訟費用ヲ出金セヨト偽言ヲ弄シ前記Aヲ欺罔シ訴訟費用及供託金名義ノ下ニ金420円ヲ騙取シ自己ノ用途ニ費消シタルモノナリ』とあって，公訴事実はAより金員を受領した事実であって，受領後自己の用途に費消したとする事実につき起訴されたのではない。もとより，起訴された一定の事実につき検事の付した法律上の見解は裁判所を羈束するものではないから，公訴の内容である事実の同一性を変更しない限り裁判所は自由に審理判断できるが，その事実の同一性を害するときは，その点は公訴の範囲に属さないので審判することができないのである。そして，事実の同一性は行為者，場所，行為の内容・日時等により判定しなければならない。とりわけ，行為者が同じであるときは，日時・場所が同一性を害するか否かにつき重要な点になる。本件起訴の内容である事実をみるに，Xが昭和7年3月20日頃Aより同人宅において金420円を受領した事実につき起訴されたものであって，その金員受領後Xが何時頃どこでどのように右金員を費消したかの点はなんら起訴状に記載がなく，単に起訴状が引用する意見書に『自己ノ用途ニ費消シタルモノナリ』とあるだけであって，こ

の記載により受領後の一定の事実につき公訴の提起があったと解することができないことは明らかである。したがって，原判決は結局において，公訴提起のない事実につき不当に審判をしたか，もしくは公訴の範囲を逸脱して審判をしたかのいずれかの違法がある」というのである。

【判示】 上告棄却。

「相異レル数個ノ行為ヲ包含スル事実関係ニ付公訴ノ提起アリタルトキハ，其ノ如何ナル部分ガ犯罪ヲ構成スルカニ付テ起訴ト判決トノ間ニ所見ノ異ナル所アリテ，二者罪名ヲ異ニスルコトアルモ，公訴事実ノ同一性ニ影響スルモノニ非ズ。本件記録ヲ査閲スルニ起訴状ニ公訴事実トシテ引用シアル司法警察官ノ作成ニ係ル意見書（二）乃至（五）ノ記載要旨ハ，孰レモ被告人ガＡヨリ貸金取立ノ委任ヲ受ケタルヲ奇貨トシ，各其ノ取立費用等ヲ為ス旨詐言ヲ弄シテ同人ヲ欺罔シ，之ヲシテ金員ヲ交付セシメテ騙取シ，自己ノ用途ニ費消シタルモノナリト謂フニ在リ。之ニ依レバ右公訴ハ被告人ガＡヨリ財物ノ交付ヲ受ケテ之ヲ費消シタル事実関係ヲ内容トスルモノニシテ，検事ハ右事実ニ付被告人ガＡヲ欺罔シテ右金員ノ交付ヲ受ケタルモノナリト観察シテ公訴ヲ提起シ，原判決ハ右事実ヲ被告人ガ正当ニ右金員ノ交付ヲ受ケ其ノ保管中之ヲ擅ニ費消シタル事実ナリト観察シテ横領罪ヲ以テ処断シタルモノニ係リ，両者其ノ所見ヲ異ニシタル所アリト雖，之ガ為ニ公訴事実ノ同一性ニ影響スルモノニ非ザレバ，原審ハ所論ノ如ク公訴ノ提起ナキ事実ニ付不法ニ審判ヲ為シタルモノニ非ズ。又公訴ノ範囲ヲ逸脱シテ不法ニ審判ヲ為シタルモノニモ非ズ。論旨理由ナシ」

〔参考〕 旧刑事訴訟法

第291条 公訴ヲ提起スルニハ被告人ヲ指定シ犯罪事実及罪名ヲ示スヘシ

被告人ノ指定ハ氏名ヲ以テシ氏名知レサルトキハ容貌体格其ノ他ノ徴表ヲ以テスヘシ

第410条 左ノ場合ニ於テハ常ニ上告ノ理由アルモノトス……

　18 審判ノ請求ヲ受ケタル事件ニ付判決ヲ為サス又ハ審判ノ請求ヲ受ケサル事件ニ付判決ヲ為シタルトキ

Q Elementary

1 本件において争われたのはどのような問題か。弁護人はどのような主張をしたか。それに対し，大審院はどのような判断をしたか。

2 本件では，裁判所の審理・判決の対象（公訴の範囲）は，検察官が示した詐欺の事実に限定されていなかったのか。限定されていなかったのだとすれば，それは，どのような範囲の事実であったのか。

3 現行法のもとで，起訴状の公訴事実は，どのような形で記載されなければならないか。本件が起訴されたとした場合，おおむねどのような記載になるか。

4 現行法のもとで本件が審理されたとする。弁護人が，XはAを欺罔したのではなく，依頼を受けて正当に訴訟費用等を預かっただけである旨の主張・立証をしたのに対し，検察官は，この弁護人の反証が奏功しているかもしれないと考えたが，少なくとも，XがAに無断で金員を費消した点は明らかで，この点を立証しておきたいと考えた。この場合，検察官は，いかなる手続をとるべきか。

5 現行法のもとで本件と同じ問題が生じたとした場合，詐欺の事実を記載した起訴状による検察官の起訴に対し，裁判所が審理の結果にしたがい直ちに横領の事実を認定して有罪とすることは許されるか。

6 (1) 本件において争われた問題について，本判決に示された旧法の手続に問題はないか。現行法が旧法とは異なった手続を定めているとすれば，それはどのような理由によると考えられるか。

(2) ドイツ刑事訴訟法が定める次の手続はどのような趣旨のものと考えられるか。刑訴法312条が定める訴因変更手続の趣旨は，このドイツ刑事訴訟法が定める手続と同じか。

〔参考〕　ドイツ刑事訴訟法
第265条　①　裁判所は，公判開始が認められた起訴における罰条と異なる罰条で被告人を有罪とするときは，あらかじめ被告人に対し，法的見解の変更について特に告知し，防御の機会を与えなければならない。
②　可罰性を加重し，又は改善保安処分を基礎づけるものとして刑法が特に規定している諸事由が公判中に初めて明らかになったときも，前項と同じである。
③　公判開始が認められた起訴における罰条よりも被告人にとって重い罰条の適用を許す新たな事実又は前項に定めたものに当たる新たな事実に対し，被告人がこれを争い，かつ防御の準備が十分でないと主張したときは，その申立てにより公判を延期するものとする。
④　前項の場合のほか，事実関係の変化により，訴追又は弁護の十分な準備のため相当であると認めるときは，裁判所は，申立てにより又は職権で，公判を延期しなければならない。

7 現行法のもとで，検察官が公訴事実として【事案の概要】冒頭に示した詐欺の事実を記載し，罪名・罰条として「詐欺，刑法252条」と記載したとする。このような起訴状による公訴提起は有効か。罪名・罰条の記載が「横領，刑法252条」である場合は，どうか。

(2) 訴因の明示・特定

〔設例1〕

被告人は，大要，次のような公訴事実が記載された起訴状で起訴された。

㈦　被告人は，平成〇〇年7月1日午後11時ころ，神奈川県横須賀市……の路上において，同所を通りかかったAからたばこの吸い殻の投げ捨てを叱責されたことに激高し，同人に対し，所携の折りたたみナイフ（刃体の長さ10センチメートル）で切りつける暴行を加え，よって，同人に左頸部刺創の傷害を負わせ，間もなく，同所において，上記刺創に基づく出血のため，同人を死亡させて殺害した。

㈣　被告人は，平成〇〇年9月下旬ころから同年11月3日ころまでの間，東京都文京区……所在のA方ほか数箇所において，他人の所有する現金合計10万円を窃取した。

Q Elementary

8　各公訴事実の記載は，罪となるべき事実を特定して訴因を明示しているといえるか。いえないとすれば，どのような点が不特定であるのか。そのような公訴事実が記載された起訴状で公訴が提起された場合，裁判所，被告人及び弁護人としては，どのような不都合があると考えられるか。

Q Basic

9　参考裁判例12-⑦は，訴因の特定に欠けるか否かを，どのような判断基準にしたがって判断しているか。

10　弁護人が訴因不特定の主張をする場合，それは，訴訟のどの時点か。

11　弁護人が訴因不特定の主張をする場合，具体的には何を申し立てるのか。また，裁判所は，それに対してどのような措置をとるのか。裁判所の措置に対して，検察官はどう応じるべきか。

12　(1)　参考裁判例12-④は，まず「釈明」を求めることとしているが，それはなぜか。

(2)　訴因がおよそ不特定で補正の見込みがないときであっても，そのような手続をふむべきか。

(3)　裁判所の求釈明は，弁護人による訴因不特定を理由とする求釈明の申出をまってはじめてなすべきものか。

13　傷害致死事件の公訴事実として，大要次のような記載がなされた場合，罪となるべき事実を特定して訴因を明示しているといえるか。

　　「被告人は，平成〇〇年〇月〇日午前3時ころから同日午前8時ころまでの間，……所在の甲マンション〇〇号室において，Aに対し，その背部，腹部，胸部等を多数回にわたり手拳で殴打したり，足蹴にするなどの暴行を加え，よって，同日午後6時30分，……所在の乙病院において，同人を出血性ショックにより死亡させた」（福岡高判平成23年4月27日判タ1382号366頁参照）。

12 訴因の明示・特定／設例2, Q14, 12-2

設例2

X（被告人）は、A建設株式会社営業課員であるが、A会社社長B名義の約束手形を偽造・行使してA会社の取引先Cから金属材料を騙取した上、転売しようと考えていたところ、Cに不審に思われ犯行が発覚した。検察官は、捜査を遂げた上で、前記事実について起訴したが、公訴事実として、次のような記載をした。

「被告人は、A建設株式会社の営業課員であるところ、平成15年4月6日午前10時ころ、東京都杉並区……の同会社内において、A建設株式会社代表取締役社長B名義の約束手形1通を偽造し、同日午後3時ころ、東京都武蔵野市○○○金属卸商C方で、同人に対して上記偽造手形を行使して、金属材料をA会社が購入するかのように装い、売買名下にこれを詐取しようとしたが、不審に思ったCがA会社に連絡したため、その目的を遂げなかったものである。」

Q Basic

14 設例2の公訴事実の記載は、罪となるべき事実を特定して訴因を明示しているといえるか。次の記載と比較して検討せよ。

「被告人は、A建設株式会社の営業課員であるところ、同会社社長B名義の約束手形を偽造、行使して同会社の取引先から金属材料を詐取しようと企て、平成15年4月6日午前10時ころ、東京都杉並区……の同会社内において、支払地に東京都千代田区、支払場所欄に株式会社東京有斐銀行本店の記載がある約束手形用紙1枚の受取人欄にC、金額欄に300万円、支払期日欄に平成15年7月31日、振出日欄に平成15年4月6日とそれぞれ記入した上、ほしいままに、その振出人欄に『東京都杉並区……A建設株式会社代表取締役B』と刻んだゴム印を押すとともに、その名下に『A建設株式会社社長之印』と刻んだ木製丸型印を押し、もって同会社代表取締役社長B振出名義の約束手形1通を偽造し、同日午後3時ころ、東京都武蔵野市○○○金属卸商C方で、同人に対して、真正に作成されたもののように装って上記偽造手形を手渡して行使し、真実は自らが第三者に転売するために上記偽造手形を行使して金属材料を入手しようとしていたのに、あたかも金属材料をA会社が購入するものであるかのように装って、Cに対して『伸銅と圧延板を現品でお願いしたい。いつもどおり約手を持参しました』と申し向けて、バルブ用伸銅及びステンレス製圧延板（時価合計300万円）を売買名下に詐取しようとしたが、不審に思ったCが直ちにA会社に連絡したため、その目的を遂げなかったものである。」

12-2 最大判昭和37年11月28日刑集16巻11号1633頁（白山丸事件）

【事案の概要】 本件は、「白山丸事件」と呼ばれているものの1つである。中国に向け密出国した共産党員であるX（被告人）は、仲間とともに、氏名を偽り、一般

引揚者に混じって，昭和33年7月8日塘沽発同月13日舞鶴入港の引揚船白山丸に乗り込んだが，日本に帰航する途上の船内で本名を明らかにしたため，出入国管理令（現行の「出入国管理及び難民認定法」）60条2項・71条の罪が発覚した。起訴状に記載された公訴事実は，「被告人は，昭和27年4月頃より同33年6月下旬までの間に，有効な旅券に出国の証印を受けないで，本邦より本邦外の地域たる中国に出国したものである」というものである。弁護人は，本件公訴提起手続は刑訴法256条3項に違反し無効であるなどと主張したが，第1審判決は，公訴事実と同旨の事実を認定してXに有罪判決を言い渡し，控訴審もその判断を是認した。被告人側から上告。

【判示】 上告棄却。

「本件起訴状記載の公訴事実は，『被告人は，昭和27年4月頃より同33年6月下旬までの間に，有効な旅券に出国の証印を受けないで，本邦より本邦外の地域たる中国に出国したものである』というにあって，犯罪の日時を表示するに6年余の期間内とし，場所を単に本邦よりとし，その方法につき具体的な表示をしていないことは，所論のとおりである。

しかし，刑訴法256条3項において，公訴事実は訴因を明示してこれを記載しなければならない，訴因を明示するには，できる限り日時，場所及び方法を以て罪となるべき事実を特定してこれをしなければならないと規定する所以のものは，裁判所に対し審判の対象を限定するとともに，被告人に対し防禦の範囲を示すことを目的とするものと解されるところ，犯罪の日時，場所及び方法は，これら事項が，犯罪を構成する要素になっている場合を除き，本来は，罪となるべき事実そのものではなく，ただ訴因を特定する一手段として，できる限り具体的に表示すべきことを要請されているのであるから，犯罪の種類，性質等の如何により，これを詳らかにすることができない特殊事情がある場合には，前記法の目的を害さないかぎりの幅のある表示をしても，その一事のみを以て，罪となるべき事実を特定しない違法があるということはできない。

これを本件についてみるのに，検察官は，本件第1審第1回公判においての冒頭陳述において，証拠により証明すべき事実として，㈠昭和33年7月8日被告人は中国から白山丸に乗船し，同月13日本邦に帰国した事実，㈡同27年4月頃まで被告人は水俣市に居住していたが，その後所在が分らなくなった事実及び㈢被告人は出国の証印を受けていなかった事実を挙げており，これによれば検察官は，被告人が昭和27年4月頃までは本邦に在住していたが，その後所在不明となってから，日時は詳らかでないが中国に向けて不法に出国し，引き続いて本邦外にあり，同33年7月8日白山丸に乗船して帰国したものであるとして，右不法出国の事実を起訴したものとみるべきである。そして，本件密出国のように，本邦をひそかに出

国してわが国と未だ国交を回復せず，外交関係を維持していない国に赴いた場合は，その出国の具体的顚末[に]ついてこれを確認することが極めて困難であって，まさに上述の特殊事情のある場合に当るものというべく，たとえその出国の日時，場所及び方法を詳しく具体的に表示しなくても，起訴状及び右第1審第1回公判の冒頭陳述によって本件公訴が裁判所に対し審判を求めようとする対象は，おのずから明らかであり，被告人の防禦の範囲もおのずから限定されているというべきであるから，被告人の防禦に実質的の障碍を与えるおそれはない。それゆえ，所論刑訴256条3項違反の主張は，採ることを得ない。」

本判決には，奥野健一裁判官の次のような補足意見が付されている。

「本件公訴事実は，本件起訴状の記載と検察官の冒頭陳述による釈明とを綜合考察するときは，被告人が昭和33年7月8日中国から白山丸に乗船し同月13日に本邦に帰国した事実に対応する出国の事実，すなわち右帰国に最も接着，直結する日時における出国の事実を起訴したものと解すべきである。

然らば，右帰国に対応する出国の事実は理論上ただ1回あるのみであって，2回以上あることは許されないのであるから，本件公訴事実たる出国の行為は特定されており，その日時，場所，方法について明確を欠くといえども，なお犯罪事実は特定されていると言い得べく，本件起訴を以って，不特定の犯罪事実の起訴であって刑訴256条に違反する不適法なものということはできない。

若し本件起訴の事実が，起訴状記載の如く単に，昭和27年4月頃より同33年6月下旬までの間における被告人のした中国への出国の事実というだけであるとすれば，その期間内における被告人の中国への出国の行為は，理論上ただ1回のみであると断定することはできないことは明白である。従ってその期間内に2回以上の出国行為があったとすれば各出国行為は各独立の犯罪であり，併合罪の関係に立つのであるから，右起訴状の記載だけでは，そのうち何れの出国の事実が起訴になったのか，将またその間のすべての出国行為について起訴があったのか不明確であり，かかる起訴に対し仮令有罪の判決があったとしても，判決の確定力が何れの出国行為について生ずるのか，また全部の各出国行為に及ぶのか不明である（かかる場合に，全部の出国行為につき確定判決を経たものと解することは到底できない）。また，被告人の防禦も何れの出国の事実についてなすべきか，その間のすべての出国行為についてなすべきかも全く不明であり防禦権の範囲に関し被告人は不利益な地位に置かれることになる。要するに，何れの出国行為を指すかを釈明できない場合において本件起訴状記載の如き公訴事実とすれば，二重起訴の虞を招き，判決の既判力の範囲が不明確であり，被告人の防禦権に著しい不利益を及ぼすものであって，刑訴256条に違反し，公訴事実の特定を欠く不適法な起訴たるを免れない。しかし，私見によれば前記白山丸による帰国に対応する出国の事実のみが起訴されたものと

12 訴因の明示・特定／12-②, Q15〜24

解するが故に仮りにそれ以外の出国行為があったとしても本件においては起訴の対象になっておらず，従って判決の確定力もかかる出国の事実には及ばないのである。」

Q Elementary

15 本件起訴状記載の公訴事実について，弁護人が刑訴法256条3項に違反すると主張したのはどのような点か。

16 本件において，判決で問題とされたような公訴事実の記載がなされたのは，どのような事情に基づくものと考えられるか。

17 (1) 刑訴法256条3項が訴因の明示として，「できる限り日時，場所及び方法を以て罪となるべき事実を特定」することを求めている趣旨は何か。この規定は，犯罪の日時，場所，方法について幅のある表示を許さない趣旨か。

(2) 本判決がいう犯罪の日時等の事項が「犯罪を構成する要素になっている場合」とは，どのような場合か。

18 訴因の明示・特定を過度に要求した場合，生じうる弊害はあるか。

Q Basic

19 本判決は，本件起訴状記載の公訴事実に「罪となるべき事実を特定しない違法」があるかどうかについて，どのような判断基準にしたがって判断しているか。

20 (1) 本判決は，犯罪の日時等を「詳らかにすることができない特殊事情」としてどのような事情を考慮しているか。また，それらの事情を考慮することは適切か。

(2) 本判決は，幅のある表示が「法の目的を害さない」か否かについて，具体的にどのような判断をしているか。

21 本判決は，**20**の点を考慮するに際して，起訴状そのもののほか，冒頭陳述をも判断の材料にしているが，このような方法は適切か。起訴状だけで判断すべきであるのか，冒頭陳述をも考慮して判断すべきであるのか，それとも実体審理の内容をも加味して判断すべきであるのか。

22 **19**の判断基準は，参考裁判例12-⑦から読み取ることができる訴因特定の判断基準（**Q9**参照）とどのような関係にあるか。

23 本判決に付された奥野裁判官の補足意見が「本件公訴事実たる出国の行為は特定されて［いる］」と判断するにあたり，出国の事実が「理論上ただ1回のみ」かどうかを問題としているのは，どのような理由によるか。この点について，法廷意見は問題としていないのか。

24 本件と同種の事例に関して，それまでの下級審裁判例には次のようなものがあった。本判決は，これらと比較してみた場合，どのような考え方で本件起訴状の効力を認めようとしたのか。また，奥野裁判官の補足意見はどうか。

(a) 公訴事実に示された日時が数年間という幅広い期間にわたっているため，その間に同種の行為が2回以上行われたかもしれないという合理的な疑いが生じるので，訴因が特定されているとはいえないとしたもの（大分地判昭和35年4月8日判時222号13頁，神戸地判昭和35年6月14日下刑集2巻5=6号897頁，浦和地判昭和35年11月28日下刑集2巻11=12号1452頁など）

(b) 起訴状に記載された期間内における密出国が1回であり，2回以上であるかもしれないという疑いがない限り訴因の特定性は満たされるとするもの（仙台高判昭和34年4月14日高刑集12巻4号447頁，横浜地判昭和35年4月15日下刑集2巻3=4号604頁など）

(c) 事件の性質上，容易に行われる犯罪ではないから，長期にわたる期間をもって日時を表示したとしても，訴因の特定性は害されないとするもの（福岡高判昭和34年7月16日判時199号7頁など）

(d) 特定のなされている帰国に対応した出国行為を起訴したものと解すべきであるから，訴因の特定があるとするもの（松江地判昭和33年12月25日一審刑集1巻12号2148頁，浦和地判昭和34年9月17日下刑集1巻9号2036頁，福岡高判昭和35年8月23日下刑集2巻7=8号1016頁，東京高判昭和36年5月18日高刑集14巻3号158頁，東京高判昭和36年6月13日高刑集14巻4号234頁，名古屋高判昭和36年10月3日高刑集14巻10号657頁など）

25 24の各見解について，次の諸点を検討せよ。

(1) (a)の見解について。具体的事案のいかんにかかわらず，そのような複数回の行為がなされた合理的疑いが生じるといえるか。本判決の事案ではどうか。

(2) (b)の見解について。2回以上の犯行の疑いがないというだけで，日時等の記載に幅があっても訴因の特定があるといってよいのか。例えば，殺人について，そのように考えてよいか。

(3) (c)の見解について。事件の性質上容易に行われない犯罪だということだけで，日時の記載を緩めてよいのか。例えば，本件と同種の事案で，日時を二十数年間にわたるものとして記載しても適法か。

(4) (d)の見解について。特定の帰国に対応する密出国が1回限りであるのは明らかであるが，本件起訴状は，そのように観念的に特定された密出国を起訴したものといえるのか。

26 法廷意見，奥野裁判官の補足意見のそれぞれによった場合，本件については，訴訟係属，一事不再理の効力の生じる範囲はどのようになると考えられるか。

27 本件のような公訴事実の記載で，被告人の防御に不利益は生じないか。

28 公訴事実として，大要次のような記載がなされた場合，訴因の明示・特定があるとしてよいか。

(1) 「被告人は，平成○○年○月○日午前5時20分ころ，……所在の被告人方2階屋上において，Aを殺害してもかまわないという気持ちで，あえて同人の身体を，有形力を行使して，同屋上の転落防止用の手摺り越しに約8メートル下方のコンクリート舗装道路上に落下させて，路面に激突させ，同人に対し，脳挫傷……による全治不明の傷害を負わせたが，殺害するには至らなかった」との殺人未遂事件の公訴事実の記載（参考裁判例12-⑤参照）

(2) 「被告人は，平成○○年○月○日午後8時30分ころ，……所在のビジネスホテル甲○○号室において，Aに対し，その頭部等に手段不明の暴行を加え，頭蓋冠，頭蓋底骨折等の傷害を負わせ，よって，そのころ，同所において，頭蓋冠，頭蓋底骨折に基づく外傷性脳障害又は何らかの傷害により死亡させた」との傷害致死事件の公訴事実の記載（参考裁判例12-⑥，**Q13**参照）

(3) 「被告人は，平成○○年○月○日午前3時30分ころから同日午前9時30分ころまでの間，岐阜県，愛知県ないしそれらの周辺地域において，殺意をもって，不詳の方法により，Aを殺害した」との殺人事件の公訴事実の記載（東京高判平成20年9月25日LEX/DB文献番号25450073参照）

Q Advanced

29 過失運転致死事件の公訴事実として，「見通しの悪い交通整理のなされていない交差点を漫然進行し」おりから同交差点に進入してきたA運転の原動機付き自転車に自車を衝突させてAを死亡させたとの記載がなされた場合，訴因の明示・特定があるとしてよいか（「**13** 訴因の変更」**Q30**参照）。

30 (1) 参考裁判例12-⑦が，傷害の訴因（一定期間中に被害者に対し多数回にわたり暴行を加え，一定の傷害を負わせたとの内容のもの）について，訴因の特定に欠けるところはないと判断したのはなぜか。

(2) 参考裁判例12-⑧が，麻薬特例法5条違反の訴因（一定期間中に多数回にわたり氏名不詳の多数人に対し覚せい剤様の結晶を覚せい剤として譲り渡したとの概括的記載を含むもの）について，訴因の特定に欠けるところはないと判断したのはなぜか。

(3) それぞれ設例1(イ)の場合とどのような点が異なるのか。

31 公訴事実として次のような記載がなされた場合，訴因の明示・特定があるとしてよいか。

(1) 学生集団が他の学生集団に共同して暴行を加えたという暴力行為等処罰ニ関スル法律1条の罪の事件について，個々の被害者を氏名その他で特定することなく，「反帝学評系の学生ら約50名に共同して暴行を加えた」との記載がなされた場合で，被害者とされている学生集団にいた者がすべて被害を受けたとは断定できなかったとき（大阪高判昭和50年8月27日高刑集28巻3号310頁参照）。

(2) 遊技場経営者による常習賭博事件について，個別の賭博行為を特定すること

なく,「被告人は,東京都豊島区……において遊技場『甲』を経営するものであるが,同店に『麻雀ゲーム機』10台を設置し,常習として,平成○○年7月1日から同年9月25日までの間,Aほか不特定多数の賭客を相手方として多数回にわたり,それぞれ,金銭を賭け,これらの遊技機を使用して,画面に現われる麻雀牌の組合せにより勝負を争う方法で,賭博をしたものである。」との記載がなされた場合（参考裁判例12-9参照）。

設例3

Xは,「Y,Zと共謀の上,平成○○年4月1日午後6時頃,名古屋市名東区……のA宅において,Y及びZが待ち受けていたところに帰宅したAに対し,殺意をもって,Yにおいて所携のナイフで切り付け,頸部刺傷による失血のため,その場で同人を死亡させた」旨の事実により起訴された。起訴状記載の公訴事実には,「Y,Zと共謀の上」とあるだけで,共謀の日時,場所,具体的内容については,ほかに記載がなかった。

Q Basic

32 (1) 設例3のような公訴事実の記載により,訴因は特定しているといえるか。特定しているとすれば,どのような説明が考えられるか。不特定であるとすればどうか（参考裁判例12-10参照）。

(2) Xの弁護人から裁判所に対し,共謀の日時,場所,具体的内容について,検察官に釈明を求めるよう要求があったとした場合,裁判所はどうすべきか。

33 設例3において,Xも実行行為を分担したという内容の事実が記載されていたとした場合,**32**(1)に関する考え方は異なるか。

34 設例3において,実行行為者が誰であるかについて全く記載がなかったとする。

(1) 訴因は特定しているといえるか。

(2) 弁護人は,裁判所に対し,どのような点について検察官の釈明を求めるよう要求することが考えられるか。これに対し,裁判所はどのように対応すべきか。

(3) 覚せい剤使用罪の訴因

12-3 最一決昭和56年4月25日刑集35巻3号116頁

【事案の概要】 本件は,覚せい剤使用罪に関する事案である。本件起訴状に記載された公訴事実は,「被告人は,法定の除外事由がないのに,昭和54年9月26日ころから同年10月3日までの間,広島県高田郡吉田町内及びその周辺において,覚せい剤であるフェニルメチルアミノプロパン塩類を含有するもの若干量を自己の身体に注射又は服用して施用し［ママ］,もって覚せい剤を使用したものである」と

いうものである。第 1 審は，公訴事実の特定を欠くとの弁護人の主張に対して，白山丸事件判決（判例 12 - 2 ）を引用してこれを排斥し，日時を「9 月 30 日ころから」と，また方法を単に「自己の身体に施用し」としたほかは，公訴事実と同一の認定をして，有罪判決を言い渡した。

原判決も，第 1 審判決と同様，白山丸事件判決を引用した上，次のように判示して弁護人の主張を斥けた。「検察官は原審第 1 回公判における冒頭陳述として，被告人は公訴事実記載の日時の間は，……吉田町及び賀茂郡豊栄町内におり，その間に覚せい剤を自己使用し，10 月 5 日尿を警察官に任意提出し，鑑定の結果覚せい剤が検出された事実を立証する旨陳述していること，本件犯行の日時，覚せい剤使用量，使用方法につき具体的表示がされない理由は，被告人が終始否認しているか，供述があいまいであり，目撃者もいないためであることが推認できること，覚せい剤の自己使用は犯行の具体的内容についての捜査が通常極めて困難であることを合わせ考えると，本件はまさに……［白山丸事件判決にいう「犯罪の日時，場所及び方法を詳らかにすることができない」］特殊の事情がある場合に当るものというべく，また，本件は，被告人が 10 月 5 日に警察官に任意提出した尿から検出された覚せい剤を自己の体内に摂取したその使用行為の有無が争点となるものであるから，本件の審判の対象と被告人の防禦の範囲はおのずから限定されているというべきであり，被告人の防禦に実質的な障害を与えるおそれも存しない。」

被告人側から上告。上告趣意において弁護人は，本件公訴事実によっては犯行の日時，場所が特定されず，使用量も若干量という極めてあいまいなものであり，使用方法も注射又は服用という択一的なものになっているので，事案の性質を考慮しても，審判の対象が特定されているとはいえず，被告人の防御権の行使に重大な支障を来すものであるから，このように特定が不十分の訴因について有罪と認めたのは，刑訴法 335 条 1 項，338 条 4 号，256 条 3 項に違反するなどと主張した。

【判示】　上告棄却。

「本件公訴事実の記載は，日時，場所の表示にある程度の幅があり，かつ，使用量，使用方法の表示にも明確を欠くところがあるとしても，検察官において起訴当時の証拠に基づきできる限り特定したものである以上，覚せい剤使用罪の訴因の特定に欠けるところはないというべきである。」

Q Basic

35　本件において，日時，場所，方法等においてある程度幅のある公訴事実の記載がなされたのは，どのような事情に基づくものと考えられるか。

36　覚せい剤使用事件において，本件のような日時，場所，方法等に幅のある公訴事実の記載がなされた場合，訴因の特定についてどのような問題が生じるか。

37　(1)　本決定が「訴因の特定に欠けるところはない」とした判断は，判例 **12**

－②が示した判断基準にしたがったものか。参考裁判例12－⑥の判断はどうか。
　(2)　仮に判例**12**－②が示した判断基準にしたがったものとした場合，犯罪の日時等を「詳らかにすることができない特殊事情」として，本件ではどのような事情を挙げることができるか。参考裁判例12－⑥の事案ではどうか。これらの事情は，判例**12**－②がいう「犯罪の種類，性質等の如何」によるものといえるか。
　38　本件公訴事実の記載は，訴因の明示・特定を要求した法の目的を満たしたものといえるか。この点について，原判決は，どのような理由でどのような判断をしているか。それは適切か。
　39　本件公訴事実のような記載で訴因の明示・特定が果たされているかについて，次のような考え方がある。それぞれの考え方は適切か。
　(1)　尿採取に最も近い1回の使用行為を起訴した趣旨であり，そのように解することで（検察官がそのように釈明することで），特定される。
　(2)　表示された期間中に少なくとも1回の使用行為があったという趣旨の起訴であり，そのように解することで，特定される。
　(3)　表示された期間中に2回以上使用したこともあり得るという単なる一般的な可能性があるというだけでは，訴因不特定とすることはできない。審理の過程において，2回以上使用したことについて具体的な疑いが生じた場合には，そのうちのどの事実を起訴したのか明らかにする必要が出てくるが，それまでは，本件訴因の程度に日時等を特定してあれば審理を進めることができる。
　40　本件では，犯罪の日時等は被告人の防御にとってどのような意味を持っていると考えられるか。

Advanced
　41　「起訴当時の証拠に基づきできる限り特定した」か否かについては，いかなる段階でどのような資料に基づいて判定するのか。
　42　本件の起訴後に，同年「10月1日ころ」の覚せい剤の自己使用を公訴事実とする別の起訴がなされたとする。
　(1)　本件の受訴裁判所，別訴の受訴裁判所としてはいかなる措置をとるべきか。
　(2)　本件が既に確定している場合，別訴の受訴裁判所はどうすべきか。
　(3)　逆に，別訴がその公訴事実どおりに罪となるべき事実を認定して，先に確定した場合，本件の受訴裁判所はどうすべきか。
　(4)　**39**の考え方の違いにより，上記(1)～(3)の結論に違いが生じるか。
　43　覚せい剤自己使用罪の罪数ないし構成要件の解釈に関する次のような考え方は，同罪の訴因の明示・特定にどのような意味を持つか。これらの見解は妥当か。
　(1)　一定の期間内に連続して使用した場合は，常に全体を包括一罪として捉える考え方

(2) 覚せい剤を自己の身体内に保有している状態こそが覚せい剤自己使用罪の実体であると捉える考え方

44 (1) 本件審理の過程で，後に判明した目撃証人Aの証言などにより，本件訴因よりも具体的な日時等が判明したとする。例えば，「昭和54年10月2日ころ，吉田町内のA宅において，覚せい剤若干量を注射して使用した」との心証を得た場合に，裁判所はどうするべきか。この場合であっても，起訴状記載の訴因どおりの事実が認定されたのであるとして，幅のある日時等によって罪となるべき事実を認定してよいのか。それとも，より特定された事実を認定すべきか（東京高判平成6年8月2日高刑集47巻2号282頁参照）。

(2) 仮に，本件の起訴事実が「昭和54年10月2日ころ，吉田町内のA宅において，覚せい剤若干量を注射して使用した」というものであったとする。ところが，裁判所は，目撃証人Aの証言の信用性が認められず，その日時・場所での覚せい剤の注射があったとは断定できないが，採尿検査の結果から，「昭和54年9月26日ころから同年10月3日までの間，吉田町内又はその周辺において，覚せい剤を身体に摂取した」ことは明らかであると考えたとする。この場合，裁判所は，幅のある日時等によって罪となるべき事実を認定してよいか。

◯ **参考裁判例12-4　最一判昭和33年1月23日刑集12巻1号34頁**

地代家賃統制令違反の訴因の特定性について，「[起訴状の]記載自体と，記録によって認め得る検察官の適法な釈明……を綜合すると，……訴因は一応特定して[いる]」と判示した原判決に対し，弁護人は，それが「本件起訴状の記載自体では訴因は特定していないが，……検察官の適法な釈明を綜合するとき，訴因は一応特定されている」と判断したものであるとすれば，「[訴因が]特定していない起訴は無効であり後日補正追完によって有効となるべき性質のものでない」旨判示した東京高判昭和25年3月4日高刑集3巻1号60頁に違反するとして上告した。これに対し，最高裁は，次のように判示する東京高判昭和27年1月29日高刑集5巻2号130頁の解釈が正当であるとして，上告を棄却した。

「訴因の記載が明確でない場合には，検察官の釈明を求め，もしこれを明確にしないときこそ，訴因が特定しないものとして公訴を棄却すべきものである」。

◯ **参考裁判例12-5　最二決昭和58年5月6日刑集37巻4号375頁**

本件は，被告人の妻Aを被害者とする殺人未遂の事案であるが，第1審は，有罪判決の罪となるべき事実として，「被告人は，同日午前5時20分ころ，同[被告人方2階]屋上において，A（当時40歳）を殺害してもかまわないという気持で，あえて同女の身体を，有形力を行使して同屋上の高さ約0.8メートルの転落防護壁手摺り越しに約

7.3メートル下方のコンクリート舗装の被告人方北側道路上に落下させて，路面に激突させた。その結果，被告人は，Aに対し，急性硬膜外血腫，脳挫傷，右第八肋膜・右坐骨骨折等による全治不明の傷害を負わせたが，殺害するには至らなかった」と認定・判示した。弁護人は，このような判示では，犯罪の手段・行為が特定されておらず，Xの行為が具体的に明示されていないとして争ったが，控訴審はその主張を容れず，最高裁も次のように判示して上告を棄却した。

「第1審判決は，罪となるべき事実中の被告人の本件行為として，被告人が，未必の殺意をもって，『被害者の身体を，有形力を行使して，被告人方屋上の高さ約0.8メートルの転落防護壁の手摺り越しに約7.3メートル下方のコンクリート舗装の被告人方北側路上に落下させて，路面に激突させた』旨判示し，被告人がどのようにして被害者の身体を右屋上から道路に落下させたのか，その手段・方法については，単に『有形力を行使して』とするのみで，それ以上具体的に摘示していないことは，所論のとおりであるが，前記程度の判示であっても，被告人の犯罪行為としては具体的に特定しており，第1審判決の罪となるべき事実の判示は，被告人の本件犯行について，殺人未遂罪の構成要件に該当すべき具体的事実を，右構成要件に該当するかどうかを判定するに足りる程度に具体的に明白にしているものというべきであり，これと同旨の原判断は相当である……。」

◯ 参考裁判例 12 - 6　最一決平成14年7月18日刑集56巻6号307頁

本件の捜査は，福岡県内の山林からAの白骨死体が発見されたことが端緒となって開始され，Aと仕事仲間であった被告人及びZが逮捕されるに至ったが，本件においては，真相解明を困難にする次のⓐ～ⓓの事情が存在した。ⓐAの遺体を鑑定した医師は，遺体には致命傷となり得る頭蓋冠，頭蓋底骨折が存在するが，遺体が高度に白骨化しているため死因は不明であるとしていた。ⓑZは，「本件当日，旅館『甲』で，被告人，A及びYと飲酒した際に，被告人がAに暴行を加えて死亡させたので，被告人及びYと共に遺体を運んで山林に遺棄した」旨供述していたが，被告人の暴行行為の態様やY及びZの加功の有無に関する供述は変遷を重ねていたうえ，Zが最終的に供述する暴行態様により，Aに頭蓋冠，頭蓋底骨折が発生するとは考えにくかった。ⓒ被告人は，基本的に犯行を否認しており，犯行を認めていた時期の供述も，Zの供述する暴行態様とは大きく異なっていた。ⓓもう1人の共犯者とされるYは，すでに死亡していて，他に犯行目撃者もいなかった。

被告人は，①平成9年9月30日午後8時30分ころ，福岡市中央区……ビジネス旅館「甲」2階7号室において，Aに対し，同人の頭部等に手段不明の暴行を加え，同人に頭蓋冠，頭蓋底骨折の傷害を負わせ，よって，そのころ，同所において，同人を右傷害に基づく外傷性脳障害により死亡するに至らしめた，との傷害致死の訴因と，②Y，Zと共謀の上，平成9年10月1日ころ，福岡県前原市……の山林内に，Aの死体を投棄

し，もって死体を遺棄した，との死体遺棄の訴因で起訴された。

第1審は，審理の結果，①傷害致死の訴因については，被害者が頭蓋骨骨折を負うに至った経緯が明らかでなく，被告人の暴行と被害者の死の結果との間の因果関係の証明が尽くされていないとして，傷害の限度で有罪とし，②死体遺棄の訴因については，被告人らが旅館「甲」にいた時点及び前原の山中に被害者を遺棄した時点のいずれにおいても，被害者が死亡していたことを認めるに足りる証拠がないとして，無罪とした。

被告人及び検察官の双方から控訴の申立てがあり，原審は，事実の取調べを経て，検察官から請求があった傷害致死の公訴事実に関する第1次予備的訴因（最高裁の判文中に引用されているもの）及び第2次予備的訴因（内容略）の追加を許可し，事実誤認を理由として第1審判決を破棄した上，第1次予備的訴因（ただし，Y及びZを共犯者とする共同正犯の訴因）に沿う傷害致死の事実を認め，これと死体遺棄の事実の双方について有罪の自判をした。

被告人から上告の申立てを受けた最高裁は，第1次予備的訴因が特定しているといえるかについて，次のような職権判断を示した上，これを棄却した。

「第1次予備的訴因は，『被告人は，単独又はY及びZと共謀の上，平成9年9月30日午後8時30分ころ，福岡市中央区所在のビジネス旅館甲2階7号室において，被害者に対し，その頭部等に手段不明の暴行を加え，頭蓋冠，頭蓋底骨折等の傷害を負わせ，よって，そのころ，同所において，頭蓋冠，頭蓋底骨折に基づく外傷性脳障害又は何らかの傷害により死亡させた。』という傷害致死の訴因であり，単独犯と共同正犯のいずれであるかという点については，択一的に訴因変更請求がされたと解されるものである。

原判決によれば，第1次予備的訴因が追加された当時の証拠関係に照らすと，被害者に致死的な暴行が加えられたことは明らかであるものの，暴行態様や傷害の内容，死因等については十分な供述等が得られず，不明瞭な領域が残っていたというのである。そうすると，第1次予備的訴因は，暴行態様，傷害の内容，死因等の表示が概括的なものであるにとどまるが，検察官において，当時の証拠に基づき，できる限り日時，場所，方法等をもって傷害致死の罪となるべき事実を特定して訴因を明示したものと認められるから，訴因の特定に欠けるところはないというべきである。」

◯ 参考裁判例12-7　最一決平成26年3月17日刑集68巻3号368頁

本件は，殺人，傷害致死，死体遺棄各1件と傷害7件からなる事案である。これらのうち，第1審の公判前整理手続段階において検察官が訴因変更請求をして許可された次のような2件の傷害被告事件の訴因の特定が争われた。

まず，Aを被害者とする傷害被告事件の訴因は，「被告人は，かねて知人のA（当時32年）を威迫して自己の指示に従わせた上，同人に対し支給された失業保険金も自ら管理・費消するなどしていたものであるが，同人に対し，(1)平成14年1月頃から同年2月上旬頃までの間，大阪府阪南市（中略）の甲荘N号室の当時のA方等において，

多数回にわたり，その両手を点火している石油ストーブの上に押し付けるなどの暴行を加え，よって，同人に全治不詳の右手皮膚剥離，左手創部感染の傷害を負わせ，(2) Y と共謀の上，平成14年1月頃から同年4月上旬頃までの間，上記A方等において，多数回にわたり，その下半身を金属製バットで殴打するなどの暴行を加え，よって，同人に全治不詳の左臀部挫創，左大転子部挫創の傷害を負わせたものである。」というものであった。また，Bを被害者とする傷害被告事件の訴因は，「被告人は，Z_1，Z_2及びZ_3と共謀の上，かねてB（当時45年）に自己の自動車の運転等をさせていたものであるが，平成18年9月中旬頃から同年10月18日頃までの間，大阪市西成区（中略）付近路上と堺市堺区（中略）付近路上の間を走行中の普通乗用自動車内，同所に駐車中の普通乗用自動車内及びその付近の路上等において，同人に対し，頭部や左耳を手拳やスプレー缶で殴打し，下半身に燃料をかけ，ライターで点火して燃上させ，頭部を足蹴にし，顔面をプラスチック製の角材で殴打するなどの暴行を多数回にわたり繰り返し，よって，同人に入院加療約4か月間を要する左耳挫・裂創，頭部打撲・裂創，三叉神経痛，臀部から両下肢熱傷，両膝部瘢痕拘縮等の傷害を負わせたものである。」というものであった。

第1審は，上記の各傷害事件について，訴因の不特定を理由として公訴棄却の判決を求める弁護人の主張を斥け，被告人を有罪とし，原審もこれを支持した。被告人から申し立てられた上告に対し，最高裁は，次のような職権判断を示して，これを棄却した。

「検察官主張に係る一連の暴行によって各被害者に傷害を負わせた事実は，いずれの事件も，約4か月間又は約1か月間という一定の期間内に，被告人が，被害者との上記のような人間関係を背景として，ある程度限定された場所で，共通の動機から繰り返し犯意を生じ，主として同態様の暴行を反復累行し，その結果，個別の機会の暴行と傷害の発生，拡大ないし悪化との対応関係を個々に特定することはできないものの，結局は一人の被害者の身体に一定の傷害を負わせたというものであり，そのような事情に鑑みると，それぞれ，その全体を一体のものと評価し，包括して一罪と解することができる。そして，いずれの事件も，上記……の訴因における罪となるべき事実は，その共犯者，被害者，期間，場所，暴行の態様及び傷害結果の記載により，他の犯罪事実との区別が可能であり，また，それが傷害罪の構成要件に該当するかどうかを判定するに足りる程度に具体的に明らかにされているから，訴因の特定に欠けるところはないというべきである。」

☐ **参考裁判例12-8** 最一決平成17年10月12日刑集59巻8号1425頁

被告人は，当初，覚せい剤取締法違反の訴因で起訴されたが，第1審の第3回公判期日において，検察官から，国際的な協力の下に規制薬物に係る不正行為を助長する行為等の防止を図るための麻薬及び向精神薬取締法等の特例等に関する法律（以下，「麻薬特例法」という）5条違反の訴因への訴因変更請求があり，裁判所は，これを許可した。

変更後の訴因は、最高裁の決定文中に引用されているように、「多数回にわたり、……氏名不詳の多数人に対し、覚せい剤様の結晶を覚せい剤として有償で譲り渡し［た］」旨の概括的記載を含むものであった。

　第1審は、変更後の訴因について被告人を有罪とし、原審も、これを支持した。麻薬特例法5条違反の訴因が不特定である旨主張して被告人から上告が申し立てられたのに対し、最高裁は、次のような職権判断を示して、これを棄却した。

「［麻薬特例法］5条違反の罪（以下「本罪」という。）は、規制薬物を譲り渡すなどの行為をすることを業とし、又はこれらの行為と薬物犯罪を犯す意思をもって薬物その他の物品を規制薬物として譲り渡すなどの行為を併せてすることを業とすることをその構成要件とするものであり、専ら不正な利益の獲得を目的として反復継続して行われるこの種の薬物犯罪の特質にかんがみ、一定期間内に業として行われた一連の行為を総体として重く処罰することにより、薬物犯罪を広く禁圧することを目的としたものと解される。このような本罪の罪質等に照らせば、4回の覚せい剤譲渡につき、譲渡年月日、譲渡場所、譲渡相手、譲渡量、譲渡代金を記載した別表を添付した上、『被告人は、平成14年6月ころから平成16年3月4日までの間、営利の目的で、みだりに、別表記載のとおり、4回にわたり、大阪市阿倍野区……路上に停車中の軽自動車内ほか4か所において、Aほか2名に対し、覚せい剤である塩酸フエニルメチルアミノプロパンの結晶合計約0.5gを代金合計5万円で譲り渡すとともに、薬物犯罪を犯す意思をもって、多数回にわたり、同市内において、上記Aほか氏名不詳の多数人に対し、覚せい剤様の結晶を覚せい剤として有償で譲り渡し、もって、覚せい剤を譲り渡す行為と薬物その他の物品を規制薬物として譲り渡す行為を併せてすることを業としたものである。』旨を記載した本件公訴事実は、本罪の訴因の特定として欠けるところはないというべきである。」

○ 参考裁判例12-9　最三決昭和61年10月28日刑集40巻6号509頁

　多数の賭博遊技機を設置した遊技場の経営者が、不特定多数の遊技客との賭博を反復継続したという事案において、原審は、常習賭博罪の罪となるべき事実として、次のような事実を認定、判示して被告人を有罪とした。

「被告人は、昭和59年3月6日から同年6月25日までの間、東京都豊島区……に店舗を設けて遊技場『甲』を経営していたものであるが、Yと共謀の上、右の期間中、常習として、同店1階部分に『麻雀ゲーム機』15台（ただし、そのうちの1台は同年5月ころに撤去）を設置し、更に同年5月31日からは同店2階部分にも『麻雀ゲーム機』2台及び『競馬ゲーム機』3台を設置し、Aほか不特定多数の賭客を相手方として多数回にわたり、それぞれ、金銭を賭け、これらの遊技機を使用し、『麻雀ゲーム機』の場合はその画面に現われる麻雀牌の組合せ等により、また『競馬ゲーム機』の場合は客が画面に現われるレース予想を見てする勝馬投票の的中の如何により勝負を争う方法で、

賭博をしたものである。」

　常習賭博罪の成立が認められるためには，個々の賭博行為を特定し立証する必要があるなどと主張して被告人から上告が申し立てられたのに対し，最高裁は，次のように判示して，これを棄却した。

　「原判決は，罪となるべき事実として，被告人が賭博遊技機を設置した遊技場の所在地，右遊技場の営業継続期間，遊技機の種類・台数，賭博の態様を摘示したうえ，被告人が，『Yと共謀のうえ，右期間中，常習として，Aほか不特定多数の賭客を相手とし，多数回にわたり，右遊技機を使用して賭博をした』旨判示している。このように，多数の賭博遊技機を設置した遊技場を経営する者が，不特定多数の遊技客との賭博を反履継続した場合につき，右遊技場の営業継続期間の全般にわたって行われた各賭博行為を包括した一個の常習賭博罪と認定する際は，右の程度の判示で常習賭博罪の罪となるべき事実の具体的摘示として欠けるところはない。」

参考裁判例12-10　最大判昭和33年5月28日刑集12巻8号1718頁
（練馬事件）（20-9 と同一事件）

　いわゆる練馬事件の上告審判決である。最高裁は，共謀共同正犯における共謀の判示方法について，次のような判断を示した。

　「共謀共同正犯が成立するには，2人以上の者が，特定の犯罪を行うため，共同意思の下に一体となって互に他人の行為を利用し，各自の意思を実行に移すことを内容とする謀議をなし，よって犯罪を実行した事実が認められなければならない。……『共謀』または『謀議』は，共謀共同正犯における『罪となるべき事実』にほかならないから，これを認めるためには厳格な証明によらなければならないというまでもない。しかし『共謀』の事実が厳格な証明によって認められ，その証拠が判決に挙示されている以上，共謀の判示は，前示の趣旨において成立したことが明らかにされれば足り，さらに進んで，謀議の行われた日時，場所またはその内容の詳細，すなわち実行の方法，各人の行為の分担役割等についていちいち具体的に判示することを要するものではない。」

13 訴因の変更

(1) 訴因変更の意義

設例1

　甲大学工学部でノート型パーソナル・コンピュータの盗難事件が発生し，その5日後，コンピュータの大型専門店で万引きをしようとして逮捕されたXの車の中にあったショルダーバッグから，甲大学工学部の備品番号が貼付され，盗難被害にあったものと同型のコンピュータが発見された。捜査の結果，Xは，窃盗犯人として，「平成○○年10月1日，東京都……所在の甲大学工学部○○講座実験室において，同大学が所有するノート型パーソナル・コンピュータ1台（時価○○円相当）を窃取した」との公訴事実で起訴された。

❓ Elementary

　1　公判において，コンピュータが窃取されたのは，公訴事実の記載と異なり，日時は9月30日，場所は○○講座実験室の隣の○○講座共同研究室であることが明らかとなった。裁判所は，直ちに，上記の日時，場所における窃盗の事実を認定して，Xを有罪としてよいか。

　2　公判において，Xは，コンピュータはパチンコ屋でたまたま隣り合わせた男から盗品とは知らずに1万円で譲り受けたものである旨弁解した。これに対し，裁判所は，Xは窃盗犯人ではないが，コンピュータを盗品と知りながら有償で譲り受けたことは疑いないとの心証を得た。

　(1)　裁判所は，直ちに盗品有償譲受けの事実を認定して，Xを有罪としてよいか。

　(2)　裁判所は，窃盗の事実の証明がないとして，直ちにXを無罪としてよいか。

　(3)　検察官は，別途，盗品有償譲受けの事実を起訴してよいか。

　(4)　裁判所または検察官がとり得る方法は，他に考え得ないか。

　3　Xの起訴後，○○講座実験室内の共有ロッカーから，○○講座の共益費として保管されていた現金5万円が紛失している事実が明らかとなった。公判において，Xは，コンピュータを窃取した際，同時に現金5万円も窃取した旨自白した。

　(1)　裁判所は，直ちに現金5万円窃取の事実についても審理した上，公訴事実記載のコンピュータ窃取の事実とともにこれを認定し，Xを有罪としてよいか。実験室のコンピュータを窃取した際に窃取した現金5万円が，別の講座の共同研究室に保管されていたものであったとすればどうか。

　(2)　(1)のそれぞれの場合において，検察官は，別途，現金5万円窃取の事実を起

訴してよいか。
　(3)　裁判所または検察官がとり得る方法は，他に考え得ないか。
4　公判において，Xは，本件の半年前に甲大学理学部において，デスクトップ型パーソナル・コンピュータを窃取したことがある旨自白した。
　(1)　裁判所は，直ちに半年前のデスクトップ型パーソナル・コンピュータ窃取の事実について審理を進めてよいか。
　(2)　検察官は，別途，半年前のデスクトップ型パーソナル・コンピュータ窃取の事実を起訴してよいか。**2**，**3**の場合のような方法を用いることはできるか。

(2)　訴因変更の要否

13-1　最三決平成13年4月11日刑集55巻3号127頁

【事案の概要】　X（被告人）は，A，Vらと共謀の上，Aの知人らの居宅に火災保険をかけて放火し，保険金を騙取するなどし，その後，口封じのため，Aと共謀の上，Vを殺害し，その死体を遺棄したとして殺人，死体遺棄，現住建造物等放火，詐欺の罪で起訴された。

　このうち殺人事件の訴因は，当初，「被告人は，Aと共謀の上，昭和63年7月24日ころ，青森市大字合子沢所在の産業廃棄物最終処分場付近道路に停車中の普通乗用自動車内において，Vに対し，殺意をもってその頸部をベルト様のもので絞めつけ，そのころ窒息死させて殺害した」というものであった。しかし，第1審公判において，XがAとの共謀の存在と実行行為への関与を否定して無罪を主張し，その点に関する証拠調べが実施された結果，検察官は証人として取り調べたAの供述に沿う形で訴因変更を請求し，「被告人は，Aと共謀の上，昭和63年7月24日午後8時ころから午後9時30分ころまでの間，青森市安方2丁目所在の共済会館付近から前記最終処分場に至るまでの間の道路に停車中の普通乗用自動車内において，殺意をもって，被告人が，Vの頸部を絞めつけるなどし，同所付近で窒息死させて殺害した」との訴因に変更された。これに対し，第1審の青森地裁は，審理の結果，実行行為者をXであるとするAの供述も，事件への関与を否定するXの弁解も，またXとAとが共同して実行行為を行ったとするXの捜査段階の自白も，いずれも信用性に疑問とすべき点があるとし，これらの供述を離れた証拠とそこから合理的に推認できる事実をもとに，「被告人は，Aと共謀の上，昭和63年7月24日午後8時ころから翌25日未明までの間に，青森市内又はその周辺に停車中の自動車内において，A又は被告人あるいはその両名において，扼殺，絞殺又はこれに類する方法でVを殺害した」との事実を認定してXを有罪とした。

　X側は，実行行為者についてXと明示した訴因に対し，第1審が訴因変更手続を経ることなく「A又は被告人あるいはその両名」と認定したことの適法性を争

い，控訴を申し立てたが，原審の仙台高裁は，これを棄却した。そこで，X側は，訴因変更義務違反による憲法31条違反などを主張して，さらに上告を申し立てた。
【判示】　上告棄却。
　最高裁は，訴因変更の要否について，次のような職権判断を示した。
　「実行行為者につき第1審判決が訴因変更手続を経ずに訴因と異なる認定をしたことに違法はないかについて検討する。訴因と認定事実とを対比すると，前記のとおり，犯行の態様と結果に実質的な差異がない上，共謀をした共犯者の範囲にも変わりはなく，そのうちのだれが実行行為者であるかという点が異なるのみである。そもそも，殺人罪の共同正犯の訴因としては，その実行行為者がだれであるかが明示されていないからといって，それだけで直ちに訴因の記載として罪となるべき事実の特定に欠けるものとはいえないと考えられるから，訴因において実行行為者が明示された場合にそれと異なる認定をするとしても，審判対象の画定という見地からは，訴因変更が必要となるとはいえないものと解される。とはいえ，実行行為者がだれであるかは，一般的に，被告人の防御にとって重要な事項であるから，当該訴因の成否について争いがある場合等においては，争点の明確化などのため，検察官において実行行為者を明示するのが望ましいということができ，検察官が訴因においてその実行行為者の明示をした以上，判決においてそれと実質的に異なる認定をするには，原則として，訴因変更手続を要するものと解するのが相当である。しかしながら，実行行為者の明示は，前記のとおり訴因の記載として不可欠な事項ではないから，少なくとも，被告人の防御の具体的な状況等の審理の経過に照らし，被告人に不意打ちを与えるものではないと認められ，かつ，判決で認定される事実が訴因に記載された事実と比べて被告人にとってより不利益であるとはいえない場合には，例外的に，訴因変更手続を経ることなく訴因と異なる実行行為者を認定することも違法ではないものと解すべきである。
　そこで，本件について検討すると，記録によれば，次のことが認められる。第1審公判においては，当初から，被告人とAとの間で被害者を殺害する旨の共謀が事前に成立していたか，両名のうち殺害行為を行った者がだれかという点が主要な争点となり，多数回の公判を重ねて証拠調べが行われた。その間，被告人は，Aとの共謀も実行行為への関与も否定したが，Aは，被告人との共謀を認めて被告人が実行行為を担当した旨証言し，被告人とAの両名で実行行為を行った旨の被告人の捜査段階における自白調書も取り調べられた。弁護人は，Aの証言及び被告人の自白調書の信用性等を争い，特に，Aの証言については，自己の責任を被告人に転嫁しようとするものであるなどと主張した。審理の結果，第1審裁判所は，被告人とAとの間で事前に共謀が成立していたと認め，その点では被告人の主張を排斥したものの，実行行為者については，被告人の主張を一部容れ，検察官の主

張した被告人のみが実行行為者である旨を認定するに足りないとし，その結果，実行行為者がAのみである可能性を含む前記のような択一的認定をするにとどめた。以上によれば，第1審判決の認定は，被告人に不意打ちを与えるものとはいえず，かつ，訴因に比べて被告人にとってより不利益なものとはいえないから，実行行為者につき変更後の訴因で特定された者と異なる認定をするに当たって，更に訴因変更手続を経なかったことが違法であるとはいえない。」

Q Basic

5 参考裁判例 13-13, 13-14, 13-15 は，それぞれ，訴因変更の要否をどのような基準で判断しているか。

6 参考裁判例 13-14 は **5** の判断基準を用いる際，どのような事情を重視しているか。参考裁判例 13-15 はどうか。両者の間で，**5** の判断基準を用いた判断方法に差異があるか。

7 本決定によれば，訴因変更の要否はどのような基準で判断されるか。本決定の考え方において訴因変更が必要とされる場合は，参考裁判例 13-14 の考え方において訴因変更が必要とされる場合と異なるか。参考裁判例 13-15 の考え方において訴因変更が必要とされる場合とではどうか。

8 「訴因の記載として不可欠な事項」について，裁判所が訴因に明示された事実と異なる認定をすることが許されないのはなぜか。

9 共同正犯の訴因において，「訴因の記載として不可欠な事項」ではない実行行為者が誰であるかを明示することには，どのような意味があるか。裁判所が，明示された実行行為者と異なる認定をすることには，何らかの問題があるか。

10 共同正犯の訴因において，実行行為者が明示されていない場合に，検察官がその点について釈明したとする。この場合に，裁判所が，釈明された実行行為者と異なる認定をすることには，何らかの問題があるか。

11 本決定は，共同正犯において「実行行為者がだれであるかは，一般的に，被告人の防御にとって重要な事項である」から，「検察官が訴因においてその実行行為者の明示をした以上，判決においてそれと実質的に異なる認定をするには，原則として，訴因変更手続を要する」としつつ，一定の場合には，「例外的に，訴因変更手続を経ることなく訴因と異なる実行行為者を認定することも違法ではない」とした。例外が認められるのは，どのような理由で，どのような場合か。

12 参考裁判例 13-16 は，どのような事実について，原判決が訴因変更手続を経ることなく訴因と異なる認定をしたことを違法としたか。それは，**8** の事項に当たるか。

13 本決定が第1審判決の認定について，「被告人に不意打ちを与えるものとはいえ［ない］」と判断したのは，どのような事情によるか。参考裁判例 13-16 が

原判決の認定について,「被告人に不意打ちを与えるものといわざるを得ない」と判断したのはどうか。「被告人の防御の具体的な状況」は,それぞれにおいて,どのように考慮されているか。

14 本決定の考え方によれば,参考裁判例13-13の場合に訴因変更は必要か。

15 訴因変更が必要な場合であるにもかかわらず,その手続を経ることなく,裁判所が判決において訴因と異なる事実を認定した場合,どのような控訴理由にあたるか。本判決の考え方によれば,**8**の事項について訴因と異なる事実を認定した場合と,それ以外の「一般的に,被告人の防御にとって重要な事項」について訴因に明示されたところと異なる事実を認定した場合とで,控訴理由は同じか（なお,***Q32*** も参照）。

Advanced

16 「審判対象の画定という見地」から訴因変更が必要とされるのは,具体的にどのような場合か。次の場合はどうか（なお,***Q28*** も参照）。

(1) バットで頭部を殴打する暴行を加え,頭部挫傷の傷害を負わせたとの傷害の訴因に対し,バットで頭部を殴打する暴行を加え,脳損傷の傷害を負わせ,その結果死亡させたとの傷害致死の事実を認定する場合。

(2) バットで頭部を殴打する暴行を加え,頭部挫傷の傷害を負わせたとの傷害の訴因に対し,バットで頭部を殴打する暴行を加え,頭部挫傷及び脳損傷の傷害を負わせたとの傷害の事実を認定する場合。

(3) バットで頭部を殴打する暴行を加え,頭部挫傷の傷害を負わせたとの傷害の訴因に対し,コンクリート壁に頭部を打ち付ける暴行を加え,頭部挫傷の傷害を負わせたとの傷害の事実を認定する場合。

(4) マッチで自宅の台所にあった可燃物に火をつけて放火し,人が現に居住する家屋を焼燬したとの作為による放火の訴因に対し,マッチの不始末で自宅の台所にあった可燃物に引火したところ,消火が容易であるにもかかわらずこれを放置して放火し,人が現に居住する家屋を焼燬したとの不作為の放火の事実を認定する場合。

17 「訴因の記載として不可欠な事項」ではないが,訴因に記載された事実について,判決で被告人にとってより不利益となる事実を認定するには,訴因変更を経ることが必要か。審理の経過に照らし,被告人に不意打ちを与えるものではないと認められる場合はどうか。仮にその場合にも訴因変更が必要であるとすると,その理由としてどのようなことが考えられるか。

18 「被告人は,Aと共謀の上,Vに対し,殺意をもって,Aがその頸部をベルト様のもので絞めつけ,窒息死させて殺害した」との共謀共同正犯の訴因に対し,共謀の日時,場所について釈明を求められた検察官が,共謀は犯行前日の午後10時から11時半ころ,A宅において行われた旨釈明した。被告人側が,犯行があっ

た前日の上記時間には，Bと別の場所にいたことを主張・立証したのに対し，裁判所は，共謀は犯行前々日の同じ時間，同じ場所において行われたとの心証を得た。この場合に，裁判所が犯行前々日の共謀の事実を認定して被告人を有罪とするには，訴因変更を経ることが必要か。訴因変更が必要ないとすれば，裁判所は直ちにそのような事実を認定して被告人を有罪とすることが許されるか（参考裁判例13－17参照）。

19 次の場合，訴因変更は必要か。
(1) 下記①の事実を記載した訴因に対し，下記②の事実を認定する場合
(2) 下記②の事実を記載した訴因に対し，下記①の事実を認定する場合
(3) 下記①の事実を記載した訴因に対し，下記③の事実を認定する場合
(4) 下記③の事実を記載した訴因に対し，下記①の事実を認定する場合
(5) 下記④の事実を記載した訴因に対し，証拠調べの結果，被告人は実行行為の現場にいなかったが，実行行為者Aとの間に事前の共謀が成立していたことが明らかとなり，下記②の事実を認定する場合

①「被告人は，Vに対し，殺意をもってその頸部をベルト様のもので絞めつけ，窒息死させて殺害した」との単独犯の事実

②「被告人は，Aと共謀の上，Vに対し，殺意をもって，Aがその頸部をベルト様のもので絞めつけ，窒息死させて殺害した」との共謀共同正犯の事実

③「被告人は，Aと共謀の上，Vに対し，殺意をもって，被告人がその頸部をベルト様のもので絞めつけ，窒息死させて殺害した」との共謀共同正犯の事実

④「被告人は，Aと共謀の上，Vに対し，殺意をもって，被告人とAが共同してその頸部をベルト様のもので絞めつけ，窒息死させて殺害した」との実行共同正犯の事実

20 参考裁判例13－18において，「Yとの共謀」による殺人の訴因に対し「氏名不詳者との共謀」による殺人の事実を認定する際，訴因変更が必要とされたのは，どのような理由によるか。訴因変更の要否に関する本決定の基準に照らすとどうなるか（東京高判平成20年10月30日東高時報59巻1～12号119頁も参照）。

13－2 最三決昭和55年3月4日刑集34巻3号89頁

【事案の概要】 第1審の東京簡裁は，X（被告人）に対し，酒気を帯び，アルコールの影響により正常な運転ができないおそれがある状態で，昭和52年6月11日午前1時52分ころ，東京都板橋区内の道路において普通乗用自動車を運転したとして，道路交通法117条の2第1号の酒酔い運転の罪で，有罪判決を言い渡した。これに対し，X側は，当時は，酒気を帯びておらず，従って，アルコールの影響により正常な運転のできないおそれのある状態にはなかったとして，事実誤認を主張し，

控訴を申し立てた。

　証拠によれば，Xは，前日10日の午後5時30分過ぎころから午後7時30分ころまでの間にビール大ジョッキ2杯を，引き続き午後7時30分過ぎころから翌11日午前0時30分ころまでの間にウイスキーの水割り若干量を飲み，その後，午前0時50分ころから普通乗用自動車を運転し，昭和52年6月11日午前1時52分ころ，東京都板橋区内の路上を指定最高速度を超える速度で走行中に，速度違反一斉取締りにあたっていた警察官から停止の合図をうけた。停車して下車したXは，強い酒臭を発し，目を充血させ，取調べにあたった警察官に対し，通常よりも大きな声で「責任者を出せ」などと申し向けて反抗的な態度を示し，アルコール検知を拒絶した。

　原審の東京高裁は，第1審判決が判示する日時，場所において，Xがアルコールの影響により正常な運転ができないおそれのある状態であったことを認めるに足りる証拠はないとして，これを破棄した上，訴因変更後の「被告人は，酒気を帯び，アルコールの影響により正常な運転ができないおそれがある状態で，昭和52年6月11日午前零時50分ころから，同日午前1時52分ころまでの間，埼玉県久喜市……甲病院駐車場前から，東北自動車道久喜料金所，同岩槻南料金所を経て東京都板橋区……付近道路まで普通乗用自動車を運転した」との訴因についても，やはり犯罪の証明がないとしたが，さらに道路交通法119条1項7号の2の酒気帯び運転罪の成否を検討し，「飲酒量，飲酒状況，飲酒後の経過時間，運転直後の言語，行動，身体的特徴等の外観的観察等から経験則によって」，その成立を認めることができるとした。そして，「本件の審理経過等に鑑みれば，訴因変更の手続を経ることなく右酒気帯びの事実につき有罪の認定をなしうる場合である」として，直ちに「[被告人は]呼気1リットルにつき0.25ミリグラム以上のアルコールを身体に保有する状態で，昭和52年6月11日午前零時50分ころから，同日午前1時52分ころまでの間，埼玉県久喜市……甲病院駐車場前から，東北自動車[道]久喜料金所，同岩槻南料金所を経て，東京都板橋区……付近道路まで普通乗用自動車を運転し」たとの事実を認定し，Xを有罪とした。

　X側は，原判決は訴因とは異なる公訴の提起がなされていない事実を認定してXを有罪とした点で憲法31条に違反するなどと主張して上告を申し立てた。

【判示】　上告棄却。

　最高裁は，訴因変更の要否について，次のように判示した。

　「道路交通法117条の2第1号の酒酔い運転も同法119条1項7号の2の酒気帯び運転も基本的には同法65条1項違反の行為である点で共通し，前者に対する被告人の防禦は通常の場合後者のそれを包含し，もとよりその法定刑も後者は前者より軽く，しかも本件においては運転開始前の飲酒量，飲酒の状況等ひいて運転当時

の身体内のアルコール保有量の点につき被告人の防禦は尽されていることが記録上明らかであるから，前者の訴因に対し原判決が訴因変更の手続を経ずに後者の罪を認定したからといって，これにより被告人の実質的防禦権を不当に制限したものとは認められず，原判決には所論のような違法はない。」

Q Basic

21 酒酔い運転と酒気帯び運転の関係は，参考裁判例13-13の強盗と恐喝の関係と同じか*。

*本件当時の道路交通法では，酒酔い運転に関する117条の2第1号は，「第65条（酒気帯び運転等の禁止）第1項の規定に違反して車両等を運転した者で，その運転をした場合において酒に酔った状態（アルコールの影響により正常な運転ができないおそれがある状態をいう。……）にあったもの」を2年以下の懲役又は5万円以下の罰金に処する旨定め（現行法では，5年以下の懲役又は100万円以下の罰金），また酒気帯び運転に関する119条1項7号の2は，「第65条（酒気帯び運転等の禁止）第1項の規定に違反して車両等（軽車両を除く。）を運転した者で，その運転をした場合において身体に政令で定める程度以上にアルコールを保有する状態にあったもの」を3月以下の懲役又は3万円以下の罰金に処する旨定めていた（現行法では，117条の2の2で，3年以下の懲役又は50万円以下の罰金）。

22 本決定が，酒酔い運転の訴因に対し酒気帯び運転の事実を認定するにあたり，訴因変更手続を必要としないと判断したのは，参考裁判例13-13と同様の考え方によるものか。本決定が，その理由として，「本件においては運転開始前の飲酒量，飲酒の状況ひいて運転当時の身体内のアルコール保有量の点につき被告人の防禦は尽されていること」をあげているのはなぜだと考えられるか。

23 次の場合，訴因変更は必要か。
(1) 殺人の訴因に対し，殺意の証明が不十分であるため，傷害致死の事実を認定する場合（なお，「**24**裁判」**Q12**(4)も参照）
(2) 殺人の訴因に対し，被害者の同意があった疑いが生じたため，同意殺人の事実を認定する場合
(3) 同意殺人の訴因に対し，被害者の同意がなかったことが判明したため，殺人の事実を認定する場合

Q Advanced

24 「被告人は，Aと共謀の上，駐車中の普通乗用自動車1台を窃取した」との共同正犯の訴因に対し，「被告人は，Aが駐車中の普通乗用自動車1台を窃取するに際し，見張りをしてAの犯行を容易にさせ幇助した」との幇助犯の事実を認定するには，訴因変更が必要か。上記訴因に対し検察官が，被告人はAと現場共謀の上，現場近くで見張りをしていた旨釈明していた場合と，被告人は現場におらず

事前共謀による共謀共同正犯である旨釈明していた場合とでは，差異があるか。

13-3 最三判昭和46年6月22日刑集25巻4号588頁

【事案の概要】 本件起訴状には，訴因として，「被告人は，自動車の運転業務に従事しているものであるが，昭和42年10月2日午後3時35分頃普通乗用自動車を運転し，江見町方面から天津方面に向って進行し，千葉県安房郡鴨川町……路上に差掛った際，前方交差点の停止信号で自車前方を同方向に向って一時停止中のA……運転の普通乗用自動車の後方約0.75米の地点に一時停止中前車の先行車の発進するのを見て自車も発進しようとしたものであるが，かゝる場合自動車運転者としては前車の動静に十分注意し，かつ発進に当ってはハンドル，ブレーキ等を確実に操作し，もって事故の発生を未然に防止すべき業務上の注意義務があるのに，前車の前の車両が発進したのを見て自車を発進させるべくアクセルとクラッチペダルを踏んだ際当時雨天で濡れた靴をよく拭かずに履いていたため足を滑らせてクラッチペダルから左足を踏みはずした過失により自車を暴進させ未だ停止中の前車後部に自車を追突させ，因って前記Aに全治2週間を要する鞭打ち症，同車に同乗していたB……に全治3週間を要する鞭打ち症の各傷害を負わせた」との事実が記載されていた。これに対し，第1審の千葉地裁は，訴因変更の手続を経ないで，罪となるべき事実として，「被告人は，自動車の運転業務に従事している者であるが，昭和42年10月2日午後3時35分頃普通乗用自動車を運転し，江見町方面から天津方面に向って進行し，安房郡鴨川町……路上に差しかかった際，自車の前に数台の自動車が1列になって一時停止して前方交差点の信号が進行になるのを待っていたのであるが，この様な場合はハンドル，ブレーキ等を確実に操作し事故の発生を未然に防止すべき業務上の注意義務があるのに，これを怠り，ブレーキをかけるのを遅れた過失により自車をその直前に一時停止中のA……運転の普通乗用自動車に追突させ，よって，右Aに対し全治2週間を要する鞭打ち症の，同車の助手席に同乗していたB……に対し全治約3週間を要する鞭打ち症の各傷害を負わせた」との事実を認定し，被告人を有罪とした。

被告人側は控訴し，控訴趣意として，本件においては起訴事実と認定事実との間で被告人の過失の態様に関する記載が全く異なるから，訴因変更の手続が必要であったと主張したのに対し，原審の東京高裁は，「その差は同一の社会的事実につき，同一の業務上注意義務のある場合における被告人の過失の具体的行為の差異に過ぎ」ず，本件においては，「前記の如き事実関係の変更により被告人の防禦に何等実質的不利益を生じたものとは認めることはできない」から，第1審が訴因変更の手続を経ないで訴因と異なる事実を認定したことは違法でないと判断した。被告人側上告。

13 訴因の変更／13-③, Q25～30

【判示】 破棄差戻し。

　最高裁は職権で次のように判示し、第1審が訴因変更の手続をとらずに判決したことは違法であるとし、これを是認した原判決には、法令解釈を誤った違法があるとした。

　「本件起訴状に訴因として明示された被告人の過失は、濡れた靴をよく拭かずに履いていたため、一時停止の状態から発進するにあたりアクセルとクラッチペダルを踏んだ際足を滑らせてクラッチペダルから左足を踏みはずした過失であるとされているのに対し、第1審判決に判示された被告人の過失は、交差点前で一時停止中の他車の後に進行接近する際ブレーキをかけるのを遅れた過失であるとされているのであって、両者は明らかに過失の態様を異にしており、このように、起訴状に訴因として明示された態様の過失を認めず、それとは別の態様の過失を認定するには、被告人に防禦の機会を与えるため訴因の変更手続を要するものといわなければならない。」

Q Advanced

25　訴因において過失を記載する場合、実務上一般に、ⓐ注意義務を課す根拠となる具体的事実、ⓑ注意義務の内容、ⓒ注意義務違反の具体的行為、が掲げられる。本件訴因は、ⓐ～ⓒとしてどのような記載をしているか。第1審は、ⓐ～ⓒをどのように認定しているか。

26　参考裁判例13-19の訴因は、ⓐ～ⓒとしてどのような記載をしているか。「石灰の粉塵の路面への堆積凝固という事実」は、ⓐ～ⓒのどれにあたるか。

27　本判決と参考裁判例13-19では、過失犯の訴因における訴因変更の要否について、考え方が異なるか。

28　本件において原審は、第1審が訴因として明示されたところとは別の態様の過失を認定したことについて、「被告人の防禦に何等実質的不利益を生じたものとは認めることはできない」としている。本判決は、この判断を前提としたうえで、「訴因の変更手続を要する」としたものか。本件は、判例13-①でいう「審判対象の画定という見地から」訴因変更が必要となる場合か。

29　参考裁判例13-19によれば、第1審における変更後の訴因のままでも、「石灰の粉塵の路面への堆積凝固という事実」は、認定が許されないわけではなかった。そうだとすると、原審における「石灰の粉塵の路面への堆積凝固という事実」を含んだ予備的訴因の追加は、どのような意味をもっているか。原審が、仮に予備的訴因の追加なしにこの事実を認定していたとした場合、何らかの問題があるか。

30　訴因における過失の記載が**25**のような形式でなされるのはなぜか。「必ずしもどういう注意義務があったかを記載する必要はなく『漫然と』という記載で足

りる場合もあろう」（平野龍一『刑事訴訟法』〔1958年〕134頁）と考えることはできるか（「**12 訴因の明示・特定**」**Q29** 参照）。

(3) 訴因変更の可否

13-4 最三判昭和29年9月7日刑集8巻9号1447頁

【事案の概要】　本件起訴状には，「被告人は昭和28年9月21日午前1時頃京都市下京区大宮通り丹波口下る3丁目122番地A方前路上に於て同人所有のリヤカー1台（時価1万円位）を窃取した」との窃盗の訴因が記載されていたが，第1審の公判において，検察官は，「被告人は昭和28年9月21日午前1時頃京都市下京区七条大宮南入路上で知人Bより，その盗贓たるの情を知りながら，リヤカー1台（時価1万円位）を預りもって贓物の寄蔵をなした」との贓物寄蔵の予備的訴因の追加を請求し，裁判所はこれを許可した。審理の結果，被告人は，予備的訴因について有罪とされた。

被告人側は，本件窃盗の訴因と贓物寄蔵の訴因との間に公訴事実の同一性は認められないなどと主張して控訴したが，原審は第1審の措置を是認した。被告人側上告。

【判示】　上告棄却。

「本件の主たる訴因である……事実と，追加された予備的訴因である……事実との間には，日時の同一，場所的関係の近接性及び不法に領得されたA所有のリヤカー1台に被告人が関与したという事実に変りはないから，右両訴因の間の基本的事実関係は，その同一性を失うものでないと解するを相当とする。」

Q Elementary

31　本件では，何のために公訴事実の同一性の有無が争われたのか。参考裁判例 13-20 の場合はどうか。公訴事実の同一性という概念は，刑事手続上，どのような働きをしているか（参考裁判例 13-32 も参照）。

32　公訴事実の同一性に欠ける訴因について，誤って訴因変更が許可され，判決が言い渡された場合，どのような控訴理由にあたるか（なお，**Q15** も参照）。

Q Basic

33　本判決は，公訴事実の同一性の有無をどのような基準で判断しているか。参考裁判例 13-20 はどうか。

34　参考裁判例 13-21 の反対意見は，公訴事実の同一性の判断基準について，どのような考え方をとっているか。

35　最高裁は，旧刑事訴訟法が適用された事件において，次のように判示して，恐喝の事実と収賄の事実との間で基本的事実関係の同一性を認めたことがある。**33** の判断基準によれば，このような恐喝の事実と収賄の事実との間に公訴事実の

同一性は認められるか。**34**の判断基準によればどうか。

「検事が恐喝として起訴した事実と原判示第二の［収賄の］事実との間には金員の提供者，収受者，収受の日時，場所，金員の額のいずれもが同一であって，ただ，金員の収受者が提供者を恐喝して金員を交付せしめたのか，単に職務に関し提供された金員を収受したのかの点においておのおのその認定を異にするだけである。されば，起訴事実と原判示事実との間には基本たる事実関係を同じくするものと認められるから，原判示事実は起訴事実と同一性を失わないものといわなければならぬ。従って起訴事実の罪名と罪質とが原判示事実の罪名と罪質とに一致しないからといって，原判決には審判の請求を受けない事件について判決をしたものとはいうことはできない。」（最一判昭和25年9月21日刑集4巻9号1728頁［1730頁］）

36 旧刑事訴訟法のもとでは，裁判所の審判の範囲は，検察官が起訴状において示した「犯罪事実」に拘束されることなく，事件が同一である限り，その全体に及んだ。**35**の最高裁判決でも，検察官が恐喝の事実を掲げて起訴したのに対し，裁判所が直ちに収賄の事実を認定して有罪としたことが，恐喝の事実と収賄の事実との間に基本的事実関係の同一性が認められることを理由に，適法とされている。

仮に公訴事実の同一性が認められるものとして，現行法のもとで，検察官が恐喝の訴因を掲げて起訴した場合に，裁判所が直ちに収賄の事実を認定して有罪とすることは許されるか。旧法時代にも存在した**34**のような考え方は，旧法のもとにおける場合と現行法のもとにおける場合とで，その果たし得る機能に差異があるか。

37 公訴事実とは，訴因が指し示そうとしている社会的・歴史的事実であり，審判の対象は，そのような公訴事実であるとする考え方がある。このような公訴事実対象説と呼ばれる考え方からは，公訴事実の同一性はどのように判断されるか。その判断方法は適当か。

38 公訴事実の同一性の判断方法に関する次のような考え方は，**37**の考え方とどのような点で違いがあるか。この判断方法によった場合，公訴事実の同一性が認められる範囲の広狭について，検察官と被告人の利益はどのように対立するか。このような判断方法は適当か。

「訴因は，罪となるべき事実を特定して示したものであり，その要素としては，犯罪主体としての被告人のほか，犯罪の日時，犯罪の場所，犯罪の方法ないし行為の態様，被害法益の内容，その主体としての被害者，共犯関係などが考えられる。……同一性の判断は，これらの要素間の関係を総合的に評価し，検察官と被告人との間の対立利益を比較衡量して決定される。」（松尾浩也『刑事訴訟法・上〔新版〕』〔1999年〕265頁）

13－5 最二判昭和29年5月14日刑集8巻5号676頁

【事案の概要】　本件起訴状には，「被告人は昭和25年10月14日頃，静岡県長岡温泉甲ホテルに於て宿泊中のAの所有にかかる紺色背広上下1着，身分証明書及び定期券1枚在中の豚皮定期入れ1個を窃取したものである」「刑法235条」との訴因，罰条が記載されていたが，第1審の公判において，検察官は，「被告人は贓物たるの情を知りながら，[昭和25年]10月19日頃東京都内において自称Aから紺色背広上下1着の処分方を依頼され，同日同都豊島区……B方に於て金4千円を借受け，その担保として右背広1着を質入れし，以って贓物の牙保をなしたものである」「刑法256条2項」との訴因，罰条の予備的追加を請求し，裁判所はこれを許可した。審理の結果，被告人は，贓物牙保の事実で有罪とされた。

被告人側は，本件窃盗の訴因と贓物牙保の訴因との間には公訴事実の同一性がないなどと主張して控訴を申し立てたが，原審はこれを斥けた。被告人側上告。

【判示】　上告棄却。

「二つの訴因の間に，基本的事実関係の同一性が認められるかどうかは，各具体的場合に於ける個別的判断によるべきものである。……予備的訴因において被告人が牙保したという背広1着が，起訴状記載の訴因において被告人が窃取したというA所有の背広1着と同一物件を指すものであることは，本件審理の経過に徴し，極めて明らかである。従って，右二訴因はともにAの窃取された同人所有の背広1着に関するものであって，ただこれに関する被告人の所為が窃盗であるか，それとも事後における贓物牙保であるかという点に差異があるにすぎない。そして，両者は罪質上密接な関係があるばかりでなく，本件においては事柄の性質上両者間に犯罪の日時場所等について相異の生ずべきことは免れないけれども，その日時の先後及び場所の地理的関係とその双方の近接性に鑑みれば，一方の犯罪が認められるときは他方の犯罪の成立を認め得ない関係にあると認めざるを得ないから，かような場合には両訴因は基本的事実関係を同じくするものと解するを相当とすべく，従って公訴事実の同一性の範囲内に属するものといわなければならない。本件の如き場合において，公訴事実の同一性なしとするにおいては，一方につき既に確定判決があっても，その既判力は他に及ばないと解せざるを得ないから，被告人の法的地位の安定性は，そのため却って脅されるに至ることなきを保し難い。」

Q Basic

39　本判決は，公訴事実の同一性の有無をどのような基準で判断しているか。判断に際し考慮している事情は，判例 **13－4** と同じか。参考裁判例 **13－22**，**13－23** はどうか（判例 **13－7** も参照）。

40　本件の本位的訴因と予備的訴因の各事実は，どのような点で共通し，どのような点で相違しているか。判例 **13－4** の場合はどうか。

41 本件において,「一方の犯罪が認められるときは他方の犯罪の成立を認め得ない関係」とは具体的にどのような関係か。参考裁判例 13 - 22 の「一方が有罪となれば他方が……不処罰となる関係」,参考裁判例 13 - 23 の「両立しない関係」はどうか。それぞれの場合に,「非両立(択一)関係」が認められるというのは,何が両立していないことを指すのか。

42 訴因が ***41*** のような「非両立(択一)関係」にあることは,基本的事実関係が同一であることとどのような関係にあるか。

43 訴因が非両立関係にある場合,常に公訴事実の同一性は認められるか。例えば,次の場合はどうか。

(1) 交通事故による過失運転致傷の罪で起訴された被告人について,審理の過程で,身代わり犯人である疑いが生じた場合の,過失運転致傷の事実を内容とする訴因と犯人隠避の事実を内容とする訴因(東京高判昭和 40 年 7 月 8 日高刑集 18 巻 5 号 491 頁参照)。

(2) 同一被告人が同一日時に札幌で殺人を行ったとする訴因と那覇で窃盗を行ったとする訴因。

44 非両立関係にある訴因を別訴で各別に審判した場合,何か不都合があるか。

Ⓠ Advanced

45 訴因の非両立性は,訴因の記載自体の比較で判断されるべきか。それ以外の要素も加味されてよいか。この点で,次のような見解がある。

　「両訴因が非両立の関係に立つか否かは,両訴因の文面を比較するのみで判断できることではなく,その背後にある社会的事実関係に照らして初めて判断できることである。訴因の文面又は検察官の釈明によると両訴因が非両立の関係に立つかに見える場合でも,証拠調の結果に表われた社会的事実に照らして両立する関係に立つことが認められるときは,公訴事実の同一性は否定される。」(香城敏麿「訴因制度の構造(上)」判時 1236 号〔1987 年〕13 頁)

このように,訴因の非両立性は,証拠から認められる社会的事実関係(裁判所が認定する事実)に照らして判断されるべきか。訴因が検察官の主張であれば,検察官の釈明等その主張に基づいて判断されるべきではないか。そもそも,訴因がその果たすべき機能に則して特定されている限り,審判対象の同一性は,訴因の記載自体から判断できるはずではないか。

13 - 6　最二判昭和 33 年 2 月 21 日刑集 12 巻 2 号 288 頁

【事案の概要】 本件起訴状には,「被告人は昭和 27 年 12 月 30 日頃の午後 11 時半頃肩書自宅において,A が……甲工業株式会社工場内より同工場長 B の管理にかかる銅製艶付板 32 枚(価格 9 万 6 千円相当)を窃取するに際し,同人より『例の

銅板を会社から持出すからリヤカーを貸して呉れ』との依頼を受けこれを承諾し，同人にこれを貸与し，よって同人の犯行を容易ならしめ以って窃盗の幇助をしたものである」との窃盗幇助の訴因が記載されていたが，第1審の公判において，検察官は，「被告人は昭和27年12月31日頃肩書自宅において，Aから同人が他より窃取して来たものであることの情を知りながら，銅製艶付板32枚（価格9万6千円相当）を金3万円で買受け以って贓物の故買をしたものである」との贓物故買の訴因の予備的追加を請求し，裁判所は，被告人，弁護人の同意を得た上，これを許可した。審理の結果，第1審は，本位的訴因にあたる窃盗幇助の事実を認定して被告人を有罪としたが，原審は，事実誤認を理由に第1審判決を破棄した上，自判し，予備的訴因にあたる贓物故買の事実を認定して被告人を有罪とした。これに対し，被告人側は，窃盗幇助の事実と贓物故買の事実とは併合罪の関係にあって，両者の間には公訴事実の同一性がないなどと主張して上告を申し立てた。

【判示】 破棄自判無罪。

「窃盗の幇助をした者が，正犯の盗取した財物を，その贓物たるの情を知りながら買受けた場合においては，窃盗幇助罪の外贓物故買罪が別個に成立し両者は併合罪の関係にあるものと解すべきである（昭和24…年10月1日第二小法廷判決刑集3巻10号1629頁，昭和24…年7月30日第二小法廷判決刑集3巻8号1418頁参照）から，右窃盗幇助と贓物故買の各事実はその間に公訴事実の同一性を欠くものといわねばならない。そして本件における前記本位的訴因，予備的訴因の両事実も，右説明のように，本来併合罪の関係にある別個の事実であり従って公訴事実の同一性を欠くものであるから，前記贓物故買の事実を予備的訴因として追加することは許容されないところといわねばならない。しかるに，第1審裁判所が検察官の前記追加請求を許可したのは刑訴312条1項違背の違法があり，この違法は相手方当事者の同意によってなんらの影響をも受けるものではない。それ故，原審が，前記本位的訴因については第1審判決の有罪認定を事実誤認ありとしながら，これにつき，主文において無罪の言渡をなさず，却って，第1審の右違法の許可に基ず［づ］き，本件公訴事実と同一性を欠く前記予備的訴因の事実について審理判決をしたのは，刑訴378条3号にいわゆる『審判の請求を受けない事件』について判決をした違法があるものといわねばならない。」

Q Basic

46 判例13-4と判例13-5では，窃盗罪の訴因と贓物罪の訴因との間に公訴事実の同一性が認められたのに対し，本件において窃盗幇助の事実と贓物故買の事実との間でそれが否定されたのはなぜか。

47 本件において，窃盗幇助の訴因と併せて贓物故買の訴因についても審理する方法はあるか。それは，どのような手続によるか。

48 1罪の関係にある犯罪事実を内容とする訴因が，別訴で各別に審判された場合，何か不都合があるか。併合罪の関係にある犯罪事実を内容とする訴因の場合はどうか。

Advanced

49 本件において，窃盗幇助の訴因から，窃盗共同正犯の訴因に訴因変更することは許されるか。一旦，窃盗共同正犯の訴因に変更した後，さらに贓物故買の訴因に訴因変更することは許されるか。

50 本件において，贓物故買の予備的訴因の追加を許可した裁判所が，審理の途中でその誤りに気付いたとした場合，いかなる措置をとるべきか（参考裁判例13-24参照）。

51 本件において，贓物故買の予備的訴因の追加に，事後的に追起訴の効力を認めることはできないか。

13-7 最三決昭和63年10月25日刑集42巻8号1100頁

【事案の概要】 被告人は，昭和60年11月8日付起訴状において，「被告人は，『よっちゃん』こと小林某と共謀の上，法定の除外事由がないのに，昭和60年10月26日午後5時30分ころ，栃木県芳賀郡二宮町……の被告人方において，右小林をして自己の左腕部に覚せい剤であるフェニルメチルアミノプロパン約0.04グラムを含有する水溶液約0.25ミリリットルを注射させ，もって，覚せい剤を使用した」との覚せい剤使用の事実により起訴された。検察官は，第1審第1回公判前に，11月25日付訴因変更請求書を提出して，「被告人は，法定の除外事由がないのに，昭和60年10月26日午後6時30分ころ，茨城県下館市……所在スナック『甲』店舗内において，覚せい剤であるフェニルメチルアミノプロパン約0.04グラムを含有する水溶液約0.25ミリリットルを自己の左腕部に注射し，もって，覚せい剤を使用した」との訴因に変更する旨請求し，第1審第3回公判期日においても再度同旨の請求をしたが，裁判所は，いずれの請求についても訴因変更を許可しない旨の決定をした。審理の結果，起訴状記載の覚せい剤使用の訴因については，無罪の判決が言い渡された。

これに対し，検察官が控訴を申し立てたところ，原審は，「検察官は，……被告人の尿中から検出された覚せい剤にかかる本件逮捕……に直近する1回の使用行為を訴追する趣旨で，これが当初の訴因記載の日時，場所及び態様におけるものとして起訴したところ，……右使用行為は，右訴因記載のようなものでなく，……変更請求にかかる訴因に示された……ものであることが判明したとして，本件訴因変更請求に及んだことが明らかであり，かつ，右の変更請求にかかる訴因に示された日時以降逮捕時迄に被告人が覚せい剤を使用した証跡はない。以上のような事実関係

の下においては，当初の訴因事実と変更請求にかかる訴因事実とは，同一の社会的，歴史的事象に属し，基本的事実関係を同じくするものとして，公訴事実の同一性の範囲内にある」と判示して，訴因変更を許可しなかった第1審の措置を違法とし，破棄差戻しの判決をした。被告人側上告。

【判示】 上告棄却。

「記録によれば，検察官は，昭和60年10月28日に任意提出された被告人の尿中から覚せい剤が検出されたことと捜査段階での被告人の供述に基づき，……起訴状記載の訴因のとおりに覚せい剤の使用日時，場所，方法等を特定して本件公訴を提起したが，その後被告人がその使用時間，場所，方法に関する供述を変更し，これが信用できると考えたことから，新供述にそって訴因の変更を請求するに至ったというのである。そうすると，両訴因は，その間に覚せい剤の使用時間，場所，方法において多少の差異があるものの，いずれも被告人の尿中から検出された同一覚せい剤の使用行為に関するものであって，事実上の共通性があり，両立しない関係にあると認められるから，基本的事実関係において同一であるということができる。したがって，右両訴因間に公訴事実の同一性を認めた原判断は正当である。」

Advanced

52 本件起訴後第1回公判期日前の昭和60年12月12日付勾留取消決定において，裁判官は，「本件において，……［起訴状記載の訴因と訴因変更請求書記載の訴因］の各事実を比較対照すると，犯行時刻，犯行場所が異なることのほか，共犯者の有無，覚せい剤の使用態様の点においても相違していることが指摘できる。このような場合にあっては，……各事実が両立しえない関係にあるとは認めることはできず，公訴事実の同一性はないといわざるを得ない」（それ故，勾留の基礎となるのは，訴因変更請求書記載の訴因に沿う事実ではなく，起訴状記載の訴因に沿う事実であり，それについては，勾留の理由となる犯罪の嫌疑に欠ける）との判断を示している（川口宰護・最判解刑事篇昭和63年376頁による）。これに対し，本決定が，両訴因は「両立しない関係」にあるとして公訴事実の同一性を認めたのは，どのような理由によるか（なお，判例12-3参照）。

53 前記勾留取消決定に対する準抗告の申立てに対し，水戸地裁下妻支決昭和60年12月17日は，次のように判示して，起訴状記載の訴因と訴因変更請求書記載の訴因との間で，公訴事実の同一性を肯定した。この準抗告審の考え方と本決定の考え方とは同じか。

「公訴事実が1個であるか否かは2つの訴因が両立しうる関係にあるか否かによって決せられるべきであるが，その判断にあたっては，両訴因の事実記載を比較検討することは勿論であるが，本件のような覚せい剤使用事犯にあっては，訴因の記載事実のみに限定すべきではなく，一件記録上に現れた被告人の覚せい剤使用の状

況をも勘案して判断すべきである。……［勾留状記載の被疑事実（起訴状記載の訴因と水溶液量のほかは同一）と訴因変更請求書記載の訴因］とを比較すると，場所的には栃木県二宮町と茨城県下館市，覚せい剤水溶液量は 0.5 ミリリットルと 0.25 ミリリットルの差があるものの，同量の覚せい剤を自己使用したとする点では一致し，しかも犯行時間……の差異は 1 時間であり，被告人のこれまでの覚せい剤の使用状況からみても被告人が同じ日にしかも 1 時間内に再度覚せい剤を使用する可能性は接続的な場合を除いては存在しないといわざるを得ず，それ故，犯行時間が前後 1 時間しか差異のない……［勾留状記載の被疑事実と訴因変更請求書記載の訴因］とは社会的歴史的にみて同一の事象に関する主張と認められるのであって，互いに両立しえない関係に立つ場合であると解される。」（川口宰護・前掲 376 頁による）

54 本件において，仮に，起訴後被告人が否認に転じたため，起訴状記載の訴因のような日時，場所，方法による使用行為の立証に困難が生じたとした場合，日時，場所，方法に幅のある記載をした訴因に訴因変更することは許されるか。

55 本件において，仮に，起訴状記載の訴因に示された日時，場所，方法による使用だけでなく，訴因変更請求書記載の訴因に示された日時，場所，方法による使用も行われた疑いが生じたとした場合，検察官，裁判所はどうすべきか。

56 本件の事案において，訴因変更がなされた後，変更後の訴因通りの事実を認定した有罪判決が確定した場合，その一事不再理の効力は，どの範囲に及ぶことになるか。

57 判例 13-1 に照らし，本件において，起訴状記載の訴因に対し，訴因変更手続を経ることなく，訴因変更請求書記載の訴因に相当する事実を認定して被告人を有罪とすることは許されないか。*54* の場合に，訴因変更手続を経ることなく，日時，場所，方法について幅のある事実を認定することはどうか。

(4) 訴因変更の許否

13-8 大阪地判平成 10 年 4 月 16 日判タ 992 号 283 頁

【事案の概要】 X（被告人）は，平成 6 年 11 月 19 日，強盗傷人罪で通常逮捕され，同月 21 日，強盗殺人未遂罪で勾留された。以後，強盗殺人未遂の被疑事実で捜査がなされたが，検察官は，同年 12 月 9 日，強盗致傷罪で X を長野地裁上田支部に起訴した。起訴後，X が病気を理由とした勾留の執行停止中に，収容された病院から逃走し所在不明となるなどしたため，平成 8 年 12 月 20 日に至って，強盗致傷事件の第 1 回公判が開かれたが，同公判では，公訴事実についての罪状認否，検察官による証拠調べ請求がなされ，証拠はすべて同意されて取調べがなされた（検察官の立証は一応終了した）。

その後，上記の強盗致傷事件は，大津地裁に係属中の窃盗事件とともに，大阪地

裁に係属中の殺人，死体遺棄事件と併合して審判されることとなり，平成9年2月10日，大阪地裁において，第2回公判が開かれた。同期日には，強盗致傷事件について公判手続の更新がなされたほか，同公判から同年10月2日の第11回公判までは，主として殺人，死体遺棄事件についての証拠調べが行われた。同年11月10日の第12回公判において，強盗致傷事件等について被告人質問がなされ，同日，検察官及び弁護人から，同月20日の第13回公判で証拠調べを終了されたい旨の意思が表明されたのを受けて，裁判所は，検察官，弁護人の同意を得て，論告期日として，平成10年1月12日を，弁論期日として，同年2月2日をそれぞれ指定した。

ところが，第13回公判において予定通り証拠調べがなされた後の平成9年12月26日になって，検察官から，被害状況および被害感情等を立証するため，強盗致傷事件の被害者Aの証人尋問を請求したい旨の申入れがあり，裁判所は，検察官，弁護人の意見を聴取した上，平成10年1月12日の第14回公判をAの証人尋問にあて，改めて，同年2月2日に論告，同月19日に弁論を行う予定を取り決めた。第14回公判においては，Aの尋問がなされたが，その証言内容は，同人の捜査段階の供述とほとんど同一であった。

論告期日の直前である同年1月26日に検察官から本件強盗致傷を強盗殺人未遂に変更する旨の訴因罰条変更請求書が提出されたのに対し，弁護人は，同月30日，訴因変更に対する意見陳述書を提出して，本件訴因等変更請求は権利の濫用にあたり許されるべきではない旨主張した（検察官請求証拠に同意したのは，強盗致傷を前提としたものである旨の主張もしている）。大阪地裁は，次のように判示して，訴因変更を許さず，当初の強盗致傷の訴因でXを有罪とした。

【判示】「刑事訴訟法312条1項によると，裁判所は，検察官の請求があるときは，公訴事実の同一性を害しない限度において，訴因の変更を許さなければならない。しかし，迅速かつ公正な裁判の要請という観点から，訴訟の経過に照らし検察官の訴因の変更請求が誠実な権利の行使と認められず，権利の濫用に当たる場合には，刑事訴訟規則1条に基づき，訴因の変更は許されないこともあると解される。……(1)本件は，当初，強盗傷人の嫌疑で捜査が進められ，被告人も強盗傷人の被疑事実で通常逮捕されたところ，勾留の段階でいったんは強盗殺人未遂の被疑事実に変更され，その後，同被疑事実で捜査が行われたが，結局，検察官は強盗致傷として起訴し，そのまま審理が進められたこと，(2)長野地方裁判所上田支部における第1回公判で検察官請求の証拠がすべて同意されたのも，強盗致傷として起訴されたためであり，仮に強盗殺人未遂として起訴されていたならば，右証拠のすべてが同意されることはなかった可能性があり，本件訴因等変更請求が認められた場合，被告人の防御に実質的な不利益を及ぼすものとみられること，(3)被告人に対する強盗致傷被告事件の審理は，当初の起訴から右訴因等変更請求までに約3年2か月（第1回

公判から約1年1か月）が経過し，その間に合計14回の公判が開かれており，検察官は，これまでの審理経過に照らし，右訴因等の変更請求をする機会があったにもかかわらず，何らこれらの措置を採らず，訴訟終結間近（論告期日直前）になって，右訴因等変更請求をしたこと，(4)検察官が訴因等変更の必要性が生じた根拠とする事実（主として，被告人の本件行為の態様，本件前後の状況，創傷の状況等）は，いずれも平成8年12月20日の第1回公判において，当初の訴因である強盗致傷について，検察官から証拠の取調べ請求がなされ，採用決定を経た後，取り調べられた証拠によりあらわれていたものと内容的には異ならないものであり，犯罪の構成要素について基礎となる証拠及びその評価について変更は認められないことなどを考慮すると，迅速かつ公正な裁判の要請という観点から，本件訴因等変更請求は，誠実な権利の行使とは認められず，権利の濫用に当たるものと解され，刑事訴訟規則1条に反し，許されないというべきである。」

Basic

58 本判決は，どのような理由付けで，訴因変更を不許可としたか。そのような措置を許す明文規定はあるか。

59 訴因変更によって被告人の防御に実質的な不利益が生じるおそれがある場合，刑訴法はどのような方法で対処することを予定しているか。

60 本件訴因変更によってＸの防御にはどのような不利益が生じるか。それに対して，**59**の方法で対処することはできないか。参考裁判例13-25の場合はどうか。

61 本判決は，Ｘの防御上の不利益のほか，訴因変更が許されない理由としてどのような事情をあげているか。参考裁判例13-25はどうか。

62 控訴審において，訴因変更は許されるか（最二判昭和30年12月26日刑集9巻14号3011頁参照）。そのことと対比して，第1審終結前の段階において，訴因変更が許されない場合があるとすることに問題はないか。

63 本件において，仮により早い段階で訴因変更が請求されていたとした場合，その許否の判断は異なったか。

(5) 訴因変更命令

13-9 最三決昭和43年11月26日刑集22巻12号1352頁

【事案の概要】 Ｘ（被告人）は，殺人罪で起訴された。その公訴事実の要旨は，Ｘは，伊勢市の暴力団甲組の幹部であるが，甲組と同系統の乙組の組員であるＡの言動に憤慨し，昭和38年12月9日午前1時30分ころ伊勢市内の甲組事務所において，Ａを問詰するうちに口論となり，甲組組長より「根性があるならやって見よ」といわれて2連発猟銃1挺を手渡されたので，Ａを射殺しようと企て，同人

に発砲したが，その傍らにいたBの左腹部に命中し，同人を出血多量により死亡するに至らせたというものであった。これに対し，Xは，Bの死亡は，Xが殺意をもって猟銃を発射した結果ではなく，Xが手渡された銃に弾丸1発を装塡したところ，Xの内妻Cが「やめて，やめて」とXの左手をつかんだので，「危ないから離せ」とこれを振り切った途端，銃の元折れが戻り，弾丸が暴発した結果である旨主張した。

審理の結果，第1審の津地裁は，「本件においては，被告人がA殺害の犯意のもとに装弾し，殺人の犯意のもとに発砲したとの事実は，これを認めるに足る証拠がない」，「被告人は，当初から殺人の犯意を否認し，過失を主張しているのであるが，訴因の追加も変更もない本件において，過失犯……の成否を論じ得ないこと訴因制度を採る現行法のもとにおいては当然である」として，Xに無罪を言い渡した。なお，第1審は，検察官に対し，起訴状記載の殺人の訴因について検討するよう申し入れ，検察官において同訴因を維持するか否かを質しているが，それは，検察官が当初の訴因をそのまま維持するか否か，あるいはこれを変更する意図があるか否かを一応打診したに止まり，積極的に訴因変更手続を促すものではなかった。

検察官が，殺意の有無に関する事実誤認を理由に控訴したのに対し，原審の名古屋高裁は，第1審判決には，判決に影響を及ぼすことが明らかな事実誤認はないとしつつ，職権で，「被告人は，……甲組2階事務所において，組長から猟銃と弾丸の交付を受け，猟銃に弾丸を装塡したうえ，これに安全装置も施さないで，しかも引鉄部分近くに手指を置いたままこれを保持していたところ，傍らにいたCが被告人の体に手を触れたため，これを振り払おうとしたはずみに，猟銃を暴発させてBに弾丸を命中させ，因って同人を死亡せしめるに至ったこと及び当時同事務所には一時に多数の者が入室していて，狭隘，混雑をきわめ，みだりに銃に装弾するときは，些細の衝撃により暴発による人身殺傷事故を惹起する危険が十分にあったことをそれぞれ明認することができるところ，叙上のごとき状況のもとで銃を携帯する者は，いやしくも室内において，みだりに銃に装弾するがごとき暴挙は厳に慎むべきことは勿論であって，仮に装弾したとしても，直ちに安全装置を施し，手指を引鉄部分から離して銃を保持するなどして，暴発事故の発生を未然に防止すべき注意義務があることは当然の事理に属するものというべきである。被告人の前示行為が右注意義務に著しく違背する重大な過失によるものであることは，多言を要せずして明白なところである」と認定した。その上で，「裁判所は，原則としては，自らすすんで検察官に対し，訴因変更手続を促し，またはこれを命ずべき責務はないが，本件のように，起訴状に記載された訴因については無罪とするほかないが，これを変更すれば有罪であることが明らかであり，しかもその罪が相当重大であるときには，例外的に，検察官に対し，訴因変更手続を促し，またはこれを命ずべき

義務があるものと解するのが相当である」との判断を示して，そのような措置をとらなかった審理不尽の違法により第1審判決を破棄し，改めて，控訴審で追加された重過失致死の訴因でXを有罪とした。X側上告。

【判示】 上告棄却。

「裁判所は，原則として，自らすすんで検察官に対し，訴因変更手続を促しまたはこれを命ずべき義務はないのである（昭和…33年5月20日第三小法廷判決，刑集12巻7号1416頁参照）が，本件のように，起訴状に記載された殺人の訴因についてはその犯意に関する証明が充分でないため無罪とするほかなくても，審理の経過にかんがみ，これを重過失致死の訴因に変更すれば有罪であることが証拠上明らかであり，しかも，その罪が重過失によって人命を奪うという相当重大なものであるような場合には，例外的に，検察官に対し，訴因変更手続を促しまたはこれを命ずべき義務があるものと解するのが相当である。したがって原判決が，本件のような事案のもとで，裁判所が検察官の意向を単に打診したにとどまり，積極的に訴因変更手続を促しまたはこれを命ずることなく，殺人の訴因のみについて審理し，ただちに被告人を無罪とした第1審判決には審理不尽の違法があるとしてこれを破棄し，あらためて，原審で予備的に追加された重過失致死の訴因について自判し，被告人を有罪としたことは，違法とはいえない。」

Q Elementary

64 本件において裁判所は，殺人の訴因に対し，訴因変更を経ることなく直ちに重過失致死の事実を認定して被告人を有罪とすることは許されないか。裁判所は，訴因に記載された殺人の事実は証明されていないが，重過失致死の事実は証明十分であるとの心証を得た場合，どうしたらよいか。

65「訴因の変更を検察官の権限としている刑訴法の基本的構造」（参考裁判例13-27参照）のもとで，裁判所による訴因変更命令という制度が設けられているのはなぜか。

66 刑事訴訟法が**65**のような「基本的構造」をとった趣旨は何か。

Q Basic

67 裁判所には，原則として，「自らすすんで検察官に対し，訴因変更手続を促しまたはこれを命ずべき義務はない」とされるのはなぜか。裁判所が積極的に訴因変更を促しまたはこれを命ずること，あるいはそれを裁判所に義務付けることには，どのような問題があるか。

68 本件において，**67**の原則に対する例外として，裁判所に「訴因変更手続を促しまたはこれを命ずべき義務」が認められたのは，どのような事情によるか。

69 参考裁判例13-26が，「訴因変更を命じ又はこれを積極的に促すなどの措置に出る」義務を認めなかったのは，どのような事情によるか。仮に第1審裁判所

が第54回公判における求釈明を行っていなかったとしたら，結論は異なったか。

70 「訴因変更手続を促」すとは，具体的にどのような措置をとることか。それは，判例13-9にいう「打診」や参考裁判例13-26にいう「求釈明」とどのように異なるか。訴因変更を「促す」ことを越えて，「命ずる」義務が認められる場合はあるか。

71 裁判所が訴因変更を命じたにもかかわらず，検察官がこれに従って訴因変更の請求をしない場合，裁判所は命令通りの訴因で有罪としてよいか（参考裁判例13-27参照）。

Q Advanced

72 裁判所が訴因変更を促しまたは命ずべき義務に違反した場合，どのような法的効果が生じるか。検察官は，そのことを理由に上訴することができるか。

13-10 最一判昭和42年8月31日刑集21巻7号879頁

【事案の概要】 本件起訴状には，訴因として，「被告人は札幌市……において『甲』なる屋号で屋台を経営しているものであるところ，第1，昭和40年5月16日より同年8月16日ころまでの間，A（当時21歳）を客待ちのため右屋台に待機させ，不特定多数の遊客を相手に同所附近の旅館において性交せしめ，その対償の約3割を取得し，第2，同年7月3日ころより同年8月16日ころまでの間，B（当時23歳）を客待ちのため右屋台に待機させ，不特定多数の遊客を相手に同所附近の旅館において性交せしめ，その対償の約3割を取得し，もって人を自己の指定する場所に居住させ，これに売春をさせることを業としたものである」との記載がなされ，また罪名および罰条として「売春防止法違反　同法第12条」（管理売春）との記載がなされていた。ところが，上記の訴因，罰条について，検察官提出の証拠書類の取調べ，被告人質問が行われた後，検察官から，本件訴因，罰条を「被告人は，札幌市……において屋号『甲』なる屋台を営んでいるものであるが，昭和40年7月3日ころの午後9時過ころ，右屋台内において，売春婦Bに対し，年齢32，3歳の男性を売春の相手方として紹介し，もって売春の周旋をしたものである」「売春防止法第6条第1項」（売春周旋）と変更したい旨の訴因罰条変更請求（起訴状記載の訴因の第1は撤回）があり，裁判所はこれを許可した。

審理の結果，第1審は，変更後の訴因と同一の事実を認定して被告人を有罪とした。これに対し，被告人が控訴したところ，原審は，第1審における検察官提出の証拠によれば，起訴状記載の管理売春の事実がうかがわれ，このような場合には，検察官から訴因，罰条変更請求があり，それが公訴事実の同一性を害さない場合であっても，実体的真実の発見を旨とする裁判所は，その職責上，これを許可すべきでなく，本件訴因，罰条の変更を許可した第1審の手続は違法であるとして，破棄

差戻しの判決をした。被告人側は，売春防止法12条の解釈に誤りがあるなどと主張して上告した。

【判示】 破棄差戻し。

「刑訴法312条1項は，『裁判所は，検察官の請求があるときは，公訴事実の同一性を害しない限度において，起訴状に記載された訴因又は罰条の追加，撤回又は変更を許さなければならない。』と規定しており，また，わが刑訴法が起訴便宜主義を採用し（刑訴法248条），検察官に公訴の取消を認めている（同257条）ことにかんがみれば，仮に起訴状記載の訴因について有罪の判決が得られる場合であっても，第1審において検察官から，訴因，罰条の追加，撤回または変更の請求があれば，公訴事実の同一性を害しない限り，これを許可しなければならないものと解すべきである。

そして，原判決は，検察官の右訴因，罰条の変更請求は，起訴状記載のAおよびBに対する管理売春の訴因をBに対する売春周旋の訴因に変更しようとするものであり，公訴事実の同一性を害するものとは解していないものであること，原判決の判文上明らかである。したがって，第1審裁判所が検察官の右訴因，罰条の変更を許したことは，正当であって，何ら違法はない。しかるに，右変更を許したことを違法として第1審判決を破棄した原判決は，刑訴法312条の解釈を誤った違法のものであり，本件記録に存する証拠によれば起訴状記載の事実が肯認できるか否か，また，右事実が売春防止法12条の管理売春の罪を構成するか否かは，原判決に右違法があるとする結論を左右するものではない。」

Q Basic

73 本判決が，起訴便宜主義の採用，公訴取消制度の存在をその理由として挙げているのは，どのような趣旨か。

74 参考裁判例13-27の考え方を前提とした場合，本判決と原判決のいずれの考え方が，これと一貫性を有するか。

75 起訴状記載の訴因について有罪の判決が得られる場合であるにもかかわらず，検察官から訴因変更の請求がなされた場合，裁判所は，公訴事実の同一性を害さないと認める限り，直ちに変更を許可しなければならないか。また，許可してもよいか。変更後の訴因では無罪となることが明らかな場合はどうか。

(6) 罰条変更

13-11 最二決昭和53年2月16日刑集32巻1号47頁

【事案の概要】 本件起訴状記載の訴因は，「被告人は，Yらと共謀のうえ，昭和50年2月2日午前1時40分ころ，京都市……スナック『甲』において，A……，B……，C……，D……に対し些細なことに立腹し，こもごも同人らに対し，殴る蹴

るなどの暴行を加え，よって右Aに対し，加療約2週間を要する左胸部打撲，第8肋骨々折の傷害を，右Bに対し，加療約3日間を要する顔面，後頭部等挫傷の傷害を，右Dに対し，加療約2週間を要する頭部打撲症兼挫傷などの傷害を，それぞれ負わせた」というものであり，その罪名及び罰条は，「傷害，暴行　刑法第204条，第208条，第60条」とされていた。第1審は，ほぼ訴因に沿った事実を認定した上，これに刑法60条，204条，罰金等臨時措置法3条1項1号を適用して，被告人を有罪とした。

これに対し，被告人から控訴の申立てがあったところ，原審は，第1審判決には「暴行のみにとどまったCに対する所為についての法令の適用を遺脱した違法のある」ことを認めた（適用すべき法条について，「公訴事実の記載自体において，……数人共同による暴行の事実を掲げているのでCに対する所為についてはその罪名として暴力行為等処罰に関する法律違反，罰条として同法1条（刑法208条）と記載すべきであるのに罪名を暴行，罰条を刑法208条とした起訴状には罪名罰条の記載に誤りがあり，しかも証拠上も右公訴事実と同一の……共同暴行の事実が肯認されるから，適用すべき法条も暴力行為等処罰に関する法律1条（刑法208条）を示すべきである」とする）。そして，この点の違法は，明らかに判決に影響を及ぼすものではないとしたが，結論として，量刑不当を理由に第1審判決を破棄した上，第1審が認定した事実に暴力行為等処罰に関する法律1条を適用して自判し，その際，「この点については特に罰条の変更を要しないものと解する」との判断を付加した。

これに対し，被告人側は，原判決が，罰条変更の手続を経ることなく，起訴状には記載されていない暴力行為等処罰に関する法律1条を適用したのは，刑訴法312条に違反し，被告人の利益を著しく害するなどと主張して上告を申し立てた。

【判示】　上告棄却。

最高裁は，実体法上の罪数について，「数人共同して2人以上に対しそれぞれ暴行を加え，一部の者に傷害を負わせた場合には，傷害を受けた者の数だけの傷害罪と暴行を受けるにとどまった者の数だけの暴力行為等処罰に関する法律1条の罪が成立し，以上は併合罪として処断すべきである」とした上で，罰条変更手続の要否について，次のように判示し，原判決の判断を正当とした。

「起訴状における罰条の記載は，訴因をより一層特定させて被告人の防禦に遺憾のないようにするため法律上要請されているものであり，裁判所による法令の適用をその範囲内に拘束するためのものではないと解すべきである。それ故，裁判所は，訴因により公訴事実が十分に明確にされていて被告人の防禦に実質的な不利益が生じない限りは，罰条変更の手続を経ないで，起訴状に記載されていない罰条であってもこれを適用することができるものというべきである。

本件の場合，暴力行為等処罰に関する法律1条の罪にあたる事実が訴因によって

十分に明示されているから，原審が，起訴状に記載された刑法208条の罰条を変更させる手続を経ないで，右法律1条を適用したからといって，被告人の防禦に実質的な不利益が生じたものとはいえない。」

本決定には，次のような大塚喜一郎裁判官の意見が付されている。

「もともと，認定された事実に対していかなる罰条をあてはめるかは，法令の適用の問題であるから，裁判所の専権に属し，検察官の主張に拘束されるものではない。しかしながら，それは，当事者特に被告人にとって本質的に重要な意味を有することであるから，刑訴法の基本原則である口頭弁論主義にかんがみ，これについても当事者に意見を述べる機会を与える必要があると考える。そして，刑訴法上，起訴状に罰条を記載することが必要とされるとともに（256条），これを追加・撤回・変更する際の手続が厳格に定められていること（312条），また，実際上も，被告人に起訴状に記載されていない罰条についてまで意見を述べて防禦することを期待しがたいことを考慮するときは，起訴状記載の罰条に包含される軽い罰条を適用する場合を除き，検察官に対して罰条の追加・撤回・変更を命じ，又は釈明をすることにより，罰条の適用について意見を述べる具体的な機会を被告人に与えない限り（いわゆる刑訴手続の後見的機能），裁判所において新たな罰条を適用することは許されない，と解するのが相当である。

それゆえ，原審が，右の手続をとらずに，起訴状記載の罰条より重い罰条を適用したことは，違法であり，かつ，その違法は判決に影響を及ぼす……。」[他に併合罪の関係にある「恐喝など数個の犯罪事実が認定されていて処断刑に変更をきたさない本件においては，これを破棄しなければ著しく正義に反するとは認められない」として，上告棄却の結論には同調。]

Q Basic

76 本決定の多数意見によれば，起訴状に罰条が記載される趣旨は何か。訴因が記載される趣旨と同じか。この点について，少数意見はどのように考えているか。

77 起訴状における罰条記載の誤りが，「被告人の防禦に実質的な不利益を生ずる虞がない限り，公訴提起の効力に影響を及ぼさない」（刑訴法256条4項但書）とされているのはなぜか。罰条記載の誤りにより「被告人の防禦に実質的な不利益を生ずる虞」があるとされるのはどのような場合か。

78 本決定の多数意見が，罰条変更手続を経ることなく起訴状に記載のない罰条を適用した原審の訴訟手続について，これを違法としなかった理由は何か。少数意見が原審の訴訟手続を違法とした理由は何か。両者の考え方は，どのような点で異なるか。

79 本決定の少数意見は，起訴状に記載のない罰条を適用する場合，常に罰条変更手続を必要とする趣旨か。罰条変更手続をとる以外に，法令の適用について被

告人に十分な防御の機会を与える方法はないか。

80 参考裁判例 13-13 の場合，罰条変更は必要か。

(7) 罪数判断の変化と訴因

13-12 東京高判昭和 52 年 12 月 20 日高刑集 30 巻 4 号 423 頁

【事案の概要】 本件の訴因は当初，「被告人は昭和 51 年 11 月 6 日ころから昭和 52 年 4 月 1 日までの間大阪市内の喫茶店『甲』店内及び和歌山県勝浦町のA方等においてけん銃（ワルサー 32 口径）1 丁及び実包 17 発を所持した」という事実（①事実）を内容とするものであったが，その後，訴因変更手続を経て，「被告人は昭和 51 年 11 月 6 日ころから同年 12 月 28 日ころまでの間前記喫茶店『甲』店内及び和歌山県田辺市のB方等においてけん銃（ワルサー 32 口径）1 丁及び実包 10 発を所持した」との事実（②事実）と「被告人は昭和 51 年 11 月 6 日ころから同月 12 日ころまでの間前記喫茶店『甲』店内及び和歌山県白浜町の飲食店『乙』店内等においてけん銃（ミクロス 25 口径）1 丁及び実包 15 発を所持した」との事実（③事実）が追加され，以上の各事実は，包括一罪を構成するものとして審判の対象とされた。

ところが，原審における証拠調べの結果，被告人は，昭和 51 年 11 月 15 日ころから同年 12 月中旬ころまでの間，①事実及び②事実にかかるけん銃 2 丁と実包 27 発を，その売却依頼主であるYに返却している事実が明らかとなり，Yからこれらのけん銃及び実包を再度受領した同年 12 月中旬以降の所持は，返却前の所持とは別個独立の新たな所持にあたるものと解された。

原審は，被告人に対し，返却前のけん銃 3 丁及び実包 42 発の所持の事実と，再受領後の①にかかるけん銃及び実包所持の事実，同じく再受領後の②にかかるけん銃及び実包所持の事実をそれぞれ認定し，これらの事実が併合罪の関係にあるものとして有罪判決を言い渡した。これに対し，被告人側は，包括一罪として審判の対象とされた犯罪事実を，訴因変更等の手続を経ることなく数個の併合罪と認定した原判決には，審判の請求を受けない事件について判決した違法があるなどと主張して控訴を申し立てた。

【判示】 破棄差戻し。

「当初は包括一罪として審判の対象とされたものが証拠調べの結果，単に事実に対する法的評価の範囲を超えて訴因事実そのものに変動が生じ，そのため数個の併合罪と認定するのが相当であると判断されるにいたったのであるから，原裁判所としてはその段階で検察官に釈明を求めて，所持に中断があったことのもつ意味や罪数の関係等について検察官の主張を明確にし，場合により罪数補正を伴う訴因変更手続をうながすなどして，もって被告人・弁護人にそれに対応する防禦の機会を与えるべき訴訟法上の義務があるものというべきである。しかるに原裁判所がこのよ

13 訴因の変更／13-12, Q81〜88

うな手続を経ることなく，そのまま審理を終結して判決をしたのは訴訟手続に法令の違反があり，その違反が判決に影響を及ぼすことが明らかだといわなければならない……。」〔なお，再受領後のけん銃2丁及び実包27発の所持が2罪を構成するものとし，両者を併合罪とした原判決の判断は誤りで，処断上の1罪を構成するものとする。〕

Q Advanced

81 本件も参考裁判例13-28も，検察官と裁判所の間で罪数評価に食違いが生じた事案である。罪数評価に食い違いが生じた事情には，両者の間で差異があるか。

82 検察官の罪数評価は，裁判所を拘束するか。検察官と裁判所の間で罪数評価が食い違った場合と適用すべき罰条の判断が食い違った場合とでは，その扱いに違いがあるべきか。

83 参考裁判例13-28の事案において，起訴状に別表として販売一覧表（犯罪一覧表）が付されていたことは，どのような意味をもつか。

84 「被害者に対して暴行を加えてその反抗を抑圧し，財物を強取した」との強盗の訴因に対し，暴行行為は存在したものの，それが強盗の手段とは認め難いことが判明した場合，暴行と恐喝の事実を認定し両者の併合罪として有罪の判決をするには，どのような手続が必要か。参考裁判例13-13の考え方に従いつつ，直ちに併合罪の事実を認定し有罪とすることは許されるか。

85 本判決は，原審の訴訟手続をどのような点で違法としたものか。訴因変更が必要であるにもかかわらずその手続を踏まなかったことか。本件は，①②③事実からなる包括一罪の訴因に対し，証拠調べの結果，返却前のけん銃3丁及び実包42発所持の事実（a事実）と再受領後のけん銃2丁及び実包27発所持の事実（b事実）とが認められた事案である。①②③事実からなる包括一罪の訴因に対し，a事実とb事実を認定し両者の併合罪として有罪の判決をするには，どのような手続が必要か。

86 参考裁判例13-29の事案において，凶器準備結集の事実を審判の対象とするには，検察官はどのような手続をとるべきであったか。

87 参考裁判例13-29の事案の場合，「公訴の提起があった事件について，更に同一裁判所に公訴が提起されたとき」（刑訴法338条3号）にあたらないか。公訴棄却の言渡しを不要とする理由として，どのような説明が考えられるか。

88 参考裁判例13-29の事案において，仮に，凶器準備集合の事実と凶器準備結集の事実が一旦別々の裁判所に起訴され，その後，1つの裁判所で併合審理されるに至ったとした場合，参考裁判例13-29と同じ処理でよいか。

(8) 公訴提起の要件と訴因

設例 2

被告人は，一般道において，法定の最高速度を 40 キロメートル毎時超過する速度で普通乗用自動車を運転した（非反則行為）として，「反則行為に関する処理手続」（道路交通法第 9 章）を経ることなく，上記の行為を内容とする訴因により起訴された。証拠調べの結果，裁判所は，被告人は法定の最高速度を 20 キロメートル毎時超過する速度で普通乗用自動車を運転した（反則行為）との心証を得た。

Q Basic

89 (1) 設例において，検察官が 20 キロメートル毎時の速度超過運転を内容とする訴因に訴因の変更を請求した場合，裁判所はこれを許可してよいか。許可した場合，裁判所は変更後の訴因に対し，どのような判決をすることになるか。

(2) 検察官が訴因の変更を請求しない場合，裁判所はどのような判決をすることが考えられるか。訴因変更手続を経ることなく，直ちに 20 キロメートル毎時の速度超過運転の事実を認定し，それに従って判決することができるか（参考裁判例 13 - 30 参照）。これができるとすると，裁判所が「直接訴因を動かす権限」を持つことを否定した参考裁判例 13 - 27 の考え方と矛盾しないか。

90 参考裁判例 13 - 31 の事案において，器物毀棄について告訴がなく，予備的訴因の追加もなかったとした場合，裁判所はどのような判決をすることが考えられるか。

91 参考裁判例 11 - 23 で述べられている「公訴にかかる……事実が，……親告罪であるか否かは，最終的には，裁判所により事実審理の結果をまって，判定さるべきものであり，必ずしも起訴状記載の訴因に拘束されるものではない」との考え方を前提とした場合，参考裁判例 13 - 31 の事案において，裁判所はどのような判決をすることが考えられるか。窃盗の起訴は誤りで事実は器物毀棄であったのだから，親告罪について公訴提起時に告訴がなかった以上，やはり公訴棄却すべきことにならないか。参考裁判例 13 - 31 が，訴因変更後の親告罪の訴因について，告訴は訴因変更時に備わっていれば足りるとするのは，どのような理由によると考えられるか。

92 次の場合，裁判所は，いかなる措置をとるべきか（参考裁判例 13 - 32 参照）。ただし，詐欺の事実と横領の事実との間には公訴事実の同一性が認められるものとする。

(1) 犯行から 4 年半後に詐欺の事実を内容とする訴因で公訴提起があったが，1 年間の審理の結果，横領の事実が認められるに至った場合

(2) 犯行から 5 年半後に詐欺の事実を内容とする訴因で公訴提起があったが，1 年間の審理の結果，横領の事実が認められるに至った場合

(3) 犯行から5年半後に横領の事実を内容とする訴因で公訴提起があったが，第1回公判期日において，詐欺の事実を内容とする訴因に訴因変更請求があった場合

◯ 参考裁判例13 - 13　最二判昭和26年6月15日刑集5巻7号1277頁
　X（被告人）は強盗の事実で起訴され，第1審において有罪判決を受けた。しかし，原審の福岡高裁は，「強盗罪の手段たる脅迫は相手方の反抗を抑圧するに足る程の強度のものでなければならないのであるが」，本件でXが用いた脅迫手段は，そのような強度のものとは認め難いとして，第1審判決を破棄し，改めて恐喝の事実を認定して，Xを有罪とした。X側は，訴因罰条変更手続をとることなく上記のような認定をした原審の手続の適法性を争い，上告を申し立てたが，最高裁は，次のように判示して上告を棄却した。
　「元来，訴因又は罰条の変更につき，一定の手続が要請される所以は，裁判所が勝手に，訴因又は罰条を異にした事実を認定することに因って，被告人に不当な不意打を加え，その防禦権の行使を徒労に終らしめることを防止するに在るから，かかる虞れのない場合，例えば，強盗の起訴に対し恐喝を認定する場合の如く，裁判所がその態様及び限度において訴因たる事実よりもいわば縮少された事実を認定するについては，敢えて訴因罰条の変更手続を経る必要がないものと解するのが相当である。」

◯ 参考裁判例13 - 14　最一判昭和29年1月21日刑集8巻1号71頁
　X（被告人）は，Aと共謀の上，昭和25年10月8日，新潟県中蒲原郡……B方牛小屋で同人所有の雌牛1頭を窃取したとの窃盗共同正犯の訴因で起訴された。これに対し，Xが，自分は牛の所在をAに教えてやり，その牛を処分してやっただけである旨弁解したところ，第1審の新潟簡裁は，訴因変更手続をとることなく，Xは，同日朝，Aの牛1頭の窃取行為について，その所在場所を同人に教示してこれを幇助したとの窃盗幇助の事実を認定して，Xを有罪とした。
　第1審の訴訟手続を適法とした原判決に対し，X側は訴因変更の要否を争い，上告を申し立てたが，最高裁は，次のように判示してこれを棄却した。
　「法が訴因及びその変更手続を定めた趣旨は，……審理の対象，範囲を明確にして，被告人の防禦に不利益を与えないためであると認められるから，裁判所は，審理の経過に鑑み被告人の防禦に実質的な不利益を生ずる虞れがないものと認めるときは，公訴事実の同一性を害しない限度において，訴因変更手続をしないで，訴因と異る事実を認定しても差支えないものと解するのを相当とする。本件において被告人は，第1審公判廷で，窃盗共同正犯の訴因に対し，これを否認し，第1審判決認定の窃盗幇助の事実を以て弁解しており，本件公訴事実の範囲内に属するものと認められる窃盗幇助の防禦に実質的な不利益を生ずる虞れはないのである。」

◯ 参考裁判例13-15　最三判昭和36年6月13日刑集15巻6号961頁

　本件起訴状には，公訴事実として，「被告人は，A（新潟県南蒲原郡今町町長として同町の工事の請負契約の締結，金銭出納命令等の権限を有するもの）と共謀の上，(一)昭和29年11月25日頃，……甲工営株式会社事務所より……料理屋乙に赴く自動車内で，右会社の取締役社長Bから，今町中学校体育館の建築工事を右会社に請負わしめることに対する謝礼の趣旨であることを了知し乍ら，現金30万円の交付を受け，(二)同年12月7日右会社事務所において，右会社の専務取締役Cから，右体育館の工事請負につき右会社と契約を締結したことに対する謝礼の趣旨であることを了知し乍ら，現金30万円の交付を受け，以て右Aの職務に関し賄賂を収受した」との収賄の事実（A町長と共謀の上，A町長の職務に関し，2回にわたって賄賂金合計60万円を収受した）が記載されており，第1審の新潟地裁は，公訴事実通りの収賄の事実を認定して被告人を有罪とした。しかし，原審の東京高裁は，これを事実誤認として破棄し，自判にあたり，訴因罰条の変更手続を履むことなく，「被告人は，Bと共謀の上，今町町長Aに対し，その職務に関し，今町中学校体育館新設工事請負契約の締結につき，便宜の取計いをして呉れたことの謝礼として金員を供与しようと企て，(一)昭和29年11月25日頃，甲株式会社事務所から前記料亭乙に赴く自動車内で，同人に対し，右工事請負の仮契約をして呉れたことの謝礼として現金30万円を交付し，(二)同年12月7日頃，右会社事務所において，同人に対し，右工事請負の本契約を締結して呉れたことの謝礼として，現金30万円を交付し，以て右Aの職務に関し賄賂を供与したものである」との贈賄の事実を認定して被告人を有罪とした。被告人側が，原判決は審判の請求を受けない事件について判決した違法があると主張して上告したのに対し，最高裁は，職権で次のような判断を示し，破棄差戻しの判決をした（なお，本件の弁護人は，原審において，収賄の共同正犯の成立を争うための防御手段として，被告人はむしろ贈賄者の側にあったという趣旨の陳述をしていた［堀江一夫・最判解刑事篇昭和36年155頁参照。ただし，それは「贈賄罪の成立を争わない趣旨とは解されない」ともされている］）。

　「本件公訴事実と原判決認定の事実とは，基本的事実関係においては，同一であると認められるけれども，もともと収賄と贈賄とは，犯罪構成要件を異にするばかりでなく，一方は賄賂の収受であり，他方は賄賂の供与であって，行為の態様が全く相反する犯罪であるから，収賄の犯行に加功したという訴因に対し，訴因罰条の変更手続を履まずに，贈賄の犯行に加功したという事実を認定することは，被告人に不当な不意打を加え，その防禦に実質的な不利益を与える虞れがあるといわなければならない。従って，本件の場合に，原審が訴因罰条の変更手続を履まずに，右のような判決をしたことは，その訴訟手続が違法であることを免れない。そして右の違法は，被告人に対する訴因の全部に関しているのであるから，明らかに判決に影響を及ぼすべきものであり，且つ，原判決を破棄しなければ著しく正義に反するものと認められる。」

13 訴因の変更／13-16

○ **参考裁判例13-16** 最二決平成24年2月29日刑集66巻4号589頁

　本件公訴事実は，要旨，「被告人は，借金苦等からガス自殺をしようとして，平成20年12月27日午後6時10分頃から同日午後7時30分頃までの間，長崎市内に所在するAらが現に住居に使用する木造スレート葺2階建ての当時の被告人方……1階台所において，戸を閉めて同台所を密閉させた上，同台所に設置されたガス元栓とグリル付ガステーブル（以下「本件ガスコンロ」という。）を接続しているガスホースを取り外し，同元栓を開栓して可燃性混合気体であるP13A都市ガスを流出させて同台所に同ガスを充満させたが，同ガスに一酸化炭素が含まれておらず自殺できなかったため，同台所に充満した同ガスに引火，爆発させて爆死しようと企て，同日午後7時30分頃，同ガスに引火させれば爆発し，同被告人方が焼損するとともにその周辺の居宅に延焼し得ることを認識しながら，本件ガスコンロの点火スイッチを作動させて点火し，同ガスに引火，爆発させて火を放ち，よって，上記Aらが現に住居に使用する同被告人方を全焼させて焼損させるとともに，Bらが現に住居として使用する木造スレート葺2階建て居宅……の軒桁等約8.6m^{2}等を焼損させたものである」というものであった。第1審判決は，放火の方法について，訴因の範囲内で，被告人が「[本件]ガスコンロの点火スイッチを頭部で押し込み，作動させて点火し，同ガスに引火，爆発させて火を放ち」と認定したが，原判決は，このような被告人の行為を認定することはできないとして第1審判決を破棄し，訴因変更手続を経ることなく，被告人が「何らかの方法により，……同ガスに引火，爆発させ，……火を放ち」と認定した。被告人側上告。

　訴因変更手続の要否が争われたのに対し，最高裁は，職権で次のように判示して，原判決が訴因変更手続を経ることなく上記のような認定をしたことは違法であるとした。

　「被告人が上記ガスに引火，爆発させた方法は，本件現住建造物等放火罪の実行行為の内容をなすものであって，一般的に被告人の防御にとって重要な事項であるから，判決において訴因と実質的に異なる認定をするには，原則として，訴因変更手続を要するが，例外的に，被告人の防御の具体的な状況等の審理の経過に照らし，被告人に不意打ちを与えず，かつ，判決で認定される事実が訴因に記載された事実と比べて被告人にとってより不利益であるとはいえない場合には，訴因変更手続を経ることなく訴因と異なる実行行為を認定することも違法ではないと解される（最高裁平成…13年4月11日第三小法廷決定・刑集55巻3号127頁［判例13-1］参照）。

　……本件が上記の例外的に訴因と異なる実行行為を認定し得る場合であるか否かについて検討する。第1審及び原審において，検察官は，上記ガスに引火，爆発した原因が本件ガスコンロの点火スイッチの作動による点火にあるとした上で，被告人が同スイッチを作動させて点火し，上記ガスに引火，爆発させたと主張し，これに対して被告人は，故意に同スイッチを作動させて点火したことはなく，また，上記ガスに引火，爆発した原因は，上記台所に置かれていた冷蔵庫の部品から出る火花その他の火源にある可能性があると主張していた。そして，検察官は，上記ガスに引火，爆発した原因が同スイッ

チを作動させた行為以外の行為であるとした場合の被告人の刑事責任に関する予備的な主張は行っておらず，裁判所も，そのような行為の具体的可能性やその場合の被告人の刑事責任の有無，内容に関し，求釈明や証拠調べにおける発問等はしていなかったものである。このような審理の経過に照らせば，原判決が，同スイッチを作動させた行為以外の行為により引火，爆発させた具体的可能性等について何ら審理することなく『何らかの方法により』引火，爆発させたと認定したことは，引火，爆発させた行為についての本件審理における攻防の範囲を越えて無限定な認定をした点において被告人に不意打ちを与えるものといわざるを得ない。そうすると，原判決が訴因変更手続を経ずに上記認定をしたことには違法があるものといわざるを得ない。」［ただし，次の事情を挙げ，「いまだ原判決を破棄しなければ著しく正義に反するものとは認められない」として，上告を棄却した（多数意見）。「引火，爆発させた方法が，本件ガスコンロの点火スイッチを作動させて点火する方法である場合とそれをも含め具体的に想定し得る『何らかの方法』である場合とで，被告人の防御は相当程度共通し，上記訴因の下で現実に行われた防御と著しく異なってくることはないものと認められるから，原判決の認定が被告人に与えた防御上の不利益の程度は大きいとまではいえない。のみならず，原判決は被告人が意図的な行為により引火，爆発させたと認定している一方，本件ガスコンロの点火スイッチの作動以外の着火原因の存在を特にうかがわせるような証拠は見当たらないことからすれば，訴因の範囲内で実行行為を認定することも可能であったと認められるから，原審において更に審理を尽くさせる必要性が高いともいえない。また，原判決の刑の量定も是認することができる。」この点については，「原判決を破棄し，原審に差し戻すべきである」とする千葉勝美裁判官の反対意見がある。］

参考裁判例 13-17　最三判昭和58年12月13日刑集37巻10号1581頁
（よど号ハイジャック事件）

　X（被告人）は，「共産主義者同盟赤軍派に属する被告人が，A，B，Cら十数名と共謀のうえ，昭和45年3月31日午前7時30分すぎころ，富士山上空付近を航行中の日本航空株式会社の定期旅客機（通称「よど」）内において，乗客を装い搭乗していた前記B，Cら9名において，……右旅客機を強取し，その際，［乗客ら］5名に加療約4日ないし約2週間を要する各傷害を負わせた」などという，強盗致傷，国外移送略取，同移送，監禁の各事実により公訴を提起された。

　本件においては，公訴事実記載の日時に，共産主義者同盟赤軍派（以下「赤軍派」という）政治局員Bらによって公訴事実記載の犯行（以下「本件ハイジャック」という）が実行されたことに争いはなく，また，上記犯行当時，Xが同派政治局議長Aとともに，別件の爆発物取締罰則違反事件などにより警察に身柄を拘束されていて，本件ハイジャックの実行行為に加担していないことも明らかであった。そのため，第1審以来の中心的な争点は，Xが他の共犯者との間で本件ハイジャックに関する共謀共同正犯の刑責を

肯定するに足りるような謀議を遂げたと認められるかどうかの点にあった。

第1審公判において，検察官は，当初，「共謀の日時は，昭和45年1月7日ころから犯行時までであり，同年3月15日以降は順次共謀である。」「共謀の場所は豊島区駒込2丁目……ホテル甲，同区駒込2丁目……喫茶店乙などである。」と釈明したが（第1回公判），その後の冒頭陳述（第2回公判）においては，「同年3月12日より同月14日までの間に，前記『乙』などにおいて」XがA，Bらと本件ハイジャックについての「具体的謀議」を遂げた旨を主張した（この点につき，最高裁は，「検察官が，本件ハイジャックにつき被告人の刑責を問うために必要な『謀議』の日時を，3月12日から14日までの3日間に限局して主張し，争点の明確化を図ったものと理解される」とする）。

これに対し，X及び弁護人は，Xの謀議への関与を争った。そのため，第1審においては，前記3日間におけるX及びAらの具体的行動をめぐり，双方の攻撃防御が尽くされたが，謀議に関する検察官の立証の中心をなすものは，「3月13日夜喫茶店『乙』において，A，Bらからはじめてハイジャックの決意を打ち明けられ，大学ノートに書き込んだメモを見せられて，その具体的方法等に関する説明を受けた」とするXの検察官調書及びほぼこれに照応するAの検察官調書であり，これ以外の日及び時間帯の行動に関する証拠の中には，Xの具体的謀議への関与を端的に窺わせるものは見当たらなかった。そのため，13日夜のXの行動，とくにXが，その自供するように喫茶店「乙」における具体的な協議（以下「第一次協議」という）に加わったのかどうかという点が最大の争点となった。X側は，X及びAの各検察官調書の任意性，信用性を争う一方，第一次協議が行われたとされる13日夜のアリバイ（協議が行われたとされる時間帯にXが知人のD方を訪問しており，同所で旧知のEにも会ったとするもの）に力点を置いた主張・立証を展開した。

第1審裁判所は，13日夜の第一次協議に関するXのアリバイの主張を排斥し，Xが「3月13日および翌14日，喫茶店『乙』等において」，A，B及びCと本件ハイジャックの謀議を遂げたものと認めて，Xに対し有罪判決を言い渡した。なお，検察官も，論告の際には，「3月13，14日の両日，喫茶店『乙』など」において，Xらが具体的謀議を遂げた旨主張するに止まり，12日の謀議については，これを明示的には主張していなかった。

X側から控訴の申立てがあり，原審において，X側が，第1審に引き続き，3月13日夜のアリバイを強く主張し，新たな証人や証拠物たる書面によりその立証を補充したところ，原審は，このアリバイの成立を認め，これを否定した第1審判決には事実誤認の違法があるとした。しかし，同判決の認定した3月13日夜の第一次協議は，実は12日夜に喫茶店「乙」において行われたもので，Xもこれに加わっており，さらに，13日昼及び14日にもXを含めた顔ぶれで協議の続行が行われていると認められるから，前記の事実誤認は判決に影響を及ぼすものではないと判示した。なお，原審において，検察官は，本件ハイジャックの謀議を自白したX及びAの各検察官調書が信用できる

とし，13日夜のアリバイに関するX側の証拠の信用性を攻撃したが，第1審判決が謀議の行われた日と認めた3月13，14の両日以外の日（例えば12日）に謀議が行われた旨の主張は一切しておらず，原審も本件ハイジャックに関する第一次協議の行われた日が13日ではなくて12日ではなかったのかという点につき，当事者双方の注意を喚起するような訴訟指揮は行っていなかった。

X側からの上告の申立てに対し，最高裁は，「前記のような訴訟の経過によると，本件において，当事者双方は，被告人に対し本件ハイジャックに関する共同正犯の刑責を負わせることができるかどうかが，一にかかって，被告人が，京都から［東京に］帰った12日以降逮捕された15日朝までの間にA，Bら赤軍派最高幹部とともに本件ハイジャックに関する具体的な謀議を遂げたと認めうるか否かによるとの前提のもとに，右謀議成否の判断にあたっては，証拠上本件ハイジャックに関する具体的な話合いが行われたとされている3月13日の喫茶店『乙』における協議（第一次協議）に被告人が加わっていたかどうかの点がとりわけ重要な意味を有するという基本的認識に立って訴訟を追行したことが明らかであり，1，2審裁判所もまた，これと同一の基本的認識に立つものであると認められる」とした上で，原審の訴訟手続の適法性について，次のように判示した。

「原審は，第1審と異なり，13日夜喫茶店『乙』において第一次協議が行われたとされる時間帯における被告人のアリバイの成立を認めながら，同夜の協議は現実には12日夜に同喫茶店において行われたもので，被告人もこれに加わっており，さらに，13日昼，14日にも被告人を含めた顔ぶれで右協議が続行されているとして，被告人に対し本件ハイジャックの共謀共同正犯の成立を肯定したのである。

しかし，3月12日夜喫茶店『乙』及びホテル『甲』において被告人がA，Bらと顔を合わせた際に，これらの者の間で本件ハイジャックに関する謀議が行われたという事実は，第1審の検察官も最終的には主張せず，第1審判決によっても認定されていないのであり，右12日の謀議が存在したか否かについては，前述のとおり，原審においても検察官が特段の主張・立証を行わず，その結果として被告人・弁護人も何らの防禦活動を行っていないのである。したがって，前述のような基本的認識に立つ原審が，第1審判決の認めた13日夜の第一次協議の存在に疑問をもち，右協議が現実には12日夜に行われたとの事実を認定しようとするのであれば，少なくとも，12日夜の謀議の存否の点を控訴審における争点として顕在化させたうえで十分の審理を遂げる必要があると解されるのであって，このような措置をとることなく，13日夜の第一次協議に関する被告人のアリバイの成立を認めながら，率然として，右第一次協議の日を12日夜であると認めてこれに対する被告人の関与を肯定した原審の訴訟手続は，本件事案の性質，審理の経過等にかんがみると，被告人に対し不意打ちを与え，その防禦権を不当に侵害するものであって違法であるといわなければならない。」［ただし，記録上明らかな諸般の事実を総合すれば，「原判示第一次協議の存否及びこれに対する被告人の出席の有無にか

かわりなく，ほぼ検察官の主張及び1，2審判決認定の事実の範囲内で，結局，被告人の謀議への関与を肯定することができるから，原判決を破棄しなければ著しく正義に反するとまでは認められない」として，上告棄却。]

参考裁判例13－18　東京高判平成10年7月1日高刑集51巻2号129頁
（ロス銃撃事件）

X（被告人）とY（相被告人）は，殺人の共同正犯として起訴された。起訴状記載の訴因の要旨は，「XとYは，共謀の上，保険金を取得する目的で，Xの妻Vを殺害しようと企て」，銃撃事件を実行した，というものであった。検察官は，原審第1回公判期日における釈明及び冒頭陳述において，殺人の共謀をしたのは被告人両名に限られること，銃弾を発射したのはYであることなどを明らかにし，原審の審理は，この検察官の主張と立証の枠組みを前提として進められた。

ところが，原審裁判所は，判決中で，Yが銃撃等の行為をしたと認定することには大きな疑問があるとの判断を示して，上記訴因につきYを無罪とする一方で，Xについては，「氏名不詳者と共謀して本件殺人の犯行を行った」事実が認定できるとした上，訴因変更の手続を経ることなく上記の事実を認定し同人を有罪とした。

これに対し，東京高裁は，次のように判示して，原審が訴因変更手続を経ることなく上記の事実を認定した手続は違法であるとした。

「本件において，Xは，犯行現場へVを伴って行き，現場でVと共にレンタカーから下車して写真を撮りつつ付近を歩きまわり，手を振ったり，屈んだりする行為をしたとされていて，そのことは証拠上明らかであるところ，これらの行為は，例えば銃撃犯人に銃撃の機会を与え，その合図を送るというような，本件犯行に関連して何らかの意味を持つ行為であったのではないかと疑われている。……しかし，……［上記のXの］行為は，はたして犯行に関係のある行為だったのか，それともこれとは全く無関係な，いわば単なる旅行者の行為に過ぎなかったのか。その点は，右行為の外形だけからはいずれとも判定できない。……この場合，行為の意味や，Xと犯行との結びつきを明らかにするのは，結局共謀の有無の点である。共謀が認定できない限り，現場でのXのこのような行為の意味を判別することは不可能で，結局同人の犯行への加担を認定することは難しい関係にある。」

「［本件において，Xの有罪認定は，実質的にYとの間の『謀議』内容にかかっているが，共謀がYとの間で，二人だけでされたと主張されているときに，その相手方であるYの関与がそもそも否定されてしまうという場合には］共謀の相手方の変更は，共謀の日時，場所，方法などといった共謀を外部から特定するだけの事実の変更とは異なり，その者の行為を介して実行行為を行ったと主張されている意味で，実行行為の内容そのものに直結した主張内容の変更であり，それは，防御対象の骨格を大幅に変えてしまう。加えて，共謀の相手方の変更は，多くの場合に，共謀の内容とされてきた具体的事実経過につい

ても，大幅な変更をもたらさずにはおかない。すなわち，共謀の相手方をYとする当初の訴因は，その基礎にあるところの，XがYと，いつ，どこで会ったり，電話をしたりして，犯行についてどのような連絡を取り合ったかという具体的事実と結びついてその上に構成されている筈であるから，その場合に，訴因上共謀者を変更するということは，基礎にあるこのような具体的事実をこれまでとは違う新たな事実と組み替えざるを得ないことを意味している。そうした場合には，等しく共謀といっても，その具体的内容はかなり異なったものにならざるを得ない。二人だけの間で共謀がされたと主張されている場合にその共謀の相手方を差し替えることは，事件についての基本的な主張と立証の枠組みを大きく変更させ，防御への影響が極めて大きいと考えられるのである。……

このようにみてくると，訴因を『Yとの共謀』とするか，『氏名不詳者との共謀』とするかは，少なくとも本件のような事案では，防御の対象と重点を一変させるのであって，そのことを考えれば，共謀の相手方が誰であるかは，被告人側の防御にとって，抽象的にも具体的にも，極めて重要であり，まさに防御上の不利益に直結した事実と考えるべきである。」

「検察官は，訴因変更の要否に関する原判決の判断を支持する立場から，その理由として，次のとおり述べている……。

すなわち，検察官が訴因として提示する事実の中には，(a)処罰を求めようとする訴追対象事実と，その日時，場所，方法などの，処罰を求める事実を特定するための周辺事実とがあり，訴追対象事実に変化があるときは，縮小認定でない以上訴因変更が必要だが，周辺事実の変化である場合には原則として訴因変更は不要で，被告人の防御権を侵害するときにだけ必要となる，そして，(b)共謀共同正犯の場合，実行行為者と共謀したとの事実が訴追対象事実であって，その実行行為者が誰であるかは訴追対象事実ではないと考えるべきである，そうすると，共謀の相手方が『Y』であったか『氏名不詳者』であったかは周辺事実についての変化に過ぎないことになる，(c)そこで，右の変化が被告人の防御権を侵害するかどうかをみると，本件での防御の要点は，Vを銃撃した人物がYであったか氏名不詳者であったかの点にはない，……訴因では『白色のバンに乗っていた人物がVを狙撃した，その人物はYだった』と主張したが，原審審理の結果，その人物はYだったという後半の部分が認められないとされ，白色のバンに乗っていた人物が狙撃したという前半の部分が残っただけのことである，だからXの防御権を侵害したことにはならない，というのである。

しかし，検察官のこの意見には多くの点で同調できない。まず，検察官のように，共謀共同正犯の場合，実行行為者が誰であるかは常に訴追対象事実ではなく周辺事実であるとして，これを本件にこのような形で当てはめてよいかは大問題である。本件は，実行行為者が誰であるかが実質的には特定はされていて，ただその名前その他のネーミングに関する事項だけが不詳であるというような事案ではない。銃撃行為があったのだか

ら，その犯人が白いバンの中かその陰にいた筈であるとされていて，そこに共犯者の影があるといわれればそうかと思うだけで，それ以上には共犯者像が判然としていない事案である。そのような事案の場合，検察官がいうところの訴追対象事実である『実行行為者と共謀した』事実とは，つまるところ銃撃行為には犯人がいた筈だから，Xは『その犯人と共謀した』といっているに過ぎなくなってしまう。……

また，検察官は，Yを共犯者とする当初の訴因は，その内容を分解すれば，白色のバンに乗っていた人物が銃撃犯人であり，Xはこの人物と共謀したという部分と，その人物はYだったという部分の二段構えになっており，原判決はそのうちの前半部分だけを認定したに過ぎないことになるから，Xの防御権を侵害したことにはならない，という。しかし，これも理由のある主張とは思えない。すなわち，検察官がYとの共謀を主張している場合には，被告人側としては，当面それを前提とすべきであって，『Yとの共謀』に焦点を当てて防御活動を行うことは当然と思われる。あらかじめ検察官のこの主張が立証不十分と判断されることを予想したり，その場合には白色のバンに乗っていた男との共謀が認定されるのではないかなどと予想したりして，これに対する防御を先回りして行うことまで考えねばならないものではない。そうであるのに，いきなり判決において，Y以外の人物との共謀を認定するのは，どうみても防御権の侵害に当たると考えるのが相当である。防御の関心を『Yとの共謀』に引きつけておき，その隙をついて，それまで関心が向けられていなかった『氏名不詳者との共謀』を認定するような手法が，訴因制度の精神に反することは明白というべきである（なお，検察官は，「氏名不詳者との共謀」を想定しても，弁護人側が反証を行う場合，実際には銃撃状況に関連して行うほかなく，その点の反証はすでに「Yとの共謀」を前提とした審理の中で行われているから，具体的に防御権の侵害はないという。しかし，検察官の主張が銃撃状況を中心に行われたからといって，弁護人側からの反証がその枠内にとどまらなければならない理由はなく，弁護人側が「Y以外の人物」との共謀が実際に可能であるのか否か等々に関して反証を展開することは十分あり得ることと考えられる。……そうすると検察官の前記主張は理由がない。）。

更に，共謀の相手方が誰であるかを，訴追対象事実でなく，実行行為の日時，場所などと同様に周辺事実に過ぎないとする検察官の意見は，次の点からみても疑問だと考えられる。すなわち，原判決は，『氏名不詳者との共謀』を認め，Xを殺人につき有罪としたのである［が］……検察官はYに対してだけでなく，Xに対しても，右の認定を争って控訴している。……それは，検察官の意識の中にも，Yの犯人性立証が，Xの犯人性立証の関係でも重要な意味を持っていること，特に本件のようにもっぱら情況証拠を集め，これらをつき合わせて全体像を推認してゆくほかない事件の場合には，Yについて共犯性，実行行為性が認められるか否かがXに対する立証面に及ぼす影響が大きく，極めて重要であるとの判断があったためではないか。そのことは，実質的には，訴追対象事実が『Yとの共謀による殺人』であったことを示しているのではないかと考え

られる。そうすると，共謀の相手方が誰であるかという事実がこのような重要性を持っているときに，これを訴因の記載との関係では単なる周辺事実であるとして，その事実の変更には原則として訴因変更の手続を要しないとする意見には同調できるものではない。」

◯ 参考裁判例 13 - 19　最一決昭和 63 年 10 月 24 日刑集 42 巻 8 号 1079 頁

本件起訴状には，公訴事実として，「被告人は，自動車運転の業務に従事しているものであるが，昭和 60 年 3 月 5 日午後 0 時 50 分ころ，普通乗用自動車を運転し，高知市内の幅員約 4 メートルの道路を時速約 30 ないし 35 キロメートルで進行中，前方道路は付近の石灰工場の粉塵等が路面に凝固していたところへ，当時降雨のためこれが溶解して車輪が滑走しやすい状況にあったから，対向車を認めた際不用意な制動措置をとることのないよう，あらかじめ減速して進行すべき業務上の注意義務があるのにこれを怠り，前記速度で進行した過失により，対向車を認め急制動して自車を道路右側部分に滑走進入させ，折から対向してきた普通乗用自動車に自車を衝突させ，右自動車の運転者に傷害を負わせた」との事実が記載されていたが，検察官は，第 1 審の途中で，公訴事実中「前方道路は付近の石灰工場の粉塵等が路面に凝固していたところへ，当時降雨のためこれが溶解して車輪が滑走しやすい状況にあったから」という部分を，「当時降雨中であって，アスファルト舗装の道路が湿潤し，滑走しやすい状況であったから」と変更する旨の訴因変更請求をし，この請求が許可された。第 1 審の高知地裁は，変更後の訴因につき，本件事故現場付近の道路が格別滑走しやすい状況にあったことを被告人が認識し，あるいは認識し得たと認めるには疑問が存するので，被告人には前記速度以下に減速すべき注意義務があったとは認められない旨の判断を示し，被告人を無罪とした。

これに対し，検察官が控訴を申し立て，原審において，当初の訴因と同内容のものを予備的に追加する旨の訴因追加請求をしたところ，原審裁判所は，請求を許可した上，証拠調べを行い，本件事故現場付近の道路は石灰が路面に付着凝固していたところへ折からの降雨で湿潤して滑走しやすくなっており，被告人はそのような状況を認識していたものと認められるから，被告人がそのような状況を認識していたとは認められない旨判断した第 1 審判決には判決に影響を及ぼすことが明らかな事実誤認があるとして，これを破棄した。その上で，原審において予備的に追加された訴因に沿う事実を認定し，被告人を有罪とした。被告人側上告。

石灰粉塵の堆積凝固という事実が認定できることを理由に，第 1 審判決を破棄し自判した原判決の適法性（第 1 審における訴因変更後の訴因に対し，訴因から撤回された石灰粉塵の堆積凝固という事実を付け加えて認定することが，訴因の範囲を越えて許されないとすれば，そのような事実が認定できることを理由として，第 1 審判決に対し，判決に影響を及ぼすことが明らかな事実誤認があるということはできなくなる）について，最高裁は次のように判示した。

「過失犯に関し，一定の注意義務を課す根拠となる具体的事実については，たとえそれが公訴事実中に記載されたとしても，訴因としての拘束力が認められるものではないから，右事実が公訴事実中に一旦は記載されながらその後訴因変更の手続を経て撤回されたとしても，被告人の防禦権を不当に侵害するものでない限り，右事実を認定することに違法はないものと解される。

本件において，降雨によって路面が湿潤したという事実と，石灰の粉塵が路面に堆積凝固したところに折からの降雨で路面が湿潤したという事実は，いずれも路面の滑りやすい原因と程度に関するものであって，被告人に速度調節という注意義務を課す根拠となる具体的事実と考えられる。それらのうち，石灰の粉塵の路面への堆積凝固という事実は，……公訴事実中に一旦は記載され，その後訴因変更の手続を経て撤回されたものではあるが，そのことによって右事実の認定が許されなくなるわけではない。また，本件においては，……右事実を含む予備的訴因が原審において追加され，右事実の存否とそれに対する被告人の認識の有無等についての証拠調がされており，被告人の防禦権が侵害されたとは認められない。したがって，原判決が，降雨による路面の湿潤という事実のみでなく，石灰の粉塵の路面への堆積凝固という事実をも併せ考慮したうえ，事実誤認を理由に第1審判決を破棄し有罪判決をしたことに違法はない。」

◯ 参考裁判例13-20　最二判昭和35年7月15日刑集14巻9号1152頁

X（被告人）は，現住建造物放火幇助の罪で起訴された。本件放火の事実は，甲製油株式会社取締役社長であるYが，菜種油の横流しを糊塗するとともに保険金を騙取して会社の窮状を打開しようと企て，同社の工員であるZと共謀の上，昭和23年12月3日午前零時ころ，Zにおいて，Yの指示に従い，会社の事務所並びに宿直室に一部を使用していた北側工場内北西隅の空叺の堆積してある個所に，油のしみたボロ布を置き，これにマッチで点火し，空叺に燃え移らせて，人の居住する建造物に放火し，因って工場全部並びに隣接のYの家族居住の住宅1棟，ボイラー室1棟を焼燬したとされるもので，Xに対する公訴事実の要旨は，「同月2日夜同工場宿直員であったのであるが，同日Yから当夜の放火の計画を打ち開［明］けられ，情を知らない他の宿直員Aを放火現場である同工場より誘い出して遊興するよう命ぜられるや，これに応じてAを伴って同夜工場を抜け出し前記Zの放火を容易ならしめて以て幇助した」というものであった。しかし，Xは，「被告人X，同Aの両名は，いずれも……甲製油株式会社の工員であって，昭和23年12月2日夜共同して宿直勤務中，右会社工場事務室において，同夜9時頃から煉炭火鉢……に多量の木炭を使用して暖をとっていたのであるが，その際数回飛火した事例もあり，且つ現場はその火鉢に接近して菜種入叺，書類，用紙，帳簿，ボロ布，菜種油充満の無蓋ドラム罐，油等各種多量の可燃物が存置してあり，かかる場所においては火気の使用について飛火等防止のため適切な措置を講じ，以て火災を未然に防止すべき注意義務があったのにかかわらず，右両名は不注意にも，同夜10時

頃右火鉢の火気を始末せず，そのまま放置して外出したため，同残火の飛火により同夜12時頃前記可燃物に燃え移り発火するところとなり，右会社所有の……工場4棟……を焼燬したものである」との失火の公訴事実ですでに起訴され，簡易裁判所において，略式命令により罰金に処せられ，それが確定していた。

第1審は，現住建造物放火幇助の訴因につき，すでに確定裁判を経たものとして，Xに対して免訴の言渡しをし，原判決もこれを支持した。検察官が，公訴事実の同一性の有無に関する解釈に誤りがあるなどと主張して上告したのに対し，最高裁は次のように判示して，現住建造物放火幇助の事実と失火の事実との間に公訴事実の同一性を認め，上告を棄却した。

「放火幇助と失火との両公訴事実は，同一被告人に対する同一日時場所における同一客体の焼燬に関するものであり，正に社会的，歴史的事実は同一であって，すなわち基本的事実関係を同じくするものであり，両者間には公訴事実の同一性があること疑を容れる余地がない。従って本件工場の焼燬について，被告人Xが既に失火罪により罰金刑に処せられ，その罰金刑が確定している以上，重ねて同被告人を放火幇助罪に問擬し，これを処罰することはできないことは当然である。」

○ 参考裁判例13-[21]　最三決昭和47年7月25日刑集26巻6号366頁

X（被告人）は，実際には集めた金の大半はXらの生活費に充てるつもりであったにもかかわらず，これを秘し，「今度のお盆に戦没者の法要をするので，おろうそく代を上げて欲しい」等虚構の事実を申し向けて，寄附金名義のもとに合計600円と合計770円の各金銭を詐取したとの詐欺の訴因で起訴された。検察官は，起訴から9年2ヵ月余を経た第1審第54回公判期日に至り，予備的訴因として，Xは，金沢市金銭物品等の寄附募集に関する条例に基づく金沢市長の許可を受けず，または，小松市寄附金品取締条例に基づく小松市長に対する届出をしないで，それぞれ前記と同額の寄附募集をしたとの前記各条例違反の訴因の追加を請求し（これに対し，弁護人から公訴事実の同一性を害するという理由で異議の申立てがなされ，裁判所は，異議の申立てについて許否の決定をしなかったが，Xに対し予備的訴因に対する陳述を求めるなど直ちに次の訴訟手続に進んでいることから，異議を却下し，訴因追加を許可する黙示的な決定があったとされている），裁判所は，第55回公判期日において，本位的訴因である詐欺罪については，Xに詐欺の犯意を認めるに足りる十分な証拠がないので有罪とは認められないとしつつ，予備的訴因である条例違反の寄附募集についてXを有罪とした。

X側は，本件本位的訴因と予備的訴因との間には公訴事実の同一性が認められず，長年月わたる証拠調べが完結した最終公判期日において突如行われた本件予備的訴因の追加は，全くの不意打ちで被告人の防御の機会を奪ったものであるなどと主張して控訴したが，原審は，本件の本位的訴因と予備的訴因は「構成要件罪質を異にしているけれども，両者は，犯罪の日時場所が同一であり，被告人が受領した金銭の額，交付者，直接

右金銭を受領した被告人の外交員，及び右外交員が右金銭の交付を受けるために交付者は［に］働きかけた言動も全く同一であり，従って……基本たる事実関係において同一であると考えられる」，「元来予備的訴因の追加等，訴因の変更については，刑訴上時期的制約はない」として，これを棄却した。X側からの上告に対し，最高裁は，次のように判示してこれを棄却した。

「本件起訴状記載の……詐欺の各事実と，予備的訴因追加申立書掲記の金沢市金銭物品等の寄附募集に関する条例違反または小松市寄附金品取締条例違反の各事実との間には，それぞれ，公訴事実の同一性があるとの原審の判断は正当である。」

本判決には，次のような田中二郎裁判官の反対意見（坂本吉勝裁判官同調）が付されている。

「第1の問題は，本件の詐欺の本位的訴因と各条例違反の予備的訴因との間に公訴事実の同一性があるかどうかの点である。詐欺罪は，『人ヲ欺罔シテ財物ヲ騙取』することによって成立する刑法犯であるのに対し，本件各条例違反は，許可又は届出なくして寄附募集をすることの禁止に違反して寄附募集をすることによって成立する行政的取締法規違反にすぎない。いずれも，結果的に財物を取得するという点において，両者には共通するところがあるとはいえるけれども，単に財物を取得するというだけでは犯罪を構成する事実とはいえず，前者は，『人ヲ欺罔シテ』財物を『騙取』するところに犯罪性が認められるものであるのに対し，後者は，『許可又は届出なくして』『寄附募集』という形式で財物を取得するところに各条例違反が成立するのであって，両者は，その罪名・罪質を全く異にするのみならず，構成要件的事実の共通性又は類似性を全く欠くものといわなければならない。そうであるとすれば，……原審の判断およびこれを支持する多数意見は，法律の解釈を誤ったものというほかなく，とうてい，これに賛成することができない。

もっとも，公訴事実の同一性の有無の判断については，従来から，見解の分かれるところであるが，かりに，基本的事実同一説の立場に立ち，公訴事実の同一性の範囲を緩やかに解すべきであるとしても，刑訴法312条の精神からすれば，訴因の追加又は変更により被告人の防禦に実質的な不利益を生ずるようなことがあってはならないはずである。ところが，本件第1審においては，9年2か月余の長きにわたり，53回の公判期日を経ながら，その間，条例違反の点については全く触れるところがなく，第54回の公判期日にいたり，突如として予備的訴因の追加をさせ，これに対し弁護人らが異議を述べたのにかかわらず刑訴法312条にもとづく充分な防禦の機会を与えず，しかも，自ら明示の決定をすることもなく，そのまま，結審し，第55回の判決公判期日において，右予備的訴因である本件各条例違反について有罪の判決をするにいたったもので，被告人および弁護人らに対し，実質的に充分な防禦をする権利に不意討ちの打撃を与えたものとして，とうてい，是認することができない。」

○ **参考裁判例 13 - 22**　最二判昭和 34 年 12 月 11 日刑集 13 巻 13 号 3195 頁

本件起訴状には,「被告人は家畜商を営んでいるものであるが, 昭和 25 年 7 月 25 日頃北海道空知郡……家畜商 A より同人所有の馬 4 頭の売却方を依頼せられ, 同月 29 日うち 2 頭を新潟県西蒲原郡……B に代金 6 万円で売却し, これを業務上保管中, 同月 30 日同郡……甲旅館において, A に右代金を引渡す際ほしいままに, 馬 2 頭を 12 万円で売ったが日曜日で銀行もなく, 買主より 3 万円だけ内金として受取った旨嘘のことを申し向け, その場において残金 3 万円を着服して横領したものである」との業務上横領の訴因が記載されていたが, 第 1 次第 1 審の公判において, 検察官から,「被告人は昭和 25 年 7 月 30 日新潟県西蒲原郡……C 方から同人が一時北海道空知郡……A より預っていた A の父……所有の牝馬鹿毛及び青毛各 1 頭 (価格合計 12 万円相当) を窃取したものである」との窃盗の訴因への訴因変更請求があり, 許可された。

第 1 次第 1 審の新潟地裁相川支部は, 変更後の窃盗の訴因について被告人を有罪としたが, 第 1 次控訴審である東京高裁は, 新旧訴因は「その犯行の日時, 場所, 手段, 方法, 目的物件等が互に相違しており, その共通するところは, わずかに, 他人の財物を不法に領得した点にあるのに過ぎないのであるから, かかる変更は, 公訴事実の同一性の範囲を甚だしく逸脱している」として原判決を破棄し, 事件を新潟地裁に移送した。移送後の第 2 次第 1 審において, 当初の業務上横領の訴因とは別に, 検察官は, 前記の窃盗の訴因について公訴を提起し, 両者が併合審理された結果, 裁判所は, 窃盗について有罪, 業務上横領について無罪の判決をした。窃盗に対する有罪部分についてのみ被告人から控訴の申立てがあったのに対し, 第 2 次控訴審は, 控訴棄却の判決をした。

被告人側が, 窃盗の訴因と業務上横領の訴因とは公訴事実の同一性があるから, 本件窃盗の公訴提起は二重起訴にあたるなどと主張して上告したのに対し, 最高裁は, 次のように判示して, 両訴因の間の公訴事実の同一性を認めたが, 結論として, 上告趣意が主張する違法はないとして上告を棄却した。

「[本件] 業務上横領の訴因と, ……窃盗の訴因……とは, 前者が馬の売却代金の着服横領であるのに対し, 後者は馬そのものの窃盗である点並びに犯行の場所や行為の態様において多少の差異はあるけれども, いずれも同一被害者に対する一定の物とその換価代金を中心とする不法領得行為であって, 一方が有罪となれば他方がその不可罰行為として不処罰となる関係にあり, その間基本的事実関係の同一を肯認することができるから, 両者は公訴事実の同一性を有するものと解すべく, 従って第 1 次第 2 審の判決がその同一性を欠くものと判断したのは誤りであるといわなければならない。」[結論として,「第 2 次第 1 審における窃盗の公訴提起は……実質において訴因変更の趣旨と解することができるのであって, 従って二重起訴ではないといわなければならない (そして第 2 次第 1 審が窃盗の訴因につき有罪を認定し業務上横領の訴因はその不可罰的事後行為と認めて無罪を言渡したのに対してなされた本件控訴の申立の効果は, 右有罪部分と不可分の関係にある業務上横領にも及ぶものというべきであるから, すでに確定裁判を経たものとして免訴の裁判

をなすべき場合にも当らない）。」とする］。

◯ 参考裁判例13-23　最一決昭和53年3月6日刑集32巻2号218頁

　X（被告人）は，自動車運転免許試験場の試験官である警察官Yらと共謀の上，自動車運転免許証の取得希望者であるAらから，不正の手段により運転免許証を取得させてもらいたい旨の請託を受け，それに対する謝礼の趣旨で供与されるものであることを知りながら現金の交付を受けて賄賂を収受したとの枉法収賄の訴因で起訴されたが，第1審の公判において，検察官から，予備的訴因として，Xは，自動車運転免許証の取得希望者であるAらと共謀の上，Yらに対し，不正の手段により運転免許証を取得させてもらいたい旨の請託をなし，これに対する謝礼の趣旨で現金を交付し，公務員であるYらの職務に関し賄賂を供与したとの贈賄の訴因の追加が請求され，許可された。裁判所は，Xが，訴因記載の日時ころ，訴因記載の趣旨でAらから現金を受け取った事実は認められるものの，XとYらとの賄賂金収受に関する共謀を認めるに足りる証拠はなく，本位的訴因については犯罪の証明がないとした上で，予備的訴因について，Xを有罪とし，原審もこの認定を維持した（なお，原審は，本位的訴因と予備的訴因との公訴事実の同一性を争った相被告人Yとの関係で，「本件においては，右免許証取得者らが，それぞれ被告人Yを含む自動車運転免許試験の試験官……らに賄賂を供与する目的で金員を支出したこと，被告人Yが右金員の一部またはその変形物により職務上不正の利益を得ていること，……X……が右免許証取得者と被告人Yとの間の右賄賂の供与，受供与に関与していることは，両訴因間においていずれも共通しているのであって，検察官は，当初……Xを被告人Yの収賄の共犯者とみて起訴したところ，審理の結果，……［X］は免許証取得者らからそれぞれ金員を受取り，その一部を試験官である被告人Yに交付し，あるいはその金員で同被告人に饗応接待したもので，むしろ被告人Yに対する贈賄の罪責を負うべきものと評価すべきことが判明したというに過ぎない」と判示している）。

　X側は，起訴状記載の本位的訴因と有罪が認定された予備的訴因では，利益受供与の日時，場所，共犯者，賄賂の額，内容等が著しく異なっている上（例えば，免許証取得者Aにかかる訴因の場合，本位的訴因では，犯罪日時は「昭和46年2月下旬ころ」，場所は「バーKことB方」，供与者は「A」，賄賂は「現金25万円」であるが，予備的訴因では，犯罪日時は「昭和46年3月上旬ころ」，場所は「バーK附近路上」，供与者は「被告人」，賄賂は「現金5万円」であるとされる），両事実はともに併立し得る関係にあり，公訴事実の同一性に欠けるなどと主張して上告したが，最高裁は，次のように判示して上告を棄却した。

　「『被告人甲は，公務員乙と共謀のうえ，乙の職務上の不正行為に対する謝礼の趣旨で，丙から賄賂を収受した』という枉法収賄の訴因と，『被告人甲は，丙と共謀のうえ，右と同じ趣旨で，公務員乙に対して賄賂を供与した』という贈賄の訴因とは，収受したとされる賄賂と供与したとされる賄賂との間に事実上の共通性がある場合には，両立しな

い関係にあり，かつ，一連の同一事象に対する法的評価を異にするに過ぎないものであって，基本的事実関係においては同一であるということができる。したがって，右の二つの訴因の間に公訴事実の同一性を認めた原判断は，正当である。」

◯ **参考裁判例13-24** 最一判昭和62年12月3日刑集41巻8号323頁

　X（被告人）は，a事実（窃取にかかる定額郵便貯金証書18通の受取欄を偽造し，赤坂郵便局の係員に提出して行使し，預金払戻し名下に金員を騙取したとの有印私文書偽造，同行使，詐欺の事実）で起訴された。検察官は，これと1罪の関係にあるものとしてb事実（窃取にかかる定額郵便貯金証書12通の受取欄を偽造し，新宿郵便局の係員に提出して行使し，預金払戻し名下に金員を騙取しようとしたが，目的を遂げなかったとの有印私文書偽造，同行使，詐欺未遂の事実）の訴因追加を書面で請求し，第1審第2回公判において，弁護人がこれに異議がない旨の意見を述べ，裁判所により訴因追加を許可する決定がなされた。追加された訴因につき，X及び弁護人は事実を争うことなく，検察官が請求した証拠はすべて同意書面として取り調べられた。

　ところが，第7回公判に至って，検察官は，a事実とb事実は併合罪の関係にあると釈明した上，b事実の訴因の撤回を請求し，裁判所はこれを許可するとともに，先にした訴因追加の許可を取り消す決定をした。その後，検察官は，b事実について，改めて公訴を提起し，裁判所は，検察官がb事実との関係で取調べ済みの証拠の証拠請求を撤回したのをうけて，その証拠採用決定を取り消す決定をした上で，追起訴されたb事実の審理を行い，再度の証拠調べを経て，Xを有罪とした。

　X側から，a事実とb事実は公訴事実の同一性がないから，訴因の追加はもとより追加後の訴因の撤回も許されず，検察官による訴因の撤回請求と第1審裁判所による訴因追加許可の取消決定は，実質的に公訴の取消しの意味をもつから，その後のb事実についての追起訴は刑訴法340条に違反するなどとして控訴が申し立てられたが，原審は，「追加された訴因について，後にそれが公訴事実の同一性を害するものであることが判明した場合には，これを是正するため，訴因追加の許可を取り消す決定によって，その訴因を審判の対象から排除するのが相当であ［る］……。所論は，訴因の追加の許可を取り消す決定は公訴事実の同一性を害しない範囲内の訴因についてのみ可能であるというが，右の許可を取り消す決定は刑訴法312条1項の訴因の撤回の許可決定ではなく，……訴訟関係を整序するための非類型的な決定であるから，公訴事実の同一性を害しない範囲内の訴因についてのみ可能であるという制約はない。所論は，また，右の訴因を排除するためには，同法338条4項［号］の準用による公訴棄却の判決をなすべきであるともいうが，もともと公訴の提起がなく，独立した公訴として取り扱われたこともない訴因を排除するのに，公訴棄却の判決をするのは過分であり賛成できない。……検察官が訴因の撤回を請求し，原裁判所が訴因追加の許可を取り消す決定をしたことをもって，所論のように当該訴因につき公訴が取り消され，刑訴法339条3号による公訴棄却

の決定が確定したのと同視することはできない」として，控訴を棄却した。

X側から上告が申し立てられたのに対し，最高裁は次のように判示して，これを棄却した。

「第1審裁判所は，誤って元の訴因の事実とは併合罪関係にあり公訴事実の同一性がない事実につき訴因追加を許可し，その追加された訴因の事実についての証拠を取り調べた後に，右誤りを是正するため，まず右訴因追加の許可を取り消す決定をし，次いで右証拠の採用決定を取り消す決定をしたうえ，改めて追起訴された右追加訴因と同一の事実をも含めて，更に審理を重ね，判決に至っているが，右各取消決定について刑訴法にこれを認める明文がないからといって，このような決定をすることが許されないと解すべき理由はなく，これと同旨の理由により右第1審訴訟手続を適法とした原判決の判断は正当である。」

◯ 参考裁判例13－25 福岡高那覇支判昭和51年4月5日判タ345号321頁

X（被告人）は，昭和46年12月8日，殺人の共同正犯として起訴された。起訴状には，公訴事実として，「被告人はかねてより警察権力に反感を抱いていたものであるが，氏名不詳の者数名の者と共謀の上，1971年11月10日午後5時50分頃，浦添市……交叉点道路上に於いて警備の任に当っていた琉球警察警備部隊……所属巡査部長K（当49年）を殺害せんと企て，同人を捕捉し角材，旗竿で殴打し，足蹴し顔面を踏みつけた上，火炎瓶を投げつけ焼く等の暴行を加え，よって右警察官を前記日時頃，前記場所に於いて，脳挫傷，蜘蛛膜下出血等により死亡させて殺害したものである」との記載がなされていたが，検察官は，昭和47年2月25日の第1回公判期日において，(1)「氏名不詳の者数名」とある「氏名および数は，現在捜査の過程で判明していない」，(2)「本件殺人の共謀とは，実行行為共同正犯の意である」，(3)「本件共謀の具体的日時場所は，起訴状中の同人を捕捉し角材旗竿で殴打し足蹴にしているのを認めてそこで数名の者と共謀して殺意を生じたのである」，(4)「本件における被告人の具体的行為は，炎の中から炎に包まれているKの肩をつかまえてひきずり出し顔を2度踏みつけ脇腹を1度蹴った行為である」と釈明した。検察官は，引き続き同公判期日において，冒頭陳述をし，「本件犯行状況」として，Xの具体的行為について，前記釈明と同様の陳述をした。

爾来，本件の攻撃防御は，専ら，Xが炎の中からKをひきずり出したこと，及びその直後のXの足踏み等の行為が，検察官主張の本件殺人の実行行為なのか，それともX主張の警察官に対する救助行為としての消火行為なのかを争点として展開された。ところが，第1回公判期日から約2ヵ月を経た昭和49年8月5日の第18回公判期日において，検察官は，第1回公判期日における前記釈明及び冒頭陳述の訂正として，Xの具体的な実行行為の釈明即ち「炎の中から炎に包まれているKの肩をつかまえてひきずり出し，顔を2度踏みつけ脇腹を1度蹴った行為である」としたそのあたまに，「Kの腰部附近を足げにし，路上に転倒させたうえ」と追加すると述べ，また，冒頭陳

述についても，同旨の内容を追加すると述べた。そして，裁判長がその追加訂正を許さなかったところ，同内容の訴因の変更を申し立てた。

　これに対し，裁判長は，本件審理が長期にわたっており，また結審段階にきていることを挙げて，訴因変更申立ての撤回を勧告したが，検察官がこれに応じなかったため，本件が結審段階にあることを理由に訴因変更を許可しない旨告知した。

　第１審裁判所は，第19回公判期日に若干の証拠調べをした上，次の第20回公判期日に結審し，判決では，釈明されたＸの行為は消火行為であり，Ｘが殺人を犯したと認めるに足りる証拠はないとした（ただし傷害致死で有罪）。検察官，Ｘ双方控訴。

　検察官が控訴趣意において，第１審が訴因変更請求を許可しなかった措置は刑訴法312条に違反すると主張したのに対し，福岡高裁那覇支部は，次のように判示して，第１審の措置の適法性を認めた。

　「(一)　一般に実行共同正犯においても，意思の連絡又は共同犯行の認識を示すために，実務上しばしば『共謀』という語が使用されることは顕著であるから，弁護人が，前記起訴状記載の公訴事実が，殺人の共謀共同正犯なのか実行共同正犯なのか不明確であるとして釈明を求めたのは，両者が共犯の態様，就中『共謀』の意味内容を異にし，延いて防禦に深くかかわることに鑑み，当を得たものと思われ，さればこそ検察官もこれに応じて，前記の如く実行共同正犯であると明言し，その実行行為と，殺意を生じ意思を連絡した時点とを限定し，以て本件訴因を特定したものといわなければならない。このことは，前記冒頭陳述からみても疑問の余地がない程明らかであって，換言すれば，被告人が，『炎の中から炎に包まれているＫの肩をつかまえて引きずり出し』た時点以前の被告人の行為，具体的には，検察官が起訴に至るまでの取調べ過程において知悉していたというべき……被告人の右時点以前の足蹴り行為は，始めから意識的に訴因の埒外におかれ，立証事項からも明瞭に除外されていたのを，あらためて明確にしたとみるのが至当であり，この点，起訴状記載の公訴事実中にある『足蹴し』とは，前記釈明……(3)の文脈からしても，明らかに被告人以外の，即ち他人の行為を指したものであるといわなければならない（検察官は，その控訴趣意中において，起訴状記載の公訴事実の中に，この「足蹴し」とあるのをとらえて，訴因として足蹴り行為が掲げられているから，被告人の実行行為として前記腰部附近を足蹴りし転倒せしめた行為を追加することは，釈明及び冒頭陳述の訂正で足りると主張するが，その然らざる所以は本文説示のとおりである）。

　(二)　かくして第１回公判期日以来第18回公判期日に至るまで約２年６箇月の間，争点は，専ら，前記時点以後の被告人の行為が，殺人の実行行為かそれとも救助行為としての消火行為かにしぼられて攻撃防禦が展開され，とりわけ弁護人は，防禦活動を右の１点に集中してきたことがたやすく看取されるところ，その防禦活動が成功したかにみられ（このことは原審判決内容において裏づけられる），かつ，結審間近か（このことは次々回に結審していることによって明白）の段階で，当初の釈明によって明瞭に訴

因からも立証事項からも除外されていることが確認された右足蹴り行為が、あらためて立証事項とし、訴因として攻防の対象とされようとした。これが第18回公判期日における検察官の釈明及び冒頭陳述の追加訂正並びに訴因変更の申立をいずれも許可しなかった原審裁判所の背景にあった事情と考えられる。

(三) 他方、刑訴法312条1項は、『裁判所は検察官の請求があるときは、公訴事実の同一性を害しない限度において、起訴状に記載された訴因又は罰条の追加、撤回又は変更を許さなければならない。』と定め、一般に、右請求は、検察官の責任と権限においてなされるべく、裁判所の介入すべきことではないとされ、ここに刑事訴訟の当事者主義的構造のあらわれがみられると解されている。そしてその赴くところは、公訴事実の同一性を害しない限り、検察官は、一度撤回した訴因を再び追加することすら、原則として禁ぜられるものではないとの裁判例も示されている。しかしながら、およそ例外を全く許さない原則はないのであって、同条4項に、『裁判所は訴因又は罰条の追加又は変更により被告人の防禦に実質的な不利益を生ずる虞があると認めるときは、被告人又は弁護人の請求により、決定で被告人に充分な防禦の準備をさせるため必要な期間公判手続を停止しなければならない。』と定めていることにかんがみると、右検察官の権限といえども、被告人の防禦に実質的な不利益を生ぜしめないこととの適正な釣合いの上に成り立っていることが明らかであって、もし、被告人の右不利益を生ずるおそれが著しく、延いて当事者主義の基本原理であり、かつ、裁判の生命ともいうべき公平を損うおそれが顕著な場合には、裁判所は、公判手続の停止措置にとどまらず、検察官の請求そのものを許さないことが、例外として認められると解するのが相当である。しかして、ここにいう被告人の防禦に実質的な不利益のなかには、憲法上の要請でもある迅速な裁判をうけ得ないことからくる被告人の不安定な地位の継続による精神的物質的な消耗をも考慮に入れるべきである。

(四) このような観点に立って本件を案ずるに、検察官の前記訴因変更の請求は、成程公訴事実の同一性を害しない限度ではあるが、前示 (一) 及び (二) の経緯が明らかに示すとおり、検察官が弁護人の求釈明によって自ら明瞭に訴因から除外することを確認した事実をあらためて復活させるに等しく (本件においてはこの事実即ち前記足蹴り行為が訴因にのぼせられるにおいては、被告人にとっては、本件殺人の点につきあらたな防禦範囲の拡大を強いられるのみならず、暴行、傷害、傷害致死等の実行行為としても独立に評価され、処断される危険にさらされることに留意すべきである)、しかも約2年6箇月の攻防を経て一貫して維持してきた訴因、即ち本件問題の行為が殺害行為そのものであるとの事実の証明が成り立ち難い情勢となった結審段階のことであってみれば、そうしてまた、被告人としては、右足蹴り行為につき、それまで明確に審判の対象から外され、従って防禦の範囲外の事実として何ら防禦活動らしい活動をしてこなかったことの反面、右問題の行為が、殺害行為どころか救助行為としての消火行為であるとの一貫した主張がようやく成功したかにみえる段階であったことをも考えあわせてみれ

ば，それはまさに，不意打ちであるのみならず，誠実な訴訟上の権利の行使（刑訴規則1条2項）とは言い難いうえに，右事実をあらたに争点とするにおいては，たとえば，読売新聞掲載の写真の撮影者等の証人喚問，フィルムの提出命令等の事態が十分予想され，被告人としても，これらに対するあらたな防禦活動が必然的に要請され，裁判所もまた十分にその機会を与えなければならないから，訴訟はなお相当期間継続するものと考えられ，迅速裁判の趣旨（刑訴規則1条1項）に反して被告人をながく不安定な地位に置くことによって，被告人の防禦に実質的な著しい下［不］利益を生ぜしめ，延いて公平な裁判の保障を損うおそれが顕著であるといわなければならない。

以上審案したところによってみれば，原審裁判所が，検察官の前記訴因の変更を許さなかったことは，さきに示した例外的な場合に該当して結局相当というべく，刑訴法312条1項の解釈適用を誤ったものとすることはできず，訴訟手続の法令違反は存しない。」

参考裁判例13-26　最三判昭和58年9月6日刑集37巻7号930頁
（日大闘争事件）

被告人Xは，次のような甲事実と乙事実で起訴され，被告人Y_1～Y_5の5名は，乙事実のみについて，起訴された。

甲事実とは，「昭和43年9月2日東京地方裁判所民事第9部が債権者学校法人U大学の申請により行った，債務者たるU大学全学共斗会議，U大学経済学部斗争委員会等所属の学生らに占拠されていた……同大学経済学部1号館等につき，債務者らの右建物等に対する占有を解いて債権者の申立をうけた東京地方裁判所執行官にその保管を命じ，執行官は債権者にその使用を許さなければならない等4項目の仮処分決定に基づき，同月4日，同地方裁判所執行官A外3名及び同職務代行者Bが，民事訴訟法第536条第2項の規定により援助を要請した警視庁機動隊所属の警視K_1ら約670名の警察官の援助のもとに，補助者C外7名を使用して前記経済学部1号館に対する右仮処分の執行を行った際，同建物を占拠していたほか数十名の学生らと共謀の上，同日午前5時20分ころから同6時15分ころまでの間，右経済学部1号館周辺において前記各職務に従事中の執行官及び警察官らに対し，同建物内2階ベランダ，3・4階窓及び5階屋上等から石塊，コンクリート破片，牛乳空びん，椅子等を投げつけ，あるいは放水するなどして暴行を加え，もって右執行官及び警察官らの前記各職務の執行を妨害した」との事実である。

また，乙事実とは，「昭和43年9月4日早朝，さきにU大学の申請により東京地方裁判所民事第9部がなした前記仮処分決定の執行のため同大学経済学部1号館に赴いた同地方裁判所執行官一行のうち，Cらが同館北側1階エレベーターホール窓から右仮処分の執行を開始した際，右執行官よりの援助要請に基づき出動中の警視庁第五機動隊長警視K_2指揮下の同機動隊……所属の警察官約130名が，右執行を援助するため同館北

側幅約80糎の路地内から右1階エレベーターホール窓を破壊して同館内に進入しつつあるのを認めるや，同館5階北側窓付近に来合わせたほか数名の学生らと共謀のうえ，前記警察官らの右職務の執行を妨害しようと企て，同日午前5時30分ころから同5時50分過ぎころまでの間，同館5階エレベーターホール北側窓から，かねて同所付近に準備してあった重さ数キログラムから10数キログラムに及ぶレンガ・コンクリート塊，コンクリートブロック塊等数十個を，同館内に逐次進入するため右路地内に密集していた前記警察官らめがけて激しく投下し，もって前記警察官らの職務の執行を妨害し，その際，同機動隊巡査Lら18名に対し，加療約1週間乃至10か月間を要する（ただしMについては完治不能）頸椎骨折・同捻挫等の傷害を負わせ，巡査部長N（当時34年）に対しては左前頭部頭蓋骨骨折・脳挫傷の傷害を負わせたうえ，同人をして同月29日午前11時ころ……東京警察病院において，右傷害に基づく外傷性脳機能障害により死亡するに至らしめた」との事実である。

　乙事実に関する訴因がいわゆる現場共謀に基づく犯行の趣旨であることは起訴状における公訴事実の記載から明らかである上，検察官は，第1審審理の冒頭において，乙事実の訴因が現場共謀による実行正犯の趣旨である旨及び乙事実は甲事実とは別個の犯罪である旨の釈明をし，その後約8年半に及ぶ審理の全過程を通じてこの主張を維持した。そのため，乙事実に関する第1審における当事者の攻撃防御は，検察官の主張を前提とし，その犯行の現場に被告人らがいたかどうかの事実問題を中心として行われた。

　第1審裁判所は，審理の最終段階において，被告人 Y_2, Y_5 の両名については，乙事実の被害者である警察官19名が負傷した時間帯である昭和43年9月4日午前5時30分ころから5時45分ころまでの間に同事実の犯行現場である5階エレベーターホールにて犯行に加担したと認めるに足る証拠がなく，また，その余の被告人らについては，同日午前5時40分以前に前記現場にて犯行に加担したと認めるに足る証拠がないとの心証に達した（これによれば，前記訴因を前提とする限り被告人らを無罪又は一部無罪とするほかない）。しかし，裁判所は，乙事実の訴因を現場共謀に先立つ事前共謀に基づく犯行の訴因に変更するならば，これらの点についても犯罪の成立を肯定する余地がありうると考えて，第54回公判において，裁判長から検察官に対し，甲・乙両事実の関係及び乙事実の共謀の時期・場所に関する検察官の従前の主張を変更する意思はないかとの求釈明を行った。これに対し，検察官は，その意思がない旨明確かつ断定的な釈明をした。そこで，第1審裁判所は，それ以上進んで検察官に対し訴因変更を命じたり積極的にこれを促したりすることなく，現場共謀に基づく犯行の訴因の範囲内において被告人らの罪責を判断し，被告人 Y_2, Y_5 に対しては乙事実について無罪の，その余の被告人らに対しては前記5時40分過ぎ以降に生じた傷害，公務執行妨害についてのみ有罪（ただし，被告人Xに対しては甲事実についても有罪）の各言渡しをした。

　これに対し，原判決は，被告人 $Y_1 \sim Y_5$ に対する関係では，乙事実の訴因につき訴因変更の手続を経ることなく事前共謀に基づく犯行を認定してその罪責を問うことは許さ

れないものの，本件においては，訴因変更をしさえすれば被告人らに対し第1審において無罪とされた部分についても共謀共同正犯としての罪責を問いうることが証拠上明らかであり，しかも右無罪とされた部分は警察官1名に対する傷害致死を含む重大な犯罪にかかるものであるから，第1審裁判所としては，検察官に対し，訴因変更の意思があるか否かの意向を打診するにとどまらず，進んで訴因変更を命じ，あるいは少なくともこれを積極的に促すべき義務があったとした。そして，そのような義務を尽くさず，被告人らについて乙事実又はその一部を無罪とした第1審の訴訟手続には審理不尽の違法があるとして，被告人らに関する第1審判決を破棄し，事件を東京地方裁判所に差し戻す旨の判決を言い渡した（被告人Xに対する関係でも，破棄差戻し）。

　被告人側からの上告の申立てを受けた最高裁は，原判決が被告人Y_1～Y_5に対する関係で，訴因変更を命じ又は積極的に促す義務を認めた点について次のように判示してこれを違法とし，破棄差戻しの判決をした（被告人Xに対する関係でも，破棄差戻し）。

　「思うに……被告人［Y_1～Y_5］らに対する関係では，前記のような審理の経過にかんがみ，乙事実の現場共謀に基づく犯行の訴因につき事前共謀に基づく犯行を認定するには訴因変更の手続が必要であるとした原判断は相当である。そこで，進んで，第1審裁判所には検察官に対し訴因変更を命ずる等の原判示の義務があったか否かの点につき検討すると，第1審において右被告人らが無罪とされた乙事実又はその一部が警察官1名に対する傷害致死を含む重大な罪にかかるものであり，また，同事実に関する現場共謀の訴因を事前共謀の訴因に変更することにより右被告人らに対し右無罪とされた事実について共謀共同正犯としての罪責を問いうる余地のあることは原判示のとおりであるにしても，記録に現われた前示の経緯，とくに，本件においては，検察官は，約8年半に及ぶ第1審の審理の全過程を通じ一貫して乙事実はいわゆる現場共謀に基づく犯行であって事前共謀に基づく甲事実の犯行とは別個のものであるとの主張をしていたのみならず，審理の最終段階における裁判長の求釈明に対しても従前の主張を変更する意思はない旨明確かつ断定的な釈明をしていたこと，第1審における右被告人らの防禦活動は右検察官の主張を前提としてなされたことなどのほか，本件においては，乙事実の犯行の現場にいたことの証拠がない者に対しては，甲事実における主謀者と目される者を含め，いずれも乙事実につき公訴を提起されておらず，右被告人らに対してのみ乙事実全部につき共謀共同正犯としての罪責を問うときは右被告人らと他の者との間で著しい処分上の不均衡が生ずることが明らかであること，本件事案の性質・内容及び右被告人らの本件犯行への関与の程度など記録上明らかな諸般の事情に照らして考察すると，第1審裁判所としては，検察官に対し前記のような求釈明によって事実上訴因変更を促したことによりその訴訟法上の義務を尽くしたものというべきであり，さらに進んで，検察官に対し，訴因変更を命じ又はこれを積極的に促すなどの措置に出るまでの義務を有するものではないと解するのが相当である。」

参考裁判例13-27　最大判昭和40年4月28日刑集19巻3号270頁

X（被告人）は，衆議院議員総選挙に立候補の決意を有するAに当選を得しめる目的でBがY（相被告人）ほか4名に対し金3000円宛を供与した際，その情を知りながらBを案内し，受供与者に紹介し，更にYらに受供与を勧める等その犯行を容易ならしめてこれを幇助したとして，公職選挙法221条1項1号違反の幇助罪で起訴された。これに対し，第1審の第5回公判期日において，裁判所は，共同正犯に訴因を変更すべきことを命じ，検察官の訴因変更がないのに，裁判所の命令により訴因が変更されたものとしてその後の手続を進め，判決において，被告人Xは，Bと共謀の上，Yほか4名に対し前同趣旨で現金3000円宛を供与したという共同正犯の事実を認定し，同人を有罪とした。

X側からの控訴に対し，原審は，幇助犯としての起訴事実を，第1審判決の如く共同正犯と認定しても，Xの防御権の行使に実質的な不利益を与えるものではないから，訴因変更の手続を要しない旨判示して，第1審判決を是認した。これに対し，最高裁は，「共同正犯を認めるためには，幇助の訴因には含まれていない共謀の事実を新たに認定しなければならず，また法定刑も重くなる場合であるから，被告人の防禦権に影響を及ぼすことは明らかであって，当然訴因変更を要するものといわなければならない」とした上で，訴因変更命令の効力について次のように判示し，原判決及び第1審判決中Xに関する部分を破棄した（第1審に差戻し）。

「検察官が裁判所の訴因変更命令に従わないのに，裁判所の訴因変更命令により訴因が変更されたものとすることは，裁判所に直接訴因を動かす権限を認めることになり，かくては，訴因の変更を検察官の権限としている刑訴法の基本的構造に反するから，訴因変更命令に右のような効力を認めることは到底できないものといわなければならない。そうすると，裁判所から右命令を受けた検察官は訴因を変更すべきであるけれども，検察官がこれに応じないのに，共同正犯の事実を認定した1審判決は違法であって，同判決および結果に於てこれを是認した原判決はこれを破棄しなければ著しく正義に反するものと認められる。」

本判決には，次のような石坂修一裁判官の反対意見が付されている。

「第1審裁判所は，訴因変更命令を発して居るのであって，右命令には形成的効力があるものと解するのが相当であるから，本件は破棄せらるべき事案ではない。」

参考裁判例13-28　最三判昭和29年3月2日刑集8巻3号217頁

本件起訴状には，公訴事実として，「被告人は，……法定の除外事由がないのに昭和25年1月より同年6月迄の間別紙添付表の通り，A外2名に対し物品税課税品である京花紙1736締をその税込価格46万860円にて販売したのに，物品税逋脱の目的で之を正規帳簿に記載せず物品課税標準額の申告もせず因って物品税4万1870円を逋脱したものである」との記載がなされ，別表として付された販売一覧表には，個々の移出ごと

に年月日，品名，数量，単価，移出価額が記載してあった。

　第1審は，概ね公訴事実記載の通りの事実（ただし別表は付していない）を認定し，被告人に対し罰金10万円の有罪判決を言い渡したが，原審は，「物品税は当該物品の製造者が毎月その製造場より移出した物品につきその数量及び価格を記載した申告書を翌月10日までに政府に提出し毎月分を翌々月末日迄に納付すべきものであること物品税法……の規定に照し明かであり，或月分の物品税を不正行為により逋脱した場合は1個の逋脱罪が成立し数ヶ月に亙って逋脱行為があった場合においては各月の分毎に物品税逋脱罪が成立する」と判示して，本件を1罪として処断した第1審判決を破棄した上，改めて「被告人は……（一）昭和25年1月中Aに対し京花紙168締を税込価格4万2000円で販売してこれを製造場より移出し，（二）同年2月中Bに対し，京花紙54締を税込価格1万5120円で販売してこれを製造場より移出し，（三）……，（四）……，（五）……，（六）……　たのに拘らずいずれも故意にこれを帳簿に記載せず且つ夫々所定の申告もしないで　右（一）に対する物品税3810円，（二）に対する物品税1370円，（三）に対する……，（四）に対する……，（五）に対する……，（六）に対する……を夫々不正な方法で逋脱したものである」との6個の物品税逋脱の事実を認定し，それぞれについて罰金3000円から3万円に処する旨の有罪判決を言い渡した（罰金の合計額は5万円）。

　被告人側が，本件行為は1罪として訴追されているにもかかわらず，原審が訴因の変更なしに数罪として処罰したのは違法であるなどと主張して上告を申し立てたのに対し，最高裁は次のように判示して，これを棄却した。

　「起訴状には，別表として犯罪一覧表が添付され，これによって，物品の各移出毎に日時，数量，価格等が明確となっており，原判決は，そのとおりの事実関係（ただし各月にまとめて）を認定したうえで，各月分毎に1罪が成立するものとしただけであるから，訴因変更がなくても，違法とはいえない。」

○ **参考裁判例13-29**　最三決昭和35年11月15日刑集14巻13号1677頁

　本件起訴状には，「被告人X等は，甲組の者達と共同して乙組の者達の生命身体に危害を加える目的をもって，昭和33年7月2日夜より翌3日早暁に亙り，兇器が準備してあることを知って被告人Y方に集合した」との凶器準備集合罪（刑法208条の2第1項）の事実が訴因として記載されていたが，検察官は，「被告人X等は，被告人Yと共謀の上輩下の者等と共同して乙組の者達の生命身体に危害を加える目的をもって，昭和33年7月2日夜より翌3日早暁に亙り，兇器を準備し，約60名を被告人Y方及びその周辺に分散配置につけて集合せしめた」との凶器準備結集罪（同条2項）の事実を，前記凶器準備集合罪の事実と併合罪の関係にあるものとして追起訴し，両者は併合審理された。

　第1審裁判所は，審理の結果，追起訴事実のみを認定し，「兇器準備集合の点は，

……兇器準備結集の罪に吸収せられ，別罪を構成しないものと考えるので主文において特に無罪又は公訴棄却の言渡をしない」と判示した。第1審判決を是認した原判決に対し，被告人側は，裁判所は2個の起訴事実を併合罪ではなく1個の犯罪事実と評価する場合には，一方の起訴事実について公訴棄却の言渡しをすべきであるが，本件では，その言渡しがなされておらず，その点を看過した原判決は破棄を免れないなどと主張して上告を申し立てた。これに対し，最高裁は次のように判示した上，上告を棄却した。

「併合罪として追起訴された事実を前に起訴された事実と併合審理した結果，両者を単純一罪と認定して処断するには，公訴棄却の言渡や，訴因変更の手続を要しない」。

◯ 参考裁判例13-30 最一判昭和48年3月15日刑集27巻2号128頁

X（被告人）は，「被告人は，昭和46年7月9日午後10時19分ころ東京都墨田区……附近道路において，法定の最高速度（60キロメートル毎時）をこえる100キロメートル毎時の速度で普通乗用自動車を運転したものである」との訴因で起訴され，第1審判決は，訴因通りの事実を認定してXを有罪とした。これに対し，原判決は，超過速度の点を争う弁護人の事実誤認の主張を容れ，第1審判決を破棄した上，「被告人は，昭和46年7月9……日午後10時19分ころ，東京都墨田区……付近道路において，法定の最高速度である60キロメートル毎時をこえる80キロメート毎時の速度で普通乗用自動車を運転したものである」との事実を認定し，Xを罰金2万円に処した。

X側が，制限速度を20キロメートル毎時超過したに過ぎない本件では，道路交通法第9章（反則行為に関する処理手続の特例）が適用されるべきであるなどと主張して上告したのに対し，最高裁は次のように判示して，原判決を破棄した上，本件公訴を棄却した。

「原判決の適法に確定した被告人の右所為は，道路交通法118条1項3号（昭和46年法律第98号による改正前のもの）の罪にあたる行為であるから，同法125条1項，別表（昭和46年法律第98号による改正前のもの）により，同法9章（125条ないし132条）にいう『反則行為』に該当し，かつ，記録によれば，被告人は，同法125条2項各号に掲げる例外事由がないと認められるから，同章にいう『反則者』に該当するものといわなければならない。

ところで同法130条は，反則者は，同条各号に掲げる場合を除いて，当該反則行為について同法127条1項または2項後段の規定による反則金の納付の通告を受け，かつ，同法128条1項に規定する期間が経過した後でなければ，当該反則行為について，公訴を提起されないと規定しているから，もしかかる手続を経ないで公訴が提起されたときは，裁判所は，公訴提起の手続がその規定に違反したものとして，刑訴法338条4号により，判決で公訴を棄却しなければならないものである。そして，このことは，反則金を納付した者は，当該通告の理由となった行為について，公訴を提起されないと定めている道路交通法128条2項の趣旨を考慮にいれるときは，本件のように，起訴状の公訴

事実によれば反則行為に該当しないが，公判審理の結果反則行為に該当することが判明した場合についても同様であると解すべきである。記録によれば，本件について同法130条各号の場合でないのに，同条に掲記されている手続が行なわれていないことは明らかである。そうすると，原審が，被告人は法定の最高速度を20キロメートル毎時こえる速度で運転したものと認定した以上は，第1審判決を破棄して，公訴を棄却すべきであったにもかかわらず，審理をすすめて被告人に罰金刑を科したのは，法令の適用を誤ったものであり，この誤りは判決に影響を及ぼし，原判決を破棄しなければ著しく正義に反するものと認める。」

参考裁判例13-31　東京地判昭和58年9月30日判時1091号159頁

X（被告人）は，以前に勤務していた株式会社甲の作業所から，同社所有の自動車の鍵等を窃取したとして窃盗の訴因で起訴された。しかし，証拠によれば，Xは，株式会社甲に恨みをいだいていたため，会社が車を使用できないようにしようと専ら嫌がらせの意図で鍵を持ち出し，それを道路側溝に投棄したもので，不法領得の意思を欠くことが明らかとなった。そこで，器物毀棄の予備的訴因の追加がなされ，裁判所は，予備的訴因に沿って，Xは，株式会社甲の作業所において，同社への嫌がらせの意図で，同社所有の自動車の鍵等を持ち出し，これを同社から約120メートル離れた道路側溝内に投げ捨て，もって器物を毀棄したとの事実を認定してXを有罪とした。

本件で問題となったのは，窃盗罪は非親告罪であるのに対し器物毀棄罪は親告罪であるところ，当初の窃盗による起訴の時点では，被害者による告訴がなされていなかったという点である。この点について，東京地裁は，次のように判示した。

「当初から検察官が告訴がないにもかかわらず敢えてあるいはそれを見過ごして親告罪の訴因で起訴したのとは全く異なり，本件のように，訴訟の進展に伴ない訴因変更の手続等によって親告罪として審判すべき事態に至ったときは，その時点で初めて告訴が必要となったにすぎないのであるから，現行法下の訴因制度のもとでは，右時点において有効な告訴があれば訴訟条件の具備につきなんら問題はなく実体裁判をすることができると解する。」

参考裁判例13-32　最二決昭和29年7月14日刑集8巻7号1100頁

本件は，当初，昭和26年7月19日に詐欺罪として公訴の提起がなされた。しかし，昭和27年3月24日に検察官から訴因及び罰条を横領罪に変更する旨の請求があり，裁判所はこれを許可した。審理の結果，第1審裁判所は，被告人を横領罪で有罪とした。

被告人は，本件横領罪にあたる犯罪行為は昭和22年3月18日に終わったのであるから，訴因罰条の変更があった昭和27年3月24日には，すでに横領罪としての5年の時効期間が経過し，公訴時効が完成していたなどと主張して控訴を申し立てた。被告人の控訴を棄却した原判決に対し，被告人はさらに上告を申し立てたが，最高裁は，次のよ

うに判示して，これを棄却した。
「訴因罰条の変更によって起訴状記載の公訴事実の同一性に何等消長を来たすことのない本件においては，本件起訴の時を基準として公訴時効完成の有無を判断すべきであって，所論の如く訴因罰条の変更の時を基準とすべきでないと解するのが相当である。」

14 被告人・弁護人

(1) 被 告 人
(a) 被告人の確定

Q Elementary

1 人は何時，何によって「被告人」となるか。何時，何によって「被告人」でなくなるか。

2 被告人が誰であるかを明示し，確認する手続にはどのようなものがあるか。
　被告人の本名は「本郷太郎」であるのに，それを隠しており，「サブ」という通称しか知り得ない場合に，手続上，その通称を用いることにより被告人を特定表示することはできるか。それで問題は生じないか。その通称すら知り得ない場合は，どうすればよいか。

3 次の各場合に，誰を被告人とすべきか。その理由は何か。
(1) 自動車事故により人に重傷を負わせ，そのまま逃走したXをかばうために，父親のYが警察に出頭し，以後一貫して自分が犯人であると供述していたので，被告人を「Y」と記載した起訴状により，過失運転致傷の罪で起訴がなされ，公判にもYが出頭した場合
(2) 交通違反で検挙されたXが，兄Zの名前を名乗ったため，Xは「Z」として扱われ，起訴状にも被告人を「Z」と表示して起訴がなされたが，捜査機関の取調べを受けたのも，公判に出頭したのもXである場合
(3) (2)で，公判にはZがXの身代わりとして出頭した場合

14-1 最三決昭和60年11月29日刑集39巻7号532頁

【事案の概要】 Xは，昭和53年6月5日，富田林簡裁において，いずれも窃盗罪により，懲役8月及び懲役10月の刑を言い渡され，その裁判の確定後，順次それらの刑の執行を受け，昭和54年11月5日にその執行を受け終った。

昭和59年6月16日，Xは，窃盗未遂の現行犯人として逮捕され，天王寺警察署に引致されたが，その際，本名を名乗れば前科の関係から実刑になることが必至であると思われたので，服役中に知り合い，約10年間同居したこともあって，本籍，生年月日，前科，身上関係等も熟知している知人Aの氏名を冒用して実刑を免れようと考え，逮捕当初からAの氏名を詐称して警察官の取調べを受けた。取調べにあたった警察官らも，Xの述べる本籍，生年月日のほか，身上や前科関係についての供述内容が大阪府警本部照会センターからの電話照会回答によるAのものと

符合しており，また，Xが居住していると称するアパートへ案内させ，アパートの管理人から事情を聴取したところ，Xが10年前から同所に居住していることが確認されたことから，Xの述べる氏名，身上関係等に何ら不審を抱かず，一応Xの両手の指紋採取はしたものの，指紋照合は行わなかった。

その結果，同年6月18日に天王寺警察署から大阪区検に対し，被疑者の身柄付きで「A」に対する窃盗未遂被疑事件として送致がなされ，同区検検察官も，Xを取り調べた上，翌19日，住居侵入，窃盗未遂の罪により，被告人を「A」とし，Aの本籍，生年月日等を記載した起訴状により，大阪簡裁に逮捕中求令状起訴した。

これを受けた大阪簡裁は，即日，Xを「A」として勾留し，起訴状謄本を大阪拘置所に在監中の「A」と称するXに送達した。その後，「A」名義で選任された弁護人からの保釈請求に基づき，保釈保証金額を100万円，制限住居をXの雇主であるB方として保釈が許可され，同29日にXは釈放された。

Xは，前記B方の「A」宛に送達された召喚状により，同年9月3日の第1回公判期日に出廷し，裁判官の人定質問に対して，住居をB方と述べたほかは，起訴状記載のとおりと答えた。審理は即日結審し，同月10日の第2回公判期日において，「被告人を懲役10月に処する。この裁判が確定した日から3年間右刑の執行を猶予する」との判決の宣告がなされ，その裁判は，同月26日に確定した。

ところが，昭和60年1月10日に至り，Xは，別の住居侵入，窃盗の被疑事実により兵庫県で緊急逮捕され，その際も知人Cの氏名を詐称していたが，同県警本部での指紋照合の結果，Xであることが確認された。そして，その後の検察官による取調べの過程において，Xが，先にも知人Aの氏名を詐称して判決を受けたことがある旨供述したことから，前記大阪簡裁による刑の執行猶予の言渡しはXの昭和53年から54年にわたる受刑の事実を看過してなされたものであることが判明したとして，神戸地検検察官から神戸地裁に対し，刑の執行猶予の取消請求がなされた。神戸地裁も，これを認めて，同年7月23日，「Xに対し昭和59年9月10日大阪簡易裁判所が言渡した刑の執行猶予はこれを取消す」ことを決定した。

これに対して，Xは，(1)前記大阪簡裁判決が表示する被告人はAであり，その効力がXに及ばないことは，被告人確定の基準として表示説をとる最高裁第三小法廷昭和50年5月30日決定［参考裁判例14-4］より明らかであること，(2)量刑にあたって，Aの前科，前歴，生活状況等を参酌した同大阪簡裁判決の効力をXに及ぼすことは判決に対する信頼性を著しく失墜させるものであること，などを主張して，即時抗告を申し立てた。

しかし，原審の大阪高裁は，「被告人の特定については，起訴状あるいは判決書の表示のみによってではなく，公訴を提起した検察官の意思や，現実に審理の過程において被告人として行動し，取扱われた者が誰であるかをも併せ考えて決定すべ

きであると考えられるところ，前記大阪簡易裁判所で審理，判決された事件においては，起訴状あるいは判決の表示のみからすると，Aに対し公訴が提起され，同人に対し判決があったかのような外観を呈しているものの，……同事件において，現実に逮捕，勾留（その後保釈）され，審理，判決を受けたのはXであることからすれば，右事件の被告人はX以外の何者でもなく，従って右判決の効力は当然Xに及ぶものというべきであり，……所論指摘の最高裁判所……昭和50年5月30日の決定は，非公開の書面審理を原則とし，手続の画一化，明確化の要請の強い略式（右事案では待命）手続に関するもので，事案を異にする本件には適切ではなく，所論は採用することができない。また，A名義の判決の効力をXに及ぼすことが判決の信頼性を著しく失墜させる旨の所論は，……X自身の前科前歴，生活状況を参酌しない右判決の量刑は正当でなく，このような判決の効力をXに及ぼすのは相当でないとの趣旨であるとすれば，……右事件の量刑において最も重要と思われる犯行の動機，態様，結果等についてはXの行為そのものが，評価の対象とされており，また生活状況等についてはXのため情状証人の取調べもなされているほか，前科前歴等についてXは，他人の氏名を詐称することにより，本名を名乗るよりもむしろ有利な資料により右判決を得たものであることが窺え，右判決の効力がXに及ぶことがXにとって特に不利益になるとは認められず，また，これが不相当とも考えられない」として，Xの抗告を棄却した。

そこで，X側は，前記最高裁判例の違反等を理由として特別抗告を申し立てた。

【判示】 抗告棄却。

「所論引用の判例は事案を異にして本件に適切でなく，適法な抗告理由に当たらない。なお，本件取消請求の対象である執行猶予の判決の効力が申立人に及ぶとした原審の判断は正当である。」

Q Basic

4 民事訴訟の被告が誰であるかの判定基準については，原告の意思によるとする考え方（意思説）と，訴状の表示によるとする考え方（表示説），公判において実際に被告として行動したのが誰かによるとする考え方（行動説）などがある。同様の考え方を仮に刑事手続にも適用しようとする場合，各説の根拠としてはそれぞれどのようなことが考えられるか。それぞれの説に問題点があるとすれば，それはどのようなものか。

5 本件での大阪簡裁昭和59年9月10日判決はAに対するものであったとするX側の主張は，**4**の各説のうちどれによるものといえるか。

これに対し，原審は，どのような考え方を採ったか。それは，前記各説のうちいずれかによるもの，あるいはそのいずれとも異なるものか。

6 仮に，昭和59年の窃盗未遂事件について以下の各場合のようであったとし

たら，裁判所は，どのような処置を取るべきであったか．それぞれの場合に，本件原審判決のような考え方を適用するとどうであったか．それは適切であったか．

(1) 大阪簡裁における第１回公判期日の冒頭の人定質問により，出頭したＸがＡではないことが判明した場合

(2) その第１回公判期日への召喚状がＡの住所に送達され，Ａがこれに応じて出頭して，自分は当該窃盗未遂を行っていないし，それにより逮捕・勾留などもされていないと申し述べた場合

(3) 大阪簡裁での第１回公判期日終了後，第２回公判期日前に，ＸがＡではないことが判明した場合

(4) その第１回公判期日には，Ｘに頼まれたＡが代わりに出頭して審理が行われ，結審したが，第２回公判期日の判決言渡し直前になって，Ａがその事実を告白した場合

(5) 大阪簡裁での公判にはＸが出頭し，被告人として振る舞ったが，判決言渡し後の控訴期間中に，ＸがＡではないことが判明した場合

(6) 大阪簡裁での公判にはＡが出頭し，被告人として振る舞ったが，実刑を言い渡されたため，Ａから自分は犯人ではないとして控訴が申し立てられた場合

Ｑ Advanced

7 本件原審判決によれば，略式手続の場合の被告人の確定についてはどのような基準が妥当するとされているか．それは，どのような理由によるか．
　参考裁判例 14-4 は，それと同じ考え方を採ったものといえるか．その事案は，略式手続といっても，交通違反の三者即日処理方式（在庁略式）によるものであったが，このことは，被告人の確定について何らかの影響を及ぼしたといえるか．

8 参考裁判例 14-5 も略式手続に関するものであるが，その考え方は参考裁判例 14-4 の考え方とは矛盾しないか．両者を整合させて理解するために，どのような説明が可能か．

(b) 被告人の訴訟能力

14-2　最三決平成 7 年 2 月 28 日刑集 49 巻 2 号 481 頁

【事案の概要】　Ｘ（被告人）は，事務所荒らしと駐車中の自動車内からの窃盗の事実により起訴され，第１審の岡山地裁で審理を受けていたが，同地裁は，「被告人は，耳が聞こえず，言葉も話せない聴覚及び言語の障害者であり，しかも文字を読むことができず，手話も会得していないので，被告人との意思の疎通を図ることは困難であって，通訳人を介しても黙秘権の告知が不可能であるのはもちろん，裁判手続そのものに対する理解を欠いている．このような極限的状態においては，同時に刑事訴訟法が公訴の適法要件として本来当然に要求する訴追の正当な利益が失わ

れている。したがって，本件各公訴については，刑事訴訟法338条4号を使って，公訴棄却するのが相当である」として，公訴棄却の判決を言い渡した。

そこで，検察官は，Xが本件の審理を受けるに当たって，その行為の意義を理解し，自己の権利を守る能力を欠いていると見ることはできず，第1審判決には誤った事実認定を前提に公訴を棄却した誤りがある上，仮に，同人が公判廷で行われている手続を全く理解できない状態にあるとしても，第1審裁判所が公判手続を停止せず，公訴棄却の判決をしたのは，刑事訴訟法の解釈適用を誤ったものである，として控訴を申し立てた。

これを受けた控訴審の広島高裁岡山支部は，Xの訴訟能力については，(1) Xは，これまで，拾得した鉄屑を売却したり，鉄工所などに雑役夫として雇われ，ペンキ塗り，機械の掃除などの作業をして収入を得て自炊したり，身振り，手振りなど意思伝達の可能な範囲内で所持品を入質したり，飲食物を買ったり，食堂で飲食物を注文したり，ホテルに宿泊し，映画館で映画を見たり，カメラを入質して金と質札を受け取ったりするなど，社会内で独り暮らしをして生活してきたし，また，本件以前に窃盗で検挙されたことが4回あり，うち2回は起訴されて有罪判決を受け，そのうち1回は実刑判決で服役しており，他人の物を盗めば処罰されることは分かっていたと考えられることから，善悪の事理弁識能力はあると認められるから，責任能力はあるといえるが，(2)(i) Xは，耳も聞こえず，言葉も話せない上，手話も会得していないし，文字もほとんど分からないため，同人と意思の疎通を図るには，同人が知っている数少ない文字，数字などを紙に書いたり，身振り，手振りでするほかに方法はないこと，(ii) この方法による意思の伝達には限界があり，抽象的及び仮定的な事項など複雑な内容は，通訳人を介しても，手話を会得していないXに対して伝達することは，現段階においては不可能であり，例えば，「言いなさい」「黙りなさい」ということは伝達し得ても，「言いたくなければ，黙っていてよい」ということを伝達することはできないため，通訳人の通訳を介しても，黙秘権を告知することは不可能であり，また，法廷で行われている各訴訟行為の内容を正確に伝達することも困難で，X自身，現在置かれている立場を理解しているかどうかも疑問であること，に照らすと，Xに，裁判手続の中で，訴訟行為をなすに当たり，その行為の意義を理解し，自己の権利を守る能力すなわち訴訟能力があると認めるには，極めて疑問が大きいとした。しかし，その上で，次のように述べて，第1審判決を破棄し，事件を岡山地裁に差し戻した。

「[刑事訴訟法338条4号]の規定が適用されるのは，『公訴提起の手続がその規定に違反したため無効であるとき』なのであって，起訴状の瑕疵，親告罪における告訴の不存在など公訴提起の手続に瑕疵がある場合に限定されると解されるから，本件のように公訴提起の手続に何らの瑕疵がない場合にまで適用すべきものではない。

……原判決の認定するような事由で訴訟能力を欠く被告人については，手続の公正を確保するため，刑事訴訟法314条1項を準用して公判手続を停止すべきであると考えられる。……［この点で］弁護人は，公判手続が停止されると，被告人はおそらく生涯の間公判手続が停止され，迅速な裁判を受ける権利が侵害され，適正手続に違反するから，刑事訴訟法314条1項は適用されるべきではないと主張する。しかし，右の規定は本来，手続の公正を確保するため，訴訟能力がない被告人を保護する趣旨もあって存在する規定であるから，そのため訴訟が遅延することは右の規定がある程度予想していることであり，それが相当長期にわたってもやむを得ないと考えられ，それによって，迅速な裁判を受ける権利が侵害され，適正手続に違反することになるとは認められない。

　もっとも，右の公判停止の期間が異常に長期にわたり，かつ，訴訟能力回復の可能性が全くないと認められる場合は，検察官が裁量により公訴を取り消し，これに基づいて刑事訴訟法339条3号により公訴棄却の決定がされることも十分考えられる。

　……なお，付言すると，本件のように，社会内で独立して生活することができ，責任能力も認められる者が犯罪を犯した疑いがあるとして起訴されているのに，訴訟能力が欠けているとして公判手続を停止すると，被告人を有罪無罪の判決をしないまま放置して刑罰権の範囲外に置く一方……，無罪の判決により名誉を回復する機会をも奪うのではないかとの問題は残る。刑事訴訟法314条1項により心神喪失の状態にあるとして公判手続を停止される者は，通常精神異常者であり，訴訟能力を回復しない限り，精神病院に収容されるなど強力な介護の下にあることが予想されているのであって，被告人のような理由によって訴訟能力を欠く者の存在を刑事訴訟法は予想しているとは考えにくい。つまり，現行刑事訴訟法には，被告人のように社会内においてある程度独立して生活できる能力を有し，いわゆる責任能力の欠ける状態にまで至らない者の公判手続に関する明文の規定が欠落しているものと考えられる。そこで，このような者に対する公判手続については，解釈によってこれを補うこととし，訴訟手続の枠のなかで被告人のための防御権を最大限保障しながら訴訟手続を進行させるといった解釈をすることも考えられないではない。しかし，黙秘権の告知を例にとってみても，被告人の能力上の問題から黙秘権の告知が不可能であるから，これに代わるものとして，弁護人が立ち会って，陳述を拒むべき事項かどうかを逐一被告人に助言することによって黙秘権の行使を補わせるしかないし，黙秘権告知以外の訴訟手続についても，被告人の防御能力が著しく低いのであるから，弁護人の訴訟活動と裁判所の後見的役割に強く期待せざるを得ないところ，黙秘権告知の制度が重要性を持つことはもとより，その他の各訴訟手続についても，単に解釈によって補うことは被告人の防御権，刑事訴訟手続の中で被告人

が固有に有する権利を十分行使し得るか否かについて疑問が多く，結局，立法による解決に期待せざるを得ないと考えられる。したがって，このような場合においても，公判手続を停止するのは，やむを得ないところである。」

これに対して，弁護側が上告した。

【判示】 最高裁第三小法廷は，弁護人の上告趣意はすべて適法な上告理由に当たらないとした上，職権により次のような判断を示して，上告を棄却した。

「刑訴法314条1項にいう『心神喪失の状態』とは，訴訟能力，すなわち，被告人としての重要な利害を弁別し，それに従って相当な防御をすることのできる能力を欠く状態をいうと解するのが相当である。

原判決の認定するところによれば，被告人は，耳も聞こえず，言葉も話せず，手話も会得しておらず，文字もほとんど分からないため，通訳人の通訳を介しても，被告人に対して黙秘権を告知することは不可能であり，また，法廷で行われている各訴訟行為の内容を正確に伝達することも困難で，被告人自身，現在置かれている立場を理解しているかどうかも疑問であるというのである。右事実関係によれば，被告人に訴訟能力があることには疑いがあるといわなければならない。そして，このような場合には，裁判所としては，同条4項により医師の意見を聴き，必要に応じ，更にろう（聾）教育の専門家の意見を聴くなどして，被告人の訴訟能力の有無について審理を尽くし，訴訟能力がないと認めるときは，原則として同条1項本文により，公判手続を停止すべきものと解するのが相当であり，これと同旨の原判断は，結局において，正当である。」

Q Elementary

9 公判に被告人が出頭していなければならないのは何故か。どのような事件でも，常に被告人が在廷していなければ，公判は開けないか。被告人が在廷していなくても公判が開ける場合があるとして，それはどのような理由によるか。

10 被告人に訴訟能力が必要とされるのは何故か。本決定の訴訟能力の内容についての判示を基にすると，どのように考えられるか。

弁護人がおり，それによって代理される場合にも，被告人本人に訴訟能力があることは必要か。必要だとすると，それは何故か。

11 被告人の訴訟能力の有無と刑法上の責任能力の有無は一致するか。両者が異なるとすると，それはどのような点においてか。また，いずれの判定においても同じように「心神喪失」であるか否かが問題とされるのに，両者が異なるとする理由は何か。本件控訴審判決は，それらの点をどのように整理しているか。

Q Basic

12 被告人の訴訟能力の有無について，本決定の考え方と参考裁判例14-6のそれとは同じといえるか。異なるとすると，それはどのような点においてか。

13 被告人が心神喪失で訴訟能力を欠く場合にも，刑訴法314条1項は，公判手続を停止するよう定めるにとどめているのは何故だと考えられるか。

14 その考え方を前提にする場合にも，例外を認める余地はないか。

15 本決定のような考え方に立つ場合，被告人の訴訟能力が回復不能であると認められるときは，どうすればよいか。参考裁判例14－7はどのように考えているか。

Q Advanced

16 参考裁判例14－8にいう「上訴取下げの意義を理解し，自己の権利を守る能力」とは，本決定及び参考裁判例14－6，14－7にいう「訴訟能力」と同じ意味か。異なるとすると，それはどのような点においてか。それは何故か。

参考裁判例14－8は，死刑判決を受けて控訴した被告人について控訴取下げの能力の有無が問題とされる事案であったが，死刑事件であることは，その能力の有無を判定するうえで，特別の意味を持つか。また，その事案では，被告人は「一審の死刑判決に不服があり，無罪となることを希望していた」というが，そのような事情がなくても，被告人には控訴取下げの能力がなく，従って控訴取下げは無効と判定されていたと考えられるか。

17 仮に，第1審で死刑判決を受けた被告人が，その直後から，参考裁判例14－8の事案のような精神状態にあった場合において，弁護人が控訴することを勧めたにもかかわらず，被告人は「早く死刑になりたいので，控訴しない」と言って，控訴しようとはしないときに，弁護人は控訴をすることができるか。そのような精神状態にある被告人が，第1審の判決公判において，死刑の言渡しに引き続いて控訴の権利があることを告げた裁判所に対して，「早く死刑にしてください。控訴などしません」と明言していたときはどうか。

そのような状況において，弁護人が独自に控訴しようとしたところ，被告人がこれを嫌い，裁判所に対して，その弁護人（私選）を解任する旨表明したときは，その解任は有効か。

(c) 被告人の地位

Q Elementary

18 現行法上，被疑者と被告人とでは，その権利・義務にどのような違いがあるか。それはどうしてか。

Q Basic

19 公判が係属中に当該事件につき新たな事実が判明したので，検察官としては，被告人から事情を聴取する必要があると考える場合，被告人を取り調べることはできるか。刑訴法が特に「被疑者」の取調べについて捜査機関の権限を認める規

定（198条1項）を置いているが，このことは，被告人の取調べについてはその権限を認めない趣旨とは解せないか。この点について，参考裁判例14-⑨はどのような考え方を採っているか。

20 仮に捜査機関による被告人の取調べが認められるとした場合，どのような条件・手続によるべきか（大阪高判昭和43年12月9日判時574号83頁，東京地決昭和50年1月29日刑月7巻1号63頁参照）。

21 参考裁判例14-⑨の事案では，検察官による被告人の取調べが行われたのは第1回公判期日前のことであったが，この事実は，取調べの適法性の判断において何らかの意味を持っているか。仮に，それが第1回公判期日後のことであったとしたら，判断は異なっていたといえるか（大阪高判昭和50年9月11日判時803号24頁，福岡地判平成15年6月24日判時1845号158頁参照）。

(2) 弁 護 人
(a) 弁護人の選任

設例1

Xは，路上ですれ違った際に肩が触れたことに激昂して，被害者に激しい暴行を加え傷害を負わせたとして逮捕された。

Q Elementary

22 警察官は，Xに対して，弁護人を選任することができることを告知しなければならないか。

23 Xが，弁護士であるDを弁護人に選任したい旨を述べた場合，警察官は，その旨をDに連絡しなければならないか。

24 Xは，誰も弁護士を知らなかったため，取調べを担当する警察官に対し，誰でもよいから弁護士を紹介してほしいと頼んだ。警察官は，この依頼に応じなければならないか。

(b) 国選弁護
(i) 国選弁護の対象

Q Elementary

25 Xは，高校を卒業後，芸術家を目指してアルバイトをしながら専門学校に通って勉強を続けていたが，学費がかさみ，その日の食費にも困るような状態であった。ある日，本屋で，以前から欲しいと思っていた画集を万引きしたところを店員に見つかり，その場から逃げようとして店員に暴行を加え怪我を負わせたとして，強盗致傷の容疑で逮捕された。逮捕後，警察官から，自分の犯した罪が強盗致傷であると言われて仰天したXは，直ちに弁護士に弁護を依頼したいと考えたが，全

く貯金もなく，お金を貸してくれる人もいない。Xは，この段階で，国によって弁護人を付けてもらうことができるか。

(ii) 国選弁護人の選任と解任
設例2

Xは，勤務先の会社の金を長年にわたり私的に流用していたとして，業務上横領により起訴された。

Q Basic

26 Xは，大学時代の友人である弁護士Cを指定して，国選弁護人になってもらうことができるか。

27 Xには，弁護人を雇うのに十分な資産があったが，知合いの弁護士がいなかったので，自ら弁護人を選任することなく，国選弁護人の選任を請求した。このような場合にも，国選弁護人を選任してもらえるのか。仮に選任してもらえるとした場合，弁護費用は誰が負担するのか。

28 Xが貧困のため自ら弁護人を選任できない限り，常に，国選弁護人の選任を請求し，選任してもらえるのか（参考裁判例14-10参照）。

29 弁護士であるDが，裁判所によってXの国選弁護人に選任された。しかし，明らかに不合理な弁解を述べて無罪を主張するBと，そのような弁解をすれば量刑が重くなるだけだとするDとの間で，防御方針が全く対立し，XがDに対して度々暴言を吐くという状態であった。

(1) Dは，国選弁護人を自ら辞任することができるか（参考裁判例14-10参照）。
(2) Xは，Dを解任することができるか。
(3) 裁判所は，このような場合に，Dを解任することができるか。
(4) Xが当初からDとの接見に応じようとせず，防御方針の相談が全くできない状態であった場合，Dの解任は認められるか。逆に，DがXと一度も接見しないという場合はどうか。

(iii) 弁護活動の法的効果

Q Advanced

30 Xは，その尿中から覚せい剤成分が検出されたとして，覚せい剤使用罪で起訴され，弁護士Dがその国選弁護人に選任された。Dは，開示された捜査段階の供述調書から，Xが，警察官が尿をすりかえたものであるとして覚せい剤の使用を否定していることを認識していたが，Xに覚せい剤使用罪による複数の前科があったことから，それは虚偽の弁解に違いないと考え，接見に赴いてXから直接事情を聴くことをしなかったばかりか，その他の調査もいっさい行わず，単に，

公判で，Xの捜査段階での主張に沿って尿を採取した警察官の証人尋問を行ったのみであった。判決では，Xの主張は認められず，有罪が言い渡された。Xは，Dの弁護活動が不十分であったことを理由に，有罪判決の破棄を求めることができるか。

(c) 必要的弁護

設例 3

Xは，寄附金詐欺による複数の前科を持つ者であるが，再び同じ手口で寄附金を騙しとったとして詐欺罪で起訴された。Xは，起訴事実を全面的に認めている上，情状として特に考慮すべき事情も認められなかった。

Q *Elementary*

31 Xは，何も争う点はないとして，弁護人を選任していない。この場合に，裁判所は，弁護人なしで公判審理を行うことができるか。

32 Xが，これまで満足のいく弁護を受けることができなかったため，弁護士に強い不信感を抱いており，自ら弁護することを強く望んでいる場合はどうか。その場合にも，裁判所は弁護人を選任しなければならないとすれば，それは何故なのか。

33 Xには弁護士Dが私選弁護人として付いていたが，Dは，裁判所の訴訟指揮を不満として，公判への不出頭を繰り返しているとする。この場合，裁判所は，Dとは別に，国選弁護人を選任することができるか。Xが，Dによる弁護を望んでいる場合はどうか。

34 私選弁護人のDが，公判には出頭するものの，不十分な弁護活動しかしない場合はどうか。

14－3 最二決平成7年3月27日刑集49巻3号525頁

【事案の概要】 X（被告人）は，暴力行為等処罰に関する法律違反（常習傷害・暴行・脅迫）及び住居侵入により起訴された。第1次第1審である大津地方裁判所における審理は約10年間に及んだが，この間，Xは，公判期日への不出頭や勾引状を執行不能にさせる出廷拒否を重ねながら，裁判官忌避申立て，書記官忌避申立て及び管轄移転の請求を繰り返す一方で，国選弁護人に対しては，公判期日への不出頭を要求し，裁判所にその解任を請求するなどした。このため，国選弁護人の選任，解任が繰り返され，延べ8名の国選弁護人が審理に関与したが，最後に選任された国選弁護人2名も辞任届を提出して公判期日に出頭しなくなったところから，裁判所は，公判期日において，X及び弁護人の立会いがないまま，Xの身上調査回答書及び前科調書を取り調べ，不出頭の証人（Xの妻）の採用を取り消し，検察官が論

告求刑を行って結審した上，懲役1年6月の有罪判決を宣告した。

この判決に対するXからの控訴申立てを受けた大阪高等裁判所は，第1次第1審が弁護人の立会いがないまま実質審理をした点に違法があるとして，同判決を破棄差し戻した。

しかし，差戻し後の第2次第1審においても，Xは，出廷拒否を重ねたほか，裁判官忌避申立て及び管轄移転の請求を繰り返した。また，当初の国選弁護人2名は，いずれも第1回公判期日に出頭したものの，その後は公判期日に出頭せず，辞任届を提出したため，裁判所が滋賀弁護士会に刑訴規則303条2項による処置請求をした結果，同弁護士会は，会長であるA弁護士及びB弁護士を推薦した。裁判所は，当初の国選弁護人2名を解任して，A，B両弁護士を国選弁護人に選任した。

これに対し，Xは，両弁護人やその家族に対する脅迫行為を繰り返した。そのため，A弁護人は，裁判所に対し，Xによる脅迫を理由として辞任を決意した旨の上申書を提出し，公判期日に出頭しなくなった。他方，Xは，保釈を取り消されて収監された後，私選弁護人2名を選任した。

しかし，この後も，公判期日の指定をめぐる争いなどから，裁判官の在廷命令を無視した弁護人の退廷や，出頭拒否が繰り返されたため，裁判所は，弁護人が在廷しないまま公判手続の更新を行った上で，証人尋問採用決定の取消し，証人取調べ請求の却下をした後，検察官による論告求刑を経て，Xに懲役1年6月の有罪判決を宣告した。

Xの控訴を受けた大阪高裁は，この手続に違法はないとした。これに対し，Xが上告を申し立てた。

【判示】 上告棄却。

「刑訴法289条に規定するいわゆる必要的弁護制度は，被告人の防御の利益を擁護するとともに，公判審理の適正を期し，ひいては国家刑罰権の公正な行使を確保するための制度である……。

……被告人は，第2次第1審において，本件が必要的弁護事件であって，審理を行うには弁護人の立会いが必要であることを熟知しながら，前記のように，弁護人を公判期日へ出頭させないなど，種々の手段を用いて，本件公判審理の進行を阻止しようとしたものであり，私選弁護人両名は，このような被告人の意図や目的を十分知りながら，裁判所による公判期日の指定に応ぜず，被告人の意向に沿った対応に終始し，裁判所が公判期日を一括して指定するや，公判期日への不出頭あるいは在廷命令を無視した退廷を繰り返し，裁判所からの再三にわたる出頭要請にも応じなかったものである。さらに，裁判所が弁護人出頭確保のため弁護士会の推薦に基づき順次選任した同会会長を含む国選弁護人も，被告人の意向に従って，あるいは，被告人の弁護人本人やその家族に対する暴行ないし脅迫によって，いずれも公判期

日に出頭しなくなったものである。
　そして、このような被告人の言動あるいは被告人の意向に沿った弁護人らの対応によって、多数回にわたり実質審理が阻止され、弁護人の立会いの下に公判期日を開くことが事実上不可能になったものであることは明らかである。
　……このように、裁判所が弁護人出頭確保のための方策を尽したにもかかわらず、被告人が、弁護人の公判期日への出頭を妨げるなど、弁護人が在廷しての公判審理ができない事態を生じさせ、かつ、その事態を解消することが極めて困難な場合には、当該公判期日については、刑訴法289条1項の適用がないものと解するのが相当である。けだし、このような場合、被告人は、もはや必要的弁護制度による保護を受け得ないものというべきであるばかりでなく、実効ある弁護活動も期待できず、このような事態は、被告人の防御の利益の擁護のみならず、適正かつ迅速に公判審理を実現することをも目的とする刑訴法の本来想定しないところだからである。
　……そうすると、差戻し後の第2次第1審が弁護人の立会いのないまま実質審理を行ったのは、刑訴法289条1項に違反するものではないとした原判断は、正当として是認することができる。」

Q Basic

35　本決定は、何が必要的弁護制度の目的であると述べているか。

36　本決定によれば、どのような要件が具わっている場合に、289条の例外が認められるのか。なぜ、その要件が具わっていれば必要的弁護制度の趣旨に反しないといえるのか。

37　本決定が、弁護人なしでの実質審理が認められるとした法的根拠は何か。被告人が不在のままでの審理を認めている刑訴法286条の2又は341条を類推適用して、弁護人なしで実質審理を行うことはできないか。

38　被告人が、特定の弁護士が自らの国選弁護人になることを要求し、それを実現させるために、それ以外の弁護人の活動を妨害する行為を繰り返したという場合、弁護人なしの実質審理は認められるか。

39　被告人と弁護人が相通じて、公判審理を妨げるために不出頭を繰り返したという場合はどうか。

☐ 参考裁判例14-4　最三決昭和50年5月30日刑集29巻5号360頁

　Xは、酒気帯び運転で検挙され、警察官による取調べを受けた際、無免許でもあったが、かねて拾得して所持していたAの自動車運転免許証を呈示し、同人の氏名・本籍・住居等を冒用したため、酒気帯び運転の罪についてのみ、「道路交通法違反事件迅速処理のための共用書式」（いわゆる交通切符）により立件された。この事件は、三者即日処理方式（4枚綴りの交通切符のうちの1枚を現場で警察官から手渡された違反者が、指

定された期日に区検に常駐する警察官の許に出頭し、所定の手続の後、同区検に送致され、そこで簡単な取調べを受けた上で略式起訴され、その日のうちに隣接の簡裁で発付された略式命令の謄本を書記官から交付され、直ちに区検の窓口で罰金を納付するという形で警察・検察庁・裁判所の手続が即日に処理される方式）により処理されたが、その過程でも氏名等冒用の事実は発覚しなかったため、検察官は、被告人として「A」の氏名、本籍、住所、生年月日等を表示して、酒気帯び運転の罪により墨田簡裁に対し略式命令の請求を行い、これを受けた墨田簡裁は、「被告人を罰金2万円に処する。……」との略式命令を発し、これを待機中のXに交付して送達した（このような裁判所庁舎内で被告人を待機させ、略式命令を交付する方式を、実務上「在庁略式」と呼ぶ）。そして、Xが直ちにその罰金を納付し、略式命令は確定した。

　ところが、その後、無免許運転の事実が発覚したため、Xに対し改めて無免許運転の罪で公訴が提起された。第1審の東京地裁は、先に略式命令が確定している酒気帯び運転の罪と本件無免許運転の罪とは観念的競合の関係に立ち、このような科刑上一罪の一部の罪について確定裁判があったときは、その既判力は残りの罪についても及ぶことが原則であることは認めながら、先の確定裁判が交通切符に基づく略式命令という簡易迅速な手続によるものである上、Xの氏名詐称等のため検察官が無免許運転の罪をも探知して同時訴追することが著しく困難であったという特殊事情が存するので、例外的に先の確定裁判の既判力は及ばないものと解するべきだとして、無免許運転の罪の成立を認め、同時に起訴されていた他の罪とも併せて、Xを懲役10月に処した。

　そこで、X側が、その既判力の範囲に関する法解釈の当否を争って控訴を申し立てたところ、控訴審の東京高裁は、次のような理由から、先の酒気帯び運転の罪による略式命令を受けたのはXではなく、そこに被告人として表示されたAであり、従って、Xによる無免許運転の罪との関係で既判力を問題とする前提を欠くとして、控訴を棄却した。すなわち、「およそ裁判の名宛人となる被告人を定めるについては、起訴状等書面にあらわれた被告人の表示、検察官の意思、被告人としての挙動等を基準として具体的な事例において、当該訴訟手続の段階、形態、経過等にかんがみ合理的に確定すべきものであるが、……道路交通法違反被告事件のように簡易迅速を旨とする略式手続においては、通常の公判手続ないし交通事件即決裁判手続における人定質問のような被告人選別の機能をもつ慎重な手続はなく、もっぱら書面上で特定された被告人に対し裁判が下されるのであり、裁判形成の過程において現実に被告人として行為する場面は原則として予定されていないのであるから、たとえ右事件のようにいわゆる三者即日処理方式により本件被告人XがAの氏名を冒用し一日のうちに捜査機関に対し被疑者として行動し、かつ裁判所において被告人としてA名義の略式命令の交付を受けて即日罰金を納付する等の事実があったからといって、本件被告人Xが外観上被告人として行為し、右略式命令の名宛人となったということはできない。また、右事件において、検察官は起訴状の表示と本件被告人との同一性を信じて起訴したものではあるが、起訴状におけ

る被告人Ａの表示は本件被告人Ｘの通称ないし単純な偽名ではなく，本件被告人によって住居・氏名等を冒用された実在人であり，しかも本件被告人は当時勾留等の身柄拘束を受けて起訴されたわけでもないことにもかんがみると，右起訴状および略式命令表示の被告人と本件被告人との同一性を認めることはできないから，右の表示を検察官の意思によって本件被告人に訂正ないし変更することは許されないのであり……，したがって，右略式命令における被告人は本件被告人Ｘではなく，結局その表示にしたがいＡと認むべきである（なお，このように解すると，右略式命令はＡに交付されていないから，その被告人に対する適法な送達はなかったことになる。）」というのであった。

これに対する弁護人の上告を受けた最高裁は，弁護人の上告趣意は単なる法令違反の主張であって，適法な上告理由に当たらないとして，これを棄却したが，それに付加して括弧書で，「原判示の事実関係のもとで被告人が他人の氏名を冒用して交付を受けた略式命令は冒用者である被告人に効力を生じないとした原判決の判断は，正当である」という判断を示した。

参考裁判例 14 - 5　大阪高決昭和 52 年 3 月 17 日判時 850 号 13 頁

Ｘは昭和 51 年 8 月 16 日に無免許運転の罪で警察官に現行犯逮捕され，警察官及び検察官の取調べを受けたが，一貫して弟のＡの氏名，生年月日，住所等を冒用し続けたため，検察官はこれに気付かず，同月 18 日，同人を身柄拘束のまま，起訴状に被告人を「Ａ」と記載し，「逮捕中待命」の表示をして公訴を提起し，かつ略式命令の請求を行った。これを受けた大阪簡裁は，即日，被告人「Ａ」を罰金 4 万円に処する旨の略式命令を発し，この略式命令は，大阪区検庁舎内で待機中のＸに送達され，Ｘは即時，その罰金を仮納付した。ところが，逮捕直後にＸから採取された指紋を警察本部で対照した結果，保管されていたＸの指紋と特徴が一致したことから，再捜査した結果，前記の氏名冒用の事実が判明したので，同月 27 日，検察官は，正式裁判の請求を行った上，起訴状の被告人の表示を「ＡことＸ」と改め，年齢，住居，本籍をいずれもＸのそれに合うよう訂正したい旨の申立てをした。しかし，大阪簡裁は，「逮捕中待命方式による略式命令請求の場合といえども，その被告人はその起訴状の記載によって決定されるもの」であるから，本件略式命令はＡに対してなされたものだとして，その申立てを却下するとともに，その略式命令は請求より 4ヵ月以内にＡに対して告知されなかったことを理由に，これを取り消し，かつ本件の公訴を棄却する旨決定した。

これに対する検察官の即時抗告を受けた大阪高裁は，「（イ）起訴状には『逮捕中待命』なる旨が記載され，……被告人は逮捕中の者である旨の被告人についての実質的表示があるといえること，（ロ）被疑者犯人は捜査から起訴にわたって逮捕中であり，検察官の起訴における意思が逮捕中の被疑者その者を被告人となしたといえる客観的情況があること，……（ニ）三者即日処理方式においては被検挙者以外の者が［出頭して略式命令の］告知手続を受ける余地があるが逮捕中の場合はかかる虞が全くないこと，

……［ホ］［裁判所も，］『逮捕中待命』の表示に即応し，差し出された……現行犯人逮捕状等により身柄関係制限時間を点検し，略式命令を逮捕中待命者に告知すべく迅速に略式命令を発し，裁判所書記官……等において逮捕中待命者に略式命令謄本の送達をしており，裁判所の意思は……同待命者を指向して［いることなど］……にかんがみると，逮捕中待命方式において，『逮捕』された被逮捕者が実在の他人の氏名を冒用し，起訴状に被冒用者名義であるが『逮捕中待命』と表示されて逮捕中の略式命令請求の起訴をされたときは，特段の事由のない限り，起訴における被告人は被冒用者ではなくて冒用者である被逮捕者であり，この者が被告人として被冒用者名義の略式命令の謄本の交付を受けたときは，原則として略式命令の効力は冒用者である被逮捕者に生ずるものと解するのが相当である」と述べて，本件略式命令はＸに対してなされたものであると判定し，原審の公訴棄却決定を取り消した。

参考裁判例14-6　最一判平成10年3月12日刑集52巻2号17頁

　Ｘ（被告人）は，昭和52年12月から昭和58年9月までの間に，3度にわたり，いずれも常習累犯窃盗の罪で有罪となり，それぞれ懲役2年6月，懲役3年及び懲役2年2月に処せられ，各刑の執行をいずれも受け終わった。その後，Ｘは更に，常習として，昭和62年1月21日京都市下京区内のＡ方において，Ｂ所有の現金約9000円並びに財布3個及び印鑑1個（時価合計約7300円相当）を窃取したとして起訴されたが，同人が重度の聴覚障害者であるため，第1審から，その訴訟能力の有無が争われた。第1審裁判所は，Ｘには訴訟能力に欠けるところがないとして，実体審理を行った上，公訴事実と同旨の事実を認定して，同人を懲役2年に処する旨の有罪判決を言い渡した。これに対して，Ｘ側が控訴を申し立てたところ，控訴審の大阪高裁は，次のような理由により，第1審の手続には違法があるとして，第1審判決を破棄し，事件を第1審裁判所に差し戻した。

　「（一）　被告人は，……音声言語，文字言語はもちろん，体系的な手話や指文字（手指言語）も使用できず，意思疎通の手段としては，主として，独自性の強いわずかな手話と表情，身振り，動作に依存せざるを得ない状態にある。また，被告人には，言語を習得しなかったことによる二次的精神遅滞がみられ，精神的諸能力のうち，非言語的な動作性知能の水準は，精神年齢9歳程度で，軽度の精神薄弱の範囲内にあるが，言語性の知能は，言語の習得に伴って形成されるべき一般的，抽象的概念と思考体系が欠けているため，測定不可能なほどに低い。……このように，被告人の意思疎通能力は，手段の面で制約されているだけでなく，認識，思考の面においても，言語なき生活によって形成された概念や思考体系による表現と理解に限定されるから，その程度は極端に低く，あえてたとえるならば，3，4歳のレベルにあるということになる。

　（二）　被告人は，単独で被告人としての重要な利害を弁別し，それに従って相当な防御をなし得る能力を有しないだけでなく，防御上弁護人等の協力を求めるにしても，そ

の前提となる意思の疎通がほとんど不可能な状態にある……。すなわち，訴訟においては言語による交信能力と一般的，抽象的な認識，思考能力が決定的に重要であるが，被告人の場合，……意思交信の手段が極めて乏しい上，一般的，抽象的な認識，思考能力がほとんどなく，意思疎通の範囲は極めて限定された状態にある。そのため，『黙秘権』，『弁護人選任権』などといった言葉の意味を理解することができず，また，法廷における訴訟関係人の役割や訴訟手続の意味，各訴訟行為の内容，特に公訴事実に関する検察官の立証内容や訴訟の成り行き等の大筋を理解し，自分に有利な事実を弁護人に知らせ，[弁護人と]防御に関して相談することなどは到底できないのであって，このような被告人は訴訟能力を欠く状態にあると認めるのが相当である。」

これに対して検察官が上告。最高裁は，検察官の上告趣意は適法な上告理由にはあたらないとしたものの，次のように述べて，職権で控訴審判決を破棄し，事件を大阪高裁に差し戻した。

「1 被告人は，先天性の重度の聴覚障害者であって，ほとんど満足な学校教育を受けておらず，少年時代から窃盗を常習的に敢行して，通算25年間近く服役しており，聴覚障害者の教育施設に入ったこともない。聴覚障害のある兄妹との接触を除いては聴覚障害者と交渉がなく，健聴者との交渉のみで生活してきたため，音声言語，文字言語はもちろん，体系的な手話も十分使用することができず，独自性の強い手話及び身振り，動作といった非言語的手段を混然と使い，数字や人の名前など数少ない文字その他の具体的な手掛かりとなるものを加えて，他者との意思疎通を図っている。

2 このように，被告人は，言語を習得していないため，一般的，抽象的概念と思考体系が欠けており，言語性の知能は測定不能なほどに低く，抽象的，構造的，仮定的な事柄を被告人に伝達したり，被告人に理解させることは極めて困難である。また，非言語的な動作性知能についても，精神年齢が9歳程度にとどまる軽度の精神遅滞がみられるなど，被告人は精神的能力及び意思疎通能力に重い障害を負っている。

3 しかし，被告人は，生活に関連した直接的，具体的事柄や動作的，実用的概念に関しては，相手方の善意と努力に依存しているとはいえ，意思疎通に大きな支障はなく，意思疎通を図ることによって，被告人の理解の程度を推し量ることも可能である。また，被告人は，情緒的に安定していて対人関係が良いという性格特徴も寄与して，知覚的，動作的に直接経験から学ぶ適応の型を身につけており，柔軟な適応力，実用的知能を有している。特に，経験的，直感的な理解力は非常に鋭く，金銭的利害にも敏感で，他人の意見を聴きながら，自らの判断で親族に金銭を貸し付けることもある。他人に迷惑をかけないとか，社会的ルールや約束事は守らなければならないという自覚があり，第一審判決宣告後に釈放されてからは，周囲から援助を受けながら，土木作業員として働いて自活するなど，社会的適応能力は一応備えているということができる。

4 被告人は，多数の同種前科を有し，自ら何回にもわたって刑事訴訟手続を体験してきたことに伴い，刑事訴訟手続の流れについて相応の理解を有している。すなわち，

被告人は，物を盗んだとして捕まり，警察署，検察庁，裁判所という流れで法廷に連れて来られ，自分を処罰するかどうかを決める手続が行われており，自分が盗ったかどうかが問題となっていること，裁判官に対しては自分の言い分を話すことができること，裁判官が自分に対する処罰を決め，その結果，刑務所に収容されること，弁護人は，自分を応援してくれ，早く帰してくれる人であることは理解しており，本件裁判がまだ終わっていないことも認識している。

 5 第1審及び原審では，被告人に通訳が付され，各訴訟行為の内容について，通訳人による手話通訳が行われているが，被告人は，本件各手続において，以下のような対応をしている。

 （一） 被告人は，捜査段階の当初から公判段階まで一貫して，『「36歳の谷口博」が自転車やドライバー等を使い連続して住居侵入，窃盗をしているのを見ただけで，自分は盗んでいない。「36歳の谷口博」を逮捕しようとして追跡し，同人が落とした盗品や自転車，ドライバー等を持っていただけなのに逮捕された。』などと具体的かつ詳細に供述して，自らの関与を積極的に否認している。

 （二） 被告人は，捜査段階において，逮捕時に着用していた目出し帽を身につけて写真撮影することを求められ，当初は拒否し，後に警察官の説得によりこれに応じたものの，目出し帽を覆面のようにかぶった状態で写真撮影をすることについては，『これをかぶったら犯人になってしまう。』と述べて，最後まで覆面のようにかぶることを拒否し，これを頭の上にのせた状態で写真撮影に応じている。

 （三） 被告人は，第1審及び原審の被告人質問において，後に摘示する部分を除き，積極的に応答しており，その内容も，被告人の手話が通訳できなかったり，質問が被告人に正確に伝わらなかったと思われる一部を除いて，概ね的確であり，その供述する記憶の内容も概ね正確である。

 （四） 被告人は，第1審の被告人質問において，捜査段階における被告人の供述調書の作成方法について，警察官が勝手に作成した，自分は弁解録取書に指印していない，調書の読み聞けは，検察官にはしてもらったが，警察官にはしてもらっていない，などと供述している。

 （五） 被告人は，第1審において，黙秘権の告知として，『言う』『言わない』『自分で考える』『できます』という被告人にも理解可能な四つの挙動で手話通訳を受けている。また，被告人は，被告人質問において，『黙っていてもいいということが分かりますか。』との質問に対し，『手話，黙っている，分かります。私，言いました。黙ってない，言いますと言いました。手話を上手にしてくれました。』と答えているほか，『裁判官というのは分かりますか。』との質問には，『はい，知っています。私はいろいろ言いたいです。』と答えている。また，本件公訴事実については積極的に否認供述をする一方，逮捕後に近隣民家の玄関先から発見された被害品に関する質問や，本件と直接関係のない盗品の隠匿場所に警察官を案内したとされる点に関する質問に対しては，『その

話はやめてください。』,『その話はしません。』などと言って供述を拒否している。

　6　そして，第1審における防御活動は，被告人が弁護人及び通訳人の援助を受けることにより自ら行うか，又は弁護人が被告人の意向を酌み取って行うことにより，本件公訴事実への関与を否認するという被告人の基本的な防御方針に沿った形で行われているということができる。また，第1審裁判所は，実体審理と並行して，被告人の責任能力及び訴訟能力についての慎重な審理を行っている。

　三　以上の事実関係に基づき，被告人は訴訟能力を欠く状態にあるとした原判決の当否について判断を加える。

　1　被告人は，重度の聴覚障害及び言語を習得しなかったことによる二次的精神遅滞により，抽象的，構造的，仮定的な事柄について理解したり意思疎通を図ることが極めて困難であるなど，精神的能力及び意思疎通能力に重い障害を負ってはいるが，手話通訳を介することにより，刑事手続において自己の置かれている立場をある程度正確に理解して，自己の利益を防御するために相当に的確な状況判断をすることができるし，それに必要な限りにおいて，各訴訟行為の内容についても概ね正確に伝達を受けることができる。また，個々の訴訟手続においても，手続の趣旨に従い，手話通訳を介して，自ら決めた防御方針に沿った供述ないし対応をすることができるのであり，黙秘権についても，被告人に理解可能な手話を用いることにより，その趣旨が相当程度伝わっていて，黙秘権の実質的な侵害もないということができる。しかも，本件は，事実及び主たる争点ともに比較的単純な事案であって，被告人がその内容を理解していることは明らかである。

　2　そうすると，被告人は，重度の聴覚障害及びこれに伴う二次的精神遅滞により，訴訟能力，すなわち，被告人としての重要な利害を弁別し，それに従って相当な防御をする能力が著しく制限されてはいるが，これを欠いているものではなく，弁護人及び通訳人からの適切な援助を受け，かつ，裁判所が後見的役割を果たすことにより，これらの能力をなお保持していると認められる。したがって，被告人は，第一審及び原審のいずれの段階においても，刑訴法314条1項にいう『心神喪失の状態』にはなかったものと認めるのが相当である。」

◯ **参考裁判例14-7**　最一判平成28年12月19日刑集70巻8号865頁

　X（被告人）は，殺人及び銃砲刀剣類所持等取締法違反の事実で平成7年9月25日に起訴された。同年11月20日の第1回公判期日で人定質問，起訴状朗読が行われた後，Xが精神疾患に罹患していることを理由に弁護人が公判手続の停止の申立てをし，第2回公判期日以降，この申立てについての審理が行われた。裁判所は，平成9年3月28日の第7回公判期日においてXが心神喪失の状態にあると認め，刑訴法314条1項により公判手続を停止する旨決定した。その後，裁判所は勾留の執行停止を決定し，Xは精神保健及び精神障害者福祉に関する法律に基づく措置入院を受けた。Xの入院治療は

その後も続けられ，平成26年3月20日の第1審判決まで約17年間にわたり公判手続が停止された。

第1審判決は，Xは非可逆的な慢性化した統合失調症の症状に脳萎縮による認知機能の障害が重なっており訴訟能力はなく，その回復の見込みがないと認定した上で，裁判所による公訴の取消しの検討依頼等に対し，検察官が公訴を取り消さない旨繰り返し回答している本件においては，公訴提起後に重要な訴訟条件を欠き，後発的に「公訴提起の手続がその規定に違反したため無効」になったとして，刑訴法338条4号を準用して公訴棄却の判決をした。

これに対して，控訴審は，検察官が公訴を取り消さないのに裁判所が訴訟手続を一方的に打ち切ることは基本的には認められておらず，検察官による公訴の取消しの合理的な運用が期待されているというのが自然な理解であり当事者追行主義とも整合する旨説示し，裁判所が訴訟手続を打ち切ることができるのは，公判手続停止後，訴訟能力の回復の見込みがないのに検察官が公訴を取り消さないことが明らかに不合理であると認められるような極限的な場合に限られるとした上で，本件はこれに当たらないとしたため，弁護人が上告した。最高裁は次のように判示して控訴審判決を破棄し，第1審の判断を支持した。

「(1) 被告人は，非可逆的で慢性化した統合失調症の症状に加え，脳萎縮による認知機能の障害が重なり，訴訟能力が欠けており，その回復の見込みがないとした原判断は，正当として是認することができる。

(2) 訴訟手続の主宰者である裁判所において，被告人が心神喪失の状態にあると認めて刑訴法314条1項により公判手続を停止する旨決定した後，被告人に訴訟能力の回復の見込みがなく公判手続の再開の可能性がないと判断するに至った場合，事案の真相を解明して刑罰法令を適正迅速に適用実現するという刑訴法の目的（同法1条）に照らし，形式的に訴訟が係属しているにすぎない状態のまま公判手続の停止を続けることは同法の予定するところではなく，裁判所は，検察官が公訴を取り消すかどうかに関わりなく，訴訟手続を打ち切る裁判をすることができるものと解される。刑訴法はこうした場合における打切りの裁判の形式について規定を置いていないが，訴訟能力が後発的に失われてその回復可能性の判断が問題となっている場合であることに鑑み，判決による公訴棄却につき規定する同法338条4号と同様に，口頭弁論を経た判決によるのが相当である。

したがって，被告人に訴訟能力がないために公判手続が停止された後，訴訟能力の回復の見込みがなく公判手続の再開の可能性がないと判断される場合，裁判所は，刑訴法338条4号に準じて，判決で公訴を棄却することができると解するのが相当である。

(3) そうすると，これと異なる解釈に基づいて，公訴棄却を言い渡した第1審判決を破棄した原判決には，刑訴法338条4号の解釈適用を誤った違法があり，この違法は判決に影響を及ぼすことが明らかであって，原判決を破棄しなければ著しく正義に反するものと認められる。

そして，以上の検討によれば，刑訴法338条4号を準用して本件公訴を棄却した第1審判決は正当であり，第1審判決には不法に公訴を棄却した誤りがある旨主張する検察官の控訴も理由がないことに帰する。」
　［本判決には，池上政幸裁判官による次のような補足意見が付されている。訴訟能力回復の見込みがない場合，裁判所は訴訟指揮権の行使により検察官に公訴取消しを促すことができ，検察官がこれに従えば訴訟手続を公訴棄却の決定で速やかに打ち切ることができる（339条1項3号）が，裁判所と検察官とが「被告人の訴訟能力の回復可能性について見解を異にする場合には，公訴は取り消されず訴訟が係属したままとなることは避け難い」。「刑訴法は，裁判所の主宰の下に，当事者による訴訟追行を基調として，事案の真相を解明し刑罰法令を適正かつ迅速に適用実現することを目的としている（同法1条）のであるから，当事者である被告人について，訴訟能力の欠如が回復する見込みがないときには，実質的に当事者の一方が存在しない状態となり，その基本的な訴訟構造が失われたということができる。このようにもはや形骸化したともいえる訴訟係属について，裁判所が訴訟手続を打ち切ることができないとすることは同法が予定するところではないと考えられ，裁判所は，検察官の公訴取消権の行使の問題とは関わりなく，訴訟手続を打ち切ることができると解される。その訴訟手続を打ち切るための裁判の在り方としては，被告人が実質的に欠けて基本的な訴訟構造が成り立たなくなったこと（同法339条1項4号参照）を理由とするので，公訴棄却の形式裁判によるべきであり，判断すべき内容や上訴の在り方などに鑑みると，判決で，その判断を示すのが相当である［338条4号］。」

◯ 参考裁判例14-8　最二決平成7年6月28日刑集49巻6号785頁

　X（被告人）は，昭和57年6月に逮捕され，同年7月以降，V一家5名に対する殺人及び一連の窃盗事件により相次いで起訴されたが，第1審の公判段階から，物音に過敏で，拘置所職員への被害念慮を訴えたり，自傷行為に及ぶなどし，さらに，被告人質問が継続中の昭和62年6月ころからは，広域暴力団の組長が自分を救ってくれるとの妄想を抱いて，これにすがろうとする言動を繰り返した。
　昭和63年3月10日，第1審裁判所は，Xを有罪とし，死刑を言い渡したところ，これを受けたXは，即日控訴を申し立てた。ところが，平成元年5月ころから，裁判所や拘置所職員に対し，「もう助からないから，控訴をやめる」，「最近はイライラして仕方がないので，いっそ取り下げてしまいたい」などの発言を繰り返すようになり，平成2年3月には，拘置所職員に対し，「電波で音が入ってきてうるさい。生き地獄，つらい。早く確定して死にたい」などと訴え，さらに，同年5月ころからは，「『世界で一番強い人』が透明になって部屋に入ってきた」，「Xは助からないと『世界で一番強い人』が言った」などと，「世界で一番強い人」に仮託した発言が頻発するようになった。平成3年4月10日の控訴審第11回公判期日において，裁判所が弁護人請求の精神鑑定を採用したところ，Xは，「精神鑑定は拒否する。拒否できないなら，控訴は今すぐやめ

る」と発言し，同月18日には，拘置所職員に対し，控訴取下げに必要な手続や書類の交付を強く要求し，さらに，同月23日には，拘置所からの連絡を受けて駆けつけた弁護人から，控訴取下げについての説明及び自重を促す説得を受けたが，その説得に応じないまま，控訴取下書を作成して在監中の拘置所長に提出した。

そして，同年5月10日の事実の取調べにおいて，Xは，前記控訴取下げについて，「本当なら無罪になって外に出たいが，世界で一番強い人に苦しめられ，控訴をやめる気持ちになった」，「世界で一番強い人に魔法をかけられて，ものすごく苦しい」，「世界で一番強い人は，10年間の生き地獄にすると言ったが，控訴をやめれば，もっと早く死刑になって，早く楽になれるかもしれないと思って，控訴取下書を書いた」，「［本件犯行は］世界で一番強い人に魔法で頭を狂わされてやったことで，自分の本当の性格でやったわけではないから，無罪だと思う」などと供述した。しかし，同年11月18日の事実の取調べにおいては，Xは，「一日も早く無罪になって出たいから，この控訴はやめないで裁判を続ける」，「世界で一番強い人が控訴をやめるなと言っている」などと供述した。

控訴審裁判所からXの精神鑑定を命じられたA鑑定人は，Xの前記控訴取下げ時における精神状態について，子供っぽい応答や犯行が自己の意思によらないとする妄想などの拘禁反応が見受けられるが，控訴取下げが訴訟上持つ意味を理解し行為する能力は，多少問題はあるにしても，失われている状態にはない旨鑑定した。そこで，控訴審裁判所は，その鑑定結果のほか，Xが控訴取下げを表明して以来，繰り返し弁護人らからの説得を受けており，控訴取下書を作成し提出した際にも，接見した弁護人から十分な助言や説得を受けていること，申立人が控訴取下書の所要事項を自ら記入し，裁判所に対しても，早く死刑になって楽になりたいと供述しており，その姿勢や考え方は，A鑑定人との面談の際にも維持されていることなどを理由として，Xには，本件控訴取下げ当時，その意義を理解し，自己の権利を守る能力に欠けるところはなく，本件控訴取下げは有効であるとして，決定により訴訟終了を宣言した（原々決定）。

これに対し弁護人は，抗告に代わる異議申立てを行ったところ，これを受けた原審裁判所は，2回にわたり，本件控訴取下げ時におけるXの精神状態について鑑定を実施したが，B鑑定人の鑑定結果によれば，Xはいわゆる境界例人格障害者で，現在妄想・幻覚状態にあり，拘禁後は分裂病とほとんど変わりのない状態を呈していて，控訴取下げの効果について，知識としては分かっているものの，自分を消そうとしている側面が非常に強くあり，死の願望自体が病的であって，本件控訴取下げについては訴訟能力がなかったとされた。これに対し，C鑑定人の鑑定結果によれば，Xは，本件控訴取下げ当時，拘禁反応による妄想様観念を有しており，そのため常識とは大いに異なる行動を選択しているものの，その妄想は，本件訴訟の進行や拘禁状態にあることに反応して，現状から逃避したいという願望を充足する形で生じたもので，正常心理学の知識をもって了解可能なものであり，しかも，控訴取下げの意義は十分に理解しており，その判断に

至る思考にも病的な影響が支配的であったとはいえないから，控訴取下げの意義を理解し，自己を守る実質的な能力が著しく低下し又は喪失する精神状態ではなかったとされた。原審裁判所は，これらの鑑定結果を検討し，Xは本件控訴取下げ時に拘禁反応の状態にあったが，控訴取下げの意義について認識しており，現状からの逃避願望が死刑願望にまで発展した心理も了解不可能なものでないことなどからすると，申立人の妄想状態は，影響が部分的，表層的で，その人格を支配するようなものではなく，その訴訟能力に著しい影響を与えたものとはいえないなどとして，本件控訴取下げを有効とした原々決定を支持し，異議申立てを棄却した（原決定）。

これに対し，弁護人の上告を受けた最高裁は，次のように述べて，原決定及び原々決定を取り消し，事件を控訴審裁判所に差し戻した。

「1 死刑判決に対する上訴取下げは，上訴による不服申立ての道を自ら閉ざして死刑判決を確定させるという重大な法律効果を伴うものであるから，死刑判決の言渡しを受けた被告人が，その判決に不服があるのに，死刑判決宣告の衝撃及び公判審理の重圧に伴う精神的苦痛によって拘禁反応等の精神障害を生じ，その影響下において，その苦痛から逃れることを目的として上訴を取り下げた場合には，その上訴取下げは無効と解するのが相当である。けだし，被告人の上訴取下げが有効であるためには，被告人において上訴取下げの意義を理解し，自己の権利を守る能力を有することが必要であると解すべきところ（最高裁昭和29年…7月30日第2小法廷決定・刑集8巻7号1231頁参照），右のような状況の下で上訴を取り下げた場合，被告人は，自己の権利を守る能力を著しく制限されていたものというべきだからである。

2 これを本件についてみるに，前記の経過に照らせば，Xは一審の死刑判決に不服があり，無罪となることを希望していたにもかかわらず，右判決の衝撃及び公判審理の重圧に伴う精神的苦痛により，拘禁反応としての『世界で一番強い人』から魔法をかけられ苦しめられているという妄想様観念を生じ，その影響下において，いわば八方ふさがりの状態で，助かる見込みがないと思い詰め，その精神的苦痛から逃れることを目的として，本件控訴取下げに至ったものと認められるのであって，Xは，本件控訴取下げ時において，自己の権利を守る能力を著しく制限されていたものというべきであるから，本件控訴取下げは無効と認めるのが相当である。」

◯ **参考裁判例14-9** 最三決昭和36年11月21日刑集15巻10号1764頁

公訴提起後，第1回公判期日前に検察官による被告人の取調べが行われ，その結果作成された供述調書が証拠として採用されたという事案について，被告人側が，「現行法のとるところ，被告人の人権の尊重，法の趣旨，明文の規定なきこと等により，公訴維持のため検察官は起訴後の取調べは否定的に解されねばならぬところであり，仮りに一歩ゆずってみても，検察官の起訴後の取調べは公訴維持に必要な限度での任意捜査に限られるべきである。ところが本件起訴後の取調べの態様は被告人が勾留中になされた取

調べであり任意捜査ではなく強制捜査である。……起訴後における取調べによって作成された被告人の供述を録取した書面は証拠能力がな［い］」と主張して上告した。最高裁は，適法な上告理由に当たらないとしてこれを棄却したが，付言して，「刑訴法 197 条は，捜査については，その目的を達するため必要な取調をすることができる旨を規定しており，同条は捜査官の任意捜査について何ら制限していないから，同法 198 条の『被疑者』という文字にかかわりなく，起訴後においても，捜査官はその公訴を維持するために必要な取調を行うことができるものといわなければならない。……起訴後においては被告人の当事者たる地位にかんがみ，捜査官が当該公訴事実について被告人を取り調べることはなるべく避けなければならないところであるが，これによって直ちにその取調を違法とし，その取調の上作成された供述調書の証拠能力を否定すべきいわれはな［い］」との判断を示した。

◯ 参考裁判例 14 - 10　最三判昭和 54 年 7 月 24 日刑集 33 巻 5 号 416 頁
(4・28 沖縄デー事件)

1　本件は，昭和 44 年 4 月 28 日のいわゆる 4・28 沖縄デーの闘争に関連して発生した事件の一部であるところ，この闘争に関連しては約 240 名が東京地方裁判所に起訴されたが，そのうち約 150 名は分離公判を希望し，起訴後比較的短期間のうちに主として単独部において審理を受け終わった。他方，本件被告人らを含む約 90 名は，10 名の私選弁護人を選任した上，いわゆる統合方式すなわち 1 つの合議部が全事件を担当して弁論の併合・分離をくり返す方式をあくまでも主張し，数か部にグループ別に配点するという東京地方裁判所裁定合議委員会の案に対しては，一切具体的な意見を述べようとはしなかった。そのため，同裁判所裁判官会議は，近い将来に合理的で具体的な結論が得られる見通しがたたないものと判断し，グループ別の配点をすることを決議した。この決議に基づき，被告人 X ら 10 名を被告人とするグループ（以下「A グループ」という）と，被告人 Y ら 10 名を被告人とするその他のグループ（以下「B グループ」という）が同地裁刑事第六部（以下「第 1 審」という）に配点された。

2　第 1 審は，A・B 両グループについて，昭和 45 年 3 月 27 日を第 1 回公判期日と指定したところ，その期日の直前に私選弁護人は全員辞任し，被告人らは，第 1 回公判期日の当日に国選弁護人の選任を請求したので，第 1 審は，同期日には人定質問を行うにとどめ，以後の手続は続行することにした。

3　第 1 審は，A グループについては，同年 4 月 23 日に D 弁護士ら 3 名の弁護士を国選弁護人に選任した上，審理を続行し，同年 11 月 4 日の第 5 回公判までの間に A グループのみに関連する検察側の立証を終わらせた。他方，B グループについては，同年 4 月 23 日に E 弁護士ら 3 名の弁護士を国選弁護人に選任した上，審理を続行し，同年 11 月 6 日の第 5 回公判までの間に B グループのみに関連する検察側の立証を終わらせた。そして，弁護人及び被告人らの希望を考慮し，同年 12 月 16 日の第 6 回公判におい

てA・B両グループを併合して審理する旨の決定をし，以後審理を続けた。

4　ところが，被告人らは，当初からいわゆる統一公判の実現を要求するのみで，国選弁護人から弁護のために必要であるとしてされた具体的要求には一切応じなかったところ，昭和46年5月18日に行われた弁護士会における代表者打合せ会の席上では，弁護人の弁護活動を誹謗罵倒する発言をしたほか，退席しようとした弁護人に暴行を加えるに及んだ。そのため，国選弁護人6名は，もはや被告人らには誠実に弁護人の弁護を受ける気持ちがないものと考えるに至り，昭和46年5月26日の第10回公判の開廷前に書面により辞意を表明した。

5　第1審は，国選弁護人の辞意を容れ全員を解任した。これに対し，被告人らは，国選弁護人の再選任を請求したので，第1審は，被告人の一人一人に対し，上のような事実につき弁明を求めるとともに，以後このような行為をしないことを確約することができるかどうかを尋ね，ひき続き判事室に被告人らを個別に呼んで前記の2点につき調査を行おうとしたが，被告人らは全員これを拒否した。そこで，第1審は，国選弁護人の再選任請求を却下した。

6　その後，被告人らから3回にわたり国選弁護人の再選任請求がされたが，その都度，裁判所からなされた同様の質問に対し，被告人らは回答を拒否し続けた。そのため，第1審は，国選弁護人再選任請求をすべて却下した。

原審である東京高等裁判所は，第1審による措置は適法であるとした。これに対し，被告人らは，国選弁護人を選任請求に応じなかった裁判所の措置は，憲法37条3項に反するとして上告を申し立てた。

「被告人らは国選弁護人を通じて権利擁護のため正当な防禦活動を行う意思がないことを自らの行動によって表明したものと評価すべきであり，そのため裁判所は，国選弁護人を解任せざるを得なかったものであり，しかも，被告人らは，その後も一体となって右のような状況を維持存続させたものであるというべきであるから，被告人らの本件各国選弁護人の再選任請求は，誠実な権利の行使とはほど遠いものというべきであり，このような場合には，形式的な国選弁護人選任請求があっても，裁判所としてはこれに応ずる義務を負わないものと，解するのが相当である。

ところで，訴訟法上の権利は誠実にこれを行使し濫用してはならないものであることは刑事訴訟規則1条2項の明定するところであり，被告人がその権利を濫用するときは，それが憲法に規定されている権利を行使する形をとるものであっても，その効力を認めないことができるものであることは，当裁判所の判例の趣旨とするところであるから……，第1審が被告人らの国選弁護人の再選任請求を却下したのは相当である。このように解釈しても，被告人が改めて誠実に国選弁護人の選任を請求すれば裁判所はその選任をすることになるのであり，なんら被告人の国選弁護人選任請求権の正当な行使を実質的に制限するものではない。したがって，第1審の右措置が憲法37条3項に違反するものでないことは右判例の趣旨に照らして明らかである。……。

なお，国選弁護人は，裁判所が解任しない限りその地位を失うものではなく，したがって，国選弁護人が辞任の申出をした場合であっても，裁判所が辞任の申出について正当な理由があると認めて解任しない限り，弁護人の地位を失うものではないというべきであるから，辞任の申出を受けた裁判所は，国選弁護人を解任すべき事由の有無を判断するに必要な限度において，相当と認める方法により，事実の取調をすることができるもの，と解するのが相当である。」

15 黙秘権（自己負罪拒否特権）

(1) 黙秘権（自己負罪拒否特権）の存在根拠

設例

X（被告人）は，複数の幼児を殺害したとして逮捕され，その後起訴されたが，逮捕当初から一貫して黙秘を貫き，公判での弁護人による被告人質問にも答えなかった。裁判所は，目撃証人の証言や間接事実によってXの犯行を認定し，Xに死刑を言い渡したが，動機や犯行の詳しい経緯は解明することができなかった。

判決直後に新聞記者から感想を求められた被害者の父親は，「Xが自分の子をなぜ殺したのか，自分の子がどのような状況で死んでいったのか，疑問だらけだ。黙秘が権利であるのは分かっているが，これでは何も真実が分からない」と述べた。また，ある識者は，「Xが無罪を主張するのであれば，なぜ自分の言葉で訴えなかったのか。Xは法廷で，意味不明の笑みを浮かべ，黙秘を貫き通したが，人間は言語によってコミュニケーションするところに本質があるのだから，それを放棄したXには人間性が欠けているといわざるを得ない」とコメントした。

Q Elementary

1 Xが犯人であるなら，本当のことを言うべきではないか。事実を隠したり，黙っていたりする権利を認めるのはどうしてか。それは，正当か。

Xが犯人でないなら，本当のことを言うのは不利ではないばかりか，疑いを晴らすことに役立つし，実際にも，進んで供述するのが普通であろう。犯人であっても正直な人は罪を告白するだろうから，このような権利を認めるのは，結局，狡猾な職業的犯罪者や犯罪組織の構成員，再犯者などに処罰を免れさせるだけではないか。

2 自己負罪拒否特権の存在根拠についての以下の各見解は正当か。それぞれについて記した疑問点を手がかりに，考えなさい。

(1) 「真実発見を目的とする刑事訴訟法の本質と相容れないようなかかる特権が認容されるに至った理由は，人が自己保存の本能を克服して，自己を進んで刑罰に服させるのは，崇高な善であり道徳的義務であるとしても，だからといって，積極的に自己を有罪に導く行為をとることを法律的に強制することは，個人の人格の尊厳を冒すことになるからであ［る］。」（大阪高判昭和40年8月26日下刑集7巻8号1563頁）という見解。

しかし，罪を犯しながら，それを隠して処罰を免れるままにすることが，本当にその人の人格の尊厳を尊重したことになるのか。むしろ，自ら罪を悔い改めさせて，

善良な人間として更生させることこそが，その者を人として本当に尊重することになるのではないか。また，この見解は，無実の人には妥当しない論理ではないか。

(2) 「［この特権］は，個人の感情や思考という私的な内心の聖域を尊重し，自己断罪を引き出すための国家による侵犯を禁じるもの」(Couch v. United States, 409 U.S. 322, 327(1973)) であり，「国民において，自分自身を不利な立場に追いやるために放棄することを［国や州］によって強制され得ないプライバシーの領域を構築することを可能にするもの」(Griswold v. Connecticut, 381 U.S. 479, 484 (1965)) だとする見解。

しかし，同じくプライバシーの権利の対象となる住居や物，身体，さらには，信書や私的な日記などについても，正当な理由があれば，一定の要件・手続の下で，これを侵害ないし制約する処分を行うことが許されているのであるから，そのような理解を前提にした場合，同様の——あるいは，相応に加重された——条件の下に，この特権を制約することも可能だということになってしまわないか。また，逆に，そのような「私的な内心の聖域」が絶対不可侵のものであるとするなら，禁止されるのは「自己断罪」を引き出すための侵犯のみに限られないはずではないか。

(3) 犯人である場合，その者に証言を強制すると，本当のことを言って処罰されるか，嘘を言って偽証罪で処罰されるか，それとも，証言をしないために刑罰等の制裁を受けるか，という「過酷なトリレンマ（cruel trilemma）」(Murphy v. Waterfront Commission of New York Harbor, 378 U.S. 52, 55(1964)) に追いやることになるが，それは非人間的だとする見解。

しかし，被告人を証人としてではなく陳述させ，偽証罪の制裁の対象としなければよいのではないか。また，偽証罪で処罰されることのない被疑者の場合や，本当のことを言っても処罰されることはない無実の人には妥当しない論理ではないか。

(4) 犯人と疑われている者に供述を強制すると，虚偽の自白がなされるおそれがあるから，そのような強制を禁じているのだとする見解。

しかし，証人に公判で証言することを刑罰の威嚇により強制しても，虚偽の供述を引き出すものとは考えられていないのであるから，そのような形の強制なら問題はないのではないか。この見解は，そのような法廷などで本当のことを供述することを促す法律上の強制と不任意の虚偽供述を引き出すような事実上の強制とを混同するものであり，後者については，不任意自白の証拠能力を否定する法則（憲法38条2項，刑訴法319条1項参照）で対処されているのではないか。

(5) 「［職権探知のシステムとは異なり，当事者対抗主義の］システムの下では，被告人に対する訴追事実は，被告人自身の口からではなく，社会がこれを証明する責任を負う。」(Watts v. Indiana, 338 U.S. 49,53(1949))，つまり，当事者主義の下では，被告人の有罪は訴追側が立証する責任があり，被告人は何の義務も負わないはずだ

という見解。

　しかし，職権主義の考え方に立つドイツ等でも被告人には供述義務はないとされているのであり，当事者主義とは本来無関係なのではないか。また，この考え方は，証人が自己負罪的証言を拒絶することができることの説明にはならないのではないか。

　3　本当のことを言う義務がないのなら，嘘を言うことも許されるか。許されないとすれば，それはどうしてか。嘘を言うことは権利の範囲外だとすることに，果たして，そしてどのような意味があるか。(参考裁判例15 – 5 参照)

　証人の場合とは異なり，被告人の場合には，虚偽の供述をしても現行法上は処罰されないが，法律を改正して，被告人による虚偽供述を処罰することは可能か。

　4　刑事訴訟法上，被告人は，単に不利益な供述をする必要がないというにとどまらず，終始沈黙してよいとされている（311条1項）が，それはなぜか。憲法38条1項の自己負罪拒否特権の保障とはどのような関係に立つか。

　自己負罪のおそれを理由とする証人の証言拒絶権（146条）も憲法38条1項の保障を承けたものだとされるが，以上のような被告人についての取扱いとどのような差違があるか。そのような差が認められているのはどうしてか。

　5　刑事訴訟法上，捜査機関は，被疑者の取調べに際し，単に不利益な供述をする必要がないというにとどまらず，「あらかじめ，自己の意思に反して供述をする必要がない旨を告げなければならない。」とされている（198条2項）が，それはなぜか。憲法38条1項の自己負罪拒否特権の保障とはどのような関係に立つか（最三判昭和25年11月21日刑集4巻11号2359頁参照）。

　6　次に掲げるのは，中華人民共和国刑事訴訟法の規定である。わが国の刑事訴訟法198条2項の規定と比べて，基本的な考え方に違いはあるか。違いがあるとすれば，それはどのようなことか。

　　「第118条1項　捜査官は，被疑者の取調べに当たって，まず被疑者の犯罪行為の有無を取り調べ，被疑者に有罪の情状についての陳述又は無罪についての弁解を行わせた後，質問をしなければならない。被疑者は，捜査官の質問に対して，ありのままに答えなければならない。ただし，当該事件と関係のない質問に対しては，回答を拒否する権利を有する。」（松尾浩也監訳「中華人民共和国刑事訴訟法（2013年1月1日施行）」法務資料463号〔2013年〕39-40頁）

　わが国の刑事訴訟法を改正し，同様の規定を置くことはできるか（参考裁判例23 – 11 参照）。

15 黙秘権（自己負罪拒否特権）／Q7〜11

(2) 何からの保護か：「不利益」の内容

Q Elementary

7 自己負罪拒否特権は，刑事手続のみに適用されるか。参考裁判例 15 - ⑥ の考え方によると，その適用の有無は何を基準に判定されるか。それは，**2** の自己負罪拒否特権の存在根拠とどのような論理的関係を有するか。

8 参考裁判例 15 - ⑥ の基準による場合，民事訴訟の証人に，自己負罪のおそれを理由とする証言拒絶権が認められている（民事訴訟法 196 条）ことは，憲法 38 条 1 項の保障に基づくものといえるか。**2** の自己負罪拒否特権の存在根拠に照らして考えた場合はどうか。

9 **7** 及び **8** に対する答えを前提にすると，次の各場合はどのように考えられるか。

(1) 公訴時効期間が満了し，訴追され処罰されるおそれはなくなった自己の犯罪事実について，他の事件の公判で証人として証言を求められた X が，その事実が明らかになると，会社にいづらくなったり，家族が近所で変な目で見られることになったりするおそれがあることを理由にして，証言を拒絶することは許されるか。

(2) 証言してその事実を認めると，その犯罪の被害者から X に対して提起されている損害賠償の訴訟において不利に使われることを理由にして，X が証言を拒絶することはどうか。

Q Basic

10 航空会社 A 社がアメリカの B 社製の大型旅客機を大量発注することを決定するに至る過程で C 国務大臣が A 社に対し不当な影響力を行使したのではないかとの疑惑について審議していた衆議院の委員会に，この取引を仲介した商社 D 社の専務 E が証人として喚問され，C 大臣との関係につき委員から質問されたが，E は，補佐人である V 弁護士の助言を得た上で，証言を拒否した。

証人喚問後に行われた記者会見で，V 弁護士は，今後この件が刑事訴追の対象とされるかもしれず，その場合，E も共犯その他何らかの罪で訴追されるおそれがないわけではない上，証人喚問の直前に，捜査当局が偽証罪での逮捕や訴追を準備しているとの情報を得たので，証言拒否は「偽証罪などで訴追されないためのぎりぎりの決断だった」と釈明した。この釈明は，自己負罪拒否特権ないし証言拒絶権の理解として正当なものといえるか。

Q Advanced

11 参考裁判例 15 - ④ によれば，刑事免責の制度とはいかなるものか。刑訴法 157 条の 2 及び 157 条の 3 において，同法 146 条の規定にかかわらず，「自己が刑事訴追を受け，又は有罪判決を受けるおそれのある証言を拒むことができない」という条件の下で証人尋問を行うことができるのはなぜか。

12 ドイツでは，一定の罪の行為者が，知っていることを自ら明らかにすることによって，一定の重大犯罪の解明又は防止に大きく貢献した場合には，裁判所は，刑を減軽又は免除することができるものとされている（StGB §46b）。このような制度と刑事免責制度とは同じ性質のものといえるか。違うとすれば，どこが違うか。

13 刑訴法157条の2では，証人が尋問に応じてした供述だけでなく，それに基づいて得られた証拠についても，証人の刑事事件において，証人に不利益な証拠とすることができないとされているが，それはなぜか。

(3) 権利の対象：供述

Q *Basic*

14 被疑者の住居から被疑者に不利な証拠を差し押さえることは自己負罪拒否特権に反しないか。反しないとすると，それは何故か。覚せい剤自己使用の罪の証拠とするため被疑者本人の体内から尿を強制的に採取することはどうか。

15 *14*の証拠が，被疑者自身が自分の犯行の模様を記述した日記である場合も同じか。当人にその事実を強制的に供述させるのとどこが異なるか。

提出命令により，当人に不利益な内容の，当人自らが作成した書面を提出させることはどうか。従わない場合の罰則やその他の制裁付きでそのような書面の提出を命じることはどうか（民訴法220条4号イ，議院証言法4条1項参照）。そのような内容の書面を新たに作成して提出することを命じることと異なるか。

16 罰則をもって被疑者に一定の動作を強要すること（例えば，自動車を運転中に死傷事故を起こした者につき，酒酔いの有無・程度を確認するため，直線上を歩かせたり，片足を挙げて立たせたりすること）は，自己負罪拒否特権に反しないか。被疑者に犯行状況の再現を強要することはどうか。

現行の道路交通法のように，罰則をもって呼気検査を強制することは憲法38条1項に反しないか（参考裁判例15-7）。

目撃証人による被疑者と犯人との同一性識別のため，被疑者に特定の服装をさせて一定の動作をさせることはどうか。脅迫電話を受けた者に被疑者の声やアクセントが犯人のそれと一致するかどうかを確認させるため，被疑者に特定の発言をさせることはどうか。

15-1 東京高決昭和41年6月30日高刑集19巻4号447頁

【事案の概要】 捜査段階でのX（被告人）に対するポリグラフ検査書について，第1審において弁護人は，同検査を行うこと自体がXの供述拒否権を侵害するものであることなどを理由として，その証拠能力を争ったが，裁判所は，そのポリグラフ検査書を証拠として採用した。これに対し，弁護人らは，その措置は不当であり，

15 黙秘権（自己負罪拒否特権）／15-①, Q17〜19, 15-②

裁判官全員が不公平な裁判をするおそれがあるとして，忌避を申し立てたが，簡易却下されたため，抗告を申し立てた。
【判示】 東京高裁は，抗告を棄却したが，その理由中で次のような判断を示した。
「ポリグラフ検査とは，一般に人間が意識的に真実を蔽い隠そうと努力する場合には，それに伴って非常に微妙な精神的動揺が発生し，相伴って人体の内部に生理的変化ないし身体の反応を惹起することに着眼し，そのうち比較的記録し易い呼吸波運動，皮膚電気反射（皮膚電気反応ともいう）及び血圧と脈搏の変化（心脈波という）をポリグラフ（同時記録器）を以て同時に記録する方法により，検査者は被検者に対して諸々の質問を発し，質問を受けた被検者の呼吸波運動，皮膚電気反射及び心脈波の記録を検討し，被検者が意識的に真実を蔽い隠そうと努力しているかどうかを検定する一種の心理検査若しくは心理鑑定であって，被検者が検査者の質問に対して答弁をすることは検査上必要なことではなく，たとい答弁をした場合においても，これをそのまま該答弁内容の真実性を証明するための供述証拠として使用するのではなく，その際の心理検査の結果を非供述証拠として使用するに過ぎないものと認められるから，ポリグラフ検査を行うことそれ自体が直ちに被疑者たる被検者の供述拒否権を侵害し，憲法第38条第1項の趣旨に反し，刑事訴訟法第198条第2項に違反するものとにわかに断じ難［い］。」

Q Basic

17 本決定では，憲法ないし刑事訴訟法による被疑者の供述拒否権を侵害するかどうかは，どういうことを基準に判断されるべきものと考えられているか。ポリグラフ検査は，どういう点でその基準を充たさないとされているか。

18 ポリグラフ検査により測定される被検者の呼吸波運動，皮膚電気反射及び心脈波の変化は，質問によって生じさせられる被検者の内心の状態を表すものであり，同じく質問に応じて内心の記憶や意思等を言語の形で表現する場合と異ならないし，それを被検者本人の意思による制御が効かない状態で引き出してくるのは，自己負罪拒否特権ないし供述拒否権を実質的に奪うものとは言えないか。

19 一定の薬物を施用することにより被検者を半睡半覚の状態に置き，意識の作用による制御を取り除いて，意識下にある記憶や感情等を語らせるという麻酔分析の方法を用いて，被疑者から供述を得ることは，果たして，そしていかなる条件・手続の下で許されるか（宮崎地決昭和45年7月24日刑月2巻7号783頁参照）。

(4) 権利保護の対象：不利益な供述
15-② 最大判昭和32年2月20日刑集11巻2号802頁
【事案の概要】 昭和25年10月，電鉄会社の人員整理に反対する集団行動の過程で，取材中の新聞記者に対し威力業務妨害を行い，また警備の警察官らに対し公務執行

妨害等を行ったとして逮捕されたX（被告人）らは，その当初より捜査機関の取調べに対し黙秘を続け，自己の氏名等も明らかにしなかったが，弁護人を選任するため，弁護人選任届に自己が勾留されている監房番号を自署し，拇印を押すなどして自己を表示した上，弁護人が署名押印して，提出した。しかし，第1審の千葉地裁は，これらをいずれも不適法として却下し，必要的弁護事件であるXらに対する被告事件の公判に備えて，各被告人のために国選弁護人を選任した。そこで，Xらは，それぞれその氏名を開示して，改めて私選弁護人選任の届出をなすに至った。

Xらは，公判の結果，有罪の判決を受けたので，千葉地裁が前記弁護人選任届を却下し，私選弁護人の選任のため同人らに氏名を開示させるに至らしめたことは，憲法38条1項に違反すると主張して控訴したが，控訴審の東京高裁は，次のように述べて，控訴を棄却した。

「公訴提起前における被疑者の弁護人選任については特段の形式を要しないけれども第1審においてもその効力を有するためには被疑者と弁護人と連署した書面を当該被疑事件を取り扱う検察官又は司法警察員に差し出しこれを為さなければならないこと及び公訴提起後においては弁護人の選任は常に必ず被告人と弁護人と連署した書面を当該裁判所に差し出してこれをなさなければならないことは刑事訴訟規則第17条第18条の規定に徴し明白であり，右法条における連署とは各その氏名を自署するの謂であることはいうまでもないところである。然らば原審が氏名の黙否〔秘〕を正当と認めるに足る特段の事情の認められない本件において論旨の指摘する氏名を自署していない被疑者としての弁護人選任届或いは被告人としての弁護届を以て刑事訴訟規則第17条第18条所定の方式を遵守しない不適式の訴訟行為として決定を以てこれを却下し爾後の訴訟関係を明確にするの処置に出でたことは洵に適切の措置といわなければならない。憲法第38条第1項には何人も自己に不利益な供述を強要されないことを明記されており刑事訴訟法第311条第1項は被告人は終始沈黙し又は個々の質問に対し供述を拒むことができることを規定しているけれども，その氏名を告げることによって起訴された犯罪が当然に被告人の犯行であることが判明するような特殊の場合を除いては，被告人の氏名を明らかにすることは原則として被告人にとって不利益な供述になるとは到底考えられないところであり，又公正の精神に反するとも考えられない。このことは刑事訴訟規則第196条が裁判長は検察官の起訴状の朗読に先だち被告人に対しその人違でないことを確めるに足りる事項を問わなければならないと定め刑事訴訟法第291条が裁判長は起訴状の朗読が終った後において被告人に対し所謂黙否〔秘〕権の告知をなさなければならないと定めているところからもうかがわれるところであるから論旨の指摘する被疑者又は被告人の氏名の自署のない本件弁護届を却下したからとて何等憲法第38条第1項の原則に反するところはないといわなければならない。従って原裁判所が

これを却下した後必要的弁護事件である本件について原審裁判長が刑事訴訟法第289条に則り職権により弁護人を附したことは固より当然であ［る］。」

これに対し，弁護人らは，次のように主張して上告した。

「黙秘権は現行刑事訴訟法を貫く一大原則である。何人も，その人が自己の不利益［と］考えることについては供述を拒むことができるし，またこの拒む理由について何ら陳述する義務はなく，また拒むことによっていかなる不利益な推定もうけず，更に拒むことによって一切の不利益を甘受する義務はない。……この場合，利益であるか不利益であるかの判断は当該被告人の判断にのみかかっている。黙秘していることについて，これを被告人の不利益に論評することはすべて禁ぜられる。黙秘していることを正当でないと論じたり，或は黙秘している理由について第三者たる訴訟関係人がとやかく論ずるならば，被告人はその正当であることを主張し何故に黙秘しているかを説明しなければならなくなるのであって，このことは被告人をして間接に黙秘している内容を供述せしめることになる。これは明らかに被告人をして自己に不利益なことの供述を強要するものである。この点について氏名の黙秘を別に論ずる理由はない。［例えば］殺人事件について被害者が死ぬ寸前に加害者の氏名を呼んだとしよう。証人はこの声をきいて証言する。この場合，被告人は自己の氏名を黙秘する理由をもし説明してその正当性を主張しなければならないとしたら一体どういうことになるであろう。被告人は自己の氏名が被害者の叫んだ加害者の氏名と同一であるから黙秘するのか，或は二つの氏名が類似することによる誤解から逃れるために黙秘するのか，無罪の訴追に対するやるかたなき怒りを氏名を黙秘することによって辛うじて表現しているのか，或は自己の氏名を述べることによって親籍［戚］縁者に悪評のたつのを防ぐために黙秘しているのか，これらすべての理由について何ら主張したり，説明したりする責任はない。……そしてこれら何れの場合にも，被告人は氏名の黙秘によって同時に『不利益事実の承認』ないしは『自白』したことと同一の推定をうける理由はない。これらのすべての不利益な推定が黙秘を理由として加えられるとすれば，黙秘権とは全くナンセンスである。氏名黙秘についての理由が正当であるか不当であるかは，結局彼がその名を直接にか間接にか明らかにし，或は裁判所が黙秘によってある事実の推定を行うのでなければ判断できないのであるから，一たび黙秘権がみとめられる以上はいかなる事件についても，またいかなる訴訟の段階においても，氏名の黙秘が黙秘権の行使の態様としてみとめられるのでなければ被告人の権利は到底保護されえないのである。従って黙秘することは本来，その黙秘している内容によってそれが正当であったり，不当であったりするが如きものではないのであって，正当，不当の問題とは何らの関係もない点にこそ黙秘権の本質があるものというべきである。……［原審判決が］氏名黙秘についてそれが正当である場合と不当である場合とを分けて，本件はそれ

が不当である場合に該るとしているのは、この点において完全に黙秘権の本質を誤った違法がある。」

【判示】 上告棄却。

「黙秘権を規定した憲法38条1項の……の法意は、何人も自己が刑事上の責任を問われる虞ある事項について供述を強要されないことを保障したものと解すべきであることは、この制度発達の沿革に徴して明らかである。されば、氏名のごときは、原則としてここにいわゆる不利益な事項に該当するものではない。そして、本件では、論旨主張にかかる事実関係によってもただその氏名を黙秘してなされた弁護人選任届が却下せられたためその選任の必要上その氏名を開示するに至ったというに止まり、その開示が強要されたものであることを認むべき証跡は記録上存在しない。」

Q Basic

20 本判決が本件事案における氏名には憲法38条1項の権利保障が及ばないとする理由は、控訴審判決のそれと同じか。

21 控訴審判決が、公判の冒頭手続において被告人に対する人定質問が黙秘権の告知に先立って行われることになっていることを捉えて、氏名に黙秘権は及ばないことの根拠にしているが、これは正当か。

22 本判決も、氏名は「原則として」憲法38条1項にいわゆる不利益な事項には当たらないとしているが、例外の余地は考えられるか。控訴審判決は、その原則から除外される例として、「その氏名を告げることによって起訴された犯罪が当然に被告人の犯行であることが判明するような特殊の場合」を挙げているが、それ以外に、どのような場合が考えられるか。

23 次のような場合に氏名を明らかにすることは、「自己に不利益な供述」に当たらないか。

(1) 別の事件の犯人として警察による手配対象になっている者であることが分かる可能性がある場合

(2) 身許が明らかになると、住居を捜索されて、犯罪の証拠が発見されるに至る可能性がある場合

(3) 前科の存在が明らかになり、量刑上不利になることが考えられる場合

24 弁護人の上告趣意にいうように、供述すべき事項が不利益なものか否かは被告人に判断させないと権利保障の実質を奪うことになるか。

証人の場合、自己負罪のおそれを理由にする証言拒絶（刑訴法148条）が許されるためには、「これを拒む事由を示さなければならない」とされている（刑訴規則122条1項）が、弁護人の論旨に従えば、これは憲法38条1項に違反することにならないか。

25 憲法38条1項の違反の有無を判定する上で本判決が用いる基準と参考裁判例15-⑥が用いる基準とは同じか。

26 参考裁判例15-⑧に付された奥野裁判官の補足意見は，どのような理由から交通事故に係る報告義務の規定を合憲とするものか。その考え方は正当か。

27 参考裁判例15-⑧を前提にする場合にも，自動車により故意に人をはねて死亡させたような事例についてまで報告義務を課すのは，不利益な供述を強要するものとはいえないか（最三判昭和50年1月21日刑集29巻1号1頁参照）。

(5) 権利の効果

15-③ 札幌高判平成14年3月19日判時1803号147頁（18-⑧と同一事件）——

【事案の概要】 昭和59年1月10日午前9時35分ころ，札幌市豊平区の自宅にいた小学校4年生のA君（当時9歳）が，何者かからの電話で呼び出され，急いで外出したので，不審に思った家人が後を追ったが，見失ってしまい，そのまま行方不明となった。A君の親から捜索を依頼された警察では，A君を見失った周辺の聞き込みを行ったが，その際，付近のアパートD荘の2階に居住するX子（被告人）から，「その子なら午前中に来たよ」，「『Bさんっていう家知りませんか。……』って聞くから，『隣の家がBさんっていうから，そこじゃない。』と教えてあげた。そうしたら……何かぶつぶつ言って出て行ったよ」という供述を得たものの，結局，Aの行方を明らかにすることはできなかった。その後，警察は，より本格的な捜査を行い，公開捜査にまで踏み切ったけれども，A君の消息はようとして知れなかった。

X子は，その後昭和61年5月にCと再婚し，北海道新十津川町の同人方に移り住んでいたが，昭和62年12月30日未明，C方で火災が発生し，母屋が全焼してCが焼死した。半年後の昭和63年6月19日，Cの親類が捜し物のためC方の焼け残った納屋に入ったところ，その中にビニール袋に入った骨のようなものがあるのを発見したことから，警察官らが改めてその場を調べたところ，他にも焼けた骨片様のもの約500片及びおわん約2杯分の灰が入ったビニール袋があるのが発見された。これらについての鑑定の結果，これらが人骨であり，血液型や推定される年齢幅・身長などからA君のものではないかと推認されるに至ったことなどから，捜査当局では，X子がA君の失踪，死亡に深く関与しているのではないかとの嫌疑を抱き，当時静内町に住んでいたX子に最寄りの静内警察署への出頭を求めた。X子は，同年8月4日に同警察署に赴き，ポリグラフ検査を受けたほか，取調べにも応じ，翌5日及び10日にも取調べに応じたが，後の公判での取調官の証言によると，どうして人骨があなたの住んでいた所から発見されたのかと聞かれ，X子は，「心は開く気持ちはある。だけど，今すぐ開けない。時期がきたら開けると思うよ」

と答え、さらに、「気持ちの整理をする時間を欲しい」、「私が話したら（事件は）解決します」、「夕べ死のうとした。包丁で刺したら痛いし、なかなか死ねないものだね」、「私どうして狂っちゃったんだろうね」、「死刑執行のときに牧師さんや坊さん立ち会うの」等々と述べたものの、その後は取調べを一切拒否するようになった。それらのこともあり、捜査はそれ以上には進展しなかった。

それから10年後の平成10年10月に至り、前記骨片等のDNA型検査などにより、それがA君のものであるとほぼ断定されたことなどから、捜査当局は、翌11月15日に殺人の疑いでX子を逮捕した。X子は、捜査官の取調べに対し、「知らない」と答えただけで、その後はほぼ一貫して否認を続けた（裁判官による勾留質問や勾留理由開示手続での意見陳述でも、Xは容疑を否認した）が、同年12月8日、検察官は、「被告人は、昭和59年1月10日、札幌市豊平区……所在のD荘2階1号室の当時の被告人方において、A（当時9歳）に対し、殺意をもって、不詳の方法により、同人を殺害したものである」との公訴事実により、X子を起訴した。

札幌地裁における第1審公判は翌平成11年4月に始まり35回に及んだが、X子は、第1回公判期日の罪状認否において公訴事実を否認した後は、2度にわたる被告人質問においても、裁判官や検察官の質問に対し「お答えすることはありません」と答えるなど、黙秘する態度を取り続けた。

このような審理の結果、札幌地裁は、平成13年5月30日、次のような理由からX子を無罪とする判決を言い渡した。すなわち、(1)(i)前記人骨片はA君のものと認められること、(ii)X子は昭和59年1月10日夕刻に前記D荘の自室から段ボール箱を親類宅に運び、また1月26日に他のアパートに引っ越した際にも段ボール箱をそこに搬出、さらに、昭和61年5月に再婚によりC方に転居したことに伴い、C方に段ボール箱を運び込んだという事実があり、かつ、X子がC方に転入した後、その敷地内でX子が長時間にわたり、黒っぽい煙が出る物を燃やしていたことが付近の住人達により目撃されていることなどから、X子がA君の死体をその段ボール箱に入れてC方に持ち込み、隠し置いた上、焼損したものと認められること、(iii)第三者の関与をうかがわせる状況はないから、A君を電話で呼び出したのはX子であると認定できること、(iv)これらの事実に加え、A君がX子宅にいたと考えられる時間帯にX子において救急車の手配をするなどしたような状況が一切うかがわれないことからすると、A君が病死、事故死等により死亡したとは考えがたいこと、などを総合すると、手段や方法は特定できないものの、A君の死亡はX子の何らかの行為により引き起こされたものと認定できるが、(2)(i)X子の自白も目撃供述もなく、死体も焼損されているためA君の死因を特定することができず、その犯行態様を確定できない以上、X子がA君を死亡させたと認められるとしても、このことから直ちに、X子が殺意をもってA君を死亡させたとの結

論を導くことはできず，X子に殺意があったとするためには，A君を呼び出した目的がその殺害に結びつく蓋然性が高いことや，X子にA君殺害の明確な動機が認められることが必要であるところ，(ii)X子の経済状態がA君の誘拐を決意させるほどまでに困窮していたとは認められず，また，身代金を確実に取得できるといえる程度にまでA君の一家に関する情報を持っていたとは認められないし，X子がA君と顔見知りではなかったかということをうかがわせる事情もあることなどを考慮すると，X子が身代金目的でA君を呼び出したと認定することはできず，また，A君を殺害する明確な動機も認めることができないこと等に照らすと，X子に殺意があったと認定するには，なお合理的な疑いが残る，というのであった。

検察官は，X子が何らの弁解・反論もしないのは検察官の提示した証拠やこれに基づく推論・判断が正しいために弁解や反論ができないのであり，うかつに虚偽の弁解などをして馬脚を現すよりは，沈黙して何とか自己の罪責を免れようとするものであると主張していた。これに対して札幌地裁は，「被告人には黙秘権，供述拒否権，自己負罪拒否の特権が認められているのであるから，被告人が公判廷において，検察官及び裁判官からの質問に対し何らの弁解や供述をしなくても，それは被告人としての権利の行使にすぎず，……［その］ことをもって，犯罪事実の認定に不利益に考慮することが許されないのはいうまでもない。他方で，検察官の立証に伴い，被告人が反証の必要に迫られることがあるとはいえ，それは検察官の立証に伴う反射的な効果にすぎず，そのような場合においても，被告人が何ら弁解や供述をしなかったことを犯罪事実の認定に不利益に考慮することが許されないことに変わりはない」と述べて，その主張を斥けた。

そこで，検察官が事実誤認を理由として控訴した。

【判示】　札幌高裁は，争点となった殺意の存在について，(1)X子は当時多額の負債を抱える一方，1歳7ヵ月の幼児がいて十分に働くことができなかったため，経済的に極めて逼迫していたことが明らかである上，A君一家が資産家であることは，その居宅建物の外観や所有する外車等から一目瞭然で，X子もそのことを十分知り得たはずであることからすると，X子が身代金目的でA君を呼び出した可能性を原判決が排斥したのは相当ではないとしながら，(2)(i)同じく金銭目的といっても，A君が外出するに至る直前の同君の言動などに照らすと，X子がA君の何らかの弱みを握っており，その弱みを利用して金銭を手に入れようとしたのではないかとも推測できるなど，X子の取り得る選択肢はいろいろあったといえる上，(ii)X子が女性であり幼い子供を抱えていたことや，身代金目的の誘拐であるとすると周到さに欠けること，X子が身代金要求の電話をかけていないことなど，本件が身代金目的であったとするには不自然と思われる点が多数存在するので，本件を身代金目的の誘拐であるとすることはできないとした原判決の判断は，その結論において是認

でき，(3)その他情況証拠とされる事実はいずれも多義的に解釈できるものであって，X子の殺意を推認させるものとはいい難い，として，控訴を棄却したが，理由中で次のような判断を示した。

「[検察官の控訴趣意は，]捜査・公判を通じて，自己に有利な説明や弁明をする機会があったにもかかわらず，一切供述を拒否し説明も弁明もしなかったことは，被告人が殺意をもってAを死亡させたことを推認させるものであると主張する。

なお，所論は，以上のような推認と黙秘権の関係に触れて，抽象的に黙秘していること自体に対する制裁的効果としてこれを被告人の犯人性や殺意の認定に用いるべきことを主張しているのではなく，説得と質問がなされた具体的状況の下でその説得と質問の具体的内容との関係における被告人の対応・態度の具体的あり様が与える心証形成の効果として，他の証拠によって形成された心証を維持し，一層強めるものとして用いようとしているものであり，これは被告人のもつ黙秘権を何ら侵害するものではないとし，同旨の判例として札幌高等裁判所昭和47年12月19日判決（刑裁月報4巻12号1947頁［参考裁判例15-9］）を引用する。そして，原判決が，黙秘権の観点から，被告人が公判廷において検察官や裁判官からの質問に対し何らの弁解や供述をしなくてもそれは被告人としての権利の行使にすぎず被告人が何らの弁解や供述をしなかったことをもって犯罪事実の認定において被告人に不利益に考慮することは許されないとしたことを論難するのである。

この所論のいうところは，極めて難解に見えるが，被告人が事実について一切黙秘し何の説明も弁明もしないために，検察官側の立証により形成された心証を崩すことができず，それが事実上被告人に不利益に働いてしまうということがあることは否定できないところと思われる。所論のいうところをそのようにとらえれば，それは一般論としては不当なところはないように思われる。しかし，前記の主張の中に，他の証拠によって形成された心証を維持するだけでなく，一層強めるものとして用いようとするものであるというくだりがあり，かつその趣旨を具体的に展開する中に，検察官から，被告人が嫌疑をかけられている殺人罪の重大性や被告人が犯した犯罪が傷害致死罪，過失致死罪であればすでに時効が完成していて被告人が起訴されたり処罰されることはないことなどの説明を受けるとともに，具体的な証拠を指摘されてその証拠に対して弁明の機会を与えられたにもかかわらず被告人が一切説明も弁明もしなかったこと，更には原審公判廷においても，被告人が犯人であり殺意をもってAを死亡させたことを推認させる各情況証拠に対する説明と弁明を求められたのに対して被告人が一切説明も弁明もしなかったことを指摘し，このように被告人が一切説明も弁明もしなかったのは，被告人が殺意をもってAを死亡させた犯人であるため説明や弁明をしようとするとどうしてもその中に虚偽が混入せざるを得ず，その矛盾を突かれ真相が露見する危険を回避する必要があったか

らであるとする主張が含まれているのである。これを素直に読む限り，この所論には，被告人が黙秘し供述を拒否した態度をもって1個の情況証拠とし被告人の殺意を認定すべきであるとの趣旨が含まれているものと解さざるを得ない。そうだとすると，それについては，原判決が説示するところはまことに正当であって，被告人の黙秘・供述拒否の態度をそのように1個の情況証拠として扱うことは，それはまさに被告人に黙秘権・供述拒否権が与えられている趣旨を実質的に没却することになるのであり，その所論は到底受け入れることができない。

　ところで，原審記録によれば，被告人が捜査段階において，被疑事実に関して一切説明も弁明もしなかったことがうかがわれ，原審公判においても，被告人質問において，所論指摘のような態度をとることによって終始黙秘の態度を通したことが認められる。この点は，所論が指摘するとおりである。しかし，その黙秘の態度をもって犯罪事実の認定において被告人に不利益に考慮することは，それがいかなる段階のものであっても，またいかなる状況下のものであっても許されないのであって，本件においても，このような被告人の黙秘の態度をもって被告人の殺意を立証する証拠とすることができないことは明らかである。

　もっとも，当初説示したとおり，被告人が事実関係について一切黙秘し何の説明も弁明もしなかったため，検察官側の立証により形成された被告人に不利な心証を崩すことができず，それが事実上被告人に不利益に働いてしまうということがあることは否定できない。所論は，このような事実上の効果についても主張していると解されるが，これはいわば当然のことであって，被告人の黙秘の態度を情況証拠として取り扱うこととは次元を異にする問題である。

　付言するのに，所論は，前記のとおり，被告人が原審の第19回及び第32回の各公判期日において実施された被告人質問において，検察官が発する約400回にわたる多くの質問に対しことごとく黙秘するなどしたことを指摘している。しかし，もともと弁護人は，被告人には黙秘権を行使する意思があるとして，被告人質問を実施することに反対していたのである。もとより，そのような状況の下であっても，被告人質問を実施すること自体を不当ということはできないけれども，実際に被告人質問を実施してみて被告人が明確に黙秘権を行使する意思を示しているにもかかわらず，延々と質問を続けるなどということはそれ自体被告人の黙秘権の行使を危うくするものであり疑問を感じざるを得ない。被告人が黙秘する意思を明確に示しているのに検察官がこのような形で被告人質問を続行したのは，被告人の答えを期待したというよりは，被告人に対して次々と質問を行いその結果被告人がその質問項目に対して一切説明も弁明もしないという黙秘の態度が顕著になったとして，それを被告人に不利益な事実の認定に供しようとしたからであると解されるが，そのような形で被告人の黙秘の態度を取り扱うことができないことはすでに述べたとお

りである。」

Q Basic

28 自分が重大な犯罪で訴追されており、無実であるというのなら、弁明して、無罪となるように努めるのが普通であるのに、そうしないのは、無実ではないので、およそ弁明できないか、弁明するとつじつまが合わなくなるおそれがあるからだろうと考えるのは不合理か。

本判決は、その点につき、どのような考え方を採っているか。本判決は、どのような論理により、自己負罪拒否特権の保障からそのような推認をすることが許されないという結論が導かれるものとしているか。

それらは、〔参考例1〕のアメリカの判例の考え方・論理と同じか。

29 被告人に不利な事実の存在について、検察側が立証を済ませ、それに対し被告人側が何らの反対主張も反証もしないので、その事実が認定されてしまうのと、同様の検察側主張・立証に対し被告人が何らの弁明や供述もしないことを一つの状況証拠として、その事実の存在を認定するというのとは、同じことではないのか。違うとすれば、どこが違うか。

Q Advanced

30 28, 29について、参考裁判例15-9はどのような考え方を採っているか。それは、本判決と〔参考例1〕のアメリカの判例の双方またはそのいずれかの考え方と異なるものか。異なるとして、相互に排斥し合うものか。

31 一般的に被告人が黙秘していることから被告人が有罪であると推認することは許されないとしても、被告人が知っていることが明らかな事項について被告人が何ら供述ないし説明しない場合には、被告人に不利な事実があるため敢えてそうしないのではないかという疑いを抱くのは自然であり、それを証拠評価に反映させることまで禁止すべき理由はないのではないか。

32 本判決、〔参考例1〕、参考裁判例15-9それぞれの考え方からすると、〔参考例2〕のイギリス法の規定はどのように評価されるか。わが国で、イギリス法のような規定を設けることは可能か。

33 本判決のような考え方に立つ場合、例えば、麻薬の不法輸入等を業とした罪（麻薬特例法5条）で有罪とされた被告人がその罪を行った期間に取得した財産について、同法14条の規定による薬物犯罪収益であるとの推定を破るため、当該財産は上記罪とは無関係に取得したものであることを示す証拠を提出する責任を被告人に負わせること（本書479～480頁参照）なども、許されないのではないか。許されるとすると、どこに違いがあるか。

34 被告人が、被告人質問において弁護人からの主質問に対して供述した後、その供述事項についての検察官からの反対質問や裁判所からの補充質問には黙秘し

た場合，そのことを，被告人のそれまでの供述の信用性を判断するにあたって，被告人に不利益に考慮することは許されるか。

35 他の証拠によって被告人が有罪であると認定できる場合に，被告人が公判で黙秘を貫いたという事実を，被告人には反省・改悛の態度が見られないことを示すものとして，量刑上，被告人に不利に用いることは許されるか。被告人が公訴事実を否認し，公判で積極的に無実を主張したことを，同様の量刑事情として用いることはどうか。被告人が公訴事実を認め，反省の情を示していることを理由として，相対的に軽い量刑をすることはどうか。これら3つの場合の間に違いはあるか。

36 被告人が黙秘しているという事実を，勾留の必要性や保釈の許否についての判断において考慮することは許されるか（参考裁判例15-[11]）。

〔**参考例1**〕 Griffin v. California, 380 U.S. 609(1965)（アメリカ）

1961年12月2日，X（被告人）は，ロスアンゼルスの街角で出会ったAらにバー「B」への道を尋ねた。その夜9時ころ，Aが内縁の妻Vや他の友人達とバー「B」に行き，酒を飲んでいると，Xがカウンターのところに立っているのを見かけたので，一緒に飲み始めた。Vや友人達はやがて帰り，XとAは午前2時ころまで飲み続けたが，Xが泊まる所がないと言うので，AはVと同棲しているアパートの居室にXを連れて帰り，居間のソファーベッドに寝るようにXに言って，Vとともに寝室に行って就寝した。その後何時間かして，人の争う物音で目覚めたAが居間に行ったところ，Vがいて，「トイレに行くために起きてきたら，Xが私の口を手でふさぎ，セックスをしようとした」と言った。そこで，Aは，Xを裏の階段から外に追いやった上で，ドアを施錠した。5分ほど経って，Xが裏のドアのガラスを割って入ってきたので，Aは，再びXを階下に引っ張って行ったが，そこでXが同人に数回殴りつけ，同人を負傷させたので，Aはそこから逃れ，バー「B」に助けを求めに行った。そこにいた人達と一緒にAがアパートに戻ったところ，XばかりかVもいなくなっており，AらはVの行方を探したけれども，Vがどこに行ったのかは遂に分からなかった。

翌朝7時ころ，Cが，廃木片を拾うため前記アパートの後ろの路地を歩いていたところ，おがくず等をいれておくゴミ入れ小屋からXがズボンのボタンをとめながら出てきたのを見かけたので，何をしているのかと訊ねたが，Xは「何も」と答えて，歩き去った。Cがその周辺に廃木片がないかと探し周った上，前記ゴミ入れ小屋をのぞき込んだところ，Vがその中にいるのを発見した。Vの衣服には血が着いており，震えていて，明らかにひどく殴られていた。Cからの通報を受けて警察官が駆けつけ，Vを病院に運んだが，彼女は意識がもうろうとしており，質問に答えられない状態であった。彼女の頭蓋骨は骨折しており，血圧も低下するなど負傷

の程度がひどく，病院での治療のかいなく，翌日午後，Ｖは死亡するに至った。Ｖの遺体を解剖した結果，精子の存在は確認できなかったが，検死医の見解では，問題の夜または翌朝，Ｖが性交した可能性は排除できないということであった（後の公判では，淋病を患うと精子の生成ができなくなることがあること，Ｘは淋病を患ったことがあることを認めていること，が検察側により立証された）。前記アパートの裏階段の下部には血痕が，路地には何かを引きずったような痕が，そしてゴミ入れ小屋の中には血痕とＶが使用していたのと同種のかつらが残されていた。

その後，Ｘはメキシコ領内で逮捕され，本件捜査官の取調べを受けた際，任意に，12月2日夜，Ａらと一緒に酒を飲んだとき，ワインを買う代金として10ドル札をＡに渡したのに，Ａがおつりを持ったままいなくなったので，彼のアパートを探し出して，そこに行ったら，Ｖがいたこと，事情を聞いた彼女が埋め合わせにセックスしようと持ちかけてきたので，そうしかけたところ，Ａが帰ってきて殴合いになり，Ｖもそれに加わって，殴合いは階下に，そしてさらに，路地に至るまで続いたこと，Ａが逃げ去った後，Ｖは，何度か殴られていたにもかかわらず，ゴミ入れ小屋に彼を誘い，任意に彼と性交したこと，を供述した。Ｘは，第1級謀殺罪（強姦殺人）により起訴され，陪審裁判を受けたが，犯罪事実についての公判審理においては証言台に立たず，捜査段階での前記供述を録取した書面が検察側から証拠として提出され，読み上げられただけであった。

証拠調べの終了後，裁判官は，陪審に対する説示において，被告人には証言しないという憲法上の権利があることを告げたが，同時に，被告人が黙秘したという事実について裁判官がコメントすることを許す当時の州憲法の規定に従って，「被告人に不利益な証拠若しくは事実であって，被告人の知っている事柄であるため被告人においてそれを否定し又は説明することが合理的に期待できるものについて，被告人が証言せず，又は証言してもこれを否定若しくは説明できなかったときは，陪審は，そのことを，当該証拠の真実性を示すものとして，また，そこから合理的に推認され得る事実の中でも，被告人に不利な事実の方がより蓋然性の高いことを示すものとして，考慮してよろしい」と述べた。検察官もまた，Ｘが証言しなかったことについて，「被告人は，アパートから出て，Ｖと一緒に路地を降りていったときに，彼女がひどく殴られた状態であったかどうかを当然知っているはずです。……被告人は，その裏階段の下部に彼女の血がどうして落ちたのかを知っているでしょう。……被告人は，自分が被害者を殴打し，虐待したかどうかを知っているでしょう。……被告人はしかし，証言台に立って，これらのことを否定し，あるいは説明するのがふさわしいとは考えなかったのです。……もしこの世で［それらのことを］知っている者がいるとしたら，それはこの被告人なのです。……Ｖは死んでしまっています。彼女は，自分の側から見た出来事を語ることはできません。被告人は［そうすることができるのに］そうしようとはしないのです」と論じた。この

ような公判の結果，陪審は X を有罪とし，X には死刑が言い渡された。

　以上のような事案につき，合衆国最高裁判所は，次のように述べて，前記裁判官による説示及び検察官の論告は合衆国憲法修正 14 条（「いかなる州も適正な手続によらなければ，何人からも生命，自由又は財産を奪ってはならない」と規定する。）を介して州にも適用される合衆国憲法修正 5 条（自己負罪拒否特権の保障）に反するものであることを認め，X に対する有罪判決を破棄した。

　「［本件のようなコメントを許すルールは］，実質的には，被告人が証言しないことを陪審に考慮させるようにする権限を検察側に与える証拠法則にほかならない。……［当裁判所の判例］は，『そのようなコメントを禁止した連邦法の規定は，証言台に立つことを望まず，むしろ，すべての人に認められている無実の推定に頼ろうとする人たちがいることにも正当に配慮して設けられたものである。公訴事実について全く無実の人でも，誰でもが証言台に立つという冒険をおかして大丈夫であるというわけではない。他人と対峙し，疑わしい行動や自分が起訴されている犯罪について説明しようとする場合に，過度に臆病で神経質になり，混乱したり当惑したりして，自分に対する疑いを取り除くどころか，かえって強くさせてしまうということもよくあるのである。それ故，どんなに正直な人でも，誰でもが喜んで証言台に立とうとするわけではない。その法規は，このような人間の弱さに対する思いやりから，刑事訴訟において被告人が証言台に立たなかったことは何らその者に不利な推定を生じさせるものではないことを宣明している。』と述べている［が，］その言葉は，そこにいう『法規』を『修正 5 条』という語に置き換えれば，まさに自己負罪拒否特権条項の精神を反映したものといえる。……被告人が証言しないことについて裁判所が言及するのは，憲法上の特権の行使に対して裁判所がペナルティを課すものである。それは，特権を行使すると高くつくことにすることにより，特権の意義を殺ぐものである。確かに，特別に被告人が知っている事実について被告人が証言しない場合に［陪審が］有罪だと推認するのは，いずれにしろ，自然で抗い難いことだという指摘もある。しかし，裁判所の助言によらずに，陪審が［独自に］どういう推認をするかもしれないということと，裁判所が被告人の沈黙をその者に不利な証拠として正式に認めた場合に陪審がどういう推認をするかもしれないということとは別である。有罪の推認は，常にそれほど自然で抗い難いものであるわけではないことは，［過去の当裁判所の判例中にも，証言台に立つと，信用性についての弾劾のために前科があることを明らかにされ，そのことが陪審の心証形成に好ましくない影響を与えることを恐れて証言台に立つのを避けたという実例があったことによっても示されている。］」

〔**参考例 2**〕　Criminal Justice and Public Order Act of 1994（イギリス）（概要）
　①被疑者が，犯罪の捜査にあたる警察官等から，警告の下に，当の犯罪につき質問を受けた際に，後の手続で同人が防御上主張することになる事実を，当時の事情

からみてそのときに述べておくことが合理的に期待できる場合であったにもかかわらず、述べなかったときは、後の同人に対する当該犯罪に係る公判手続等において、裁判所ないし陪審等は、そのことから適当と認められる推認を導くことができる。(34条1項, 2項)

②逮捕時に被疑者が所持していた物件、その身体・着衣の状態やその上に残されていた痕跡、または逮捕の場所に所在した物件・痕跡につき、それがそこに存在する理由は被疑者が特定の犯罪の実行に関与したことに求め得ると合理的に信じた警察官が、被疑者にその旨を告げ、説明を求めるとともに、説明不能又は説明拒絶の場合には不利益推認が導かれ得ることについて教示したのに、被疑者が説明できず、またはそうすることを拒んだときも、後の同人に対する当該犯罪に係る公判手続等において、裁判所ないし陪審等は、そのことから適当と認められる推認を導くことができる。(36条1項〜3項)

③逮捕の理由となった犯罪が行われたと思われるころに被疑者がある場所にいたという事実についても、②と同様の取扱いとする。(37条1項, 2項)

④公判において、防御のために証言し得る段階に至ったこと、被告人が証言しようと思えば証言することができること、および、証言せず又は正当な理由なく返答を拒絶した場合には不利益推認の効果が導かれ得ることを被告人が認識していると認められるにも拘わらず、被告人が証言せず、又は証言拒絶特権の行使などの正当な理由なく返答を拒絶したときは、裁判所ないし陪審は、そのことから適当と認められる推認を導くことができる。(35条2項, 3項, 5項)

⑤ただし、以上のいずれについても、当該推認のみによっては、被告人を有罪とすることはできない。(38条3項)

◻ **参考裁判例15-4** 最大判平成7年2月22日刑集49巻2号1頁
(ロッキード事件丸紅ルート上告審判決)

1976年2月のアメリカ連邦議会上院外交委員会多国籍企業小委員会の公聴会をきっかけに表面化したロッキード社の航空機売込みに関する疑惑(いわゆるロッキード事件)の捜査にあたっていた東京地検検察官は、同年5月、東京地裁裁判官に対し、総合商社丸紅の社長Xほか2名に対する贈賄の被疑事実及び氏名不詳者数名に対する収賄の被疑事実等につき、刑訴法226条に基づき、当時アメリカ合衆国に在住していたA、Bら3名のロッキード社関係者に対する証人尋問を、国際司法共助として同国の管轄司法機関に嘱託してされたい旨請求した。この請求に際し、検事総長は、「右各証人らの証言内容及びこれに基づき将来入手する資料中に、仮に、日本国の法規に抵触するものがあるとしても、証言した事項については、右証人3名を[刑訴法]248条によって起訴を猶予するよう指示している」との宣明書を、また、東京地検検事正も、「証言した事項については、右証人3名[の]起訴を猶予する」との宣明書を、それぞれ発していたの

で，前記請求を受けた東京地裁裁判官は，外交ルートを通じ，合衆国の管轄司法機関であるカリフォルニア州中央地区連邦地裁に対し，前記宣明の趣意をＡらに告げて証人尋問されたいとの検察官の要請を付記して，Ａらに対する証人尋問を嘱託した。

これを受けた同連邦地裁では，本件証人尋問を主宰する執行官を任命し，同年6月，まずＡに対する証人尋問が開始されたが，Ａが日本国において刑事訴追を受けるおそれがあることを理由に証言を拒否し，Ｂらも同様の意向を表明して，前記検事総長および東京地検検事正の各宣明によって日本国の法規上適法に刑事免責が付与されたといえるかが争われることになったため，同年7月，同連邦地裁所長代行判事は，Ａらの証言録取を直ちに開始することを命じるとともに，「本件証人がその証言において明らかにしたあらゆる情報を理由として，また，本件嘱託書に基づき証言したことの結果として入手されるあらゆる情報を理由として，日本国領土内において起訴されることがない旨を明確にした日本国最高裁判所の宣告又はルールを日本国政府が当裁判所に提出するまで，本件嘱託書に基づく証言を伝達してはならない」との裁定をした。

そこで，検事総長は，改めて，「[右] 3名の証人に対しその証言及びその証言の結果として入手されるあらゆる情報を理由として日本国領土内で公訴を提起しないことを確約する」との宣明をし，これに対応して，最高裁も，「検事総長の右確約が将来にわたりわが国のいかなる検察官によっても遵守され」る旨を宣明した。そして，その伝達を受けた前記連邦地裁が，これで前記所長代行判事の裁定の要件が満たされたと判断したことにより，Ａらに対する証人尋問が進められ，同年9月末までに，既に作成されていたものを含め十数巻の証人尋問調書が作成され，これらが順次わが国に送付された。

以上のような嘱託証人尋問を含む捜査の結果，元首相Ｙとその秘書及び前記Ｘほか2名が，受託収賄ないし贈賄，外為法違反等の罪で起訴された。

第1審公判では，弁護人らが，①「本件起訴猶予の表明」にはＡらの自己負罪拒否特権を消滅させる効力はなかったのであるから，同人らに証言を強制したのは憲法38条1項違反であり，②刑事免責の付与により証言を得ようとするような措置は，「取引に類する英米法上の便法をいっさい拒否し，100パーセントの正義実現を希求するわが刑事司法の伝統的根本理念」に反するという意味で，憲法31条にも違反するなどと主張して，前記証人尋問調書の証拠能力を争った。

しかし，東京地裁は，本件の措置は適法なものとして許容し得るとして，前記証人尋問調書を証拠として採用し，控訴審もこれを支持する判断を示したため，Ｘらが上告した。

最高裁大法廷は，前記のような事実経過について，「[検事総長および東京地検検事正の各宣明による確約] によって，いわゆる刑事免責が付与されたものとして，Ａらの証言が得られ，本件嘱託証人尋問調書が作成，送付されるに至ったもの」と解した上で，次のように述べて，右証人尋問調書の証拠能力を否定した（ただし，その証人尋問調書を除いても，第1審判決の挙示するその余の関係証拠によって本件関係事実を優に認定する

ことができるので、その点は判決に影響を及ぼさないとして、結局、Xの上告を棄却した)。

「(一) 刑事免責の制度は、自己負罪拒否特権に基づく証言拒否権の行使により犯罪事実の立証に必要な供述を獲得することができないという事態に対処するため、共犯等の関係にある者のうちの一部の者に対して刑事免責を付与することによって自己負罪拒否特権を失わせて供述を強制し、その供述を他の者の有罪を立証する証拠としようとする制度であって、本件証人尋問が嘱託されたアメリカ合衆国においては、一定の許容範囲、手続要件の下に採用され、制定法上確立した制度として機能しているものである。

(二) 我が国の憲法が、その刑事手続等に関する諸規定に照らし、このような制度の導入を否定しているものとまでは解されないが、刑訴法は、この制度に関する規定を置いていない。この制度は、前記のような合目的的な制度として機能する反面、犯罪に関係のある者の利害に直接関係し、刑事手続上重要な事項に影響を及ぼす制度であるところからすれば、これを採用するかどうかは、これを必要とする事情の有無、公正な刑事手続の観点からの当否、国民の法感情からみて公正感に合致するかどうかなどの事情を慎重に考慮して決定されるべきものであり、これを採用するのであれば、その対象範囲、手続要件、効果等を明文をもって規定すべきものと解される。しかし、我が国の刑訴法は、この制度に関する規定を置いていないのであるから、結局、この制度を採用していないものというべきであり、刑事免責を付与して得られた供述を事実認定の証拠とすることは、許容されないものといわざるを得ない。

(三) このことは、本件のように国際司法共助の過程で右制度を利用して獲得された証拠についても、全く同様であって、これを別異に解すべき理由はない。けだし、国際司法共助によって獲得された証拠であっても、それが我が国の刑事裁判上事実認定の証拠とすることができるかどうかは、我が国の刑訴法等の関係法令にのっとって決せられるべきものであって、我が国の刑訴法が刑事免責制度を採用していない前示のような趣旨にかんがみると、国際司法共助によって獲得された証拠であるからといって、これを事実認定の証拠とすることは許容されないものといわざるを得ないからである。」

◻ **参考裁判例 15-5** 札幌地判昭和 49 年 4 月 19 日判時 757 号 97 頁

X(被告人)は、昭和41年4月ころ、北海道旭川駅前で、Y及びZと組になり、バス待ちをしていたAから約13万円在中の財布をすりとった。この事件については、まず、Zが苫小牧警察署に逮捕されて犯行を自供し、次いで、昭和42年3月ころ、Xが網走警察署に逮捕されて、一旦は犯行を自供したが、まもなくこれをひるがえして否認を続けたため、Xは結局、処分保留のまま釈放された。その後、Xは、昭和44年4月ころ、別のすり事件で福島警察署に逮捕され、起訴された上、昭和44年8月26日、福島簡裁で懲役2年6月の実刑判決を受けたが、その判決言渡し前の同年8月9日、福島警察署の警察官に対して、再び前記旭川駅前のすり事件について自供した。福島簡裁判決確定後の同年11月17日に福島地検で検察官の取調べをうけた際にも、同様にこれを認める

供述をした。そのいきさつについて，Xは，後述のYに対する窃盗被告事件の証人として証言した際，「Zは刑に服しているし，Yは肺病で亡くなったと聞いていたので自分が事件をしょっていくつもりで自供した」と述べている。ところが，昭和44年12月になってYに対する窃盗被告事件の証人となるため福島刑務所から札幌刑務所に移監された際，Yが生きていたことを知ったため，再び供述を変えるに至り，検察官のいわゆる事前テストに対して犯行を否認し，さらに同月22日に開かれた同被告事件の公判期日において，検察官の「あなたがYやZと一緒に昭和41年の4月ころ旭川駅前のバスに乗ろうとしたお客からお金をすり取ったことがありますか」という尋問に対して，「それについては全然ぼくいいたくありません」と述べて，証言を拒絶した。これに対し，裁判官が，「言いたくないという証人の気持わかりますけどね，証人としては言いたくないことでも聞かれたら言わなければなりません。そういう義務があります」といって，証言を促した。そこで，Xは，検察官の尋問に対して，Yとは面識がある程度で一緒にすりをやったことはない旨述べ，また，裁判官から「いいたくない」といったときの気持を確かめられたのに対しては，「死んだと思った人が目の前にいるのでまことにすまないと思い，いいたくなかった。自分でしょって解決しようと思ってたところへ目の前にいたことに対しては本当にびっくりした。全然関係がないのにやったとでたらめいったことはYに対して本当に申訳ない。Yという名前を出してでたらめいったこと，迷惑かけたことに対してすまないと思う」旨述べた。Yの尋問に対しても，同人のグループの内容は知らないし，仲間に入ったとか入れてもらったということは全然ない旨述べた。

このような事実に基づき，Xは，偽証の罪で起訴されたが，札幌地裁（第5部）は，証言拒絶権のある証人が自己負罪事項に関する尋問に対し返答を拒否したのに，裁判官から返答を命ぜられた結果虚偽の陳述をした場合には，偽証罪を構成しないとして，Xに無罪の判決を言い渡した。そこでXは，裁判官の違法な証言強制及び検察官の違法な公訴提起によって精神的な損害を受けたとして，損害賠償請求の訴えを起こした。

これを受けた札幌地裁（第1部）は，しかし，たとえ証人が客観的には自己の犯罪事実につき刑事訴追を受けあるいは有罪判決を受けるおそれがある場合であっても，実際にはこのようなおそれを考慮することなく，専ら訴訟当事者その他の第三者の刑事上の不利益を防止するという目的ないし意図をもって証言を拒絶したときは，適法な証言拒絶権の行使とはいえないと解するのを相当とするところ，本件でXが証言を拒絶したのは，専らYに対する気兼ねないし同人の刑事上の不利益となる証言をしたくないという気持からであって，自己の刑事上の訴追をおそれたものとは認められないから，裁判官が証言を求めたことは違法ではない，とした。さらに，偽証罪によるXの起訴についても，「証言拒絶権は，証人が真実を述べることによって刑事訴追をうけあるいは有罪判決をうけるおそれがある場合はその証言を拒絶することができるというにとどまり，虚偽の供述をすることを許す趣旨でないことはいうまでもないから，たとえ自己の

犯罪事実についてであっても，宣誓した証人が証言を拒絶することなく虚偽の証言をしたときは，偽証罪の成立をまぬかれることはできない。したがって，本件の場合，検察官が証人として宣誓のうえ自己の記憶に反する虚偽の供述をしたものとして原告を偽証罪で起訴したこともまた違法とはいえない」と述べて，Xの請求を棄却した。

参考裁判例 15 − 6　最大判昭和 47 年 11 月 22 日刑集 26 巻 9 号 554 頁
（川崎民商事件上告審判決）

「［憲法 38 条 1 項の権利保障は，所得税法上の質問検査手続など］純然たる刑事手続……以外の手続においても，対象となる者が自己の刑事上の責任を問われるおそれのある事項について供述を求めることになるもので，実質上，刑事責任追及のための資料の取得収集に直接結びつく作用を一般的に有する手続にはひとしく及ぶものと解［される］」と判示した。

参考裁判例 15 − 7　最一判平成 9 年 1 月 30 日刑集 51 巻 1 号 335 頁

道路交通法 67 条 2 項［現 3 項］の規定による警察官の呼気検査を拒んだ者を処罰する同法 120 条 1 項 11 号［現 118 条の 2］の規定の合憲性を争う被告人側の上告に対し，最高裁は，「憲法 38 条 1 項は，刑事上責任を問われるおそれのある事項について供述を強要されないことを保障したものと解すべきところ，右検査は，酒気を帯びて車両等を運転することの防止を目的として運転者らから呼気を採取してアルコール保有の程度を調査するものであって，その供述を得ようとするものではないから，……右道路交通法の規定は，憲法 38 条 1 項に違反するものではない」として，上告を棄却した。

参考裁判例 15 − 8　最大判昭和 37 年 5 月 2 日刑集 16 巻 5 号 495 頁

現在の道路交通法の前身である道路交通取締法（昭和 22 年法律 130 号）の 24 条 1 項は，交通事故により人の殺傷又は物の損壊があったときは，「車馬又は軌道車の操縦者又は乗務員その他の従業者は，命令の定めるところにより，被害者の救護その他の必要な措置を講じなければならない」とし（違反者は，同法 28 条 1 号により，3 月以下の懲役，5000 円以下の罰金又は科料に処される），これを受けて同法施行令 67 条は，被害者の救護又は道路における危険防止等の措置を講じるとともに，「［その］措置を終えた場合において，警察官が現場にいないときは，直ちに事故の内容及び……講じた措置を当該事故の発生地を管轄する警察署の警察官に報告し……なければならない」（同条 2 項）ものとしていた。この報告義務の違反により被告人を有罪とした第 1 審判決及びこれを肯認した控訴審判決に対し，弁護人は，前記道路交通取締法施行令 67 条 2 項にいう「事故の内容」には刑事責任を問われるおそれのある事項も含まれるから，同項中報告義務を定める部分は自己に不利益な供述を強要するものであって，憲法 38 条 1 項に違反するなどと主張して上告したが，最高裁大法廷は，次のように述べて，上告を棄却した。

「道路交通取締法（以下法と略称する）は，道路における危険防止及びその他交通の安全を図ることを目的とするものであり，……［そ］の目的に鑑みるときは，［同法施行令（以下令と略称する）67］条は，警察署をして，速に，交通事故の発生を知り，被害者の救護，交通秩序の回復につき適切な措置を執らしめ，以って道路における危険とこれによる被害の増大とを防止し，交通の安全を図る等のため必要かつ合理的な規定として是認せられねばならない。しかも，同条 2 項掲記の『事故の内容』とは，その発生した日時，場所，死傷者の数及び負傷の程度並に物の損壊及びその程度等，交通事故の態様に関する事項を指すものと解すべきである。したがって，右操縦者，乗務員その他の従業者は，警察官が交通事故に対する前叙の処理をなすにつき必要な限度においてのみ，右報告義務を負担するのであって，それ以上，所論の如くに，刑事責任を問われる虞のある事故の原因その他の事項までも右報告義務ある事項中に含まれるものとは，解せられない。また，いわゆる黙秘権を規定した憲法 38 条 1 項の法意は，何人も自己が刑事上の責任を問われる虞ある事項について供述を強要されないことを保障したものと解すべきことは，既に当裁判所の判例（昭和…32 年 2 月 20 日，大法廷判決，集 11 巻 2 号 802 頁）とするところである。したがって，令 67 条 2 項により前叙の報告を命ずることは，憲法 38 条 1 項にいう自己に不利益な供述の強要に当らない。」

これに対し，奥野健一裁判官の補足意見（山田作之助裁判官も同調）は，「仮令自己の注意義務違反，過失の有無などの主観的責任原因等については報告義務なしとしても，前記の如く事故の態様を具体的，客観的に報告することを義務付けられることは，犯罪構成要件のうちの客観的事実を報告せしめられることになるから，少くとも事実上犯罪発覚の端緒を与えることになり，多数意見の如く全然憲法 38 条の不利益な供述を強要することにあたらないと断定することには躊躇せざるを得ない。……しかし，前述の如く自己の故意過失等主観的な責任原因などは，報告義務の外に置かれていること及び道路交通の安全の保持，事故発生の防止，被害増大の防止，被害者の救護措置等の公共の福祉の要請を考慮するとき，いわゆる黙秘権の行使が前記程度の制限を受けることも止むを得ないものとして是認さるべきものと考える」とする。

※現行の道路交通法 72 条 1 項，119 条 1 項 10 号についても，この大法廷判決の趣旨に照らして，憲法 38 条 1 項に違反しないことが，最三判昭和 45 年 7 月 28 日刑集 24 巻 7 号 569 頁を始めとする一連の判例により確認されている。

◻ 参考裁判例 15 - 9　札幌高判昭和 47 年 12 月 19 日判タ 289 号 295 頁

北大全学共闘会議に属する X（被告人）ら 5 名は，昭和 41 年 11 月 8 日，同共闘会議の学生らによって封鎖占拠されていた北海道大学本館の建物において，封鎖解除等のために出動してきた機動隊の警察官らがその 1 階内に突入したのを見届けるや，2 階から 3 階に通じる東西両階段に作っていたバリケードに 3 階から火炎びんを投げつけるなどにより放火して燃え上がらせ，同建物の一部を焼燬したなどとして，第 1 審の札幌地裁

で有罪の判決を受けた。弁護人は，本件火災はXらの放火によるものとの証拠はない旨の主張をしていたが，これに対し，札幌地裁は，(1)警察官らが本館１階内に突入した直後に前記階段付近から出火したこと，３階廊下付近には多数の火炎びんやガソリン等と表示した薬品びん等が置かれていたこと，前記階段付近に他に火気の原因が存在した形跡はないこと，３階廊下にはXら以外の者がいた形跡は全く認められないこと，及び現場の燃焼状況などに照らすと，本件火災はXらが火炎びんを投擲するか，ガソリンその他を撒布するなどの方法で放火したと見るべき可能性がもっとも高いこと，(2)前記警察官らが本館１階でバリケードの撤去作業に着手しはじめて間もなく，３階から相当数の火炎びんが落下する音が聞こえ，そのうちの数本が１階床に落下して火を発したこと，その際，上を見ると一面火の海のような状況が認められたことなどの同警察官らの証言に照らすと，本件出火の原因は３階にいた者による相当多数の火炎びんの投擲によるものと推認するのがもっとも合理的であること，(3)それに先行する事件の全経過に関する各証拠から，Xらは警察力導入による封鎖解除に頑強に抵抗する目的で本館に立てこもったものであることや，出火前後を通じた行動の一体性や共同性に照らすと，本件放火もXらの前記目的に出た共同意思に基づく犯行であったと推認されること，(4)5名の一人であるYの検察官に対する供述に照らすと，Xらは本館死守隊として，あくまで機動隊の進入を阻止すべく，機動隊が本館に入ったら階段のバリケードに火炎びんを投擲するなどして放火することを打ち合わせていたことが認められること，を指摘した上，「その他，被告人，弁護人らから，以上の諸点について何んの反証も提出されておらず，これらの各事実その他本件各証拠に現われた一切の情況に照らすと，[Xら]5名全員の共同意思に基づいて３階両階段のバリケードに対し火炎びんを投擲するなどの方法によって放火したと推認するに十分であ［る］」と述べて，弁護人の主張を斥けた。

これに対して，弁護人らは，事実誤認等に加え，第１審が被告人側から反証の提出がなかったことをもって犯罪事実を認定したのは憲法38条，刑訴法311条等に反することを理由に，控訴を申し立てた。控訴審の札幌高裁は，この控訴を棄却したが，憲法38条，刑訴法311条違反の主張については，次のような判断を示した。

「［第１審判決の説示中，被告人，弁護人らから反証の提出がなかったことに言及した］部分は，単に『以上の諸点についてはなんの反証もない』旨を述べているにすぎず，反証を提出しないという被告人らの消極的行為ないし態度そのものを積極的に総合的認定の資料とした趣旨とは認め難いから，右の説示部分をとらえて，所論の如く挙証責任分配の原則に反するとか，黙秘権を認めた憲法38条，刑訴311条に違反するとなすのは当らない。もっとも，本件の場合において原裁判所が，心証形成に際し，反証を提出しないという被告人，弁護人らの消極的行為ないし態度になんら影響されていないとは断定できないが，本件のように，本館に立てこもった被告人５名が共謀してこれに放火したものではないかと事実上推定させる証拠が，検察官から数多く提出されており，しかも，建物内における被告人らの行動は弁護人の被告人に対する質問の方法によってこれを明

らかにすることが容易である場合において，被告人らがあえてこれを明らかにしようとしないときには，右の事実上の推定がそのまま維持され，あるいは一層強められることになったとしても，それは，心証の働きとしてむしろ自然なことといえる。そして，このことは，いわゆる自由心証の分野に属する問題であって，所論の如く挙証責任分配の原則に反するものでないことはもちろん，被告人らの供述を強要するものではないから憲法38条，刑事訴訟法311条に触れるものでもない。」

☐ 参考裁判例15-10　京都地決昭和47年8月17日判時688号105頁

　X（被疑者）は，昭和47年8月8日午前3時40分ころ，京都市中京区の路上において，駐車中の普通貨物自動車からガソリンを抜き取って盗んだとして，現行犯逮捕され，引き続き勾留されたが，勾留の裁判に対し，その理由・必要がないとして準抗告を申し立てた。これを受けた京都地裁は，検察官提出の証拠によれば，⑴被疑者は前記路上にいおいて，ボンネットを開けて駐車中の普通乗用自動車とその隣に駐車中の普通貨物自動車との間にしゃがみ，その乗用自動車のエンジンの調子を検する風を装っていたこと，⑵前記貨物自動車は被疑者とは無関係の者の保管・所有するものであり，そのガソリンタンクからポリ容器に手動式ポンプを使ってガソリン（約17リットル）を抜き取られている状態にあったこと，⑶前記乗用自動車はA名義になっていて，被疑者はそのAから同車を借りていると述べたこと，⑷被疑者は，その乗用自動車のガソリン保有量は充分あると云いながら，実際はガソリンタンクの指針が殆ど零に近い数字を示していたこと，⑸当時現場付近には被疑者のほか1，2名の者がうろついていたが，何時の間にかその場から立ち去ったこと等の諸情況が認められ，これらを総合すると，被疑者が本件について罪を犯したことを疑うに足りる相当な理由があると認められる，とした上で，次のように述べて，準抗告を棄却した。

　「前掲各証拠によれば，被疑者は，警ら中の警察官に現行犯逮捕され，その際，本件犯行の用に供されたポリ容器，手動式ポンプ等も押収されたことが認められ，本件犯行の外形的事実については，概ね明らかにされている。しかしながら，前記普通乗用自動車は……被疑者の所有ではないこと，本件犯行当時現場付近に居てその共犯と推測される者の住所，氏名やその所在等が未だ明らかでないこと，被疑者は，逮捕時に警察官に対し本件犯行を否認し，その後，捜査官ならびに勾留質問の際の裁判官に対し，本件犯行など一切について黙秘の態度を続けていること等の事実が認められ，これらの諸事情を前記……の諸情況に照らし合わせて勘案すると，被疑者が，右共犯者および前記普通乗用自動車の所有者らと通謀のうえ，本件犯行について罪証を隠滅すると疑うに足りる相当な理由があるものと認められる。

　なお，被疑者は，刑事訴訟法上いわゆる黙秘権，供述拒否権が認められている。これは憲法第38条に由来し，被疑者は，自己の利益不利益を問わず，終始沈黙または個々の質問に対し供述を拒否することができるものとされているのである。

しかしながら，被疑者が自己の犯罪事実等について，終始黙秘または供述を拒否する態度を示したときは，その供述態度等が，他の証拠と相俟って，ときに罪証隠滅の存否を決するうえでの判断資料となりうる場合のあることは免れ難いところである。そして，これをその資料に供したからといって，……法が被疑者にいわゆる黙秘権等を認めた趣旨にもとるものとは解せられない。」

16 公判の準備と証拠開示

(1) 公判の準備

Q Basic

1 公判前整理手続の導入以前から，刑訴規則 178 条の 2 以下には，第 1 回公判期日前の「事前準備」に関する規定が置かれていた（その運用については，池田修「事前準備」平野龍一＝松尾浩也編『新実例刑事訴訟法Ⅱ』〔1998 年〕103 頁参照）。しかし，これに対しては，「第 1 回公判期日前の争点整理に関する現行法令の規定は，当事者の打合せを促す程度のものにとどまり，実効性に乏しい」（司法制度改革審議会意見書）との指摘もあった。この「事前準備」が「実効性に乏しい」と評されたのはどのような理由によると考えられるか。公判前整理手続は，それとどのような点において異なるか。

2 公判前整理手続においては，争点整理（316 条の 5 第 3 号），証拠調べ請求と証拠調べに関する決定（同 4 号・7 号・9 号）のほか，証拠開示に関する裁定（同 10 号）も行われる。そして公判前整理手続を主宰する受訴裁判所は，証拠決定や証拠開示に関する裁定の判断を行う際して，証拠の提示を命ずることができる（刑訴規則 192 条，法 316 条の 27 第 1 項）。この結果，第 1 回公判期日前に，受訴裁判所の裁判官が，担当する事件に関連する証拠に直接触れることになるが，このような制度は，予断防止の原則に抵触しないか。予断防止の観点から，受訴裁判所以外の裁判官が証拠決定や証拠開示に関する裁定を行う制度にした場合，どのような問題点が考えられるか。予断防止原則に抵触せず，「公平な裁判所」の保障に反しないとすれば，それはどのような理由によると考えられるか。

3 316 条の 13 から 316 条の 15 に基づく検察官側の主張明示と証拠開示がなされると，被告人又は弁護人は，公判期日においてすることを予定している事実上及び法律上の主張がある場合には，それを明らかにし，その証明のために用いる証拠の取調べを請求しなければならない（316 条の 17）。このように，被告人にあらかじめ一定の主張をすることを義務付けることは，被告人の自己負罪拒否特権ないし黙秘権を侵害しないか（参考裁判例 16 – 1 参照）。

4 被告人が，公判前整理手続や期日間整理手続においてしなかった主張や証拠調べ請求を，後の公判で行うことはできるか（参考裁判例 16 – 2 参照）。被告人側が，公判前整理手続等で主張しなかった事実を公判で初めて主張した場合に，検察官が，その事実は公判前には主張されておらず，被告人が検察官の立証により追い詰められた末に苦し紛れに持ち出したもので，虚偽の弁解と考えられる旨の指摘をするこ

459

とは許されるか。裁判所が，同様の観点から，その主張につき被告人に不利益な推認をすることは許されるか。

5 公判前整理手続に付された事件の場合，同手続による争点整理，審理計画の策定を経た後の公判において，訴因の変更をすることは許されるか。許されるとすれば，どのような場合か（参考裁判例16－3参照）。

(2) 証拠開示
〔設例〕

Xは，強盗事件の犯人として起訴され，Aがその弁護人に選任された。Xは，人違いであるとして，事件への関与を否認している。

本件では，犯行直後に現場から逃走した犯人をB，C，Dの3人が目撃しており，捜査の過程において，各人によるXの面通しが行われたが，その結果，Bは「犯人は，Xに間違いない」と，Cは「犯人は，Xにたいへんよく似ていたが，間違いなくXであったとは確言できない」と，Dは「犯人は，Xに似ていたが，少し違うところもあり，Xではなかったように思う」と述べ，警察官によりその旨の供述調書が作成された。

検察官は，B及びCの供述が信用でき，Dの供述は信用できないと判断しており，公判では，B及びCの証人尋問の請求を予定している（設例は，吉丸眞「刑事訴訟における証拠開示（上）」曹時54巻3号〔2002年〕4頁を参考にした）。

Q Basic

6 旧刑事訴訟法時代においては，検察官は，起訴と同時に，捜査の過程で集積された書類及び証拠物をまとめて裁判所に提出するのが慣行であった。このような旧法時代と現在とで，弁護人が公判における防御の準備をする上で，違いがあるか。

7 設例の事件が公判前整理手続に付されなかったとした場合，検察官は，証人尋問の請求にあたり，どのようなことを行わなければならないか。

8 参考裁判例16－4によると，証拠開示は，いかなる法的根拠に基づいて，いかなる基準のもとで，どの時点で認められるとされていたか。設例において，Aは，B及びCの警察官に対する供述調書の開示を受けることができるか。Dの警察官に対する供述調書についてはどうか。

9 設例の事件が公判前整理手続に付されたとした場合，検察官は証人尋問の請求にあたり，どのようなことを行わなければならないか。証人尋問請求されるB及びCの供述調書は，どの時点で，そのような手続を経て開示されることになるか。それは，参考裁判例16－4のいう訴訟指揮権に基づく証拠開示命令の方法による場合と，どのような点で異なっているか。

10 旧刑事訴訟法時代の運用（Q6参照）に鑑みれば検察官手持ち証拠はすべて

被告人側に一括開示すべきであるとの主張（いわゆる事前全面開示論）についてどのように考えるか。これに対して，現行法の公判前整理手続における証拠開示制度は，段階的かつ一定範囲の証拠についての開示制度を採用している。それはどのような理由によると考えられるか。旧法が職権審理主義を採用していたのに対して，現行法が当事者追行主義を採用していることは，証拠開示制度のあり方とどのように関係するか。

11 316条の15に基づく証拠開示の趣旨・目的は何か。

12 316条の15に掲げられた証拠のうち，証拠物（1号），検証調書・実況見分調書（2号，3号），鑑定書（4号）等は，参考裁判例16-④の枠組のもとでも，原則的に開示すべきだとの見解がある（酒巻匡『刑事証拠開示の研究』〔1988年〕316頁）。一般に，これらの類型の証拠には，開示を相当とするどのような事情が認められるか。

13 316条の15では，このような類型の証拠についても，一括開示ではなく，被告人側が，証拠を識別するに足りる事項と，その開示が被告人の防御の準備のために必要である理由を明らかにすることを要求している。それはなぜだと考えられるか。

14 設例におけるDの警察官に対する供述調書は，316条の15により開示されるか。

15 316条の15とは別に，316条の20による証拠開示が設けられているのは，いかなる趣旨・目的によるものか。

16 検察官が，316条の15ないし316条の20に基づく被告人側の開示請求を拒否した場合，被告人側はどのようにしてその開示を求めることができるか。それは，訴訟指揮権に基づく証拠開示命令の方法による場合とは，どのような点が異なるか。

Ⓠ Advanced

17 検察官が現に保管していない証拠は，裁判所の開示命令の対象になり得るか。検察官が捜査と公訴提起の基礎とした証拠物及び一件捜査記録以外の資料を証拠開示の対象とする理由はあるか。参考裁判例16-⑤，16-⑥は，「316条の26第1項の証拠開示命令の対象となる証拠は，必ずしも検察官が現に保管している証拠に限られず，当該事件の捜査の過程で作成され，又は入手した書面等であって，公務員が職務上現に保管し，かつ，検察官において入手が容易なものを含むと解するのが相当である」と述べているが，そのように解する理由はあるか。

18 警察官が被疑者や参考人の取調べを行った場合に作成した備忘録で，取調べの経過その他参考となるべき事項が記録され，警察において保管されている書面は，どのような場合に証拠開示命令の対象となると考えられるか（参考裁判例16-⑤，16-⑥，16-⑦参照）。検察官が取調べを行った際に作成した備忘録はどうか。

19 警察官が捜査の過程で作成し保管している備忘録が証拠開示命令の対象となるものか否かの判断は誰がどのような方法で行うのか（参考裁判例16-⑦参照）。

20 316条の27第2項に規定された，証拠の標目を記載した一覧表の提示命令の趣旨・目的はどのように考えられるか。この一覧表を被告人側に開示しないことは妥当か。被告人側が検察官の手元にある防御準備にとって重要な証拠の存在自体を知ることができるようにするため，証拠開示に加えて，検察官手持ち証拠の一覧表を作成し，被告人側に交付させるという制度を設けた場合（平成28年改正で新設された316条の14第2項～第5項参照），どのような問題点が考えられるか。316条の27第2項の定める一覧表提示命令の制度との関係はどのように考えられるか。

□ **参考裁判例16-①　最一決平成25年3月18日刑集67巻3号325頁**
「1　被告人らの弁護人……の上告趣意のうち，公判前整理手続に関して憲法38条1項違反をいう主張について

所論は，公判前整理手続において被告人に対し主張明示義務及び証拠調べ請求義務を定めている刑訴法316条の17が，憲法38条1項に違反する旨主張する。

公判前整理手続は，充実した公判審理を継続的，計画的かつ迅速に行うために，事件の争点及び証拠を整理する公判準備であるところ，公判前整理手続において十分に争点及び証拠を整理するためには，検察官の主張に対する反論として，被告人側の主張やその取調べ請求証拠が明らかにされなければならないことから，刑訴法316条の17は，被告人又は弁護人に対し，検察官の証明予定事実を記載した書面の送付を受け，かつ，同法316条の14，316条の15第1項の各規定による証拠開示を受けた場合に，公判期日においてすることを予定している主張があるときには，これを明らかにするとともに，その証明に用いる証拠の取調べを請求することを義務付けている。

このように，同法316条の17は，被告人又は弁護人において，公判期日においてする予定の主張がある場合に限り，公判期日に先立って，その主張を公判前整理手続で明らかにするとともに，証拠の取調べを請求するよう義務付けるものであって，被告人に対し自己が刑事上の責任を問われるおそれのある事項について認めるように義務付けるものではなく，また，公判期日において主張をするかどうかも被告人の判断に委ねられているのであって，主張をすること自体を強要するものでもない。

そうすると，同法316条の17は，自己に不利益な供述を強要するものとはいえないから，憲法38条1項違反をいう所論は前提を欠き，刑訴法405条の上告理由に当たらない。

2　同上告趣意のその余の主張について

同上告趣意のその余の主張のうち，公判前整理手続が裁判公開の原則に違反するとして憲法82条，37条1項違反をいう点については，公判前整理手続のような公判準備の

手続が憲法82条にいう「裁判の対審及び判決」に当たらないことは、当裁判所の判例（最高裁昭和23年……11月8日大法廷決定・刑集2巻12号1498頁）の趣旨に徴して明らかであり、憲法31条違反をいう点については、公判前整理手続は立証責任を被告人に負わせるものでないことは明らかであるから、いずれも前提を欠[く]」。

○ 参考裁判例16-2　最二決平成27年5月25日刑集69巻4号636頁

　X（被告人）は、「平成24年4月25日午後5時50分頃、和歌山市内の路上において、真実は被害者が運転する普通乗用自動車に故意に被告人の身体を接触させたのに、被害者の過失により同車に接触されて右腕を負傷したように装い、その頃、同市内の駐車場において、同人に対し、治療費名目で金員を要求し、よって、同日午後5時55分頃、同人から現金5000円の交付を受けた」旨の詐欺の公訴事実につき公訴を提起され、第1審裁判所は、事件を公判前整理手続に付した。

　公判前整理手続中、本件公訴事実につき、弁護人は、公判期日でする予定の主張として、犯人性を否認し、「被告人は、本件公訴事実記載の日時において、犯行場所にはおらず、大阪市西成区内の自宅ないしその付近に存在した」旨のアリバイの主張を明示したが、それ以上に具体的な主張は明示せず、第1審裁判所がその点につき釈明を求めることもなかった。以上を受け、第1審裁判所は、本件公訴事実に係る争点の整理結果を「争点は、被告人が本件詐欺行為を行った犯人であるか否かである」と確認した。

　公判手続中、本件公訴事実につき、冒頭手続及び弁護人の冒頭陳述において、X及び弁護人は、いずれも前記予定主張と同趣旨の陳述をするにとどまっていたところ、被告人質問において、Xが、「その日時には、自宅でテレビを見ていた。知人夫婦と会う約束があったことから、午後4時30分頃、西成の同知人方に行った」との供述をし、弁護人が更に詳しい供述を求め、Xもこれに応じた供述を行おうとした。これに対し、検察官が「公判前整理手続における主張以外のことであって、本件の立証事項とは関連性がない」旨を述べて異議を申し立て、第1審裁判所は、この異議を容れて、本件質問等を制限した。

　第1審裁判所は詐欺の事実を認め、判決でXに有罪を言い渡した。これに対して被告人側が控訴を申し立てたところ、控訴審裁判所は、「[刑訴法]295条1項は、訴訟関係人の陳述等や被告人に供述を求める行為につき、それらが相当でないときには、訴訟関係人の本質的な権利を害しない限り制限することができる旨規定しているから、[陳述等の制限が]同項に反するか否かを検討する余地があるが、公判前整理手続の終了後、当事者の主張が自由かつ無制限に変更され得ることになると、同手続が設けられた趣旨が没却されるから、その趣旨を没却するような主張変更をもたらす陳述等は、同法295条1項により制限され得ると解される」とした上で、「原審弁護人や被告人からそのような釈明等が全くなされないまま、審理の最終段階として行われた被告人質問の途中で、いきなりアリバイ主張に沿う具体的な供述がなされ、あるいはそのような供述を求める

質問がなされたのであって，このようなことが無制限に許されれば公判前整理手続を設けた趣旨が没却されることは明らかである。……制限の措置が同法295条1項に反するとまではいえない」と述べ，控訴を棄却した。

被告人側は，第1審裁判所の措置が憲法31条及び32条に違反するとして上告したところ，最高裁は以下のように述べて上告を棄却した。

「所論に鑑み，弁護人の被告人に対する供述を求める行為（質問）及びこれに応じた被告人の供述の一部を制限した第1審裁判所の措置の適法性について，職権により判断する。……

2 公判前整理手続は，充実した公判の審理を継続的，計画的かつ迅速に行うため，事件の争点及び証拠を整理する手続であり，訴訟関係人は，その実施に関して協力する義務を負う上，被告人又は弁護人は，刑訴法316条の17第1項所定の主張明示義務を負うのであるから，公判期日においてすることを予定している主張があるにもかかわらず，これを明示しないということは許されない。こうしてみると，公判前整理手続終了後の新たな主張を制限する規定はなく，公判期日で新たな主張に沿った被告人の供述を当然に制限できるとは解し得ないものの，公判前整理手続における被告人又は弁護人の予定主張の明示状況（裁判所の求釈明に対する釈明の状況を含む。），新たな主張がされるに至った経緯，新たな主張の内容等の諸般の事情を総合的に考慮し，前記主張明示義務に違反したものと認められ，かつ，公判前整理手続で明示されなかった主張に関して被告人の供述を求める行為（質問）やこれに応じた被告人の供述を許すことが，公判前整理手続を行った意味を失わせるものと認められる場合（例えば，公判前整理手続において，裁判所の求釈明にもかかわらず，「アリバイの主張をする予定である。具体的内容は被告人質問において明らかにする。」という限度でしか主張を明示しなかったような場合）には，新たな主張に係る事項の重要性等も踏まえた上で，公判期日でその具体的内容に関する質問や被告人の供述が，刑訴法295条1項により制限されることがあり得るというべきである。

3 本件質問等は，被告人が公判前整理手続において明示していた『本件公訴事実記載の日時において，大阪市西成区内の自宅ないしその付近にいた。』旨のアリバイの主張に関し，具体的な供述を求め，これに対する被告人の供述がされようとしたものにすぎないところ，本件質問等が刑訴法295条1項所定の『事件に関係のない事項にわたる』ものでないことは明らかである。また，［本件における］公判前整理手続の経過及び結果，並びに，被告人が公判期日で供述しようとした内容に照らすと，前記主張明示義務に違反したものとも，本件質問等を許すことが公判前整理手続を行った意味を失わせるものとも認められず，本件質問等を同条項により制限することはできない。そうすると，検察官の異議申立てを容れて本件質問等を制限した第1審裁判所の措置は是認できず，原判決が同措置は同条項に反するとまではいえない旨判示した点は，同条項の解釈適用を誤ったものといわざるを得ない。

もっとも，原判決は，本件質問等を制限した措置が違法であったとしても，被告人が，最終陳述において，前記アリバイの主張の具体的な内容を陳述しており，この陳述は制限されなかったことなどを指摘し，前記法令解釈の誤りは判決に影響を及ぼすものではない旨判示しており，その結論は相当であるから，原判決に，判決に影響を及ぼすべき違法があるとはいえない。」［なお，「法廷意見が例示するような，公判前整理手続の核心を害し，弁解権の濫用と認められる事例については，刑訴法295条1項の『その他相当でない』ものとして制限されることがあり得る」とする，小貫芳信裁判官の補足意見がある。］

◯ 参考裁判例16 − 3　東京高判平成20年11月18日高刑集61巻4号6頁

起訴状記載の本件公訴事実は，「被告人は，平成18年12月13日午前1時27分ころ，業務として普通乗用自動車を運転し，……道路を……進行中，進路前方を同方向に進行中の普通乗用自動車を右側から追い越した後，左方に進路変更するに当たり，前方左右を注視し，進路の安全を確認しながら左方に進路変更すべき業務上の注意義務があるのにこれを怠り，前方左右を注視せず，進路の安全確認不十分のまま漫然時速約60キロメートルで左方に進路変更した過失により，折から同車の前方を同方向に進行中のV……運転の原動機付自転車右側部に自車左側部を衝突させて同原動機付自転車もろとも同人を路上に転倒させ，よって，同人に硬膜下血腫等の傷害を負わせ，……同人を上記傷害により死亡させた」というものであった。本件は，公判前整理手続に付され，その結果，争点は，「被告人が，本件交通事故を引き起こして逃走した犯人であるかどうか」であると確認されるとともに，公判の審理については，第1回ないし第3回公判期日に検察官請求証人7名の取調べ等の検察官立証が，第4回公判期日に弁護人請求証人2名の取調べ等の弁護側立証が，第5回公判期日に被告人質問が，第6回公判期日に論告弁論が，それぞれ行われる予定となった。

第1回公判期日において，被告人及び弁護人は，被告事件に対する陳述として，本件交通事故を起こしたのは被告人ではない旨述べたが，本件交通事故を起こした運転者の過失の有無に関しては何らの主張もしなかった。そして，第1回から第3回公判期日までの間に，予定された検察官請求証人7名の取調べ等がされ，第4回公判期日において，予定されていた弁護人請求証人のうち1名の取調べがされた（他の1名については出頭せず採用が取り消された）が，原審は，同期日において，当事者に対し「これまでの証拠調べの結果を踏まえた上で，本件交通事故の犯人に過失が認められるかどうかという点についても意識して立証活動をしてほしい」旨を促した（取調べ済みの目撃証人の供述等によって認められる本件交通事故の態様が，起訴状記載の公訴事実が前提としているものとは異なり，酒に酔った被害者が蛇行運転をして被告人車両にぶつかるというものであったという心証に基づくものと推測される）。

検察官は，第5回公判期日前，公訴事実の過失内容について，「進路前方を……進行中のA運転の普通乗用自動車を右側から追い越す際，当時夜間であり，交通量はさほ

ど頻繁ではなかったのに，同車が同所に至るまでの約400メートルの間，時速約30キロメートルの比較的低速度で進行していた上，自車を加速させて前記A運転車両の後方直近に接近させ，いわゆるあおり走行をしたにもかかわらず，同車が速度を上げないで前記速度のまま走行しており，同車の前方には同車が速度を上げることを困難ならしめるような車両等が走行していることもあり得たのであるから，前記A運転車両を右側から追い越して左方に進路変更するに当たり，前方左右を注視し，進路の安全を確認するはもとより，折から同車前方を同方向に進行していたV……運転の原動機付自転車の動静を十分注視し，同原動機付自転車との間に安全な側方間隔を保持して同原動機付自転車との安全を確認した上で左方に進路変更すべき業務上の注意義務があるのにこれを怠り，前方左右及び同原動機付自転車の動静を注視せず，進路の安全を確認することもなく，同原動機付自転車との間に安全な側方間隔を保持しないまま漫然時速約60キロメートルで左方に進路変更した過失により，同原動機付自転車右側部に自車左側部を衝突させ」た，というものに変更する旨の訴因変更請求をした。これに対し，弁護人からは，異議があるとの意見が述べられたが，原審は，第6回公判期日において，訴因変更の許可決定を行った。

　その後，第7回及び第8回公判期日において，訴因変更に伴う追加的証拠調べが行われた（第8回公判期日には，当初は論告弁論が予定されていたが，第7回公判期日に取調べを予定していた証人のうち，同期日に出頭しなかった1名について，証人尋問が繰り越された）。具体的には，検察官立証として，公判前整理手続においていったん撤回された実況見分調書2通（いずれも検察官請求証人として取調べ済みの目撃者を立会人として実施された事故現場を見分したもの）の取調べ及びその真正立証のための作成者の証人尋問が，また，弁護側立証として，本件交通事故ないしその前後の状況の目撃者2名（うち1名は，第3回公判期日において検察官請求証人として取調べがされた者）の証人尋問が，それぞれ実施された。第9回公判期日においては，論告，弁論が行われたが，その際，弁護人は，本件交通事故を起こしたのは被告人ではないとの従前の主張に加え，本件交通事故を起こした自動車の運転者には，訴因変更後の公訴事実記載の各注意義務違反がない旨も具体的に主張した。

　変更後の訴因どおりの過失を認め，被告人を有罪とした原判決に対し，被告人側控訴。上記の訴因変更を違法とする控訴趣意に対し，東京高裁は，次のように判示して，その適法性を肯定した（ただし，変更後の訴因の過失を認めることはできないとして，原判決を破棄し，業務上過失致死罪について被告人を無罪とした）。

　「公判前整理手続は，当事者双方が公判においてする予定の主張を明らかにし，その証明に用いる証拠の取調べを請求し，証拠を開示し，必要に応じて主張を追加，変更するなどして，事件の争点を明らかにし，証拠を整理することによって，充実した公判の審理を継続的，計画的かつ迅速に行うことができるようにするための制度である。このような公判前整理手続の制度趣旨に照らすと，公判前整理手続を経た後の公判において

は，充実した争点整理や審理計画の策定がされた趣旨を没却するような訴因変更請求は許されないものと解される。

これを本件についてみると，公判前整理手続において確認された争点は，『被告人が，本件交通事故を引き起こして逃走した犯人であるかどうか』という点であり，本件交通事故を起こした犯人ないし被告人に業務上の注意義務違反があったかどうかという点については，弁護人において何ら具体的な主張をしていなかった。……公判前整理手続における応訴態度からみる限り，本件交通事故が発生していることが認定されるのであれば，犯行車両の運転者に公訴事実記載の過失が認められるであろうということを暗黙のうちに前提にしていたと解さざるを得ない。検察官が訴因変更請求後に新たに請求した実況見分調書2通は，公判前整理手続において，当初請求したものの，追って撤回した証拠であって，業務上の注意義務違反の有無が争点とならなかったために，そのような整理がされたものと考えられる。

ところが，公判において，本件交通事故の目撃者等の証拠調べをしてみると，本件交通事故の態様が，訴因変更前の公訴事実が前提としていたものとは異なることが明らかとなったため，検察官は，原審の指摘を受け，前記のとおり，訴因変更請求をした。

そして，その段階でその訴因変更請求を許可したとしても，証拠関係は，大半が既にされた証拠調べの結果に基づくものであって，訴因変更に伴って追加的に必要とされる証拠調べは，検察官立証については前記のとおり極めて限られており，被告人の防御権を考慮して認められた弁護側立証を含めても，1期日で終了し得る程度であった。

……以上によれば，本件は，公判前整理手続では争点とされていなかった事項に関し，公判で証人尋問等を行った結果明らかとなった事実関係に基づいて，訴因を変更する必要が生じたものであり，仮に検察官の訴因変更請求を許可したとしても，必要となる追加的証拠調べはかなり限定されていて，審理計画を大幅に変更しなければならなくなるようなものではなかったということができる。

そうすると，本件の訴因変更請求は，公判前整理手続における充実した争点整理や審理計画の策定という趣旨を没却するようなものとはいえないし，権利濫用にも当たらないというべきである。検察官の本件の訴因変更請求を許可した原審には，判決に影響を及ぼすことが明らかな訴訟手続の法令違反は認められない。」

◯ 参考裁判例16-4　最二決昭和44年4月25日刑集23巻4号248頁

　X（被告人）は，「被告人は甲商工会の役員であるが，昭和39年11月17日午後2時50分頃，大阪市旭区……毛糸編立業A方玄関土間において同人の昭和39年所得税の概況調査に従事していた旭税務署所得税課勤務大蔵事務官B（当40年）に対し，2回にわたり，両手で同人の胸部を突き玄関踏み台に尻もちをつかせる暴行を加え，もって同人の職務の執行を妨害したものである」との公務執行妨害の事実で起訴され，事件は大阪地裁に係属した。

本件の捜査の過程では，犯行現場において犯行の有無を目撃しえたと考えられるC，D，E，F，Gに対し，検察官の請求により刑訴法226条による証人尋問が行われていたが，Xの弁護人は，昭和40年10月9日の第1回公判において，これら5名の証人尋問調書（本件証人尋問調書という）を含む検察官所持の全証拠の開示を請求し，さらに第2回，第5回公判においても，同様の要求をした。また，昭和42年11月15日の第12回公判において，検察官申請の本件暴行事実の存否に関する証人の取調べ終了後，裁判所から前記事実に関する立証を促された弁護人は，再び本件各証人尋問調書の開示を要求した。これに対し，検察官は，終始本件各証人尋問調書の取調べを請求する意思がないことを理由に，その開示を拒否してきた。
　裁判所は，昭和43年7月9日の第14回公判において，本件証人尋問調書の開示に関する弁護人の意見を聴き，合議のうえ，同月30日の第15回公判において，本件証拠開示問題についての裁判所の見解を表明するとともに，検察官に対し，訴訟指揮権に基づき，「検察官は弁護人に対し，直ちに裁判官の証人C，D，E，F，Gに対する各証人尋問調書を閲覧させること」との命令を発した。その概要は，次の通りである。
　1　裁判所は，訴訟を主宰する地位にあるものとして，訴訟を迅速かつ十分にし，法の理想を実現すべき職責を有し，その職責遂行のための固有の包括的権限として訴訟指揮権をもっているが，この訴訟指揮権は，その性質上，広い裁量の余地が認められなければならないものであって，訴訟指揮に要請される合目的性と法的安定性との調和を考慮するときは，明文の規定がなくとも，他の明文の規定に抵触せず，法の目的に適合し，全体的法秩序を害さない限り訴訟指揮をなすことができると解するのが相当である。
　2　証拠開示については，現行刑事訴訟法上，同法299条以外に明文の規定はないが，その事実から直ちに同法が前記条文以外の証拠開示を一切認めない趣旨であるとは断定できない。すなわち，前記条文以外の証拠開示が違法となる趣旨でないことは，従来一般事件のほとんどにおいて公判前に全部の証拠閲覧がなされてきた慣行に徴しても明らかである。また，現行刑事訴訟法は，憲法31条ないし39条の規定をうけて，当事者主義，防御権の強化を図っているが，その防御権の保障は十分でなく，当事者の攻撃防御力は不平等である。形式的当事者主義による弊害の除去をはかり，当事者の攻撃防御力の不平等をこれ以上そこなわず，被告人側の防御力を実質的に補強せしめることこそ，最も肝要であるが，証拠開示は被告人側の防御力を実質的に補強する有力な一手段であるから現行刑事訴訟法が同法299条以外に証拠開示についての規定を設けてはいないが，検察官に前記条文以外の証拠開示義務を絶対的に負わせてはならないとの趣旨まで含んでいないことは明らかである。
　3　そうだとすると，現行刑事訴訟法上証拠開示命令をなしうるとの明文の規定はないが，裁判所は，訴訟の具体的状況に照らし，開示証拠の形式，内容，開示の時期，開示により予想されうる被告人弁護人の利益と検察官の公訴維持上もしくは国の機密上被る不利益とを比較して，必要かつ妥当と認められる場合，訴訟指揮権に基き，検察官に

対し，証拠開示を命じうる余地があり，その命令により検察官は開示義務を負担する。

4　本件についてみると，弁護人が開示を要求している証拠は，いずれも刑訴法226条に基づき作成された裁判官の証人尋問調書であり，各証人は，本件犯行現場において本件犯行の有無を目撃し得たと考えられ，被告人が本件犯行事実を否認していることにてらし，本件捜査上はもちろん公判審理上重要な証人である。刑訴法226条による証人尋問の方式，効果は，一般の裁判所による証人尋問とほとんど差異がなく，ただ捜査上の必要性から，弁護人の立会権，知悉権に制限が加えられているにすぎないから，捜査に支障が生じるおそれがなくなった現在においては，弁護人の知悉権に制限を加える必要は何ら認められない。さらに，検察官は各証人を申請する意思はないと当公判廷で言明していること，弁護人が調書として申請するかもしれないとの意思を示してもなお証拠を開示しようとしないことに徴すると，各証人の供述内容は，一応被告人に有利で検察官にとって公判維持上有利と思われない内容のものであろうと推定される。そうすると，公益の代表者として被告人に有利な証拠をも法廷に顕出すべき職責ある検察官としては，これを被告人に利用させる機会を与えることも当然の責務といわなければならない。また，本件犯行があったとされているのは約3年以上も前のことであるから，現在各証人に記憶喪失や思違いが生じている可能性は大きく，弁護人が証人申請をするかどうか検討して不必要な証人申請をすることのないように，また，事案の真実をあやまりなく知るためにも，各証人の記憶の新しい時期になされた供述内容をあらかじめ知っておくことは有益かつ必要である。罪証隠滅，証人威迫のおそれは，被告人に有利と思われる本件各証拠についてほとんど考えられず，その他，国の秘密，証人の名誉，秘密の保持，捜査過程の秘密保持等およそ証拠開示に考慮しうるすべての点にわたり検討しても，本件事案の内容，性質，証人尋問調書の形式内容にてらし，検察官において本件各証拠を開示することによる不利益は考えられない。もしあるとすれば，検察官において納得のいく説明をすべきである。開示を拒否し続ける検察官の真意の理解に苦しむが，この種公安事件におけるこれまでの検察官のあまりにも当事者主義に固執した，かたくなな訴訟態度にてらせば，検察官は法の真の目的をはなれ，訴訟手続の指導権を検察官側に確保し，ただ一途に訴訟に勝たんがための態度に出ているやにうかがわれないでもない。

5　以上のような本件訴訟の状況等を比較考量すると，本件証拠の開示は必要かつ妥当である。よって，訴訟指揮権により，本件証人尋問調書の開示を検察官に対し命令する。なお，本命令が適法に確定した場合，検察官においてこれに従わないおそれはほとんどなく，万一これに従わないとすれば，検察官において本件公訴を誠実に追行する意思がないものとして，公訴棄却の措置をとる等考慮しなければならない。

これに対し，検察官は，上記の命令は刑訴法299条，40条，49条，180条，1条，刑訴規則178条の6等の関連法令に違反するとして異議の申立てをしたが，裁判所は，「前記裁判所の見解として表明したと同様の理由による」として，これを棄却した。そ

こで検察官はさらに，証拠開示命令に対する異議を棄却した原決定は，最三決昭和34年12月26日刑集13巻13号3372頁，最三決昭和35年2月9日判時219号34頁の各判例に違反するなどとして特別抗告をしたが，最高裁は以下のように述べてこれを棄却した。

「所論のうち，判例違反をいう点は，所論引用の当裁判所昭和34年…12月26日第3小法廷決定は，いまだ冒頭手続にも入らない段階において，検察官に対し，その手持証拠全部を相手方に閲覧させるよう命じた事案に関するものであり，また昭和…35年2月9日第3小法廷決定は，裁判所が，検察官に対し，相手方に証拠を閲覧させるべき旨の命令を発しなかった事案において，検察官にはあらかじめ進んで相手方に証拠を閲覧させる義務がなく，弁護人にもその閲覧請求権がないことを判示したものであるから，証拠調の段階において，特定の証人尋問調書につき，裁判所が，訴訟指揮権に基づいて，検察官に対し，これを弁護人に閲覧させることを命じた事案に関する本件とは，いずれも事案を異にし，適切な判例とはいえず，その余の点は，単なる法令違反の主張であって，以上すべて適法な抗告理由にあたらない（裁判所は，その訴訟上の地位にかんがみ，法規の明文ないし訴訟の基本構造に違背しないかぎり，適切な裁量により公正な訴訟指揮を行ない，訴訟の合目的的進行をはかるべき権限と職責を有するものであるから，本件のように証拠調の段階に入った後，弁護人から，具体的必要性を示して，一定の証拠を弁護人に閲覧させるよう検察官に命ぜられたい旨の申出がなされた場合，事案の性質，審理の状況，閲覧を求める証拠の種類および内容，閲覧の時期，程度および方法，その他諸般の事情を勘案し，その閲覧が被告人の防禦のため特に重要であり，かつこれにより罪証隠滅，証人威迫等の弊害を招来するおそれがなく，相当と認めるときは，その訴訟指揮権に基づき，検察官に対し，その所持する証拠を弁護人に閲覧させるよう命ずることができるものと解すべきである。そうして，本件の具体的事情のもとで，右と同趣旨の見解を前提とし，所論証人尋問調書閲覧に関する命令を維持した原裁判所の判断は，検察官においてこれに従わないときはただちに公訴棄却の措置をとることができるとするかのごとき点を除き，是認することができる。）。」

◯ 参考裁判例 16-5　最三決平成 19 年 12 月 25 日刑集 61 巻 9 号 895 頁

本件の経過は次のとおりである。

(1) 被告人は，平成 19 年 2 月 5 日，更に同年 3 月 5 日，偽造通貨行使の事実で東京地方裁判所に起訴され，これらの弁論は併合された。

同月 16 日，上記被告事件の第 1 回公判期日が開かれた。被告人は，罪状認否において，手元にあった旧 1 万円札を共犯者とされる者に渡したことはあるが，それが偽札とは思っていなかったなどと陳述した。事件は期日間整理手続に付され，公判期日は追って指定とされた。

(2) 検察官は，「犯行動機，犯行に至る経緯等」を立証趣旨として，被告人の供述書，

警察官に対する供述調書各 1 通を証拠請求した。

　弁護人は，上記証拠を不同意とし，任意性を争い，公判期日においてすることを予定している主張として，警察官による自白を強要する威嚇的取調べ，利益提示による自白の誘引等を明示した。弁護人は，上記主張に関連する証拠として，刑訴法 316 条の 20 第 1 項に基づき，「被告人に係る警察官の取調メモ（手控え）・取調小票・調書案・備忘録等」の開示を請求した（以下「本件開示請求」という）。

　本件開示請求に対し，検察官は，請求に係る取調べメモ等は，本件証拠中には存在せず，取調べメモ等は，一般に証拠開示の対象となる証拠に該当しないと回答した。

　検察官は，平成 19 年 8 月 29 日の第 9 回期日間整理手続において，「被告人の取調状況等」を立証趣旨として，上記被告人の供述書，警察官に対する供述調書作成時の取調官であるとともに，後記被告人の警察官に対する供述調書 5 通作成時の取調官でもある A 警部補を証人請求し，また，同年 9 月 12 日の第 11 回期日間整理手続において，「犯行状況等」を立証趣旨として，新たに被告人の警察官に対する供述調書 5 通を証拠請求した。弁護人は，上記供述調書 5 通を不同意とし，任意性を争った。

　(3)　平成 19 年 10 月 9 日，弁護人は，刑訴法 316 条の 26 第 1 項に基づき，本件開示請求に係る証拠の開示命令を請求した。

　原々審である東京地方裁判所は，上記証拠開示命令の請求について，請求に係るメモ等は本件一件捜査記録中に存在しないものと認められ，仮に捜査官がこのようなメモ等を私的に作成し，所持していたとしても，それらは，その作成者が取調べの際に必要に応じて供述の要点を備忘のために書き留め，供述調書作成の準備として用いられるなどした個人的な手控えのたぐいであると考えられるから，その性質上そもそも開示の対象となる証拠に該当しないとして，請求を棄却した（原々決定）。

　これに対し弁護人が即時抗告をした。

　原審である東京高等裁判所は，その審理を行うに当たり必要であるとして，検察官に対し，本件開示請求に係る証拠の存否を明らかにするとともに，その開示による弊害を具体的に主張するよう求めたが，検察官は，証拠開示の対象となる証拠は検察官が現に保管する一件捜査記録中にある証拠に限られ，同記録中には本件開示請求に係る取調べメモ等は存在せず，したがって，その余の事項について釈明の必要はないと回答した。原審は，刑訴法 316 条の 20 により検察官が開示義務を負う証拠の範囲は，原則として検察官の手持ち証拠に限られるというべきであるが，検察官が容易に入手することができ，かつ，弁護人が入手することが困難な証拠であって，弁護人の主張との関連性の程度及び証明力が高く，被告人の防御の準備のために開示の必要性が認められ，これを開示することによって具体的な弊害が生じるおそれがない証拠が具体的に存在すると認められる場合には，これは，いわば検察官が保管すべき証拠というべきであるから，検察官の手持ち証拠に準じ，これについても証拠開示の対象となると解すべきところ，取調べメモ（手控え），備忘録等は，犯罪捜査規範により警察官に作成及び保存が義務付け

られている以上，裁判所としては，検察官が本件開示請求に係る取調べメモ（手控え），備忘録等の存否を明らかにしようとしないという事情によってその存否が不明な場合には，これが存在することを前提とせざるを得ず，本件において，被告人の取調べに係るA警部補が作成した取調べメモ（手控え），備忘録等が，検察官が容易に入手することができ，かつ，弁護人が入手することが困難な証拠であって，弁護人の主張との関連性の程度及び証明力が高く，被告人の防御の準備のために開示の必要性が認められる証拠に該当することは明らかというべきであり，また，このような取調べメモ（手控え），備忘録等を開示することにより一般的に弊害があるとは考えにくいところ，本件における具体的な弊害についても検察官から何ら主張が行われていないのであるから，これがあると認めることもできないとして，原々決定を変更し，検察官に対し，「被告人の取調べに係るA警部補作成の取調べメモ（手控え），備忘録等」の開示を命じた（原決定）。

　これに対し検察官が判例違反を理由に特別抗告をした。

　最高裁は，判例違反の主張を適法な抗告理由と認めたが，次のように述べて，検察官の特別抗告を棄却した。

　「所論は，原決定は，広島高等裁判所平成18年…8月25日決定，名古屋高等裁判所平成19年…5月25日決定に相反する判断をしたという。

　確かに，所論引用の判例は，刑訴法316条の26第1項の証拠開示命令の対象は，検察官が現に保管している一件捜査記録や証拠物に限られる旨の判断を示したものと解され，したがって，検察官が現に保管している証拠以外の証拠も上記証拠開示命令の対象となるものとし，本件開示請求に係る取調べメモ等の開示を認めた原決定は，所論引用の判例と相反する判断をしたものというべきである。

　(1)　そこで検討すると，公判前整理手続及び期日間整理手続における証拠開示制度は，争点整理と証拠調べを有効かつ効率的に行うためのものであり，このような証拠開示制度の趣旨にかんがみれば，刑訴法316条の26第1項の証拠開示命令の対象となる証拠は，必ずしも検察官が現に保管している証拠に限られず，当該事件の捜査の過程で作成され，又は入手した書面等であって，公務員が職務上現に保管し，かつ，検察官において入手が容易なものを含むと解するのが相当である。

　(2)　公務員がその職務の過程で作成するメモについては，専ら自己が使用するために作成したもので，他に見せたり提出することを全く想定していないものがあることは所論のとおりであり，これを証拠開示命令の対象とするのが相当でないことも所論のとおりである。しかしながら，犯罪捜査規範13条は，『警察官は，捜査を行うに当り，当該事件の公判の審理に証人として出頭する場合を考慮し，および将来の捜査に資するため，その経過その他参考となるべき事項を詳細に記録しておかなければならない。』と規定しており，警察官が被疑者の取調べを行った場合には，同条により備忘録を作成し，これを保管しておくべきものとしているのであるから，取調警察官が，同条に基づき作成した備忘録であって，取調べの経過その他参考となるべき事項が記録され，捜査機関に

おいて保管されている書面は，個人的メモの域を超え，捜査関係の公文書ということができる。これに該当する備忘録については，当該事件の公判審理において，当該取調べ状況に関する証拠調べが行われる場合には，証拠開示の対象となり得るものと解するのが相当である。

(3) 原決定は，備忘録の証拠開示について，その必要性・相当性について具体的な判断をしていないが，これは，原審が備忘録も開示の対象となり得ることを前提に，検察官にその存否を明らかにし，開示による弊害についても具体的に主張するよう求めたのに対し，検察官が，そもそも備忘録は開示の対象とならないとの見解の下に，その求めに応じなかったことによるものであり，このような経過にかんがみると，原審の措置をもって違法ということはできない。

なお，原決定は，主文において『被告人の取調べに係るA警部補作成の取調べメモ（手控え），備忘録等』の開示を命じているが，これは取調官であるAが，犯罪捜査規範13条の規定に基づき，被告人の取調べについてその供述内容や取調べの状況等を記録した備忘録であって，捜査機関において保管中のものの開示を命じたものと解することができ，このように解すれば原決定を是認することができる。

以上の次第で，所論引用の判例を変更し，原決定を維持するのを相当と認めるから，所論の判例違反は，結局，原決定取消しの理由にならない。」

○ **参考裁判例16-6** 最一決平成20年9月30日刑集62巻8号2753頁
本件の経過は次のとおりである。
(1) 被告人は，強盗致傷等の罪で起訴されたが，この強盗致傷の行為（以下「本件犯行」という）に関与したことを否認している。
(2) 上記被告事件の公判前整理手続で，検察官は，被告人の知人であるAの証人尋問を請求し，これが採用されたことから，準備のためAに事実の確認を行ったところ，Aは，検察官に対し，被告人がAに対し本件犯行への関与を自認する言動をした旨の供述を行うに至った。

Aについては，捜査段階で警察官B（以下「B警察官」という）が取調べを行い，供述調書を作成していたが，上記の供述は，この警察官調書には記載のないもの（以下，Aの上記の供述を「新規供述」という）であった。

そこで，検察官は，この新規供述について検察官調書を作成し，その証拠調べを請求し，新規供述に沿う内容を証明予定事実として主張した。
(3) 弁護人は，この新規供述に関する検察官調書あるいはAの予定証言の信用性を争う旨の主張をし，その主張に関連する証拠として，「B警察官が，Aの取調べについて，その供述内容等を記録し，捜査機関において保管中の大学ノートのうち，Aの取調べに関する記載部分」（以下「本件メモ」という）の証拠開示命令を請求した。
(4) 本件大学ノートは，B警察官が私費で購入して仕事に利用していたもので，B警

察官は，自己が担当ないし関与した事件に関する取調べの経過その他の参考事項をその都度メモとしてこれに記載しており，勤務していた新宿警察署の当番編成表をもこれにちょう付するなどしていた。

本件メモは，B警察官がAの取調べを行う前ないしは取調べの際に作成したものであり，B警察官は，記憶喚起のために本件メモを使用して，Aの警察官調書を作成した。

なお，B警察官は，本件大学ノートを新宿警察署の自己の机の引き出し内に保管し，練馬警察署に転勤した後は自宅に持ち帰っていたが，本件事件に関連して検察官から問い合わせがあったことから，これを練馬警察署に持って行き，自己の机の引き出しの中に入れて保管していた。

(5) 原々審である東京地方裁判所は，本件メモの提示を受けた上で，その証拠開示を命じたため，その命令の適否が争われ，原審である東京高等裁判所も開示命令を是認した。

検察官の特別抗告に対して，最高裁は，「本件抗告の趣意は，判例違反をいうが，事案を異にする判例を引用するものであって，本件に適切でないか，実質において単なる法令違反の主張であって，刑訴法433条の抗告理由に当たらない」として抗告を棄却し，職権で次のような判断を示した。

「本件メモは，B警察官が，警察官としての職務を執行するに際して，その職務の執行のために作成したものであり，その意味で公的な性質を有するものであって，職務上保管しているものというべきである。したがって，本件メモは，本件犯行の捜査の過程で作成され，公務員が職務上現に保管し，かつ，検察官において入手が容易なものに該当する。また，Aの供述の信用性判断については，当然，同人が従前の取調べで新規供述に係る事項についてどのように述べていたかが問題にされることになるから，Aの新規供述に関する検察官調書あるいは予定証言の信用性を争う旨の弁護人の主張と本件メモの記載の間には，一定の関連性を認めることができ，弁護人が，その主張に関連する証拠として，本件メモの証拠開示を求める必要性もこれを肯認することができないではない。さらに，本件メモの上記のような性質やその記載内容等からすると，これを開示することによって特段の弊害が生ずるおそれがあるものとも認められない。

そうすると，捜査機関において保管されている本件メモの証拠開示を命じた原々決定を是認した原判断は，結論において正当として是認できるものというべきである。」［宮川光治裁判官の補足意見及び甲斐中辰夫裁判官の反対意見がある。］

「裁判官宮川光治の補足意見は，次のとおりである。

私が多数意見に同調するのは，次の理由からである。

原決定及び原々決定は，いずれも，本件メモが証拠開示命令の対象となるか否かの判断において，まず犯罪捜査規範13条に基づき作成した備忘録（以下「13条書面」という。）に当たるか否かを検討し，本件メモは13条書面に該当すると判断している。しかしながら，本件メモが，広く，『本件犯行の捜査の過程で作成され，公務員が職務上現

に保管し,かつ,検察官において入手が容易なものに該当する』か否かを問題とすることが適切である。そして,そのような書面であると判断した後,刑訴法316条の20第1項に規定する主張との関連性の程度,必要性の程度,弊害の内容及び程度について判断することとなる。

そして,主張との関連性の程度,必要性の程度,弊害の内容及び程度の判断については,原決定が『弁護人に既に開示された証拠を見ていない裁判所が限られた資料からその内容の必要性や相当性を否定するには慎重であるべきであって,弁護人の観点からする検討の余地を与えることも重要である』と述べていることは相当である。

なお,主張と開示の請求に係る証拠との関連性については,本件弁護人は,新規供述に沿う事実を否定し,新規供述に関する検察官調書あるいはAの予定証言の信用性を争う旨の主張をした上で,それを判断するためには,本件メモにより,B警察官によるAの取調べの際のやり取り等を明らかにし,供述の変遷状況等を明確にすることが必要であると述べている。被告人の取調べ状況を争点とする場合とは異なって,B警察官によるAの取調べ状況とその際のAの供述内容を裏付ける根拠は,Aの協力が得られない以上,具体的に明らかにしようがない本件では,関連性についての主張は上記の程度でもやむを得ないと考える。」

「裁判官甲斐中辰夫の反対意見は,次のとおりである。

私は,原決定が,本件メモは『被告人側の主張との関連性』及び『必要性』があるものと認めた点において,明らかに刑訴法316条の20の解釈を誤り著しく正義に反すると認めるので,原決定を破棄し,証拠開示命令請求を棄却するべきものと考える。その理由は,以下のとおりである。

本件メモは,刑訴法316条の20にいう主張関連証拠として開示請求がなされているところ,弁護人が,上記の開示請求をする際には,同条2項2号により刑訴法316条の17第1項の主張と開示の請求に係る証拠との関連性を明らかにしなければならない。そして,同項による『証明予定事実その他の公判期日においてすることを予定している事実上及び法律上の主張』の明示義務は,争点の明確化と審理計画の策定のために課せられるものであり,可能な限り具体的な主張であることが求められている。

ところで,取調べメモを証拠開示請求する場合には,取調べ状況やその際に作成された調書の信用性を争点とするべきところ,本件においては,弁護人は,新規供述に沿う事実を否定し,新規供述に関する検察官調書あるいはAの予定証言を争う旨の主張をしたものの,B警察官のAに対する取調べ状況やその際の供述内容の信用性については争点とせず,一切主張していない。したがって,本件メモの開示請求の前提となる事実上の主張を具体的にしておらず,少なくとも本件メモとの関連性を明らかにしていないものといわざるを得ない。

さらに,開示の必要性についても,原決定は,『A証人が従前の取調べでどのように述べていたかは重要な争点となるから,……その(本件メモ)記載が新たな角度から意

味をもってくる可能性は否定できず……』として本件メモの開示の必要性があるものと判断している。

しかし，本件では，検察官はAのB警察官に対する供述調書を開示済みであり，弁護人も，同調書に新規供述に関する事項についての記載がないことは争っていないのである。したがって，Aが従前の取調べでどのように述べていたかが重要な争点とはなり得ない。あえていえば，A証人が新規供述に関する事項について，警察官と調書外で何らかのやり取りがあり，それが本件メモに記載されていることが仮定的な可能性としては考えられないでもなく，原決定の『新たな角度から意味をもってくる可能性』とは，そのことをいうものとも解される。しかし，原決定は，本件メモを検討の上，自ら『本件メモ自体は，その内容からして証拠価値に乏しいものともいえる』としているのであるから，上記のような可能性はおよそ考え難いところである。

さらに，一般に取調べメモの開示請求をする場合は，当該取調べ担当官の証人請求がなされた上で行うものであるが，本件ではB警察官の証人申請がなされておらず，警察官調書作成の際の取調べメモのみが開示請求されているのであり，その請求の方法からしても必要性は乏しいものといわざるを得ない。

私は，主張関連証拠の関連性，必要性等の判断については，法律審たる当審は原則として事実審の判断を尊重すべきものと考えるが，双方の主張の明示義務は争点整理のために重要であり，関連性，必要性等の判断は具体的に検討されるべきことが法律上予定されているので，そのような観点から，本件については，多数意見に反対するものである。」

◯ 参考裁判例 16 - 7　最三決平成 20 年 6 月 25 日刑集 62 巻 6 号 1886 頁

被告人に対する採尿状況等の捜査経過の適法性が争点となり，警察官が犯罪捜査規範 13 条に基づき当該捜査状況等を記録した備忘録の開示請求がなされた事案において，裁判所はそれが開示の対象となるかを判断するため，検察官に対して当該備忘録の提示を命じたが，検察官はこれに応じなかった。そこで裁判所は当該備忘録の開示を命じ，原決定もこれを維持したので，検察官が特別抗告を申し立てた。これに対し最高裁は次のように述べて特別抗告を棄却した。

「本件抗告の趣意は，判例違反をいうが，実質は単なる法令違反の主張であって，刑訴法 433 条の抗告理由に当たらない。

所論にかんがみ，職権により判断する。

所論は，原々決定が開示を命じた『本件保護状況ないし採尿状況に関する記載のある警察官A作成のメモ』（以下「本件メモ」という。）は，同警察官が私費で購入してだれからも指示されることなく心覚えのために使用しているノートに記載されたものであって，個人的メモであり，最高裁平成 19 年…12 月 25 日第三小法廷決定［参考裁判例 16 - 5 ］にいう証拠開示の対象となる備忘録には当たらないから，その開示を命じた

原々決定を是認した原決定は違法であると主張する。
　しかしながら，犯罪捜査に当たった警察官が犯罪捜査規範13条に基づき作成した備忘録であって，捜査の経過その他参考となるべき事項が記録され，捜査機関において保管されている書面は，当該事件の公判審理において，当該捜査状況に関する証拠調べが行われる場合，証拠開示の対象となり得るものと解するのが相当である（前記第三小法廷決定参照）。そして，警察官が捜査の過程で作成し保管するメモが証拠開示命令の対象となるものであるか否かの判断は，裁判所が行うべきものであるから，裁判所は，その判断をするために必要があると認めるときは，検察官に対し，同メモの提示を命ずることができるというべきである。これを本件について見るに，本件メモは，本件捜査等の過程で作成されたもので警察官によって保管されているというのであるから，証拠開示命令の対象となる備忘録に該当する可能性があることは否定することができないのであり，原々審が検察官に対し本件メモの提示を命じたことは相当である。検察官がこの提示命令に応じなかった本件事実関係の下においては，本件メモの開示を命じた原々決定は，違法ということはできない。したがって，本件メモの開示を命じた原々決定を是認した原決定は結論において相当である。」

17 挙証責任と推定

設例1

X（被告人）は，保険金を得る目的で，他人に依頼して夫を殺害したとして起訴された。事件の直前に夫に多額の保険金がかけられていることや，Xが，事件前に知人に対して夫の殺害をもちかけているといった事実が認められる一方で，Xには殺害当日のアリバイがあり，かつ，Xが捜査段階から一貫して犯行を否認していることもあって，殺人を実行したと見られる第三者は，結局特定することができなかった。

Q *Elementary*

1 裁判所は，審理の結果，Xが誰かに頼んで夫を殺害させた疑いは強いものの，Xが犯行に関与していない可能性も否定できないという心証を得た。裁判所は，Xに対し有罪判決を下すことができるか。

2 仮に有罪判決を下すことができないとすると，その根拠は何か。有罪判決を下すためには，裁判所がどの程度の心証を得る必要があるのか。

(1) 挙証責任の所在

Q *Basic*

3 被告人は病気で寝たきりの妻の介護に疲れ果て，妻の首を絞めて殺害したとして起訴された。公判で，被告人は，殺害の事実を認めたものの，それは，病気による苦痛に耐えかねて，自分を殺してくれと繰り返す妻の依頼に応じたものであると主張した。

裁判所は，審理の結果，妻の依頼があったとの確信にまでは至らなかったものの，その可能性があることは否定できないという心証に達した。裁判所は，被告人に対し，通常の殺人罪で有罪判決を下すことができるか。嘱託殺人ではどうか。

4 被告人は，夫に大量のアルコールを飲ませた上で，風呂場で溺死させたとして起訴された。被告人が捜査段階から一貫して犯行を否認していたため自白はなく，また，犯行を直接に証明するその他の証拠もなかった。他方，被害者はあまり酒が強いほうではなく，風呂場で意識を失うほどに泥酔するのは不自然であるほか，被告人が，知人に対し，密かに交際している男性がいること，また，日ごろから被害者に暴力を振るわれており，いつか殺してやりたい旨を話していたという証言が得られていた。このうち，愛人の存在と夫からの暴力については，それを推認させる様々な事情が認められたものの，裁判所は，結局，真にその事実があったか否かに

ついて確信を得ることまではできなかった。この場合，裁判所は，被告人に愛人がいた可能性が高いこと，及び被害者から暴力を受けていた可能性が高いことを，被告人が夫を殺害したことを認定する際の一事情として考慮することができるか。

5 被告人は，包丁で夫を刺して殺害したとして起訴された。公判において，被告人は，夫から日常的に暴力を加えられており，そのため事件当日に離婚を切り出したところ，夫が逆上し，「殺してやる」といって，これまでにない暴力を加えたため，やむをえず，そばにあった包丁で刺したものであって，正当防衛である旨の主張を行った。

裁判所は，審理の結果，事件当日に被告人が主張するような事実が本当にあったのかどうか確信はできないが，その可能性は否定できないという心証を得た。裁判所は有罪判決をすることができるか。

6 被告人は，職場の上司の顔を殴って片目を失明させる傷害を負わせたとして起訴された。公判で，被告人は，罪を認めたが，犯行の動機として，被害者は，日ごろから自分の仕事を正当に評価しないばかりか，事件当日には，自分のことを馬鹿にするような発言をしたからだという主張を行った。これに対し，被害者は，そのような事実はいっさいないと反論した。

裁判所は，審理の結果，被告人が主張する事実があったとの確信には至らなかったものの，その可能性は否定できないという心証を得た。裁判所は，被告人に言い渡すべき刑を決定するにあたって，被告人の主張する事実を考慮することができるか。逆に，考慮しないことができるか。

7 被告人は，日ごろからいさかいが絶えなかった隣人を刺して死亡させたとして起訴された。ところが，被告人は，起訴直後から，拘置所内での不自然な言動が目立つようになり，第1回の公判期日においても，裁判長の問いかけにもまともに答えることなく，意味不明な外国語をぶつぶつとつぶやいている状態であった。そこで，弁護人は，被告人は精神障害により公判に耐えうる状態ではないので，公判を停止するように求めたが，検察官は，これは被告人の詐病である旨の反論を行った。

そこで，裁判所は，被告人の精神状態につき，2人の鑑定人に鑑定を依頼したが，1人は精神障害により心神喪失という結論，もう1人は詐病の疑いが強いという結論であり，結局，裁判所はいずれについても確信に達しなかった。裁判所は，公判を続けることができるか。

8 被告人は，公共工事の発注を受けるために，ある県の知事に多額の賄賂を贈ったとして起訴された。公判では，捜査段階での警察官に対する被告人の自白調書が証拠申請された。これに対し，被告人は，本件自白は，警察官から暴行を受け，恐怖のあまり行ったものであるから，任意性を欠き証拠能力がないとの主張を行っ

た。これに対し，取調べを行った警察官は，公判で，被告人に暴力を振るったという事実はいっさいなく，それどころか，弁護人との接見の機会を希望通りに保障し，また，被告人に十分な休息を与えるなどして，自白の強要にならないような配慮をしていたと供述した。

ところが，その後の審理で，その警察官は，被告人からの弁護人選任の希望を弁護士に伝えるのをことさらに遅延させていたほか，被告人が腰痛を訴えたにもかかわらず，それを無視して長時間の取調べを継続していた事実が判明した。裁判所は，被告人が主張するような警察官による暴行があったとの確信には至らなかったものの，警察官の供述内容に虚偽の部分があることから，暴行の存在についてもその可能性は否定しきれないとの心証に達した。裁判所は，この自白調書を証拠とすることができるか。

9 被告人は，集団で暴走行為を行った事実により，道路交通法上の共同危険行為により起訴されたが，犯行当日にはアリバイがあるとして，犯行が行われたとされる時刻に別の場所で被告人が撮影されているビデオテープを証拠申請した。これに対し，検察官は，そのビデオテープは被告人が別の日に撮影した映像の日付を変えた虚偽のものであり関連性がないとして，証拠調べ請求の却下を求めた。裁判所は，検察官の主張どおり，そのビデオテープが虚偽のものである可能性が高いものの，そのように断定することまではできないとの心証に達した。裁判所は，ビデオテープの証拠調べをしなければならないか。

10 被告人は，見ず知らずの通行人をいきなり殴って怪我をさせたとして起訴された。被告人は，起訴事実を全面的に認めたが，その審理の過程で，被告人には，過去に精神病院への通院歴があることが判明していた。

(1) 犯行時の状況から考えて，本件犯行が精神障害によるものと考えられるような状況は認められなかったため，弁護人は，犯行時において被告人が心神耗弱ないし心神喪失の状態であったとの主張は行わなかった。裁判所も同様の心証を得ている場合，検察官に対して，被告人が心神耗弱ないし心神喪失の状態でなかったことの立証を求めることなく，被告人に有罪判決を言い渡すことができるか。

(2) 被告人の通院歴や公判での態度に加えて，犯行に納得しうる動機がないことなどから，裁判所は，被告人が犯行当時，少なくとも心神耗弱の状態にあった疑いがあるとの心証を得ていたが，弁護人は，それを全く主張しなかった。この場合に，裁判所は直ちに完全責任能力を認めてよいか。逆に，直ちに心神耗弱を認定してよいか。

(2) 推　定

設例 2

中央官庁の課長職にあったAは，課長に就任以来，監督業界の複数の企業から，連日のように飲食の接待を受けていたほか，そのうちの1社からは，子どもの大学入学祝いという名目で，多額の現金を受け取っていた。

Q Basic

11 本事例においてAを収賄罪で処罰するためには，検察官は何を立証しなければならないか。その立証には，どのような困難があるか。

12 立証の困難性を解消するために，次のような規定が創設されたとする。

「公務員が，その職務の執行につき現に利害関係を有する者から，通常の社交の程度を超える財物の交付もしくは利益の供与を受け，又はこれを要求し，もしくは約束したときは，職務に関して賄賂を収受し，要求し，又は約束したものと推定する。」

(1) 本規定において，「職務に関して賄賂を収受し，要求し，又は約束したことが推定される」というのは何を意味するか。

(2) それが，財物の交付等が職務行為の対価としてなされたものではないことを被告人が立証しないかぎり，裁判所が，職務に関して賄賂の収受等がなされたものであると認定しなければならないという意味だとすると，いかなる問題が生じるか。

(3) 逆に，被告人による上記の立証がなされない場合であっても，裁判所が，職務に関して賄賂の収受等がなされたという認定を強制されないとすると，このような推定規定を置くことにはどのような意味があるか。

(4) 推定規定が合理性を有するためには，いかなる事情が認められる必要があるか。本規定においては，それが満たされているか。

人の健康に係る公害犯罪の処罰に関する法律
第5条　工場又は事業場における事業活動に伴い，当該排出のみによっても公衆の生命又は身体に危険が生じうる程度に人の健康を害する物質を排出した者がある場合において，その排出によりそのような危険が生じうる地域内に同種の物質による公衆の生命又は身体の危険が生じているときは，その危険は，その者の排出した物質によって生じたものと推定する。

Q Basic

13 本条文のもとでは，検察官がいかなる事実を立証した場合に，いかなる事実が推定されるのか。それによって，検察官は，いかなる事実を立証することが不

要になるのか。

14 被告人は，いかなる事実をどの程度立証すれば推定を破ることができるのか。

15 被告人以外にも汚染物質を排出した者があり，その物質と被告人が排出した物質とが複合的に作用して公衆の生命又は身体の危険を生じさせた可能性があるような場合，被告人は，どのようにして推定を破る証明をすることができるか。

16 *12*(4)における推定規定の合理性を基礎付ける事情に照らした場合，本条文の推定規定は合理性を有するといえるか。

国際的な協力の下に規制薬物に係る不正行為を助長する行為等の防止を図るための麻薬及び向精神薬取締法等の特例等に関する法律（麻薬特例法）

第14条　第5条の罪に係る薬物犯罪収益については，同条各号に掲げる行為を業とした期間内に犯人が取得した財産であって，その価額が当該期間内における犯人の稼働の状況又は法令に基づく給付の受給の状況に照らし不相当に高額であると認められるものは，当該罪に係る薬物犯罪収益と推定する。

第5条　次に掲げる行為を業とした者（これらの行為と第8条の罪に当たる行為を併せてすることを業とした者を含む。）は，無期又は5年以上の懲役及び1千万円以下の罰金に処する。

　1～3　略
　4　覚せい剤取締法第41条又は第41条の2（所持に係る部分を除く。）の罪に当たる行為をすること。

第11条　①次に掲げる財産は，これを没収する。
　1　薬物犯罪収益
　2～5　略

第2条　②この法律において「薬物犯罪」とは，次に掲げる罪をいう。
　1　第5条，第8条又は第9条の罪
　2～4　略
　5　覚せい剤取締法第41条，第41条の2又は第41条の11の罪
　6～7　略

③この法律において「薬物犯罪収益」とは，薬物犯罪の犯罪行為により得た財産若しくは当該犯罪行為の報酬として得た財産又は前項第七号に掲げる罪に係る資金をいう。

第7条　情を知って，薬物犯罪収益等を収受した者は，3年以下の懲役若しくは100万円以下の罰金に処し，又はこれを併科する。ただし，法令上の義務の履行

として提供されたものを収受した者又は契約（債権者において相当の財産上の利益を提供すべきものに限る。）の時に当該契約に係る債務の履行が薬物犯罪収益等によって行われることの情を知らないでした当該契約に係る債務の履行として提供されたものを収受した者は，この限りでない。

覚せい剤取締法
第41条 ①覚せい剤を，みだりに，本邦若しくは外国に輸入し，本邦若しくは外国から輸出し，又は製造した者（第41条の5第1項第2号に該当する者を除く。）は，1年以上の有期懲役に処する。
　②営利の目的で前項の罪を犯した者は，無期若しくは3年以上の懲役に処し，又は情状により無期若しくは3年以上の懲役及び1千万円以下の罰金に処する。
　③前2項の未遂罪は，罰する。
第41条の2 ①覚せい剤を，みだりに，所持し，譲り渡し，又は譲り受けた者（第42条第5号に該当する者を除く。）は，10年以下の懲役に処する。
　②営利の目的で前項の罪を犯した者は，1年以上の有期懲役に処し，又は情状により1年以上の有期懲役及び5百万円以下の罰金に処する。
　③前2項の未遂罪は，罰する。

Q Basic

17 本条文のもとでは，検察官がいかなる事実を立証した場合に，いかなる事実が推定されるのか。それによって，検察官は，いかなる事実を立証することが不要になるのか。

18 被告人は，いかなる事実をどの程度立証すれば推定を破ることができるのか。

19 第14条の推定規定は，被告人が，薬物関係以外にも，業として不正行為を行って利益を得ていた疑いが強い場合にも適用することが許されるか。

20 第7条の罪の成立要件としての薬物犯罪収益を認定するに際して，第14条の推定規定を適用することは許されるか。

21 12(4)における推定規定の合理性を基礎付ける事情に照らした場合，本条文の推定規定は合理性を有するといえるか。

(3) 挙証責任の転換

Q Basic

22 設例2の事例において，立証の困難性を解消するために，次のような規定が創設されたとする。

「公務員が，その職務の執行につき現に利害関係を有する者から，通常の社交の程度を超える財物の交付もしくは利益の供与を受け，又はこれを要求し，もしくは約束したときは，5年以下の懲役に処する。但し，その交付又は供与が正当な理由に基づくものであることの証明があったときは，この限りではない。」

(1) この規定は，*12* の規定とどこが異なるか。

(2) 被告人に挙証責任を負わせることは，いかなる場合に正当化されるのか。この点につき，次のように述べる見解があるが，なぜ，そこで指摘されているような事情が具わっていれば，被告人側に挙証責任を転換し，証明がなされなければ，事実の存否が不明なままに被告人を処罰することが許されるといえるのか。

「〔挙証責任の転換規定〕が，合憲として存在が許されるためには，被告人に挙証責任を負わすのが，原則の例外として，なお合理性を保ちうる特別の場合でなければならない。その合理性の有無については，ⓘ被告人の挙証事項が検察官の挙証するその他の部分から合理的に推認されること，ⓘⓘ被告人が挙証する方がむしろ便宜な部分であること，ⓘⓘⓘその部分をのぞいても，適正なものとして処罰が肯認されうること，などの事情（の1つまたは複数）があるかどうかを基準にして，判断されるべきであろう。」（田宮裕『刑事訴訟法（新版）』〔1996年〕307頁）。

① 名誉毀損における真実性の証明

刑法230条
①公然と事実を摘示し，人の名誉を毀損した者は，その事実の有無にかかわらず，3年以下の懲役若しくは禁錮又は50万円以下の罰金に処する。

刑法230条の2
①前条第1項の行為が公共の利害に関する事実に係り，かつ，その目的が専ら公益を図ることにあったと認める場合には，事実の真否を判断し，真実であることの証明があったときは，これを罰しない。

Q Basic

23 被告人は，何をどの程度立証すれば，名誉毀損による処罰を免れることができるのか。この点につき，被告人による証明の程度は，証拠の優越で足りるとする見解があるが（三井誠『刑事手続法Ⅲ』〔2004年〕83頁），その理由としていかなることが考えられるか。逆に，裁判例では，合理的な疑いを入れない程度の証明が必要とされているが（東京高判昭和41年9月30日高刑集19巻6号683頁），それはなぜだと考えられるか。

24 「真実であることの証明があったときは罰しない」というのは，いかなることを意味しているか。それが，被告人が摘示した事実が真実であることが違法性阻

却事由であることを前提に，その挙証責任を被告人に負わせるものであるとした場合，そのようなことが許されるか。

これに対し，事実の真実性は処罰阻却事由であるとする見解もある。処罰阻却事由である場合と，違法性阻却事由である場合とで，挙証責任の転換の許容性につきいかなる差異が生じてくるか。また，次の見解は，事実の真実性が処罰阻却事由であるとする見解と，どのような違いがあるか。

「230条1項に該当する行為があった以上，その時点ですでに同条の名誉毀損自体は成立するといわざるをえない。しかし，言論の自由と名誉の保護の調整という観点から，事実の公共性と目的の公益性の認められる場合に，明らかに虚名とわかった名誉の保護を理由に行為者を処罰することは不相当であるというのが，230条の2の趣旨であると解される。すなわち，いったんは可罰的と評価された行為であっても，真実性立証という事後の状況変化によって可罰性を欠くに至るというのが，法の立場なのである。このような意味において，真実性立証そのものが処罰阻却事由とされているものと解される。」（鈴木茂嗣『刑事訴訟法の基本問題』〔1988年〕193頁）

② 同時傷害

> 刑法207条
> 2人以上で暴行を加えて人を傷害した場合において，それぞれの暴行による傷害の軽重を知ることができず，又はその傷害を生じさせた者を知ることができないときは，共同して実行した者でなくても，共犯の例による。

Q Basic

25 本条文のもとでは，検察官がいかなる事実を立証することにより，いかなる事実が認定されるのか。それにより，いかなる事実の立証が不要になるのか。

26 被告人は，何をどの程度立証すれば，本条文の適用を免れることができるか。

27 「2人以上で暴行を加えて人を傷害した」という要件が満たされれば，当然に本条が適用されるのか。次のような場合はどうか。

(1) 被害者がナイフによって刺された事案で，被告人が暴行時にナイフを持っていたかどうかが不明な場合。

(2) 被告人による暴行と他の者による暴行との間に，時間的，場所的な隔たりがある場合。

28 22における合憲性の基準に照らした場合，本規定は合憲といえるか。

③　爆発物取締罰則

第1条　治安を妨げ又は人の身体財産を害せんとするの目的を以て爆発物を使用したる者及び人をして之を使用せしめたる者は死刑又は無期若くは7年以上の懲役又は禁錮に処す
第3条　第1条の目的を以て爆発物若くは其使用に供す可き器具を製造輸入所持し又は注文を為したる者は3年以上10年以下の懲役又は禁錮に処す
第6条　爆発物を製造輸入所持し又は注文を為したる者第1条に記載したる犯罪の目的にあらざることを証明すること能わざる時は6月以上5年以下の懲役に処す

Q Basic

29　第6条により，被告人はいかなる事実についての挙証責任を負うか。

30　挙証責任の転換の根拠は何か。**22** における合憲性の基準に照らした場合，本条は合憲といえるか。

18 証拠の関連性

(1) 関連性の意義

Q *Elementary*

1 Aが鋭利な刃物で刺殺されたという殺人事件の公判において，犯行に用いられた凶器として，事件後Ｘ（被告人）の自宅から押収された刺身包丁の証拠調べ請求がなされた。以下の(1)から(6)のそれぞれについて，各事情がとくに争いなく認められるとき，裁判所は，この包丁を証拠として採用してよいか。また，これを有罪認定のために使うことは許されるか。仮に許されるとして，それは本件の事実認定においてどのような意味ないし価値を持ちうるか。仮に有罪認定に使うことが許されないとして，既に証拠として採用し証拠調べを行っていた場合，裁判所はどうすべきか。

(1) 包丁の形状がＡの遺体の創傷痕に必ずしも適合しない場合

(2) 包丁の形状と創傷痕は適合するが，包丁から何ら血液の反応が出ていない場合

(3) 包丁の形状と創傷痕が適合し，包丁に血液が付着しているが，それが人血ではない場合

(4) 包丁に付着している血液の血液型がＡの血液型と一致する場合

(5) 包丁に付着している血液の血液型がＡの血液型と一致するが，Ｘの血液型とも一致する場合

(6) 包丁に付着している血液の血液型がＡの血液型と一致するが，押収直後の検査では包丁から血液反応が出ていなかった場合

2 Ｘ（被告人）が自動車を運転中，信号機のある交差点で，対面の赤信号を看過して交差点内に進入し，交差する道路を直進中のＶ運転の自動車と衝突し，もってＶに傷害を負わせたとされる過失運転傷害事件の公判において，本件事故を目撃したとされる証人Ｗが，Ｖ車が交差点に進入した際のＶ側の信号機は青であった，と証言した。以下のそれぞれの場合，裁判所がこのＷ証言を，Ｘの過失を認定するための証拠として使うことは許されるか。

(1) Ｗの目撃した事故が，実際には同一場所での別の事故であったことが判明した場合

(2) Ｗが，実際には１度も本件交差点付近へ行ったことがなく，別の場所で目撃した事故のことと勘違いをして証言していたものであることが判明した場合

(3) Ｗが，実際には１度も本件交差点付近へ行ったことがないのに，本件事故

を目撃したと偽って証言していたものであることが判明した場合
　(4)　Wは，本件事故を現場で目撃したが，上記公判証言を行う直前にVから現金を受け取っていたことが判明した場合
　(5)　Wは，本件事故当時に現場付近にいたが，もともと重度の近視であり，かつ本件事故当時には普段使用している眼鏡をかけていなかったことが判明した場合

(2)　被告人の行状，類似行為の立証

Q Basic

3　X（被告人）が，5歳の女児Aに対し，着衣を脱がせた上，陰部等の写真を撮影したとされる強制わいせつ事件の公判において，検察官から，本件犯行がXによるものであることを証明するため，以下の各事実について証拠調べ請求があった場合，裁判所はこれを許可してよいか。Xの犯行であることが他の証拠から明らかであるときに，専ら本件犯行の動機ないし目的を証明するために，これら事実について証拠調べ請求があった場合はどうか。
　(1)　Xが，日常頻繁に，自宅周辺の他人の住宅をのぞき見していたという事実
　(2)　Xが，日常頻繁に，自宅近くの幼稚園の周辺を徘徊していたという事実
　(3)　Xが，幼女の写った写真を多数収集し，自宅に保管していたという事実
　(4)　Xが，成人女性のわいせつ写真を多数収集し，自宅に保管していたという事実

4　殺人事件の公判において，検察官から，被告人が激昂から重大犯罪を敢行しうる人物であることを証明するためとして，被告人が職場の気に入らない同僚に対して種々の嫌がらせをしているという事実について証拠調べ請求があった場合，裁判所はこれを許可してよいか。

5　3の公判において，X側が，Xは謹厳実直な人物であり，妻と小学生の子供のいる家庭生活も円満である旨主張・立証した場合に，検察官が(1)ないし(4)の各事実を立証することを，裁判所は許可してよいか。

18-①　最二判平成24年9月7日刑集66巻9号907頁

【事案の概要】　X（被告人）は，平成21年9月8日，金品窃取の目的で，A荘B号室C方に侵入した上，C所有の現金1000円及びカップ麺1個を窃取し，Cほか1名が現に住居に使用するA荘に放火しようと考え，B号室内にあった石油ストーブ内の灯油を同室内のカーペット上に撒布した上，何らかの方法で点火して火を放ち，同室内の床面等に燃え移らせ，同室の一部を焼損したという住居侵入，窃盗，現住建造物等放火の事実で起訴された。
　X側は，第1審の公判前整理手続において，住居侵入及び窃盗については争わな

い旨述べたが，現住建造物等放火（以下「本件放火」という）については，何者かがA荘B号室に侵入して放火したことは争わないものの，Xが行ったものではないと主張した。

Xには，平成3年4月7日から同4年5月10日までの間の15件の窃盗と同年3月29日から同年6月13までの間の11件の現住建造物等放火（以下「前刑放火」という）につき，同6年4月13日に懲役8月及び懲役15年に処せられた前科があったことから，検察官は，Xは窃盗に及んだが欲するような金品が得られなかったことに立腹して放火に及ぶという前刑放火と同様の動機に基づいて本件放火に及んだものであり，かつ，前刑放火と本件放火はいずれも特殊な手段方法でなされたものであると主張し，この事実を証明するため，①上記前科に係る判決書謄本，②上記前科の捜査段階で作成された前刑放火に関するXの供述調書謄本15通，③本件の捜査段階で作成された前刑放火の動機等に関するXの供述調書1通（以下これらを併せて「本件前科証拠」という）等の取調べを請求した。

第1審裁判所は，上記①を情状の立証に限定して採用したものの，本件放火の事実を立証するための証拠として本件前科証拠は全て「関連性なし」として却下し，その結果，裁判員の参加した合議体は，Xが本件放火の犯人であると認定するにはなお合理的な疑問が残るとの判断を下した。検察官は，本件前科証拠は本件放火の犯罪を立証する証拠として関連性を有し，取調べの必要性があったにもかかわらず，これらを却下した第1審裁判所の措置は訴訟手続の法令違反に該当する等と主張して控訴した。

控訴審（東京高判平成23年3月29日判タ1354号250頁）は，本件前科証拠のうち，上記①の取調べ請求を却下した第1審裁判所の措置，並びに，上記②及び③について，本件放火との関連性がある部分を特定しないまま，その全てを却下した第1審裁判所の措置には，判決に影響を及ぼすことが明らかな訴訟手続の法令違反があるとして，第1審判決を破棄し，事件を差し戻したが，その理由として次のように述べた。「前刑放火の大半（10件）と本件放火は，侵入した居室内において灯油を撒布して行われるという，その犯行の手段方法に類似性があると認められる。そのような手段方法で放火をすることは，住宅への放火という類型の一部分に限定される上，前刑放火においては，そのような手段方法が繰り返され，その行動傾向が固着化していると認められ，それらが，本件放火との間の犯行の手段方法についての類似性をより特徴的なものにしているということができる。」「さらに，前刑放火のいずれもが，窃盗を試みて欲するような金品が得られなかったことに対する腹立ちを解消することを主な動機としており，そのうっぷん晴らしのために他人の住宅への放火を繰り返すという，窃盗から放火の犯行に至る契機の点で，前刑放火における行動傾向が固着化していると認められる。他方，本件放火と接着した時間帯に，被

告人がその犯行場所に侵入して窃盗を行ったことについては争いがなく，同窃盗の被害品は500円硬貨2枚とカップ麺1個にとどまっており，被告人を満足させるものであったとはうかがわれないことからして，その腹いせに被告人が本件放火に及んだ可能性が考えられる。そうすると，前刑放火と本件放火とは，窃盗から放火の犯行に至る契機の点においても，類似性があると認められる。そして，この点に関する前刑放火での行動傾向が固着化していることが，その類似性をより特徴的なものにしているということができる。」「このように，前刑放火と本件放火との間には，犯行に至る契機，犯行の手段方法において，いずれも特徴的な類似性があると認められることにかんがみると，前記前科関係の各証拠のうち犯行に至る契機，犯行の手段方法に関するものは，前刑放火の犯人と本件放火の犯人が同一である蓋然性を合理的に推認させるということができるから，その同一性を立証するための証拠として，関連性があると認められる。」

X側上告。

【判示】 最高裁は，上告理由に当たらないとしたが，職権で，次のように述べて，原判決を破棄し，事件を東京高裁に差し戻した。

「(1) 前科も一つの事実であり，前科証拠は，一般的には犯罪事実について，様々な面で証拠としての価値（自然的関連性）を有している。反面，前科，特に同種前科については，被告人の犯罪性向といった実証的根拠の乏しい人格評価につながりやすく，そのために事実認定を誤らせるおそれがあり，また，これを回避し，同種前科の証明力を合理的な推論の範囲に限定するため，当事者が前科の内容に立ち入った攻撃防御を行う必要が生じるなど，その取調べに付随して争点が拡散するおそれもある。したがって，前科証拠は，単に証拠としての価値があるかどうか，言い換えれば自然的関連性があるかどうかのみによって証拠能力の有無が決せられるものではなく，前科証拠によって証明しようとする事実について，実証的根拠の乏しい人格評価によって誤った事実認定に至るおそれがないと認められるときに初めて証拠とすることが許されると解するべきである。本件のように，前科証拠を被告人と犯人の同一性の証明に用いる場合についていうならば，前科に係る犯罪事実が顕著な特徴を有し，かつ，それが起訴に係る犯罪事実と相当程度類似することから，それ自体で両者の犯人が同一であることを合理的に推認させるようなものであって，初めて証拠として採用できるものというべきである。

前刑放火は，……11件全てが窃盗を試みて欲するような金品が得られなかったことに対する鬱憤を解消するためになされたものであること，うち10件は侵入した室内において，残り1件は侵入しようとした居室に向けてなされたものであるが，いずれも灯油を撒布して行われたものであることなどが認められる。本件放火の態様は，室内で石油ストーブの灯油をカーペットに撒布して火を放ったという犯行で

ある。原判決は，これらの事実に加え，被告人が本件放火の最大でも5時間20分という時間内に上記の放火現場に侵入し，500円硬貨2枚とカップ麺1個を窃取したことを認めていることからすれば，上記の各前科と同様の状況に置かれた被告人が，同様の動機のもとに放火の意思を生じ，上記のとおりの手段，方法で犯行に及んだものと推認することができるので，関連性を認めるに十分であるという。しかしながら，窃盗の目的で住居に侵入し，期待したほどの財物が窃取できなかったために放火に及ぶということが，放火の動機として特に際だった特徴を有するものとはいえないし，また，侵入した居室内に石油ストーブの灯油を撒いて火を放つという態様もさほど特殊なものとはいえず，これらの類似点が持つ，本件放火の犯行が被告人によるものであると推認させる力は，さほど強いものとは考えられない。

原判決は，……窃盗から放火の犯行に至る契機の点及び放火の態様の点について，前刑放火における行動傾向が固着化していると判示している。固着化しているという認定がいかなる事態を指しているのか必ずしも明らかではないが，単に前刑放火と本件放火との間に強い類似性があるというにとどまらず，他に選択の余地がないほどに強固に習慣化していること，あるいは被告人の性格の中に根付いていることを指したものではないかと解され，その結果前刑放火と本件放火がともに被告人によるものと推認できると述べるもののようである。しかし，単に反復累行しているという事実をもってそのように認定することができないことは明らかであり，以下に述べる事実に照らしても，被告人がこのような強固な犯罪傾向を有していると認めることはできず，実証的根拠の乏しい人格評価による認定というほかない。

すなわち，前刑放火は，間に服役期間を挟み，いずれも本件放火の17年前の犯行であって，被告人がその間前刑当時と同様の犯罪傾向を有していたと推認することには疑問があるといわなければならない。加えて，被告人は，本件放火の前後の約1か月間に合計31件の窃盗（未遂を含む。以下同じ。）に及んだ旨上申している。上申の内容はいずれも具体的であるが，これらの窃盗については，公訴も提起されていない上，その中には被告人が十分な金品を得ていないとみられるものが多数あるにもかかわらず，これらの窃盗と接着した時間，場所で放火があったという事実はうかがわれず，本件についてのみ被告人の放火の犯罪傾向が発現したと解することは困難である。

(2)　上記のとおり，被告人は，本件放火に近接した時点に，その現場で窃盗に及び，十分な金品を得るに至らなかったという点において，前刑放火の際と類似した状況にあり，また，放火の態様にも類似性はあるが，本件前科証拠を本件放火の犯人が被告人であることの立証に用いることは，帰するところ，前刑放火の事実から被告人に対して放火を行う犯罪性向があるという人格的評価を加え，これをもとに被告人が本件放火に及んだという合理性に乏しい推論をすることに等しく，このよ

うな立証は許されないものというほかはない。」

Q Basic

6 本判決は，前科証拠は，一般的には犯罪事実について，様々な面で証拠としての価値（自然的関連性）を有していると述べている。本件前科証拠について，被告人の犯人性との関係で自然的関連性を肯定することができるか。

7 前科証拠を犯罪事実の証明のための証拠として用いることには，どのような問題があるか。本判決はどのように考えているか。

8 前科証拠を被告人と犯人との同一性を証明するために用いようとする場合，通常，どのような推論が行われ，その推論にはどのような問題があるのか。
　この場合，本判決のいう「実証的根拠の乏しい人格評価」とは，どのようなことを意味するか。

9 被告人が同種事件A及びBについて起訴され，両事件が併合審理されている場合に，A事実について被告人の犯人性が証明されたとき，裁判所は，その事実を，B事実についての被告人の犯人性を認定するための証拠として用いてよいか（参考裁判例18-4参照）。これらの場合も，本判決のいう「実証的根拠の乏しい人格評価」が行われることになるか。また，「争点が拡散するおそれ」はあるか。「併合審理される類似事実については，前科についてみられる，その存在自体で人格的評価を低下させる危険性や，……争点拡散のおそれは，考え難い」とする見解があるが（参考裁判例18-4の金築裁判官補足意見），どのように考えるべきか。

10 本判決は，「前科に係る犯罪事実が顕著な特徴を有し，かつ，それが起訴に係る犯罪事実と相当程度類似する」場合には，前科証拠を被告人と犯人の同一性を証明するために用いることが許されるとしている。その理由はどのようなものと考えられるか。この場合，前科証拠からどのような推論が行われるのか。それは**8**の推論と異なるか。
　本判決は，本件については上記のような場合には当たらないとしているが，それはなぜか。

Q Advanced

11 本件で，原判決が，窃盗から放火の犯行に至る契機の点及び放火の手段方法（態様）の点で「前刑放火における行動傾向が固着化している」ことを，本件前科証拠に関連性を認める理由の一つとしているのに対し，本判決は，「被告人がこのような強固な犯罪傾向を有していると認めることはでき［ない］」としている。これは逆に，「行動傾向［の］固着化」ないし「強固な犯罪傾向」が認められる場合には，犯人性の証明のための前科証拠の使用は許されるとする趣旨か。仮にそうだとして，そのことと，本判決が**10**のような場合であって初めて前科証拠の使用が許されると述べていることとは，整合するか。「行動傾向［の］固着化」ないし

「強固な犯罪傾向」を考慮することは、「実証的根拠の乏しい人格評価」や「争点[の]拡散」をもたらさないのか。

12 本件において、前科に係る犯罪事実と起訴に係る犯罪事実との間の期間の長さは、本判決の結論にとって何らかの意味をもったと考えられるか。起訴に係る犯罪事実と（被告人の犯した）同種の犯罪事実の日時や場所が近接している場合には、それらの犯罪事実に要求される特徴の顕著さや類似性の程度を緩和してよいと考えることはできるか。必ずしも日時や場所は近接していないものの、（被告人の犯した）同種の犯罪事実が極めて多数存在する場合はどうか（参考裁判例18－4の金築裁判官補足意見参照）。

13 列車内で発生したスリ事件につき、Xは、9号車で、被害者Aの上着内ポケットから財布を抜き取り窃取しようとしたところをAに現認され、現行犯逮捕された。この30分前に、同一の列車の7号車でも、乗客の1人Bが上着内ポケットに入れていた財布を盗まれるという窃盗事件が発生していた。Xは、7号車での窃盗と9号車での窃盗未遂の罪で起訴された。公判において、9号車でのXによる窃盗未遂の事実が証明された場合に、裁判所はこれを、7号車での窃盗の犯人がXであることの証拠として用いてよいか。公判でXが、7号車でBの財布を取得したことを認めながらも、盗んだのではなく拾ったのだと主張している場合はどうか（静岡地判昭和40年4月22日下刑集7巻4号623頁参照）。

14 Xは、保険金を不正に取得する目的で、Xを受取人とする多額の保険が掛けられている老父Fに対し、食事にヒ素を混入して摂取させるという方法で殺害行為を実行してこれを死亡させ、またその半年後に、保険金を不正に取得する目的で、Xを受取人とする多額の保険が掛けられている夫Hに対し、食事にヒ素を混入して摂取させるという方法で殺害行為を実行し、もってHをして急性ヒ素中毒に罹患させたものの、これを死亡せしめるには至らなかった、という公訴事実で起訴された。公判において、(1)XがHを上記方法により急性ヒ素中毒に罹患させたという事実、及び(2)Fの遺骨からヒ素が検出され、その死因が急性ヒ素中毒であったという事実が証明された場合に、裁判所は、(1)の事実を、XがFにヒ素を摂取させこれを殺害したということの認定に供してよいか。

15 参考裁判例18－5は、原判決の認定を違法でないとする理由として、どのようなことを述べているか。参考裁判例18－5の原審において、X（被告人）の同種前科は、何を認定するために用いられたか。この場合、具体的にどのような推論が行われるのか。それは**8**の推論と異なるか。

16 **15**の場合、本判決のいう「実証的根拠の乏しい人格評価」は行われないか。また、「争点が拡散するおそれ」はないか。

17 参考裁判例18－5が、Xの同種前科を**15**の認定に用いた原判決に違法は

ないと判断するにあたり，Xが一種の確信犯人である旨の弁解をしていたことは，何らかの意味を持ったか。Xの弁解が，本件で用いた趣意書には，寄附金はXの社会福祉のためにする宗教活動の費用に充てる旨記載しており，趣意書を一見すれば相手方もその点を了解しうると考えていたから，欺罔の意思はなかった，というものであったとすればどうか。

　Xの弁解が，寄附金を受け取った時点では社会福祉事業に用いるつもりであったが，その後，宗教活動の費用（生活費及び交通費）に流用してしまったというものであったとした場合，Xの同種前科を詐欺の犯意の認定に用いることは許されるか。

(3)　科学的証拠
Q *Elementary*

18　次の(1)から(4)のような証拠調べの請求がそれぞれなされた場合に，裁判所はこれを許可してよいか。また，このような証拠調べの結果を，犯罪事実の認定に供してよいか。これらの点につき，(1)から(4)の各場合の間で要件に違いがあるか。違いがあるとすればそれはなぜか。

　(1)　テープAに録音された人の発言と，テープBに録音された人の発言につき，双方の話者が同一人物であるか否かを裁判官に耳で聴かせて判断させるべく，これらのテープを法廷で再生する。

　(2)　テープAに録音された人の発言の声紋（音声を周波数分析装置を用いて分析して図式化したもの）と，テープBに録音された人の発言の声紋とを，声紋分析の専門家に分析させた上，両テープの声が同一人物のものであるか否かを判断させ，これを法廷で証言させる。

　(3)　テープAに録音された人の発言と，テープBに録音された人の発言とを，言語学の専門家に分析させた上，両テープの発言が同一人物によるものであるか否かを判断させ，これを法廷で証言させる。

　(4)　テープに録音された人の発言を，方言学の専門家に分析させた上，話者の出身地を判断させ，これを法廷で証言させる。

18-[2]　最二決平成12年7月17日刑集54巻6号550頁（足利幼女殺害事件）
【事案の概要】　平成2年5月12日夕刻，4歳の女児が栃木県足利市内のパチンコ店付近で行方不明になり，翌日午前10時20分ころ，同市渡良瀬川河川敷の草むらに全裸で遺棄された同児の死体が発見され，付近の川底に投棄されていた同児の半袖下着に精液が付着していることなどが判明した。警察は，その後1年以上にわたり捜査を続ける中で，X（被告人）が捨てた精液の付着したティッシュペーパーを

領置し，これと上記下着とを警察庁科学警察研究所（科警研）に送付して鑑定を嘱託した。科警研は，これらの付着した精液について血液型鑑定及びMCT118法によるDNA型鑑定（以下「本件DNA型鑑定」という）を実施したところ，両者の精液の血液型及びDNA型（MCT118部位が16-26型）がいずれも同じであり，このような同一の血液型及びDNA型の出現頻度は1000分の1.2である旨の鑑定結果を得た。そこで，この結果等に基づき，平成3年12月1日，警察官がXを取り調べたところ，Xは犯行を自白した。Xは逮捕され，わいせつ目的誘拐，殺人，死体遺棄の罪で起訴された。

　Xは，捜査段階及び第1審の当初は公訴事実を認めていたが，第6回公判期日において犯行を否認し，その後再び自白に転じたものの，最終的に犯行を否認するに至った。弁護人はDNA型分析による人の同一性識別について，その信頼性が確立されていないこと，MCT118型の鑑定は科警研のみで行われており，他の機関による批判的検討が困難であること，同一型DNA出現頻度に関する統計にも問題があること等を指摘して，DNA型鑑定結果の証拠能力は否定されるべきであるとし，本件DNA型鑑定結果を除けばXの自白に補強証拠がないから，Xは無罪であると主張した。

　第1審の宇都宮地裁は，MCT118型によるDNA型鑑定方法は科学的な根拠に基づいており，他の方法の技術的問題を克服するために開発された方法であること，開発した科警研で平成4年3月までに行った63件の鑑定で，本来のDNA型と異なる型が検出されたという問題は生じていないこと，法生物学等の基礎知識を持つ者に6ヵ月ほどの研修を行えば検査技術を習得でき，科警研以外の検査機関によっても追試可能であること，MCT118部位はヒトに特異的な部位であり，他の生物細胞による鑑定への影響は考えられないこと，同部位の増幅にはある程度のDNA量が必要なので，捜査官らが資料に触った程度ではその者に由来する細胞が鑑定に影響を与えることもないこと，仮に他者の細胞が混入しても，2人分のDNA型が検出されるだけで，当該資料の有している本来のものと全く異なるDNA型が検出されるという誤りは生じないこと，他の細胞の混入を防ぐために検査者が手袋を使用する等の対策を講じており，また他細胞の混入の有無を事前に検査していること，本鑑定でのDNA型の出現頻度の算出の基礎となったサンプルは380例であったが，この程度のサンプル数でも生物学統計上問題はないこと等からすると，DNA型鑑定に対する専門的な知識と技術及び経験を持った者によって適切な方法により鑑定が行われたのであれば，鑑定結果が裁判所に対して不当な偏見を与えるおそれはなく，これに証拠能力を認めることができると述べた上で，本件鑑定の経緯に照らし，本件では専門的な知識と技術及び経験を持った者によって適切な方法によりDNA鑑定が行われたと認め，本件DNA鑑定結果の証拠能力を肯定した。その上で，同

地裁は，同一DNA型出現頻度に関する数値の証明力を具体的な事実認定においていかに評価するかについては慎重を期す必要があるものの，325通りという著しい多型性を示すMCT118型が一致したという事実が1つの重要な間接事実になり，これと他の諸事実を併せ考慮すると，Xと本件犯行との結びつきを強く推認することができるとし，また，Xの自白の信用性についても，捜査官の強制や誘導を窺わせる事情はなく，自白内容が具体的で自然であること等を理由に，これを肯定して，Xに有罪を言い渡した（宇都宮地判平成5年7月7日判タ820号177頁）。

X側は控訴し，本件DNA型鑑定の証拠能力及び証明力を争うとともに，Xの自白の任意性及び信用性についても，Xは捜査官から犯人であることが科学的証拠により明らかである旨決めつけられて心理的に自白を強制されたものである等としてこれを争ったが，控訴審の東京高裁は控訴を棄却した（東京高判平成8年5月9日高刑集49巻2号181頁）。

控訴審は，本件DNA型鑑定結果の証拠能力に関し，まず，「DNA型鑑定の原理とその手法の妥当性」と題して，次のように述べた。

「……一定の事象・作用につき，通常の五感の認識を超える手段，方法を用いて認知・分析した判断結果が，刑事裁判で証拠として許容されるためには，その認知・分析の基礎原理に科学的根拠があり，かつ，その手段，方法が妥当で，定型的に信頼性のあるものでなければならない。

関係証拠によれば，以下の事実が認められる……。

DNA型判定は，細胞核中の染色体内にある遺伝子の本体であり，2つの紐を組み合わせたような，螺旋構造を持つDNA（デオキシリボ核酸）の，それぞれの紐に相当する部分に様々な順序で並んで結合している4種の塩基の配列に，個体による多型性があることを応用した個人識別の方法である。

本件DNA型鑑定で用いられたMCT118法は，ヒトの第1染色体のMCT118部位に位置する，特定の塩基配列（反覆単位となる塩基対は16個）の反復回数の多型性（反覆回数が人により様々に異なること）に注目し，この部分（ミニサテライト，VNTRとも呼ぶ。）をPCR法で増幅し，その増幅生成物につき，右の塩基配列の反復回数を分析するものである。この方式では，まず，検査資料の細胞から蛋白質等を除去してDNAを抽出し，次に，これを加熱してDNAの2本の鎖を解離させ，特定の塩基配列を持った2種類の試薬（プライマー）をMCT118部位に結合させて同部位を探し出したうえで，PCR法によりその部位を複製して増幅する。そして，反応混合物から分離した増幅生成物をゲル上で電気泳動にかける。このとき，既知塩基数のDNA断片混合物をDNA型判定用の指標（サイズマーカー）として隣接レーンに加えておく（本件鑑定では123塩基ラダー・マーカーを用いた。以下，123マーカーという。）。そうすると，短い（反復回数の少ない）DNAほど

ゲルの網目をすり抜けて早く動き，長い（反復回数の多い）ものほど遅くなる。このようにして，反復回数の多いものから少ないものへ，順に縦に1列に並び，帯状のバンドパターンが生ずる。これを画像解析装置で分析し，マーカーとの対比で増幅生成物の結合塩基数を求め，ミニサテライト部分の特定塩基配列の反覆回数を算出する。MCT118部位のミニサテライトでの反復回数は，本件鑑定当時，123マーカーを用いて13回から37回までの25通りが経験的に知られており（……その後，12回，38回の反覆回数を持つものもあることが判明している。），染色体は父母それぞれに由来するから，1個人につき2つのDNA型が読み取られ，例えば，反覆回数16回と26回の遺伝子対を持つ個人のDNA型は，16-26型と表示する。その2個の対立する遺伝子型の組み合わせでは，各25通りずつとすると325通りに，各27通りずつとすると378通りに，理論上分類できることになる。

　このMCT118法は，科警研のスタッフによって開発された方法で，DNA資料が微量の場合でも（新鮮な血液から精製する場合，型判定に必要なDNAは約2ナノグラム程度で足りる。），PCR増幅により比較的短時間で型の検出ができること，増幅するミニサテライトのDNA分子量が小さいため正確に増幅でき，異型率が高く，したがって異同識別能力が高いこと，DNA型分析結果の再現性が高いことなどの特長のために，犯罪捜査に有用な方法であるとされている。

　また，原審及び当審証人M，当審証人Sの各供述によれば，現在では，本件で用いられたMCT118法による型判定の検査試薬キットが市販されていて，大学などの専門機関が右キットを購入し，分子生物学，遺伝生化学などを修学した者がマニュアルにしたがって作業をすれば，同方式による型検出ができる段階にまでなっているというのであり，右各供述に当審で取調べた関係書証を併せみると，右MCT118法によるDNA型鑑定は，一定の信頼性があるとして，専門家に受容された手法であることが認められる。

　そして，本件DNA型鑑定を担当した右Mは，平成4年3月末まで科警研の法医第二研究室長を務め，法医血清学の専門家として研究，鑑定等の業務に携わり，DNA型判定の研究をしてきた者であり，同じくMを補佐して共に右鑑定を担当したSは，主任研究官として，昭和61年からDNA型判定の研究を続けてきた者であって，両名とも，多数のDNA型判定を経験し，また，同判定に関する論文も著すなど，DNA型判定に必要な専門的知識，技術と豊富な経験を持っていることが認められ，本件の鑑定作業に特段の遺漏があった事跡は窺われない。」

　次に控訴審は，「DNA型鑑定の作業の在り方」と題して，以下のように述べた。

　「……本件において，事件発生の翌日に発見された被害者の半袖下着に精液が付着していることが，間もなく（約1か月以内）捜査官に判明したが，右精液斑についてDNA型判定は試みられず，その約1年後に被告人のDNA型判定の資料（被

告人のものと思われる精液が付着したティッシュペーパー）が得られて更にしばらく経って，初めて，科警研において，両者のDNA型の異同比較の判定が行われたこと，被害者の半袖下着に付着していた精液斑のDNA型については，科警研の判定作業のために精液斑7個のうち2個から採取したDNA資料のすべてが費消されたことなどのために，右と同一の精液斑について追試はほとんど不可能な状況にあることは［が］，関係証拠に徴し……認められる。

　当審証人M，同Fの各供述，原審［のその他関係証拠］……によれば，被害者の半袖下着に付着していた精液斑につき，科警研にDNA型の鑑定が嘱託されたのは，事件発生から1年数か月経てからであるが，それまで右下着は乾燥させたうえでビニール袋に入れて，常温で保管されていたのであり（ちなみに，警察庁が科警研と協議の上，都道府県警察の科学捜査研究所が行うPCR法によるDNA型鑑定について，運用の統一を図り，信頼性を確保するため，平成4年4月に刑事局長通達として各都道府県警察本部長宛に発したガイドライン，『DNA型鑑定の運用に関する指針』（以下，指針という。）には，DNA型鑑定資料の保存にあたっては，凍結破損しない容器に個別に収納し，超低温槽（マイナス80度C）で冷凍保存するなど，資料の変質防止等に努めるべきことが謳われている。……），その間，時の経過によりDNA型判定に必要な精液斑中の精子のDNAのある程度の量が変性，破壊したであろうことは，察するに難くない。しかし，当審証人Mの供述によれば，精子のDNAは強固な蛋白質プロタミンにより保護されており，血液の場合に比べて，DNAの変性の点では，精子のDNAはかなり安定しているのであって，本件被害者の下着が，相当期間，乾燥した状態で常温下におかれ，超低温下で保管してなかったからといって，本件DNA型鑑定の信頼性を損なうような事態とはいえないというのであり，また，DNAが変性してしまうと，分断されて低分子化してしまい，MCT118部位の塩基配列が型判別に必要な量だけ増幅できず，型判定ができない結果になるはずであるが，本件の場合，PCR増幅を行ったうえ，所定の過程を履践して，確実にDNAの型判定ができたこと自体，精液斑の精子のかなりのDNAが変性しないで残存していたことを意味するというのである。そして，DNA型判定は，当初から対照資料の異同識別に用いることを目的としており，血液型判定などに比して，相当に複雑な作業過程を経るものであるから，すべての対照資料に対し，同一の環境，条件の下で型判定の作業を行うことが信頼性を確保するうえでも好ましい旨の同証人の供述は……首肯できる（前掲指針が，DNA型鑑定は，原則として，現場資料と対照するための資料がある場合に実施すべきことを謳っているのも，このような趣旨と解される。）。

　また，……原審及び当審証人Mの供述，同人及びS作成の……鑑定書……によれば，被告人の精液が付着しているティッシュペーパーからは比較的変性の少ない

相当量のDNAを抽出・精製できたため，MCT118法による型判定とHLA DQα型判定の2つのDNA型の判定作業を行ったが，右下着の精液斑2個から採取した資料からは極く少量のDNAが抽出・精製されたに止どまり，MCT118法による型判定の作業で全量を消費してしまったため，HLA DQα型判定の作業は行うことができなかったというのであって，そこには，追試を殊更に困難にしようとする行為は窺われない。一般に，鑑定の対象資料が十分あれば，鑑定作業を行った後，追試等に備えて，変性を予防しつつ残余資料を保存しておくのが望ましいことは言うまでもないが，犯罪捜査の現場からは，質，量とも，限られた資料しか得られないことの方がむしろ多いのであるから，追試を阻むために作為したなどの特段の事情が認められない本件において，鑑定に用いたと同一の現場資料について追試することができないからといって，証拠能力を否定することは相当ではない。」

そして控訴審は，本件DNA型鑑定結果の証拠能力に関する「まとめ」と題して，次のように述べた。

「……DNA型判定の手法として，MCT118法は，科学理論的，経験的な根拠を持っており，より優れたものが今後開発される余地はあるにしても，その手段，方法は，確立された，一定の信頼性のある，妥当なものと認められるのであり，したがって，DNA資料の型判定につきMCT118法に依拠し，専門的知識と経験のある，練達の技官によって行われた本件DNA型鑑定の結果を本件の証拠に用いることは，許されるというべきである。」

次に控訴審は，本件DNA型鑑定の証明力については，「MCT118法により，被害者の半袖下着の精液斑の精子のDNA型と被告人のDNA型がいずれも16-26型と判定されて合致し，その両者の血液型が，いずれもABO式がB型，ルイス式がLe（a-b+）（分泌型）と判定されて合致した事実は，両者の結び付きを吟味するうえで，重要な積極証拠として評価することができるというべきである」と述べ，また，Xの自白の任意性については，「取調官が［血液型ないしDNA型の合致の］事実を被告人に告げたことにより，被告人に不当な心理的強制を加えて任意性のない自白を引き出したという非難は当たら［ず］」，その他「被告人の自白は，違法，不当な押し付けや誘導によってその意に反して行われたものではない」とし，さらに，自白の信用性を争うX側の主張も斥けた上，「被告人が被害者…をわいせつ目的で誘拐して殺害し，遺棄したことを認定するについて，合理的疑いを容れる余地はない」とした。

X側上告。

【判示】 最高裁は上告を棄却したが，その際，職権で次のように判示した。

「本件で証拠の1つとして採用されたいわゆるMCT118DNA型鑑定は，その科学的原理が理論的正確性を有し，具体的な実施の方法も，その技術を習得した者によ

り，科学的に信頼される方法で行われたと認められる。したがって，右鑑定の証拠価値については，その後の科学技術の発展により新たに解明された事項等も加味して慎重に検討されるべきであるが，なお，これを証拠として用いることが許されるとした原判断は相当である。」

[なお，本件有罪判決の確定後，X側から宇都宮地裁に対し再審請求がなされ，これを棄却する決定に対する即時抗告審において，東京高裁は，「[本件DNA型鑑定の誤りを指摘するX側提出の]新証拠の内容，本件の証拠構造における本件DNA型鑑定の重要性及びDNA型鑑定に関する著しい理論と技術の進展の状況等にかんがみ」，DNA型の再鑑定を行う旨の決定をし，2名の鑑定人に対し，本件被害者の半袖下着を2分して，それぞれ各1片に付着する精液とXから採取した血液等の各DNA型を明らかにしてそれらが同一人に由来するか否かを判定するよう鑑定を命じた。各鑑定人が，Y染色体のSTR検査その他のDNA型鑑定を実施したところ，下着の精液の付着箇所，又は付着箇所の近くから，それぞれ，同一のDNA型を持つ男性のDNAが抽出され，かつそれはXとは異なるDNAであった（なお，上記各男性DNAは，両鑑定に共通するY染色体の6STRの型が一致したため，同一人のものと推定される）。東京高裁は，上記2名の鑑定人による鑑定のうち検察官がその信用性を争わない鑑定のみによっても，「[下着から検出された]男性DNAが本件の犯人のものと思われる遺留精液から抽出された可能性が高く，その型は申立人[X]の型と一致しないことが認められる」から，「申立人は本件の犯人ではない可能性が高い」とし，さらに，かかる事実は，「[確定有罪判決の根拠の1つである]申立人の自白についても，その信用性に疑問を抱かせるのに十分な事実といえる」と述べ，「申立人が本件の犯人であると認めるには合理的な疑いが生じている」として，再審請求を棄却した原決定を取り消し，本件について再審を開始する旨の決定をした（東京高決平成21年6月23日判時2057号168頁）。

再審公判裁判所は，即時抗告審が決定の根拠に挙げた上記再鑑定について，標準化された検査方法による実施，当該方法に対する鑑定人らの習熟，解析装置の精度，第三者による事後的検証可能性といった事情に照らすと，同鑑定は「十分信用することができる」とした上，本件DNA型鑑定（原鑑定）結果について，「証拠価値がなくなったことはもとより」，「最高裁判所決定にいう『具体的な実施の方法も，その技術を習得した者により，科学的に信頼される方法で行われた』と認めるにはなお疑いが残るといわざるを得ない[から]……，現段階においては証拠能力を認めることができない」とし，また，本件DNA型鑑定結果を告げられてしたXの自白は「信用性が皆無であり，虚偽であることが明らかである」と述べて，Xに無罪を言い渡した（宇都宮地判平成22年3月26日判時2084号157頁）。]

Q Elementary

19 本件DNA型鑑定結果は，どのような事実を認定するために用いられたか。

20 DNA型鑑定は，どのような「科学的原理」に基づくものか。また，その鑑

定結果は，どのような意味において **19** の事実の認定に用いられるのか。それは指紋の場合と同様か。

Q Basic

21 原判決及び本決定は，どのような基準，理由を挙げて，本件 DNA 型鑑定結果の証拠能力を判断しているか。参考裁判例 18 - 6，及び 18 - 7 の原審は，どのような基準，理由を挙げて，声紋鑑定結果，ポリグラフ検査結果の証拠能力を判断しているか。それらの間に違いはあるか。

22 原判決は，DNA 型鑑定に限らず，「一定の事象・作用につき，通常の五感の認識を超える手段，方法を用いて認知・分析した判断結果」について証拠能力の基準を示している。このような「判断結果」について，特別に証拠能力の基準を論じるべき理由はあるか。

23 本件で，X 側は，控訴趣意書の中で，アメリカにおけるフライ判決（1923年）のいわゆる「一般的承認」ルール（〔参考例1〕参照）に依拠して，MCT118 DNA 型鑑定法は未だ専門分野において一般的承認を得ていないから本件鑑定結果には証拠能力がないと主張し，また上告趣意書の中では，ドーバート判決（1993年）の示す「信頼性」基準（〔参考例2〕参照）に照らしても，本件 DNA 型鑑定結果の証拠能力には疑問があると主張した。フライ判決の考え方とドーバート判決の考え方とでは，どのような点に違いがあるか。また，どのような点で共通するか。「一般的承認」や「信頼性」は，「関連性」の概念とどのような関係にあるか。

本件で，X 側が控訴趣意及び上告趣意においてフライ判決やドーバート判決を援用したことに対し，原判決及び本決定は，それぞれどのような対応をしているか。

24 わが国において，**23** のようなアメリカの判例法理を援用しながら DNA 型鑑定結果等の証拠能力を論じることは適切か。参考裁判例 18 - 6 は，「未だ科学的に承認されたとまではいえない」声紋鑑定結果について，「一概にその証拠能力を否定し去るのも相当でない」とする理由として，わが国の制度上のどのような点を挙げているか（参考裁判例 18 - 7 の原審も参照）。

25 本決定は，「MCT118DNA 型鑑定……の科学的原理が理論的正確性を有［する］」と述べているが，これは，本件 DNA 型鑑定結果に証拠能力を認めるにあたっての必要条件として述べたものか。科学的原理の理論的正確性を確認しなくても，一般的な経験則にしたがって，当該事案における鑑定の具体的な方法ないし経過に照らしてその結果の正確性が個別的に肯定されれば，これに証拠能力を認めることはできないか。仮に後者のような考え方に立った場合，科学的原理の理論的正確性は，DNA 型鑑定結果を用いた事実認定においておよそ考慮されないか。**24** の点は，この問題に関してどのような意味を持つか。

26 声紋鑑定結果，ポリグラフ検査結果に証拠能力を認めることはできるか。

これらの検査結果に証拠能力を認めるためには，その科学的原理の理論的正確性は必要ないか。

27 本件でX側は，上告趣意書の中で，本件DNA型鑑定は警察庁内部でも試行錯誤の状態にあった時期（黎明期）に実施されたものであると主張しており，また原判決は，「MCT118法……より［も］優れたものが今後開発される余地はある」と述べている。これらの点は，本件DNA型鑑定結果の証拠能力に関してどのような意味を持つか。

28 本決定は，本件DNA型鑑定結果の証拠能力を論じるにあたって，科学的原理の理論的正確性のほか，どのような点に言及しているか。その点に関し，具体的にどのようなことが要求されるか。本件において，それらの点は満たされていたといえるか。

29 本件DNA型鑑定を行った者の属性や能力，鑑定に用いられた犯人の精液の保管状況，鑑定の行われた時期，及び鑑定の具体的方法如何は，本件DNA型鑑定結果の証拠能力に関してどのような意味を持つか。この点につき，原判決はどのように判断しているか。

30 ポリグラフ検査結果の証拠能力を判断するにあたり，被検査者が検査を受けるまでに捜査機関から事件についての情報を与えられていたか否かという点は，どのような意味を持つか（参考裁判例18－⑧参照）。

31 DNA型鑑定結果に証拠能力を認めるためには，当該鑑定が「目隠し（ブラインド）テスト」（検査者が検査対象となる資料の属性を知らないことを条件として行われる検査）あるいは複数の検査者によるテストの方法によって行われたものである必要はあるか。

32 本件では，捜査機関による鑑定作業のため，被害者の下着に付着していた精液斑7個のうち2個からDNA資料が採取されたが，採取されたDNA資料についてはそのすべてが捜査機関によって費消されていた。この点は，本件DNA型鑑定結果の証拠能力に関してどのような意味を持つか。原判決は，この点につきどのように判断しているか。

33 DNA型鑑定結果に証拠能力が認められた場合に，その証明力を判断するに際して留意すべき事項としてどのようなことが考えられるか。この点について，本決定はどのように述べているか。

強制性交等事件において，被告人と犯人とを結びつける証拠が，被害者の体内から採取された精液と被告人の精液のDNA型が一致するとの鑑定書しかない場合，被告人を有罪としてよいか。当該同一のDNA型の出現頻度が，1000分の1であるとすればどうか。同じく100万分の1とされる場合，1兆分の1とされる場合はどうか（横浜地判平成24年7月20日判タ1386号379頁参照）。

34 33の事件において，被告人と犯人とを結びつける証拠として，上記の鑑定書のほか，捜査段階において DNA 型鑑定結果を被疑者に示して行われた取調べにより得られた自白がある場合，被告人を有罪としてよいか。

Q Advanced

35 本件の第1審で有罪認定に供された MCT118DNA 型鑑定と，再審請求即時抗告審における鑑定で用いられた DNA 型鑑定とでは，その「科学的原理」(の理論的正確性) に違いはあるか。「具体的な実施の方法」(の科学的な信頼性) についてはどうか。また，それぞれの証明力はどのようなものか。

36 参考裁判例 18-7 が，ポリグラフ検査結果回答書について，当事者の同意があった点に言及した上で，その証拠能力を肯定したことは，どのような意味を持つか。仮にポリグラフ検査結果に関連性が認められないとしても，当事者の同意があればこれを証拠としてよいか。

37 捜査機関が，任意で取り調べていた被疑者に対して行ったポリグラフ検査結果を疎明資料として，同被疑者について逮捕状を請求することは許されるか。

38 筆跡鑑定とはどのようなものか。筆跡鑑定結果に証拠能力を認めることはできるか。(参考裁判例 18-9 参照)

いわゆる伝統的筆跡鑑定方法は多分に鑑定人の経験や勘に頼るところがある，と指摘されることがある。他方，古文書の研究においては，文書の筆者の判定等に筆跡鑑定が用いられることも少なくない。こうしたことは，伝統的筆跡鑑定方法による筆跡鑑定結果の証拠能力に関してどのような意味を持つか。

18-3　最一決昭和62年3月3日刑集41巻2号60頁（カール号事件）

【事案の概要】 昭和56年4月8日午前7時35分ころ，佐賀県武雄市内の山間の市道において，登校中の女子高校生 A（当時17歳）に対し，顔面にストッキング様のものを被り山中の草かげに潜んでいた何者かが，包丁様の刃物を突きつけ，A の背部を押す等して道路西側斜面下の草むらに連れ込み，さらに，脅迫しながら市道を横断して道路東側山中の方向に手を引っ張って行く等の暴行を加え，A を強姦しようとしたが，たまたま自動車が接近してきたため犯行の発覚を恐れて山中に逃走し，強姦の目的を遂げなかったものの，A に全治3日間を要する傷害を負わせた。本件発生直後に現場を通りかかった B らから通報を受け，警察官らが直ちに現場に急行した。犯行現場には，付近住民5，60人も集まり，午前9時過ぎころから山狩りが開始された。同じころ，現場付近で警察官 C は，犯人が残したと思われる足跡を追い，その途中，臭気保存のためその足跡4ヵ所にビニールのおおいをかけた。他方，本件現場から130メートルほど南へ下った地点から山中の捜索を始めていた D らは，午前10時近くに，山の中腹付近で，当日遺留したと思われる青

色の靴下1足を発見した。また，これに先立ち，午前7時40分ころ，本件犯行現場から徒歩10〜12分ほどの空き地で，新聞配達人Eが普通乗用自動車を発見しており，午前9時ころ，Eは，その旨を警察官に連絡し，同車の駐車場所に案内した。

本件捜査にあたり，午前9時過ぎころから警察犬2頭が出動し，そのうちカール号（以下「カール」という）が前記足跡臭の追跡を行ったが，40分ほどで前記靴下発見の報が入ったので中断し，また，もう1頭のジャック号が前記靴下臭気による追跡を行ったが，途中本件各臭気について選別検査を実施する旨の報が入ったのでこれも中断した。そして午後0時から0時50分にかけて，田地内で，カールを使っての臭気選別が行われた。

選別に用いられた原臭は，前記足跡臭（前記Cがビニールのおおいをかぶせていた犯人の足跡につき，佐賀県警察本部刑事部機動鑑識班員Fが午前10時半ころ，手袋をはめ，ピンセットで無臭ガーゼを挟み，足痕跡の上にガーゼを載せピンセットで2，3回軽く押さえ，再びそのピンセットでつまみ足跡の横を2，3回なで，それを新品のビニール袋に入れるという方法で，1つの足跡から1つ，計2つを採集し，ビニール袋に封をしてポケットに入れていたもののうちの1つ［もう1つは追跡に使用した］），対照臭は，前記遺留靴下（午前10時前ころ，前記Dらが発見し，竹の棒で拾い，道路端に横倒しにされていた古い電柱の上に置き，その後再び竹の棒に引っかけて本件犯行現場に持参したものを，現場にいた鑑識課員Gが布製手袋をしてこれを裏返すなどして付着物の確認をした後，別々にビニール袋に入れていたものの一方［もう一方は追跡に使用した］）の臭気，及び前記遺留車両の取っ手の臭気（午前中，佐賀県警察本部捜査一課のHがナイロン製の手袋をして無臭ガーゼをピンセットで挟み，運転席側ドア外側の取っ手の内側にあて，4，5回こすり，ガーゼを裏側にして4，5回こするという方法で，1枚につき30秒ほどかけて3枚のガーゼに臭気を移し，ナイロン袋に入れて封をし，前記鑑識課員Gに手渡していたもの）であった。誘惑臭は，当日捜査従事中の警察官7名が無臭ガーゼを掌にこすりつける方法によって採集したが，この7名の中には前記靴下に直接布製手袋で触れた前記Gが含まれていた。

予備選別は，誘惑臭の1つを原臭かつ対照臭とし，他の誘惑臭のうち4つを誘惑臭として，3回実施したが，カールは3回とも対照臭を持来した。また，本選別は上記の方法で各3回実施したが，いずれも対照臭を持来した。その実施にあたっては，1回毎にガーゼをとりかえ，ガーゼの配置に際してはカール及び指導手であるIには見せないようにした。なおカールは，当時生後6歳で，警察犬訓練学校で高等課程までの訓練を終了，警察犬の大会で常に上位にランクされ，多数の賞をえた経歴の警察犬であり，また100回を超える出動経験を有していた。カールの指導手Iは，カールの所有者であり，指導手としての訓練も受け，カールと共にしばしば出動していた。

捜査当局は，この臭気選別により，各臭気が同一人のものとの結果が出たとして，

前記車両の運転者が本件犯人であるとの疑いを強め，さらに捜査を進めた。そして，同車両を当日放置現場に放置したのは，同車の所有者であるＸ（被告人）であるとの証拠を得たこと等から，Ｘを本件犯人と断定し，6月8日，Ｘを本件被疑者として通常逮捕した。その後Ｘは強姦致傷の罪で起訴された。

第1審公判では，Ｘと犯人との同一性が争われたが，佐賀地裁は，上記臭気選別に基づき司法警察員Ｊほか2名が作成した昭和56年4月8日付「警察犬による物品選別結果報告書」と題する書面等を証拠として，有罪判決を言い渡し，控訴審の福岡高裁もこれを支持した。Ｘ側は，犬の臭気選別についてはその正確性，信頼性についての科学的裏付けがなく，その検査結果に対して実質的に被告人の反対尋問の機会は保障されていないから，かかる検査結果を証拠として被告人を有罪とすることは，憲法31条の保障する適正手続に反する，カールの選別能力及び指導手Ｉの能力については未だ十分な立証がなされておらず，本件選別実施の条件，方法も不適切であり，臭気選別報告書に証拠能力は認められない，等主張して上告した。

【判示】　上告棄却。

「警察犬による本件各臭気選別の結果を有罪認定の用に供した原判決の当否について検討するに，記録によると，右の各臭気選別は，右選別につき専門的な知識と経験を有する指導手が，臭気選別能力が優れ，選別時において体調等も良好でその能力がよく保持されている警察犬を使用して実施したものであるとともに，臭気の採取，保管の過程や臭気選別の方法に不適切な点のないことが認められるから，本件各臭気選別の結果を有罪認定の用に供しうるとした原判断は正当である（右の各臭気選別の経過及び結果を記載した本件各報告書は，右選別に立ち会った司法警察員らが臭気選別の経過と結果を正確に記載したものであることが，右司法警察員らの証言によって明らかであるから，刑訴法321条3項により証拠能力が付与されるものと解するのが相当である。）。」

Q Advanced

39　いわゆる犬の臭気選別は，どのような方法によって行われるか。

40　犬の臭気選別試験結果の証拠能力について，本決定はどのように述べているか。

41　犬の臭気選別の基礎をなす原理は，判例18-2のいう「理論的正確性」を有するか。

42　犬の臭気選別試験結果に証拠能力を認めることはできるか。これに証拠能力を認めるためには，その科学的原理の理論的正確性は必要か。

43　化粧品会社の研究員であり嗅覚が極めて優れているとされるＡが路上で強制わいせつの被害にあったとされる事件の捜査の過程で，Ａが，被害を受けた際に犯人から感じた臭いはＢ社の「Ｃ」という銘柄のオーデコロンの臭いであった

と供述した。この事件の被疑者 X の自宅を捜査機関が捜索した際, X が日常使用しているると思われるオーデコロンの瓶が発見されたが, それは B 社の「C」であった。この事件の公判において, 犯人から B 社の「C」の臭いがした旨述べる A の供述に, 本件犯罪事実を認定するための証拠としての証拠能力を認めることはできるか。A の供述と, 犬の臭気選別との間で, 証拠能力の有無及び証拠としての取扱いの点において, 違いはあるか。

〔参考例 1〕 Frye v. United States, 293 F. 1013 (D. C. Cir. 1923) (アメリカ)
　　X（被告人）は第 2 級謀殺罪で有罪とされたが, その公判において X 側が, X に対して行われた「嘘発見テスト」の結果について証言させるべく専門家証人の証人尋問を請求したところ, これが却下されたことが, 上訴審で争われた。この嘘発見テストは, 意識的に嘘を述べることにより心収縮期血圧が急上昇するとする理論に依拠したものであった。コロンビア特別区連邦控訴裁判所は次のように述べて, 原審の有罪判決を是認した。
　「科学的な原理ないし発見が, 実験段階と確証段階との間の線をどの時点で越えるのかを明確にするのは難しい。こうした中間領域のどこかで, かかる原理の証拠としての力が認められなければならない。そして裁判所は, 十分に認められた科学的な原理ないし発見から演繹される専門家証言を許容することで大いに役立つであろうが, 他方, そのような演繹の根拠となる事柄は, それが属する特定の分野において一般的な承認を得たものであることが十分に確証されなければならない。」「当裁判所は, 心収縮期血圧による嘘発見テストは, ［それに基づく専門家証言の許容］を正当化するほどの地位や科学的承認を, まだ生理学や心理学のオーソリティーの間で得てはいないと考える。」

〔参考例 2〕 Daubert v. Merrell Dow Pharmaceuticals, Inc., 509 U. S. 579 (1993) (アメリカ)
　　身体に重大な障害を負って生まれた児童 2 人とその両親が, その障害は母親が妊娠中にメレル・ダウ製薬株式会社の製品である「ベンデクティン」という嘔吐抑制剤を服用したことによって引き起こされたものであるとして, 同社に対して損害賠償を求める訴えを起こした。被告会社側は, 13 万人以上の患者を対象にした 30 以上の公刊された研究を調査した結果から, 妊娠初期 3 ヵ月間における妊婦のベンデクティン服用が先天性異常の危険要因となるという証拠はない, と述べる疫学者の宣誓供述書を提出し, 原告の訴えを正式裁判によらずに斥けるよう申し立てた。原告側は, 公刊の疫学的研究に対して行った再評価等を基にベンデクティンが先天性異常を引き起こしうる旨の結論を出していた 8 名の専門家の証言をもって, 被告側

申立てに対抗しようとしたが，カリフォルニア州南地区連邦地方裁判所は，原告側の証拠は「一般的承認」の基準を満たさない（上記疫学的研究に対する再評価は，公刊されておらず，他の専門家による吟味も受けていないから，証拠として認められない）としてこれを斥け，原告の訴えを却下した。第9巡回区連邦控訴裁判所もこれを支持したが，連邦最高裁判所は，以下のように判示して原判決を破棄し，事件を原審に差し戻した。

「フライ・テストは連邦証拠規則の制定によって廃棄された［とする原告側主張］に我々は同意する。」「［専門家証言に関する規定である］連邦証拠規則702条*の文言上，『一般的承認』が許容性の絶対的要件とされたとはいえない。……同規則制定過程においてもフライ判決への言及はなかったし，また，厳格な『一般的承認』要件は，同規則の［証拠の許容性を緩やかに認める基本的立場］と矛盾する。……」

「しかし，フライ・テストが同規則に取って代わられたということは，同規則が科学的証拠の許容性について何ら制限を置かないということを意味するものではない。……同規則の下では，公判裁判官は，……いかなる科学的証言・証拠についても，関連性のみならず信頼性をも有するものであるよう確保しなければならないのである。」「［同規則702条によれば，専門家が証言する内容は「科学的な知識」でなければならないところ］『科学的』とは，科学の方法や手続に基盤を有しているということを含意する。また『知識』とは，主観的考えや根拠のない憶測を超えたものを意味する。……要するに，専門家の証言が『科学的知識』に関係するものでなければならないという要件は，証拠としての信頼性という基準を立てるものなのである。」「702条はさらに，証拠・証言が［事実認定者の証拠評価や事実認定を］『助ける』ものであることも要求している。……［これは］，［要証事実］との有効な科学的結びつきを，許容性の要件とするものである。」

「［従って，専門家の科学的証言の取調べ請求があった場合，公判裁判官は，これら2要件を判断しなければならないが］この判断には，証言の基礎にある理論や方法が科学的に有効であるか否か，及びその理論や方法が当の事実に適切に適用されうるか否かについての……評価が含まれる。この審査には多くのファクターが関係する［が，とりわけ以下のものが挙げられる］……。」「通常，ある理論や技法が事実認定者を助ける科学的知識であるか否かを判断する際に検討すべき主たる問題は，その理論や技法がテスト可能である（またテストされたことがある）かどうかであろう。……」「もう1つの考慮事項は，その理論や技法が他の専門家による吟味を受け，また公刊されているか否かである。公刊は……必ずしも許容性の絶対条件ではない［が］……科学界で吟味を受けることは，『良質な科学』の一要素である。……」「さらに，特定の科学的技法について，裁判所は通常，誤謬の発生した又は発生しうる率，及び当該技法の実施を規制する基準［の存否］並びにその整備［の状況］を考慮に入れるべきである。……」「最後に，『一般的承認』が，依然としてかかる

審査に関係しうる。……広い承認は，当該証拠に許容性を認めるにあたっての1つの重要なファクターたりうる。……」「702条の予定する審査は，柔軟なものである。そこでの最も重要な問題は，［当該専門家証言の］基礎をなす原理の科学的有効性——従ってまた，その証拠としての関連性と信頼性——である。無論，焦点は原理や方法にのみ置かれるべきであって，それらの生み出す帰結に置かれるべきではない。」

＊連邦証拠規則702条（ドーバート判決当時）
「科学的又は技術的その他専門的な知識が，事実認定者による証拠の理解又は争点事実の判断を助けると思われる場合，知識，技能，経験，訓練又は教育により専門家としての資格を認められる証人は，そのような科学的又は技術的その他専門的な知識につき，意見その他の形で証言を行うことができる。」

参考裁判例 18 - 4　最一決平成25年2月20日刑集67巻2号1頁

　X（被告人）は，平成16年8月から同17年8月までの間の，住居侵入，窃盗（未遂を含む。以下同じ），現住建造物等放火など計20件の事実について起訴された。第1審判決は，全ての事実についてXを有罪と認定し，Xが事実誤認等を理由に控訴した。原審の広島高裁岡山支部は，控訴棄却の判決を言い渡したが，事実誤認の控訴趣意を排斥するに当たり，Xの前科（昭和47年9月から同48年9月までの間の窃盗13件，同未遂1件，現住建造物等放火1件，同未遂2件等の罪での前科，及び平成2年3月から同年12月までの間の住居侵入・窃盗10件，住居侵入・窃盗・現住建造物等放火2件，住居侵入未遂1件の罪での前科）に係る犯罪事実，並びに本件起訴に係る事実のうちXが自認している10件の住居侵入・窃盗の事実等から，Xには，ア　住居侵入・窃盗の動機について，いわゆる色情盗という特殊な性癖が，イ　住居侵入・窃盗の手口及び態様について，①侵入先を決めるに当たって下見をするなど何らかの方法により女性の居住者がいるという情報を得る，②主な目的は女性用の物を入手することにあり，それ以外の金品を盗むことは付随的な目的である，③家人の留守中に窓ガラスを割るなどして侵入するという特徴が，ウ　現住建造物等放火について，女性用の物を窃取した際に，X本人にも十分に説明できないような，女性に対する独特の複雑な感情を抱いて，室内に火を放ったり石油を撒いたりするという極めて特異な犯罪傾向が，それぞれ認められるとし，これらの特徴等が，Xが犯人性を争っている8件の住居侵入・窃盗・現住建造物等放火の各事実に一致するとし，このことが上記各事実の犯人がXであることの間接事実の一つとなるとした。X側上告。

　最高裁は，上告理由に当たらないとしたが，職権で，次のように述べて，上記原判決の判断を違法とした（ただし，その余の証拠によれば，第1審判決に事実誤認はないとした原判断は是認できるから，原判決の違法は判決に影響を及ぼすものではないとして，上告を棄却した）。

「(1) 前科証拠を被告人と犯人の同一性の証明に用いようとする場合は，前科に係る犯罪事実が顕著な特徴を有し，かつ，その特徴が証明の対象である犯罪事実と相当程度類似することから，それ自体で両者の犯人が同一であることを合理的に推認させるようなものであって，初めて証拠として採用できるところ（最高裁平成…24年9月7日第二小法廷判決［判例18-1］……参照），このことは，前科以外の被告人の他の犯罪事実の証拠を被告人と犯人の同一性の証明に用いようとする場合にも同様に当てはまると解すべきである。そうすると，前科に係る犯罪事実や被告人の他の犯罪事実を被告人と犯人の同一性の間接事実とすることは，これらの犯罪事実が顕著な特徴を有し，かつ，その特徴が証明対象の犯罪事実と相当程度類似していない限りは，被告人に対してこれらの犯罪事実と同種の犯罪を行う犯罪性向があるという実証的根拠に乏しい人格評価を加え，これをもとに犯人が被告人であるという合理性に乏しい推論をすることに等しく，許されないというべきである。

(2) これを本件についてみるに，原判決指摘アの色情盗という性癖はさほど特殊なものとはいえないし，同イの，あらかじめ下見をするなどして侵入先の情報を得る，女性用の物の入手を主な目的とする，留守宅に窓ガラスを割るなどして侵入するという手口及び態様も，同様にさほど特殊なものではなく，これらは，単独ではもちろん，総合しても顕著な特徴とはいえないから，犯人が被告人であることの間接事実とすることは許されないというべきである。また，原判決指摘ウの『特異な犯罪傾向』については，原判決のいう『女性用の物を窃取した際に，被告人本人にも十分に説明できないような，女性に対する複雑な感情を抱いて，室内に火を放ったり石油を撒いたりする』という行動傾向は，前科に係る犯罪事実等に照らしても曖昧なものであり，『特異な犯罪傾向』ということは困難である上，そもそも，このような犯罪性向を犯人が被告人であることの間接事実とすることは，被告人に対して実証的根拠の乏しい人格的評価を加え，これをもとに犯人が被告人であるという合理性に乏しい推論をすることにほかならず（前掲最高裁平成24年9月7日判決参照），許されないというべきである。」

「裁判官金築誠志の補足意見は，次のとおりである。

……原判決は，間接事実となるべき被告人の他の犯罪事実として，現住建造物等放火の含まれる事実を挙げていないところ，本件において，被告人の他の犯罪事実が犯人性を認めるための間接事実として許容できるか否かという点で，より検討を要するのは，併合審理されている現住建造物等放火の各事実についてであると思われる。……［被告人は］，現住建造物等放火の含まれる10件の事実のうち，……［2件］については，……放火を含め，犯人であることを認めて［いる］……。……問題は，争いのある8件の放火の犯人が被告人と認められるかどうかである。……

……被告人の認めている2件の住居侵入・窃盗・現住建造物等放火を，他の8件の住居侵入・窃盗・現住建造物等放火の犯人が被告人であることの間接事実とすることができるのかという観点……については，他の類似犯罪事実をもって被告人の犯罪傾向を認

定し，これを犯人性の間接証拠とするという点で，上記第二小法廷判決が戒める人格的評価に基づく推論という要素を含んでいることは否定できない。したがって，基本的には，同判決が示した法理に従うべきであろうが，この法理が，自然的関連性のある証拠の使用を，不当な予断・偏見のおそれや合理的な根拠に乏しい認定に陥る危険を防止する見地から，政策的考慮に基づいて制限するものであることに鑑みれば，『顕著な特徴』という例外の要件について，事案により，ある程度の幅をもって考えることは，必ずしも否定されないのではないだろうか。

上記第二小法廷の事案が，窃盗の件数は31件の多数に上るのに，放火は1件にとどまるのに対し，本件は，20件のうちの半数において放火が起訴され，しかも約4か月という短期間に多数の類似犯罪事実が連続的に犯されたというものであって，事案に重要な差異がある。また，……本件においては，被告人が上記多数の住居侵入・窃盗の犯人であることは，他の証拠によって立証されており，その犯人と放火犯人との同一性という，限局された範囲における推認であることも，考慮すべき点といえよう。さらに，併合審理される類似事実については，前科についてみられる，その存在自体で人格的評価を低下させる危険性や，同判決が指摘する争点拡散のおそれは，考え難い。これらの点を総合的に考慮すれば，本件において『顕著な特徴』という要件が満たされていると解する余地もあるのではないかと思う。」

◻ **参考裁判例18－5**　最三決昭和41年11月22日刑集20巻9号1035頁

X（被告人）は，生活費に窮した結果，社会福祉のための募金と称して寄附金を集め，これを生活費に充当しようと企て，昭和40年8月2日，兵庫県洲本市内のA銀行B支店において，同行行員Cに対し，実際には社会福祉事業に使用する意思も能力もないのにかかわらず，「身よりのない老人に対する福祉促進趣意書」と題する書面を呈示した上，「恵まれない人の援護をしておりますので寄附をお願い致します」などと言って欺り，Cをして上記福祉事業に有意義に使用されるものと誤信させた上，即時同所において，Cより寄附金名目で現金1000円の交付を受けてこれを騙取したのをはじめ，同様にして昭和40年3月23日ころから同年8月18日ころまでの間，前後202回にわたり，主に各所の銀行の支店において，それぞれ他人から金員（合計20万1500円）を騙取したとして，詐欺罪により有罪とされた。これに対しX側は，「その信仰によって霊感を体得し，自己が祈念することによりその仏力，法力により社会福祉の向上が達成せられるものと信じ，……本件金員もすべて被告人の社会福祉のためにする宗教活動に要する費用（生活費及び交通費）に充てる布施として受取ったもので，而もそれは銀行等を通じて仏から下されたものと考えており騙取したものではない。したがって外形的には詐欺罪を構成するとしても犯意を欠き無罪である。……被告人［は］一種の確信犯人であり，したがって少なくとも自己の行為を絶対に正しいと信じてしたものである」等と主張して控訴したが，控訴審は，「［Xは］昭和38年9月19日神戸地方裁判所尼崎支

部で本件と同様手段による詐欺罪に因り懲役刑に処せられ現在なおその刑執行猶予期間中の身であり，本件行為もその態様に照し詐欺罪を構成するものであることの認識があったと思われる」等と述べ，被告人に犯意がなかったとは認められないとして控訴を棄却した。X側は，公訴事実に関する被告人の有罪の証明として，被告人が行った他の犯罪を証拠とすることは，たとえそれが同一の性質のものであったとしても許されない，等と主張して上告した。

最高裁は上告を棄却したが，その際括弧書で次のように述べた。

「犯罪の客観的要素が他の証拠によって認められる本件事案の下において，被告人の詐欺の故意の如き犯罪の主観的要素を，被告人の同種前科の内容によって認定した原判決に所論の違法は認められない」。

参考裁判例 18-6　東京高判昭和 55 年 2 月 1 日判時 960 号 8 頁
（検事総長にせ電話事件）

X（被告人）は，昭和 51 年 8 月 4 日午後 11 時ころ，当時の内閣総理大臣 A 方に電話をかけ，検事総長でないのに検事総長の B であると称して，いわゆるロッキード事件に関連して外国為替及び外国貿易管理法違反により勾留中の前内閣総理大臣 C の処分等について直接裁断を仰ぎたい旨を申し向けるなどして，検事総長の官職を詐称したとして，軽犯罪法 1 条 15 号違反（官名詐称）の罪により，拘留 29 日の有罪判決を受けた。この第 1 審判決は，東京都千代田区内のホテルの一室で X が上記にせ電話の録音テープを新聞記者らに再生して聴かせた際に，その再生の前に行われた X と記者らとの間の会話及び上記にせ電話録音テープの前半部分の再生音を，記者らのうちの 1 人 D が録音していたテープ（符 1 号），その翌々日に X と上記記者らのうちの 1 人 E が電話で事件について行った会話を，E が録音していたテープ（符 8 号）を，証拠として挙げていた。また，1 審の公判では，これらのテープに録音された音声を含む各音声につき鑑定を行い，本件にせ電話をかけた者の音声が X の音声である（又はその可能性が大きい）等とした科学警察研究所技官 F 作成の声紋鑑定書も証拠採用され，取り調べられたが，判決において有罪認定の証拠としては挙げられていなかった。

X 側は，本件にせ電話の主が X である旨の原判決の認定には事実誤認がある等主張して控訴したが，その中で，上記声紋鑑定書を原審が証拠採用したことについても争った。東京高裁は，上記事実誤認の点も含め X 側主張を斥け，控訴を棄却したが，その際，声紋鑑定書に関して以下のように述べた。

「原審証人 F の証言に照し検討すると，音声を高周波分析や解析装置によって紋様化し画像にしてその個人識別を行なう声紋による識別方法は，その結果の確実性について未だ科学的に承認されたとまではいえないから，これに証拠能力を認めることは慎重でなければならないが，他面陪審制を採らず，個別的具体的な判断に親しむわが国の制度の下では，各種器械の発達及び声紋識別技術の向上に伴い，検定件数も成績も上昇して

いることにかんがみれば，一概にその証拠能力を否定し去るのも相当でなく，その検査の実施者が必要な技術と経験を有する適格者であり，使用した器具の性能，作動も正確でその検定結果は信頼性あるものと認められるときは，その検査の経過及び結果についての忠実な報告にはその証明力の程度は別として，証拠能力を認めることを妨げないから，本件において，10数年音声識別の研究に従事し多数の声紋法による個人識別の鑑定例を持つ鑑定人Ｆの作成した鑑定書について原審がその作成経緯の証言を経て証拠として採用したことは相当と認められるところ，原判決はこれを罪となるべき事実についての証拠としては掲げていないが，同鑑定書の記載中，本件偽電話において最高検察庁のＢであると称する者の音声（符1号）と被告人の音声であることの明らかな前記告白電話中の被告人の音声（符8号からの再録音），検察官Ｇとの電話中の被告人の音声（符6号），Ｈテレビでの対談中の被告人の音声（符7号）とを比較した結果，順次『同一人の音声である可能性が大きい』『その可能性が極めて大きい』『同一人の音声であると認められる』旨の鑑定結果は，前記原審におけるＦの証言からも明らかなように，これらの対照音声がいずれも識別の容易な通常会話中のものであることに徴しても，また符1号テープを再生して繰返し聴取すると，右偽電話のＢと称する者の声が当初は含み声であるのが会話でのやり取りが激しくなるにつれて，その音声，語調，合いの手の入れ方等が次第に他の録音における被告人の声に似て聞えることを併せ考えても信頼性が低いとはいえず，少くとも原判決の前示の判断を補強するものと認められるから，結局原判決には所論の事実誤認があるということはできない。」

［Ｘは上告し，上告趣意の中で声紋鑑定の証拠能力・証明力の点についても争ったが，最高裁は，それらの点に関する主張は適法な上告理由にあたらないとして，上告を棄却した（最三決昭和56年11月20日刑集35巻8号797頁［参考裁判例9-7］）。］

参考裁判例18-7　最一決昭和43年2月8日刑集22巻2号55頁

　Ｘ（被告人）は，昭和38年12月13日ころ，東京都小平市のＡ方において，Ａ所有の額面10万円の定額郵便貯金証書1枚を窃取した上，同日ころ，行使の目的をもって，上記定額郵便貯金証書裏面の受領証欄にＡの氏名を冒書し，さらに同月16日ころ，小金井市の小金井郵便局内において，上記冒書したＡの名下に，Ａの姓を刻した印鑑を押捺して，Ａ名義の定額郵便貯金払戻受領証1通の偽造を遂げ，その場で同局係員に対し，自己がＡの妻であるかの如く装って，上記偽造した受領証付額面10万円の定額郵便貯金証書を提出して行使し，額面3万円の定額郵便貯金証書1枚及び現金7万6396円の交付を受けてこれを騙取したとして，窃盗，私文書偽造，同行使，詐欺の罪により第1審で有罪判決を言い渡された。

　本件の捜査段階において，Ｘは，捜査官の取調べに対し，1度行った自白を翻し，Ａの妻ＢがＡに内緒で貯金をおろすにつき，Ｂが無筆に近いため，その依頼によりＡの氏名を代書したにすぎないと主張したが，他方，Ｂがこれを否定したため，Ｘ及びＢ

の希望により，ポリグラフ検査が実施された。そして同検査の結果は，Ｂの供述には虚偽がないというものであった。第１審の公判では，このポリグラフ検査結果の回答書２通が，検察官から321条４項書面として証拠調べ請求され，検査・作成者Ｃの証人尋問の後，Ｘ側が同回答書を証拠とすることに同意したので，その取調べが行われた。

　第１審の有罪判決に対し，Ｘ側は，同判決はその証拠として，（一）警視庁科学検査所長作成の昭和39年４月13日付ポリグラフ検査結果回答についてと題する書面（Ｃ作成の検査回答書添付のもの），（二）警視庁科学検査所作成の昭和39年４月14日付鑑定結果回答についてと題する書面（Ｃ作成のポリグラフ検査結果報告についてと題する書面添付のもの），及びそのほか（三）から（一二）の各証拠を引用し，これらとその余の証拠とを総合して前記事実を認定しているところ，上記（一）から（一二）の各証拠はいずれもＸ及びＢに対するポリグラフ検査の経過及び結果並びにこれに関する検査者の供述を内容とするものであり，ポリグラフ検査結果の確実性は未だ科学的に承認されていないから，これらは全て証拠能力を有しない，等と主張して控訴した。

　控訴審の東京高裁は，原審公判廷における各証人の供述，Ｘの司法警察員に対する自白，その他の証拠を総合すれば，ポリグラフ検査の経過及び結果に関する各証拠をまつまでもなく，第１審判示の各事実を優に認めることができるとしたが，さらに，上記ポリグラフ検査結果に関しても，「ポリグラフ検査は，ポリグラフ（同時記録器）を使用し，検査者の発する質問に反応して被検者の示す呼吸波運動，皮膚電気反射及び心脈波を同時に記録し，その結果を検討して被検者の有罪意識の有無乃至供述の真偽を判定する一種の心理検査若しくは心理鑑定であり，ポリグラフ検査回答書は，ポリグラフ検査を実施した者が，その検査の経過及び結果を記載して作成する書面であって，刑事訴訟法第321条第４項所定の書面（鑑定の経過及び結果を記載した書面で鑑定人の作成したもの）に類似する性質のものであるが，ポリグラフ検査結果の確実性は，未だ科学的に承認されたものということはできず，その正確性に対する（第三者の）判定もまた困難であるから，軽々にこれに証拠能力を認めるのは相当でないと同時に，わが国における刑事裁判が陪審制によっていないこと，ポリグラフ器械の規格化及び検査技術の統一と向上に伴い，ポリグラフ検査結果がその検定確率の上昇を示しつゝあることなどにかんがみると，一概にこれが証拠能力を否定することも相当でない。そして，これを本件について見るに，原判決が証拠に引用している所論（一）のＣ作成の検査回答書及び同（二）のＣ作成のポリグラフ検査結果報告についてと題する書面は，それぞれ検査者Ｃの実施した被検者Ｘ（被告人）及び関係者Ｂに対するポリグラフ検査の経過及び結果を右検査者が記載して作成した報告文書であるが，これらは，いずれも原審において検察官が，刑事訴訟法第321条第４項所定の書面としてその取調を請求し，被告人側において，これを証拠とすることに同意したものであり，且つ所論（三）の証拠すなわち，原審証人Ｃの供述に徴し，各書面はいずれも検査者が自ら実施した各ポリグラフ検査の経過及び結果を忠実に記載して作成したものであること，検査者は検査に必要な技術と

経験とを有する適格者であったこと、各検査に使用された器具の性能及び操作技術から見て、その検査結果は信頼性あるものであることが窺われ、これによって各書面が作成されたときの情況に徴し、……これを証拠とするに妨げがないものと認められるので、同法第326条第1項所定の書面として証拠能力があり、しかもその内容において……被告人の自白及び証人Bの各供述の信憑性を裏付け、……［その他の］証拠と相いまって、原判示事実を肯定するに足りるから、原判決が、これらポリグラフ検査の経過及び結果に関する各証拠を事実認定の資料に供したのは毫も違法ではない。」と述べて、控訴を棄却した（東京高判昭和42年7月26日高刑集20巻4号471頁）。X側上告。

最高裁は上告を棄却したが、その際括弧書で次のように述べた。

「ポリグラフの検査結果を、被検査者の供述の信用性の有無の判断資料に供することは慎重な考慮を要するけれども、原審が、刑訴法326条1項の同意のあった警視庁科学検査所作成の昭和39年4月13日付ポリグラフ検査結果回答についてと題する書面〔C作成の検査結果回答書添付のもの〕および警視庁科学検査所作成の昭和39年4月14日付鑑定結果回答についてと題する書面〔C作成のポリグラフ検査結果報告についてと題する書面添付のもの〕について、その作成されたときの情況等を考慮したうえ、相当と認めて、証拠能力を肯定したのは正当である。」

◯ **参考裁判例18-8**　札幌高判平成14年3月19日判時1803号147頁
（事案の概要は、15-3 を参照）

殺人事件に関し、第1審の無罪判決に対する検察官側控訴にかかる控訴審において、札幌高裁は、争点となった殺意の存在につき、被告人が殺意をもって被害者Aを死亡させたとするには合理的な疑いが残るとした原審の判断を是認したが、その判示中で次のように述べた。

「所論は、ポリグラフ検査の結果、被告人にはAを誘拐して殺害した容疑があるものと思われるとの判定が出ているが、これは被告人の殺意を認定する有力な情況証拠であり、これと他の情況証拠を合わせれば被告人の殺意を優に認定することができると主張する。

関係証拠……によれば、昭和63年8月4日午前に被告人に対してポリグラフ検査が実施され、検査に当たったKは、対照質問法及び探索緊張最高点質問法に基づいて質問を行い、対照質問法における『A君を誘拐した犯人を知っていますか』『A君を誘拐したのはあなたですか』『A君を殺して死体を焼きましたか』という関係質問と探索緊張最高点質問法における『A君の首を絞めて殺しましたか』という質問に対し反応『中』とされる反応があり、心理的動揺が認められたとして、本件……に対する容疑があると思われる旨の結論を出したことが認められる。そして、所論は、このポリグラフ検査は、正確な知識と豊富な経験を有する検査官によって実施され、その判定についても信頼できるとして、この検査結果に証拠価値を認めなかった原判決を論難するのであ

る。

　確かに，上記ポリグラフ検査は，一応はそれなりの経験と実績を有する者によって適正に実施されたことが認められる。しかしながら，ポリグラフ検査の実施にあたっては，その正確性を確保するために被検者に対し，事件についての情報を与えることは極力避けなければならないとされているところ，被告人は昭和59年1月10日の事件当日に警察官から事情聴取され，その後も警察官からの事情聴取を受け，同年2月3日には警察官調書まで作成されているのであるから，事件に関係するかなりの情報がすでに与えられていたと考えられるのであって，その検査の正確性を保証すべき前提条件に欠けるところがあったといわなければならない。そして，この検査がすべて適正に実施されたとしても，その検査結果が明らかにしていることは，基本的には被告人が本件に関与しているかどうかという点，すなわち被告人の犯人性に関してであって，それ以上に本件事件にどの程度関与していたかとか殺意を有していたかというような詳細な内容にわたるものではないと思われる。Kの原審公判供述によっても，この検査結果がどの範囲のことについて有効性を持つのか必ずしも明らかとはいえないが，事件に被告人が関与しているかどうかということ以上に詳細な事柄についてまで有効性を持つとはされていないように思われる……。実際にも，前記の特異反応が出たという各質問項目は，被告人がAの失踪に深く関与しているとすればそれだけで反応して決しておかしくない質問項目のように思われるのであって，これをもって，被告人に殺意があったことまでを立証しうるものとは到底考えられない。ただし，被告人が探索緊張最高点質問法における『A君の首を絞めて殺しましたか』という質問に対し反応『中』とされる反応を示したことについては，被告人の殺意の有無に関して，なお検討しておく必要があるように思われる。そのような具体的質問に反応が見られたからといって，それをもって自白と同様の取扱いをすることが相当でないことは明らかではあるけれども，質問項目が犯行態様に関係するものだけに，被告人の殺意を検討する上ではなお関心を持たざるを得ないからである。しかしながら，その他の探索緊張最高点質問法における『あなた1人でA君を誘拐して殺したのですか』，『今言った以外の者とA君を誘拐して殺したのですか』，『tでA君の死体を焼きましたか』などという質問に対しても，反応『小』とはいえ反応が出ており……，しかも，Kの供述によれば，反応のランクが『中』と『小』の場合には，それが『中』に当たるか『小』に当たるかは検査者によって見解が分かれる可能性がないとはいえないというのであるから，その反応を直截的に受け取ることはどうみても相当とは思われない。そして，他方，殺害場所に関する質問においては，本件の証拠関係に照らせば，当然『DでA君を殺しましたか』という質問に対して反応が出てよさそうであるのに，いずれの質問に対しても反応が出ていないのである。

　以上のとおりであって，被告人がポリグラフ検査を受ける者としての適格性を有していたのかという点，この検査が被告人の事件との関与（被告人の犯人性）ということを超えて殺意の有無というような事項についてまで有効性をもっているのかという点にす

でに疑問があり，更にその反応の中身自体についても腑に落ちないところがあるのであって，本件ポリグラフ検査結果を被告人の殺意を認定するについての情況証拠とすることは相当でない。また，他の情況証拠を補強する意味においても証拠価値を認めることはできない。」

◯ 参考裁判例18－9　最二決昭和41年2月21日判時450号60頁

　昭和27年1月初旬ころ，当時札幌市警のS警備課長が，前年末に札幌市内で発生した「餅代よこせ事件」の被疑者を逮捕勾留して取り調べていたところ，S警備課長と札幌地検T検事に対して，計5通の脅迫葉書が郵送された。X（被告人）は，この脅迫葉書を郵送したとして，逮捕，起訴された。Xは，捜査，公判を通じて本件犯行を否認して争ったが，第1審は有罪判決を言い渡した。この有罪判決において，Xと犯行とを結びつける証拠とされたのは，本件脅迫葉書の筆跡とXが記載したノート及び盗難届の筆跡に関する筆跡鑑定のみであった。本件における筆跡鑑定は，起訴前に1回，第1審で2回行われ，さらに控訴審においても2回行われた。これらは別々の鑑定人A，B，C，D，Eによるものであったが，そのうち控訴審での最後の鑑定（E鑑定人による）を除く4回の鑑定は，いわゆる伝統的筆跡鑑定方法により行われ，本件脅迫葉書の筆跡はXの筆跡である旨の結論を出していた。控訴審は，A，B，C，Dの4鑑定人による鑑定結果に基づき，1審の有罪判決を是認した。X側は上告し，上告趣意の中で，いわゆる伝統的筆跡鑑定によったA，B，C，D各鑑定人の鑑定が，鑑定人の主観と勘を頼りにした客観性，科学性のないものであり，特定の文字について「相同性」のみを強調し，「相異性」「稀少性」「常同性」を無視してなされた信頼度のうすいものであって，このことは近代統計学の観点からなされたE鑑定人の鑑定によっても明らかである，と主張した。

　最高裁は上告を棄却したが，その際，筆跡鑑定について以下のように判示した。

　「いわゆる伝統的筆跡鑑定方法は，多分に鑑定人の経験と感[勘]に頼るところがあり，ことの性質上，その証明力には自ら限界があるとしても，そのことから直ちに，この鑑定方法が非科学的で，不合理であるということはできないのであって，筆跡鑑定におけるこれまでの経験の集積と，その経験によって裏付けられた判断が，鑑定人の単なる主観にすぎないもの，といえないことはもちろんである。したがって，事実審裁判所の自由心証によって，これを罪証に供すると否とは，その専権に属することがらであるといわなければならない。

　本件記録によれば，E鑑定人をのぞくA，B，C，D各鑑定人（以下4鑑定人という。）は，いずれも筆跡鑑定の経験が豊富であり，それぞれの観点にたって，本件ハガキ5枚と，被告人の筆跡と認められる盗難届，ノートなどを比較検討した結果，すべてが同一人の筆跡であるという結論，あるいは異筆のものがない，という結論に到達し，4鑑定人ともこれを断定しているのである。その鑑定にあたり，表現こそ異なるが，

『相異性』『稀少性』『常同性』などの点も斟酌したことがうかがわれるのは，原判決のいうとおりである。しかも右4鑑定人のうち，B，C，D各鑑定人は，被告人側の請求にかかる鑑定につき選任されたものであり，選任についてはなんらの異議申立もなされていないし，また4鑑定人作成の各鑑定書はいずれも証拠とすることに同意のうえで取り調べられているのである。一方，E鑑定人は，これまで筆跡鑑定をした経験が全くなく，本件をきっかけにしてはじめてその研究にとりかかったものであり，その鑑定も，要するに『右4鑑定人の本件筆跡鑑定方法は，近代統計学上からみて信頼度がうすく，客観的な証明力をもたないと認める』というに帰するものであって，問題のハガキの筆跡と被告人の筆跡との同一性につき判断を示しているものではないのである。したがって原判決が，E鑑定を採用せず，前記4鑑定人の各鑑定およびその他1審判決が掲げた各証拠を綜合して本件犯罪事実を認定し得るとしたことは，なんら採証法則に違反するものではない。」

19 自白の証拠能力

(1) 自白法則の趣旨

設例1

Xは，某日午前7時，警察署に任意同行を求められ，同署において，取引先であったA会社に対して取込み詐欺を行った疑いにより，被疑者として取調べを受けた。Xが取込み詐欺をはたらいた事実を認めたので，警察官はこれを調書に録取した。その後，Xはこの取込み詐欺の事実で起訴された。

Q *Elementary*

1 検察官が，Xの自白の内容を公判廷で証拠調べの対象とするには，どのような方法があるか。

2 (1) Xの自白調書について証拠調べの請求があったとき，裁判所はまず何をすればよいか。

(2) 弁護人が同調書の証拠調べに同意したときは，どうなるか。

(3) 弁護人が同調書の証拠調べに同意しなかったときは，どうなるか。不同意の根拠としてどのようなことが考えられるか。

3 自白調書を取り調べた裁判所は，犯行の動機・態様をはじめその内容が具体的かつ詳細で信用性が十分に認められると考えた。裁判所は，この自白調書だけを証拠として，Xに有罪の判決を言い渡すことができるか。

設例2

Xは，某日午前7時，警察署に任意同行を求められ，同署で殺人の被疑事実について取調べを受けた。同日午後6時過ぎになり，警察官は，Xがそれまで同事実につき何ら実質的な供述をしなかったので，帰宅を求めるXに対し，本当のことをしゃべるというのはどういうことか教えてやる旨申し向け，同署の柔道練習場に連行し，1時間余りにわたって，次々と，投げ技，関節技，絞め技などを掛けた。柔道の心得の全くないXは極度の恐怖に陥り，このままでは手足が骨折し，場合によっては窒息死するに至るのではないかと考え，そのような事態に陥るくらいであれば自白をしたほうがましだと思って，同日午後7時30分ころ，殺人の事実の概要について自供した。警察官は，その内容を調書に録取した。

Q *Elementary*

4 Xの自白を録取した調書は，証拠とすることができるか。

5 Xの自白を証拠とすることができないとすれば，それはどのような根拠によ

るものか。

　6　公判廷で弁護人がＸの自白調書には証拠能力がないと主張したとする。その場合，裁判所は，いかなる事実をどのように審理，判断して，その採否を決するのか。自白に至る前記の経緯について争いがあり，その点について，検察官と被告人の主張のいずれが正しいとも最終的に決しがたい場合には，裁判所はどうしたらよいか。

　7　同日夜の自供に基づいて，翌日，Ｘが指示した遺体投棄場所を捜索したところ，被害者の遺体が発見された。この場合，**4**についてはどのように考えたらよいか。

設例3

　Ｘは管理売春の事実で逮捕，勾留された。取調べに対し，Ｘは犯行を全面的に否認していたが，身柄拘束から3，4日後にアルコール中毒の禁断症状による激しい震えが表れたところ，Ｘから内妻Ａの手当や介護を受けられれば全てを話すとの申出があり，犯行の大枠を認める供述をしたので，捜査官は簡単な自白調書を作成した後，同日夜，警察署の宿直室で，Ｘと酒を持参したＡとを宿泊させた。翌日午前の取調べで，Ｘは管理売春の全容を詳しく供述したので，その旨の供述調書を作成した。Ｘは，管理売春の事実で起訴された。

Ｑ Elementary

　8　Ｘの自白を録取した各調書は，証拠とすることができるか。

　9　Ｘの自白を証拠とすることができないとすれば，それはどのような根拠によるものか。

設例4

　Ｘは，某日午前7時，警察署に任意同行を求められ，同署でＡ殺害の被疑事実について被疑者として取調べを受け，同日午後2時ころ，既に発付されていた逮捕状により逮捕された。Ｘの父から連絡を受けた弁護士Ｄが，午後3時ころ，Ｘと面会するために同署に赴いたが，警察官はＤの要求を無視した。その間の事情を知らないＸは，取調べに対して，同日午後6時ころまでには，別れ話のもつれからかっとなってＡを殺してしまったが，今でもＡを心から愛しており，自分の行為は悔やんでも悔やみきれない旨の供述を涙ながらにするに至った。警察官は，Ｘの供述内容を調書に録取した。Ｘは，Ａ殺害の事実で起訴された。

Ｑ Elementary

　10　Ｘの自白を録取した調書は，証拠とすることができるか。

　11　Ｘの自白を証拠とすることができないとすれば，それはどのような根拠に

よるものか。

12 検察官は，それに対してどのように反論することが考えられるか。

19-1 最二判昭和32年5月31日刑集11巻5号1579頁

【事案の概要】 X（被告人）は，建造物等以外放火罪で有罪とされたが，その証拠としてXの司法警察員に対する供述調書数通が採用された。弁護人は，それらの任意性，信用性を争い，ことに警察において糧食差入れを禁じてまでXに自白を強要するに及んだと主張した。その間の経過をみると，Xは，昭和26年7月3日に逮捕され，11日，12日，15日付の各供述調書では自白しているが，6日から12日午前まで糧食の差入れが止められていた。控訴審判決は，糧食差入れ禁止があったことは記録上窺われるが，それだけでその間に作成された供述調書の証拠能力は否定されないとした。Xから上告。

【判示】 原判決破棄差戻し。

「本件のように勾留されている被疑者に対し，捜査の必要のため糧食の授受を禁じ，またはこれを差し押さえることは法の明文をもって禁止するところである（刑訴81条・207条参照）。そして，自白の証拠能力は，刑訴319条1項前段の規定する強制，拷問，脅迫，長期拘禁等の事由によるものはもとより，更に同項後段の規定により任意になされたものでないことに合理的な疑のあるものについてもまた存しないのである。そして右合理的な疑の存否につき何れとも決し難いときはこれを被告人の不利益に判断すべきでないものと解するを相当とする（昭和23年6月30日大法廷判決［刑集2巻7号715頁］参照）。しかるに，本件において原判決は前示のとおり警察における糧食差入禁止の行われた事実を認め，しかもこの糧食差入禁止の期間と自白の時日との関係上，外形的には糧食差入禁止と自白との間に因果の関係を推測させ，少なくともその疑ある事案であるにかかわらず，本件糧食差入禁止が何故行われたか，そしてまたそれと自白との因果関係の存否並びに叙上疑の存否について考究することなく，単に『このことだけを理由として直ちにその間又はその後に作成せられた供述調書の証拠能力，証明力を否定することはできないものと解すべく，』と断じ，何等特段の事由を説示することなく『しかもその他記録に徴し，また当審における事実取調の結果に照しても前記被告人の司法警察員に対する各供述調書の証拠能力，証明力を否定するに足るべき状況は発見できない。』という理由のみをもって所論を排斥し，ただちに一審判決を維持したのであって，この点において原判決は審理不尽，理由不備の違法あるものというべく，破棄を免れない。」

Q *Elementary*

13 糧食差入れの禁止が違法であるのならば，その間や直後になされた自白を

証拠とすることができないのは当然ではないのか。最高裁は，糧食差入れの禁止と自白との間の「因果関係」を問題にしているが，その「因果関係」とはどのようなものか。それを問題にするのはなぜか。

14 本件で，原判決の判断方法は，どのような点が適切でないとされたのか。

Q Basic

15 最高裁は，「任意にされたものでない疑のある自白」であるか否かを判断するために，どのような事情を考慮すべきだと考えているのか。任意性を肯定すべき「特段の事由」として，どのようなものが想定できるか。

16 証拠として取り調べられた自白が，後に「任意にされたものでない疑のある」ものだと判明した場合，裁判所はいかなる措置をとるべきか。大阪地決昭和62年8月26日判タ664号258頁においては，被告人の捜査段階での自白調書について，公判の当初，被告人がその任意性を争わなかったため，それが証拠として取り調べられたところ，その後に，被告人が起訴事実について否認に転じるとともに，捜査段階での自白は取調官による暴行や利益誘導に基づくものであると主張した事案において，自白調書の任意性には疑いがあり，証拠能力を認めることができないとして，刑訴規則207条に則り，それを排除する決定がなされている。このような決定は，必ずしなければならないものか。

この事案とは異なり，第1審裁判所が証拠として取り調べた自白が，控訴審の段階で，任意性に疑いのあるものであると判明した場合には，裁判所はどうすべきか。

19-2 最二判昭和38年9月13日刑集17巻8号1703頁

【事案の概要】 X（被告人）らは，公職選挙法の買収罪で有罪とされたが，その証拠としてXらの検察官に対する供述調書が採用された。弁護人は，Xらは検察官の面前で手錠を施されたまま供述させられており，その供述は任意性を欠くから，これを採用した第1審判決は憲法38条2項及び刑訴法319条1項に違反するなどと主張したが，控訴審判決は，手錠を施されたまま検察官の取調べを受けたからといって，それだけで直ちに供述に任意性がないとは解されないし，Xらの供述は一貫性があるばかりでなく，証拠によれば，検察官は「手錠を施したまま取調を行ったけれども，終始おだやかな雰囲気の中に取調を進め，何ら強制を加えなかったことが認められるから」，その供述が任意になされたものであることは明らかであるとした。Xから上告。

【判示】 上告棄却。

「すでに勾留されている被疑者が，捜査官から取り調べられるさいに，さらに手錠を施されたまゝであるときは，その心身になんらかの圧迫を受け，任意の供述は期待できないものと推定せられ，反証のない限りその供述の任意性につき一応の疑

いをさしはさむべきであると解するのが相当である。しかし，本件においては，原判決は証拠に基づき，検察官は被告人らに手錠を施したまゝ取調を行ったけれども，終始おだやかな雰囲気のうちに取調を進め，被告人らの検察官に対する供述は，すべて任意になされたものであることが明らかであると認定しているのである。したがって所論の被告人らの自白は，任意であることの反証が立証されているものというべく，所論違憲の主張は，その前提を欠き，その余は単なる法令違反の主張にすぎない。」

Q Elementary

17 本判決は，「任意」になされた自白をどのようなものと捉えているか。

18 (1) 「任意の供述は期待できないものと推定［される］」というのは，どういう意味か。
(2) 原審においてその推定を覆すために認定された事実は何か。

Q Basic

19 原判決と本判決の判断の仕方は，どこがどう違うか。

20 本判決以前の最高裁判例（最大判昭和26年8月1日刑集5巻9号1684頁）は，本判決と同じく，手錠が施されたまま取調べがなされた事案において，それによって獲得された自白の証拠能力につき，以下のような判断を示している。その判断方法は，本判決の判断方法とどこが異なるか。どちらの判断方法が，いかなる理由で，より妥当なものと考えられるか。

「本件記録中には，被告人の警察署における供述が強制若しくは拷問による自白であることを推認させるような幾多の証人の供述が存在するのである。殊に，直接，取調の衝に当った警察官自身が被告人の取調は被告人に手錠をはめたままで行われたこと，午前2時頃まで取調べたこと，警察官が4人がかりで被告人を取調べたこと，警察官の1人が被告人を殴ったことのあることを認めている……。もとより，これらの証拠をいかに判断して，被告人の警察における自白が任意にいでたものであるかどうか，従って，その自白に証拠能力があるかどうかを決定することは事実審たる原審の自由裁量に委ねられているところではあるが，その自由裁量たるや，合理的判断にもとず［づ］くものでなければならず，経験則に反するものであってはならないことは勿論である。……若し，真実，以上のようなことが行われたにしても，それについて何らか斟酌すべき事情があると思われるならば，原審としてこれを証拠にとる以上，その間の事情を十分に審理しなければなるまい……。しかるに，原審がかかる事情について，特段の審理をした形跡もない。特段の事情の斟酌すべきものもなく，以上各証人の供述するようなことが真実行われたものとするならば，かかる状況の下になされた被告人の警察における供述は，強制，拷問によるものであることを思わせる十分の理由があるものといわなければならない。要する

に原審が右のごときいろいろの証人の供述があるにかかわらず、これを排斥するに足る納得すべき事由もなく、たやすく被告人の警察における供述を証拠として本件犯罪事実を認定したことは前に述べたような経験則の違反若しくは審理不尽の違法あるものと断ぜざるを得ない。」

21 本判決は、取調べの際に手錠を施されたままであることが、なぜ自白の任意性に影響を及ぼすとしているか。それによると、本判決の事案と異なり、被疑者が片手錠を施されたにすぎない場合には結論が異なるか（大阪高判昭和50年9月11日判時803号24頁参照）。

(2) 約束による自白

19-3 最二判昭和41年7月1日刑集20巻6号537頁

【事案の概要】 X（被告人）は、税務署直税課所得税係に勤務し、所得税の税額算定の基礎となる所得金額及び利益等の決定に関する職務に従事していた者であるが、Y、Z両名から、Yの所得金額等の査定について好意ある取扱い方を請託され、その報酬として金品を収受したとの収賄の事実で有罪判決を受けた。Xは、有罪判決の証拠となったXの司法警察員及び検察官に対する各供述調書は、担当検察官の意を受けたYの弁護人Aの話により不起訴又は起訴猶予になると誤信したXが迎合的になした真実に反する供述を録取したものであり、任意性を欠くと主張して控訴した。

原判決は、Xが自白した経緯について次のように認定した。すなわち、自己の軽率な行為により累をXに及ぼしたことに責任を痛感していたYから、Xのためにも尽力してくれるよう懇願されたAは、岡山地方検察庁において本件の担当検察官であるP検事と面談した際、Xのため陳弁したところ、同検事より、Xが見えすいた虚構の弁解をやめて素直に金品収受の犯意を自供して改悛の情を示せば、検挙前に金品をそのまま返還しているとのことであるから、起訴猶予処分も十分考えられる案件である旨内意を打ち明けられ、かつXに対し無益な否認をやめ率直に真相を自供するよう勧告したらどうかという趣旨の示唆を受けたため、Aは、即日、Xの弁護人Bを伴って児島警察署に赴き、留置中のXに面接し、「検事は君が見えすいた嘘を言っていると思っているが、改悛の情を示せば起訴猶予にしてやると言っているから、真実貰ったものなら正直に述べたがよい。馬鹿なことを言うて身体を損ねるより、早く言うて楽にしたほうがよかろう」と勧告したところ、Xは、Aの意見に賛意を示し、同日2回目の取調べから順次金品を貰い受ける意図があったこと及び金銭の使途等について自供するに至ったものであるというのである。

しかし、原判決は、「各自白調書の内容を仔細に観察し、且つこれを関係証拠と対比検討してみると、これらの自白供述は捜査官の違法な取調べに基因するものでな

く, 被告人が任意になしたものであること [が認められる]。……被告人としては, Aの言を信じ起訴猶予になることを期待した結果, 自己に不利益な自白をなすに至ったものであろうことは前段で認定した経過に照し十分推測し得るところであるが, 自白の動機が右のような原因によるものとしても, 捜査官の取調べそれ自体に違法が認められない本件においては, 前記各自供調書の任意性を否定することはできない。……P検事は, 被告人が当時Yから貰い受けた10万円を費消せずにそのまま返還した旨自供していたのでそれを信じ, 10万円をそのまま返したことを前提として改悛の情を示せば起訴猶予にしてもよい旨A弁護士に内意を洩したのであり, 一方Aも, 被告人が貰い受けた10万円そのものを返還していたものと信じていたため, 被告人に対し自白を勧告する時右前提条件を告げなかつたところ, 被告人が両者の予期に反しその後の取調べにおいて右10万円の大半を費消した旨自白し, しかもそれが他の関係人の供述その他の証拠によって裏書補強されたため遂に起訴されるに至つたものであることが認められるのである。右の経過に徴すると, P検事およびA弁護士が起訴猶予云々の発言をしたことについては批判の余地があるとしても, 両者共に被告人が前示10万円をそのまま返還したものと信じ, これを前提として右のような発言をなしたものであり, 食言ないし背信の意図は些もなかつたものと解するのが相当である。……以上を要するに, A弁護士の言葉を信じ起訴猶予になるものと期待して自白したのに拘らず起訴された被告人の立場に対しては同情の念を惜しむものではないが, その自白調書は任意性を具有するものと解せざるを得ない」として, 控訴を棄却した。Xから上告。

【判示】 上告棄却。

「本件のように, 被疑者が, 起訴不起訴の決定権をもつ検察官の, 自白をすれば起訴猶予にする旨のことばを信じ, 起訴猶予になることを期待してした自白は, 任意性に疑いがあるものとして, 証拠能力を欠くものと解するのが相当である。

しかしながら, 右被告人の司法警察員および検察官に対する各供述調書を除外しても, 第1審判決の挙示するその余の各証拠によって, 同判決の判示する犯罪事実をゆうに認定することができるから, ……原判決を破棄する事由にはならない。」

Q Basic

22 本判決は, いかなる根拠に基づいて本件自白の証拠能力を否定したと考えられるか。その理由として指摘しうる事情は何か。

23 何らかの利益提供の暗示ないし約束がなされれば, 常に自白の証拠能力は否定されるのか。そうでないとすれば, 約束による自白の証拠能力が否定されるか否かは, いかなる基準で判断され, その際にどのような要素が考慮されるのか。警察官が次のような約束ないし暗示をしたため被疑者が自白した場合, それぞれの自白に証拠能力は認められるか。

(1) 取調べ中に煙草を吸わせることを約束した場合
(2) 立会人なしで妻と面会させることを約束した場合
(3) 罰金刑で済ますことを約束ないし暗示した場合
(4) 他事件を送検しないことを約束した場合
(5) 被告人と親しい者による別事件を立件しないことを約束した場合

24 約束の内容が実際に履行されたか否かは，自白の証拠能力の判断に影響するか。

Ｑ Advanced

25 警察官が取調べにあたって，次のように説得ないし約束した場合，これに応じてなされた自白には証拠能力が認められるか。

(1) 真実を認めて反省・悔悟すれば，検察官や裁判官も心情を分かってくれるはずであるから，素直に認めたほうがよいし，自分が反省の様子を必ず検察官に伝える旨約束した場合

(2) 実行行為に至る経緯をすべて話し，未解明の謀議関与者，犯行の指示や現場の指揮をした者について話せば，事件につき真に責めを負うべき者が判明するのであり，事件解明への寄与を考慮すれば，末端の実行行為者は必ずや起訴猶予になるであろうと述べた場合

26 Ｘは，戸々の住宅に赴いて家屋修繕サービスの契約の申込みを受ける営業に従事する者であるが，契約の申込みを受けた際に，必要な書面の交付をしなかった（特定商取引に関する法律４条違反。法定刑は６月以下の懲役又は 100 万円以下の罰金，又はその併科）。検察官は，Ｘらが会社ぐるみで，主として高齢者に対して虚言を弄して不要な家屋修繕を持ちかけ，法外な料金を受領するという組織的な詐欺行為をしている疑いがあると考えており，Ｘの取調べにおいて，会社からの指示やマニュアルの内容，営業の実態等について正直に話せば，仮にＸの行為が詐欺に当たるとしても，Ｘを特定商取引に関する法律違反のみで起訴する旨申し向けた。Ｘは，弁護人Ｂとも相談の上，検察官に対し，社長Ｙ，営業部長Ｚからの指示を含め，自ら知るところをすべて供述し，それが調書に録取された。

(1) この供述録取書を，Ｘに対する特定商取引に関する法律違反被告事件において証拠とすることができるか。

(2) この供述録取書を，Ｙ，Ｚに対する組織的詐欺（組織的犯罪処罰法３条１項13号）の被告事件において証拠とすることができるか。Ｘが，Ｙ，Ｚの公判に証人として出頭し，捜査段階と同じ内容の証言をした場合，その証言についてはどうか。

27 検察官は，Ｘ及びＢに対して，**26** と同じ内容の申入れを行い，協議の上，Ｘが事件に関して真実を供述し，検察官はＸを特定商取引法違反の事実についてのみ起訴することを内容とする合意が成立するに至った。この合意に基づいて，

26と同様の内容のXの供述録取書が作成された。

(1) この供述録取書を，Xに対する特定商取引に関する法律違反被告事件において，証拠とすることができるか。できるとすると，本判決で自白の証拠能力が否定された趣旨に反しないか。

(2) この供述録取書を，Y，Zに対する組織的詐欺の被告事件において，証拠とすることができるか。XがY，Zの公判に証人として出頭し，捜査段階と同じ内容の証言をした場合，その証言についてはどうか。

(3) 偽計による自白
19-4 最大判昭和45年11月25日刑集24巻12号1670頁

【事案の概要】 X（被告人）は，法定の除外事由がないのに，妻Aと共謀し，昭和38年10月ころから昭和40年11月1日ころまでの間，X方において，14年式旧軍用拳銃1挺及び火薬類である拳銃実包3発を隠匿所持したとして，銃砲刀剣類所持等取締法及び火薬類取締法違反で有罪判決を言い渡された。X側は，有罪判決の証拠とされたXの自白調書は，欺瞞と誘導を用いた違法な取調べ方法によるものであって，任意性を欠くと主張した。

原判決の認定によれば，この自白調書が作成された経緯は，次のようなものである。すなわち，当初，伏見警察署の取調べでは，Aは，自分の一存で本件拳銃を買い受け，自宅に隠匿所持していた旨を供述して，Xとの共謀関係は否認し，Xも，本件拳銃はAが勝手に買ったもので，自分はそんなものは返せと言っておいた旨を述べ，否認していた。ところが，昭和40年11月8日，京都地方検察庁における取調べにおいて，P検事は，まずXに対し，実際はAがそのような供述をしていないのにかかわらず，Aが本件犯行につきXと共謀したことを自供した旨を告げてXを説得したところ，Xが共謀を認めるに至ったので，XとAとを交替させ，今度はAに対し，Xが共謀を認めている旨を告げて説得すると，Aも共謀を認めたので直ちにその調書を取り，さらにAをXと交替させ，再度Xに対しAも共謀を認めているが間違いないかと確認した上，その調書を取った。そして，P検事は，Xが勾留されている伏見警察署の警察官に対し，もう1度Xらを調べ直すように指示したので，同警察官が翌日XとAとを取り調べ，両名ともP検事に供述したのと同様の自白をしたというのである。原判決は，「検察官の取調べ方法（弁護人の所謂「切り違え」尋問）が一種の偽計を用いたものであることは明らかであり，……できる限り避けるべきものである」としたが，「偽計を用いた尋問方法は決して望ましいものではないにしても，単に偽計を用いたという理由のみでこれを違法視することはできない。けだし，頑強に否認する被疑者に対しては事案の真相を明らかにするためかかる尋問方法を用いることもやむをえない場合があり，偽計を用

いて被疑者を錯誤に陥れたとしてもそれによって得られた自白は自白の動機に錯誤があるに止まり虚偽の自白を誘発する蓋然性は少いからである。換言すれば，偽計に虚偽の自白を誘発する蓋然性の大きい他の要素が加わった場合にのみ，よって得られた自白は任意性なきものとして排除されるべきである。ところで，本件において検察官が用いた弁護人の所謂切り違え尋問は，被告人に対し，その妻が被告人との共犯関係を自白した旨虚偽の事実を告げて，被告人から自白を得た上，今度は被告人の妻に対し，被告人が共犯関係を自白した旨告げて，被告人の妻から共犯関係の自白を得たというのであって，成程偽計を用いたものではあるけれども，他に虚偽の自白を誘発する虞のある事情は何ら認められないから，右尋問により得られた被告人及びその妻Aの自白は何れも任意性があるものと認められる」と述べて，控訴を棄却した。Xから上告。

【判示】 原判決破棄差戻し。

「捜査手続といえども，憲法の保障下にある刑事手続の一環である以上，刑訴法1条所定の精神に則り，公共の福祉の維持と個人の基本的人権の保障とを全うしつつ適正に行なわれるべきものであることにかんがみれば，捜査官が被疑者を取り調べるにあたり偽計を用いて被疑者を錯誤に陥れ自白を獲得するような尋問方法を厳に避けるべきであることはいうまでもないところであるが，もしも偽計によって被疑者が心理的強制を受け，その結果虚偽の自白が誘発されるおそれのある場合には，右の自白はその任意性に疑いがあるものとして，証拠能力を否定すべきであり，このような自白を証拠に採用することは，刑訴法319条1項の規定に違反し，ひいては憲法38条2項にも違反するものといわなければならない。

これを本件についてみると，原判決が認定した前記事実のほかに，P検察官が，被告人の取調にあたり，『奥さんは自供している。誰がみても奥さんが独断で買わん。参考人の供述もある。こんな事で2人共処罰される事はない。男らしく云うたらどうか。』と説得した事実のあることも記録上うかがわれ，すでに妻が自己の単独犯行であると述べている本件被疑事実につき，同検察官は被告人に対し，前示のような偽計を用いたうえ，もし被告人が共謀の点を認めれば被告人のみが処罰され妻は処罰を免れることがあるかも知れない旨を暗示した疑いがある。要するに，本件においては前記のような偽計によって被疑者が心理的強制を受け，虚偽の自白が誘発されるおそれのある疑いが濃厚であり，もしそうであるとするならば，前記尋問によって得られた被告人の検察官に対する自白およびその影響下に作成された司法警察員に対する自白調書は，いずれも任意性に疑いがあるものといわなければならない。」

Q Basic

28 「被疑者を取り調べるにあたり偽計を用いて被疑者を錯誤に陥れ自白を獲得

するような尋問方法を厳に避けるべきであることはいうまでもない」とは，どういう意味か。それが取調べの方法として違法であるということか。

29　「偽計によって被疑者が心理的強制を受け，その結果虚偽の自白が誘発されるおそれ」とは，どういうことか。被疑者が本件の取調べ方法により，なぜ心理的強制を受けるといえるのか。また，なぜ虚偽の自白が誘発されるおそれがあるといえるのか。

30　仮に，本件でＡが実際に自白していて，警察官がＸにＡが自白した旨を告げたとする。それを告げられたＸが自白した場合，その自白に任意性は認められるか。Ａが実際に自白していた場合とそうではない場合とで，Ａが自白した旨を告げられたＸの受ける心理的強制の有無あるいは程度に違いはあるか。

31　捜査官が他の証拠から被疑者が犯人であることが判明したと述べて自白を得た場合，その自白の証拠能力はどうなるか。その述べた内容がことさらな虚偽である場合，いまだ完全な判定結果を得ていない証拠について憶測を交えて述べた場合，判定結果には解釈の余地があるが，捜査官が断定的に述べた場合で違いがあるか。参考裁判例19－⑨，19－⑩は，このような場合の考慮事項としてどのようなことを挙げているか。

32　本判決について，次のように解釈することは適切か。
　(1)　「今次の大法廷判決は，自白の証拠能力の欠如を明らかに宣言し，しかもこれを憲法の問題とした。この点で，いわばコペルニクス的転回を示した積極的判示ということができよう。」「最高裁は，偽計による尋問という方法じたいを単独にとりあげて，その他の諸状況をことこまかに検討するまでもなく，自白の証拠能力を否定したのである。……［判示は］違法排除の当然の帰結を伝統的なタームでしめくくったものと解する方が正しいであろう。」（田宮裕「生きかえった自白法則」ジュリ470号〔1971年〕107頁，109頁）
　(2)　「本判例のレイシオ・デシデンダイが何であるか厳密にとらえようとすれば，本件はいわゆる虚偽排除の系列に立つものといわなければならない。何故なら，上告の対象となった具体的な事案に対する判断においては，つねに『虚偽の自白を誘発するおそれ』が考慮されているのであり，偽計の使用を戒めた部分は，明らかに抽象論，すなわちオバイタ・ディクタにすぎないからである。」「本件は，むしろ偽計すなわち違法な尋問方法の使用と，その結果としての自白における虚偽の危険性とが結びつきやすいものであることを警告した点に，その意義を有する。」（松尾浩也「偽計による自白の証拠能力」警察研究44巻4号〔1974年〕96頁，97頁）

33　本件で，Ｘの黙秘権が侵害されているとはいえないか（参考裁判例19－⑭参照）。

Q Advanced

34 Xは，下校途中の中学生を車で拉致し，強姦したうえで殺害したとして，逮捕された。Xは，被疑事実を否認していたが，勾留期間中に，Xの同意を得てその口内粘膜から採取したDNAの型が，被害者の体内に遺留された精液から検出されたDNAの型と一致するとの鑑定結果が得られた。そこで，検察官は，Xに対して，その事実とともに，本件でとられた鑑定手法によればDNAの型が一致する確率は1兆分の1を下回ることを告げた上で，真実を供述するように促したところ，Xは観念した様子で，被害者を強姦して殺害したことを自白するに至り，それが調書に録取された。

Xは同事実により起訴されたが，公判開始後に実施された再鑑定により，上記のDNA鑑定は誤りであり，XのDNAの型と被害者の体内に遺留された精液から検出されたDNAの型と一致しないことが明らかになった。この場合に，上記のXの自白調書の証拠能力は認められるか。

(4) 連日長時間の取調べ

19-5 東京高判昭和60年12月13日刑月17巻12号1208頁

【事案の概要】 X（被告人）は，ほか数名と共謀の上，①昭和44年10月中旬ころ，東京都新宿区内のアジトでピース缶爆弾十数個を製造し，②同月24日，新宿区内の警視庁第8，第9機動隊正門に向けてピース缶爆弾1個を点火した上，投擲し，③11月1日，千代田区内のアメリカ文化センター受付カウンターに，ダンボール箱入り時限装置付きピース缶爆弾1個を装置し（以上，「ピース缶爆弾事件」と総称される），④昭和46年10月18日，警察庁長官，新東京国際空港公団総裁等を殺害する目的をもって，爆弾2個を前記両名宛て小包郵便物として東京都港区の日本石油本館内郵便局に差し出し，同郵便局内で爆発させ，これを取り扱っていた同郵便局局員に加療約40日の傷害を負わせたが，殺害に至らず（「日石事件」），⑤12月18日，警視庁警務部長Aらを殺害する目的で，豊島区内の同人方に爆弾1個を小包郵便物として郵送し，これを爆発させ，Aの妻Bを即死させるとともに，Aの四男に加療約1ヵ月の傷害を負わせたが，殺害するに至らなかった（「A邸事件」）という事実で起訴された。本件では，犯行とXらを直接結びつける証拠としては，Xらの自白しかなかったことから，その任意性，信用性が争われた。原判決は，日石・A邸事件に関するXらの供述調書の大部分について取調べ請求を却下した上で，ピース缶爆弾事件については，Xらの自白の信用性を否定し，日石・A邸事件についても，取調べ済みの他の証拠によっては犯罪の証明がないとして，無罪判決を言い渡した。検察官から控訴。

【判示】 控訴棄却。

「記録を検討するに，まず，Xのピース缶爆弾関係事件を含めての逮捕，勾留及び起訴の経過は次のとおりである。
昭和48年1月22日　アメリカ文化センター事件により逮捕
　　　同月24日　同事件により勾留（同年2月12日まで）
　　　同年2月12日　同事件により起訴。第8, 9機動隊事件により逮捕
　　　同月15日　同事件により勾留（同年3月6日まで）
　　　同年3月6日　同事件により起訴
　　　同月14日　日石事件，A邸事件，ピース缶爆弾製造事件により逮捕
　　　同月16日　右各事件により勾留（同年4月4日まで）
　　　同年4月4日　A邸事件，ピース缶爆弾事件製造事件により起訴
　　　同年5月5日　日石事件により起訴（求令状，勾留）
……

イ　Xは，前記のとおり，昭和48年1月22日アメリカ文化センター事件により逮捕されて以降同年3月8 [6] 日第8, 9機動隊事件により起訴されるまで約45日間の身柄拘束中，右両事件についておおむね連日夜間に及ぶ長時間の取調を受け，肉体的，精神的にかなり疲労した状態にあったことが窺われるが，その翌日である3月7日から右A邸事件についていわゆる別件起訴勾留中における余罪捜査としての取調が司法警察員により本格的に開始され，自白当日の3月13日にいたったものであり，しかも3月7日から自白前日の3月12日にいたる期間の取調も夕食，休憩等の時間をはさんでいるとはいえ，午後1時ないし2時ころから夜間の9時ないし10時30分ころに及ぶ長時間のもので，事件の重大性や当時のXの年令，健康状態等からみて許容できないほどのものであったとは認められないにしても，Xの肉体的，精神的疲労を一層蓄積増加させるものであったと推認できる。

ロ　次に，右期間内の司法警察員の面前での取調の経緯をみるに，まず3月7日においては，……午後1時半から同10時45分頃まで取調をなし，かつ取調に際し取調室に在室していた警察官の数は取調補助者を含めておおむね3名であったが，夕食後においてはそれが4名になったものと認められる。また同日における取調の状況 [は，……] 取調開始後約1時間にわたりアメリカ文化センター及び第8, 9機動隊事件でXが嘘を述べていたことを厳しく咎め，弁解を聞かない強い姿勢で同人の言葉を封じたうえ，午後2時半頃日石A邸事件を清算するよう求め，同人が犯人であることの確実な証拠，資料が集積されている旨告げて夕食休憩をはさんで午後8時頃まで厳しい説得と追及を繰返し，午後8時頃になるや，A邸事件の被害者Bの生々しい死体写真を含む現場写真を示しつつ，強い調子でXに対する非難の言葉を間断なく浴びせて自白を迫り，かつ自白以外の供述は聞かない旨の強い態度をとり続け，さらに午後9時をすぎた時点で再び前記被害者の写真を示し強く

謝罪を求めるなどして自白を迫ったが，否認のまま前記の午後10時15分頃に至って取調を終わったこと［が］認められる。……。

ハ　次に，3月8日から12日までの司法警察員による取調の状況は，被害現場の写真を見せたか否かは必ずしも明らかでないけれども，原則として警察官4名が取調室に在室し，かつXに対し3月7日の取調とほぼ同様の厳しい説得，追及によって自白を迫ったことを推認できる。……。

ニ　このような取調を経て，Xは，3月12日夜の司法警察員の取調が終る前に『今後爆弾事件に関し総て清算する覚悟です。記憶にないことがありましたら思い出してお話いたします。深く反省しておりますのでよろしくお願いいたします』と記載した『誓約書』と題する書面を作成して取調官に差出している。

ホ　このような経過の後，翌3月13日Xは，まず検察官に，次いで司法警察員に，それぞれ自白し，検面（Aの1）及び員面がそれぞれ作成されている。

ヘ　なお，2月25日から3月13日いたるまでの間，同人と弁護人との接見は1度も行われていない。

以上認定の事実によれば，警察官は3月7日から12日までの間，取調補助者を含め常に数名が在室する状況で，Xが日石A邸事件の犯人であることの確実な証拠がないにもかかわらず，同人に対しこれがある旨告げるとともに，その弁解を聴こうとせず，同人が犯人である旨きめつけるに近い取調を，連日夜間に及ぶまでの長時間執拗に行い自白を迫ったものというほかなく，その結果Xは，同月12日夜には自白をせざるを得ない心理状態に追込まれて前記誓約書を記載したものと推認できる。

そして，右のような取調は，Xの人権，なかんずく黙秘権を侵害する違法なものであるとともに，同人が右3月7日から12日までの取調にいたる間に約45日間身柄を拘束され，連日夜間に及ぶ相当長時間の厳しい取調を受けて肉体的にも精神的にも相当疲労していたと認められることや，右3月7日から12日までの間弁護人から助言を得る機会のなかったことなども併せ考えると，虚偽の供述を誘発するおそれをも持つものといわざるを得ない。そして，後にも述べるようにXの前記3月13日付検面中の自白は，検察官に対してなされているけれども，その前日までの司法警察員によってなされた右のような取調と無関係になされたとは到底認められず，同日作成された同人の員面における自白とともに，人権擁護及び虚偽排除の観点から，その任意性に疑いがあるものとして，同人に対する関係においてばかりでなく，他の被告人に対する関係においてもその証拠能力を否定すべきものである。」

Q Basic

35　本判決がXの自白調書の証拠能力を否定した理由は何か。

36　本件で，警察官あるいは検察官が，自白調書の任意性を確保しようとする

ならば，どのような手段ないし措置をとるべきであったと考えられるか。

37 本件のような場合，公判廷で取調べの経過について立証する手段として，どのようなものが考えられるか。

Q Advanced

38 Xの供述調書は，「同人に対する関係においてばかりでなく，他の被告人に対する関係においてもその証拠能力を否定すべきものである」とされているが，それはどういう意味か。他の被告人との関係でXの供述調書の証拠能力が否定されるとした場合，その根拠規定は何か。

39 本判決は，Xの供述調書について，その任意性を否定しながらも，判示引用部分に続く部分において，その内容に立ち入り，信用性について職権判断を示している。本判決は，そのような職権判断を行う理由として，原審が証拠能力を否定した検察官面前調書について，改めて供述経過を明らかにするとの立証趣旨の下に職権で証拠調べを行っており，かつその際に訴訟関係人から何らの異議申立てもないことからすれば，事後審の立場において，容易に参酌しうる同調書を念のため原判決の事実認定の審査資料としてその限度で用いることは，必ずしも訴訟関係人の意思に反するとは認められないこと，及び起訴事実の重大性や審理の全経過等に照らし，可能な限り事案の真相を明らかにすることが望ましいと思われることを挙げている。このような考え方は適切か。

40 参考裁判例19-[11]は，どのような事情を指摘して，不当な身柄拘束により自白を強要したと判断しているか。また，自白の任意性を否定する理由として何を最も重視していると考えられるか。同判決は，自白の内容自体からも任意性に消極的な評価を与えているが，そのような手法は妥当か。この事案で自白調書の任意性を確保しようというのであれば，警察官又は検察官はどうすべきであったか。

(5) 違法な手続で獲得された自白

19-[6] 最二決平成元年1月23日判時1301号155頁

【事案の概要】 本件で問題となった昭和41年12月2日当時，X（被告人）に対して，詐欺被告事件による起訴後の勾留及び恐喝被疑事件による起訴前の勾留が競合していた。同日，検察官が余罪である贈収賄事件について取調べを行っていたところ，Xが「弁護士に会ってから話す」と自白をほのめかしたため，検察官は，午後3時か4時ころに接見を求めてきた弁護人B_1に対し接見指定を行い，B_1は午後4時25分から20分間接見した。Xは，その直後ころから贈収賄事件の自白を始めた。ところが，検察官は，同日午後4時半ころ，弁護人B_2がXとの接見を求めたのに対しては，取調べ中であることを理由にそれを拒否したため，B_2がXと接見できたのは，検察官が取調べを終えた後である午後8時58分から50分間であった。な

お，その前日には B_2 と弁護人 B_3 が，前々日には B_1 と弁護人 B_4 が，それぞれ X と接見している。弁護人らは，贈収賄事件に関する X の自白調書を証拠とするのは憲法31条，34条，38条に違反すると主張して上告した。

【判示】　上告棄却。

「右自白は B_1 が接見した直後になされたものであるうえ，同日以前には弁護人 4 名が相前後して同被告人と接見し，B_2 も前日に接見していたのであるから，接見交通権の制限を含め検討しても，右自白の任意性に疑いがないとした原判断は相当と認められる。」

Q Basic

41　本件で検察官が B_2 の接見を直ちに認めなかったことは適法か。

42　本決定は，どのような理由で自白の証拠能力を認めたものと考えられるか。

43　接見指定の適否は自白の任意性に直ちには影響しないのではないか（最二判昭和28年7月10日刑集7巻7号1474頁参照）。接見指定のいかんにより自白の証拠能力が否定される場合があるとすれば，それはどのような根拠によるものといえるか。

本判決の判示は，そうした根拠に基づいて自白の証拠能力が否定されることはないという趣旨を含むものか。

44　仮に，本件で11月30日，12月1日の接見及び12月2日の B_1 との接見が全くなかったとする。その場合，結論に違いが出ると考えられるか。

19-7 東京高判平成14年9月4日判時1808号144頁（3-8と同一事件）

【事案の概要】　X（被告人。フィリピン国籍の女性）は，同棲相手の A を殺害したとの被疑事実について，平成9年11月10日，参考人として任意同行された。捜査官は，同日以降，当初の2日間は，X を取り調べた後，長女 B の入院する病院に送り届けたものの，B が退院した後は，X を捜査官らの手配した警察官宿舎の婦警用空室に2泊，市内のビジネスホテルに5泊させるなどし，病院では病室出入り口付近に警察官を待機させるなどして X の挙動を監視し，X の宿泊場所と警察署との往復にあたっては，警察の車で送り迎えをするなどした。そして，同月18日，X を被疑者に切り替えて取り調べ始めたところ，X は，翌19日の午後になって犯行を認めて上申書を作成し，同日逮捕された。さらに，送検後の同月20日，検察官の弁解録取に対して自白して，自白調書が作成された。このような経過により獲得された自白の証拠能力について，第1審判決は，まず自白法則の適用について検討し，自白に任意性はあるとした上で，次いで，先行する捜査手続に違法があった場合には，その違法がその後に収集された自白の証拠能力に影響を及ぼし，当該自白が証拠から排除されなければならないことがあるとの観点から検討して，捜査官による任意同行以降の措置は違法であったが，その程度は憲法や刑事訴訟法の所期す

る基本原則を没却するような重大な違法であったとはいえないとして，その証拠能力を認めた。Xから控訴。

【判示】 自白の証拠能力は認められないとして原判決を破棄したが，他の証拠からXの有罪を認めることができるとして，改めて懲役8年の刑を言い渡した。

「本件の捜査方法は社会通念に照らしてあまりにも行き過ぎであり，任意捜査の方法としてやむを得なかったものとはいえず，任意捜査として許容される限界を越えた違法なものであるというべきである。

本件上申書……は，任意取調べの最後の日に被告人が作成した書面であって，上記事情に照らせばこの任意取調べの結果得られたものである。また，検察官調書……は，任意取調べに引き続く逮捕，勾留中に獲得されたものであるが，捜査官は被告人の着衣に被害者と同型の血痕付着が判明しても直ちには被告人を逮捕せず，2日後に上記被告人の上申書（自白）を得て通常逮捕したものであり，逮捕状請求に際してはこの上申書も疎明資料として添付されていること……などからすると，本件上申書が有力な証拠となって逮捕，勾留の手続に移行したと認められ，本件検察官調書……はその過程で得られた証拠である。また，被告人にとっては，直前まで上記のような事実上の身柄拘束に近い状態で違法な任意取調べを受けており，これに引き続き逮捕，勾留中の取調べに進んだのであるから，この間に明確な遮断の措置がない以上，本件検察官調書作成時は未だ被告人が違法な任意取調べの影響下にあったことも否定できない。そうすると，本件自白……は，違法な捜査手続により獲得された証拠，あるいは，これに由来する証拠ということになる。

そして，自白を内容とする供述証拠についても，証拠物の場合と同様，違法収集証拠排除法則を採用できない理由はないから，手続の違法が重大であり，これを証拠とすることが違法捜査抑制の見地から相当でない場合には，証拠能力を否定すべきであると考える。

また，本件においては，憲法38条2項，刑訴法319条1項にいう自白法則の適用の問題（任意性の判断）もあるが，本件のように手続過程の違法が問題とされる場合には，強制，拷問の有無等の取調方法自体における違法の有無，程度等を個別，具体的に判断（相当な困難を伴う）するのに先行して，違法収集証拠排除法則の適用の可否を検討し，違法の有無・程度，排除の是非を考える方が，判断基準として明確で妥当であると思われる。

本件自白……は違法な捜査手続により獲得された証拠であるところ，本件がいかに殺人という重大事件であって被告人から詳細に事情聴取（取調べ）する必要性が高かったにしても，上記指摘の事情からすれば，事実上の身柄拘束にも近い9泊の宿泊を伴った連続10日間の取調べは明らかに行き過ぎであって，違法は重大であり，違法捜査抑制の見地からしても証拠能力を付与するのは相当ではない。本件証

拠の証拠能力は否定されるべきであり，収集手続に違法を認めながら重大でないとして証拠能力を認めた原判決は，証拠能力の判断を誤ったものであるといわざるを得ない。したがって，原審には訴訟手続の法令違反があり，原判決がこの証拠に依拠して犯行に至る経緯・動機，犯行態様等を認定し，被告人を有罪とした以上……，この誤りが判決に影響を及ぼすことは明らかである。」

Q Basic

45 本判決は，いかなる理由によって，本件における自白の証拠能力を否定しているか。本件と同様に，任意捜査として行われた取調べを違法としたうえで，それによって獲得された自白の証拠能力を否定すべきとした判例 3 − 2 の少数意見とは，どのような差異があるか。

46 違法収集証拠排除法則により自白の証拠能力を否定する場合，その根拠となる条文は何か。

47 本判決は，「自白を内容とする供述証拠についても，証拠物の場合と同様，違法収集証拠排除法則を採用できない理由はない」としているが，それは正当か。自白については許容性判断の基準となるべき明文の規定（刑訴法 319 条 1 項）があるのだから，それに基づいて証拠能力を判定すれば十分ではないのか。

48 本判決が示している違法に獲得された自白の証拠排除の基準は，証拠物について判例 23 − 1 が示す証拠排除の基準と同じか。異なるところがあるとすれば，それはなぜだと考えられるか。

49 本件において，手続の違法が重大であると認められたのはなぜか。

50 本判決の立場は，刑訴法 319 条 1 項によって自白の証拠能力が否定されるのは自白の獲得手続が違法であるからだとする見解（田宮裕『刑事訴訟法（新版）』〔1996 年〕349 頁）と，どこがどのように異なるか。

51 自白が「違法な捜査手続により獲得された証拠」であるというためには，違法な捜査手続と自白との間に因果関係が要求されるのではないか。そうすると，自白の証拠能力が否定されるのは，違法な捜査手続が自白するか否かについての被疑者の意思決定に影響を与えた場合，すなわち自白の任意性が否定される場合となり，違法収集証拠排除法則が独自に機能する場面は存在しないのではないか。

Q Advanced

52 任意性の判断と排除法則適用の判断との間に論理的な先後関係はあるか。この点について，本件の第 1 審や参考裁判例 19 − 12 はどのような態度をとっているか。

53 参考裁判例 19 − 13 は，取調べの際に黙秘権や弁護人選任権の告知がなされなかったという事実を，自白の証拠能力を判断するにあたってどのように考慮しているか。その判断手法は，本判決と，どこがどのように異なるか。参考裁判例

19　自白の証拠能力／19-8

19-13 がそのような判断手法をとったのは，いかなる理由によるものと考えられるか。

(6)　派生証拠

19-8　大阪高判昭和52年6月28日刑月9巻5＝6号334頁

【事案の概要】　X（被告人）は，①大阪市立大学からガラス瓶入り硝酸カリウム等の薬品類を窃取し，②住吉警察署杉本町派出所に時限装置付き爆発物を仕掛けて爆発させ，③交際中のAがBと深い仲になったのに憤激してBを殴打，足蹴りにして傷害を負わせ，④アパート室内で鉄パイプ爆弾2個を製造して，大阪市立大学体操部室及び大阪教育大学天王寺分校本部学舎屋上等に隠匿して所持したなどの事実で起訴された。その捜査の経過は，次のとおりである。

Xは，昭和48年7月18日，③の事実で通常逮捕され，警察官の取調べに対し全面的に自供した。次いで警察官Kらは，Xが②事件の容疑者の1人であったので，同月26日午後6時ころから，これについて取り調べたが，Xは黙秘した。翌27日夜，Xが②事件について自白したので，自白調書を作成した。Xは，翌28日午前6時30分ころ，拘置所内で縊首自殺を図ったが，職員に発見阻止された。同日午前9時30分ころから，拘置所に赴いたKらがXの取調べを開始したところ，同人は，それまで捜査当局が全く知らなかった④の事実を自ら明らかにし，現に所持している大阪教育大学内の隠匿場所から爆弾を早急に搬出処理するよう訴えた。そこで，Kらは，爆弾製造，所持の供述調書を作成した。翌29日，Xは，爆弾製造に使用した薬品等の材料残部を隠匿している事実も自白したので，Kらは，同事実の供述調書を作成した。次いで30日には，警察は，Xの自白に基づいて大阪教育大学及び大阪市立大学構内を捜索し，その結果，Xの自白どおりに鉄パイプ爆弾2個，爆弾製造に使用した薬品等の残材料を発見，押収した。

第1審の公判において，Xは，すべての起訴事実につきそれを認める供述を行った。そして，検察官から，④の事実を立証するため，Xの供述調書（自白調書）のほか，自白に基づいて発見，押収された鉄パイプ爆弾2個及びその製造に使用された材料残部の各証拠物，さらに，これらの証拠物について，その所在場所と所在状況を明らかにする捜査官作成の検証調書及びその性質や数量を明らかにする技術吏員作成の鑑定書等の証拠調べが請求され，自白調書以外は，Xの同意の下に証拠調べが実施された。

また，検察官は，本件の全公訴事実についてのXの司法警察員及び検察官に対する自白調書の取調べを請求したが，弁護人は，これに対しては，そのすべてについて任意性を争った。裁判所は，③の事実に関する供述調書については任意性を認めたものの，それ以外の事実に関する供述調書合計34通については，(a)前記③の

事実による勾留中の余罪の取調べであることを理由にＸが取調べを拒否したにもかかわらず，それを無視して継続された点で違法な取調べであった，(b)取調べにおいて，Ｘに対して，本件の現場の爆弾の破片から指紋が検出された，本件発生当時にＸと同棲していた女性が参考人としていっさいの事情を捜査官に供述した等の，本件についての有力な証拠がすでに捜査官のもとに収集済みであるとの印象を抱かせるような虚偽の事実を伝えるという偽図的手段がとられた，(c)Ｘの弟が本件の罪証隠滅に関与しているかのような虚偽の事実を伝えた上で，Ｘが自白すればＸの親族に対する追及を控えることを内容とする暗黙の約束ないし利益誘導がなされた，という事情を指摘した上で，それらはすべて任意性を欠く疑いがあるとして，その取調べ請求を却下した。

　その上で，裁判所は，前記①及び②の事実については，公判廷におけるＸの自白とその補強証拠の存在により，③の事実とともに，有罪を認定した。これに対し，④の事実については，いったん適法に証拠調べをした前記の各証拠についても，それらは，Ｘの上記自白に直接由来するものであるから，任意性を欠く疑いのある自白の証拠能力が否定される趣旨に照らし，いずれも証拠とすることができないとし，それゆえ，Ｘの公判廷での自白には補強証拠が存在しないという理由で，無罪を言い渡した。検察官・被告人の双方から控訴。

【判示】　検察官の控訴を容れ，原判決破棄差戻し。

　大阪高裁は，第１審裁判所が，Ｘの自白が任意性を欠く疑いがある事情として指摘した，身柄拘束の違法な利用関係，偽計，暗黙の約束ないし利益誘導などの手段は，②の事実についての取調べにおいて用いられたものであり，④の事実については，むしろ，Ｘの方から積極的に自供したものであるから，④の事実に関する自白についても任意性に疑いがあるとした第１審裁判所の判断には誤りがあるとした。その上で，不任意自白に由来する書証の証拠能力に関する第１審裁判所の判示部分については，以下のような判断を示した。

　「原判決は，不任意の自白に基づいて発見押収された証拠物に関する書証について，いわゆる『毒樹の果実』排除の理論ないしはこれと共通する思考方法のもとに，その証拠能力を認め難いとするので，以下この点につき検討する。……

　本件において『毒樹の果実』が問題となっているのは，不任意自白に由来して得られた派生的第２次証拠であるが，派生的第２次証拠の収集手続自体にはなんら違法はなく，それ自体を独立してみる時なんら証拠使用を禁止すべき理由はなく，ただ，そのソースが不任意自白であることから不任意自白の排除効を派生的第２次証拠にまで及ぼさるべきかが問題となるのである。そこでまず第１に『不任意自白なかりせば派生的第２次証拠なかりし』という条件的関係がありさえすればその証拠は排除されるという考え方は広きにすぎるのであって，自白採取の違法が当該自白

を証拠排除させるだけでなく，派生的第2次証拠をも証拠排除へ導くほどの重大なものか否かが問われねばならない。違法に採取された自白の排除の中には，(1)憲法38条2項，刑事訴訟法319条1項の『強制，拷問又は脅迫による自白，不当に長く抑留又は拘禁された後の自白』のように虚偽排除の思想を背景に持ちつつも，むしろ人権擁護の見地から人権侵害を手段として採取された自白の証拠使用が禁止されるもの，(2)刑事訴訟法319条1項の『その他任意にされたものでない疑いのある自白』のように，約束，偽計など主として虚偽排除の見地から虚偽の自白を招くおそれのある手段によって採取された自白の使用が禁止されるもの，(3)憲法31条の適正手続の保障による見地から自白採取の手続過程に違法がある自白の証拠使用の禁止が問題とされるもの，例えば他事件による勾留の違法な利用，黙秘権の告知・調書読み聞けの欠如等がある。そこで考えると，自白獲得手段が，拷問，暴行，脅迫等乱暴で人権侵害の程度が大きければ大きいほど，その違法性は大きく，それに基づいて得られた自白が排除されるべき要請は強く働くし，その結果その趣旨を徹底させる必要性から不任意自白のみならずそれに由来する派生的第2次証拠も排除されねばならない。これに対して，自白獲得手段の違法性が直接的人権侵害を伴うなどの乱暴な方法によるものではなく，虚偽自白を招来するおそれがある手段や，適正手続の保障に違反する手段によって自白が採取された場合には，それにより得られた自白が排除されれば，これらの違法な自白獲得手段を抑止しようという要求は一応満たされると解され，それ以上派生的第2次証拠までもあらゆる他の社会的利益を犠牲にしてでもすべて排除効を及ぼさせるべきかは問題である。刑事訴訟法1条は，『公共の福祉の維持と個人の基本的人権の保障とを全うしつつ，事案の真相を明らかにし，刑罰法令を適正かつ迅速に適用実現することを目的とする。』と規定し，犯罪の解明，真実発見と人権あるいは適正手続の保障との調和を十分考慮に入れる必要があることを明らかにしている。この場合の虚偽自白を招くおそれのある手段や，適正手続の保障に違反して採取された不任意自白に基因する派生的第2次証拠については，犯罪事実の解明という公共の利益と比較衡量の上，排除効を及ぼさせる範囲を定めるのが相当と考えられ，派生的第2次証拠が重大な法益を侵害するような重大な犯罪行為の解明にとって必要不可欠な証拠である場合には，これに対しては証拠排除の波及効は及ばないと解するのが相当である。もとより，この場合にあっても，当初から，計画的に右違法手段により採取した自白を犠牲にしても，その自白に基づく派生的第2次証拠の獲得を狙いとして右違法な手段により自白採取行為に出たというような特段の事情がある場合には，その自白採取手段の違法性は派生的第2次証拠にまで証拠排除の波及効を及ぼさせるものとなるであろう。けだし，さもなくばこれらの違法な自白獲得手段を抑止しようという要求は，右の実利の前に，実のあるものとはならなくなるからである。

かような見地から本件をみるに，原判決が認定するように本件爆弾の製造，所持の犯行についての自白が約束，偽計，利益誘導，他事件の勾留の違法利用により獲得されたものとして任意性に疑いがあるとされて，刑事訴訟法319条1項により証拠能力が否定されるにしても，本件に右特段の事情はなく，かつ本件は爆弾の製造，所持事犯であって，爆発物取締罰則は公共の安全と秩序の維持という社会的法益と人の身体・財産の安全という個人的法益を保護するものであり，爆発物はその爆発作用そのものによって公共の安全をみだし又は人の身体財産を害するに足る破壊力を有する顕著な危険物であって，同罰則違反の罪は，公共危険罪に近い罪質をも具有する重大な犯罪……であり，右自白獲得手段の違法性と本件爆弾の製造，所持事犯の法益の重大性を比較衡量するとき，右自白に基づく結果として発見押収された本件手投式鉄パイプ爆弾2個の捜索差押調書，検証調書，鑑定書等〔の〕証拠……は排除されるべきではないと解するのが相当と認められる。そして，第2に，不任意自白という毒樹をソースとして得られた派生的第2次証拠に証拠の排除効が及ぶ場合にあっても，その後，これとは別個に任意自白という適法なソースと右派生的第2次証拠との間に新たなパイプが通じた場合には右派生的第2次証拠は犯罪事実認定の証拠とし得る状態を回復するに至るものと解せられる。しかるところ，被告人は原審公判廷において，終始本件手投式鉄パイプ爆弾を製造し，これを大阪教育大学天王寺分校に隠匿所持していた事実及び捜査官が同所で捜索押収して来た本件証拠物たる手投式鉄パイプ爆弾2個が右対象物件であることを認めて来たのであり，右自白は公判廷における任意の自白であるから，右証拠物が当初不任意の自白に基づいて発見押収された派生的第2次証拠であっても，原審公判廷における任意自白により犯罪事実認定の証拠とし得る状態を回復しているものと認められる。」

Q Basic

54 本判決のいう「『毒樹の果実』排除の理論」とは何か。本件の場合，具体的にはどういうことか。

55 第1審判決は，不任意自白に基づいて発見された証拠物に関する書証の証拠能力について，どのように判断しているか。それに対し，本判決は，いかなる枠組みに基づいて，その証拠能力を判断しているか。

56 約束や偽計による自白の証拠能力が否定されるのは，これらの自白が類型的に虚偽であるおそれがあるからだとすると，そのような自白に基づいて現に発見された証拠物については，それを証拠から排除する理由はないのではないか。その証拠能力が否定される場合があるとすれば，その根拠は何か。

57 本判決は，「自白獲得手段の違法性が直接的人権侵害を伴うなどの乱暴な方法によるものではなく，虚偽自白を招来するおそれがある手段や，適正手続の保障に違反する手段によって自白が採取された場合」には，「不任意自白に基因する派

生的第2次証拠については，犯罪事実の解明という公共の利益と比較衡量の上，排除効を及ぼさせる範囲を定めるのが相当」とするが，そのような考え方は妥当か。そのような自白採取方法を禁圧すべきだという要請は，本判決のいう「乱暴な方法によるもの」と同様なのではないか。

58 本判決は，「不任意自白という毒樹をソースとして得られた派生的第2次証拠に証拠の排除効が及ぶ場合にあっても，その後，これとは別個に任意自白という適法なソースと右派生的第2次証拠との間に新たなパイプが通じた場合には右派生的第2次証拠は犯罪事実認定の証拠とし得る状態を回復するに至る」と述べているが，それはいかなる事態をさしているのか。そのようにいえる実質的な根拠は何か。

59 (1) 参考裁判例19－14 は，Xの自白の証拠能力について，どのような根拠に基づいて，どのような判断をしているか。それらは妥当なものといえるか。

(2) 参考裁判例19－14 は，同事件で獲得された覚せい剤の証拠能力について，どのような根拠に基づいて，どのような判断をしているか。それらは妥当なものといえるか。原審の判断と，どのような点で異なるか。

○ **参考裁判例19－9** 最二決昭和39年6月1日刑集18巻5号177頁

X（被告人）は，放火の事実で，昭和36年1月27日，同年2月1日に取調べを受けた後，翌2日の取調べの際に自白し，自白調書が作成された。その間，Xは，2月1日に取調官からポリグラフ検査の承諾書をとられ，翌2日にその検査を受けたが，同日Xを取り調べた警察官は，取調べに先立ち，ポリグラフの検査官から口頭で容疑濃厚との結果を聞き，Xに対し同検査の結果が黒と出た旨告げた。控訴審は，次のように判示して，前記自白調書の証拠能力を肯定した。

「取調官が否認している被疑者に対しポリグラフ検査の結果が容疑濃厚即ち黒と出たと告知するのは，被疑者に対し心理的拘束を加えることは否定できず避けるべきであることは勿論であるが，同検査の結果が黒と出たと告知したからといって必ずしも自白を強制するものとは解せられない。本件においては司法警察員は，当時はまだ不拘束であった被告人に対し，ポリグラフ検査の結果が黒と出たと告げたうえもし覚えがあるならそのように述べた方がよいといいいわば被告人に諦めのきっかけを与えた程度にとどまり，他に例えば黒と出た以上被告人がやったことに絶対間違いないとか到底逃れることができないなどといったようなことはないからポリグラフ検査の結果をたてに被告人に自白を強制したとはいえず，従って前記自白調書が取調官の強制によるものとは認められない」。Xから上告したが，最高裁は次のように判示して，上告を棄却した。

「記録によって本件捜査中における最初の自白がなされた経過をみると，当初否認していた被告人に対し，その承諾のもとに，鑑識の専門係員によってポリグラフ検査を行

ない，その後の取調にあたって，取調官が右検査の結果を告げ，真実を述べるように話したところ，被告人はしばらく沈黙していたが，やがて関係者に内密［に］してくれるよう頼んでから，本件犯行をすべて自白するにいたったというもので，その間には取調官が自白を強要したと認めるべき事迹は見当らず，その自白の任意性を疑うべき事情も窺われない。」

◯ **参考裁判例 19 - 10** 東京地判昭和 62 年 12 月 16 日判時 1275 号 35 頁

X（被告人）は，昭和60年4月11日未明，東京都板橋区にある女子大学生寮の一室に侵入し，同室内でA所有の現金約3万7000円を窃取し，さらに金員を物色中，目を覚ましたAに発見されるや，逮捕を免れる目的で，Aの顔面を手拳で1回殴打する暴行を加え，ついでこの暴行によりAが極度に畏怖しているのに乗じ，その場でAの口を塞ぎ，肩部付近をつかんで仰向けに押し倒すなどしてその反抗を抑圧し，強いてAを姦淫しようとしたが，Aに騒がれ抵抗されたため，未遂に終わったという公訴事実で起訴された。Xが本件犯行を自白し，起訴されるに至った事情は，次のとおりである。本件の犯人は，Aの悲鳴であわてて侵入口の窓から逃走した際，履いていた革製紺色デッキシューズ1足をその場に遺留し，寮の敷地内に裸足で地面を踏みつけたと推認される裸足痕数個を残したが，他にこれといった手がかりはなく，また，被害者Aは強度の近視で，室内は暗い状態であったため，犯人の人相等の識別は全くできなかった。本件犯行がいわゆる迷宮入りした昭和60年5月28日，Xが別件の窃盗被疑事件で逮捕されたが，警察は，Xが前記寮の近くに住んでいたこと，前記デッキシューズから推測される身長にほぼ適合することなどから，Xを本件犯人ではないかと疑い，デッキシューズについて警察犬による臭気選別を実施したところ，Xの靴下からの移行臭白布をくわえて持来するという結果を得た。そこで警察は，7月17日，Xが前記別件の窃盗につき執行猶予付きの懲役刑の判決を言い渡されて身柄を釈放されると，その直後に本件被疑事実によりXを逮捕し，板橋警察署に留置したが，約半月後に，前記臭気選別の結果を得たに過ぎないのにこれを秘し，あたかも本件デッキシューズからXの分泌物が検出されたかのような嘘を言って，逮捕以来終始否認していたXをして初めて自白させ，自白調書を作成した。すなわち，本件捜査を事実上指揮していた板橋警察署盗犯第3係長らは，7月31日夜の取調べを午後6時10分ころから開始し，午後9時過ぎには，「この靴はお前のだろ」などといって本件デッキシューズを初めて示し，Xがそのような靴は知らない旨述べると口々に「お前のだ」と大声で怒鳴ったり，指でXの頭を小突くなどしたうえ，同係長においてはXに対し「今の発達した科学では，人間の分泌物から，その細かく枝分かれした血液型を知ることができ，指紋と同様，同じ分泌物の人間は1億人に1人しかいないが，その分泌物がお前のと一致した」という趣旨のことを申し向けたところ，Xとしては，同日昼ころ，同係長から唾液の任意提出を求められ，その時は格別意に止めず応じていたが，前記の言辞を言われるに及んではも

はや何を言っても無駄であるとの思いから抵抗の気力を失い，絶望の余り頭を机に打ちつけるなどしたり，号泣した末，本件の犯人はお前かという問いに概括的にこれを認めてしまい，警察官がその結論だけ記載したごく短い自白調書を作成するとこれに署名指印し，さらに言われるまま，ほぼ同旨にして自白の任意性を担保するような内容を付け加えた上申書を自ら作成したというのである。裁判所は，次のように自白調書の証拠能力について判示し，Xに無罪を言い渡した。

「前記盗犯第3係長が被告人に対し前記のような強い心理的強制を与える性質の分泌物検出云々のあざとい虚言を述べて自白を引き出した点のみで既に許されざる偽計を用いたものとして，その影響下になされた被告人の自白調書等はすべてその任意性を肯定できないと解すべきところ，加えるに，その余の既述の苛烈な取調方法をも併せ考えると，とうていその任意性などはこれを認めることはできないのである。」

◯ 参考裁判例 19-11　東京高判平成3年4月23日高刑集44巻1号66頁

X（被告人）は，昭和49年7月3日夜，松戸市の国鉄馬橋駅西口造成地先路上を歩行中のAに対し刃物を突きつけて「騒ぐな。騒ぐと殺すぞ」などと申し向けて，近くの建築中マンション3階に連行し，同所でAを仰向けに押し倒し，その反抗を抑圧してAを姦淫し，その直後，Aが助けを求めて騒いだため，犯行の発覚を防ぐため，付近の雑草地内でAの着用していたサロペットスカートの吊り紐を頸部に回して頸部絞扼により窒息死させ，さらに，Aの死体を付近の造成地内に掘った穴に埋没させて遺棄したとの事実，及び他の常習累犯窃盗と強姦の事実により，第1審判決で無期懲役を言い渡された。本件においては，Xと犯行を結び付ける直接的な証拠は，捜査段階におけるXの自白がほとんど唯一のものであったため，その任意性，信用性が最大の争点となった。本判決の認定によれば，捜査の経過とXが自白するに至った経緯は，次のとおりである。

捜査当局は，本件を含む連続女性殺人事件の捜査の過程でXを捜査対象者とし，別件の窃盗事件での逮捕・勾留（第1期間，昭和49年9月12日から30日まで），別件の住居侵入・強姦事件での逮捕・勾留（第2期間，10月21日まで），両事件の起訴後の勾留（第3期間，12月9日まで），本件での逮捕・勾留（第4期間，12月31日まで）のそれぞれの間，Xを取り調べ，一旦は処分保留のまま釈放したものの，常習累犯窃盗及び他の強姦の事実による起訴後勾留（第5期間，昭和50年3月12日まで）の間も引き続きXを取り調べて，本件を起訴した。この間，Xは，第1期間は松戸署に，第2～第5期間は新設の印西署に留置され，第3～第5期間に自白調書が作成されたが，本件の起訴後は一貫して本件犯行を否認している。第1審判決は，第5期間の自白につき，Xが本件で釈放された後も印西署にそのまま留置され，より厳しい監視状況下に置かれ，時にはより厳しい取調べを受けた点を主たる根拠として，自白の任意性に疑いがあるとしたが，第3及び第4期間の自白については，任意性及び信用性を認めた。控訴審判決は，次の

ように判示して，被告人を無罪とする破棄自判をした。
「『第3期間』及び『第4期間』の自白の任意性について考えると，
(一) まず，印西警察署における留置の状況が大きな問題であろう。

被勾留被疑者を警察署に付属する留置場に収容するいわゆる代用監獄は，自白の強要等の行われる危険の多い制度であるので，その運用に当たっては，慎重な配慮が必要である。とりわけ，［A事件］のように，目撃者はなく物証に乏しく，その立証が被疑者の自供に依拠せざるをえない場合は一層そうである。本来，被疑者の取調べという犯罪捜査と，代用監獄として被疑者の身柄を留置場に収容する業務とは，同じ警察が行なうにしても，全く別個の業務であり，混同されて運用してはならず，それぞれ別個独立の立場で適正に行なわれることが必要不可欠であり，留置業務が捜査に不当に利用されることがあってはならないのである。

ところが，本件の場合，［A事件］を含む連続殺人事件について自白を得るため，代用監獄として，寂しい新設の印西警察署を選び，たった1人の状態で留置し，しかも，捜査本部の捜査員から看守者を選任して被告人の留置業務に当たらせ，被告人の留置場内での言動の逐一を捜査上の資料として提供させた上，取調べを行なったのである。これは，まさに，捜査員が留置業務に当たり，実質的にも留置業務が捜査の一環として行なわれたもので，留置業務は，その独立性がなく，捜査に不当に利用されたといえる。

したがって，このような留置のあり方は，不当なものであり，代用監獄に身柄を拘束して，自白を強要したとのそしりを免れない。

(二) 次に，留置場内での被告人の言動をみると，被告人は，長期間にわたり，このような拘禁状態に置かれた末，［A事件］について厳しい取調べを受けたもので，精神的にも肉体的にも厳しい状態に追い込まれていたといえる。

(三) しかも，被告人に対する取調べの状況をみると，右のような状態にある被告人に対する殆ど連日の取調べから，真摯な反省に基づいた，真実を語る自白を得ることが，果たして可能であったか大いに疑問である。

(四) 更に，被告人の自白の内容をみると，取調べの都度，あるいは取調べに当たる者により変転していて，まるで一貫性がなく，その供述状況・供述態度からも，その任意性には疑いが消し難いものがある。

以上のような諸点に鑑みると，［A事件］については，被告人の『第3期間』及び『第4期間』の自白も，その自白が任意にされたものでない疑いがあるといわざるをえない。」

◯ **参考裁判例 19-12** 福岡高那覇支判昭和49年5月13日刑月6巻5号533頁

九州地区麻薬取締官事務所沖縄支所では，情報提供者であるAから，X（被告人）がヘロインを所持しているとの情報を得たので，その情報を資料としてXの身体についての捜索差押許可状の発付を受け，麻薬取締官5名が，米軍捜査官3名とともに沖縄県

コザ市（現沖縄市）に赴いたところ，かねての打合せどおり，Aから，Xがヘロインを所持しているとの合図があったので，麻薬取締官らは，同市の甲野喫茶店前で，前記捜索差押許可状を執行し，Xの身体捜索を開始した。麻薬取締官らは，Xの所持品を取り出して駐車中の自動車の上に置いたが，その際，Xの所持品の中に黒い財布があったので，M_1取締官は，M_2取締官に対してその内部を調べるように命じた。そこでM_2は財布の中を調べたが，麻薬らしいものは見当たらなかったので，その財布を再び自動車の上に置いた。すると米軍捜査官U_1がその財布を手にし，M_2に対し，麻薬があるではないかと銀紙1包みを財布とともに差し出した。それはM_2がその財布を置いてから十数秒後のことであり，M_2はその銀紙が財布の中にあったもので，しかも銀紙の中のものはヘロインであると判断し，Xをその場で麻薬所持の現行犯人として逮捕した。Xは，その場ではその銀紙の包みは自分のものではない旨の弁解はしなかったが，麻薬取締官事務所に連行されてから，その銀紙の包みは自分のものではないと弁解した。

一方，Aは，以前にXから受け取った銀紙に包んだヘロイン1包みを，本件捜索当日の午後，米軍捜査官U_2に渡したところ，U_2は，そのヘロインをさらにU_1に渡した。U_1は，その銀紙に包んだヘロインを，Xの財布を調べた際に，前記のとおりM_2に対して財布とともに渡した。

以上の事実から，裁判所は，Xが現行犯人として逮捕されたとき，ヘロインはXの財布には入っていなかったものであり，前記の銀紙発見の経過からすると，M_2が専門官としての十分な注意を払ったものとはいえず，犯罪の嫌疑が明白でなかった状況での現行犯逮捕は違法であるとしたが，次のように判示して，Xが身柄拘束中にした自白の証拠能力を認め，原審の有罪判決を維持した。

「現行犯逮捕による身柄拘束中になされた被告人の供述の証拠能力について審案すると，原審記録によれば，被告人は取締官に対し自由意思で述べたことが明認でき，したがって，被告人の供述には十分に任意性があるものと認められるので，右供述が違法な身柄拘束中にされたものとして証拠としての許容性がないというべきかどうかについて判断することにする。

思うに，憲法33条および34条が……［と］定め，またこれを承けて刑事訴訟法上に身柄の拘束に関しては，いわゆる令状主義をはじめとする詳細，かつ，厳格な手続的規定が設けられている趣旨にかんがみれば，捜査官が違法な身柄の拘束を意図的に利用したと認められるとき，身柄拘束の要件がないことが一見明白であるときのように身柄の拘束の違法性が著しく，右の憲法およびこれを承けた刑事訴訟法上の規定の精神を全く没却するに至るほどに重大であると認められる場合には，その身柄拘束中の供述がたとえ任意になされたとしても，その供述の証拠としての許容性を否定すべきものと解するのが相当であるが，その違法が右の程度に至らない瑕疵に止まる場合においては，その供述の証拠としての許容性は違法拘束中になされたことの一事をもって直ちに否定されるものではないと解するのが相当である。

これを本件についてみると，……本件現行犯逮捕の際不公正な行為をしたのは麻薬取締官ではなく，米軍捜査官であり，日本の捜査官にとっては，前示のとおり被告人（当時は被疑者）が財布の中にヘロインを所持していたものと判断したこともうなずけないわけではない情況にあったものということができ，したがって，当時の情況下では本件逮捕も適法な現行犯逮捕と限界線に立つものであること，被告人は逮捕現場ではそのヘロインが自分の所持にかかるものではないと弁解していないこと，前示 M_2 取締官は被告人が現に罪を行なっていたものであると信じていたことがうかがわれ，本件現行犯人の逮捕の違法性は，右の憲法およびこれを承けた刑事訴訟法上の規定の精神を全く没却するに至るほど重大なものとはいえないから，本件現行犯逮捕に伴う身柄拘束中になされた被告人の供述は証拠としての許容性を否定されないものというべきである。
　そうすると，所論の被告人の供述は証拠能力を有する結果，その供述にもとづいて発見された本件麻薬は適法に収集されたこととなり，したがって，原判決には所論のような訴訟手続の法令違反の節は存しない。」

◯参考裁判例 19-13　浦和地判平成 3 年 3 月 25 日判タ 760 号 261 頁

　Xは，Yと共謀してZから覚せい剤を譲り受けたとして起訴された。検察官が証拠調べの請求をしたのは，Xの逮捕直後の簡単な自白調書 1 通，Y，Zの証言，Zの尿の鑑定書等である。Xは，公判廷で，YとZを引き合わせたのは事実であるが，覚せい剤譲受けの共謀はないし，自白調書作成に至る取調べでは，黙秘権，弁護人選任権の告知がなかったと主張した。裁判所は，次のように判示して，この自白調書の証拠能力を否定し，Xに覚せい剤譲受け幇助罪の成立を認めた。

　「被告人に対する上尾署捜査員の取調べは，被告人の供述するような違法・不当な方法で行われた疑いがあるといわなければならず，その結果作成された員面［調書］は，いずれも，任意性に疑いがあるものとして，証拠能力を否定されるべきである。……本件におけるように，警察官による黙秘権告知が，取調べ期間中一度もされなかったと疑われる事案においては，右黙秘権不告知の事実は，取調べにあたる警察官に，被疑者の黙秘権を尊重しよ［う］とする基本的態度がなかったことを象徴するものとして，また，黙秘権告知を受けることによる被疑者の心理的圧迫の解放がなかったことを推認させる事情として，供述の任意性判断に重大な影響を及ぼすものといわなければならず，右のような観点からすれば，本件において，被告人が検察官や裁判官からは黙秘権の告知を受けていることとか，これまでに刑事裁判を受けた経験があり黙秘権の存在を知っていたと認められることなどは，右の結論にさして重大な影響を与えないというべきである。……また，捜査官による右権利［弁護人選任権］の不告知は，黙秘権不告知の場合と同様，当該捜査官に被疑者の弁護人選任権を尊重しようという気持がなかったことを推認させる。そして，本件においては，現実にも，被告人の弁護人選任の動きを積極的に妨害するような……不当な言動があった疑い［が］ある……。このようにみてくると，被

告人に対し，検察官や裁判官からは弁護人選任権の告知があったこと及び被告人が右権利の存在を現に知っていたことを考慮しても，……警察官の右権利不告知及びその後の言動は，被告人の警察官に対する供述の任意性を疑わせる重大な事由であるというべきである。」

◯ 参考裁判例19-14　東京高判平成25年7月23日判時2201号141頁

　X（被告人）は，平成24年7月15日，覚せい剤使用の被疑事実で通常逮捕され，警視庁南千住警察署所属のK警部補らが，同日，X方を捜索差押令状に基づき捜索したが，覚せい剤は発見されなかった。

　その後，同月20日に，K警部補らがXの取調べを行ったところ，Xは覚せい剤使用の事実を否認した。その際，K警部補が，先日の捜索差押えでは覚せい剤を発見できなかったが，実際には覚せい剤は存在するのではないか，参考までに教えてくれないかなどと尋ねると，Xは，そんなことを聞いてどうするのか，無理です，再逮捕するのだろうなどと答えた。さらに，K警部補らが，覚せい剤所持では逮捕も家宅捜索もしない，ここだけの話にするから教えてくれないかなどと説得するのに対し，Xは，逮捕等しないのであれば，覚せい剤の保管場所を聞く必要はないではないかなどと応答した。このようなやり取りが何回か繰り返された挙げ句，Xは，このままでは，X方に住む両親が警察から事情聴取を受けることになると考え，K警部補らの言を信じ，Xの部屋のティッシュボックスの中に本件覚せい剤を隠してある旨告白した。

　同日午後2時10分頃，K警部補らが，X方にある本件覚せい剤を差し押さえなければならなくなったと告げると，Xは，話が違うと怒り出し，同日午後3時過ぎ頃，弁護人として接見に来たA弁護士に対し，K警部補らにだまされて本件覚せい剤の隠し場所を言わされた旨伝えた。

　K警部補らは，上記のX供述に依拠し，同日中に東京簡易裁判所裁判官から捜索差押許可状の発付を受け，翌21日X方を捜索し，Xの申出どおり，Xの部屋のティッシュボックスの中から，本件覚せい剤を発見し，8月13日に，Xを本件覚せい剤所持の容疑で逮捕した。Xは，その後，覚せい剤使用及び覚せい剤所持の事実で起訴された。

　第1審の東京地裁は，取調べの経緯に関するK警部補らの各証言について，信用できないと判断した上で，本件覚せい剤の差押えに至る経緯等を前提とすると，K警部補らの取調べは，Xの供述の自由を奪うもので，黙秘権を侵害する違法なものであるばかりか，K警部補らは，自らの行為の違法性を認識しており，X供述は任意性を欠くとする一方，本件覚せい剤は，X供述を1つの疎明資料として発付された捜索差押許可状に基づいて発見押収されたものであり，第一次的証拠であるX供述と密接な関連性を有することは否定できないが，X供述がなされた取調べの時間は長くて1時間半程度であり，暴行や脅迫も用いられておらず，違法性の程度は高くない上，事案の重大性，証拠の必要不可欠性等一切の事情を併せて考えると，本件捜索差押手続に令状主義の趣旨

を潜脱するような重大な違法があるとは認められず，将来における違法捜査抑止の観点から証拠排除することが相当ともいえないので，第二次的証拠である本件覚せい剤や鑑定書等の関連証拠には，証拠能力があるとして，覚せい剤使用及び所持のいずれについても，Xを有罪とした。

これに対し被告人側が控訴したところ，東京高裁は，原判決が覚せい剤所持の有罪認定に用いた証拠はいずれも違法収集証拠として排除されるべきであるから，これらに証拠能力を認めて被告人を有罪と判断した原判決には判決に影響を及ぼす訴訟手続の法令違反があるとして，原判決を破棄し，覚せい剤所持については無罪を言い渡した。

「(1) ……Xから問題のX供述を引き出したK警部補らの一連の発言は，利益誘導的であり，しかも，少なくとも結果的には虚偽の約束であって，発言をした際のK警部補らの取調べ自体，Xの黙秘権を侵害する違法なものといわざるを得ず，問題のX供述が任意性を欠いていることは明らかである。

(2) また，本件覚せい剤の捜索差押調書（……）によると，本件覚せい剤は，問題のX供述を枢要な疎明資料として発付された捜索差押許可状に基づき，いわば狙い撃ち的に差し押さえられている。さらに，原判決の覚せい剤所持の事実（……）に関する証拠の標目に掲げられた「捜索差押調書」（……），「写真撮影報告書」（……），「鑑定嘱託書謄本二通」（……）及び「鑑定書二通」（……）は，いずれも本件覚せい剤に関する捜索差押調書，写真撮影報告書，鑑定結果等の証拠であり，問題のX供述と密接不可分な関連性を有すると評価すべきである。しかも，弁護人が正当に指摘するとおり，虚偽約束による供述が問題となる本件においては，その供述を得られた取調べ時間の長さや暴行，脅迫の有無を検討要素とする意味はなく，捜査官が利益誘導的かつ虚偽の約束をしたこと自体，放置できない重大な違法である。

(3) 確かに，本件全証拠によっても，K警部補らが，当初から虚偽約束による自白を獲得しようと計画していたとまでは認められないが，少なくとも，Xとの本件覚せい剤のありかを巡るやり取りの最中には，自分たちの発言が利益誘導に当たり，結果的には虚偽になる可能性が高いことは，捜査官として十分認識できたはずである。現に，K警部補らは，［その証言において］違法性の認識があったことを自認している。

(4) そうすると，K警部補らの違法な取調べにより直接得られた，第一次的証拠である問題のX供述のみならず，それと密接不可分の関連性を有する，第二次的証拠である本件覚せい剤，鑑定嘱託書，鑑定書及び捜索差押調書をも違法収集証拠として排除しなければ，令状主義の精神が没却され，将来における違法捜査抑制の見地からも相当ではないというべきである。」

20 補強証拠

(1) 「補強法則」の趣旨・存在理由

設例 1

Xは，警察署に出頭して，3年前，深夜人気のない路上で外国人観光客から現金を数万円脅し取ったことがある。以来ずっと良心がとがめており，まことに悪いことをしたと思うので自首すると述べた。被害者は不詳で，Xの述べる犯行日頃に該当する被害届もない。Xの供述を裏付ける証拠は一切ないが，その犯罪事実に関する供述内容は具体性に富み，供述態度は真摯で不自然なところはない。

Q Elementary

1 Xの自白だけで，Xを有罪とすることができるか。

2 通常，人は自分に不利になる事を隠したいと思うのに，敢えて自己の犯罪行為のような不利益な事項を認めている場合，それは真実である蓋然性が高いとはいえないのか。それだけで犯罪事実が認定できるほどに具体的であるにもかかわらず，なぜXの自白だけで有罪としてはいけないのか。

3 設例1のように自首して真摯に具体的な犯行状況を自白している場合に，捜査機関が自白を強要したり，その結果虚偽の自白がなされるおそれはあり得ない。なぜ，Xの自白だけで有罪としてはいけないのか。

被告人が公判廷で自白している場合も，自白の強要はあり得ないのではないか（参考裁判例20-⑤参照）。それにもかかわらず，刑訴法319条2項が「公判廷における自白であると否とを問わず」被告人を有罪とするには自白以外に補強証拠を必要とする旨定めているのはいかなる趣旨か。

4 補強証拠に関する憲法と刑訴法の規定に違いがあるか。参考裁判例20-⑤は，どのような憲法解釈を述べているか。刑訴法の明文規定との関係で，そのような憲法の解釈をすることにはどのような意味があると考えられるか。

5 実際には，設例1のように自白以外の裏付け証拠のない事件を検察官が起訴することは考え難い。このような実務の状況のもとで，補強証拠に関する法律問題が争点となる場合が考えられるか。

(2) 補強証拠としての適格

Q Elementary

6 (1)の設例1において，起訴されたXが公判廷において自白した場合，Xが自首の際にした供述を録取した調書は補強証拠になるか。

7 (1)の設例 1 において，X の妻の，「私は 3 年前 X から『外国人観光客から金を脅し取った』旨打ち明けられたことがある」との供述は，補強証拠になるか。

8 連続住居侵入窃盗事件で逮捕された Y の自白に基づき，警察官が被害者 A に被害状況を問い合わせたところ，A は「泥棒に入られた心当たりがないが，犯人が室内にあった財布から現金 2 万円を盗んだというならその通りだろう」と述べて，その旨の被害届を作成・提出した。この A 作成の被害届は，補強証拠となるか。

9 被告人 Y の共犯者 Z の「Y と一緒に住居侵入窃盗を行った」旨の供述は，Y の自白の補強証拠になるか。

20-1 最二決昭和 32 年 11 月 2 日刑集 11 巻 12 号 3047 頁

【事案の概要】 第 1 審は，米穀小売販売業者である X（被告人）が，闇米を 104 回にわたり 3 名の者から買い受け，それを 265 回にわたり計 63 名の者に売り渡したとの食糧管理法違反の事実を認めたが，売渡しの証拠としては，X の自白（公判廷の供述および司法警察職員・検察官に対する供述調書）のほか，買受人 16 名の司法警察職員に対する供述調書と押収された「未収金控帳」を掲げていた。原審も，証拠として第 1 審判決挙示の証拠をそのまま援用した。これに対して弁護人は，「未収金控帳」なるものは，犯罪の嫌疑を受ける前に記入されていても，X の自白と同一性質のものであって，X の自白に対する補強証拠とはなり得ないから，買受けの供述調書がある 16 名を除いた 47 名に対する売渡しの事実については，結局 X の自白が唯一の証拠になっているとして，刑事訴訟法 319 条，憲法 38 条違反を理由に上告した。

【判示】 上告棄却。

「所論未収金控帳は原判決説示の如く，被告人が犯罪の嫌疑を受ける前にこれと関係なく，自らその販売未収金関係を備忘のため，闇米と配給米とを問わず，その都度記入したものと認められ，その記載内容は被告人の自白と目すべきものではなく，右帳面はこれを刑訴 323 条 2 号の書面として証拠能力を有し，被告人の第 1 審公判廷の自白に対する補強証拠たりうるものと認めるべきである。」

Q Basic

10 本件「未収金控帳」は，**6**，**7** の場合とどこが異なるのか。これらの場合と区別できるとすれば，どのような事情をあげることができるか。

本決定は，「未収金控帳」は供述（自白）を記載した書面には当たらないといっているのか，それとも供述（自白）を記載した書面ではあるが，補強証拠となり得ない供述（自白）ではないという趣旨か。自白に補強証拠が要求されている趣旨に照らし，本決定のいう「未収金控帳」の性質は，補強証拠としての適格を認める十

分な理由といえるか。

11 連続住居侵入窃盗事件で逮捕されたＹ（被告人）の自宅を捜索したところ，Ｙが犯行日毎に，侵入した住居と窃取した物や金額を記入した日記帳が発見された。本決定の考え方によれば，日記帳の各記載は，Ｙの住居侵入窃盗に関する各自白の補強証拠になるか。

12 **11**の設例において，仮にＹが日記帳を証拠とすることに同意せず，裁判所もこれを刑訴法323条2号・3号の書面には当たらず証拠能力がないと判断した場合，この日記帳は，Ｙの捜査段階における自白の補強証拠になるか。

(3) 補強証拠が必要とされる事実の範囲
20-2 最二判昭和24年4月30日刑集3巻5号691頁

【事案の概要】 Ｘ（被告人）は，強盗傷人事件において，Ｘから暴行を受けた旨のＡ（被害者）の供述のみでは，物を強奪する強盗行為を証明するものではなく，この点についてＸの公判廷における自白のみで認定したのは憲法38条3項に違反すると主張して上告した。

【判示】 上告棄却。

「原判決は，被告人の自白のみによって所論判示事実を認定したものではなく，被告人の自白の外にＡに対する司法警察官の聴取書中原判示の供述記載を補強証拠としてこれを綜合して認定したものである。そして右聴取書の記載は，被告人がＡに暴行を加え因って同人に傷害を与えたという事実を証するだけであって，原判示の犯罪事実即ち強盗傷人罪の全部を証するものではない。しかし自白を補強すべき証拠は必ずしも自白にかかる犯罪構成事実の全部に亘ってもれなくこれを裏付けするものであることを要しないのであって，自白にかかる事実の真実性を保障し得るものであれば足るのである。而して本件において前示聴取書の記載は本件犯罪構成事実の一部を証するものであっても，被告人の自白にかかる事実の真実性を十分に保障し得るものであるから，原判決は被告人の自白のみによって判示事実を認定したものということはできないのである。」

設例2

Ｙ（被告人）は，知人Ａに依頼されて，盗品である金塊をＡに指定された場所でＢに引き渡し謝礼を受け取ったとして，盗品等運搬罪で起訴された。しかし，Ａ，Ｂいずれも所在不明で，盗品である金塊も発見されていないため，Ｙの犯行を裏付ける証拠としては，Ｙの捜査段階における自白と，被害者の盗難届しかない。

Q Basic

13 判例**20-2**は，補強証拠が必要とされる犯罪事実の範囲についてどのよう

に考えているか。判決がそれで足りるとする理由はどのようなものか。犯罪事実の客観的部分である財物奪取行為についても補強証拠が必要なのではないか。

14 盗品有償譲受けの罪で起訴された被告人が，「盗品かもしれないと思っていたが買った」旨の自白をしている場合，盗品であることを認識していた事実について，補強証拠は必要か（参考裁判例20-⑥）。

15 判例20-②の考え方によれば設例2のYを盗品等運搬罪で有罪とすることができるか。判例20-②の事案のようにYが公判廷において自白した場合には補強の範囲が異なると考えることはできるか。

16 被告人が自白している強盗致傷の事案で，被告人が被害者に暴行を加え傷害を負わせたことについては目撃者の証言による裏づけがあるものの，被告人は財物奪取に失敗しており外形的事情からは強盗か傷害かを区別しがたく，しかも，被害者は意識不明で犯行時の被告人の言動についてその供述を得ることができないという場合，被告人を強盗致傷の罪で有罪とすることができるか。

17 16の犯行目撃者の証言が「犯行当日現場近くで，何者かが被害者を殴りつけ，金を奪い取っているのを見たが，犯人の顔はよく見えなかったので，それが被告人であるかどうかは全く分からない」という内容であった場合，被告人を有罪とすることができるか（参考裁判例20-⑦）。犯罪事実が架空のものであるようなことは通常考えられず，自白の信用性が問題とされるのは，被告人が犯人であるかどうかであるから，この点について補強証拠を必要としないとすれば，意味が乏しいのではないか。

18 判例20-②及び参考裁判例20-⑥，20-⑦は，自白と補強証拠による犯罪事実の認定に際しての補強証拠の証明力の程度については，どのように考えているか。

20-③ 最一判昭和42年12月21日刑集21巻10号1476頁

【事案の概要】 X（被告人）は，第1審の佐賀地裁において，業務上過失致死罪および無免許運転の罪（「公安委員会の運転免許を受けないで，昭和41年7月29日午前7時40分ころ鳥栖市原町……国道3号線道路において，……大型貨物自動車を運転し［た］」との公訴事実）で有罪判決を受け，原審の福岡高裁でもその有罪判決が維持された。X側は，「第1審判決は，被告人が本件事故当時公安委員会の運転免許を受けていなかったという事実を認定するにつき，被告人の［公判廷における］自白を唯一の証拠として，被告人を無免許運転につき，有罪としたものであるが，原判決は右第1審判決を正当とし，右事実については補強証拠を要しない旨判示した点において，憲法第38条第3項の解釈を誤り，刑事訴訟法第405条第1号に該当する。無免許の事実は無免許運転の罪の最も重要な構成要件事実であり，右のような要件事実に

ついてすら補強証拠を要しないとする原判決の立場を貫くことは，憲法第38条第3項の規定を全く無視する結果を生ずるのみならず，右のような事実は，現在においては，実務上容易に立証できるものである」と主張して，上告した。

【判示】 上告棄却。

「弁護人……の上告趣意は，憲法38条3項違反を主張するが，判決裁判所の公判廷における被告人の自白が，同条項にいわゆる『本人の自白』に含まれないことは，当裁判所大法廷判決（昭和23年…7月29日［判例20-5］，…昭和…27年6月25日，集6巻6号806頁）の明らかにするところであり，本件においては，第1審公判廷において被告人が自白しているのであるから，所論は理由がない。」

「原判決は，道路交通法64条，118条1項1号のいわゆる無免許運転の罪について『無免許という消極的身分の如きその主観的側面については，被告人の自白だけでこれを認定して差支えないと解するのが相当』であると判示し，被告人が免許を受けていなかった事実については，補強証拠を要しない旨の判断を示している。しかしながら，無免許運転の罪においては，運転行為のみならず，運転免許を受けていなかったという事実についても，被告人の自白のほかに，補強証拠の存することを要するものといわなければならない。そうすると，原判決が，前記のように，無免許の点については，被告人の自白のみで認定しても差支えないとしたのは，刑訴法319条2項の解釈をあやまったものといわざるを得ない。ただ，本件においては，第1審判決が証拠として掲げたＳの司法巡査に対する供述調書に，同人が被告人と同じ職場の同僚として，被告人が運転免許を受けていなかった事実を知っていたと思われる趣旨の供述が記載されており，この供述は，被告人の公判廷における自白を補強するに足るものと認められるから，原判決の前記違法も，結局，判決に影響を及ぼさないものというべきである。」

Q Basic

19 この判決と原審の判断とはどこが異なるのか。前記20-2や参考裁判例20-6と本判決の判示とは矛盾しないか。

20 参考裁判例20-8は，本判決の考え方と矛盾しないか。犯罪構成要素であれば補強証拠が必要であるが，覚せい剤取締法違反の罪の法定の除外事由のような犯罪の成立を阻却する事由であれば補強証拠は不要であると述べているが，それはいかなる趣旨か。そのような説明は妥当か。無免許運転の罪における運転免許を受けていない事実と覚せい剤を取り扱う資格がない事実とでどこが異なるか。

無免許運転に関する最高裁判例について「犯罪によっては，それを構成する客観的事実が大きく分けて2つの部分からなり，一方はそれ自体としては社会的に『無色透明な』ものであり［自動車の運転行為］，他の一方もそれ自体直ちに犯罪を構成するものではないが右の『無色透明な』部分に加わることによりその無色透明な部

分を違法なものと化することとなる部分［運転免許を受けていないこと］という場合があり，このような場合には，右の2つの部分それぞれについて自白には補強証拠がいるとしたものと考えられる」との見解がある（松本時夫「補強証拠の要否」平野龍一＝松尾浩也編『実例法学全集　続　刑事訴訟法』〔1980年〕282頁）。この見解によれば，「覚せい剤の所持」と「覚せい剤所持の資格を受けていないこと」との関係についてはどのように考えられるか。

(4) 共犯者の自白と補強証拠の要否

20-4 最一判昭和51年2月19日刑集30巻1号25頁

【事案の概要】　X（被告人）は，昭和44年12月27日施行の衆議院議員総選挙に際し立候補したTの選挙運動者であるが，同候補に当選を得させる目的をもって，同候補の選挙運動者であるAに対し，同候補のため，投票ならびに投票取りまとめ等の選挙運動をしたこと及び将来も同様の選挙運動をすることの報酬等として，昭和44年12月18日ころ現金20万円を，同月25日ころ現金10万円をそれぞれ供与したとして起訴された。

　第1審判決は，「Aの検察官に対する各供述調書によれば，同人は，検察官に対し，右各公訴事実に対応する各金員受供与の事実を自白していることは明らかで，独立に本件各公訴事実を認めるに足る証明力もあるから，右観点からすれば，被告人が終始右公訴事実を否認しているにも拘わらず，右証拠により本件各公訴事実につき刑罰権の存在を認定することができるとの見解は首肯されるところである」としながらも，Aに対する関係では，同人の自白以外にこれを補強するに十分な証拠はないとした上，「対向する被告人相互間で為された歴史的客観的事実は，同一訴訟手続で審理され，又は審理されうべかりしときは，矛盾なき評価を受けること即ち合一に確定されなければならないのである。この合一確定の必要性という事実の実体的側面から更に本件を観るに，被告人にかかる本件各公訴事実とAのこれに対応する各金員受供与の公訴事実とは共通した公訴事実で，本来合一に確定されるべく，一方を有罪とし，他方を無罪とする矛盾した事実認定は許されないというべきで，この理は，前記経緯によりAが死亡し，もはや両者が絶対的に同一訴訟手続で審理されなくなったことにより何らの遅滞を来たすべきものではない。右の如くAを有罪と認めることができない以上，右合一確定の必要性からして，被告人が本件各犯行に及んだ疑いは，極めて濃厚であるにも拘わらず，疑わしきは被告人の利益の鉄則により被告人に不利益に有罪と認めることはできない」とした。

　これに対して，検察官の控訴を受けた原判決は，共犯者の自白も本人にとっては第三者の供述であり，これを唯一の証拠として被告人本人の犯罪事実を認定し有罪とすることは許されると解すべきであり，また，法は共犯事件につき犯罪の成否が

合一に確定されなければならないとしているわけでもないから，犯罪の証明があった一方を有罪とし，犯罪の証明がなかった他方を無罪とすべきことは当然であり，この場合に犯罪の証明があった方を無罪としなければならない理由はないとして，第1審判決が「合一確定論によって被告人について本件各公訴事実につきこれを認定すべき共犯者の自白の存在を認めながら犯罪の証明がないとして無罪を言渡したことは法令の解釈適用を誤ったもの」と判示し，公訴事実を認める証拠として，Aの検察官に対する供述調書4通，押収にかかる名刺半片1枚，第1審第4回公判調書中の証人Bの供述部分，Xの司法警察員に対する供述調書を掲げ，Xを有罪とした。

これに対し，Xは，原判決が，共犯者Aの自白調書を唯一の証拠としてXの犯罪事実を認定し有罪とすることができるとしたのは，憲法38条3項に違反する旨を主張して，上告した。

【判示】 上告棄却。

「弁護人……は，憲法38条3項違反をいうが，共犯者の供述を，右憲法の規定にいう『本人の自白』と同一視し，又はこれに準ずるものとすべきでないことは，当裁判所の判例（昭和…33年5月28日大法廷判決・刑集12巻8号1718頁［参考裁判例20-⑨］）とするところであるばかりでなく，本件については，原判決が共犯者の供述のみによって被告人の本件犯罪事実を認定したものでないことは，原判決が掲記する証拠の標目自体によっても明らかであるから，所論は採用することができない。」

これに対しては，下田武三裁判官の意見が，付されている。

「わたくしは，自白の証明力を制限し，被告人に不利益な唯一の証拠が本人の自白である場合には，有罪としないものと定めた憲法38条3項の根本趣旨に徴すれば，同条にいう『本人の自白』には，共犯者の自白も含まれると解するを相当とするものと考える。けだし，当局者による自白強要の対象となり，又は，当局者に対し迎合自白をするおそれは，共犯者の場合と被告人本人の場合とで，なんら差異がないのみか，時として，却って共犯者について，そのおそれが一層強い場合すらありうると考えられるからである。わたくしは，この点に関する一般論としては，団藤裁判官の反対意見に同調するものであり，その理由の詳細については，同裁判官の意見を援用する。ただ，わたくしは，本件の場合については，原判決挙示の物的証拠と証人の証言は，共犯者Aの自白を補強するに十分なものがあると認めて差支えないと考えるので，結論としては，本件上告を棄却すべしとする多数意見に賛成するものである。」

団藤重光裁判官の反対意見は，次のとおりである。

「憲法38条3項は『何人も，自己に不利益な唯一の証拠が本人の自白である場合

には，有罪とされ，又は刑罰を科せられない』と規定しているが，ここにいう『本人の自白』の中に共犯者の自白が含まれるかどうかについては，はげしい論争のあるところである。私見によれば，この規定が，自白の偏重を避けて誤判を防止する趣旨である以上，本人の自白と共犯者（必要的共犯者を含む。以下，同じ。）の自白とのあいだに区別はないはずである。自白強要のおそれという見地からみて共犯者の全員について差異がないばかりでなく，誤判の危険という観点からすれば，共犯者甲の自白を唯一の証拠として共犯者乙を処罰することは，本人の自白を唯一の証拠としてこれを処罰することと比較して，むしろ，その危険はまさるともおとらない。共犯者は，動機はともあれ，ややもすれば当局者の意をむかえるために，自分の相棒に不利な事実を誇張し有利な事実を隠蔽しようとする積極的意図のみとめられる場合がかならずしも稀ではないといわれる。共犯者の自白を唯一の証拠として処罰することを許すのは，憲法38条3項の趣旨を没却するものといわなければならない。

　そればかりではない。共犯者中の一人が自白をし他の一人が否認をしていて，しかも，他に補強証拠がないという事案を想定するときは，反対説においては，自白をした者は自分の自白しかないから無罪となり，否認をした者は共犯者の自白があるから有罪となるという結果になる。自白をしたものが有罪，否認をしたものが無罪というのならばまだしも，自白をした者が無罪，否認をした者が有罪というのは，はなはだしく非常識な結論である。しかも，共犯者は，もともと，なるべく合一的に法律関係が確定されるべき性質のものである。たとえば告訴不可分（刑訴法238条）や公訴時効の停止（同法254条2項）に関する規定はこれを端的に示すものであるが，関連事件の管轄（同法9条1項2号），訴訟費用の連帯負担（同法182条）などに関する規定にも，その趣旨がうかがわれる。なお，共同被告人に関する種々の規定——上告審における判決の破棄（同法401条，414条），死刑執行期間（同法475条2項但書）など——も，間接には同様の趣旨によるものと考えてよい。かように，法がなるべく法律関係の合一的確定をはかっているところの共犯について，ちぐはぐな解決，しかも非常識ともいえるような形での解決をみちびくような解釈をとることは，とうてい正当とはおもわれない。かようにして，わたくしは，憲法38条3項の『本人の自白』の中には，当然に共犯者の自白をも含むものと解するのである。『本人の』という字句に拘泥する形式的な文理解釈論は，この際，論外といわなければならない。

　多数意見のいうとおり，当裁判所の昭和33年5月28日大法廷判決・刑集12巻8号1718頁［参考裁判例20-9］の多数意見は，右のような私見とは反対の結論を採用している。その判示するところによれば，『憲法38条3項の規定は（中略）自由心証主義に対する例外規定としてこれを厳格に解釈すべきであって，共犯者の自

白をいわゆる「本人の自白」と同一視し又はこれに準ずるものとすることはできない』とされているが，基本的人権に関する憲法の規定が刑事訴訟法上の原則である自由心証主義の『例外規定』だからという理由で厳格に解釈されなければならないというのは，事柄の軽重をあやまるものというべきではあるまいか。のみならず，刑事訴訟法における自由心証主義はもともと事実認定を合理的ならしめるためにみとめられているものであり，これをさらに合理的なものにするために設けられたのが憲法38条3項（なお，刑訴法319条2項，3項）の規定なのである。後者を制限的に解釈しなければならない理由は，どこにもない。この大法廷判決に真野，小谷，藤田，小林，河村大助，奥野各裁判官の反対意見が付せられたのは当然であって，その後，この大法廷判決にしたがった小法廷判決がいくつか出ているが，その中には高木裁判官（昭和35年5月26日第一小法廷判決・刑集14巻7号898頁）および田中二郎裁判官（昭和45年4月7日第三小法廷判決・刑集24巻4号126頁）の反対意見が現われている。わたくしは，これらの各裁判官の反対意見にくみするものであり，前記大法廷の判例は変更されるべきものと考える（なお，私見の詳細については，団藤・新刑事訴訟法綱要・7訂版・285頁以下，同・「共犯者の自白」斉藤金作博士還暦祝賀・現代の共犯理論・昭和39年・所収）。

　いま本件についてみるのに，原判決の援用する証拠のうち，主要なものは本件受供与者として被告人の必要的共犯者であったAの供述調書であって，他の証拠がはたしてAの自白を補強するに足りるものであるかどうかは，はなはだ疑わしく，前記のような見地に立って被告人を有罪とするためにはさらに審理を尽すことを要するものといわなければならない。」

Ⓠ Basic

21　本判決や参考裁判例20-⑨の立場によれば，「Xと共に犯罪を実行した」旨のYの供述（自白）を唯一の証拠として，犯行を否認しているXを共同正犯として有罪とすることができるか。本判決の団藤裁判官の反対意見や参考裁判例20-⑨の少数意見の立場によればどうか。

22　仮に，Xを有罪とするについて，Yの自白以外に補強証拠が必要であるとの立場を採った場合，Xが犯行に荷担したという事実（Xが犯人であるという事実）について，補強証拠が必要か（参考裁判例20-⑦参照）。

23　以下のような見解に対してどのように考えるか。Xが犯行を否認している場合には，被告人Xと犯罪との結びつきについても補強証拠を必要とすると解することは適切か。

　　「自白強要の危険があるのは『共犯』の自白に限らず，およそ広義の自白も同様である。したがって，共犯の自白だけを本人の自白とするのは理由がない。……また，共犯者の供述の危険性は，実は共犯でない他の者をも引っぱり込むおそれがあ

る点にあるが，共犯者の自白を本人の自白だとしても，……補強証拠はこの点については必要としない（罪体についてだけ必要とする）のであるから，この危険を防止することはできず，意味がない」（平野龍一『刑事訴訟法』〔1958年〕233頁）。

24 被告人Ｘが自白している場合に，共犯者Ｙの供述（自白）をＸの自白の補強証拠にすることはできるか。Ｘが否認している場合にＹの自白以外に補強証拠が必要であるとの立場を採ったときはどうか。

25 被告人Ｘは犯行を否認しているが，共犯者Ｙの自白と共犯者Ｚの自白がある場合，Ｙの自白以外に補強証拠が必要であるとの立場を採ったとき，Ｘを有罪とすることができるか（最一判昭和51年10月28日刑集30巻9号1859頁参照）。

参考裁判例20-5　最大判昭和23年7月29日刑集2巻9号1012頁

食糧管理法違反被告事件において有罪判決を受けたＸ（被告人）が，犯罪事実を認定するのに，被告人の公判の供述を唯一の証拠とすることが許されるとした原判決は，文言上何等の制限がない憲法38条3項に違反する旨の主張をしたのに対して，次のように判示した。

「自白の問題は，日々の裁判の現実において最も重要な憲法問題の1つである。憲法第38条第3項には，『何人も，自己に不利益な唯一の証拠が本人の自白である場合は，有罪とされ，又は刑罰を科せられない』と定めている。この規定の趣旨は，一般に自白が往々にして，強制，拷問，脅迫その他不当な干渉による恐怖と不安の下に，本人の真意と自由意思に反してなされる場合のあることを考慮した結果，被告人に不利益な証拠が本人の自白である場合には，他に適当なこれを裏書する補強証拠を必要とするものとし，若し自白が被告人に不利益な唯一の証拠である場合には，有罪の認定を受けることはないとしたものである。それは，罪ある者が時に処罰を免れることがあっても，罪なき者が時に処罰を受けるよりは，社会福祉のためによいという根本思想に基くものである。かくて真に罪なき者が処罰せられる危険を排除し，自白偏重と自白強要の弊を防止し，基本的人権の保護を期せんとしたものである。しかしながら，公判廷における被告人の自白は，身体の拘束をうけず，又強制，拷問，脅迫その他不当な干渉を受けることなく，自由の状態において供述されるものである。……それ故，公判廷において被告人は，自己の真意に反してまで軽々しく自白し，真実にあらざる自己に不利益な供述をするようなことはないと見るのが相当であろう。又新憲法の下においては，被告人はいつでも弁護士を附け得られる建前になっているから，若し被告人が虚偽の自白をしたと認められる場合には，その弁護士は直ちに再訊問の方法によってこれを訂正せしめることもできるであろう。なお，公判廷の自白は，裁判所の直接審理に基くものである。従って，裁判所の面前でなされる自白は，被告人の発言，挙動，顔色，態度並びにこれらの変化等からも，その真実に合するか，否か，又，自発的な任意のものであるか，否かは，

多くの場合において裁判所が他の証拠を待つまでもなく，自ら判断し得るものと言わなければならない。又，公判廷外の自白は，それ自身既に完結している自白であって，果していかなる状態において，いかなる事情の下に，いかなる動機から，いかにして供述が形成されたかの経路は全く不明であるが，公判廷の自白は，裁判所の面前で親しくつぎつぎに供述が展開されて行くものであるから，現行法の下では裁判所はその心証が得られるまで種々の面と観点から被告人を根堀り葉堀り十分訊問することもできるのである。そして，若し裁判所が心証を得なければ自白は固より証拠価値がなく，裁判所が心証を得たときに初めて自白は証拠として役立つのである。従って，公判廷における被告人の自白が，裁判所の自由心証によって真実に合するものと認められる場合には，公判廷外における被告人の自白とは異り，更に他の補強証拠を要せずして犯罪事実の認定ができると解するのが相当である。すなわち，前記法条のいわゆる『本人の自白』には，公判廷における被告人の自白を含まないと解釈するを相当とする。」

◯ **参考裁判例20-6** 最一判昭和24年4月7日刑集3巻4号489頁

贓物故買（盗品有償譲受け）事件。原判決がX（被告人）が盗品であることを知っていたこと，すなわち贓物である情を知っていたことを認定するについて，Xの自白を内容とする司法警察官代理の尋問調書中の供述記載及びXに対する検事の聴取書中の供述記載のみを証拠としているから，憲法第38条第3項に違反し，自己に不利益な唯一の証拠が本人の自白である場合に有罪とされたとの主張に対して，上告を棄却し次のように判示した。

「本件で問題となっている贓物故買罪の犯罪構成要件たる事実は，（一）取引の目的物が贓物であること，（二）贓物である情を知って取引すること，（三）有償取引によって取得することである。そして，各具体的の事件においては，被告人の自白と補強証拠と相待って，犯罪構成要件たる事実を総体的に認定することができれば，それで十分事足るのである。犯罪構成要件たる各事実毎に，被告人の自白の外にその裏付として常に補強証拠を要するというものではない。そもそも，被告人の自白の外に補強証拠を要するとされる主なる趣旨は，ただ被告人の主観的な自白だけによって，客観的には架空な，空中楼閣的な事実が犯罪としてでっち上げられる危険——例えば，客観的にはどこにも殺人がなかったのに被告人の自白だけで殺人犯が作られるたぐい——を防止するにあると考える。だから，自白以外の補強証拠によって，すでに犯罪の客観的事実が認められ得る場合においては，なかんずく犯意とか知情とかいう犯罪の主観的部面については，自白が唯一の証拠であっても差支えないものと言い得るのである。」

◯ **参考裁判例20-7** 最三判昭和24年7月19日刑集3巻8号1348頁

被告人の公判廷における自白と，被害者作成の強盗盗難被害届の記載とを総合して強盗の事実を認定した原判決に対して，当該被害届には，強盗の被害情況の記載はあるが，

それが直ちに被告人の所為であることまでは断定できない程度の記載であって，犯行が被告人の所為であったことは被告人の自白のみにより認定されているから，憲法第 38 条第 3 項に違反するとの主張に対して，上告を棄却し次のように判示した。

「いわゆる自白の補強証拠というものは，被告人の自白した犯罪が架空のものではなく，現実に行われたものであることを証するものであれば足りるのであって，その犯罪が被告人によって行われたという犯罪と被告人との結びつきまでをも証するものであることを要するものではない。所論の強盗盗難被害届によれば，現実に強盗罪が行われたことが証せられるのであるから，たといその犯人が被告人であることまでがこれによって判らなくても補強証拠として役立つのである。それゆえ，原判決は被告人の自白を唯一の証拠として有罪を認定したものではないから所論は理由がない。」

○ **参考裁判例 20 - 8** 東京高判昭和 56 年 6 月 29 日判時 1020 号 136 頁

覚せい剤の所持等，覚せい剤取締法違反事件において，覚せい剤取締法違反罪における「法定の除外事由がない」という事実についても補強証拠を要することは無免許運転の罪の場合（最一判昭和 42 年 12 月 21 日刑集 21 巻 10 号 1476 頁［判例 20 - 3］）と同様であるから，この点について被告人の自白のみで認定した原判決には刑訴法 319 条 2 項の解釈を誤り，自白を唯一の証拠として有罪の認定をした違法があるとの控訴趣意に対して，次のように判示した。

「覚せい剤取締法は，その規定の形式に照らしても明らかなように，一般的禁止の形で各種の不作為義務を課し，その除外事由を極めて限定的に列挙しているのであるから，法定の除外事由の不存在は，同法違反罪の積極的犯罪構成要件要素ではなく，覚せい剤を自己使用し，所持し又はこれを譲り渡すという事実があれば直ちに同法違反罪を構成し，法定の除外事由があるということは，その犯罪の成立を阻却する事由であるにすぎないと解するのが相当である。一般にも，補強証拠の範囲は，必ずしも自白にかかる犯罪事実の全部にわたってもれなくこれを裏付けるものでなくても，自白にかかる事実の真実性を保障し得るものであれば足りるとされているのであって，本件のように犯罪の成立阻却事由にすぎない事実の存否について補強証拠を必要とすると解することのできないことは明らかである。道路交通法 64 条，118 条 1 項 1 号のいわゆる無免許運転の罪については，運転行為のみならず，同法所定の運転免許を受けていなかったという点についても，被告人の自白のほかに補強証拠の存在を必要とする，とするのが最高裁の判例であることは所論のとおりであるけれども，右の罪は，一般的禁止の形で人に対しておよそ車両を運転してはいけないという義務を課すものではなく，車両の運転が無免許である場合だけを禁圧する趣旨であるから，同法所定の運転免許を受けていないことを犯罪構成要件要素としていると解すべきであり，法定の除外事由の存在が犯罪の成立を阻却する事由であるにすぎない覚せい剤取締法違反の罪の場合を同一に扱うことのできないのは当然である。所論引用の判例は，事案を異にし，本件に適切ではないから，

これを根拠とする所論は採用できない。」

◯ **参考裁判例 20-9** 最大判昭和 33 年 5 月 28 日刑集 12 巻 8 号 1718 頁
(練馬事件)(12-10 と同一事件)

X（被告人）はY（共同被告人）らと被害者に暴行を加えることを順次共謀の上、実行者数名が被害者に傷害を与え死亡させた傷害致死の罪（共謀共同正犯）で有罪判決を受け、原審もこれを維持した。これに対し、被告人側は、有罪判決中XとYとの共謀の事実については、証拠としてYの自白を内容とする供述調書が挙示されているが、このような共同被告人たる共犯者の供述は、他の被告人に対する関係でも、憲法38条3項にいう「本人の自白」または刑訴法319条2項にいう「自白」に当たり、それのみで犯罪事実を認定することは違法であると主張し上告した。これに対し上告を棄却し次のように判示した。

「実体的真実でない架空な犯罪事実が時として被告人本人の自白のみによって認定される危険と弊害とを防止するため、特に、［憲法38］条3項は、何人も、自己に不利益な唯一の証拠が本人の自白である場合には、有罪とされ、又は刑罰を科せられないと規定して、被告人本人の自白だけを唯一の証拠として犯罪事実全部を肯認することができる場合であっても、それだけで有罪とされ又は刑罰を科せられないものとし、かかる自白の証明力（すなわち証拠価値）に対する自由心証を制限し、もって、被告人本人を処罰するには、さらに、その自白の証明力を補充し又は強化すべき他の証拠（いわゆる補強証拠）を要するものとしているのである。すなわち、憲法38条3項の規定は、被告人本人の自白の証拠能力を否定又は制限したものではなく、また、その証明力が犯罪事実全部を肯認できない場合の規定でもなく、かえって、証拠能力ある被告人本人の供述であって、しかも、本来犯罪事実全部を肯認することのできる証明力を有するもの、換言すれば、いわゆる完全な自白のあることを前提とする規定と解するを相当とし、従って、わが刑訴318条（旧刑訴337条）で採用している証拠の証明力に対する自由心証主義に対する例外規定としてこれを厳格に解釈すべきであって、共犯者の自白をいわゆる「本人の自白」と同一視し又はこれに準ずるものとすることはできない。けだし共同審理を受けていない単なる共犯者は勿論、共同審理を受けている共犯者（共同被告人）であっても、被告人本人との関係においては、被告人以外の者であって、被害者その他の純然たる証人とその本質を異にするものではないからである。されば、かかる共犯者又は共同被告人の犯罪事実に関する供述は、憲法38条2項のごとき証拠能力を有しないものでない限り、自由心証に委かさるべき独立、完全な証明力を有するものといわざるを得ない。

それ故、原判決の所論説示は正当である。そして、所論引用の判例（昭和…24年5月18日大法廷判決、判例集3巻6号734頁以下）は、被告人本人が犯罪事実を自白した場合の補強証拠に関する判例であって、被告人本人が犯罪事実を否認している本件に

適切でないばかりでなく，本判例と矛盾する限度においてこれを変更するを相当と認める。」

「裁判官真野毅，同小谷勝重，同藤田八郎，同小林俊三，同河村大助，同奥野健一の少数意見は次のとおりである。……

憲法38条2項は，『強制，拷問若しくは脅迫による自白又は不当に長く抑留若しくは拘禁された後の自白は，これを証拠とすることができない』と定め，同3項は，『何人も，自己に不利益な唯一の証拠が本人の自白である場合には，有罪とされ，又は刑罰を科せられない』と定めている。これによって警察官，検察官，裁判官が自白偏重の弊に陥ることを防止せんと期しているのである。この趣旨から考えると，自白の内容が，被告人である自白者自身の犯罪事実であると同時に，共同審理を受けている他の共犯者（共同被告人）の犯罪事実である場合においては，当該自白のみで自白者を処罰できないとされる以上，その自白だけで犯罪事実を否認している他の共同被告人を処罰することは，もちろん許されないものと解するを相当とする。もしそうでないとすれば，自白者たる被告人本人はその自白によって有罪とされないのに，同一犯罪事実を否認している他の共同被告人は却って右同一自白によって処罰されるという不合理な結果を来たすことになる。そればかりでなく，1人の被告人に対してその自白だけでは有罪とされないことを好餌として自白を誘導し，その自白によって他の共同被告人を有罪とするため，それを利用する不都合な捜査が行われる弊害を生ずるおそれがないとは言えない。これでは，憲法が自白偏重の悪弊を防止しようとする意義を没却することになる。

一般に共同被告人は，互に他の被告人に刑責を転嫁し，または自己の刑責を軽減しようとする傾向があるのが通例であるから，一被告人の供述だけで他の共同被告人の罪責を認めることは，人権保障の上においてはなはだ危険であるといわなければならない。

昭和24年5月18日大法廷判決……は，これらの趣旨に基き，共同被告人の供述はそれぞれ被告人の供述たる性質を有するものであって，それだけの証拠では独立して他の共同被告人の罪責を認めることはできないという立場を採った。そして，この立場に立ちつつ，ある被告人の自白がある場合には，共同犯行に関する他の被告人の供述をもってこれを補強する証拠とすることはできると認めたのである。すなわち，1人の共同被告人の供述は，それだけを証拠として他の被告人の罪責を認めるには足りないけれども，他の被告人の自白がある場合には，その補強証拠とすることはできるという意義にほかならない。したがって，他の被告人の自白がない場合には，その被告人を中心として考えれば，本来補強証拠の問題を生ずる余地のないことは理の当然であり，1人の共同被告人の供述だけを証拠として犯行を否認している他の被告人の罪責を認めることはできないという意義を含んでいることは明らかである。……

多数意見は，共同被告人であっても，ある被告人本人との関係においては，被告人以外の者であって，被害者その他の純然たる証人とその本質を異にするものではないから，1人の共同被告人の供述だけで他の被告人を有罪とするを妨げないとしている。しかし，

共同被告人が数人（ABC）ある場合に，1人の被告人（A）を中心として観察すれば，他の共同被告人（BC）は被告人（A）以外の者であり，他の共同被告人の自白は被告人（A）『本人の自白』でないことは，形式論理たるにすぎない。しかし，この形式論で憲法38条3項を割切って解釈する多数意見は，前に述べた同条項に含まれている趣旨を深く考慮せざるものであって，裁判における共同被告人の人権の保障の見地からすれば著しい後退を示すものであって是認することを得ない。」

21 伝聞証拠の意義

(1) 伝聞証拠排除の趣旨

設例 1

10月の晴れた日の夕方5時ころ，東西方向の道路と南北方向の道路が交差し，信号機により交通整理が行われている交差点で，北方から南方に進行してきたX運転の乗用車と西方から東方に進行してきたV運転の軽トラックとが衝突し，Vが死亡する事故が発生した。

Xは，交差点に向かって対面信号機の赤色表示を見ながら進行していたところ，交差点手前で対面信号が赤色から青色に変わったので，そのまま交差点に進入したと主張したが，事故から約1ヵ月後に現われた事故の目撃者Aは，捜査官の事情聴取に対し，次のように供述した。

「自転車に乗って本件交差点の東方南側の歩道上を同交差点に向かって進み，同交差点南東角付近に来たとき，交差点南西角にある東西方向の歩行者用信号が青色で点滅しているのを見た。そこで，そのまま西方へ横断歩道を渡ることを諦め，北へ向きを変えて北方へ渡る横断歩道の前まできたところブレーキ音がして，本件事故が発生した。青色点滅を見てから本件事故が発生するまでの時間は4，5秒であった。」

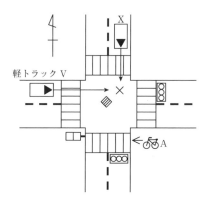

Xは，対面信号機の赤色表示を看過して交差点に進入した過失により，自車をV運転の被害車両に衝突させ，運転者Vを死亡させたとして，過失運転致死罪で起訴された。事件から約半年後の公判廷において，検察官の請求により証人として出廷したAは，検察官の尋問に答えて，上記と同旨の証言をした。

なお，事故当時の本件交差点の東西車両用信号機の設定は，東西歩行者用信号機

の青色点滅が終ってから，青色2秒，黄色4秒，赤色51ないし53秒であり，東西車両用信号機が赤色になった後3秒間は，南北車両用信号も赤色を表示するようにされていた。

Q Elementary

1 Xの弁護人であれば，証人Aに対し，どのような点を尋問するか。

2 Aの供述をXの過失の立証に用いるには，Aを証人として取り調べるほかに，どのような方法が考えられるか。

3 Aを証人として取り調べる場合と**2**の方法による場合とでは，供述の信用性を確認する上で違いがあるか。

4 Aの供述を用いる方法について，刑事訴訟法はどのような規制を設けているか。

Q Advanced

5 証人として出廷したAが検察官の主尋問に答えて証言した後，次のような事情により，Aに対する弁護人の反対尋問ができなかったとした場合，Aの証言を証拠とすることはできるか。

(1) 弁護人の反対尋問が予定された次回公判期日前にAが死亡した場合

(2) 弁護人の反対尋問に対しAが事実上証言を拒否した場合

被告人側の証人Bが弁護人の主尋問に答えて証言した後，上記のAと同様の事情により，Bに対する検察官の反対尋問ができなかったとした場合，Bの証言を証拠とすることはできるか。

(2) 伝聞と非伝聞

設例2

(ア) 甲大学のA助教は，学会の懇親会の会場でBほか多数の参加者に向かい，「S教授がこの場にいないのは，学会出張を装って，研究費を使い愛人と同伴旅行中だからだ。今頃は，△△にいるはずだ。」と暴露した。

(イ) 深夜の公園を通りかかったCは，暴力団乙組の組員Xが，Vに対し「俺が誰か知っているだろう。極道の女に手を出してただですむと思っているのか。今回は特別に100万円で手を打ってやる。」と語気鋭く申し向けるのを耳にした。

Q Elementary

6 (1) (ア)のAの発言を聞いた旨のBの供述を，Sによる横領の証拠として用いることはできるか。

(2) (ア)のAの発言を聞いた旨のBの供述を，Aによる名誉毀損の証拠として用いることはできるか。

7 (1) (イ)のXの発言を聞いた旨のCの供述を，Xによる恐喝の証拠として用

いることはできるか。
　(2)　(イ)のＸの発言を聞いた旨のＣの供述を，Ｖが不倫をした事実の証拠として用いることはできるか。

設例3

　(ア)　Ｘの友人Ａは，Ｘが，Ｂに貸していた車の返却を受ける際，Ｂから「この車はブレーキの効きが悪い。」と言われているところに居合わせた。その後，Ｘは，同車を運転中，前方の道路を歩いて横断しているＶに気づいてブレーキペダルを踏んだが，制動の効果が十分に得られなかったため，Ｖに衝突して，同人に加療約3ヵ月を要する大腿骨骨折等の傷害を負わせた。
　(イ)　Ｙは，自動車整備会社に電話をかけ，その際，電話に出た自動車修理工Ｃに対し，「最近，車のブレーキの効きがよくないので，一度状態をみてほしい。」と言って，自分の車の整備を申し込んだ後，同車で上記整備会社に向かう途中，前方の道路を歩いて横断しているＷに気づいてブレーキペダルを踏んだが，制動の効果が十分に得られなかったため，Ｗに衝突して，同人に加療約3ヵ月を要する大腿骨骨折等の傷害を負わせた。

Q Basic

8　(1)　(ア)のＢの発言を聞いた旨のＡの供述を，Ｘの車のブレーキに不具合があった事実の証拠として用いることはできるか。
　(2)　(ア)のＢの発言を聞いた旨のＡの供述を，Ｘが運転前に，車のブレーキの不具合について警告を受けていた事実の証拠として用いることはできるか。

9　(1)　(イ)のＹの発言を聞いた旨のＣの供述を，Ｙの車のブレーキに不具合があった事実の証拠として用いることはできるか。
　(2)　Ｙの車のブレーキに不具合があった事実が別途証明された場合に，(イ)のＹの発言を聞いた旨のＣの供述を，Ｙが運転前に，車のブレーキの不具合に気づいていた事実の証拠として用いることはできるか。

10　参考裁判例21－5が，「新聞，雑誌等は，……原則としてその記載内容に添う事実を認定する証拠に供することはできない」としているのはなぜか。同裁判例の事案において，新聞記事を証拠として用いることが許されたのはなぜか。

11　参考裁判例21－6で，被告人Ｘの発言（「Ｓはもう殺してもいいやつだな」「Ｓ課長に対する攻撃は拳銃をもってやるが……慎重に計画を立てチャンスをねらう」「共産党を名乗って堂々とＳを襲撃しようか」）を内容とするＡの供述（刑訴法321条1項2号の要件を満たす検察官調書に録取されたもの），証人Ｄの公判廷証言，証人Ｅの公判廷証言がいずれも「伝聞供述」にあたらないとされたのはなぜだと考えられるか。これらの証言等あるいはそこに現れたＸの発言から，何を立証するのか。「Ｘが右のよう

21　伝聞証拠の意義／**Q**12, 13, 21 - 1

な内容の発言をしたこと自体を要証事実としている」のだとすれば，そのような事実を立証することにどのような意味があるのか。

12　暴力団の幹部であるＸと組員Ｙは，Ｓ殺害の共同正犯として殺人罪に問われている。その公判廷において，同じ暴力団の組員であるＷが，証人として，「事件の前日，ＸがＹを呼び寄せて『裏切り者のＳは始末した方がいい』と言うのを聞きました」と証言した。この証言を，ＸとＹとの間にＳ殺害に関する事前の共謀があったことを証明するために用いる場合，伝聞証拠にあたるか。ＸがＳ殺害の意図を有していたことを証明するために用いる場合はどうか（参考裁判例21 - 6 参照）。

Q *Advanced*

13　被告人の自白調書について，その任意性が争われ，検察官から供述経過を立証するため，被告人の捜査段階における供述調書すべての取調べが請求されたとした場合，これを採用して取り調べることは，伝聞法則のもとで許されるか。被告人以外の者の検察官調書について，その特信性が争われ，検察官から上記と同様の目的で，その者の捜査段階における供述調書すべての取調べが請求されたとした場合，これを採用して取り調べることはどうか（東京地判平成16年5月28日判時1873号3頁参照）。

21 - 1　最二判昭和30年12月9日刑集9巻13号2699頁

【事案の概要】　第1審の鳥取地裁米子支部は，Ｘ（被告人）に対し，「被告人は……かねて……Ａと情を通じたいとの野心を持っていたところ，昭和23年5月1日午後7時30分頃……自宅への帰途，米子市観音寺内米川堤防道路上において右Ａに出会うや同女を姦淫すべく決意し，同女を道路下の畑や田等のある所に連れ込み同所の……田地……において何かの拍子で倒れた（或は格闘の結果倒れたかも知れない）同女の頸部を手で扼して強いて同女を姦淫しようとして右頸部扼圧の結果同女を間もなくその場で窒息死亡させ（強姦既遂の点についてはその証明が十分でない）」たとの強姦致死の事実を認定して有罪とし，原審の広島高裁松江支部も，これを支持した。

これに対し，Ｘは，強姦の犯意を推認させる「野心を持っていた事実」を証明する証拠は，証人Ｗの第1審における証言中，「2人が話ししたところＡが『自分は米子の方で勤めているが厭になった』というので私はどうしてかと問うたところＡは『Ｘにつけられていけない』と云ひ何処から出てくるかと尋ねると『大きな松と小さい松との境目少し下の方に下った処米川土手のコンクリートの石段がありその石段より少し上の方草叢や木が生えた新開川の方から出て来た。それで自分はおそろしく飛んで帰った』と云っておりました」，「月日は判然と憶えませんがＡは

私に『Xという人はどういう人か』と尋ねるので私は目の大きい歯は金歯の顔は長い大きい人だと云うとAは『あの人はすかんわ，いやらしいことばかりするんだ』といっておりました」との部分に限られ，このWの証言は伝聞証拠として証拠能力に欠けるなどと主張して上告した。

【判示】　破棄差戻し。

「第1審判決は，被告人は『かねてAと情を通じたいとの野心を持っていた』ことを本件犯行の動機として掲げ，その証拠として証人Wの証言を対応させていることは明らかである。そして原判決は，同証言は『Aが，同女に対する被告人の野心にもとず［づ］く異常な言動に対し，嫌悪の感情を有する旨告白した事実に関するものであり，これを目して伝聞証拠であるとするのは当らない』と説示するけれども，同証言が右要証事実（犯行自体の間接事実たる動機の認定）との関係において伝聞証拠であることは明らかである。従って右供述に証拠能力を認めるためには刑訴324条2項，321条1項3号に則り，その必要性並びに信用性の情況保障について調査するを要する。」

Basic

14　原審と最高裁とで，証人Wの証言が伝聞証拠かどうかについて判断が異なったのはなぜか。

15　「かねてAと情を通じたいとの野心を持っていた」というXの犯行の動機は，証人Wの証言からどのような推論の過程を経て認定されるか。

16　強姦の点について，Xが被害者の承諾があったと主張したとした場合に，検察官がこれに対する反証としてWの証言を用いることはできるか。

17　本件において，Xは，被告事件の犯人性を争っていた。そのことを前提として見たとき，証人Wの証言の要証事実の捉え方は，原審と最高裁のいずれが適切か。

18　判例21-2は，「本件メモ紙」表面の余事部分を除く記載部分について，「本件犯行の事前共謀にあたってその内容を明らかにするために，共謀に参加した者のうち，右メモ紙に記載した者が複数の人数でなされる計画の内容を明らかにし，具体化するために記載したもの」としている。このメモの上記記載部分を，その記載者本人が記載内容通りの計画・意図を有していたことを証明する証拠として用いる場合，伝聞証拠にあたるか。

この点で，判例21-2は，「表意者の表現時における精神的状態に関する供述（計画意図，動機等）」について，「その表現，叙述に真し性が認められる限り，……その証拠能力を認めるのが相当であると解される」としている。これは，伝聞証拠にあたらない（非伝聞）として証拠能力を認めたものか，伝聞証拠にはあたるが伝聞例外として証拠能力を認めたものか。参考裁判例21-7はどうか。伝聞証

拠でないとした場合，その理由は何か。伝聞証拠であるとした場合，321条から328条が規定する例外にあてはまるか。

19 「精神的状態に関する供述」の「表現，叙述……[の] 真し性」は，どのような方法で吟味すべきか。

21－2 大阪高判昭和57年3月16日判時1046号146頁

【事案の概要】 本件は，昭和48年12月14日午前10時ころ，甲自動車教習所に教習生として通学していた中核派構成員Bが，10人くらいの学生風の若い男に追いかけられ，教習所の本館前付近において，そのうちの6人くらいから鉄パイプで殴る，突くの暴行を受け傷害を負ったという事件である。加害者らは，犯行後，教習所南側にある乙団地まで一団となって逃走した上，団地内に駐車していた3台の自動車にほぼ満席の状態で分乗し，午前10時10分ころ，大阪方向に逃走したが，午前10時30分ころ，乙団地から約12.9キロメートル離れた地点で，緊急配備についていた警察官によって，手配車の1台が発見され，運転していたX（被告人）が，職務質問の上，逮捕された。

本件メモ紙は，事件の2日後である12月16日に，Xが所属する中核派事務所のあった丙社関西支社から警察官によって捜索押収されたものであり，本件犯行現場である甲自動車教習所とその周辺の建造物や周辺地域との地理的関係等を示した図面のほか，両面に文言等が記載されていた。

第1審の京都地裁において，検察官は，「[本件メモ紙]が伝聞法則の適用を受ける書面であるとすれば刑訴法321条1項3号或いは同法323条3号のいずれかにより，また仮にそうでないとすれば証拠物たる書面としてその取調がなされるべきである」と主張してその証拠調べを請求し，裁判所は，「本件メモ紙は書面の意義が問題となる証拠物たる書面であるが，伝聞法則の適用を受けない書面」として証拠能力を認め得るとし，その取調べを行った（第1審の証拠決定は，京都地決昭和55年11月19日判タ447号158頁参照）。

Xを傷害の共同正犯として有罪とした第1審判決に対し，Xは，第1審が本件メモ紙の証拠能力を認めたのは伝聞法則の解釈適用を誤り刑訴法320条に違背するなどと主張して控訴を申し立てた。

【判示】 控訴棄却。

「……考察して見るのに，右メモ紙には，本件犯行現場である原判示の甲自動車教習所とその周辺の建造物や周辺地域との地理的関係等を示した図面（この図面の記載されている紙面を以下表面という）のほか，右表面および裏面に文言等が記載されていること，右メモ紙の記載内容を，本件犯行等の目撃者の証言や本件犯行現場の状況を記載した司法警察員作成の実況見分調書等原審で取調べた各証拠を勘案

して検討すると，右図面には，本件犯行現場となった，……甲自動車教習所とその南側の乙団地等の建造物及び公衆電話の位置また阪急長岡天神駅，国鉄神足駅，京阪淀駅，通称調子八角交差点，大山町，国道171号線等の周辺地域との地理的関係等が相当詳細にかつ客観的にも正確に記載されていること，そして右メモ紙の表面に記載されている文言等のうち，Reportを書け，6日以降毎日技能実習を受けていた，入院先を調べよ，車やられた可能性とある部分（以下余事部分という）を除く，その余の記載内容は，いずれも本件犯行の手順や犯行後の逃走方法に関するもの，さらには本件犯行現場付近から他へ連絡するために必要な事項に関することも含まれていること，そしてこれらは雑然と記載されているものの，その内容は詳細，明確であって，本件犯行を実行するについて容易に役立つものと思料されること，そして前掲各証拠によれば本件犯行は多人数による組織的犯行と認められるところ，右に本件メモ紙の記載内容を照合して考究すると，右メモ紙は本件犯行の事前共謀にあたってその内容を明らかにするために，共謀に参加した者のうち，右メモ紙に記載した者が複数の人数でなされる計画の内容を明らかにし，具体化するために記載したものと考えられ，所論の如く，その具体的な作成者の氏名や作成状況が判明していないからといって，右認定を左右するものではないことが，それぞれ認められる。

　ところで，およそ伝聞証拠か否かは，要証事実の如何により異ってくるものと解されるところ，右余事部分を除く本件メモ紙の表面の記載は，右の如く本件犯行についての事前の共謀にあたって，その計画の内容を具体化するため記載した書面であると認められ，その要証事実も，右の記載に相応する事前共謀の存在さらには原判決が右メモ紙は事前の計画書として証拠価値を有するとしたうえで，原審で取調べた各証拠によって認められる，他の外形的事実と本件メモの記載とを総合して，被告人が右メモ紙にAとして与えられた役割を実行したものと認めていることに照らし，被告人の本件への関与の事実も含むものと解される。

　そうすると，本件メモ紙の表面の右余事部分を除く記載部分は，右の要証事実との関連から，伝聞証拠（伝聞供述）というべきであると思料されるのであるが，およそ供述とは心理的過程を経た特定の事項に関する言語的表現であり，それには表意者の知覚，記憶の心理的過程を経た過去の体験的事実の場合と，右のような知覚，記憶の過程を伴わない，表現，叙述のみが問題となるところの，表意者の表現時における精神的状態に関する供述（計画意図，動機等）の場合とがあって，本件の事前共謀に関するメモは，その時点における本件犯行に関する計画という形で有していた一定の意図を具体化した精神的状態に関する供述と考えられる。

　そして，右の精神的状態に関する供述については，その伝聞証拠としての正確性のテストとして，その性質上必ずしも反対尋問の方法による必要はなく，その表現，

叙述に真し性が認められる限り，伝聞法則の適用例外として，その証拠能力を認めるのが相当であると解されるところ，原審で取調べた各証拠によって認められる本件メモ紙の押収時の状況，右メモ紙が組織活動の過程において作成されていること，その記載内容である計画そのものが現に実行されていること等から，その記載の真し性は十分これを認めることができる。

したがって，本件メモ紙の表面の記載のうち，右余事部分を除く記載部分は，前述の如く伝聞法則の適用を受けないものであり，また本件メモ紙の表面の右余事部分及び裏面の記載部分は，その記載内容の真実性を要証事実とするのではなく，そのような記載のあること自体を，本件犯行の計画者等において，右犯行に強い関心を有していたという点で要証事実とするに過ぎないものであるから，それは非供述証拠（非伝聞証拠）として，伝聞法則の適用がないものというべきである。

よって本件メモ紙は，書面の意義が証拠となる証拠物たる書面であるが，伝聞法則の適用を受けない書面として，その証拠能力を容認すべきものであり，右と同旨の見解に基づいて，本件メモ紙の証拠能力を肯認した原審の訴訟手続に所論の如き違法があるものとは認められない。」

Q Advanced

20 謀議参加者の1人が謀議の結果合意された内容を書き留めた書面は，その記載内容通りの共謀が成立した事実を証明する証拠として用いる場合，伝聞証拠にあたるか。

21 本判決は，本件メモ紙表面の余事部分を除く記載部分（以下，「本件メモ」ということがある）の「要証事実」は，「記載に相応する事前共謀の存在」にあるとした上で，「精神的状態に関する供述」であるから「伝聞法則の適用を受けない」としている。本件メモは誰の「精神的状態に関する供述」と考えられるか。その供述から直ちに「記載に相応する事前共謀の存在」を推認することはできるか。

次のような考え方は可能か。

　「本件メモは，……［作成者］の意図，計画とか……［他の共謀加担者］の意図，計画というように区別することのできない共謀加担者全員の1個の意図，計画を表わしたもの，換言すれば，メモ作成者自身の意図，計画と一体をなす共謀加担者全員の1個の意図，計画を表わしたものとみるほうが実態に即していると考えられるのである。このようにみることができるならば，……共謀加担者全員の意図，計画を要証事実とする場合であっても，本件メモは非伝聞になるということができる。」
（山室惠「伝聞証拠」三井誠ほか編『刑事手続（下）』〔1988年〕854頁）

22 参考裁判例21-7が「数人共謀の共犯事案において，その共謀にかかる犯行計画を記載したメモは，……伝聞禁止の法則の適用されない場合として証拠能力を認める余地がある」としつつ，「この場合においてはその犯行計画を記載したメ

モについては，それが最終的に共犯者全員の共謀の意思の合致するところとして確認されたものであることが前提とならなければならない」としているのは，なぜだと考えられるか。

次のような考え方は可能か。この考え方は，**21** に挙げた考え方と同じか。

「共謀参加者全員がその場で共通の犯罪意思を形成し，参加者のある者がその計画をメモに書き留めたような場合……は，作成者の意思との関係で非伝聞であるから，その共謀参加者全員が共通の犯罪意思を形成したという事実等を介して他の参加者の犯罪意思や共謀内容を推認することが可能である。」(三好幹夫「伝聞法則の適用」大阪刑事実務研究会編『刑事証拠法の諸問題（上）』〔2001 年〕71 頁)

23 本件において，判決が挙げる事情から，メモ作成者を含めた共謀参加者全員が共通の犯罪意思を形成した事実を認めることはできるか。会議の書記が作成した「議事メモ」に，「異議なく承認された」という文言とともに承認された計画が記載されている場合はどうか。

24 謀議の合意内容が記載されたうえ，謀議参加者全員が回覧・確認したことを示す署名がある書面を，謀議参加者の間でその記載内容通りの共謀が成立した事実を証明する証拠として用いる場合，伝聞証拠にあたるか。

25 客観的な犯行の態様と一致する内容が記載されたメモの存在は，それ自体として証拠価値を有しないか。例えば，本件において，Xが逮捕時に本件メモを所持していた場合，その事実から，Xが共謀関与者であることを推論することはできないか。同様に，本件メモが中核派の事務所に存在した事実から，本件犯行が同派内部の事前共謀に基づく組織的犯行であることを推論することはできないか。

例えば，次のような推論は成り立たないか。このような推論に用いる場合，メモは伝聞証拠にあたるか。

犯行前に作成されたものであることが明らかなメモに，客観的な犯行の態様と一致する内容が記載されている場合，偶然の一致とは考えにくいから，犯行がメモに従って行われたものであることが推論できる。また，犯行が複数人によってメモの内容通りに行われた場合，メモの内容について犯行関与者の間に意思連絡があったことが推論でき，犯行の態様が一定程度複雑である場合には，現場共謀とは考えにくいから，犯行関与者の間に事前の共謀が存在したことが推論できる。

このようにメモが犯行計画を記載したものである場合，その性質上，犯行計画と無関係な者に入手の機会があることは考えにくいから，メモの所持者は犯行計画に関与した者であることが推論できる。メモが特定の団体の事務所から発見された場合，当該団体の構成員が犯行に関与したことが推論され，さらにメモの発見態様，犯罪の性格，団体の性格等によっては，犯行が当該団体内部で組織的に計画され実行されたものであることが推論できる。

26 本判決は，本件メモの「要証事実」として，「被告人の本件への関与の事実も含むものと解される」とし，Ｘと本件犯行との結びつきについて，事実誤認の主張に応えて次のように判示している。

> 「本件メモには，右Ｂの襲撃後Ａなる者が3台の車の内の『能セ車』と記載されている車の運転を担当して本件犯行現場から国道171号線を経て大山崎に逃走する旨が記載されていて，そのように計画されていたことが，……認められるのであるが，このことに，前示の如く被告人が中核派の所属者として反党分子の右Ｂに対し攻撃の意思を有していたこと，被告人は本件犯行現場と前示の如き時間的場所的関係にあるところで，右『能セ車』の記載に合致する……自動車を運転走行中に逮捕されるに至っていること，本件犯行現場から府道柏原高槻線を経て国道171号線を大山崎方面に向けて，前示の如く本件犯行と関係のある物件と認められる多数の遺留物が犯行後間もなく押収されていること等を総合して考察すると，被告人は本件メモにＡと記載されている，その者自身であって，同記載のとおり本件犯行現場から右『能セ車』である前示の本件自動車を運転して国道171号線を大山崎方向に逃走し，前示場所で逮捕されるに至ったものと認められる。」

本件メモからＸの本件への関与はどのように推論されるか。このような用い方をする場合，本件メモは伝聞証拠にあたるか。

27 本件メモのような書面の証拠能力について，次のように考えることはできるか。刑訴法320条1項の趣旨に照らしてどうか。

> 「320条1項前段の『公判期日における供述に代えて』とは，本来公判期日における供述自体を証拠とするのが最も適当である場合に，それに代えて書面を証拠とすることを禁じたものと解することも可能であり……，本件メモのような書証は，それ自体が原証拠であって，これに代えて作成者を尋問するという性質のものではなく……，元来320条1項の適用のない証拠と考えることもできるのではないかと思われる。」（小西秀宣「襲撃計画メモと伝聞法則」研修408号〔1982年〕82頁）

28 本判決において，本件メモ紙表面の記載のうち，余事部分（「非供述証拠（非伝聞証拠）として，伝聞法則の適用がない」とされている）が，それを除く記載部分と区別して扱われているのは，どのような理由によると考えられるか。余事部分について，「そのような記載のあること自体を，本件犯行の計画者等において，右犯行に強い関心を有していたという点で要証事実とするに過ぎない」と判示されているが，これはどのような意味だと考えられるか。

設例 4

(ア) 暴行の被害を受けた A は，犯人は誰かと問われたのに対し，X を指差した。
(イ) 集団のうちの誰かから暴行を受けた B は，そのうちの Y に対し反撃した。

Ｑ Basic

29 (ア)の状況を述べた証人の証言は，X が犯人である事実を推認するのに用いる場合，伝聞証拠にあたるか。(イ)の状況を述べた証人の証言は，Y が犯人である事実を推認するのに用いる場合，伝聞証拠にあたるか。両者の共通点と相違点は何か。

30 X から勧められて，水の入ったグラスに口を付けた V は，水を口に含んだ瞬間，「苦い」と声を上げ，苦悶の表情を浮かべてその場に倒れた。この状況を目撃した A による「V が『苦い』と言うのを聞いた」旨の証言は，X が勧めた水の味が苦かったことを証明するための証拠として用いる場合，伝聞証拠にあたるか。

21-3 山口地裁萩支判昭和 41 年 10 月 19 日下刑集 8 巻 10 号 1368 頁

【事案の概要】 山口地裁萩支部は，被告人に対し，「昭和 41 年 2 月 5 日午後 3 時頃，……Ａ子（昭和 34 年 8 月 20 日生）がその保育所の友だちＢ子……と遊んでいるのを認めるや，右Ａ子が 13 歳未満であることは十分認識の上，甘言をもって同女を……山林中に連れて行き，被告人の手でズロースを両膝の辺りまで脱がせ，その際，手指で同女の股間附近に触れたものである」との強制わいせつの事実を認定し有罪判決を言い渡した。証拠能力に争いがあったＡ子の母親の証言については，次のように判示し，Ａ子が本件被害にあった事実を認定する証拠とした。

【判示】「証人……は直接被害現場を体験したわけではないが，その手塩にかけてきた生みの母親の体験として，被害直後ならびにその後 2, 3 日のＡ子の言動を，児童としての衝撃，恐怖の心理の起伏，その後暫く恐ろしがっていた事実をもふくめて如実に伝えている。

ところで，弁護人は右証言中Ａ子から聞いた被害事実の内容は生存している同人からの伝聞であり刑事訴訟法第 324 条，第 321 条第 1 項の例外に当らないから証拠能力がないと主張する。

しかしながら 6 年 5 月の児童に対する，知的プロセスや被害者の行為の媒介を伴わない，直接，端的な肉体への侵害行為の場合においては，いまだ警察の捜査その他目的的な意識の介入をさしはさまない，直後母親が児童から感得した言動は，大部分は所謂再構成を経た観念の伝達ではなくて，被害に対する児童の原始的身体的な反応の持続そのものの母親の体験であり，そのかぎりにおいてはＡ子から感得した言動は伝聞に当らないものである。」

Q Basic

31 本判決が，A子の言動を内容とする母親の証言を伝聞証拠にあたらないとしたのはなぜか。

32 V殺害の現場を目撃したWが，証人として，「犯人が拳銃を構えたとき，Vが『頼むから見逃してくれ，X』と叫ぶのが聞こえました」と証言した。この証言を，XがV殺害の犯人であることの証拠として用いる場合，伝聞証拠にあたるか。

21-4 東京地決昭和56年1月22日判時992号3頁
（ロッキード事件児玉・小佐野ルート証拠決定）

【事案の概要】 被告人X（甲野誉士夫）は，所得税法違反，外国為替及び外国貿易管理法違反で起訴され，強要，外国為替及び外国貿易管理法違反の罪で起訴された同Y，議院における証人の宣誓及び証言等に関する法律違反の罪で起訴された同Zとともに審理されているが，検察官は，Xの記名押印又は署名もしくは押印の存する領収証形式の書面（市販の領収証用紙を使用し，「甲野誉士夫」と刻した記名ゴム印及びその名下に「甲野」と刻した丸印が押捺され，金額欄に漢数字の縦書チェックライター，右下隅にアラビア数字の横書チェックライターで金額が記載され，縦書の日付ゴム印が押捺されているもの及び縦10センチ余，横15センチ弱の紙片にペン書きで右上隅に"Received"と記載してアンダーラインを施し，日付及び金額をアラビア数字で4段に横書きし，4段目の金額の下に横線を入れてその下に合計金額を記載し，1段目と3段目の金額の右横に毛筆で「誉士夫」，合計金額の右横にペン書きで「甲野誉士夫」の署名が顕出され，2段目の金額及び合計金額横の署名の各右横に前期丸印が押捺されているもの）の写しについて，立証事項を「Xが各領収証記載の日時ころ，各記載の金額の金員を受領した事実」とし，証拠能力について，Xがアメリカの航空機メーカー乙社のコンサルタントとしての業務に関し証憑書類として作成し同社のKに交付したものであるから，特に信用すべき情況の下に作成された書面として323条3号により証拠能力を有すると主張して，被告人3名に対する関係で証拠調べ請求した。これに対し，弁護人らは，この領収証原本の成立の真正を争い，その偽造であることを主張した。

【判示】 「右各領収証が法323条3号所定の書面に該当するものとは到底認められない。蓋し，領収証の如きは，たとえ本人の業務に関連して発行される場合であっても，業務の通常の過程で自己の業務施行の基礎として順序を追い継続的に作成されるものではなく，その交付を受ける相手方のために個々的にその都度作成されるものであるから，それが他の商業帳簿類たとえば入金伝票と同時に同一内容の複写として作成されるような特段の事情のある場合を……除いては，法323条2号所定の業務過程文書に該当しないのはもとよりのこと，書面自体の性質上これらと同程度に類型的に信憑性の高い文書として，同条3号により証拠能力を認めるに由ない

ものだからである。……

　法323条3号は，伝聞証拠を許容する場合における特則的規定であるから，その適用が認められないときは，供述代用書面としての検察官の立証事項を維持しようとする限り，その原則的規定である法321条1項3号に立返って，同号所定の書面としての証拠能力を検討するのが筋道である。しかしながら，同号所定の書面に該当するとするためには，先ず以て当該書面の成立の真正であることを確定しなければならない。しかるに，甲野領収証については，その成立の真正が強く争われ，ゴム印，丸印の作成，保管，使用状況，署名の顕出されるに至った経緯，日付欄の筆跡等が争点とされ，鑑定をはじめ多数の証拠調がこの点に集中されているのである。従って，それは，本件の実体形成上最大の争点の1つとして，本案判決中において判断するのを相当とする事項である。

　そうだとすれば，検察官の証拠調の請求がその目的を失うようなことにならない限り，手続過程に過ぎない証拠採否の場面においては，暫くその点の判断を留保し，他の証拠方法を援用することなく，甲野領収証それ自体（疎明資料を含む。）から直接抽き出し得る限度に立証事項を減縮することによって，非供述証拠としてこれを採用するのが相当である。従って，本件写がいずれも略々原寸大の鮮明なカラー写真であって，原本の存在，形状，記載事項，保管状況等を忠実に再現しているものと認められる状況に鑑み，これを別紙一覧表立証趣旨欄記載のとおりの立証趣旨［Q34参照］により，非供述証拠として採用することとする。」

Advanced

33　名宛人をAとするB作成の領収証を，BがAから額面記載通りの金額を受領した事実を証明する証拠として用いる場合，伝聞証拠にあたるか。

34　本決定は，本件領収証について，「立証事項を減縮することによって，非供述証拠としてこれを採用するのが相当である」として，「領収金額，領収文言，作成日付等が記載され『甲野譽士夫』の記名ゴム印及び『甲野』の丸印が押捺されている書面の存在，形状，記載事項及びその保管状況」，「領収金額，領収文言，作成日付が記載され『甲野譽士夫』若しくは『譽士夫』の署名又は『甲野』の丸印が顕出されている書面の存在，形状，記載事項及びその保管状況」との立証趣旨により，証拠採用した。本件の具体的事情のもとで，このような「減縮」された事項を立証することには，どのような意味があるか。立証事項を領収証の記載内容の真実性とは無関係な「領収証という記載のある書面の存在」に「減縮」すれば，常に伝聞法則の適用を免れることになるか。

35　本決定によれば，ある証拠が伝聞証拠にあたるか否かは，その立証事項（「要証事実」と呼ばれることも多い）が何であるかにより異なる。この立証事項は何によって定まるか。それは，証拠調べの請求をするに際し当事者が明示するものと

されている「証拠と証明すべき事実との関係」(刑訴規則189条1項。一般に「立証趣旨」と呼ばれる)と同じか。判例**22**-6は,この点について,どのように考えているか。

36 本決定は,本件領収証とは別に検察官が証拠調べ請求した,アメリカで外国送金業務を行う丙社発行の外国送金受領証について,次のように判示している。

「本件請求にかかる外国送金受領証……の右下隅には"CUSTOMER'S RECEIPT"(顧客用領収証。以下「顧客用」という。)か"ACCOUNTING COPY"(会計用控。以下「会計用」という。)もしくは"FILE COPY"(保存用控。以下「保存用」という。)のいずれかの表示が印刷されているところ,丙社では顧客から外国送金の依頼を受けた都度……『顧客用』『会計用』『保存用』の3種が1組となった複写式の3枚綴の用紙にタイプ等で送金先,金額等依頼内容の必要事項を記入して,3枚同時に作成したうえ,うち『顧客用』は依頼人たる顧客に送金資金支払の領収証を兼ねて交付し,『会計用』は同社の送金業務及び会計処理のために使用し,『保存用』は同社において備付,整理のため綴って保管していたものである……。」

「本件外国送金受領証は顧客の要請あるいは丙社内部の都合等により個別的に作成,発行されるものではなく,同社の外国送金業務の通常の過程で右業務施行の基礎として,顧客からの外国送金依頼の都度継続的かつ機械的に所定の3枚複写式の用紙にその依頼内容を記入することにより作成されたものの1枚であり,『会計用』は同社の送金伝票としてその業務の用に充てられ,『保存用』は同社の売上伝票的な書面として,順を追って付せられる一連のFX番号に従って編綴保管されていたものと考えられる。そうだとすれば,少なくとも『会計用』及び『保存用』は,商業帳簿類似の書面であって,法323条2号所定の業務過程文書に該当するものと解するのが相当である。また,『顧客用』も,その本来の機能はもとより顧客に対する外国送金のための金員受領についての領収証であるとしても,前示のとおり,その記載内容,形状等は『会計用』『保存用』のそれと用途表示文言の部分を除き全く同一であって,しかも同時に作成されるというその作成状況に徴すれば,書面の表示の一事を以て後者と証拠法上の取扱を峻別すべきいわれはなく,後者に準じて法323条2号所定の書面に該当するものと解するのが相当である。」

この外国送金受領証と本件領収証(323条2号はもとより3号にも該当しないとされた)との差異は何か。

37 領収証が321条1項3号により証拠能力を認められるのはどのような場合か。領収証の作成者が証人として出廷可能な場合,金銭授受の立証はどのようにして行われるか。作成者が,金銭授受に関する尋問に対し,記憶がないと答えた場合,いかなる手続がとられるか。

38 領収証が作成され，相手方に交付・受領された事実から，領収証の記載内容の真実性とは独立に，領収証記載どおりの金銭授受があった事実を推認することはできないか。次のように考えることはできないか。

(1) 「取引上のみならず，社会生活上も，特段の理由がない限り，金銭の……授受の事実がないのに……領収書を人に交付したりはしないというのが経験則である」(戸倉三郎「供述又は書面の非供述証拠的使用と伝聞法則」自正51巻1号〔2000年〕98頁)といえないか。この経験則を介すれば，上記の推認は可能ではないか。

(2) 領収証を作成・交付した者とこれを受領・保管している者とがいる場合，領収証に記載された金銭の授受について，利害対立者の認識が一致しているといえないか。「利害対立者の認識の一致から，一致して認識された事実の存在を推論すること」(大澤裕「伝聞証拠の意義」争点3版183頁)は，認識内容(書面の記載内容)の真実性に基づく推論とは独立に可能ではないか。

39 いわゆるポス・システム*で打ち出されるレシートは，領収証と扱いを異にするか。

 *「現在では，個々の商品には……バーコードが付けられている。このバーコードはメーカー名や商品名等の情報をバー記号の組み合わせで表示したもので，……レジにつながっているスキャナーでバーコードを読み取り，その情報が即座に本部に送られ，同時にレシートやレジスターにはあらかじめ設定された商品名や価格が自動的に表示され，計算されることになる。……客に渡されるレシートには，通常は，店名，その所在地，電話番号，コマーシャルメッセージ，売り上げの日時，商品名とその価格，税額，合計金額，預かり額，釣り銭の額，レジのナンバー，担当者等が表示されるが，店員が打ち込むのは預かり額だけである。」(大島隆明「伝聞証拠についての2, 3の問題」自正50巻8号〔1999年〕103頁)

40 次の例で，レシートがポス・システムで作成されたものである場合とそうではないレジスター(店員が商品名と金額を打ち込む)で作成されたものである場合とで，扱いを異にするか。

 「カッターナイフを使った強盗事件が起きて，被告人は当時その場所とは遠く離れた場所にいたというアリバイ主張をしていた……。ところが，被告人のズボンのポケットから，犯行少し前に犯行場所に近いコンビニで犯行に使われたのと同種類のカッターナイフを購入したという内容のレシートが発見された。」(大島・前掲104頁)

◯ **参考裁判例21-5** 大阪高判昭和30年7月15日高刑特2巻15号782頁

 X(被告人)らは，近い将来，衆議院が解散され総選挙が行われること及びその際はAが選挙に立候補することを予想して，立候補届出前であるにもかかわらず，Aのた

めの選挙運動を行ったとして，第1審において，公職選挙法違反（事前運動）の罪で有罪判決を受けた。前記事実を認定する証拠として，昭和27年7月2日付毎日新聞朝刊並びに同月6日付朝日新聞朝刊を用いた第1審判決に対し，Xらは，伝聞法則に違反するなどと主張して控訴したが，大阪高裁は，次のように判示して，これを棄却した。

「新聞，雑誌等は，市場価格，市場報告等特別の場合を除き，原則としてその記載内容に添う事実を認定する証拠に供することはできないが，本件において原判決が所論の新聞紙を証拠に掲げたのは，その日附当時新聞紙上において，近く国会解散が行われると予想されていたこと，Aが一般人から立候補を予想される人としてその氏名が発表されたこと自体を証明し，これを間接証拠として，被告人等及び同人等から饗応を受けた関係者の認識を推理しようとしたものであると解するべきであるから，原審の措置は採証上違法とは言えない。」

□ **参考裁判例21-6** 最一判昭和38年10月17日刑集17巻10号1795頁
（白鳥事件）

日本共産党札幌委員会委員長であるX（被告人）が，Yほか2名と札幌市警警備課長S警部の殺害を共謀し，それに基づいてYが拳銃でS課長を射殺したとされる事件において，第1審は，XのS課長殺害に関する発言を聞いたとする証人の証言等を，Xと犯行とを結びつける証拠として用いてXを有罪とし，原審もこの事実認定を支持した。これに対し，Xは，これらの証言等は伝聞証拠にあたり証拠能力がないなどと主張して上告を申し立てたが，最高裁は，次のように判示して，これを棄却した。

「伝聞供述となるかどうかは，要証事実と当該供述者の知覚との関係により決せられるものと解すべきである。被告人Xが，電産社宅で行われた幹部教育の席上『Sはもう殺してもいいやつだな』と言った旨のAの検察官に対する供述調書における供述記載……は，被告人Xが右のような内容の発言をしたこと自体を要証事実としているものと解せられるが，被告人Xが右のような内容の発言をしたことは，Aの自ら直接知覚したところであり，伝聞供述であるとはいえず，同証拠は刑訴321条1項2号によって証拠能力がある旨の原判示は是認できる。次に，被告人XがBの家の2階かCの下宿かで，『S課長に対する攻撃は拳銃をもってやるが，相手が警察官であるだけに慎重に計画をし，まずS課長の行動を出勤退庁の時間とか乗物だとかを調査し慎重に計画を立てチャンスをねらう』と言った旨の証人Dの第1審第38回公判における供述……，被告人XがEの寄寓先で『共産党を名乗って堂々とSを襲撃しようか』と述べた旨の証人Eの第1審第40回公判における供述……等は，いずれも被告人Xが右のような内容の発言をしたこと自体を要証事実としているものと解せられるが，被告人Xが右のような内容の発言をしたことは，各供述者の自ら直接知覚したところであり伝聞供述に当らないとした原判示も是認できる。」

21 伝聞証拠の意義／21-7

◯ **参考裁判例 21-7** 東京高判昭和 58 年 1 月 27 日判時 1097 号 146 頁

　いわゆる山谷地区において日雇労働者のための活動をしてきた X（被告人）らが暴力手配師等を追放する闘争の一環と称して，飯場を奇襲し，手配師らを監禁し暴行を加えて傷害を負わせ慰謝料名下に金員を喝取したとされる事件において，第 1 審は，「『(25) 確認点－しゃ罪といしゃ料』との記載のある押収してあるノート」（「A メモ」）を証拠の 1 つとして，恐喝の事前共謀の存在を認め，X を有罪とした。これに対し，X 側は，上記のメモは伝聞証拠にあたり証拠能力がないなどと主張して控訴を申し立てたが，東京高裁は，次のように判示して，これを斥けた。

　「人の意思，計画を記載したメモについては，その意思，計画を立証するためには，伝聞禁止の法則の適用はないと解することが可能である。それは，知覚，記憶，表現，叙述を前提とする供述証拠と異なり，知覚，記憶を欠落するのであるから，その作成が真摯になされたことが証明されれば，必ずしも原供述者を証人として尋問し，反対尋問によりその信用性をテストする必要はないと解されるからである。そしてこの点は個人の単独犯行についてはもとより，数人共謀の共犯事案においてもその共謀に関する犯行計画を記載したメモについては同様に考えることができる。もっとも，右の A メモには，『(25) 確認点－しゃ罪といしゃ料』との記載が認められるが，右の A メモが取調べられた第 5 回公判期日の段階では，これを何人が作成したのか，作成者自身が直接確認点の討論等に参加した体験事実を記載したものか，再伝聞事項を記載したものか不明であったのである。しかし，弁護人請求の証人 A の原審第 13 回公判期日における供述によれば，……69 の会に加入している A は，昭和 55 年 9 月 27 日夜，当時同会に加入していた B より，……同会及び……山日労・山統労の三者が右飯場に対し闘争を取り組むことになり，同月 25 日の右三者会議で確認された事項のあること等を初めて聞き，右聞知した 25 日の確認点をノートに『(25) 確認点－しゃ罪といしゃ料』と書き留めたことが明らかとなったのである。……前記のように，数人共謀の共犯事案において，その共謀にかかる犯行計画を記載したメモは，それが真摯に作成されたと認められるかぎり，伝聞禁止の法則の適用されない場合として証拠能力を認める余地があるといえよう。ただ，この場合においてはその犯行計画を記載したメモについては，それが最終的に共犯者全員の共謀の意思の合致するところとして確認されたものであることが前提とならなければならないのである。本件についてこれをみるに，A メモに記載された右の点が共犯者数名の共謀の意思の合致するところとして確認されたか否か，確認されたと認定することができないわけではない。したがって，確認されたものとすれば，A メモに記載された右の点に証拠能力を認めるべきは当然であろう。」〔確認されなかったとすれば，「A メモのうち，右の記載部分は……原供述者を B とする再伝聞供述であると解しなければならない」が，「A メモについては，……原審第 5 回公判期日において，検察官の証拠調請求に対し，弁護人は異議がない旨の意見を述べており，更に，原審第 13 回公判期日において，A メモ中の右の記載部分が再伝聞供述であることが明らかとなった時点において

も，弁護人は先の証拠調に異議がない旨の意見の変更を申し出ることなく，あるいは，右証拠の排除を申し出ることもなく，また，Bを証人として申請し，その供述の正確性を吟味することもしていないのである」から，「このような訴訟の経過をみるときは，Aメモの右記載部分については，弁護人としてBに対する反対尋問権を放棄したものと解されてもけだしやむを得ないのであって，結局，Aメモを……恐喝の共謀を認定する証拠とした原審の訴訟手続に法令違反があると主張する所論は，……採用することができない」とする〕。

22 伝聞例外

(1) 伝聞例外の意義

設例1

　10月1日午後9時ころ，甲市内の道路上を歩行中のVが，背後から走行してきた自動二輪車にはねられて転倒し，腕等を骨折したほか，頭部を地面に強く打ちつけ打撲傷を負うという事故が発生した。Vは，約10分後に通行人の通報を受けて駆けつけた救急車で病院に搬送された後，そのまま入院した。事故の2日後，Vは病院の病室で警察官から取調べを受け，その際，自動二輪車を運転していた犯人がいったん降車して，その場に倒れ込んだVの様子をしばらく窺っていたが，再び乗車してその場から走り去った旨述べ，犯人の容貌や事故当時の状況等について詳細な供述を行い，これが調書（①）にとられた。その約2週間後，検察官から病室で取調べを受けた際にも，Vは，細部については若干思い出せない部分もあったものの，警察官に対してしたのとほぼ同様の供述を行い，これも調書（②）にとられた。さらに数日後，Vは，病院に見舞いにきた友人Aと話していた際，犯人の特徴について，警察官，検察官いずれの取調べの際にも忘れていたことを不意に思い出し，これをAに話したので，Aは念のためと考え，Vの話をメモ用紙（③）に書き留めた。ところが，Vは，その日の晩に容態が急変して意識不明となり，意識が戻らないまま数日後に死亡した。

　また，Wは，本件事故が発生した際に現場付近を歩いていて悲鳴を聞いたため，現場に駆けつけその場に倒れていたVを介抱する等したとされる者であるが，警察官から取調べを受けた際，現場に着いたときにちょうどその場から走り去る自動二輪車を見た旨述べ，その自動二輪車の形状等を含め当時の状況について詳細な供述を行い，これが調書（④）にとられた。その後，検察官から取調べを受けた際にも，Wは，細部については若干思い出せない部分もあったものの，警察官に対してしたのとほぼ同様の供述を行い，これも調書（⑤）にとられた。

　この事件の捜査の過程で，Xが被疑者として逮捕されたが，Xは，逮捕直後に警察官による取調べを受けた際，経歴や家族構成等身上関係についての質問に対して供述した後，10月1日の夜は一切外出しておらず，本件事故は自分が起こしたものではない旨供述し，これらが調書（⑥）にとられた。その後の警察官の取調べでは，Xは，自分は10月1日午後9時前後に本件現場に自動二輪車で通りかかったが，その際，路上に落ちていたキャリーバッグに接触したため停車したところ，そばに人が倒れているのを発見したものの，急いでいたので何もせずに走り去ったの

であり，被害者をはねたのは自分ではない旨供述し，これが調書（⑦）にとられた。さらに数日後に警察官の取調べを受けた際には，Xは，本件事故は自分が起こしたものであり，倒れてうめき声を上げている被害者を見て怖くなり，その場から逃げてしまった旨供述し，これが調書（⑧）にとられた。Xは，その後検察官による取調べを受けた際にも，本件が自分の犯行によるものである旨供述し，これも調書（⑨）にとられた。

その後，Xは，過失運転致死罪及び道路交通法違反の罪で起訴された。

Q Elementary

1 本件が被告人Xの犯行によるものであること等を立証するため，公判において検察官が，②の調書及び⑤の調書の証拠調べを請求した。

(1) この場合，裁判所はまず何をなすべきか。

(2) X側が⑤の調書を証拠とすることに同意する旨の意見を述べた場合，裁判所は同調書の証拠調べを行ってよいか。

(3) X側が⑤の調書を証拠とすることに同意しない場合，検察官はどうすべきか。

2 公判において，検察官の請求に基づきWの証人尋問が実施されたとする。

(1) この場合に，⑤の調書を証拠とすることはできるか。そのためにはどのような要件が満たされなければならないか。そのような要件を誰がいかなる方法で立証すべきか。

(2) 検察官の主尋問に対して，Wが，⑤の調書で述べていたのと異なる内容の証言を行った場合，検察官はどうすべきか。直ちに⑤の調書の証拠調べを請求すべきか。

(3) (2)のWに対して，検察官が，「あなたは取調べの際に検察官に対して○○の趣旨のことを述べませんでしたか」，「検察官に対して述べたことは間違いだったのですか」と尋問したところ，Wが「取調べのときに検察官に話したことが本当のことです」とのみ答えた。この場合，検察官は，直ちに⑤の調書の証拠調べを請求すべきか。

(4) (2)のWに対して，検察官が，⑤の調書の記載内容を読み聞かせた上で，尋問を行うことは許されるか。

(5) (1)の要件が満たされるのと同じ状況下で，④の調書を証拠とすることはできるか。

3 **1**における②の調書について，X側がこれを証拠とすることに同意しない場合，裁判所は同調書を証拠とすることができるか。

4 本件がXの犯行によるものであること等を立証するため，公判において検察官が，①の調書の証拠調べを請求したが，X側が同意しない場合に，同調書を証

拠とするためには，どのような要件が満たされなければならないか。同じく③の書面についてはどうか。

5 伝聞法則があるにもかかわらず，①ないし⑤の各書面を証拠とすることができる場合があるとすれば，それはなぜか。伝聞法則の趣旨に照らして考えよ。

6 ①の調書と②の調書との間で，証拠とするための要件に違いはあるか。あるとすればそれはなぜか。②の調書と⑤の調書との間ではどうか。④の調書と⑤の調書の間ではどうか（Wが死亡している場合の④の調書と，Wが公判で証言した場合の⑤の調書との間についても比較せよ）。

7 公判において，検察官が⑨の調書の証拠調べを請求したが，X側が同意しない場合に，これを証拠とするためには，どのような要件が満たされなければならないか。⑧の調書の場合とで違いはないか。ないとすればそれはなぜか。

⑧及び⑨の調書と，⑥の調書との間で，証拠とするための要件に違いはあるか。あるとすればそれはなぜか。

⑦の調書は，どのような要件が満たされれば証拠とすることができるか。

8 ⑧の調書あるいは⑨の調書を証拠とするための要件は，①や④の調書，あるいは②や⑤の調書の場合とで異なるか。異なるとすればそれはなぜか。

Basic

9 *1*の(2)における⑤の調書についてのX側の同意は，いかなる性質を有するか。*1*の(2)において⑤の調書の証拠調べが行われた場合に，その後，X側がWの証人尋問を請求し，これを尋問することは許されるか。

10 公判において，検察官が⑨の調書の証拠調べを請求したところ，X側がこれを証拠とすることに同意したとする。この同意は，いかなる性質を有するか。*1*の(2)における⑤の調書についてのX側の同意と性質は異なるか。

11 路上での通り魔による殺人事件において，悲鳴を聞いた通行人Aが現場に駆けより被害者Bを介抱した際，Bが息も絶えだえに「犯人は赤い上着を着ていた」旨Aに話していたとする。公判において，Aが証人として証言した際，検察官が，Bの供述の内容について尋問を行った。このとき，弁護人としては，どのような行動をとることが考えられるか。また，Bの供述を内容とするAの証言を証拠とするためには，どのような要件が満たされなければならないか。

12 *11*のAが，警察官の取調べを受けた際に，Bの供述の内容について話し，これが調書にとられていたとする。この調書を，公判において証拠とすることはできるか。仮にできるとして，それはどのような要件が満たされた場合か（参考裁判例22-⑦参照）。

Advanced

13 以下の各場合において，いずれも原供述者が死亡しているとき，それぞれ

の書面を各事件の公判において証拠とすることはできるか。

(1) 交通事故にかかる過失運転致傷事件において，道路を歩行中にたまたま当該事故を目撃した者が，その直後に自ら進んで警察に申し出て，事故の発生状況について供述したのを警察官が録取した書面。

(2) 強制わいせつ事件において，被害者が，勤務先の会社内で上司である部長から強制わいせつの被害を受けた際の状況を克明かつ迫真的に綴った，会社社長宛の手紙。

(3) 暴力団甲組の構成員Xが，甲組と対立する暴力団乙組の構成員Aと路上で口論となり，その際Aを突き飛ばして転倒させ頭部に傷害を負わせたとされる事件において，(ア)事件当時Aと一緒にいたAの舎弟Bが警察での取調べの際に「口論の最中にXがAに体当たりしてきた」旨供述したのを警察官が録取した書面，及び，(イ)事件当時Xと一緒にいたXの友人CとXの弁護人とが面談した際にCが「酒に酔っていたAが勝手に転んで頭を打った」旨供述したのを同弁護人が録取した書面。

(4) Xを被告人とする殺人事件において，共犯者Yが自首して警察の取調べを受けた際に「自分とXが一緒に被害者を金属バットでめった打ちにした」旨供述したのを警察官が録取した書面。

14 11の事例において，通報を受けて現場に駆けつけた警察官が，「犯人は赤い上着を着ていた」旨Bが述べるのを聞き，それを書面に書きとめていた場合，この書面を公判で証拠とすることはできるか。

15 激しい暴行を受けたために瀕死の重傷を負った被害者を，その父親の立会いのもと，警察官が取り調べた際，被害者の供述を警察官が録取した書面に，被害者本人に代わって父親が被害者の氏名を記載し押印した。被害者はその3日後に上記傷害が原因で死亡した。後の殺人容疑での公判において，この書面を証拠とすることはできるか。(最三決平成 18 年 12 月 8 日刑集 60 巻 10 号 837 頁参照)

設例 2

被告人X及びYは，共謀の上，Xにおいて被害者Aに対して脅迫を加え，その反抗を抑圧して金員を強取したとして，共同で審理を受けている。捜査段階で，Xは，警察官及び検察官に対し，上記の公訴事実に沿う供述をしており，それぞれ供述調書が作成されている。公判で，Yは，公訴事実を全面的に否認しており，Xの供述調書を証拠とすることには同意していない。

Advanced

16 Yの犯行関与を立証するため，Yに対する関係でXの供述調書を証拠として採用することができるのは，どのような場合か。その根拠及び要件は何か。

17 Xの供述調書は，どのような審理を経て証拠として採用されることになるか。

18 Xは，Xの供述調書につき，任意性がないと主張して証拠能力を争っているとする。Yも，Yに対する関係で，同様の主張をすることができるか。その根拠は何か。

(2) **検察官調書**
22-1 最三判平成7年6月20日刑集49巻6号741頁
【事案の概要】 クラブ等の経営者ないしマネージャーである被告人3名は，共謀の上，タイ人女性14名及び日本人女性1名を自己の管理する場所に居住させ，これに売春させることを業としたとして，いわゆる管理売春（売春防止法12条）の罪で起訴された。これらタイ人女性は，入管法に基づく退去強制手続により身柄を入管当局に収容されていた間，検察官による取調べを受け，供述調書が作成された後，取調べ当日ないし7日後（収容後8日ないし15日）までに順次タイ国に強制送還された。このうち1名は，弁護人の証拠保全請求による証人尋問が実施された後に強制送還されたが，他の1名については弁護人の証拠保全請求時には既に送還されており，残り12名については証拠保全請求がなかった。

第1審公判では，上記14名のタイ人女性のうち証拠保全としての証人尋問が行われた1名以外の13名の検察官調書が，刑訴法321条1項2号前段の書面として検察官から証拠調べ請求された。被告人側はそれらの証拠能力を争ったが，裁判所はこれを肯定し，これらの調書を犯罪事実を認定する証拠とした。これに対し被告人側は，(i)検察官調書が刑訴法321条1項2号前段により証拠能力を認められるためには，反対尋問にかわる程度の信用性の情況的保障（特信情況）が必要と解されるところ，本件各検察官調書はいずれもそれを欠く，(ii)特信情況が積極的要件ではないとしても，供述が信用できない情況でなされた疑いがあれば証拠能力は否定される（不信用の情況が証拠能力の消極的要件である）べきところ，本件各供述はこれにあたる，(iii)公判時に当該外国人が国内にいないことが予想されるときは，検察官は第1回公判前に刑訴法226条，227条により証拠保全としての証人尋問を請求する義務があり，これを怠ればその者の検察官調書は証拠能力がない，と主張して控訴したが，控訴審の大阪高裁は，上記(i)については，「321条1項2号前段には，同条1項2号後段や同条1項3号のように『信用すべき特別の情況の存するとき』あるいは『特に信用すべき情況のもとにされたものであるとき』という制限が付されていないから，供述者が，『国外にいるため公判準備若しくは公判期日において供述できない』という要件を充たせば直ちに証拠能力を取得すると解するのが相当であ［る］」とし，(ii)については，「供述が『信用できない状況でなされた疑い』のあ

る場合を，刑訴法321条1項2号前段の消極的要件と解するのは明文に反し相当でな」く，「検察官が……供述者を意図的に本邦から出国させようとしていた場合など，故意に被告人の反対尋問の機会を失わせようとしたことが窺われるような場合は，本条項の前記消極的要件とみるまでもなく，被告人の反対尋問権及び訴訟手続の適正を不当に害するものとして，いわゆる証拠禁止の見地から証拠能力が否定されるものと解すれば足り」るところ，本件ではそのような事情は窺われないと述べ，また(ⅲ)については，「刑訴法226条，227条の制度は，もともと捜査機関に十分な捜査を可能にさせるために，捜査に必要な資料の収集及びその保全の方法を認めた制度であり，かつ，被疑者，被告人，弁護人には同法179条による証拠保全の方法も認められているのであるから，本件のような場合においても，検察官には同法226条，227条による証人尋問を請求する義務はな［く］……，これをしなかったからといって……検察官面前調書の証拠能力が否定されるいわれはな［い］」と述べて，被告人側の主張を斥け控訴を棄却した（大阪高判平成元年11月10日判タ729号249頁）。被告人側は上告したが，その趣意は，刑訴法321条1項2号前段が憲法37条2項に反した規定であるとするほか，おおむね控訴審における上記各主張と同旨である。

【判示】 上告棄却。

最高裁は，「弁護人……の上告趣意のうち，刑訴法321条1項2号前段の規定について憲法37条2項違反をいう点は，刑訴法の右規定が憲法37条2項に違反するものでないことは，当裁判所の判例（最高裁昭和…27年4月9日大法廷判決・刑集6巻4号584頁［参考裁判例22-8］）とするところであるから，所論は理由がな［い］」等と述べた上で，職権で次のように判示した。

一 「［刑訴］法321条1項2号前段は，検察官面前調書について，その供述者が国外にいるため公判準備又は公判期日に供述することができないときは，これを証拠とすることができると規定し，右規定に該当すれば，証拠能力を付与すべきものとしている。しかし，右規定が同法320条の伝聞証拠禁止の例外を定めたものであり，憲法37条2項が被告人に証人審問権を保障している趣旨にもかんがみると，検察官面前調書が作成され証拠請求されるに至った事情や，供述者が国外にいることになった事由のいかんによっては，その検察官面前調書を常に右規定により証拠能力があるものとして事実認定の証拠とすることができるとすることには疑問の余地がある。」

二 「本件の場合，供述者らが国外にいることになった事由は退去強制によるものであるところ，退去強制は，出入国の公正な管理という行政目的を達成するために，入国管理当局が出入国管理及び難民認定法に基づき一定の要件の下に外国人を強制的に国外に退去させる行政処分であるが，同じく国家機関である検察官におい

て当該外国人がいずれ国外に退去させられ公判準備又は公判期日に供述することができなくなることを認識しながら殊更そのような事態を利用しようとした場合はもちろん，裁判官又は裁判所が当該外国人について証人尋問の決定をしているにもかかわらず強制送還が行われた場合など，当該外国人の検察官面前調書を証拠請求することが手続的正義の観点から公正さを欠くと認められるときは，これを事実認定の証拠とすることが許容されないこともあり得るといわなければならない。」

三　「これを本件についてみるに，検察官において供述者らが強制送還され将来公判準備又は公判期日に供述することができなくなるような事態を殊更利用しようとしたとは認められず，また，本件では，前記13名のタイ国女性と同時期に収容されていた同国女性1名（同じく被告人らの下で就労していた者）について，弁護人の証拠保全請求に基づき裁判官が証人尋問の決定をし，その尋問が行われているのであり，前記13名のタイ国女性のうち弁護人から証拠保全請求があった1名については，右請求時に既に強制送還されており，他の12名の女性については，証拠保全の請求がないまま強制送還されたというのであるから，本件検察官面前調書を証拠請求することが手続的正義の観点から公正さを欠くとは認められないのであって，これを事実認定の証拠とすることが許容されないものとはいえない。」

四　「したがって，本件検察官面前調書を刑訴法321条1項2号前段に該当する書面として，その証拠能力を認め，これを証拠として採用した第1審の措置を是認した原判断は，結論において正当である。」

本判決には，次のような大野正男裁判官の補足意見が付されている。

「一　本件の基本的問題は，出入国の公正な管理を目的とする入国管理当局による退去強制の執行と，公共の福祉の維持と個人の基本的人権の保障とを全うしつつ事案の真相を明らかにすべき刑事裁判の要請とを，いかに調整するかにある。

出入国管理の行政上の必要が常に優先することになれば，犯罪の証明に必要な外国人を行政処分によって退去強制した場合でも，『国外にいる』ことを理由として，証拠法上の例外である伝聞供述を採用し，被告人の証人審問権が行使される機会を失わせることになり，手続的正義に反する結果になりかねない。しかし，他方，その外国人が被告人の証人審問権の対象となる可能性があるということを理由に不確定期間その者の収容を続けることも，当該外国人の人権はもとより，適正な出入国管理行政の見地からみても，妥当とはいえない。

入国管理当局による出入国の公正な管理という行政上の義務と刑事裁判における公正の観念及び真相究明の要請との間に調整点を求めることが必要である。

二　法廷意見は，手続的正義，公正の観点から，検察官において当該外国人がいずれ国外に退去させられ公判準備又は公判期日に供述することができなくなることを認識しながら殊更そのような事態を利用した場合はもちろん，裁判官又は裁判所

が証人尋問の決定をしているにもかかわらず当該外国人が強制送還されてその証人尋問が不能となったような場合には，原則としてその者の検察官面前調書に証拠能力を認めるべきものでないとすることによって，出入国管理行政上の義務と刑事司法の要請に1つの調整点を示すものである。

　三　もとより，被告人の証人尋問権の保障の趣旨からすれば，右調整は必ずしも十分ではない。特に，被疑者に国選弁護人制度が法定されず，現実に被疑者に弁護人がつくのは1，2割にすぎないと推量される今日の現状よりすれば，証拠保全手続に頼ることは至難であろう。また，起訴後といえども，弁護人が速やかに検察官から証拠開示を受け，収容中の外国人につき証拠保全を請求することの要否を早急に判断することも決して容易ではない。

　検察官についても，犯罪の証明に欠くことのできない外国人について，その供述の信用性を確保するため，第1回公判期日前に証人尋問を行おうとしても，現行法制上，困難な問題がある。

　今日のように外国人の出入国が日常化し，これに伴って外国人の関係する刑事裁判が増加することを刑訴法は予見しておらず，刑訴法と出入国管理及び難民認定法には，これらの問題について調整を図るような規定は置かれていない。このような法の不備は，基本的には速やかに立法により解決されるべきである。

　しかしながら，現に生じている刑事司法における困難を放置しておくことは許されず，裁判所，検察官，弁護人ら訴訟関係者の努力と相互の協力により，でき得る限り退去強制される外国人に対する証人尋問の機会をつくるなど，公正の観念に基づく真相究明を尽くしていくほかはないと考えるものである。」

Q *Elementary*

19　本件で，被告人側は，刑訴法321条1項2号前段により検察官調書に証拠能力が認められるためには，信用性の情況的保障（特信情況）が必要である（あるいは，供述が信用できない情況でなされた疑いがあれば，証拠能力は否定されるべきである）旨主張しているが，それはいかなる理由によると考えられるか（裁判例22-[2]等も参照）。また，このような主張に実定法上の根拠はあるか。この主張に対し，原判決はどのように述べているか（参考裁判例22-[9]も参照）。また，本判決が，先例（参考裁判例22-[8]）を引用して，刑訴法321条1項2号前段の規定は憲法37条2項に違反するものではないと述べたことは，上の主張との関係でどのような意味を持ちうるか。

20　321条1項2号前段が，検察官調書の証拠能力の要件につき，その供述者が公判期日等で「供述することができない」事由として，死亡等と並んで「国外にいる」ことを挙げているのはなぜか。このことは，交通の発達した現代において合理性を有するか。

22 伝聞例外／Q21〜26

Q Basic

21 ある事件の公判において，検察官がAについて証人尋問を請求したが，Aは現在仕事で海外出張中であり，1ヵ月先に帰国する予定であることが判明した。この場合，Aが出張前に検察官による取調べの際に行った供述を録取した書面を，321条1項2号前段により証拠とすることはできるか。

22 仕事での出張で日本に滞在中の韓国人Bが，たまたま交通事故を目撃し，検察官の取調べを受け供述した後，韓国に帰国した。その後，検察官が，Bに来日の予定の有無を照会しないまま，この事故にかかる公判において，Bの検察官調書を321条1項2号前段により証拠とすることはできるか。

検察官が公判でBに証言させたいと考え，来日の予定の有無をBに照会したところ，来日する予定はない旨Bが回答した場合，直ちにBの検察官調書を証拠とすることはできるか。

Q Advanced

23 本判決は，供述者が「国外にいる」場合であっても，「検察官面前調書が作成され証拠請求されるに至った事情や，供述者が国外にいることになった事由のいかんによっては」検察官面前調書の証拠能力が否定されるべき場合がありうるとしているが，本件のような種類の事案において考えられるこうした「事情」「事由」として，どのようなものを挙げているか。

24 本判決のいう，「手続的正義の観点」（から公正さを欠く）とは何を意味するか。原判決のいう「いわゆる証拠禁止の見地」と同じか。このような観点から証拠能力を否定する実定法上の根拠は何か。

25 本判決のいう，「検察官において当該外国人がいずれ国外に退去させられ公判準備又は公判期日に供述することができなくなることを認識しながら殊更そのような事態を利用しようとした場合」にあたるものとして，具体的には検察官がどのような行為に出る場合が考えられるか。

26 本判決は，「裁判官又は裁判所が当該外国人について証人尋問の決定をしているにもかかわらず強制送還が行われた場合」には，常に検察官調書の証拠能力を否定すべきとする趣旨か。

上のような場合には，「当該外国人の収容の理由及び時期，強制送還の態様・時期，検察官による検面調書の作成状況，弁護人選任状況，証人尋問請求の時期，裁判所による証人尋問決定の時期，関係機関等の連絡・調整状況など」の「諸事情の総合的判断」によって，検察官調書の証拠能力を判断すべきことになるとする見解がある（池田耕平・最判解刑事篇平成7年250頁。なお，東京高判平成20年10月16日高刑集61巻4号1頁も参照。）。このような見解が主張される理由は何か。本判決を，この見解と同様の趣旨のものと理解することはできるか。

27 次のような見解と，**26** の後段で引用した見解とでは，どのような違いがあるか。

「事件の重大性，供述者の証拠方法としての重要性その他当該事件の証拠関係等に照らし，被告人の証人審問権保障のため公判準備ないし公判期日における出頭確保がとくに必要である供述者であって，出入国管理当局の裁量権の範囲内において容易に相当期間本邦内に滞留させうる者について，捜査官がその職責上要請される連絡や意見の申入れを出入国管理当局に対して行うことを怠った結果，退去強制によりその供述者を公判準備ないし公判期日に出頭させる機会を失わせた場合など，特別の事情が認められる場合には，[321条1項2]号前段所定の供述不能の要件を満たすものとは解しがたい」。(大阪高判昭和60年3月19日判タ562号197頁)

この見解のいう，出入国管理当局に対する「連絡や意見の申入れ」を行うことを，検察官は義務づけられるか。仮にそうだとして，その根拠は何か。裁判官又は裁判所の証人尋問決定がなされた場合とそれがなされていない場合とで違いはあるか。

仮に検察官が出入国管理当局に連絡や申入れを行った場合，出入国管理当局はそれに応じて当該外国人を本邦に留め置くことができるか。

28 犯罪の重要な証人となる人物が国外強制退去の処分を受ける可能性が認められるときには，検察官は速やかにこの者の証人尋問を裁判所又は裁判官に請求する義務を負い，検察官がこの義務を懈怠した場合，その後に国外退去せられた同人の検察官調書の証拠能力は否定されるべきであると考えることはできるか。仮にできるとして，その根拠は何か。起訴前又は起訴後第1回公判期日前に，このような人物について国外退去の可能性が認められる場合，検察官は現行刑訴法のもとでこの者の証人尋問を請求することができるか。

22-2 大阪高判昭和52年3月9日判時869号111頁

【事案の概要】 被告人 X_1，X_2 は，総評全国自動車交通労働組合大阪地方連合会（全自交大阪地連）の執行委員であり，その余の被告人は，タクシー会社（S交通。以下，会社）の従業員で，いずれも全自交大阪地連S交通労働組合の組合員であるが，同組合では，昭和41年10月ころから会社に対し種々の要求を掲げて争議中のところ，

一 被告人 X_1，X_2，X_3，X_4，X_5，X_6 は，昭和41年12月25日午後4時20分ころ，会社車庫内休憩室において，同社人事労務課長 V_1 に対し，これを取り囲み，怒号しながら，交々同人の胸倉をつかみ，押す，突く等して同室内の壁に押しつけ，さらに車庫内に押し出した上，杵を振り上げて殴りかかる気勢を示したり，交々同人の肩及び胸倉をつかんで押し，突き，ゆさぶり，あるいは前後左右から，肩，肘などで上体を突き上げる等しながら車庫中央部まで約20メートルを押してゆき，

その間，土足，膝頭で同人の左右膝関節部及び股間部を蹴りつける等の暴行を加え，よって同人に対し全治約10日間を要する傷害を負わせ（甲事件），

二　被告人 X_6, X_7, X_8, X_9 は，昭和42年1月24日午前8時ころ，前記会社車庫内において，他十数名の組合員と共同して会社営業部次長 V_2 を取り囲み，怒罵声を浴びせて騒ぎ立て，交々肩や肘で同人を小突き，あるいは体当たりを加え，蹴る等の暴行を加え，さらに同人が車庫正門の鉄扉を閉鎖しようとしたところ，これを妨害すべく，交々手拳で同人の腰や胸を突き，膝頭あるいは土足で腰部，大腿部，臀部等を蹴りつけ，体当たりを加えて鉄扉に押しつける等し，もって数人共同して暴行を加え（乙事件），

三　被告人 X_5, X_7, X_8, X_{10} は，同年1月31日午前8時ころ，会社本社1階の事務室東側修理工場入口付近において，他数名の組合員と共同して，前記 V_2 を取り囲み，交々同人の胸倉をつかみ，前後に激しく揺さぶり，手拳で胸部を突き，あるいは押し，肩，肘で上体を突き上げ，強く押し，あるいは体当たりを加え，股間部を蹴る等して同人を事務室内に押し込んだ上，同所で交々肩，肘で体当たりを加え，あるいは押し，突き，手拳で脇腹を突き，膝頭で股間部を蹴り上げ，足を踏みつける等し，もって数人共同して暴行を加え（丙事件），

四　被告人 X_4, X_{11} は，共謀の上，同年3月15日午前7時55分ころ，会社I営業所内事務室前において，非組合員 V_3 の運転する自動車の左サイドミラーが X_{11} の左肘に触れたことに因縁をつけ，同所で同人を運転台から引っぱり出し，手首をつかんで引っ張り，交々胸部を強打して2度にわたり路上に転倒させ，両足及び首をつかんで抱き上げ，2, 3メートル運搬して路上に押さえつけ，さらに X_4 において，立ち上がった同人の背部を突いて前額部を X_{11} の前額部に激突させる等の暴行を加え，よって同人に対し全治約1週間を要する傷害を負わせた（丁事件），

との事実のほか数個の事実について公訴が提起された。第1審は，全ての被告人につき無罪の言渡しをし，これに対して検察官が控訴した。検察官の控訴趣意においては，上記の各事実を含むいくつかの事実について，第1審が，多数の検察官調書につき刑訴法321条1項2号の要件を具備しないとしてその証拠調べ請求を却下したのは不当である，との主張が含まれていた。

【判示】　控訴審の大阪高裁は，一部破棄差戻，一部控訴棄却したが，判決の中で，検察官調書の証拠能力に関して次のように判示した（ただし以下に引用するのはその一部である）。

一　甲事件に関し，

（一）　被害者 V_1 の検察官調書について。

「[V_1 は，公判での証人尋問の際には，本件犯行における位置関係について略図を書きつつ説明し，また，X_1, X_2 の行った具体的な言動の内容，自己の受けた傷害の状態等を含め] か

なり具体的な証言をしていることが明らかで，刑訴法321条1項2号前段列挙事由に準ずる程の証言不能があったとは到底いえない。[検察官の控訴趣意は，]刑訴法321条1項2号前段はそこに列挙の死亡等の事由のある場合にのみ限って適用あると解すべきではなく，記憶喪失等のため証言できないときの如きも右に準じ，しかも……『列挙事由に準ずるに足る全面的供述不能の場合に限られる』と解すべきでなく，凡そ一部分であっても記憶喪失等のため証言できない以上はその部分に限ってでも2号前段が適用されるべきである旨主張するが，同号前段の趣旨にかんがみると，所論の如く要証事実の具体的内容をさらに細分してその一こま宛に区切って証言できなかったかどうかを分別するのは適切でなく，……[V_1の公判証言についていえば，]X_2及びX_1の各所為による被害の顛末はともかく証言し得ていることが明らかであって，2号前段列挙事由に準じて考えなければならぬ程の証言不能があるとは到底認め難[い]。もっとも，記憶喪失による部分的な証言不能のため，その証言内容全体を検察官面前供述と対比し，要証事実について異った認定をきたす蓋然性があると考えられるほどの差異を生ずるに至ったときは，同号後段にいう『相反する供述』または『実質的に異った供述』との要件（以下あわせて相反性という）を具備し同後段により証拠能力を付与されることがある[が，V_1の検察官調書の内容は，X_1，X_2の言動に関する部分については，証言内容と対比して相反性がないので，同号後段によっても証拠能力を認めることはできない]。」

　（二）　目撃者W_1の検察官調書について。

「[W_1は，検察官調書では，X_1以下の被告人各々が行った個々の暴行の内容を具体的に供述しているのに対し，公判での証人尋問の際には，組合員数人がV_1を取り囲んでおりその中にX_1以下被告人らがいた，V_1は皆に小突かれていた，入り乱れていたのでいちいち細かいことは覚えていない，旨証言しただけであり，関係被告人の個々の行動につき検察官調書記載の各事実を指摘しての尋問に対しては，全て「記憶がない」とか「わからない」と答えている。それゆえ]W_1の検察官調書は刑訴法321条1項2号前段の定める供述不能の要件を具備してはいないが，同号後段の定める相反性の要件を満たす……。[次に，同後段の特信性の要件については，W_1は本件紛争を自車の中で弁当を食べながら車の窓越しに傍観していたのであり，その位置は現場休憩室の入口から20数メートル離れ，同室内はもとより室外の紛争についても，その間に多数の組合員が集まっていたことを考慮すると，検察官調書の供述にある如く]暴行者を個々に特定して認識しうる状況にあったかどうか極めて疑わしい……。さらにW_1が検察官の取調べを受けた当時組合脱退者として……組合と鋭く対立し被告人らに対し激しい敵対感情を抱いていたとの……事実をもあわせ考えると，W_1の検察官面前供述については特信性を認める[ことはできない]。」

　二　乙事件に関し，

（一）　目撃者 W_2 の検察官調書について。

「［W_2 は，検察官調書では，(i)組合員らは最初自分を小突く等していたが，V_2 が現れるや一斉に V_2 に向かって行った，(ii)沢山の人集りの中で10数人の組合員が団子になってもみ合っており，自分はその状況を2回写真に撮ったが，2回目の時は組合員が囲まれている人に摑みかかって行く状況だった，と供述しているが，公判での証人尋問の際には，上記(i)については記憶がない，自分が車庫中央で出庫整理をしていたとき車庫正門付近で紛争が始まり，その方へ行き写真を撮った，取り囲んでいたのは2，30名で，2回目に写真を撮った時には騒ぎは鎮まりかけていた，旨述べている。］W_2 が検察官の面前で述べたところは，［公判証言］と異り，甚だしく険悪な雰囲気のうちに本件紛争が発生し推移して行ったことをうかがわせる……。そうだとすると，右 W_2 調書を証拠とすることにより，他の証拠（特に V_2 の原審証言）と相待って要証事実につき異る認定を生ずる蓋然性がある……から，同調書は，刑訴法321条1項2号前段の定める供述不能の要件を具備しているとまではいえないが，同号後段の定める相反性の要件を満たしているというべきである。そして，同人の検察官面前供述が特に虚偽誇張のものとうかがわせる事情が見出しえないのに反し，同人の原審証言は……主要な事実については殊更に『記憶がない』とか『判らない』との答で終始するなど甚だしく回避的であって，このような事情に徴すれば，右検察官調書については特信性を肯定するのが相当である。」

（二）　目撃者 W_3 の検察官調書について。

「［W_3 は，検察官調書では，V_2 に対する X_7 を含む組合員らによる個々の暴行の内容を具体的に供述しているのに対し，公判での証人尋問の際には，V_2 が取り囲まれ，また鉄扉付近でもみ合ったりする状況等について述べつつ，「V_2 が誰からどのようにされたかは思い出せない」，「X_7 がいたかどうかかどうかは記憶がない」等供述するだけで，他は「記憶がない」で終始している。］してみると，［W_3 の検察官調書］は刑訴法321条1項2号前段の定める供述不能の要件を備えているとまではいいがたいにしても，同号後段の定める相反性の要件を具備しているものといわざるをえない。［さらに］同人の原審証言によると，同人は本件紛争当時営業係長の役職にあり，紛争に遭遇する都度その職責上自発的にその紛争の状況を，各関係者の位置や移動状況を図示するなどの方法で，メモを取っていて，検察官の面前ではそのメモに基づいて供述した，知っていることはその通りに答え録取してもらった，というのであって，本件紛争後さほど日時を経過していないうちになされた検察官面前供述については優にこれを信用しうると考えられ……，他方原審証言時には既に6年前後を経過し，同人自ら脳の病気ではないかと思って医師の診察を受け医師からもそのようにいわれていると証言していることおよび同人が当時のメモを紛失し［ている］ことなどの事情を考え合わせると，同人の検察官調書は特信性の要件をも備えている……。」

三　丙事件に関し，

(一)　目撃者 V_1（上記甲事件の被害者 V_1 と同一人物）の検察官調書について。

「［V_1 は，検察官調書では，X_{10} らが自分の肩で V_2 の胸の辺りや肩の前付近を突き押して体当たりし，V_2 は 1，2 メートルほど押されて後退した，と供述しているのに対し，公判での証人尋問の際には，「X_{10} らが V_2 を肩で押していた」，「V_2 が押されていた」，「一方的に V_2 を押していたかどうかといった微妙なところは分からない」，と述べている。］これによってみると，V_1 の検察官面前供述は同人の原審証言に比しいくらか具体的であるといえようが，しかし，刑訴法 321 条 1 項 2 号前段を適用すべきものではないことはいうまでもないし，同号後段の『相反する』といえないことはもちろん，『実質的に異』るとまでいうことも相当でない」。

(二)　目撃者 W_3（上記乙事件の目撃者 W_3 と同一人物）の検察官調書について。

「［W_3 は，検察官調書では，V_2 に対する X_5，X_7，X_{10} による暴行の具体的内容等を供述している。］ところが，W_3 は［公判での証人尋問の際には］，本件については全く思い出せない旨供述している……ので，右 W_3 の検察官調書は……刑訴法 321 条 1 項 2 号前段のいわゆる証言不能の一場合に当る……。ところで，所論は右証言不能の要件を満たすかぎり W_3 調書は同前段により当然に証拠能力を有することとなり，さらに信用性の情況的保障を必要とするものではないという。なるほど同号後段が証拠能力付与の要件として特に明文をもって特信性の情況的保障を必要とする旨規定しているのに対し，同号前段にはこれに類する文言がないので，所論のような解釈も理解できないわけではない。しかし，検察官の準司法機関としての立場を考慮しても，検察官はあくまで当事者であり，供述者は宣誓もしていないのであるから，検察官調書であるというだけで当然に信用性があるとはいいがたい。そもそも憲法が反対尋問権を保障しているゆえんは主として証言の誤りを正して裁判所に正確な証拠を提供しようとするにあることは疑いのないところであり，伝聞証拠は反対尋問による証明力の点検を経ていないので，証明力に疑いのあるものが混在する危険が大きく，その故に法は原則としてこれを証拠とすることを禁止しているのである。このことに思いを致せば，同号前段においても必要性（証言不能）のほかに反対尋問に代わる程度の信用性の情況的保障をも要件としていると解さざるをえない。……そこで，W_3 調書について信用性の情況的保障の有無を検討するのに，さきに［乙事件］に関し同人の他の検察官調書における特信性の要件について説示したと同じ理由から本件 W_3 調書も信用性の情況的保障を満たしていると解するのが相当である。」

四　丁事件に関し，

被害者 V_3 の検察官調書について。

「［V_3 は，検察官調書では，(i)X_{11} に手を引っ張られて引きずられた，(ii)X_4 が後から強く突

いたのでバケツの上に倒れ，その上にX_{11}も倒れてきた，(iii)立ち上がるとX_4から押されたり引っ張られたりして移動し，再び倒れたところをX_4とX_{11}に足と頸を摑んで持ち上げられ，3，4歩運ばれて路面に落とされた，(iv)立ち上がったらX_{11}に両手で胸を突かれて倒れた，(v)その後立ち上がっていたときX_4に背中を突かれたのでX_{11}と額をぶつけた，等供述している。〕〔それに対し，公判での証人尋問の際には，V_3は，(i)につき，X_{11}に腕を摑まれ引っ張って行かれた，(v)につき，X_4に腰か背中を押されたのでX_{11}と額をぶつけた，旨供述したほか，その間の状況につき，大勢に押したり引いたりされて体が不安定になり，気がついたらバケツの処で倒れていた，誰が押したり引いたりしたのか忘れた，等〕全体的に極めて曖昧模糊とした供述で終始している……。してみると，V_3の検察官調書は刑訴法321条1項2号前段の証言不能の場合には当らないものの，同号後段の相反性の要件に欠けるところのないことは明らかである。そして，V_3がそのような証言で終始したのは，同人が証言時には本件被告人らと同じ職場でタクシー運転手として勤務していて組合にも復帰しているとの関係もあって被告人らに遠慮し不利益な証言を極力回避しようとの配慮によるものであることがその証言の過程で随所にうかがわれること，検察官面前供述が本件紛争後約2週間を経過した頃になされたものであるのに対し原審証言が右紛争後5年前後を経てのものであること等の事情を考えると，……右検察官調書につき右2号後段の特信性を認めるのが相当である。」

Q Basic

29 本件で，検察官は，控訴趣意の中で，「刑訴法321条1項2号前段はそこに列挙の死亡等の事由のある場合にのみ限って適用あると解すべきではなく，記憶喪失等のため証言できないときの如きも右に準じる」旨主張しているが，これはどのような理由によるものと考えられるか。この点に関して，参考裁判例22-⑧はどのようなことを述べているか。本判決は，この点につきどのように考えていると解されるか。

30 仮に**29**で引用した主張の考え方をとったとして，そこでいう「記憶喪失」とはどのようなことを意味するか。公判で証人が「本件については，古いことなので全く覚えていない」旨述べる場合を，これに含めてよいか。本判決は，この点につきどのように考えているか。

31 **29**で引用した主張の考え方を前提に，321条1項2号前段に列挙された死亡等の事由のある場合に「準じる」といえるものとして，「記憶喪失」のため証言できないとき以外に，どのような場合が考えられるか。

32 強制性交等罪の事件の公判において，被害者を証人として喚問したが，検察官の主尋問に対し，泣き崩れて供述をしない場合，この被害者から供述を得るため，どのような手段を用いることができるか。手段を尽くしても供述を行わない場合に，この被害者が検察官による取調べの際に行っていた供述を録取した書面を，

321条1項2号前段により証拠とすることはできるか。（札幌高函館支判昭和26年7月30日高刑集4巻7号936頁参照）

33 殺人事件の公判において，被告人の娘であり，被告人が被害者を包丁でめった刺しにするところを目撃した5歳の児童に対し，被告人による犯行の状況について証言させることによって，同児童が重篤なPTSDを発症するおそれが高い場合，同児童が検察官による取調べの際に事件について行った供述を録取した書面を，321条1項2号前段により証拠とすることはできるか。

34 暴力団P組が組織的に覚せい剤の密売を行っていたという事案につき，P組幹部である被告人が覚せい剤取締法違反で起訴された。公判において，P組の構成員であるQが証人として喚問され出廷したが，Qは宣誓を拒否した。この場合，Qに宣誓させるためにどのような手段をとりうるか。宣誓をしたものの，検察官の尋問に対してQが一切答えない場合はどうか。手段を尽くしてもQが宣誓ないし証言を行わないとき，Qが検察官による取調べの際に行っていた供述を録取した書面を，321条1項2号前段により証拠とすることはできるか。この点に関し，参考裁判例22-⑨はどのように述べているか。Qが，検察官の尋問に対し，「自分の刑事責任にも関係することなので証言を拒否する」と述べて供述を拒んだ場合はどうか。

35 参考裁判例22-⑩は，証人が供述を拒んだ場合において，同人の検察官調書を321条1項2号前段により採用した原審の措置を違法としたが，その際，どのような事情を考慮しているか。そのような事情を考慮することは適切か。

36 **34**の事件の公判において，Qが，密売活動における被告人の役割についての尋問には答えないが，覚せい剤の仕入先や販売方法についての尋問には答えている場合，Qの検察官調書を321条1項2号前段により証拠とすることはできるか。

37 本判決は，W_3の検察官調書につき，乙事件に関するそれについては321条1項2号前段のいわゆる「供述不能」要件を満たさないとし，丙事件に関するそれについては同要件を満たすとした。このような結論を下した理由は何か。なお，甲事件に関するV_1の検察官調書について述べた箇所も参照せよ。

38 321条1項2号後段のいわゆる「相反性」要件の判断にあたっては，具体的にどのような事情を考慮することが考えられるか。本判決は，乙事件に関するW_2の検察官調書について，同要件を満たすとしているが，その理由としてどのような事情を挙げているか。甲事件に関するW_1の検察官調書についてはどうか。同様に，乙事件に関するW_3の検察官調書，丁事件に関するV_3の検察官調書についてはどうか。また，本判決は，丙事件に関するV_1の検察官調書について，「相反性」要件を満たさないとしているが，それはなぜか。

39 321条1項2号後段のいわゆる「特信性」要件の判断にあたっては，具体的

にどのような事情を考慮することが考えられるか。本判決は，丁事件に関する V_3 の検察官調書について，同要件を満たすとしているが，その理由としてどのような事情をあげているか。同様に，乙事件に関する W_2 及び W_3 の各検察官調書についてはどうか。また，本判決は，甲事件に関する W_1 の検察官調書について，同号後段の「特信性」要件を満たさないとしているが，それはなぜか。

40 321条1項2号後段の「特信性」要件の判断において，当該検察官調書の供述の内容を考慮に入れてよいか。例えば，供述が理路整然としているか否かを考慮してよいか。供述が詳細であるか否かについてはどうか。供述の内容が客観的事実に合致しているか否か，あるいは，不自然であるか否か，についてはどうか。

41 321条1項2号後段の「特信性」要件の判断方法について，参考裁判例22-11はどのように述べているか。

同号後段の「特信性」要件については，検察官調書の供述がなされた際の「外部的付随事情」のみによって，その存否を判断すべきだとする見解があるが，それはどのような理由によるものと考えられるか。「外部的付随事情」とは，例えばどのようなことを意味するか。この見解によれば，**40**に対する答はどうなるか。この見解に立った場合でも，同号後段の「相反性」要件の判断の際には検察官調書の供述の内容を検討する必要があるが，それにもかかわらず，「特信性」要件の判断資料を「外部的付随事情」に限定することに，どのような意味があるのか。

同号後段の「特信性」要件については，「外部的付随事情」によって判断すべきであるが，それを推知させる資料として，検察官調書の供述の内容を参酌することも許されるとする見解もある。具体的にはどのような場合がこれにあたるか。**40**の各事柄を，このような意味において考慮することはできるか。

42 本判決は，321条1項2号前段においても「信用性の情況的保障」の要件が課されるとの考え方（これについては **Q19** も参照）を前提に，丙事件に関する W_3 の検察官調書について，乙事件に関する W_3 の検察官調書における特信性を基礎づけるのと同じ理由から「信用性の情況的保障」の要件は満たされる，と述べているが，具体的にはいかなる事情をこうした結論の基礎としていると解されるか。

Q Advanced

43 321条1項2号後段により検察官調書を証拠とする場合には，供述者に対する証人尋問の途中又はその終了後その者の在廷中に同調書の証拠調べを行わなければならない，とする見解があるが，それはどのような理由によるものと考えられるか。参考裁判例22-11の事案では，各証人らの検察官調書の証拠調べは，各証人らの証人尋問が行われた公判期日よりも後の，別の期日に実施されたのであるが，このような証拠調べを行った場合，何らかの不都合が生じるか。

44 仮に本件の乙事件について，X_7 が，事件当日の朝は7時40分ころ会社に出

向いたあとすぐに抜け出し，行きつけの喫茶店で1時間以上談笑していたので，V_2 に対する暴行には自分は加わっていない旨，主張しているとする。この主張を裏付けるべく，X_7 の弁護人が，同喫茶店のマスターMを証人として喚問し，X_7 の主張に沿う証言を引き出し，この証言は検察官の反対尋問に対しても揺るがなかった。その後，検察官が，当日の X_7 の所在について綿密な捜査をした結果，上記 X_7 の主張に疑義が生じたため，Mを参考人として取り調べたところ，「X_7 が店に来たのは1月25日で，24日には姿を見せなかったような気がする」旨供述したので，これを調書に録取した。検察官は，この場合どうすべきか。このMの検察官調書を，直ちに321条1項2号後段により証拠とすることはできるか（東京高判昭和31年12月15日高刑集9巻11号1242頁参照）。検察官がMの再度の証人尋問を請求し，これを実施したところ，Mが前回の証人尋問の際の証言と同じ内容の証言を行った場合，Mの上記検察官調書を321条1項2号後段により証拠とすることはできるか。この点について，参考裁判例22-12はどのように述べているか。

45 44の場合において，Mの検察官調書が作成された後，Mが死亡したとする。この場合，Mの検察官調書を321条1項2号前段により証拠とすることはできるか。この点，Mの死亡前に，Mに対する再度の証人尋問を行う旨の決定がなされていたか否かで結論は異なるか。（東京高判平成5年10月21日高刑集46巻3号271頁参照）

(3) 検証調書，鑑定書

22-3 最二判昭和36年5月26日刑集15巻5号893頁 ─────

【事案の概要】 Xを被告人とする業務上過失致死傷事件の公判において，司法警察員K作成の実況見分調書等が証拠として採用された。同実況見分調書については，X側は証拠とすることに同意していなかったが，作成者Kが公判において証人として尋問され，Kは，同調書が真正に作成されかつその記載内容も真実に相違するところがない旨証言していた。また，同調書中には，Kが実況見分を行う際に，X及び事件の目撃者Aがこれに立ち会って必要な現場の指示，説明をした結果が記載されていた。第1審は，同実況見分調書等を証拠の標目に掲げた上，Xに有罪を言い渡した。

X側は，X側不同意の同実況見分調書を第1審が証拠採用したことには訴訟手続の法令違反又は法令適用の誤りがある，同実況見分調書にX及びAの署名押印のない供述が記載されているのは違法である，等主張して控訴したが，控訴審は，実況見分調書も検証調書と本質は異ならないから刑訴法321条3項と同一の条件のもとに証拠とすることができる，実況見分に立ち会った者による実況見分の目的に必要な現場の指示説明は実況見分と一体として証拠となるものであるからその者の署

名押印は必要でない，と述べて控訴を棄却した。
　そこでX側は，(i)刑訴法321条3項の「検証の結果を記載した書面」という文理，及び，同項がかかる書面について同条1項のような厳重な要件を必要としないで証拠能力を認めたのは「『検証』そのものが厳格な条件と方式のもとになされることを前提としているからである」ことからすれば，同条3項を司法警察員作成の実況見分調書に適用又は準用する余地はなく，X側不同意の実況見分調書を証拠として採用できるとした原判決には，同条3項の解釈を誤って適用した法令違反があり，この違反は判決に影響を及ぼすことが明らかであるから破棄しなければ著しく正義に反する，(ii)X及びAの指示説明は，同一の調書中に記載されていても，実況見分者Kの認識とは異なるから，証拠法上別個に考慮されなければならないところ，それにもかかわらず，原判決のように，立会人の供述は実況見分と一体となっているとして同調書が刑訴法321条3項と同一条件のもとに証拠能力を有するものと解すると，Xは，実況見分者に対してしか反対尋問権を行使することができず，見分者以外の者の供述については同人に対して尋問する機会が与えられないから，憲法の保障する反対尋問権を失うことになる，と主張して上告した。
　【判示】　最高裁は，次のように述べて，上告を棄却した。
　「捜査機関が任意処分として行う検証の結果を記載したいわゆる実況見分調書も刑訴321条3項所定の書面に包含されるものと解するを相当とすることは昭和35年9月8日第一小法廷判決（刑集14巻11号1437頁）の判示するところである。従って，かかる実況見分調書は，たとえ被告人側においてこれを証拠とすることに同意しなくても，検証調書について刑訴321条3項に規定するところと同一の条件の下に，すなわち実況見分調書の作成者が公判期日において証人として尋問を受け，その真正に作成されたものであることを供述したときは，これを証拠とすることができるのであるから，これと同旨に出た原判示……は正当である。……
　捜査機関は任意処分として検証（実況見分）を行うに当り必要があると認めるときは，被疑者，被害者その他の者を立ち会わせ，これらの立会人をして実況見分の目的物その他必要な状態を任意に指示，説明させることができ，そうしてその指示，説明を該実況見分調書に記載することができるが，右の如く立会人の指示，説明を求めるのは，要するに，実況見分の1つの手段であるに過ぎず，被疑者及び被疑者以外の者を取り調べ，その供述を求めるのとは性質を異にし，従って，右立会人の指示，説明を実況見分調書に記載するのは結局実況見分の結果を記載するに外ならず，被疑者及び被疑者以外の者の供述としてこれを録取するのとは異なるのである。従って，立会人の指示説明として被疑者又は被疑者以外の者の供述を聴きこれを記載した実況見分調書には右供述をした立会人の署名押印を必要としないものと解すべく……，これと同旨に出た原判示……は正当である。

そうして，刑訴321条3項が憲法37条2項前段に違反するものでないことは前掲昭和35年9月8日第一小法廷判決の判示するところであって，既にいわゆる実況見分調書が刑訴321条3項所定の書面に包含されるものと解される以上は，同調書は単にその作成者が公判期日において証人として尋問を受け，その真正に作成されたものであることを供述しさえすれば，それだけでもって，同条1項の規定にかかわらず，これを証拠とすることができるのであり，従って，たとえ立会人として被疑者又は被疑者以外の者の指示説明を聴き，その供述を記載した実況見分調書を一体として，即ち右供述部分をも含めて証拠に引用する場合においても，右は該指示説明に基く見分の結果を記載した実況見分調書を刑訴321条3項所定の書面として採証するに外ならず，立会人たる被疑者又は被疑者以外の者の供述記載自体を採証するわけではないから，更めてこれらの立会人を証人として公判期日に喚問し，被告人に尋問の機会を与えることを必要としないと解すべきである。

原判決の維持した第1審判決は所論実況見分調書を単に『司法警察員の実況見分調書』そのものとして証拠に引用しているに止まり，同調書中の被告人及びAの各供述記載を特に摘出して採証しているのでないことは，同判文に照し明白であるのみならず第1審裁判所は右Aを公判廷および検証現場で証人として取り調べ被告人側に反対尋問の機会を与えているのであるから，所論違憲の主張は前提を欠き失当である。」

Q Basic

46 司法警察員が裁判官の検証許可状を得て行った検証の結果を記載した書面について，公判で検察官から証拠調べ請求がなされたが，被告人側がこれを証拠とすることに同意しない場合，いかなる要件のもとでこれを証拠とすることができるか。そのような要件が満たされれば証拠とすることができる理由は何か。

47 46の司法警察員が公判に証人として出頭して尋問を受ける際，上記検証調書を証拠とするためには，司法警察員はどのような事項について供述する必要があるか。検証調書が自己の作成したものである旨を供述すれば足りるか。自己の行った検証の結果を正確に記載したものである旨，検証が正確に行われた旨を供述する必要はあるか。被告人側に対して，検証の状況について司法警察員を反対尋問する機会が与えられる必要はあるか。

48 実況見分調書と検証調書とでは，作成に至る経緯及びその性質においてどのような違いがあるか。その違いは，両書面の証拠能力の有無に影響をもつか。本判決は，本件実況見分調書の証拠能力の有無を，どのような要件のもとで判断すべきだとしたか。

49 本件の実況見分調書には，「目撃者Aが説明したところによれば，甲地点において加害車輌が横すべりして被害者に接近していた。加害車両が前記の状況にあ

ったとき被害者［は乙地点を］歩行していた……。以上の地点を確認し距離を測定［した。］」旨の記載がある。本判決は，この記載部分をも含めて本件実況見分調書を刑訴法321条3項により証拠とすることを是認したが，それはどのような考え方によるものか。本判決の考え方によった場合，本件実況見分調書を，加害車両が甲地点で横すべりしたという事実，及び，そのときに被害者が乙地点を歩行していたという事実を立証するための証拠として用いることは許されるか。

50 殺人事件の公判において，被告人の行為時の責任能力の有無が争点となり，裁判所は，精神科医に対し，被告人の精神鑑定を行うよう命じた。この精神科医が鑑定の結果及び経過を鑑定書により報告する場合，同鑑定書を証拠とすることができるのは，どのような要件が満たされた場合か。また，そのような要件が満たされれば証拠とすることができる理由は何か。

51 覚せい剤自己使用の被疑事件において，司法警察職員が，被疑者から任意提出を受けた尿の鑑定を県警の鑑識課員に嘱託してこれを検査させたところ，覚せい剤成分が検出された。この鑑識課員の作成した尿の鑑定書について，公判で検察官から証拠調べ請求がなされたが，被告人側がこれを証拠とすることに同意しない場合，いかなる要件のもとでこれを証拠とすることができるか。**50**の精神科医の鑑定書と，この尿鑑定書とでは，証拠とするための要件は異なるか。両者の鑑定を行う際の手続には，どのような違いがあるか。その違いは，尿鑑定書の証拠能力の有無に影響するか。（最一判昭和28年10月15日刑集7巻10号1934頁参照）

52 仮に本件で，被害者が事故後病院に搬送され，これを診察した医師が診断書を作成していたとする。公判において検察官からこの診断書の証拠調べ請求がなされたが，被告人側が同意しない場合，いかなる要件のもとでこれを証拠とすることができるか。鑑定書と診断書とでは，証拠とするための要件は異なるか。（最一判昭和32年7月25日刑集11巻7号2025頁参照）

この医師が作成した，被害者に関するカルテがある。公判において検察官からこのカルテの証拠調べ請求がなされたが，被告人側が同意しない場合，いかなる要件のもとでこれを証拠とすることができるか。

Q Advanced

53 仮に本件で，Xの弁護人が事故現場の状況を観察，調査し，その結果について書面を作成していたとする。公判でこの書面の証拠調べが請求された場合，裁判所はどのような要件の下でその証拠能力の有無を判断すべきか。捜査機関の作成した実況見分調書の場合とで扱いを異にすべきか。仮にそうだとすればそれはなぜか。（なお，最二決平成20年8月27日刑集62巻7号2702頁参照）

54 傷害事件について警察の任意取調べを受けた被疑者の弁護人が，同被疑者には数年前に精神科への通院歴があることから，知人の精神科医に対し同被疑者の

精神鑑定を行うよう依頼し，同医師により鑑定書が作成された。後の公判でこの鑑定書の証拠調べが請求された場合，裁判所はどのような要件の下でその証拠能力の有無を判断すべきか。

(4) 証明力を争うための証拠
22－4 最三判平成18年11月7日刑集60巻9号561頁

【事案の概要】　X（被告人）は，内妻の連れ子である女児（当時11歳）にかけた保険金を詐取しようと企て，内妻と共謀の上，当時のX宅で，内妻が同児を入浴させた上，Xにおいて家屋内の車庫に放火して，同家屋を全焼させて焼損するとともに同児を焼死させて殺害し，さらに，Xらが同児を殺害した事実を秘して，保険会社から保険金を詐取しようとしたが，Xらが逮捕されたためその目的を遂げなかったとして，現住建造物等放火，殺人，詐欺未遂により，第1審で有罪を言い渡された。

第1審の公判において，Xは，本件火災は車庫内の車からの自然発火によるものであり，放火はしていない等と主張していたが，その審理の中で，火災発生直後のXの言動を目撃した近隣住民Aの供述の取扱いが問題となった。すなわち，Aは，第1審公判で証人となり，「本件火災時，道路の方から，消火器，消火器という声がしたので，家の中から玄関を開けると，そこに上半身裸の男〔X〕が立っていた。私は，消火器を取りに台所の方に入っていった。すると，その男も後からついてきて，私が消火器を壁から外すのを手伝ったが，私が外すと，その男は1人で外へ出て行った。私は，男の後に道路に出て行ったが，道路に出るとその男の姿は見当たらなかった。すると，X方前に白いポロシャツを着た別の見知らぬ人がいて，しゃがんで消火器で消火をしていたため，その人の横に私の消火器を置いた」旨供述した。弁護人は，上記Aの公判供述を弾劾する証拠として，消防吏員Bが本件火災当日にAから聞込みを行って作成したとされる「聞込み状況書」と題する書面（以下，「本件書証」という）を証拠請求したところ，検察官が不同意の意見を述べたため，弁護人は，これを刑訴法328条によって取り調べることを求めたが，第1審裁判所は，提示命令によりその内容を確認した後，同条で許容される証拠にあたらないとして請求を却下した。本件書証には，「消防司令補　B」の記名・押印があり，Bが本件火災当日に，Aから，「居室に居ますと裸の男が飛び込んで来て消火器を貸してくださいと言うので1本持たせ一緒に外へ出ますと，〔X宅〕が火事になっていました。……裸の男が消火器をかけている間に私は家へ戻り，家内に119通報するよう言いました」旨聞き取ったとする記載がある。なお，本件書証は，聞き取りの相手に記載内容を読み聞かせ，署名・押印を求める形式にはなっておらず，実際上もそのような手続はとられていなかった。

X側は，有罪判決に対して控訴し，上記第1審裁判所の却下決定は刑訴法328条

の解釈適用を誤っている旨主張したが，原審は，「刑訴法328条により許容される証拠は，現に証明力を争おうとする供述をした者の当該供述とは矛盾する供述又はこれを記載した書面に限られると解すべきところ，……B作成の聞き込み状況書は，Bの供述を記載した書面（Bの供述書）であるから，同条により許容される証拠には該当しないことは明らかである」と述べて，第1審の却下決定に違法はないとした。X側上告。

【判示】 上告棄却。

「所論は，原判決は，供述の証明力を争う証拠としてであれば刑訴法328条によりすべての伝聞証拠が許容される旨の判断を示した福岡高等裁判所昭和…24年11月18日判決（高刑判決特報1号295頁）と相反する判断をしたものである旨主張する。

確かに，所論引用の判例は，刑訴法328条が許容する証拠には特に限定がない旨の判断をしたものと解され，これに限定があるとして本件書証は同条で許容する証拠に当たらないとした原判決は，所論引用の判例と相反する判断をしたものというべきである。

しかしながら，刑訴法328条は，公判準備又は公判期日における被告人，証人その他の者の供述が，別の機会にしたその者の供述と矛盾する場合に，矛盾する供述をしたこと自体の立証を許すことにより，公判準備又は公判期日におけるその者の供述の信用性の減殺を図ることを許容する趣旨のものであり，別の機会に矛盾する供述をしたという事実の立証については，刑訴法が定める厳格な証明を要する趣旨であると解するのが相当である。

そうすると，刑訴法328条により許容される証拠は，信用性を争う供述をした者のそれと矛盾する内容の供述が，同人の供述書，供述を録取した書面（刑訴法が定める要件を満たすものに限る。），同人の供述を聞いたとする者の公判期日の供述又はこれらと同視し得る証拠の中に現れている部分に限られるというべきである。

本件書証は，前記Aの供述を録取した書面であるが，同書面には同人の署名押印がないから上記の供述を録取した書面に当たらず，これと同視し得る事情もないから，刑訴法328条が許容する証拠には当たらないというべきであり，原判決の結論は正当として是認することができる。

したがって，刑訴法410条2項により，所論引用の判例を変更し，原判決を維持するのを相当と認めるから，所論の判例違反は，結局，原判決破棄の理由にならない。」

Q Basic

55 本件の公判において，仮に，Aが「一緒に外に出た後，Xは火災現場で消火器をかけていた」旨証言したとする。この証言の証明力を争うため，検察官が，

別の近隣住民Cの「火災現場ではXの姿を見かけなかった」旨の供述を録取した警察官調書を，刑訴法328条に基づき証拠調べ請求した場合，裁判所はこれを許可してよいか。このCの供述調書によりAの公判証言の証明力を争おうとする場合，同調書によって何を立証することになるか。

56 **55**におけるAの公判証言の証明力を争うため，検察官が，本件火災の数日後にAが「Xが1人で外に出た後，私が道路に出たら，Xの姿は見当たらなかった」旨述べるのを録取した警察官調書（Aの署名押印がある）を，刑訴法328条に基づき証拠調べ請求した場合，裁判所はこれを許可してよいか。

57 原判決は，「刑訴法328条により許容される証拠は，現に証明力を争おうとする供述をした者の当該供述とは矛盾する供述又はこれを記載した書面に限られる」と判示し，本判決も，同条で許容されるのは「信用性を争う供述をした者のそれと矛盾する内容の供述」が同人の供述書，供述録取書等に現れている部分に限られるとしているが，328条の証拠をこのような種類の供述に限定する理由は何か。また，このような種類の供述であれば同条により許容されるとする理由は何か。

58 本判決が，本件書証につきAの署名押印があること（又は署名押印のある供述録取書と「同視し得る事情」の存在）を要求したのはなぜか。本件書証には，Aの公判証言と矛盾するAの供述が記載されているのであるから，**57**の見解の下でも，本件書証を328条に基づき許容しうると考えることはできないか。本判決が，「別の機会に矛盾する供述をしたという事実の立証については，刑訴法が定める厳格な証明を要する」と述べるのは，どのような趣旨か。

本件書証にAの署名押印がある場合と「同視し得る事情」として，どのようなことが考えられるか。

59 **55**におけるAの公判証言の証明力を争うため，検察官が，Xの親族がAに対しXをかばうよう強く働きかけていた旨述べる近隣住民Dの供述を録取した書面を証拠調べ請求した場合，裁判所はこれを許可してよいか。この点について，本判決の判示はどのような意味を持つか。

60 本件において328条に基づく本件書証の証拠調べ請求を行ったのがX側であることは，本件書証を同条により許容すべきとする根拠にならないか。

61 **55**におけるAの公判証言に対して，検察官は，公判証言の直前にXの親族がAに対しXをかばうよう強く働きかけていたという事実を立証した上，そのような働きかけの影響を受けた同証言は信用できないと主張してこれを弾劾した。これに対し，弁護人が，以前にAと面談した際にAが「一緒に外に出た後，Xは火災現場で消火器をかけていた」旨述べるのを録取した書面（Aの署名押印がある）を328条に基づき証拠調べ請求した場合，裁判所はこれを許可してよいか。

62 仮に，本件でのAの公判証言に対して，弁護人が，公判前にAと面談した

際にAが「一緒に外に出た後，Xは火災現場で消火器をかけていた」旨述べるのを録取した書面（Aの署名押印がある）を328条に基づき証拠調べ請求したところ，裁判所が許可したため，これによりAの公判証言が弾劾されたとする。これに対し，検察官が，Aの公判証言の証明力を回復するためとして，本件火災の数日後にAが「Xが1人で外に出た後，私が道路に出たら，Xの姿は見当たらなかった」旨述べるのを録取した検察官調書（Aの署名押印がある）を328条に基づき証拠調べ請求した場合，裁判所はこれを許可してよいか。

63 本件の公判において，仮に，検察官が，Aの公判証言の証明力を増強するためとして，近隣住民Eの「火災現場ではXの姿を見かけなかった」旨の供述を録取した警察官調書を328条に基づき証拠調べ請求した場合，裁判所はこれを許可してよいか。証人の公判証言の証明力を増強するために，公判証言と同趣旨であるが，より詳細かつ具体的な内容を述べる同人の供述を録取した書面を，328条に基づき証拠とすることはできるか。

Q Advanced

64 55におけるAの証人尋問が終了した後，検察官がAを取り調べたところ，「Xの親族からの懇願もあって法廷ではあのように言ったのだが，実は火災現場ではXの姿は見かけなかった」と供述したので，これを調書に録取したとする。検察官が，次回公判期日において，先のAの公判証言の証明力を争うためとして，この検察官調書を328条に基づき証拠調べ請求した場合，裁判所はこれを許可してよいか。同調書が321条1項2号後段の証拠として請求された場合とで違いはあるか。あるとすれば，それはなぜか。（最二判昭和43年10月25日刑集22巻11号961頁参照）

65 参考裁判例22-13の事案において，Aの警察官調書は，AのB宛供述書より後に作成された。この点は，Aの警察官調書の328条の証拠としての証拠能力に影響するか。

(5) 写真，録音テープ，ビデオテープ

22-5 最二決昭和59年12月21日刑集38巻12号3071頁（新宿騒乱事件）──

【事案の概要】 被告人らを含む多数の学生運動各派集団及びこれら集団の企図，行動に同調する群衆が，昭和43年10月21日午後8時45分ころから翌22日午前1時ころまでの間，国鉄新宿駅構内の各ホーム上，駅舎内及び線路上並びに同駅周辺地域一帯において，多衆共同して，警察部隊に対し激しく投石を行い，同駅構内に侵入してこれを占拠し，停車中の電車，駅施設等に投石してこれを破損し，駅舎及び警視庁無線テレビ中継車に放火するなどの行為を繰り返し，もって，約590名の警察官を負傷させたほか，同駅構内で発車準備中の列車を発車不能にしたのみなら

ず，同駅を通過する列車をも途中駅に停止させ，22日午前10時過ぎころまでの間，同駅を中心とする列車の運行を全面的に不能にして，その間の国鉄の輸送業務を広範囲にわたり著しく阻害し，列車，駅舎など各施設を大量に破壊し，更に付近商店，ビルなどの窓ガラス，シャッターなど多数を破損し，よって同駅構内及びその周辺地域一帯を混乱に陥らせ，多数の警察官，駅職員，乗降客，周辺住民，商店街の従業員らに対し，極度の不安と恐怖を生ぜしめて騒擾をなしたとして，第1審の東京地裁は，15名の被告人に対して騒擾罪につき有罪判決を言い渡した。

　この第1審の公判では，警察官の入手した撮影者不明の現場写真（犯行現場における犯行状況を撮影した写真）が証拠として採用された。被告人側は，写真についても伝聞法則が適用され，刑訴法321条3項の準用又は同条1項3号の類推適用によりその証拠能力を判断すべきところ，同現場写真は撮影者及び入手経路が不明であり，撮影場所，角度，距離，カメラの種類，機能等の撮影条件が明らかにされていないので，証拠能力を否定されるべきであると主張したが，東京地裁は，写真の作成過程の主要部分は光学的，化学的原理による機械的，化学的過程であり，人の供述の生成過程が知覚，記憶，叙述等から成るのとは本質的に異なるから，現場写真は非供述証拠として扱うのが相当であり，事件との関連性が認められる限り証拠能力を付与されるべきである，写真の作成過程に何らかの作為が介在する可能性は否定できないが，これは写真に限らず他の証拠についても同様であって，そのことにより写真の非供述証拠としての性質を否定すべき理由はない，と述べた上で，本件現場写真の証拠能力を認めた。

　これに対し被告人側は，現場写真は本質的に供述証拠とみるべきであり，刑訴法321条3項の類推適用を受ける書面として，作成者による成立過程の真正の証明を必要とすると解すべきところ，写真を入手した警察官らが法廷での証人尋問の際に，公務上の秘密を理由に同写真の撮影者や提供者の氏名を秘匿したため，同写真の撮影条件等に関する証人尋問は封じられたにもかかわらず，第1審がこれに証拠能力を認めたのは，伝聞法則に違反すると主張して，控訴した。これに対し，控訴審は，次のように述べて控訴を棄却した（東京高判昭和57年9月7日高刑集35巻2号126頁）。

　「[現場]写真は検証調書等の説明的供述部分を補完する趣旨の添付写真とは異なり，独立の証拠としてまさに，写真の映像自体が見る人に過去の犯行状況等の一場面を写実的に感得させる機能を営むものであり，被写体を印画紙に映像するまでの全過程の基本部分は，通常，精度の高い光学器械，感光材料，化学薬品などの自動的作用により行われるものであって，その科学的正確性の点においては，証言などの供述証拠と対比し，質的に格段の相異があり，右のような写真の科学的特性にかんがみれば，現場写真は非供述証拠に属し，事件との関連性を認め得る限り証拠能力を具備するものであって，必ずしも撮影者らに現場写真の作成過程ないし事件と

の関連性を証言させることを要するというものではないと解するのが相当である。たしかに，写真の撮影・現像・焼付・仕上げといった作成過程にはそれぞれ人間の意識的・技術的な関与があり，芸術写真に限らず報道・記録等を目的とする実用写真の分野に属する現場写真についても，合成・トリック，修正などといった写真技法を利用して現実の犯行状況等と異なる情景を印画紙に映像させることは可能であるし，その危険性が全くないというわけではない。したがって，その種の作為が加えられた疑いのある写真については，現場の情景をありのままに映像するという現場写真の本質を損うものであるから，非供述証拠としての証拠能力はこれを否定すべきである。

　これに対し，写真の色彩，濃淡，遠近感などの面における客観的現実との差異や，本件のように動的かつ広範な場面における撮影位置，角度，構図などの面における限定性及び連続性の欠如といった現場写真の技術的限界の存在は，それが写真を見る人によって異なった印象・認識を生む可能性は否定できないとしても，それらのことは現場写真の要証事実との関係における証明力の問題に止まるものと解すべきである。」

　被告人側上告。

【判示】　最高裁は，適法な上告理由に当たらないとして上告を棄却した上で，なお書で次のように述べた。

　「なお，犯行の状況等を撮影したいわゆる現場写真は，非供述証拠に属し，当該写真自体又はその他の証拠により事件との関連性を認めうる限り証拠能力を具備するものであって，これを証拠として採用するためには，必ずしも撮影者らに現場写真の作成過程ないし事件との関連性を証言させることを要するものではない。」

Q Basic

66　本件の写真は，公判において，どのような立証趣旨で用いられたか。

67　被告人側が，本件写真は供述証拠であると主張する理由は何であると考えられるか。それに対して，本件における各裁判所はどのように判断したか。また，この点は，本件写真を公判で証拠として用いるための要件にどう影響するか。

68　本決定のいう，「事件との関連性」とは何か。本件ではそれは何を意味するか。また，それを立証する方法として，どのようなものが考えられるか。

69　本件の写真と，日記帳の各頁を撮影した写真とでは，性質上どのような違いがあるか。後者の写真を公判で証拠として用いるためには，どのような要件が満たされなければならないか。

70　検証調書に添付された，検証現場を撮影した写真は，どのような趣旨の証拠として使われうるか。また，これを証拠として用いるためには，どのような要件が満たされなければならないか。本件の写真とどのような違いがあるか。

71 参考裁判例22-⑭の事案で問題となった録音テープは，公判において，どのような立証趣旨で用いられたか。そこでの控訴審のいう，「録音内容自体を証拠と［す］る」とは，いかなる意味か。

そのような立証趣旨で同録音テープを証拠として用いるためには，どのような要件が満たされなければならないか。この点について，同事案の控訴審はどのように述べているか。またそれは，どのような理由によるものと考えられるか。

72 交通事故により重い傷害を負い，病院に入院している被害者から，被害者の代理人弁護士が事故の状況について話を聞いた際，同弁護士が被害者の供述をテープ録音した。この事故にかかる刑事事件の公判において，事故当時の被害状況の立証のため，この録音テープを証拠として用いるには，どのような要件が満たされなければならないか。録音テープに被害者の署名押印がない点に問題はないか。また，録音テープに編集が加えられている場合はどうか（参考裁判例22-⑮参照）。

(6) 再現実況見分調書

22-⑥ 最二決平成17年9月27日刑集59巻7号753頁

【事案の概要】 X（被告人）は，大阪市営地下鉄堺筋線日本橋駅付近から同線天下茶屋駅付近までの間を走行中の電車内において，右手で女性客Aの臀部等を触り，もって，公衆の乗物において，人を著しくしゅう恥させ，かつ不安を覚えさせるような方法で，衣服等の上から人の身体に触れる等したとして，第1審で有罪（大阪府公衆に著しく迷惑をかける暴力的不良行為等の防止に関する条例違反等）を言い渡された。

Xは，捜査段階では上記条例違反の事実を認めていたが，第1審公判において，自分の手が被害者の身体に触れたことはあるが，故意はなかった旨主張した。検察官は，立証趣旨を「被害再現状況」とする実況見分調書，及び立証趣旨を「犯行再現状況」とする写真撮影報告書の証拠調べを請求したが，弁護人は不同意の意見を述べ，両書証の共通の作成者である警察官の証人尋問が実施された。同証人尋問終了後，検察官は両書証を刑訴法321条3項により取り調べるよう求め，弁護人は異議を述べたが，裁判所はこれらを証拠として採用して取り調べた。

本件実況見分調書は，警察署の通路において，長椅子の上にAと犯人役の女性警察官が並んで座り，Aが電車内で隣に座った犯人から痴漢の被害を受けた状況を再現し，これを別の警察官が見分し，写真撮影するなどして記録したものである。同調書には，Aの説明に沿ってAと犯人役警察官の姿勢・動作等を順次撮影した写真12葉（第1号～12号）が，各説明文付きで添付されている。うち写真8葉の説明文には，Aの被害状況についての供述が録取されている。これら写真の一部及びその説明文を抜粋すると，次の通りである。

第1号	写真	（被害女性と私服の女性警察官がいずれも正面を向いて並んで座っている様子）
	説明	被疑者を女性警察官（右側）に見立てて，被害女性が「私は，電車に乗った時に空席があったことから，座りましたが私の左隣には私に痴漢してきた男が座っていました。ただ，その男は自分の手を何処に置いていたのかは見ていなかったので分かりませんが，私と男の隙間は20センチ位は空いていたと思います」と供述したことから，その状況について撮影。
第3号	写真	（女性警察官の右手が，被害女性との間の隙間部分の長椅子の上に置かれ，その小指の辺りが被害女性の左太股に接触している様子）
	説明	前同被害者が，「私が携帯電話でメールをしている時に，左隣に座っていた男の右手の小指を私の左太股に当ててきました」と供述したことから，その状況について撮影。
第5号	写真	（女性警察官の右手の大部分が被害女性の臀部の下に入っている様子）
	説明	前同被害者が，「その後その男は，電車の揺れを利用して，私の左太股から右手を潜り込ませて，お尻まで手を潜らせて移動させてきました」と供述したことから，その状況について撮影。
第8号	写真	（被害女性の腰の後側に女性警察官の右手が伸びている様子）
	説明	前同被害者が，「男は右手をお尻に潜らせて腰の辺りまで移動させたのです」と供述したことから，その状況について撮影。

　本件写真撮影報告書は，警察署の取調室内において，並べて置いた2脚のパイプ椅子の一方にXが，他方に被害者役の男性警察官が座り，Xが犯行状況を再現し，これを別の警察官が写真撮影するなどして記録したものである。同報告書には，Xの説明に沿ってXと被害者役警察官の姿勢・動作等を順次撮影した写真10葉（第1号～10号）が，各説明文付きで添付されている。うち写真6葉の説明文には，Xの犯行状況についての供述が録取されている。これら写真の一部及びその説明文を抜粋すると，次の通りである。

第1号	写真	（被告人と私服の男性警察官がいずれも正面を向いて並んで座っており，被告人の右手は男性警察官との間〔2脚のパイプ椅子の間〕に置かれ，左手は左斜め下に下がっている様子）
	説明	本職（左側）を被害者に見立てて，被疑者が「私は，座席に座った時に両手を座席の上に置いて座りました」と供述したことから，その状況について撮影。
第2号	写真	（被告人の右手の小指の辺りが男性警察官の左太股に接している様子）
	説明	前同被疑者が，「私はこのように，両手を広げて座っていたのですが，右手の小指辺りが右隣に座っていた女の人の左太股辺りに当たっていたのです」と供述したことから，その状況について撮影。

第4号	写真	（被告人の右手が，男性警察官の臀部の下辺りに入っている様子）
	説明	前同被疑者は，「このように私の右手が，女の人の太股に当たっていたことからこのまま右手を潜らせてお尻を触ってやろうと考えて，右手を太股からお尻に潜らせて触っていたのです」と供述したことから，その状況について撮影。
第6号	写真	（被告人の右手が男性警察官の腰の後の方に伸びている様子）
	説明	前同被疑者は，「私は，電車の揺れに任せて，お尻に潜らせた右手を腰の辺りまで移動させて触っていたのです」と供述したことから，その状況について撮影。

　第1審は上記の通り有罪を言い渡したが，その際，上記両書証を証拠の標目欄に掲げており，これらを事実認定の証拠にしたものと認められる。
　X側は，事実誤認等を理由に控訴したが，原審は，本件両書証も含めた証拠全体を判断資料にして事実誤認の主張を斥け，控訴を棄却した。X側上告。
【判示】　上告棄却。
　「本件両書証は，捜査官が，被害者や被疑者の供述内容を明確にすることを主たる目的にして，これらの者に被害・犯行状況について再現させた結果を記録したものと認められ，立証趣旨が『被害再現状況』，『犯行再現状況』とされていても，実質においては，再現されたとおりの犯罪事実の存在が要証事実になるものと解される。このような内容の実況見分調書や写真撮影報告書等の証拠能力については，刑訴法326条の同意が得られない場合には，同法321条3項所定の要件を満たす必要があることはもとより，再現者の供述の録取部分及び写真については，再現者が被告人以外の者である場合には同法321条1項2号ないし3号所定の，被告人である場合には同法322条1項所定の要件を満たす必要があるというべきである。もっとも，写真については，撮影，現像等の記録の過程が機械的操作によってなされることから前記各要件のうち再現者の署名押印は不要と解される。
　本件両書証は，いずれも刑訴法321条3項所定の要件は満たしているものの，各再現者の供述録取部分については，いずれも再現者の署名押印を欠くため，その余の要件を検討するまでもなく証拠能力を有しない。また，本件写真撮影報告書中の写真は，記録上被告人が任意に犯行再現を行ったと認められるから，証拠能力を有するが，本件実況見分調書中の写真は，署名押印を除く刑訴法321条1項3号所定の要件を満たしていないから，証拠能力を有しない。
　そうすると，第1審裁判所の訴訟手続には，上記の証拠能力を欠く部分を含む本件両書証の全体を証拠として採用し，これを有罪認定の証拠としたという点に違法があり，原裁判所の訴訟手続には，そのような証拠を事実誤認の控訴趣意についての判断資料にしたという点に違法があることになる。

しかし，本件については，前記の証拠能力を欠く部分を除いても，その余の証拠によって［上記条例違反］の事実を優に認めることができるから，前記違法は，判決の結論に影響を及ぼすものではない。」

Q Advanced

73 本件両書証について，検察官が「立証趣旨」を「被害再現状況」，「犯行再現状況」としたのに対し，本決定が，「実質においては，再現されたとおりの犯罪事実の存在が要証事実になる」としたのはなぜか。本決定は，犯行や被害を再現した状況を記録した書面について，常に，検察官の「立証趣旨」いかんにかかわらず，実質においては上記のような点が「要証事実」になるものとする趣旨か。

74 被疑者が犯行を再現する状況を記録した書面（及びそれに添付された再現状況を撮影した写真）について，「犯行再現状況」を立証趣旨とする場合，具体的にいかなる目的でそのような立証を行うことが考えられるか。本件写真撮影報告書（及びその添付写真）は，「実質において」もそのような目的のために用いられたものであるとはいえないのか。

75 本件両書証中の再現者の供述録取部分と，判例 **22**－3 の実況見分調書における立会人の説明を記載した部分とで，性質に違いはあるか。

76 本決定は，本件両書証中の再現者の供述録取部分及び写真について，それぞれどのような要件により証拠能力を判断すべきであるとしているか。

77 本決定が，本件両書証について，刑訴法 321 条 3 項所定の要件を満たす必要があるとしたのはどのような意味か。本件両書証中の再現者の供述録取部分及び写真についても 321 条 3 項の適用があるとする趣旨か。

78 本決定が，本件両書証中の再現者の供述録取部分について再現者の署名押印を要求する一方，写真については署名押印を要求していないのはなぜか。

79 本件両書証中の再現者の供述録取部分について，その供述の内容が，対応する再現者の再現状況を撮影した写真の内容に概ね合致することから，そのような供述が実際に再現者によって行われたことが推認され，したがって再現者の署名押印は不要であると解することはできないか。

80 本決定は，本件両書証中の再現者の供述録取部分と写真について，それぞれ別個に証拠能力の有無を判断しているが，そのように供述録取部分と写真とを別個に扱うことに問題はないか。本件写真は，実質的には再現者の供述録取部分の説明写真と見るべきであり，本件写真の証拠能力の有無は供述録取部分のそれに従うべきであるとはいえないか。

81 被疑者が犯行を再現している様子を撮影したビデオテープや，被害者が被害を受けた際の状況を再現している様子を撮影したビデオテープを証拠とするためには，どのような要件が満たされなければならないか。これらのビデオテープと本

件両書証中の写真とで，性質に違いはあるか。

82 犯行再現状況を記録した写真を，証人尋問に際して証人に提示することができるのは，どのような場合で，どのような根拠に基づくものか（参考裁判例22－16参照）。

■参考裁判例22－7 最三判昭和32年1月22日刑集11巻1号103頁

　第1審は，被告人X，Yほか4名が，火焔瓶をA方に投入して放火することを共謀し，Xほか3名において，A方に赴き，A方雨戸に目がけて火焔瓶を投げつけ，雨戸の一部等を燻焼したが，直ちに発見・消火されたため，A方を焼燬するに至らなかったとの放火未遂の事実を認定し，Xらに有罪を言い渡したが，その証拠として，Yの検察官に対する供述調書を掲げた。同供述調書中には，「私，Xらが実行することになっていたが，私は実行に参加しなかった。翌日の朝，Xから，X，Z_1，Z_2，Z_3の4人でA方へ火焔瓶を投げつけてきたという話を聞いた」旨の供述記載があった。

　被告人らは，検察官に対する伝聞事項の供述は，公判期日における供述中の伝聞について刑訴法324条の規定が存するのとは違い，直接証拠能力を認めた規定がないから，Yの供述調書中同人がXから聞知した内容は証拠能力がない等と主張して控訴した。

　原審は，「供述者本人が死亡とか行方不明その他刑事訴訟法第321条第1項各号の所定の事由があるとき，その供述調書に証拠能力を認めたのは，公判準備又は公判期日に於ける供述にかえて書類を証拠とすることを許したものに外ならないから，刑事訴訟法第321条第1項第2号により証拠能力を認むべき供述調書中の伝聞に亘る供述は公判準備又は公判期日における供述と同等の証拠能力を有するものと解するのが相当である。換言すれば，検察官供述調書中の伝聞でない供述は刑事訴訟法第321条第1項第2号のみによってその証拠能力が決められるに反し，伝聞の部分については同条の外同法第324条が類推適用され，従って同条により更に同法第322条又は第321条第1項第3号が準用されて証拠能力の有無を判断すべきであり伝聞を内容とする供述はそうでない供述よりも証拠能力が一層厳重な制約を受けるわけであるが，検察官に対する供述調書中の伝聞に亘る供述なるが故に証拠能力が絶無とはいえない。これを本件についてみるに被告人Y……の検察官の供述調書は同被告人に対しては刑事訴訟法第322条により証拠調が為されると共に放火未遂の共犯関係にある被告人X［ら］……に対しては同法第321条第1項第2号により証拠として採用されたものである。……然るにこのYの検察官に対する供述調書中の被告人Xの供述を内容とする部分は被告人Xにしてみれば被告人以外の者（Y）の供述で被告人（X）の供述を内容とするものというに該当するから，刑事訴訟法第324条第1項によって同法第322条が準用されて証拠能力の有無を判断すべきものである。而してそれは被告人Xに不利益な事実の承認を内容とすることは自明であり，しかもA方放火未遂の共犯の一員である被告人Xが，同じくその共犯で所用のため実行行為に参加しなかった被告人Yに対する放火行為の結果の報告であ

るから、その供述が任意に為されたものと認めるのが当然である。それ故前記被告人Yの供述中Xからの伝聞に関する部分は被告人Xに対する関係に於ては刑事訴訟法第321条第1項第2号、第324条第1項、第322条に則って証拠能力があるというべきである。所論はこの伝聞部分にも証拠能力を認めるのは、反対尋問権を保障した憲法第37条第2項に反すると主張するが、既に刑事訴訟法第321条によって証拠能力があると認められた供述調書の一部分たる伝聞事項のみについて反対尋問をすることは実質的に殆んど無意義であり、又被告人Xやその弁護人が反対尋問をしようとさえすれば、被告人Yは原審公判廷に常に出頭していたのであるから、いつでも適当な時期に反対尋問をする機会は十分にあったわけで、反対尋問権の確保を保障し得ないことを憂うる必要はない。それ故原判決が前記Yの検察官に対する供述調書をXから聞知した事項についての供述を含めその全部を証拠に引用したことは、被告人Xに関する限りに於ては正当で論旨は理由がない」と述べて、上記主張を斥けた。被告人側上告。

最高裁は上告を棄却したが、その際次のように判示した。

「原審が……説示する理由によって、刑訴321条1項2号及び同324条により［Yの］供述調書中の所論の部分についての証拠能力を認めたことは正当である。そして、これが反対尋問を経ない被告人Yの供述の録取書であるからという理由で、憲法37条2項によって証拠とすることが許されないものではないことは当裁判所の判例の趣旨に徴して明らかである（昭和…24年5月18日…大法廷判決、刑集3巻6号789頁、昭和…25年9月27日…大法廷判決、刑集4巻9号1775頁参照）。又右伝聞の供述の原供述者に対する反対尋問権について考えるに、この場合反対尋問をなすべき地位にある者は被告人Xであり、反対尋問をされるべき地位にある原供述者もまた被告人Xであるから、結局被告人Xには憲法37条2項の規定による原供述者に対する反対尋問権はないわけである。従ってその権利の侵害ということもありえないことは明白である（被告人Xは、欲すれば、任意の供述によってその自白とされる供述について否定なり弁明なりすることができるのであるから、それによって自らを反対尋問すると同一の効果をあげることができるのである）。」

◯ **参考裁判例22-8** 最大判昭和27年4月9日刑集6巻4号584頁

団体等規正令違反事件の公判において、第1審が、Aの検察官に対する供述調書を採用し、これを有罪認定の証拠とした。Aは、公判において証人として尋問されたものの、本件公訴事実の存否に関する重要な事項につきその証言を拒絶していた。第1審の有罪判決を是認した原審に対し、被告人側は、憲法37条2項違反等を理由に上告したが、最高裁は次のように判示して、上告を棄却した。

「憲法37条2項は、裁判所が尋問すべきすべての証人に対して被告人にこれを審問する機会を充分に与えなければならないことを規定したものであって、被告人にかかる審問の機会を与えない証人の供述には絶対的に証拠能力を認めないとの法意を含むもので

はない……。されば被告人のため反対尋問の機会を与えていない証人の供述又はその供述を録取した書類であっても、現にやむことを得ない事由があって、その供述者を裁判所において尋問することが妨げられ、これがために被告人に反対尋問の機会を与え得ないような場合にあっては、これを裁判上証拠となし得べきものと解したからとて、必ずしも前記憲法の規定に背反するものではない。刑訴321条1項2号が、検察官の面前における被告人以外の者の供述を録取した書面について、その供述者が死亡、精神若しくは身体の故障、所在不明、若しくは国外にあるため、公判準備若しくは公判期日において供述することができないときは、これを証拠とすることができる旨規定し、その供述について既に被告人のため反対尋問の機会を与えたか否かを問わないのも、全く右と同一見地に出た立法ということができる。そしてこの規定にいわゆる『供述者が……供述することができないとき』としてその事由を掲記しているのは、もとよりその供述者を裁判所において証人として尋問することを妨ぐべき障碍事由を示したものに外ならないのであるから、これと同様又はそれ以上の事由の存する場合において同条所定の書面に証拠能力を認めることを妨ぐるものではない。されば本件におけるが如く、Aが第1審裁判所に証人として喚問されながらその証言を拒絶した場合にあっては、検察官の面前における同人の供述につき被告人に反対尋問の機会を与え得ないことは右規定にいわゆる供述者の死亡した場合と何等選ぶところはないのであるから、原審が所論のAの検察官に対する供述調書の記載を、事実認定の資料に供した第1審判決を是認したからといって、これを目して所論の如き違法があると即断することはできない。尤も証言拒絶の場合においては、一旦証言を拒絶しても爾後その決意を翻して任意証言をする場合が絶無とはいい得ないのであって、この点においては供述者死亡の場合とは必ずしも事情を同じくするものではないが、現にその証言を拒絶している限りにおいては被告人に反対尋問の機会を与え得ないことは全く同様であり、むしろ同条項にいわゆる供述者の国外にある場合に比すれば一層強き意味において、その供述を得ることができないものといわなければならない。そして、本件においては、Aがその後証言拒絶の意思を翻したとの事実については当事者の主張は勿論これを窺い得べき証跡は記録上存在しない。」

◯ **参考裁判例22-9** 東京高判昭和63年11月10日判時1324号144頁

過激派の幹部とされるX（被告人）は、傷害致死、建造物侵入、暴力行為等処罰ニ関スル法律違反等の罪で起訴された。第1審において裁判所は、検察官の請求に基づき、Xの共犯者であり甲刑務所で服役中のYを、昭和57年12月1日に同刑務所において証人尋問することとしたが、Yは尋問場所に出頭したものの、人定質問に対して黙秘し、宣誓を拒否して、全く口を開かなかった。裁判所が、宣誓拒否に対する制裁についての注意、その他の説得を行ったにもかかわらず、Yが黙秘を続けたので、裁判所は、さらに尋問場所以外の場所において、黙秘の事情を聴取するとともに、証人尋問に応ずるよ

う説得し、また、検察官も同様の説得を試みた。裁判所は、翌日、再び尋問場所において証人尋問を実施しようとしたものの、Yが同様に黙秘を続けたため、裁判所は、Yが翻意することはないものと判断し、尋問不能として証人尋問を中止した。そこで検察官は、昭和58年1月14日、Yの検察官調書8通を、刑訴法321条1項2号前段の書面として証拠調べ請求し、裁判所はこれを採用して、うち4通を、XがYらと共謀の上、暴力行為等処罰ニ関スル法律違反の罪等を犯したとの事実の認定に供し、同事実につきXに有罪を言い渡した（なお、その他の数事実につき、有罪及び無罪を言い渡した）。

X側は控訴したが、控訴趣意の中で、刑訴法321条1項2号前段の規定は憲法37条2項に違反する、同号前段所定の供述不能の事由は供述者の意思にかかわらない事由であってYの宣誓拒否はこれに当たらない、Yの検察官調書には信用性の情況的保障がない、従って第1審が同検察官調書に証拠能力を認めたことは訴訟手続の法令違反にあたる、等と主張した（なお、検察側も控訴した）。これに対し、東京高裁は、次のように判示して、X側の上記主張を斥けた（なお、判決の主文は、他の公訴事実との関係で、一部破棄自判、一部控訴棄却である）。

「刑訴法321条1項2号前段が憲法37条2項に違反するものでないことは最高裁判所の判例の示すところであって……、憲法37条2項が被告人に反対尋問の機会を与えていない証人の供述又はその供述を録取した書面には絶対に証拠能力を認めることができないようにいう所論は採用の限りではな……［い］。また、刑訴法321条1項2号前段に『供述者の死亡、精神若しくは身体の故障、所在不明若しくは国外にいるため』というのは証人として尋問することができない事由を例示したもので、右の供述不能の事由が供述者の意思にかかわらない場合に限定すべきいわれはなく、現にやむことを得ない事由があって、その供述者を裁判所において尋問することが妨げられる場合には、これがために被告人に反対尋問の機会を与え得ないとしてもなおその供述者の検面調書に証拠能力が付与されるものと解され、事実上の証言拒否にあっても、その供述拒否の決意が堅く、翻意して尋問に応ずることはないものと判断される場合には、当該の供述拒否が立証者側の証人との通謀或は証人に対する教唆等により作為的に行われたことを疑わせる事情がない以上、証拠能力を付与するに妨げないというべきである。これを本件についてみるに、証人Y尋問調書には、……宣誓等を拒否した理由について、裁判所の説得の過程で一部供述し、また検察官の説得の際もこれを供述した形跡が窺われるだけで、これが明示されておらず、原審証人Kの供述によると、検察官の取り調べ当時、Yはその所属していた党派組織からの報復を極度に恐れていたというので、これが1つの理由であろうと推測され、……被告人に対する敵意によるものと窺われる状況はなく、また、検察官側が作為的に同人に宣誓等を拒否させたものとも認められない。また刑訴法321条1項2号前段の書面については、その供述を信用すべき特別の情況が存することがこれを証拠とするための積極的な要件とされていないことは条文上明らかである。したがって、証人の検察官の面前における供述情況及びその供述内容の真実性につき慎

重な配慮を要することは当然として，……Yの検面調書には信用性の情況的保障がないから証拠能力を付与しえないとの所論は採用できない。」

◯ **参考裁判例 22－10** 東京高判平成 22 年 5 月 27 日高刑集 63 巻 1 号 8 頁

　本件は，X（被告人）が，共犯者らと共謀の上，被害者を殺害し，死体を遺棄したとされる事件である。第 1 審の東京地裁は，本件を公判前整理手続に付し，同手続において争点及び証拠の整理が行われた結果，本件の争点は，「①XがB，C及びAと共謀の上，Xにおいて，被害者の殺害を実行したか，②XがB，C，A及びFと共謀の上，被害者の死体を遺棄したか」であることが確認され，共犯者とされる者らの各供述が，Xの犯人性及び共謀を立証する重要な証拠として位置付けられていた。

　共犯者とされるAは，平成 21 年 5 月 19 日の第 4 回公判期日に，立証趣旨を「殺人及び死体遺棄の共謀の状況，犯行状況等」とする検察官請求証人として出廷し，宣誓した上で，Xと友人関係にあること，被害者の遺体が群馬県内に埋められていたのは知っていること，検察官調書については，内容に納得して署名指印したものもあるが，流されて署名指印したものもあることなど，ごく一部の尋問に答えたものの，本件に関しては，殺人には関与していないとだけ述べ，その余の大半の尋問に対して，自らも本件の共犯者として別に起訴され刑事裁判が係属中で殺人につき否認しているので，ここでの証言が自己の裁判で不利益に使われたくない，などとして証言を拒絶した。しかし，他方でAは，この場で証言できないのは被害者の遺族に申し訳ないが現状としては証言を拒否するとか，遺族も来ているし話したい気持ちもあるとか，自分自身も証言した方がいい内容もあると思うが，弁護人と協議した結果，証言を拒否することになったとか，私には判断できないので拒否する，などとも証言し，自らの弁護人が許せば証言する用意があるかどうかは弁護人と実際に相談してみないと分からないが，基本的には弁護人の指示に従おうと思っている，と述べた。

　Aが本件に関する尋問の大半について証言を拒絶したため，検察官は，同期日において，Aの検察官調書 12 通を刑訴法 321 条 1 項 2 号前段の書面として請求した。裁判所は，同年 5 月 29 日の第 6 回公判期日においてこれらを採用した。

　なお，上記の通り，本件は，公判審理に先立ち，公判前整理手続に付されていたところ，裁判所は，第 8 回公判前整理手続期日で審理予定を定め，平成 21 年 4 月 22 日から同年 6 月 19 日までの間に合計 7 回の公判期日を指定していた。検察官は，Aの取調べ状況等に関する捜査報告書及びAとその弁護人との接見状況等に関する回答書を証拠請求したが，その理由につき，第 6 回公判前整理手続期日において，Aが全く証言しない可能性を考慮してのことである旨釈明していた。しかし，裁判所は，検察官に対してAの証言拒絶が見込まれる理由につき求釈明し，Aの審理予定を確認するなどした上，Aが証言を拒絶する可能性が低い時期を見極めて，柔軟に対応できるような審理予定を定めるなどの措置を講じることをしていなかった。

第1審は，Xに有罪判決を言い渡したが，そこでは上記Aの各検察官調書も有罪認定の用に供せられていた。これに対し，X側は，証人が証言を拒絶した場合に刑訴法321条1項2号前段の供述不能に当たる場合があるにしても，その証言拒絶は一時的なものでは足りず，相当な期間内に翻意して証言する可能性が認められるときには，同号の要件を満たしているとはいえない，などと主張して控訴した。

　東京高裁は，次のように判示して，原判決を破棄し，事件を東京地裁に差し戻した。

　「刑訴法321条1項2号前段に供述者が公判準備若しくは公判期日において供述することのできないときとしてその事由を掲記しているのは，その供述者を裁判所において証人として尋問することを妨げるべき障害事由を示したもので，これと同様又はそれ以上の事由の存する場合において検察官調書に証拠能力を認めることを妨げるものではないから，証人が証言を拒絶した場合にも，同号前段によりその検察官調書を採用することができる（最高裁昭和…27年4月9日大法廷判決・刑集6巻4号584頁〔参考裁判例22-8〕）。しかし，同号前段の供述不能の要件は，証人尋問が不可能又は困難なため例外的に伝聞証拠を用いる必要性を基礎付けるものであるから，一時的な供述不能では足りず，その状態が相当程度継続して存続しなければならないと解される。証人が証言を拒絶した場合についてみると，その証言拒絶の決意が固く，期日を改めたり，尋問場所や方法を配慮したりしても，翻意して証言する見通しが少ないときに，供述不能の要件を満たすといえる。もちろん，期日を改め，期間を置けば証言が得られる見込みがあるとしても，他方で迅速な裁判の要請も考慮する必要があり，事案の内容，証人の重要性，審理計画に与える影響，証言拒絶の理由及び態度等を総合考慮して，供述不能といえるかを判断するべきである。

　以上を前提に本件についてみると，Aは，自らの刑事裁判が係属中であり，弁護人と相談した結果，現時点では証言を拒絶したい，としているにすぎず，他方で，被害者の遺族の立場を考えると，自分としては証言したいという気持ちがあるとまで述べているのであって，自らの刑事裁判の審理が進み，弁護人の了解が得られれば，合理的な期間内に証言拒絶の理由は解消し，証言する見込みが高かったと認められる。現に，被告人の弁護人……によれば，原審第4回公判期日の終了後，被告人の弁護人が，Aの弁護人に対し，……7月8日に予定されているA自身の被告人質問が終了した後は，被告人の公判において，Aに証言拒絶をさせずに，尋問に応じさせてほしい，と依頼したところ，Aの弁護人から，弁護団で協議するが，十分に検討に値する提案である，と前向きな返答があった，というのである（これに対して，検察官は何ら反論，反証をしていない。）。なお，原判決は，A自身の公判が終了した後に証言する意思がある旨を明確にしていないことを供述不能の理由の1つとしている。しかし，供述不能に関する立証責任は検察官にあるのであって，Aの証言意思，裏返せば証言拒絶意思が明確でないというならば，その点について立証を促すべきである。

　……〔第6回公判前整理手続期日において，検察官が，捜査報告書等を請求した理由につ

き，Aが全く証言しない可能性を考慮してのことである旨釈明したのであるから〕原審においても，この時点でAの証言拒絶を想定し得たはずである。そうであれば，検察官に対して，Aの証言拒絶が見込まれる理由につき求釈明し，Aの審理予定を確認するなどした上，Aが証言を拒絶する可能性が低い時期を見極めて，柔軟に対応することができるような審理予定を定めるべきであったのに，原審はそのような措置を講じることなく，審理予定を定めている。

本件が殺人，死体遺棄という重大事案であること，被告人が犯行を全面的に否認していること，Aは共犯者とされる極めて重要な証人であることなどを考え併せると，このような公判前整理手続の経過がありながら，Aが前記のような理由で一時的に証言を拒絶したからといって，直ちに前記の各検察官調書を刑訴法321条1項2号前段により採用し，有罪認定の用に供した原審及び原判決には訴訟手続の法令違反がある。」

◯ 参考裁判例22-11 最三判昭和30年1月11日刑集9巻1号14頁

X（被告人）は，公職選挙法違反（買収）の罪で起訴された。第1審の第2回ないし第7回公判期日において，Aほか23名の証人に対する証人尋問が行われた後，検察官は，第8回公判期日において，これら各証人の検察官調書を刑訴法321条1項2号後段により証拠調べ請求し，裁判所は，弁護人の異議申立てを却下して直ちに証拠調べを行ったが，この第8回公判期日にはこれらの証人は出廷していなかった。

第1審の有罪判決に対し，X側から控訴がなされたが，控訴審はこれを棄却した。そこでX側は，(i)第8回公判期日では各検察官調書に基づきAらに対し反対尋問を行うことができず，その後の公判期日においてもその機会は与えられず，また第2ないし第7回公判期日においては各検察官調書の証拠調べをしていないから，結局検察官調書の供述内容についての反対尋問はできなかったのであり，これでは証人に対し審問する機会を充分に与えられたとはいえず，憲法37条2項に違反する，(ii)原審弁護人が，刑訴法321条は証拠能力に関する規定であって，理論上，信憑力の問題に先行するから，検察官調書の内容自体とその他の証拠に徴して同調書の内容を措信すべきと認めるときはこれを証拠として採用してよいとするのは不当である旨主張したのに対し，原審は，検察官調書の内容それ自体並びに他の証拠と対照上同条1項2号の要件を具備しているものと認めるから第1審が検察官調書を証拠採用したのは違法でない，旨の判決をしており，これでは原審弁護人の主張する同条1項2号の解釈は当然誤りであるということを前提にして判決しているのであって，その主張が何故誤りであるかを示していないから，原判決は判断遺脱理由不備である，等と主張して上告した。これに対し，最高裁は次のように判示して上告を棄却した。

「所論各証人に対する検察官の面前調書の証拠調が，これら各証人を尋問した公判期日の後の公判期日で行われたからといって憲法37条2項の保障する被告人らの反対尋問権を奪ったことにならないことは既に当裁判所大法廷判例の趣旨とするところである

（昭和…25 年 3 月 6 日・刑事判例集 4 巻 3 号 308 頁）。……
　刑訴 321 条 1 項 2 号は，伝聞証拠排斥に関する同 320 条の例外規定の 1 つであって，このような供述調書を証拠とする必要性とその証拠について反対尋問を経ないでも充分の信用性ある情況の存在をその理由とするものである。そして証人が検察官の面前調書と異った供述をしたことによりその必要性は充たされるし，また必ずしも外部的な特別の事情でなくても，その供述の内容自体によってそれが信用性ある情況の存在を推知せしめる事由となると解すべきものである。」

◯ 参考裁判例 22 - 12　最二決昭和 58 年 6 月 30 日刑集 37 巻 5 号 592 頁
　X（被告人）は，業務上横領及び詐欺の罪で第 1 審において有罪とされ，控訴した。昭和 56 年 11 月 4 日の原審第 3 回公判期日において，詐欺の被害事実につき A（被害者）の証人尋問が行われたのち，翌年 1 月 9 日に検察官が A を同事実につき取り調べて供述調書を作成し，同年 6 月 1 日の第 8 回公判期日及び 7 月 13 日の第 9 回公判期日において再び A を同事実につき証人として尋問したところ，上記検察官調書の記載と異なる供述をしたため，検察官が刑訴法 321 条 1 項 2 号後段の書面として同調書の取調べを請求し，原審はこれを採用して取り調べた。X 側は，判例違反の違法がある等主張して上告したが，最高裁は，上告理由に当たらないとして上告を棄却した上で，なお書で次のように述べた。
「すでに公判期日において証人として尋問された者に対し，捜査機関が，その作成する供述調書をのちの公判期日に提出することを予定して，同一事項につき取調を行うことは，現行刑訴法の趣旨とする公判中心主義の見地から好ましいことではなく，できるだけ避けるべきではあるが，右証人が，供述調書の作成されたのち，公判準備若しくは公判期日においてあらためて尋問を受け，供述調書の内容と相反するか実質的に異なった供述をした以上，同人が右供述調書の作成される以前に同一事項について証言をしたことがあるからといって，右供述調書が刑訴法 321 条 1 項 2 号にいう『前の供述』の要件を欠くことになるものではないと解するのが相当である（ただし，その作成の経過にかんがみ，同号所定のいわゆる特信情況について慎重な吟味が要請されることは，いうまでもない。）。したがって，A の検察官に対する供述調書は，同号にいう『前の供述』の要件を欠くものではない。」

◯ 参考裁判例 22 - 13　東京高判昭和 54 年 2 月 7 日判時 940 号 138 頁
　X を被告人とする強姦致傷事件につき，被害者とされる A が，第 1 審の第 3 回及び第 4 回公判期日において，X により強姦された旨公訴事実に沿う証言を行った。その後，A は，X の弁護人 B に宛てて供述書を作成し，この供述書が，第 7 回公判期日においてBから証拠調べ請求され，裁判所は，これを刑訴法 328 条の証拠として取り調べた。同供述書の内容は，X と A との本件性交は A の合意の上でなされたものであって，A

がXに強姦されたわけではなく，Aが捜査段階及び公判廷において供述したところは事実に反するとし，このような事実に反する供述をした理由についてあれこれ弁解したものであった。

その後の公判期日において，検察官は，上記AのB宛供述書の後に作成されたAの司法警察員に対する供述調書を，先に上記供述書により一旦減殺されたAの公判証言の証明力を回復するためとの趣旨で，328条の書面として証拠調べ請求し，裁判所はその取調べを行った。この警察官調書には，上記AのB宛供述書の作成経過等に関し，「［公判］で証言した後B弁護人から上申書を書いて欲しいとの申出があり，喫茶店で同弁護人と会い同人が自分の話を聞きながら作成した供述書に署名した。その中には事実と違うことがかなり書かれていて，自分の本心と全く異る内容の供述書であり，自分は同弁護人に対し偽証罪になると困ると言ったが，同弁護人が，『これは私が裁判のときにあなたに質問するメモにする，公には絶対に出さないんだ』と言うので，早く裁判が終って欲しいという願いもあって，右供述書に署名した。自分が公判廷で証言したことは真実である」との趣旨の記載があった。

第1審の有罪判決に対し，X側は，Aの警察官調書を328条の書面として取り調べたのは訴訟手続の法令違反にあたる等主張して控訴した。控訴審の東京高裁は，次のように述べてこの主張を斥けた（なお，量刑不当を理由として原判決を破棄し，自判して改めて懲役6年を言い渡した）。

「刑訴法328条の弾劾証拠とは，供述証拠の証明力を減殺するためのもののみでなく，弾劾証拠により減殺された供述証拠の証明力を回復するためのものをも含むものと解するのが相当である。けだし，同法328条には『……証明力を争うためには，これを証拠とすることができる。』とあり，規定の文言上証明力回復のための証拠を除外すべき根拠に乏しいばかりでなく，右のように解することがすなわち攻撃防禦に関する当事者対等・公平という刑訴法の原則，さらに真実の究明という同法の理念にもよく適合するからである。……

なお……［Aの警察官調書］の取調により事実上同人の原審証言の証明力が増強される結果となったとしても，これによる不利益は前記のような内容の弾劾証拠を提出した被告人の側において甘受すべきものであって，このことのゆえに右調書の刑訴法328条書面としての適格性を否定すべきいわれはない。」

◯ **参考裁判例 22 - 14** 最一決昭和35年3月24日刑集14巻4号462頁

X（被告人）は，昭和33年11月21日午前1時ころ，佐賀市内の道路上で，警察官A及びBが，スクーターで通りかかったY（Xの使用人）の粗雑な運転態度に不審を抱き，Yに停車を命じ，これを無免許運転の疑いで職務質問していた際に，Yの無免許運転について寛大な取り計らいを申し入れたが聞き入れられなかったので憤激して，A及びBに対し，「無免許運転は罰金1500円払えばよいではないか，調べるなら調べろ，そのか

わりお前たちはこの辺を歩くな，私服のとき只酒を飲むな，無免許で検挙して只酒を飲むつもりだろう，お前たちは俺たちの税金で暮しているではないか」などと怒号しながら，A及びBに暴行を加えてその職務の執行を妨害し，さらにその直後，A及びBに同行して警らの状況を取材していたNHK放送記者Cに対して因縁をつけ，「放送局は民主的な放送をしろ」などと述べた上，Cに暴行を加え，よって傷害を負わせたとして，第1審で有罪を言い渡された。第1審判決は，この事実認定の証拠の1つとして，放送記者Cが本件犯行現場においてXや上記警察官らの発言その他の音響を録音した録音テープ1巻の「存在及びその録音内容」を挙げた。

X側は，この録音テープには署名押印がない上，その内容がXの声であるかどうかも明瞭でなく，且つその録音テープの成立についてXの同意もないから証拠能力がない，と主張して控訴したが，控訴審は，「右録音テープは本件犯行現場である道路上において本件犯行時における被告人の発言を中心に録音されたものであり，録音された発言の内容の真偽とは無関係にその録音内容自体を証拠としているのであるから，右録音テープの成立関係が証拠により認められるかぎり，被告人の署名押印を欠き且つその成立につき被告人の同意がなくともその証拠能力を失うものではない。しかして右録音テープが……Cにより本件犯行現場道路上において，犯行時における被告人の発言を中心に録音されたものであることは，……明らかに之を認めることができるのであるから，右録音テープの成立関係については疑問の余地なく，従ってその証拠能力につき何等欠けるところはない」と述べて，控訴を棄却した。X側が上告したが，最高裁はこれを棄却し，その際括弧書で，「録音についての原判決の説示は結局当裁判所もこれを正当と認める」と述べた。

◯ 参考裁判例22-15　大阪高判平成17年6月28日判タ1192号186頁
（和歌山カレー事件）

X（被告人）が，自治会の夏祭りで提供されたカレーにヒ素を混入し，これを食べた多数の住民を死傷させたとされる殺人及び殺人未遂事件を捜査していた和歌山東警察署の捜査本部は，同本部の部屋に設置した機材を用いて，6放送局の映映するニュース番組中の本件事件等に関するシーンを録画した上，番組日時，番組名及び報道内容が分かる捜査報告書を作成した。和歌山県警本部警察官Kは，上記作成された本件録画テープ約400本の中から，平成10年7月25日昼ころにXがB方ガレージに赴いた際のXの感情等に関するXやA（Xの夫）の供述を抽出するため，上記捜査報告書を検討し，これに該当しそうな本件録画テープ約10本程度を抽出した上で，その映像を確認し，上記に該当する部分（4放送局の放送した各番組中のXないしAのインタビュー6編）のみを別のビデオテープ1本（以下，ビデオテープ甲）にダビングした。また，和歌山東警察署警察官Lは，XがB方ガレージに行ったときの状況に関するXの供述でビデオテープ甲には録画されていないものを抽出するよう検察官から指示を受け，上記捜査報

告書を検討し，これに該当しそうな本件録画テープを抽出し，当該映像を確認しながら，上記に該当する部分（2放送局の放送した各番組中のXのインタビュー2編）を別のビデオテープ1本（以下，ビデオテープ乙）にダビングした。本件事件の公判において，検察官は，上記ビデオテープ甲及び乙について，「事件当日に被告人がB方ガレージに赴いた状況」等を立証趣旨として証拠請求した。これに対し，弁護人は，上記各ビデオテープは報道機関や捜査機関が一定の方向性を持って作成，編集したものであるばかりか，供述者の署名押印もなく，供述再現の正確性を担保する方策が採られておらず，また，Xの黙秘権や報道機関の取材の自由を侵害するものであるから，証拠採用には異議がある旨主張したが，和歌山地裁は，黙秘権侵害の主張についてはこれを斥け，また，取材の自由との関係及び供述再現の正確性の点については次のように述べた上，ビデオテープ甲の録画内容6編のうち4編の映像中のX及びAの供述部分，並びにビデオテープ乙の映像中のXの供述部分を証拠採用した（和歌山地決平成14年3月22日判タ1122号131頁）。

「報道機関は，憲法21条によって保障された報道の自由を有し，その報道のための取材の自由も，同条の精神に照らし十分尊重されるものである。しかしながら，その報道の自由，取材の自由も，適正な刑事裁判実現のためには一定の制約を受ける場合があり，その制約の当否は，適正な刑事裁判を実現するための必要性と，その制約により取材の自由が妨げられる程度，報道の自由に及ぼす影響の程度を比較考量して決せられるべきである。

……［多数の住民に対する殺人，殺人未遂という重大事案であり，被告人が事件当日昼ころにガレージでカレー鍋にヒ素を投入したとされる本件では，］事件当日の被告人の言動が重要な争点となっている。そして，本件各ビデオテープには，本件事件当日の昼ころのガレージでの出来事に関する被告人やAの供述が録画されているのであるから，本件各ビデオテープに証拠としての価値が認められる。他方，被告人やAは，報道機関からの取材であることを認識して……インタビューに応じており……，その報道に当たり取材源を秘匿しなければならないような状況ではなく，また，本件各ビデオテープの内容は，既に放送されたものであるから，そのような放送内容を刑事裁判において証拠として採用することが，報道の自由を侵害するものではない。

……報道機関が当時事件関係者として被告人夫婦を取材し，その結果を報道した内容が，一定の合理的目的のために利用されることは，報道機関の判断において公にしたものである以上，報道機関において甘受すべきことである。また，取材の自由，言論の自由といえども，他人の名誉やプライバシーを侵害すれば違法となるように，他の憲法上の要請から一定の制約を受けるのは当然であって，適正な刑事裁判の実現という憲法上の要請からの上記のような制約は免れるものではない。」

「本件各ビデオテープ中の映像は，供述状況の録画であって，映像中の供述内容に意味がある場合であるから，いわば『供述映像』というべきものである。このような供述

映像は，映像作成者が作成した供述録取書といえるものであって，映像に映っている状況自体が意味を持ついわゆる『現場映像』とはその法的規制を異にする。そして，刑事訴訟法が，供述録取書に供述者の署名押印を要求していることに照らせば，このような『供述映像』についても，物としてのビデオテープ自体への署名押印やそれに代わるような代替策が講じられるのが望ましいことはいうまでもない。……［しかし，それは］あくまでも供述映像の証拠としての価値を高めるための方法論であって，刑事訴訟法上の証拠能力とは別個の問題というべきである。したがって，本件各ビデオテープが，上記の署名押印やその代替策が採られてないとしても，直ちに刑事訴訟法が予定する『供述録取書』に該当することが否定されるものではなく，供述録取書に該当するか否かは，供述録取書に供述者の署名押印が要求されている趣旨から検討されるべき問題である。

　……供述録取書の要件とされる署名押印は，録取者が作成した文章について，供述者がその内容に相違ない旨を確認すること，すなわち，録取内容の正確性を担保するためのものである。録取内容の正確性が担保されるが故に，録取者が作成した書面であっても供述者作成の書面と同様に扱われるのである。このように，署名押印は，供述録取の正確性を担保するためのものであって，供述の証拠化について供述者に処分権を認めたものではないから，他の証拠によって，録取内容が正確であり，供述者の供述であることが認められるのであれば，署名押印がなくても，供述録取書と同様に扱ってよいと解される。

　……署名押印がなく，映像上編集されていることが認められる供述映像の場合は，映像上での編集の相当性（再現の正確性）について供述者の了解を経ていないから，供述者の供述であることが認められても，それだけで録取内容の正確性の担保があるとはいえない。したがって，供述録取書といえるためには，編集の相当性（再現の正確性）を担保する事情，すなわち，供述映像中の当該供述が，元々の供述（原供述）と趣旨を異にすることなく録画されているという事情が必要と解される。……

　……報道機関が作成した映像の場合，作成者が報道機関であることをもって，直ちに編集の相当性（再現の正確性）が担保されているということはできないから，編集の相当性（再現の正確性）についての証拠調べをする必要がある。そして，供述録取書の場合を考えれば明らかなように，通常，編集の相当性（再現の正確性）が争いとなった場合には，その編集者（供述録取者）自身を証人尋問するのが通例であり，最も直截である。……［しかし］，編集の相当性（再現の正確性）に関する前記要件の判断は，必ずしも取材者や編集者の尋問によらなければできないものではな［く］……，［本件の場合，その］証拠関係等を考えれば，……供述映像中の供述内容や供述状況，供述映像に対する供述者の不満度等から判断することは可能である。

　……［そして］編集に相当性（再現の正確性）を欠く場合……［すなわち］原供述が取捨選択されて，編集後の供述が，原供述の趣旨とは異なる供述となる危険がある場合……［の類型としては］，複数の場面の供述を適当に組み合わせることで異なる供述とな

る場合や供述者に不利益な供述等ある特定の方向の供述を集めることで異なる供述となる場合，供述の一部のみを取り上げることで文脈上異なった供述となる場合等が考えられる［ところ］……，編集の相当性（再現の正確性）を担保する事情の具体的判断要素としては，①供述の内容に着目したものとしては，供述者に不利な供述ばかりが集められているか，場面の違う複数の供述が合わされていることを想定できるか，ニュアンスの操作がしやすい供述内容か，編集されていない範囲の供述で読みとれる意味はあるか等が，②供述の状況に着目したものとして，同一機会の一連の供述か，供述者が積極的に供述しているか，質問者と供述者との関係はどうか，どのような供述態度か等が，③編集状況に着目したものとして，1カット自体の長さはどうか，編集か所の数（画面の切替り回数）はどうか等が考えられ……，前記判断にあたっては，……［こ］のような要素を総合的に検討することとなる。……［なお］本件各ビデオテープは，放送映像を機械的に録画した本件録画テープから，被告人やAの供述部分といった形式基準により該当部分を抽出したものであって，本件録画テープ及び本件各ビデオテープの作成過程は機械的なものであり，警察による意図的な編集はされていないと認められる。……［また］本件各ビデオテープ中の映像が，一律に報道機関の特定の印象や視点を反映していると考えるのは相当ではなく，やはり，個々の映像ごとに前記の観点から編集の相当性（再現の正確性）を検討すればよい……。

　　［ビデオテープ甲の録画内容のうち4編中の被告人ないしAの供述，及びビデオテープ乙中の被告人の供述については，その内容や供述状況等から，原供述と趣旨を異にすることなく録画されていると認められ，かつ322条1項ないし328条に該当するが，ビデオテープ甲のうちその余の2編については，供述の趣旨が必ずしも明らかではなく，映像外の前後の話によって供述の意味合いが変わり得るから，原供述と趣旨を異にすることなく録画されているとは認められず，それゆえ被告人の供述録取書ではなく，第三者作成の報告書に過ぎず，321条1項3号の要件を満たさない以上，証拠能力はない。］」

　　その後，第1審の有罪判決（和歌山地判平成14年12月11日判タ1122号464頁）に対し，X側は，本件ビデオテープにつき，取材の自由の侵害や黙秘権の不告知の点のほか，「供述者の署名押印がなく，証拠とすることについての承諾がない」のに証拠能力を認めたことは違法である等と主張して控訴した。大阪高裁は控訴を棄却したが，その際，署名押印の点については次のように判示した。

　　「所論は，刑訴法198条5項が被疑者に供述録取書への署名押印の拒否を認めていることや，同法322条1項本文の文言上，被告人の署名押印のない供述録取書はその録取の正確性が立証されても証拠能力が認められないことなどを根拠に，供述録取書に署名押印が要求される趣旨は，供述者に自らの供述が刑事裁判の証拠となることについて承諾するか否かの処分権を認めたものと解すべきであり，本件ビデオテープに証拠能力を認めた原審裁判所は，刑訴法322条の解釈を誤っている，と主張する。

　　しかし，原判決……も説示するとおり，刑訴法上，供述の証拠化について供述者に処

分権を認めたと解すべき根拠はなく，供述録取書への署名押印の趣旨は専ら供述録取の正確性の担保にあると解すべきである。そして，一般に，供述録取書においては，他にその供述録取の正確性を立証する手段方法がないから，署名押印のないものに証拠能力を付与することはできないものの，供述を録画したビデオテープは，それが機械的正確性をもって記録されるものである以上，特段の事情がない限り，供述録取の正確性に疑義を生じる余地はなく，供述者の署名押印やこれに代わる措置がなくても，供述録取書に準じるものとして証拠能力を認め得ると解するのが相当である。

なお，この点に関し，原審裁判所は，供述を録取したビデオテープが供述録取書といえるためには，『編集の相当性（再現の正確性）を担保する事情』，すなわち，映像中の当該供述が元々の供述（原供述）と趣旨を異にすることなく録取されていることが立証される必要があるとして，本件ビデオテープ中の映像の一部につき供述録取書としての証拠能力を否定している……。しかし，上記のとおり，ビデオテープにおける供述録取の正確性は，それが機械的正確性をもって記録されるものであること自体により十分に担保されているのであって，同決定のいう編集の相当性の点は，原則的には，供述内容の信用性や証明力の評価の問題にすぎないと解すべきである（すなわち，意図的な編集行為によって供述内容がねつ造されている場合など，およそ供述録取としての実質を有しない例外的な場合は別として，供述内容が断片的であるとか趣旨不明であるとかいった事情は，一般には証拠能力の問題とは解されない。）。したがって，原審裁判所の上記見解は首肯し得ないものの，本件ビデオテープの一部に証拠能力を認めたことは，結論において誤りとはいえない。」

［なお，X側の上告に対し，最高裁はこれを棄却した（最三判平成21年4月21日判時2043号153頁）。］

○ 参考裁判例22-16　最一決平成23年9月14日刑集65巻6号949頁

X（被告人）は，電車内における痴漢行為（強制わいせつ）の事実により起訴された。

第1審の期日間整理手続において，検察官は，立証趣旨を「被害の再現状況等」とする捜査報告書（甲7号証）及び立証趣旨を「被害再現状況等」とする実況見分調書（甲13号証）の証拠調べを請求したが，弁護人は，これらの証拠について，いずれも証拠とすることに同意しないとの意見を述べた。これを受けて，検察官は立証趣旨を「被害者立会による犯行再現時の写真について」とする捜査報告書の証拠調べを請求したが，弁護人は，これらについても証拠とすることに同意しないとの意見を述べた。その後，検察官は，上記捜査報告書2通に添付された写真を証拠物として証拠請求する意向を示したが，これに対し弁護人は，再現写真は供述証拠であるから，証拠物として請求することには反対であり，証人尋問において示すことにも同意できない旨の意見を述べた。

第1審第3回公判期日において，被害者の証人尋問が実施され，検察官は，痴漢被害の具体的状況，痴漢犯人を捕まえた際の具体的状況，犯人と被告人の同一性等について

尋問を行い，動作を交えた証言を得た後，被害状況等を明確にするために必要であるとして，捜査段階で撮影していた被害再現写真を示して尋問することの許可を求めた。弁護人は，その際，写真によって証言のどの部分が明確になるかということが分かるように尋問することを求めたが，写真を示すこと自体には反対せず，裁判官は，被害再現写真を示して被害者尋問を行うことを許可した。そこで，検察官は，被害再現写真を示しながら，個々の場面ごとにそれらの写真が被害者の証言した被害状況等を再現したものであるかを問う尋問を行い，その結果，被害者は，被害の状況等について具体的に述べた各供述内容は，再現写真のとおりである旨の供述をした。この公判期日の終了後，裁判所は，尋問に用いられた写真の写しを被害者証人尋問調書の末尾に添付する措置をとったが，添付することに同意するかどうかを当事者に明示的に確認しておらず，その後もこれらの写真は証拠として採用されていない。

　第1審判決は，主として被害者の証言により，被告人の電車内での強制わいせつ行為を認定した。これに対して被告人側は，原判決が証拠とする被害者の証人尋問調書に，刑訴法326条の同意がなされておらず，同法321条3項や同条1項2号ないし3号の要件を満たしてもいない，捜査報告書に添付された被害再現写真が添付され，これが実質証拠として用いられているのは，伝聞証拠法則に違反し，憲法31条に違反するから，原判決には，判決に影響を及ぼすことの明らかな訴訟手続の法令違反があるとして控訴した。これに対して控訴審の東京高裁は，本件被害再現写真は，供述を明確にするにとどまらず，犯行当時の状況に関して，独自の証明力を持つものであり，独立した証拠として扱うかどうかを明確にすることなく，これを漫然と調書に添付することは，当該写真の証拠としての位置付けに疑義を招くおそれがあって相当ではないとした上で，第1審判決が写真を独立の証拠として扱い，実質判断に用いたというような事情は認められないから，第1審の措置に，判決に影響を及ぼすような訴訟手続の法令違反はないとして，控訴を棄却した。

　被告人側は，憲法違反等を主張して上告したが，最高裁は，上告理由に当たらないとして上告を棄却した上で，なお書で次のように述べた。

　「所論に鑑み，証人尋問中に被害再現写真を示すことを許可してこれを訴訟記録に添付するなどした第1審の訴訟手続の適否について職権で判断する。……

2　所論は，検察官が示した被害再現写真は伝聞法則の例外の要件を具備せず，証拠として採用することができない証拠であって，このような写真を尋問に用いて記録の一部とすることは，伝聞証拠について厳格な要件を定めていることを潜脱する違法な措置であり，これが事実認定に影響を及ぼすことは明らかであると主張する。

　(1)　本件において，検察官は，証人（被害者）から被害状況等に関する具体的な供述が十分にされた後に，その供述を明確化するために証人が過去に被害状況等を再現した被害再現写真を示そうとしており，示す予定の被害再現写真の内容は既にされた供述と同趣旨のものであったと認められ，これらの事情によれば，被害再現写真を示すことは

供述内容を視覚的に明確化するためであって，証人に不当な影響を与えるものであったとはいえないから，第1審裁判所が，刑訴規則199条の12を根拠に被害再現写真を示して尋問することを許可したことに違法はない。

　また，本件証人は，供述の明確化のために被害再現写真を示されたところ，被害状況等に関し具体的に証言した内容がその被害再現写真のとおりである旨供述しており，その証言経過や証言内容によれば，証人に示した被害再現写真を参照することは，証人の証言内容を的確に把握するために資するところが大きいというべきであるから，第1審裁判所が，証言の経過，内容を明らかにするため，証人に示した写真を刑訴規則49条に基づいて証人尋問調書に添付したことは適切な措置であったというべきである。この措置は，訴訟記録に添付された被害再現写真を独立した証拠として扱う趣旨のものではないから，この措置を決するに当たり，当事者の同意が必要であるとはいえない。

　そして，本件において証人に示した被害再現写真は，独立した証拠として採用されたものではないから，証言内容を離れて写真自体から事実認定を行うことはできないが，本件証人は証人尋問中に示された被害再現写真の内容を実質的に引用しながら上記のとおり証言しているのであって，引用された限度において被害再現写真の内容は証言の一部となっていると認められるから，そのような証言全体を事実認定の用に供することができるというべきである。このことは，被害再現写真を独立した供述証拠として取り扱うものではないから，伝聞証拠に関する刑訴法の規定を潜脱するものではない。

　(2)　以上によれば，本件において被害再現写真を示して尋問を行うことを許可し，その写真を訴訟記録に添付した上で，被害再現写真の内容がその一部となっている証言を事実認定の用に供した第1審の訴訟手続は正当であるから，伝聞法則に関する法令違反の論旨を採用しなかった原判決は結論において是認できる。」

23 違法収集証拠の証拠能力

Q Elementary

1 物や書類を獲得した手続が，憲法や刑事訴訟法の規定に違反していた場合，そのことによって，それらが持つ事実の証明力に影響があるか。仮に，証明力に変化がないにもかかわらず，違法な手続で獲得された物や書類を証拠とすることを認めないとすれば，その根拠としては，どのようなものが考えられるか。

2 供述が違法な手続によって獲得された場合には，それを証拠とできるか否かに関して，物や書類の場合とどのような違いがあるか。

23-1 最一判昭和53年9月7日刑集32巻6号1672頁（2-10と同一事件）──
【事案の概要】昭和49年10月30日午前0時35分ころ，パトカーで警ら中のK巡査らは，甲ホテル付近路上にX（被告人）運転の自動車が停車しており，運転席の右横にいた3，4人の遊び人風の男がXと話しているのを認めたが，パトカーが近付くと，Xの車はすぐ発進右折して甲ホテルの駐車場に入りかけた。このような不審な挙動に加え，同所は連込みホテルの密集地帯で，覚せい剤事犯や売春事犯の検挙例が多く，Xに売春の客引の疑いもあったので，K巡査らは，Xの車を駐車場入口附近で停止させ，窓越しに職務質問を開始した。そして，Xの落ち着きのない態度，青白い顔色などからして覚せい剤中毒者の疑いもあったので，さらに職務質問を続行することとし，Xを降車させた上，所持品の提示を求めたが，Xは，「見せる必要はない」と言って，これを拒否した。そのとき，前記遊び人風の男達が近付いてきて，「お前らそんなことする権利あるんか」などと罵声を浴びせ，挑戦的態度に出てきたので，K巡査らは他のパトカーの応援を要請し，応援の警官4名くらいが到着した上で，再度Xに所持品の提示を要求したところ，同人はぶつぶつ言いながらも，右側内ポケットから目薬とちり紙を取り出して同巡査に渡した。K巡査は，さらに，他のポケットを触らせてもらう旨告げて，これに対して何も言わなかったXの上衣とズボンのポケットを外から触ったところ，上衣左側内ポケットに「刃物ではないが何か堅い物」が入っている感じでふくらんでいたので，その提示を要求したが，Xは黙ったままであったので，「それなら出してみるぞ」と申し向け，何かぶつぶつ言って不服らしい態度を示していたXの上衣左側内ポケット内に手を入れて取り出した結果，プラスチックケース入りの注射針1本のほか，ビニール袋入りの覚せい剤ようの粉末が入ったちり紙包みが発見された。そして，K巡査が，直ちにマルキース試薬を用いてその粉末を検査したところ，それ

が覚せい剤であることが判明したので，Xを覚せい剤不法所持の現行犯人として逮捕し，粉末等を差し押えた。

【判示】 最高裁は，本件所持品検査は違法であるとした上で，それによって発見された覚せい剤粉末の証拠能力について，以下のとおり判示した。

「㈠ 違法に収集された証拠物の証拠能力については，憲法及び刑訴法になんらの規定もおかれていないので，この問題は，刑訴法の解釈に委ねられているものと解するのが相当であるところ，刑訴法は，『刑事事件につき，公共の福祉の維持と個人の基本的人権の保障とを全うしつつ，事案の真相を明らかにし，刑罰法令を適正且つ迅速に適用実現することを目的とする。』（同法1条）ものであるから，違法に収集された証拠物の証拠能力に関しても，かかる見地からの検討を要するものと考えられる。ところで，刑罰法令を適正に適用実現し，公の秩序を維持することは，刑事訴訟の重要な任務であり，そのためには事案の真相をできる限り明らかにすることが必要であることはいうまでもないところ，証拠物は押収手続が違法であっても，物それ自体の性質・形状に変異をきたすことはなく，その存在・形状等に関する価値に変りのないことなど証拠物の証拠としての性格にかんがみると，その押収手続に違法があるとして直ちにその証拠能力を否定することは，事案の真相の究明に資するゆえんではなく，相当でないというべきである。しかし，他面において，事案の真相の究明も，個人の基本的人権の保障を全うしつつ，適正な手続のもとでされなければならないものであり，ことに憲法35条が，憲法33条の場合及び令状による場合を除き，住居の不可侵，捜索及び押収を受けることのない権利を保障し，これを受けて刑訴法が捜索及び押収等につき厳格な規定を設けていること，また，憲法31条が法の適正な手続を保障していること等にかんがみると，証拠物の押収等の手続に，憲法35条及びこれを受けた刑訴法218条1項等の所期する令状主義の精神を没却するような重大な違法があり，これを証拠として許容することが，将来における違法な捜査の抑制の見地からして相当でないと認められる場合においては，その証拠能力は否定されるものと解すべきである。

㈡ これを本件についてみると，原判決の認定した前記事実によれば，被告人の承諾なくその上衣左側内ポケットから本件証拠物を取り出したK巡査の行為は，職務質問の要件が存在し，かつ，所持品検査の必要性と緊急性が認められる状況のもとで，必ずしも諾否の態度が明白ではなかった被告人に対し，所持品検査として許容される限度をわずかに超えて行われたに過ぎないのであって，もとより同巡査において令状主義に関する諸規定を潜脱しようとの意図があったものではなく，また，他に右所持品検査に際し強制等のされた事跡も認められないので，本件証拠物の押収手続の違法は必ずしも重大であるとはいいえないのであり，これを被告人の罪証に供することが，違法な捜査の抑制の見地に立ってみても相当でないとは認め

がたいから，本件証拠物の証拠能力はこれを肯定すべきである。」

(1) 違法収集証拠排除の根拠

Ｑ Basic

3 本判決は，いかなる理由により，違法に収集された証拠物の証拠能力が否定される場合があるとしているか。

4 本判決は，違法収集証拠の証拠能力が否定されるか否かは，刑訴法の解釈に委ねられているとしている。憲法の解釈として，その証拠能力が否定されるということはできないか。例えば，憲法31条の適正手続の保障は，その根拠とならないか。また，令状主義を定めた憲法35条は，それに反する手続によって獲得された証拠の証拠能力を否定する内容まで含んでいるということはできないか。本判決は，このような解釈を否定する趣旨まで含むのか。

5 本判決は，いかなる場合に違法収集証拠の証拠能力が否定されるとしているか。本判決が，証拠獲得手続の違法と，それによって獲得された証拠の排除とを直結させなかった理由は何か。また，このような立場に対しては，手続を違法としても，証拠を排除しなければ，捜査機関にとっては何ら痛みはなく意味がないとする批判があるが，この点をどう考えるべきか。

6 違法収集証拠の証拠能力が否定されるか否かの判断において，令状主義の精神を没却するほどの重大な違法の存在と，将来の違法捜査の抑制の見地から見た排除相当性とは，いかなる関係にあるのか。

Ｑ Advanced

7 暴力団の構成員であるＡが，自宅を拠点にして複数の電話を利用した大規模なのみ行為を行っているとの疑いを抱いた警察官Ｂは，Ａと同じ組の構成員であるＣに金を渡して協力を依頼し，Ａの部屋の電話機に盗聴器をしかけさせた。これにより，のみ行為にかかる会話が傍受され，録音された。

この録音テープは，Ａに対する公判で証拠として利用できるか。

8 盗聴マニアであるＡは，居住するマンションの隣室にベランダ伝いに侵入し，部屋の壁に盗聴器をしかけた上，隣人の夫婦の会話を密かに聞き，録音していた。ある日，いつものように会話を聞いていたところ，突然言い争う声と，首を絞められたような妻のうめき声が聞こえた。数日後，連絡がとれないのを不審に思い尋ねてきた知人により妻の死体が発見され，捜査の過程で聞込みにきた警察官に対し，Ａは，自分の所業を隠しきれず，自分が聞いた状況を話すとともに，その様子を録音したテープを提出した。

この録音テープは，殺人で起訴された夫の公判で証拠として利用することができるか。

9 宝石店を狙った連続窃盗事件を捜査していた警察は，それがＸ国出身者によって構成される犯罪集団によるものであることを突き止め，その構成員の一部を逮捕した。それらの者の供述により，首謀者であるＡが，Ｘ国に逃亡したことが判明したため，警察は，国際捜査共助のルートを通じて，Ｘ国の捜査機関に対し，Ａの逮捕と取調べを依頼した。Ｘ国では，被疑者に対して黙秘権は保障されておらず，被疑者には取調べにおいて真実を供述する義務が課されていた。Ｘ国の捜査機関による取調べに基づき作成されたＡの供述録取書を，わが国の刑事裁判で利用することができるか（参考裁判例23－11参照）。

10 (1) 参考裁判例15－4は，刑事免責を付与して得られた証言を録取した嘱託証人尋問調書の証拠能力を，いかなる理由により否定しているか。それは，違法収集証拠排除法則とどこが異なるか。

(2) 同判決の考え方による場合，以下の事案における録音テープは，わが国の刑事裁判で証拠能力を認められるか。

　暴力団甲組による覚せい剤の大量密輸事件を捜査していた警察は，国際捜査共助のルートを通じて，輸出先と考えられていたＹ国の捜査機関に，Ｙ国の麻薬密売組織の幹部であるＳ宅における会話の傍受を依頼した。Ｙ国では，組織犯罪に関しては，警察が，裁判官の令状なしに，住居内の会話を傍受することが認められていた。傍受の結果，わが国への覚せい剤の輸出に関する会話が傍受，録音された。

(2) 証拠排除の基準

Q Basic

11 令状主義の精神を没却するほどの重大な違法とは，何を意味するのか。令状主義に反するということとは意味が異なるのか。具体的には，どのような場合に，この基準が満たされることになるのか。

12 重大な違法及び違法捜査の抑制の見地からの排除相当性の判断にあたって，判例においてはどのような要素が考慮されているか。本判決及び参考裁判例23－4～23－8から抽出せよ。

13 本判決は，違法の重大性を否定する理由として，警察官に「令状主義に関する諸規定を潜脱しようとの意図」がなかったことを挙げている（参考裁判例23－5，2－12も参照）。これは，重大な違法があるというためには，捜査機関に令状主義を潜脱する意図があったことが必要であるとする趣旨か。

14 参考裁判例23－8においては，逮捕手続に重大な違法があったとの認定がなされている。同事案において，逮捕手続にはどのような瑕疵があったか。判決は，いかなる事情を指摘した上で，逮捕手続に重大な違法があるとしているか。逮捕後の事情を考慮することは，判例**23**－2の判断と整合するか。

15 参考裁判例23−⑤は，警察官が被告人を違法に警察署に連行した時点で，被告人を現行犯逮捕あるいは緊急逮捕することができたということを，その違法性が重大でないことの1つの要素として指摘している。このように，捜査機関が違法な証拠獲得手続を行った時点で，適法に同じことをすることができたという事実を，手続の違法性の程度の判断にあたって考慮することができるか。

16 警察官Ｋは，かねてから，路上で覚せい剤を販売しているとの疑いを抱いていたＦに職務質問し，その着衣のポケットの中身を見せるよう繰り返し求めたが，Ｆがこれをかたくなに拒絶したため，Ｆの同意を得ることなく，Ｆが着ていたジャンパーのチャックを開けた上で，その内ポケットに手を入れて探ったところ，覚せい剤が入ったビニール袋を発見した。そのころ，警察官Ｌは，Ｆから覚せい剤を買い受けたという者の供述をもとに，Ｆの身体及び所持品の捜索令状を得て，それを執行すべく現場に向かっており，ＫがＦのポケット内から覚せい剤入りのビニール袋を取り出したときは，ちょうど，その近くに警察車両を止めたところであった。

この事例で，いずれにしても，間近いときにＦの身体を適法に捜索できたという事実を，Ｋによる所持品検査の違法性の程度の判断にあたって考慮することができるか。証拠排除の相当性の判断にあたって考慮することはどうか。

17 参考裁判例23−⑧では，覚せい剤取締法違反による捜索・差押えによって獲得された覚せい剤及びそれに関連する鑑定書について，その収集手続に重大な違法があるとまではいえないことの理由の1つとして，覚せい剤の差押えが，逮捕前に適法に発付されていた被告人に対する窃盗事件についての捜索差押許可状の執行と併せて行われたものであることが挙げられている。そうした事情があることが，本件における覚せい剤の差押えにつき，いかなる意味でその違法性の程度を軽減することになるのか。同じことが，覚せい剤取締法違反による被告人方の捜索の違法性の程度についてもあてはまるか。

18 判例の基準に照らした場合，事件の重大性や，違法に獲得された証拠の重要性を，その証拠を排除するか否かの判断にあたって考慮することはできるか。また，このような要素を考慮することは妥当か。

19 警察官Ｋは，覚せい剤所持の疑いで，裁判官に対し，被疑者Ｃ方の捜索差押許可状を請求したところ，それが発付されたため，それに基づいて被疑者方を捜索し，発見した覚せい剤を差し押さえた。Ｃは当該覚せい剤の所持の事実により起訴されたが，公判裁判所は，令状請求の際の疎明資料は不十分であり，捜索差押許可状の発付は違法であったとの判断に至った。

このような事例では，誤りを犯したのは裁判官であり，捜査機関はその判断を信じて行動したにすぎないのであるから，仮に，結果としてその違法が重大なもので

あったとしても，証拠能力は肯定されるべきだとする意見がある。この見解は妥当か。

(3) 違法な手続と証拠との関係

23－2 最三決平成8年10月29日刑集50巻9号683頁

【事案の概要】 和歌山西警察署所属の警察官ら捜査員8名は，X（被告人）の別件覚せい剤所持を被疑事実とする捜索差押許可状により，平成元年11月30日午前11時25分ころ，X方の捜索を開始し，同日午前11時33分ころ，寝室のテレビ台上に置かれていたポケットベルのケースとポケットベル本体との間に銀紙包み入り覚せい剤様の粉末1包みを発見した。

前記銀紙包みを示されたXが「そんなあほな」などと言ったところ，その場に居合わせた警察官が，Xの襟首をつかんで後ろに引っ張った上，左脇腹を蹴り，倒れたXに対し，更に数名の警察官がその左脇腹，背中等を蹴った。

警察官らは，前記銀紙包み入り粉末について予試験を実施した結果，覚せい剤反応があったことから，同日午前11時36分ころ前記銀紙包み入り覚せい剤所持の現行犯人としてXをその場で逮捕するとともに本件覚せい剤を差し押さえた。

このような事案につき，第1審の和歌山地裁は，警察官による暴行が捜索・差押え手続の過程で行われたものであり，その態様・結果に照らして違法の程度が重大であることに加え，本件捜査の過程で，警察官がXの手帳を令状なしに自宅から持ち出した事実も指摘した上で，「本件捜査は全体として著しく違法性を帯びているといわざるをえず，違法捜査抑制の見地からしても，正義の見地からしても，本件覚せい剤を証拠として許容することはでき」ないとして，覚せい剤及びこれに関する鑑定書の証拠能力を否定した。

これに対し，原審である大阪高裁では，逆に証拠能力が肯定されたため，弁護人が上告した。

【判示】 上告棄却。

「警察官が捜索の過程において関係者に暴力を振るうことは許されないことであって，本件における右警察官らの行為は違法なものというほかはない。しかしながら，前記捜索の経緯に照らし本件覚せい剤の証拠能力について考えてみると，右警察官の違法行為は捜索の現場においてなされているが，その暴行の時点は証拠物発見の後であり，被告人の発言に触発されて行われたものであって，証拠物の発見を目的とし捜索に利用するために行われたものとは認められないから，右証拠物を警察官の違法行為の結果収集された証拠として，証拠能力を否定することはできない。」

Q Basic

20 最高裁が，本件覚せい剤及びその鑑定書の証拠能力を肯定した理由は何か。それを否定した第1審裁判所との差異はどこにあるか。

21 警察官による暴行が，捜索を開始した際に，Xが警察官に文句をいったことに対してなされたものであり，その後に覚せい剤が発見されたとしたら，結論は異なるか。

22 本決定によると，Xが警察官の前に立ちはだかって捜索を妨害しようとしたために，警察官がXの腕を掴むなどしてXを制圧したが，その措置が不必要に強度であったため，Xが傷害を負ったという場合，その後に発見された覚せい剤の証拠能力は認められるか。

(4) 違法性の承継・毒樹の果実論

23-3 大阪高判平成4年1月30日高刑集45巻1号1頁

【事案の概要】 大阪府警察本部警ら隊所属のM巡査部長は，平成2年8月13日午後4時25分ころ，H巡査長と共にパトカーで警ら中，大阪市西成区太子1丁目付近路上で，前方を歩行していたX（被告人）を見かけた。Xはサングラスをかけ，うつむきかげんで，顔に艶がなかったことから，Mらは，覚せい剤使用の疑いがあると考え，Xを職務質問することにした。Mがパトカーから降り，被告人に氏名，住所を尋ねたところ，「松下」などと答えたので，同人が以前職務質問をしたことがあり，覚せい剤に関係していると風聞のあるXであることが分かった。そのため，Mは，同人に対し，「ちょっと話を聞かしてほしい。車に乗ってほしい」と言って，パトカーの左後部ドアーを開けた。しかし，Xは，「忙しいからだめだ」などと言ってこれを拒否した。そこで，Mは，Hと共に，Xの頭，肩やズボンのベルトをつかんで，「はよう乗れ」と言って，パトカーに押し入れようとした。Xは，MとHに体をつかまれ半分位パトカーに入れられた段階で「どけ，入るわ」と言って自分から中に入った。パトカーの後部座席右側にXが座り，その左側にMが座るかたちで，Hが運転して，Xを西成署に同行した。

西成署到着後，Xは，Mらの要求するままに，所持品及び両腕を見せたが，所持品の中には注射器があり，両腕には注射痕が見られた。Mらは，注射痕についてXに質問するとともに，Xが何度か「帰してくれ」と言うのに応ぜず，Xに，尿を出すよう何度も説得した。しかし，Xが，採尿コップに水を入れて渡したり，故意に鑑定もできないほどの少量の尿を差し出したりしたため，Mらは，強制採尿のための捜索差押許可状を請求することとした。Xはその間，2度「帰る」と言って立ち上がって入口の方に帰りかけたが，その都度警察官らに押し戻された。午後8時20分ころ，警察官がXに令状を示したところ，Xは自分で出すと言って，

自ら尿を出し，警察官がこれを差し押さえた。

Xは，その日はいったん帰宅したが，その尿の鑑定の結果，覚せい剤反応が出たため，警察では覚せい剤使用の容疑でXの逮捕状を請求してその発付を受け，Xの所在を捜していたところ，12月9日，西成区萩之茶屋3丁目付近路上で，たまたま警ら中の警察官KがXを見つけて同人を通常逮捕し西成署に引致した。

Xは，ズボンのポケットに入れていた小銭入れの中に覚せい剤を隠し持っていたので，そのままでは覚せい剤所持の余罪が発覚すると思い，西成署内に着くとすぐ警察官の隙をみて，小銭入れを取り出し，これを自分の足元に落として右足でこれを踏んで隠そうとしたが，それを警察官に発見された。逮捕後1時間位した時点で，警察官から，最近覚せい剤を使用しているかどうかを質問されたXは，逮捕される直前に覚せい剤を使用したことを自白するとともに，警察官の求めに応じて直ちに尿を任意提出した。鑑定の結果，そこから再び覚せい剤が検出された。

Xは，8月13日に採取された尿中の覚せい剤成分に対応する覚せい剤使用の事実（①事実），12月9日の警察署内で発見された覚せい剤の所持の事実（②事実），同日に採取された尿中の覚せい剤成分に対応する覚せい剤使用の事実（③事実）で起訴された。

これに対し，第1審の大阪地裁は，警察官によるXに対する職務質問，任意同行は違法であるとしつつも，その違法の程度は，本件各書証又は証拠物の証拠能力を失わせるほど重大なものではないとしたうえで，すべての公訴事実につきXを有罪とした。そこで，Xが控訴を申し立てた。

【判示】　大阪高裁は，原判決を破棄し，本件捜査の過程で得られた証拠の証拠能力につき次のように述べたうえで，①事実については被告人を無罪とし，②事実及び③事実については有罪とした。

「2　本件採尿手続の適否及び右尿の鑑定結果を記載した鑑定書等原判示第一関係〔①事実〕の証拠の証拠能力について……

Mらが西成区内の路上で出会った時点で，一応被告人には覚せい剤事犯の嫌疑があり，採尿等のため警察への任意同行を求める必要性があったことは否定し難い。また，被告人が任意同行に対して拒否的態度を示したことも明らかである。しかし，その嫌疑の根拠は顔色やサングラス，うつむきかげんといった程度のものであったから，Mらはまず被告人の拒否的態度に遇って，同所で慎重に職務質問し被告人の嫌疑を十分確認する必要があったと思われる。しかるに被告人に対し，ほとんどその氏名，住所を聞いただけでいきなりパトカーに押し込み西成署に連行しているのである。……パトカーに乗せようとする前に警察官が被告人に対し任意同行に応じるよう十分説得を行い，被告人がこれに執拗な拒否的態度を示したような状況は一切窺えない。……Mは被告人と顔見知りで，これまでに被告人を路上で職務質

問して逃げられた経験があった事実が認められ，したがって，今回は有無を言わさずまず被告人を西成署に連行した上で，所持品検査をしたり被告人から採尿しようとした疑いが濃厚で，それが許されないことは明らかである。……

また，原判決は，被告人は，警察官からパトカーに乗せられる際，体が半分位パトカーに入った段階で，被告人は自分から入っている，と判示し，あたかも同時点で被告人が任意同行に応じたような認定をしているが，警察官2名にパトカーの中に半分ほど押し込められれば，乗車を拒絶することはほとんど不可能で……被告人の採った措置は半ば諦めの気持ちによるものと認められ，これをもって被告人が任意同行に応じたとみることはできない。

結局，警察官らが被告人に対する職務質問の方法として西成署に連行する際に採った諸措置は，警職法1条2項，2条3項の規定等に照らして職務質問の方法として許される限度を著しく越え，逮捕行為にも比すべきもので，その違法性は重大である。

……本件では警察官が被告人に対し殴る蹴るといった典型的な暴行，脅迫を加えた事実は一切ないものの，……被告人は西成署でも終始尿の任意提出を拒み，警察官に執拗に退去させるよう要求し，2度実際に帰りかけたところを警察官に実力で阻止されているのである。……被告人は西成署に着いて約4時間後に令状を示されて，渋々尿を提出しているのであり，本件採尿に関しては検察官から被告人の尿の任意提出書等は一切証拠請求されておらず，かえって被告人の尿の捜索差押調書……が作成されているところからみても，これは尿の捜索差押許可状の執行による採尿と認められる。したがって，本件採尿行為は，違法な連行に引き続き，かつ，これを直接利用してなされたもので，その違法性も重大であるといわなければならない。

……その他，全証拠を検討しても，本件強制連行及びこれに引き続いてなされた強制的採尿行為には正当化できるような事情は一切見出せない。このような態様の捜査について，単にこれを違法と宣言するだけで，その結果得られた証拠の証拠能力を認めることは，本件にみられるような覚せい剤使用事犯に対する捜査方法の常態化……を招くことになり，将来における違法な捜査を抑制するという見地からしても相当でない。……したがって，少なくとも，本件採尿手続と密接に関連する……鑑定書……，司法警察員作成の捜索差押調書……及び司法巡査作成の捜査報告書……の証拠能力は否定せざるを得ない。

3 その他の証拠の証拠能力について

しかし，原判示第二［②事実］及び第三［③事実］につき挙示された証拠，すなわち，いわゆる第2次証拠の証拠能力については，結局は，第1次証拠の証拠収集の違法の程度，第2次証拠入手との関連性，第2次証拠の重要性，事件の重大性，捜

査機関の意図等を総合的に判断して決すべきであるところ，前示のように違法に収集された第1次証拠に基づき発付された逮捕状による逮捕が証拠入手に先行しているとはいえ，逮捕状の被疑事実の嫌疑は十分で，発付につき司法判断を経由している上，逮捕の時点で覚せい剤が発見され，被告人の新たな覚せい剤の使用が発覚したのは全くの偶然であって，右逮捕状執行とは別に職務質問を行うことによっても発覚した可能性がなかったとはいえない。もとより，警察官において当初の職務質問，採尿行為又は逮捕状請求時点でこのような事態を予想したとは到底思われず，その意味では第2次証拠入手との関連性は希薄であるともいえる。また，第2次証拠である覚せい剤及び被告人の尿，その鑑定結果の証拠の重要性は明らかであり，追起訴にかかる覚せい剤の所持，使用はそれぞれ重い犯罪である。

これらを総合すると，本件では，証拠の排除は前記程度に止め，追起訴にかかる証拠物である押収してあるビニール袋入り覚せい剤，逮捕後被告人から任意提出された尿，その鑑定結果並びに被告人の捜査段階の自白調書等の証拠については証拠能力を認めるのが相当である。」

Q Basic

23 本判決は，Xを警察署へ連行した後に行われた尿の採取手続をいかなる理由で違法としているか。仮に，連行後にXが尿を任意に提出していたとしたら，採尿手続は適法となるか（参考裁判例23-5参照）。

24 参考裁判例23-4は，違法な任意同行後の採尿手続によって得られた尿の鑑定書の証拠能力の有無を判断するにあたり，判例23-1が示した基準をどのように適用しているか。また，参考裁判例23-8は，違法な逮捕後の採尿手続によって得られた尿及びその鑑定書の証拠能力をいかなる理由で否定しているか。両判例の事案には，どのような共通性があり，その判断の枠組みにはいかなる差異があるか。

25 本判決は，逮捕後に任意提出された尿及びその鑑定書の証拠能力の有無を，どのような枠組みの下で判断しているか。それは，違法な連行後に獲得された最初の尿の鑑定書の証拠能力の判断の枠組みとどこが異なるか。両者で判断枠組みを異にする理由はあるか。

26 本判決は，違法に収集された第1次証拠である尿の鑑定書を疎明資料として逮捕状が発付され，それに基づく身柄拘束下で採尿が行われて，第2次証拠である尿が獲得されていることから，第1次証拠と第2次証拠との間に関連性があることを認めつつ，逮捕状の発付につき司法判断を経由していることを両者の関連性を薄める要素の1つとして指摘している（参考裁判例23-8も参照）。逮捕状が司法審査を経て発付されているということが，なぜ両証拠の関連性を弱める要素となるのか。

27 本事例において，Ｘが，公判において，①事実に係る尿の鑑定書について，その証拠能力を争わない旨の陳述を行った場合，裁判所は，それを証拠として利用することができるか（参考裁判例23-[10]参照）。

Advanced

28 本事例において，逮捕後，警察官から，①事実に係る尿の鑑定書を見せられたＸが，それに対応する覚せい剤の使用を認めるとともに，その覚せい剤は，使用の前日に，Ｙから買い受けたものである旨の供述を行ったとする。

(1) 覚せい剤の自己使用及びＹからの覚せい剤譲受に関するＸの自白に証拠能力は認められるか。

(2) Ｘへの覚せい剤の譲渡しの罪で起訴されたＹが，Ｘの供述は違法な手段によって獲得されたものであり，その証拠能力は否定されるという主張を行った場合，裁判所はどう判断すべきか。

29 本事例とは異なり，警察官が適法に職務質問を行っている間に得られた資料に基づいて強制採尿令状が請求されたものの，未だ令状が発付されていない段階で，警察署への違法な連行が行われ，その後に，発付された令状に基づき，強制採尿が実施されたとする。この採尿手続によって得られた尿に証拠能力は認められるか。

設例

警察官Ｋは，殺人の嫌疑を抱いていた被疑者Ｘを，逮捕の要件に欠ける別件の窃盗で逮捕し，その間に殺人について取り調べて自白を得た後，それを資料として，殺人による逮捕状の発付を受けた。Ｘは，Ｋに対し，殺人について改めて自白を行うとともに，その後の検察官による取調べ，さらに，裁判官による勾留質問においても，殺人を認める供述を行った。取調べにおいて自白が強要された疑いはなく，いずれの自白も，任意になされたものと認められる。

Basic

30 窃盗による逮捕中のＸの自白に証拠能力は認められるか。

31 **30**の自白の証拠能力が否定される場合，殺人による逮捕中のＫに対するＸの自白に証拠能力は認められるか。

32 **31**の自白の証拠能力が否定される場合，検察官に対するＸの自白に証拠能力は認められるか。

33 同じく**31**の自白の証拠能力が否定される場合，勾留質問におけるＸの自白に証拠能力は認められるか。参考裁判例23-[9]の法廷意見は，勾留質問調書の証拠能力をいかなる理由で認めているか。伊藤裁判官の補足意見は，法廷意見とどこが異なるか。この事例で，勾留質問の手続自体が適法であるというだけで，勾留

質問調書の証拠能力を肯定することができるか。

34 窃盗による逮捕中のXの自白の証拠能力が，その任意性に疑いがあるという理由で否定された場合，その後になされた自白の証拠能力はどのように判断されるか。第1次自白が違法な手続により獲得された証拠であることを理由にその証拠能力が否定された場合とで，判断基準はどのように異なるか。

◯ 参考裁判例23-4　最二判昭和61年4月25日刑集40巻3号215頁

　奈良県生駒警察署の警察官3名は，複数の協力者からX（被告人）が再び覚せい剤を使用しているとの情報を得たため，昭和59年4月11日午前9時30分ころ，いずれも私服で警察用自動車を使って，生駒市内のX宅に赴き，門扉を開けて玄関先に行き，引戸を開けずに「Xさん，警察の者です」と呼びかけ，さらに引戸を半開きにして「生駒署の者ですが，一寸尋ねたいことがあるので，上ってもよろしいか」と声をかけ，それに対しXの明確な承諾があったとは認められないにもかかわらず，屋内に上がり，Xのいた奥八畳の間に入った。警察官3名は，ベッドで目を閉じて横になっていたXの枕許に立ち，N巡査部長が「Xさん」と声をかけて左肩を軽く叩くと，Xが目を開けたので，同巡査部長は同行を求めたところ，金融屋の取立てだろうと認識したと窺えるXは，「わしも大阪に行く用事があるから一緒に行こう」と言い，着替えを始めたので，警察官3名は，玄関先で待ち，出てきたXを停めていた前記自動車の運転席後方の後部座席に乗車させ，その隣席及び助手席にそれぞれK，N両巡査部長が乗車し，U巡査が運転して，午前9時40分ころX宅を出発した。Xは，車中で同行しているのは警察官達ではないかと考えたが，反抗することもなく，一行は，午前9時50分ころ生駒警察署に着いた。午前10時ころから同警察署2階の補導室において，K巡査部長はXから事情聴取を行ったが，Xは，午前11時ころ本件覚せい剤使用の事実を認め，午前11時30分ころK巡査部長の求めに応じて採尿してそれを提出し，腕の注射痕も見せた。Xは，警察署に着いてから，この採尿の前と後の少なくとも2回，K巡査部長に対し，持参の受験票を示すなどして，午後1時半までに大阪市鶴見区のタクシー近代化センターに行ってタクシー乗務員になるための地理試験を受けることになっている旨申し出たが，同巡査部長は，最初の申出については返事をせず，尿提出後の申出に対しては，「尿検の結果が出るまでおったらどうや」と言って応じなかった。午後2時30分ころ尿の鑑定結果について電話回答があったことから，逮捕状請求の手続がとられ，逮捕状の発付を得て，K巡査部長が午後5時2分Xを逮捕した。

　「本件においては，被告人宅への立ち入り，同所からの任意同行及び警察署への留め置きの一連の手続と採尿手続は，被告人に対する覚せい剤事犯の捜査という同一目的に向けられたものであるうえ，採尿手続は右一連の手続によりもたらされた状態を直接利用してなされていることにかんがみると，右採尿手続の適法違法については，採尿手続

前の右一連の手続における違法の有無，程度をも十分考慮してこれを判断するのが相当である。そして，そのような判断の結果，採尿手続が違法であると認められる場合でも，それをもって直ちに採取された尿の鑑定書の証拠能力が否定されると解すべきではなく，その違法の程度が令状主義の精神を没却するような重大なものであり，右鑑定書を証拠として許容することが，将来における違法な捜査の抑制の見地からして相当でないと認められるときに，右鑑定書の証拠能力が否定されるというべきである（最高裁昭和53年9月7日第一小法廷判決・刑集32巻6号1672頁参照）。以上の見地から本件をみると，採尿手続前に行われた前記一連の手続には，被告人宅の寝室まで承諾なく立ち入っていること，被告人宅からの任意同行に際して明確な承諾を得ていないこと，被告人の退去の申し出に応ぜず警察署に留め置いたことなど，任意捜査の域を逸脱した違法な点が存することを考慮すると，これに引き続いて行われた本件採尿手続も違法性を帯びるものと評価せざるを得ない。しかし，被告人宅への立ち入りに際し警察官は当初から無断で入る意図はなく，玄関先で声をかけるなど被告人の承諾を求める行為に出ていること，任意同行に際して警察官により何ら有形力は行使されておらず，途中で警察官と気付いた後も被告人は異議を述べることなく同行に応じていること，警察官において被告人の受験の申し出に応答しなかったことはあるものの，それ以上に警察署に留まることを強要するような言動はしていないこと，さらに，採尿手続自体は，何らの強制も加えられることなく，被告人の自由な意思での応諾に基づき行われていることなどの事情が認められるのであって，これらの点に徴すると，本件採尿手続の帯有する違法の程度は，いまだ重大であるとはいえず，本件尿の鑑定書を被告人の罪証に供することが，違法捜査抑制の見地から相当でないとは認められないから，本件尿の鑑定書の証拠能力は否定されるべきではない。」

☐ 参考裁判例23-5　最二決昭和63年9月16日刑集42巻7号1051頁

(1)昭和61年6月14日午前1時ころ，警視庁第2自動車警ら隊所属のM巡査部長とF巡査が東京都台東区内の通称浅草国際通りをパトカーで警ら中，暗い路地から出て来た一見暴力団員風のX（被告人）を発見し，M巡査部長がパトカーを降りてXに近づいて見ると，覚せい剤常用者特有の顔つきをしていたことから，覚せい剤使用の疑いを抱き，職務質問をすべく声をかけたところ，Xが返答をせずに反転して逃げ出したため，Xを停止すべく追跡した。

(2)途中から応援に駆けつけた付近の交番のH巡査とN巡査らも加わって追跡し，Xが自ら転倒したところに追いつき，4名の警察官が，その場で暴れるXを取り押さえ，凶器所持の有無を確かめるべく，着衣の所持品検査を行ったが，凶器等は発見されなかった。

(3)そのころ，多くの野次馬が集まってきたため，M巡査部長は，その場で職務質問を続けるのが適当でないと判断し，取り押さえているXに対し，車で2,3分の距離に

ある最寄りの浅草署へ同行するよう求めたが，Xが片手をパトカーの屋根上に，片手をドアガラスの上に置き，突っ張るような状態で乗車を拒むので，説得したところ，Xは，渋々ながら手の力を抜いて後部座席に自ら乗車した。

(4)その際，Xの動静を近くから注視していたM巡査部長は，Xが紙包みを路上に落とすのを現認し，Xにこれを示したが，同人が知らない旨答えたため，中味を見分したところ，覚せい剤様のものを発見し，それまでの捜査経験からそれが覚せい剤であると判断して，そのまま保管した。

(5)Xが乗車後も肩をゆすり，腕を振るなどして暴れるため，警察官が両側からXの手首を握るなどして制止する状態のまま，浅草署に到着し，両側から抱えるような状態で同署4階の保安係の部屋までXを同行した。

(6)同室では，Xの態度も落ち着いてきたため，M巡査部長が職務質問に当たり，Xの氏名，生年月日等を尋ねたところ，Xが着衣のポケットから自ら身体障害者手帳等を取り出して机の上に置き，次いで所持品検査を求めると，Xがふてくされた態度で上衣を脱いで投げ出したので，所持品検査についての黙示の承諾があったものと判断し，M巡査部長が上衣を調べ，F，Nの両巡査がXの着衣の上から触れるようにして所持品検査をするうち，外部から見てXの左足首付近の靴下の部分が脹らんでいるのを見つけ，そのまま中のものを取り出して確認したところ，覚せい剤様のもの1包みや注射器，注射針等が発見された。

(7)上記(4)(6)の覚せい剤様のものの試薬検査を実施したところ，覚せい剤特有の反応が出たため，同日午前1時20分ころ，Xを覚せい剤所持の現行犯人として逮捕するとともに，覚せい剤2包みと注射器等を差し押さえた。

(8)その後，Xに排尿とその尿の提出を求めたところ，Xは当初弁護人の立ち会いを求めるなどして応じなかったが，警察官から説得され，納得して任意に尿を出し提出したため，それを領置した。

最高裁は，まず本件の捜査手続の適否につき，次のように述べた。

「浅草署への被告人の同行は被告人が渋々ながら手の力を抜いて後部座席に自ら乗車した点をいかに解しても，その前後の被告人の抵抗状況に徴すれば，同行について承諾があったものとは認められない。次に，浅草署での(6)の所持品検査……についても，被告人がふてくされた態度で上衣を脱いで投げ出したからといって，被告人がその意思に反して警察署に連行されたことなどを考えれば，黙示の承諾があったものとは認められない。本件所持品検査は，被告人の承諾なく，かつ，違法な連行の影響下でそれを直接利用してなされたものであり，しかもその態様が被告人の左足首付近の靴下の脹らんだ部分から当該物件を取り出したものであることからすれば，違法な所持品検査といわざるを得ない。次に，(8)の採尿手続自体は，被告人の承諾があったと認められるが，前記一連の違法な手続によりもたらされた状態を直接利用して，これに引き続いて行われたものであるから，違法性を帯びるものと評価せざるを得ない。」

続いて，覚せい剤及び尿の証拠能力については，以下のとおり判示した。

「職務質問の要件が存在し，所持品検査の必要性と緊急性とが認められること，M巡査部長は，その捜査経験から被告人が落とした紙包みの中味が覚せい剤であると判断したのであり，被告人のそれまでの行動，態度等の具体的な状況からすれば，実質的には，この時点で被告人を右覚せい剤所持の現行犯人として逮捕するか，少なくとも緊急逮捕することが許されたといえるのであるから，警察官において，法の執行方法の選択ないし捜査の手順を誤ったものにすぎず，法規からの逸脱の程度が実質的に大きいとはいえないこと，警察官らの有形力の行使には暴力的な点がなく，被告人の抵抗を排するためにやむを得ずとられた措置であること，警察官において令状主義に関する諸規定を潜脱する意図があったとはいえないこと，採尿手続自体は，何らの強制も加えられることなく，被告人の自由な意思での応諾に基づいて行われていることなどの事情が認められる。これらの点に徴すると，本件所持品検査及び採尿手続の違法は，未だ重大であるとはいえず，右手続により得られた証拠を被告人の罪証に供することが，違法捜査抑制の見地から相当でないとは認められないから，右証拠の証拠能力を肯定することができる。」

◯ 参考裁判例 23-6　最三決平成 6 年 9 月 16 日刑集 48 巻 6 号 420 頁（2-7，8-2 と同一事件）

本件は，警察官が，覚せい剤使用の疑いのある X（被告人）に対し，職務質問の上，警察署への任意同行を求め，それを拒否する X をその自動車のエンジンキーを取り上げるなどして，約 6 時間半以上も現場に留め置いた後，その間に発付された強制採尿令状に基づき，最寄りの病院まで連行し，尿を採取したというものである（事案の詳細については，参考裁判例 2-7 を参照）。

本決定は，職務質問の当初，X 運転車両のエンジンキーを取り上げた行為は適法であったものの，その後，警察官が X による運転を阻止し，約 6 時間半以上も X を本件現場に留め置いた措置は，X に対する任意同行を求めるための説得行為としてはその限度を超え，X の移動の自由を長時間にわたり奪った点において，任意捜査として許容される範囲を逸脱したものとして違法といわざるを得ないとした。

他方，強制採尿手続については，それが，X を本件現場に留め置く措置が違法とされるほど長期化する前に収集された疎明資料に基づき発付されたものと認められる上，最寄りの病院への連行及びそこでの採尿令状の執行にも違法はないとする。

以上を前提に，尿の証拠能力については，以下のような判断を示した。

「右職務質問の過程においては，警察官が行使した有形力は，エンジンキーを取り上げてこれを返還せず，あるいは，エンジンキーを持った被告人が車に乗り込むのを阻止した程度であって，さほど強いものでなく，被告人に運転させないため必要最小限度の範囲にとどまるものといえる。また，路面が積雪により滑りやすく，被告人自身，覚せい剤中毒をうかがわせる異常な言動を繰り返していたのに，被告人があくまで磐越自動

車道で宮城方面に向かおうとしていたのであるから，任意捜査の面だけでなく，交通危険の防止という交通警察の面からも，被告人の運転を阻止する必要性が高かったというべきである。しかも，被告人が，自ら運転することに固執して，他の方法による任意同行をかたくなに拒否するという態度を取り続けたことを考慮すると，結果的に警察官による説得が長時間に及んだのもやむを得なかった面があるということができ，右のような状況からみて，警察官に当初から違法な留め置きをする意図があったものとは認められない。これら諸般の事情を総合してみると，前記のとおり，警察官が，早期に令状を請求することなく長時間にわたり被告人を本件現場に留め置いた措置は違法であるといわざるを得ないが，その違法の程度は，いまだ令状主義の精神を没却するような重大なものとはいえない。」

「本件強制採尿手続に先行する職務質問及び被告人の本件現場への留め置きという手続には違法があるといわなければならないが，その違法自体は，いまだ重大なものとはいえないし，本件強制採尿手続自体には違法な点はないことからすれば，職務質問開始から強制採尿手続に至る一連の手続を全体としてみた場合に，その手続全体を違法と評価し，これによって得られた証拠を被告人の罪証に供することが，違法捜査抑制の見地から相当でないことも認められない。

そうであるとすると，被告人から採取された尿に関する鑑定書の証拠能力を肯定することができ［る］。」

▢ 参考裁判例23-7　最三決平成7年5月30日刑集49巻5号703頁（2-11と同一事件）

本件は，警察官4名が，覚せい剤所持の疑いのあるX（被告人）の自動車の内部を，その同意を得ることなく，懐中電灯等を用い，座席の背もたれを前に倒し，シートを前後に動かすなどして丹念に調べたという事案である。その結果，車内から覚せい剤が発見されたため，Xは覚せい剤所持の現行犯人として逮捕され，その後，警察署内で，警察官の求めに応じて尿を提出した。Xは，その尿から覚せい剤成分が検出されたとの鑑定結果に基づき，覚せい剤使用により起訴されたが，その公判において，尿鑑定書の証拠能力を争った（事案の詳細については，参考裁判例2-11を参照）。

最高裁は，以下のように述べて，尿鑑定書の証拠能力を認めた原審の判断を支持した。

「警察官が本件自動車内を調べた行為は，被告人の承諾がない限り，職務質問に付随して行う所持品検査として許容される限度を超えたものというべきところ，右行為に対し被告人の任意の承諾はなかったとする原判断に誤りがあるとは認められないから，右行為が違法であることは否定し難いが，警察官は，停止の求めを無視して自動車で逃走するなどの不審な挙動を示した被告人について，覚せい剤の所持又は使用の嫌疑があり，その所持品を検査する必要性，緊急性が認められる状況の下で，覚せい剤の存在する可能性の高い本件自動車内を調べたものであり，また，被告人は，これに対し明示的に異

議を唱えるなどの言動を示していないのであって，これらの事情に徴すると，右違法の程度は大きいとはいえない。

　次に，本件採尿手続についてみると，右のとおり，警察官が本件自動車内を調べた行為が違法である以上，右行為に基づき発見された覚せい剤の所持を被疑事実とする本件現行犯逮捕手続は違法であり，さらに，本件採尿手続も，右一連の違法な手続によりもたらされた状態を直接利用し，これに引き続いて行われたものであるから，違法性を帯びるといわざるを得ないが，被告人は，その後の警察署への同行には任意に応じており，また，採尿手続自体も，何らの強制も加えられることなく，被告人の自由な意思による応諾に基づいて行われているのであって，前記のとおり，警察官が本件自動車内を調べた行為の違法の程度が大きいとはいえないことをも併せ勘案すると，右採尿手続の違法は，いまだ重大とはいえず，これによって得られた証拠を被告人の罪証に供することが違法捜査抑制の見地から相当でないとは認められないから，被告人の尿の鑑定書の証拠能力は，これを肯定することができると解するのが相当であり……，右と同旨に出た原判断は，正当である。」

○ **参考裁判例 23 - 8**　最二判平成 15 年 2 月 14 日刑集 57 巻 2 号 121 頁

⑴ X（被告人）に対しては，かねて窃盗の被疑事実による逮捕状が発付されていたところ，平成 10 年 5 月 1 日朝，滋賀県大津警察署の警部補 A 外 2 名の警察官は，X の動向を視察し，その身柄を確保するため，本件逮捕状を携行しないで同署から警察車両で X 方に赴いた。

⑵ 上記警察官 3 名は，X 方前で X を発見して，任意同行に応ずるよう説得したところ，X は，警察官に逮捕状を見せるよう要求して任意同行に応じず，突然逃走して，隣家の敷地内に逃げ込んだ。

⑶ X は，その後，隣家の敷地を出て来たところを上記警察官 3 名に追いかけられて，更に逃走したが，同日午前 8 時 25 分ころ，X 方付近の路上で上記警察官 3 名に制圧され，片手錠を掛けられて捕縛用のロープを身体に巻かれ，逮捕された。

⑷ X は，抵抗したものの，警察車両で大津警察署に連行され，同日午前 11 時ころ同署に到着した後，間もなく警察官から本件逮捕状を呈示された。

⑸ 本件逮捕状には，同日午前 8 時 25 分ころ，本件現場において本件逮捕状を呈示して X を逮捕した旨の A 警察官作成名義の記載があり，さらに，同警察官は，同日付けでこれと同旨の記載のある捜査報告書を作成した。

⑹ X は，同日午後 7 時 10 分ころ，大津警察署内で任意の採尿に応じたが，その際，X に対し強制が加えられることはなかった。その後，X の尿について鑑定が行われ，そこから覚せい剤成分が検出された。

⑺ 同月 6 日，大津簡易裁判所裁判官から，X に対する覚せい剤取締法違反被疑事件について X 方を捜索すべき場所とする捜索差押許可状が発付され，既に発付されていた

Xに対する窃盗被疑事件についての捜索差押許可状と併せて同日執行され，X方の捜索が行われた結果，X方からビニール袋入り覚せい剤1袋が発見されて差し押さえられた。

(8) Xは，同年6月11日，「法定の除外事由がないのに，平成10年4月中旬ころから同年5月1日までの間，三重県下若しくはその周辺において，覚せい剤若干量を自己の身体に摂取して，使用した」との事実（公訴事実第1），及び「同年5月6日，同県上野市内の被告人方において，覚せい剤約0.423gをみだりに所持した」との事実（公訴事実第2）により起訴され，同年10月15日，本件逮捕状に係る窃盗の事実についても追起訴された。

(9) 上記被告事件の公判において，本件逮捕状による逮捕手続の違法性が争われ，X側から，逮捕時に本件現場において逮捕状が呈示されなかった旨の主張がされたのに対し，前記3名の警察官は，証人として，本件逮捕状を本件現場でXに示すとともに被疑事実の要旨を読み聞かせた旨の証言をした。

第1審裁判所は，本件においては，逮捕状は呈示されなかった疑いがあるとした上で，それにもかかわらず，警察官が逮捕状を呈示したとの不自然な供述を一致して続けている以上，本件逮捕手続は令状主義の精神を没却するものであると認められるから，その違法な逮捕状態を利用してなされた採尿の検査結果，さらに，右検査結果の利用によるXの自宅の捜索の結果得られた証拠は，いずれも証拠能力を認められないとして，覚せい剤取締法違反にかかる上記の2つの公訴事実につき，いずれも無罪を言い渡した。控訴審でもこれが維持されたため，検察官は，原判決の判例違反を理由に上告を申し立てた。

「(1)本件逮捕には，逮捕時に逮捕状の呈示がなく，逮捕状の緊急執行もされていない……という手続的な違法があるが，それにとどまらず，警察官は，その手続的な違法を糊塗するため，前記のとおり，逮捕状へ虚偽事項を記入し，内容虚偽の捜査報告書を作成し，更には，公判廷において事実と反する証言をしているのであって，本件の経緯全体を通して表れたこのような警察官の態度を総合的に考慮すれば，本件逮捕手続の違法の程度は，令状主義の精神を潜脱し，没却するような重大なものであると評価されてもやむを得ないものといわざるを得ない。そして，このような違法な逮捕に密接に関連する証拠を許容することは，将来における違法捜査抑制の見地からも相当でないと認められるから，その証拠能力を否定すべきである……。

(2)前記のとおり，本件採尿は，本件逮捕の当日にされたものであり，その尿は，上記のとおり重大な違法があると評価される本件逮捕と密接な関連を有する証拠であるというべきである。また，その鑑定書も，同様な評価を与えられるべきものである。

したがって，原判決の判断は，上記鑑定書の証拠能力を否定した点に関する限り，相当である。

(3)次に，本件覚せい剤は，被告人の覚せい剤使用を被疑事実とし，被告人方を捜索すべき場所として発付された捜索差押許可状に基づいて行われた捜索により発見されて差

し押さえられたものであるが，上記捜索差押許可状は上記(2)の鑑定書を疎明資料として発付されたものであるから，証拠能力のない証拠と関連性を有する証拠というべきである。

しかし，本件覚せい剤の差押えは，司法審査を経て発付された捜索差押許可状によってされたものであること，逮捕前に適法に発付されていた被告人に対する窃盗事件についての捜索差押許可状の執行と併せて行われたものであることなど，本件の諸事情にかんがみると，本件覚せい剤の差押えと上記(2)の鑑定書との関連性は密接なものではないというべきである。したがって，本件覚せい剤及びこれに関する鑑定書については，その収集手続に重大な違法があるとまではいえず，その他，これらの証拠の重要性等諸般の事情を総合すると，その証拠能力を否定することはできない。」

参考裁判例 23 - 9　最三判昭和 58 年 7 月 12 日刑集 37 巻 6 号 791 頁

昭和 48 年 3 月 14 日未明，ホステス A 方ほか近隣家屋数戸が火災で焼失した。警察は，出火場所を当夜不在の A 方と断定し，出火原因究明のため A の周辺を内偵していたところ，A と交際していた X（被告人）に対して怨恨による放火の嫌疑を抱くに至った。しかし，火災当夜に現場付近で X を目撃した者もなく，放火の嫌疑で逮捕状を請求するに足る資料は収集できなかったが，A から，X が，前年の 11 月中旬の深夜に，就寝中の同女方に無断で入ってきたことがある旨の供述を得たので，同女につき住居侵入の被害調書を作成し，同容疑による逮捕状の発付を得て，5 月 1 日午前 8 時半ころに，X を逮捕した（「第 1 次逮捕」という）。捜査官は，X を警察署に引致した後，約 1 時間にわたり住居侵入の被疑事実について取り調べた後，放火の被疑事実についてポリグラフ検査を実施し，次いで，取調べを行ったところ，午後 10 時 30 分ないし 11 時ころまでに X の自白を得たので，その供述調書を作成した。翌日，その自白調書を疎明資料に供して本件放火被疑事件の逮捕状を請求し，その発付を得た後，同日午後 0 時 20 分，住居侵入被疑事件で逮捕中の被告人をいったん釈放し，同日午後 1 時 40 分，放火被疑事件の逮捕状により X を再度逮捕した（「第 2 次逮捕」という）。X は，同月 4 日，放火被疑事件について検察官に送致され，同日，検察官から勾留請求がなされた。裁判官の勾留質問に対して，X は，「事実はそのとおり間違いありませんが，布団に火をつけて直ぐ外に出たので燃え上がったことは知りませんでした」との陳述をしたので，その旨を記載した勾留質問調書が作成され，同日勾留状が発付された。

第 1 審及び原審裁判所は，住居侵入による第 1 次逮捕は違法な別件逮捕であったとして，第 1 次逮捕中の被告人の供述調書及びそれに引き続く放火による第 2 次逮捕・勾留中の取調べによって作成された供述調書の証拠能力を否定したが，勾留質問調書については証拠能力を認め，X を有罪とした。これに対し X が上告したところ，最高裁は，勾留質問調書の証拠能力につき，以下のような判断を示した。

「勾留質問は，捜査官とは別個独立の機関である裁判官によって行われ，しかも，右

手続は，勾留の理由及び必要の有無の審査に慎重を期する目的で，被疑者に対し被疑事件を告げこれに対する自由な弁解の機会を与え，もって被疑者の権利保護に資するものであるから，違法な別件逮捕中における自白を資料として本件について逮捕状が発付され，これによる逮捕中に本件についての勾留請求が行われるなど，勾留請求に先立つ捜査手続に違法のある場合でも，被疑者に対する勾留質問を違法とすべき理由はなく，他に特段の事情のない限り，右質問に対する被疑者の陳述を録取した調書の証拠能力を否定すべきものではない。」

本判決には，次のような伊藤正己裁判官の補足意見が付されている。

「私も，法廷意見と同じく，本件において，裁判官の勾留質問調書……の証拠能力を肯定した原審の判断は，正当として是認できると考えるものであるが，本件は，いわゆる違法収集証拠の排除に関して問題を提起しているものであるから，ここに若干の見解を示して，補足意見としておきたい。

記録に照らせば，被告人は，本件現住建造物等放火罪を理由とする逮捕，勾留に先き立って，住居侵入罪を理由として逮捕されているが，この逮捕は，裁判官が適法に発付した逮捕状によって行われたものであったとはいえ，その真の目的が，当時いまだ逮捕状を請求するに足りる資料のなかった本件現住建造物等放火事件について被告人を取り調べることにあり，住居侵入事件については，逮捕の必要性のなかったことが認められる。したがって，右逮捕は，憲法の保障する令状主義を潜脱して強制捜査を行った，いわゆる違法な別件逮捕にあたるものというべきであり，これによって収集された自白は，これを違法収集証拠として裁判の資料から排除するのが，適正手続の要請に合致し，また将来において同種の違法捜査が行われることを抑止し，司法の廉潔さを保持するという目的からみて相当であると考えられる。

ところで，このような違法収集証拠（第1次的証拠）そのものではなく，これに基づいて発展した捜査段階において更に収集された第2次的証拠が，いわゆる『毒樹の実』として，いかなる限度で第1次的証拠と同様に排除されるかについては，それが単に違法に収集された第1次的証拠となんらかの関連をもつ証拠であるということのみをもって一律に排除すべきではなく，第1次的証拠の収集方法の違法の程度，収集された第2次的証拠の重要さの程度，第1次的証拠と第2次的証拠との関連性の程度等を考慮して総合的に判断すべきものである。本件現住建造物等放火罪を理由とする逮捕，勾留中における，捜査官に対してされた同罪に関する被告人の自白のように，第1次的証拠の収集者自身及びこれと一体とみられる捜査機関による第2次的収集証拠の場合には，特段の事情のない限り，第1次的証拠収集の違法は第2次的証拠収集の違法につながるというべきであり，第2次的証拠を第1次的証拠と同様，捜査官に有利な証拠として利用することを禁止するのは，将来における同種の違法捜査の抑止と司法の廉潔性の保持という目的に合致するものであって，刑事司法における実体的真実の発見の重要性を考慮にいれるとしても，なお妥当な措置であると思われる。したがって，第1審判決及び原判

決が，その適法に認定した事実関係のもとにおいて，捜査官に対する被告人の各供述調書の証拠能力を否定したことは適切なものと考えられる。

しかしながら，本件勾留質問は，裁判官が，捜査に対する司法的抑制の見地から，捜査機関とは別個の独立した職責に基づいて，受動的に聴取を行ったものであり，またこれに対する被告人の陳述も任意にされたと認められるのであるから，その手続自体が適法であることはもとより，この手続に捜査官が支配力を及ぼしたとみるべき余地はなく，第1次的証拠との関連性も希薄であって，この勾留質問調書を証拠として許容することによって，将来本件と同種の違法捜査の抑止が無力になるとか，司法の廉潔性が害されるとかいう非難は生じないと思われる。（なお，ここにもいわゆる自白の反覆がみられるのであるが，一般に，第2次的証拠たる自白が第1次的証拠たる自白の反覆の外形をもつ場合に，第1次的証拠に任意性を疑うべき事情のあるときは，証拠収集機関の異同にかかわらず，第2次的証拠についてもその影響が及ぶものとみて任意性を疑うべきであるとしても，本件において，第1次的証拠につき，その収集が違法とされ，これが排除されたのは，前記のとおり，任意性には必ずしも影響を及ぼさない理由によるものであるから，単に自白反覆の故をもって，直ちに第2次的証拠を排除すべきものとすることは適切でない。）……

以上のように右勾留質問調書……は第1次的証拠との関連の程度が希薄であることに加え，本件の事案も重大であり，右各調書は証拠としても重要であること等を総合考慮すれば，これらの証拠能力を否定することは，違法収集証拠の排除の目的を越えるものであるというべきであるから，これらの調書を裁判の資料とした措置には，所論の違法があるものとはいえない。」

◻ **参考裁判例23-10** 最大判昭和36年6月7日刑集15巻6号915頁（7-1と同一事件）

本件は，麻薬取締官が，X（被告人）をヘロインの譲渡しの嫌疑で緊急逮捕すべく，X宅に赴いたが，Xが外出中であったために，逮捕に着手するに至らないまま，X宅の捜索を行い，ヘロインを発見して押収した後，Xが帰宅したので逮捕したという事案である。原審裁判所は，逮捕着手前の捜索・差押えを刑訴法220条の逮捕に伴う捜索・差押えとして認めることはできないから，本件捜索・差押えは，令状によらない違法なものであったとして，本件ヘロイン及びそれにかかる捜索差押調書の証拠能力を否定した。

これに対し，最高裁は，本件捜索・差押えも，逮捕に伴う捜索・差押えとして適法であるとして，その点で，原審裁判所の判断には誤りがあるとした上で，さらに，本件ヘロイン及びそれにかかる捜索差押調書の証拠能力に関して，次のように述べた。

「麻薬取締官作成の……捜索差押調書及び右麻薬……鑑定書は，第1審第1回公判廷において，いずれも被告人及び弁護人がこれを証拠とすることに同意し，異議なく適法な証拠調を経たものであることは，右公判調書の記載によって明らかであるから，右各

書面は，捜索，差押手続の違法であったかどうかにかかわらず証拠能力を有する」。

◯ **参考裁判例 23 - 11** 福岡地判平成 17 年 5 月 19 日 判時 1903 号 3 頁

X（被告人）は，平成 15 年 6 月に福岡市で発生した V 一家 4 人の殺害事件について，中国人留学生の Y, Z（事件後，中国に逃走していたが，中国当局に検挙され，中国で起訴された）らと共謀のうえ，金銭を奪うために被害者らを殺害して，その遺体を博多湾に遺棄したとして，強盗殺人，死体遺棄等の罪で起訴された。公判において，検察官が，日本から中華人民共和国に対する国際捜査共助の要請に基づき同国遼寧省遼陽市公安局係官によって作成された Y の供述調書 5 通及び Z の供述調書 4 通とそれらの翻訳文作成報告書について，証拠調べを請求したところ，弁護人は，中国の刑事訴訟制度においては供述拒否権が認められていず，それらの供述調書は Y 及び Z に対して保障されるべき供述の自由を侵害して得られたものであるから，日本の憲法及び刑訴法に照らし，違法に収集された証拠として排除すべきである，などと主張して，異議を述べた。これに対し，福岡地裁は，次のように判断して（平成 16 年 11 月 30 日の証拠採用決定で述べられたところを判決理由中で再確認したもの），検察官請求の各調書等のうち，一部（刑訴法 321 条 1 項 3 号の不可欠性の要件を欠くと認められるため，証拠として不採用）を除き，それ以外の各調書等を証拠として採用し，これらを取り調べた上，他の証拠をも合わせて，X の有罪を認定し，同人に死刑を言い渡した。

「本件捜査共助は，国家間の国際礼譲に基づき日本国が中国に任意の捜査協力を要請したもので，その手続は任意捜査の一方法として適法に行われていること，国際捜査共助の手続に基づき日本から捜査協力を要請された外国の捜査機関は，その国の法令に定められた手続に従って証拠収集を行うのであって，日本の法律は適用されないことからすれば，日本の捜査官の違法行為によって得られた証拠の証拠能力を否定する違法収集証拠排除法則が，中国の捜査機関による証拠収集手続に適用されないことは明らかである。……

国際捜査共助に基づき，外国の捜査機関がその国の法令に従って適法に証拠収集を行ったとしても，その結果得られた証拠は日本の刑事裁判において使用されることからすれば，その証拠収集手続が日本の法令に照らして違法であると見られる場合には，証拠能力に関する諸規定のほか，刑訴法全体の精神に照らし，その証拠を事実認定の証拠とすることが許容されるかどうかについても検討する必要があると解するのが相当である（最高裁平成 7 年 2 月 22 日大法廷判決・刑集 49 巻 2 号 1 頁［参考裁判例 15 - 4］参照）。そして，元来，国際捜査共助は，外国における証拠収集のための要件や手続が日本におけるそれと異なっていることを当然の前提として成り立つ制度であることを考えると，国際捜査共助によって得られた証拠を日本の刑事裁判において使用することが許容されなくなるのは，外国の捜査機関による証拠収集手続が，刑訴法全体の基本理念に実質的に反していると認められる場合に限られると解するのが相当である。

……確かに，中国刑事訴訟法93条［現118条。「**15**黙秘権（自己負罪拒否特権）」*Q6*参照］は，被疑者に真実供述義務を課しており，被疑者の黙秘権を認めていないことが明らかである。しかし，そのことから直ちに本件各調書等について証拠の許容性を否定すべきであると解することはできない。なぜなら，被疑者の黙秘権が制度的に保障されていなかったとしても，被疑者の取調べが実質的に供述の自由を保障した上で行われたと認められるのであれば，その取調べを刑訴法の基本理念に実質的に反していると評価するまでの必要はないと解されるからである。したがって，本件調書等について証拠の許容性を判断するに当たっては，本件取調べにおいて，Y及びZに対して実質的に供述の自由が保障されていたと評価することができるかどうかについてさらに検討する必要があるところ，本件取調べは，日本から中国に対する国際捜査共助に基づいて実施されたものであり，実際の取調べの時も日本［から派遣されたP検事ら2名］の捜査官が立ち会っていたこと，また，取調官は，Y及びZに対する本件取調べを開始するに当たっては，取調べに立ち会った［P検事ら］日本の捜査官の要請に基づき，Y及びZに供述拒否権を告知していること，しかも，Y及びZに対する質問内容はあらかじめ日本の捜査官が作成した質問事項に基づいて行われ，Y及びZに本件調書等に対する署名及び指印を求めるに当たっても，その内容の正確性についてあらかじめ日本の捜査官が確認していること，そして，Y及びZが署名及び指印した本件調書等の原本は，その後中国から日本国に送付されてきたことにかんがみると，本件取調べは，中国の捜査機関がY及びZを中国の刑法に従って処罰するために行ったものでないことは明らかである。また，本件取調べの態様をみても，Y及びZに対し，肉体的強制が加えられていないことは明らかである。加えて，本件取調べの開始前にY及びZに対して供述拒否権が告げられていたことのほか，本件調書等はいずれも一問一答の問答形式の体裁で記載されていて，Y及びZの言い分がそのまま記載されていると認めることができる上，Y及びZが取調官から厳しく追及されたことを窺わせる事情は一切存在せず，本件取調べにおいてY及びZが供述拒否権を奪われるような精神的強制を加えられた形跡も認められない。そうすると，中国刑訴法が制度として被疑者に真実供述義務を課し，黙秘権を否定しているとしても，本件取調べにおいては，Y及びZが供述の自由を侵害されたと見るべき事情はないと言うことができるから，本件調書等を作成するための証拠収集手続が刑訴法の基本理念に実質的に反しているとみることはできない。」

［上告審である最一判平成23年10月20日刑集65巻7号999頁は，本件調書等が「国際捜査共助に基づいて作成された」ことと「犯罪事実の証明に欠くことができないもの」であることを指摘した上で，我が国の捜査官から中国の捜査官に取調べの方法等に関する要請がされ，取調べに際して「黙秘権が実質的に告知され，また……肉体的，精神的強制が加えられた形跡はないなどの……本件の具体的事実関係を前提とすれば」，本件「調書等を刑訴法321条1項3号により採用した第1審の措置を是認した原判断に誤りはない」とした。なお，中国刑事訴訟法は，その後改正され，「自己が有罪であることの証明の強制」の禁止規定

(50条）が追加されている。]

24 裁　　判

(1) 概括的認定，択一的認定

［設例］

(ア) 裁判所は，被告人XがAを殴打して傷害を負わせたこと，及び使用した凶器が木刀又はバットのいずれかであることは間違いないが，いずれの凶器を使用したかは断定できないと考えている。

(イ) 裁判所は，被告人Yが盗品であるネーム入り指輪を所持していたことその他の事情から，Yがこれを窃取したか盗品として譲り受けたかのいずれかであることは間違いないが，いずれの罪を犯したかは断定できないと考えている。

Q Elementary

1 それぞれの場合について，成立する可能性のある罪となるべき事実はどのようなものか。

2 それぞれの場合，成立する可能性のある罪となるべき事実のうち，裁判所がいずれか1つを任意に選択して，有罪の認定をすることができるか。

3 それぞれの場合，成立する可能性のある罪となるべき事実のうち，裁判所が何らかの原理に基づきいずれか1つを選択して，有罪の認定をすることができるか。

4 それぞれの場合，成立する可能性のある罪となるべき事実のいずれをも含む「甲事実又は乙事実」（あるいはそれらを包括する「丙事実」）が犯罪事実であるとして，有罪の認定をすることができるか。

5 以上の*2*，*3*，*4*について，有罪認定ができるとすれば，裁判所は，罪となるべき事実をどのように判示するか。量刑の基礎となるのはどのような事実か。有罪認定ができないとすれば，罪を犯したと判断できるXないしYに対して，無罪判決を言い渡すことになるのか。

24-1 札幌高判昭和61年3月24日高刑集39巻1号8頁

【事案の概要】　X（被告人）は，昭和60年1月29日午後6時40分ころから，ショベル・ローダを使用して除雪を始め，同日午後8時30分ころ，雪かきの手伝いをしていた妻Aに対し車上から声を掛けて家の中へ入るよう促した。Xは，同日午後8時50分ころまで除雪作業をし，同日午後11時ころ自宅に帰ったが，翌30日午前0時ころになりAがいないことに気づき，除雪作業中にAを轢いて雪の中に埋没させたかもしれないと考え，付近を掘ったところ，同日午前1時ころAを発見した。Xは，大声で呼びかけたが，Aに何の反応もなく氷のように冷たいだけで，

呼吸や胸の鼓動も感じることができなかったため，Aが死亡してしまったものと思い，自宅に運ぼうとしたが，事故から4時間近くも経過しており，これを届け出ても殺人の嫌疑がかかるなどと考え，いっそのこと交通事故に見せかけてAを遺棄しようと決意し，同日午前2時40分ころ，付近の国道脇にAを投げ捨てた。鑑定によると，Aの死亡推定時刻は29日午後7時10分ころから翌30日午前3時10分ころまでの間であり，遺棄当時のAの生死は不明であった。Xは，死体遺棄の公訴事実で起訴された。

第1審は，Aの死因は凍死であるが，遺棄当時はなお凍死に至る虚脱期であった可能性もあり，当時既に死亡していたと認定するには合理的な疑いを入れる余地があるとし，Xは死体遺棄の故意で保護責任者遺棄を犯したものであるところ，両罪には実質的な構成要件上の重なり合いがあるとして，軽い死体遺棄罪の成立を認めた。弁護人は，控訴趣意で，死体遺棄罪と保護責任者遺棄罪とは保護法益・罪質等が異なり，構成要件的に重なり合う部分はないから，Xには死体遺棄罪は成立せず，無罪であると主張した。

【判示】 控訴審は，職権調査により，Aの死亡に関する原認定には事実誤認があるとして，原判決を破棄し，あらためて死体遺棄罪の事実を認定し，原判決と同一の刑を言い渡した。

「被告人は，同月29日午後8時40分ころ，Aに対し，自力脱出不能な程度の傷害を負わせた上，厳寒時雪山に埋没させてしまい，約4時間20分後の翌日午前1時ころ，ようやく同女を雪中から発掘したが，その際すでに同女は……被告人の呼び掛けにも全く答えず，雪に触れていた身体部分は氷のように冷たく，着衣におおわれていた胸にもほとんどぬくもりはなく，両腕や下肢部分は冷たく硬くなっており，手を当てるなどして確めても心臓の鼓動も呼吸も全く感じられなかったという状態であったので，被告人は，同女が死亡しているものと思い込み，氷点下13，4度の寒冷な外気中で同女を抱えたまま，何の手当も加えず，それから約1時間40分経過した午前2時40分ころに至り，ついに同女を敷地内に遺棄したというのであるから，少なくともその時点においては，被告人のみならず，一般人から見ても，同女は既に死亡していたものと考えるのが極めて自然であるということができる。

……ところで，前記死亡推定時刻は，あくまでも死体解剖所見のみに基づく厳密な法医学的判断にとどまるから，刑事裁判における事実認定としては，同判断に加えて，行為時における具体的諸状況を総合し，社会通念と，被告人に対し死体遺棄罪という刑事責任を問い得るかどうかという法的観点をふまえて，Aが死亡したと認定できるか否かを考察すべきである。

本件において，仮に遺棄当時Aがまだ死亡に至らず，生存していたとすると，被告人は，凍死に至る過程を進行中であった同女を何ら手当てせずに寒冷の戸外に

遺棄して死亡するに至らしめたことになり，同女の死期を早めたことは確実であると認められるところ，自ら惹起した不慮の事故により雪中に埋没させてしまった同女を掘り出しながら，死亡したものと誤信し，直ちに医師による治療も［ママ］受けさす等の救護措置を講ずることなく，右のように死期を早める行為に及ぶということは，刑法211条後段の重過失致死罪に該当するものというべく，その法定刑は5年以下の懲役もしくは禁錮又は20万円以下の罰金であるから，被告人は，法定刑が3年以下の懲役である死体遺棄罪に比べ重い罪を犯したことになって，より不利益な刑事責任に問われることになる。また，被告人の主観を離れて客観的側面からみると，Aが生存していたとすれば，被告人は保護責任者遺棄罪を犯したことになるが，同罪も死体遺棄罪より法定刑が重い罪である。本件では，Aは生きていたか死んでいたかのいずれか以外にはないところ，重い罪に当たる生存事実が確定できないのであるから，軽い罪である死体遺棄罪の成否を判断するに際し死亡事実が存在するものとみることも合理的な事実認定として許されてよいものと思われる。

　以上の諸点を総合すると，本件においては被告人の遺棄行為当時Aは死亡していたものと認定するのが相当である。」

Q Basic

6　本件の場合，Xの遺棄行為時点のAの生死不明の点を除けば，すべて証明が尽くされているから，「保護責任者遺棄（あるいは重過失致死）又は死体遺棄」の事実を認定し，軽い死体遺棄の罰条により処断するとすれば足りるのではないか。それができないとすれば，なぜか。

7　本件と類似する事案において，参考裁判例24-⑧は，「二者のうちいずれか一方の訴因が成立することは間違いないものとして択一的に或いは被告人に有利な訴因につき有罪の認定をなす」ことは，「挙証責任の法則に忠実である限り」許されないとしている。その趣旨はどのようなものと考えられるか。

8　保護責任者遺棄罪と死体遺棄罪とでは，前者の事実に後者の事実が含まれる関係にあるから，本件の場合，「疑わしきは被告人の利益に」の原則を適用して，死体遺棄の限度で事実を認定して処断することができるとは考えられないか。

9　人の生死のように論理的な択一関係に立つ事項については，一方の要素の不存在は必然に他方の存在を意味するから，重い保護責任者遺棄罪の要素である「生きていたこと」が確定できなければ，「死んでいた」ものとして死体遺棄罪に当たるとすることができるのではないか。

10　本判決は，「生きていたこと」の証明がないことから，論理的に当然なものとして，軽い罪の前提である「死んでいた」事実を認定したのか。それとも，それ以外の事情を考慮に入れて，「死んでいた」事実を認定したのか。もしも後者であ

るとすると，それらの事情としてどのようなものが考えられるか。それらを本件で被害者の生死を判断する際に考慮することは適切か。

11 本判決が「刑事裁判における事実認定としては，〔法医学的〕判断に加えて，行為時における具体的諸状況を総合し，社会通念と，被告人に対し死体遺棄罪という刑事責任を問い得るかどうかという法的観点をふまえて，Aが死亡したと認定できるか否かを考察すべきである」と述べているのは，いかなる趣旨か。鑑定その他からAの死亡を確定できなくても，「法的観点」から死亡と認定してよいという趣旨か。そうだとすると，その場合の「法的観点」とは何か。

12 次のそれぞれの場合について，裁判所は，概括的認定又は択一的認定により，被告人を有罪と認定することができるか。

(1) 被告人が住宅のキッチン外壁に放火したことは間違いないが，具体的な点火方法・手段が判明しない場合

(2) 被告人が被害者を殺害したことは間違いないが，以前からの金銭関係のもつれを動機とするのか，その場での口論から激情にかられたのか断定できない場合

(3) 被告人が被害者（成人）を誘拐したことは間違いないが，それが営利目的なのかわいせつ目的なのか断定できない場合

(4) 被告人の殴打により被害者が死亡したことは間違いないが，被告人に殺意があったのか傷害の故意にとどまるのか断定できない場合

(5) 被告人の拳銃発射により被害者が死亡したことは間違いないが，被告人が故意に被害者に向けて発砲したのか，不用意にもてあそんでいた拳銃が暴発したのか断定できない場合

(6) 被告人が住宅に押し入り金品を奪ったことは間違いないが，被害者らを縛り上げたのが，金品領得前に反抗抑圧の手段としてなされたのか，領得後に逮捕を免れるためになされたのか断定できない場合

(7) 被告人が自動車運転中に誤って通行人をはねて負傷させたことは間違いないが，ブレーキ操作を誤ったのか脇見運転によるものであるのか断定できない場合

(8) 出火原因が監督責任者である被告人又は3名の従業員のいずれかの不注意による煙草の火の不始末であることは間違いないが，そのいずれであるかが断定できない場合（秋田地判昭和37年4月24日判タ131号166頁参照）

(9) 被告人XがYと共謀の上，自動車内でAを殺害したことは間違いないが，実行行為者がX，Y，あるいはその両名のいずれであるか不明であり，殺害方法が扼殺，絞殺，又はこれに類似する方法のいずれかであるか断定できない場合（なお，最三決平成13年4月11日刑集55巻3号127頁［判例 **13** - 1 ］参照）

Q Advanced

13 本件事案において，午前2時40分ころの時点における死体遺棄の事実も保

護責任者遺棄（あるいは重過失致死）の事実も認定できないという見解を採った場合，Xを有罪とする余地はほかにないか。

14 Yは，車の発進に際して不注意により，酩酊して路上に寝込んでいたBを自車に巻き込んだまま，約2キロメートルにわたり走行したが，異常に気づいて停車，点検したところ，まだ生存していたBを発見したものの，事故の発覚をおそれてそのまま走行し，途中でBを振り落とし，Bは3時間後に骨盤骨折，腹膜下出血により死亡した。検察官は，Bの死因である骨折等が発進から一時停車までの区間で生じたとして，Yを過失運転致死の事実で起訴したが，裁判所は，骨折等が前記区間で生じたのか，それとも，一時停車，点検後にBを振り落とすに至るまでの区間で生じたか断定できないと考えている。この場合，裁判所は，Yを過失運転致死により有罪と認定することができるか。

24-2 東京高判平成4年10月14日高刑集45巻3号66頁

【事案の概要】 X（被告人）は，Yと共謀の上，東京都中央区銀座のコンビニエンス・ストア甲野において，同店店員Aに暴行，脅迫を加えてその反抗を抑圧し，現金17万円を強取したとして，Yとともに強盗の共同正犯として起訴された。原認定によれば，①事件当夜，XがYの運転するオートバイに同乗して，甲野付近の路上に赴いたこと，②その後，Xのみが店内に入り，Aに暴行，脅迫を加えた上，現金を強取したこと，③現金を持って店外に出たXが，付近の路上で待機していたYのオートバイの後部座席に乗って逃走したこと，④XとYは，近くの駐車場で強取した現金をほぼ山分けし，それぞれヘルメットの内側に隠匿したこと，以上の事実が認められ，両名の間に事前の共謀が存在したことが強く推認されたが，犯行への関与を否定するYの供述も，虚偽とは断定し難く，同人の関与に疑問を抱かせる事情も存在したため，Xの単独犯行である可能性も残された。

原判決は，両名の手続を分離して審理を遂げ，Xに対しては「単独で又はYと共謀の上」強盗を行ったとの択一的な認定をして，懲役3年6月の有罪判決を言い渡した。弁護人は，控訴趣意で，共同正犯と単独犯のいずれの可能性もあるというのであれば，犯情の軽い共同正犯を認定すべきであるなどと主張した。

【判示】 控訴審は，量刑不当を理由に原判決を破棄して懲役3年の刑を言い渡したが，前記の点につき次のように判示した。

「1 ……当裁判所は，……本件においては，被告人が『単独で又はYと共謀の上』原判示強盗を実行したと択一的な認定をすることが許される。そして，この認定をした場合には，単独犯と共同正犯の各事実について具体的な犯情を検討した上で，犯情が軽く，被告人に利益と認められる事実を基礎に量刑を行うべきであると考える。本件においては，共同正犯の事実の方が犯情が軽く，被告人に利益と認め

られるので，この事実を基礎に量刑を行うこととなる。……

2　原判決が認定した［前記①ないし④］の各事実は，証拠上極めて明らかであって，右各事実自体については，何らの争いもないところ，これによれば，本件強盗は，被告人がYと共謀の上実行したか（共同正犯），単独で実行したか（単独犯）のいずれかであって，第三の可能性は存しないと認められる上……，両者は，互いに両立し得ない択一関係にあり，訴訟法上は同一の公訴事実に属する。しかも，本件強盗の共同正犯と単独犯とを比較すると，被告人が実行行為を全て単独で行ったことに変りはなく，単に，被告人が右犯行についてYと共謀を遂げていたかどうかに違いがあるにすぎないのである。そして，法的評価の上でも，両者は，基本形式か修正形式かの違いはあるにせよ，同一の犯罪構成要件に該当するものであり，法定刑及び処断刑を異にする余地もない。

3　このような事案について，強盗の共同正犯と単独犯を択一的に認定することができるものとしても，その量刑が，犯情が軽く，被告人に利益と認められる共同正犯の事実を基礎に行われる限り，共同正犯又は単独犯のいずれかの事実を一義的に認定して被告人を処罰する場合と比べ，実体法の適用上，被告人に不利益を及ぼす余地は全くない。

次に，このような認定を許容することにより，被告人に訴訟手続上の不利益を及ぼすことがないかどうかについて考えると，右択一的認定が許されるとすれば，訴訟手続上，被告人は，強盗の共同正犯と単独犯の双方の事実について防御しなければならなくなり，その分だけ負担が増すことは事実であるが，右負担の増加は，公訴事実を同一にする事実の範囲内において，予備的又は択一的訴因が掲げられた場合と異なるところはなく，刑訴法上当然に予想されたものというべきであって，これをもって，被告人に過大な負担を課すものとはいえない。また，本件のように，強盗の実行行為を全て被告人が行ったとされていてそのこと自体に争いはなく，ただ，被告人と共犯者との共謀の有無につき，両名の各供述が顕著に対立しているにすぎない事案においては，共同正犯の訴因に対し，共同正犯と単独犯の事実を択一的に認定しても，被告人の防御権を実質的に侵害することはないと認められるから，そのような択一的認定をするにあたり，訴因の変更又は追加の手続きを経由する必要はないと解される。

以上のとおり，本件において，原判決のような択一的認定が許されるものとしても，実体法の適用及び訴訟手続上の保障のいずれの点からみても，被告人に不当な不利益を及ぼすものではないことが明らかである。

4　他方，本件において，被告人が自ら強盗の実行行為の全てを行っていることが明らかであるにもかかわらず，それがYとの共謀に基づくものであるか否かが判然としないため，結局，強盗の単独犯及びその共同正犯のいずれについても犯罪

の証明がないとして、被告人に無罪を言い渡すべきものとするのは、明らかに国民の法感情に背反し、事案の真相を究明して適正な刑罰法令の適用を図る刑訴法の理念にもそぐわないといわなければならない。

また、本件において、被告人が自ら強盗の実行行為の全てを行った証拠は十分であり、Ｙと右強盗を共謀した証拠は十分でないことからすると、証拠によって認定することができる限度で、強盗の単独犯を認定すべきではないかとも考えられるが、前記のとおり、本件の場合には、強盗の共同正犯の方が単独犯に比べて犯情が軽く、被告人に利益であると認められるのであるから、共同正犯であるかもしれないという合理的疑いがあるにもかかわらず、被告人に不利益な単独犯の事実を認定し、これを基礎に量刑をして被告人を処罰するのは『疑わしきは被告人の利益に』の原則に反するといわざるを得ないであろう。

5 以上のように考えると、本件のような場合においては、前記のとおり、強盗の共同正犯と単独犯を択一的に認定した上、犯情が軽く被告人に利益な共同正犯の事実を基礎に量刑を行うものとすることが、最も事案に即した適正な法的解決であり、現行刑訴法の解釈として、十分支持され得るものと思われる。」

Q Advanced

15 本判決は、①この判示に引き続いて、②罪となるべき事実の記載方法として「単独で又はＹと共謀の上」と択一的に記載することが許されるとし、③量刑判断として被告人に利益と認められる共同正犯を基礎にする判示をした。このような３つの段階にそった判断方法が必要になるのはなぜか。

16 本判決は、本件で単独犯と共同正犯の択一的認定が許される事情として、実体法上の要素、手続法上の要素としていかなるものを挙げているか。

17 強盗の単独犯（刑法236条）と強盗の共同正犯（刑法236条・60条）とでは構成要件が異なり、本件ではいずれの構成要件についても証明が尽くされていないのではないか。

18 Ｙとの共謀の事実だけが証明されていないのであれば、それを除外した強盗の単独犯の証明があったとすれば十分ではないか。本判決は、この点についてどう判示しているか。

19 参考裁判例11-9は、**17**及び**18**との関係で何らかの意味を持つか。

20 本判決は、「共同正犯の訴因に対し、共同正犯と単独犯の事実を択一的に認定しても、被告人の防御権を実質的に侵害することはない」とするが、単独犯のほうが犯情が重いというのであれば、そのようにはいえないのではないか。

21 本判決は、「強盗の共同正犯と単独犯を択一的に認定した上、犯情が軽く被告人に利益な共同正犯の事実を基礎に量刑を行う」というのであるが、それは実質的には、本件で共同正犯を認定しているのと同じなのではないか。そのように択一

的認定をすることによって何が実際上異なることになるか。

22 本件で罪となるべき事実の記載方法として,「単独で又はYと共謀の上」との部分を一切記載しないという方法は許されるか。

(2) 余罪と量刑

24-③ 最大判昭和42年7月5日刑集21巻6号748頁

【事案の概要】 X（被告人）は，昭和35年1月以降事務補助員又は事務員として，京橋郵便局集配課に勤務し，郵便物の区分及び配達の作業に従事していたものであるが，宿直勤務中の昭和39年11月21日午前1時30分ころ，宿直員によって区分作業を終了し道順組立棚に区分保管されていた京橋郵便局長A保管にかかる現金合計7880円，郵便切手合計684円在中の普通通常郵便物29通をひそかに取り出してX使用の被服箱に収得し，これを窃取したとの事実で懲役1年2月の実刑判決を受けたが，第1審判決は，その理由中で，次のような判示をした。すなわち，「被告人が郵政監察官及び検察官に対し供述するところによれば，被告人は本件と同様宿直勤務の機会を利用して既に昭和37年5月ごろから130回ぐらいに約3000通の郵便物を窃取し，そのうち現金の封入してあったものが約1400通でその金額は合計で約66万円に，郵便切手の封入してあったものが約1000通でその金額は合計約23万円に達しているというのである。被告人は，当公判廷においては，犯行の始期は昭和37年5月ごろではなくて昭和38年5月ごろからであり，窃取した現金は合計20万円ぐらい，郵便切手は合計4,5万円ぐらいのものであると弁解しているのであるが」，同弁解は措信し難く，むしろ「郵政監察官及び検察官に対し供述したところが真実に略々近いものである」とし，「これによれば，被告人の犯行は，その期間，回数，被害数額等のいずれの点よりしても，この種の犯行としては他に余り例を見ない程度のものであったことは否定できないことであり，事件の性質上量刑にあたって，この事実を考慮に入れない訳にはいかない」というのである。原判決は，弁護人の量刑不当の主張を容れ，原判決を破棄し，Xを懲役10月の実刑に処した。弁護人は，上告趣意で，量刑の資料とされたものは郵政監察官等が作成したXの自白調書のみであり，これによる有罪認定は憲法38条3項に違反するなどと主張した。

【判旨】 最高裁は，弁護人の主張の実質を採用したが，次のように判示して，結局は上告を棄却した。

「刑事裁判において，起訴された犯罪事実のほかに，起訴されていない犯罪事実をいわゆる余罪として認定し，実質上これを処罰する趣旨で量刑の資料に考慮し，これがため被告人を重く処罰することが，不告不理の原則に反し，憲法31条に違反するのみならず，自白に補強証拠を必要とする憲法38条3項の制約を免れるこ

ととなるおそれがあって，許されないことは，すでに当裁判所の判例［参考裁判例 24-⑨］とするところである。（もっとも，刑事裁判における量刑は，被告人の性格，経歴および犯罪の動機，目的，方法等すべての事情を考慮して，裁判所が法定刑の範囲内において，適当に決定すべきものであるから，その量刑のための一情状として，いわゆる余罪を考慮することは，必ずしも禁ぜられるところでないと解すべきことも，前記判例の示すところである。）

……［第1審の前記］判示は，本件公訴事実のほかに，起訴されていない犯罪事実をいわゆる余罪として認定し，これをも実質上処罰する趣旨のもとに，被告人に重い刑を科したものと認めざるを得ない。したがって，第1審判決は，前示のとおり，憲法31条に違反するのみでなく，右余罪の事実中には，被告人の郵政監察官および検察官に対する自供のみによって認定したものもあることは記録上明らかであるから，その実質において自己に不利益な唯一の証拠が本人の自白であるのにこれに刑罰を科したことになり，同38条3項にも違反するものといわざるを得ない。

そうすると，原判決は，この点を理由として第1審判決を破棄すべきであったにかかわらずこれを破棄することなく，右判示を目して，たんに本件起訴にかかる『被告人の本件犯行が1回きりの偶発的なものかあるいは反覆性のある計画的なものかどうか等に関する本件犯行の罪質ないし性格を判別する資料として利用する』趣旨に出たにすぎないものと解すべきであるとして，『証拠の裏づけのないため訴追することができない不確実な事実を量刑上の資料とした違法がある』旨の被告人側の主張を斥けたことは，第1審判決の違憲を看過し，これを認容したもので，結局において，憲法38条3項に違反する判断をしたことに帰着する。

しかしながら，原判決は，結論においては，第1審判決の量刑は重きに失するとして，これを破棄し，改めて被告人を懲役10月に処しているのであって，その際，余罪を犯罪事実として認定しこれを処罰する趣旨を含めて量刑したものでないことは，原判文上明らかであるから，右憲法違反は，刑訴法410条1項但書にいう判決に影響を及ぼさないことが明らかな場合にあたり，原判決を破棄する理由とはならない。」

Ⓠ Basic

23 本件のような場合，余罪が起訴されない事情としてはどのようなことが考えられるか。

24 「起訴されていない犯罪事実をいわゆる余罪として認定し，実質上これを処罰する趣旨で量刑の資料に考慮［すること］」が許されない根拠として，本判決の引用する参考裁判例24-⑨は何を挙げているか。

25 「量刑のための一情状として，いわゆる余罪を考慮すること」が許される根拠として，本判決の引用する参考裁判例24-⑨は何を挙げているか。

26 本判決が「[第1審の]判示は，本件公訴事実のほかに，起訴されていない犯罪事実をいわゆる余罪として認定し，これをも実質上処罰する趣旨のもとに，被告人に重い刑を科したものと認めざるを得ない」としたのはなぜか。同種の余罪が多数あることを「被告人の性格，経歴および犯罪の動機，目的，方法等」の1つとして考慮したのにすぎないのではないか。

27 参考裁判例24-⑨が「本件起訴にかかる窃盗の動機，目的および被告人の性格等を推知する一情状として考慮したものであって，余罪を犯罪事実として認定し，これを処罰する趣旨で重く量刑したものではない」としたのはなぜか。Yが本件以前にも6ヵ月間多数回にわたり同様の犯行を重ねたことを考慮するというのであれば，それらがあるが故に実刑をもって処罰したのではないか。

28 「起訴されていない犯罪事実をいわゆる余罪として認定し，実質上これを処罰する趣旨で量刑の資料に考慮［すること］」と「量刑のための一情状として，いわゆる余罪を考慮すること」とを区別することができるか。区別できるとすれば，その基礎として一定の量刑基準が形成されているからであるとも考えられるが，そのような基準としてはいかなる要素を考慮に入れるべきであるか。参考裁判例24-⑩は，この点についてどのように考えているか。

29 本件とは異なり，Xに，前勤務先の会社事務所内の保管庫から現金を窃取した前科があったとする。裁判所は，この事実を量刑上考慮することができるか。できるとした場合，それは前科について二重処罰をしていることにならないか。

Q Advanced

30 被告人に，他の裁判所に係属中の余罪がある場合，その犯罪事実を量刑上考慮することはできるか。できるとした場合，それは余罪について二重処罰をしていることにならないか。

31 Xは，前訴において，甲罪により確定有罪判決を受けたが，その際，量刑事情として余罪たる乙事実がある旨判示された。Xが乙事実により起訴された場合，後訴裁判所は，前訴において，起訴されなかった乙事実が余罪として認定され，実質上処罰する趣旨で量刑資料として考慮されたもので違法であったと判断することができるか。仮にできるとした場合，後訴裁判所は，乙事実についてどのように判断すべきか（参考裁判例24-⑬参照）。

(3) 形式裁判の内容的確定力

Q Elementary

32 名誉毀損事件について公訴が提起されたが，裁判所は，有効な告訴がないとして公訴棄却判決を言い渡し，これが確定した。その後，検察官が，補充捜査を行い，告訴が有効であったとの証拠を収集した上，同一の事件について再び公訴を

提起した場合，裁判所はどうすべきか。裁判所から見て，告訴は有効であったとの検察官の主張に理由があると思われる場合，裁判所は実体審判を行ってよいか。

上記公訴棄却判決の確定後に被害者から新たに有効な告訴がなされた上で，再度の公訴が提起された場合はどうか。

33 ある事件についてＸを被告人として甲裁判所に公訴が提起されたが，土地管轄がないとして管轄違いの判決が言い渡され，これが確定した。検察官は，その後補充捜査を行い，Ｘの住所についての証拠を収集した上，その住所を根拠として，同一の事件について再び甲裁判所に公訴を提起した。ただし，Ｘの住所，居所，現在地に新たな変更は生じていない。この場合，裁判所はどうすべきか。

24-4 大阪地判昭和49年5月2日刑月6巻5号583頁

【事案の概要】 Ｘ（被告人）は，昭和37年1月10日，大阪地裁において，暴力行為等処罰ニ関スル法律違反，恐喝，詐欺，同未遂，傷害，監禁等の事実（①事実）につき，懲役2年6月の有罪判決を言い渡されたが，Ｘはこれに対して控訴した後，保釈された。大阪高裁は，昭和41年11月5日，Ｘの控訴を棄却し，これに対しＸは上告した。上告審の係属中の昭和43年1月24日，Ｘは，別の有価証券偽造，同行使，詐欺未遂，贓物牙保，恐喝，詐欺の事実（②事実）につき，大阪地裁において懲役3年及び罰金10万円の有罪判決を受けたが，Ｘはこれに対し控訴し，これまた保釈されていた。Ｘは，以上の各事件について実刑判決を回避することは困難であると見通し，その刑期も予想を上回るものであったので，自己が戸籍上死亡したことにして刑の執行を免れようと企て，同年3月1日ころ，自己の死亡診断書を偽造し，翌2日ころ，内容虚偽の死亡届を作成の上，これと共に上記偽造した死亡診断書を大阪市浪速区役所戸籍係員に提出し，戸籍の原本に不実の記載をさせ，これを備え付けさせた。その上で，Ｘは，Ｘ死亡の旨を実弟などを介して事件担当の弁護人Ａに連絡し，さらに内容虚偽の除籍謄本をＡに交付するなどした。その結果，大阪高裁は，上記②の事実にかかる控訴事件につき，同年4月16日，Ｘが3月1日に死亡したことを理由に刑訴法339条1項4号により公訴棄却の決定をし，同決定は即時抗告の申立てもなく確定した（なお，①事実にかかる有罪判決は，上告棄却ののち確定していたが，Ｘ死亡につき刑の執行不能とされた）。

しかしその後，Ｘが生存しており，死亡が偽装であったことが判明したので，Ｘは，自己を死亡したものとして戸籍に記載させる等した事実（③事実）につき有印私文書偽造，同行使，公正証書原本不実記載，同行使の罪により大阪地裁に起訴されるとともに，昭和48年2月27日付の起訴状で，上記②の事実と同一の事実（有価証券偽造等）につき同地裁に再び起訴された。

公判でＸ側は，形式裁判とはいえ公訴棄却の決定が確定すれば，内容的確定力

が生ずるから，本訴において，先に大阪高裁がしたX死亡の認定を覆して再度の公訴提起を認めることはできない等主張して，公訴棄却を求めた。

【判示】 大阪地裁は，次のように述べてX側の上記主張を斥けた上，Xに懲役4年6月及び罰金10万円の有罪判決を言い渡した。

「公訴棄却の決定はいわゆる形式裁判であるから，その裁判が確定しても再起訴は原則として妨げられないと解すべきであり，これは，刑事訴訟法340条が例外的に，公訴取消による公訴棄却決定が確定したときに再起訴が妨げられる旨規定していることに照らしても明らかである。このことは，被告人死亡を理由とする公訴棄却決定が確定しているときも同様であり，まして，被告人死亡の事実認定が内容虚偽の証拠に基づくものであったことが，新たに発見された証拠によって明白になったような場合にまで，なおも，この公訴棄却決定の示した判断が拘束性を保有して，後の再起訴を妨げるものとは，とうてい解することはできない。本件において，大阪高等裁判所の公訴棄却決定が内容虚偽の証拠に基づくものであり，それが新たに発見された証拠によって明白になったことも……明らかであり，何にもまして，死亡したとする被告人が当法廷に立つに至ったこと，この事実に優る証拠はないのであるから，大阪高等裁判所が公訴棄却決定で示した判断は当裁判所を拘束しないものと解するのが相当である。」

Q Basic

34 本判決が，「公訴棄却の決定はいわゆる形式裁判であるから，その裁判が確定しても再起訴は原則として妨げられない」と述べているのは，いかなる趣旨か。形式裁判にはいわゆる一事不再理の効力がない旨を述べたものか。仮にそうだとして，あらゆる形式裁判についてそのように言えるか。

あるいは，上記引用部分は，形式裁判一般についてその「判断が拘束性を保有」することはない，とする旨を述べたものか。仮にそうだとして，そのような考え方は妥当か。また，それは，判例24-5の判示と整合するか。これに対し，形式裁判の「判断が拘束性を保有」することを認める場合，その根拠は何か。

35 本判決が，「被告人死亡の事実認定が内容虚偽の証拠に基づくものであったことが，新たに発見された証拠によって明白になったような場合にまで……この公訴棄却決定の示した判断が拘束性を保有［するものではない］」と述べているのは，いかなる趣旨か。一般に，先の確定した形式裁判が判断した内容について，それを覆す新証拠が発見された場合には，同裁判の判断の拘束力は失われるとする旨を述べたものか。仮にそうだとして，そのような考え方は妥当か。

36 仮に，本件において，確定した公訴棄却決定の「判断が拘束性を保有」し，Xを上記②の事実について再起訴することは許されない，とする見解をとった場合，裁判所はいかなる裁判を行うべきか。

37 仮に，本件においてXを上記②の事実について再起訴することは許されないとする見解をとった場合に，Xを③の事実について起訴することは許されるか。Xが他に窃盗の罪を犯していたとして，これにつき起訴することはどうか。

38 本件において，Xを上記②の事実について再起訴することを許すための根拠として，それぞれ以下のように論じることはできるか。

　(1)「拘束力は……検察官の禁反言たる性質のものであるから，被告人には拘束力の要求資格がなければならない［が］……，被告人に重大な偽装工作がある場合にはこの要求資格が欠けて［いる］」。（田口守一『刑事訴訟法〔第6版〕』〔2012年〕446頁）

　(2)「［339条1項4号の］被告人死亡とは実質は『死亡の証拠がある場合』の意味……である。」（『注釈刑事訴訟法〔新版〕第5巻』〔1998年〕479頁）

　(3)「人の生死という絶対的な事象は，訴訟上の事実に尽きるものではなく，その窮極的な判定は，刑事裁判の課題ではない」。（松尾浩也『刑事訴訟法（下）〔新版補正第2版〕』〔1999年〕172頁）

　(4)「被告人死亡による公訴棄却……は，被告人が死亡している以上は訴訟を続けても無意味であるということから訴訟を打ち切るものであり，その意味で，心神喪失を理由に公判を停止する（刑訴法314条1項）のと同様の性質のものといえる。そうであれば，被告人が生きていたという場合には，再起訴を有効としても，それはいわば停止された公判を再開するというだけであって，訴訟の蒸し返しという問題は生じないから，拘束力は働かないと考えることができる」。（川出敏裕「裁判の確定と一事不再理の効力」法教245号〔2001年〕44頁）

24-5　最三決昭和56年7月14日刑集35巻5号497頁

【事案の概要】　A株式会社の代表取締役であるXほか2名の計3名の被告人は，B建設株式会社に建築を請け負わせた新築建物について，工事代金の一部しか支払っていないため未だB建設から同建物の引渡しを受けることができず所有権を取得していないにもかかわらず，A社を同建物の所有者とする表示登記及び所有権保存登記をしようと企て，(1)昭和47年10月6日，情を知らないCをして，内容虚偽の建物引渡証明書及び建物所有権証明書等の関係書類を添えて，上記建物の所有者がA社である旨虚偽の表示登記申請をさせ，よって登記官をして登記簿の原本表題部の所有者欄に不実の記載をさせ，即時にこれを登記所に備え付けさせて行使し（公訴事実第一），(2)同月11日，Cをして，上記建物の所有者がA社である旨虚偽の所有権保存登記申請をさせ，よって登記官をして登記簿の原本に不実の記載をさせ，即時にこれを登記所に備え付けさせて行使した（公訴事実第二）として，昭和53年6月28日，2つの公正証書原本不実記載，同行使の罪で大阪地裁に起訴された（第2次起訴）。

これに先立ち，上記被告人3名及びYは，昭和50年12月26日，公正証書原本不実記載，同行使の罪で大阪地裁に起訴されていた（旧起訴ないし第1次起訴）。この第1次起訴の公訴事実は，被告人らが，上記建物につき，B建設の所有物件であるのにA社名義で所有権保存登記をしようと企て，昭和47年10月3日ころ，情を知らないDらをして，内容虚偽の建物引渡証明書及び建物所有権証明書等の登記必要書類を作成させた上，同月6日，Dらをして，同建物についての権利者をA社とする所有権保存登記を求める申請書に上記内容虚偽の登記必要書類を添付して提出させ，もって，不正な方法により所有権保存登記を申請し，登記官吏をして不動産登記簿の原本に同建物の所有権がA社に帰属する旨の不実の保存登記をさせた上，即時にこれを登記所に備えつけさせて行使した，というものであった。この第1次起訴に対し，同地裁は，公訴事実の記載中，罪となるべき事実を特定するにあたり最も重要である公正証書原本不実記載の内容として「保存登記」と記載されている部分が，文字通りに不実の「保存登記」をなさしめた点を示しているのか「表示登記」の誤記であるのかが，一見して明らかでなく，併合罪関係に立つと考えられるこれら2つの登記に関する不実記載のいずれともとれるような記載の存すること等の理由を挙げた上，「全体として，その訂正ないし補正の許される余地のないほど訴因が不特定である」として，昭和51年11月18日に公訴棄却の判決を言い渡しており（大阪地判昭和51年11月18日刑月8巻11＝12号504頁），同判決は確定していた。

前記第2次起訴にかかる第1審は，上記第1次起訴には，公訴提起の不存在と目される程度の重大な瑕疵があって，本件各公訴事実につき公訴時効の進行を停止する効力がなく，同各公訴事実については本件起訴当時すでに公訴時効が完成しているとして，被告人3名に免訴を言い渡した（大阪地判昭和54年10月24日判タ416号182頁）。これに対し検察官が控訴を申し立てたところ，控訴審は，第1次起訴の対象とされた犯罪事実は表示登記に関するものと認められ，従って第1次起訴は，本件公訴事実第二については公訴時効の進行を停止する効力を有しないが，同第一については公訴時効の進行停止の効力を有するとして，第1審判決のうち公訴事実第一に関する部分を破棄してこれを大阪地裁に差し戻し，同第二に関しては控訴棄却の判決を言い渡した（大阪高判昭和55年8月28日刑月12巻8号777頁）。そこで被告人側は，上記差戻し部分について上告を申し立てた。

【判示】 上告棄却。最高裁は職権で次のように判断した。

「刑訴法254条が，公訴時効の停止を検察官の公訴提起にかからしめている趣旨は，これによって，特定の罪となるべき事実に関する検察官の訴追意思が裁判所に明示されるのを重視した点にあると解されるから，起訴状の公訴事実の記載に不備があって，実体審理を継続するのに十分な程度に訴因が特定していない場合であっ

ても、それが特定の事実について検察官が訴追意思を表明したものと認められるときは、右事実と公訴事実を同一にする範囲において、公訴時効の進行を停止する効力を有すると解するのが相当である。本件についてこれをみると、旧起訴状公訴事実中には、本件公訴事実第一を特定するうえで重要な『表示登記』という文言が1度も使用されておらず、かえって、同第二を特定するうえで重要な『保存登記』という文言がくり返し使用されていて、そのいずれについてなされた公訴提起であるのか一見まぎらわしく、訴因の特定が十分でないことは否定することができないけれども、右起訴状公訴事実に記載された犯行の日時、場所、方法及び不実登記の対象となる建物は、すべて本件公訴事実第一のそれと同一であること、その結果としてなされた不実登記の内容も、建物の所有名義を偽るという点で両者は共通していること、さらに、旧起訴審において、検察官が、公訴事実中『保存登記』とあるのは『表示登記』の誤記であるとの釈明をし、その旨の訴因補正の申立をしていることなどを総合考察すると、旧起訴によって検察官が本件公訴事実第一と同一性を有する事実につき公訴を提起する趣旨であったと認めるに十分であるから、これにより右事実に関する公訴時効の進行が停止されたとする原審の判断は、正当である。

　なお、所論は、本件旧起訴に対する前記確定判決のいわゆる内容的確定力を援用し、前記確定判決の判断内容と異る判断をした原判決に法令解釈の誤りがあるとするのであるが、前記確定判決の理由中本件の受訴裁判所を拘束するのは、旧起訴は実体審理を継続するのに十分な程度に訴因が特定されていないという判断のみであり、右判断を導くための根拠の1つとして挙げられた、旧起訴状の公訴事実によっては併合罪関係に立つ建物の表示登記と保存登記に関する各公正証書原本不実記載・同行使罪のいずれについて起訴がなされたのか一見明らかでない、という趣旨に解し得る部分は、本件の受訴裁判所を拘束しないと解すべきであるから、旧起訴によって、本件公訴事実第一と同一性を有する事実につき公訴時効の進行が停止されたとする原審の判断が、右確定判決のいわゆる内容的確定力に抵触するものとはいえない。」

　伊藤正己裁判官は、次のように反対意見を述べた。

　「およそ裁判が形式的に確定すると、その理由中の一定の判断につき、いわゆる内容的確定力を生じ、右の判断は、特段の事情の変更等のない限り、同一当事者間の後訴を審理する裁判所の判断を拘束すると解すべきであって、多数意見も、もとよりこの見解を否定するものではない。問題は、右確定力の生ずるのは確定判決の理由中の判断のいかなる部分についてであるが[か]、という点である。

　多数意見は、本件において受訴裁判所を拘束するのは、確定判決の理由中、旧起訴は実体審理を継続するのに十分な程度に訴因が特定されていないという判断（以下、「訴因不特定の判断」という。）だけであり、確定判決が右判断を導くための根

拠の1つとして挙げた，旧起訴の公訴事実によっては併合罪関係に立つ建物の表示登記と保存登記に関する各公正証書原本不実記載・同行使罪のいずれについて起訴がなされたのか明らかでないという趣旨に解し得る部分（以下，「公訴事実不特定の判断」という。）については，内容的確定力が生じないとしている。多数意見が右のような結論をとる理由は，判文上示されてはいないが，おそらく，確定判決が旧起訴の公訴を棄却した直接の理由は旧起訴の訴因が特定されていないということなのであるから，右の限度において内容的確定力を認めれば足りる，という点にあるものと考えられる。しかしながら，もともと，確定判決の理由中の判断に内容的確定力を認めるという考え方の根本には，一定の事項について示された裁判所の判断が形式的に確定した以上，その後の同一当事者間の訴訟においては，右と異る主張・判断をすることを許さないこととして，被告人の地位の安定を図るという配慮があるものと考えられるのであって，そうであるとすれば，右内容的確定力の生ずる範囲を，主文を導くための直接の理由となる判断だけに限定すべき合理的な根拠はなく，少なくとも，確定判決の主文を導くうえで必要不可欠な理由となる重要な判断については，右確定力が生ずると考えるべきである。多数意見のような考え方によれば，たとえば，確定判決が，『旧起訴は，併合罪関係に立つ甲，乙両事実のいずれについてなされたのか不明である』，又は，『旧起訴は，いかなる事実についてなされたのか全く明らかでない』から訴因が不特定であるとの理由で公訴を棄却した場合においても，内容的確定力の生ずるのは右公訴棄却の直接の理由となった『訴因不特定の判断』のみであるということになるのであろうか。しかし，右のような理由による公訴棄却の判決が確定した後に，後訴を審理する裁判所が，『旧起訴は，じつは甲事実を起訴したものであったと認める』旨，確定判決の前記判断と根本的に矛盾する判断をすることを許すことは，被告人の法的地位を不安定なものとし，ひいては，裁判の権威を損うことにもなるのであって，にわかに賛同し難いところである。

……［かくして］私は，本件旧起訴に対する確定判決のいわゆる内容的確定力は，単に，旧起訴の訴因が不特定であるという判断についてだけではなく，その判断の前提となる『公訴事実不特定の判断』についても生じ，本件の受訴裁判所は，これと異る判断をなし得ないものと考える。そうして，旧起訴が併合罪関係に立つ2個の事実のいずれについてなされたのかが確定され得ない以上，結局，右いずれの事実についても，旧起訴による公訴時効の進行停止の効力が及ばないこととなるのは，当然のことであるから，本件においては，公訴事実第二についてと同様，同第一についても，公訴時効の完成を認めるべきである。したがって，右各公訴事実につき被告人3名を免訴した第1審判決の結論は，これを維持すべき［である］」。

Q Advanced

39 本件の第1次起訴に対して，大阪地裁は公訴棄却判決を言い渡したが，その理由はどのようなものであったか。この公訴棄却判決の理由づけを前提にした場合，本件第1次起訴によって，本件第2次起訴の公訴事実第一ないし同第二について公訴時効停止の効果は発生していたといえるか。

40 本件において，第2次起訴にかかる第1審と，控訴審及び最高裁との間では，第1次起訴による時効停止効の発生の有無について判断を異にしているが，それはなぜか。控訴審及び最高裁は，第1次起訴はいかなる事実を起訴したものであったと解釈したか。控訴審及び最高裁によるそのような解釈は，第1次起訴に対する大阪地裁の公訴棄却判決における理由づけと矛盾しないか。もし矛盾するとすれば，そのような解釈は，確定した同公訴棄却判決の効力によって妨げられることにならないか。この点につき，最高裁自身はどのように述べているか。それに対し，伊藤裁判官反対意見は，どのような考え方に立っているか。

41 参考裁判例 24 - [11] は，勾留の裁判に対する異議申立てを棄却する決定が確定した後に，勾留取消しの可否を判断するにあたって，上記異議申立ての基礎とされたのと同一の論拠に基づいて勾留を違法ということはできないと述べているが，それはどのような理由によると考えられるか。確定した異議申立棄却決定の判断内容が，勾留取消請求を拘束するという趣旨か。仮にそうだとして，確定した異議申立棄却決定の判断内容のうち，どの部分について拘束力を認めたことになるか。

(4) 一事不再理効

Q Elementary

42 Ｘは，殺人の罪で起訴されたが，裁判所は，Ｘにアリバイがあることを示す証拠が存するのでＸは犯人ではないとして無罪判決を言い渡し，これが確定した。その後，検察官が，上記アリバイの証拠は信用できないと判断して，再度Ｘを同じ殺人の罪で起訴することは許されるか。許されないとすればそれはなぜか。

43 Ｘは，10月1日に何者かによってＡカメラ店から窃取されたカメラ1台を同月2日に友人Ｙから盗品と知りつつ貰い受けたとして，盗品無償譲受けの罪で起訴され，有罪を言い渡された。この有罪判決が確定した後，検察官が，Ｘが自ら10月1日にＡカメラ店で上記カメラを万引きしていたことが判明したとして，Ｘを窃盗の罪で起訴することは許されるか。許されないとすればそれはなぜか。

44 Ｘは，4月1日にＢ時計店で高級腕時計を万引きしたとして，窃盗の罪で起訴されたが，裁判所は，事件当日のＸにはアリバイがあると認定して無罪を言い渡した。この無罪判決が確定した後，検察官が，当該腕時計が窃取されたのは3月31日であったとして，Ｘを改めて窃盗の罪で起訴することは許されるか。上記

無罪判決が確定した後、検察官が、Xは4月2日に当該腕時計を知人Yから盗品と知りつつ買い受けていたとして、Xを盗品有償譲受けの罪で起訴することはどうか。

45 XがC宅に侵入し金品を窃取したとされる住居侵入・窃盗事件において、窃盗の事実についての証拠が不十分であったため、検察官は住居侵入罪のみでXを起訴し、これにつき有罪判決が確定した。その後、検察官が、窃盗の有力な証拠が新たに発見されたとして、Xを窃盗罪で起訴することは許されるか。

46 窃盗等多数の前科を有するXは、5月30日ころ金槌を隠匿、携帯していたとして侵入具携帯の罪（軽犯罪法1条3号）で現行犯逮捕され、その後同罪につき有罪を言い渡された。この有罪判決の確定後、検察官は、Xが5月3日にD寿司店に侵入し現金を窃取していたとして、Xを常習累犯窃盗の罪で起訴した。このとき、仮に上記侵入具携帯罪と常習累犯窃盗罪とが一罪の関係に立つと解した場合、後訴を受けた裁判所はどうすべきか。両罪が併合罪の関係に立つと解した場合はどうか（なお最二決昭和62年2月23日刑集41巻1号1頁参照）。

Q Basic

47 Xが1通の文書でA及びBの名誉を毀損したとされる名誉毀損事件において、Aの告訴がなかったため、検察官は、Bを被害者とする名誉毀損罪のみでXを起訴し、これにつき有罪判決が言い渡された。この有罪判決の確定後になってはじめてAから告訴がなされた場合に、検察官が、Aを被害者とする名誉毀損罪でXを起訴することは許されるか。

48 Xを被告人とする傷害事件についての有罪判決が確定した後に、被害者が死亡した。このとき、検察官がXを傷害致死罪で起訴することは許されるか。

Q Advanced

49 Xは常習賭博罪A事件につき在宅のまま起訴され、第1審で有罪判決を受け、これがそのまま確定した。その後、XがA事件の第1審弁論終結前に常習賭博罪B事件を犯していたことが判明したため、検察官はこれにつきXを同罪で起訴した。この場合、裁判所はどうすべきか。XがB事件を犯したのが、A事件の第1審弁論終結後、判決前であったとされる場合はどうか。B事件を犯したのが、A事件の第1審判決後、確定前である場合、同じく、A事件の判決確定後である場合は、それぞれどうか。

上記A事件についてXは第1審で無罪とされたが、控訴審で破棄、自判により有罪を言い渡され、これが確定したとする。その後、XがA事件の控訴審係属中、有罪判決前にB事件を犯していたことが判明したため、検察官はこれについてXを常習賭博罪で起訴した。この場合、裁判所はどうすべきか。

24-6 東京地判昭和49年4月2日判時739号131頁

【事案の概要】 X(被告人)は,昭和48年3月11日午後9時5分ころ,東京都台東区西浅草の警視庁蔵前警察署田原町派出所において酒気帯び運転の嫌疑について取調べを受けた際,以前に空き地で拾得し所持していた知人Aの運転免許証を呈示して氏名をAと偽称したため,無免許運転でもあったにもかかわらずその点は発覚を免れ,Aの氏名で酒気帯び運転の罪についてだけいわゆる交通切符によって立件され,同罪につき昭和48年3月27日墨田簡裁において罰金2万円の略式命令を受け,同略式命令は同年4月11日に確定した。

その後,氏名偽称が判明し,無免許運転の事実が発覚したため,Xは,無免許運転等の罪で起訴された。

【判示】 第1審の東京地裁は,以下のように判示した上,Xに有罪を言い渡した。

「本件無免許運転の罪と右酒気帯び運転の罪とは,その実行行為が時間的,場所的に相当程度以上に重なり合っているものであるから,観念的競合の関係にあるものと解すべきである……。そうすると,右酒気帯び運転の罪の公訴(略式命令請求)手続における公訴事実中には潜在的に本件無免許運転の罪も含まれていたものと解すべきことになる。

しかしながら,このように単一の公訴事実に属する数罪中の一部の罪についての確定裁判の既判力は他の罪についても及ぶのを原則とすべきではあるけれども,絶対に例外を許さないとするのは相当ではなく,その一部の罪についての裁判手続において他の罪について現実に審判するのが極めて困難であったという事情が認められる場合には,合理的な例外として,その一部の罪についての確定裁判の既判力は他の罪については及ばないと解すべきであ[る]……。その例外的な場合を一般的に厳密に限定することはさておき,さしあたり本件の事案に即して考えるとき,本件のように,刑法54条1項のいわゆる処断上の一罪の関係にある数罪に関して,確定裁判を経た一部の罪が簡易迅速な処理を旨とするいわゆる交通切符制度の適用を受けたうえ,正式の裁判手続でない略式手続によって処理されたものであり,かつ,被告人が他の罪の罪責を免れるため氏名を詐称する等,検察官において他の罪をも探知して同一手続で訴追することが著しく困難であったという事実が立証されている場合においては,一部の罪についての確定裁判の既判力は,他の罪については及ばないと解するのが相当である(その他,このように既判力が及ばない例外的な場合がいかなる場合であるかは,今後事案ごとに裁判例によって明らかにされて行くのが相当であろう。)」

[これに対し,X側は,略式命令の既判力が無免許運転の罪に及ぶので,免訴を言い渡すべきであると主張して控訴したが,東京高裁は,酒気帯び運転の罪での略式命令を受けたのはAと解されるから,既判力を問題とする前提を欠くとして控訴を棄却した(東京高判昭和49

年8月29日高刑集27巻4号374頁［参考裁判例14-④の原審］)。]

Q Basic

50 本件における無免許運転の罪と酒気帯び運転の罪は，どのような罪数関係にあると解されるか。この点につき，本判決はどのように述べているか。

51 本判決は，**50**のような罪数関係にある複数の犯罪事実につき，その1つについての「確定裁判の既判力」は「原則」として他の犯罪事実についても及ぶとしているが，このような「原則」の根拠としていかなる考え方をとっていると解されるか。この点につき，本判決が，本件酒気帯び運転の公訴事実中には無免許運転の罪も「潜在的に……含まれていた」と述べているのは，どのような意味を持つか。

52 本件において，酒気帯び運転の罪についての略式命令を受けたのは誰か。仮にそれがXと解されるとした場合（ただし，この点につき参考裁判例14-④参照），**51**の「原則」によれば，Xの無免許運転の罪についての公訴提起を受けた裁判所はどうすべきか。

53 本判決は，**51**の「原則」に対する「合理的な例外」を認めるための根拠となる事情として，一般的にどのようなことを述べているか。またこの点につき，本件事案に関して特にどのような事情を述べているか。そうした事情が存する場合に「例外」を認めることに，問題はないか。この点に関し，参考裁判例24-⑫はどのように述べているか。

Q Advanced

54 Xは自動車を運転中，横断歩道を通行中の歩行者Vに自車を接触させた。通報を受けてかけつけた警察官がXに対して呼気検査を実施したところ，法定限度を超えるアルコール成分が検知された。Xは酒気帯び運転の罪で略式起訴され，略式命令が確定した。その後，X車との接触の際にVが傷害を負っていたことが判明したため，Xは過失運転傷害の罪で起訴された。この場合，上記酒気帯び運転の罪と過失運転傷害の罪は，いかなる罪数関係に立つか。過失運転傷害の罪での公訴提起を受けた裁判所はどうすべきか。

55 参考裁判例24-⑬の事案において，廃油不法投棄の事実及び水道管損壊の事実についての公訴提起を受けた裁判所はどうすべきか。Xに対する無許可廃棄物収集営業及び危険物貯蔵の事実での起訴に対して大阪地裁が昭和48年11月28日に言い渡した有罪判決（確定）の一事不再理効は，廃油不法投棄の事実に及ぶか。及ぶとすればそれはなぜか。同有罪判決の際の量刑判断において廃油不法投棄の事実がいかなる趣旨で考慮されたかは，この点に関してどのような意味を持つか。また，同有罪判決の一事不再理効は，水道管損壊の事実に及ぶか。これらの点について，参考裁判例24-⑬はどのように述べているか。

24-7 最三判平成 15 年 10 月 7 日刑集 57 巻 9 号 1002 頁

【事案の概要】 X（被告人）は，平成 12 年 4 月 14 日，立川簡易裁判所で，平成 11 年 1 月 22 日から同年 4 月 16 日までの間に犯した窃盗罪又は建造物侵入・窃盗罪により懲役 1 年 2 月の判決を受け，同判決は同 12 年 9 月 20 日に確定した。その後，X は，平成 10 年 10 月 6 日ころから平成 11 年 8 月 8 日ころまでの間の 22 件にわたる窃盗罪又は建造物侵入・窃盗罪により起訴され，第 1 審の東京地裁八王子支部は，X に懲役 2 年の判決を言い渡した。これに対し X 側は，参考裁判例 24-12 を引用して，本件各犯行は，行為の態様や犯行回数等に照らし，常習特殊窃盗罪（盗犯等ノ防止及処分ニ関スル法律 2 条）に該当するものであり，他方，上記確定判決の各犯行も常習特殊窃盗罪に該当し，本件各犯行と共に一罪を構成するものであるので，本件各犯行については，一罪の一部について既に確定判決があったことになるから，免訴とされるべきであると主張して控訴した。東京高裁は控訴を棄却したが，その際次のように述べて，上記確定判決の一事不再理効は本件起訴には及ばないとした（東京高判平成 14 年 3 月 15 日判時 1817 号 162 頁）。

「訴因制度を採用している現行法上，検察官は訴因の設定構成に関する訴追裁量権を有しているから，起訴が可能な犯罪事実の全部を訴因に含めて起訴する必要は必ずしもないのであり，また，裁判所も検察官が設定した訴因の範囲内で審判を行うことになる。したがって，被疑者が実体的には常習特殊窃盗の一罪を構成する複数の窃盗行為……を犯した場合であっても，検察官は，立証の難易，当該被疑者の犯罪傾向等，諸般の事情を考慮して，併合罪関係にある単純窃盗として訴因を構成して起訴することもできるのであり，その場合，公判裁判所もその訴因に拘束され，併合罪関係にある単純窃盗として審判することになる……。そして，このようにして単純窃盗の確定判決を得たときでも，前同様の窃盗行為のいわば余罪が存在する場合には，これらについて，検察官が単純窃盗として訴因を構成して起訴することも，その訴追裁量権の範囲内にあるものとして許されると解される。すなわち，検察官は，実体的には 1 つの常習特殊窃盗罪を構成する複数の窃盗行為について，①その一部を常習特殊窃盗の訴因により起訴して確定判決を得たのに，後訴において，その余を単純窃盗の訴因により起訴すること，②その一部を単純窃盗の訴因により起訴して確定判決を得たが，後訴において，その余を常習特殊窃盗の訴因により起訴することはいずれも一事不再理効により許されない（……検察官が前訴又は後訴のいずれかの訴因を常習特殊窃盗として構成している場合には，両訴因は公訴事実の同一性の範囲内にあり，前訴の一事不再理効が後訴にも及ぶというべきである。……）が，③実体的には 1 つの常習特殊窃盗罪を構成する複数の窃盗行為の一部を単純窃盗の訴因で起訴して確定判決を得ている場合，後訴において，その余の窃盗行為も単純窃盗の訴因で起訴すること，すなわち，前訴及び後訴を通じて，常習特

殊窃盗にいう常習性の評価を入れないで，単純窃盗として訴因を設定することは，前記のような検察官の訴追裁量権に照らして許容される……。この場合，併合罪関係にある数個の事実のうちの一部の事実に関する確定判決の一事不再理効は，公訴事実の同一性の範囲を超える他の事実には及ばないから，単純窃盗の訴因に係る確定判決の一事不再理効は，これと併合罪関係にある単純窃盗の訴因で起訴がなされた後訴には及ばない……。

　……［本件では］前件確定判決……に係る訴因は単純窃盗又はこれに単純窃盗と科刑上一罪の関係にある建造物侵入を加えたもの……であることが認められるところ，後訴の本件訴因も同様に単純窃盗等からなるものであって，両訴因は併合罪の関係に立ち，公訴事実の同一性を欠くことが明らかであるから，前件確定判決の一事不再理効は後訴である本件には及ばないと解される。もっとも，……両訴因に掲げられた窃盗行為が実体的には常習特殊窃盗の一罪を構成することは，たやすく否定することができない……が，確定判決を経た場合に当たるか否かという免訴事由の存否に係る公訴事実の同一性の判断は，後訴裁判所において前件確定判決に係る訴因（単純窃盗等）と後訴の訴因（単純窃盗等）を基礎として判断するべきであって，ここに両訴因には含まれない常習特殊窃盗にいう常習性という要素を持ち込み，両訴因に係る窃盗行為が常習特殊窃盗の一罪を構成するものであるとして，両訴因が公訴事実の同一性の範囲内にある，したがって，前件確定判決の一事不再理効が後訴に及ぶと解することはできない……。前記裁判例［参考裁判例24-12］は，……検察官の訴追裁量権を考慮しないに等しく，訴因制度の建前から遊離するものといわざるを得ず，左袒することができない。実質的にみても，前記裁判例のように解すると，単純窃盗の訴因で有罪となった確定判決が存在し，それが後訴において，常習特殊窃盗罪の一部についてなされた有罪判決であると判断された場合，前記確定判決以前に敢行した同様の方法によるすべての窃盗行為に一事不再理効が及び，そのような窃盗の余罪が後になって発覚し，それらを起訴すると，単純窃盗として処罰された確定判決は本来は常習特殊窃盗罪の一部についてなされた確定判決であったとして，免訴の裁判を受けることになり，結局，前記余罪については起訴できないことになるが，このことは，盗犯等防止法2条各号所定の方法という危険な方法による窃盗行為を反復累行した犯人を重く処罰しようとする法の趣旨を著しく没却し，不合理な結果となるばかりでなく，……後訴裁判所としては，両訴因の比較という観点を基礎として検討するだけでは足りず，……免訴事由存否の判断のために，常に両訴因に掲げられた窃盗行為が1つの常習特殊窃盗罪を構成するものであるか否か検討しなければならず，場合によっては，この点を解明するために証拠調べを重ねなければならないことも考えられ……実務処理上も妥当とはいえない」。

これに対しX側は，原判決の上記判断は高裁判例［参考裁判例24-12］と相反する旨主張して上告した。

【判示】　最高裁は，以下のように述べて，上記高裁判例を変更すべきであるとして，上告を棄却した。

「常習特殊窃盗罪は，異なる機会に犯された別個の各窃盗行為を常習性の発露という面に着目して一罪としてとらえた上，刑罰を加重する趣旨の罪であって，常習性の発露という面を除けば，その余の面においては，同罪を構成する各窃盗行為相互間に本来的な結び付きはない。したがって，実体的には常習特殊窃盗罪を構成するとみられる窃盗行為についても，検察官は，立証の難易等諸般の事情を考慮し，常習性の発露という面を捨象した上，基本的な犯罪類型である単純窃盗罪として公訴を提起し得ることは，当然である。そして，実体的には常習特殊窃盗罪を構成するとみられる窃盗行為が単純窃盗罪として起訴され，確定判決があった後，確定判決前に犯された余罪の窃盗行為（実体的には確定判決を経由した窃盗行為と共に1つの常習特殊窃盗罪を構成するとみられるもの）が，前同様に単純窃盗罪として起訴された場合には，当該被告事件が確定判決を経たものとみるべきかどうかが，問題になるのである。

　この問題は，確定判決を経由した事件（以下「前訴」という。）の訴因及び確定判決後に起訴された確定判決前の行為に関する事件（以下「後訴」という。）の訴因が共に単純窃盗罪である場合において，両訴因間における公訴事実の単一性の有無を判断するに当たり，①両訴因に記載された事実のみを基礎として両者は併合罪関係にあり一罪を構成しないから公訴事実の単一性はないとすべきか，それとも，②いずれの訴因の記載内容にもなっていないところの犯行の常習性という要素について証拠により心証形成をし，両者は常習特殊窃盗として包括的一罪を構成するから公訴事実の単一性を肯定できるとして，前訴の確定判決の一事不再理効が後訴にも及ぶとすべきか，という問題であると考えられる。

　思うに，訴因制度を採用した現行刑訴法の下においては，少なくとも第1次的には訴因が審判の対象であると解されること，犯罪の証明なしとする無罪の確定判決も一事不再理効を有することに加え，前記のような常習特殊窃盗罪の性質や一罪を構成する行為の一部起訴も適法になし得ることなどにかんがみると，前訴の訴因と後訴の訴因との間の公訴事実の単一性についての判断は，基本的には，前訴及び後訴の各訴因のみを基準としてこれらを比較対照することにより行うのが相当である。本件においては，前訴及び後訴の訴因が共に単純窃盗罪であって，両訴因を通じて常習性の発露という面は全く訴因として訴訟手続に上程されておらず，両訴因の相互関係を検討するに当たり，常習性の発露という要素を考慮すべき契機は存在しないのであるから，ここに常習特殊窃盗罪による一罪という観点を持ち込むことは，

相当でないというべきである。そうすると，別個の機会に犯された単純窃盗罪に係る両訴因が公訴事実の単一性を欠くことは明らかであるから，前訴の確定判決による一事不再理効は，後訴には及ばないものといわざるを得ない。

以上の点は，各単純窃盗罪と科刑上一罪の関係にある各建造物侵入罪が併せて起訴された場合についても，異なるものではない。

なお，前訴の訴因が常習特殊窃盗罪又は常習累犯窃盗罪（以下，この両者を併せて「常習窃盗罪」という。）であり，後訴の訴因が余罪の単純窃盗罪である場合や，逆に，前訴の訴因は単純窃盗罪であるが，後訴の訴因が余罪の常習窃盗罪である場合には，両訴因の単純窃盗罪と常習窃盗罪とは一罪を構成するものではないけれども，両訴因の記載の比較のみからでも，両訴因の単純窃盗罪と常習窃盗罪が実体的には常習窃盗罪の一罪ではないかと強くうかがわれるのであるから，訴因自体において一方の単純窃盗罪が他方の常習窃盗罪と実体的に一罪を構成するかどうかにつき検討すべき契機が存在する場合であるとして，単純窃盗罪が常習性の発露として行われたか否かについて付随的に心証形成をし，両訴因間の公訴事実の単一性の有無を判断すべきであるが（最高裁昭和…43年3月29日第二小法廷判決・刑集22巻3号153頁参照），本件は，これと異なり，前訴及び後訴の各訴因が共に単純窃盗罪の場合であるから，前記のとおり，常習性の点につき実体に立ち入って判断するのは相当ではないというべきである。」

Q Advanced

56 本判決が，前訴の確定判決の一事不再理効は後訴の訴因には及ばないとしたのは，どのような理由によるか。これに対し，参考裁判例24-12は，本件類似の事案において，どのような理由によりどのような結論を下したか。

57 仮に本件で，前訴の訴因が常習特殊窃盗であったとした場合，単純窃盗の訴因での後訴を受けた裁判所はどうすべきか。

58 仮に本件で，後訴の訴因が常習特殊窃盗であるとした場合，これを受けた裁判所はどうすべきか（最二判昭和43年3月29日刑集22巻3号153頁参照）。前訴における単純窃盗の事実についての審理の過程で，その余の窃盗行為についても訴因追加請求がなされたが，公訴事実の同一性がないとして追加が認められなかったという事情が存する場合と，そうでない場合とで，結論は異なるか。

59 本件事案の場合と，**57**，**58**の場合とでは，どのような点が異なるか。その違いは，それぞれの場合において裁判所がとるべき措置に違いをもたらすか。この点につき，本判決はどのような考え方を示しているか。また，その考え方は合理的か。前訴と後訴の訴因がともに単純窃盗である場合にも，両訴因に現れた犯罪行為の頻度や態様等に照らして，あるいは，単純窃盗の訴因についての審理の結果に照らして，「常習性の発露という要素を考慮すべき契機」が認められる場合があると

はいえないか。

60 本件事案の場合と **57**，**58** の場合との違いに関し，次のように考えることは適切か。

「常習窃盗罪は，常習性の発露として行われた窃盗行為について，それが複数存在する場合にも包括的に一罪とし，単純窃盗罪の併合罪として処断される場合よりも刑の加重を強化した犯罪類型である。それ故，常習窃盗罪を構成する複数の窃盗行為を併合罪関係にある複数の単純窃盗として起訴したとしても，処断刑をはじめとして，被告人に不利益が生じることはない［から，このような起訴は許される］。……このように，……複数の単純窃盗として同時起訴された場合に，二重起訴の禁止に触れることなく，併合罪として審判され得るとすれば，二重起訴の禁止の範囲と確定判決の一事不再理の効力が及ぶ範囲とは一致するべきであるから，前訴及び後訴の各訴因が単純窃盗罪の場合において前訴の確定判決による一事不再理の効力は後訴に及ばない……。……これに対し，常習窃盗罪を構成する複数の窃盗行為を，一部は単純窃盗として，他は常習窃盗として起訴することは，許されない……。なぜならば，本来，一つの常習窃盗罪として処罰すべきところを，常習窃盗罪と単純窃盗罪の併合罪として処罰することは，処断刑においても被告人に不利益となるばかりでなく，常習窃盗罪が設けられた趣旨にも反するからである。……そうであるとすれば，常習窃盗罪を構成する複数の窃盗行為の一部を単純窃盗として起訴し確定判決を経た後，残りの一部を常習窃盗として起訴すること，あるいはその逆も，許されない……。」（大澤裕「常習一罪と一事不再理の効力」研修 685 号〔2005 年〕3 頁）

61 実体的には事後強盗致傷罪を構成するとみられる事実につき，検察官が窃盗罪の訴因と傷害罪の訴因とに分解して別々に起訴した場合にも，本判決の射程は及ぶか。また，この場合，**60** の考え方によれば，どのような帰結が導かれるか。

◻ **参考裁判例 24-⁸** 大阪地判昭和 46 年 9 月 9 日判時 662 号 101 頁

X（被告人）は，生後 2 ヵ月に満たない女児 A を強く揺さぶって脳に傷害を与えて死亡させたとする傷害致死の事実のほかに，同児を遺棄した事実について起訴された。後者につき検察官は，遺棄の時期と死亡の時期との前後関係が不明確であったため，A の死体を放置して立ち去ることにより死体を遺棄したとの死体遺棄の事実を本位的訴因とし，瀕死の重傷を負った A に対し父親としてこれを保護し救護の措置を講ずべき責任があるのに何らの措置もとらずにその場に置き去り A を遺棄したとの保護責任者遺棄の事実を予備的訴因として起訴した。裁判所は，傷害致死罪の事実のみを認め，遺棄の点は，次のように判示して無罪を言い渡した。

「［遺棄に関する］訴因の成否につき検討するに，……右両訴因に共通の外形的事実，

即ち，被告人が昭和45年4月27日午後9時ごろ，Aを前記鋼管野積場に放置して立ち去った事実は明らかにこれを認めることができるが，右両訴因の罪が成立するには，さらに本位的訴因についてはその際同児が死亡していたこと，予備的訴因については生存していたことを要するので，この点につきさらに検討するに，……被告人が前掲ほ乳瓶で同児を強打した後も同児は眼をキョロキョロさせながら首を左右に動かしており，右野積場に至った際，再び泣き出したので同児を上下に2，3回ゆさぶったところ同児は泣きやんでぐったりとなったので，被告人は，同児を付近の地上に置いて立ち去ったことが認められるが，右のように同児がぐったりとなった際，同児が死亡していたものかそれとも仮死状態にとどまっていたかはにわかに解明し得ず，従ってまた，被告人が同児を地上に置いて立ち去るまでの間の同児の生死も明らかでな［い］……。従って，右各訴因の犯罪時における同児の生死は不明ということにならざるを得ないが，このような場合，右両訴因につきいずれも証明が十分でないものとして無罪の言渡をすべきものか，それとも，二者のうちいずれか一方の訴因が成立することは間違いないものとして択一的に或いは被告人に有利な訴因につき有罪の認定をなすべきかは困難な問題であるが，現行刑事訴訟法上の挙証責任の法則に忠実である限り，後者のような認定は許されないものと解すべきであるから……，右各訴因についてはいずれも証明が十分でないものとして無罪の言渡をするほかはない。」

◯ **参考裁判例 24-9** 最大判昭和41年7月13日刑集20巻6号609頁

Y（被告人）は，足立郵便局第一集配課に勤務し，郵便配達事務に従事していたが，昭和39年6月17日午前8時ころ，同局内で普通通常郵便物4通（現金合計11600円，郵便切手75円及び注文書4通在中）を窃取したとの事実で，懲役1年6月，執行猶予5年の刑を言い渡された。検察官は，量刑不当を理由に控訴したが，控訴趣意で，Yが同種事犯を約6ヵ月にわたり，約81回，約394通，被害額約8万円の多数回，多額に及んで敢行し，郵便物は在中金品窃取後に破棄するなど，犯行には計画性，反覆性，巧妙さが認められ，多数関係者の損害は測り知れず，一般予防の見地，同種事犯との刑の均衡の見地からも厳罰に処す必要があると主張した。原判決は，本件犯行の犯情は極めて悪質であり，社会や被害者への影響が大きいばかりでなく，Yが本件以前にも6ヵ月間多数回にわたり同様の犯行を重ね，それによって得た金員を飲酒等に費消したことを考慮すれば，実刑が相当であるとして，Yに懲役10月の実刑を言い渡した。弁護人は，量刑資料の名のもとに余罪につき実質上有罪判決を下しているから憲法31条に違反し，この余罪が後に起訴されれば二重の危険にさらされるので憲法39条に違反すると主張した。上告棄却。

「刑事裁判において，起訴された犯罪事実のほかに，起訴されていない犯罪事実をいわゆる余罪として認定し，実質上これを処罰する趣旨で量刑の資料に考慮し，これがため被告人を重く処罰することは許されないものと解すべきである。けだし，右のいわゆ

る余罪は，公訴事実として起訴されていない犯罪事実であるにかかわらず，右の趣旨でこれを認定考慮することは，刑事訴訟法の基本原理である不告不理の原則に反し，憲法31条にいう，法律の定める手続によらずして刑罰を科することになるのみならず，刑訴法317条に定める証拠裁判主義に反し，かつ，自白と補強証拠に関する憲法38条3項，刑訴法319条2項，3項の制約を免れることとなるおそれがあり，さらにその余罪が後日起訴されないという保障は法律上ないのであるから，若しその余罪について起訴され有罪の判決を受けた場合は，既に量刑上責任を問われた事実について再び刑事上の責任を問われることになり，憲法39条にも反することになるからである。

　しかし，他面刑事裁判における量刑は，被告人の性格，経歴および犯罪の動機，目的，方法等すべての事情を考慮して，裁判所が法定刑の範囲内において，適当に決すべきものであるから，その量刑のための一情状として，いわゆる余罪をも考慮することは，必ずしも禁ぜられるところではない（もとより，これを考慮する程度は，個々の事実ごとに合理的に検討して必要な限度にとどめるべきであり，従ってその点の証拠調にあたっても，みだりに必要な限度を越えることのないよう注意しなければならない。）。このように量刑の一情状として余罪を考慮するのは，犯罪事実として余罪を認定して，これを処罰しようとするものではないから，これについて公訴の提起を必要とするものではない。余罪を単に被告人の性格，経歴および犯罪の動機，目的，方法等の情状を推知するための資料として考慮することは，犯罪事実として認定し，これを処罰する趣旨で刑を重くするのとは異なるから，事実審裁判所としては，両者を混淆することのないよう慎重に留意すべきは当然である。

　本件についてこれを見るに，原判決に『被告人が本件以前にも約6ヶ月間多数回にわたり同様の犯行をかさね，それによって得た金員を飲酒，小使銭，生活費等に使用したことを考慮すれば，云々』と判示していることは，所論のとおりである。しかし，右判示は，余罪である窃盗の回数およびその窃取した金額を具体的に判示していないのみならず，犯罪の成立自体に関係のない窃取金員の使途について比較的詳細に判示しているなど，その他前後の判文とも併せ熟読するときは，右は本件起訴にかかる窃盗の動機，目的および被告人の性格等を推知する一情状として考慮したものであって，余罪を犯罪事実として認定し，これを処罰する趣旨で重く量刑したものではないと解するのが相当である。」

☐ **参考裁判例24-10**　東京高判平成27年2月6日東高時報66巻1〜12号4頁

　X（被告人）は，元交際相手であった被害者方に侵入した上，同人を刃物で殺害したとして，住居侵入，殺人，銃砲刀剣類所持等取締法違反の事実により起訴された。起訴事実とは別に，Xは，被害者の裸の画像等をインターネット上の画像投稿サイトに投稿した後，不特定多数の者が閲覧できる状態にするという名誉棄損罪に該当する行為を行っていた。原審は，Xの上記行為につき，検察官に主張・立証を許した上で，Xを懲役

22年に処した。これに対して，Xは，原判決は起訴されていない名誉棄損罪を実質的に処罰しており，憲法31条に違反する訴訟手続の法令違反があるとして控訴した。本判決は，次のように述べて，原判決を破棄し，事件を原審に差し戻した。

「起訴されていない犯罪事実については，これをいわゆる余罪として認定し，実質上処罰する趣旨で量刑資料に考慮し，このために被告人を重く処罰することは許されないが，被告人の性格，経歴，犯罪の動機，目的，方法等の情状を推知するための資料として考慮することは許されるものである。すなわち，起訴された犯罪との関係でその違法性や責任非難を高める事情であればその犯情として考慮され，そうでなければ，再犯可能性等の一般情状として斟酌できるにとどまるのである……。また，処罰の対象となっておらず，前述した限度で考慮できる事情については，その点に関する証拠調べも自ずと限定され，起訴された事実と同等の証拠調べをすることは許されないというべきである。

この点原判決は，……本件投稿行為とその結果について，被告人に対する非難を高める事情として考慮する必要がある旨説示しているところ，確かに，……本件投稿行為は，被害者に対する恨みの感情などという本件殺人等と同じ動機に基づくもので，その恨み，憎しみの深さ，動機の強固さや犯行の計画性の高さを示しており，その限りでは殺人の犯情として考慮でき，また，殺害行為後に計画どおり投稿したことは，自己顕示欲や身勝手な正当性の主張を示すもので，被告人の共感性の乏しさ，自己中心性を表したものとして，一般情状としても非難の程度を強めるものであるといえる。また，何ものにも代え難い家族を奪われたばかりか，その社会的評価まで貶められた遺族の被害感情を高めるものでもあるといえる。そうすると，本件投稿行為も，あくまでもこのような被告人の情状を推知するための資料の限度であれば，量刑に当たって考慮することが許されることは当然である。

しかしながら，本件は，いわゆるリベンジポルノに関する殺人事件として世間から注目を浴びていた事案で，本件投稿行為が量刑上過大に影響しかねないおそれがあることが明らかであったにもかかわらず，……原裁判所は，公判前整理手続における争点確認で，本件投稿行為に関する検察官の主張について，単に『犯行後に被害者の裸体の画像をインターネット上に公開するなど犯行後の行動が悪質であること』とのみ整理し，この犯行後の事情が，量刑の中心となる人の生命を奪う犯罪である殺人との関係においてどのような量刑要素をどの程度推知させるものかについて検討していないばかりか，この点に関する適切な証拠調べの範囲，方法等についても検討した形跡は見当たらない。公判においても，やはりその点を明確にしないまま，検察官が冒頭陳述や論告で重い求刑を導く事情の一つとして主張するに任せている。その立証に関しても，……本件投稿行為の動機，目的，画像等のアップロードなどの具体的行為，その結果や影響など，起訴された犯罪と同様に，証拠書類及び証人による積極的かつ詳細な立証を許している。被害者の父親が娘の殺害に加え本件投稿行為によって受けた被害，影響について証言す

るのは当然許されることとしても，殺人に関する情状を推知するための資料とする趣旨で，本件投稿行為に関する証拠調べをするのであれば，その証言やアップロードに関する書証のみでも立証は足りるはずであるのに，原裁判所は，本件投稿行為の結果や影響を具体的に調査した警察官の証人を人証のトップに据え，その結果や影響の詳細を証言させるなどの立証を許しているのであって，このような立証は殺人の情状として許される立証の範囲を超えているといわざるを得ない。さらに，原判決が『量刑の理由』の項で説示しているところ……によれば，原判決は要するに，犯行態様や動機等の一般的な犯情とは別に，名誉棄損罪に該当する本件投稿行為について，被告人の刑事責任を無期懲役刑にまで導くほどのものではないが，同一の事件類型（男女関係のトラブルによる刃物を用いた被害者 1 名の殺人事件）における量刑の幅の上限付近にまで導く事情として考慮した旨を説示するものと理解するほかない。そうすると，こうした審理の経過及び内容，量刑理由に関する判文を総合すれば，原判決には，前記の限度を超え，起訴されていない余罪である名誉棄損罪に該当する事実を認定し，これをも実質上処罰する趣旨で量刑判断を行った疑いがあるといわざるを得ない。」

◯ 参考裁判例 24 - 11　最二決平成 12 年 9 月 27 日刑集 54 巻 7 号 710 頁

　X（被告人）は，強盗殺人事件について勾留・起訴されたが，第 1 審の東京地裁が，X を犯人と認めるには合理的な疑問を差し挟む余地が残されているとして無罪を言渡したため，勾留の効力は失われた。検察官は，無罪判決に対して控訴するとともに，東京地裁に職権による勾留状の発付を求めたが，同地裁が職権を発動しなかったため，検察官は東京高裁に同様の申立てをした。同高裁第 5 特別部は，訴訟記録が到達していないから勾留権限がないとして，職権を発動しなかったが，同高裁に訴訟記録が到達した後，検察官が職権による勾留状の発付を求めたところ，控訴審裁判所である同高裁第 4 刑事部は勾留状を発付した。これに対して X 側は，X は第 1 審で無罪判決を受けており，「罪を犯したことを疑うに足りる相当な理由」はない，少なくとも控訴審において新たな証拠が取り調べられ，証拠状況が第 1 審と異なった場合でない限り，控訴審は第 1 審の無罪判決の判断に拘束される，等と主張して異議を申し立てた。異議審の東京高裁第 5 刑事部は，「刑訴法 60 条によると，……［被告人の勾留］の時期については，何らの制限もないのであるから，第 1 審裁判所において無罪判決が言い渡された場合であっても，……控訴審裁判所は，控訴審の審理を始める前であっても，一件記録を検討して，被告人に『罪を犯したことを疑うに足りる相当な理由』があるかどうかを判断することができ，そして，被告人に同条 1 項の要件があり，かつ勾留の必要性が認められる場合には，被告人を勾留することができる」とした上，「一件記録を精査検討すると，被告人が本件強盗殺人の罪を犯したことを疑うに足りる相当な理由があることは明らかである」と述べて，異議申立てを棄却した（東京高決平成 12 年 5 月 19 日判タ 1032 号 300 頁）。これに対して，X 側は特別抗告を申し立てたが，最高裁は上記異議審の判断を支持する

判示を行い，特別抗告を棄却した（最一決平成12年6月27日刑集54巻5号461頁。ただし，控訴審が再勾留しうる時機に特段の制約はないとすることに異を唱える2名の裁判官の反対意見がある）。これにより，上記異議審決定が確定した。

その後，X側は，控訴趣意書，答弁書等が提出された段階で，勾留の取消しを請求したが，東京高裁第4刑事部はこれを却下した。これに対してX側は異議を申し立てたが，その理由として，Xが「罪を犯したことを疑うに足りる相当な理由」はないこと，Xには刑訴法60条1項各号の事由がなく，勾留を継続する理由と必要がないことのほか，本件勾留は本来違法であるから直ちに取り消されるべきであることも主張した。しかし，異議審の同高裁第5刑事部は，異議申立てを棄却したため，X側は再び，勾留が違法であることも主張して（控訴審が再勾留しうる時機に関する前記最高裁決定の判示に異を唱え，前記2裁判官の反対意見を援用する），特別抗告を申し立てた。最高裁は，特別抗告の趣意は刑訴法433条の抗告理由にあたらないとしてこれを棄却したが，その際次のように述べた。

「なお，所論には，本件勾留の裁判自体が違法であるから本件勾留は取り消されるべきであると主張する部分があるが，右の所論と同一の論拠を主張してされた本件勾留の裁判に対する異議申立てが先に棄却され，右棄却決定がこれに対する特別抗告も棄却されて確定しているのであるから，再び右論拠に基づいて本件勾留を違法ということはできない。」

◻ **参考裁判例24-12** 高松高判昭和59年1月24日判時1136号158頁

X（被告人）は，昭和55年6月20日に犯した窃盗の罪により，同56年10月22日に大阪地裁岸和田支部において懲役1年8月の有罪判決を言い渡され，同判決は同年11月6日に確定していた。その後，昭和58年6月8日に，Xは，徳島地裁阿南支部において，昭和54年6月28日ころから同56年9月15日ころまでの間の34回にわたる窃盗の所為を内容とする本件公訴事実につき，懲役6年6月の有罪判決を言い渡された。これに対しX側は，本件の各事実は，行為の態様，被告人の前科に照らし，常習特殊窃盗（盗犯等ノ防止及処分ニ関スル法律2条）に該当する，上記確定判決の窃盗行為も常習特殊窃盗に該当し，確定判決前の本件窃盗行為と共に一罪を構成する，従って，本件所為については，一罪の一部について既に確定判決があったことになるから，免訴とされるべきである，等と主張して控訴した。これに対し検察官は，(1)本件起訴にかかる各窃盗行為には常習特殊窃盗にいう常習性がなく単純窃盗とみるべきである，(2)単純窃盗として確定した判決は，たとえそれが事後的にみて常習窃盗の一部とみられても，既判力は他の部分に及ばず，事実上同時審判の可能性がなかった場合にも既判力が及ぶとすることは，訴訟の実際からみて是認できず，犯人を不当に利することになる，(3)本件は単純窃盗として起訴されており，訴因を動かす権限のない裁判所としては，同訴因の範囲で審判すべきであり，これを超えて常習特殊窃盗を認定することはできない，と主張

した。高松高裁は，以下のように述べた上，原判決を破棄し，自判して免訴を言い渡した。

「被告人が20代及び30代前半の大半の期間を繰り返し行なった窃盗罪で服役しているという被告人の身上，経歴，前科関係，前刑終了後4年半が経過したとはいえ利欲的動機から再び窃盗をはじめるに至った犯行の経緯，約2年3か月の間に35回にわたり間断なく同種手口の大胆な方法で行なった犯行の内容，回数，期間等にかんがみると，本件起訴にかかる各窃盗及び被告人の確定判決の内容となっている窃盗は，いずれも被告人が常習として盗犯等防止法2条所定の方法で犯したもの，すなわち常習特殊窃盗であると認めるほかはない。

……ところで，被告人には前記のとおり昭和56年10月22日言渡の確定判決が存し，右確定判決には本件起訴の窃盗行為とともに常習特殊窃盗の一罪を構成する窃盗行為が含まれており，しかも本件起訴の窃盗行為はいずれも確定判決前の行為である。そうすると，本件起訴事実については，一罪の一部につき既に確定判決を経ていることになるから，免訴さるべき筋合である。

もっとも，この結論に対しては，検察官の主張の如く2つの問題がある。1つは，確定判決が単純窃盗であるという点である。まず，確定判決で単純窃盗と認定されたものを後訴において常習特殊窃盗と認定するのは，確定判決の拘束力を無視するのではないかということについていえば，後に起訴された事件について確定判決を経ているか否かということは，その事件の公訴事実の全部又は一部について既に判決がなされているかどうかの問題であって，判決の罪名等その判断内容とは関係がなく，従って確定判決の拘束力を問題とする余地はない。これを本件についていえば，1個の常習特殊窃盗の罪の一部について，確定判決では単純窃盗と認定されてはいるが，ともかく有罪の判決がなされている以上，確定判決を経ていることになるのである。次に，本件の確定判決における単純窃盗の審理において常習特殊窃盗として審判を求めることはできなかったのであり，訴追が事実上不能であった場合にも，同じ一罪の一部についての確定判決の効力を及ぼすことは不当であるとの主張についてみると，なるほど右のような場合にまで確定判決の効力を認めると，ときに犯人を不当に利することにもなり，正義の感情にそぐわぬ場合があることは否定できない。とくに，本件においては，昭和55年6月20日の……犯行（確定判決の窃盗行為）には被告人らが犯人であることを裏付ける証拠があり（盗んで帰る途中検問に会い，車と盗品を残して逃走し，多治見警察署より指名手配を受ける。），被告人らはそれだけは自供したが，他の犯行については全く述べず，その結果右1件の窃盗行為のみが起訴されたもので，他の犯行については証拠がないため起訴できず，しかも右1件の窃盗だけでは常習特殊窃盗として審判を求めることは実際上困難であったであろうと推察され，このような場合において1個の単純窃盗行為の確定判決があるために他の34件の行為の責任が問えなくなるのはかなり不合理ということができよう。しかしながら反対に，検察官主張のように，訴追の事実上の不能の場合に

既判力が及んでこないとすると、その例外的基準を具体的に定立すること自体が甚だ困難であるうえ、仮に基準が設けられても、それを具体的に適用するにあたって一層の困難を招来せざるを得ない。すなわち、当該犯行及びそれと被告人とを結びつける証拠が捜査官側にどの程度判明していたか、又知り得る可能性があったかを中心に、被告人の前科、生活歴、事件に対する供述の程度、共犯者の有無及びその役割、被害の裏付の程度、時期、犯行の場所、捜査の態勢等幾多の事情を探究し総合し、右基準に適合するか否かを判断しなければならないのであって、かくては既判力制度の画一性を害し、被告人の立場を不安定ならしめることになる。要するに、既判力に制度［限］を加えようとする主張は、それが実際上の強い必要性にもとづくものとしても、従来の『確定判決の既判力は公訴事実の単一性、同一性の範囲内にある限り、その全部に及ぶ』という確立された理論（既判力の範囲をこのように解することは、訴訟係属の効果として別訴を許さずとする範囲と一致し、理論上明快であるのみならず、沿革的にみても昭和22年の刑法改正により同法55条の連続犯の規定を廃止された趣旨が、本件と全く同様の事情により犯人をして不当に責任を免れる結果となるのを除去した点にあると解されるところ、そのこと自体、既判力の問題は、具体的な同時審判の難易の点を超越した、いわば客観的、画一的な基準として運用されてきたこと、そのことを前提として、立法当局も、本件に現われている如き前示の不合理は、実体法の面で、従来一罪とされてきたものを併合罪として処理させることにより解決するほかなしと考えたものであろうことが窺われるのである）に例外を認めさせるに足りる安定した基準と適用の合理性を持ち合せていないという点で採用することができないのである。

　次に第2の問題は、本件の各窃盗が単純窃盗として起訴されていることである。検察官は、裁判所は右の訴因に拘束され、重い常習特殊窃盗の罪を認定することができないと主張するが、訴因制度の趣旨、目的に照らすと、裁判所は訴因を超えて事実を認定し有罪判決をすることは許されないが、免訴や公訴棄却といった形式的裁判をする場合には訴因に拘束されないと解すべきである。すなわち、訴因は有罪を求めて検察官により提示された審判の対象であり、訴因を超えて有罪判決をすることは、被告人の防禦の権利を侵害するから許されないが、これに対し、確定判決の有無という訴訟条件の存否は職権調査事項であるうえ、その結果免訴判決がなされても、被告人の防禦権を侵害するおそれは全くないから、訴因に拘束力を認める理由も必要性も存しないのである。このように解さなければ、実体に合せて訴因が変更されれば免訴となるが、そうでなければ有罪判決になるということになり、検察官の選択によって両極端の結果を生じさせるのは、不合理であって、とうてい容認できず、かかる実際的な観点からも、検察官の主張は採り得ない。」

◯ **参考裁判例 24-13**　大阪高判昭和50年8月27日高刑集28巻3号321頁

　X（被告人）は、昭和48年4月、Yと廃油処理で儲けることを相談し、共に大阪府枚

方市田の口○○番地に移り住み，5月上旬，付近の空き地に縦約9メートル，横約7メートル，深さ約2メートルばかりの素掘りの穴を作り，同月中旬ころ無許可で廃棄物収集業を営み，指定数量以上の危険物たる廃油約6万リットルを上記の穴に貯蔵し，また上記の穴がすぐに充満したので，大阪府下各地の用水路，貯炭場及びマンホールなどのほか，水道管敷設溝に前後8回にわたり合計約10万リットルの廃油を投棄した。

Xは同年5月25日大阪府警枚方警察署に逮捕され，廃棄物の処理及び清掃に関する法律14条1項，25条にあたる無許可収集業の点ならびに消防法10条1項，41条1項2号にあたる危険物貯蔵の点のほか，廃棄物の処理及び清掃に関する法律16条1号，27条（当時）にあたる前後8回の廃油不法投棄の点についても取調べを受け，殊にこの不法投棄についてはXの自供に基づき各投棄現場に臨んで逐次指示説明と写真撮影がなされて捜査復命書が作成されるとともに，X自らの手によって廃油不法投棄状況一覧表が作成され，同表記載の前後8回の投棄の経緯についての司法警察員に対する供述調書が作成された。

検察官は，廃棄物無許可収集営業の点と消防法違反（危険物貯蔵）の点のみについてXを大阪地裁に起訴したが，その審理の過程で上記廃油不法投棄に関する証拠書類も証拠調べがなされ，同地裁は，昭和48年11月28日に言い渡した判決中の量刑についてと題する欄において廃油不法投棄の所為についても論及し，「……さらに約10万リットルの廃油を用水路，第三者所有地内の貯炭場，市街地のマンホール等に投棄するなどして著しい汚染を招き幸い火災などの事態の発生に至らなかったものの附近住民に多大の衝撃を与え汚染処理に莫大な費用の投入を余儀なくさせるなど不法の限りをつくしたもので……世論に挑戦するものとしてその責任は極めて重いと考えなければならず……あえてその刑を猶予すべきものでないと認めた」と判示して，Xを懲役10月および罰金10万円に処し，この裁判は昭和49年5月11日に確定した。

ところが，上記廃油不法投棄の場所8ヵ所のうち1ヵ所は京都府下木津警察署管内の水道管敷設工事現場であったため，京都府水道建設事務所長から同署に告訴がなされ，同署は，この水道管敷設溝への廃油投棄と，それによって惹起された水道管汚染の器物損壊の点につき捜査を遂げて送検していた。検察官は，これら廃油不法投棄と器物損壊につきXを京都地裁に起訴した。上記大阪地裁の判決確定後，京都地裁はXに有罪を言い渡した。

X側は，原審の京都地裁はXが廃油を不法投棄して水道管を損壊したという観念的競合の罪につき有罪判決をしたが，Xは先に大阪地裁の確定裁判の際に本件犯行についての証拠をも併せ取り調べられた上，本件犯行の存在の故に重く量刑されたものであるから，本件公訴は憲法39条に違反し公訴権の濫用として公訴棄却されるべきであったか又は確定裁判を経たものとして免訴されるべきであったと主張して控訴した。控訴審の大阪高裁は，次のように述べて，原判決を破棄した上，自判してXに罰金10万円の有罪判決を言い渡した。

「所論は原判決は既に確定判決を経た犯罪について刑罰を科したもので憲法39条後段違反により破棄を免がれないというが，前記のとおり大阪地方裁判所における確定判決を経た罪となるべき事実は無許可で廃棄物収集業を営んだ所為と指定数量以上の危険物を貯蔵した所為とであるのに対し京都地方裁判所の原判決認定の罪となるべき事実は廃棄物不法投棄と器物損壊の所為であって，前者と後者とは別個の犯罪事実で併合罪の関係に立つべきものであるから，前者について為された確定判決の既判力ないし一事不再理の効力が後者にまで及ぶいわれはなく，従って所論憲法39条後段違反の主張はその前提において既にその理由がないといわざるを得ない（最高裁判所昭和27年…9月12日第二小法廷判決，集6巻8号1071頁参照）ものの如くである。

しかしながら，前記のとおり，右確定判決の審理においてはその公訴犯罪事実たる無免許の廃棄物収集業を営んだ事実及び危険物貯蔵の事実についての証拠のほかに犯情の証拠として前後8回の不法投棄の具体的事実を認めるに足る自供調書と補強証拠とが取り調べられたうえ前摘録の如き量刑欄の説示となったことに徴すると，大阪地方裁判所に起訴されなかった前後8回の不法投棄の事実が量刑のための一情状として考慮されたというよりはむしろ概括的であるにせよ実質上これを処罰する趣旨で認定され量刑の資料として考慮され特に執行を猶予すべからざる事情として参酌されて重い刑を科されたというほかなく（最高裁判所昭和…41年7月13日大法廷判決，集20巻6号609頁［参考裁判例24-9］，同裁判所昭和…42年7月5日大法廷判決，集21巻6号748頁［判例24-3］参照），かかる場合には右大阪地方裁判所の確定判決の既判力はとも角として被告人のための二重の危険の禁止としての一事不再理の効力は廃棄物不法投棄の事実にも及ぶと解するのが相当である。而して，右確定判決の一事不再理の効力が及ぶと解すべき廃油不法投棄のうちの一部である原判示水道管敷設溝への不法投棄の所為がまさにその廃油による上水道管25本の汚染による損壊の所為と観念的競合の関係にある以上，科刑上一罪と認められる原判示犯罪事実全体にまで右一事不再理の効力が及ぶと解する余地があるものの如くである。しかしながら，既判力ないし一事不再理の効力は同時審判の可能性の故に訴因を超えて公訴事実全体に及ぶと解される丈のことであるから，偶々確定裁判において余罪として認定され量刑に考慮された事実にも一事不再理の効力が及ぶと解すべき場合であっても，その事実と科刑上一罪の関係にある事実でも凡そ同時審判の可能性はありえない以上これにまで一事不再理の効力が及ぶと解すべき根拠はなくその可罰的評価までも不問に付されて然るべき理はさらに無い筈である。従って，確定判決の一事不再理の効力は結局原判決認定の本件公訴事実のうち廃棄物不法投棄の点には及んでいると解すべきであるが，器物損壊の点には及んでいないと解すべきである。

しからば，原判決が廃棄物不法投棄の点について更に有罪の言渡をしたのは刑事訴訟法337条1号に違反しその違反が判決に影響を及ぼすこと明らかであるとともに憲法39条後段に違反したものというほかなく，論旨はこの限度で理由がある。」

ケースブック刑事訴訟法〔第5版〕
CRIMINAL PROCEDURE : Cases and Materials 5th ed.

2004年 4 月10日　初　版第1刷発行
2006年 4 月10日　第 2 版第1刷発行
2009年10月 5 日　第 3 版第1刷発行
2013年10月10日　第 4 版第1刷発行
2018年 3 月30日　第 5 版第1刷発行
2023年11月30日　第 5 版第5刷発行

著者　井　上　正　仁
　　　酒　巻　　　匡
　　　大　澤　　　裕
　　　川　出　敏　裕
　　　堀　江　慎　司
　　　池　田　公　博
　　　笹　倉　宏　紀

発行者　江　草　貞　治

発行所　株式会社　有　斐　閣
郵便番号 101-0051
東京都千代田区神田神保町 2-17
https://www.yuhikaku.co.jp/

印刷・大日本法令印刷株式会社／製本・牧製本印刷株式会社
© 2018, M. Inouye, T. Sakamaki, Y. Osawa, T. Kawaide,
S. Horie, K. Ikeda, H. Sasakura.
Printed in Japan
落丁・乱丁本はお取替えいたします。

★定価はカバーに表示してあります。

ISBN 978-4-641-13933-6

[JCOPY] 本書の無断複写(コピー)は、著作権法上での例外を除き、禁じられています。複写される場合は、そのつど事前に(一社)出版者著作権管理機構(電話03-5244-5088、FAX03-5244-5089、e-mail: info@jcopy.or.jp)の許諾を得てください。